中山大学学报七十年学术文选

中山大学学报

社会科学版（1955—2025）

社会科学卷

彭玉平　李青果　主编
周吉梅　执行主编

中山大学出版社
·广州·

版权所有　翻印必究

图书在版编目（CIP）数据

中山大学学报社会科学版：1955—2025. 社会科学卷 / 彭玉平，李青果主编；周吉梅执行主编.
广州：中山大学出版社，2025. 6. --（中山大学学报七十年学术文选）. -- ISBN 978-7-306-08430-9

Ⅰ. C53

中国国家版本馆CIP数据核字第2025N3N022号

ZHONGSHAN DAXUE XUEBAO SHEHUI KEXUE BAN（1955—2025）·SHEHUI KEXUE JUAN

出 版 人：	王天琪
策划编辑：	徐诗荣　李先萍
责任编辑：	李先萍
封面设计：	林绵华
责任校对：	刘奕宏
责任技编：	靳晓虹
出版发行：	中山大学出版社
电　　话：	编辑部 020-84111996，84113349，84111997，84110779
	发行部 020-84111998，84111981，84111160
地　　址：	广州市新港西路135号
邮　　编：	510275　传　真：020-84036565
网　　址：	http://www.zsup.com.cn　E-mail：zdcbs@mail.sysu.edu.cn
印 刷 者：	恒美印务（广州）有限公司
规　　格：	787 mm×1094 mm　1/16　38.125印张　907千字
版次印次：	2025年6月第1版　2025年6月第1次印刷
定　　价：	158.00元

如发现本书因印装质量影响阅读，请与出版社发行部联系调换

总　序

更有春光七十年

彭玉平　李青果

1955年6月15日,《中山大学学报(社会科学版)》(以下简称《学报》)创刊,今年适逢创刊70周年。70年发展的不凡历程,值得我们认真总结和反思,也理当庆贺。有所庆必有所纪,我们编选这套"中山大学学报七十年学术文选",以资纪念那些曾经的岁月,以期开启未来的道路。

《学报》甫一出版,就受到党和国家领导人的高度关注和重视。1955年11月23日,《学报》创刊才5个月,学校就收到中共中央办公厅秘书室来信:"你校出版的《中山大学学报》,我们准备从第一期开始,给毛主席订阅两份。但是已经出版的两期,在北京的书店买不到。这两期如果你校出版机构还有存的,可否售给我们两份。《中山大学学报》自明年第一季度起,我们已在北京邮局订到。"信中不仅转达了毛泽东主席订阅两份《中山大学学报》的情况,而且说要购买此前出版的两期,可见主席要一期不落地阅读。这份70年前的殷殷关切之情,至今温度犹存。

《学报》创刊伊始,就展现了不少中大学人的宏论佳构。一代学术名家陈寅恪、岑仲勉、许崇清、陈序经、容庚、商承祚、梁方仲、杨荣国等,先后在此发表了一批力作,如《述东晋王导之功业》《书世说新语文学类钟会撰四本论始毕条后》《西汉对南洋的海道交通》《青铜器的起源和发展》《共同纲领与宪法在社会主义事业中的作用》《哲学的命运——哲学改革的设想》《人的全面发展的教育任务》等,均成为学术史、教育史上引人瞩目的名篇。特殊的读者和一流的作者在《学报》内外交相辉映,这种特别的机缘,至今仍是令人感怀的。

从创刊之日起,《学报》就制定了坚持学术宗旨、加强思想性内容、服务祖国社会主义建设的编辑方针;改革开放后,《学报》立足改革开放前沿，发表了一大批结合时代、具有创新性理论的学术成果，有力地推动了新形势下我国经济社会的发展；党的十八大以后，《学报》明确提出"体现中国特色学术"的办刊宗旨，积极响应习近平总书记在哲学社会科学工作者座谈会上的讲话精神，致力于构建中国特色哲学社会科学体系与自主知识体系，取得了比较明显的成效。职是之故，《学报》也受到了国家有关部门的高度重视，陆续入选"教育部高校哲学社会科学名刊工程""国家社会科学基金资助期刊"，连续三届获得"全国百强报刊"称号。2024年，《学报》"中国文体学研究"栏目入选中宣部首批哲学社会科学重点专栏建设名单；同年，以此专栏为重要发表平台的"中国古代文体学"成果，入选"中国哲学社会科学十大原创学术理论"。

一直以来，《学报》的中心工作是以哲学社会科学的理论创新推进中国自主知识体系建构，把核心目标牢牢锁定在坚持具有中国特色、体现时代精神、不断开拓创新的学术发展道路上。特别是在近十年间，《学报》针对高校综合性学报"全、散、小、弱"的情况，按照中宣部繁荣发展中国特色哲学社会科学和教育部把高校学报建设成"专、特、大、强"学术期刊的指导精神，创新办刊思路，实行开门办刊，重点建设特色专栏，逐步形成品牌效应。

一是"返本开新"，开设"中国文体学研究""词学研究"等专栏，立足中国文学文化的本土语境和文学研究领域的核心与主干，围绕中国自身学术的主体性，深入阐释中华优秀传统文化，打造具有引领性和标识性的特色化、专业化精品学术栏目，追寻和建设具有现代意义的中国文史学术，致力于形成具有中国特色的学术体系和学科体系。

二是"会通中西"和"通变古今"，开设"近代中国的知识与制度转型""经典与解释"等专栏，旨在透过近代知识与制度的转型，重审中国历史发展的脉络，重建中国自主的学术话语系统和知识体系，以及通过对中国古代经典的追根溯源与重新审视，为中国自主的学术文化的现代化转型和创新性发展，寻根源、识路径、辨优劣、定指归。

三是重视"冷门绝学"，开设"出土文献与古文字研究"专栏。这个专栏是直接响应习近平总书记关于加强"冷门绝学"研究的重要指示，依托中山大学学科优势开设的，也是高校综合性学报唯一固定开设的古文字研究专栏。由于古文字学学科的规模不大，该专栏一时存在"叫好不叫座"的情况，在二次文献转载方面，尽管与《学报》上其他学科比较，成绩并不突出，但我们并不因为这个状况就对它有所轻视，而是一以贯之，予以重点扶持。

四是"东海西海，心理攸同"，开设"中西文明互鉴""亚欧文化研究""文明与宗教研究"等专栏，主打"中国学"与"国际化"，汇聚中外优秀学者共同研究中国问题，作者队伍的国际化程度较高。中外学者联手利用《学报》平台，"用学术语言讲好中国故事"，让世界更好地认识中国、了解中国，弘扬中国精神，同时也让中国与世界之联系更加密切。

五是"经世致用"，开设"新时代高质量发展研究"等社会学科的专题专栏，研究、阐释党的创新理论，推动经济社会的发展，增强文化自信，坚持中国道路，致力于为新时代中国特色社会主义建设贡献学术力量和理论支撑。

"中山大学学报七十年学术文选"依托70年来办刊的实际情况，尽力体现上述主要办刊思路和持之以恒的编辑方针，充分展示既往沉甸甸的学术成果。萧统在《文选》序中曾说，《文选》关乎"记事之史，系年之书"，其编选原则遵循"凡次文之体，各以汇聚。诗赋体既不一，又以类分；类分之中，各以时代相次"。"中山大学学报七十年学术文选"的编选大致按照这个方法和体例，分为"语言文学卷""史学卷""哲学卷"和"社会科学卷"，各卷由相关学科的责任编辑分任执行主编，以文章发表的时间先后为序，将70年来具有代表性和较高学术水平的论文编次成册，以此彰显《中山大学学报（社会科学版）》走过的漫长道路和取得的丰硕成果，以此映射中山大学文科的发展历程和中国哲学社会科学的学术变迁轨迹。由于70年来《中山大学学报（社会科学版）》出版了300余期，卷帙浩繁、佳作众多，然限于篇幅，只能萃取部分论文，窥豹于一斑，虽有以少总多之心，但还是不免有遗珠之憾。宋代鲍輗有"更有春光七十年"诗句，因录以为题。这七十年的春光，属于我们与之同行的新中国，属于坚毅挺拔的中山大学，属于关心和支持《学报》发展的所有作者、读者以及各界友人。过去未去，未来已来，我们将坚守初心，努力让《学报》发展之路走得更为稳健、更有格局、更有气势，为中国的学术文化建设贡献我们应有的力量。

2025年5月8日于广州中山大学康乐园

编辑说明

一、本书编选的《中山大学学报（社会科学版）》社会科学学科七十年来刊发的优秀文章，依次分为"经济学""管理学""政治与公共管理""社会学"四辑。

二、本书编选的文章时间跨度大，分属不同时代，为尊重历史，除对明显的文字、符号等错误进行修订外，一仍其旧。

三、本书所辑录的文章，均在文末注明刊发时间；由于时间跨度较大，刊版名称略有差异，本书均按照当年刊版名称表述。

四、《中山大学学报（社会科学版）》创刊七十周年，传统深厚，名家辈出，成果丰富，因编者识力与本书篇幅所限，遗漏或不当之处，敬请专家读者指教。

目录
CONTENTS

第一辑 经济学

中国式的现代化道路……张志铮 003
试论发挥广州的经济优势……钟裕高 016
我国城镇规模体系的演变和预测……许学强 022
经济特区与我国就业问题……王正宪 031
家庭联产承包责任制是对马克思主义农业合作化理论的新发展……洪永淞 037
市场导向经济在中国的进一步发展（摘要）……[美]邹至庄 045
论广东产业结构的优化……傅介声 047
计划经济与市场经济辨析……石祖培 054
对我国实行"分税制"的初探……冼振熙 060
论经济发展总体战略的几种类型及其变动规律
　　——评社会主义国家的优先发展重工业战略……李培荣 066
广东乡镇企业发展的几个特色及其理论思考……李 龙 074
广东物价波动短期计量分析（1986—1992年）……陈 洪 082
经济学科学重建，要从价格机制开始……王则柯 088
大珠江三角洲经济区产业结构的协调发展……雷 强 095
强化区域协作，发挥整体优势　加快广州现代化国际大都市建设……黎子流 103
改革开放以来广州城市社会结构变化研究……阎小培 111

欧元启动对国际经济的影响及我国的对策……………………………………邹建华　120

论按生产要素分配的理论前提与基本立足点…………………………………董小麟　129

产业组织的网络化发展
　　——广东专业镇经济的理论分析……………………………………………王　珺　135

中国区域经济整合的新态势
　　——论泛珠江三角洲经济区的发展与协调…………………………………陈广汉　142

外向型城市化发展模式研究
　　——珠江三角洲个案研究……………………………………………………李胜兰　148

产业结构高级化与第三产业现代化……………………………………………李江帆　154

有摩擦多期证券市场中的无套利资产定价……………………………………李仲飞　163

我国基金投资者的处置效应
　　——基于交易账户数据的持续期模型研究…………………………………王美今　172

企业网络和群体空间
　　——产业集群的经济学解释及对经济学的挑战……………………………张曙光　182

技术创新、企业生产率与外贸发展方式转变…………………………………黄静波　192

克鲁格曼与新贸易理论
　　——新国际经济格局下的政策含义…………………………………………陆家骝　205

澳门经济适度多元化：内涵、路径与政策……………………………………毛艳华　212

论加快推进我国经济发展方式转变的核心发展战略…………………………李　翀　223

真实世界的经济分析逻辑：七大基本思维……………………………………朱富强　234

法律与经济发展"中国经验"的再思考…………………………………周林彬　王　睿　253

健康中国建设的理念、框架与路径……………………………………申曙光　曾望峰　265

双循环背景下都市圈建设的理论与实践探索…………………………孙久文　宋　准　279

结构性去杠杆视角下的地方政府债务风险防化………………钟宁桦　连方舟　汪　峰　291

理解中国经济高质量发展………………………………………………………余淼杰　310

消费的基础性作用分析：渊源、依据与启示…………………………臧旭恒　姚　健　324

第二辑　管理学

论企业经营的目标及其实现途径………………………………………王　琢　廖曙辉　341

企业经营国际化与综合商社的作用 …………………………………… 李　石　351

论国有企业在结构调整中的作用 …………………………… 顾宝炎　王志强　360

论企业与市场的关系 …………………………………………………… 毛蕴诗　364

人力资本交易与国有企业的契约关系 ………………………………… 张建琦　370

信息不对称下的激励与监控的模型分析 ……………………………… 唐清泉　379

品牌资产评估的模型与方法 …………………………………………… 卢泰宏　386

独立董事激励和约束机制研究 ………………………………………… 谭劲松　395

转轨经济中中国企业跨国经营的时机决策 …………………………… 顾乃康　402

中国上市公司并购的长期绩效
　　——基于证券市场的研究 ………………………………… 李善民　朱　滔　409

组织变革、心理所有权与员工主动离职研究
　　——兼论Lee和Mitchell的员工离职展开模型 …………… 储小平　盛琼芳　418

家族企业内部两权分离：路径与治理
　　——基于百年家族企业香港利丰的案例研究 …………… 李新春　檀宏斌　429

第三辑　政治与公共管理

人的全面发展的教育任务
　　——研究报告 ………………………………………………………… 许崇清　447

共同纲领与宪法在社会主义事业中的作用 …………………………… 夏书章　462

论高校德育发展趋势 …………………………………………………… 郑永廷　482

中国基层纵横涵义与基层管理制度类型浅析 ………………………… 王乐夫　489

道德理想主义与伦理中心主义：儒家伦理的双旋结构 ……………… 任剑涛　494

关于大学的管理 ………………………………………………………… 李延保　502

立宪设计中的价值整合与复合共和 …………………………………… 肖　滨　511

大学科研管理中的差异性问题 ………………………………………… 黄达人　520

论区域公共管理的制度创新 …………………………………………… 陈瑞莲　525

中国公共行政学研究的反思：面对问题的勇气 ……………………… 马　骏　534

慎议与民主的张力
　　——慎议民主中公民的能力平等问题 ……………………………… 谭安奎　540

第四辑 社会学

论人类学的产生和发展……黄淑娉 551

论市场经济下的道德建设……蔡 禾 559

外来工与"二元社区"
　　——珠江三角洲的考察……周大鸣 563

消费行为的制度嵌入性
　　——消费社会学的一个研究纲领……王 宁 569

人类学与华人研究视野下的公益慈善……陈志明 577

文化人类学在中国和日本之间的可能性……周 星 587

后记……597

第一辑

经济学

中国式的现代化道路

张志铮

社会主义现代化建设,是我国人民当前和今后相当长时期的中心工作。全世界人民对中国在本世纪末实现四个现代化都很重视。而在现代化建设中,如何从我国的实际情况出发,走出一条中国式的现代化道路,是有待研究和解决的重要问题。

从中国实际出发

中国式的现代化道路,是指我们在进行现代化建设中,从我国的实际情况出发,应当采取什么方法、步骤,如何选择最优化的方案,来多快好省地把我国建设成为现代化的社会主义强国。为了分析这个问题,必须先弄清楚中国现代化的性质、目标和我国当前社会经济的基本特点,因为这是中国式现代化道路的出发点。

中国进行的现代化,是社会主义性质的现代化。所谓现代化,通常是指一个国家学习、发明和采用先进的科学技术,用以装备国民经济各部门,使整个国家的经济和技术,达到世界的先进水平。从生产力发展的角度来看,不同制度的国家进行的现代化有共同之处。但是,实现现代化不是单纯发展生产力,它同生产关系和社会制度是密切相关的。

"对于我们来说,社会主义和四个现代化是不可分割的。"[1]无产阶级夺取政权后所建立的,以生产资料公有制和按劳分配为本质特征的社会主义经济制度,必须以现代化大生产为物质基础。原来经济落后,特别像我国这样的社会主义国家,只有实现现代化,社会主义制度才有强大的物质基础,才能不断巩固和发展。而社会主义的现代化,其目的、方法和后果,都必然具有社会主义的特点,和资本主义现代化不相同。资本主义现代化是按照资本主义经济规律的要求,特别是按照资本主义基本经济规律(剩余价值规律)的要求进行的。资产阶级革新技术的目的,是加强对本国和其他国家劳动人民的剥削,来攫取最大限度的利润。资本主义现代化带来的明显后果,是无产阶级和资产阶级贫富相差愈来愈悬殊,资本主义制度各种矛盾愈来愈尖锐,经济危机愈来愈频繁地爆发和深刻化。相反,社会主义现代化是按照社会主义经济规律,特别是社会主义基本经济规律的要求进行的。社会主义基本经济规律的要求是:"用在高度技术基础上使社会主义生产不断增长和不断完善的办法,来保证最大限度地满足整个社会经常增长的物

---

[1] 华国锋:《提高整个中华民族的科学文化水平》(1978年3月24日在全国科学大会上的讲话),转引自《红旗》杂志1978年第4期,第3页。

质和文化的需要。"①按照这个要求进行的社会主义现代化，其目的是巩固和发展社会主义制度，最大限度地满足社会的物质和文化需要；其实现的方法，既包括不断采取先进的技术来促使社会主义生产迅速发展，也包括使社会主义生产（经济）日益完善。显然，社会主义现代化的结果，必将是社会主义制度日益巩固和发展，广大人民群众的物质和文化生活水平不断地提高。

社会主义国家进行的现代化，具有社会主义的共同特点。但在不同的社会主义国家之间，由于彼此的情况和条件有所不同，他们的现代化建设有不同的目标，所走的道路也就有不同的模式。

本世纪末在我国实现社会主义现代化，是一场深刻的革命。毛泽东同志早在一九五六年就提出："我们一定要努力把党内党外、国内国外的一切积极的因素，直接的、间接的积极因素，全部调动起来，把我国建设成为一个强大的社会主义国家。"②周恩来同志根据毛泽东同志的指示，向全国人民提出了宏伟的蓝图：在本世纪内，把我国建设成为一个全面实现农业、工业、国防和科学技术现代化的社会主义强国，使我国国民经济走在世界的前列。我国现代化建设的目标，首先是实现四个现代化。其内容主要是：在工农业中广泛应用现代科学技术成果，使我国农业逐步变为农林牧副渔全面发展、农工商综合经营、能满足人民生活和工业发展需要的农业；使我国工业逐步变为门类齐全、结构合理、能满足社会消费和国民经济发展需要的先进工业；使我国的科学技术接近或赶上世界先进水平；使我国国民经济逐步进入世界的前列，人民的物质和文化生活有较大的改善；使我国国防力量能在现代战争条件下，抵御和战胜外国侵略者，保卫国家安全。但是，我国的现代化不限于这四个方面。我们要适应四个现代化的要求，改革和完善社会主义的经济制度和政治制度；要建设高度的物质文明和高度的社会主义精神文明。这些都是我国社会主义现代化的重要目标，也是实现四个现代化的必要条件。从一九七九年起，我国工作的着重点转移到进行社会主义现代化建设。针对当前存在的问题，对国民经济实行调整、改革、整顿和提高，则是现代化建设的第一战役。

现在我们的任务，就是团结全国各族人民，调动一切积极因素，同心同德，鼓足干劲，力争上游，多快好省地建设现代化的社会主义强国。这个根本任务，就是中国共产党在新的历史阶段的总路线。我们有许多有利条件，我国有丰富的人力和物力资源，有优越的社会主义制度，有建国三十年来经济上取得的重大成就，有安定团结的政治局面，还可以总结和吸取我国和其他国家建设的经验。在现代化建设的新长征中，虽然会碰到各种困难，还需要解决许多问题。但是，只要我们坚定不移地贯彻这条总路线，巩固和发展安定团结的政治局面，发扬艰苦奋斗的创业精神，并且建立一支坚持社会主义道路的、具有专业知识的干部队伍，我们就一定能够完成这个伟大的任务。

目前摆在我们面前的重要问题是，要以社会主义现代化的要求和我国现代化建设的目标为依据，并从我国现阶段社会经济的基本特点出发，寻求出一条中国式的现代化道路来。

---

① 斯大林：《苏联社会主义经济问题》，人民出版社1961年版，第31页。
② 《毛泽东选集》第5卷，第288页。

我国现阶段社会经济的基本特点，主要表现在以下几个方面：

首先，人口多，底子薄。我国是世界上人口最多的国家，现有九亿七千多万人，约占世界人口的四分之一。旧中国是半殖民地半封建的社会，非常贫困落后。解放后，虽然初步改变了"一穷二白"的面貌，建立了独立的、比较完整的工业体系和国民经济体系，很快成为有相当水平的工业—农业国家。但同发达的资本主义国家相比，我们在经济、技术和文化教育方面仍然比较落后，由于林彪、"四人帮"破坏等原因，现在还有不少困难。我国的科学技术和工业生产大约落后二十年，农业生产落后五十年左右。我国的粮食生产和钢铁工业生产的劳动生产率，都和世界先进水平相差几十倍。至于原子能、电子计算机、高分子合成和宇航等新兴工业，差距就更大。我国人民的生活比解放前有显著的改善。但按人口平均计算的国民收入，在世界一百五十多个国家中，我国却在一百名以后，居于中间偏下，还低于许多发展中的国家。这种情况，要求我们发扬艰苦奋斗的精神，来加速现代化建设，也要求我们把加快经济发展同逐步提高人民生活很好地结合起来。

其次，我们已经建立了以生产资料公有制为基础的社会主义经济制度，但还不成熟、不完善。我国的公有制有全民所有制和集体所有制两种形式，全民所有制经济掌握了国民经济命脉，集体所有制经济也还占很大的比重。我国的农业主要是农村人民公社的集体经济。城镇的集体所有制企业的职工占全国职工总数将近三分之一，产值占工业总产值的五分之一。此外，还存在少量的个体经济。我国的生产社会化程度不高，商品生产不够发达。在国民经济各部门之间，在生产、交换、分配等方面，如何建立合理的结构，如何真正按照社会主义原则来处理各种关系，都还存在许多问题。这突出地表现在，我国已形成了一套经济结构和经济管理体制，但很不适应社会主义经济发展和现代化的要求。这需要我们在现代化建设中，加以调整、改革和完善化。

第三，我国幅员辽阔，地区之间经济发展很不平衡；在行业、企业之间的生产技术往往相差悬殊。这个特点，也是我们进行现代化建设时必须考虑的。

叶剑英同志指出："我们要从中国的实际出发，认真研究经济规律和自然规律，努力走出一条适合我国情况和特点的实现现代化的道路。"[①]从以上分析可以看出，根据社会主义现代化的要求，从我国目前的实际情况出发，在探讨中国式的现代化道路时，应当着重从如何提高生产技术、建立合理的经济结构和经济管理体制几个方面来进行研究。

有步骤地提高生产技术水平

现代化生产，是建立在当代先进技术基础上的。原来经济、技术落后的国家要赶上发达的国家，往往大量引进先进的技术。社会主义现代化要求迅速提高技术水平。社会主义国家在自力更生的基础上，也有必要引进国外的先进技术。而在现代化过程中如何提高技术水平，则必须结合我国当前各方面的实际情况来考虑。

生产技术水平的提高，将促使劳动生产率的大幅度的提高。在经济、技术发达的国

---

① 叶剑英：《在庆祝中华人民共和国成立三十周年大会上的讲话》，人民出版社版，第25页。

家中，生产的发展主要靠劳动生产率的提高。我国的现代化建设应当朝这个方向前进。但是，劳动生产率提高后节省下来的劳动力如何安排，在我们这个人口众多的国家中，是一个突出的问题。由于过去十多年来经济事业和各项事业发展缓慢，我国目前需要就业的人员已经超过能够提供的就业岗位。我们除了切实做好计划生育工作，控制人口的增长外，还要广开就业门路，设法安排现在的待业人员和不断成长起来的新劳动力。这是我们提高生产技术水平时，不能不考虑的问题。

要提高生产技术水平，用先进的技术装备国民经济各个部门，需要大量的投资。在社会主义制度下，建设资金的来源只能靠本国人民提供的积累。我们虽然可以利用外资，但偿还外债本息仍然靠劳动人民创造的财富。这里就有一个处理国民收入分配中积累和消费的关系问题。在我们仍然比较贫穷的情况下，如果积累率太高，人民群众的生活得不到改善，必然挫伤广大劳动者的积极性，不利于生产发展和现代化建设。

我们在提高生产技术水平时，还必须考虑原有的物质基础。以工业而言，建国三十年来，我国工业比过去有了很大的发展。许多新的工业部门从无到有，从小到大地发展起来了，还建立了一批新的工业基地。现在全国已有三十五万个企业，其中全民所有制企业的固定资产达三千二百亿元（人民币，下同），相当于旧中国近百年来积累的工业固定资产的三十五倍。在原有企业中，有一批大型的现代化的企业；但中小型企业占三十四万多个，其中不少是集体所有制企业，这些企业的生产技术水平一般都比较低。原有的企业是我国现代化建设的基地和出发点，我们应当在这个基础上提高，而不能抛开原有企业另搞一套。

基于上述考虑，我们在现代化建设中，不能要求一切部门、企业立即采用最新的技术，而是要注意以下几个方面的结合，有计划、有步骤地"化"。

首先，要注意大中小结合，自动化、机械化、半机械化和手工劳动结合。

大型的、现代化的企业，是我国工业的骨干。毛泽东同志说："我们必须逐步地建设一批规模大的现代的企业以为骨干，没有这个骨干就不能使我国在几十年内变为现代化的工业强国。"[①]我们除了办好现有的大型企业外，还要陆续新办大的现代化企业，并且应当努力办好。与此同时，也要放手发展不与大工业争原料、争动力的中小企业，包括地方企业、社队企业、城市自负盈亏的合作社。为了广开就业门路，还要新办一些集体所有制的中小型手工业、建筑业、短途运输和服务性企业，在发展中逐步提高其生产技术水平，使之向现代化、专业化的方向发展，并且同现代化的大企业协作配套，逐步形成大中小企业配套的专业化协作网。

我们要把有限的钱用在刀刃上，对于那些对提高我国经济实力和国防力量有决定作用的关键环节，对于那些对提高产品质量、增加品种有重大意义的项目，以及投资少、收效快、消耗低、积累高、创外汇率高的环节或项目，应当先行实现现代化。而就整个来说，要不断地改变自动化、机械化、半机械化和手工劳动的比例，努力提高各类企业的生产技术水平。

其次，引进国外先进技术同改造、提高原有企业相结合。

---

① 《毛泽东选集》第5卷，第399页。

毛泽东同志指出，"一切国家的好经验我们都要学"，"学那些和我国情况相适合的东西，即吸取对我们有益的经验"①。为了加快生产技术的发展，我们在自力更生的基础上，在平等互利，不损害主权的前提下，要积极引进各国的先进技术，并采取国际上通用的合理形式利用外国资金。但引进先进技术要和发挥原有企业的作用密切结合起来。我们要进口必要的成套设备，更重要的是引进先进技术、工艺以及先进的管理方法，用以促进原有企业的挖潜、革新、改造，提高其生产技术水平。对外国的先进技术，要着重消化、掌握，不断提高我们制造新设备和改进技术的能力。在此基础上有创新和发展。国际上许多事例表明，在原有设备的基础上，进行技术革新或增加新的零部件，可以大大提高生产效率，制造出新的产品。因此我们把改造、提高原有企业同引进先进技术结合得好，是大有作为的。

在这方面，也要区分缓急轻重，统筹安排。引进先进技术要注意搞好国内配套，利用外资要考虑偿还能力，而且引进先进技术和利用外资的形式应该多样化。除了购买专利、设备之外，可以开展补偿贸易、同外资合作生产、合资经营等。引进什么项目，不能单纯看直接提高多少劳动生产率，而应考虑综合的经济效果。因此，不仅大型的，较现代化的企业要引进新技术，中小型的企业也要尽可能地引进先进技术；不仅要引进最先进的、自动化的技术，也可以引进一些较为先进如六十年代末的技术设备，因为这些技术设备投资少，建设快，我国现有的技术能力较易掌握、仿造，易于收效。比如，我国引进最先进的技术，建造上海宝山钢铁厂，武钢引进一米七轧机，对我国钢铁生产固然会起重大的促进作用；就是广东省开展带补偿性的加工装配，也推动了企业的挖潜、革新和产品的升级换代。电子手表原来是国内市场的空白产品，在对客商来料装配中，引进装配线之后，我们现在已可以制造了。

第三，科学技术、文化教育的发展应当同经济发展相适应。

"四个现代化，关键是科学技术的现代化。"②农业、工业、国防现代化需要的技术设备，是科学技术现代化的产物。而科学技术的发展及其应用于生产上，靠的是人，是科技队伍。近三十年来，世界上出现了第三次科学技术大革命，使生产技术面目一新，许多产品的劳动生产率几倍、几十倍甚至几百倍地提高。中华人民共和国成立之后，我们的科学技术比旧中国有巨大发展，但同世界的先进水平相比却有很大的差距。林彪、"四人帮"对文化教育和科学技术的摧残，更加扩大了这方面的差距。因此，在发展经济的同时，要大力发展文化教育和科学技术。粉碎"四人帮"以后，我国科技、文教和经济建设一样，重新走上欣欣向荣的道路，用于生产的科技成果也不断增加。例如，一九七九年四川省各高等院校取得三百多项科研成果，其中五十七项重大成就，填补了我国科技领域的空白，有些达到国内或国际先进水平。去年地质部门新发现和扩大矿产地有一百六十多处。今后还应采取各种措施，大力开发"智力资源"。我们要更好地发挥老一辈专家的作用，也要努力培养新一代的科技人员；要发展学校教育，也要发

---

① 《毛泽东选集》第5卷，第401、402页。
② 邓小平：《在全国科学大会开幕式上的讲话》（1978年3月18日），转引自《红旗》杂志1978年第4期，第10页。

展业余教育。我们既要重视科学基础理论的研究,也要重视应用科学的研究;从全国来看,应用科学研究的比重应当大些。同时,还要组织科研机关、大专院校和工厂、社队联合进行科研工作。科学技术是生产力,从这个意义上说,同生产有密切联系的文教和科技的费用也是生产性的投资。我们要急赶直追,努力提高整个中华民族的科学文化水平,建立一支浩浩荡荡的工人阶级的又红又专的科学技术大军,造就一大批世界第一流的科学家、工程技术专家,否则四个现代化就会落空。

总之,在我国现代化建设中,特别是在生产技术的提高方面,正如叶剑英同志所指出:"我们一定要把加快经济发展同逐步提高几亿人民生活水平很好地结合起来,把充分发挥我国现有企业的作用同积极引进国外先进技术很好地结合起来。"这样,"在我国实现现代化,必然要有一个由初级到高级的过程"[①]。

问题在于,这样做会不会减慢我国现代化的速度呢?不会。这样做,正是符合社会主义基本经济规律的要求,有利于调动国内外一切积极因素,多快好省地进行社会主义现代化建设。从根本上说,在生产发展的基础上逐步提高人民生活水平,有利于发挥劳动群众的积极性;消费的增加,反过来将促进生产的发展。同时,就业的增加表示充分利用我国丰富的人力资源,而我们实现四个现代化,"主要必须依靠对大量的现有企业实行挖潜、革新、改造,使它们逐步接近或达到现代化的水平"[②]。一般地说,立足于现有企业的挖潜、革新、改造,只要增加百分之三十的投资、百分之四十的设备材料,就可以收到百分之百的效果,这正是投资少、见效快、收益大的办法。发展原有企业和增加就业,不但可以生产更多产品,为现代化积累更多资金,而且原有企业生产技术的提高,就意味着我们朝着现代化方向前进。比如,一九五八年投产时只相当于国际上四十年代水平的兰州炼油厂,由于重视挖潜、革新、改造,加强了科学研究工作,使生产的二百四十种高级油产品中,有十五种达到国际先进水平,四十五种达到国内先进水平,成为现代化的先进企业。

近两年来,特别是去年贯彻调整、改革、整顿、提高"八字方针"以来,我国在这些方面取得的成就,有力地说明了这个问题。我们调整了积累和消费的比例关系,降低原来过高的积累率,缩短基本建设战线,进行工资调整,广开就业门路。去年全国安排了八百万城镇待业人员就业。全民所有制职工每人平均的实际工资,比上年增长百分之七点六。从十一月起有百分之四十的职工工资升级。由于缩短基本战线,集中力量打歼灭战,去年竣工投产的项目完成计划是近几年最好的一年,有一百二十八个大中型项目全部建成投产,三百四十个单项工程建成投产,形成一批新的生产能力。同时,还增加了城镇住宅建设投资,去年全国职工住宅竣工面积六千二百多万平方米,比前年增长百分之六十六,相当于建国三十年来新建住宅的十分之一。对原有企业的整顿、提高,使许多后进企业的各项经济技术指标达到或超过本企业历史最高水平;不少走上正轨的企业通过挖潜、革新、改造,大大提高了生产技术和管理水平,朝着现代化迈进了一大

[①] 叶剑英:《在庆祝中华人民共和国成立三十周年大会上的讲话》,人民出版社版,第25页。
[②] 华国锋:《政府工作报告》(1979年6月18日在第五届全国人民代表大会第二次会议上),人民出版社版,第13页。

步。例如，我国工业基地辽宁省的六大炼油厂进行技术改革之后，增加了相当于新建四个大炼油厂的能力，而所需的投资只占其百分之三十二。由于贯彻了大中小结合的方针，中小企业经过调整、整顿之后，也发挥了更大的作用。去年新建了七千二百多座小型水电站，按设计能力计算，每小时能发电一百万度。目前我国已有八万多座小水电站，分布在一千五百多个县。其发电能力，比建国初期全国水电和火电总发电能力超出两倍半。全国小氮肥厂的消耗和成本显著下降，产品质量有较大提高，产量大幅度上升。目前，小氮肥厂的产量，占全国化肥产量的百分之四十五。在引进国外先进技术和改造原有企业相结合方面，也在不断进展。近年来，我国生产的发展，技术的提高，同上述情况是分不开的。

建立合理的经济结构

生产技术的现代化要求建立与之相适应的经济结构。经济结构的现代化，是现代化建设的一个重要内容。所谓经济结构，主要是指国民经济各部门、社会再生产各个方面的构成及其相互关系，包括各种比例关系。其中最主要的，是社会生产两大部类的关系，或者说，是农业、轻工业、重工业之间和工农业内部的结构和比例关系，因为它们直接关系到整个国民经济的发展和人民的生活。在上一节中，我们分析了经济结构中另一个重要关系，即积累和消费的关系，在这里仅就现代化过程要求的农、轻、重之间和工农业内部的结构来进行分析。

在世界上一些经济发达的国家中，是先有现代化的工业，然后才进行农业现代化的。资本主义国家通常把国民经济分为三种产业。一般来说，第一产业包括农、林、牧、渔和采矿业；第二产业包括加工工业和建筑业；其他部门称为第三产业，或者广义地称为服务行业。随着经济和技术的发展，在就业人数中，第一产业占的比例逐渐下降，第三产业则不断上升。

社会主义现代化，要求在现代化过程中社会主义工业和农业紧密配合，不断生产出更多的工农业产品来满足国民经济发展和人民生活的需要。在我国现代化建设中如何建立合理的经济结构，则必须对我国工农业的现状有比较具体的认识。

我们要看到，我国的农业还远没有过关。我国原来是个农业大国，但农业很落后。解放后，农业有了很大的发展，并且建立了七亿亩高产稳产田。目前已拥有相当数量的现代化、半现代化的农业装备和其他生产资料，化肥生产从一九五二年的二十万吨增加到一九七八年的五千万吨；拖拉机生产从一九六五年不到一万台，增加到一九七八年的十万台，手扶拖拉机四十万台。但多数地区基本上还停留在手工劳动阶段，农业劳动生产率低。农业生产的增长不能适应工业生产发展的需要，有时乃至难于满足人口增长的需要。现在全国每人平均占有粮食仅六百斤。

我们要看到，我国农业人口占的比重大，但耕地少，农业社队家底比较薄，农民生活水平比较低。目前我国有八亿农民，农村人口占全国人口的百分之八十以上，有三亿农业劳动力。但我国现有耕地不足十五亿亩，全国平均每人有一点六亩，每个农业劳动力约负担五亩。如果劳动生产率提高到欧洲一般水平，即每个农业劳动力平均负担一百亩计算，就可以节约二亿八九千万劳动力。这些节余的劳动力，除一部分可转移到城市工业之外，多数要在农村中安排。我国的农业目前主要由农村人民公社的社队经营，农业现代化需要的资金国家固然可以投资一部分，但主要靠社队自己积累。现在我们已有一批办得好的、比较富裕的社队，然而多数社队的收入还比较低。由于工农业生产和城乡生活水平的差别，农民的生活水平普遍比工人低。这样，社队不可能有太多的积累。

我们还要看到，我国工业虽然比过去有很大的发展，但离客观的要求还有比较大的差距，而且工业内部的结构不合理。因此，还不能满足国民经济发展和人民生活的需要，重工业生产不能适应农业现代化的要求。

根据上述情况，在我国现代化建设中，为了建立合理的经济结构，在处理工农业之间及其内部关系时，要注意几个方面的关系。

第一，以农业为基础，农轻重为序。农业是国民经济的基础。在我国农业远未过关的情况下，要特别强调以农业为基础，迅速发展农业，逐步改善八亿农民的生活，在这个基础上来安排我国的现代化建设和经济生活。目前我国人民的消费品主要是农产品和轻工业品，发展轻工业对于提高人民生活和增加资金积累都有重要作用，我们对轻工业也应给予足够的重视。因此，在计划安排上，要切实做到农、轻、重为序。与此相联系，农业现代化是四个现代化的基础，农业现代化搞得不好，对工业、国防和科学技术的现代化关系极大，应当着重解决。

第二，重工业要面向农业、轻工业，切实为农业、轻工业服务，要把工业现代化和农业现代化密切结合起来。

农业、轻工业现代化需要的机器设备和其他生产资料靠重工业提供。因此，要求重工业面向农业和轻工业，重工业的投资和生产的机械设备、原料，都要先安排为农业、轻工业服务的项目，切实根据农、轻、重的顺序来安排重工业自身的发展。这样，农业现代化和工业现代化就密切地结合起来了。

在这个结合过程中，农业现代化和工业现代化一样，也有个逐步提高的过程。根据我国多数地区人多地少的特点，要注意在提高单位面积产量的基础上提高劳动生产率。当前实行农业现代化，要提倡科学种田和逐步实行农业机械化。科学种田包括改良品种、改良土壤、水利化、化学化等。在实行农业机械化方面，要因地制宜地从部分的机械开始，在一个相当长的时期内，农业使用的工具将会机械化、半机械化和手工工具同时并存，然后逐步过渡到全盘机械化。

同工业中的大中小并存相适应，实行农业现代化所需要的机械设备和其他生产资料，不仅要靠大型的现代化工厂提供，也要靠中小型工业企业，包括社队企业提供。到去年底，全国农村人民公社的社队企业发展到一百五十多万个，平均每个公社有三十多个，职工两千多万人，包括机械、化工、轻工、建筑材料等三十多个行业，七千多种产品。这些企业不仅对人民公社和整个国民经济的发展起着推动作用，而且对逐步实现农业现代化也起着重要的作用。

第三，在农业内部和工业内部也要有合理的结构。

在农业内部，不能搞单一的粮食种植，要实行农、林、牧、副、渔并举。农业各个部门，特别是农、林、牧三者是互相结合，互相促进的。我们要因地制宜，有所侧重，并且逐步提高畜牧业的比重。同时，适应社会化大生产的要求，要实行农、工、商综合发展。这样做，既有利于增加社队的资金积累，充分利用从农业机械化节余出来的劳动力，向生产的深度和广度进军，也有利于改进农业现代化的自然条件（土壤、气候等）和改善农业经济结构。而且，有利于改善人民食物的结构，增加肉、蛋、果品的比重，减少粮食的消费，促进人民生活水平的提高。

在工业内部，除了重工业和轻工业的关系外，还有工业各部门之间错综复杂的关系。既要做到部门齐全，也要有合理的结构，特别是原材料、燃料工业和加工工业要合乎比例，以满足国民经济的发展和人民生活的需要。

第四，工农业之间、国民经济各部门之间的结构变化，要有个逐步发展的过程。

随着现代化建设的发展，在国民经济中，农业占的比重将会缩小，工业将增大。由于现代化生产技术所需要的机器和其他生产资料靠重工业提供，而且用工业原料制造的耐用消费品和其他工业消费品会增加，重工业所占的比重将会增长得快些。

随着现代化建设的进展，工、农业内部的分工愈来愈细，专业化协作越来越发展，不仅产品的生产专业化，而且一种产品生产的前后工序也专业化。于是，为工农业生产服务的专业部门和机构不断增加。另外，随着生产发展，交通运输、商业、文化教育部门也在发展。因而在从业人员中，属于资本主义国家所谓第三产业或广义的服务行业的人员将会增多。

但是，工农业之间、国民经济各部门之间的结构，应当随着现代化建设的发展而逐步变化。如果看不到这个过程，只考虑现代化的技术装备要靠重工业提供，不顾综合平衡，片面发展重工业，就将带来不良的后果。

总之，我们要建立的经济结构，是以农业为基础、工业为主导，农、轻、重为序，农业现代化和工业现代化相结合的结构。这种经济结构有一个逐步形成和发展的过程。

这样的经济结构会不会使我国的现代化建设慢些呢？不会。这样做，将使我国的现代化建立在日益巩固的农业基础上。农业和轻工业的发展，将为重工业积累更多的资金，开辟广阔的市场，促进重工业的发展。农业和轻工业的发展，也将生产更多的消费品更好地满足人民群众日益增长的生活需要，有利于发挥群众的积极性。这样做，将促使工农业之间和它们内部更加协调地发展，使农业现代化和工业现代化相互促进。这些，都符合社会主义基本经济规律和国民经济有计划发展规律的要求，并有利于调动国民经济各部门的积极因素，多快好省地进行社会主义现代化建设，因而这样的经济结构是合理的。去年以来，我们在国民经济调整中取得的显著成绩，就是很好的证明。

我国从一九五八年以来由于不切合实际地追求钢铁和其他重工业产品的高指标，形成了重、轻、农不合理的经济结构。林彪、"四人帮"的破坏更造成比例的严重失调。突出地表现在：农业和轻工业的生产落后于客观的需求；重工业过分突出，没有很好地为农业和轻工业服务，燃料和动力供应紧张；积累率偏高。近二十年来，我国经济发展速度比一九五七年以前大幅度下降，工农的生活没有得到应有的改善，和这些是分不开的。

针对国民经济比例严重的失调，在"八字方针"中，我们把调整作为关键。在工农业方面，主要是集中力量把农业搞上去，加快轻纺工业的发展，切实加强燃料、电力、交通运输和建材工业。为了集中力量把农业搞上去,各地大力落实农村经济政策,国家增加了农业投资和信贷,主要农副产品的收购价格提高了将近四分之一,还减免了农业社队部分税收。仅提价和减税两项,就使社队和农民增加了将近九十亿元的收入。这些措施有力地推动了农业生产的发展,去年全国粮食产量比前年增加三百多亿斤,棉花比前年增产八十万担。在工业部门,不断深入开展增产节约运动,通过奖金和调整工资等办法在职工中贯彻物质利益原则。对于轻纺工业,国家优先供应原材料和动力,在资金上给予扶持。在重工业内部努力增加短线产品的生产。其结果,全国工业总产值增长百分之八点五,超额完成国家计划。其中轻工业产值增长百分之九点六,超过重工业增长百分之七点七的速度,还增加新品种一万三千多种。原煤、原油、发电量、钢材、钢、化肥、水泥、拖拉机等都完成或超额完成计划。去年全国生产钢三千四百四十八万吨,比前年增加二百七十万吨,而钢材产量增加二百八十九万吨;国家急需的小型材、薄板、优质型材等品种,产量比前年增加百分之十七。今后朝着这个方向发展,我们的国民经济就将逐步转入持续按比例和高速度发展的轨道。

改革经济管理体制

高度社会化的现代化经济,需要有现代化的管理,这是现代化建设又一个重要内容。对于社会主义国家来说,不仅要有现代化的企业管理方法,更重要的是,要建立适合社会化大生产要求,能调动中央部门、地方、企业、个人各方面积极性的管理体制。否则就会妨碍合理的经济结构的建立,不利于生产技术发展和取得最大的经济效果。

在我国,以公有制为基础的社会主义经济制度的不成熟、不完善,国土的辽阔,对于要建立怎样的经济管理体制,有其客观要求。

我国的两种公有制中,全民所有制采取国家所有制的形式,而整个国民经济由国家统一领导。这种情况,要求注意把经济组织和国家行政机构区分开来,切实按照经济的内在联系和经济合理的原则,来组织和管理经济。

社会主义经济包含着计划经济和商品经济两个侧面,彼此互相渗透。计划经济是社会主义经济基本的特征,国民经济有计划发展规律是社会主义特有的经济规律,对社会主义经济起调节作用。因此,社会主义国家的经济必须有国家统一计划的领导。但是,国家计划不可能包罗万象,统一计划领导不等于自上而下层层下达指令性的计划。另一方面,社会主义经济又是建立在公有制基础上的商品经济。在不成熟、不完善的社会主义经济中,在社会分工的前提下,两种公有制之间存在着商品关系,是由于它们是不同所有者,彼此有不同的经济利益。在全民所有制内部,由于企业是生产资料的直接占有者和经营的主体,有自己独立的经济利益,而企业和广大职工的物质利益又同企业经营状况密切相关。因此,国营企业之间彼此要取得对方的产品,也必须通过等价交换,得到补偿,从而也存在商品关系。价值规律在商品经济中起的是调节作用,这对于社会主义商品经济也不例外。这种情况,要求让企业以商品生产者的身份参加市场活动,要重视价值规律的作用,着重运用经济办法来管理经济。

我国拥有九百六十万平方公里的土地,一个普通的省的面积相当于欧洲一个中等国家,地区之间差异很大,现代化建设的发展也会不平衡。这种情况,要求在国家统一计划领导下，给地方以必要的权力，充分调动地方的积极性。这有利于促进各地的经济发展，也会促使各地努力创造适合于本地区特点的方法、步骤和具体形式，去达到实现四个现代化的总目标。

但是，我国目前的经济管理体制，却不适应这些要求。我国现行的经济管理体制，基本上是学习苏联斯大林时代的中央集权制的体制，同时保留了我国革命战争年代实行的"供给制"的残余，这种体制存在着不少问题。

在这种经济管理体制下，经济管理的权力高度集中于中央，由中央自上而下地层层下达指令性计划，按照行政系统，主要采取行政办法来管理国民经济。地方权力小，企业权力更小，突出地形成"吃大锅饭"的现象。整个全民所有制经济，就像一个扩大了的大家庭。国家对国营企业管得过多，统得太死：计划统一安排，物资统一调拨，产品统购包销，财政统收统支，劳动力统一分配，外贸统进统出。企业无必要的自主权，不必承担应有的经济责任，企业和职工的收入同企业经营也不挂钩。这样，国营企业实际上成为国家行政管理机构的附属物和可以随便拨动的算盘珠。长期以来，我国对集体所有制经济在很大程度上也实行指令性计划，采取不少类似对国营经济管理的方法。

这样的经济管理制度有许多弊病。按行政系统管理经济不适应社会化大生产的要求，割裂了企业、行业、地区之间横向的内在经济联系，造成中央、地方自成一套，企业"大而全""小而全"，重复生产和建设。过多的指令性计划不适应复杂多变的客观需要，导致产供销长期脱节。而"吃大锅饭"的办法，使企业既缺乏内在的经济动力，又无外在的压力来促使其发挥积极性和改善经营。由此产生的不良后果是：不利于选择最优化的比例，造成人力、财力、物力的巨大浪费；严重阻碍技术进步和劳动生产率的提高，工作效率低，不利于获得最大的经济效果。归根到底，是不利于现代化建设和人民生活水平的提高，违反社会主义基本经济规律的要求。因此，要进行改革。

我们进行经济改革，要坚持生产资料公有制和按劳分配，坚持社会主义道路。在这个前提下，从我国实际情况出发，以外国的经验为借鉴，来确定改革的方向，建立最有利于加速现代化建设和提高人民生活的制度。由于企业是社会主义经济的基本单位，我国经济管理体制的改革，应从扩大企业自主权入手，相应改革国民经济各方面的管理体制。应当抓住国家和企业的关系作为关键，解决以下问题。

首先，把企业从行政机构的附属物改为相对独立的商品生产者，在国家统一领导下，使企业具有必要的自主权。

国营企业在产、供、销、人、财、物六个方面，具体说来，在生产经营、资金使用、物资管理、产品销售、劳动力安排、收入分配方面，都应当有必要的自主权。让企业对经常性的经济活动可以自行作出决策，进行独立的经济核算，自负盈亏。在企业内部，则要加强民主管理。要使企业既有必要的自主权，负担应有的经济责任，又把企业收入的多少同经营好坏紧密结合，把劳动者报酬的高低同他们对国家和企业的贡献大小密切结合起来。这样做，就可以充分发挥企业和职工的积极性、主动性，使企业的发展有内在的经济动力，能做到经营"自动化"。这样做，也正好符合社会主义基本经济规律的要求。因为在社会主义制度下，满足人民群众不断增长的物质和文化生活需要是生产发展的巨大动力。这个动力落实到企业中，在经济上就表现为贯彻物质利益原则，通过使企业和广大职工从物质利益上关心劳动成果来实现的。

对于集体所有制的经济单位，则要让它们在遵循国家计划指导，服从国家政策法令的前提下，真正独立经营和完全自负盈亏。对农村社队，则要切实尊重它们作为集体经济组织的自主权，这才能使集体经济迅速发展。

其次，把计划调节和市场调节结合起来，以计划调节为主，同时充分发挥市场机制的作用。

国家的计划领导不等于实行指令性计划。在一般情况下，国家对企业可以只规定参考性的指标，让企业以相对独立的商品生产者的身份在市场上活动。企业可根据国家的要求、市场的需要以及本身的生产条件和经济利益，制订生产计划；可以在市场上购买所需要的生产资料和出售产品。市场调节就是价值规律的调节，它同价格是分不开的。因此应当实行多种价格，对一般产品可实行协议定价或自行定价，允许价格在一定幅度内浮动。竞争是商品经济的一个特点，为了更好地发挥市场机制的作用，可以让企业之间有一定程度的竞争，使其生产和经营更符合市场的需要。企业有物质利益作为内在动力，又有竞争作为外在压力，加上不断加强思想政治工作，来提高职工的思想觉悟，就会经营得更好。

社会主义商品经济的一个重要特点，是计划性的商品经济。在注意发挥市场机制作用的同时，也要切实加强国家的计划指导。我们应当把国家计划工作的重点放在制订中、长期计划，规定整个国民经济的发展方向、目标、重大比例关系、经济增长速度、生产水平提高等，并提出年度计划的控制数字。国家要掌握骨干企业重要产品计划，以及基本建设的规模、投资比例、地区布局和重点建设项目，重要物资和消费品的主要部分可由国家统一分配，规定统一价格。国家还要做好物资、信贷和货币、进出口和外汇等各方面的平衡。这样，就可以做到以计划调节为主，对经济生活管而不死，活而不乱。

第三，在管理方法上，经济办法和行政办法相结合，以经济办法为主。要打破按行政系统的、地区部门之间的界限，根据社会化大生产的专业化协作和经济的内在联系，把企业组织成各种公司。公司可以是专业公司或综合性的联合公司，也可以把国营企业和集体经济单位组织成公司。地区性的公司由地方管，全国性的、跨地区性的公司由中央管，公司和所属企业都向所在地的政府交税。对公司和企业主要采取价格、信贷、利润、利息、税收等经济手段，来引导它们在国家计划的指导下进行活动。而为了更好地使企业、公司的局部利益服从全局利益，也需保留必要的行政手段，以控制、协调它们的生产经营活动，并通过各种经济立法和经济监督来加强管理。必要时，甚至可以指定企业生产或停产某种产品。

如果按照这种设想，既然经济活动改为由经济组织按照经济内在联系来进行，那么，中央和地方的经济管理机构的设置和权限的划分，就应当适应社会化大生产的要求并有利于指导公司、企业的经济活动。要把目前臃肿重叠的行政管理机构，改为少数综合性的经济领导机构。要在中央集中统一领导下，适当扩大地方的经济权限。在中央和地方之间，也要把"吃大锅饭"改为"分灶吃饭"，划分中央和地方两级财政，以利于发挥地方的积极性。

经济管理体制的改革和国民经济的调整、整顿是密切相关的。调整比例关系，抓好企业的整顿，将为经济管理体制的全面改革创造条件；而在此过程中，进行局部的、必要的改革，又将促进调整、整顿工作的进行。去年，我国国务院制订了关于扩大企业自主权和实行利润留成等规定。在全国试点的三千多个企业中，这些措施明显地促进了生产发展和增加收入。广东的一百个试点企业，去年一月至十一月与前年同时期相比，试点企业的生产增长幅度比全省的工业企业平均增长数大百分之六十三。这些企业实现的利润将比预计数多一亿元，其中一部分用于发展企业生产和增加职工的福利、奖金，做到国家多收，企业多留，个人多得。在中央和地方的关系上，拿广东来说，在去年对外经济活动采取特殊政策和灵活措施之后，对外经济活跃，收到显著成效。一九七九年同一九七七年相比，我省外贸出口增加了百分之五十五点八，侨汇增加了百分之四十一点二，其他非贸易的外汇收入增加了一点四倍。对外加工装配和补偿贸易初步打开了局面；在深圳、珠海、汕头市设置经济特区，提供优惠条件，吸收外国和华侨、港澳厂商在特区投资设厂的工作，正在开展。深圳蛇口工区加快施工进度，已有不少客商前来商洽投资设厂。可以预期，全面地实现经济管理体制的改革，将促使中央部门、地方、企业和劳动者个人充分发挥积极性，更加多快好省地进行社会主义现代化建设。

以上全部分析表明，中国式的现代化道路应当体现我国在提高生产技术和完善社会主义经济制度等各方面，都符合社会主义现代化的要求和中国的国情，具有自己的特点。通过反复研究和实践，走出一条中国式的现代化道路，必将促进我国人民在本世纪末实现四个现代化，多快好省地把我国建设成为现代化的社会主义强国！

原载《中山大学学报（哲学社会科学版）》1980年第2期

试论发挥广州的经济优势

钟裕高

广州是广东省的政治、经济、文化中心,又是南方进出口的重要港口,它的发展,对广东建设事业,对全国特别是对华南、华中、西南地区的发展有重大的促进作用。因此,认真探明并注意充分发挥广州的经济优势,有十分迫切的现实意义。

从实际出发正确理解经济优势

从实际出发,扬长避短,发挥优势,是按照客观规律办事,讲求经济效果,加速发展我国四个现代化的重要方针,为了切实贯彻这一方针,必须正确地理解什么是经济优势。

目前,社会上对经济优势的一些看法值得商榷。例如,有的同志把某些长处、有利条件与经济优势简单地等同起来,把个别的有利因素误认为是经济优势,甚至把某些自然条件当作当地的经营优势、产业优势。有的同志把属于过去的优势当作今天的优势,或把还属于潜在的可能性也误认为当前的优势。还有的同志仅从一个企业、一个部门、一个地区去考察优势,有的甚至还从小生产的地位和暂时的局部现象去进行考察。因此,他们错误地估计形势,盲目地发展"优势",致使有些地方出现了小厂挤大厂的现象。这些小厂的产品质量差,耗料多,效率低,成本高,又吃掉了大厂的原料,中断了原来的供应关系,以致使大厂严重减产,国家收益减少,给经济调整带来了新的困难。

我认为要正确认识经济优势,必须坚持三个基本观点。

第一,要从本质上考察经济优势。经济优势是一个社会经济范畴。它的实质是指在经济发展进程中,由于自然的和社会的诸因素共同作用形成的主流倾向或优越态势。它可能反映为综合性的某种产业优势,某个部门的优势,整个地区的优势;也可能表现为个别性的资源优势,资金优势,技术优势或者经营管理优势等。除了自然条件的优势之外,大多数并不是纯客观的因素。即使是自然条件上的优势也还要看开发的政策和开发利用的程度等方面是否妥善。马克思在《资本论》中指出:"劳动生产力是由多种情况决定的,其中包括:工人的平均熟练程度,科学的发展水平和它在工艺上的应用程度,生产过程的社会组合,生产资料的规模和效能,以及自然条件。"这里说的是劳动生产力状况问题,但反映在现实经济对比中就是经济发展的具体态势问题。可见,劳动生产力、经济优势都是自然的和社会的诸因素共同作用的结果,并不是个别因素所能决定的。把某些长处、有利条件与经济优势简单地等同看待,显然是不确切的。自然方面、地理方面的某些有利条件,本来早已存在,为什么在同样的条件下,有的就搞得好,有的就搞不好呢?这说明,经济优势绝不是纯自然现象的反映,还要看社会因素、主观因素如何。所以考察经济优势绝不能只从现象上去考察，而要实事求是地从本质上，从全面的对比中去考察它，把握它。

第二，要从发展上去考察经济优势。优势是在比较中存在，又在发展中变化的。在经济发展进程中，往往存在着历史优势、现实优势、潜在优势三种不同状态的变化。既然客观上有这三种不同状态的优势，就应该具体地从发展上去认识它，把握它。不能把过去的优势或者还属潜在中的优势看作现实的优势。对待不同状态下的优势要有不同的对策。对待历史优势，如果客观条件没有变化，则应着重于主观上采取有效的措施，以促进它的恢复与发展；如果客观条件变化了，则应遵循客观规律，创造新的条件，促进新的经济优势的形成。对待现实优势，看准了，就要抓住它，积极发展它，以促进形成新的经济高涨。对尚属潜在中的优势，则要努力从主客观方面创造条件，促使它早日转化为现实的优势。

第三，要从全局上考察经济优势。我们建设社会主义现代化的经济，是社会化大生产，是有计划的商品经济。大生产的商品经济必然要冲破地域上的种种界限。这个地方没有的，可以通过交换去补足它。那种画地为牢的小生产的狭隘观念与社会化大生产是不相容的。所以，应该从商品经济的特点出发，去全面考察经济优势。例如，广州的外贸事业，单从当地的资源条件来看是有限的。但广州这个港口，是以全省甚至华南、中南、西南等地区的资源为靠山的。通过发展国内的物资交流，调动各地发展出口资源的积极性，广州的外贸优势还是存在的。

同时，对待发挥优势中的经济效果问题，也要有全局观念。不能仅从一个企业、一个部门、一个地方孤立地去考察。当前一些地区存在大厂吃不饱，小厂又在搞，以小挤大，以落后挤先进的现象，就是由于缺乏全局观念而造成的恶果。有的建设项目，单从局部来看，可能是有利的，但它耗能多，耗料大，成品质量差，技术经济效果低，从全局来看是不合算的。这就不能说是经济优势。盲目地去干，反而会削弱全局上的优势，不利于社会主义事业的发展。

总之，对待经济优势，应该坚持从本质、发展、全局看问题的观点。这样，才能如实地、科学地探明真正的经济优势。

充分发挥广州经济的现实优势

广州经济发展的优势在哪里呢？如何去探明并发挥它呢？我认为，首先要抓住广州经济中的现实优势，因势利导，才能加速广州经济事业的发展。

广州经济现实优势最突出的表现，是轻纺工业、手工业生产颇有特色并具有相当雄厚的基础，在全国一直处于优势地位，有利于进一步建立具有地方特点的轻型经济结构。解放前，广州的工业主要是轻工业、手工业。1949年，工业总产值中轻工业占百分之八十几，重工业只占百分之十几。那时广州的重工业只有几间生产极不正常的小厂，如水泥厂、轧钢厂等。而广州轻纺工业的历史则颇为悠久，十九世纪七十年代就获得"广货"的称誉，与"京货"齐名。"京广杂货"在国内外市场中占有重要位置。如广州的象牙雕刻、玉雕、彩瓷和珠绣等工艺品早负盛名，运销中外。解放以来，广州大上基础工业，优先发展重工业生产，但仍未改变原有的特点。据1979年统计，重工业只占40%左右，轻工业仍占60%左右。这说明广州的经济，仍然是以轻纺工业、手工业为主的生产结构。其基本原因在于广州市的动力不足，原料缺乏，加上铁路交通主要干线——京广线进入衡阳以后一直还是单线运行，大宗的煤炭和矿石原料的运进受到限制，而这些不利条件短期内仍难以得到根本的改变。因此，广州搞重型经济结构是不适宜的。

目前，广州轻工业有四个第一很可以说明它的现实优势地位。全市在创造产值的比例上，轻纺、手工业品生产总值占第一位，达到60%以上；在全市出口商品的收购值中，轻纺、手工业品收购值占第一位，达70%以上；全国十大城市轻重工业的比例，广州的轻工业比例为最高，占全市总值60%多；还有，广州近几年来，已创造出一批全国第一流的名牌产品。据统计，1978年轻工业局系统被评为全国、省、市优质产品的有32种，1979年又有29种被列为重点发展的优质产品。如箭牌立德粉（锌钡白B311），生产规模为全国之冠，1978年产量占全国总产量的三分之一强，出口量占全国的40%；远销世界五大洲三十多个国家和地区。同时，省、市都有一批老艺人、老工人师傅，在长期的生产实践中积累了丰富的经验，掌握了一套"特艺""绝技"。他们创作的高级工艺品，名闻全国，誉满中外，是进一步发展广州手工艺品生产的极有利条件。

以热带、亚热带作物为原料的蔗糖、纸、食品工业以及陶瓷业，都是我省、市轻工业的优势。如广东的甘蔗产量居全国第一位，糖产量占全国的40%以上。蔗渣又是一种宝贵的轻纺工业资源，对它综合利用的技术能力在全国也占领先地位。目前我们不仅能用蔗渣制造普通粘胶纤维和富强纤维，而且能制造高湿膜量纤维。又如我省、市蚕桑养殖业历史悠久，历史最高的蚕茧年产量曾达120万担，现在只有40万担，潜力还很大。我省桑蚕每年三月至十月可产茧八造之多，产量比国内其他地区都高，在国外也是少有的。桑叶的质量比较好，平均亩产比全国平均水平高三倍多，比日本的产量也高。此外，还有橡胶、椰子、菠萝、荔枝、胡椒、可可等，均属岭南特产，在全国占有绝对的优势，极宜大力恢复和发展。

但是，我们在看到广州轻纺工业的优势的同时，还应清醒地看到它某些方面的劣势地位。广州轻纺工业正面临着新的挑战，有国内市场和国际市场的压力。三十年来，广州市一直突出发展重工业。如以1979年与1949年比较，重工业增长达130.44倍，而轻工业只增长21.93倍；1979年与1965年比较，重工业增长3.09倍，轻工业只增长1.68倍；从每年平均递增速度来看，轻工业比重工业慢，1979年与1950年、1966年相比，重工业分别增长17.7%与10.6%，而轻工业只增长11.0%与7.3%。这说明以轻工业发展为主的方针并未摆正。由于重工业比重过大，十分短缺的煤、油、电大部分被重工业吃掉，妨碍了轻工业的发展，这怎么能发挥广州的经济优势呢？因此，进一步落实调整的方针，使广州切实转向以轻纺、手工业品生产为主的轨道上来，实是当务之急。与外地相比，这个问题也很突出。近年来，各省市都在加快发展轻工业，如武汉市的轻工业1979年比1978年增长21.83%，大大快于它的重工业增长速度；而广州市轻工业同期只增长5.24%。这说明广州轻工业发展的步子大有落后之势。又如江苏省的钟表、自行车、缝纫机的发展速度直线上升，1980年1月至7月，分别增长22.8%、65.76%、73.31%，产品的质量、花色也大有改进。上海市还提出新的发展方针，要让轻工产品逐步实现电子电气化、小型轻量化、营养疗效化、装饰工艺化。面对这种竞争形势，广州怎么办？难道不值得我们深思么？！

在广州轻纺、手工业品的生产中，内部结构和实际效果还有许多薄弱环节。如广州轻工业普遍存在"老厂房、老设备、老产品、老工艺、老包装"的问题，很不适应竞争的形势；纺织业中，长期以来织大于纺和染，织布机吃不饱，生产能力无法充分发挥；自行车、缝纫机和手表等的电镀、喷漆质量较差，严重地影响了产品质量的提高。广州轻工业出口产品销往第三世界市场的占多数，能销往欧美市场的还是少数；特别是作为现代化标志的轻型电子产品，目前不仅远远落后于上海、天津等先进地区，而且还落后于许多后起的城市。这说明，广州要想加快发展轻工业，必须急起直追，首先要把优势中的劣势扭转过来。

广州经济发展的另一个突出的现实优势，是商品经济比较发达。广州是全国商品的主要集散地之一，也是全国一个重要的港口城市。广州毗邻港澳，面向海洋，水陆交通都比较发达，可停泊万吨级轮船，发展对外贸易有得天独厚的条件。而且它对外贸易历史较长，是我国最大的商业中心和外贸中心之一。据马克思所引用的资料，1845年广州进出口贸易总额达3840万美元，其中出口额是2770万美元，比当时上海出口总额高3.6倍，比其进口总额高2.5倍。可见广州外贸曾占据着十分显要的地位，存在无可争议的历史优势，大可以加以发扬。目前广州市有三百多个主要企业生产四百多种出口商品，全年外贸收购量达10亿元，其中轻纺、手工业品的收购量占70%左右。广州目前仍是仅次于上海的全国第二大口岸，已同世界一百五十多个国家和地区建立了贸易关系。省、市的食品工业更有特色，并具相当规模，可以生产二千多个品种，远销八十多个国家和地区，每年出口量达10万吨，其中省市特产的罐头鲮鱼、菠萝汁、竹蔗汁、酱油和米酒等出口量居全国首位，饼干生产品种有二百多个，出口量占全国三分之一左右，糖果品种有三百多种，产量在全国也占最大宗。其中受到国内外消费者欢迎的柑粉夹心糖，色彩鲜艳，外形美观，夹心分明，具有浓郁的水果风味，深受国内消费者喜爱；近年来，这种糖果还远销尼泊尔、阿曼、新加坡、马来亚、索马里等国家和地区，最近还运往美国市场展销。

目前省、市出口的潜力还很大，实际出口总额仅占全国出口量的9%，与省、市所处的地位以及形势发展的需要是不相适应的。有很多传统商品须大力发展，更要提高出口产品的质量，多生产中、高档产品，以适应国内外市场竞争的需要。广东、广州历史上有"鱼米之乡""水果王国"之称，国内外市场都渴望大量供应渔产鲜货，瓜菜鲜果。港澳同胞和东南亚侨胞素喜食用家乡鲜货特产，外运也比较方便，这对我省、市贸易的发展十分有利。可惜这方面的历史优势未能得到充分的发挥，如"四大名果"——香蕉、荔枝、菠萝、柑橘，历史上有过很大发展，合计最高年产量曾达九百多万担，1979年只产四百多万担，比历史上最高水平减少一半多。这一潜力未能发挥的状况亟待扭转。群众也渴望较快地改变"鱼米之乡"吃鱼难、"水果王国"买不到本地水果的怪现象。

大力发掘广州经济的潜在优势

要加速广州经济的发展，除充分发挥现实优势之外，还要进一步探明和发掘其潜在的优势。

广州地处祖国南大门，既是政治前哨又是经济前哨。据统计，1979年从广东口岸进出的外宾，包括探亲的侨胞和旅游者达825万人次。随着祖国社会主义建设事业的发展，广州将日益吸引更多的外宾和侨胞。旅游业有无烟工业之称，它投资少，见效快，创汇高，又能容纳大量的劳动力就业，当今世界各国对它都十分重视。在我国，它还是一个新兴的行业，我们还缺乏经验。根据目前国际上的经验，要办成一个现代化的旅游中心，必须具备的条件是：有能容纳大量游客的现代化旅居条件（主要是旅店和餐馆）；有现代化的交通运输和邮电通讯设备；有引人入胜的游览胜地和现代化的娱乐疗养设施或其他吸引游客的独特之处（如独特的市政设施、特异的地方风味以及必经的交通枢纽等）；有足够的训练有素的管理服务人员（包括翻译和导游人员等）和良好的服务质量；有健全的高效率的能够沟通国内外的组织机构。

广州的旅游设施虽有一定的基础，但距离上述要求差距还很大。广州是一个英雄的革命城市，有许多革命遗址和历史文物可供游人瞻仰和考察。这里四季常青，景色宜人，特别是地处交通要道，去省内各地探亲览胜或到桂林、昆明等省外游览，大都取道广州，可谓得"地利"之极。但广州有许多历史传统亟待恢复，现代化设施更显不足，无论是市容卫生，饮食服务，还是交通往来，商品经营等都还不能适应社会发展的需要。广州要发展成为现代化的旅游中心还需做大量的工作。特别值得一提的，是如何恢复和发挥"食在广州"的历史特色。广州在历史上有许多以南方土特产品为原料配制而成的佳肴美点，以及奇珍野味，深受海内外人士的喜爱。有名的广州食品和独特食谱，诸如滑嫩的白切鸡、东江盐焗鸡、广式腊味、陶陶居乳猪、白云猪手、莲香楼月饼、泮溪点心，以及沙河山水粉、糯米鸡、蛇餐等，还有岭南木瓜、石硖龙眼、罗岗甜橙、增城挂绿、泮塘莲藕等都脍炙人口，驰名中外。此外，过去广州饮食店之多，小吃之方便，堪称全国之冠，有"五步一楼，十步一阁"之称。这些都亟待大力恢复和发展。特别是如何使食品加工现代化，发展适应旅游携带的压缩食品、冷冻食品、快速食品等都需很好地研究。因此，旅游业是广州一大潜在优势，需大力发掘并把它办活办好。

广州经济发展的另一潜在优势，是可以利用它历来是开放城市的便利条件。广州接触西方文明比较早，引进国外先进技术并掌握国际贸易、技术情报也比较快。广州应发展成为吸收外国科学文明的先进基地和搜集国际科技、经济情报的中心之一，这对我国四化建设将起到更大的促进作用。近年来，广州通过与侨商、港澳商人来料加工、补偿贸易、合资经营等活动，已接触了不少先进技术，今后还可以随着现代化建设的需要，在国家、地方财力可能的条件下，逐步引进一些高精尖的现代产品，如高级电器仪表、高级医疗器械、高级电视广播设备、高级传真通讯设备、精密的机床以及现代化的造船业等技术密集型产品。广东有八百多万华侨在国外，港澳地区的华人大部分是广东人，他们热爱家乡，热爱祖国，其中有很多科技人才。广州大可以利用这些条件以促进先进科技的引进以及技术情报的搜集工作，这意义并不亚于物质的输出和输入。近年来，外省为了发展出口贸易也积极派人去国外了解行情，但广州这样做的还不多，很不利于广州经济优势的发挥。广州应发展这一潜在优势，办成沟通世界科技情报的一个中心。

总之，我们应该按照中央指示的精神，努力使广州成为一个繁荣、文明、优美、整洁的社会主义现代化城市，真正成为广东以至华南地区的经济中心、外贸中心、旅游中心和科技中心，在我国四化建设事业中作出更大的贡献。

端正思想路线，加强领导，是发挥优势的关键

从以上分析来看，广州在地理环境、自然资源、经营传统和现实的技术管理力量等方面都有许多有利条件，有些早已是历史优势，有的至今也还是现实优势，同时还存在一些尚待挖掘的潜在优势。这一切优势为什么长期未能得到充分的发挥呢？其原因除了林彪、江青反革命集团的破坏之外，还在于深受左倾路线的影响。主观主义、唯意志论成风，以致不能发挥优势。经济优势不是自发形成的，它是客观优越条件与合乎客观规律的主观能动作用相结合的产物。承认和看到某些优势的存在是一回事，能否实施正确的领导，采取正确的政策，并以顽强的革命干劲去办事又是一回事。要真正发挥优势，必须把二者很好地结合起来。

发挥优势的关键，在于认真端正思想路线，坚持实事求是的科学态度，切实加强党对经济工作的正确领导。近来，中央又给予广东省、广州市实行特殊政策和灵活措施的权力，大大加强了主观上的有利因素。

当前，有些思想认识问题需要澄清。有人认为，解放三十一年来，我们花了很大力量才把广州从消费城市建设成为现代工业城市，现在又转向轻工业、外贸、旅游服务业为主的经济方向发展，这不是倒退了吗？这种看法是片面的。我们应当充分肯定广州解放后经济建设的成绩，但不能对它估计过高。广州虽然改变了解放前许多半殖民地、半封建性的旧痕迹，建立了一定的现代工业的基础，但还不能说已经变成现代化的城市了。广州与国内的先进城市相比还有很大差距，与国外的现代化城市相比差距则更大，现在不是应不应该把广州建设成为现代化工业城市的问题，而是如何达到这个目标的问题。是扬长避短，发挥优势，还是弃长就短，搞无米之炊？三十一年建设的教训，是值得记取的。只有从实际出发，先着重搞轻型结构的经济，然后逐步向高水平的现代化工业迈进，才是正确的方针。只有通过狠抓广州的轻纺、手工业生产，外贸经营以及办好旅游业，才能较快地积累资金和技术力量，提高管理水平，并调动全市人民的积极性，从而有利于大上高精尖水平的现代工业，建设现代化城市，这才是一条较快较现实的社会主义经济发展的道路。

有人认为广州的经济已有了相当规模，当前不需再发展，应转向发展省内中小城镇的经济事业和深圳、珠海特区的建设。这种看法忽视了中心城市的作用，忽略了发挥现实优势，是不利于全省经济发展的。广州市的自然优势、技术优势、经营优势和其他潜在优势，是发展全省经济事业的重要有利条件。在统筹安排下，突出发挥广州这个中心城市的优势，大力开展经济协作，组织经济联合，扶植省内地区和特区经济的发展，将会促进全省经济建设较快地发展。中央关于建设广东、福建两省特区经济的指示，并不只是指若干靠近边界的城镇的建设。我们的思想是否可以再解放一些，设想把已有较好基础的广州市与深圳、珠海联结起来，形成一个经济特区，发展外贸经营与其他经济事业。当然，这并不是把所有的投资项目都集中在广州，而是以广州为重点，兼顾并带动其他地区，同时注意尽量发挥各专区和县市经济发展的优势。广州也要学习各专区、县市的优点，做到取长补短，共同发展。这样从广州与全省一盘棋考虑，才能把有限的人力、物力和财力用在刀刃上，从而推动城市建设的全面发展。

原载《中山大学学报（哲学社会科学版）》1981年第1期

我国城镇规模体系的演变和预测

许学强

城镇体系的研究是城市地理学的重要内容之一，是城市地理学为国家现代化建设服务的一项重要任务。所谓城镇体系，是指一个国家或一定地域内，不同类型、不同等级的城镇所构成的一个既分工、又协作，既相互独立、又紧密联系的有机整体。城镇的规模、职能和空间分布是城镇体系的三个主要侧面和研究的出发点。城镇规模体系包括整个体系的规模结构和规模大小。前者可用不同规模等级的城镇数目的比例关系来说明，后者则可用所有城镇的大小序列分布水平进行描述。一个国家的城镇规模体系总是在一个相当长的历史时期内，随着社会发展而逐步形成的。建国以来，我国城镇规模体系经历了一个曲折的演变过程。总结这个过程，分析其原因，预测发展趋势，对于科学的制定城镇发展政策有着重要意义。

国民经济发展与城镇人口增长速度

建国以来，我国经济发展迅速。到1978年底止，工业总产值增长了28倍，粮食总产量增产1.7倍，人平国民收入提高3.8倍。随着国民经济发展，城镇人口不断增加。从1949年到1978年底，我国城镇人口由5765万增加到11994万，增加了108.05%，年平均递增率为2.47%。1950—1979年世界城镇人口增长了1.37倍，年递增3%。与此相比，我国城镇人口增长速度稍慢。但若分阶段来看，我国城镇人口的增长速度前后波动是较大的。

1949—1960年底，城镇人口激剧增长。建国后，经过三年恢复，工农业生产已达到历史最高水平。随后开始了大规模的第一个五年计划建设，以156项重点工程为中心，建立了社会主义工业化的初步基础。1958年不按经济规律办事，轻率地发动了"大跃进"运动，加上当时的自然灾害和苏联政府背信弃义撕毁合同，我国国民经济从1959年开始发生严重困难，粮食总产量首先大幅度下降。但是，总的说来，这一阶段我国国民经济还是有较大发展。工业产值扩大近11倍，人平国民收入增加178.8%。1958年与1949年相比，粮食产量增长76.7%。为了适应这个发展，农业人口大量涌入城镇，加上没有执行计划生育，始终保持高出生率、高自然增长率，因此，城镇人口激剧增加，十一年共增加126.8%，年平均递增率7.7%。

1961年初至1970年底，城镇人口大幅度减少。1959年开始的经济困难，到1961年变得更加严重。在这种情况下，国家决定对国民经济实行"调整、巩固、充实、提高"的方针，采取压缩重工业生产、缩短基本建设战线等一系列的正确政策和果断措施。因此，从1962年到1966年国民经济得到了比较顺利的恢复和发展。随后，由于错误地发动

"文化大革命"，从1967年起农业生产停滞，工业生产大幅度下降。1969年开始回升。但是，总的说来，这一阶段国民经济发展缓慢，工业总产值增长27.0%，人平国民收入增长26.6%。1968年与1958年相比，粮食产量仅增加4.6%。由于大批农业人口返回农村，知识青年上山下乡，干部下放，加上城市里的计划生育工作初见成效，所以，这阶段城镇人口不仅没有增加，反而大幅度减少，十年共减少22.9%，年平均递减率2.6%。

1971年初至1978年底，城镇人口增长速度较快。由于"四人帮"的干扰和破坏，工农业生产受到严重破坏，1976年财政赤字达到五十多亿元，整个国民经济临近崩溃边缘。粉碎"四人帮"，结束了"文化大革命"这场灾难，国民经济开始恢复和发展。这一阶段工业总产值增加95.4%，人平国民收入增加34.8%。1968—1976年粮食产量增加45.7%。由于落实政策，大批知识青年回城，干部返回原单位；由于调整国民经济结构，发展科教文化和服务事业，因此，在自然增长率明显下降的情况下，城镇人口增长速度仍然较快，八年内城镇人口增长19.1%，年平均递增率2.2%。

可见，城镇人口增长速度的波动既与国民经济各时期的发展形势密切相关，又受政治因素、计划生育的强烈影响。

1949—1960年（前期）和1971—1978年（近期），城镇人口增长与粮食产量、工业产值、人平国民收入的一元线性相关十分显著（见表一、图一），相关系数都在0.90以上，大大超过相关系数显著临界值。1961—1970年间（中期），由于政治因素影响较大，城镇人口与上述指标之间根本不存在相关关系。当年的粮食产量并不会对当年的城镇人口产生影响，而是对下一年或下两年度的城镇人口产生影响，因而各年城镇人口与其上两年的粮食产量相关系数最大。表一还告诉我们，前期的各个一元回归方程的斜率b都相应比后期的大，这主要由于前期城镇人口自然增长率高，近期低；前期的国民收入的增加，工业产值的提高，主要靠增加劳动力，近期，在较大的程度上依赖于提高劳动生产率。此外，也说明前期城镇人口的增加，在一定程度上超越了国民经济的发展，特别是超越了粮食产量的增加，必然导致后来的城镇人口减少。

表一 我国各时期城镇人口数与人平国民收入、工业产值、粮食产量的一元回归分析

年份	人平国民收入		工业产值		粮食产量					当α为0.01时相关系数显著临界值
					下两年		下一年		当年	
	r	b	r	b	r	b	r		r	
1949—1960年	0.976	58.95	0.984	4.739	0.916	0.686	0.566		0.447	0.708
1961—1970年	−0.564	−22.36	−0.343	−1.159	−0.320	−0.142	−0.142		−0.899	0.735
1971—1978年	0.920	24.21	0.975	0.956	0.950	0.194	0.194		0.943	0.798
1949—1978年	0.670	19.40	0.633	1.114	0.541	0.184	0.480		0.460	0.463

说明：①本表为根据历年的实际资料进行计算的结果。
②r为一元线性相关系数。
③b为一元回归分析的斜率。

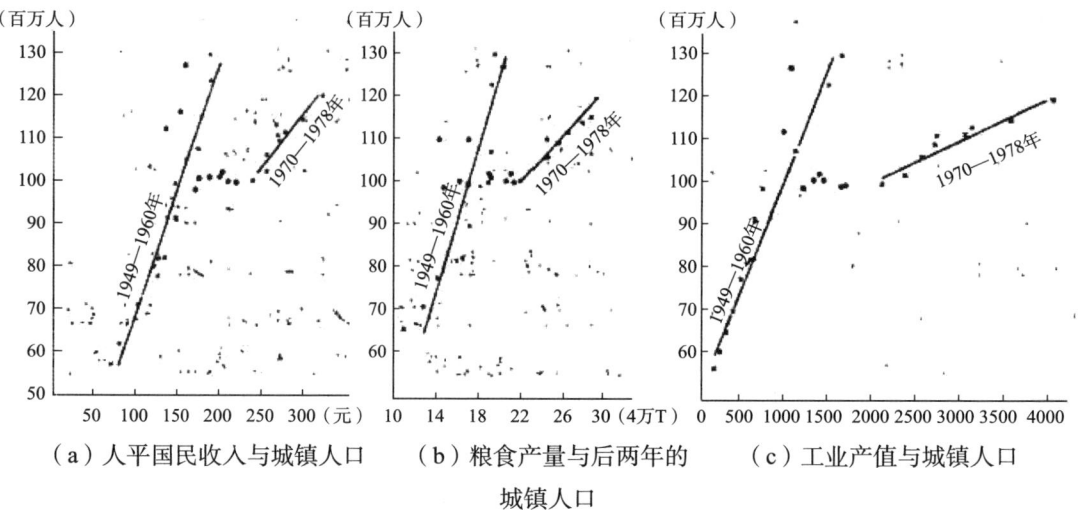

(a) 人平国民收入与城镇人口　　(b) 粮食产量与后两年的城镇人口　　(c) 工业产值与城镇人口

图一　历年城镇人口与人平国民收入、粮食产量、工业产值的一元回归直线图

城镇规模大小与增长速度

图二、表二告诉我们，城镇的人口规模不同，其增长速度是有差别的。总的趋势是，小城镇增长速度一般较快，标准差较大；大城市增长速度较慢，一般接近或低于全国的加权平均水平，标准差较小。这主要由于小城镇的人口基数小，在短期内可以成倍增长，但小城镇数目多，原有基础差，据"择优发展"的原则，使得条件好，符合国家发展政策需要的小城镇，可能获得高速度，而条件差，不太符合发展政策需要的小城镇，发展速度较慢。小城镇赖以存在的部门单一，经济基础薄弱，因而受发展政策和其他因素影响的"灵敏度"很高，政策一变，人口激剧增长的小城镇，可能大幅度下降。相反，大城市人口基数大，经济基础雄厚，结构复杂，短期内，发展的绝对规模可能很大，但相对速度一般仍然较慢，受政策和其他因素影响的"灵敏度"低。

从各阶段看，前期由于"一五"的方针是合理利用东北、上海等城市的工业基础，积极进行华北、西北、华中等地的新的工业地区的建设。在西南开始部分的工业建设，并且强调新工业区的建设要依托旧城，交通方便，靠近资源，建设条件好。在城市建设上，执行重点建设城市方针，强调集中力量建设那些有重要工程的新工业城市，工业投产，城市形成，城市规模迅速扩大。因此，从统计资料分析，以10—40万人的城市增长速度较快，5—10万人的小城镇次之。包头、乌鲁木齐、南宁、合肥等，十年内人口增长1—3倍，由10万多人的小城市成为40多万人的大中城市，西宁、鹤岗、邯郸等直接由5万多人的小城镇进入中等城市。一些新城镇，如双鸭山、安达、焦作、鸡西、伊春、马鞍山等直接发展成为大中城市。与小城镇相比，40万人以上的大中城市增长速度稍慢，但由于这一时期没有采取有力措施控制大城市规模，因此其发展速度还是相当可观。有的中等城市，如兰州、贵阳、齐齐哈尔等，人口也增加了1倍多，变成大城市，许多大城市也提高了规模等级。

中期由于建设重点是"三线"地区，忽视依托和利用旧城，在整个建设中，追求

"小而全""自成体系","五小工业"遍地开花。因此,从统计资料分析,这一时期以5—10万人的小城镇增长速度稍快,其中以石阻山、天水、榆次、牙克石、克拉玛依、淮北等工业小城镇最快。十年内出现了63个像加各达奇、丹江、凯里等5万人以上的小城镇,但只有渡口、十堰发展成为10万人以上的中小城市。这一时期由于比较注意控制大城市人口规模,加强户口管理,大批知青上山下乡,因此,80万人以上的大城市,除武汉、西安、兰州等外,人口减少,减少的比例大于全国平均水平。

近期由于逐步认识到分散建设的害处,国家建设的重点又放在10—40万人的中小城市,五年内,这类城市的增长速度最快,如辽阳、平顶山、宜昌、襄樊、邢台、十堰、沧州等市。5—10万人的小镇次之。这一时期,随着国民经济调整,落实政策,除上海、哈尔滨、抚顺、齐齐哈尔外,其余的80万人以上的大城市,人口均有增长,但除武汉以外,其速度低于全国平均水平。

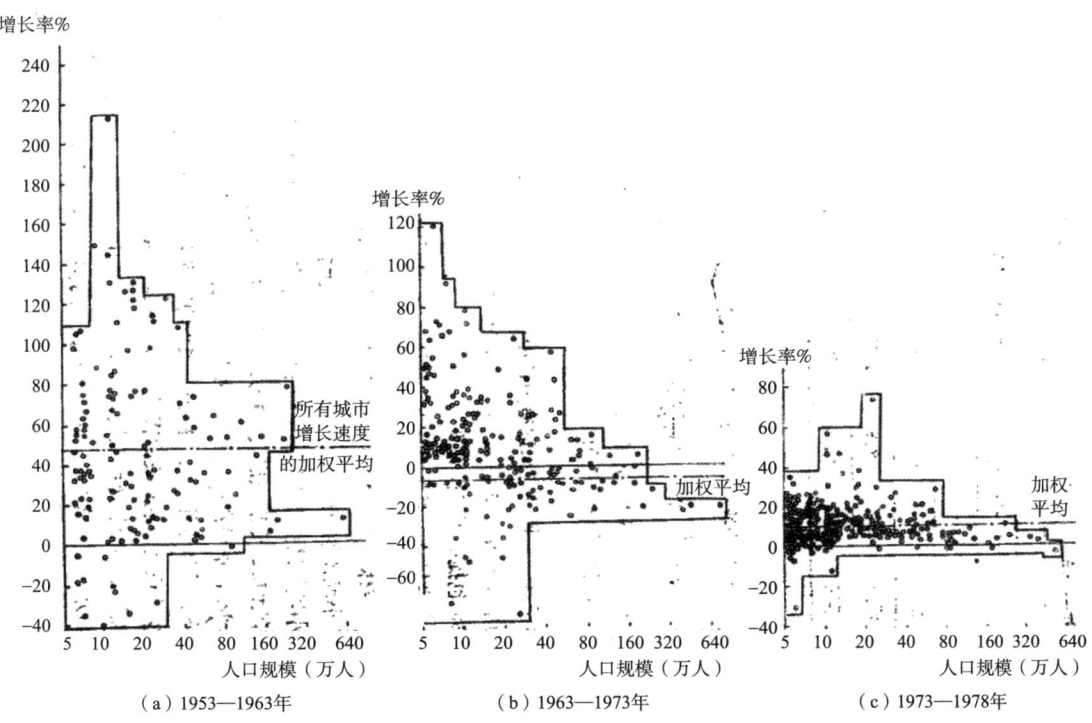

图二　1953—1978年五万以上城镇人口增长速度与城镇规模的关系

表二　1954年初至1978年底我国城镇规模等级与增长速度

	5—9.9（万人）		10—19.9（万人）		20—39.9（万人）	
	v	s	v	s	v	s
1954年初—1963年底	50.37	49.55	61.74	72.51	43.81	39.69
1964年初—1973年底	23.78	28.38	11.25	25.63	0.89	23.86
1974年初—1978年底	12.04	9.70	14.65	11.59	12.30	11.98

（续表）

	40—79.9（万人）		80—159.9（万人）		160以上（万人）		全国平均
	v	s	v	s	v	s	v
1954年初—1963年底	32.89	25.02	35.96	21.66	33.06	32.06	48.81
1964年初—1973年底	4.75	18.96	−4.85	10.64	−12.38	11.05	−6.40
1974年初—1978年底	10.77	6.65	4.02	3.20	4.29	4.37	10.03

说明：①根据我国5万人以上的各城镇的人口资料进行分类计算的结果。

②"v"为城镇人口增长速度，以百分比表示：

$$v = \frac{1}{n}\sum_{i=1}^{n} \frac{P_i\text{末年} - P_i\text{头年}}{P_i\text{头年}} \times 100\%，i=1, 2, 3\cdots\cdots n，n\text{为该等级城镇数目。}$$

③"s"为增长速度的标准差，表示该等级各城镇增长速度的差异。

④全国平均的增长速度是指全国城镇总人口的增长速度。

城镇规模结构与序列分布

由于不同时期、不同规模等级的城镇增长速度的差异，导致各时期城镇规模结构和序列分布发生了变化。

表三非常直观地表述了城镇规模等级的演变。前期城镇等级变化大，在158个5万人以上的城镇中，有62个城镇的人口规模上升了一级，10个上升了两级，甚至三级，出现了65个5万人以上的新城镇，其中有6个直接进入了大中城市。中期城镇等级有上升有下降。216个5万人以上的城镇中，只有28个升了一级。根本没有上升两级的城镇，却有17个城镇降了一级。虽然也出现了63个5万人以上的小城镇，但只有一个进入中等城市。近期时间虽短，但规模等级上升的趋势十分明显。

表四告诉我们，各时期5万人以上的城镇规模结构有许多变化。前期十年内，20万人以上的大中城市的比重明显提高，特别是160万人以上的特大城市，人口比重由29.9%提高到34.8%，而5—20万人的小城镇的比重相应下降，城镇数目和城镇人口比重分别由65.8%，21.5%，下降为59.7%，16.3%。中期十年间，情况发生了相反的变化，小城镇比重上升，大中城市比重下降。5—20万人的小城镇的数目和人口比重，分别由59.7%，16.3%，提高到69.4%，23.2%；20—80万人的大中城市下降幅度较大，分别由32%，34.8%，下降为23%，32%。近期五年间，时间虽短，城镇规模结构变化不大，但是仍可看到，这时期与前期的变化趋势较为类似，5—20万人的小城镇比重略有下降，20—80万人的大中城市比重稍有上升，80万人以上的大或特大城市的比重基本稳定，或略有下降。

表三　我国五万人以上的城镇规模等级演变矩阵

(前期) 分级		I	II	III	IV	V	VI	VII	VIII	合计
					(1963年)					
	I		51	8	4	2	0	0	0	
	II	7	24	24	3	1	0	0	0	57
	III	2	1	19	20	5	0	0	0	47
1953年	IV	0	0	2	14	9	1	0	0	26
	V	0	0	0	0	11	4	0	0	15
	VI	0	0	0	0	0	5	3	0	8
	VII	0	0	0	0	0	0	2	2	4
	VIII	0	0	0	0	0	0	0	1	1
	合计		76	53	41	28	10	5	3	216/158

(中期) 分级		I	II	III	IV	V	VI	VII	VIII	合计
					(1973年)					
	I		60	2	1	0	0	0	0	
	II	1	57	18	0	0	0	0	0	76
	III	0	6	43	4	0	0	0	0	53
1963年	IV	0	1	6	31	3	0	0	0	41
	V	0	0	0	3	22	3	0	0	28
	VI	0	0	0	0	0	10	0	0	10
	VII	0	0	0	0	0	0	5	0	5
	VIII	0	0	0	0	0	0	0	3	3
	合计		124	69	39	25	13	5	3	278/216

(近期) 分级		I	II	III	IV	V	VI	VII	VIII	合计
					(1978年)					
	I		33	0	0	0	0	0	0	
	II	2	100	21	1	0	0	0	0	124
	III	0	1	55	13	0	0	0	0	69
1973年	IV	0	0	0	30	9	0	0	0	39
	V	0	0	0	0	23	2	0	0	25
	VI	0	0	0	0	1	12	0	0	13
	VII	0	0	0	0	0	0	5	0	5
	VIII	0	0	0	0	0	0	0	3	3
	合计		134	76	44	33	14	5	3	309/278

说明：城镇规模等级分级：I　4.9万人以下，II　5—9.9万，III　10—19.9万，IV　20—39.9万，V　40—79.9万，VI　80—159.9万，VII　160—319.9万，VIII　320万以上。

表四 1953—1978年我国五万人以上的城镇规模结构变化

城镇分级（万人）	1953年			1963年			1973年			1978年		
	城镇个数	城镇数目比重%	城镇人口比重%	城镇个数	城镇数目比重%	城镇人口比重%	城镇个数	城镇数目比重%	城镇人口比重%	城镇个数	城镇数目比重%	城镇人口比重%
5—9.9	57	36.1	8.2	76	35.2	6.9	124	44.6	10.8	134	43.4	10.2
10—19.9	47	29.7	13.3	53	24.5	9.4	69	24.8	12.4	76	24.6	12.2
20—39.9	26	16.5	14.3	41	19.0	14.7	39	14.0	14.3	44	14.2	13.7
40—79.9	15	9.5	17.6	28	13.0	20.1	25	9.0	17.7	33	10.7	20.8
80—159.9	8	5.1	16.7	10	4.6	14.1	13	4.7	16.3	14	4.5	16.3
160以上	5	3.1	29.9	8	3.7	34.8	8	2.9	28.5	8	2.6	26.8
合计	158	100.0	100.0	216	100.0	100.0	278	100.0	100.0	309	100.0	100.0

说明：根据我国五万人以上的城镇数和各城镇人口数分类计算的结果。

总之，四个年度由于发展阶段和执行政策的差异，形成了略有不同的城镇规模体系。我们用幂函数来描述各年城市大小序列与城市人口规模的非线性关系[①]。

数学表达式为：$P_i = dR_i^{-b}$

这里 P_i 为第 i 位城镇的人口规模，R_i 为序列 $i=1, 2, 3\cdots\cdots 100$。$d$ 为参数，b 为斜率。计算结果为：

1953年　　$P_i = 78.118 R_i^{-0.906}$　　$r=-0.990$　　$i=1, 2\cdots\cdots 100$

1963年　　$P_i = 910.87 R_i^{-0.838}$　　$r=-0.992$　　$i=1, 2\cdots\cdots 100$

1973年　　$P_i = 554.84 R_i^{-0.811}$　　$r=-0.991$　　$i=1, 2\cdots\cdots 100$

1978年　　$P_i = 773.56 R_i^{-0.762}$　　$r=-0.987$　　$i=1, 2\cdots\cdots 100$

查相关系数检验表，当 $\alpha=1\%$，$n=100$ 时，显著性临界值为0.254。计算结果相关系数均大于0.98，说明四个年度的城市大小序列与城市人口规模的非线性相关十分显著。由于我国幅员辽阔，人口众多，城市体系较发育，因此 b 值一般都小于1。从多年的变化看，b 值逐渐减少，说明城市大小序列的斜率逐步变缓，序列的中下部的城市规模增长较快，城市规模体系逐趋完善。由于政策的不连续性，造成城市人口时而急剧增加，时而大幅度下降，因此，各时期 d 值波动很大。

试将上述四个年度的非线性回归式变为双对数直线回归（图三），可见，1963年的直线几乎是1953年的直线向上推移，略成向下的喇叭状，说明1963年的城市大小序列水平明显地、全面地提高，斜度变缓。1973年与1963年相比，两条直线大致在序列第17（相当于90万人的城市）的位置上相交，但夹角很小，说明大城市的人口普遍减少，中小城市有所增加，斜率进一步下降。1978年双对数回归直线的上部由于首位城市——上海的人口进一步减少而下降，下部上升，已高于1963、1973年的水平，说明斜率继续下降。

---

① 只计算了各年的人口规模最大的100个城市（镇）。

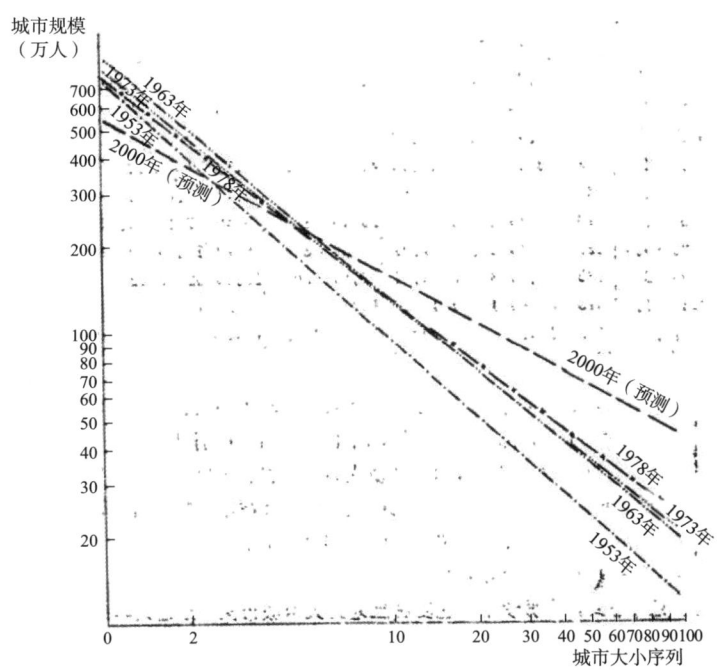

图三　1953年、1963年、1973年、1978年和2000年（预测）我国城市大小序列与规模的双对数回归直线图

我国城镇规模体系的预测

首先，以各个城市1973—1978年的人口增长速度为基础，参考幂函数公式推算结果，预测2000年我国城镇人口规模体系。幂函数公式中的参数是根据1953—1978年我国城镇规模大小序列分布斜率的下降趋势，确定 b 为0.7；假设我国首位城市上海市的人口数不再增加，确定 d 为553。然后，根据我国城市发展政策和城镇规模体系的合理结构的要求，进行检查和必要的修改。预测结果见表五。

表五　我国万人以上的城镇规模体系的现状和预测

城镇人口规模分级（万人）	1978年现状					2000年预测				
	城镇数目			城镇人口		城镇人口			城镇数目	
	数量	%	累积%	（%）	累积%	数量	%	累积%	（%）	累积%
320万以上	8	0.20	0.20	11.71	11.71	8	0.07	0.07	6.48	6.48
319.99—160	5	0.33	0.53	9.40	21.11	7	0.16	0.23	6.48	12.96
159.99—80	14	0.93	1.46	12.89	34.00	24	0.54	0.77	9.72	22.68
79.99—40	33	2.20	3.66	16.43	50.43	52	1.18	1.95	12.96	35.64
39.99—20	44	2.93	6.59	10.82	61.25	80	1.81	3.76	10.65	46.29
19.99—10	73	4.86	11.45	9.23	70.48	150	3.40	7.16	9.72	56.01
9.99—5.0	131	8.73	20.18	7.91	78.39	300	6.79	13.95	10.19	66.20
4.99—2.5	285	18.99	39.17	9.01	87.40	800	18.12	32.07	12.96	79.16
2.49—1.0	913	60.83	100.00	12.60	100.00	3000	67.93	100.00	20.84	100.00
合计	1501	100.00		100.00		4416	100.00		100.00	

预测结果可见，到2000年我国城镇人口将有一个较大的增长。由于现代化建设不断取得成就，国民收入不断增加，人民生活水平日益提高，特别是由于农业的发展，农业剩余劳动力必然大批转为非农业劳动，城镇人口比重将有明显上升，这是历史的必然。根据本预测，到2000年我国万人以上的城镇人口数为1978年的1.94倍，年平均递增率为2.83%，快于过去三十年的年平均递增率（2.47%）；年平均增加城镇人口470多万，为过去三十年的年平均数（207万）的两倍多。

同时，还可看到，小城镇增长速度明显地比大中城市快。最近几年来，中央特别强调小城镇的建设。要逐步用现代工业、交通业，现代商业服务业，现代科学文化卫生事业把小城镇武装起来，作为改变农村面貌、吸收大批剩余农业劳动力的场所。执行这种政策的结果必然是小城镇如雨后春笋，不断兴起和发展。根据本预测，1—20万人的小城镇（或小城市）的数目将增加两倍，而20—80万人的大中城市和80万人以上的大和特大城市的数目只分别增加71%，55%；居住在1—20万人的小城镇（市）的城镇人口增加168%，而后两类城市人口只分别增加68%，27%。

由于发展速度的差异，城镇体系的规模结构也将会发生显著变化。居住在1—20万人的小城镇（市）的城镇人口占城镇人口总数的比重由1978年的38.7%，提高到53.7%，80万人以上的城市人口占城镇人口的比重由34.0%明显地下降为22.7%。这个方案实现后，每个省区平均有一个80万人以上的大或特大城市，5个20—80万人的大中城市。多数地区级中心是20万人以上的大中城市，少数是20万人左右的中小城市，多数县城都是2—5万人的小城镇。从而，在我国形成一个以大城市为核心，中等城市为骨干，星罗棋布的小城镇为基础的，大中小城镇相结合的城镇体系。

为了实现这个方案，必须切实执行"控制大城市规模，合理发展中等城市，积极发展小城市"的方针，特别是要注意控制全国和省级的政治经济中心。如不严格控制，北京市的人口数将十分接近上海，武汉市人口可能达到320万，石家庄、郑州、贵阳、杭州、长沙、吉林等都可能超过80万人，80万人以上的大和特大城市将由22个增加到34个以上。

总之，建国以来，我国城镇规模体系的水平有所提高，城镇大小序列分布的斜率在不断缩小。但是，由于各时期国民经济发展的形势不同，有关城镇发展政策的变化，以致各时期城镇发展速度有很大差异。同一时期内，城镇规模不同，发展速度也不一样。由于速度的差异，引起各时期城镇规模结构的变化。其过程是：小城市的比重下降→上升→下降，预计今后会大幅度上升；相反，大中城市的比重经历了上升→下降→上升，预计今后会有所下降。

参考文献

1. 吴友仁：《关于我国社会主义城市化问题》，南京大学地理系地理科技资料18期。
2. 参考了L. J. 金等1978年编著出版的《城市，空间和行为：城市地理的要素》一书中的某些研究方法。

原载《中山大学学报（哲学社会科学版）》1982年第3期

经济特区与我国就业问题

王正宪

在第三世界各国,建立出口加工区的目的一般在于吸收外资,引进技术以发展出口工业。这实际上是一项综合性的目的和措施:在吸收外资,引进技术的同时,既可以创造就业机会,又可以平衡国际收支,繁荣本国经济。尽管各国有其不同的侧重点,除了个别国家以外[①],一般都把创造就业机会作为极重要的一个方面。也许有人认为,既然我国普遍存在就业的问题,那么,在我国建立经济特区也应把创造就业机会作为一个重要的方面来考虑。在这一方面究竟有多大的可能性呢?本文拟对此进行探讨。

第三世界的经验

让我们先看看第三世界各国的经验[②]。根据1979年初的资料,当时已有28个发展中国家和地区建立了52个出口加工区。各加工区的面积大小不同,就业人数也多少不一。为了考察各国(地区)出口加工区在就业方面所起的作用,我们似宜采用出口加工区就业人数对全国(地区)就业劳动力的比重进行分析,这一比重就大多数国家(地区)而言未超过1%。"只有南朝鲜、台湾、马来西亚、多米尼加、海地及毛里求斯等地的出口加工区,其雇用人数超过了劳动力总数的1%,而除台湾外则没有一个地区或国家超过2%。"[③]因此,总的说来,各国(地区)通过设立出口加工区以创造就业机会的目的并未达到。这一比重和国家(地区)的大小有无联系呢?如果我们以人口数表示国家(地区)的大小来考察二者之间的联系,那么,尽管印度在这些国家(地区)中人口最多,出口加工区雇用人数占全部劳动力比重最小(仅十万分之一),但整个说来,二者之间并不存在负相关($r=-0.02$),因此不能说明,凡是人口较多的国家,这一比重就一定较小。

图1表示出口加工区面积占全国(地区)总面积比重和出口加工区就业人数占该国

---

① 例如印度所成立的两个区从不把创造就业机会作为首要考虑,叙利亚在1976—1978年所建的五个出口加工区所提供的就业机会也很少。见J.克里:《世界出口加工区概览》中译本,1980年中国社科院经济研究所港澳经济研究中心编译,第20-23页。

② 由于我国在经济发展上属于第三世界,此处撇开第三世界各国以外的出口加工区。

③ 见克里,前引著作,第11页。

（地区）总就业人数比重二者之间的联系①。如图所示，这两个比重之间的正相关比较明显（$r=0.73$）：凡是出口加工区占全国（地区）面积比重较大的国家，其区内就业人数占全国劳动力人数比重一般较大。这一情况似可解释，因为一般而论，面积较大的出口加工区其所能容纳的就业人数也较多，而幅员较大的国家其就业劳动力数量也往往较大。此外，这幅图还告诉我们两点：

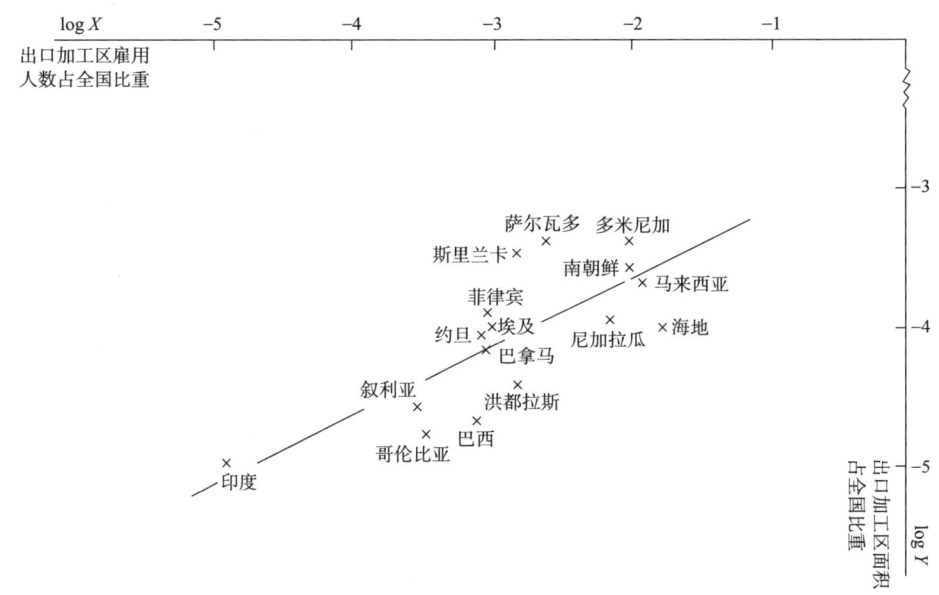

（1）靠近右上端的多为幅员较小、人口较少的国家（地区），如多米尼加、海地，而左下端多为面积较大，人口较多的国家（地区），如印度、哥伦比亚和巴西。显得例外的是南朝鲜和叙利亚。南朝鲜人口并不算少，但两者比重较高。这可能是因为该国人口虽多但面积相对较小，从而显示出较大的人口密度。事实上，比重双双较大的国家（地区）不少具有中等人口密度（如海地每平方公里170人，多米尼加104人）。叙利亚人口不能算多，土地面积也不大。它的两个比重之所以偏小，似乎可用较小的人口密度（每平方公里44人）来解释。这样一来，我们似乎可以说，凡就业人数比重较大的国家（地区），或则是人口较少，或则是人口虽不很少而人口密度较大，而大国的就业人数比重往往较小。

（2）如果我们求出回归方程，则得：
$$\log y = -2.75 + 0.475 \log x$$
其中$b<1$而近乎0.5。这可以说明，当一个国家（地区）的出口加工区就业人数比重增加1%（例如从1%增加到1.01%）时，其面积比重的增加一般仅为0.5%（例如从1%增

---

① 因为资料所限，本图只能就16个国家（包括41个出口加工区）进行比较。有的国家（地区）不指定出口加工区，因此无加工区面积可言。有的国家（地区）缺面积或就业人数（见克里，前引著作，第6—8、11—13页）。再者，由于这两个比重在各国之间相差悬殊，本图不得不采用双对数尺度作图。

到1.005%）。这似乎就是说，一个拥有大片国土的国家并不见得能凭借这一优势以扩大出口加工区的方式来提高就业量水平，而国土狭小的国家相对来说比较有利。

我国人口之众，居世界第一，这已经为我国带来困难。国土面积虽大，却不能构成优势。再加上种种其他原因，我国显然不宜以遍设经济特区的办法来解决就业问题。

我国经济特区就业人数的估计

我国已划出的经济特区能容纳多少就业人口呢？我国目前共设立四个特区，其面积及发展方向如下：

经济特区名称	面积（平方公里）	发展方向
深圳	327.5	工业、旅游、房地产等综合发展
珠海	6.8	旅游、房地产并逐步向工业发展
汕头	0.8	着重发展出口加工业
厦门	2.5	同上

由于发展方向不同，各区的估算根据也不同。第三世界各国（地区）所设出口加工区一般只单纯建立面向出口的工业，每单位面积所容纳的就业人员依不同情况，首先是依不同工业而定。据J.克里估计，"虽然不同的工业相对每个工人所需的空间不同，可以设想，每50人至100人需地1公顷就够了"[1]。但是，这毕竟还不是最密集的情况。海地太子港出口加工区面积25公顷，1977年雇用人数据估计达4万人[2]，为就业人数密度最大的出口加工区，折合每平方公里16万人。显然，如估计正确，像这样人口密集的出口加工区，其所安排的工业不但是劳动高度密集型的工业部门，而且要使用高层厂房，对厂房设备有较高要求[3]。我国的经济特区既不可能普遍建立这类厂房，而且，由于下文所说的原因，不宜于追求高就业密度。因此，我们不妨采取折中办法，把这一指标定为每平方公里16000人，这一指标等于最高密度的十分之一，但仍为1979年第三世界各国平均数的16倍[4]。这一指标可以应用于厦门和汕头两特区，因为这两个经济特区各位于中等城市的边沿，有如各该城市的专设工业区，而且着重发展出口加工工业。

但珠海、深圳两综合性特区则不然。珠海特区的工业方向尚不明确，兹假定可提供2平方公里的面积建立出口加工工业。由于该特区的结构和位置关系不同于汕头、厦门特区，兹从宽估计每平方公里可容纳就业人数12000人，这样再加上旅游业等其他就业人数1000人[5]，共25000人。

深圳特区面积特大，比第三世界各国中最大的巴西马瑙斯出口加工区还大近20倍。该特区山地、丘陵、台地占三分之二强，城市规划用地98平方公里，目前已开始布置工业的已有下列三区：

---

[1] 折合每平方公里5000至10000人。见克里，前引著作，第13页。
[2] 见克里，前引著作，第16页。
[3] 事实上，海地太子港（自由贸易）区的大多数工人系从事各种电子产品的生产。
[4] 见克里，前引著作，第13页。
[5] 房地产的经营几乎不创造就业机会。

名称	工业区面积（平方公里）	已安排工业种类
上步	2.7	电子、汽车装配、印刷
沙河	〔6〕	汽车修配、电子、家具、洗衣、服装、食品
蛇口	2	钢铁、铝材、制氧、油漆、饲料、饼干、面粉
其他未定区	〔6〕	—

沙河区面积共12平方公里，原系未充分利用的牧场，充其量可以一半面积用于安排工业。该特区内尚有其他部分待规划工业区，兹从宽估计6平方公里。这样全特区的工业区面积共16.7平方公里。从各区所安排的工业来看，显然不能应用同样的就业密度指标。蛇口区也只有60%用于厂房，因此似可用每平方公里5000人的就业密度来估算。如此，再加上旅游业就业人数估计约7000人，得出就业总人数87000人。

以上所估计的就业人数相当于城市规划中所谓基本人口。显然，经济特区所创造的就业人数并不止此。如果考虑到经济特区的现代化程度较高，从而可按城市规划实践中的最高比例来估计，则经济特区每安排300个就业职工可同时安排服务人口200人。这样，我国四个经济特区所创造的就业量可如下表所示：

特区名称	工业区估计面积（平方公里）	基本人口	服务人口	就业人数合计
深圳	16.70	87000	58000	145000
珠海	2.27	25000	16700	41700
汕头	0.80	16000	10700	26700
厦门	2.50	40000	26700	66700
共计	22.27	168000	112000	280100

上表所列服务人口就深圳和珠海两特区而言，系指特区范围以内，但就汕头和厦门而言，则系在特区范围之外。

由此可见，我国四个经济特区所能创造的就业机会总共不过28万人之谱，这一数目仅及我国每年安排就业劳动力的3%强。而如果考虑到我国还有一大批未能安排的劳动力，以及在现代化过程中将从低效率的、以手工劳动为主的部门（这其中首先是指农村中的三亿劳动力）陆续腾出来的劳动力，这一比重将更小。而经济特区的发展一旦到达饱和程度，几乎不再可能大量增加就业机会。

有关就业的其他问题

前文在估计经济特区的就业人数时，曾建议我国经济特区不宜追求过高的就业密度。为什么呢？

第一，根据世界各国的情况，出口加工区的就业人数难以趋于稳定。这主要是因为出口加工区的产品面向出口，它们的销路不但受世界景气的一般影响，而且由于产品直接参加国际市场竞争，各别产品的销路会有较大起伏。首先，世界景气的变动可以使整个加工区的雇用人数大起大落。例如1973年台湾高雄出口加工区的雇用职工人数达到高峰，而1975年则由于世界经济的衰退，竟减少了23.1%①。

其次，一个国家（地区）不同加工区的就业人数既可朝同一方向变动，也可朝相反方向变动。而且，即便朝同一方向变动，其变动的幅度也可大相径庭。例如从1974年到1978年，台湾的三个出口加工区合计增加就业人数17.8%。总的变化虽不算很大，但个别加工区却有不同的变化方向与幅度。其中楠梓加工区的就业人数增加38.1%，台中加工区甚至增加80.2%，而占总就业人数三分之二的高雄加工却减少1.5%②。要知道在一个面积狭小的国家（地区）建立几个加工区，其有利条件是，当一个出口加工区就业人数骤减时，失业者并不难转移到另一个生产扩张的加工区寻找职业。但就目前的我国而论，这就不易办到。这不但由于河山阻隔、乡土观念与生活习惯等原因，还由于户籍管理等制度上的原因。在劳动力不习惯于经常在地区间和行业间大量流动的我国，就业人数的大幅度起落必将引起困难。

个别厂家或行业也可随产品竞争的情况而增减职工，而如果不能在同一出口加工区内进行调整，也必影响整个加工区的就业人数。当然，如产品产量占国内销售量的比重不大，尚可以用转内销的办法以维持经济特区的就业量。这可以看作是在大国办经济特区的有利之处。但如果各经济特区的工业生产方向大同小异，则转内销后势必造成对国内市场的冲击。因此，我国设立经济特区既不可使规模过于庞大，也不宜在全国遍地开花。

第三世界的经验还告诉我们，如果出口加工区以劳动密集型工业为发展方向，其生产过程往往是简单的加工和装配。这样一来，出口加工区的就业工人必以女性为主。从第三世界资料可以看出，妇女劳动力可在出口加工区就业总数中占三分之二，或四分之三，甚至五分之四以上③。像这样偏重女性的就业情况，必在城市中引起其他社会问题，而出口加工区所在的城市越小，所引起的困难越大。这也是我国经济特区不宜任意扩大和不可普遍设立的一个原因。我国珠海、深圳两经济特区几乎没有城市作为依靠，更不宜建立以女性劳动为主的工业生产。厦门、汕头两特区虽建立于城市边沿，在安排工业生产时也应在这方面予以注意。

---

① 藤森英男：《亚洲地区的出口加工区》中译本，袁镇岳等译，1981年社会科学出版社版，第53页。
② 见克里，前引著作，第96页。
③ 可从下列资料中看出（见克里，前引著作）：

国（地区）别	出口加工区名称	妇女占劳动力比重	年别
南朝鲜	马山	73%	1975
马来西亚	安邦/乌户克宁	75%	1976
台湾	台中	78%	1978
台湾	高雄	80%	1978
马来西亚	孙加卫/苏邦	81%	1977
多米尼加	拉罗马纳	81%	1978
台湾	楠梓	81%	1978
菲律宾	巴丹	85%	1973

第三，在城市边沿建立规模与之相应的经济特区还有一宗有利之处，那便是可以充分利用特区普建厂房而不必在其中设置生活区，这样不但可以节省一笔巨大的城建投资，而且不致因为生活区的建设而延误了特区的发展①。我国深圳、珠海两特区即将遇到这方面的问题，而深圳特区既不是设在人口密集的城镇连绵区，规模又异常之大，对这方面的困难更应有充分的估计。由于同一原因，在我国建立经济特区不宜从远方大量取给劳动力，从而只能就近解决当地的劳动就业问题。

以上种种都足以说明，企图在我国建立经济特区以图直接在数量上解决劳动力就业，并不能取得预期的效果。

不过，这绝不是说，建立经济特区无助于解决我国劳动力的大量就业问题。

首先，即使我国目前四个经济特区只能安排少量劳动力，由于特区的现代化程度较高，这28万职工属于现代产业职工的范畴。如果国内职工中现代产业工人中的比重不大，则特区职工在现代产业工人中的比重会相应地提高②。

其次，只要特区的工业并不都是建立在来料加工或进料加工的基础上，那么，通过对内地原材料和半成品的订货，经济特区也可以间接在内地创造就业机会，而且这种影响可以扩及全国。特区的基础设施等基本建设也有这一效果。不过，这样间接创造的就业量仍属有限。

最重要的是，这一分析促使我们必须把经济特区看作小块试验园地，从中学习按客观经济规律办事，学习现代化管理经济的科学知识和技术，找出能够和我国社会主义制度相结合而又适合我国国情的东西，以便在全国大面积推广。这样，也只有这样，才能在四化的过程中大量解决遍及全国的劳动力就业问题。由此可见，经济特区的工作者决不可只关心本特区的发展问题，而应胸怀全国，认识到他们负有更重大的责任。

原载《中山大学学报（哲学社会科学版）》1982年第4期

---

① 菲律宾巴丹出口加工区即有过这样教训。该区面积3.5平方公里，1972年开始发展，1976年已建立大量工业，但仍缺乏水、电、交通、银行、商店等基础设施。见魏德曼：《巴丹区在形成中》，《远东经济评论》1976年8月20日，第37—40页。

② 据估计，台湾出口加工区的职工在该省二级产业雇工总数中占4%（1974年），但因为台湾二级产品工人中只有约一半属现代产业工人范畴，出口加工区的雇用人数在现代产业工人中所占比重便可相应地提高为8%。见藤森英男，前引著作，第168页。

家庭联产承包责任制是对马克思主义农业合作化理论的新发展

洪永崧

目前,我国农村实行以家庭经营为主的联产承包责任制,已占我国农户总数的百分之九十以上,已经成为我国农村合作经济的基础。我国家庭联产承包制的出现,是我国农村生产关系的一次重大调整,是农业经济管理的一项重大改革。它是我国广大农民在党的领导下经过长期实践探索的伟大创造,是对马克思主义农业合作化理论的新发展。

一、农村家庭联产承包责任制的由来及其引起农村的新变化

农业生产责任制是农村合作经济分工协作的产物。早在农业初级社时期,不仅有生产责任制,而且有使用和饲养牲畜、使用和保管农具以及有领导的分工责任制,并且规定了相应的奖罚办法。高级社时期,为了生产队和社员关心用工多少、关心农活质量和农产品产量,节省生产费用,我们国家逐步实行包工、包产、包投资的一套"三包"制度。由于超产有奖励,因此又叫"三包一奖"制。推行"三包一奖"制,有效地加强了合作经济的管理,提高了社员的生产积极性和责任心,促进了农业生产的发展。人民公社化时期,由于"左"的错误思想干扰,行之有效的"三包一奖"制,特别是受农民欢迎的"包产到户"责任制被攻击为"复辟资本主义的纲领",生产责任制基本上被取消,严重挫伤了广大社员在集体经济统一领导下分散经营的积极性,因而阻碍了生产的发展。

一九六二年,邓子恢同志深入广大农村进行调查研究,针对农村工作中"左"倾错误造成的危害,重申必须建立严格的生产责任制。他指出,经营管理中的混乱和分配上的平均主义,是造成当时我国农业生产力下降的重要原因。实行生产责任制有助于克服"吃大锅饭"的错误,是调动农民生产积极性的重要措施,是搞好集体生产、巩固集体经济的根本环节。一九六一至一九六二年,陶铸同志在深入广东省农村各地进行调查研究的基础上,提出"包产到户"等形式的农业生产责任制,并认为是发展我国农业生产的重大措施。一九六二年,中央公布的《农村工作六十条》,肯定了"包工到组,责任到人"的责任制形式,农业生产责任制从而得到一定程度的恢复,进一步推动了农业生产的发展。

"文化大革命"时期,在"左"的错误思想的指导下,农村用行政命令瞎指挥取代科学管理,生产队、广大社员再次失去了对生产资料的支配权和使用权。农业生产在强

调生产计划、任务的时候,不讲经济效果,不计生产成本;在分配方面,推行"政治记分""大概工分",以平均主义取代按劳分配原则。与此同时,"包产到户"又一次受到批判,生产责任制遭到毁灭性的破坏,从此,生产责任制就成为理论和实际工作中的"禁区"。

党的十一届三中全会以后,农业生产责任制获得新生。一九七九年以来,农业生产责任制的发展,经历了一个由点到面,由少到多,由贫困边远地区到富裕平原地区,由农业到林、牧、渔、工副业,由不完善到日趋完善的过程。从组织形式的发展来看,主要经历了互相交织的三个过程:①从没有生产责任制到重新建立农业生产责任制;②从实行不联产计酬的生产责任制到实行联产计酬的生产责任制;③从实行联产到组到实行家庭联产承包责任制(即包产到户、包干到户),如果再细分,更是多式多样。经过这样的发展过程,逐渐解决了要不要实行农业生产责任制,要不要实行联产计酬生产责任制和家庭承包责任制问题。由于家庭联产承包制的广泛实行,原来单一的"三级所有、队为基础"的人民公社体制,已被多种形式承包的、统一经营和分散经营在不同程度上结合的新型的合作经济所代替。

由于家庭联产承包责任制的广泛实行,调动了农民勤劳致富的积极性,劳动生产率大大提高,出现了较多的剩余劳动力和剩余资金。这样,农民就能够发挥自己的某种技术专长,利用当地的自然资源,发展各种专业化的农业生产,因而形成了多种多样的农村专业户和重点户。目前各类专业户和重点户,占全国总农户数的百分之十六以上,有些地区在专业户基础上又形成了正在不断发展的各种形式、各种规模的专业村、专业乡、专业镇和专业市场。这些专业户、重点户的特点是有更高的劳动生产率和农产品商品率,经济效益高,服务态度好,是农村先进生产力的代表。它们的发展有力地促进了农村由自给、半自给经济向商品生产转化,由传统农业向现代化农业转化。

与此同时,随着农业生产力的发展,为了适应广大承包户生产前生产后的需要,各地农村已经建立了一批社会化的服务组织,如种子公司、饲料公司、灌溉公司、植保公司、农机公司、畜禽保险公司等,并在农业生产专业化、社会化发展的基础上,逐步出现了各种新的农业经济联合体。

家庭联产承包制的全面落实,专业户和新的经济联合体成批涌现,极大地调动了广大农民勤劳致富的积极性,有力地促进生产的发展,从而逐步摆脱了我国农业长期徘徊不前的困境,农业经济出现持续的全面高涨的形势。在过去几年有不少严重的自然灾害的情况下,一九七九至一九八二年全国农业总产值仍以每年平均递增百分之七点五的速度前进,超过了一九七八年以前二十六年平均每年递增率的一点三倍。而一九八三年农业生产又获丰收,农业总产值又比一九八二年增长百分之九点五。全国原来低产贫困的二百四十多个县,绝大部分农民的温饱问题基本解决。一些出名的穷县,改变了原来的面貌,一跃而为新的商品生产基地。现在我国人均收入超过三百元的县已有六百八十二个。就广东省的情况来看,广泛实行家庭联产承包制以后,一九七九至一九八二年全省农业总产值每年平均递增百分之八点二,超过一九六六至一九七七年每年平均递增百分之二点三的三点六倍,全省农业人口平均每年收入三百元以上的富县有十二个,人均分配六十元以下的穷县,一九八〇年还有八个,到一九八二年已全部消灭。农村的逐步繁荣兴旺，为我国经济、政治形势的好转奠定了基础。

二、家庭联产承包责任制从两个方面发展了马克思主义农业合作化理论

第一，实行家庭联产承包制，把统一经营与家庭经营结合起来，合理地实现农业劳动者与生产资料的直接结合。

马克思说过："不论生产的社会形式如何，劳动者和生产资料始终是生产的因素。但是，二者在彼此分离的情况下只在可能性上是生产因素。凡要进行生产，就必须使它们结合起来。实行这种结合的特殊方式和方法，使社会结构区分为各个不同的经济时期。"①马克思这段话的意思是：①只有把劳动者同生产资料两个因素结合起来，才成为现实的生产力；②在不同的社会制度下，劳动者与生产资料相结合的方式和方法是不同的。在剥削阶级统治的社会里，劳动者与生产资料之间横插着一个剥削者，劳动者与生产资料的结合是间接的结合。我国农村通过合作化，实现了生产资料的集体所有制，集体成员成为生产资料的主人，从而可以实现劳动者与生产资料的直接结合。

问题在农业合作化以后，我们总以为农村实行生产资料集体所有，劳动者和生产资料就自然而然地结合起来，农民选出集体经济组织的领导者，实行统一经营，农民的经营管理自主权和集体生产的责任问题已经解决，生产就可以迅速发展了。其实，事情并不那么简单。

农业集体化的实践证明，即使实现生产资料的集体所有，劳动者与生产资料仍然存在着不同的直接结合方式问题。如果方式不当，仍然会束缚农业生产力的发展。

采取什么样的直接结合方式和方法，马克思、恩格斯和列宁没有也不可能规定具体的模式。

根据生产关系必须适合生产力性质的原理，这种直接结合的具体方式，主要取决于下面两个因素：①农业生产条件，特别是生产工具的发展状况；②农业生产社会化程度。对于某些先进的以及机械化的生产手段的使用和社会化程度较高的生产项目，需要统一管理和统一经营，从而要求劳动者作为一个整体与生产资料直接结合，反之，对于非机械化的生产手段，社会化程度较低的生产项目，则要求劳动者以户为单位与生产资料直接结合。只有根据不同情况，采取不同的直接结合方式，才能使劳动者真正获得占有、支配和使用生产资料的自主权。

在我们现阶段，农业生产力发展水平还比较低，虽然拥有一定数量的先进生产工具和生产设施，生产社会化的程度也不断提高，但总的来说，生产手段还普遍落后，分工协作也普遍不发达，这就必然造成只有一部分生产项目、生产环节以及相应的生产设施的劳动者集体与生产资料直接结合，而大部分则是劳动者个人同生产资料直接结合。过去，在"左"的错误思想的指导下，对直接结合理解得过于片面，把生产资料的所有权与实际占有、支配和使用权机械地统一于集体，而农民并不享有经营自主权。例如土地这一农业最基本最重要的生产资料，过去绝大部分由生产队集中使用，统一经营，除少

---

① 《马克思恩格斯全集》第二十四卷，第44页。

量自留地以外,农民对集体大量的土地并不享有经营自主权。因此,农民并不把土地等公有的生产资料当作自己的财富,也没有把自己看作是公有生产资料的主人。

家庭联产承包责任制是目前实现农业劳动者与生产资料直接结合的最好方式。

实行家庭承包制,把统一经营与家庭经营适当地结合起来。那些适宜于集体经营管理的生产项目和生产环节,以及关系全局的生产设施,由生产队统一经营,或在统一管理下把责任落实到专人。那些适宜于分散经营的生产项目、生产门路以及相应的生产资料,则分别包给劳动者个人,以家庭为单位自主经营。

这种家庭经营方式,与合作化前独立的个体经济在形式上虽有某些相似之处,但本质是不同的。因为承包户的土地(包括山林、水面)和使用的大型生产资料、水利工程等是集体公有的,并要保证完成国家的征购计划和上缴集体各项提留等义务;承包只是在集体规定的范围内灵活地自主安排,是在社会主义经济占绝对优势的条件下进行活动。因此,它是集体经济中的一个生产经营层次,是集体经济结构的组成部分。

在现有条件下,家庭经营的好处甚多,能最大限度地动员家庭劳动力和利用劳动时间,充分发挥生产者的主动性和专长,能根据农业生产的特点灵活安排生产实行精耕细作,能有效地动员群众的资金用于生产等。农民有了经营自主权,增强了"为自己种田"和"种自己的田"的主人翁责任感,就能促进生产的发展。当然,家庭经营也有它的局限性,例如劳力、财力、物力有限,难以从事大规模的农田基本建设;难以抗拒大的自然灾害;生产的社会化程度低,私人生产和社会需要之间的矛盾不容易解决等。因此,必须把统一经营和家庭经营结合起来,一方面利用家庭经营的优点,克服过去集体经济中存在的过于单一、集中,农民缺乏经营自主权的弊端,另一方面又发挥集体经济的力量,具有较高的社会性、计划性,易于组织较大范围的协作等长处,防止和克服个体经济的弱点,做到既发挥生产队集体的优越性,又调动劳动者家庭个体的积极性。

第二,家庭联产承包责任制,实行联产计酬,既能更好地贯彻"按劳分配"原则,又能鼓励承包者投资,做到按劳分配与按资金分配相结合。

社会主义生产资料公有制的建立,决定了"按劳分配"的原则。这是马克思主义的基本原理。但是马克思对社会主义分配的具体形式(或方式)并没有规定具体的模式。他认为,一定的分配形式(或方式)是由一定的生产形式(或方式)决定的。马克思说:"分配的结构完全决定于生产的结构,分配本身就是生产的产物,不仅就对象说是如此,而且就形式说也是如此。就对象说,能分配的只是生产的成果,就形式说,参与生产的一定形式决定分配的特定形式,决定参与分配的形式"[1]。又说,"这种分配的方式会随着社会生产机体的特殊方式和随着生产者的相应的历史发展程度而改变"[2]。

我国农业集体经济是社会主义公有制的一种形式,它同全民所有制经济一样,必须实行按劳分配原则。问题在我国现阶段农业合作经济中,采用怎样的计酬形式和方式,才能真正实现按劳分配的原则。

过去长期以来,我们片面理解农业集体经济的按劳分配,以为就是按农业生产过程

---

[1] 《马克思恩格斯选集》第二卷,第98页。
[2] 《资本论》第一卷,第95页。

中的劳动时间或劳动的数量、质量来分配。其形式是采用劳动工分制,即按照社员参加集体劳动所花费的劳动时间或劳动数量、质量来评定工分。年终结算时,根据本核算单位当年分配给社员的消费总额和全体社员的劳动工分总额,算出工分值,然后再按劳动工分多少计算出每个社员应得的劳动报酬总额。其具体形式曾经采用"底分死记""底分活评"和"定额记分"等。采取每种劳动工分制的报酬形式有下列弊端:①现阶段,我国农业劳动基本上以手工劳动为主,劳动者在单位时间内实际付出的劳动量,差别很大,弹性也很大,很难用劳动时间决定劳动量。用劳动时间作为分配的尺度,会出现"出勤不出力""奖懒罚勤"的不合理现象。②农业生产有分散性、复杂性、不稳定性的特点,而且它的每个生产环节又不表现为一定的产品,因而劳动的质量具有隐蔽性,也就不容易准确地衡量和计算每个社员在劳动中的实际劳动数量。对劳动的质量也难定出合理的标准,即使规定了,也会由于农活多,定额繁琐而难以逐个验收。因此,社员的劳动报酬同劳动产品没有直接挂钩,就容易出现不顾农活质量的问题。③有效劳动的时间长,数量多,质量好,可以提高经济效益,增加产品质量,但由于各种原因,特别是农业生产的特点所决定,有不少可能是无效劳动。无效劳动的时间越长,数量越多,质量越好,意味着社会劳动的浪费越大。如果以此作为计酬标准,则不利于逐步消除无效劳动,提高经济效益。

用什么标准才能衡量农业劳动者的劳动?只能用劳动产品的数量、质量或产值来衡量。农业生产一般没有中间产品,经济效益要到农业生产终结时,才能从最终产品的数量、质量或产值反映出来,因此,农业最终产成品是衡量劳动者劳动量的标准,是计算劳动报酬的尺度。就是说,搞"联产计酬"才能真正体现按劳分配原则。

联产计酬的实质是以产量指标来衡量劳动量。由产量指标代替工分作为尺度,决定劳动者应得的报酬。人们称这个产量指标为"标准产量"。标准产量一般是按照承包土地在过去几年的平均实际产量加上可靠增产幅度来确定的,因而是比较科学的。根据标准产量,再按上交、提留任务,从承包户的实际产量中,除上交、提留,剩下的就是承包者所得。这部分所得一般取决于两个方面:①承包户的劳动情况,这是主要的。如果承包者的经营管理好,生产技术高,投入劳动多,就多剩多得。②承包户对生产的自费投资。自费投资主要用于种子、肥料、农药、小农具等费用。这部分投资在目前生产条件下,对收入的多少一般不起决定作用。当然,如果承包户的生产技术较高,又能及时采用新的科学技术,增加新的投资,也能带来较多的收入。恩格斯曾经指出,农民组织合作社,可以"按入股土地、预付资金和所出劳力的比例分配收入"①。因此,除了按劳分配以外,允许一定比例的资金分配,并不违背马克思主义的原则。

联产计酬已经成为我国农村合作经济内部新的劳动报酬形式。这种形式的优点是:①以标准产量作为劳动计酬的尺度,把劳动同劳动成果——产量或产值联系起来,使劳动者关心劳动成果,避免无效劳动,解决过去"只顾千分,不求千斤"的问题,充分体现按劳分配的原则。同时,能鼓励劳动者在承包土地上追加劳动和投资,提高地力,增加产量,这对我们吸收农村的闲散资金,来扩大再生产是有利的。②改变过去的分配程

---

① 《马克思恩格斯选集》第四卷,第310页。

序。原来的统一分配是在生产过程结束后，集体先占有整个产品，作了各种扣除以后，再按工分把产品分配给个人。现在联产承包，首先确定任务，上缴提留比例，签订合同，生产、分配一齐定下来，然后在承包过程结束时，按照合同完成规定上缴提留的任务后，剩余归己。这种改变有利于改善经营管理，防止不合理的开支和少数干部多吃多占、挥霍浪费、贪污挪用，同时不会出现分配不能兑现的老大难问题。③方法简便，适合当前农村大多数干部和群众的管理水平。总之，联产计酬，既能充分体现按劳分配原则，又能鼓励社员积极投资，是我国目前农村集体经济分配的最好形式。

三、从两个重要环节上进一步稳定和完善家庭联产承包责任制

目前，家庭联产承包制，已经在中国大地上扎下了根。它不是解决农民温饱的权宜之计，而是农村经济体制的一项根本性改革，对建设有中国特色的社会主义现代化农业有很重要的意义。当然，也要看到，家庭联产承包制，还是个新生事物，还需要不断完善。同时，实行这一制度，农村合作经济内部各方面的相互关系起了深刻的变化，出现了许多新情况、新问题，需要总结经验，采取措施，加以解决。

中共中央一九八四年一号文件明确规定，稳定和完善联产承包责任制仍是今年农村工作的重点之一。这需要我们做许多巩固性和发展性的工作，诸如，正确处理"统"与"分"的关系，搞好产前产后的服务工作；确定土地承包期，搞好土地的调整和转包；扶持专业户的发展，健全和发展各种经济联合体；疏通流通渠道，发展商品生产；健全承包合同制；加强技术推广应用，整顿社队财务，改善经营管理，提高经济效益等。我国农村地域辽阔，各地的情况千差万别，存在的问题也不尽相同，需要完善的侧重点也不可能千篇一律。但当前带普遍性的问题，是要求完善土地承包制和搞好产前产后的服务工作。做好这两项工作，是稳定和完善家庭承包制的重要环节，是进一步发展农村合作经济的关键。

第一，完善土地承包制。土地是农业最基本的生产资料，也是农民赖以生存的基本条件。土地承包制度健全了，家庭联产承包制就有了巩固的基础。就目前来说，完善土地承包制，包括正确确定适当延长土地承包期和搞好承包土地的调整与转包两项内容。

社员承包的土地是集体所有的，社员只有使用权，因此规定承包的土地不准买卖，不准出租，不准荒废，是坚持土地集体所有制的重大措施，无疑是正确的。但是过去规定承包土地的年限过短，一般只有三年至五年，不能适应农业生产周期较长的特点，不利于承包社员保护耕地和合理使用耕地；不利于社员向土地投资，培养地力；不利于对土地的长期规划，向生产的广度和深度发展。因此，延长承包土地使用权的期限，是承包户的普遍要求，是农业生产力发展的内在需要。目前，一般延长到十五年以上为宜。

对于周期长和开发性的项目，土地承包期需要更长一些，一般可以在二十至三十年左右。

我国是人多耕地少的国家，随着人口的增长，这个矛盾将越来越突出。我国农业要有重大的突破，单靠在现有的耕地上出力，是远远不够的。要发展农业，必须充分利用农民手中的资金，发挥我国自然资源丰富和劳动力多的优势，向生产的广度和深度进军，搞好开发性的生产。据统计，在我国现有耕地中，一亿亩水土流失的耕地有待治

理；约有十二亿亩宜林荒山待开发；南部、中部各省区，有六亿七千万亩草地、草坡只有百分之二十被利用；在北部和西部天然草场内有二亿五千万亩土地可开垦种植饲料饲草；沿海地区，尚有五百七十万亩浅海可资利用；在全国可供淡水养殖的七百五十万亩水面，目前利用还不到三分之二。即使在一些经济发达的地区，也还存在着尚待开发的资源，如珠江三角洲还有不少没有开发的荒山、荒地、荒水、荒滩。因此，搞开发性生产是大有可为的。

农民从事开发性生产，与一般生产相比，要付出更艰苦的劳动，投入更多的资金，花费更长的时间，才能收到预期的经济效益。有些项目在经营上还要冒一定的风险。因此，对待开发性承包，除了放宽政策、办法灵活、形式多样之外，在承包期上，可根据实际情况比一般土地有更长的时间，这样，承包户才能充分利用经营自主权，在承包土地上以短养长，长短结合，开展多种经营，才能在已开发的土地上不断改善生态环境，保持生态平衡。这将促使农民树立长期经营的思想，舍得下大本钱，花硬功夫，充分调动搞好四化的积极性。

在进行延长土地承包期的工作中，需要适当调整土地使用，这也是农村生产力发展的内在要求，是家庭联产承包制的深入发展和专业户发展商品生产的必然结果。

在开始实行生产责任制的时候，土地一般是按人口平均承包的。不少地方，在平均主义思想的影响下，搞承包土地时，为了好坏搭配，把土地分得很碎。这种平均分田的做法，只能把农民拴在土地上搞自给性生产，不利于发挥农民的专长，发展商品生产，不利于机耕、排灌、除虫和采用良种，也不利于搞较大的农田基本建设，合理利用土地资源。随着农村多种经营的开展，生产向分工分业和专业化方面发展，部分劳动力开始向其他专业转移，要求少承包一部分土地，少数农户甚至要求退出承包的全部土地。相反地，有一部分劳动力多、善于经营土地的农民，又迫切要求增加一部分土地。据现有调查材料，在一些经济比较发达的地区，不少乡村常年承担农业生产即从事土地经营的劳动力，目前已由原来的百分之七十、八十减少到百分之二十、三十。这说明，农户承包的土地相对集中，不仅是必要的，而且是完全可能的。

如何把较多的土地集中到善于种田的农民手中，以逐步达到适宜于家庭专业经营的水平，这是当前农村经济发展中的一个突出问题。解决这个问题，目前有两种方式：①由领导有组织有计划地调整。生产队把承包户退出的土地集中起来，优先包给种田能手和粮食专业户。②农民之间自发调整。需要转包土地的农民，自找对象，生产队起"牵线搭桥"的作用。有的还搞跨队转包。这两种方式正在同时进行。领导的责任是因势利导，在坚持土地的社会主义公有制，有利于生产，群众自愿互利的原则下，统筹安排，全面规划，妥善地搞好土地的调整和转包工作。

承包土地经过调整以后。必将进一步发挥农民的专长，提高土地经营的商品率，使家庭经营逐步从"小而全"向"小而专"转化，促进农村生产力的发展。

第二，搞好统分结合，做好家庭经营的产前产后的服务工作。家庭联产承包制的基本特点是有统有分，统分结合。"统"，就是适宜于集体经营的生产建设和服务项目，由集体统一经营，某些生产环节、生产设施以及国家的生产计划、统购派购任务，由集体统一组织安排和管理。"分"，就是适宜于分散经营的生产和服务项目，生产过程的某些环节,以及其相应的生产资料包到家庭,分散经营。只有正确处理好统与分两者的关系,才能发挥集体统一经营与家庭分散经营两个积极性。现在主要的倾向是对分的方面强调过多,对统的方面注意不够,该统的没有统起来,或者没统好。农民普遍感到困难很多,如一家一户购买生产资料难;生产多了出卖产品难;制种、浇地、除虫难;信息不灵,安排生产难等等。因此,迫切要求在这些方面集中起来组织统一的服务和协作。特别是专业户的大量涌现,对这方面的要求则更为迫切。

随着农村商品生产的发展,农户要求许多社会化的生产前后的服务和合作,如为了生产适销对路的商品,要求提供及时、准确的商品信息;为发展种养业,要求提供充足和优良的种苗;为了植保、防疫、节能,要求提供技术指导;为解决资金短缺,要求提供各种形式的贷款;为解决买难、卖难,要求提供各种运输服务;要求提供饲料服务、加工储藏服务、保险服务,等等。只有做好这些服务性的工作,才能把分散的生产联结起来,进一步促进生产的蓬勃发展。现在不少地方灵活运用各种阵地,试行多种办法,开展服务性工作,如有些地区利用供销社网点多、资金足、信息灵、人员多、经营广的特点,组织多种服务;有的地区以大队为单位,新兴不同的专业公司,承担专业服务;有的利用原有社队企业,承担部分服务工作,有的采用统中有分的办法,利用专业户进行统一服务;还有不少民办的协会和联合体,搞运输服务、技术指导。总之,各种形式的服务如雨后春笋,必将逐步形成一套产前产后的服务体系。领导的责任在于引导、管理、提高,并做好协调工作,提供服务,从组织单项的合作到组织多项的全面合作,把农村组成合作经济网络。

原载《中山大学学报(哲学社会科学版)》1984年第3期

市场导向经济在中国的进一步发展（摘要）

[美] 邹至庄

中华人民共和国的经济从计划经济转向市场导向经济，也许是20世纪最后25年世界历史上最有意义的发展。

中国领导人及经济官员们在经历了20多年的人民公社体制和中央计划经济后，认识到其不足之处，从而采取了较自由的经济政策。他们开始赞赏市场经济的一些长处。

中国农业在人民公社体制下的低效率被充分认识到了。公社体制改革最初发生于1978年和1979年。事实是每个农民家庭分到一小块土地，农民在完成交售定额后可以把剩余的农产品用于自己消费或在市场上以市价出售。以后几年农产品和农民收入的迅速增长已为这个责任制提供了有力的支持。

城市改革的大纲是1980年9月的人民代表大会通过的。但工业部门的改革比农业部门的改革更困难。此后4年，工业企业效率只获得了很有限的进步。鉴于城市工业部门这些有限的进步，又受到农业部门进一步成功的激励，1984年10月20日召开的中共十二届三中全会通过了进行全面经济体制改革的重要决议。中国80年代后期的经济改革将以这个重要决议为基础。

领导经济改革的官员充分地肯定价格的改革是1984年10月经济改革决议其他组成部分的基础。为保证自主的国营企业能够准确地计算它们的成本和利润，价格必须由需求与供给的情况决定。

中央计划仍将是中国经济体制的一个重要组成部分，即使它的范围将有所缩小。某些重要的工业产品产出指标将由具有强制性的指令性计划而不是具有建议性的指导性计划决定。即使在完成指令性产业指标中，中国经济计划人员也能够有效地利用一系列市场价格而不损害国有企业的自主权。苏联模式的中央计划的特征在中国正被改变。

除了价格改革，其他三个方面的问题也受到了中国经济改革者的注意。首先是为国营企业制订一套规章制度，以便它们能够有效地经营；二是建立宏观机制和制度以管制微观单位；三是拓展外经贸业务。

实行货币政策的宏观控制机制的进展有赖于新的银行体制。1983—1984年重组银行体系，在调节货币供应和控制利率方面，人民银行被赋予更大的权力。各专业银行在其各自所属范围内，具有向国家和集体企业提供贷款的权力。但是，一个有效的中央银行控制机制尚待健全。

中国经济改革的前景是什么？不仅有阻力，也有前进的推动力。后者包括有开明的领导、大众的坚决拥护、集体企业与合资企业的竞争给国营企业带来的压力，以及许多华侨和外国友人的援助和影响。尽管中国存在许多不利的情况,许多外国友人出于好意或潜在利润的吸引,已经帮助并将继续帮助中国。改革的阻碍包括思想意识的抵触、官僚主义、经济体制固有的惯性和政府及国营企业的中层管理人员缺乏教育。现存的向大多数劳动者提供工作而不问工作成绩的劳动制度,劳动力不能流动,是改革的主要障碍。

中国朝着进一步市场导向经济发展的改革将会继续下去。成功的程度不可能确定,但是决不会退回到以前在农业和工业上实行门户关闭的中央控制体制上。同时,即使体制改革进度很慢,大幅度经济增长仍会持续下去。请注意,尽管在低效的统一计划和两次非常严重的政治干扰的逆境下,从1952—1979年间,中国的经济仍然能够增长;在80年代更有利的经济政治条件下,中国经济只会增长得更快。

(据曾昭武译、顾敏渊校的中文译文摘录)

原载《中山大学学报(哲学社会科学版)》1987年第4期

论广东产业结构的优化

傅介声

一个国家（或地区）的社会经济要尽快地成长和发展，需要处理好国民经济各部门之间的发展关系，不断地优化产业结构，并拟定与此相应的产业政策。

产业结构，归根到底，反映了一个国家国民经济各部门之间经济联系的现状，并在一定程度上说明了这些部门在该国社会经济发展中的地位、贡献，说明该国的资源在国民经济各部门之间的分配状况。从产业结构对一国社会经济发展的作用来考察，它体现了该国社会经济所赖以生存和发展的物质基础的现状和生产力水平，它既是社会经济进一步发展的依靠力量，又是社会经济进一步发展的制约因素。因此，研究产业结构，是经济发展规划工作中的重要课题。

一般说来，研究产业结构可从两方面进行。一是在"静态"上分析其现状，观察其合理性的程度；二是在"动态"上进行分析，预测其变化的趋向，以促进它的完善和优化。研究产业结构的优化工作宜从三个方面进行：了解和分析世界产业结构的发展趋势，拟定和实施有关的产业政策并创造产业结构优化的条件。本文拟针对广东产业结构的发展趋向，从政策建议的角度进行探讨。

笔者认为，优化广东的产业结构和拟定有关政策宜从以下几个方面来考虑。

一、适应国际产业结构的调整趋势

近年来，由于世界上不同国家和地区的币值大幅度地升降，迫使其产业结构进行重大调整。其趋向一般是发达国家向知识密集的"新产业"部门发展，而把劳动相对密集的产业转移到次发达国家；而次发达国家和地区也必然相应地调整它们的产业结构，把劳动或资源密集的产业转移至投资环境较好的不发达国家。我国的工业不发达，但在亚太地区，劳动力资源丰富、素质较好，是一些国家和地区把某些产业转移进来的理想投资环境。例如港、台已陆续地把一部分劳动密集型的产业转移进大陆。广东，尤其是珠江三角洲地区，无论在社会联系、经济来往、地理位置和运输条件等方面，都是港台商人转移产业较理想的地区。因此，广东应当主要对准港台产业结构的调整趋向，主动接替（或填补）由于它们的产业转移而出现的生产空缺。目前看来，这些产业主要是劳动密集型的服装、玩具、较低档次的家用电器等。产业转移的方式有到大陆直接投资设厂、拆售现有的机器设施、搞"三来一补"等。

引进这类技术，总的说来，应从经济发展来考虑，主要靠沿海地区的乡镇企业。发展乡镇企业，历来为我国政府和经济学界所重视，它涉及建设社会主义的一些根本问题。近年来，我国为更有效地引进外资和先进技术来发展我国经济，曾提出"以市场换技术"的构想。这实质上是主张"进口替代"的办法。但如果我们仅以此构想来建立具有先进技术的进口替代型企业，那么由于国内市场的局限和外汇平衡的困难，必然会限制我国利用外资、移植国外技术的规模，难以促进各地区乡镇企业的发展。因此，应当寻求另一种构想。事实上在珠江三角洲一带，在过去的十年中已经实施"以劳务换技术"利用外资的策略。实践证明这是行之有效的。看来，今后我国利用外资"以市场换技术"和"以劳务换技术"两种不同的构想将同时并用。广东目前和可预见的将来的趋势似乎是"以劳务换技术"的构想为主。

引进外资，发展乡镇企业，为充分利用农村劳动力提供了适宜的物质技术基础。以引进外资为基础兴办起来的农村外向型企业，带动了乡镇经济的发展，促进农业劳动力向非农业部门转移。近几年来，珠江三角洲地区由农业转移到第二、三产业的劳动力已达100多万，占本地农业劳力的60%。乡镇经济的发展也促使外省市劳动力的流入，到1987年，流入珠江三角洲的外地劳动力估计达100万人以上。农业劳动力向非农业部门的转移，也促进农村地区劳力结构的变化。如1986年，佛山市农村地区劳动力146万人，其中第一产业占50%，第二产业占40%，第三产业占10%。东莞市的劳力结构第一产业占40%，第二产业占38%，第三产业占22%。

广东珠江三角洲地区实施以"劳务换技术"的构想，在经济上取得了突出的成就，并改善了产业结构和劳力结构等。可见发展乡镇企业，实现"以劳务换技术"的构想，是改善和优化产业结构的重要组成部分。

但应当指出，用上述办法来"适应"国际产业结构的调整趋势，虽可在短期内"振兴"当地的社会经济，然而从长远看却不是良策，它会使我省的产业水准长期处于低水平，本省的技术经济发展会受到很大的局限。因此，还需采用其他的办法来解决。

二、逐步建立有广东特色的产业结构

广东的产品要在世界市场上具有竞争性，若单纯依靠"以劳务换技术"的策略，接受外商移来的"夕阳"产业来发展乡镇企业，只能在国际市场上与不发达国家的同类产品进行竞争。即使在竞争中取得"优势"，赚取了外汇，但距增强国力、实现产业现代化的目标尚相差甚远。因此，还必须发展"朝阳"产业，利用我国科技队伍的一定优势，尽快缩短与世界发达国家高科技产业之间的差距。为了较快、较好地逐步建立有广东特色的产业结构，使其具有较强的竞争性，有必要将发展"夕阳"产业和发展"朝阳"产业结合起来，将利用丰富的劳力资源和利用相对较优的智力资源结合起来。

广东省产业结构的"特色"，主要表现在以下几个方面：

1. 轻型的产业结构

任何一个国家或地区产业结构的形成，都受其自然资源和社会资源条件的限定，受它与外界社会经济联系的影响。因此，它们现有的产业结构在一定程度上有其形成的必然性。所以，在拟定未来"理想"的、较优的、可行的结构目标时，必须考虑其形成现有结构的各种制约条件。

目前，广东省的产业结构是"超轻型"的。以1987年为例，轻重工业产值在工业总产值中所占的比重分别为65.17%和34.83%①。今后广东省的产业结构仍宜是"轻型"的，但需改变"超轻型"的状况。"超轻型"的弊病在于缺乏本地区自己的、强有力的原料基地，致使轻工业的发展无可靠的后盾；缺乏交通运输和信息服务等部门的配套设施，致使工业的进一步发展受到掣肘；发展高科技产业的人才奇缺，致使社会经济的发展目标难以落实。因此，广东省在优化产业结构的工作中，既应保持"轻型"结构的特征，还需努力消除"超轻型"结构存在的上述弊病。

2. 与香港经济的紧密结合

广东开放改革十年来，恢复并发展了与香港的紧密联系，在引进外资和先进技术、举办"三资"企业等方面已取得可观的成就。广东与香港的经济联系促进了乡镇企业的发展，并使之成为广东国民经济中的一个重要支柱。展望1997年以后的形势，广东和香港的经济联系必将更趋紧密，向经济一体化的方向发展。因此，在探讨广东省的产业政策时，必须考虑香港经济的特点。香港经济的繁荣世界闻名，但它的地域狭小，所处的政治、经济和地理位置特殊，第三产业极其发达。就制造业而言，主要倾向于生产日用消费品（如成衣、玩具、电子类产品等），而它的这类产品在世界市场上的竞争力正在逐步减弱。香港经济的特点在于它的第三产业实力特别雄厚。广东经济的发展，要善于借用香港在信息、金融、进出口贸易、航运、旅游等产业部门的优势，逐步建立自己的金融市场，健全和完善市场机制，强化出口生产体系的建设和管理，建立国际销售网络，将本省的经济运转和国际市场的经济活动密切配合起来，加速实现朝外向型经济的转变。在此转变过程中，广东要确立自己的拳头产品。这种产品可在本省已经具备了一定优势的轻型工业中选择，但必须是属于高科技的轻型产品。这类拳头产品代表着广东省的经济实力，要依靠它们在竞争激烈的国际市场上占有一定的地位。围绕拳头产品生产基地的建设、发展及其产品的销售，仍需借用香港的金融、信息、航运、贸易等方面的力量。

3. 建设基础工业要以轻型的拳头产品为核心

广东产业结构的特点虽然是轻型的，但仍然需要发展重化工业、精密机械和仪器制造业。这些产业部门的发展特点将是以高科技的、轻型的拳头产品为龙头，建立一系列的与此相关的原材料基地和设备基地。广东缺乏自然资源，需要外省供应初级原料，可以通过向内地兄弟省份投资或横向联合的方式，帮助它们办矿或进行原料的初加工，开发资源，在内地省份建立自己的原料基地。因此，在缺乏自然资源的广东省内建立自己高科技产品所需的基础工业仍然是可能的。这些基础工业还应同时为香港地区发展高科技的轻型产品服务，为那里提供特需的紧缺材料和半成品。据报道，仅香港一地，现在每年需进口原材料、零部件约200亿美元②。在一般情况下，生产所需的原材料和原器件可以在国际市场上购买，但发展高科技产品所需的原材料和原器件则往往被竞争对手所控制，从而丧失发展这类产品的主动权。因此，广东和未来的香港地区，必须有自己

---

① 根据1988年"广东省统计年鉴"的有关数值计算。
② 《引进》1988年第3期。

发展高科技产品的原材料和原器件基地。至于一般的原材料，在国内和世界市场上可以较易获得，因此不宜作为广东发展原材料工业的重点。这种跨越式地发展高科技的基础工业，是广东技术经济实力能早日跻身于世界强手之林的一种策略方法。充分利用省港两地各自的信息、金融、人才、土地和管理等方面的优势，乃是较快发展广东经济的可行办法。

三、建立新产业，做好不同技术体系的组合工作，增强各大产业部门的整体效益

完善、调整和优化产业结构本身不是目的，是一种手段，是要通过产业结构的调整，使它更加合理化，以提高整个社会的生产力。完善、调整和优化产业结构要考虑整个社会的持久进步和发展。但在每个产业部门内部应发展什么样的行业，不应有固定的模式，应尽可能利用世界上最新的或"次"新的技术成果，促进新产业的发展。这是决定各大产业部门整体效益的关键之一。

当前世界上的"新产业"部门，大体上有以计算机和集成电路为核心的电子工业，以核能发电和太阳能为代表的新能源，以精密陶瓷和光导纤维为代表的新材料，以及以遗传工程为核心的生物工程等。我国在这些领域都有一定的研究成果，个别项目在世界上还居领先地位。关键是如何把这些科研成果转化为生产力，这就需要通过生产部门和研究部门相结合的办法加以解决。

为发展新行业，还可通过对现有不同技术的组合或结合，形成新的产品或技术，并促使它逐步形成新的市场。日本把这种组合或结合称之为"知识融合化"，并认为这是日本产业发展的一条有效途径。从日本技术经济发展的经验可见，不同学科或不同技术体系之间的组合或结合，既是当代科学技术发展异常迅猛的原因之一，又是一些国家能在不长的历史时期内成为头等经济大国的重要原因之一。通过这种组合或结合，可以扩大和开拓新的产业领域，也可以使一些所谓的"夕阳"产业获得新的生机，增强它们的活力。如古老的机械技术和新兴的微电子技术相结合，就可以产生电脑数控机床、机械手等新工业产品。

笔者认为，为使广东的产业部门生机勃勃而有强大的生命力，必须做好科研部门和生产部门相结合的组织工作，做好不同技术体系的组合或结合工作。各级政府不仅要在思想上重视，而且要有一个权威的部门负责。还要通过体制改革，在企业的运营机制上，对企业的研究和开发部门给予相当的职权，规定它具体的任务目标，给以优先的资金保证和灵活多样的激励措施等。

四、组织出口生产体系，建立出口生产基地，优化社会生产组织

组织出口生产体系，建立出口生产基地，在我国是一件新事物。过去，出口业务纯粹属于外贸部门的事，出口的目的是换取外汇到国际市场购买所需的设备和稀缺物资。因此，出口为进口，为换取外汇而不计成本，长期以来形成"出口越多，国家损失越大"的不正常现象。今天应逐渐扭转这种情况，做到国家"出口越多，收益越大"。出口不仅要换取外汇，而且要在国际市场竞争中占有一定的市场份额，利用国际贸易获

取比较利益的好处，并且掌握科技发展的趋向和商业活动的信息，为国内的生产建设服务。为此，有效的办法就是组织出口生产体系，建立出口生产基地。

建立出口生产基地是一件复杂的工作，涉及工、农、贸三大部门。我们既要建立工业出口产品生产基地，又要建立农业出口产品生产基地。

（1）广东目前由两大系统同时进行。一是外贸系统自办或投资联营，建立贸工企业。1987年广东以此方式建立的出口生产项目1200多个，已提供12.68亿美元商品出口[①]。二是工业系统由原来的工业企业成立工贸企业，经省政府批准享有经营进出口业务权，成为工贸合一的企业。目前，全省这类企业已达99家，70%左右分布在珠江三角洲地区。其中自营出口创汇超过1000万美元的有省船舶工业联合公司、南海藤厂、广州万宝电器工业公司和广州绢麻纺织厂等4家企业[②]。上述贸工或工贸企业，均由各自不同的主管部门归口管理。今后如何提高这些企业的经营效益，将是一个重要问题。这些企业的产品都要拿到国际市场销售，将面临众多的强大竞争对手。而这种竞争，实质上是生产这些产品的企业在各个方面的实力竞争。增强这些企业实力的有效办法之一是强化行业内的生产组织，运用参股或兼并的办法，组织集团企业。另外，从全省范围内要对这些有权出口的企业（包括贸工、工贸两种企业）进行统一的而不是各业务系统归口的管理。其目的是加强指导，更好地反馈和沟通国际市场上的各种信息，也为了避免我国同类企业在国际市场上的自相竞争。随着贸工、工贸企业数目的增多，业务经营范围的扩大，与外商在国际市场上的竞争将越来越激烈，强化社会生产组织的重要性和迫切性也将日益显现出来。

（2）农业出口产品生产基地的建立基本上可分为两大部分，一是农副产品的生产基地，二是农副产品原料加工基地。

如何建立农副产品的生产基地？能否简单地在现有农副产品生产的基础上，加以改造，发展成为出口产品的生产基地？一般说来，这是不适宜的。因为它将导致国内市场农产品供应紧张，影响人民的生活。因此，建立出口农产品的生产基地应与创建开发性的农业结合起来。

创建开发性的农业是可行的。我省虽然耕地面积小，但非耕地资源却极其丰富。广东人均只有7分耕地，但却拥有5000万亩荒山、荒坡，2000多万亩滩涂尚待开发利用，搞开发性农业是具备条件、很有发展前途的。

近年来，广东重视以开发性农业的方式建立农产品出口生产基地的工作，已经取得很大成就。到1986年底，全省农副产品出口生产基地及其加工企业累计总投资达20多亿元，改建、扩建和新建的出口生产基地和加工企业项目2080个，从业人员78万人，约占农村社会总劳动力的5%。

开发性农业的发展是和技术改造结合进行的。近几年广东从国内外引进和发展了相当数量的畜、禽、水果、水产等优稀品种，引进了一批先进的生产技术和设备。如梅县引种10万亩优质沙田柚，湛江引种8.8万亩红江橙，顺德引进全天候花卉生产线，深圳

---

① 《南方日报》1988年1月12日。
② 《南方日报》1988年2月10日。

引进无土栽培蔬菜生产线，东莞引进果汁生产线，南海引进果菜保鲜、包装生产线等，增强了我省农副产品在国际市场上的竞争能力。如广东销往香港的鲜奶已占全港鲜奶总销量的70%。但我省出口的农副产品的品种、质量和加工深度都还不如国际市场上的竞争对手，亟须改进。

农业生产的发展，标志着一个国家经济的发展程度。日本国民经济协会理事长叶芳和曾对世界各国的农业进行了长达数年的调查，结果认为："在发达国家，农业已是出口产业。在欧美，技术革新在农业领域继续迅速地开展，发达国家农产品的40%至80%为出口而生产。""农业是典型的发达国家型产业。"可见，当代经济发达国家的农产品也在大量出口，而经济落后国家却往往需要依赖农产品的进口。从广东经济发展的历史经验中，也多少可以印证这一结论的正确性。

组织农副产品出口生产体系，不仅要建立出口产品的生产基地，而且还要和调整出口农副产品的结构结合起来。对广东来讲，就是应当把海外目标市场的需求与本省地处沿海和亚热带地区所具有的资源优势结合起来，发展目标市场所稀缺的热带和亚热带的动植物产品。同时，还要运用先进的科学技术对农副产品进行精加工、深加工，提高出口农副产品的品质和提高其附加值。在这方面，广东前几年的工作似乎还未能适应海外市场变化的需要。1985年与1980年相比，塘鱼出口量减少1.1%，但收汇额却减少43.9%；活禽出口量增加71.5%，但收汇额仅增19.3%；水果出口量增加76.20%，但收汇额仅增0.8%[①]。这一数字表明，尽管我省出口的农副产品增加了数量，但它们的售价却越来越低了，并没有获得相应的经济效益。主要原因是出口产品的品种、加工深度和包装等方面，都不如国际市场上的竞争对手。这是我省在建立出口农副产品生产基地时应当力求改进的一个主要方面。

为了发展出口农副产品的生产，还应在海外寻求新的目标市场。我省出口的农副产品历来以港澳市场为主。要突破以港澳为主的传统的地域观念，有意识地开辟和培植我省出口农副产品的国际销售网络。这也是需要认真考虑的一个课题。

此外，优化产业结构的工作还需要有一定的适宜条件，如充分发挥市场经济机制的作用、社会生产要素能在各个产业部门之间自由流动、商品价格体系比较合理、文化教育和科技水平能适应时代的要求、经济管理体制比较合理等等。由此可见，优化产业结构的工作涉及社会经济生活的各个方面，还需为它创造相宜的社会经济环境。

若从统计学的角度观察，产业结构仅表现为各产业部门的产值在社会总产值中各自所占的比例关系，而这一比例关系所体现的技术内容在不同的情况下却往往相去甚远，其中可能是高精尖的技术产品，也可能是落后技术的产品。优化产业结构的工作，其着力点应放在技术进步上，而不能单纯追求产值关系的变化。优化的产业结构，应当是在社会经济发展过程中技术进步的必然结果。只有技术进步了，才能创造出新的产品，形成新的行业，同时也会使一些落后的、在效率和效益方面差的产品自行消亡；技术进步也能促使现有行业的改造，节约使用资金和劳力，为发展新的行业提供条件；技术进步

---

① 《广州日报》1987年3月30日。

还能创造出一些新的需求，改变人们的消费心理，促使产业结构发生相应的变化。新兴技术不仅会促进产业结构的优化，而且还能带来整个社会的进步。

综上分析可见，广东要建立一个能体现外向型经济要求的、有相当竞争能力的产业结构，并非易事，需要我们长期的艰苦努力。

原载《中山大学学报（哲学社会科学版）》1989年第4期

计划经济与市场经济辨析

石祖培

社会主义有计划商品经济理论,是我国经济体制改革理论的重大突破,是改革目标的根本依据。1984年,党的十二届三中全会通过的《中共中央关于经济体制改革的决定》明确指出,社会主义经济是"公有制基础上的有计划商品经济",还指出"就总体说,我国实行的是计划经济,即有计划的商品经济,而不是那种完全由市场调节的市场经济"。这个论断比较全面地揭示了我国社会主义经济是计划经济与商品经济的内在统一,对过去那种否定社会主义经济商品性的观点,是一个重大进步,为建立计划与市场有机结合的我国经济运行机制指明了基本方向。可是近年来,有人借我国大力发展社会主义商品经济之机,竭力诋毁与否定计划经济,贬低计划调节;他们在"产权明晰化"的讨论中,积极主张推行生产资料所有制的"私有化",片面宣扬社会经济运行方式的"全面市场化",实行"市场经济",企图篡改和违背《决定》指明的改革方向。

怎样认识计划经济与市场经济,两者能否结合?计划调节与市场调节的客观依据是什么,两者关系怎样?怎样建立计划与市场结合的经济运行体制?笔者认为,正确理解和认识上述问题,不仅对当前的治理整顿、深化改革,而且对建立有中国特色的社会主义经济体制,都有着重要的理论意义和现实意义,本文就上述问题谈点自己的看法,以求讨论。

计划经济、市场经济两层涵义

计划经济、市场经济既是不同的经济运行方式,又是不同的社会经济制度,是两个层次涵义的统一。

从社会生产力的角度看,计划经济与市场经济是两种不同的经济运行方式;从社会生产关系的角度看,它们又是两种不同的社会经济制度。生产力与生产关系总是统一的,这两个层次的涵义也是统一的。一般地说,计划经济是建立在生产资料社会主义公有制基础上,由政府根据社会整体利益,运用计划机制,调节社会经济的一种运行方式和社会经济制度。市场经济则是建立在生产资料资本主义私有制的基础上,企业从自身的利益出发,根据市场变化,调节经济活动的一种运行方式和社会经济制度。这种早期的、原来意义的、完全的计划经济和市场经济,在现代国家的实际生活中已经不再存在,因为随着社会经济的发展,人们对它的认识和管理的水平不断提高,逐步克服这两种经济运行方式的缺陷,使之更加完善,出现计划与市场结合的现象。当然,这种结合,并不改变这个国家的社会经济制度,即计划经济或者市场经济的本质,相反,应该是以加强其主导部分为原则的。例如，原来实行计划经济的国家，已经不再单靠政府的计划调节，而且根据商品经济的要求，重视和加强市场调节，实行计划经济与市场调节相结合的运行体制。我国改革开放以来，这种改革的进程是比较快的，基本上是健康的，效果也是明显的，并正在通过深化改革，进一步完善。原来实行市场经济的国家，也根据生产社会化、商品化的要求，加强政府干预，进行计划调节，实行市场经济与计划调节结合的运行体制。如日本政府用制订中长期发展计划，指导市场经济发展；美国政府通过立法干预经济"自由"，不允许一个行业由一家大公司垄断，一个行业有几家公司，也不能采取统一价格；等等。

计划经济和市场经济为什么会出现这种"结合"现象呢？它是由客观经济条件决定的，不是人们的主观愿望。首先，计划经济、市场经济都是以生产社会化为共同的物质基础。生产社会化体现着生产者与消费者之间的联系与矛盾，要求国民经济各部门之间互相配合、互相制约，要有一定的比例关系，以达到资源配置和社会劳动分配在各部门的合理化，使社会再生产顺利进行。计划经济与市场经济从这个角度讲，它们是资源配置的两种不同的方式。简单说，计划经济倾向于用集中统一的政府计划，自觉地调节资源的配置，而市场经济则倾向于分散的经济决策，通过企业行为，促成资源的自发配置。如果没有生产社会化，计划经济、市场经济都不可能产生。譬如在封建社会，闭关锁国，领域割据，自然经济占统治地位，生产社会化程度很低，不可能形成社会统一的经济体系，也就不可能出现集中计划与分散决策的关系问题，计划经济与市场经济也无从谈起。由于生产社会化，无论是计划经济还是市场经济，都存在集中统一和分散决策的结合问题。

其次，当前的计划经济与市场经济都是建立在商品经济基础上的。人类社会的经济联系方式，或叫劳动产品的交换方式，总体上可分为三种：即自然经济、商品经济、产品经济。自然经济是封建社会及其以前社会的主要特征，虽然社会分工在原始社会已经产生，但由于生产力水平低下，生产者只有很少的剩余产品能够拿出来交换，并且受到地域的限制，产品交换方式只能是自给自足的自然经济交换方式。只有当生产力水平有较大的提高，生产者不仅有大量的剩余产品，而且直接是为交换而生产，交换双方实行等价的原则，这时，商品经济的交换方式占据了统治地位，人类社会进入了商品经济阶段。目前，无论是资本主义国家，还是社会主义国家，都还处在商品经济的阶段。产品经济是在生产力极其发达，产品极其丰富的条件下，实行全社会统一生产与交换的方式，这是一种将来共产主义社会才能实现的劳动交换方式。可见，在人类社会发展的漫长过程中，商品经济将是长期存在的一种交换方式。它不仅在不同的社会形态中客观存在，而且可以分别与计划经济或市场经济共存。商品经济是个中性的范畴，并不是资本主义生产方式的特有现象。当然，商品经济对于瓦解自然经济，激发社会生产力的发展起着积极的作用，但是，它的存在与发展，并不会直接左右社会经济制度的性质。相反，而是社会经济制度决定商品经济的性质。譬如，商品的交换双方按等价的原则进行交换，其主体可以是私有企业，也可以是公有企业。简单地说，公有企业之间的交换，是社会主义性质的商品交换；私有企业之间的交换，则可能是资本主义性质的商品交换。总之，商品经济要求买卖双方等价交换，并不要求交换双方必须是私有经济。可以肯定，社会商品经济的充分发展，并不一定导致公有企业的"私有化"结果。那种认为商品经济的发展，必然要求实行私有化的观点，显然是一种理论偏见，是违背事实的。

同时，还应该看到，商品经济虽然本质上要求用市场调节的方式实行经济运转，但是，它并不是排斥计划调节的，恰恰相反，在商品经济运行过程中，由于市场调节的分散性、自发性，为使个别劳动顺利地转化为社会劳动，商品经济本身同样要求社会进行统一的计划调节，以加强商品的价值实现过程的自觉性，克服盲目性。近几十年来，市场经济国家寻求与计划调节结合，实行"政府干预"，并取得相应效益的事实，也证明了计划调节与市场调节一样，都是商品经济的内在要求，实行计划与市场的结合也是商品经济的客观必然。

第三，一个国家是采取计划经济还是市场经济制度，其根本原因还在于具有不同的所有制性质的经济基础。就计划经济来说，生产社会化、商品化从调节机制上提出了计划调节与市场调节的要求，但是，要实行以政府计划为主导的计划经济调控体系，整个社会经济还必须是建立在社会主义公有制为主体的经济基础上。这样，政府直接或间接地控制着大量的经济命脉、有关国计民生的重要企业，它就具有宏观经济管理和组织微观经济活动的经济实力和职能，能够根据社会劳动在各部门合理地分配的社会化要求，运用计划、政策、法律、经济、信息等手段，对社会经济进行有效的调控，保持国民经济有计划按比例发展。这就是计划经济的本质特征，所以具有社会经济制度的涵义。再就市场经济来说，也不是因为商品经济就必然伴随着市场、市场调节以及完善的市场体系等市场要素。从根本上说，是因为这些市场经济要素是建立在生产资料资本主义私有制的基础上，使社会经济活动，取决于市场变化对企业利益的激发和冲动。因此，尽管市场经济的国家，也有政府的计划，但是政府计划的有效性，受私有企业利益满足程度的制约，整个社会经济一方面有企业的主动性、灵活性，另一方面仍不可避免地笼罩着盲目性和无政府状态的阴影。这也是市场经济的本质。

总之，计划经济、市场经济不只是两种类型的经济运行方式，它们还必然与生产关系联系，体现着两种不同的社会经济制度。这两层涵义是统一的，尤其是受生产资料所有制性质的决定作用，使两种经济运行体制中的计划与市场的取向、力度是不同的。有人片面强调计划经济与市场经济只是两种不同的经济运行方式，否认它们的社会经济制度方面的根本区别，甚至竭力主张在我国推行市场经济。这从表面上看，只是为了寻找更好的经济运行方式，实际上必然会混淆社会主义与资本主义的区别，在中国是行不通的。

计划经济、市场经济具有发展过程的阶段性特点

如果把经济运行方式与社会经济制度统一起来，我们可以说，计划经济和市场经济是两种经济运行体制。这两种不同的经济运行体制，并非只有一个固定模式，在其发展过程中会显示出阶段性的特点。任何国家如果只是教条式地照搬别国的模式，并把它固定化，那肯定是不会成功的。

就计划经济来说，按马克思提出的原理是在全社会共同占有生产资料、商品经济已经消除的条件下，实行有计划的社会生产，这是一种产品型的计划经济。我国过去的计

划管理体制，就是力图实行这种类型的计划经济，从而形成权力过分集中、管得过死的体制，阻碍经济的健康发展，不符合中国的生产力和生产关系的现状。我国目前已建立起社会主义公有制为主体、多种经济成分并存的经济基础，特别是全民所有制企业在国民经济中起了骨干的作用，实行计划经济的运行体制，是符合生产社会化客观要求的。但与此同时，我国仍然处于发展商品经济的阶段，劳动产品交换双方还必须按照价值规律的要求，实行等价交换。这样，促使企业在竞争中改善经营，并获得相应的利益，或者承担一定的风险，从而推动整个国民经济的迅速发展，经济效益的不断提高，这也是客观的。因此，我国现阶段计划经济的特点是与商品经济结合的商品型的计划经济。如果再加以细分，我国目前的商品型计划经济还处在商品经济尚未充分发展，生产社会化程度还比较低的状态，因此，我国的计划经济还处于有计划商品经济的阶段，即接受国家计划指导的商品经济阶段。就像社会主义初级阶段是社会主义在中国发展的特殊历史阶段一样，有计划商品经济是计划经济的初级阶段，也是中国计划经济发展的特殊历史阶段。过高地估计我国社会主义经济的计划化程度，事实证明是不行的。当然，全盘否定计划经济的观点，也是错误的，势必否定我国社会主义道路的现实，扰乱对我国社会主义经济特点的基本认识，不利于经济的稳定发展。

同样道理，市场经济在不同国家、不同的历史时期，也会有不同的特点，一般地说，哪里有商品，哪里就有市场，商品经济到了发达阶段，不仅有市场、市场调节、市场体系，政府还有调控市场的功能，形成现代市场经济的基本特征。前面讲的，市场经济是建立在资本主义私有制基础上的自由经济，这其实是典型的初期的市场经济。以后又发展到垄断的市场经济，国际的市场经济阶段。

社会主义国家在实行计划经济初级阶段，是否有市场经济因素呢？这里需要进一步分析，先要从商品经济的发展过程谈起。商品经济原来是在社会分工和私有制条件下的产物。在我国社会主义初级阶段，社会分工依然存在，但是私有制经济不占主体地位，已被社会主义公有制占主体、多种经济成分并存的经济结构所代替。这样，商品经济是否还存在呢？当然存在，因为公有制的各个企业和其他经济成分的企业仍然属于不同的所有者，交换双方仍然需要等价交换，需要保留和发展商品经济。

市场经济的原义是建立在私有制基础上的商品经济，然而，在我国社会主义初级阶段，虽然公有制经济代替了私有制经济，但商品经济依然存在，只是改资本主义商品经济为社会主义商品经济。既然存在商品经济，那么市场经济也是存在的。首先，在社会主义初级阶段，还存在个体经济、私营经济、外资企业等私有制经济，它们的经济运行方式，仍然是按市场经济原则进行的，企业的经营行为完全受市场的自发调节，这部分经济应该属于市场经济。其次，如果将受市场调节的经济理解为广义的市场经济的话，那么，不只是私有经济，在国有企业或集体企业中，都有相当部分的经济活动并不列入国家计划，而是由市场自发调节。这也应该属于市场经济的范围。以上两点，虽不是我国社会经济的主体，但说明我国现阶段仍存在市场经济，以及它所具有的特点。第三，商品经济的发展，不可能只有市场、市场调节，还必须有完善的市场体系、政府调控市场的能力。有了这些市场经济的要素，如果还不承认有市场经济，这就类似在改革开放初期，只承认商品生产和商品交换，却不承认商品经济。看来对市场经济还有一个认识和探讨的过程。

　　当然，把我国的有计划商品经济等同于市场经济，否定计划经济，竭力推行私有化基础的市场经济，是不对的。不过可以这样理解，我国有计划商品经济是商品型计划经济与广义的市场经济的结合阶段。如果说我国政治制度上允许"一国两制"，并且"和平共处""互不干扰"容易理解的话，那么，在社会主义经济运行机制上允许计划经济和市场经济两种不同方式同时并存，互相制约，我认为这不仅会推动商品经济的发育和完善，而且会促进社会主义经济建设的迅速发展。

计划经济、市场经济能否结合？怎样结合？

　　上述表明，商品型计划经济与广义的市场经济，在我国现阶段有计划商品经济中是客观存在的。随着社会经济的发展，在社会主义经济制度不断自我完善的前提下，作为经济运行方式的计划经济与市场经济，都会有一个完善、培育以及正确结合的过程。但这里讲的培育市场经济，并不是在我国实行纯粹的完全市场经济，而是与国民经济中占主导地位的计划经济同时并存。

　　那么，计划经济与市场经济能否结合呢？按原来意义的计划经济与市场经济，不仅是两种不同的运行方式，而且是两种不同的社会经济制度，两者具有对立性，要结合显然是困难的。但是，由于我国正处于社会主义初级阶段，计划经济是商品型计划经济，市场经济也是广义的市场经济，它们都有着共同的物质基础和经济基础，这就是社会主义公有制基础上的商品化、社会化生产，因此商品经济是计划经济与市场经济的共同基础。商品经济的运行机制，不仅要求市场调节，还要求计划调节。商品型的计划经济在运行机制上，也要求计划调节与市场调节相结合。广义的市场经济是建立在以公有制为主体多种经济成分并存的经济基础上的，也要求计划调节与市场调节的结合。从全民所有制企业来看，在其所有制性质不变的情况下，改革了经济管理方式，企业有了自主经营的权力和自我发展的能力，增强了活力。但由于宏观管理不力，企业微观经济往往从自身利益出发进行决策，这样，容易引发企业接受市场的盲目调节，出现国民经济活动的自发性和紊乱状况。因此必须运用计划调节机制，加强宏观管理。西方国家的"国家干预"也是这种客观要求的体现。

　　所以，计划调节与市场调节，既是商品型计划经济的调节机制，也是广义市场经济的调节机制，总体上说是计划与市场结合的主要内容和共同要求。计划与市场在调节经济运转方面有不同的功能，一般来说，计划调节主要是统一调控宏观经济的协调，均衡发展；市场调节，则利用分散的决策，增强微观经济的竞争力。因此，计划与市场在调节经济过程中，有互补性又有逆向性。有时政府实行计划调节有抑制市场调节的作用，而企业接受市场调节，对政府的计划也会是一个冲击。例如，政府用计划调节保持物价稳定，就会对企业的价格自主权有所抑制。反之，企业在物价上的自主决策，也会影响政府稳定物价的措施，两种调节必须互相结合。计划调节要市场调节补充，市场调节更要计划调节的指导，两者互相作用。计划调节一般是在经济行为发生以前，通过预测信息，制定计划，进行事前调节、影响或调控市场。市场调节则是经济行为已经发生，或者是产品制成并投放市场，根据供求状况，运用市场机制，进行反馈调节，影响或调整计划。计划调节与市场调节必须互相结合，配套使用。我国的实践证明，单纯强调计划调节，或者把市场调节当作万能的，就会出现"一管就死，一放就乱"的局面。

计划经济与市场经济结合，作为经济运行层次来看，就是计划调节与市场调节的结合。由于有的人推崇"私有化"和"市场经济"，目前暂时不提发展市场经济，以免造成思想混乱，这是可以理解的。但是与计划经济结合的市场经济还是客观存在的。要使计划与市场结合，需要根据不同产品、企业、行业、地区和时期，分别作主辅不同程度的结合，这类问题，经济理论界已有很多讨论，这里不再赘言。以下就计划与市场如何结合，谈几点看法。

（1）计划调节与市场调节的比重大小，不是说明一个地区实行计划经济还是市场经济的依据。笔者认为，计划经济与市场经济各自都含有计划调节与市场调节的机制，何况在现阶段计划经济与市场经济是结合在一起、不可分开的，而且计划与市场都是覆盖全社会的，计划调节也包括调控市场，市场调节也接受计划的指导，两者是不能截然分开的。计划调节与市场调节比重大小，最多也只能说明计划经济与市场经济结合的程度，就像计划经济不能要求计划调节比重很高一样，市场调节比重高也不等于是在搞市场经济。

（2）计划与市场结合，必须要有立法保障。不管是计划调节还是市场调节，要使经济"管而不死，活而不乱"，就需制定一系列的经济法规，如《企业法》《合同法》等等，使政策法律化，防止政策的随意性和放任自由的倾向。

（3）发展有计划商品经济，不必通过产权私有化。但必须使企业具有自主经营的权力，承担运用国家资产应尽的义务，企业以法人资格参与经济活动，这样，计划调节与市场调节才能发挥更好的作用。

（4）完善市场体系，是实行计划调节与市场调节的重要条件。各种生产要素，都需要有市场，如金融市场、消费品市场、物资市场、技术市场、劳务市场、信息市场等等，完善与培育市场体系，使各种生产要素能够灵活转移，重新组合，促进生产发展。

（5）加强计划管理科学化，完善宏观调控体系。计划与市场关系是客观存在的，正确认识这种关系，在实践上加以运用，仍需进一步探讨。

原载《中山大学学报（哲学社会科学版）》1990年第4期

对我国实行"分税制"的初探

冼振熙

党的十一届三中全会后,为了适应有计划商品经济的发展,我国在财政管理体制上从发挥中央和地方两个积极性出发进行了逐步改革。1980年国家对地方实行"划分收支、分级包干"的财政管理体制的重大改革;1985年又调整为"划分税种、核定收支、分级包干"的"分灶吃饭"的新体制,这对调动地方各级政府当家理财的积极性,以及促进国民经济的发展,起到较好的作用。但随着体制改革的深化,逐步暴露出上述体制还没有从根本上解决财权与事权不协调的矛盾。而且由于"基数"固定化,随着收支规模的增大,使得收支矛盾以及地区财力不均衡状况也日益加剧。因此,随着"利税分流"改革的深化,进一步建立中央和地方"分税制"的财政管理体制,彻底克服旧体制的弊端,就提到议事日程上来了。

"分税制",从体制来看,它既是财政预算管理体制的重大改革步骤,又是税收制度改革的重要组成部分。这两个方面有着密切的联系,其实质是如何处理好国家与地方、国家与企业的利益分配关系。现主要从税制改革方面对"分税制"进行一些探讨。

一、"分税制"的内涵及其实行的必要性

"分税制"这一概念,是在1982年作为划分中央与地方财政收入范围的一种方法提出来的。其基本涵义是指在中央与地方之间建立两套税法。以后,"分税制"又确定为在中央与地方之间划分税收的办法的总称。就"分税制"本身的内涵来看,我们认为基本上应该包括以下三个方面:

一是税种的基本分开。"分税制"是与商品经济发展密切关联的处理中央与地方财政分配关系的一种体制。它的基本特征是通过税种在中央与地方之间的合理划分,从而确定中央税与地方税两大体系,并形成各自收入的来源。这样做的好处是,既能保证中央税种的财政收入有足够财力来对宏观经济运转进行调控,又能通过税种的划分来保证地方从事社会经济等事业发展的基本财力,并使地方税种能成为促进地区商品经济发展的一个杠杆。而且由于明确了中央与地方的各自税收征管的范围,也就能够提高税种调节机能的作用。

二是立法的基本分开。这就意味着中央与地方各自拥有设置税种的权力。中央税由中央立法,地方税则由地方立法,需要设置中央与地方共享税种的立法权,原则上应划归中央,同时在税收立法上要明确中央与地方的各自权益和义务。

三是管理权限基本分开。即要实行税收管理权限的基本分开。这就要设置中央与地

方各自的职能机构，使中央与地方各自管理税收的权限要受到国家基本税法的约束，任何一方都不得擅自超越自己管理的职责与范围，保证中央税制和地方税制的正常运行，提高运行效率和发挥税收机制对国民经济发展的促进作用。

实行"分税制"在总体上的意义在于："分税制"不仅能够起到在国民经济运转中使中央政府与地方政府共同发挥管理职能的机制作用，保证整个国民经济的总体布局的完整性，而且由于把关系到全国级差收益、实现公平竞争和宏观结构调节的税种掌握在中央手中，不仅能保证中央宏观调节的主导地位，促进全国统一市场的形式，使商品流通冲破地区限制，消除地方保护主义，而且有利于促进地方经济的发展和地方财政收支的稳定提高，从而有利于调动各方面的积极性，更好地促使国民经济协调稳定的发展。

以上说明，实行"分税制"不仅涉及正确处理中央和地方之间财权分配关系的重要问题，而且是使国家与地方、国家和企业经济关系规范化、合理化的理想形式。因此，从整体发展的趋势来看，实行"分税制"是势在必行的。

就当前实行"税利分流"格局来看，其发展趋势也要实行"分税制"。其一，实行"税利分流"的好处是使国家作为社会管理者和作为资产所有者双重身份分开，进一步促进政企分开和两权分离，消除了税前还贷的弊端，并抑制了企业盲目投资，增强了企业自我约束能力，完善了企业的行为机制。但"税利分流"还没有解决好中央与地方的利益分配关系，还必须通过"分税制"的实行来改变按企业行政隶属关系或包干形式划分中央与各级地方财政收入的格局，"分税制"能使中央与地方经济关系规范化、制度化，并使之合理化。其二，实行"税利分流"，国营企业降低了所得税率，税率应与其他经济形式的企业相同，这为统一企业所得税创造了条件。应该看到，"税利分流"使税收上交方式和利润上交方式分开而并存，所得税完全由税务部门征收管理，利润由财政部门组织入库，因而进一步理顺了国家与企业的分配关系，造就了良好的财政税收管理秩序。但中央政府与地方政府经济分配关系还不够完善，还要实行"分税制"来对现存的中央与地方财政收入分配比例不够完善和不够合理之处进行调整。并通过划清收支界限来明确中央和地方两级财政的权益与责任，使之规范化与合理化、制度化。而且能够减少税收征管中偷漏现象，从而提高税收管理水平。其三，实行"税利分流"为统一税制和税率，为推动横向经济联合，企业集团的发展以及逐步实行股份制提供了初步条件。而改革的进一步深化也要求实行"分税制"，因为只有通过"分税制"，才能更好地改变条块分割状态，消除地方之间相互封锁状态，强化计划经济与市场调节相结合的宏观调控机制，完善市场体系，从而促进横向经济联合、企业集团经济的发展。其四，从税制的改革来看，"税利分流"是"分税制"的前提，而"分税制"是税利分流的结果。因为税利不分的问题未解决，即国家两种身份职能未分清时，要合理规范解决中央和地方的利益关系亦有困难，而在税利分流的基础上实行"分税制"，使得中央与地方的利益、责任规范在一个财权与事权的合理制度的基础上，这样为国家规范和约束各级政府行为创造了稳定的保障条件。因此，与税制改革相配套，在税利分流的基础上实行"分税制"是必要的。因为税收体制的完善，尽快建立"分税制"体系，分清收入渠道，以保证中央、地方都有可靠稳定的收入来源，也可避免因中央和地方的分配关系难以固定而影响国家的财政收入或地方的积极性。同时，"分税制"的实行使地方政府有了相应的财力和稳定的财源。这样，在改革中对企业乱摊派而使企业负担过重的问题也就可较好地解决了。

二、实行"分税制"的条件

"分税制"作为一种税收体制是把中央和地方的财政分配关系建立在中央与地方两个层次的税收机制基础上的，是在"税利分流"基础上更深化的税制改革，它的实行要具备一定的条件，只有在条件成熟的情况下，付诸实行，才能收到预期效果。从改革的实践来看，"分税制"的实行，需要具备以下几个方面的条件：

其一是政府职能的确定与划分。这是关键条件。由于国家职能是靠各级政府的有效活动来完成的。因此，实施"分税制"就应当确定中央政府与地方政府各自管理权限与范围，实质上就是中央与地方如何划分财权与事权的问题。这个问题解决了，就具备了实行"分税制"最基本的前提条件。但应看到，中央与地方两级政府职能权限的确定只能随着政治体制的改革而逐步明朗化。从现实情况看，上下级政府职能的划分将是一个长期过程，且具有一定的可塑性，不可能一蹴而就，需要按照不同的历史时期的政治、经济任务的要求作相应的调整。

其二是税收体系的相对完善与优化。实施"分税制"，需要健全和完善税收体系，这是实现中央与地方税源划分的前提。因为税收体系完善，才能划分好中央与地方的各自的税源，使各自的收入建立在自己税源的基础上，实现中央与地方各自的收入，并使其各自收入能与其本身的事权相适应，才能保证两个积极性的发挥。此外，也才能保证中央与地方两个税收调节机制作用的发挥，因为"分税制"不是单纯地解决中央与地方之间财政收入多少的问题，而且还是在分清中央与地方各自利益与责任的基础上，强化中央与地方各自运用税收杠杆去调控有计划商品经济运行的能力，促进中央财政与地方财政的资金使用效益的提高。

其三是经济环境的相对净化。"分税制"的实施，要求有一个良好的经济环境，而它首先表现为价格参数设置的合理与有效性，即价格体系的合理化。在有计划商品经济条件下，只有价格关系理顺、市场信息反映实际情况，才有可能出现一个正常的经济运行格局。当前，价格体系的改革牵涉到整个经济体制的改革，并且又与税收体制改革有着密切关系。从我国现阶段改革的情况来看，价格体系改革步履艰难。价格参数仍然存在着相当扭曲的现象，仍不能正确地反映市场的真实状况，价格杠杆的作用未能很好地发挥。如果把"分税制"建立在价格关系扭曲的基础上，就会人为地设置不合理的地方利益的差别，使"分税制"难以顺利推行。但是，当前价格体系改革，既要理顺价格关系，又要注意把由价格体系改革所引起的经济波动，严格控制在实施"分税制"可能承受的范围以内，避免因经济波动而引起的高通货膨胀，削弱"分税制"实行的社会经济基础，给"分税制"的实施带来一定的困难。因此，理顺价格关系，是实行"分税制"需要在配套改革中适时解决的一个重要问题。此外，构建商品经济新秩序，健全法制，强化税收管理，完善征收机构等都是实施"分税制"不可缺少的外部条件。所以，积极整治经济秩序，治理经济环境，是完善实施"分税制"经济环境的重要条件。

其四，税务机关的独立与强化。为了确保"分税制"的贯彻实施，必须要有一个与之相适应的税务管理体制，使"分税制"能在制度、机构组织上有保证。考虑到我国目前税务机构的现状，从我国实情来权衡各种办法后，我们认为可实行国家税务局与地方税务局双层管理体系，对从上到下建立的国家税务局，由中央垂直领导，负责征收和管理中央税和共享税；而地方政府建立的地方税局，则负责征收和管理地方税，税务机关分别独立后，必须赋予相对独立的权力，做到在全国范围内中央税和共享税政令统一，地方政府应当认真执行。地方政府在中央税收方针政策的指导下，对地方税收拥有立法权和解释权、税种开征权、减免税权。这样不仅可以保证"分税制"的实施，而且使税收调节权在中央与地方之间有效地划分开来，各级政府均可在自己的权限范围内，各司其职，各尽其能。这样，既可使中央有较大财力来调控宏观经济运转，又可使各级政府因地制宜制订本地区的税收政策与法规，来调节与促进各地经济的发展。此外，税务机关的独立与强化，"分税制"的推行，必须要配备相当数量精通业务、熟悉管理且素质较高的税务干部。这是一个必不可少的基本条件。故从现在起，要充实干部队伍，有计划地全面提高税务人员素质。

根据上面的分析，我们认为目前已基本具备了实行"分税制"的有利条件。当然，我们也应该看到，我国目前正处于由旧体制向新体制的转变过程中，实行"分税制"也面临着一些困难。因为"分税制"与财政体制密切相关，而财政体制改革受到经济体制改革和政治体制改革双重的影响和制约，而改革是一个逐步演进的过程，且具有阶段性，所以"分税制"的实行具有过渡性。此外，当前国家的财力不足，为了保证全国重点建设的资金需求和国民经济薄弱环节的增强，在财力分配上都要求国家适当集中一些财力，相应地就减少了地方财力。这样，使国家财政的预算管理体制面临着国家宏观调控要求集中财力和地方分权要求适当分散财力的矛盾。这又使得"分税制"的实施具有一定的复杂性。最后，当前各项改革都与财政有着密切关系，各部门改革对财政要求的内容侧面有所不同，而改革本身是一个系统工程，各方面改革要求财政体制与之相配套来保证国民经济的协调运转，这使得"分税制"的实施具有相关性。所以"分税制"的实施亦面临着一定的困难。我们只要运用科学的方法，采取积极稳妥的步骤，从实际出发，逐步展开，那么，在适当时候，"分税制"的出台，不仅是完全必要的而且是完全可能。

三、关于实行"分税制"的原则、模式和步骤

"分税制"的实施是财政预算管理体制和税收体制改革的必然方向。"分税制"实施将标志着我国财政税收体制纳入商品经济运行的新轨道，是一次重大的变革。但我国"分税制"的目标模式如何确定，确定的原则是什么等有关问题，将是制定实行"分税制"具体步骤的客观依据。故在制定"分税制"实施步骤之前，有必要先明确实行"分税制"所遵循的原则和"分税制"目标模式的基本要求。

1. "分税制"实施应遵循的原则

一是要坚持"统一领导、分级管理"的原则，这是最基本的原则，是以公有制为基础的社会主义制度所决定的。它反映了中央集权和地方分权的关系问题。既要保证中央运筹全国经济的力量，又要照顾地方相应的利益，使两个积极性都能够很好地调动

起来。

二是财权与事权统一的原则。税收是国家实现其社会职能的财力保证。"分税制"的实行必然要求中央和地方各级政府财权与事权的统一,才能使权与责、收与支的结合得以稳定。这样才有利于各级政府部门统一规划和领导,调动增收节支的积极性和当家理财的责任心。

三是兼顾中央与地方、地方与地方之间利益的原则。我国地域广阔,各个地区经济发展不平衡,有些地区差别甚至很大。"分税制"的实施必然会出现地区性差别,只有全面考虑各方面的利益关系,在政策上兼顾各方面的利益,才能使"分税制"的实施顺利有效地开展起来。

四是稳定分税的原则。"分税制"的实行,关系到全局与局部的利益关系,要缜密周详制订其实施的内容,其具体方案措施、步骤一旦确定下来,就要稳定地去推行而不要随意改变。只能根据实施中遇到的新形势、新情况来慎重地调整、充实、提高。

2. "分税制"基本模式的初步设想

根据我国的国情和"分税制"的实施原则,从理论上看,"分税制"有两种形式可供选择。一种是完全型的"分税制",即彻底的"分税制",就是把所有的税种划分为中央税和地方税;另一种是适度型的"分税制",它又可分为:保留共享税的"分税制",其中包括税额分享和税率分享;或含财政补贴的"分税制",就是把所有的税种划分为中央税与地方税后,再由中央对地方实行财政补贴。究竟选择哪一种形式作为改革的模式,目前尚有争论。从理论界来看,现在较多的是倾向采取保留共享税的"分税制"模式。这种形式较易从原有的收入分成体制过渡到"分税制",且能迎合传统的观念和习惯,有一定的社会基础,所以亦较易被接受。但这种模式"分税制"中的共享税在一定程度上保留了收入分成旧体制的因素,客观上会使旧体制中的一些积弊遗留至"分税制"内,而且还会导致地方政府把注意力放在共享税的分成上,使原来的中央与地方的"互挤"关系,在共享税中重新展开;此外,保留了共享税,不可避免地会再现先进发达地区共享比例低,中等发展地区共享比例适中,而贫困落后地区共享比例高的格局,保护落后的问题仍然存在;最后,由于地区差别大,经济发展不平衡,共享税也难以使一部分地区维持收支平衡,仍要中央财政补贴,从而,在客观上又把三种"分税制"的形式联系起来。所以,单纯地把保留共享税的"分税制"作为我国"分税制"的目标模式,就目前我国国情看都是不够理想的。从理论与实践相结合的角度来考察,将"分税制"的三种类型混合为一体,即在我国实行多元化的"分税制"是可以考虑的。

3. 实行"分税制"的步骤

在明确了"分税制"实施的原则及目标模式后,如何掌握好实施的步骤,也是要认真考虑的一个重要问题。我们的初步设想可分为四个阶段来进行。

第一阶段是准备阶段。由于"分税制"是从大包干及"税利分流"的体制中改变过来的,许多旧体制的消极因素仍困扰着"分税制"的实施。因此在这一阶段中,不但要理顺各种经济关系,消除实行"分税制"的障碍,且要着手"分税制"的配套改革:如改革旧的支出基数核定办法,应根据各地人口、面积、自然条件、经济发展状况等因素,以科学方法确定地方财政支出基数;同时筹建国家与地方两层的税务机构和税收监督制度，从制度上堵住偷漏税款的漏洞。在此基础上着手进行"分税制"的具体设计与计算，衔接由"税利分流"过渡到"分税制"的各种关系。

第二阶段是试点阶段。先将中央与地方的总收入之间进行分税，兼顾好中央与各级政府的经济利益关系。可考虑相应地选择几类不同的商品经济地区进行试点探索。其做法是：一是将全部税种划分为中央税、地方税和中央、地方共享税，考虑到我国实际情况并兼顾地方的利益，应把对国民经济影响较大，有利于中央对国民经济宏观的控制和管理的税种，如产品税、农业税、盐税、关税、国营企业工资调节税、奖金税、涉外税等划归中央所有；把税源较分散的税种归地方掌握，如房产税、车船税、城建税、营业税、集体企业所得税、城乡个体工商业户所得税、集市贸易税、屠宰税等归地方收入；将增值税、营业税、所得税等可作为共享税在中央与地方间视情况按比例分配。如何确定共享税的税种是值得深入研究的问题。二是按经济发展水平，将全国分为三类经济区：第一类是发达地区，可包括广东、北京、上海、江苏、浙江及计划单列市；第二类为一般地区，可包括黑龙江、吉林、河北、山西、湖南等相当部分的省区；第三类是少数民族地区及经济落后地区，如青海、西藏、新疆、贵州、海南省等地区。这样在三类地区分别选择一或两个区、市进行试点，根据不同情况，可分别实行保留共享税的"分税制"或财政补贴的"分税制"。

第三阶段是初步推行阶段。根据对试点地区实行"分税制"的考察、分析，取得的经验和教训，配合经济环境的逐步完善，为全面推行"分税制"打下基础。在这一阶段，要根据不同的经济区，按照不同的经济发展水平，在各地实行不同的"分税制"，但要与地方政府充分协商，认真测算后，将具体"分税制"的措施、办法落实到地方各级政府，将中央、省、市、县及乡镇收入用税收划分开来，在基本划清中央与地方利益的基础上，使"分税制"稳定地在各地实施。

最后是全面推行"分税制"的阶段。这一阶段的任务是：一方面要不失时机地在新经济体制基本建立起来后有计划地进行巩固改革成果，进一步根据实际情况将中央税和地方税进行更深一层次的划分；另一方面是衔接好从中央到地方各级政府的财政收入关系，确实兼顾好各方面的利益关系，使各方面的积极性都能调动起来，更好地促进国民经济发展。这样，使"分税制"能在客观经济条件和经济环境基本完善和基本成熟的情况下，得以全面实现。

原载《中山大学学报（社会科学版）》1992年第1期

论经济发展总体战略的几种类型及其变动规律

——评社会主义国家的优先发展重工业战略

李培荣

许多发展中国家,为了更好地发展经济,都制定了总体战略。所谓总体战略,是指用来指导全国经济发展的最基本最主要的战略,是具有方向性和总体性指导作用的战略,是全国的宏观战略和母战略,要对全国各个层次子战略起指导作用。总体战略的选择,既要符合一定的国情,又要符合其规律性和阶段性。总体战略的选择是否科学,对全国各个经济部门的发展都会带来极其深远的影响。因此,探讨发展中国家总体战略的几种类型及其变动规律,对我国的经济建设具有现实意义。

一、经济发展总体战略的几种类型及其变动规律

根据发展中国家(或地区)的实践,可以把经济发展的总体战略划分为几种类型:

(一)按战略目标的选择来划分

可分为传统的经济增长发展战略和变通的经济发展战略两种。

1. 传统的经济增长发展战略

其特点是偏重于追求增长速度,把国民生产总值的高速增长作为战略目标,不考虑或者很少考虑经济结构的合理性。因此,这种战略属于数量型、速度型,是一种赶超战略。这种战略,是仿效发达国家的发展历史经验而提出来的。发达国家历来就强调不断进行资本积累,实行扩大再生产;强调工业化、现代化的集中生产;强调生产高价值的商品。但是,发展中国家的国情不一样,实行这种战略,会在资金、资源和技术等各方面带来很大困难。即使能实现较高速度的增长,但也不一定能导致经济发展,可能由于发展某种产业所占的资金和资源太多,以致不可能有较多的资金和资源来发展其他部门。结果,往往出现比例失调,农业落后,贫困和失业仍然得不到解决,人们的基本需要得不到满足的问题。这就出现了"有增长而无发展",或者是"没有发展的增长"。

2. 变通的经济发展战略

其特点是把战略目标确定为满足人们的基本需要,为此,它特别重视建立合理的经济结构,当然,它也要求国民生产总值的增长,但这种增长必须符合满足人民大众的基本需求。这种战略是根据"新发展"学派的观点而提出来的。"新发展"学派对发展的观点可以概括为两点:①发展就是人的基本需要(包括衣食住行和知识等基本需要)逐步得到满足的演变过程;②把发展定义为消除贫困、失业和收入的不平等。根据这种

新的发展观点，就必然要把满足人们的基本需要作为首要的战略目标，以求达到消除贫困。自70年代起，"新发展"学派的观点得到广泛采用，许多发展中国家的经济发展战略也相应地实行某种转变，以谋求实现"有发展的增长"。斯里兰卡是一个比较典型的例子，他们实行了变通的经济发展战略以后，在人均国民生产总值只有120美元的时候，就满足了人民群众最基本的需要，包括粮食、用水、衣着、住宅、医疗、教育、人民参加决策等等。这是很不简单的事情。如果一个发展中国家能做到满足人民群众的基本需要，就能逐步实现经济发展和社会稳定，而经济发展和稳定的社会环境反过来又可以为经济的进一步增长创造条件。可见，对发展中国家来说，变通的经济发展战略比较优越。

（二）按战略途径的选择来划分

发展中国家原来都是农业国，工业很落后，或者几乎没有，因此，要达到富裕和发展，就要逐步实行工业化。但又不是单纯的工业化，而是要在发展农业的基础上来实行工业化。工业和农业是最基本的物质生产部门，只有工业和农业都得到发展，才能不断生产出越来越多的物质产品来满足人民群众的需要。为了使工业和农业更好地发展，就要实行对外开放，发展对外贸易，充分利用国内资源和国际资源。所以，作为总体战略中的战略途径，实质问题就是要处理好发展工业、农业和对外贸易三者之间的关系。如何处理这三者的关系，大致有下列几种战略类型：

按对外贸易带动工农业发展的角度来划分：

1. 初级产品出口战略

所谓初级产品出口战略，是指通过增加初级产品的出口来带动经济发展的战略。出口的初级产品大部分是农产品和矿产原料，如可可、咖啡、茶叶、橡胶、石油等，所以，这些初级产品的出口首先可带动农业和矿产业的发展。同时，增加初级产品的出口，还可以增加外汇收入，以便解决发展民族工业所需要的设备。

2. 进口替代发展战略

这是一种工业化的发展战略。发展中国家，原来工业基础很薄弱，工业品都要靠进口。现在要实行工业化，发展本国的工业，谋图用本国生产的工业产品，替代原来的进口工业品，这就叫进口替代发展战略。进口替代发展战略又分两种：

（1）初级进口替代发展战略。主要是从发展农产品加工工业入手，发展非耐用的消费品工业，如食品罐头、纺织、造纸、塑料、日用化学品等，从而用本国生产的这些非耐用工业消费品来替代原来进口的这些工业品。

（2）高级进口替代发展战略。除了继续发展非耐用的消费品工业以外，还要进一步提高工业的档次，包括：①发展耐用消费品工业，如电视机、电冰箱、洗衣机、收录机、钟表、电扇、汽车等；②发展生产资料工业，如钢铁、机械、化工等。

实行进口替代发展战略的主要作用，在于推动本国的工业化，消除原来那种只靠进口工业品的依赖性。但是，进口替代并不是消除所有的进口，而是要改变进口的结构，原来是进口耐用消费品和其他工业成品，现在改变为进口国内发展工业所需要的机器设备、中间产品、技术和国内紧缺的原材料等。进口替代发展战略存在一定的局限性，当国内工业发展到一定程度时，就会出现市场饱和（特别是小国），这时，要进一步发展工业，就必须扩大出口，转变为出口替代发展战略。

3. 出口替代发展战略

这是工业化有了相当发展以后所采取的战略。所谓出口替代，就是要用新的出口，替代传统的出口，即用工业品的出口替代单纯的初级产品出口。但又不是取消初级产品的出口，只是出口产品的结构发生了变化，即随着工业化的发展，工业品出口占全部出口产品的比重会不断上升。这样，由于从国内市场发展到国际市场，使市场容量迅速扩大，便可以带动外向型工业的发展，使本国的工业进入新的发展阶段，所以，这种战略又称为出口导向的发展战略。例如巴西、南朝鲜、新加坡、中国香港、台湾地区等均在60年代先后实行了出口替代发展战略，使他们的工业得到很大的发展。

出口替代发展战略又分两种：

（1）初级出口替代发展战略。所谓初级出口替代，就是以非耐用消费品的出口替代单纯初级产品的出口。这表明国内的一般轻工业已有了相当的发展，这样，就可以通过扩大一般轻工业品的出口，来带动外向型轻工业的发展。

（2）高级出口替代发展战略。这时，除了出口一般轻工业品以外，还要扩大出口耐用消费品和机器设备，从而进一步带动轻工业和重工业的更大发展。

出口替代发展战略的特点是发展外向型的工业和农业，面向国际市场，强调通过扩大出口来带动工业和农业的更大发展，因而比较注意提高生产效率和产品质量。但是，强调出口不等于要减少进口，相反，生产投入的很大部分都要靠进口，特别是小国，往往国内资源有限，所以常常是出口增长快，而进口增长也快，形成了大进大出的格局。

按国民经济各部门关系的安排来划分：

1. 优先发展轻工业的战略

它主张通过使轻工业增长得更快一些的办法，来带动国民经济各部门的发展。一般来说，在工业化初期，采取这种战略，效果会比较好。许多发展中国家在实行初级进口替代发展战略的阶段，采用了优先发展轻工业的战略，可以说，这二者是相对应的。

2. 优先发展重工业的战略

它主张通过使重工业增长得更快一些的办法，来带动国民经济各部门的发展。从一些新兴工业化国家和地区的经验来看，在实行高级进口替代发展战略和高级出口替代发展战略的阶段，采取优先发展重工业的战略，效果比较好，因为这时农业和轻工业已有相当的发展，对重工业品提出了较大的需求，这在客观上就必然要求重工业要优先增长。但是，过去各个社会主义国家在工业化初期便采取了优先发展重工业的战略，虽然使重工业发展迅速，但也带来了一系列矛盾，实践证明，在工业化初期就采用优先发展重工业的战略并不理想。

3. 不平衡的发展战略

这种战略认为不要同时发展所有部门，主张集中力量首先发展一部分工业，然后逐步扩大。它谋图通过短期的不平衡，达到长期的平衡。根据这个战略，要确定某些产业为主导产业，这个主导产业可以是轻工业中的某几个部门（如纺织、食品等），也可以是重工业中的某几个部门（如机器、汽车、化工等），或者是轻工业和重工业中的某几个部门，可见，它比优先发展轻工业的战略或者优先发展重工业的战略都更加灵活，也更加实际。

4. 平衡发展战略

它主张工业和农业之间、重工业和轻工业之间、直接生产部门和基础设施部门之间，都要保持合理的比例，达到平衡地发展。

5. 大推进发展战略

它主张实施全面增长的投资计划，要求百业俱兴，齐头并进，要使工业和农业、轻工业和重工业、出口商品和内销商品都同时发展，甚至是按同一比例发展。事实上，在发展中国家，很难做到这点，因为资金有限，外汇短缺，人才不足。如果要勉强实行，必然要牺牲群众的眼前福利，造成各方面的关系过于紧张，最后由于力量分散而一事无成。

战略途径的两种划分法，存在着一定的对应关系。几种战略类型之间，也有一定的发展阶段序列，可列表如下：

序列	按对外贸易带动工农业发展的角度	按各部门关系和对国际市场的依赖程度	
1	初级产品出口战略	以农业为主	外向型
2	初级进口替代发展战略	优先发展轻工业的战略	内向型
3	初级出口替代发展战略	优先发展轻工业的战略	外向型
4	高级进口替代发展战略	优先发展重工业的战略	内向型
5	高级出口替代发展战略	优先发展重工业的战略	外向型

上述各种战略类型的变换，是由低级向高级发展，存在着按序列循序渐进的规律。凡是总体战略的变换，都要取决于产业结构的变化；产业结构的变化，则取决于需求结构的变化；而需求结构的变化，又取决于人均收入水平。当人均收入水平较低时，人们首先要解决温饱问题，这时，人们对农产品和一般轻工产品的需求占主导，所以，反映在产业结构上，要求农业和轻工业占较大比重，这时，人们应该选择优先发展轻工业的战略、初级进口替代（或初级出口替代）发展战略。当人均收入有一定提高时，人们的需求结构逐渐变化，要求在解决温饱的基础上提高生活质量，要求耐用消费品，所以，反映在产业结构上，便要求发展耐用消费品的生产，这时，出现了重工业化的过程，而且，农业和轻工业发展起来以后，对重工业提出的生产资料需求就越来越多，于是，人们就应该选择优先发展重工业的战略、高级进口替代（或高级出口替代）的发展战略。这就是战略类型变换要按序列循序渐进的规律。

各个国家在各个时期采取何种战略类型，要根据本国的具体条件和国际的政治经济环境。战略类型的变换，要按序列循序渐进，但在某些情况下也可以有一定的灵活性，例如在内向型发展模式的国家，可以从第2序列转换为第4序列，即从初级进口替代转换为高级进口替代。在某些情况下也可以两个序列同时交错，如第3序列和第4序列同时交错，即初级出口替代和高级进口替代相结合，外向型和内向型相结合。这种灵活性并没有违背产业结构变化的规律，因而也没有违背战略类型的变换要按序列循序渐进的规律。

二、对社会主义国家采取优先发展重工业战略的思考

各个社会主义国家,在工业化初期都普遍采取了优先发展重工业的战略。一开始就实行这种战略,虽然对发展重工业和巩固国防起了很大作用,但也造成了一系列矛盾,主要是:第一,限制了农业和轻工业的发展,造成市场消费品供应长期紧张,影响了人民生活的改善。发展重工业所需要的大量资金,主要靠农业提供。其一是通过向农民征收农业税和农村其他税收,其二是通过价格,即工农业产品比价之间的"剪刀差"(由轻工业所提供的积累中有一部分也是通过价格从农业转移来的),斯大林把它称为国家通过价格从农民那里取得的"特殊贡税"。由于工农产品比价的"剪刀差"扩大,农产品价格又多年固定不变,于是出现了一些农产品的成本超过农产品的收购价格。农产品越增长,农民亏本就越大。这就大大影响了农民的生产积极性,使农业的自我发展能力受到很大限制。农业的发展缓慢又限制了轻工业的发展,而且既然轻工业不是重点,在资金投入等方面也自然要给重工业让路。其结果造成了农轻重之间的比例失调,例如在我国1978年与1949年相比,重工业总产值增长了90.6倍,而轻工业总产值只增长19.8倍,农业总产值只增长2.4倍。市场上的消费品供应奇缺,长期靠限量供应。第二,给解决就业带来了困难,造成了城市化落后于工业化,城市化和工业化不同步。例如,在我国,重工业部门每增加一个劳动力大约需要增加1.06万元的固定资产,而轻工业部门每增加一个劳动力则只需要增加0.39万元的固定资产,这就是说,增加100万元固定资产的投资,如果是用来发展轻工业就可以吸收257人就业,而用来发展重工业则只能吸收94人。可见,过早实行优先发展重工业的战略,不利于增加就业,不利于农业人口向工业和其他部门转移,从而限制了城市化的发展,限制了国民经济各部门的发展。第三,使资金短缺的矛盾更加突出,造成了基础设施落后,文化教育和科技落后,职工的工资收入低。因为要优先发展重工业,需要投入大量资金,而在经济落后的国家,要向重工业倾斜,就必然大大限制了基础设施和文教科技等部门的发展。为了应付优先发展重工业的高投资,又必然要提高积累率和压低消费率,因而使职工的工资收入长期处于低水平的状态。以上各种矛盾,反过来又制约着经济的发展。

在一些新兴工业化国家(或地区)也实行了重点发展重化工业的战略,但并没有出现上述那些矛盾,其原因主要有二:第一,他们是在实行了进口替代发展战略,而且已进入了出口导向阶段,轻工业有了相当的发展之后,才开始加快重化工业的发展。例如南朝鲜,50年代后期实行进口替代的发展战略,1962年以后转入出口导向阶段,到70年代初期,才开始着重发展重化工业;又如台湾,1953年开始实行进口替代的发展战略,1960年以后转入出口导向阶段,1972年后才实行重点发展重化工业的战略。由于人均收入有了较大提高,农业和轻工业已有了相当的发展,对重化工业提出的购买需求大大增长了,客观上要求重化工业要加快发展,这时,实行重点发展重化工业的战略便成了顺理成章的事,这就符合了战略类型的转换要按序列循序渐进的规律。第二,他们有市场机制的调节,由价值规律调节生产和流通,这样,即使会由于实行了向重化工业倾斜的产业政策而出现某些消费品供不应求,也会很快通过价值规律的调节,即通过消费品价格的上升使消费品的生产得到扩大。

社会主义国家实行优先发展重工业的战略，之所以会造成一系列矛盾，关键在于：第一，违背了战略类型的选择要按序列循序渐进的规律。现在的社会主义国家原来都是经济落后的国家，尤其是我国，人均收入很低，在此情况下，理应先解决温饱问题，加快发展农业和轻工业，同时相应地发展重工业。但我们却在农业和轻工业都还很落后的条件下，过早地选择了优先发展重工业的战略，而且把它看成是社会主义国家固定不变的长期的绝对的发展战略。这就违背了产业结构变化的规律，因而也违背了战略类型的选择要按序列循序渐进的规律。第二，违背了价值规律。价值规律是商品经济的基本规律，但是，社会主义国家实行的计划经济却没有注意这一点，在农产品长期供不应求的情况下，仍然用行政手段控制住严重偏低的农产品价格，长期坚持固定不变的低价，因而严重限制了农业的发展，使市场消费品供应长期处于紧张状态。

社会主义国家实行优先发展重工业，而且把它作为固定不变的战略，有其理论根据，但也存在偏颇之处。

第一，它根据的是生产资料生产优先增长的规律。马克思列宁主义认为，在技术进步的条件下，为了顺利进行扩大再生产，客观上要求生产资料生产比消费资料生产增长得更快，即第一部类的生产要比第二部类的生产增长得更快。这是正确的。但在社会主义国家却流行着一种观点，认为重工业属于第一部类，轻工业和农业属于第二部类。因此，优先发展生产资料就等于优先发展重工业。这就值得商榷了。其实，农轻重的划分和两大部类的划分，其间存在许多交叉，关系比较复杂。重工业生产的产品主要属生产资料，但也生产一些耐用消费品，如小汽车、家用电器等等；轻工业生产的主要是消费资料，但也要为重工业和农业提供一些生产资料，如皮革、布料、薄膜等等；农业除了生产粮食、蔬菜、水果、肉类等消费资料以外，也要为轻工业提供原料，如棉花、烟叶、黄麻、甘蔗、甜菜、油料、竹料、木料等等；建筑业的产品也有两类，一类是生产用的厂房，这属于生产资料，另一类是民用住宅和文化娱乐场所等，这些又属于消费资料。可见，生产生产资料的部门，除了重工业以外，也有轻工业、农业和建筑业，而生产消费资料的部门，除了轻工业和农业以外，也有重工业和建筑业。还要看到，生产资料包括劳动资料（机器设备等）和劳动对象（原材料等），劳动资料靠重工业和建筑业来提供，而劳动对象则靠重工业、轻工业和农业来提供。因此，不能把生产资料的生产部门只归结为重工业，也不能把优先发展生产资料的生产等同于优先发展重工业。如果是那样，就必然得出一个结论：为了要利用生产资料生产优先增长的规律，就应该而且只能是优先发展重工业，反过来说，如果不实行优先发展重工业，就被认为是违背了生产资料生产优先增长的规律。这就是社会主义国家把优先发展重工业作为固定不变的战略的理论认识根源。

第二，把从重工业开始作为社会主义工业化的方法和道路，也是社会主义国家采取优先发展重工业战略的理论根据。斯大林认为，从轻工业开始是资本主义工业化的方法，从重工业开始才是社会主义工业化的方法。这就把事情绝对化了。不错，资本主义国家的工业化是先从发展轻工业开始的，其出发点主要有二：其一是轻工业的投资期短，周转速度快，利润率高；其二是发展轻工业适应了较低的社会购买需求，容易解决市场问题。应该说，这是符合经济规律的，是比较实际的。不能把它笼统地说成是资产阶级观点而加以否定，然后来一个对着干，提出社会主义工业化不能从轻工业开始，而只能从重工业开始，这是形而上学的观点。大家知道，老牌资本主义国家在实行工业化的时候，只有轻工业，在当时还没有形成重工业，当然只能从轻工业开始，新兴的资本主义国家（或地区）选择从轻工业开始，是从战略上考虑，符合了战略类型的选择要按序列循序渐进的规律。轻工业和重工业的先后安排及其战略选择本身并不存在阶级性，但会涉及宏观经济效益和微观经济效益的高低。因此，把从轻工业开始作为资本主义工业化的方法而加以否定，是没有说服力的。

社会主义国家采取优先发展重工业的战略也有其历史原因。由于社会主义革命是在一国或少数国家取得胜利的，面对着敌对的帝国主义势力的包围，都希望能在最短的时期内成为一个强国，于是便拼命加快发展重工业。苏联在第二次世界大战打败了希特勒法西斯的事实，使社会主义国家更加坚定了优先发展重工业的信念。这是可以理解的。在特殊的情况下，也有必要动员人民勒紧裤带，集中力量发展重工业，加强国防，以挫败敌对势力的进攻。但是，当国际形势有了缓和的时候，也应该及时地进行战略转换（或调整），使轻工业和农业的发展尽快跟上来，否则，消费品长期奇缺，人民生活得不到改善或者很少改善，人们的不满情绪会增长，这也会影响社会的稳定，从而影响政权的巩固。过去，社会主义国家往往对外部敌对势力比较警惕，而对国内由于经济利益和物质生活问题而造成的人民内部矛盾则比较忽略。现在看来，为了巩固政权和发展经济，二者都要重视，否则，帝国主义势力也会利用社会主义国家出现的人民内部矛盾，来加紧推行其"和平演变"的策略。因此，社会主义国家必须重视总体战略的转换和调整。

应该说，我国在实行优先发展重工业战略的过程中，对出现的某些片面性有所察觉，在理论上曾经作过一些正确的阐述，毛泽东同志在1956年就曾指出："重工业是我国建设的重点。必须优先发展生产资料的生产，这是已经定了的。但是决不可以因此忽视生活资料，尤其是粮食的生产。"又说："发展重工业可以有两种办法，一种是少发展一些农业、轻工业，一种是多发展一些农业、轻工业。从长远观点来看，前一种办法会使重工业发展得少些和慢些，至少基础不那么稳固，几十年后算总账是划不来的。后一种办法会使重工业发展得多些和快些，而且由于保障了人民生活的需要，会使它发展的基础更加稳固。"于是他提出："要适当地调整重工业和农业、轻工业的投资比例，更多地发展农业、轻工业。"① 这种认识比斯大林的观点前进了一大步，但是在实践上仍然没有真正解决，因为我们当时的总体战略没有变换，经济体制和经济机制也没有变换，结果，片面强调优先发展重工业的做法有增无减，进一步发展到长期强调工业生产要"以钢为纲"，形成重工业越来越"重"，轻工业越来越"轻"，国民经济比例失调，消费品供应严重短缺，矛盾越来越多。这是一个沉痛的教训。

1980年前后，我国才开始进行总体战略的转换，从传统的经济发展战略转换为新的经济发展战略，在战略目标方面，已经从过去的数量型和速度型转变为满足需要型，在战略途径方面，已经由突出的优先发展重工业的战略转变为重点与一般相结合的平衡协

---

① 《论十大关系》，《毛泽东选集》第5卷，1977年版，第268—269页。

调发展战略。它介于平衡发展战略和不平衡发展战略之间，既强调平衡，又要有重点。所谓重点，包括战略重点和重点产业，都是要加快发展的部门。我国在本战略期的战略重点是农业、能源、交通、教育、科技等部门，这些部门既是为实现新的战略目标的关键部门，又是国民经济发展中的薄弱环节，加快这些部门的发展具有重大的战略意义。我国现阶段的重点产业是机械工业、电子工业、化学工业、钢铁工业、家用电器工业、食品工业、纺织服装工业、民用建筑业等。其中既有重工业的部分，也有轻工业的部分，可见，过去的优先发展重工业的战略，现在已变成优先发展重点产业的战略，或者说，已变成优先发展部分重工业和优先发展部分轻工业相结合的战略。事实证明，我国总体战略的转换是成功的，它带动了改革和开放，大大促进了国民经济的发展，市场供应明显好转，人民生活也有了很大改善。

根据以上分析，可以得出一种新的认识，即经济落后的社会主义国家不适宜过早采取优先发展重工业的战略，最好是采取优先发展部分轻工业和优先发展部分重工业相结合的战略。其中，在工业化的初期阶段，一般应以优先发展部分轻工业为主，但在战争威胁比较严重的特殊条件下，也可以是以优先发展部分重工业为主，即使如此，也还要有一部分轻工业发展得快一些，这样，总体的经济发展才能做到比较协调、比较顺利。

苏联和东欧国家剧变的现实，更加深了我们对上述问题的认识。当然，苏联和东欧国家的剧变，原因很多也很复杂，从经济方面来说，他们都是把优先发展重工业作为长期固定不变的战略，造成轻工业和农业长期落后，国民经济比例失调，消费品奇缺，人民的不满情绪有增无减。经济是基础，经济上的矛盾重重，必然会使其他各种矛盾加剧。这是一个极其沉痛的教训。由此可见，一个社会主义国家，必须重视经济发展的总体的战略，既要发展重工业，加速工业化，加强国防，又要使人民安居乐业，使市场繁荣，消费品供应丰富，生活水平不断提高，这样，人们的情绪饱满，具有信心，才能把社会主义的建设事业不断推向前进。否则，就有可能出现半途而废的危险。因此，社会主义国家总体发展战略的调整和变换，就具有极其深远的意义。

原载《中山大学学报（社会科学版）》1992年第1期

广东乡镇企业发展的几个特色及其理论思考

李 龙

自党的十一届三中全会以来,广东人民在改革开放中,紧紧把握机遇,大力发展社会主义市场经济,有力地推动了国民经济的迅速发展,成为80年代以来我国经济发展最快的省份,也是当今世界经济发展最快的地区之一。德国《世界报》在一篇报道中称赞广东省已成为"中国经济建设最为成功的地区","正在发生经济奇迹"[①]。

广东经济之所以取得举世瞩目的巨大成就,总结其成功的经验是多方面的。但其中一个主要方面,是与全省乡镇企业的崛起与发展直接相关。1990年,乡镇企业总产值占全省社会总产值的25.5%,工业总产值占全省工业总产值的30%,出口创汇占全省出口创汇总额的28%。到1991年,广东的乡镇企业工业总产值达1008亿元,占全省工业总产值的40%以上。今后,随着全省乡镇企业的继续发展,它在全省国民经济中的比重还会不断提高,地位越来越重要。可见,现在广东的乡镇企业已成为全省国民经济的一个重要组成部分。广东经济的起飞,很大程度得益于全省乡镇企业的崛起与发展。

诚然,与全国乡镇企业比较,广东乡镇企业在其自身发展过程中逐步形成了若干特色,其成功经验十分值得认真总结、探索和思考。以下就这个问题,试谈一些粗浅的看法。

一、广东乡镇企业发展的几个特色和在国民经济中的重要作用

经过13年的实践,广东乡镇企业在自身发展过程中已逐步形成了自己的特色,其主要表现有下列几个方面:

第一,从实际出发,扬长避短,因地制宜地形成各有特色的发展模式。从全省乡镇企业的发展来看,具体可分为三种不同地区和类型:一是珠江三角洲腹地。在这个地区乡镇企业发展比较早,基础好,发展较快,具有一定的规模和技术水平。它们现在着重发展骨干企业和外向型创汇企业,并向系列化生产和集团化经营方面发展,其中位于珠江三角洲的顺德市、南海市、东莞市和中山市尤为显著,被誉为广东"四小虎"。二是粤东粤西沿海和内地一部分条件较好的地区。这类地区既不具有像珠江三角洲那样的地理位置和经济优势,又不具有像粤北山区那样拥有资源优势,因此,乡镇企业在这类地区正在逐步发展,急起直追,但缺少骨干企业和外向型企业。三是山区、半山区和丘陵地区。这类地区(特别是粤北地区)拥有矿产资源、木材、水利资源,还有品种繁多的

---

① 转引自《光明日报》1992年4月4日。

土特产，资源丰富，为乡镇企业发展提供了依托和优势。但又因山区交通不便、技术落后、人才缺乏、乡镇企业发展比较缓慢，企业素质比较差。上述情况表明，广东乡镇企业发展过程中起步不一、基础不同，发展程度差别较大，各地区都依据其自身的条件和环境，从实际情况发展，不存在一个固定和单一的发展模式。即使被称为广东的"四小虎"，同处珠江三角洲的腹地，自然条件、经济环境大体相同，但其发展路子又有很大不同：顺德市——坚持"三个为主"，即坚持集体经济、镇办工业和骨干企业为主发展经济；南海——实行"五个轮子"一齐转，三大产业齐发展；中山市——实行地方国营经济为龙头，带动全市经济稳步均衡发展；东莞市——坚持工农并重，"三来一补"遍地开花。正因为此，广东乡镇企业在不同类型地区、因地制宜地发展起来，形成各地具有特色的多种类型的发展模式，从而推动了全省各地经济的迅速发展。

第二，速度快，起点高，在市县经济中占据举足轻重的地位。自改革开放以来，广东乡镇企业以它自己全新的姿态和面貌、独特的发展道路，在社会主义经济中异军突起。1978年至1990年，全省乡镇企业的总产值、总收入，平均每年以32.1%和34.4%的速度增长，其发展速度之快、增长幅度之大，是建国以来所未有的。尤其在"七五"期间，广东乡镇企业进入高速发展时期，1990年乡镇企业达到114.69万家，比1985年增加51.34万家，增长74.77%；职工人数由401.95万人增加到641.44万人，增长61.71%，固定资产原值由65.86亿元增加到290亿元，增长4.08倍，总产值累计2223亿元，增长3.4倍[①]。1991年全省乡镇企业总收入达1008亿元，首次突破千亿大关，上了一个新台阶。1992年上半年，全省乡镇企业总收入达571.26亿元，比去年同期增长34.76%。可见，广东乡镇企业是高速发展的，在全国也是少有的。

发展起点高是指现在的乡镇企业，尤其是珠江三角洲地区有相当多的乡镇企业，已经不是原来意义的那种设备落后、管理粗放的乡镇企业，而是在规模、设备、技术、管理水平、人员素质、产品档次等方面，均可与国营同类企业相竞争，是一支生力军。在"七五"期间，全省乡镇企业被评为国家优质产品的有5家，部优质产品155个，省优质产品606个，省优新产品121个；还涌现出一批先进企业，其中国家一级企业1个，国家二级企业15个，省级先进企业232个[②]。

广东乡镇企业的迅速发展，提高了它在国民经济中的比重和地位。乡镇企业总产值占全省社会产值的比重由1985年的17.1%上升到1990年的25.5%，占全省农村社会总产值的比重由1985年的41%上升到1990年的60%；乡镇工业产值占全省工业总产值由1985年的13.7%上升到1990年的30%；1991年又增加到占1/3；外向型企业出口创汇占全省出口创汇总额的比重由1985年的9.71%上升为1990年的28%。乡镇企业比较发达的顺德、南海、开平等市县已占70%以上。佛山市现已成为全国25个国内生产总值超百亿元、全国18个人均国内生产总值超4000元、全国36个主要社会经济指标率先跨入小康水平的城市之一。可见，广东乡镇企业已成为农村经济的重要支柱和国民经济的重要组成部分。从某种意义上说，改革开放以来，广东经济的起飞，乡镇企业的异军突起立下了汗马

---

① 陈化学：《广东乡镇企业"七五"回顾与展望》，《南方农村》1991年第2期，第26页。
② 陈化学：《广东乡镇企业"七五"回顾与展望》，《南方农村》1991年第2期，第26页。

功劳。

第三，坚持以集体经营为主，以发展工业为主，以骨干企业为主。这是广东乡镇企业发展的又一特色。顺德市则是这种类型的代表。顺德市地处珠江三角洲腹地，原有的乡镇企业的基础比较好，实行家庭联产承包制之后，乡镇企业仍然坚持集体经营。该市明确规定，镇办企业一律不搞个人承包，即使管理区和村一级规模较大的企业和合资企业，"三来一补"企业也由集体经营。办好乡镇集体企业，不仅可以巩固和壮大集体经济、发展社会公益事业，同时也能起到示范和辐射作用，带动个体、联合体企业的发展。

顺德市在发展乡镇企业中还把发展工业放在主要地位。仅镇和管理区两级工业，从1986年的2751家增到1989年的3606家，工业产值从17.5亿元增到40.47亿元。两年翻了一番多。

发展乡镇企业还必须坚持以主导产业为主。从前人们谈起乡镇企业机制比较灵活时曾经用"船小好调头"来比喻。而如今，人们在谈起乡镇企业时又提出"船大好冲浪"或"船大好出洋"，用于比喻乡镇企业在市场激烈竞争中要有实力，要有骨干企业，因此，在市场竞争的条件下，乡镇企业发展到今天，已经不是原来意义的那种设备比较落后、产品档次低、管理粗放的乡镇企业，而是逐步形成以骨干企业为主，以拳头产品（名优产品）为主，具有技术设备先进、产品高档、先进管理水平的现代化水平较高的企业。现在，顺德市年产值超亿元的乡镇企业有十多家，它们按行业优势或产品优势组成企业集团或实业公司，走乡镇集团化的发展之路。该市的北滘、桂洲，已成为我国最大的电风扇、电冰箱、电饭煲、石油气炉具的生产基地之一。北滘是顺德市一个约8万人口的普通小镇，1997年底公布的"全国十大乡镇企业"，北滘荣膺3家。这里是国内知名的"风扇城"。该镇的蚬华电器厂以风扇为主导的"拳头产品"，在激烈的竞争中赢得了市场优势，现已成为东南亚最大的现代化风扇中心，1991年销售额达4.5亿元，90%供出口，名列全国十大乡镇企业之首。

第四，积极参与国际市场竞争，发展外向型经济。改革开放以来，广东乡镇企业凭借其毗邻港澳和众多海外华侨的优势，积极利用外资和引进技术，以优异的出口产品参与国际市场竞争，发展外向型经济，并取得突破性进展。

统计资料显示，1990年广东乡镇企业出口创汇达25亿美元，比上年增长20%多，创历史最高纪录，成为1986年以来全国乡镇企业出口创汇的"六连冠"。1991年，广东乡镇企业外向型企业1.9万多家，年出口创汇达34.74亿美元，占全省创汇总额的1/4，继续稳居全国各省乡镇企业出口创汇的首位。在全国乡镇企业出口11个行业中，广东省有4个名列第一，即轻工出口占全国的47.1%；服装出口占全国的32.1%；畜产品出口占全国的21.4%；工艺品出口占全国的17.7%[①]。

现在，广东乡镇企业已经成为全国农村经济的主要支柱和国民经济的主要组成部分，它是我省农村继家庭联产承包责任制取得举世公认的成就以来，又一重大成就，对实现农村经济现代化，具有非常重要的意义和作用。

---

① 东方旭：《广东乡镇企业出口创汇在全国的八个最》，《南方农村》1991年第5期，第47页。

第一，乡镇企业改变了单一经营农业，优化了农村产业结构。党的十一届三中全会之前，农村产业结构极不合理，基本上是搞单一的粮食生产。"以农唯一"单一化的产业结构。这种产业结构是农村经济发展缓慢，农民长期贫困的主要原因之一。乡镇企业的崛起和发展，势必打破原有单一化的产业结构，有利于农村产业结构的调整和优化，有利于第二、第三产业的发展。1987年全省农村工业、建筑业、运输业、商饮业总产值在农村社会总产值中的比重已达40.5%，到1988年，广东农业总产值占农村社会总产值的比重由1978年的68.4%下降为47.7%，农村工业、建筑业、运输业、商饮业总产值由31.6%上升到52.3%，非农业产值比重超过农业。其中，农村工业由20.5%上升到33.6%，农村建筑业由4.1%上升到8.5%。这就表明，乡镇企业的发展，使农村产业结构发生了很大的变化。

第二，乡镇企业的发展，促进了农村剩余劳动力的转移，创造了符合我国国情的"离土不离乡"、"进厂不进城"、就地消化吸收劳动的新路子。据1988年统计，全省近6000万人口中，农业人口达4560多万，占76.95%。而人均占有耕地面积仅0.8亩。按有关部门的测算，在现有生产水平条件下，农业占30%劳动力就够了，林、牧、渔各业可容纳的劳动力在20%左右，能进入大城市和工矿区的不超过10%。其他40%劳动力都要向农村工业、运输业、商业及其他服务业寻找出路。面对着客观现实，只有大力发展乡镇企业，才能为大量的农村剩余劳动力找到出路。改革开放以来，随着经济的发展，乡镇企业年均安置农村剩余劳动力24万人，从业人员占农村劳动力的比重由1978年的10.9%上升到1988年的29%。到本世纪末，全省乡镇企业职工人数从现在的708万增加至1000万，可以基本上解决农村劳动力的出路问题。实践证明，发展乡镇企业创造了一条符合我国国情的"离土不离乡"、"进厂不进城"、就地消化吸收劳动力的新路子。

第三，发展乡镇企业，增加了农业的收入，促进了工农业生产的全面发展。在我国，乡镇企业与农业有着必然的内在关系。在传统农业向现代化农业转化过程中，农村工业的发展是加速农业转化、完成转化的重要条件，在目前条件下，农业的收入主要仍是依靠农民自己的力量。改革开放以来，乡镇企业为农业生产和农村各项事业提供了一大批资金。1978年至1988年，全省乡镇企业从利润中拿出了25亿元用于支援农业生产和农村经济建设，远远超过了国家同期对农业的投资。他们还兴办了一批直接为农业生产服务的农用工业企业、农副产品加工企业，有力地促进了工农业的发展。

第四，发展乡镇企业，有利于巩固和壮大集体经济，增加农民收入。现在人们通常说："无农不稳，无商不活，无工不富。"这是多年实践经验的总结。在保持农业稳定增长的同时，积极发展乡镇企业是壮大农村集体经济，增加农民收入，走上共同富裕的主要保证。1987年广东农村平均每人从集体统一经营得到收入的48.2%是乡镇企业提供的。顺德市1987年农村人均纯收入1380元，其中1000元来自乡镇企业的收入。与此同时，集体经济发展壮大又为集体福利和公共设施的改善提供了条件。近几年来，广东依靠乡镇企业的发展，兴建了大批学校、商店、住宅、医院、文化娱乐场所、托儿所、敬老院，修建了许多公路桥梁、码头、自来水、电站等公共设施，为改善农村生活、丰富人民精神文化生活提供了有力的保证。

第五，乡镇企业的发展，增加了国家财政收入。乡镇企业的发展不仅分担着本来应由国家财政负担的许多社会开支,特别是对农业的投资,而且向国家交纳的税金逐年增加。全省乡镇企业10年累计上交国家税金65.31亿元,平均每年递增23.6%,仅1988年上交额就达17.58亿元,占全省税收总额的18.8%。有的地方,乡镇企业的税收已成为地方财政收入的主要来源。1991年,全省乡镇企业除完成31亿元的税收外,还为农村各项建设以及福利事业提供约16亿元的经费。

第六,发展乡镇企业是我国实现农村工业化、城市化的必然趋势。现代社会经济的发展过程表明,工业化、城市化是生产力发展的必然结果,但长期以来我国的经济发展模式是:城市—工业;农村—农业。现在看来,农村乡镇企业的发展是我国实现农村工业化、城市化的必由之路。我国农业人口多、比重大,人均耕地少、生产力不发达,国家财力有限,城市扩大和工业的发展都始终不能为农村大量剩余劳动力提供更多的就业机会,这种状况是不能在短期内改变的。明智的选择,只能是发展乡镇企业、走农村工业化、城市化的道路,即发动和依靠农民运用自身的力量改造农村,引导农民办工业,建设小城镇,使农民"离土不离乡,进厂不进城",缩小城乡差别,走农村工业化的道路。这是我国农村社会经济发展的必然趋势。从这个意义上说,乡镇企业的崛起和发展,对建设有中国特色的社会主义具有深远的历史意义。

二、对广东乡镇企业崛起和发展的理论思考

改革开放以来,广东乡镇企业起步早、发展快,所取得的成就和它在国民经济中的作用也是很显著的。现在,我省乡镇企业尽管在其发展过程中存在一些问题,诸如全省乡镇企业发展不平衡,企业结构不尽合理,存在重复建设、环境污染、资金、人才不足,还有部分乡镇企业素质较差,不同程度地存在着经营不善、产品质量和经济效益差等问题。这都有待于今后着力加以解决的。但是,乡镇企业作为我国一种独特企业组织形式和企业制度,它具有强大的生命力,它必然按照其自身发展的规律不断完善和壮大,任何力量都不可阻挡它继续前进。

那么,广东乡镇企业为什么能如此迅速崛起和蓬勃发展,它给我们提供哪些启迪与思考呢?

思考之一:乡镇企业的发展需要有一个良好的外部环境。我们知道,一个良好的社会经济环境是乡镇企业发展的必要条件。没有这一外部环境,乡镇企业是不会有今天的崛起与发展的。从历史上看,广东的乡镇企业同全国一样经历了一个曲折的发展过程。乡镇企业的前身是社队企业。早在50年代末就出现了,但是在党的十一届三中全会之前,它一直得不到发展。即使在某一时期有一定程度的发展,也被局限于"三就地"(即就地取材、就地加工、就地销售)的范围内,像捆住手脚一样根本得不到应有的发展。直到党的十一届三中全会之后,冲破了"左"的思想束缚,特别是农村经济体制改革和发展商品经济,使社会经济环境发生了根本变化,从而为乡镇企业的崛起与发展创造了有利的外部条件。其中最重要的是,党中央和省市、县各级政府的政策导向,和各级有关部门的积极扶持。对乡镇企业的发展,广东省坚决贯彻中央的方针政策,并根据本地实际情况制定了推动乡镇企业发展的政策性文件和优惠措施,从而使有关部门积极从资金、物资、能源、税收、人才技术、环保、管理外贸等诸方面扶持乡镇企业发展。

所有这些都为乡镇企业的崛起与发展创造了一个良好的外部条件。特别是对乡镇企业来说，国家和地方政府的政策是至关重要的。只要政策对头，乡镇企业就能健康发展，只要政策放开，乡镇企业就能获得迅速发展。正确的经济政策是乡镇企业生存和发展的极为重要的外部条件。所以，我们今后不论是经济发展顺利时期，还是处于治理、整顿、调整经济的转折时期，都必须保持对乡镇企业的政策连续性和稳定性，从而为乡镇企业的发展创造一个宽松的社会环境和经济环境，促进乡镇企业健康发展。

思考之二：乡镇企业自身具有自主经营的灵活机制。与国营企业不同，乡镇企业一般是依靠农业或农民提供的资金逐步发展起来的，投资不能靠国家，原材料供应没保障，产品销路靠自己创。它是以自我积累、自我发展为前提的，因而具有自身的特点：一是所有制形式灵活。乡镇企业一般均由乡办或镇办集体所有制企业，除此之外，还有集资入股的股份企业、集体入股的股份企业、集体与个人联办的企业、与外资合营的企业、联营或个体私营企业等。不同所有制形式呈现出不拘一格的灵活多样化。它有利于将各种不同属性的生产素转变为现实的生产力，灵活适应经济发展的需要。二是经营方式多样。目前，广东乡镇企业不仅有集体统一经营的企业，而且还有联合经营、承包经营、家庭或个人经营等多样经营方式。三是分配关系拉开档次。企业经营的成败在很大程度上取决于企业内部能否正确处理经济利益的分配关系。广东乡镇企业的内部分配关系，充分体现了按劳分配与经济效益挂钩的原则，大胆拉开收入的档次，厂长可以是没有任何行政级别和技术职称的农民企业家，而收入可高于职工数倍。有成就的技术人员可以领取高于厂长或经理的工资或奖金。生产工人收入与其劳动的数量和质量，没有"大挂钩锅饭"和"铁饭碗"，从而充分调动了企业管理人员、工程技术人员和生产工人的积极性。

乡镇企业上述特点是目前国营企业都不能比拟的。乡镇企业生产权明晰、企业经营与职工经济利益息息相关，责权利相统一、自主经营决策，能及时适应市场需求，以销定产，灵活应变，没有扯皮和踢球现象，使企业真正成为自主经营、自负盈亏、自我积累、自我发展的商品生产者和经营者，因而具有新的经济运行机制，使企业充满活力。广东乡镇企业之所以能具有强大的生命力，其根本原因就在于企业本身具有这种灵活的经济运行机制。值得令人深思的是，去年广州市一间国营工厂被顺德一家乡镇企业承包，在承包期间，一旦引入乡镇企业的自主经营的灵活机制，国营企业的经济效益就迅速提高，濒临倒闭的企业也就起死回生[①]。由此我们联想到，只要国家真正把众多的国营企业也能像乡镇企业一样具有灵活高效的经营机制，那么，搞活国营企业也就指日可待了。

思考之三：乡镇企业必须在市场激烈竞争中求生存、求发展。竞争是商品经济的产物。只要存在商品经济，就必然有竞争。在社会主义商品经济条件下，各个企业的生产经营条件和管理水平千差万别，它们生产同一商品的个别劳动时间各不相同。按同一价格出卖商品，有的盈利多，有的盈利少，有的甚至亏本，经济效益各不相同。每个企业为了获得自己的经济效益，必然在市场上围绕着品种、质量、价格、服务等方面展开激

---

① 《羊城晚报》1991年9月12日。

烈竞争。这有利于鼓励先进、鞭策落后，提高经济效益，推动商品经济的发展。

诚然，对乡镇企业来说，国家没有给乡镇企业提供供、产、销方面的保证，也没有指令性计划，这就迫使其生存和发展取决于市场竞争中的地位。目前，广东乡镇企业面临着市场竞争的严重挑战。就国内来说，市场竞争的对象不仅有国营企业、城市集体企业，同一层次的乡镇企业，还有"三资"企业，私人企业。而且，在新旧体制交错时期，市场机制尚未完全形成，价格体系尚未理顺，竞争条件不平等，在这样的情况下，乡镇企业在市场竞争中不得不付出更高的代价。因此，乡镇企业面临着市场激烈竞争加强了企业外在的压力。要增强企业的活力，就必须提高产品的品种、质量、价格、服务等方面的竞争能力，在市场激烈竞争中求生存与发展。否则，就会被淘汰。

以电冰箱为例。目前，全国40多家电冰箱生产定点厂中，有一半以上已处于停产状态。但至今仍保持产销两旺的只剩下五、六家，其中，广东珠江冰箱厂就是在商品经济市场竞争中成为佼佼者。该厂创办于1983年，是一间镇办集体所有制企业，当时面临的形势对他们十分不利。全国40家冰箱生产定点厂，大多是中央部委或省市的直属企业，唯独他们是一家乡镇企业，势单力薄，与其他厂家站在不平等的起点上。但面对着严峻的市场竞争，他们择优引进国外先进技术设备，强化质量管理，"容声冰箱，质量取胜"，产量稳定增长，从1985年的3万台增至1990年的30台，产品质量也逐步提高，在1990年经过国家考核晋升为国家一级企业——这是我国企业等级的最高宝座。现在，珠江冰箱厂这个镇办企业已作为一个现代化大型骨干企业在珠江三角洲崛起，仅1992年产品订货会上一共签订了65万台供销合同，金额达10亿元。"容声人"就是这样在市场激烈竞争中求得生存与发展，跃居全国同行的前列，并取得理想的经济效益。这是我省乡镇企业走的一条以质量取胜实现高效益的企业发展之路。

思考之四：人才与科技是乡镇企业发展与腾飞的翅膀。在当代科学技术飞跃发展的今天，谁拥有人才，谁就抢占了科学技术的制高点。毋庸置疑，当今世界经济竞争越来越多体现为物化在商品中的科学技术水平的竞争，因此，世界经济竞争的实质已经是科学技术的竞争。乡镇企业要不断发展，增强产品在国内外市场的竞争能力，必须依靠和发展科学技术的作用。乡镇企业只有在自己壮大的基础上通过广开渠道招聘人才，增加科技投入或引进先进技术，不断提高新产品的开发和试制能力，使科技成果迅速转化为商品，才能把握经济发展的主动权，使企业立于不败之地。乡镇企业依靠科技发展取胜的实例俯拾即是。广东美的电器企业集团从原来一家默默无闻的乡间小厂一跃成为全国十大乡镇企业之一，就是一个典型。前不久，我们从报刊获悉，一位年轻的博士生来到该企业任职，仅3个月便研制出一种重量轻、体积小的KCJ-20高效节能空调器，能省电30%。这个企业仅此项产品今年的合同金额就超过了一亿元。可见，技术就是市场。实践表明：广东乡镇企业之所以能在市场竞争中求生存和发展，重要一招就是依靠人才和科技的作用，形成才"以才引财、以才生财"的良性循环机制。这是乡镇企业发展和腾飞的关键问题。

思考之五：地方政府是乡镇企业发展的重要推动力。我省的乡镇企业其实是一个比较特殊的经济组织，它脱胎于农业，又不能离开农村，"离土不离乡"，就地建厂设店，它的所有制属于乡办乡有，镇办镇有，村办村有，主体属于区域的全体农民。因此，乡镇企业的发展与地方政府［主要指县、镇（乡）两级］直接联系，是不可分割的统一体。

从乡镇企业来看，乡镇企业一般愿意依赖地方政府，因为它主要依靠当地资源、劳动力、能源等作为生存和发展的前提，尤其是农副产品加工业更是如此。它不能脱离农村作为自己发展的基地。同时，乡镇企业还需要地方政府提供政策信息，组织融资，承保一定的投资风险，加强基础设施建设等等，因此，乡镇企业的发展需要地方政府创造一个良好的外部环境和提供各方面的支持与帮助。

再从地方政府来看，乡镇企业是地方政府得以运转的主要财源。按照我国现行体制，地方财政实行"大包干"，并赋予各级政府的用财自主权，乡、镇政府的基建费、会议费、差旅费、集体干部的工资等均由乡镇政府自行解决。地方政府为了扩大地方财源，增加财政收入，就必须努力发展地方经济，特别是大力发展乡镇企业。因为在目前条件下，仅仅依靠农业本身的积累是极其有限的，难以扩大地方财源，也难以推进地方经济的发展。比较现实、可靠的途径就是发展乡镇企业，并从中获得收入来支援农业，或改善本地区各项社会福利事业，或者加强基础设施建设。因此，地方政府也十分关心和支持发展乡镇企业。

不能否认，在目前我国资金、技术、信息、管理、人才等比较缺乏，市场机制不完善的情况下，只有依靠地方政府基于自身的合法性和统一性所形成的权威力量，建立起中观经济管理的协调和指挥，使社会生产力诸要素合理配置，才能有效地推动经济起飞。事实上，地方政府已经成为乡镇企业发展的重要推动力。在乡镇企业比较发达的地方，地方政府的作用除了改善客观经济环境外，还直接参与各项经济活动，包括项目选样、投资、市场开拓、筹集资金、提供商业信用、开发吸收技术、与外商谈判等等，可以说，有些地方政府就像拥有政权的经济总公司，辖区内所属企业就是它的子公司。可见，地方政府在发展乡镇企业过程中起着重要的推动作用。

原载《中山大学学报（社会科学版）》1993年第1期

广东物价波动短期计量分析（1986—1992年）

陈 洪

改革开放十余年来，广东的经济建设成就和发展速度令人瞩目。但其间的物价波动亦时常引起各方面的关注。对广东在此期间的物价变动起因和波动机制，理论界学者和实际工作者都作了大量的讨论，在定量分析方面也作了许多研究，并在可操作性上提出了建议。然而，已有的定量研究所依据的资料大多是1987—1990年间的年度统计数据。从计量分析的角度来看，这样短的样本区间客观上决定了估计式的自由度是非常有限的，从而不可避免地要影响其估计式所反映的统计规律的可靠性，当估计式中包含较多的解释变量时就更是如此。其次，在此期间，广东的物价改革亦大体经历了三个不同的阶段，即起步阶段（1979—1984年），实施的是"调放结合，以调为主"的方针；第二阶段是全面调整时期（1985—1987年），实行"放调结合、以放为主"。而1988年以后开始的深化价格改革则是第三阶段。显然，在不同的阶段，特别是在改革初期，价格变动起因和波动规律与近些年的价格变动规律是有差异的。因此，以同一模式对不同时期的价格变动作统一的分析模拟，自然存在强人之处。为了弥补统计数据时间序列太短和避免以同一模式描述不同阶段物价波动的特点，我们将只注意于1985年以后的物价变动情形，分析所依据的是1986年9月至1992年11月间的有关月度统计资料。本文将根据这些数据定量分析此期间广东价格变动规律及其影响因素。这里的讨论与以年度资料为基础的模型研究有较大的差异，其主要原因是月度指标的约束和物价短期波动的特点所致。

物价波动及其影响因素

从宏观上看，物价波动长期而言体现了整个经济系统总供给与总需求间的均衡关系。当供需缺口较大时，市场的力量将趋向于抬高物价，以刺激供给和抑制需求，从而缩小或消除供需缺口，反之则反是。因此，经济系统的总供需缺口确实是引致物价波动的一个重要因素。事实上，广东省统计局有关研究人员曾以年度数据为基础，作过如下形式的回归估计式：$P_t = 98.746+0.706X_{t-1}$。其中，$P$为全社会零售物价指数，$X$为社会零售商品供需缺口，该指标的定义为：$X=$（1-当年零售商品货源总额/当年社会商品购买力）$\times 100\%$。

可以认为，如此定义的供需缺口指标大体上反映了整体经济的供需状况，故它被认为是个直接指标。然而，该方程的拟合度仅为0.618，不能认为是令人满意的。因为这表明仍有近40%的物价变动因素没能由指标X所反映。所以，社会零售商品供需缺口不足以完全解释物价波动的起因，还应有其他因素。

在货币学派看来，通货膨胀主要是货币现象，过多的货币投放必然引致物价的上涨。诸多的实证研究也表明，货币投放量与物价变动间确实存在着较强的正相关的关系。有关数据显示，在货币投放量大幅度增加的年份，物价上升的幅度亦较大，特别是1984年的信贷失控对物价的刺激更是众所周知。但是，对一个非封闭的地区来说，由于受货币流进流出的影响，本地银行的货币投放量并不精确反映该地区的真实货币流通状况。特别是商品经济较为发达的广东省，有关部门曾估计香港发行的港币中，有相当部分在内地，且主要是在广东省境内流通。再考虑到外省货币的流入，更难准确估计广东省的货币流量。这样，尽管在理论上人们确信社会货币流通量对局部地区物价波动有不可忽视的影响，但实际上要定量分析这种作用又是极为困难的，甚至是不可能的。作者曾根据有关资料作过估计，发现就广东省情形而言，社会货币流通量对物价变动的作用强度远不及职工工资、出口额和社会集团购买等指标对物价波动的影响力。这一实证结果明显反映出社会货币流通量这一指标在描述物价变动方面因其自身精度问题所造成的局限性。自然，以月度指标来衡量，社会货币流通量指标的应用就更加困难了。

有些研究者将农副产品收购价格作为社会零售物价总指数的一个解释因素，并显示其影响程度是极高的。实际上，数据确实表明，农副产品收购价格上升幅度较大时，社会商品零售物价总指数上升幅度亦较大。特别在改革初期，国家多次大幅度调整了农副产品的收购价格，事实上确实大幅度拉动了零售物价指数的上升。而且，在物价指数统计中，农副产品价格具有较大的权数。因此，可以期望农副产品收购价格指数的变化将会较好地反映社会零售物价总指数的相应变动。根据作者的一项估计，仅以前者简单地估算后者，其平均总体相对误差在2%之内。然而，作者认为对农副产品收购价格本身的研究就可以认为几乎等同于对社会零售物价总指数的相应研究，它应包括对总需求、总供给的均衡分析。由于现阶段农副产品在人们日常生活中的重要性和轻工业原料对其依赖性，使得在物价研究中将农副产品收购价格指数视为外生因素已明显不合适，换句话说，农副产品收购价格指数和社会零售物价总指数在研究中都应被视为内生量，而不应将前者视为后者的解释变量，当然这会扩大模型的规模。依据以上的考虑，本文将不以农副产品收购价格指数充当物价指数变动的解释变量。同时，这也是月度数据条件的限制。

除了以上的三个因素外，在讨论物价问题时，人们常常提到的有关因素尚有诸如职工工资总额、外贸收购额和出口额，以及居民储蓄和银行的信贷规模等等。关于信贷规模对物价的影响，一般认为前者的过度扩张会引发后者的上升，实证研究也支持这点。所谓过度的信贷扩张，是相对存款总量而言的。有的研究者认为，对广东省而言，银行的存贷指数（即贷款总额/存款总额×100%）对社会零售物价总指数产生影响的基础点为126左右。以该指数值为基点，存贷指数每增加一个百分点，将引致社会零售物价总指数上升0.27个百分点。这一结果在量上刻画了两者的关系。对非封闭的局部地区而言，银行信贷规模要比社会货币流通量更能表现金融因素对物价波动的影响。其原因除了前者在数据上要较后者准确外，信贷规模还是经济系统运作状况的一个较合适的指示器：经济的高速增长一定相伴着信贷规模的膨胀，表现出较高的通货膨胀率。近些年的实际状况就是如此。另外，贷款所覆盖的经济领域要宽于流通中的货币。工业企业的流动资金、库存、原料，商业企业的商品采购等等，都依赖银行的信贷。因此，存贷指数对说明物价波动原因是一个不可欠缺的重要指标。

基于以上的讨论，在以月度数据作物价的短期分析时，由于许多相应指标是以年度为统计尺度的，从而类似于社会商品供需缺口这类指标就不具备月度数据。自然，可以充当物价波动解释指标的月度统计数据是非常有限的。因此，下面要考虑能间接反映经济总供需均衡状况的其他月度指标，并引入适当的金融指标。

短期物价模型

在这部分，将依据前面的讨论，利用有关的月度数据，估计一个短期物价模型，并据此对广东省物价波动问题作些讨论。为方便叙述，引入如下指标：

PIS：全社会零售物价总指数（以1985年为100）；AGIN：当年累计工业总产值（单位：亿元，下同）；SAL：社会商品零售总额；SC：社会商品集团购买额；LOAN：银行贷款余额；SAV：银行存款余额。

在考虑经济模型时，其模式的选择必须满足多方面的要求。首先是要具有合理的经济含义，即各种参数要与相应的经济理论分析相一致。其次，在数学上要符合有关的要求，如要通过各种统计检验，以及整体拟合优劣程度的分析等等。同时，各参数的估计值一定要具有相应的稳定性。否则，这种模式的选取就不具备牢靠的客观基础，而成为研究者纯粹主观取舍的产物。基于以上考虑，我们选择如下形式的物价方程式：

$$PIS = f(AGIN, SAL-SC, SC, LOAN/SAV, e) \qquad (1)$$

其中，e代表其他解释因素和随机误差。

在月度指标中，我们没能发现其他较$AGIN$更加合适的指标可以反映经济供给因素。因此，在表达式（1）中，$AGIN$被视为代表经济供给能力大小的间接指标。由于供给能力的增加有抑制物价的作用，那么，应该有$\partial f/\partial AGIN<0$。

$SAL-SC$和SC两项指标自然是经济需求的最合适的代表。$SAL-SC$是居民的商品购买，事实上它也就是社会对消费品需求的主体。而SC作为社会集团消费品购买额，除了构成社会消费需求的一部分外，还间接体现了经济运行状况。纵观近些年广东的实际情况，当基本建设投资膨胀，经济高速增长时，SC通常也较高。因此，在表达式（1）中，SC除了作为系统需求的一部分外，它还是反映经济运行状况的一个间接指标。$LOAN/SAN$即为存贷指数，它反映了信贷状况。在信贷规模过度扩张的情况下，物价自然会上升。这样，可以合理期望有结果：$\partial f/\partial(SAL-SC)>0$，$\partial f/\partial SC>0$和$\partial f/\partial(LOAN/SAV)>0$。

考虑到数据上可能会出现异方差性，我们将（1）式具体取成如下形式

$$\begin{aligned}\ln(PIS) = &a_0 + a_1\ln(PIS)_{-1} + a_2\ln(AGIN) + a_3\ln(SC)\\ &+ a_4\ln(SAL-SC) + a_5\ln(LOAN/SAV) + e\end{aligned} \qquad (2)$$

其中，$\ln$是自然对数，$\ln(PIS)_{-1}$是$\ln(PIS)$上一期的值。根据前面的分析，各参数a_i（$i=1，2，3，4，5$）应该满足如下的条件：$a_2<0$，a_1，a_3，a_4，$a_5<0$。由于（2）式中包含滞后项，从而（2）式是个动态模型。

根据1986年10月至1991年12月各指标的月度统计数据，利用最小二乘法估计（2）式的具体结果为（参数下括号内为该参数的t—统计量）：

$$\ln(PIS) = 0.379 + 0.849\ln(PIS)_{-1} + 0.049\ln(SC)$$
$$(3.811)\quad(36.355)\quad\quad(1.873)$$
$$+ 0.096\ln(SAL - SC) + 0.057\ln(LOAN/SAV)$$
$$(5.061)\quad\quad\quad\quad(3.650)$$
$$- 0.010\ln(AGIN) - 0.094Q_{8709} + 0.107Q_{8710}$$
$$(-2.168)\quad\quad(-4.190)\quad\quad(4.452)$$
$$+ 0.179Q_{3901} - 0.095Q_{9101} + 0.118Q_{9106}$$
$$(7.341)\quad\quad(-3.886)\quad\quad(5.536)$$

（3）

$R^2 = 0.990 \quad S.E. = 0.020 \quad D.W. = 1.534$

其中，Q_{8709} 为虚拟变量，其值定义1987年9月为1，其余月份为零。其他虚拟变量Q的意义同此。

首先，我们检验方程（3）各估计参数的稳定性。为此，变换不同的估计区间对（2）式重作计算，相应的参数估计值见表1。

表1

区间 \ 参数	a_0	a_1	a_2	a_3	a_4	a_5	R_I	S.E	D.W
1989.10/ 1991.10	0.379	0.849	0.048	0.095	0.058	-0.010	0.990	0.021	1.530
1986.10/ 1992.6	0.383	0.846	0.050	0.097	0.055	-0.011	0.990	0.021	1.604

从表1不难观察到，估计式中各参数对估计区间的变动是相当稳定的。而且，估计式（3）中的各项统计检验值均为合适的。因此，（3）式对估计区间内PIS的变动应具有较好的拟合优度，并有较强的对PIS短期外推预测能力。为体现（3）式的拟合优度和外推能力，将估计式（3）作整体模拟，计算1983年10月至1991年12月和外推1992年1月至1992年10月的PIS值，计算值记为FPIS。再根据FPIS计算通货膨胀率的拟合值DFPIS，而真实通货膨胀率记为DPIS。相应的计算结果列于表2。表2中各栏第一个数是FPIS对PIS的相对拟合误差，即为（PIS-FPIS）/PIS×100%；第二个数则为DFPIS对DPIS的绝对误差，即为DPIS-DFPIS。

表2显示，方程（3）拟合相对误差（1-FPIS/PIS）×100%内插最大值在5%左右，而预测外推相对误差则在4%之内。对拟合优度的另一评价尺度是计算误差的整体平均值。设U_t（$t=1, 2, \cdots, n$）为误差序列，则整体误差平均值$D(U_t)$定义为 $\sqrt{\sum_{t=1}^{n} U_t^2 / n}$。据此公式可以算出，FPIS对PIS整体误差平均值为1.910%，而DFPIS对DPIS的相应值为2.240%。

估计式（3）各参数的符号完全跟预期的要求一致，其经济含义是合理的。虚拟变量Q的引进是为了反映物价在这些月份的特殊波动，而这种变动不能由选择的解释变量所能完全解释，这些虚拟变量系数的显著性就表明了这点。

表2 估计式（3）的拟合误差 （单位：%）

月＼年	1986	1987	1988	1989	1990	1991	1992
1		−3.158	0.068	0	1.355	0	1.818
		−3.348	0.080	0	1.343	0	1.914
2		−1.319	1.415	1.934	−0.465	−1.276	−2.672
		−1.391	1.722	2.740	−0.451	−1.255	−2.765
3		−0.155	−1.241	1.336	2.096	−1.582	−0.471
		−0.164	−1.506	1.882	2.056	−1.546	−0.488
4		0.197	0.587	−1.751	0.261	−0.806	3.660
		0.212	0.722	−2.366	0.252	−0.782	3.939
5		1.587	1.531	0.305	−0.838	2.536	−1.815
		1.746	1.930	0.402	−0.787	2.515	−1.909
6		2.125	−1.572	1.260	−0.336	0	−0.173
		2.400	−1.969	1.647	−0.310	0	−0.181
7		−0.788	2.536	−4.234	3.792	−5.166	−0.217
		−0.888	3.292	−5.148	3.572	−5.296	−0.227
8		1.128	2.164	−4.350	1.444	1.379	−1.341
		1.296	2.912	−4.998	1.364	1.419	−1.4
9		0	3.716	−3.220	2.159	0.038	1.596
		0	5.254	−3.545	2.041	0.039	1.717
10	0.738	0	−1.149	−1.433	0.911	0.576	0.159
	0.758	0	−1.606	−1.535	0.866	0.588	0.714
11	0.500	−0.867	1.284	−1.895	2.981	0.683	
	0.518	−1.014	1.809	−1.963	2.892	0.665	
12	−1.894	−1.637	−3.342	−2.089	1.128	−0.295	
	−1.960	−1.940	−4.685	−2.129	1.105	−0.301	

（3）式是分布滞后模型，它表明各种解释变量SC，$SAL-SC$、$AGIN$和$LOAN/SAV$不但对现期的PIS有影响，而且对滞后若干时期的PIS仍产生影响。容易计算出这种滞后作用的平均时间长度约为8个月。换句话说，这表示现期物价要受前8个月间的解释变量值的影响。而现期的居民消费品购买对8个月以后的物价几乎不产生影响。根据估计式（3），我们还可以推算出PIS对各指标的短期和长期弹性系数，相应的计算结果列于表3。依据这些弹性系数容易发现，当方程式（3）中右端各指标均增加一个百分点时，其影响在短期内对PIS的拉动作用不会超过0.2个百分点。然而长期来看（在8个月内），将引致PIS相应增加1.264个百分点。在这其中，居民的消费需求对拉动PIS上升起的作用最大，其次为信贷规模。从估计式（3）来看，供给因素对PIS的缓阻作用相当有限，表明物价波动的向下刚性特征。同时也反映出自1986年以来，广东省的物价波动起因主要归属于市场的需求方面因素。

表3

指标弹性	SC	$SAL-SC$	$LOAN/SAV$	$AGIN$
短期	0.049	0.096	0.057	−0.010
长期	0.321	0.631	0.378	−0.066

当我们考虑物价控制问题时,估计式(3)给出了有益的启示。根据方程(3)式,可操作的影响物价因素即是社会集团消费品购买和银行信贷规模。这两项因素加起来对 PIS 的作用已明显超过了居民消费需求对 PIS 的影响,而且居民消费需求显然主要取决于人们的消费行为和人们的预期心理等诸多因素,其可控性是极低的。因此,从理论上来说,只要将 SC 和 $LOAN/SAV$ 控制在适当水平中,则 PIS 的波动幅度短期内就不会有太剧烈的变动。然而,事实上这点并不易做到。实践多次表明,对社会集团消费购买和信贷规模实施有效控制决非某一政府部门所能单独承担,这对非封闭的局部地区就更是如此。国家的政策变动和外省经济因素等均会左右着局部地区对控制物价所作的努力。1992年由于人们急切希望改变经济发展条件,吸引外资,以尽快在短期时间内实现现代化,掀起了新一轮基本建设高潮,各地的"开发区"如雨后春笋般出现,在机构改革,有关约束弱化的条件下,这必然导致信贷规模的过度膨胀,刺激经济的过度需求。在这种背景下,不难理解1992年会有较高的通货膨胀率了。而且,这年较高的通货膨胀水平无疑会对1993年的价格水平产生刺激,很难相信今年的通货膨胀率会明显低于上年的水平。作者以为,物价在严格意义上来说是不能靠行政手段来控制的,除非是在高度集中的计划经济体制下。在市场经济条件下,生产者依据价格信息来调整其产出量,而消费者则根据现期的价格决定其购买水平。因此,价格是市场供需状况的指示器:过旺的需求必然抬高价格水平,反之则反是。高速的经济增长必然要以较高的通货膨胀率为代价,其间的传递机制当然是极为复杂的,但实践的结果无疑证实了这点。

方程式(3)的估计区间为1986年10月至1991年12月,在此期间,我国的经济大体经历了一个完整的经济周期。因此,估计式(3)自然亦就包含了这一完整周期的信息。从表2中估计式(3)对1992年前10个月的外推预测误差结果来看,该模型对1992年因经济重新高涨而引致的物价波动的拟合能力是相当强的:最大相对误差在4%之内。由于方程式(3)中各参数的估计值相当稳定,这表明我们选择的模式(2)是合适的,其结构能够胜任对物价作短期预测的要求。以估计式(3)对物价 PIS 作一年以内的外推预测是可以保证一定精度的。当然,以新的信息不断修正估计式(3)的参数会有利于提高其预测精度。尽管如此,作者认为本模型主要用于物价波动原因分析和模拟,而非预测。因为如果以(3)式作预测,如何确定相应的外生量的预测值就是个困难的问题。

本文的目的,主要是利用有关的月度统计数据构造一个短期的物价模型,该模型的估计结果突出地反映了短期内物价波动主要取决于市场需求水平的特点。由于影响物价波动的原因是错综复杂的,许多因素,如人们的心理预期、市场囤积行为等等,是难以量化的。这就在本质上决定了仅以某种数学模型来反映物价变动是不可能尽善尽美的。尽管如此,计量分析仍是物价研究中不可欠缺的部分。

原载《中山大学学报(社会科学版)》1993年第3期

经济学科学重建，要从价格机制开始

王则柯

引 言

价格机制，可以说是全部经济学理论的出发点。但是恰恰在这个问题上，我国经济学界许多朋友信守商品的价格取决于为生产该商品所需的社会必要劳动时间的"劳动决定论"，拒绝接受以供不应求的商品价格上升、供大于求的商品价格下降为主要内容的"供求决定论"，把这种符合现代经济学关于价格反映资源的相对稀缺性的原理、并且人民大众在日常生活经验的基础上也很容易形成的正确见解，贴上"资产阶级庸俗经济学理论"的标签。我们的课本常常不能自圆其说，理论落后于改革开放的实践，有时甚至成为束缚手脚的教条，其重要根源，就是价格机制理论上的混淆。

经济理论方面的正本清源，必须从价格机制开始。

劳动决定论的片面性

在商品经济的条件下，价格是资源作为商品的相对稀缺性的信号和度量。因此，商品的供给情况和需求情况相结合，才能决定商品的市场价格。如果供不应求，说明商品价格偏低，市场力量会使价格上升；如果供大于求，说明商品的价格偏高，市场力量会使价格下降；如果供求平衡，说明度量恰当。价格正确地反映着商品的相对稀缺性。劳动决定论的片面性，一是在供求关系中只重视供给方面，轻视需求方面；二是在供给方面又只突出劳动这个要素，忽视资源、资本、气候水土、个人天赋等其他要素，而这些生产要素中确实存在无法用劳动价值量衡量的内容。所以，劳动决定论不是商品经济条件下关于价格机制的科学学说。

梵高当年画《鸢尾花》，连糊口的钱也挣不到。可是现在，他的这幅作品竟然能卖出5390万美元的大价钱。画家早已作古，作品价格之上扬，完全是需求膨胀的结果。过去几年，随着粤菜风行带动人们口味的变化，在内地一些地方，鸡爪和肉鸡的比价从大约一比五变成接近一比一。难道包含在鸡爪和鸡肉中的"社会必要劳动价值量"之比改变了吗？最近，由于崇拜吉祥号码，一个8888这样的电话号码可以比普通号码贵出20万元。吉祥号码比起普通号码，多包含了多少"社会必要劳动价值量"？答案应该是零，相信大家都会同意。所以，如果劳动决定商品价格，吉祥号码的身价就不会比普通号码高几百倍。

这些年，我们向外商出售了一些未开发土地的若干年的使用权。未开发的土地，也不包含什么劳动价值。事实说明，只要是拿到市场上去作为商品交换而又确实有社会需求的东西，哪怕不包含多少劳动价值，也可以卖出很高的价钱。同样，一个谣言摧毁了需求，可以使得原来在日本市场上旺销的一种美国糖果，变成滞占资金空耗仓容的滞货。在许多这样的社会经济现象面前，价格机制的劳动决定论显得非常苍白和脆弱。

供求决定包含劳动价值分析

就价格机制而言，劳动价值和供求关系是一种部分和全局的关系。劳动价值大，供应量就小，劳动价值小，供应就容易。所以，劳动价值可以通过供求关系影响商品的市场价格。这说明，供求决定论包含了劳动价值分析。但是要注意，从劳动价值到供求关系并不是一种一元的、直接的因果关系。由于老天爷的恩赐，那年广东荔枝大丰收，同质同量的荔枝所包含的劳动价值量比往年少，但是因为需求的增加更厉害，供求关系不松反紧，荔枝的市场价格反而上升了。再看我国机械式手表的产销情况：从70年代到80年代，由于技术进步不大、工资和原材料价格上升等，手表所包含的以货币衡量的劳动价值量日经上升。但是由于市场渐趋饱和和人们消费偏好的改变，手表的市场价格大体上一直在下降。这些都是商品所包含的劳动价值量和商品价格反向运动的生动例子。事实说明，价格机制的供求决定论比劳动决定论更贴近事物运动的本质。

价格机制的供求决定论，在内涵的意义上包含了劳动价值分析。但是，劳动价值和供求关系是一种部分和全局的关系。企图以外延的方式让部分"容纳"全局，这就是价值机制劳动决定论的困境。

市场离不了价格的信息功能

商品的市场供求关系决定商品的价格的过程，同时又是价格变动反过来影响和调整需求和供应的过程。发育市场，让市场引导企业，具体来说，就是通过供求关系所造成的价格形势来引导企业。市场对某种商品的需求增加，就会紧化供求关系，引起价格上升，吸引企业增加供给，满足市场需求。相反，需求减少，供求关系松弛，导致价格下降，提醒企业减少供给，及时转向或者升级换代。竞争的市场，就是这样用价格信号把信息传递给自主的企业的。最近一段时间，我国经济学界迅速认同经济体制改革的方向是让市场在国家宏观调控下对资源配置起基础性作用。这一进展来之不易。它首先应当归功于改革开放的伟大实践，同时我们不可忘记"市场学派"经济学家的不懈努力。但是如果不认同现代经济学关于价格反映资源的相对稀缺性的原理，市场配置资源的命题又何从谈起？

经济体制改革，重要的是给企业一个良好的竞争环境，放手让它们在社会主义市场经济的大局中按照利润最大化的原则规范自己的行为。倘若价格信号因僵化理论误导的体制而失真，良好的市场环境就失却存在的前提。

劳动决定论的误导

如果商品价格的制定背离了商品的市场供求关系对于这种商品的价格的规定性，将给社会带来一系列经济的甚至政治的弊病。设想一幢公寓落成，如果以"社会必要劳动价值量"相等为理由，不管朝南朝北靠山面海坚持拉平每套寓所的售价，只会鼓励人们通过"走后门"等非经济的不正当的手段获取理想套间的努力。商场铺位的限价也是这样。铺位的好坏对生意的影响很大，所以对位置好的铺位的需求比位置差的铺位强烈得多，从而这些铺位的售价理应高许多才是。倘若像过去做过的那样，因为各铺位所包含的"社会必要劳动价值量"相等就厉行同价，那么徒然激起名义价格以外的竞争。这种市场外竞争的背后，多少肮脏东西，包括"票霸""黑市"在内，许多腐败现象的产生当然有其社会学的和道德伦理学的原因，但是商品价格背离了市场供求关系对于它的规定性这一经济学的原因，才往往是症结之所在。

我国森林资源本来就贫乏，几十年来又进一步萎缩，价格被劳动决定论误导是重要的原因。长期以来，我国木材价格中只包含采伐成本和运输成本，很少考虑营林成本，更"没有想到"森林资源本身的价格。再看劳动决定论误导的能源价格，不仅使国有煤矿至今未能摆脱开采越多亏损越大的困境，而且造成我国的能源效率大大落在同样也不先进的印度后面，怎不令人痛心。再不正本清源改弦更张，自70年代以来聪明了一些的中东石油大亨，说不定也会耻笑我们。

在企业经营和市场竞争方面更是这样。例如，"房地产热"暴露了成本价加上8%利润的价格政策的不合理。它完全是关于价格机制的劳动决定论误导的结果。人家按市场供求关系随行就市灵活决定价格，我们却作茧自缚，困守成本加8%利润这一价格政策，那就无法去作市场竞争。

供求决定论的意义

重提供求决定论或供求关系说不是纯理论的争鸣，它对于我们在社会主义的条件下发展市场经济具有重要意义。例如关于企业经营，概括地说，市场形成价格或市场供求关系决定价格的理论要求企业不仅精心组织生产，而且首先要精心分析市场，瞄准市场需求来组织生产和销售。供求关系把握得好，经济上就成功；供求关系把握不好，经济上就挫败。劳动属于生产或供给方面。但是劳动价值能否在市场上实现，就看供求关系。所以，要十分重视市场的研究。一方面，市场需求的发展变化有其自身的规律，我们要研究这个规律，注视和预见市场需求的发展变化；另一方面，市场的需求又有相当的可塑性，我们要着意引导市场需求和培育市场需求。在这两个方面，企业家都可以大有作为。

这里还应该着重谈谈市场定价的投资环境。所谓良好的投资环境，除了人文法治、基础设施以外，最主要的恰恰就是商品由市场定价，或者说自主定价。外资对于前述房地产的成本加上8%利润的价格政策有豁免权，天经地义。如果用成本加多少的尺子去限制，人家就不会来投资经营。并非人家无法无天，只怪我们作茧自缚。是彻底打破枷锁、靠拢国际惯例的时候了。国内企业所要求的，也正是这种平等的竞争环境。

强调供求决定论，并不是说国家可以放弃对价格的管理。即使将来市场发育得比较好了，国家对价格的管理也是需要的，但管理的重点是在授权专营的对于国计民生具有垄断性质的企业和关系国家发展后劲的事业方面。这牵涉过度竞争造成资源浪费和市场力量的盲目性等问题，我们将另文加以说明。

劳动价值说的误植

江泽民同志曾经深刻地指出,在我们头脑中还有不少对社会主义不科学的,甚至完全扭曲了的认识。

同样,在理论界还有不少对马克思主义不科学的,甚至完全扭曲了的认识。价格机制的劳动决定论就是一个典型的例子。

马克思在改造劳动价值理论的基础上创立剩余价值学说,科学地揭示了资本主义剥削的本质。这一伟大成就将永载人类史册。但是马克思揭示了生产过程中商品的可实现价值的增加主要来自工人的劳动,并不排除我们观察到在现代市场经济的条件下商品的价格主要由商品的市场供求关系决定的事实。实践是检验真理的唯一标准。只要我们发展自己的观察,进行自己的思考,就不难判断劳动决定论,或者说劳动价值说,不是价格机制的科学学说,而供求关系说,或者说供求决定论,才是价格机制的科学理论。把马克思立论以揭示资本主义剥削本质的劳动价值说套用为现代市场经济的价格机制,那只是理论的误植。

检验理论不必以通晓为前提

经过大半个世纪的保护性经营,价格理论的劳动决定论已经发展成一部庞大的机器。哪里出了漏洞,就在哪里增添附加的限制。在这种情形劳动决定论应如何体现,在那种情形劳动决定论应如何理解,往往都有"曲折迂回"(价格机制劳动决定论者自己的用语)的出路。例如,为了价格机制的劳动决定论不至于太容易被动摇,一些著作就说商品所包含的社会必要劳动时间决定商品的价值,而不是直接决定商品的价格本身,商品的价格可以由于供求关系变化等因素的影响而围绕商品价值这个中心浮动。如果你跟着劳动决定论的庞大体系转,一个"可以浮动",似乎就足以吸纳对劳动决定论的任何怀疑。但是我们要问,不是20%、30%也不是一倍两倍的变动而是千倍百倍的变动幅度,"价格围绕价值这个中心浮动"的框架还能容纳得了吗?中心何在?实在是牵强得很。

就是这样左填右补之后,面对一些劳动决定论绕来绕去仍然束手无策的社会经济现象,居然还可以把它们归入"例外情形"的另册,以便理论在高挂免战牌的情况下仍能奏起凯歌得胜回朝。这样的理论,怪不得无法在群众中生根。

在一个相当长的时期里,价格机制的供求决定论被一些同志视作资产阶级思潮,极难得到讨论。现在则又出现一种新的否定方式:在这种情形劳动决定论应这样体现,在那种情形劳动决定论应那样理解,而另外一些情形应归入特殊的例外,不知道这样的"行规",不遵循这种"论证"途径,就没有发言权。

对此,我们只提出一个问题:检验一种理论是否必须以通晓那种理论为前提?难道理论才是检验真理的标准?其实,民众就是一点也不懂得电子琴的高深理论,照样可以做出宁愿买个钢琴的抉择;一点也不懂得计划经济的无比优越性,照样可以判断建设有中国特色的社会主义到底是要靠计划经济还是要靠市场经济。

一种理论庞大复杂仍漏洞百出,一种理论简明扼要却普适有力。究竟哪一种比较科学，哪一种贴近客观事物的本质，答案本来很清楚。不过，虽然价格机制的供求决定论和更一般的市场经济理论一向不容易得到发表意见的机会，我们却不能以"废黜百家独尊劳动"之道反治劳动决定论之身。相反相成，和平竞争，让实践和时间来裁判，不失为一种好的处置。在这个意义上我们设想，劳动决定论庞大机器中的若干部件，在未来的现代市场经济理论中，仍然可能得到新生。

正确认识现代经济学理论

有人说，"西方理论"中供求决定商品价格的观点仅仅是一种停留在描述经济现象的浅层的认识，而现象的描述与本质的揭示还有着相当大的距离。

深刻还是肤浅，值得认真思考。例如面对一种商品，除了规格、价格、供货的时间、地点和数量以外，的确还可以探究是当家作主的工人生产的还是雇佣劳动的产物等非常深层的问题。但是，即使撇开这还是不是经济学的争辩，这样的"深究"必然导致方方面面囊括其中的局面，庞杂而凌乱。理论的境界讲究简明，讲究线索是否清晰，是否抓住了关键，讲究是否可以观察，是否可以操作。拿这个标准来看，劳动价值只是一种抽象的概念，既难以观察，更不可操作。正是由于这样，现代经济学直接从商品的价格出发，而不是从所谓"社会必要劳动价值量"出发。事实上，人民群众每天经验着的是价格，企业和政府要求咨询论证的是价格，因为价格是影响经济中消费和生产决策的可观察量和可操作量，而所谓价值却是难于观察和无法操作的抽象的概念，人民群众和企业政府都不会认真理会它。越来越多的理论工作者正在向实际靠拢，认识到社会需求和社会供给的复杂多变并且当然是来自社会深层的信息，只有通过市场活动中的价格信号才能被灵敏地反映出来。比起玄深的劳动价值，供求关系恰恰抓住了价格形成的关键。

十四大以来，许多文章谈到要向国际惯例靠拢，要按国际上通行的市场规则办事。这是在操作的层次上说的，是很大的进步。其实，在基本理论的层次上，我们也应当向现代经济学靠拢。面对中国经济体制改革和中国经济起飞的伟大历史使命，中国的经济学家可以做出无愧于时代的有声有色的贡献。但是要注意。经济科学的基本理论属于全人类。所以，在基本理论的层次上，并没有什么"西方经济学"，也不会有只适用于中国的经济学理论。这并没有贬低我国经济学界的意思，相反，正展现了我国经济学家在基本理论的层次上也将做出不但国际称颂而且国际采用的贡献的前景。

改革开放以来的十四年，我们取得了巨大的成就，积累了相当的经验。往往有这样的情况：我们因为"姓资姓社"的顾虑而不敢直接运用西方已经比较成熟的经济理论，但当后来好不容易自己总结出一两条时，却发现别人早已把类似的原理分析得很清楚，并且写入了课本里。现代经济学当然是市场经济的理论。有趣的是，关于过度竞争、市场失灵、垄断的损失与限制等等，一句话，关于市场力量的弱点，人家比我们的批判更清醒。如果我们早一点放包袱、换脑筋，对现代经济学早有正确的认识，就可以少付许多学费。

关于价值规律和按劳分配

有人以为市场经济就是按"价值规律"办事。的确，在商品生产都不能谈的年代，喊出"价值规律第一条"的意见，很了不起。但是时代在发展，人们的认识也在深化。什么叫价值规律？书本上都这样说："价值规律就是社会必要劳动时间决定商品价值量的规律。商品的价格要以价值为基础，商品交换也要以等量价值为基础来进行。"可见，它不是市场经济的规律，除非重新定义。当前常听理论界的朋友对企业家说，只有使自己产品的生产成本低于社会平均水平，才能取得成功。这就是"价值规律"的说法，它与着眼于供求关系的脑筋很不一样。单就思维逻辑而言，谨守"价值规律"，就没有发明新产品和塑造新需求的位置，因为对于独创的新发明，谈不上低于社会平均的生产成本。

把价值规律请下台，换上市场规律好不好？市场规律的要点，就是商品价格由商品的市场供求关系决定。或者，我们应当对"价值规律"重新给予定义。

"按劳分配是社会主义的基本特征"，这一提法并不准确。既然我们要搞市场经济，那么供求关系决定商品价格的原理也左右着社会财富的收入分配。即使只从生产或供给方面看，按劳分配也缺乏现实的基础。大家都同意，资本和劳动是生产的两个最基本的要素，缺一不可。这样，收入分配就应该"论功行赏"，并不只看劳动。除了资本和劳动，天气等也可以表现为生产要素。但是由于现在还没有人声称对天气拥有产权，天气也就不参加收入分配。也许到了"接近共产主义"的时候，如马克思曾经设想的：一方面，个人不再对资本拥有产权，人们都是大公无私的谦谦君子，连个人天赋也无意独持；另一方面，社会的供求关系也在人们的科学调控之下。在那样的条件下，实现全社会的按劳分配才有可能。

所以，按劳分配作为基本的激励机制，主要应当在市场实现之后和按要素分配之后企业内部的劳动工资制度中得到体现。劳动决定论误导的结果，使很大一部分群众，由于认定劳动价值是商品价格的基础或轴心。而对物价波动和物价改革的连锁反应缺乏心理承受力，由于听信按劳分配是全社会的分配原则而实际生活并不是这样，影响了他们的信念。这是思想教育方面不利于安定团结和不利于中华民族凝聚力的一个因素。其实，只要还事物以其本来面目，民众总是通情达理。广东人民对于经济体制改革过程中物价波动的心理承受能力比较强，对于经济发展过程中按劳分配不能概括的分配现象比较理解，是因为他们的经济学观念源自他们对市场经济的实际体验，而不是来自国内现有的书本。这种不唯书，不唯上，只唯实的精神，很值得我们学习和深思。

实践是检验真理的标准

大家都说实践是检验真理的唯一标准，那么明明有许多价格现象不能用劳动决定论说明，为什么一定要信守劳动决定论而拒绝接受准确得多的供求决定论呢？毋庸讳言，担心劳动可能因此受贬、担心按劳分配将不再顺理成章是一个因素，因为在许多人的心目中，共产党的旗帜就是"劳工神圣"。其实，这种担心大可不必。我们只是还事物以本来面目而已。即使在发达的资本主义国家，劳动对于资本的地位也越来越高。看来，问题的症结还得从思想路线去找。

我们设想,由于经济与政治的紧密联系,"坚持马克思主义"是许多朋友的善良愿望。问题在于,一些本不是马克思主义的东西,被当成了马克思主义。所以,我们特别要强调贯彻江泽民同志在十四大报告中说的,重视理论建设,保障学术自由。理论探讨要活跃,有点出格也应当允许。谁也不是生而知之的圣人。要相信广大群众和广大理论工作者的社会主义觉悟。学术讨论,文责自负。不贯彻百花齐放、百家争鸣的方针,何来学术进步?真理标准的讨论,市场经济体制的提出,当初就都曾被视为出格甚至"姓资"。坦率地说,你就是把邓小平同志的讲话不冠以邓小平同志的名字送到某些同志面前,他也会把正确的意见说成是违背马克思主义。马克思大概不会料到因为他曾经把与之论战的资产阶级经济学家称为庸俗经济学家,他的一些自称正统的门徒就把随后一百多年西方经济科学的主要发展都称为资产阶级庸俗经济学,马克思大概更不会同意凡是他没有说过的,他的后人也不能说,不会同意凡是他曾经说过的,他的后人都必须信守无移。因为马克思首先是一个革命家,是唯物辩证法的大师。

面对建设有中国特色的社会主义的伟大实践,按照实事求是的原则,总结我们的观察,发展我们的思考,建设无愧于这一伟大实践的理论,这才是理论工作者的责任。大半个世纪以来,力图把"劳动价值决定商品价格"的命题奠定为经济学的基石的工作,在人类历史上留下了浩繁的卷宗。如果有人以本文的讨论没有走遍这些前人的路而贬之曰学术水平不高,那当然是很有趣的视角。这是一项我们的经济学究竟应该建立在什么基点上的讨论。如果一定要说这样的讨论没有学术价值,笔者倒愿意以身试"规"。只要能够容许讨论,只要我们的经济学得以科学重建无愧于实践,只要青年学生不必再穷尽弯路,我们也就满足了。倘若经过讨论,笔者的意见得到修正,那也求之不得,有道是真理越辩越明。怕只怕"地盘竞争代替学术进步"的陋习作怪,有了地盘,自然就是相应领域里的学术权威,从而学术标准只是个幌子,要紧的却是堵绝不同意见的发言机会。

愿以上各点,期待专家和读者的批评。

参考资料

① 江泽民:《十四大报告》,1992年10月。

② 邢贲思:《有中国特色的社会主义理论形成的前提》,《文汇报》1992年10月31日。

③ 《社会主义价格学》,中国财政经济出版社1987年版。

④ 《中国社会科学》1992年第5期,第126页。

⑤ 《价格学原理》,南开大学出版社1986年版。

原载《中山大学学报(社会科学版)》1994年第1期

大珠江三角洲经济区产业结构的协调发展

雷 强

我们这里讲的大珠江三角洲包括内地的珠江三角洲地区和港澳地区。其中内地珠江三角洲由珠江三角洲经济开放区的28个县、市（区）以及广州、深圳、珠海市区组成。

一、大珠江三角洲经济合作中的港穗中心作用

在大珠江三角洲中，广州、香港两大城市占有重要地位，起着关键作用。

广州是华南地区政治、经济和文化中心。它是传统的商埠，向北有直达中原的京广干线；向南有贯穿大珠江三角洲地区的广九铁路及南方的门户——黄埔港，是大珠江三角洲进入内地的必由之路。广州也是重要的工业基地。广东相对于香港的优势在于其重工业，尤其是机械加工业和化学工业。广州的轻纺工业、食品工业也很发达。广州还是华南的金融中心和科研中心。

1992年，广州（只包括市区）的国内生产总值接近50亿美元，约为珠江三角洲国内生产总值总和的1/4。出口额约为珠江三角洲出口总额的13%。

香港在大珠江三角洲的地位更为突出，作为世界航运中心，它是华南，甚至整个内地最重要的出口口岸；作为国际金融中心，它是华南外资的主要来源地；作为世界贸易中心，它是华南最主要的贸易伙伴。香港还是内地引进科学技术、信息、培训管理人才的基地。1992年香港的本地生产总值是内地珠江三角洲本地生产总值的4.8倍，出口额是内地珠江三角洲的8.5倍。因此，相对而言，内地珠江三角洲的经济重心在广州，而大珠江三角洲的经济重心则在香港。

1992年大珠江三角洲及粤港澳基本情况*

项目	广州（市区）	珠江三角洲	香港	澳门	大珠江三角洲
人口（万）	367.0	2058.0	581.0	36.6	2675.6
本地面积（km²）	1443.6	47400	1076	18	48491
本地生产总值（亿美元）	50.0	196.9	952.0	49.57	1198.5
人均GDP（美元）	1362.4	956.8	16381.8	13527	4479.4
出口额（亿美元）	17.95	138.0	1185.8[注]	17.3	1342.0

*：以1992年价格计算，有关数据偏差源自四舍五入。

注：包括港产品出口与转口。

资料来源：《广东年鉴1993》，广东年鉴社；《广东统计年鉴1993》，中国统计出版社；《香港1993》。

香港、广州两大中心构成了珠江三角洲经济的南北两极，共同推动大珠江三角洲经济繁荣。它们在各自发挥许多类似经济功能的同时，也在某些方面起着不同的作用，其中主要的差别就是，香港主要是大珠江三角洲对外交流的中心，而广州更多地扮演一个内向中心的角色。

香港与广州的这两大功能是相辅相成的。香港的外向作用，带动大珠江三角洲区域经济的国际化；而广州的内向作用，则使得大珠江三角洲的经济仍能立足本国，在参与国际经济大循环时，具有一定的稳定性，减少世界经济波动所带来的消极作用。

可以预言，以广州、香港为中心，包括深圳、珠海、惠州、中山、顺德、东莞、南海、番禺等在内的大珠江三角洲城市群正在兴起，它将发展成亚洲地区最具规模的城市群落。

香港作为大珠江三角洲的外向中心，是大珠江三角洲走向世界市场的桥头堡，起着带动区域经济国际化的作用。

大珠江三角洲通过香港参与了国际分工。香港轻工制造业的北移，本身就是由国际分工所引起的。此外，经过香港、珠江三角洲地区还吸引了大量的跨国公司投资，掌握了大量的国际市场信息，并以此调整生产，优化产业结构，最大效益地利用本地的各种资源优势。

香港是大珠江三角洲进入国际市场的通道。香港的世界贸易中心地位，给大珠江三角洲提供了近便的市场，再加上香港迅捷的交通、通讯系统，遍布全世界的贸易信息网，使得世界市场与大珠江三角洲的"距离"大大缩短了。另一方面，香港还促进了大珠江三角洲商业行为标准的国际化。

香港使大珠江三角洲的金融国际化。90年代，在香港充裕的资金、优越的金融环境的吸引下，内地企业、银行纷纷入港筹集和设立分支机构，同时，香港银行和外国银行也从香港进入内地珠江三角洲，B股的发行和内地大企业在香港的上市，也使得珠江三角洲的证券市场与香港的证券市场更加紧密相关。

生产力的巨大发展，导致各国（地区）经济的国际化。在大珠江三角洲中，"大珠江三角洲—香港—世界"格局的内容将得到进一步丰富，同时，香港的外向作用也将进一步加强。

二、大珠江三角洲产业结构现状和发展趋势

（一）大珠江三角洲产业结构现状

当代资本主义世界体系经济结构的变化，给大珠江三角洲的发展提供了机遇，同时也推动了该经济区域产业结构的转变。尤其是近年来在粤港澳的经济合作已成唇齿相依的情况下，大珠江三角洲产业结构的变化呈现了许多新的特点。

作为亚洲"四小龙"之一的香港，80年代以来，追随资本主义世界经济结构的升级转型，其经济结构也正处于从制造业为主体的实物经济向第三产业为主体的服务经济转变的转型时期。这可以从香港经济结构指标的变化中反映出来。香港制造业生产总值在本地生产总值中占的比重由1980年的24%，下降至1985年的22%和1990年的17%，而服务行业占本地生产总值的比重，1980年是63%，1985年上升为64%，至1990年更是上升为

69%，劳动人口在各行业的就业比重，制造业1980年为38%，1990年为27%，十年时间下降了11%，而服务行业1980年为34%，1990年为55%，十年间增加了21%，正是根据这些指标的变动情况，有人认为香港经济已经转型，正追随发达国家的轨迹步入成熟阶段。

香港经济结构的变化，一方面表现为某些指标已经达到发达国家和地区的水平，正步入成熟阶段，另一方面又表现为其经济仍未摆脱发展中经济的痕迹。在产业结构方面，香港仍以劳动密集型为主，缺乏技术密集型产业或部门。从这一角度看，香港的经济结构只能是处于由"新兴工业化经济"向成熟的"发达经济"转变的过渡阶段。香港这一缺乏制造业升级基础的经济结构变化，是和中国经济发展因素的影响有关的。这一因素在近几年更是有力地推动了香港制造业在尚未完成升级转型，基础性工业和资本、技术密集型工业还未建立的情况下，大部分已经北移到中国大陆，尤其是珠江三角洲地区，使香港劳动密集型制造业出现"空心化"的现象。据估计，香港约有80%以上的劳动密集型产业和厂家于80年代末转入珠江三角洲地区，香港与珠江三角洲的分工合作已经形成"前店后厂"的模式。具体地说，就是香港厂商利用珠江三角洲地区的廉价劳动力和土地费用以及地理位置上的优势，把生产设备、原料、零部件、半成品和需求订单一起转移到珠江三角洲地区，进行加工装配，然后把加工好的产品运往香港，再转口到世界各地。这种模式在一定意义上是限制了香港本地制造业的发展，这从制造业在香港本地生产总值的比重不断下降可以看出。

香港产业结构的另一特点，就是制造业的轻型化发展。资料显示，1980年香港主要制造业本地产品的出口占全部制造业产品的出口值分别是：制衣34.1%，塑胶9%，纺织6.7%，玩具6.9%，钟表9.6%，其总和为66.3%。而代表先进生产力或升级的工业产品的电子为19.7%，工业机器0.4%，金属制品3%，家庭电器2.9%，其总和占26%。到1985年，制衣、纺织、塑胶、印刷、玩具等劳动密集型的轻型产品仍占60%以上，而电子、工业机器、家庭电器、光学器材等也只约占16%。近年来劳动密集型的制造业虽大部分迁入珠江三角洲，但香港的高技术产品也没有得到大的发展。

澳门方面，与香港也有相似之处，它同样也是一个小型开放的经济实体，而且其经济运作和产业结构也在很大程度上与香港"一体化"。澳门的产业结构其主要特点如下：①澳门制造业在80年代虽有较大的发展，但它在本地生产总值中的比重已呈下降趋势。1984年澳门制造业在GDP中的比重为35.9%，但到1990年下降至27%。而这期间，澳门的第三产业特别是旅游博彩业、服务业在本地生产总值的比重不断上升。第三产业在本地生产总值中的比重由1984年的55%增加到1990年的66%。澳门的就业结构中第三产业的比重也已达到56.7%。澳门产业结构向第三产业大幅度倾斜的特点，与香港有相似之处。②第三产业中旅游博彩业在澳门产业结构中占首要地位，但澳门旅游博彩业的发展以博彩为重心，1992年其产值占全部GDP的比重高达29%，而旅游资源的开发却处于低层次甚至是未开发状态。单纯以博彩为主来发展旅游业，必然会限制澳门旅游业应有的发展规模和发展程度。③澳门出口工业产品仍以劳动密集型产品为主，尤其是纺织品，直至1992年，该行业在澳门工业产品出口值中的比重仍占70%以上，居各类工业产品之首。玩具业也居澳门加工工业的第二位，1992年其出口约占全部澳门工业出口总值的5%。纺织制衣和玩具业占澳门工业就业人数已超过80%。由此可见，澳门的制造业是以劳动密集型和低技术密集型相结合为特点的。

80年代中国大陆改革开放以来，珠江三角洲地区经济得到了迅速的发展。同时，珠江三角洲也紧紧抓住发达国家和地区产业结构调整的有利时机，努力推进产业升级，产业结构发生了较大的变化。珠江三角洲三次产业的比例由1980年的24.1∶46.9∶29.0，转变为1991年的13.4∶50.4∶36.2，其中第一产业所占比重下降10.7个百分点，第二、三产业所占比重分别上升了3.5和7.2个百分点。这一趋势表明，三角洲经济基本上完成了由农业经济向工业化初级阶段的演进，工业成为三角洲经济的主体，第三产业也趋活跃。从各次产业的内部结构来看，第一产业已由单一农业转向种养业与加工相结合，多种经营全面发展的局面。在农业生产总值中，1991年种植业所占比重为51.7%，比1980年下降了15.4个百分点，林牧副渔业所占比重相应提高。随着农村产业结构的调整，农业人口急剧下降，其占总人口的比重由1980年的72.6%下降为1991年的62.3%。在第二产业中，传统工业正逐步让位于新兴工业，电器、机械、电子、食品、纺织、化纤、精细化工等已成为该地区的支柱行业。伴随着工业化程度的提高和农业劳动力的转移，珠江三角洲第三产业也迅速兴起。1991年广东省第三产业增加值为615亿元，其中有67.0%是三角洲创造的。第三产业内部，交通、邮电、通讯、商贸等与国民经济和人民生活息息相关的部门发展明显加快，一批新兴行业如股票证券、保险、信息、咨询、旅游、广告、房地产等也迅速崛起，一些为生产、生活服务的行业，如租赁公司、搬家公司、清洁清洗公司等，已崭露头角，不仅在一定程度上缓解了人民生活的诸多不便，也为社会经济的繁荣创造了条件。目前，三角洲正成为全省的信息、金融、贸易及科技中心，在产业升级换代中发挥着日益重要的枢纽和辐射作用。

但是，珠江三角洲产业结构的发展也存在着严重的问题，农业的支撑力不强；基础工业滞后而加工工业相对过度膨胀；第三产业的发展仍与整个社会经济发展不相适应，交通运输业和邮电通讯业面临着新的巨大压力；产业科技水平落后等。这说明珠江三角洲产业结构的调整还有许多深层的问题有待进一步探索；如何理顺产业结构的各种关系、保持经济持续稳定的发展，是90年代广东经济面临的关键问题。

（二）大珠江三角洲各方产业发展优势

世界经济的走势，区域经济集团化的发展，要求并促进港澳地区与珠江三角洲地区的经济合作，加快大珠江三角洲产业结构的协调形成。而这一进程的有效推进，将有赖于三地间建立起合理的区域经济分工体系，即港、澳和珠江三角洲各方依据各自的产业优势和产业互补性，重点发展优势产业，扬长避短，从而提高区域经济的整体效益。在不久的将来，港澳和珠江三角洲地区将作为亚太地区的重要区域经济实体在亚太地区的经济发展中担任重要角色，并将成为亚太地区举足轻重的国际性贸易、金融、制造、旅游等中心。很显然，如果不能全面、充分地调动大珠江三角洲内的各种经济力量和经济资源是难以适应这一形势的。只有有效地协调大珠江三角洲内的产业分工才能与之相应。

从港澳地区的条件看，由于它们在特殊的国际经济环境中实行自由港政策，长期以来，通过港澳同胞的潜心经营，香港现已发展成为国际性的多功能经济中心，是世界上三个最优良的天然深水港之一，又有世界最大的货柜港，这里有十几条主要航线联系世界各国或地区，每周有超过1000班的定期客货机，直接联系着世界上90多个大城市，因此开展航运与旅游事业在香港具有很大的优势和潜力。尤其是"九七"和香港新机场建成之后，香港将是世界各国进入中国内地的主要通道。香港又是世界著名的信息中心。全港每100人有约52部电话，在通讯服务上，除接线生替用户接驳长途电话至世界各地外，更可利用国际直通电话服务，直接与190多个海外地区以及6000多艘装有卫星通讯设备的海上船只通话。这一切使得香港对外联系十分便捷，信息极其灵通。香港还是跨国企业地区总部的集中地，目前在香港设立地区总部的跨国企业和公司，由1980年的174家增至1990年的602家。香港又是区域性的金融财务中心，目前世界上前列的100家大银行中，有3/4以上在香港设有分行，如果按前列的200家大银行计算，也有半数以上在香港设有分行。香港的金融财务项目包括金融经纪业、银行业、财团借贷、贸易融资、私人银行业务、外汇买卖以及股票市场、期货市场、黄金买卖和基金管理等，这一切使得香港在亚太地区处于重要的金融中心地位。香港还是地区性的专业服务中心，目前世界知名的律师行、会计师行、顾问公司、工程公司、建筑公司以及其他专业公司，多在香港设有支部，它们既有国际水准的技能，且深切了解香港、中国内地及其他亚洲国家的情况。另外，长期以来在国际竞争中搏击，使香港造就了一大批熟悉国际商务的管理人才及高质素的产业工人。这些都是香港发展现代经济的有利条件，使得香港在重点发展金融、贸易、旅游、运输、信息等服务性经济方面具有很大的优势。澳门与香港也有着近似的情况，而经济实力、各行业发展规模、技术和管理、基础设施上远不如香港，但其在开发旅游资源方面尚存在很大的潜力。

广东则在整个中国对外开放格局中占有相当重要的地位。尤其是珠江三角洲地区，现已基本形成经济特区—开放城市和经济技术开发区—珠江三角洲经济开放区等这样一个多层次的开放格局。相对于内地来说，是引进技术、投资和外向型经济发展较快的地区。今后广东仍将继续作为内地改革开放的龙头之一，对外开放将继续保持一定优势。而改革开放以来，作为产业发展的整个依托，广东尤其是珠江三角洲的经济发展总体水平领先于全国，1980年至1991年，广东已完成固定资产投资约2350亿元，全省70%以上老企业的技术装备得到不同程度的改造和提高。特别是在珠江三角洲地区，目前正形成一个新兴轻纺、机电为主体的准现代化工业体系，贸易、金融、房地产、商旅、运输和电讯等第三产业也发展迅速，为支撑产业的调整和提高奠定了良好的基础。另一方面，珠江三角洲经济的发展和产业结构的升级，内地丰富的资源、劳动力、技术和人才的不断补给为其提供了依靠。同时，它又有庞大的国内消费市场，经济容量大。因此，珠江三角洲地区在发展以轻型为主的加工业、服务业、贸易、金融等方面有很大的相对优势。由于其工业体系有一定基础，又有整个大陆作科技力量的后盾，在发展高新技术产业方面也存在一定的优势。

（三）大珠江三角洲产业结构发展趋势

大珠江三角洲经济的迅速发展，一方面使得港澳和珠江三角洲地区的经济合作越来越深层次化，另一方面，区域经济的发展又带动港澳和珠江三角洲地区的产业结构升级换代。

就目前的情况来看，大珠江三角洲产业结构发展的一个显著特点就是区域各方产业结构的趋同化，即港澳和珠江三角洲各自的产业结构都有向第三产业逐步上升为主导地位、轻型加工制造业为基础、高新技术产业有一定比重的产业结构形式发展的趋势。随着各方经济的发展，这种产业结构趋同化的程度将会逐步提高。应该说，产业结构的趋同发展，是同大珠江三角洲的社会经济条件相联系的。香港历来就是以服务性经济为主的海岛型经济实体，虽然其制造业曾有过一段辉煌的日子，但那也只是以劳动密集型为主的轻型加工业，而正处在从劳动密集型向技术密集型过渡阶段。澳门地区，旅游博彩业等服务性经济也一直就是其主要经济支柱。珠江三角洲地区，虽然工业发展有一定规模，但重化工业基础薄弱，技术水平相对全国并无优势可言。历史上该地区也是商贸活动较活跃的地区。因此，港澳和珠江三角洲三方在制造业有一定发展后，其趋势必然是第三产业要有快速发展，形成三地产业结构趋同的形式。但是，三地产业结构在趋同化的同时，其产业结构也将呈现层次不同的特点。就制造业而言，由于港澳地区近年来其劳动密集型制造业已大部分北移至珠江三角洲地区，因此，港澳地区制造业的发展将不同程度地（澳门与香港层次有所不同）转向技术密集型或高附加值或新产品的生产。而珠江三角洲地区随着经济的发展，劳动力、土地的价格将逐渐上升，发展劳动密集型制造业的优势也会逐渐减弱，最终也会转向资本、技术密集型产品的生产。不过珠江三角洲在很长时间内轻工制造业一般的发展与港澳地区相比将会存在一定的时差，具体说来是在产品的种类、设计款式、用料质地、工艺水平、跟上潮流等，港澳和内地珠江三角洲之间也存在差距。这样，由南向北将成一个梯度发展形式。第三产业的发展也会出现类似的情况，港澳地区已发展到高度国际化的程度，有许多已是知识密集型第三产业，而珠江三角洲第三产业的发展无论从广度上还是从深度上看，都还是处于初始阶段。

大珠江三角洲的产业发展在趋同化的情况下，又表现为在某些产业内部结构的不同，尤其是第二产业内部。珠江三角洲地区在某些原材料、重化工业等还是具有一定优势的，如建材行业、机器制造业、以乙烯及其后加工产品为主的石化工业，以及医药、精细化工等，这些产业在轻型加工业迅速发展的同时，也将不断发展，并将成为港澳和珠江三角洲制造业向高层次发展的重要依托。珠江三角洲还将发展成为港澳采用新技术的劳动密集型产业或劳动密集型与技术密集型相结合产业的生产基地以及科研基地。三角洲现有的深圳科技工业园、广州天河新技术开发区、中山火炬高新技术产业开发区等将成为大珠江三角洲在电子计算机、信息技术、生物工程、海洋开发以及新能源、新材料等方面的重要科研基地。

在大珠江三角洲经济向第二、第三产业转型的大趋势下，珠江三角洲地区产业的发展也将呈现自己的特点，即农业在三角洲地区还将得到一定的发展。随着土地使用转向收益率更高的第二、三产业的趋势，珠江三角洲农业种植结构和土地使用结构将进行合理的调整。即增加农业的资金和技术投入，重点发展高技术含量、高附加值、高创汇的农副产品的生产，从而保证在经济结构合理的基础上解决农副产品的供应问题。

三、大珠江三角洲产业结构目标模式和协调形成的对策

（一）大珠江三角洲产业结构目标模式的形成

大珠江三角洲产业发展的条件，决定了其未来产业结构模式的取向，正如上文所述，未来大珠江三角洲合理的产业结构目标模式将是：第三产业占主导，第二产业有一

定基础，第一产业平稳发展并逐步下降，失去传统的主导地位。第三产业内部结构中，盈利性服务业（如贸易、金融、房地产、旅游、信息、航运等）将居主要地位。第二产业内部则现代轻型加工业迅速发展，高新科技产业有一定基础，传统加工制造业处于辅助地位。农、林、牧、副、渔业全面发展，形成多层次多元化的农业经济，农业生产将向高技术含量、高附加值、高创汇的农产品生产转型。在三次产业劳动力的构成中，第三次产业将处于绝对优势地位，服务性行业将是人们主要的就业对象，现代的轻型加工业如纺织服装业、电子工业、食品饮料、化学工业等和以生物工程、新型材料、电子信息、精细化工、高效节能新技术为代表的高新技术产业也将容纳大部分的就业人员。第一产业劳动力比重下降，效益则明显提高。这样一种产业结构模式，将会更有效地推动大珠江三角洲经济的增长。而中国大陆完善的工业体系，雄厚的工业基础以及广阔的市场将是大珠江三角洲产业结构发展的强有力的依托。

在区域内产业分工中，香港、澳门依据自身的优势，将重点发展贸易、金融、旅游、国际航运、信息等功能，两地新国际机场的建立以及澳门与珠江三角洲铁路、公路、高速公路交通的发展，将会加强它们的功能地位，成为大珠江三角洲走向国际的重要桥梁。香港还将担负起为珠江三角洲工业发展提供资金、引进先进技术以及协助珠江三角洲企业走向国际的角色，并在现有制造业发展的基础上积极推进制造业的升级转型，使其工业的发展建立在技术密集型、高新技术产业壮大的基础上。澳门将更广泛地开发旅游资源以弥补其经济过分依赖博彩业的不足。同时利用和欧洲共同体的联系，积极拓展贸易等国际业务。内地珠江三角洲则重点发展制造业，推动制造业的升级换代，并大力开发高新科技，增加制造业的技术、资金含量，积极扶持高增值产业的发展，同时，进一步发展港澳地区的第三产业内部合作，使广东尤其是珠江三角洲地区第三产业迅速发展，以利于三角洲地区与港澳的产业"接轨"。珠江三角洲还将利用自身的优势，担负起把世界经济活动从香港扩大到内地周边以至整个内地的责任。

（二）大珠江三角洲产业结构目标模式协调形成的对策

产业结构目标模式的协调形成，必须有系统的配套的政策和措施，这就有赖于区域内各方即港澳和珠江三角洲方面协调各自的产业政策和经济政策，使产业结构向合理的方向发展，各自为政的经济政策，自发的、分散的民间合作难以适应这一形势。

（1）各地应制定合理的产业政策，调整各次产业的发展方向，引导资金流向重点产业部门。香港应在推进服务经济发展的同时，积极扶持技术密集型、高新科技产业的发展。三角洲也应对高科技高增值产业实行政策倾斜，制定优惠政策，引导资金（尤其是外资）投向高新科技产业部门。

（2）应积极开发区域内第三产业的合作。港澳地区第三产业有较好的基础，而珠江三角洲目前第三产业发展的层次尚不高，难以为第一、第二产业提供必要的优质的服务。这样，内地一方面要加强体制改革，促进市场经济和金融市场等的发育和完善，另一方面应加强同港澳地区的第三产业领域内的合作。在现阶段，第三产业的合作已有很大的发展，但其层次不高，合作领域不广，还有待于进一步发展。各方政府也应制定相应政策，对第三产业内的合作积极扶持。今后第三产业领域内的合作应广泛包括贸易、金融保险、房地产、商饮、物资供销、仓储业、公用事业服务和咨询服务、交通运输、电讯、卫生体育、社会福利事业、教育文化艺术、广播电视事业以及科学研究和综合技术服务等一系列领域的合作。

（3）积极开展科技领域的区域合作。港澳和珠江三角洲科技基础都较薄弱。这就为区域内的科技合作提供了必要性。科技合作的路向，一是联合开发高新技术产业和产品，建立港澳和三角洲高科技开发生产基地。二是传统产业的技术改造、技术升级的合作。为改变区域内传统产业技术档次较低的现状，可以联合区内企业搞好对先进技术的消化、吸收和创新，以提高产品的技术档次及更新换代，不断增强对国内外市场的应变能力。

（4）加强粤港澳大型基础设施建设的协调和配合。从地理环境的角度看，大珠江三角洲已成为一个地区性的整体，在经济和某些生活方面早已形成了不可分割的密切联系，那么在这一区域内的大型基础设施建设，包括机场、港口以及口岸、铁路、公路等，就很有必要进行全局考虑，科学规划，合理布点，互相协调和配合，使现有资源和资金得到充分合理的利用，使设施的功能和作用得到充分的发挥，从而取得长期的良好的经济效益和社会效益，带动各方产业的合理化发展。为此可以考虑成立粤港澳联合协调机构，由粤港澳三方政府派出官员组成，共同协调和处理涉及粤港澳交通、港口、机场以及口岸工作中出现的重大问题，共同对大型基础设施项目进行评估和调查研究，以提供决策意见。在未有条件成立官方机构之前，可先行成立由三方专家组成的民间大型基础设施建设协调咨询机构，定期讨论提出意见供决策机构参考。

（5）三角洲方面应进一步深化体制改革，形成港澳和珠江三角洲产业"接轨"的运行机制。珠江三角洲产业的升级换代和结构的优化调整以及与港澳产业的"接轨"，必须同深化经济体制改革相结合，通过体制改革来形成与产业结构国际化相适应的体制框架，进而从体制上保障和促进产业升级转型的顺利进行。同时应按国际惯例营造和组建产业组织，从完善资产收益管理入手，建立国际通行的产权组织制度，促进生产要素的跨国跨地区流动，使产业组织向高效化发展。

参考文献

① 《90年代广东发展与港澳经济合作的主要策略——从大珠江三角洲经济区到粤港澳经济大三角》，全国暨广东港澳经济研究会、综合开发研究院（中国深圳）课题组，1993年3月。

② 《香港二十一》，香港工商专业联会，1993年5月出版。

③ 《珠江三角洲经济发展回顾与前瞻》，中山大学珠江三角洲经济发展与管理研究中心编，中山大学出版社。

④ 林江：《香港产业结构论》。

⑤ 《广东促进地区间经济联系、追赶亚洲"四小龙"的战略研究》，中国世界观察研究所，1993年8月。

⑥ 《广东年鉴》1993年，广东年鉴出版社出版。

原载《中山大学学报（社会科学版）》1994年第2期

强化区域协作，发挥整体优势
加快广州现代化国际大都市建设

黎子流

一、广州15年基本实现现代化的总体思路

1992年初，邓小平同志在南方重要谈话中提出，广东要用20年左右时间赶上亚洲"四小龙"，党的十四大也为广东确定了20年基本实现现代化的宏伟目标。南粤大地随即掀起争改革、竞开放的新热潮。广州作为全国综合配套改革试验区、广东省省会城市和对外开放的"桥头堡"，以及华南地区经济、政治、交通、金融、科技、信息、文化的中心，面临着新的挑战、新的机遇，理应有新的作为、新的发展。所以，中共广州市委、广州市人民政府经过充分酝酿，广泛听取各方面的意见，并经专家学者研究论证和广大市民深入讨论，确定了用15年左右的时间，力争把广州基本建设成为社会主义现代化国际大都市的宏伟目标，迈开了广州深化改革、扩大开放、加快经济发展的步伐。

（一）15年奋斗目标与实施步骤

广州市基本实现社会主义现代化的发展蓝图是：从1991年起，用15年左右时间，将全市初步建成具有强大内外辐射能力的现代化国际大都市，使全市具有较为雄厚的综合经济实力，经济和社会发展达到亚洲中等发达国家和地区的平均水平；产业结构基本实现高度化，第三产业高度发达，一、二、三产业协调发展，六大行业（高科技轻型工业、交通运输业、商品流通业、金融保险业、建筑与房地产业、旅游服务业）支柱作用突出；城市环境优美，基础设施完善；科技教育先进；市民生活富裕舒适，精神文明水平更高。

主要奋斗目标是：

（1）经济发展指标。国内生产总值年均增长13%，人均国内生产总值年均增长11%以上，社会商品零售总额年均增长18%至20%，外贸出口总值年均增长15%以上。技术进步对经济增长的贡献率，2005年达到55%至60%。一、二、三产业增加值构成调整为2∶38∶60。

（2）人民生活水平指标。城镇居民人均生活费年收入年均增长8%至9%。城镇居民人均居住面积到2005年达到12平方米以上，95%左右的家庭拥有单元式住宅。平均预期寿命到2005年达到76岁以上，人口自然增长率到2005年控制在10.5‰以下。社会保障制度覆盖率到2005年达到95%左右。

（3）城市功能指标。到2005年，全市每百人拥有电话超过80部。人均占有城市道

路面积6平方米。城市绿化覆盖率达到30%以上。环境质量整体水平达到现代化城市要求，城市管理赶上亚洲中等发达国家和地区的水平。

（4）社会发展指标。到2005年，全市普及九年制义务教育，受高中以上教育的人口比重达到30%以上，大学入学率达到14%至16%。每万人拥有科研开发人员达到30人至35人。

为实现上述目标，15年的发展大体分为三个阶段：

第一阶段，从1991年至1995年，是打基础阶段。这一阶段，要全面实现殷实的小康目标，各项主要指标接近亚洲中等发达国家和地区80年代末期水平。着力培育和建立市场体系，为经济快速增长造就新的生长点和新的动力源。全面展开跨世纪的经济建设布局，加快基础产业和城市基础设施重点项目建设，扶持一批重点企业集团和财源大户，调整产业结构，加速第三产业发展。初步建立起社会主义市场经济新体制的总体架构，并开始体现新体制所具有的效率与效益。

第二阶段，从1996年至2000年，是全面加快现代化发展进程阶段。这一阶段，各项主要经济和社会发展指标基本达到亚洲中等发达国家和地区90年代中期平均水平，部分指标开始接近上述国家和地区当时的平均水平。在大力健全和完善市场体系的同时，超前建设适应国际大都市需要的基础产业和基础设施，重点发展技术和资金密集型产业，加快发展外向型经济，全面推动第三产业高度繁荣。产业结构明显优化，高新技术产业、高层次的服务业比重提高，以出口为主导的产业群在经济中占主体地位。一批具有相当实力的企业集团和财源大户已经形成壮大，并大力向海内外拓展，基本形成能与国际市场对接的社会主义市场经济新体制。广州市中心城市地位明显强化，现代化国际大都市的格局初露端倪。

第三阶段，从2001年到2005年，是基本实现现代化阶段。这一阶段，各项主要指标达到或接近亚洲中等发达国家和地区届时的平均水平，部分指标达到或接近发达国家水平。社会主义市场经济新体制全面形成并基本完善，经济总量迈上一个新台阶，产业结构基本实现高度化。城市基础设施基本达到国内外一流水准，城乡人民生活富裕。广州将成为南中国地区最大的金融中心、贸易中心、信息交流中心、文化教育中心、高科技轻型工业中心和交通运输中心城市，并将成为在亚太经济乃至世界经济中占有重要地位的现代化国际大都市。

（二）实现现代化的有利条件

要在15年时间内实现上述目标，任务相当艰巨。但从当前国内外形势和广州市的综合经济实力来看，把广州的经济发展速度尽量搞快一点，到2005年基本实现现代化，是完全有可能的。

第一，邓小平同志建设有中国特色社会主义的理论和党的基本路线深入人心，"发展才是硬道理"已形成共识。党的十四大确定了建立社会主义市场经济新体制的目标，必将促使改革开放和经济建设出现更加蓬勃发展的局面，更加有效地解放和发展生产力。

第二，在前15年改革开放中，广州先走一步，从计划经济体制向市场经济体制转变比较顺畅，步伐比较坚实。同时，广大干部群众的思想观念得到更新，开拓意识、竞争意识、开放意识、风险意识、效率意识、法制意识不断增强，初步形成以市场为主导的经济运行机制。改革开放的先行效应和有益经验将成为广州解决经济生活中深层次矛盾，进一步解放和发展生产力的强大推动力。

第三，15年改革开放和经济发展，为今后广州经济建设和社会事业每5年上一个新台阶奠定了较好的物质基础。改革开放以来，广州经济以前所未有的高速度全面发展，经济总量规模迅速扩大，产业结构高度化进程明显加快，外向型经济格局逐步形成，基础产业和城市基础设施建设得到加强，投资环境不断改善。广州市的综合经济实力，从1978年居全国城市第6位跃至1994年的第3位。广州市已具备加快实现现代化的物质技术基础。

第四，广州具有毗邻港澳、海外侨胞众多、经济腹地辽阔、海陆空交通四通八达等独特的地缘和人缘优势，有利于参与国内外经济的联合和竞争。广州的教育基础较好，科技力量集中，科研开发能力较强，有利于提高经济素质。

第五，广州的社会文明程度、人民群众精神文化需求满足程度、社会安全稳定程度不断提高，民主法制建设不断加强，"同台大合唱"的局面正在形成。这些，为广州实现现代化提供了可靠的保障。

第六，当前国际形势对我们加快经济发展比较有利。和平与发展是当今国际环境和秩序的基本特征，多极化的世界政治格局使我们有较大的回旋余地。国际间资本投向和产业结构调整为我们扩大开放提供了新的机遇。亚太地区有可能在较长一段时期内成为全球最具活力的经济发展热点，其中包括台湾、香港和广东沿海在内的"南中国经济圈"经济发展前景尤为世人所看好。我们对港澳恢复行使主权，区域经济集团化的趋势，将有助于推进粤港澳经济加速实现一体化，有利于我市利用国外资源、市场、资金、技术加速经济发展。

当然，我们也清醒地看到，国际政局的变动和世界贸易保护主义抬头，国内资金、能源、原材料供给趋紧，市场体系还未发育完善，将使广州经济发展面临严峻的考验。

总之，机遇与困难并存，但办法总比困难多，我们对加快经济发展，实现既定目标是充满信心的。近几年，我市国民经济持续快速发展，主要经济指标都超额完成原定计划。去年，完成国内生产总值970亿元，比上年增长20%，提前5年实现到本世纪末全市人均国内生产总值达到1.5万元的目标；工业总产值1148亿元，增长21.95%；农业总产值59.08亿元，增长17.42%，外贸出口总值46.89亿美元，增长43.35%；实际利用外资20.48亿美元，增长39.91%；完成地方财政收入59.47亿元，增长67.88%。全市国民经济保持了持续、快速、健康发展的良好态势。我们相信，只要坚持实事求是的原则，心要热，头脑要冷静，把雄心壮志建立在科学的基础上，扎扎实实地工作，我们的目标一定可以实现。

（三）力争15年基本实现现代化的主要措施

在2005年把广州建成现代化国际大都市，是一项跨世纪的伟大工程，任务非常艰巨。我们将着重抓好以下七个方面的工作：

1. 全面深化改革，从1994年起，用5年时间率先建立起社会主义市场经济体制

第一，为了更好地贯彻落实中共十四届三中全会精神，全面推进综合改革，从根

本上改革束缚生产力发展的经济管理体制，促进经济社会的发展，中共广州市委、市政府确定用5年时间率先建立社会主义市场经济新体制。按照邓小平同志提出的"三个有利于"的标准，进一步解放思想，更新观念，拓宽思路，敢于突破，加快改革的步伐。当前首先要加快转换企业经营机制，建立现代企业制度，全面深化企业产权制度、经营制度、劳动制度、分配制度和领导体制的改革，推动企业走向市场，推进企业股份制改革，逐步把国有企业改组为股份有限公司，部分企业通过嫁接外资改造为"三资"企业，新办企业原则上建成股份制企业。推进公司产权、股权的转让与买卖。要以制度创新为突破口，一手抓建制试点，一手抓解困转制，抓好清产核资、三项制度改革、解决企业历史债务等基础工作。结合产业结构调整，对一部分企业实行关停并转，建立破产机制，按照《破产法》的规定，对资不抵债的企业实行破产。做好组建大型企业集团的工作，按照经济规律，发展跨地区、跨行业、工、技、贸、金相结合的企业集团，用两三年时间形成一批超100亿元、超50亿元、超30亿元的企业集团。加快建立国有资产管理体系，切实防止国有资产流失，保证国有资产保值、增值。

第二，要进一步完善和发展社会保障制度，建立和发展以城镇企业劳动者为对象，以养老保险、待业保险为重点，包括工伤、医疗、生育等保险多项目、资金多渠道、结构多层次的社会保障体系，为市民生活提供良好保障，为企业改革营造良好的外部环境。同时，逐步使社会保障覆盖广大农村。

第三，要逐步建立与经济社会的改革和发展相适应的、多功能、高效率、现代化的金融体系，形成辐射力强的区域性金融中心。要着手建立一个多功能、开放型、辐射力强、高效有序的金融市场体系。积极发展各类金融机构，加快引进外资银行。转变人民银行职能，完善对金融市场及金融机构进行监督和调节的方式与手段。充分运用现代科技加快金融业电子化建设。继续争取中央和省支持，开展金融体制改革试点。

第四，要搞好机构改革。实行政企分开，使政府职能转变到与社会主义市场经济体制相适应的轨道上来。广州市的机构改革方案已经省批准，目前正抓紧做好动员和组织实施工作。市级党政机关改革三批于6月底基本完成，区县级市于上半年基本完成，街道、镇于9月底完成。事业单位年底基本完成。通过改革合理划分市与区、县级市、党政部门、政府部门的职责和权限，理顺各方面关系，逐步建立起功能齐全、结构合理、运转协调、高效廉洁的管理体制。

2. 努力扩大对外开放的领域与层次，形成全方位对外开放的格局

运用多种形式和手段，增强我市产品出口竞争力，开拓多元化的出口市场。在巩固港澳、东南亚市场的同时，扩大开拓欧美、南美、中东、东亚等远洋市场和东欧市场，使我市外贸出口保持高于工业增加值的增长速度。

加强对外商投资的引导，积极利用外资建设能源、交通运输、商业、旅游等设施。开办中外合资零售商业，吸收外资开发房地产、开办教育和医疗卫生事业。实现利用外资从以穗—港—台为主向穗—港台—远洋的战略升级。鼓励外资企业收购本市部分企业产权。

鼓励企业扩大国际化经营，组建若干个以外资企业为龙头的外向型企业集团。实行以跨国公司为目标，开展向境外直接投资、生产和销售相结合的国际化经营。加强穗港澳经济联系，利用港澳的金融、贸易、运输、信息、旅游设施和机构，"借船出海"，招商引资，大规模发展外向型经济。巩固广州与中南、华南地区传统的横向经济联合，扩大与东部沿海城市和地区的经济交往，推动广州与西南、西北内陆城市和地区的经济技术协作，在互补中加快广州经济的发展。

3. 调整优化经济结构，全面提高经济增长质量

总的思路是，稳定提高第一产业，调整优化第二产业，全面发展第三产业。第一产业重点推进形成以"三高"农业为主体的现代化农业生产体系。第二产业着重培植重点企业集团，加快技术改造和技术进步，形成以资金和技术密集型为主的工业体系，提高拳头产品的市场竞争力，使工业经济走上内涵扩大再生产的路子。第三产业要以高于第一、第二产业的速度发展。同时，重点发展广州具有比较优势的六大行业（高科技轻型工业、交通运输业、商品流通业、金融保险业、建筑与房地产业、旅游服务业），作为今后15年加快发展的支柱产业。在产业布局上，把以广州经济技术开发区、天河高新技术产业开发区、南沙经济技术开发区为核心的东南部作为展开六大产业布局的重点区域。通过上述发展，建立起以六大产业为主体的经济结构，造就新的经济优势。

4. 尽快形成符合国际市场运作规范，与国际市场兼容的市场体系

通过市场主体多元化、市场管理规范化、市场监督法规化、市场体系国际化，使广州成为吸纳和辐射能力较强的物流、资金流、人才流、技术流、信息流的流通中心。努力建立设施先进、规模宏大、层次丰富、多种所有制并存、快捷畅通的商品市场网络。建立一批跨世纪的现代化大型购物中心和购物广场，培育资金市场、信息市场、房地产市场和劳务市场，把广州建成全国最大的购物中心和埠际批发贸易中心之一。

5. 多渠道筹措资金，确保广州经济社会发展的需要

据测算，要实现广州市15年发展规划，约需投入7500亿元资金。巨大的资金需求是广州实现现代化进程的突出问题。因此，我们要拓展建设资金筹措社会化、市场化、国际化的路子，除了努力把广州建成区域性的金融中心，加快专业银行的商业化改造，引进国外金融组织，建设新的广州金融产业区，形成资金市场体系外，还要努力探索利用外资的新方式，通过产权转让和合作，争取海外银行贷款或出口信贷，在境外发行债券或股票融资，利用海外投资基金等，多渠道筹措资金。另外，要提高地方和企业自筹资金的能力，设立广州投资发展基金，通过多种途径，融通国内外资金，保证广州经济社会发展的需要。

6. 按照现代化国际大都市的要求，加强城市建设和管理

重点抓好交通、运输、道路、桥梁、邮电通讯等方面的建设，集中力量搞好海陆空配套。形成高架路系统、高速公路系统和快速交通系统相结合，多层次、多功能、多类型的立体交通网络。地铁工程是广州的一项重大工程，去年一期工程已全面动工，今年要有大的发展，力争地铁一号线（广钢—天河东，全程18.1公里）1998年通车。新的国际机场选在人和（花都）新场址，争取国家尽快批准，在"八五"期内完成各项前期准备工作并开始进行建设，到"九五"期间能部分建成和使用。抓好广州港的扩建改造，新建各类泊位51个，疏浚出海航道115公里，使进港船只从2万吨级扩大到5万吨级，适应建设华南地区最大贸易港的需要。

强化大都市意识,进一步落实城市管理目标责任制,全面整治美化市容。加强城市生态环境保护和生活环境改善,以白云山风景区为中心,流溪河畔、珠江两岸为绿带,全面推进园林绿化建设,力争1997年把我市建成园林式城市。

7. 优先发展科技教育,推进民主法制和精神文明建设

要强化科技意识,加快"科技兴市"步伐。深化科技、教育体制改革,加强科技和教育队伍建设,增加对科技、教育的投入,改善科技人员和教师的待遇。推动高新技术产品开发,促进科技成果转化为生产力,改善教学条件,提高教育质量,优化教育结构,促进教育与经济、科技的密切结合,为市场经济服务。要尊重知识,广纳人才,对有突出贡献的科技人员和教育工作者实行奖励政策。

要充分发扬社会主义民主,建立健全民主、科学的决策制度和程序,让人民群众参政议政,调动各方面的积极性。要加强社会治安综合治理,采取坚决有效措施,严厉打击严重刑事犯罪和经济犯罪。加强廉政建设,推进依法治市工作。坚持两手抓,搞好精神文明建设,提高广州人的综合素质,树立社会主义道德风尚,提高社会文明程度,为改革开放和经济建设创造良好的社会环境。

二、以建设珠江三角洲经济区为契机,加快广州建设现代化国际大都市的步伐

(一)建设珠江三角洲经济区,是我省的重大战略决策

中共广东省委和省人民政府做出开展珠江三角洲经济区建设的决定,是一个重大的战略决策,是推进广东现代化进程的一个重要步骤,也是分类指导工作的具体体现。搞好珠江三角洲经济区建设,目的是促进珠江三角洲经济上水平、上质量、上效益,更好、更快地发展,在全省率先实现现代化。同时,带动和辐射其他地区,促进粤港澳经济合作的稳定与发展,使经济区成为外向型经济的重要基地和建设有中国特色社会主义的示范区。

广州市和其他市、县,正在按照省的统一部署,结合自身实际,制订建设经济区的规划。按照广东省的要求,经济区规划的指导思想是:以建设有中国特色社会主义的理论为指导,以力争广东20年基本实现现代化为目标,按照社会主义市场经济新体制的要求,调动全社会的积极性和创造性,把珠江三角洲建成经济快速发展、科学技术先进、产业结构优化、社会分工合理、基础设施配套、服务设施完善、生态环境优美、城乡融为一体、具有高度文明的大经济区、大都会、城市群,在全省率先实现现代化,达到世界中等发达国家的水平。

主要奋斗目标是:"九五"期间,珠江三角洲经济区国内生产总值平均递增16%,2000年达到5300亿元。后10年,保持中等发达国家、地区经济增长速度并略高一点,按年均8%的速度发展,到2010年国内生产总值达到1.15万亿元,第三产业的比重2000年要达到55%,2010年要超过65%。此外,总体目标还应包括基础设施、产业升级、环境保护、城市建设以及社会发展、精神文明的数量指标和质量要求。

搞好珠江三角洲经济区规划,促进区域的协调发展,重点是突出"五统一":一是统一协调重大交通通讯能源设施建设,形成这个地区交通通讯能源的配套完善、高质高

效的基础设施网络。二是统一产业布局，合理分工，着力促进产业结构的升级和地区内产业的合理分工。具体分三个层次：合理规划支柱产业、扶持一批骨干企业并安排好地区布局、规划好经济区的拳头产品。此外，还要合理布局产业的投资项目。三是按现代化标准统一协调城乡建设，按整个城市群的总体功能，以超前的眼光，规划整个地区的城市现代化蓝图，使经济区内的城乡成为花园式的城市和田园式的乡村，真正达到现代化水平。四是统一协调生态环境规划，要在珠江三角洲营造绮丽的自然风光、优美的绿化城市、空气清新的环境空间。五是统一规划社会发展和精神文明建设，使这一地区的人民享有舒适、文明、健康的物质和精神生活环境与质量。同时，还要注意经济区与周边地区、省份、港澳和东南亚的协调合作关系。

总的来说，规划要建立在充分调查研究和科学论证的基础上，严谨而切实可行，具有权威性，体现超前性、统一性、开放性、法制化。

（二）建设珠江三角洲经济区，为广州提供了一个新的发展机遇

规划和建设好珠江三角洲经济区，对全省的改革和发展具有重要意义，对珠江三角洲各市都有利，更为广州提供了一个新的发展机遇。首先，珠江三角洲经济区规划的目标是要率先实现现代化，这与广州15年基本实现现代化，建成国际大都市的战略取向一致。珠江三角洲的融合发展并由区域化走向国际化，是广州向国际大都市迈进的重要基础条件之一。其次，与广州市进一步发挥中心城市作用的要求一致。必须摒弃计划经济条件下形成的各自为政管理经济、发展经济的模式，从区域的角度、大市场的角度进行合理规划、布局，使中心城市和周边地区能够互相配合，共同发挥各自不同的优势和作用。第三，与我市调整优化产业结构的目标一致。珠江三角洲各市都有自己的产业优势：广州有第三产业比较发达的优势，深圳、珠海有发展外向型经济的优势，东莞、中山、佛山等市有乡镇工业发展较快的优势。这些优势都是"单打冠军"，广州与各市联合起来，实现产业优势互补，就能由"单打冠军"上升为"团体冠军"，形成整体优势，更有利于参与国际市场竞争，夺取更多"金牌"。

（三）建设珠江三角洲经济区，将有利于广州更好地发挥中心城市的作用

在广东省第七次党代会、中共广东省委七届三次全会和珠江三角洲经济区规划协调领导小组会议上，中共广东省委、广东省人民政府都明确地肯定了广州是珠江三角洲经济区的中心城市。这对我们既是鼓舞，也是鞭策。

在规划和建设中，我们要有大广州的意识，要有大广州人的胸怀。也就是要从全省、整个珠江三角洲区域的角度来考虑广州经济发展的问题，不要就广州论广州。广州是全国的广州，但首先是广东省的广州、珠江三角洲的广州。无论过去、现在和将来，广州的发展都是和全省和珠江三角洲的发展紧密相连的。这种关系是唇齿相依、互相促进的关系。珠江三角洲是广州城市发展的依托和基础，同时又是广州对外服务和辐射的对象。珠江三角洲的发展，必然对广州的中心城市功能提出更多、更新、更高的要求，并促进广州的繁荣；广州经济社会发展和城市综合服务功能的完善，也会推动珠江三角洲的发展。目前，广州离现代化还有很大的距离，要成为具有国际影响的大都市也尚嫌力量单薄，必须搞好与珠江三角洲的联合发展。在有实力牵头的领域要勇于挑起担子，

比如金融、商贸、科技、旅游等领域,以及基础设施、环境保护、整治大江大河等领域;在一些相对薄弱的领域要从大局出发,甘当配角,主动请其他城市牵头。广州和珠江三角洲其他城市的融合发展,将使这一区域的影响力和辐射作用不断增强并跨越国界,成为具有国际影响的经济区和城市群,作为区域核心的广州将随区域走向世界,由区域性的中心城市向国际大都市迈进。

在规划和建设中,我们将切实加强组织领导。我市对珠江三角洲经济区的规划和建设十分重视,已组成由一名常务副市长挂帅,各有关部门领导参加的规划小组,负责组织和协调市的规划编制工作,搞好与全省、与珠江三角洲经济区其他城市的配合、衔接和协调,处理好局部与全局、下级与上级及与兄弟城市间的关系。包括搞好在规划、建设、管理等方面的衔接,在产业布局、设施布点等方面的协调,在对策措施、标准法规等方面的配合。特别是要做好同省有关发展规划和工作上的衔接与配合。

在规划和建设中,我们将落实层级负责制。具体来说,将按三个层次展开:一是市的总体规划;二是市的专项规划;三是各区和县级市的规划。三个层次的规划都要突出实施性、操作性和协调性。所谓实施性,是指这个规划是一个实施性很强的规划,而不是理论性、研究性的规划;操作性是指规划中确定要干的事,都要有具体的实施方案,行得通,完得成,明确责任,有时间和阶段性要求;协调性就是要以加快珠江三角洲经济区的发展、率先实现现代化、建设有中国特色社会主义示范区为指导思想,以发挥珠江三角洲经济区的整体优势为前提,站在珠江三角洲经济区全局的高度来考虑问题、作出规划。

珠江三角洲经济区的规划和建设已经有了一个良好的开端,可以看到其辉煌的前景。只要全社会都来积极参与,密切配合,大力支持这一跨世纪的工程,珠江三角经济区的崛起必将指日可待!

中山大学是全国的重点大学,也是在国内外有很高知名度的综合性大学,历史悠久、科研实力雄厚、学术水平高、人才济济。希望中山大学充分发挥自己的优势,一如既往地关心、支持、参与广州的改革开放和经济建设,在人才培养、科学研究、科技开发、成果转让等方面开展更加密切的、卓有成效的合作,共同为广州的繁荣和发展作出贡献。

原载《中山大学学报(社会科学版)》1995年第3期

改革开放以来广州城市社会结构变化研究

阎小培

广州历史上是中国重要的对外通商口岸,历来都是华南地区的商业贸易中心和水陆交通枢纽。建国后,在国家经济发展方针的指导下,广州开始了工业化进程,工业发展比较迅速,并确立了其工业中心的地位。但由于忽视第三产业的发展,商业和服务业受到抑制,发展缓慢,地位下降。产业结构表现为第一产业比重持续下降,第二产业迅速提高,第三产业下降的特征。70年代末改革开放以来,经济建设成为工作的重心,广州国民经济的各个产业部门都取得了空前的大发展,产业结构发生了巨大变化。其总的趋势是:第一产业比重继续下降,到1995年,GDP比重已降至2.6%,就业比重降至10.05%,分别比1978年下降了1.23和11.53个百分点;第二产业在保持绝对增长的同时,其相对地位开始减弱,尤其是90年代以来,被第三产业所超越,同时工业的内涵正逐步朝高度化转变。1995年与1978年相比,第二产业的GDP比重下降了21个百分点,达45.04%,就业比重下降了约7个百分点,达38.59%。到1995年,第三产业的GDP和就业比重已分别由1978年的30.02%和33.24%提高到52.29%和51.36%,并已逐渐成为广州的新主导产业部门,工业经济形态开始向服务型经济形态转化。产业结构变化带来社会结构变化,社会以职业来划分的各阶层的比例关系也发生改变,新的社会阶层形成。本文借用西方国家"蓝领阶层""白领阶层"等概念,应用人口普查数据,分析广州(由8个区构成的广州市区)产业结构调整后社会结构的变化。

一、广州社会结构的划分

后工业社会理论的创建人贝尔以生产和所使用的知识作为中轴,来区分前工业社会、工业社会和后工业社会。前工业社会以土地和资源为轴心;工业社会以经济增长为轴心;在后工业社会,知识呈指数增长,生产结构精细化,知识与政策结合成为推动经济发展行之有效的办法,因此,后工业社会以知识的采集和加工为轴心,用知识来进行社会管理,用知识来指导创新和变革,即后工业社会是围绕知识组织起来的社会。知识正日益成为社会的战略资源,而学校、研究所和智力部门正日益成为新型社会的轴心机构。实际上,贝尔后工业社会理论中的"知识"含义就是信息,因此可以说,信息是信息社会或后工业社会的战略资源,这已成为近年来普遍的提法。

这里依据新的中轴原理,以职业作为标准,参照西方社会分层,来划分广州的社会阶层。西方社会自本世纪50年代中期逐渐进入后工业社会以来,白领阶层成为社会的中心。随着信息产业迅速深入地发展,白领阶层中的专业技术人员及官员、经理、企业主的比重不断扩大,并开始占据主导地位,他们作为一个阶层已从白领阶层中分化出来,成为一个独立的阶层——灰领阶层,他们在职能上,尤其在未来社会变革中的作用和地位,与传统的白领阶层有着根本的区别。

依照国外的社会分层,既考虑研究与国外具有可比性,又能够不脱离我国职业分类的特点,这里以人口普查中的七个职业大类为基础,同时依据研究需要将广州社会结构分为四个阶层:①绿领阶层:包括农、林、牧、渔劳动者;②蓝领阶层:包括生产工人、运输工人和有关人员;③白领阶层:包括办事人员和有关人员,商业工作人员、服务工作人员;④灰领阶层:包括各类专业技术人员,国家机关、党群组织、企业单位负责人。

二、广州的社会阶层结构

表1 广州市区社会阶层结构变化(1982—1990年)

阶层	1982年		1990年		1982—1990年		1992年女性就业	
	数量(人)	比重(%)	数量(人)	比重(%)	年增长率(%)	百分比变化	数量(人)	比重(%)
绿领	279805	14.98	297260	13.58	0.76	-1.4	152136	15.78
蓝领	923100	49.42	868475	39.69	-0.43	-9.73	319134	33.10
白领	348410	18.65	573249	26.20	6.43	7.55	290681	30.15
灰领	331032	16.76	449168	20.53	4.62	3.77	202250	20.98
其他	3690	0.20	32	0.00	/	/	18	/
合计	1868037	100	2188184	100	2.00	/	964219	100

资料来源:据广州市第三、第四次人口普查数据计算。

(一)社会阶层的构成及变化

分析表1,可以总结出以下几个特征。

1. 蓝领阶层是最大阶层,但规模迅速减小

1982年,广州的蓝领阶层在就业总数中的比例为各阶层最高,达49.42%,高出居第二位的白领阶层30.77个百分点,因而是规模最大的阶层。到1990年,虽然蓝领仍是最大的阶层,但其规模已绝对减小,在就业总人数中所占的比重也大幅度下降了9.73个百分点,成为变动最大的阶层,与第二大阶层白领的百分比差距减小为13.49个百分点,其规模也已被白领和灰领阶层之和所超过。

2. 白领阶层是增长最快的阶层,构成第二大职业集团

1982—1990年,白领均为广州第二大职业集团,且8年间仍以6.43%的年均增长速度快速增长。到1990年,其在就业总数中的比重已达26.20%,比1982年提高了7.55个百分点,与第一大职业集团蓝领阶层的差距迅速缩小。

3. 灰领阶层占有重要地位,但内部结构不尽合理

由于本研究集中在城市,所以灰领阶层一直占有较重要地位,改革开放以来其地位进一步提高,1982—1990年,以4.62%的速度增长,成为广州第三大职业集团。1992

年，其在就业总数中的比重已达20.53%，略低于白领阶层。然而，灰领阶层的内部结构不尽合理，表现为负责人数量偏大，高层次专业技术人员数量偏少。这与我国长期以来生产力水平较低，机构臃肿庞大有关。

4. 绿领阶层仍占有较大比重，绝对规模比较稳定

1982—1990年，绿领阶层的比重尽管有所下降，但一方面，1990年的比重仍高达13.58%，另一方面，绝对数量还略有增加。与其他阶层差距缩小的趋势不太明显。

以上分析反映信息产业发展与广州社会阶层结构变化的关系和趋势。广州社会阶层结构变化的总体趋势是：蓝领阶层地位规模下降，但仍是最大的职业集团；白领阶层和灰领阶层规模迅速扩大，分别构成第二大和第三大职业集团，两个阶层之和逐渐超过蓝领阶层；绿领阶层虽是最小的职业集团，但仍保持一定规模。1982年，广州四个阶层的比例关系（绿领：蓝领：白领：灰领）为1∶3.30∶1.24∶1.12，到1990年，这一比例关系变化为1∶2.92∶1.93∶1.49。比例关系的变化也反映蓝领阶层规模缩小，白领和灰领阶层规模扩大的趋势。

（二）不同产业的社会阶层结构

社会阶层结构及其变化较好地说明了广州产业结构调整、社会结构变化和社会演进的趋势，但绿领阶层并非都分布在第一产业，蓝领并非都分布在第二产业，白领和灰领并非都分布在第三、第四产业，只是这些阶层在相应产业分布的比例更大而已。事实上，每个产业每个行业均有各阶层劳动者。分析社会阶层在不同产业的分布及其变化可以反映产业结构更深层次的变化以及存在的问题，反映技术进步对社会演进的促动。

表2　广州市区不同产业的社会阶层结构（1982—1990）　　　（%）

阶层 产业	绿领		蓝领		白领		灰领	
	1982年	1990年	1982年	1990年	1982年	1990年	1982年	1990年
第一产业	97.55	99.36	3.11	0.29	1.88	0.35	2.89	0.61
第二产业	0.56	0.13	74.02	74.59	25.87	19.49	29.69	28.56
第三产业	0.92	0.17	18.20	20.45	53.02	61.49	18.34	21.63
第四产业	0.95	0.34	4.39	4.67	21.03	18.68	48.89	49.20
其他	0.03	0	0.28	0.00	0.20	0.00	0.18	0.00

资料来源：同表1。

本文对四次产业的划分为：第一产业，包括农、林、牧、渔、水利业；第二产业，包括工业和建筑业；第三产业，包括地质普查和勘探业、交通运输业、邮电通讯业、商业、公共饮食业、物资供销和仓储业，房地产管理、公用事业、居民服务和咨询服务业；第四产业，包括卫生、体育和社会福利事业，教育、文化艺术和广播电视事业，科学研究和综合技术服务事业，金融保险业，国家机关、党政机关和社会团体。

根据这一分类和人口普查资料，计算得到表2，从表中总结出广州不同产业社会阶层结构的特征。

（1）绿领阶层集中分布在第一产业，蓝领阶层主要集中在第二产业，白领阶层主要集中在第三产业，灰领阶层多集中在第四产业，这一分布格局较好地体现了不同产业对不同性质劳动者的需求，但从第一到第四产业各阶层的集中程度降低。

1990年，绿领阶层几乎百分之百地分布在第一产业，蓝领阶层约75%分布在第二产业，白领阶层有61%分布在第三产业，而灰领阶层分布在第四产业的比重只有49%。这说明，随着产业更替和产业结构高度化，作为后工业社会的主导阶层灰领阶层的行业分布具有遍在性特点，如广州1990年，灰领阶层除有约一半分布在第四产业外，还比较大量地分布在第二和第三产业，分别占28.56%和21.63%。而白领阶层的这种遍在性特点明显减弱。作为工业社会主导阶层的蓝领职业集团主要分布在工业和为之服务的第三产业。换句话说，信息产业的发展不但使其本身在国民经济中的地位愈益重要，而且促进了其他产业的高度化，使它们对灰领劳动者的需求增大，其发展也越来越离不开灰领劳动者。

（2）白领阶层和灰领阶层在第二产业分布的数量虽有所增加，但比重却略有下降。

白领阶层和灰领阶层在第二产业中分布的数量和比例可以反映技术进步对工业的影响和作用。比如在西方国家，随着工厂劳动自动化程度的提高，工业中白领和灰领劳动者的比重逐渐增大，越来越多的蓝领劳动者不断转化为白领甚至灰领劳动者，从直接参与生产的角色变为非直接参与生产的角色（如转为看管和维修机器）。但在广州，这一变化趋势不明显，在改革开放早期的1982年，就已有25.87%的白领和29.69%的灰领分布在第二产业，但到了1990年，这两个比重反而下降了6.38和1.13个百分点，这说明在80年代，广州工业的发展主要是依靠提高设备效率等外延式扩大的方式，而不是依靠技术改造和技术创新等内涵式发展的道路。1982—1990年，尽管在第二产业中分布的蓝领劳动者的数量绝对减少了3.5万多人，但外延式发展的特征是十分显著的。进入90年代，这种状况才开始得到改变。

（3）分布在第三产业的白领和灰领劳动者主要集中在商饮、物资供销和居民服务等行业，交通运输和邮电通讯行业较少；分布在第四产业的灰领劳动者主要集中在文教和机关社团行业，科学研究和综合技术服务以及金融保险业较少。

1990年，有37.26%和18.42%的白领劳动者分别分布在第三产业的商饮物资供销行业和居民服务公用事业行业，占分布在第三产业白领劳动者的91%；分布在第三产业两类相同行业的灰领劳动者比重分别为10.41%和4.73%，占第三产业灰领劳动者的70%。与之形成鲜明对照的是，分布于交通运输、邮电通讯行业的白领只占5.72%，灰领只占6.16%。同年，有19%和13.42%的灰领分别分布在第四产业的教育、文化艺术和广播电视行业以及国家机关、党政机关和社会团体等行政事务部门，占第四产业灰领劳动者的66%。与之相对照，科学研究与综合技术服务业以及金融、保险业只拥有第四产业灰领劳动者的4.46%和3.85%，占第四产业灰领劳动者总数的17%。

这些数字表明，广州在80年代末90年代初，作为商品流通辅助性服务的运输通讯业，以及为生产和商务活动提供服务的生产性服务业发展水平均较低，它们恰恰是体现社会转型的重要指标；而为居民生活和为社会公共需要服务的部门发展水平相对较高。西方发达国家的发展历程表明，由工业经济过渡到服务型经济，其间经历了五个阶段：①非制造业的运输业和公用事业的发展；②传统的白领就业行业（如批发零售、金融保险业等）的扩大；③国民收入增长带来个人服务业的发展；④保健与教育的发展；⑤国家和地方政府的发展。拿广州作一对比可以发现，现时广州发展水平低的行业恰是发达国家社会转型第一、第二阶段迅速发展的部门，而广州发展水平相对较高的行业却对应着发达国家的较高阶段。很明显，与其说是广州为居民生活和为社会公共需要服务的部门超前发展，不如说是运输通讯和生产性服务业的滞后发展。这种滞后发展扭曲了广州成为服务型城市的内涵，严重制约着信息产业的发展，制约着产业结构的深入调整和高度化。

三、广州灰领阶层的增长及其在社会经济发展中的作用

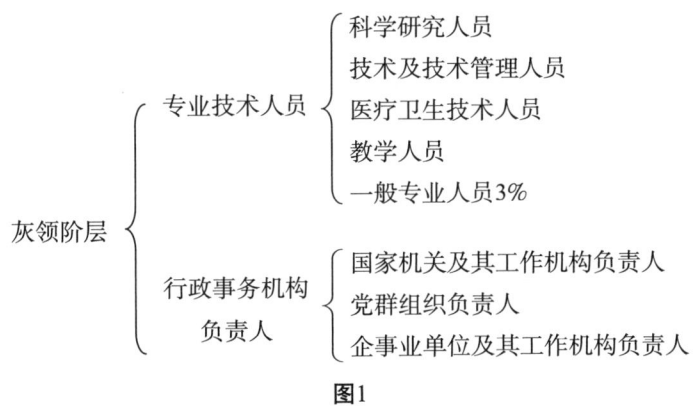

图1

表3 广州市区灰领阶层的构成变化（1982—1990年）

年份 阶层构成	1982 数量（人）	比重（%）	1990 数量（人）	比重（%）	1982—1990 年均增长率（%）	1982—1990 百分点变化
专业技术人员	235969	75	340091	76	4.68	1.0
科学研究人员	2774	0.89	8024	1.79	14.20	0.9
技术及技术管理人员	56543	18.06	76706	17.08	3.88	−1
医疗卫生技术人员	36224	11.57	43500	9.68	2.31	−1.9
教学人员	50501	16.13	62234	13.86	2.65	−2.3
一般专业人员	89927	28.73	149627	33.31	6.58	4.6
行政事务机构负责人	77063	25	10907	24	4.44	−1
国家机关及其工作机构负责人	9872	3.15	12628	2.81	3.12	−0.3
党群组织负责人	12675	4.05	16395	3.65	3.27	−0.4
企事业单位及其工作机构负责人	54516	17.42	80054	17.82	4.92	−0.4
合计	313032	100	449168	100	4.62	0

资料来源：同表1。

（一）灰领阶层的增长

1982—1990年，广州就业总数以2%的速度增长，而同期，灰领阶层平均每年增长4.62%，是前者的2倍。灰领劳动者在就业总数中所占比重由16.76%提高到20.53%。对比1968—1980年的美国，灰领阶层以高出就业总数1.5倍的年均速度增长，灰领劳动者在就业总数中所占比重由23%提高到26%，可见，广州灰领阶层的增长速度是十分迅速的，而且广州作为一个大都市，第二和第三产业有较好的基础，占有较重要地位，所以灰领阶层的数量增长是在一个相对高的起点发生的，这更说明了灰领阶层的增长十分迅速。

这里以我国职业分类为基础，参考国外分类，将广州的灰领阶层分为2类共8种职业成分，见图1，其从1982—1990年的构成变化见表3。

1. 专业技术人员职业集团的增长

专业技术人员约占灰领阶层的3/4，构成灰领阶层的主体，其增长速度与灰领阶层的平均增长速度基本相同，即是就业总数增长速度的2倍多，其在就业总数中所占比重不断提高，1990年达15.54%，接近美国1980年16.3%的水平。但内部差异甚大，表现在：第一，科学研究人员的增长速度最快，但数量最少。这8年间，科研人员的年均增长速度高达14.20%，是专业技术人员增长速度的3倍，是就业总数增长速度的7倍。这在一定程度反映出科学研究在经济发展中地位的迅速提高。然而，这一高增长率是在低起点上获得的。科学研究人员是专业技术人员中数量最少的一类，所以，尽管8年间增加了近3倍，但在灰领劳动者中的比重仍很低，1990年只有1.79%；第二，一般专业人员数量最大，且增长很快。1982年，一般专业人员在灰领劳动者中的比重就达28.73%，是人数最多的职业成分，在接下来的8年中，他们又以年均6.58%的速度快速增长（仅次于科学研究人员的增长速度），致使该类劳动者的规模进一步扩大，到1990年，不但在数量上仍是灰领阶层中最多的，而且所占比重进一步提高到33.31%；第三，专业技术人员的内部构成与西方国家有较大差距。如果我们以就业规模作为指标对专业技术人员的5种成分进行排序，可以清楚地看到广州与西方国家的差距，见表4。

表4　广州与美国各类专业技术人员的规模位序

职业类别	规模序位（美国1968年）	规模序位（广州1990年）
教学人员	1	3
医疗卫生技术人员	2	4
科学研究人员	3	5
技术及技术管理人员	4	2
一般专业人员	5	1

资料来源：美国的，据秦麟征（1986）第95、96页数字计算整理；广州的，据表1整理。

美国自1968年进入服务型经济主导的社会已20年有余，广州才在1990年刚刚开始进入这种社会，如果我们把美国的社会演进看成是人类社会演进和进步的趋势，那么，它的专业技术人员的内部构成就是进步的和合理的。从表中可以看到，美国的专业技术人员构成中，规模最大的三种成分，即教学人员、医疗卫生技术人员和科学研究人员，集中的部门分别是教育、医疗保健和研究部门，这三个部门是美国非营利公共部门的核心，而非营利公共部门的发展是后工业社会的一个重要特征。科学研究人员是后工业社会的主要资源，是专业技术阶层的核心，因而其增长最为迅速，其规模在专业技术阶层中占据重要地位，相比之下，一般专业人员位居次要地位。

广州的情况恰恰相反，一般专业人员的规模高居榜首，而科学研究人员位居末位，教学人员和医疗卫生人员的位次也较趋后，这说明广州专业技术人员尽管规模较大，但层次相对较低。如果我们结合前面两个特征作进一步分析，可以找出广州经济发展和社会演进过程中的一些问题及问题的症结所在。

改革开放后，国家的工作重点转到经济建设上来，明确提出科学技术就是生产力，科学研究工作和科学研究人员备受重视，教育得到恢复，规模迅速扩大，由此带来科学研究人员快速增长。由于过去相当长一段时间不重视科学研究工作和科学研究人员，其水平和规模在改革开放前处于很低水平，因此，改革开放后科学研究人员的迅速增长是受经济增长驱动，是在低起点上发生的，具有爆发性和补偿性的特点。然而，广州经济在80年代走的是外延扩大的道路，所以科学研究人员的快速增长并不反映以科学为基础的新型工业对他们的需求，因此，科学研究人员只是在经济发展的较低层次与生产结合在一起。

80年代以来，广州经济和各行各业的迅速复苏和增长对各类专业技术人员产生了很大需求，其中以外延扩大为特点的经济增长的需求起主宰作用，致使一般专业人员中的经济业务人员数量大，增长快，使之不仅构成一般专业人员的绝对多数，而且成为专业技术阶层中最大的职业集团。1982年，广州有经济业务人员74256人，占一般专业人员的82.57%，占专业技术阶层的31.47%，比第二大职业教学人员高出10个百分点。到1990年，经济业务人员增加到125857人，占一般专业人员和整个专业技术阶层的比重分别上升到84.13%和37.01%，比第二大职业工程技术人员和农林技术人员高出近18个百分点。正是由于经济业务人员的大规模和快速增长，决定了专业技术阶层的内部结构和变化趋势。很明显，只有从转变生产方式入手，才能深化产业结构调整，促进专业技术阶层内部结构的合理化。

2. 行政事务机构负责人职业集团的增长

行政事务机构负责人占灰领阶层的1/4，与专业技术人员一样，增长速度与灰领阶层的平均增长速度接近，为每年4.44%。但在就业总数中所占比重提高很慢，1990年为4.98%，比美国1980年10%的水平要低得多。在西方国家，这一职业集团主要由官员、经理和企业主构成，文化程度高，是知识阶层的组成部分，而且是经济社会生活中的决策阶层。但在中国，这一职业集团的内涵与西方国家有一定差距，表现在三方面。

（1）党群组织负责人职业成分占有较大比重。1990年，占行政事务机构负责人职业集团的比重达15%，在整个灰领阶层所占比重也有3.65%，虽然这两个比重较1982年均有所下降，但8年间仍以每年3.27%的速度增长，因此绝对数增长了29%，达较大规模。这部分人员的政工职能突出，但也直接或间接参与经济社会生活决策，是一类特殊的职业集团，也是我国行政事务机构负责人阶层区别西方国家官员、经理和企业主阶层的最主要特征。他们的存在，在一定程度削弱了广州灰领阶层的内涵。

（2）国家机关及其工作机构负责人职业成分是公共行政事务机构负责人阶层中比重最低，也是增长最慢的一类。1982—1990年，以每年3.12%的速度增长，1990年占该阶层的比重为11.6%，是整个灰领阶层中数量最少的职业成分之一（仅次于科学研究人员）。在西方国家，这一层次的人员即官员的数量是灰领阶层中最少的，但知识层次高。但在中国，由于垂直结构的行政级别多，所以，尽管该层次人员在灰领阶层中所占份额较小，但与西方国家相比仍显庞杂，且较低级别较低文化水平的负责人占有较大比重。广州的国家机关机构负责人中，有约1/6是城镇街道和乡人民政府负责人。这部分较低级别负责人与高级别负责人相提并论，也在一定程度上削弱了广州灰领阶层的内涵。

（3）企事业单位及其工作机构负责人职业成分是行政事务机构负责人阶层中比重较大，增长最快的一类。1982—1990年，以每年4.97%的速度增长，1990年占该阶层的比重达73.4%，在整个灰领阶层中的8种成分中居第二位，达17.82%。企事业单位及其工作机构负责人职业成分的比重较大，可以反映出广州企事业单位数量较多，经济发展充满活力，但它们当中仍有相当部分是层次较低的单位，负责人中仍有相当部分是行政官员，因而将其全部划入灰领阶层并不十分合适，经理和企业主的数量也就应打折扣，所以很难将这一职业成分与西方国家的经理、企业主职业成分对应起来。

综上所述，广州的灰领阶层从数量上看增长比较迅速，其90年代初的水平已接近美国70年代末的水平，但从质量上讲则水平较低，含有的水分较多：内部构成不够合理，专业技术人员中科学研究人员比重过低，而一般专业技术人员成为主体；行政事务机构负责人中党群组织负责人和较低级别行政责任人占较大比重，而知识层次高的高级别行政官员和企事业单位负责人所占比重受到削弱。这种状况既说明广州经济发展的层次尚较低，也反映经济增长和社会演进仍带有计划经济体制的烙印。

（二）灰领阶层在社会经济发展中的作用和地位

前面的分析结果已表明，广州已完成了由工业主导经济向服务业主导经济的过渡，开始进入后工业社会或信息社会。中轴原理告诉我们，在后工业社会，知识居于中心地位，信息成为最重要的战略资源，因此知识和信息越来越成为新的财富，灰领阶层也越来越成为财富的主要创造者，表现在以下几个方面。

第一，灰领阶层是信息社会主要产品的生产者。在信息社会，经济通过知识和信息来增长价值，生产者利用信息资源生产新的信息，因此，信息是信息社会的主要产品，信息生产者就是知识集聚的灰领阶层。但这并不是说工业产品就不重要，工业产品始终是人类社会所需要的，只是由于信息产品的大量生产而退居次要地位，而且其生产和其他行业越来越依赖于知识和信息，这就壮大了灰领阶层，并使灰领阶层具有了遍在性特征。

第二，灰领阶层是信息社会无形资源的管理者。信息社会的主要资源和无形资源包括时间、信息、创业精神、企业文化等，它们日益成为企业经营最重要的经营资源，如何管理好这些无形资源成为企业经营成败的关键。企业若重视时间资源，将时间管理纳入企业管理的范畴，即从工作流程、组织结构上寻求改善以充分利用时间资源，就可以获得可观的效益。充分利用信息能够提高企业管理水平，这一点已为实践所证明，在信息社会将表现得更为突出。历史发展表明，创业精神是企业取得成功的宝贵资源。企业管理的未来趋势是民主管理，因此，只有在企业内部培育开发和利用创业精神资源，才能调动员工积极性，创造物质财富。企业文化是未来企业长期经营成长发展的重要资源，处在企业经营的核心地位，并决定整个经营思想。企业文化包括企业伦理、企业哲学和企业教养，它是企业取信于民、富有个性和适应社会需求变化的重要资源。要管理好这些无形资源，管理者必须运用新理念、新观点和新方法来指导实践，而灰领阶层具备了这些素质，因而成为无形资源的管理者。

第三，灰领阶层是技术创新的源泉。技术创新是知识密集活动，是信息社会发展的动力。技术创新主要发生在以大学和研究机构为核心的创新中心，这里集中了大量的灰领劳动者，尤其是灰领阶层的精英——科学研究人员，集中了主要的研究与开发职能，集中了大量资金，因而成为信息社会的中轴结构，科学技术人员则成为该结构的核心。

以上分析表明，灰领阶层在未来社会中的创新、管理和生产等方面的作用和地位是极其重要的。

党的十五大报告中进一步明确了我国知识分子具有四大功能："先进思想的传播者、科学技术的开拓者、'四有'公民的培育者和优秀精神产品的生产者"。这进一步说明，以知识分子为主体的灰领阶层在社会发展中的作用将越来越重要，甚至决定着未来社会的发展程式。对广州来说，灰领阶层的上述作用和地位已显现出来，因此，尽早地认识到灰领阶层在经济发展中的作用和地位，可以使广州在未来的发展中找准起点，正确合理地决策，通过不断优化职业结构来促进产业结构的高度化，促进经济发展。

参考文献

1. 傅崇兰主编：《广州城市发展与建设》，北京：中国科学出版社，1994年。
2. 孟晓晨：《后工业化社会的城市》，《人文地理》，1987年第2卷（2）。
3. 秦麟征著：《后工业社会理论和信息社会》，沈阳：辽宁人民出版社，1986年。
4. 史星海：《21世纪：灰领革命冲击管理者》，《南方经济》，1996（6）。
5. 阎小培：《试析广州的就业结构软化》，《城市问题》，1994年（5）。
6. 阎小培：《信息产业对广州城市发展的影响初探》，《经济地理》，1994年第14卷（3）。
7. 阎小培，简陆芽：《产业结构调整对广州城市发展的实质影响》，《经济地理》，1993年第13卷（3）。

原载《中山大学学报（社会科学版）》1999年第2期

欧元启动对国际经济的影响及我国的对策

邹建华

1998年5月2日在布鲁塞尔召开的欧盟特别首脑会议，正式决定于1999年1月1日启动欧元（EURO），确认欧盟15国中除英国、丹麦、瑞典和希腊4国外的其他11国为首批使用欧元的国家。按照启动欧元的日程表规定，1999年1月1日启动欧元，原欧洲货币局改革为欧洲中央银行（ECB），欧洲货币联盟成员国（简称成员国或欧元国）的原中央银行将成为ECB的分行，原欧洲货币单位——埃居按1∶1的比率兑换成欧元，但在2002年1月1日前欧元不作为流通货币，欧元支付方式只能根据"不强迫、不禁止"的原则通过信用卡或特殊支票簿进行；2002年1月1日起，欧元将与各欧元国的本币在其国内同时流通，届时欧元国所有公司业务都用欧元进行，银行交易转换成欧元，零售商必须用欧元标价并接受欧元付款，与此同时，他们还应该接受本国货币付款，直到本国货币退出流通领域；2002年7月1日，各欧元国的本币退出流通，欧元将成为各欧元国的唯一法定货币。

1998年12月31日奥地利财长埃德林格代表欧元区11国在"关于固定汇率的法规"上签字，最终确定了欧元与欧元区11国货币的兑换率[①]，并规定该兑换率将从现在起至2002年7月1日各成员国货币完全被欧元替换前保持不变。可以说，欧元的启动将会给欧盟内部以及国际经济带来重大的影响，它将可能极大地改变现有的世界经济与政治格局，加快世界经济秩序及国际金融体系的调整进程。为此，目前许多国家都在密切关注着欧元及其所带来的影响并研究应对措施。

一、欧元启动后对欧盟内部经济的影响

（一）积极影响

1. 维持低利率、刺激经济发展

随着欧洲央行的建立并于今年元旦开始运作，欧元国可望真正利用货币政策去维持低利率（目前是3%，预计还将进一步下调）、低通胀率去刺激经济的回升与发展。随着欧元国央行成为欧洲央行的分行，各欧元国央行可望减少对付货币投机而需保留的外汇储备，从而将会有大约900亿美元的外汇储备金被逐渐释放出来用于经济建设。

---

① 1欧元=40.3399比利时法郎；1.95583德国马克；166.386西班牙比塞塔；6.55957法国法郎；0.787564爱尔兰镑；1936.27意大利里拉；40.3399卢森堡法郎；2.20371荷兰盾；13.7603奥地利先令；200.482葡萄牙埃斯库多；5.94573芬兰马克。

2. 可望使欧洲统一市场真正发挥出一体化的优势

具体来说,由于ECB将按照各成员国交纳的黄金和外汇储备发行统一的欧洲货币,各成员国的原中央银行将成为ECB的分行,并按照ECB的货币政策行事,从而在理论上讲它将消除各欧元国现有的边界壁垒、汇率波动风险和降低贸易、投资中的政治风险,有利于各欧元国企业在区域内扩大贸易、加速资本流动、降低融资成本、简化财务管理。

3. 将大大提升欧盟的国际地位

欧元将可能挑战美元,分享作为国际储备货币的一切好处。

4. 企业间的整合将在欧盟内部大规模地进行

统一货币后,会加剧欧盟内部市场上的竞争,企业间的整合将在欧盟内部大规模地进行。其结果,将可能彻底改变欧盟内部的企业分布格局和较大程度地改变其企业的经营管理方式与手段。由此,一方面可望提高其企业的国际竞争力;另一方面也将加剧其企业间兼并行为,从而导致地区间经济发展出现新的不平衡。

(二)存在的问题和不确定的因素

1. 欧元国经济难以协调发展

各欧元国在丧失独立货币政策的情况下,当经济出现结构性危机时,应如何控制经济衰退和通货膨胀的上升?同时,随着资本、劳动力流动的畅通和企业整合的加剧,当欧元国国家之间的经济不平衡状况进一步扩大时,应如何防止各欧元国的离心倾向?到目前为止,欧元国还没有建立可以用来纠正地区不平衡的中央预算系统,在这种情况下,当一些国家的经济蓬勃发展,而另一些国家的经济却衰退时,欧盟或ECB应施行哪些行之有效且又能被各欧元国接受的调控措施?虽然目前欧元区各国从表面上看起来很团结,但他们团结的程度可能还没有达到足以处理一两个国家的经济下降趋势的程度,从而就可能导致欧盟或ECB所采取的宏观调节经济措施的夭折。

2. 双币同时流通引发的矛盾不易解决

在长达3年半的欧元过渡期内,欧元国为了便于公众熟悉和接受新货币,规定了对欧元流通实施"不强制、不禁止"的原则,由此,未来的三年半中在欧元国的货币流通领域中就存在着本币和欧元同时流通的情况,在此情况下,应如何防止在各欧元国中因双币同时流通而引起的矛盾激发将是一件十分棘手的事情。因为,根据格雷欣法则,在两种货币的名义汇率和实际汇率之间存在偏差的情况下(在锁定汇率的情况下,那种偏差不可避免地会存在),当两种名义价值一致而实际价值不一致的货币同时流通时,在流通领域中弱币将会驱逐强币。另外,由于决定各成员国的货币供应量和利率的是欧洲中央银行,而不是各成员国的中央银行,投机分子很可能会利用固定汇率制和单一利率制在欧元区内用弱币购买强币,这种投机活动可能会迫使弱币国家提高长期利率和调整固定汇率,因此可能导致欧元区内的固定汇率制和单一利率制的崩溃。著名的国际金融专家乔治·绍罗什认为欧元在实施不久之后将很快消失,可能主要是针对此点而言的。

3. 如何防止个别国家掉队甚至分裂

首批欧元国家中,有些国家的国债比率目前并未按"马约"的规定达标,正如法国有一家金融机构在最近的一份报告中指出:现在"通货膨胀、预算赤字和利率在名义上趋于一致,但是,在实际经济方面能使欧元国家的经济协调一致发展的东西却微乎其微"①。加上近年来,失业率居高不下,经济增长低迷一直困扰着许多欧元国,可以预见,一些欧元国的财政赤字很可能会超标,届时,应如何按照《稳定与增长公约》的规定执行罚款?欧元的创始人为了显示他们的信心,没有就如果某个国家希望退出应采取何种对策作出任何规定,许多专家甚至拒绝讨论欧元国家可能分裂的问题。但目前已经有一些专家预测:像爱尔兰、芬兰和葡萄牙等所谓步调最不一致的国家有可能退出欧元区。届时欧洲中央银行将如何对待?另外,目前在欧盟15国中只有11国参加了欧洲货币一体化的第三阶段,届时,将如何促使未参加国的经济尽早并轨,最终纳入单一货币体系也将是一件十分困难的事情。

4. 政治因素的障碍

虽然目前欧元区各国政府团结一致,在欧元启动时给予了强有力的政治支持,但政治可以建立欧元,也可能使欧元垮台。众所周知,实行欧元的目的就是要抵消美元在世界上的影响。目前影响欧元构成对美元挑战的最大障碍之一是欧盟在欧元启动的同时没有在政治上取得相应的发言权。欧洲中央银行已经存在,但欧元区内能否会相应出现一种能以一个声音说话的政治机制,实在令人怀疑。

二、欧元启动后对世界经济的影响

(一)将可能改变国际货币体系格局

战后建立起来的"布雷顿森林"体系是以美元为支柱的国际货币体系,虽然该体系在70年代初已崩溃,但时至今日美元依然占据着国际货币格局中的主导地位(参见表1),欧元的启动将进一步打破战后以来美元支配国际货币体系的局面。

从表1中可见,美元使用率在全球贸易结算中约占48%;在各国官方外汇储备货币的份额中约占64%;在国际银行贷款中约占75%;在国际债券市场中约占43%;在国际外汇市场交易中约占83%。然而,随着欧元的问世,美元的霸主地位将可能受到严重的挑战。根据英国金融界人士估计,欧元流通两年后,各国官方外汇储备中将会有1000～1500亿美元被欧元取代。若根据美国国际经济研究所所长伯格斯藤的预测,在未来几年中,世界各国为规避国际金融风险,将有5000～10000亿美元的国际投资由美元转向欧元;欧元在世界金融业中的份额将达到40%左右,大体上与美元的占有额持平。本人认为,在欧元过渡期内,欧元在世界金融业中的份额将很难与美元的占有额持平,但若ECB运作顺利,欧元币值稳定,在过渡期后至下一世纪20年代前,国际货币体系中将会形成美元和欧元平分秋色、各占35%左右的两极格局;20年代以后,国际货币体系将可能形成多极化格局;到下世纪末国际货币体系将可能形成混合货币格局并最终向单一货币过渡,即开始由世界货币与当地本币混合流通,经过一段过渡时期后,世界货币将成为世界各国单一的流通货币。

众所周知,一种货币能否成为国际货币主要取决于其赖以支持的经济实力和支持该种货币的政治集团的可信度。从表2中可见,几项指标中欧盟15国总量略高于美国。

---

① 见《参考消息》1999年1月11日第4版。

若仅计11个欧元成员国的总量也大致与美国相当。根据有关报道，11个欧元成员国拥有3500亿美元的外汇储备，是美国外汇储备的7倍；11国出口总额比美国的出口总额高出大约25%[①]。因此可以说支撑欧元充当国际货币的经济实力已具备，但如前所述支持该种货币的政治集团——欧盟或欧洲中央银行的可信度则远不能与美国联邦政府相比。

表1　几种主要货币的主要指标比较

指标	在官方外汇储备中所占比重（%）	在贸易结算中所占比重（%）	在国际银行贷款中所占比重（%）	在国际债券中所占比重（%）	在外汇交易额中所占比重（%）
	1996年底	1992年	1996年	1996年	1995年4月
美元	63.7	48	74.7	43.0	83
欧洲货币*	19.5	33	16.7	22.8	70
日元	6.2	5	0.2	8.6	24
其他	17.6	14	8.4	25.6	23
总计	100.0	100.0	100.0	100.0	200.0**

*指英镑、马克、法国法郎、荷兰盾、里拉。
**因每笔交易都涉及两种货币，且被计算两次，因此总计比重为200。
资料来源：德国慕尼黑经济研究所 *IFO SCHNELLDIENST*，1998年（8），本文转引自《国际经济评论》1998年（6）王宇和高海红文章中的有关数据。

表2　1997年美国、日本、欧盟的几项主要指标

项目	人口*（亿）	GNP总值（万亿美元）	占世界GNP比重（%）	占世界贸易总额中的比重（%）*	出口率（%）*
美国	2.68	7.69	25.7	19.6	8.2
日本	1.25	4.77	15.9	10.5	9.0
欧元区11国	2.90	6.99	23.1	18.5	—
欧盟15国	3.73	8.67	28.9	20.9**	10.2

*1996年数据，**不计欧盟内部贸易。
资料来源：世界经济统计研究，1998（4）。

日本虽然在表2几项指标中也占有较大的比重，但是即使日本经济近两年不出现负增长，使经济实力大受影响，日元的国际地位也会随着欧元的启动和顺利流通而下降。尽管最近日本的小渊首相和宫泽藏相多次提到，希望推进日元国际化，确保日本的货币不会落后。然而事实将证明推进日元国际化的道路艰难；就目前情况来看，日元若不与亚洲其他国家或地区的货币联合，今后在世界金融业中的份额将很难超过10%。因此可以说，在未来20年的国际货币体系中将可能形成欧元和美元平分秋色的态势。不过这是假设欧洲中央银行运作顺利，且欧盟15国经济尽早并轨纳入单一货币体系，同时，也是假设在未来20年中不出现新的强有力的区域货币一体化体系为前提下做出的预测。

[①] 见《参考消息》1999年1月4日第4版。

（二）将推动区域经济和货币一体化的进程

欧元问世后将可能使欧盟无论在经济上还是在政治上都能成为与美国抗衡的世界重要一极。倘若ECB运作顺利、欧元币值稳定并趋坚挺，将无疑会推动欧盟区域经济集团化的进一步发展以及推动其他区域经济合作体逐渐走向货币联盟。在当今世界上，区域经济集团化已成为一个趋势。欧元启动后不仅会加速欧盟一体化的进程，而且也将对其他区域经济合作体进一步发展以及对区域货币合作和货币一体化起到启示作用和示范效应。例如最近拉美南方共同市场（2亿余人口），对欧元启动就反映强烈，认为欧洲单一货币是一个榜样和参照，大有效仿之势。可以说，未来的世界经济竞争将重点集中于区域经济集团之间，而非国与国之间，并且在不久的将来全球将可能掀起一股区域货币一体化浪潮。

（三）可能引发国际金融市场在较长时期内动荡

近年来，美国采用了低利率和偏低汇率的货币政策刺激经济的发展。这一政策之所以行之有效主要基于美元在国际金融和贸易市场上的垄断地位，一方面美国维持偏低的美元汇率使国内物价在不受到通胀压力的同时，能刺激其商品出口；另一方面又使得美国得以低利率引进外资弥补财政赤字和吸纳外资投资产业。然而，当欧元启动若能打破美元的垄断地位后，将迫使美国提高美元的利率和调整汇率去吸引外资弥补财政赤字，因此，在今明两年内美国若相对提高美元的利率和调整美元的汇率乃不足为奇[①]。届时将不可避免地会引发国际金融市场动荡。这是因为：首先，从稳定国际金融市场这一角度来说，两极货币格局远不如单极货币格局可靠；其次，由于欧元启动所带来的货币转换，将可能导致世界各国中央银行、商业银行和广大投资者重新安排其金融资产组合。各类金融资产重新组合，其本身就如后述的那样将具有很强的易变性，从而将导致国际金融市场的波动幅度在一段较长期间内加大。正因为如此，哈佛大学马丁·费尔德斯坦认为欧元将会引发国际冲突。

（四）可能激发贸易保护主义趋盛

如上所述，一方面当美国若被迫提高美元利率和调整汇率之后，将会导致美国的出口减少、进口增加，贸易赤字扩大。届时，将可能引发美国展开同其主要贸易国之间的新一轮贸易摩擦战，最近爆发的美国与欧盟的"香蕉战"（美国要求世界贸易组织同意其对欧洲商品实施价值近6亿美元的制裁计划，作为因香蕉引起的长期贸易争端的一部分）和美国与日本的"钢铁战"可以视为其前奏曲。从目前几个主要区域经济合作体的运作来看，他们所强调的自由贸易主要局限于区域集团内部间的贸易，而与区域外的贸易无不烙上了贸易保护主义的色彩。因此可以说，区域经济集团化的发展和深化，将可能导致各集团与集团之间的贸易保护主义更趋盛行。所以，著名经济学家罗伯特·塞缪尔森曾认为欧元是"欧洲愚蠢的新货币"。

---

① 目前欧元国的利率是3%，若欧元国降低利率而美国的利率不变即为美国相对提高利率。

三、欧元启动后对我国经济的主要影响及其对策

（一）在国际贸易方面的影响及其对策

1. 有利影响

①欧元启动后，欧元区域内的商品将以欧元标价，且其单价趋同，由此有利于我国企业拓宽营销渠道，扩大对其出口和合理有效地组织进口；②由于其区域内采用单一货币作价和结算，可望对其简化贸易手续、减少流通费用和汇率风险；③欧盟现为中国的第四大出口市场和第二大进口商品供应商，由于欧元区11国市场单一，可减少我国对其贸易结算的多样性和复杂性，有利于促进我国与欧盟经贸关系的进一步发展。

2. 不利影响

①如前所述，随着欧元区内汇率风险的消失，成本的下降和"四大流通"的实施，将有助于欧元区内经济发展水平不同的国家重新调配资源的分工，由此将会使中国出口企业丧失部分竞争优势。我国对欧盟出口大多是劳动密集型产品，我国今后在欧元区内的贸易不仅会遇到南欧国家的激烈竞争，同时还将遇到积极争取加入欧盟的中、东欧国家的夹击。特别是随着东欧国家的经济恢复，加上欧元区成员国与东欧国家在政治、经济上有着重要的利害关系，因此将可能导致欧元区各成员国在有限的贸易和投资空间中给东欧国家留下特殊的空间。所以若我国企业不能尽快地调整出口产品结构，拓宽销售渠道，前景不容乐观。②欧元区各成员国为实现经济趋同目标，将可能推行紧缩经济的政策，遏制需求的增长，使之从区域外的进口贸易难以在短期内大幅度地增加。最近一系列事实表明欧洲贸易保护主义有所加强，现在，针对中国商品出口的反倾销案件已成为阻碍中国与欧盟贸易发展的一大障碍，而这类案件今后可能会变得更多。另外，欧盟为了保护区域内市场，将可能对区域外的商品实行更加严格的质量标准，最近欧盟推出的CE标准（针对器械），就比GMP、FDA、ISO9000更加严格，CE认证直接跟踪到企业原材料、装货等环节，对我国器械出口欧盟构成了较大的限制。③过去因欧盟各国的货币不同，可以针对与不同国家的贸易制定不同的价格策略，而且汇率风险的存在也为实施差别定价法提供了依据和借口。但当欧元区域内的商品以欧元标价并其单价趋同时，则难以实施差别价格定价的营销策略，特别是由此欧盟更易于找到削减配额、征收反倾销税的借口，这对我国商品出口欧盟更加不利。④随着美元在国际金融、贸易和投资中的垄断地位丧失，将加剧世界其他国家在对欧盟出口贸易上的激烈竞争，并因此可能引发新一轮的更加激烈的世界贸易战。由于近年来我国国际贸易收支连年顺差，且顺差额有增大之势，这很可能使我国在新一轮的更加激烈的世界贸易战中成为众矢之的。

3. 对策

鉴于以上所述，我国外贸出口在未来几年中将会面临更加严峻的态势，那些希图未来几年能够扩大对欧盟出口的愿望将可能难以实现。为此中国的出口企业要加强协调，改变原来在欧盟各国散兵作战的局面，联手在欧盟的重要口岸设立分支机构，建立起高效运作的分销渠道，树立起欧元区大市场的观念，杜绝只顾企业利益而不顾国家或全局利益的相互压价事件的发生。同时，我国企业要密切关注欧盟市场的产品需求动向，及时调整出口产品的结构，使中欧两地产品的互补性得以充分发挥。

（二）在利用外资方面的影响及其对策

1. 有利因素

①欧元启动后，各欧元国将会释放巨额的外汇储备用于对其区域内外的投资，加上随着各欧元国的企业整合大规模地展开，也将会迫使一些企业在欧元区域外谋求投资出路；②随着欧元区域内企业的融资渠道增多、融资范围扩大、汇率风险消失、融资成本降低和融资效率的提高，可能会推动其企业在区域内融资后转向对区域外进行投资，而我国投资市场对欧盟成员国政府及其企业具有较大的吸引力。③欧元区是仅次于美国的世界第二大资本市场，拥有欧洲债券7万亿美元，欧元启动后，将可能使欧元区国家的投资条件改善，投资成本降低，这将有利于中国企业在欧盟发行债券和股票，有利于中国在欧元市场上的融资。因此，如果我国的政策和措施施行得当，可望进一步扩大利用欧元区的资金和世界其他国家（地区）的资金。

2. 不利因素

①随着欧元区单一货币的实施，各成员国的企业在区域内的投资实际上成了"国内"投资，随着区域内投资法规的趋同和各种优惠投资政策的实施，不但将可能留住区域内的游资，而且还会吸引欧盟企业在区域外的投资回撤。②随着欧元区域内的投资环境进一步改善，加上若欧元币值稳定，届时，欧元区域内各国将会对国际游资和世界各国厂商具有莫大的吸引力。近一年多来，由于美元坚挺和欧币、日元疲软，欧洲有1200亿美元的资金流向美国，日本流向美国的资金也高达900亿美元左右，从亚洲回撤美国的资金也有700亿美元。若欧元走势持续稳定、坚挺，国际资本就有可能大量地流向欧元区，从而影响我国的融资和对外投资。③近年来大量的国际资金投向美国国债，但若欧元走势坚挺之时，欧洲国家用欧元发行国债，国际投资者的资金流向势将发生一定的变化，这种变化将会造成国际金融环境的波动，并会对实施美元联汇制和盯住美元汇率制的国家和地区带来一定的冲击。我国的外汇储备大多是美元，人民币汇率也是参照美元汇率浮动的，因此，欧元启动后所导致的国际资本市场上的资金转换也将对我国造成较为不利的影响。④欧盟要在资本市场的广度、深度和流动性各方面均赶上美国市场的水准，要使相对分散的欧洲金融市场的各项标准和实践统一起来是需要较长的时间的，并且欧盟资本市场要缩小与美国资本市场的差距绝非易事，因此可以说，在短期内欧盟资本市场的广度和深度不太可能有大的改变，那些希图在短期内扩大在欧元区的融资计划是不太现实的。

3. 对策

鉴于以上所述，从总体上来看，由于欧元启动初期国际资本可能出现新的流向，由此将会对我国引进外资产生短期的负面影响。为此，我们不但要加强研究欧洲中央银行的货币政策、金融监督和欧盟各国的货币政策，同时也要加强研究美国和日本的货币政策和金融监督机制，密切关注国际资本可能出现的新流向，谨慎地制定近期和中长期的欧元融资战略，并且须进一步改善我国的投资环境，拓宽融资渠道，加强对国际融资项目的监管。

（三）欧元启动对我国外汇储备的影响及其对策

1. 欧元汇率走势的可能动向

1998年底，我国外汇储备高达约1445亿美元，居世界第2位。在外汇储备币种构成中，美元占62%，日元占8%，马克、英镑、法郎等欧币占19%。由此，我国许多学者纷纷撰文建议我国政府应将若干比例的美元外汇储备尽快地兑换成欧元，以此达到外汇储备的保值和增值。另据报道，我国台湾地区已将巨额外汇储备中的200亿美元转换成欧元[①]。日本也有将一定比例的美元外汇储备转换成欧元的动向。那么我国应该如何动作？从理论上讲，在外汇储备中过分依赖于一种货币将会增加汇率风险系数。因此，就中长期而论，在我国外汇储备中逐步扩大欧元比重，适度增加日元比率也是应该和必要的。问题是尽快地将美元外汇储备兑换成欧元，是否能够达到外汇储备的保值和增值？这里就牵涉到欧元在过渡期内的汇率走势。

专家们对欧元在三年半的过渡期中的汇率走势之预测，可谓众说纷纭，莫衷一是，概括起来主要有三种：一种认为，欧元启动时是强币，随之将变弱，然后再变成强币；另一种认为，欧元启动时是弱币，在过渡期中将会夭折；最后一种认为，欧元启动时是弱币，然后逐渐趋强。对此，我以为欧元启动时是强币，随之将变弱，顺利度过过渡期后再逐渐变成较稳定的货币。据本人分析，从总体上看，在欧元过渡期内，欧元升值的平均可能系数低于美元。若预测中长期美元和欧元的汇率发展趋势，我认为欧元和美元币值的波动态势极有可能呈时而交错时而平行的正弦波坐标，并且我尚看好美元的走势，我不认为欧元币值会步战后德国马克的后尘而不断升值。

2. 影响欧元汇率稳定的主要因素

据本人分析，影响欧元汇率稳定的因素较多，主要有以下几个方面：①欧洲央行推行的货币政策的最终目标是稳定欧元区的物价，而各国政府则更加重视经济增长和社会就业。由于欧元区各国的经济发展水平差距较大，各国的经济周期绝非同步，因此各国所要奉行的经济政策必然要求不同，如果欧洲央行采取"一刀切"的货币政策，则很可能使某些国家的经济受到严重打击，并由此阻碍共同货币政策的实施。目前欧元国已经登记的失业人数达1700万人，欧元区内的所谓"核心国"的失业率均达到两位数，而失业的加剧又会使财政赤字居高不下，形成货币扩张的压力，进而影响欧元的币值稳定。②欧盟实行欧元的目的就是想要在世界上挑战美元，按照这一目的，就意味着欧元区在今后稳定国际货币体系和世界经济的过程中将要承担重要的责任。欧元区是否有能力担负起这一责任？根据欧盟在近年来的几次大金融危机中的表现，实在令人怀疑。众所周知，欧盟之所以在近年来的金融危机中处境良好，正是由于它们保持了沉默和不参与任何重要的主动行动。另外，欧洲中央银行的运行模式与德国央行的运作模式类似，由此，我们不能排除欧洲央行为了实行严格的以稳定价格为目标的货币政策，从而对欧元汇率采取一种"善意的忽视"态度，因为对欧洲中央银行来说，稳定欧元对外价值的重要性要远远低于对内价值的重要性。如果欧洲央行对欧元汇率采取一种"善意的忽视"态度，那么当出现欧元汇率大幅度波动时，就很难指望欧盟或欧洲央行会在国际货币合

---

① 参见《参考消息》1999年1月3日第1版。

作方面采取十分积极的态度。事实上，欧洲中央银行已明确表示不承诺在非欧元区货币受到金融危机冲击时给予支持，只是认为欧洲央行在不影响欧元区国家物价稳定的前提下可以进行干预。然而，一旦发生像1992—1993年那样的危机，新的欧洲汇率机制可能崩溃，并且会使欧洲统一大市场的成果丧失，最终必然影响欧元的稳定。③尽管欧元区经济规模很大，使投机分子无法对它发动攻击，但是如前所述，随着欧元的启动，一方面欧元区各国中央银行所持有的外汇储备将出现约900亿美元的过剩，在这些过剩的外汇储备中将有相当一部分需要重新组合；另一方面，其他发达国家和发展中国家（地区）为了达到外汇储备多元化，很可能重组外汇储备结构，然而如何重组，将取决于欧元的稳定性和欧元债券市场流动性的高低、市场深度和广度等多方面的因素。而后者在相当一段时期内是不确定的；再一方面是私人资产的重组，这一类资产重组将给欧元汇率所带来的易变性更甚于官方资产的重组。因此，由于欧元启动后可能带来的包括官方和私人在内的资产重组，将给欧元外汇市场带来激烈的动荡。并且资产重组将持续数年，可能不仅仅限于过渡期，这意味着在外汇市场上，将会因欧元和美元的供求关系的剧烈变化，导致在相当一段时期内欧元汇率出现很强的波动性。从欧元入市半个月来的汇率走势也可以从一个侧面证实这一点，根据欧盟理事会1998年12月31日确定的欧元参考汇率是：1欧元＝1.16675美元。1月4日欧元在外汇市场面世，当其在世界上几大主要外汇市场入市后，似乎显得异常坚挺，当天平均以1欧元＝1.18美元以上的价格成交，于是有人甚至估计欧元兑换美元的汇率可能突破1∶2的界线。然而几天后欧元兑换美元的汇率跌破1∶1.16的防线，并且其交易量一直不大。这一事实就说明了在欧元赢得信誉之前，人们将始终持有一种谨慎的观望态度，这种观望态度其本身就潜藏着不确定性。④如前所述，在欧元产生过程中，政治目的远远大于经济目的，然而政治可以产生欧元也可以毁灭欧元，正如水能载舟也能覆舟。虽然目前欧元国家似乎团结一致，但是谁都无法否认，欧元国团结的程度远远不能与美国联邦相比，欧洲中央银行也远远不能与美联局相比，欧盟的预算机制更远不能与美国联邦财局相比。目前欧元国的经济协调能力正如前文所述的那家法国金融机构在报告中所指出的那样：在实际经济方面能使欧元国家的经济协调一致发展的东西却微乎其微。政治是欧元汇率持续稳定的最大威胁。

3. 对策

鉴于以上所述，我们认为欧元在过渡期内的汇率可能是动荡不稳并趋下跌之势，目前那些认为欧元将坚挺、美元将疲软的言论尚为期过早。当然，从理论上讲，在外汇储备中过分依赖一种货币将会增加汇率风险系数。因此，就中长期而论，在我国外汇储备中逐步扩大欧元比重，适度增加日元比例也是应该和必要的，但是切忌操之过急，我们应待欧元确立信誉后，再逐步买进和调整我国的外汇储备结构。同时，目前我国的人民币汇率是以美元汇率为主要参数制定的，由于欧元启动后将可能导致国际货币格局的变化，因此我国以后在确定人民币的汇率时就应该考虑欧元汇率的变化和欧元的供求情况，使人民币汇率的确定更趋合理和灵活，以此避免因美元汇率波动给人民币带来的风险。

原载《中山大学学报（社会科学版）》1999年第2期

论按生产要素分配的理论前提与基本立足点

董小麟

从社会生产的全过程看，社会的分配问题包含资源的分配和收益的分配两个领域。资源的分配也就是生产要素如何配置的问题；收益分配是在一定的资源配置方式下，人们对运用生产要素所带来的社会财富的分享问题；后者与前者相联系并受制于前者。社会主义市场经济要求资源配置以市场为基础，则进入市场交换的要素也必须取得收益的分配。由此，按劳分配和按生产要素分配的结合，是社会主义市场经济体制在分配领域中必然要选择的分配方式。

按要素分配的实践要求我们从理论上作出正确的解释。笔者认为，按要素分配是社会生产力和生产关系现实运行的要求。承认按要素分配并不等于这些要素本身就是价值的源泉；这些要素是作为使用价值的源泉而出现的，并且一切和全部使用价值的创造有关的要素都有权参与收益分配。

一、关于按生产要素分配的客观前提

分配方式取决于生产方式。按生产要素分配作为市场经济条件下的分配方式，对其存在的客观前提的论证应建立在生产力和生产关系的基础上。

从生产力的角度看，任何社会的生产力，都是潜在的生产力要素的现实组合和运用。生产力的要素是多元的，而且随着生产领域的扩展和深化，随着生产社会化程度的提高，要素在愈益多元化；市场经济的形成，又强化了要素多元化的发展趋势，如商标等无形资产也加入了要素的行列。因此，从现代生产力的内涵看，对生产力要素的认识应当拓宽，不仅传统认识中的人的要素和物的要素都在丰富，而且还出现了非物质的因素。各种生产力的要素各自孤立存在并不能成为生产力，只有把它们有机组合起来加以运用才能成为现实的生产力。而组合的方式可以采取自发的及义务的、强制的及无偿的、自愿的及有偿的等数种。原始社会的生产力要素组合是自发的和义务的；统制经济或高度计划经济条件下的生产力要素组合可以是强制的（有偿或无偿）；市场经济条件下生产力要素的组合则应该是自愿的及有偿的，从而需要在要素组合中发挥利益机制的作用。

尽管从一般意义讲生产力要素采取有偿组合方式只是存在商品货币关系条件下的现象；但是，难道生产力的状况不正反映人类获得自身利益的条件吗？如果说生产力是人类从自然界获得利益的能力，生产力当然首先反映人对自然的利益关系；当人们把生产力的要素进行让渡时，同时也就发展和让渡了这种利益关系。因而有偿让渡实质上是以生产力要素可带来的潜在利益为前提的，只不过这种利益的分割和占有又表现为生产关系的实现形式而已。

生产关系的基础和核心在于所有制关系。所有制的多元结构，使生产力要素的组合涉及不同所有者的利益；不仅如此，在所有制及其法律意义上的所有权可以分解为所有（狭义）、占有、支配、使用诸种关系（权利）的情况下，狭义所有者、占有者、支配者、使用者都可以行使部分产权。这种所有权关系的分解在自给自足的小生产经营模式中是不需存在的，但在现代化大生产中，由于要素组合的社会化，也由于企业制度的发展，所有权需要有不同程度、不同层次的分解。但无论是否分解或怎样分解，权利关系总是权和利的统一。收益权是所有权关系的有机组成部分，所有权总是要体现为获得收益的权利，否则这种所有权是虚拟的、没有实质意义的，并且导致对所有权的侵犯或否定。

在市场经济条件下，所有权关系得到了空前的强化；不仅要素配置愈益社会化、市场化了，而且与之相关联的所有权关系也更加多元化、市场化了。这时候，各种要素被纳入了所有权的体系，生产力要素能带来的利益也就演化为凭要素所有权能获得的利益。各种要素的交换和利益的补偿，体现了所有权的交换和相关利益的调整重组。人们要获得要素和组合要素，必须以对要素的所有权（包括收益权）的确认和补偿为前提。

尽管市场经济条件下所有权的分解、让渡、占有与获取收益的方式可有多种多样，但究其基本途径而言，不外乎两种：一是依所有权的让渡（或部分让渡）而获得收益，二是由所有权的占有（或部分占有）而获得收益。生产要素参与收益分配的这两种实现途径，表明按要素分配具有两个层次：第一层次主要发生在交换领域，生产要素的贡献者凭要素出让价格而参与分配，获得收入；第二层次直接发生在产出之后的分配领域，即拥有要素所有权的各方凭要素的使用效果而分割收益。当然，这二者也存在着相互联系、相互制约的状况。特别是要素使用效益的高低变化会影响交换领域中要素价格的变动：使用效益高的要素价格会高些，使用效益低的要素价格会低些，等等。从要素所有者的角度看，有的只参加第一层次的分配，如技术的一次性转让；有的只参加第二层次的分配，如合伙企业中合伙人对经营效益的分配；也有的可参加两个层次的分配（但可以有所侧重），如在特许经营方式下商标等无形资产的转让，转让方除一次收取一定时期的特许使用费之外，还可依受让方的经营额定期提取一定管理费收入。

二、关于按劳分配和按生产要素分配的结合

按生产要素分配和按劳分配是否可以互相包容，这是人们在讨论"把按劳分配和按生产要素分配结合起来"的新提法时产生的一个问题。

有一种比较流行的意见认为，如果上述提法再"彻底"一些，只提"按要素分配"就可以了，因为按劳分配也是按要素分配的一种类型。

笔者认为，在我国现阶段，取消按劳分配的提法，只强调按要素分配是不恰当的。

首先，按劳分配是以公有制即人们在生产资料占有关系上处于平等地位条件下实行的分配原则，尽管这种平等关系在全社会范围内尚未完全确立，但在公有制经济，特别是公有制单位内部已经形成；无论这种占有关系是绝对平等还是相对平等，能够体现公

有制内部各成员的贡献大小的主要还是劳动。只要坚持公有制为主体,按劳分配在分配制度中就具有较突出的地位,在理论与实践上明确这一突出地位是必要的和可行的。

其次,按劳分配与按要素分配的范畴是存在差异的。这种差异表现在:第一,劳动与劳动力是有区别的概念,劳动力是生产要素,劳动只是这种要素的使用;如果是按要素分配,严格意义上应指按劳动力分配。但是,假定一个有较高学历的劳动者,其劳动力在作为生产要素投入一个生产单位工作前,生产单位可以许诺其能获较高的工资(即按劳动力分配),这种许诺是依其劳动能力发挥作用的潜在的可能性而提出的;但在兑现其承诺时还须根据该劳动力发挥效用的现实状况而定(即按劳分配)。如果该劳动者大事做不来,小事又不做,其实际的收入就可能低于另一学历较低但业绩更好的劳动者。因此,按要素分配要服从于按劳分配。第二,劳动力作为一种要素,不能像其他要素一样,同类要素获得同等收益。例如,投入公司的股份,是同股、同权、同利的,不存在这一股比那一股贡献更大的问题;出售给一个经营者的一块土地,其每平方米的收益是均等的,不存在总经理座位下那一平方米的土地比车间里那一平方米的土地有更大效益的问题。所以,一般讲按要素分配时,是以社会范围或企业范围内要素的均质性为前提的。例如在贷款利率统一的情况下,每一笔等额贷款的收益均等,这是从社会范围内赋予该要素以同等的分配权;而股息的分配则是从企业范围内赋予该要素以同等的分配权。但劳动力要素则比较特殊,同类要素的等价只是相对的;等量报酬以等量劳动为前提,而在企业劳动者之间,真正提供等量劳动的情况是偶然的,不等量劳动是必然的;因而实际的分配额还要看其劳动的质与量的差异,这是由劳动与劳动力的非均质性所决定的。因此,采用按劳分配的提法比按劳动力要素分配更为科学一些。

当然,在承认按劳分配与按要素分配存在差异的同时,我们也应当指出,仅就要素的使用效果会对要素分配额发生影响这一点看,按劳分配也和按要素分配有相同的一面。

另有一种意见认为,按要素分配,一般可以纳入按劳分配范畴去考虑。其典型的例子是,在社会主义条件下,劳动者去购买和持有公司股票,以拥有的股权参加利润分配,也属于按劳分配的应有之义;因为入股的资金是劳动者自己过去劳动的凝结,不是不劳而获的剥削收入。

笔者认为,这种意见是把按劳分配的"劳"的内涵和外延不适当地扩大了,在理论上是欠严谨的。

按劳分配始终只能是以劳动者投入的有效活劳动为计量的根本依据。如果我们把劳动者凭投入企业的股份获得收入看作是凭过去劳动也能参与分配,首先就会产生一种理论缺陷:按死劳动分配也是按劳分配。事实上,从分配的主体看,这里已经包含着分配主体的不明晰,它可能忽略了物化劳动的所有权所发生的转移。照此推而论之,无论谁投入的资本,都曾是过去劳动的凝结,其收益也都是按劳分配了;于是,按资分配和按劳分配的区分也就不存在了。其次,真的要从投资入股的资本来源去区分的话,在资本所有权频繁转移的资本市场上,也是不可操作的。举例来说,如果某人原先以自己劳动所得投资入股,按股分红也算作按劳分配的话,那么他一旦把股权转让给他人,他人持有该股并参与分红时又算不算按劳分配?这个特定的他人究竟是用自己劳动收入来买股还是非劳动收入买股呢？在实践中，要想从所有股份中区分哪些是劳动所得购入，哪些是非劳动所得购入，确实是不可行的。

因此，我们不必因资本来源是劳动所得而硬给按资分配贴上按劳分配的标签；只要是构成现实生产力所需要的要素，通过合理的市场配置，其都应得到合法的分配权。

三、关于财富的源泉和收入的分配

早在古典经济学家斯密那里，就已经对基本生产要素参与收入分配的问题作了研究。他认为，商品价值分解为工资、利润和地租三种收入；反过来，这三种收入亦构成商品价值。这就是说，与获取三种收入有关的要素——劳动、资本和土地构成了价值的源泉；它们既是价值源泉，也参与了价值分配。

马克思在创立他的政治经济学理论体系时，对于斯密理论中的缺陷，例如把商品价值构成只解释为三种收入而丢掉了生产资料价值的转移和补偿，以及在价值源泉问题上的游移不定，作了深刻的批判，并在历史上首次完整地创立了科学的劳动价值论和剩余价值理论，指出劳动是价值的唯一源泉，利润、地租等都是在对剩余价值分割的基础上产生的转化形式。迄今为止，西方经济学并未对斯密在收入分配上的基本观点作出原则性改造，更未能逾越马克思的学说。今天，当我们承认按生产要素分配时，不免又有人产生理论上的困惑：承认按要素分配是不是承认各种要素创造价值？它和劳动价值论是否相悖？

笔者认为，按要素分配与价值的源泉不应该也不必要混为一谈。我们都很清楚，生产的目的是满足需要，而这种需要的满足是以生产对人有用的使用价值的形式而达到的。为了提高需要的满足程度，人们不能够也不应该生产自己所需要的一切使用价值，而应发展社会分工和市场交换。过去存在于原始部落间的交换直接是使用价值的交换；而在现代市场经济中，尽管存在着大量的货币关系，但大量的交换现象仍反映了使用价值交换是交换的物质内容，或者说，使用价值是价值的物质承担者。从交换的基本原则——等价交换看，价值的交换并没有直接的意义，因为交换双方占有的价值量并没有发生增减；有意义的是不同使用价值的交换，使人们的需求各得其所。进一步地说，生产要素的交换，其交换的出发点也在于各种要素特定的效用。如果我们对此没有怀疑的话，我们就可以进而肯定：为这种效用的生产和交换做出贡献的要素，就应当参与对所产出的使用价值的分配，而不管它是否采用了价值的形式。所以，参与使用价值分配的各种要素应当直接和使用价值的源泉有关，而不管它是否和价值的源泉有关。

在马克思的学说中，把使用价值源泉和价值源泉明确地区别开来。他曾指出："劳动并不是它所生产的使用价值即物质财富的唯一源泉。正像威廉·配第所说，劳动是财富之父，土地是财富之母。"[①]后来，他在《哥达纲领批判》中，对"哥达纲领"第一条所阐述的"劳动是一切财富的源泉"作了尖锐的抨击，重申了"劳动不是一切财富的源泉"的观点，指出：劳动作为财富的源泉"这句话只是在它包含着劳动具备了相应的

---

① 《马克思恩格斯全集》第23卷，人民出版社1972年版，第57页。

对象和资料这层意思的时候才是正确的。"①

确实，使用价值的源泉和价值的源泉并不是一回事；财富（使用价值）的创造，既有劳动的贡献，又有其他生产要素的贡献。因此，当我们把按要素分配的理论立足点放在使用价值的源泉上，我们就可以得出较为科学的结论：凡参与使用价值创造的一切源泉，都应参与使用价值的分配。这个结论和劳动价值论并不相悖。虽然人们在分配中采取了价值的范畴，但这只是因为异质的使用价值在量上无法直接比较，而借助于价值形式而已，但价值毕竟只是一个历史范畴。由此，笔者还认为，从使用价值的源泉论证要素分配的本源，符合从生产力的高度论证生产关系（分配关系也是生产关系的一部分）合理性的原则，因为生产力无非就表现为生产使用价值的能力。同时，这一论证，也必将为按劳分配与按要素分配的结合找到共同的理论出发点或结合点。

四、关于广义要素分配论的基本观点

我们已经知道，所有权关系在按要素分配中具有特殊的意义。但是，对于未纳入现有的所有权体系的要素是否参加分配的问题，却成了分配理论中的空白点。这是因为人们对所有权的观察还比较狭隘。

根据我们在前面已经阐明的观点，凡参与使用价值形成的源泉，都有权分享社会财富，这是要素分配论的理论立足点。那么，作为自然物质，如空气、水、土地等，都或多或少地参与了使用价值的创造，是否也应在社会财富的分配中占有一定的份额？

过去人们在考虑生产要素的补偿时，常常局限于所有权关系明确的各方当事人；对于"无主"的自然要素，则剥夺了它们的分配权，常常不予补偿。但是，"可持续发展"理论的提出，使人们不得不反省这种传统的财富分配观念的短视。马克思说："劳动本身不过是一种自然力的表现。"②确实，人不仅是社会的人，首先是自然的人。一切生产要素的本原都在于自然；人及其社会的存在和发展，不能离开自然界的存在和发展。

所以，人类的社会再生产，必须和自然界的再生产相互协调、共同发展；那些以损害自然界再生产而片面发展人类社会再生产的行为，只不过表明人作为自然界的产物，现在却"异化"为自然界的对立物，已经开始并将继续受到自然的惩罚。因此，我们对于生产力的定义也应予以修正，从片面强调人的因素，即强调生产力是人类征服自然、改造自然的能力，修正为"人们以一定生产方式结合起来，适应自然、改造自然，实现人与自然界的物质变换，生产出人们所需要的物质财富的能力"③。在这里，需要强调"生产力是人与自然界的协调能力；只讲征服自然、改造自然，不讲适应自然、实现与自然界的和谐发展，生产力也不可能是持续存在并持续增长的生产力"④。

根据我们对生产力的持续增长和人类社会可持续发展的认识，我们的社会应当建立崭新的与自然界和谐共存、协调发展的关系；我们就必须在向自然界索取的同时，在

---

① 《马克思恩格斯选集》第3卷，人民出版社1972年版，第5页。
② 《马克思恩格斯选集》第3卷，人民出版社1972年版，第5页。
③ 董小麟主编：《政治经济学》（上册），广东高等教育出版社1998年版，第7页。
④ 董小麟主编：《政治经济学》（上册），广东高等教育出版社1998年版，第7页。

新增财富中拿出一部分分配给自然界，以便使被人们污染了、损害了的自然界能得到适当补偿和复原，如使空气恢复清新，使水污染得到治理，使植被得到再生……当然，自然界向人类社会索取的合理补偿，从所有权关系上还须明晰起来，这就需要把它"人化"。这种自然界"所有权"的"人化"过程，应是通过人的认识和自觉的行动，借助国家或社会管理机构，代行占有和支配这一部分剩余产品，用于自然界的休养生息。

因此，笔者主张的广义要素分配论的基本含义就是：凡是在人类组织生产力、生产作为社会财富的使用价值的过程中作出贡献的种种要素，无论现在是否有具体的所有权归属，都应有权分享一部分社会财富。只有坚持广义要素分配论，生产要素的供给才有可能维持生产的持续发展，从而维持社会的可持续发展。

至此，社会财富的分配将根据各种要素的贡献划分为：劳动者凭个人劳动所得，要素的组织者凭经营管理权所得，其他要素的提供者凭所有权的让渡所得，以及应给予自然界补偿的所得；国家则分别通过向劳动者个人、企业和其他要素的所有者或交易者的收入征税等方式取得收入，并合理调节所得的水平和结构，包括代行保障对自然界所得的支付。

原载《中山大学学报（社会科学版）》1999年第3期

产业组织的网络化发展

——广东专业镇经济的理论分析

王　珺

经济学家们努力研究各种要素的潜力挖掘来推动经济增长的同时，也越来越关注各种要素和生产环节之间的有机整合对经济增长的影响力。换句话说，在要素的投入数量和质量一定条件下，通过要素之间和生产环节之间的整合推动一个地区的经济发展，这是有着较大的发展潜力的。近20年来，广东各地自然兴起的专业镇经济提供了产业组织进行有机整合的经验。本文不打算对专业镇经济展开全面的论述[①]，只是就专业镇经济的产业组织特征与演变进行理论性分析，旨在提供一种分析专业镇经济组织变化的基本框架，由此把握专业镇经济的发展趋势。

一、专业镇经济的组织类型

这里所说的专业镇经济是指建立在一种或两三种产品的专业化生产联系基础上的乡镇经济。换句话说，在一个镇区内，大多数企业都是围绕着一个或少数几个产品相关产业而形成了生产的专业化分工网络。所谓的专业化分工网络是按照一定专业化生产要求形成的生产组织方式。从经济理论上看，专业镇经济的形成首先是商品经济和专业化分工发展的结果。在越来越频繁的商品交易中，一方面根据各地区资源禀赋、地理位置和生产传统，使一个地区与另一个地区形成了不同的产品专业化分工，即一个镇区专门从事某一种或相关的少数几种产品的生产，而另一个镇区则从事另外的某一种或少数几种产品的生产。在这个镇区内，几乎所有的企业都生产同一种产品。从生产的空间分布角度看，不同的镇区就类似于某一种产品的生产基地。另一方面在一个镇区内，虽然也是生产同一种产品，但是，企业之间是按照产品生产的上游（upstream）或下游（downstream）联系组织起来的，每个企业只从事某一个产品的每个生产环节的活动，或者说，一种产品被分工为不同的企业来完成，从获取原材料开始到产品加工组装、最终产品的分配和销售是由不同的企业来完成的，而不是一个企业内部组织完成的。我们把前者的分工联系看成是镇区型横向一体化过程（horizontal integration），把后者看成是镇区型纵向一体化过程（vertical integration）。我们之所以在一体化前面加上一个镇

[①] 我在《论广东专业镇经济的发展》一文中（载于《南方经济》2000年12期）已论述了广东专业镇经济的基本特征、类型与发展政策等问题。

区，是因为我们论述的是专业镇经济，这是一种专业化地区，而不是专业化企业。这里只是借用了经济理论分析企业组织的两种方式，即横向一体化和纵向一体化来说明专业镇的发展类型。

在用两种生产组织方式分析专业镇以前，弄清镇区型生产组织网络与企业组织联系的联系与区别是十分有必要的。从联系角度看，无论是镇区型的横向一体化还是纵向一体化，都是以企业为主体的。企业在镇区内的不同生产组织方式构成了镇区型经济网络特点。从区别角度看，这种生产组织机制是不同的。经济学家们从企业角度论述企业纵向链条与横向组织扩展的边界，这种边界是根据企业使用市场的收入与成本进行分析的。换句话说，企业究竟是购买还是生产的决策决定了企业纵向与横向规模。比如说，把生产过程的一个环节放在企业内部作为一个生产或服务部门，即企业的内部化过程，或是把这个环节转移给其他企业经营，通过市场交易来获得这种生产或服务，即外部化过程，这是由企业的内部化与外部化的收入与成本比较决定的。如果一个企业把生产或服务活动中的一部分放给其他企业经营，自己通过购买获得，那么，这个企业就与其他企业形成了上下游的产业链条关系；如果通过同类产品生产能力的扩展，强化企业规模经济效益，那么，企业之间就形成了横向联系。这种联合生产与联合经销的企业经济被 D. 钱德勒（Alfred Chandler. D）看成是一种范围经济。戴维·贝赞可（Besanko. B）等学者详细地论述了这两种以企业为主体的联系机制。

然而，尽管专业镇经济也会形成纵向与横向的生产组织联系，但是，其形成机制是有所不同的，显现出来的分工程度也是有差别的。一个镇区的横向性生产组织方式只是在一个镇区内聚集了生产同类产品的企业，而这些企业之间不一定有产业分工联系。整个区域内都是生产或提供基本相同的产品或服务。专业化分工只是相对于这个镇区与另外一些生产或提供不同的产品与服务的镇区而言的。在专业化镇区内，企业之间通过相互配套形成的产业链条关系是有限的。镇区型的纵向性生产组织联系是在这个镇区内形成了企业在产业上下游之间的基本链条关系。显然，这两种企业之间的生产组织范围是不同的，横向型生产组织的区域体现了专业镇经济内部的聚集效应，即通过专业化生产、经营，使生产和提供这种产品与服务的外部资源向这里集中。比如说，美国硅谷就是一个专业性的软件开发基地，相对于其他地区来说，这形成了一个专业化的生产基地，由此聚集了大量的世界各地的软件开发资源。纵向型生产组织的区域反映了专业镇经济的分工效应，即一个产业在一个区域内存在着上下游分工联系。如果从分工层次上考察，对于一个专业镇经济来说，横向型生产组织方式是专业化分工发展的初期阶段，而纵向型生产组织方式则是进一步专业化分工的结果。因此，如果从企业角度观察两种生产组织方式，那么，可以作出这样的判断，即无论是横向生产组织或纵向组织，都是企业战略选择的结果，而从区域角度进行判断，那么，两种生产组织方式就反映了专业化分工层次的差别。

二、横向一体化的形成与局限

1998年，全省超过10亿元社会总产值的建制镇为274个，占全省1551个建制镇的17.67%。观察这些社会总产值在10亿元以上的镇，我们发现，两种一体化分工联系的专业镇都是存在的。比如，中山古镇的灯饰，小榄的五金制品，黄圃的腊味，沙溪的服装，澄海市澄城的玩具，南海西樵的纺织，大沥的铝型材制品、摩托车，盐步的内衣、平洲、里水的制鞋，南庄和佛山石湾的陶瓷，张槎的针织，顺德伦教的木工机械，乐从家具，东莞虎门的服装，石龙、石碣、清溪等镇的电子产品，厚街的鞋业，茂名市的高州、化州的水果，梅州、普宁的凉果等。在这两种专业镇经济中，大多数属于依靠自身的资源和专业化市场自然生长起来的横向一体化分工联系。比如说，东莞市虎门镇的几百家企业都生产不同款式、品种和类型的服装，每个服装企业基本上从进料、设计、加工成型和销售都是自己完成的，整个服装的生产环节并没有分配给不同的企业完成。南海县的大沥镇的铝型材生产、西樵镇的纺织品、中山市张槎镇的针织、小榄镇的五金生产、顺德市乐从镇的家具生产、佛山市石湾镇的陶瓷等，都具有这种横向一体化分工联系。建立纵向一体化在纵向一体化联系基础上的专业镇经济相对比较少。中山市古镇是一个典型的案例。这个镇在灯饰生产上基本上以产业链条形成了生产网络关系。从原材料、配件到组装分别由不同的企业完成。有的企业专门从事设计，有的企业专门进行塑料生产，有的企业提供玻璃制品，有的企业进行钢管制造，有的企业进行组装、包装，还有的企业专门从事运输和销售等。多数以纵向一体化为主的专业镇经济是通过外部资源的带动形成的。比如，东莞市清溪镇在一些生产计算机的台商大企业进入后，一些中小的台商纷纷进入，与进入的大企业在本地配套，从而形成了"嵌入"型的专业镇经济，据调查，目前大约一台计算机的95%以上零配件和组装件都可以在清溪镇配齐。这就是说，在清溪镇内，大企业生产计算机的核心件，大量的中小企业则生产相关配套的组装件和零部件，它们之间形成了纵向一体化的产业链条。

然而，从两种专业镇经济在广东经济中的分布情况看，目前，广东的专业化经济是以横向一体化分工联系为主的。除了东莞市的少数镇以引入型的生产计算机为主的专业镇实行了纵向一体化分工联系以外，广东省的绝大多数专业镇经济是以横向一体化分工联系为主的。之所以形成这样一个特点，主要有四个原因：

（1）贴近市场。广东省的大多数专业镇经济主要围绕着专业化市场建立的。这种专业化市场是原来的农村集市交易演化的结果。随着人们的收入水平不断地提高和市场交易频率的增加，许多以农副产品为主的集市贸易逐步地演变为以加工制品为主的专业化供求关系。参与集市交易的经济主体主要是有一定资金和市场经验积累的农民和个体户，然后逐步发展成为以提供专业化工业加工产品为主的中小型企业。这些个体、私营企业等中小企业对市场需求的变化反应最敏感、最及时。在缺少长途运输能力条件下，他们与周边市场之间形成了直接互动的供求关系，也使专业市场成为连接大量中小企业的结点。所以，专业化市场的形成与发展就使一个乡镇里面和周围的大量中小企业与市场化市场需求建立了相对稳定的联系。南海市到1999年底，个体、私营企业发展到69349户，比1998年增加了5102户，实现了经济总收入为420亿元，这些个体、私营企业主要集中各个专业镇里。

（2）技术与生产组织简单。大量的以家庭为基础的中小企业，由于缺乏足够的资金和技能积累，只能选择个人资金需要量不大、生产技术门槛不高的简单劳动密集型产品进入，比如纺织、鞋类、制衣、陶瓷、玩具和家具等。这类行业的技术主要以适用的、简单技术为主的。此外，这些中小企业没有雄厚的资金力量雇佣更多的专业人员来建立各种信息机构、收集信息资源、开办营销网点，这也就决定了这些中小企业主要围绕着周边的市场来投资设厂和做出反应，因此，这些中小企业多数是以家庭经营为主的，较少外请经营管理人员，但是，请帮工的企业较多。比如，在南海西樵镇中，大多数家庭都从事纺织品生产，主要是家庭的核心人员进行管理和经营，雇请外来工从事生产、运输和搬运等环节的工作。

（3）模仿跟进。在现有的专业镇经济中，由于大多数加工产品都属于形成最终产品前的少数几个环节的简单加工和装配，或从原料到最终产品之间本身就不需要复杂的生产链条，如纺织、鞋类、制锁和小五金等，因而开办这类企业需要的专业化技术水平相对不是很高的。同时，生产规模不是很大，这对开办初期的资金需求压力也不是很大，因而从技术和资金来看，进入的门槛都不是很高。当乡镇内的一些企业家根据市场需求变化首先成功地创立了某一类企业后，它的生产技术和经营经验就会通过亲戚朋友、街坊邻居等各种非正式的信息渠道传递给其他人，他们也就通过模仿性的学习进入这类产业。于是，在少数具有企业家创新精神的带动下，由少数人进入的行业就变成整个乡镇大多数家庭都进入的专业镇经济。

（4）聚集扩展。随着市场交易规模的不断扩大，其聚集资源和市场信息的能力变得越来越强，这会吸引外部的生产同类产品的资源和企业进入专业化市场周围，或在一个乡镇的专业化市场中设立销售网点，一些同类产品的企业也会直接将一部分资源投入这里进行投资设厂。中山市的古镇灯饰生产就是一个例子，灯饰生产初期，主要是本地企业进入，随着专业化市场规模的不断扩大，外地的企业也纷纷在古镇投资设厂，目前，在古镇生产灯饰产品的外来企业就有几十家。这就是当本地市场与生产规模同时扩大后，形成了同类产品的资源聚集效应。南海市大沥镇铝型材和摩托车配件市场、张槎的针织市场、乐从的家具市场等，都吸引了大量的外部资源和外来企业加盟，从而促进了本地专业化市场规模的扩展。

无疑，这种以横向一体化为主的资源配置类似于日本50年代出现的"一村一品"的专业化区域生产组织形式。它是在市场经济环境下通过竞争使各地区生产和资源逐步向本地最具经济优势的产品和生产环节强化和集中形成的结果。通过以乡镇为单位的区域专业化路径，有效地提高了整个社会的资源配置效率，从而成为广东经济进一步发展的产业组织形式。然而，这种以横向一体化为主的专业镇经济，虽然是专业化分工发展的结果，但是，这种分工还是经济发展中的初级阶段，它还不能看成是市场经济高度发达的一种产业分工组织方式，因为它还没有深入到企业层次上。现有的专业镇经济是以乡镇为单位的区域之间专业化分工为特征的，而不是以企业为单位形成的一种专业化分工。不同的乡镇，根据不同的资源禀赋、历史传统和地缘优势，形成了不同的经济分工，并通过资源的市场化流动，使资源的空间布局发生了变化。通过空间分布的变化，提高了资源的使用效率。然而，在专业镇内部，大量的中小企业之间还没有建立起经济学家所说的一种上下游的产业链条关系，即每个企业从原材料到最终产品的过程中直接相关的加工、处理活动等都是在本企业内部完成的。这里所说的加工过程所包含的获取原材料、加工产品和组装，处理过程所包含的运输、仓储以及市场销售等活动以及每个加工和处理的步骤所要求的一系列专业的支持性服务，如会计、法律服务、财务、人力资源管理、市场营销和战略规划等基本上都是通过企业内部组织资源进行的。专业镇内部的几乎所有企业之间的经济联系是松散的，甚至相互之间没有发生经济关系。比如说，在以家具为主的专业镇经济中，几乎所有的中小企业都生产以最终产品为主的家具，只是款式、品种、档次和类型有所不同。虽然通过市场竞争与分工，每个中小企业找到了自己的产品定位，有的档次高一些，有的大众化一些，有些家具体现了现代特色，有些家具继承了传统风格，但是，整个专业镇经济中的企业并没有形成纵向的产业链条关系，即有些企业专门从事木材采购和运输，有些则专门从事设计，另一些企业进行加工生产，还有一些企业专门从事仓储、运输和销售等。按照一些管理学家的说法，产业纵向链条的形成有利于整个产业提升价值的增值。迈克尔·波特（Porter. M）提出的"价值链条"概念描述了这个企业之间为生产最终交易的产品或服务，所经过的增加价值的活动过程。虽然纵向链条是更有利于提升价值增值的一种分工形式，但是，为什么广东的大多数乡镇没有选择这种纵向一体化的专业镇经济呢？我认为，主要原因有两点：

第一，市场化分工交易范围还没有演化到这个阶段。专业化分工发展的历史表明，随着市场竞争的不断强化和市场交易的扩展，乡村集市由以农副产品为主的多种产品交易演变为每个乡村集市越来越专业化的产品，在这个乡村内的企业大多数就会从事由提供多种剩余的产品变为专门从事某一种产品的生产。随后，每个乡镇生产能力的提高和分工的细化，乡镇内的企业会进入生产链条更长的产业，于是，企业之间的专业化分工也会沿着产品分工、产品内的生产环节分工方向发展。显然，由产品分工到产品内的不同生产环节的分工是市场交易扩展和竞争的结果。广东现阶段的专业镇经济是由以提供农副产品为主的乡镇集市贸易演变而来，这既是乡镇企业产业结构的一种提升，也是分工交易范围扩展的结果。现阶段广东的以横向一体化生产组织方式为主的专业镇经济特征表明，广东省的大多数乡镇经济基本上已经完成了由乡村集市贸易的多种产品生产向专业化产品生产转变的过程，同时，也把乡镇经济纳入越来越大范围的市场分工体系。但是，企业向着产品内部生产环节的分工则是初露端倪。

第二，企业之间的交易成本比较高。这种交易成本包括：企业的生产流程中的某些环节向一家独立的市场厂商购买而不是内部生产，由此产生的协调费用；与独立的供应商、分销商签订与执行购销合同的交易费用；与独立厂商合作中出现的信息披露与监督费用等。降低一个企业与另一个企业之间在纵向链条关系中的交易费用往往需要建立信任关系。这种信任关系可以通过两种途径加以维持：一是非正式组织的合作关系，比如，亲戚朋友、街坊邻居等长期形成的重复博弈关系，使企业之间恪守信誉关系；二是正式的制度规则，即通过建立一套比较完整的制度规则，激励遵守合约者，惩罚背叛者。在正式的制度规则没有有效地建立起来之前，非正式组织的合作关系起着主要的作用。目前的广东专业镇经济主要靠这种关系来建立企业之间的产业链条关系。在企业活动范围越来越大，资源流动越来越明显的环境下，这种非正式组织形成的合作约束力就显得薄弱了，由此使企业之间合作的交易成本提高了。因此，在缺乏有效的保护产权的制度规则条件下，仅靠非正式的组织来形成产业链条，必然使产业纵向链条上的交易费用较高，这构成了当前广东专业镇经济以横向一体化为特征的制度性原因。

三、生产组织向纵向一体化的转变

随着市场交易的扩展和生产分工的细化，广东地区的社会经济分工会由专业镇之间不同产品和产业之间的相互分工会进入专业镇内部的企业之间，在同一产业内部不同生产环节上的分工，这种转变有利于进一步提高广东专业镇分工层次与水平，并改进资源配置效率。目前，在广东专业镇经济中，形成这种分工细化的推动力量主要有三个方面，即以大企业为主的网络化资源的进入，自我生长起来的大企业与中小企业之间的网络联系以及支持上述两种力量发展的制度规则的建立与完善。

（1）以大企业为主形成的纵向一体化网络。对于广东的一些专业镇来说，大企业进入是形成纵向一体化网络的直接推动力，具体有几种情况：①随着大企业的进入，与大企业相配套的中小企业也相应地跟进，由此形成了一个网络性资源全面地进入。东莞市清溪镇就提供了这样的例子。90年代以来，在几个生产计算机核心件的台资大企业将生产基地迁入清溪镇后，这个大企业的供应商以及在台湾与其相配套的大量中小企业也随之安家落户于此地，这种大企业的进入本身给中小企业进入提供了较大的需求机会，从大企业手里接到稳定的订单，并给大企业提供稳定的配套产品形成了许多中小台商的生存与发展之道。②在大企业收购本地企业后，通过整合本地资源，形成了纵向一体化的网络。顺德提供了这样的例子。90年代后期，"爱德"品牌的电饭锅企业被海尔集团收购后，海尔集团便开始以这家生产线进入电饭锅行业，被收购的企业便成为海尔集团生产电饭锅产品的配套部门。品牌更换后，电饭锅产品借用了海尔的品牌和市场销售渠道，使其市场得到了迅速的扩展，需求量大幅度增加，于是，原有的企业生产能力已经无法适应这种需要，周边的一些企业看到这个机会后，纷纷加盟到为海尔电饭锅产品提供零部件、原器件的行列中，这样，通过海尔集团的品牌和市场销售渠道所建立的供应商网络就远远超过了原来的爱德企业形成的产业链条。③在大企业进入一个乡镇后，如果本地资源难以整合到产业链条时，那么，就需要引入外部资源，与本地的大企业形成相互需求的合作网络。东莞市石龙镇正在进行着这方面的尝试。石龙引入了日本最大的多媒体、复合型数码复印机制造商——京瓷公司，这家公司不仅把生产基地转移到石龙，而且，准备在石龙建立一个500人规模的研究与开发基地。这对内地计算机制造与软件开发人员和企业产生了巨大吸引力。北大方正已经将生产基地迁入石龙，一些产学研机构也正在陆续进入石龙，这将构成一个外部人力、技术资源在石龙聚集的网络。当然，把近4万人的本地人力资源吸引到与这些大企业相配套的产业链条中还需要一个过程。

（2）通过市场竞争，在原有乡镇的中小企业群体中成长起来一些具有带动效应的较大型企业，以这些大企业为龙头，形成与原乡镇内大量中小企业之间纵向一体化网络联系。目前，在大多数横向一体化专业镇经济中，基本上是与外部的大企业进行配套的。比如，南海的一些电子产品零部件和原器件生产、一些机械配件的生产就是以佛山和广州的企业为核心的。随着市场交易与分工的扩展，一些中小企业随着生产能力的扩展和资本积累，开始对没有品牌、附加价值有限的配套供应商角色不满意了，于是，这些企业便开始抓住核心技术，扩大自己的生产规模，从下游环节向上游环节推进，或者依托核心环节做大规模，把本来与其他企业配套的供应商吸引到自己配套的产业链条上来。日本大企业与中小企业的联系就提供了这方面的经验。在日本，许多企业就是在抓住某一产业的核心技术和生产能力基础上，通过分包关系把大量的中小企业聚拢在自己周围，由此降低市场交易风险和大企业管理费用。日本的总承包商与分包商之间既没有资产联系，又没有组成一个企业，而是通过长期的生产经营联系，使两者变得相互依赖。比如，日本本田公司汽车零部件的外购率已达到70%以上，即对承包企业的依赖性很高，而承包企业所采用的设备和技术都是为母公司设计的，除了母公司外，其产品别无销路。日本企业的分包商与承包商之间不是在市场竞争中寻找交易伙伴的，而是多数与熟悉的老关系做买卖，这实际上产生了一种排他性贸易，使得外国产品难以进入日本市场。

（3）推进制度规则的建立与完善，保证供应商、分包商和代理商之间的合约得到有效地执行。如上所述，广东专业镇经济之所以在推进纵向一体化产业分工上出现困难，是与市场交易中正式合约的执行有密切关系的。事实上，企业之间形成上下游网络关系的核心是契约。如果交易出现问题，在契约能够有效执行条件下，供应商与制造商之间凭借契约的约束，相互依赖对方，那么，双方就可能会努力缓和各种争议。如果双方不能签订一个可执行的、能够包括重要的意外事件和惩罚逃避责任行为的契约，那么，这种供应链条就会中断。因此，有效的契约是保证这种网络关系得以长期发展的根本。目前，在一些纵向一体化的专业镇经济中，企业之间形成纵向一体化的基础在于非正式的契约关系。这种合约关系在一个人力、资本和技术资源流动有限的条件下是比较有效的，但是，在广东省特别是经济相对比较发达的珠江三角洲地区，专业镇经济多数是在要素流动条件下出现的。要素流动会降低人们退出合约的成本，使合作双方出现机会主义行为，从而损害企业之间的网络关系。这也正是专业镇经济难以推进纵向一体化网络的一个制度性因素。因此，建立正式的以合约的有效签订与执行为核心的制度规则，有利于在要素流动条件下形成企业之间的纵向链条关系。通过正式的制度规则，保证长期的合作关系，这会极大地促进专业镇经济向产业内生产流程中不同环节的分工转变。

参考文献

[1][美]戴维·贝赞可（D. Besanko）等著.武亚军总校译.公司战略经济学[M].北京：北京大学出版社.1999.

[2][美]小艾尔弗莱德·D.钱德勒（Alfred. D. Chandler, Jr）著.张逸人等译.企业规模经济与范围经济[M].北京：中国社会科学出版社.1999.

[3][美]M.波特（Micheal Porter）著.国家竞争优势（上下）[M].台湾：天下杂志出版社.1996.

原载《中山大学学报（社会科学版）》2002年第1期

中国区域经济整合的新态势

——论泛珠江三角洲经济区的发展与协调

陈广汉

区域经济的整合成为中国经济发展的新趋势。导致这种趋势的原因主要有国际和国内两方面：首先，随着经济的全球化和区域化发展，国家的经济实力越来越体现为区域经济的竞争力。以大城市群为核心的经济区在世界和国家经济发展中扮演着日益重要的角色。其次，区域经济差距的扩大将成为困扰中国未来经济发展的一个难题。在一个人口众多，幅员辽阔的发展中大国如何控制经济发展过程中日益扩大的地区不平衡，并逐渐缩小差距实现区域经济协调发展是当代发展大国还没有解决的课题。但它是中国经济的真正崛起和实现经济发展目标不可逾越的问题。泛珠江三角洲经济区的发展顺应了中国经济发展需要。

一、泛珠江三角洲经济区提出的背景和依据

从区域层面上看，中国内地的改革开放是从毗邻港澳和台湾地区的东南沿海地区启动的。中国内地的改革开放和低廉的生产成本吸引了大量的港澳台企业将生产过程转移到内地，珠江三角洲凭借改革开放先行一步的制度创新的优势和毗邻港澳的区位优势，成为港澳台企业第一轮投资和产业转移的首选地区。这些企业成功地利用香港的国际金融贸易中心的服务平台和珠江三角洲低廉的劳动力和土地，在香港和珠江三角洲之间建立了一种跨境的生产与贸易体制，形成了"前店后厂"的合作模式。20世纪80年代，两岸四地资源整合和优势互补所形成的经济活力，在以珠江三角洲为代表的华南地区显现出来。华南地区与港澳台地区之间的经贸关系日益密切。正是在这样的背景下，一些学者提出了"华南经济圈"或"南中国经济区"的设想。"泛珠江三角洲经济区"的构想可以看成是"华南经济区"的延伸和拓展。依据目前官方的界定，泛珠江三角洲经济区包括广东、广西、福建、江西、湖南、海南、云南、贵州和四川省和香港与澳门两个特别行政区，即所谓"9+2"。但是，从提出的背景和条件看，泛珠江三角洲经济区同华南经济区相比，已经具有了不同的特点，其中重要的差别在于区域范围扩大和珠江三角洲经济的崛起。90年代初"华南经济区"的推动力主要来自港澳台地区，珠江三角洲经济的迅速发展使该地区区域经济的格局发生了变化，为泛珠江三角洲经济区的发展奠定了更好的基础。

第一，从中国新一轮区域经济发展的态势，看泛珠江三洲经济区发展的必要性。

进入新世纪以来，中国区域经济的板块正在进行重组和整合。长江三角洲的崛起、环渤海湾经济区的发展、东北和中部老工业基地的振兴，这些标志中国区域经济的实力和板块正在重新组合。以上海为龙头的长江三角洲以其广阔的经济腹地，良好的经济发展基础和较高素质的人力资本，在中国经济加入WTO后的新一轮开放中，成为外商投资的热土。有关研究的结果表明，当境外和国外的企业将他们未来产品的市场定位在中国市场时，往往会选择投资长江三角洲；当他们将产品定位中国以外的市场时，往往会选择投资珠江三角洲。这是在我国加入世界贸易组织后，长三角外商投资高速增长的一个重要原因。因此，珠江三角洲的经济腹地以及它与内地省份的经济关系成为决策者和关心珠三角经济发展的人们必须考虑的问题。其答案是：做大珠江三角洲。一方面，利用CEPA提供的机遇，提升粤港澳经济合作的水平，建构大珠江三角洲经济区；另一方面，拓展珠江三角洲的经济腹地，加强大珠江三角洲经济区与邻近省份的经济合作，推进泛珠江三角洲经济区的发展。

第二，从区域经济发展的规律，看泛珠江三角洲经济区发展的可能性。20世纪50年代中期，诺贝尔经济学奖获得者缪尔达尔提出了区域经济发展不平衡的倒U理论。这一理论假说基于这样的经济现象：经济发展水平最低和最高的两类国家和地区的区域经济发展不平衡最小，而经济发展水平处于中等水平的国家和地区的区域经济发展不平衡最高。因此，经济发展的水平与区域经济的不平衡呈现倒U的变动轨迹[①]。缪尔达尔用区域经济发展的"回波效应"（backwash effect）和"扩散效应"（spread effect）对此进行了解释。他认为，经济发展中的幸运地区（lucky regions）通过贸易、资本和劳动力的流动等中介因素，对周边地区的经济发展产生回波效应和扩散效应的影响。回波效应反映一个地区的发展引起资本、人口和贸易在该地区积聚，导致周边地区的经济衰退，地区之间的不平衡扩大；扩散效应则相反，表明一个地区经济发展通过资本、贸易和人才的扩散，带动和促进周边地区的发展，使地区不平衡的现象缩小。当一个国家和地区的经济发展处于较低水平时，区域经济发展中的回波效应会大于扩散效应，先发地区的经济发展将会导致周边地区的衰落，区域经济不平衡就会扩大；当经济发展处于较高阶段后，扩散效应就会大于回波效应，发达地区的经济发展将会带动周边地区的经济发展，区域经济不平衡就会逐渐缩小。根据上述的理论分析，我们认为处于珠三角和长三角的经济发达地区，经济具有了一种向周边地区扩散的内在要求。例如，珠江三角洲的有些产业开始向周边转移，向内地省份的投资增加，通过能源合作和劳动就业向中西部地区扩散经济增长的利益。另外，贸易的关系也在不断加强。在CEPA的合作框架下，香港和澳门与泛珠江三角洲各省份的经济合作也越来越密切。这表明泛珠江三角洲经济区的发展反映了该地区经济发展的内在要求；同时也初步具备了加强合作的基础和条件。

第三，从中国区域经济发展战略的调整，看泛珠江三角洲经济区发展的重要性。一个国家某一地区的经济发展战略必须与全国区域经济发展战略相一致。中华人民共和国成立后，国家的区域经济发展战略进行了三次大的调整。第一次是20世纪50—60年

---

① 缪尔达尔（Myrdal，Gunar）：《经济理论与不发达地区（英文版）》，1957年。

代，实现沿海与内地平衡工业布局的区域发展战略。毛泽东在《论十大关系》的第二部分论述了发展沿海工业与内地工业的关系。由于历史的原因，当时中国工业的70%集中在沿海地区。毛泽东指出："沿海工业基地必须充分利用，但是为了平衡工业发展的布局，内地工业必须大力发展。""新的工业大部分应该摆在内地，使工业布局逐步平衡。"①根据这一发展思路，新中国成立后的一些大型重工业都是布局在中西部地区。第二次是20世纪70年代末和80年代初，中国开始推行优先发展沿海地区的战略。在1978年改革开放初期，邓小平提出允许一部分地区、企业和个人先富起来的政策，开始实施加快东部沿海地区经济发展的区域非均衡发展战略。这一战略的实施加快了东部地区的发展，启动了中国经济高速发展的进程。经过近十年的发展后，中国区域经济发展的差别扩大。在这样的情况下，邓小平在1988年提出了两个大局的发展构想。他指出："沿海要加快对外开放，使这个拥有两亿人口的广大地带加快地先发展起来，从而带动内地更好地发展，这是一个大局。反过来，发展到一定阶段的时候，又要求沿海拿出更多力量来帮助内地发展，这也是个大局。那时沿海也要服从这个大局②。第三次从90年代中期到科学发展观的提出。从90年代中期开始中央就提出要充分发挥各地的优势，促进地区经济合理布局和协调发展的战略思路。科学发展观是在总结了中国经济和社会20多年快速发展正反两方面的经验的基础上提出的。区域经济协调发展成为科学发展观的基本要求。实现区域经济的协调发展是要"继续发挥各个地区的优势和积极性，推进西部大开发，振兴东北老工业基地，促进中部地区崛起，鼓励东部地区加快发展，形成东中西互动，优势互补，相互促进，共同发展的新格局"③。泛珠江三角洲经济区包括了东部、中部和西部的省份。因此，泛珠江三角洲经济区的发展有利于我国区域经济协调发展战略的实施，符合全国经济发展的总体战略。

二、泛珠江三角洲经济区发展的目标

第一，建立统一的市场，促进区域的分工，实现共同发展是区域经济整合的基本目标。近一年多来，在中国经济发展中，区域经济的合作和推进区域经济的一体化越来越受到政府的重视和理论界的关注。这是因为经济的发展和增长需要统一的、更有效益的市场。由于我国是一个从计划经济向市场经济转型中的国家，局部利益驱动下的地方政府在经济发展中扮演了重要的角色。政府在推动经济发展的同时，行政区划所产生的各种有形和无形的因素和力量，阻碍着市场机制在区域资源配置中的作用。区域之间产业的同构、基础设施的重复建设、以行政区划为依据的种种歧视等现象，降低了资源配置的效率，影响了市场在区域内引导资源配置的功能。长期以来，在计划经济时代形成的"诸侯经济"的现象并没有得到根本解决，各地区之间的低水平重复建设屡禁不止。这一切均凸现中国现阶段区域经济合作和整合的意义和目的。

从理论上讲，区域经济的整合的意义在于以区域为基础，提高资源利用的效率。最

---

① 毛泽东：《论十大关系》，《毛泽东著作选读》，北京：人民出版社。
② 邓小平：《中央要有权威》，《邓小平文选》（第3卷），北京：人民出版社。
③ 《准确把握科学发展观的基本要求——三论树立和落实科学发展观》，《人民日报》2004年3月26日。

大限度实现此目标的必要条件是：第一，在一体化区域内，消除阻碍商品与生产要素自由流动的各种障碍及集团成员间一切以国籍或行政划为依据的歧视。第二，确保市场能够提供正确的信号，充分发挥价格机制在区域资源配置中的基础性作用。正如巴拉萨所指出："经济的一体化既是一个过程，也是一种状态。就过程而言，它包括旨在消除各国经济单位之间差别待遇的种种措施，就状态而言则表现为各国之间各种形式的差别待遇的消失。"①因此，区域经济一体化就本质上而言就是通过共同产品和要素市场的建立，充分发挥市场在区域资源配置中的作用，促进产业分工和经济增长。

在经济思想史上，亚当·斯密最早揭示了市场与分工同经济增长的联系。斯密指出，一个国家人均产品的数量首先取决于劳动生产力，"劳动生产力上最大的增进，以及运用劳动时所表现的更大的熟练、技巧和判断力，似乎都是分工的结果"。"分工会产生普遍的富裕"，"它不以这广大效用目标的一种人类倾向所缓慢造成的结果，这种倾向就是互通有无，物物交换，互相交易"。"分工起因于交换能力，分工的程度，因此总要受交换能力大小的限制，换言之，要受市场广狭的限制。"②我们可以运用斯密的上述理论来解读经济的区域化和全球化的进程。回顾世界科技和经济发展的历史，我们可以认为蒸汽技术引起的动力革命、航海和航空技术的发展以及信息科技革命，极大地缩小了时空的界限和距离，为市场的扩大创造了物质和技术条件；而各种有利于推动区域和世界贸易自由化的制度创新和多边或双边经贸安排则为市场的扩大建立了制度框架。因此，我们认为，泛珠江三角洲经济区的发展的目的是要在区域内建立统一和有效的市场体系，消除区域内阻碍产品和生产要素自由流动的各种体制障碍，充分发挥市场机制在区域资源配置中的作用，促进区域内经济分工，最终实现共同的发展和"普遍的富裕"。

第二，区域经济的整合是一个从初级到高级的渐进过程。巴拉萨将经济的整合可以分为两种形态：功能性整合和制度性整合。功能性整合指某一区域内各经济领域实际发生的阻碍经贸活动的因素的消除和经济的融合。制度性整合是通过区域内各成员建立的协议，并由特定的一体化组织管理机构加以指导和按照明确的制度安排的一体化过程。诺贝尔经济学奖获得者丁伯根（Tin-beergen，1965）在分析国际经济整合时，提出了消极整合和积极整合的概念。消极整合指在区域贸易自由化过程中产生的，只涉及消除歧视与流通限制等方面的经济一体化过程。而积极整合指通过修订已有法律与机构和设置新的法律与机构，以保障市场的有效运行和集团内宏观政策目标的实现。

从巴拉萨和丁伯根的上述分析，我们可以得出两点启示：首先，区域经济的整合可以分为不同的阶段。巴拉萨和丁伯根提出的功能性整合和消极性整合显示了经济整合的初级阶段的特征，是在现有的制度框架内，消除区域内阻碍市场机制引导资源配置的障碍，促进区域内经济合作和分工，反映了区域内各成员之间的优势互补和经济发展的内在要求。制度性整合和积极性整合则涉及现有制度框架的改变和制度的建设，通过区域内各成员之间的制度性安排，以保证市场机制的有效运行和宏观经济目标的实现。它将

---

① 贝拉·巴拉萨（Balassa Bela）：《经济一体化理论》，伦敦，1961年。
② 亚当·斯密：《国民财富的性质和原因的研究》，北京：商务印书馆，1981年。

功能性整合的成果制度化和法制化，巩固和提高经济整合的水平，表明经济的整合程度发展到了一个较高的阶段。二者的紧密配合和相互促进，才能不断推进和深化区域经济一体化进程。从世界范围的区域一体化的过程看，正是各国和各地区密切的经贸关系和不断深化的经济分工，为区域之间的多边和双边的经贸关系的制度性安排创造了物资基础。由此可见，区域经济的整合或一体化进程是建立在客观经贸联系的基础之上的。其次，巴拉萨和丁伯根虽然主要是以国际经济的整合为研究对象的，但上述理论的一些基本原则也可以用于分析中国国内区域经济和泛珠江三角洲经济区的合作和整合问题。功能性整合和制度性整合、消极性整合和积极性整合是一个相互依存的渐进式发展过程。我们在推进泛珠江三角洲经济区的建设和发展中应该遵循这样的原则。

按我们认为泛珠三角经济区应该是一个区域经济的概念，它是以这一地区已经存在的、未来将会更加密切的经贸关系为基础，为了顺应和推进这种日益扩大的经济联系和区域分工，而不断拓展和完善统一和有效市场进行的区域经济整合的过程。泛珠三角经济区中的有些省份，例如福建、江西、湖南的一些地区与长江三角洲和长江经济带相邻，它们与长江三角洲的经济关系也十分密切。因此，与国际间的自由贸易区不同，在国内的区域经济中，行政区划和经济区具有一定的联系，这种联系会有利于发挥政府在区域经济合作中的作用，但从经济层面上看二者并不是完全的重叠。泛珠江三角洲应该是一个开放的经济区，它不但不会排斥，而且应该积极推进同国内和国际其他区域的合作，特别是对于国内其他地区不应该具有排他性。

因此，中国现阶段不断升温的区域经济整合的目标，是要充分发挥市场在区域之间资源配置的基础性作用，通过市场的完善和扩大促进区域经济和产业分工，逐渐缩小地区经济差距，最终实现区域的共同发展和"普遍的富裕"。区域性市场的扩大和完善是全国性统一市场形成的组成部分和必经阶段。

三、区域经济整合中的障碍和协调

由于中国是一个从计划经济向市场经济转型中的国家，政府和因行政区域形成的体制因素对经济发展产生着重要的影响；同时，我们又是一个幅员辽阔的发展中国家，区域经济发展很不平衡。这些决定了中国区域经济的整合是一个艰难的过程。我们认为阻碍我国区域经济以及泛珠江三角洲经济区合作和整合的因素主要包括三个方面：体制性障碍、基础设施障碍和产业的同构。

体制障碍是导致国内市场分割、市场机制不能在区域资源配置中充分发挥作用以及区域内优势互补的产业分工难以形成的基本原因。例如，由户口和户籍以及城乡差别导致的对劳动力的就业歧视，影响了统一的劳动力市场的形成。地方政府追求发展政绩引起投资冲动和扩张意欲，导致了重复建设和产业同构，严重影响了资源配置的效率。为了维护局部利益而形成的各种法规和政策，会阻碍资本和商品的自由流动。这些制度性的障碍最终破坏了市场机制在资源配置中的作用，国内市场被分割，斯密所说的那种市场扩大引起分工，"分工会产生普遍富裕"的情形将难以发生。19世纪上半期，德国出现了一位著名的经济学家弗里德里希·李斯特。后人在评价他对德国经济发展的贡献时认为，李斯特一生似乎做了两件自相矛盾的事，一是在德国国内建立统一的税制，二是在德国与英法等经济发达国家之间建立发展德国生产力的保护关税。从学理上看，李斯特一生所主张的这两项政策似乎存在矛盾，因为他对市场机制在国内和国际经济中的运用采取了双重标准。但他的目标是一致的，即推动德国的工业化，使德国的工业在国际上最终能与英国和法国并驾齐驱。当时的德国是一个落后的农业国，拿破仑战争之后，德国国内的城邦数量虽然大量减少，但是各城邦之间的关税壁垒和各邦内部各个省区规定的地方税率，严重地妨碍商品的流动和全国统一市场的形成。1834年在李斯特等人的领导下，德国建立了统一关税联盟，1835年建筑了第一条铁路，这些努力推动了德国国内统一市场的形成。尽管中国今天的情况无法同19世纪初期的德国相比，但是目前在我国的社会经济中的确存在各种阻碍商品和生产要素自由流动的体制性和政策性的障碍，并且还没有引起我们应有的关注和重视。

如果说体制是有效和统一市场建立的制度条件，那么良好的交通、通讯等基础设施则是统一市场发展的物质和技术的载体。为了更有利于泛珠江三角洲区域经济的合作和整合，必须在区域内建立起良好的水陆空相结合的立体交通体系和通讯网络，以保证人员、物质和资金的顺畅和快捷的交流。例如，今年4月重庆市开通了首条公路集装箱外贸运输线路，从重庆出发，经四川的隆昌、叙永、贵州、广西、广东，到达深圳盐田港，全程2000多公里，走完全程最多只要3天。有关人士认为，待2005年重庆至湛江的西南出海高速公路开通后，公路集装箱运输更大有可为。广东沿海的港口对内地和西南地区的辐射能力会加强[①]。这也说明基础设施是促进商品与生产要素流动，建立统一市场的重要条件。如果我们能够消除阻碍区域经济整合的体制和基础设施的障碍，那么市场就会在区域资源配置中发挥应有的作用，区域之间的经济和产业的分工才会逐步地形成。

政府和市场是协调区域经济整合和完善市场机制的主要手段，但它们的作用程度不一样，在消除区域经济整合障碍方面具有不同的协调方式。制度性障碍主要应该由政府推动来解决。制度的公共产品的特性和制度建立的协调成本决定了政府在消除体制性障碍中的独特作用。政府可以通过建立规则规范经济活动中各经济主体的经济行为，实现经济发展整体长远目标。在基础设施的建设方面，市场与政府同样重要。区域之间的大型的跨境的交通、通讯等基础设施需要政府协调和规划，但是，这些基础设施的建设和管理可以通过市场的机制来解决。而区域之间的产业分工则完全应该由市场决定。

中国区域经济一体化发展进程正在起步，它会触及我国经济体制的更深层次的矛盾和问题，迫切要求政府的职能转变。它既是经济全球化和区域化的一个部分，也是对这种趋势带来的挑战的一种回应。理论界应该加强对这一问题的探索。

原载《中山大学学报（社会科学版）》2004年第5期

---

① 《重庆至深圳外贸集装箱走公路了》，《中国物流文化网》2004年第4期。

外向型城市化发展模式研究

——珠江三角洲个案研究

李胜兰

改革开放的20多年，珠江三角洲凭借国家的优惠政策和比邻港澳的优势以及自身的努力，经济获得了空前的发展，据统计，珠江三角洲地区的土地面积仅占广东省的23%左右，但却积聚了广东省经济总量的80%，国内生产总值、税收占全省的比例超过了80%。经济的迅猛发展使原来以农业为主的珠江三角洲城市化加速形成。目前城市化水平约为74.5%，高出全省平均水平17个百分点，是广东省城市化水平最高的地区，这里已初步形成了连片的城市群，尤其是广州、深圳、珠海、佛山、东莞、中山以及香港、澳门，已形成了一个巨大的都市经济圈，人口和产业高度聚集，辐射能力强劲。

在这一城市化过程中外资的贡献是显著的。从1979—2003年底，珠江三角洲地区实际利用外资累计达2530亿美元，占广东全省的88.6%，占全国实际利用外资总额的35.19%；世界500强中的254家已经在珠江三角洲投资或设立办事处，注册了404家公司；2003年，跨国公司在广东投资超过5000万美元的项目达到33个，比上年增加9个，其中大部分集中在珠江三角洲。2002年，珠江三角洲的进出口贸易额为2069.7亿美元，占全国进出口总额的33.3%，同比增长25.6%，增幅高于全国平均水平4.6个百分点。因此，珠江三角洲的城市化是与外资分不开的，可以说，没有外资就没有珠江三角洲城市化的迅速发展。反过来说，珠江三角洲的城市化也因为外资而带有明显的外向型的特征，形成了外向型城市化模式。

一、外向型城市化模式的特征

1. 城市化的动力不是来自区内中心大城市的经济发展

目前珠江三角洲城市群有特大城市2个，大城市8个，中等城市13个，不成规模的小城镇有369个。占全省人口总数和经济总量的54%和63%。与其他发展中国家吸收外资的"大城市倾向"或集中在主要经济核心的空间特征是截然不同的。比如，东南亚的泰国，首都曼谷几乎集中了全国所有的资本投资，而同样是珠江三角洲中心城市的广州，1979—2002年累积实际利用外资额29.4亿美元，只占珠江三角洲的14.2%。小城市和县累积实际利用外资达69.7亿美元，占整个珠江三角洲的34.7%。造成这种状况的原因：一是广州的投资环境（对1978—1995年涌入珠江三角洲的外资而言）与小城市和县相比是较缺乏吸引力的。广州作为沿海开放城市之一，其吸收外资的政策方向是高新技术产业；而投向珠三角的外资主要是来自港澳地区的小规模、劳动密集型的制造业，技术成分不高，对于这些企业，小城市和县更具吸引力；二是小城市和县提供了比广州更低廉的土地和充裕的劳动力及更灵活的优惠措施；三是靠近香港的珠江三角洲地区，在地理位置上与香港更接近，投资的成本更低。因此，珠江三角洲的农村地区成为80年代香港地区、台湾地区和其他新兴工业化地区工业外迁的最佳迁移地点之一。香港成为珠江三角洲新的强大经济辐射中心，令环珠江口各市县对广州不同程度地产生了离心趋向，更密切地与香港这一世界城市联系起来。

这种"外向型城市化"不仅突出了其城市化动力的外部因素作用，同时也正是通过外部因素，尤其是作为外资主要来源的港澳地区投资的作用而使珠江三角洲内的农村城市化地区直接（不经首府广州）与世界经济结构重组、进行国际劳动力分工以及与世界城市体系联系起来。

2. 外资是迅速城市化的主动力

珠江三角洲改革开放后城市化的迅速发展固然是内外动力共同营造（国内动力包括政府政策，特别是人口、农业、土地、外资、行政体制等方面，本文不详述）的结果，但是外资的大量涌入，对珠江三角洲城市化的影响和作用是功不可没的。外资投入及其带动的出口增长是过去20多年珠江三角洲城市化的主要动力。据统计，目前已有超过75%的香港制造业产品在珠江三角洲生产，90%的玩具和钟表厂、80%～90%的塑胶厂、85%的电子厂都在珠江三角洲设厂。外资投入和外资企业的安家落户，促进了珠江三角洲地区农村工业化并使这一地区的交通、通讯、道路、公共基础设施的迅猛发展，推动了城市化的发展步伐。与此同时，在珠江三角洲约有400万劳工直接受雇于香港公司，这大约是香港本身制造业人数的5倍。从1978年到2002年，香港与内地的双边贸易增长98倍。澳门在产业转移及旅游业、金融业等方面均与珠江三角洲开展了较广泛的合作，澳门95%以上的玩具业已转移到珠江三角洲地区。

3. 跨地区的进出口人流、物流导致城市化的跨境特征

凭借着与港澳比邻的优越的地理位置，珠三角与港澳之间的资本流动、生产线和生产工序的迁移和再分布、人力和货物运输的跨境互动，一方面推动珠江三角洲出口导向型工业化和城市化的发展；另一方面也促进香港向国际金融服务中心的转型。这种"前店后厂"的劳动分工，是一个将资本主义市场经济和社会主义计划经济相结合的独特典范。珠江三角洲通过香港这一世界城市而逐渐渗入世界市场和世界城市体系，纳入世界经济轨道。

4. 低成本投入推动了农村地区的工业化和城镇化

20年来珠江三角洲的城市化发展明显地主要集中在环珠江口、沿珠江三角洲与港澳的相邻地区一带。2002年这一地带的城市个数为11个，占整个珠江三角洲城市总数的一半。城市非农业人口达537.6万人，占珠江三角洲的72.1%。如果以从事非农业活动劳动力占农村社会总劳动力的比重和非农产业产值占农村社会总产值的比重来衡量珠江三角洲农村地区"农村城市化"的水平，环珠江口的市（指其郊区）和县，包括佛山、江门、珠海、深圳、惠州、东莞、中山、南海、顺德和新会的农村城市化水平最高，两项比重都在60%以上。这种状况的形成主要是香港外资投资于规模较小、档次较低、技术

成分不高的制造业，考虑到成本因素，投资地区集中在靠近香港的环珠江口的农村地区。依托这些投资，这一地区农村迅速实现了工业化和城镇化。

二、外向型城市化对社会经济结构的影响

外向型城市化发展模式的形成对珠江三角洲地区的社会经济结构影响巨大，表现在：

1. 外资涌入促进了经济结构由农业为主的社会转变为工业化的社会

大量外资的涌入，使珠江三角洲地区经济结构迅速的发生变化。从1990—2002年，农业占珠江三角洲农村社会总产值的比重由58.4%下降到20.8%；而同期第二产业的比重则由24.7%上升为61.7%，第三产业的比重由6.9%上升到16.5%。从事农业生产的劳动力占珠江三角洲农村劳动力的比重由1990年的79.5%下降至39.6%，而从事第二、三产业的劳动力比重则分别由14.4%和7.1%上升至40%和20.4%。农村劳动力以年递增2.4%的速度增长，从事农业的劳动力却以0.8%的年递减率减少，而同期从事非农业活动的劳动力年递增率却超过10%。估计有70%~80%的农村劳动力已从农业生产中释放出来转而从事非农业生产。在这个由农业向工业化社会的转变过程中，外资扮演了极其重要的角色，是珠江三角洲经济和就业结构转变的主要动力之一。

2. 出口导向型外资企业的建立使"自给自足"的封闭经济转变为外向型的经济

珠江三角洲外资主要来源于香港地区的企业，它们是以最大限度地利用低廉的劳力和资源获得迅速反馈利益为目的，属于"贸易创造型"，即从事生产适合于香港地区和其他发达国家市场的出口导向型产品的投资。来自香港的"贸易创造型"投资大大地促进了珠江三角洲出口的增长。从1990—2002年，珠江三角洲的出口额年均递增率达31.5%。出口额占国民收入的比重更是由8.6%上升到64.6%。与此同时，出口产品的构成也发生了显著变化，由农产品为主转变为工业尤其是轻工业产品为主。例如，农产品出口值占出口总额的比重由1980年的50%下降到2002年的9%，而轻工业产品出口的比重则由29%上升到76%。外资引入和外资企业的建立使珠江三角洲由封闭的"自给自足"经济转变为以出口为导向的经济。

3. 外资企业使珠江三角洲成为全国其他各省市迁移人口的最大吸引源之一

以劳动密集型制造业为主的外资大量涌入珠江三角洲，不但改变了地区经济结构和类型，同时亦创造了大量的就业机会，除解决了当地农村剩余劳动力转化的问题，它还吸收了大量区外、省外的自发性迁移人口。这些人实际上已发生了行业和地域上的迁移，构成了城市化过程中一个十分重要的组成部分。经济高速发展的珠江三角洲，不仅使本地居民充分就业，而且容纳了大量的外来劳动力。据了解，目前这一地区每年使用外来民工的总规模已经达到1000万人左右，涨幅是10年前的10倍。最近10年，在这里就业的外来工累计达8000万人次。以每个劳动力平均带回劳务收入3000元计算，他们为劳务输出而增加的收入为2400亿元。

4. 外资企业的进入使珠江三角洲的土地利用景观演变为工业化和城市化表征

外资企业纷纷落户珠江三角洲，使本地区的土地利用景观也发生了深刻的变化。这主要表现在两方面：一是农村地区为了给工业化创造条件，提供低廉的土地，农业用地

尤其是耕地锐减；二是城市建设用地特别是建成区面积迅速扩大，工业、交通运输、房地产用地增长，形成农村城镇化现象。从1990—2002年，珠江三角洲耕地面积年递减率达3.5%。耕地减少最严重的市县乃广—深和广—珠高速公路沿线地区。在农业用地尤其是耕地向非农用地转化的同时，珠江三角洲城镇建设用地不断扩大。1980—2002年，大部分市县的城镇建成区面积扩大了1.5倍以上，如深圳扩大了37.1倍，中山4.8倍，南海2.3倍，惠州2.1倍，广州1.8倍。城镇间的平均距离不到10公里，有些城镇建成区已连成一片。农业用地向非农用地的转化，充分反映了珠江三角洲农村景观向城镇景观的转化，是农村城镇化的显著表征。

三、外向型城市化发展面临的挑战与对策

1. 挑战

过去的20多年，外资对珠江三角洲的影响标志是：确立了一个新的城市化类型——外向型城市化，对世界经济全球化发展中的国家和地区城市化动力和格局的研究提供了新方向。然而，值得注意的是，近年来这种"外向型城市化"模式的进一步发展面临很大的挑战。

（1）经济全球化的挑战。当前经济全球化趋势迅速发展，国际间资本流动规模越来越大，范围越来越广，参与国际投资的国家和地区越来越多。国际投资的流向也打破了由发达国家向发展中国家流动的传统格局，发达国家之间的相互投资已占据国际投资主流向的地位，同时还出现了发展中国家对发达国家投资的资本"逆向流动"。

国际投资领域日益呈现多层次、多源流和多流向的新格局表明，国际经济竞争的焦点已由传统的国际贸易领域转移到国际投资领域。从一定意义上说，国际投资的规模大小和投资渠道的畅通与否，已经成为决定某一地区、某一国家乃至整个世界经济能否健康发展的决定性因素。国外其他较低成本地区和国家（如越南、印度等）凭借更优越的投资环境和优惠的投资政策的竞争对中国珠江三角洲地区在下一时期和下一经济发展阶段的外向型经济发展提出了强有力的挑战。

（2）国内其他地区的挑战。就国内经济环境而论，一方面珠江三角洲原有的特殊政策优势与区位优势已经明显弱化；另一方面，又遇到了国内其他地区越来越激烈的竞争，尤其是大上海的重新崛起，已经明显地形成了带动长江三角洲全面赶超珠江三角洲的态势。资料显示，在固定资产投资方面，2003年长江三角洲和珠江三角洲地区全社会固定资产投资占到全国总量的30.7%，其中，长三角投资活跃，占全国的比重达到23.5%，珠三角为7.2%。在出口方面，从总量上看，珠三角出口总量大于长三角，但从发展速度来看，长三角出口总额快速增长，增幅达到47.6%，而珠江三角洲地区增幅26.2%，长三角高出珠三角21.4个百分点。在到位外资方面，在国际资本向长江流域转移的机遇下，2003年长三角到位外资是珠三角的1.7倍。从发展速度看，长三角增速达到60.7%，快于珠三角。

种种情况表明，近十多年来，以上海为龙头的长江三角洲实现了跨越式发展，已经明显地呈现出再执中国经济发展之牛耳的强劲势头。

（3）自身发展的挑战。珠江三角洲正面临着经历过去20多年高速增长后投资成本

（土地、劳力）上涨、激烈竞争而造成非规模经济、投资环境容量和持续性问题：①有些地区把发展经济仅仅看成了招商引资，为此，地区之间相互攀比，比谁的土地价格低，有的为了吸引外资，甚至到了不择手段的地步；②"前店后厂"，实际利用的是廉价劳动力，不少地区并没有达到吸引先进技术的目的，从发展现状看，企业并没有研发能力，仅仅是生产中心，就价值创造而言，所占比重甚少；③企业以外资为主，产品以出口为主，在国际经济波动时期，受影响较大。

2. 对策

（1）大珠江三角洲战略。尽管说着同样的语言，喝着同样的珠江水，但咫尺之隔的珠江三角洲各城市之间，却几乎没有形成真正的区域合作。在城市功能定位与发展战略目标方面，20世纪90年代后期，广州提出以建设华南区域性中心城市为目标。深圳也提出建设区域性中心城市的目标。21世纪初，东莞和珠海也宣布未来要建成区域性中心城市。珠江三角洲多中心的城市定位来源于20世纪80年代以来各地"各自为战"的引进外资与发展外向型经济，从而形成多个相对独立的新兴城市经济。面对全球经济一体化和区域经济带来的竞争，珠江三角洲各城市如果单打独斗，肯定势单力薄，而联合起来，有可能形成一个强大的区域经济体。

随着我国加入WTO，珠江三角洲和香港"前店后厂"的模式、香港转口贸易的途径正在弱化，在面临着全球化、生态危机、经济竞争白热化的形势下，如何进一步提升珠江三角洲城市化的动力，是一个很大的挑战。只有建立一个有全球竞争力的、人口相对集中的、基础设施和生态都非常优秀的、一个有延绵不断的黄金海岸线城市群，才能在全球化的竞争中处于优势地位。CEPA的签署是一个隆重的开端，香港的市场经济经验和服务业优势将对广东进一步发挥积极的影响，而香港也得以利用内地低成本的土地和劳工，将本身不过几百万人口的经济体系，扩大至面向和运用几千万人口资源的经济体系。

（2）提升产业结构。珠江三角洲已成为高新技术企业和高新技术产品生产企业的密集带，珠江两岸聚集了大量知名的高新技术企业，初步形成了以电子信息、新材料、生物医药和光机电一体化等四大高新技术领域为主的高新技术产业带，显示出产业升级的走向。2001年，珠江三角洲高新技术产业带来高新技术产品产值3335亿元。目前，已建成广州、深圳、佛山、中山、珠海、惠州六个国家级和东莞、肇庆、江门三个省级高新技术区，广州、珠海两个国家软件产业基地，三个国家级高新技术产品出口基地，三个国家级高新技术产品出口基地，12个"863"成果转化基地，一个国家级大学科技园。

尽管如此，有专家认为，珠江三角洲高新技术产业带中心辐射作用不明显、各地区划地为营的散状竞争不利于整体产业的升级。珠江三角洲地区必须尽快打造自己的核心技术产品，尽快成为拥有自我创新能力、自主知识产权、能独立进行产业结构战略性调整，并尽快培育优势配套产业体系，形成具有竞争力的产业链和产业群，才能真正提升珠江三角洲地区制造业竞争力，抢占中国入世后新一轮制造业发展的先机。

（3）注重内源性经济的作用和拉动力量。外向型城市化无论是过去、现在还是未来，都是珠江三角洲城市化的特色和优势所在。但在坚持外向型经济不放松的同时，我们绝对不能忽视内源性经济的作用和拉动力量。从外部环境来看，当前，世界经济局势普遍低迷，全球的跨国投资都在收缩。外资企业则被人比作游牧部落，其流动性非常强，不稳定性大，来得快走得也快。因此，珠江三角洲未来引进外资面临的形势会越来越严峻。从经济发展的规律来看，外向依存度过高会使一个地区的发展受制于人，抗风险能力弱。因此，培育具有自主知识产权和自有品牌的民族工业，形成城市化内外并进的经济发展格局，是珠江三角洲增创发展新优势的内在需要。

（4）加快实施"走出去"战略。推动珠江三角洲企业积极对外投资，树立跨国企业品牌，扩大企业在国际市场上的知名度和实际影响力，有效地利用国内和国际两个市场为珠江三角洲地区全面的现代化、工业化、城市化建设服务，再创对外开放新优势。

过去20多年的对外开放，珠江三角洲已尽享毗邻港澳的区位优势，推动珠江三角洲企业实施"走出去"战略仍然应该继续发挥这个优势，关键是要赋予毗邻港澳这一区位优势以新的内容，即：一方面继续发挥港澳在促进广东进出口贸易和利用外资方面的作用；另一方面，更具意义的是，珠三角企业应该以港澳作为"走出去"的跳板，向东南亚、东北亚、大洋洲市场发展，进而创造条件打入欧、美、非洲等远洋市场。

（5）注重培育外向型城市化的软环境。珠江三角洲的城市在工业化基本完成后，发展重点将是城市的信息化、知识化和柔性化。城市的信息化是整个经济与社会的信息化，集中在城市如何最大限度地利用信息技术发展经济和社会。城市的知识化（学习型城市）是发展知识密集型产业和服务业，使城市具有学习和创新能力。城市的柔性化是指城市的政府和企业对外界变化的反应能力。这些不仅对吸引外资提供良好的软环境，而且对珠江三角洲在经济全球化中形成自身竞争优势具有重要意义。

参考文献

［1］陈颐.1998中国城市化和城市现代化［M］.南京：南京大学出版社，2000.

［2］王嗣均.中国城市化区域发展问题研究［M］.北京：高等教育出版社，1996.

［3］郁方，游平.全面建设小康社会与广东率先基本现代化［J］.南方经济，2003，（1）.

［4］陈振光，宋平.城市化进程中的区域发展与协调［J］.国外城市规划，2002，（5）.

［5］秦润新主编.农村城市化的理论与实践［M］.北京：中国经济出版社，2000.

［6］叶裕民.中国城市化之路——经济支持与制度创新［M］.北京：商务印书馆，2001.

［7］米增渝.关于农村城镇化模式的比较分析［J］.中国农业大学学报（社会科学版），2002，（3）.

［8］［美］迈克尔·E·波特.簇群与新竞争经济学［J］.经济社会体制比较，2000，（2）.

［9］2003广州统计年鉴［Z］.北京：中国统计出版社，2004.

原载《中山大学学报（社会科学版）》2004年第5期

产业结构高级化与第三产业现代化

李江帆

一、产业结构高级化与第三产业的发展

产业结构高级化是指国民经济部门结构的重心随着经济发展顺次由第一产业向第二、三产业转移的过程。经济发展史表明，随着生产力的发展和社会的进步，第一、二产业比重下降，第三产业比重日趋提高；世界呈现国民经济软化趋势和制造业服务化趋势；第三产业迅速崛起，成为国民经济增长的主要动力。从横向看，经济越发达，居民越富裕，第三产业比重就越高。从纵向看，随着经济发展和社会进步，各国第三产业比重都在增大。从1960年到2001年，第三产业在GDP中的比重，低收入国家由25%增到50%，中等收入国家由46%增到52%，高收入国家由54%增到71%。1870年经济合作与发展组织16个成员国第三产业的就业比重仅为23.7%，到1976年提高到55.6%。1980年世界第三产业占GDP的56%，到2001年增大到67.7%，而第一、二产业的比重则分别下降到3.8%和28.6%[1][2][3]。

为了探索产业结构高级化的规律，笔者曾以1982年低收入国家、中等收入国家、高收入石油国和市场经济工业国92个国家92组统计资料为样本数据，拟合三次产业产值（指增加值，下同）结构模型；以经济合作与发展组织16个成员国1970—1976年76组统计资料为样本数据，拟合三次产业就业结构模型。回归分析表明：三次产业在国民经济中的比重与国民经济发展水平存在着非线性的相关关系。第一、二、三产业在国内生产总值中的比重与人均国民生产总值分别构成幂函数、三次曲线函数和对数函数型相关关系。第一、二、三产业的就业比重与人均国内生产总值则分别构成对数函数、二次曲线函数和幂函数型相关关系（见图1和图2）[4]。

从图中可以看出，随着人均国内生产总值的上升，第一产业比重持续下降，迄今为止的最低点约为3%；第二产业比重增大到40%～45%即呈饱和状态，随后缓慢下降；

---

① 世界银行：《1984年世界发展报告》，北京：中国财政经济出版社，1984年。
② Irving Leveson, J.W.Wheeler. *Western Economics in Transition: Structural Change and Adjustment Policies in Industrial Countries*, Hudson Institute, U.S., 1980, p.46.
③ World Development Indicators.http://www.worldbank.org/data/countrydata/country data.htm.
④ 第三产业就业方程和产值方程的详细定性分析和定量分析，见李江帆：《第三产业的发展》，载洪银兴、魏杰主编：《社会主义政治经济学》，中国青年出版社1989年版，第281-306页。另，在本文撰写过程中，中山大学管理学院魏作磊博士生协助笔者对1978—2003年中国第三产业比重与人均GDP数据做了回归分析，曾国军博士生用《中国统计年鉴2004》对第三产业第一、二层次的演变方程做了数据更新。

第三产业比重渐趋增大,其就业比重增幅显著高于产值比重,至今尚无回落趋势。

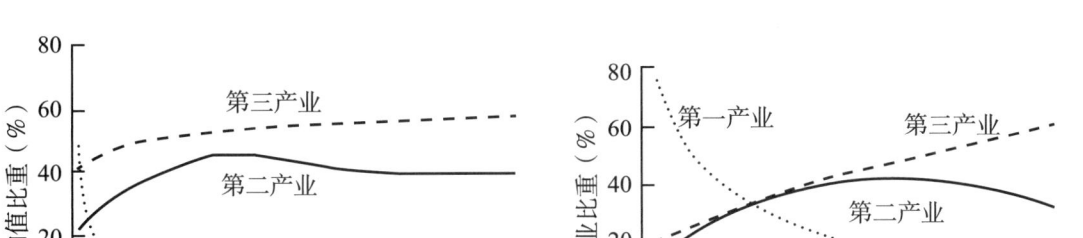

图1 三次产业产值曲线　　　　　图2 三次产业就业曲线

产业结构高级化的趋势是怎样形成的呢?

从第一产业看,农业比重下跌是由食物需求收入弹性小和土地收益递减律造成的。食物需求收入弹性小于1使农业无法分享国民收入增长的利益而实现同步增长;土地收益递减使同一地块的农业投资增到一定程度后因收益下降必趋减少。这就从供求上决定了第一产业在国民经济中比重的下跌。

从第二产业看,工业比重先升后跌趋势主要由工业品的需求特征决定的。在经济发展的初级阶段,居民对工业消费品的需求满足程度低,随着收入水平的提高而迅速增长;在经济发展的高级阶段,这些需求的满足程度比较高,不再随收入水平的提高迅速增长,而呈现饱和、下降趋势。这造成了工业消费品的产值比重先升后降态势。就工业(提供的)生产资料而言,生产量的增大和新的生产领域的开拓使社会对工业生产资料的需求增长。与科技发展和生产升级换代相伴的生产资料"软化",使生产资料科技含量增大、实物含量减少、物耗水平下降,生产发展更多靠科技投入而非实物投入,于是社会对工业生产资料的需求相对减少。这两个作用方向相反的因素的动态平衡造成了工业生产资料产值比重的先升后降趋势。消费品和生产资料供求演变的合力决定了第二产业在国民经济中比重的先升后降趋势。

从第三产业看,第三产业比重增长是在服务高需求收入弹性、收入水平提高、闲暇时间增多、生产信息化、社会化和专业化的条件下形成的服务需求上升律,与在第一、二产业高生产率,服务需求上升律形成并发生作用,利益机制对服务供求反应良好,实物生产领域的生产率迅速提高等经济条件下形成的服务供给上升律的共同作用下实现的。服务需求上升为服务供给上升提供了必要性;第三产业的相对利益大,为服务供给上升提供了动力;第一、二产业的生产高效率,为服务供给上升提供了可能性。这三个经济条件同时具备,就使服务供给上升律的存在具有充分必要条件。服务供给上升律的作用,使第三产业的规模随服务需求上升而现实地扩大,使第三产业在国民经济中的比重趋于上升,第三产业比重增大律发生作用,第三产业在国民经济中的比重随之提高。

定量分析表明,中国第三产业比重与人均GDP也呈幂函数型相关关系。根据笔者1992年对中国30个省、市、自治区的横截面数据的回归分析,1990年中国第三产业就业方程为[①]：

$$Y = 0.4X^{0.53}$$

上式中，Y 为第三产业就业比重（%），X 为人均 GNP（人民币元，1990年不变价）。11年后根据对新数据的回归分析，可得1978—2003年中国第三产业就业方程[②]：

$$Y = 0.604X^{0.464}$$

$R^2 = 0.99$，标准差：0.0097，$t = 47.58$，$P = 2.88 \times 10^{-25}$

上式中，Y 为第三产业就业比重（%），X 为人均 GDP（人民币元，1990年不变价）。

据上述两方程测算，中国第三产业就业比重理论值如表1。

表1　中国第三产业就业比重与经济发展水平的相关关系

人均GDP（或GNP）（元，1990年不变价）	1000	2000	3000	4000	5000
第三产业就业比重（%）					
按 $Y = 0.4X^{0.53}$ 算	15.6	22.5	27.9	32.4	36.5
按 $Y = 0.604X^{0.464}$ 算	14.9	20.5	24.8	28.3	31.4

对1978—2003年中国第三产业比重与人均GDP的回归分析有两个有意义的结论：

（1）中国第三产业就业比重与人均GDP存在着幂函数型相关关系。中国第三产业就业方程为：

$$Y = 0.449X^{0.464}$$

$R^2 = 0.99$，标准差：0.0097，$t = 47.58$，$P = 2.87 \times 10^{-25}$

式中，Y 是第三产业就业比重（%），X 是人均 GDP（人民币元，2003年可比价）。人均GDP对第三产业就业比重的解释度超过90%。回归参数具有良好的统计性质，均通过检验。

（2）中国第三产业增加值比重与人均GDP存在着幂函数型相关关系。中国第三产业产值方程为：

$$Y = 4.279X^{0.235}$$

$R^2 = 0.74$，标准差：0.030，$t = 8.31$，$P = 1.59 \times 10^{-8}$

式中，Y 是第三产业增加值比重（%），X 是人均GDP（人民币元，2003年可比价）。人均GDP变动对第三产业增加值变动的解释度超过70%。回归参数具有良好的统计性质，均通过检验。

综合上两式对中国第三产业就业方程和产值方程的测算，可得中国第三产业比重理论值，如表2。

---

① 定量分析详见李江帆《两广第三产业发展的比较研究》，《改革与战略》1992年第5期。
② 数据来源：《中国统计年鉴2004》，中国统计出版社2004年版。

表2　中国第三产业比重理论值

人均GDP （元，2003年可比价）	1000	2000	3000	4000	5000	6000	7000	8000	9000	10000
第三产业就业比重（%）	11.1	15.3	18.4	21.1	23.4	25.4	27.3	29.1	30.7	32.2
第三产业产值比重（%）	21.7	25.5	28.1	30.0	31.7	33.1	34.3	35.4	36.4	37.3

资料来源：根据中国第三产业就业方程 $Y=0.449X^{0.464}$ 和产值方程 $Y=4.279X^{0.225}$ 计算。

产业结构高级化趋势研究对正确认识加快我国第三产业发展的必要性有重要意义。我国自1984年提出大力发展第三产业、1991年颁布加快发展第三产业的决定以来，发展第三产业已成为国家的重要战略决策。可是，不少政府官员虽然也把发展第三产业挂在嘴上，但实际上只是把它当作贯彻上级意图的口号或显示政绩的标志，对于为什么要加快发展第三产业，缺乏理性认识，这就使得发展第三产业在一些地区处于"说起来重要，做起来次要，忙起来不要"的状况。对产业结构高级化趋势的分析，可以理清第三产业发展的逻辑思路，促进其理性发展。从生产的动机看，人类生产为的是满足人的需要，实现生产者和消费者的"双赢"：生产者出售产品获得体现生产者利益的价值；消费者购买产品获得满足需要的使用价值。生产要顺利进行，必须按社会需要的质和量及其动态变化进行资源配置。对消费结构的研究表明，随着收入水平的提高，对工农业产品的需求相对下降，对服务产品的需求相对上升。既然如此，就必须顺应产业结构高级化的发展趋势从事三次产业发展，在工农业生产有了较高水平发展的阶段上，投入大量资源重点促进第三产业的快速发展。改革开放前，人们长期不了解产业结构高级化的演变规律，只关注工农业发展，忽视甚至压制服务业的发展，造成第三产业的长期滞后，也影响了国民经济的协调和居民生活水平的提高。现在，对产业结构高级化的发展趋势的研究则表明，在短缺经济基本结束，主要工农业产品相对过剩的情况下，企业寻找商机，政府培育经济增长点，不能只盯着工农业，而应把视野扩宽到需求坚挺、空间广阔的第三产业。发展第三产业满足消费者的生活服务需求和生产者的生产服务需求，既使生活质量和运行效率提高，也使服务提供者获得商业利益。这种双赢状态当然也是政府部门促进地方经济发展政绩的体现。加快发展第三产业是顺应产业结构高级化的发展趋势的要求，也是为服务消费者、服务生产者以及政府部门营造三赢局面的重要举措。

二、第三产业内部结构升级趋势

要发展第三产业，仅了解第三产业比重趋于上升是不够的，还必须了解第三产业内部结构的演变趋势，以选择发展第三产业的突破口。统计分析表明，我国第三产业内部结构演变有两个明显的趋势。

趋势之一：随着第三产业在国民经济中的比重提高，流通部门在第三产业中的比重降低，生活服务和生产服务部门比重提高[①]。

---

① 李江帆、曾国军：《中国第三产业内部结构升级趋势分析》，《中国工业经济》2003年第3期。

1991—2002年，中国第三产业第一层次[①]占第三产业增加值的比重由48.4%下降到41.3%；第二层次比重则由32.2%上升到38.4%；第三层次比重由9.3%略升至11.5%；第四层次比重则由10.1%略降到8.7%[②]。四个层次比重的变化幅度分别为－7.1、＋6.2、＋2.2和－1.4个百分点，年均递增率分别为－1.4%、＋1.6%、＋1.9%和－1.4%。回归分析表明：

（1）第三产业第一层次增加值占第三产业比重与第三产业占GDP的比重负相关，即第三产业在国民经济中的比重越高，第一层次占第三产业比重就越低。回归方程为：

$$Y_1 = 72.561 - 0.708X \quad F = 21.867 \quad R^2 = 0.430$$
$$(11.252) \quad (-4.676)$$

式中，Y_1表示第一层次增加值占第三产业比重；X表示第三产业占GDP比重。

（2）第二层次增加值占第三产业比重与第三产业占GDP的比重正相关，即第三产业在国民经济中的比重越高，第二层次占第三产业比重就越高。1991—2002年间，占第三产业增加值比重的变化幅度最大的4个服务行业是：交通运输和仓储业（－7.2）、社会服务业（＋5.9）、邮电通信业（＋5.5）、批发和零售贸易餐饮业（－5.4）。回归方程为：

$$Y_2 = 24.303 + 0.466X \quad F = 17.133 \quad R^2 = 0.371$$
$$(6.624) \quad (4.139)$$

式中，Y_2表示第二层次增加值占GDP比重，X表示第三产业占GDP比重。

流通部门的比重降低、生活生产服务部门比重提高的趋势，主要有3个成因：①作为第三产业先行产业流通部门的比重必随后发产业的兴起而下降。商贸业形成于第三次社会大分工。中国流通部门各行业到西周初年已全部形成。在后发服务业发展程度很低的阶段，流通部门在第三产业中比重独大。随着后发服务业的兴起，其比重必然下降。这提示：商贸业高比重，反映的通常并不是流通业兴旺发达，而是第三产业内部结构层次较低。不过也有例外，如跨国公司在某地区建立采购中心、物流中心，将引起该地区商贸业超常规发展；世界制造业基地建设会引起物流业超常发展。②经济水平提高使生活服务和生产服务需求增大。经济发展水平低时，实物产品是主要的消费对象和生产资料。收入水平提高和闲暇时间增多，使服务消费品比重提高。生产社会化、信息化、市场化和国际化提高，使服务型生产资料比重增大。生产和生活服务业的迅速发展使其比重上升，必然使第一层次在第三产业中的比重随之下降。这提示：第二层次比重高显露生产和生活服务业的兴旺发达，第三产业内部结构层次较高。③国民经济软化使社会总产品中需运输和（经商店）销售的产品比重下降。社会总产品中只有实物产品需运输

---

① 国家统计局1985年把我国第三产业分为四个层次。第一层次是流通部门：交通运输业、邮电通讯业、商业饮食业、物资供销和仓储业。第二层次是为生产和生活服务的部门：金融业、保险业、地质普查业、房地产管理业、公用事业、居民服务业、旅游业、信息咨询服务业和各类技术服务业。第三层次是为提高科学文化水平和居民素质服务的部门：教育、文化、广播、电视、科学研究、卫生、体育和社会福利事业。第四层次是为社会公共需要服务的部门：国家机关、政党机关、社会团体、警察、军队。

② 《中国统计年鉴2004》，北京：中国统计出版社，2004年。

和经商店销售，具有非实物性的服务产品不需要或不可能被运输和经商业销售。因此，随着第三产业增长和国民经济软化，服务产品比重增大，实物产品比重下降，对商贸运输业的需求必然相对减少。这就使商贸运输业的比重随着国民经济发展水平的提高，呈现增长—饱和—下降的演变趋势。

由于上述3个因素是随着国民经济的发展而形成并强化的，因此有理由认为：随着第三产业在国民经济中的比重提高，第三产业中流通部门比重的降低，生活服务和生产服务部门比重的提高，体现着第三产业内部结构升级的方向。

根据第三产业内部结构的这种变化走势，必须用动态观点推进第三产业内部结构的升级。首先，要根据国民经济总量中实物产品量的增长趋势及其对交易、运输量的需求，适可而止地发展流通业。如果说在工业化的初期和中期，随着工农业产品交易量的增加需大力推进流通部门发展的话，那么在工业化后期，由于实物产品比重下降、服务产品比重上升，就应当适当控制和收缩流通部门的比重。尤其是要注意防止一窝蜂发展物流业。目前，不少城市已制定了物流产业发展规划，很多地区也在努力构建"区域性物流中心""现代物流中心""物流中心城市"。不少地区规划第三产业的发展时，都毫无例外地把物流业作为第三产业的龙头。其实，物流业的发展需要交通、信息网络和管理等基础条件的支撑，不是任何地区都可以作为重点发展的，而中心城市与非中心城市、农村地区对物流服务的供给和需求条件有很大差异，不能一刀切。再说，大搞物流是否都有足够的物流需求？本地和周边地区到底有多少"物"可"流"？自己搞物流划算还是外购物流服务划算？各地都想把周边物流量包揽进本地物流服务圈，从局部来看可能是合理的，但从全局来看，就不一定有道理。这些问题都值得仔细考虑。此外，必须认识生产服务业和生活服务业比重增大是第三产业内部结构升级优化的重要标志，采取积极措施推进第二层次服务部门尤其是为制造业服务的生产服务业的迅速发展。

趋势之二：第三产业中现代服务业比重上升，传统服务业比重下降。

现代服务业是指现代社会中以现代科学技术装备的、实施现代管理方式的服务业。在我国，它更多地表现为技术含量较高、管理模式先进、运行机制灵活、产品富于创新的服务行业。具体包括：①从实物产品生产领域分化出来的新兴产业服务业，如产品研发、物流配送服务等。②从服务产品生产领域分化出来的新兴产业服务业，如金融保险、信息服务、中介咨询、服务营销等。③从人类的生活环节中独立化的新兴生活服务业，如现代文化娱乐业、旅游业等。

需要指出，正如新与旧是相对的概念一样，现代服务业与传统服务业的区分也是动态变化的。传统服务业以新技术、新管理方法改造后可以转化为现代服务业；旧时代的"现代服务业"因历史推移而落伍也可以蜕变为新时代的"传统服务业"；一个服务行业中同时存在着传统服务部门与现代服务部门。因此，现代服务业与传统服务业没有一成不变的界线。试图按国民经济行业分类标准对现代服务业作一成不变的界定是不可能的。

动态数据分析表明，改革开放以来我国第三产业中现代服务业比重明显上升。其最突出表现是社会服务业，邮电通信业，教育、文化艺术及广播电影电视业，科学研究和综合技术服务业比重的提高。如在1978—2003年间，广东社会服务业占第三产业增加值的比重由3.7%上升到14.7%，教育、文化艺术和广播电影电视业由4.0%上升到5.1%，科学研究综合技术服务业由0.75%上升到0.9%，房地产业由3.2%上升到14.0%。1991—2002年全国邮电通信业比重由2.0%上升到7.5%[①]。

对现代服务业比重上升、传统服务业比重下降趋势的分析表明：

（1）要以动态观点区分现代服务业与传统服务业，全面认识第三产业内部结构的水平及其发展趋势。不应笼统地、不加区别地、绝对化地把一些服务业全部视为现代服务业，把另一些服务业全部视为传统服务业，更不能根据固化标准画地为牢，只发展现代科技和管理方法应用程度高的服务业，而把其他服务业抛之脑后。现代服务业的动态变化意味着所有服务部门都有可能成为现代服务业，因此，发展现代服务业的方针不能仅局限于发展某几个服务行业，而应更多地理解为发展现代社会整个第三产业。

（2）要认识现代服务业比重上升、传统服务业比重下降的趋势是在动态平衡中形成的。随着新技术和新管理方法的应用，一些现代服务业变得更"现代"，一些传统服务业升级后跻身于现代服务业之列，使现代服务业比重上升；因原有技术和管理方法的落伍，一些故步自封的现代服务业被排除出现代服务业行列，一些裹足不前的传统服务业仍滞留在传统服务业中，使得现代服务业比重难以上升。因此，要在服务业中广泛采用新技术和新管理方法，通过"锦上添花"提升现代服务业，通过"雪中送炭"改造传统服务业，全面促进第三产业内部结构升级和现代服务业比重的提高。

（3）现代服务业比重上升、传统服务业比重下降趋势并不意味着传统服务业终将消失。社会需求的多样性和多层次性，现代与传统概念的相对性，现代服务业与传统服务业的相互转化，决定了传统服务业与现代服务业长期并存，即使在发达国家也不例外。欧美国家中传统商店与超级市场、家庭旅社与五星酒店并存就是一例。因此，在第三产业内部结构升级的进程中，不能忽视传统服务业存在的必然性及其发展前景，把传统服务业打入不予发展的"另册"，不能把发展第三产业"缩水"为发展现代服务业。要根据社会需求，采取必要措施，有意识地保留特定传统服务业的一席之地，在国民经济发展水平和服务业整体素质不高的中国，尤应如此。

三、产业结构升级与第三产业现代化

国民经济部门由第一产业、第二产业和第三产业组成，决定了国民经济现代化理所当然包括第一产业现代化、第二产业现代化和第三产业现代化。不仅如此，按产业结构高级化趋势，第一产业比重下降，第二产业比重先升后降，第三产业比重持续增大呈后来居上态势，成为现代社会中战略地位越来越重要的产业部门。因此，第三产业现代化对国民经济现代化有越来越重要的作用。在第三产业比重日趋增长的现代社会，如果离开第三产业现代化，只谈工农业现代化，那么国民经济现代化只能是一句空话。

我国囿于传统唯物质产业观狭隘观念，在经济发展战略上长期忽视第三产业，没有认识到国民经济现代化包括第三产业现代化。在20世纪60年代初，我国提出"以农业

[①] 《中国统计年鉴2004》，北京：中国统计出版社，2004年；《广东统计年鉴2004》，北京：中国统计出版社，2004年。

为基础、以工业为主导"发展国民经济的方针，实际上把国民经济的发展看成只是工农业的发展，第三产业连立锥之地也没有。虽然这在经济水平低、工农业比重高的阶段，是可以理解的，但这并不意味着它是无可非议的。70年代初，我国提出"四个现代化"——农业、工业、国防和科学技术的现代化。这比60年代发展国民经济只提工农业有了明显进步。因国防和科技业属第三产业范畴，因此"四化"在一定程度上也涉及第三产业现代化，但这只是第三产业个别行业现代化，而不是涵盖整个第三产业的现代化。

80年代初，我国开始认识第三产业在国民经济中的重要作用。英国经济学家费希尔1935年提出的第三产业范畴被引进我国并很快成为耳熟能详的流行用语。1984年我国政府提出大力发展第三产业。1995年国家统计部门开始统计第三产业。1991年中共中央、国务院作出加快发展第三产业的重大战略决策。此后，第三产业在国民经济中的地位愈来愈得到重视。90年代中期，一些经济发达地区和大城市把率先基本实现社会主义现代化作为经济社会发展的奋斗目标。但无论是中央政府还是地方政府，都没有把实现第三产业的现代化作为国民经济现代化战略明确提上政府议事日程。与早在70年代就家喻户晓的"农业现代化"和"工业现代化"相比，第三产业现代化的提出明显滞后。究其原因，主要有以下几点：

（1）对产业结构高级化趋势缺乏了解。长期以来，我国因经济发展水平低，产业结构处于较低层次，第三产业比重小，工农业占据了国民经济80%以上的比重，因此，从抓主要矛盾的角度看，把国民经济现代化主要看成是工农业现代化，失真度并不大。但是，改革开放以来第三产业迅速发展，比重日趋增大，在沿海发达地区和一些大城市，已经或者将要逼近甚至超过国民经济的50%。这意味着服务业现代化对国民经济现代化的影响力已经或将要超越工农业。可是，不少领导干部对第三产业在国民经济中的这种地位的变化趋势缺乏正确认识，观念还停留在五六十年代工农业是国民经济的"当家长子"的旧轨迹上。在不少地区，农村干部"洗脚上田"奋斗20多年后也熟悉了工业，搞现代化建设，谈工农业现代化如数家珍，但对服务业现代化，不仅缺乏思路，甚至连基本概念也没有形成。对产业结构高级化的趋势缺乏认识，就使得第三产业现代化的战略思想难以形成。

（2）对第三产业性质存在误解。时至今日，不少领导对现代产业不仅包括有形产业工农业，而且包括无形产业服务业，现代社会产品不仅包括工农业生产的实物产品，而且包括第三产业生产的服务产品，现代社会财富不仅包括工农业创造的实物财富，而且包括第三产业创造的非实物财富，仍缺乏起码的认识。一些人把工农业看成是创造社会财富和社会价值的"实业"，把服务业看成是不创造社会财富和社会价值，只是消耗社会财富的"虚业"；把抓工农业看成"真抓实干"现代化建设，把抓服务业看成是"虚工虚作"。在这种误解的影响下，国民经济现代化建设被片面地认识为就是增加工农业产品和实物财富的积累，因此现代化建设只盯着工农业的现代化，忽视了服务业的现代化。

（3）对国民经济现代化与就业关系存在误解。我国自上世纪80年代确定大力发展第三产业的方针以来，第三产业长期被片面地描绘成具有"投资小、见效快、容纳劳动力多"特征的劳动密集型行业,被笼统地说成是扩大就业的蓄水池。在我国就业形势严峻的背景下,有关政府部门担心第三产业现代化的口号会产生副作用,影响劳动密集型服务业的发展,削弱第三产业扩大就业的功能。实际上,这些担心是没有必要的。

首先,第三产业本来就是一个成分复杂的"混成产业",既包括批发零售贸易、餐饮、社会服务业等劳动密集型行业,也包括交通、通信、金融、保险、房地产等资本密集型行业,以及科技、教育、文艺、医疗、党政机关等知识技术密集型行业。据粗略估计,我国第三产业中劳动密集型、资本密集型和技术密集型行业之比,按增加值算,数值为36.4:40.1:23.5,按就业人数算,数值为67.5:13.9:18.6[①]。劳动密集型服务业对劳动力的需求相对大,而知识技术密集型和资本密集型服务业对劳动力的需求量相对小。这是不以人的意志为转移的产业特性。因此,第三产业本来就不能笼统地视为"投资小、见效快、容纳劳动力多"的行业。发展第三产业的指导思想也不能狭隘地被界定为解决就业问题。

其次,国民经济现代化意味着科技在国民经济部门更广泛的应用,资本、技术对劳动更大范围的替代。这肯定使原有产业在同比条件下形成富余劳动力。无论是农业、工业还是服务业,概莫能外。据估计,2003年我国三次产业的相对生产率分别为0.54、2.88、1.26,表明农业的劳动密集型程度最高。既然如此,是否要放弃农业现代化战略?推而广之,人口和劳动力数量世界第一,就业问题严峻的中国是否要放弃国民经济现代化的发展战略呢?人口众多、就业压力很大的欠发达国家是否也要放弃国民经济现代化战略,永远处于欠发达状态呢?答案显然是否定的。实际上,国民经济现代化可以与扩大就业并行不悖。在现代化进程中,科学技术和管理方法的广泛应用,在原有产业效率提高,腾出富余劳动力的同时,推动新产业部门的形成,创造新的就业岗位。因此,解决就业问题的主要途径应该是在现代化建设中开辟新的就业领域,而不是靠遏制三大产业现代化水平的提高和产业升级换代。

综上所述,第三产业现代化对国民经济现代化具有非常重要的意义。在产业结构的高级化、在第三产业比重日趋增大的形势下,很有必要旗帜鲜明地把我国第三产业现代化提上议事日程,以全面推进国民经济现代化。至于第三产业现代化的主要内容、衡量标准和推进对策,是需要另文专门阐述的问题,因篇幅所限,本文就不予以分析了。

原载《中山大学学报(社会科学版)》2005年第4期

---

① 2002年数据。据《中国统计年鉴2004》(中国统计出版社2004年版)计算。

有摩擦多期证券市场中的无套利资产定价

李仲飞

一、问题的提出

1958年，Modigliani和Miller在他们那篇著名的经典论文[①]中首次提出无套利假设以及无套利方法的基本思想。从此诞生了一种新的金融学研究方法——无套利方法，它在后来成为一系列金融研究成果（如套利定价理论和期权定价理论）的重要分析手段，因此被看作是现代金融学的真正的方法论革命。

作为现代金融学核心内容的资产定价理论，在无套利方法下取得了丰富的研究成果。Ross在1976年率先提出资产定价基本定理的基本思想[②]，并在1978年明确以单期模型的形式阐述资产定价基本定理[③]。1979年Harrison和Kreps最早把资产定价基本定理拓展到多期证券市场中[④]，1981年Kreps又把资产定价基本定理推广到更一般的形式[⑤]，尤其是未来红利价格为连续随机变量的情形。这些研究揭示了无摩擦市场中无套利的本质。

然而，在实际的金融市场中，总是存在着多种形式的摩擦，例如买卖差价、成比例交易费、固定交易费（指佣金、交易处理费、信息获取费等服务费的总和）、税负、离散特征（只能交易整数手）、交易量限制（下限或上限）等。一般来说，任何形式的摩擦均使问题复杂化。近年来，有摩擦证券市场中的无套利资产定价理论受到了越来越多的关注。Garman和Ohlson[⑥]将Ross的资产定价基本定理[⑦]拓展到存在成比例交易

---

① Modigliani, F., and Miller, M. H. "The Cost of Capital, Corporation finance, and the Theory of Investment". *American Economic Review*, 1958, 48, pp. 261–297.

② Ross, S. A. "The Arbitrage Theory of Capital Asset Pricing". *Journal of Economic Theory*, 1978, 13, pp. 341–360.

③ Ross, S. A. "A Simple Approach to the Valuation of Risky Streams". *Journal of Business*, 1978, 51, pp. 453–485.

④ Harrison, J. M., and Kreps, D. M. "Martingales and Arbitrage in Multiperiod Securities Markets". *J. Econom. Theory*, 1979, 20, pp. 381–408.

⑤ Kreps, D. M. "Arbitrage and Equilibrium in Economies with Infinitely Many Commodities". *Journal of Mathematical Economics*, 1981, 8, pp. 15–35.

⑥ Garman, M. B., and Ohlson, J. A. "Valuation of Risky Assets in Arbitrage-Free Economies with Transactions Costs". *Journal of financial Economics*, 1981, 9, pp. 271–280.

⑦ Ross, S. A. "A Simple Approach to the Valuation of Risky Streams". *Journal of Business*, 1978, 51, pp. 453–485.

费的单期证券市场，Prisman[1]对存在税负的无套利经济提出了资产定价的一个一般框架，Dermody和Prisman[2]把Garman和Ohlson的结果[3]推广到具有递增边际交易费的单期证券市场，Dermody和Rockafellar[4]研究了当证券市场存在买卖差价和税负时现金流的定价理论，Jouini和Kallal[5]分别研究了具有卖空约束和具有买卖差价的证券市场中的资产定价理论，Jaschke[6]研究了存在买卖差价和成比例交易费的债券市场中的资产定价理论并给出了利率期限结构的套利上界和下界，Pham和Touzi[7]建立了具有锥约束的多期证券市场中的资产定价基本定理，Deng，Li和Wang[8]以及李仲飞和汪寿阳[9]研究了存在买卖差价、成比例交易和税负的单期证券市场中的无套利资产定价理论，Zhang，Xu和Deng[10]建立了存在成比例交易费的多期证券市场中的资产定价基本定理。

正像Kabanov，Rásonyi和Stricker[11]指出的那样，尽管研究有摩擦证券市场中的无套利资产定价理论的文献正在迅速增加，但有摩擦证券市场中的无套利资产定价理论仍有许多未能解决的问题，而且许多结果不能像无摩擦证券市场中的无套利资产定价理论那样令人满意。本文考虑一个更复杂的有摩擦多期证券市场，摩擦不仅包括买卖价差和成比例交易费，还包括固定交易费。对这样一个市场，我们建立无套利资产定价基本定理。

---

[1] Prisman, E. Z. "Valuation of Risky Assets in Arbitrage Free Economies with fictions". *The Journal of finance*, 1986, 41, pp. 545–560.

[2] Dermody, J. C., and Prisman, E. Z. "No Arbitrage and Valuation in Market with Realistic Transaction Costs". *Journal of financial and Quantitative Analysis*, 1993, 28, pp. 65–80.

[3] Garman, M. B., and Ohlson, J. A. "Valuation of Risky Assets in Arbitrage-Free Economies with Transactions Costs". *Journal of financial Economics*, 1981, 9, pp. 271–280.

[4] Dermody, J. C., and Rockafellar, R. T. "Cash Stream Valuation in the Face of Transaction Costs and Taxes". *Mathematical finance*, 1991, 1, pp. 31–54.

[5] Jouini, E., and Kallal, H. "Arbitrage in Securities Markets with Short-Sales Constraints". *Mathematical finance*, 1995, 5, PP. 197–223; Jouini, E., and Kallal, H. "Martingales and Arbitrage in Securities Markets with Transaction Costs". *Journal of Economic Theory*, 1995, 66, pp. 178–197.

[6] Jaschke, S. R. "Arbitrage Bounds for the Term Structure of Interest Rates". *finance and Stochastics*, 1998, 2, pp. 29–40.

[7] Pham H., and Touzi, N. "The Fundamental Theorem of Asset Pricing with Cone Constraints". *Journal of Mathematical Economics*, 1999, 31, pp. 265–279.

[8] Deng, X. T, Li, Z. F., and Wang, S. Y. *On Computation of Arbitrage for Markets with Friction. Lecture Notes in Computer Science 1858*. New York: Springer, 2000, pp. 309–319; Deng, X. T, Li, Z. F., and Wang, S. Y. "Computational Complexity of Arbitrage in Frictional Security Market". *International Journal of Foundations of Computer Science*, 2002, 13（5）, pp. 681–684.

[9] 李仲飞、汪寿阳：《投资组合优化与无套利分析》，北京：科学出版社，2001年。

[10] Zhang, S. M., Xu, C. L., and Deng, X. T. "Dynamic Arbitrage-Free Asset Pricing with Proportional Transaction Costs". *Mathematical finance*, 2002, 12, pp. 89–97.

[11] Kabanov, Yu., M. Rásonyi, and Stricker, Ch. *No-Arbitrage Criteria for financial Markets with Efficient Friction*. Universitéde Besancon, Preprint, 2001.

二、不确定性与信息

考虑一个不确定性条件下的多期证券市场。在该市场中,存在 $T+1$ 个交易日,分别以 $t = 0, 1, \cdots, T$ 表示;存在有限个自然状态,其集合(即样本空间)用 Ω 表示。每一个状态是对所有时刻 $t = 0, 1, \cdots, T$ 的经济环境的一个描述。在时刻0,代理人不知道哪一个状态将会实现。但是随着时间的推移,他们将获得越来越多的关于状态的信息。在时刻 T,他们将完全知道真实的状态。

代理人在时刻 t 的信息集用状态集 Ω 的一个分划 F_t 来描述。一个分划 F_t 就是 Ω 的一个子集簇,这些子集两两不相交且能够覆盖整个样本空间。在时刻0,代理人没有状态的任何信息,故时刻-0分划为平凡分划 $F_0 = \{\varnothing, \Omega\}$。在时刻 T,代理人拥有完全信息,因而时刻 T 分划为总分划 $F_T = \{\{\omega\}: \omega \in \Omega\}$。在时刻 $1, \cdots, T-1$,代理人拥有的信息量介于前两者中间。F_{t+1} 较 F_t 精细(不一定严格精细),即一个状态所在的时刻 $(t+1)$ 分划中的那个子集是它所在的时刻 t 分划中的那个子集的子集,或者等价地,如果两个状态属于 t 时刻分划中的两个不同子集,则它们不可能属于 t 以后任何时刻分划中的同一子集。也就是说,代理人获得的信息关于时间是非减的。

分划的 $T+1$ 元组 $\{F_0, F_1, \cdots, F_T\}$ 称为信息域流,记为 F。由于本文考虑有限个状态的情形,信息域流也称事件树。分划 F_t 的每个子集称为一个时刻 t 事件,并称为事件树的一个节点,记作 ξ_t。事件 $\xi_0 = F_0$ 称为根节点。节点 ξ_t 的后代节点是事件 $\xi_\tau \subset \xi_t$,$\tau > t$(本文用 $\subset$ 表示严格包含于,用 $\subseteq$ 表示包含于),节点 ξ_t 的子节点是事件 $\xi_{t+1} \subset \xi_t$,节点 ξ_t 的前辈节点是事件 $\xi_{t-1} \supset \xi_t$,节点 ξ_t 的父节点为事件 $\xi_{t-1} \supset \xi_t$,它是唯一的,记作 ξ_t^-。在将来时刻 $t = 1, \cdots, T$ 的所有事件构成的集合记为 Ξ^+,并记 $k = \#(\Xi^+)$ 为 Ξ^+ 中的事件的数量,包括根节点在内的所有事件构成的集合记为 Ξ,它包含的事件数为 $k+1$。

三、多期证券市场模型

假设证券市场共有 J 个证券,每个证券由它在各个时刻产生的红利刻画,证券在除了终端时刻 T 外的所有时刻交易,而且交易总是发生在发放红利后。

用 $x_j(\xi_t)$ 表示证券 j 在事件 ξ_t 的红利,用 $x(\xi_t)$ 表示 J 个证券在事件 ξ_t 的红利向量,即 $x(\xi_t) = (x_1(\xi_t), \cdots, x_J(\xi_t))$。各证券在时刻 T 没有红利,即 $x(\xi_0) = 0$。

在大多数现实金融市场中,每个交易证券有两个价格:买入价格和卖出价格。用 $P_{aj}(\xi_t)$ 表示证券 j 在事件 ξ_t 的买入价格(相对于代理人而言,下同),用 $p_{bj}(\xi_t)$ 表示证券 j 在事件 ξ_t 的卖出价格。一般来说,买入价格不低于卖出价格,即 $P_{aj}(\xi_t) \geq P_{bj}(\xi_t)$。出于符号上的原因,我们有在时刻 T 的价格 $P_{aj}(\xi_T)$ 和 $P_{bj}(\xi_T)$,但由于在时刻 T 不发生交易,这些价格设为0。

现实金融市场中往往存在交易费,包括成比例的交易费和固定交易费。设在事件 ξ_t 购买1货币单位的证券 j 的成比例交易费是 $\lambda_j^a(\xi_t)$,出售1货币单位的证券 j 的成比例交易费是 $\lambda_j^b(\xi_t)$,这里 $0 \leq \lambda_j^a(\xi_t), \lambda_j^b(\xi_t) < 1$。设在事件 ξ_t 交易(买入或卖出)证

券 j 的固定交易费是 $\mu_j(\xi_t)$。不交易就没有固定交易费,但只要交易,固定交易费就是一个与交易量没关系的量。

本文考虑的多期证券市场完全由上面给出的数据组 $M := \{x, p_a, p_b, \lambda^a, \lambda^b, \mu\}$ 刻画。

用 $h_j(\xi_t)$ 表示证券 j 在事件 ξ_t 交易后的持有量(股数),用 $h(\xi_t)$ 表示 J 个证券在事件 ξ_t 的证券组合,即向量 $h(\xi_t) = (h_1(\xi_t), \cdots, h_J(\xi_t))$。每个证券的持有量可以是正的、零,或负的(除非有卖空限制)。同样,出于符号上的原因,时刻 T 组合 $h(\xi_T)$ 设为零。$k+1$ 元组 $h = \{h(\xi), \xi \in \Xi\}$ 称为一个交易策略。

在交易策略 h 下,证券 j 在事件 ξ_t 的交易量为 $\Delta h_j(\xi_t) := h_j(\xi_t) - h_j(\xi_t^-)$,大于零表示买入,小于零表示卖出。这里规定 $h_j(\xi_0^-) = 0$。在 ξ_t 购买 $\Delta h_j(\xi_t) > 0$ 股证券 j 的成本(包括市值、成比例交易费和固定交易费)为

$$p_{aj}(\xi_t)(1 + \lambda_j^a(\xi_t))\Delta h_j(\xi_t) + \mu_j(\xi_t).$$

在 ξ_t 出售 $\Delta h_j(\xi_t) < 0$ 股证券 j 的收益(扣除了成比例交易费和固定交易费的市值)为

$$p_{bj}(\xi_t)(1 - \lambda_j^b(\xi_t))\Delta h_j(\xi_t) + \mu_j(\xi_t).$$

对每个证券 j 和节点 $\xi \in \Xi$,定义 $\phi_j(\xi): R \to R$

$$\phi_j(\xi)(y) = \begin{cases} p_{aj}(\xi)(1+\lambda_j^a(\xi))y, & y \geq 0 \\ p_{aj}(\xi)(1-\lambda_j^a(\xi))y, & y \leq 0 \end{cases}$$

和函数 $\phi(\xi): R^J \to R$

$$\phi(\xi)(h) = \sum_{j=1}^{J} \phi_j(\xi)(h_j).$$

再定义一个示性函数

$$\delta(y) = \begin{cases} 1, & h \neq 0 \\ 1, & h = 0. \end{cases}$$

则上述成本或收益可简单地表示为

$$\phi_j(\xi_t)(\Delta h_j(\xi_t)) + \mu_j(\xi_t)\delta(\Delta h_j(\xi_t)).$$

因此,交易策略 h 在 ξ_t 的总成本或收益为

$$\sum_{j=1}^{J}\left[\phi_j(\xi_t)(\Delta h_j(\xi_t)) + \mu_j(\xi_t)\delta(\Delta h_j(\xi_t))\right] = \phi(\xi_t)(\Delta h(\xi_t)) + \sum_{j=1}^{J}\mu_j(\xi_t)\delta(\Delta h_j(\xi_t)).$$

交易策略 h 在 ξ_t 产生的红利为

$$\sum_{j=1}^{J} x_j(\xi_t)h_j(\xi_t^-) = x(\xi_t)h(\xi_t^-).$$

这里及往后,向量的乘积表示欧氏内积,即对应分量相乘再相加。扣除总交易成本后,交易策略 h 在 ξ_t 产生的净红利(可直观上理解为净现金流出)为

$$z(h)(\xi_t) := x(\xi_t)h(\xi_t^-) - \phi(\xi_t)(\Delta h(\xi_t)) - \sum_{j=1}^{J}\mu_j(\xi_t)\delta(\Delta h_j(\xi_t)).$$

特别地，$z(h)(\xi_0) = -\phi(\xi_0)(h(\xi_0)) - \sum_{j=1}^{J}\mu_j(\xi_0)\delta(h_j(\xi_0))$，$z(h)(\xi_T) = -x(\xi_T)h(\xi_T^-)$. 实际上，时刻0净红利$z(h)(\xi_0)$就是在$\xi_0$购买组合$h(\xi_0)$的成本的相反数。

用k维向量$z(h) := (z(h)(\xi), \xi \in \Xi^+)$表示交易策略$h$的未来（从时刻1起）净红利过程，用$k+1$维向量$\tilde{z}(h) := (z(h)(\xi), \xi \in \Xi) = (z(h)(\xi_0), z(h))$表示交易策略$h$的（从时刻0起的）净红利过程。

四、套利的定义与刻画

定义1 多期市场M中的一个强套利是指这样一个交易策略h，它具有正的未来净红利$z(h)$和严格正的时刻0净红利$z(h)(\xi_0)$.

定义2 多期市场M中的一个套利是指这样一个交易策略h，它具有正的非零净红利$\tilde{z}(h)$。

显然，一个套利要么是一个强套利，要么具有正的非零未来净红利和等于零的时刻0净红利。

定理1 市场M是否存在套利（强套利）与固定交易费过程μ无关。

证明：我们只证明强套利的情形。设μ和μ'是两个不同的固定交易费过程，设h是固定交易费过程为μ的市场$M = \{x, p_a, p_b, \lambda^a, \lambda^b, \mu\}$的强套利。由强套利的定义，有

$$\phi(\xi_0)(h(\xi_0)) < -\sum_{j=1}^{J}\mu_j(\xi_0)\delta(h_j(\xi_0)), \quad x(\xi)h(\xi^-) - \phi(\xi)(\Delta h(\xi)) \geq \sum_{j=1}^{J}\mu_j(\xi)\delta(\Delta h_j(\xi))$$

对任意$\xi \in \Xi^+$. 因此，存在充分大的正数α使得

$$\alpha\phi(\xi_0)(h(\xi_0)) < -\sum_{j=1}^{J}\mu_j'(\xi_0)\delta(h_j(\xi_0)), \quad \alpha x(\xi)h(\xi^-) - \alpha\phi(\xi)(\Delta h(\xi))$$
$$\geq \sum_{j=1}^{J}\mu_j'(\xi)\delta(\Delta h_j(\xi))$$

对任意的$\xi \in \Xi^+$。由于证券的买入价不低于卖出价，容易证明每个函数$\phi_j(\xi)(\cdot)$是次线性的（即正齐次和次可加），从而函数$\phi(\xi)(\cdot)$也是次线性的。而函数δ显然有性质：对任意非零实数α，$\delta(\alpha y) = \delta(y)$。于是上面两式成为

$$\phi(\xi_0)(\alpha h(\xi_0)) < -\sum_{j=1}^{J}R_j'(\xi_0)\delta(\alpha h_j(\xi_0)), \quad x(\xi)(\alpha h(\xi^-)) - \phi(\xi)(\Delta(\alpha h)(\xi))$$
$$\geq \sum_{j=1}^{J}\mu_j'(\xi)\delta(\Delta(\alpha h_j)(\xi)).$$

对任意的$\xi \in \Xi^+$。再次由强套利的定义，知αh是固定交易费过程为μ'的市场$M' = \{x, p_a, p_b, \lambda^a, \lambda^b, \mu'\}$的强套利。定理得证。

根据定理1，市场M不存在套利（强套利）当且仅当不存在固定交易费的相应市场不存在套利（强套利）。因此，在下文中我们将不考虑固定交易费，即令$\mu = 0$，也就是说，从现在起，

$$z(h)(\xi_t) := x(\xi_t)h(\xi_t^-) - \phi(\xi_t)(\Delta h(\xi_t)), \quad \forall \xi_t \Xi.$$

由于函数 $\phi(\xi)(\bullet)$ 是次线性的，上面这个函数 $z(h)$ 是 h 的超线性函数，即 $-z(\bullet)$ 是次线性的。于是，集合

$$M := \{\tilde{z} \in \mathbb{R}^{k+1}: 存在交易策略 h, 使得 \tilde{z} \leq \tilde{z}(h)\}$$

是一个闭凸锥。每个 $\tilde{z} \in \mathbb{R}^{k+1}$ 可表示为

$$\tilde{z} = (z(\xi), \xi \in \Xi) = (z(\xi_0), z).$$

我们不难证明：

命题1 市场 M 不存在套利当且仅当

$$M \cap \mathbb{R}_+^{k+1} = \{0\}$$

命题2 市场 M 不存在强套利当且仅当

$$M \cap \mathbb{R}_+^{k+1} = \{\tilde{z} \in M \cap \mathbb{R}_+^{k+1}: z(\xi_0) = 0\}$$

五、无套利资产定价

定理2 市场 M 不存在套利当且仅当存在严格正的向量 $\tilde{q} = (1, q) \in \mathbb{R}_{++}^{k+1}$ 使得对每个证券 j 和每个非终结事件 $\xi_t \in F_t$, $t < T$ 有

$$q(\xi_t) p_{bj}(\xi_t)(1 - \lambda_j^b(\xi_t)) \leq \sum_{\xi \subset \xi_t} q(\xi) x_j(\xi) \leq q(\xi_t) p_{aj}(\xi_t)(1 + \lambda_j^a(\xi_t)). \tag{1}$$

证明：先证必要性。设市场 M 不存在套利，则有命题1，$M \cap \mathbb{R}_+^{k+1} = \{0\}$。又因 M 和 $\mathbb{R}_+^{k+1}$ 是两个闭凸锥，根据凸集分离定理，它们可用一个超平面分离，即存在 $0 \neq \tilde{q} \in \mathbb{R}_+^{k+1}$ 使得

$$\tilde{q} \cdot \tilde{z} \leq 0, \quad \forall \tilde{z} \in M, \tag{2}$$

$$\tilde{q} \cdot \tilde{z} > 0, \quad \tilde{z} \in \mathbb{R}_+^{k+1} \setminus \{0, 0\} \tag{3}$$

这里 $q \cdot z = \sum_{\xi \in \Xi} q(\xi) z(\xi)$。对任意 $\xi \in \Xi$，在公式（3）中取 $\tilde{z} \in \mathbb{R}_+^{k+1}$，其中 $z(\xi) = 1$，$z(\zeta) = 0$; $\zeta \neq \xi$，则得到 $q(\xi) > 0$。因此，$\tilde{q} \in \mathbb{R}_{++}^{k+1}$，不妨可设 $q(\xi_0) = 1$。对任意交易策略 h，由于 $\tilde{z}(h) \in M$，由公式（2）有

$$\sum_{\xi \in \Xi} q(\xi) z(h)(\xi) \leq 0. \tag{4}$$

对每个证券 j 和每个非终结事件 $\xi_t \in F_t$, $t < T$，考虑这样一个交易策略 $\hat{h}$：在时刻 t 的事件 ξ_t 买入一股证券 j 并将其持有到时刻 T，即

$$\hat{h}_i(\xi) = \begin{cases} 1, & 若 \xi \subseteq \xi_t, \ i = j, \\ 0, & 其他, \end{cases}$$

则

$$\tilde{z}(\hat{h})(\xi)=\begin{cases}-p_{aj}(\xi_t)(1+\lambda_j^a(\xi_t)), & 若\xi=\xi_t,\\ x_j(\xi), & 若\xi\subset\xi_t,\\ 0, & 其他.\end{cases}$$

于是在（4）中令$h=\hat{h}$，得到

$$\sum_{\xi\subset\xi_t}q(\xi)x_j(\xi)\leqslant q(\xi_t)\,p_{aj}(\xi_t)(1+\lambda_j^a(\xi_t)). \tag{5}$$

再考虑这样一个交易策略$\tilde{h}$：在ξ_t卖空一份证券j并将其保持到T，即

$$\tilde{h}_i(\xi)=\begin{cases}-1, & 若\xi=\xi_t,\ i=j,\\ 0, & 其他,\end{cases}$$

则

$$\tilde{z}(\tilde{h})(\xi)=\begin{cases}p_{bj}(\xi_t)(1-\lambda_j^b(\xi_t)), & 若\xi=\xi_t,\\ -x_j(\xi), & 若\xi\subset\xi_t,\\ 0, & 其他.\end{cases}$$

于是在（4）中取$h=\tilde{h}$得到

$$q(\xi_t)\,p_{bj}(\xi_t)(1-\lambda_j^b(\xi_t))\leqslant\sum_{\xi\subset\xi_t}q(\xi)x_j(\xi). \tag{6}$$

由（5）和（6）即得（1）。

下证充分性。假设$\tilde{q}=(1,q)\in\mathbf{R}_{++}^{k+1}$使得（1）成立。如果市场存在套利$h$，则对所有$\xi_t\in F_t$，$1\leqslant t\leqslant T-1$，

$$\phi(\xi_0)(h(\xi_0))\leqslant 0, \tag{7}$$

$$\phi(\xi_t)(\Delta h(\xi_t))\leqslant x(\xi_t)h(\xi_t^-), \tag{8}$$

$$x(\xi_T)h(\xi_T^-)\geqslant 0, \tag{9}$$

其中至少有一个严格不等式成立。对任意$\xi_t\in F_t$，$t\leqslant T-1$，以及任意证券j，用$\Delta h_j(\xi_t)\leqslant 0$乘（1）的第一个不等式的两端，用$\Delta h_j(\xi_t)\geqslant 0$乘（1）的第二个不等式的两端，得到

$$\Delta h_j(\xi_t)\sum_{\xi\subset\xi_t}q(\xi)\,x_j(\xi)\leqslant\begin{cases}q(\xi_t)\,p_{aj}(\xi_t)(1+\lambda_j^a(\xi_t))\Delta h_j(\xi_t), & \Delta h_j(\xi_t)\geqslant 0\\ q(\xi_t)\,p_{bj}(\xi_t)(1-\lambda_j^b(\xi_t))\Delta h_j(\xi_t), & \Delta h_j(\xi_t)\leqslant 0\end{cases}$$
$$=q(\xi_t)\,\phi_j(\xi_t)(\Delta h_j(\xi_t)).$$

将上式对所有的证券j加总，得到

$$\Delta h(\xi_t)\sum_{\xi\subset\xi_t}q(\xi)x(\xi)\leqslant q(\xi_t)\,\phi(\xi_t)(\Delta h(\xi_t)). \tag{10}$$

在（8）式两端同乘以 $q(\xi_t) > 0$ 得

$$q(\xi_t)\phi(\xi_t)(\Delta h(\xi_t)) \leq q(\xi_t)x(\xi_t)h(\xi_t^-). \tag{11}$$

由（10）和（11），有

$$h(\xi_t)\sum_{\xi\subset\xi_t}q(\xi)x(\xi) \leq h(\xi_t^-)\sum_{\xi\subset\xi_t}q(\xi)x(\xi). \tag{12}$$

于是，

$$\begin{aligned}
\phi(\xi_0)(h(\xi_0)) &= q(\xi_0)\phi(\xi_0)(\Delta h(\xi_0)) \geq \Delta h(\xi_0)\sum_{\xi\subset\xi_0}q(\xi)x(\xi) \quad （由（10））\\
&= h(\xi_0)\sum_{\xi_1\subset\xi_0}\sum_{\xi\subset\xi_1}q(\xi)x(\xi) = \sum_{\xi_1\subset\xi_0}h(\xi_1^-)\sum_{\xi\subset\xi_1}q(\xi)x(\xi)\\
&\geq \sum_{\xi_1\subset\xi_0}h(\xi_1)\sum_{\xi\subset\xi_1}q(\xi)x(\xi) \quad （由（12））\\
&= \sum_{\xi_1\subset\xi_0}\sum_{\xi_2\subset\xi_1}h(\xi_2^-)\sum_{\xi\subset\xi_2}q(\xi)x(\xi)\\
&\geq \sum_{\xi_1\subset\xi_0}\sum_{\xi_2\subset\xi_1}h(\xi_2)\sum_{\xi\subset\xi_2}q(\xi)x(\xi) \quad （由（12））\\
&\geq \cdots \geq\\
&\geq \sum_{\xi_1\subset\xi_0}\cdots\sum_{\xi_{T-1}\subset\xi_{T-2}}h(\xi_{T-1})\sum_{\xi\subset\xi_{T-1}}q(\xi)x(\xi)\\
&= \sum_{\xi_1\subset\xi_0}\cdots\sum_{\xi_T\subset\xi_{T-1}}q(\xi_T)x(\xi_T)h(\xi_T^-)\\
&= \sum_{\xi\in F_T}q(\xi_T)x(\xi_T)h(\xi_T^-)\\
&\geq 0. \quad （由（9））
\end{aligned}$$

如果（7）为严格不等式，则它与上式矛盾。如果（9）为严格不等式，则上式最后一个不等式为严格的；若（8）中有一个严格不等式，则（11）中，从而（12）中至少有一个严格不等式，进而上式中的不等号中至少有一个为严格的；这两种情形均导致与（7）式矛盾的结果。

类似地可以证明：

定理3 市场M不存在强套利当且仅当存在正的非零向量 $\tilde{q}=(1, q)\in R_+^{k+1}$ 使得对每个证券j和每个非终结事件 $\xi_t\in F_t$，$t<T$有

$$q(\xi_t)p_{bj}(\xi_t)(1-\lambda_j^b(\xi_t)) \leq \sum_{\xi\subset\xi_t}q(\xi)x_j(\xi) \leq q(\xi_t)p_{aj}(\xi_t)(1+\lambda_j^a(\xi_t)). \tag{13}$$

如果将$\tilde{q}$理解为事件价格向量，即将$\tilde{q}(\zeta)$理解为相应于事件ξ的Arrow证券的时刻0价格，则定理2和3可做这样的解释：市场不存在套利（强套利）当且仅当存在严格正的（正的非零）事件价格，使得任何证券在任何非终结事件的买入成本的现值不低于该证券在此后产生的红利流的现值，而卖出收益不高于该证券在此后产生的红利流的现值。

定理2和3是无摩擦多期证券市场中的资产定价基本定理在有摩擦多期证券市场中的

拓展。它们表明，在不存在套利（强套利）的多期证券市场中，资产在任何时候的买卖价格均不是惟一的，可在区间上连续定价。资产的买入价格有一个下界，其由买入资产的成比例交易费和未来红利决定；资产的卖出价格有一个上界，其由卖出资产的成比例交易费和未来红利决定，即对任何证券 j 和任意非终结事件 ξ_t,

$$p_{aj} \geq \frac{\sum_{\xi \subset \xi_t} q(\xi) x_j(\xi)}{q(\xi_t)(1+\lambda_j^a(\xi_t))}, \quad p_{bj} \leq \frac{\sum_{\xi \subset \xi_t} q(\xi) x_j(\xi)}{q(\xi_t)(1-\lambda_j^b(\xi_t))}.$$

六、结束语

本文用无套利方法研究了存在买卖价差、成比例交易费和固定交易费三种摩擦的多期证券市场中的资产定价，给出了这种市场中的资产定价基本定理。结论表明：市场是否存在套利（强套利）与固定交易费无关；在不存在套利的条件下，资产的买入价格有一个下界，其由买入资产的成比例交易费和未来红利决定；资产的卖出价格有一个上界，其由卖出资产的成比例交易费和未来红利决定。这些结果也揭示了有摩擦多期证券市场中无套利的本质。以往关于有摩擦证券市场中资产定价的许多结果可以作为本文结果的特例得到。

在金融实践中，还有其他摩擦，如离散特征（只能交易整数手）、交易量限制（下限或上限）等。如何将资产定价基本定理拓展到包含这些摩擦的更一般的多期证券市场？这是一个需要更复杂的工具、值得深入研究的课题。

原载《中山大学学报（社会科学版）》2005年第4期

我国基金投资者的处置效应

——基于交易账户数据的持续期模型研究

王美今

一、问题的提出

Shefrin和Statmen[①]使用Schlarbaum，Lewellen和Lease对2506个账户的研究结论[②]，说明投资者在处置处于不同盈利状态的股票时，常常表现出售盈持亏的倾向，并称之为"处置效应"。在2506个股票账户75123笔交易中，58%的交易发生在盈利状态，42%发生在亏损状态，由此Shefrin和Statmen认为投资者存在急于实现盈利、回避实现亏损的倾向[③]。该研究方法的一个明显缺陷是没有剔除市场总体的涨跌。Odean的检验方法[④]很好地解决了这一问题。他认为，如果投资者没有售盈持亏的倾向，即便在上涨的市场中其投资组合有更多盈利的股票，那么当他卖出股票时，选择上涨股票的比例（PGR）也应当和选择下跌股票的比例（PLR）相同。因而，如果PGR>PLR，就表明存在处置效应。Odean[⑤]用该方法研究了美国大型折扣股票经纪行10000个投资者账户的交易记录，得到PGR=57%，PLR=36%，二者之差显著异于0。因此Odean的研究[⑥]充分证实投资者存在处置效应。

Shapira，Venezia[⑦]认为，如果投资者有处置效应，那么其持有盈利股票的平均时间

---

① Hersh Shefrin and Meir Sataman. "The Disposition to Sell Winners Too Early and Ride Losers Too Long：Theory and Evidence". *Journal of finance*，1985，40，pp.777–790.

② Gary Schlarbaum，Wilbur Lewellen and Ronald Lease. "Realized Returns on Common Stock Investments：The Experience of Individual Investors". *Journal of Business*，1978，51，pp.299–325.

③ Hersh Shefrin and Meir Sataman. "The Disposition to Sell Winners Too Early and Ride Losers Too Long：Theory and Evidence". *Journal of finance*，1985，40，pp.777–790.

④ Terrance Odean. "Are Investors Reluctant to Realize Their Losses？". *Journal of finance*，1998，53，pp.1775–1798.

⑤ Terrance Odean. "Are Investors Reluctant to Realize Their Losses？". *Journal of finance*，1998，53，pp.1775–1798.

⑥ Terrance Odean. "Are Investors Reluctant to Realize Their Losses？". *Journal of finance*，1998，53，pp.1775–1798.

⑦ Zur Shapira and Itzhak Venezia. "Patterns of behavior of professionally managed and independent investors". *Journal of Banking & finance*，2000.

将小于持有亏损股票的时间；他们采用类似Schlarbaum，Lewellen，Lease的方法[1]，对以色列一家主要证券经纪机构提供的1994年股票账户交易数据进行一项专门研究，发现亏损股票在卖出之前的平均持有时间是55.4天，盈利股票为24.8天。

处置效应在理论上主要有三种解释[2]：其一是Kahneman与Tversky在实验证据基础上提出的前景理论[3]，认为面临风险的人们最大化的是"S"型价值函数，而不是传统经济学的期望效用函数；因而投资者往往以购买价作为参照点，表现出卖出赢者过早、持有输者太久的倾向。为便于阐述，本文称这一解释为"前景理论效应"。另一种解释是投资者可能对风险资产的收益持均值回复的信念，即相信前期收益高的股票（基金），在未来转为收益低的可能性较大，因而在某一风险资产上涨时持有时间较短，更倾向于卖出，反之持有时间长，等待价格反弹。本文称之为"均值回复效应"。

无论是Odean[4]或者Shapira，Venezia[5]的方法，均无法识别上述第一和第二种原因。为此Grinblatt，Keloharju[6]建立Logit模型来分解各自的边际效应：

$$Pr(Y_i = 1) = \Lambda(X_i'\beta)$$

该研究表明：①投资者存在均值回复效应，过去收益率的边际效应应为正，说明股票近期收益越大，其卖出的概率也越大。②投资者存在前景理论效应，以购买价作为其衡量盈亏的参照点，持股亏损的变量边际效应为负，说明亏损时投资者不愿卖出股票。

然而，从计量经济学的角度来考察，Grinblatt，Keloharju[7]所使用的Logit模型隐含了一个很强的假定，即投资者对所持有股票的条件卖出概率与持有该股票的时间长短无关。从现实状况考察，这一假定往往也不成立。Ivkovic，Poterba，Weisbenner[8]用持续期模型（Duration Model）对Odean[9]账户数据建模，发现累计卖出概率在刚买进股票的几个月内上升迅速，随后增长平缓，表明卖出概率是持有时间的函数。进而他们使用半参数方法建立Cox的比例险模型：

---

[1] Gary Schlarbaum, Wilbur Lewellen and Ronald Lease. "Realized Returns on Common Stock Investments: The Experience of Individual Investors". *Journal of Business*, 1978, 51, pp.299-325.

[2] 第三种解释涉及避税动机，在我国可能不存在，因为目前中国证券市场股票投资和基金投资的资本利得免征个人所得税。

[3] Daniel Kahneman and Amos Tversky. "Prospect Theory: An Analysis of Decision Under Risk". *Econometrica*, 1979, 47, pp.263-291.

[4] Terrance Odean. "Are Investors Reluctant to Realize Their Losses?". *Journal of finance*, 1998, 53, pp.1775-1798.

[5] Zur Shapira and Itzhak Venezia. "Patterns of behavior of professionally managed and independent investors". *Journal of Banking & finance*, 2000.

[6] Mark Grinblatt and Matti Keloharju. "What Makes Investors Trade?". *Journal of finance*, 2001, 56, pp.589-616.

[7] Mark Grinblatt and Matti Keloharju. "What Makes Investors Trade?". *Journal of finance*, 2001, 56, pp.589-616.

[8] Zoran Ivkovic, James Poterba and Scott Weisbenner. "Tax-Motivated Trading by Individual Investors". *NBER Working paper 10275*, 2004.

[9] Terrance Odean. "Are Investors Reluctant to Realize Their Losses". *Journal of finance*, 1998, 53, pp.1775-1798.

$$h_i(t) = h_0(t) \exp(x_{it}\beta)$$

侧重考察是否有基于税收动机的交易，因此解释变量主要是盈利、亏损以及月份哑变量，并未检验均值回复信念与处置效应的关系。

Feng，Seasholes[①]采用参数化的持续期模型分析了中国某券商提供的股票账户数据，得到Weibull形状参数为0.72～0.8，显著小于0，表明投资者持有股票时间越长，越不愿意卖出股票。文章还证实了账面收益和均值反转效应同时对处置效应发生作用。但他们的持续期模型没有处理不完全时段（spell）问题，或称审查（censored）问题，估计量不仅将损失有效性，而且是不一致的[②]。

本文[③]拟利用我国4只开放式基金的31万多账户数据全方位地考察开放式基金投资者是否存在处置效应的交易行为，进而比较机构投资者与个体投资者行为特征的差异。为了使研究结论更具可靠性，研究过程中着眼于解决"内在时间"（inherent time）的影响和样本数据的"审查"问题。时段表示研究对象进入某一状态直至退出的时间，本研究中，买入基金的投资者在样本期还未赎回（图1中的投资者4，图2的投资者3、4），时段是不完全的，因而要考虑审查问题。

基金认购账户的投资起始日接近于图1的类型，基金的申购账户则接近于图2的类型。

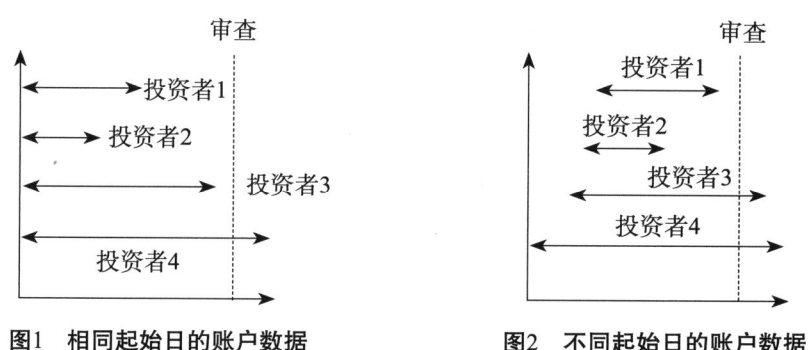

图1　相同起始日的账户数据　　　图2　不同起始日的账户数据

二、研究方法与模型设定

持续期计量经济分析的标准参数化模型是Weibull分布模型，形式如下：

$$f(t) = \lambda p (\lambda t)^{P-1} \exp(-(\lambda t)^P) \tag{1}$$

---

① Lei Feng and Mark S. Seasholes. "Survival Analysis and Individual Trading Behavior". *UC Berkeley working paper*，2004.

② Jack Johnston and John Dinardo. *Econometric Methods*，*Fourth Edition*. The McGraw-Hill Companies，Inc.

③ 国内学者对处置效应的研究参见何基报：《什么影响着投资者的交易》，深交所综合研究所论文，2003年；李学：《投资者收益、风险和行为研究》，深交所综合研究所论文，2001年；南京大学管理科学与工程研究院课题组：《中国证券投资者行为研究》，载《上证研究》2002年第1期；赵学军、王永宏：《中国股市"处置效应"的实证分析》，载《金融研究》2001年第7期；等等。这些文献不涉及本文讨论的方法论问题，从略。

$$S(t) = \exp(-(\lambda t)^P) \tag{2}$$
$$h(t) = \lambda p (\lambda t)^{P-1} \tag{3}$$

Weibull分布中，$S(t)$描述了投资者经过t时期继续持有股票的概率；险函数（3）描述投资者在时刻t持有股票而在下一时刻决定卖出的概率，它是时间的函数，可用于描述非平稳过程。形状（Shape）参数P描述该过程对时间的依赖：$P > 1$代表正的持续期依赖，意味着当前状态将终止的概率随时段的增大而增大；$P < 1$代表负的持续期依赖，意味着当前状态将终止的概率随时段的增大而减小；当$P = 1$时，Weibull分布退化为指数分布。

为了反映时间t以外的外生变量对状态转换概率的影响，可对Weibull分布的尺度（Scale）参数λ建模：$\lambda_i = \exp(-X_i'\beta)$。此时险函数转化为比例险函数：
$$h(t_i|X_i) = \lambda_0(t_i, p) \exp(-X_i'\beta) \tag{4}$$

式中$\lambda_0(t_i, p)$称为基准险函数；由于$\exp(-X_i'\beta)$总为正，这样的模型设定可使$h(t_i|X_i)$对一切X和P非负，并且使回归元X_i的作用与险函数随时间变化的方式分离开，方便估计。

对于服从Weibull分布的时间T，其密度函数如式（4），则有加速失效模型为（Acclerated Failure Time Model）为：
$$p\ln(t_i) = X_i'\beta + u_i \tag{5}$$

其中u_i是Weibull分布扰动项，并且与X_i不相关。

令$\sigma = 1/P$，将上述模型经过简单的变换：
$$\omega_i = p\ln(\lambda_i t_i) = \frac{\ln(t_i) - X_i'\beta}{\sigma}$$

由T的分布可得$p\ln(t_i)$服从I型极值分布，密度函数和分布函数分别：①
$$f(\omega_i) = \exp(\omega_i - \exp(\omega_i))$$
$$S(\omega_i) = \exp(-\exp(\omega_i))$$

对数似然函数为：
$$\ln L = \sum_i [\delta_i \ln f(\omega_i) + (1-\delta_i) \ln S(\omega_i)] \tag{6}$$

依据此式利用SAS进行最大似然估计，其中

$\delta = 1$如果时段是完全的，

$\delta = 0$如果时段是不完全、即审查的。

对尺度参数设定的模型为：$\lambda_i = \exp(-(\beta_0 + \beta_1 Rtn_i + \beta_2 Rtn_{i10})) \tag{7}$

式中，Rtn是表示投资者在卖出时，基金相对于认购成本或申购成本的累计收益率；

---

① 参见J. F. Lawless著、茆诗松等译的《寿命数据中的统计模型与方法》，中国统计出版社1998年版，第18页。

Rtn_{10}是基金的2周收益率,反映基金的历史净值走势①。

因此,当β_i($i=1$,2)为负时,$h(t_i|X_i)$为增函数,表明对应的收益率越高,条件卖出概率越大②。

三、数据处理、模型估计和假设检验

下表是样本中4只基金的账户数(下文中,4只基金分别称作基金A、B、C、D)③。目前国内基金规模主要靠首次发行获得,基金的持续销售普遍较差。也就是说,基金账户中的绝大多数投资者的交易发生在首次认购,认购期后申购基金的投资者数量较少。由于基金认购与申购数量相差悬殊,而且起始点特征相异,因此,本文对认购数据和申购数据分别建模,称为"认购账户持续期模型Ⅰ"和"申购账户持续期模型Ⅱ"。认购数据的样本选取规则为:从投资者认购基金开始,到第一次卖出(如果到审查日还未卖出,取审查日)之间,没有其他申购发生的认购账户。剔除申购的原因有两个:首先,被剔除的样本仅有1707个账户,占总账户的比例很小,剔除这些数据不会影响结果。其次,是省去计算"参考价",即投资者多次购买时,需要以交易量加权计算其成本价,而这里的处理使得认购价就是投资者的成本。基于同样的理由,我们对申购数据的样本也进行了类似的处理。

表1 认购与申购账户分布

	总账户数	认购账户数	认购被审查的账户数	申购的账户数	申购被审查的账户数
基金A	50315	35129	18488	11577	7222
基金B	101978	98238	33736	2749	1610
基金C	149106	149106	93226	0	0
基金D	10187	10187	8999	0	0
合计	311586	292660	154449	14326	8832

(一)Weibull分布的形状参数估计

采用扰动项为Weibull分布的加速失效模型,首先要检验各基金在样本期的Weibull

---

① 基金投资者对基金净值走势的关注频率并没有股票高,例如我们在最近的一项网上股票投资者问卷调查中,发现1082份回收问卷中,有75%是1~2天关注一次,88%的投资者关注股票的频率在1周以内(包括1~2天)。我们另一项针对基金投资者的网上问卷调查显示,55%的基金投资者关注基金走势频率在1周以内,另有12%关注频率为2周,22%为1个月。考虑到问卷的对象是会操作电脑,并且会上网的投资者,由于网络获取信息的便利,使其关注频率要高于基金投资者的总体水平。因此在本文的分析中采用基金过去2周的收益率作为投资者关注的短期收益率,记作Rtn_{10}(2周有10个交易日)。同时在下文将对不同时间段的短期收益对模型的影响进行稳健性分析。

② 本文采用SAS统计软件估计模型参数,SAS软件对生存模型的估计主要是基于Maddala G. S. *Limited-Dependent and Qualitative Variables in Econometrics*. New York:Cambridge University Press,1983;Kalbfleisch J. D. and Prentice R. L. *The Statistical Analysis of Failure Time Data*. New York:John Wiley & Sons, Inc,1980。

③ 本文研究样本采用某基金公司提供的基金账户交易数据。我国开放式基金的发展处于起步阶段,各家基金公司发行的开放式基金数量不多,且历史较短,但我们所得到的每只基金成立时间均超过1年。其中基金A的样本数据时间段为44个月,基金B为32个月,基金C为24个月,基金D为12个月。

形状参数，判断持有时间是否是模型不可缺少的协变量（covariate）。因此，提出零假设：

$$H_0: P=1$$

估计结果见表2。全部基金的P值为0.627，显著地不等于1；说明随着投资者持续期的增大，投资者的条件卖出概率在逐步减小，即持有基金越长的投资者，平均来说在下个时期赎回基金的概率越小。从单个基金来看，除了基金A，其余3个基金的P值与1有明显差距。对其施加约束$P=1$，表2给出的LM检验统计量均拒绝零假设。因此我们认为在建模中，Weibull形状参数p不能默认为1，从而将Weibull分布简化成指数分布[①]。

表2　各基金的Weibull参数估计值

	$1/\hat{\lambda}$	$\hat{P}$	LM检验
全部基金	1475.286★★★ （7.226）	0.627★★★ （0.0016）	26788.82
基金A	1955.186★★★ （18.779）	0.928★★★ （0.0067）	101.73
基金B	821.068★★★ （5.904）	0.558★★★ （0.002）	19523.92
基金C	1812.245★★★ （15.107）	0.658★★★ （0.0026）	8453.09
基金D	907.099★★★ （27.967）	2.182★★★ （0.0624）	NA.

★、★★、★★★分别表示在10%、5%和1%的水平上显著；（）内的数为估计值的标准差。本文下同。

（二）处置效应检验

样本期内4只基金自成立之后，其净值走势很少低于认购成本，也就是说投资者发生亏损的样本点很少。我们在对认购数据建模时，发现仅有8%的样本点在赎回基金时处于亏损状态，因而有理由认为如果投资者存在处置效应，将更多地表现为盈利（即累计收益率）越高时，条件卖出概率越大，盈利越低（或亏损越多），条件卖出概率越小。基于此，首先在式（10）中去掉Rtn_{10}，通过考察Rtn对条件转移概率的影响来检验处置效应。表3是估计结果，其中$\hat{\beta}_1<0$，表明不能拒绝处置效应。但是，该结果与Odeani[②]类似，未能区分投资者处置效应是由于前景理论效应，或者均值回复效应形成的。

[①] 当然，加入不同解释变量作为协变量后，P值会有所变化以反映解释变量的影响，但基本上不改变拒绝H_0的结论，特别是对于全部基金样本，因此在后文将不给出LM检验统计量，但给出$1/P$即σ的估计值和标准差。

[②] Terrance Odean. "Are Investors Reluctant to Realize Their Losses?". *Journal of finance*, 1998, 53, pp.1775-1798.

表3　各基金认购数据（模型Ⅰ）的Weibull加速失效模型

	$\hat{\beta}_0$	$\hat{\sigma}$	$\hat{\beta}_1$
基金A	7.949***	1.014*	−5.951***
	（0.013）	（0.007）	（0.075）
基金B	7.115***	1.77***	−10.303***
	（0.01）	（0.006）	（0.138）
基金C	8.311***	1.127***	−44.168***
	（0.011）	（0.004）	（0.192）
基金D	7.073***	0.411***	−40.445***
	（0.041）	（0.012）	（1.285）

（三）前景理论效应和均值回复效应检验

图3为基金净值的走势图，P_0为投资者申购基金的成本价，P_1为投资者分别位于A点、B点和C点时的基金净值。如果影响投资者条件卖出概率的仅是前景理论效应，那么在A点、B点及C点投资者的盈利相同，其条件卖出概率也应相同。如果均值回复效应也影响投资者的持有决策，那么A点和C点的条件卖出概率将大于B点。

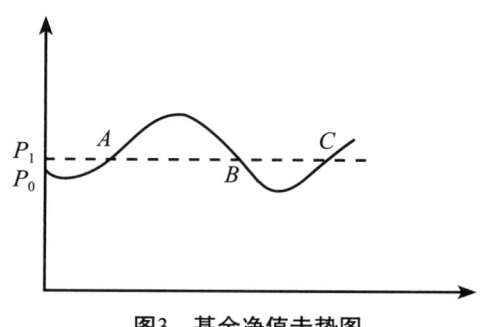

图3　基金净值走势图

根据上述分析，如果处置效应可以由前景理论和均值回复理论共同解释，那么需要联合检验如下的零假设：

$$H_0: \beta_1 < 0, \ \beta_2 < 0$$

$\beta_2 < 0$表示投资者的均值回复效应，即当基金的短期高收益率较高时，投资者倾向于赎回基金；在控制了短期收益率这一变量后，$\beta_1 < 0$反映了前景理论效应对投资者售盈持亏的影响。

对于认购数据及申购数据的测算，都表明我国基金投资者存在处置效应。因篇幅的限制，仅列出认购数据即模型Ⅰ的估计结果（见表4）。

对$p=1$的LM检验仍然拒绝零假设，同时所有基金的β_1都显著小于0，除了基金D的申购数据外，$\beta_2 < 0$也都显著。因此可以得出结论：对于样本基金，投资者的处置效应可以解释为是情景理论效应和均值回复效应共同作用的结果。

（四）个体投资者和机构投资者行为比较

我们利用认购数据和申购数据对个人投资者与机构投资者分别进行估计，结果发现（认购数据的估计结果见表5）：机构投资者的截距项明显地小于个人投资者，表明前者的赎回较后者活跃。同时机构投资者和个人投资者都具有处置效应，但前者较小些。

机构投资者对累计盈亏的敏感性远低于其他类型的投资者[①]；在申购数据的模型中，β_1甚至不能显著异于0，而且随着投资份额的增加，投资者对累计盈亏的敏感性逐步下降。

对于基金净值的短期走势，我们得到的结论与Grinblatt，Keloharju[②]相似，与其他组别的个人投资者相比，机构投资者对短期收益率Rtn_{10}较不敏感。

表4　认购数据（模型Ⅰ）的处置效应和反转效应

	$\hat{\beta}_0$	$\hat{\sigma}$	$\hat{\beta}_1$	$\hat{\beta}_2$
基金A	7.978***	0.971***	-3.945***	-18.384***
	（0.013）	（0.007）	（0.082）	（0.364）
基金B	7.119***	1.763***	-8.988***	-14.578***
	（0.01）	（0.006）	（0.154）	（0.734）
基金C	8.246***	1.101***	-40.261***	-18.197***
	（0.011）	（0.004）	（0.211）	（0.505）
基金D	7.072***	0.411***	-40.157***	-1.694
	（0.041）	（0.012）	（1.377）	（3.004）

表5　认购数据（模型Ⅰ）的个人投资者与机构投资者

投资者类型	$\hat{\beta}_0$	$\hat{\sigma}$	$\hat{\beta}_1$	$\hat{\beta}_2$
个人（1万份以下）	7.458***	1.69***	-9.361***	-24.436***
	（0.008）	（0.005）	（0.107）	（0.481）
个人（1~5万份）	8.003***	1.321**	-8.358***	-17.323***
	（0.011）	（0.006）	（0.096）	（0.448）
个人（5~20万份）	7.825***	1.255**	-8.281***	-14.161***
	（0.022）	（0.013）	（0.199）	（0.92）
个人（20万份以上）	7.248***	1.355***	-5.088***	-27.937***
	（0.049）	（0.032）	（0.572）	（2.392）
机构投资者	6.007***	1.365***	-1.563**	-17.086***
	（0.029）	（0.02）	（0.564）	（2.124）

（五）不同年龄个体投资者比较

不同年龄基金投资者的投资行为差异明显，这在两类数据的模型中都显示了较为一致的结论：

[①] 申购数据20万份以上的个人投资者除外，因为未审查的样本只有15个，因此系数估计值不显著，而且出现奇异值。

[②] Grinblatt，Keloharju（Mark Grinblatt and Matti Keloharju."What Makes Investors Trade?". *Journal of finance*，2001，56，pp.589-616.）研究表明，成熟的投资者在进行卖出决策时较少地考虑股票的过去市场收益率。

截距项的大小随着年龄的增大而增大，这表明在没有收益变动的情况下，年龄越大的投资者平均来说其持有基金的时间较长，并且 Rtn 越高时，他们赎回基金的条件概率越大；而对于短期收益率持均值反转信念最强的为30～50岁的中年投资者，在认购数据中50岁以上的老年投资者对短期收益的反应明显地低于其他组别。

上述现象的可能解释是：年老的投资者之所以对累计收益率更为敏感，是因为他们对未来收入的预期小于年轻人，投资的风险承受能力更低，所以对是否盈利更加关注，盈利时表现出更强的售盈持亏倾向，持有基金的平均时间也较长。长线的投资者因为交易频率较低，对基金短期收益率也就相对不敏感。

表6　认购数据（模型Ⅰ）个人投资者的年龄差异

个人投资者年龄分布	$\hat{\beta}_0$	$\hat{\sigma}$	$\hat{\beta}_1$	$\hat{\beta}_2$
18～30岁	7.074*** （0.018）	1.611*** （0.013）	−7.149*** （0.258）	−20.919*** （1.088）
30～50岁	7.471*** （0.008）	1.655*** （0.005）	−8.367*** （0.093）	−23.117*** （0.423）
50岁以上	8.089*** （0.012）	1.105*** （0.006）	−8.454*** （0.099）	−13.559*** （0.455）

（六）稳健性检验

本研究中 Rtn_{10} 的引入，是识别处置效应和均值反转的关键。我们按不同周期（1周、2周、3周、4周）的短期收益率选取相应的 Rtn_5、Rtn_{10}、Rtn_{15} 和 Rtn_{20}，分别对模型进行估计。结果表明（表7列出了1周和4周的估计结果），这些设定对基本结论没有产生实质性影响，本研究结论具有充分的稳健性。

表7　认购数据（模型Ⅰ）不同周期短期收益的稳健性检验

基金名称	1周短期收益				4周短期收益			
	$\hat{\beta}_0$	$\hat{\sigma}$	$\hat{\beta}_1$	$\hat{\beta}_2(Rtn_5)$	$\hat{\beta}_0$	σ	$\hat{\beta}_1$	$\hat{\beta}_2(Rtn_{10})$
基金A	7.96*** （0.01）	0.99 （0.01）	−4.67*** （0.08）	−17.99*** （0.47）	7.97*** （0.01）	0.97*** （0.01）	−3.41*** （0.09）	−12.84*** （0.27）
基金B	7.11*** （0.01）	1.77*** （0.01）	−9.71*** （0.15）	−9.71*** （0.91）	7.12*** （0.01）	1.76*** （0.01）	−8.84*** （0.16）	−8.56*** （0.49）
基金C	8.29*** （0.00）	1.12*** （0.20）	−43.14*** （0.57）	−7.73*** （0.01）	8.19*** （0.01）	1.06*** （0.00）	−35.5*** （0.21）	−25.36*** （0.37）
基金D	7.08*** （0.04）	0.41*** （0.01）	−42.38*** （1.36）	28.35*** （4.47）	7.06*** （0.04）	0.4*** （0.01）	−37.45*** （1.3）	−10.76*** （1.64）

四、研究结论和政策建议

近年来我国基金超常规发展，未来年金计划还将实施，因而有必要研究基金持有人的行为模式，了解其行为偏差的程度及其影响。

本文建立持续期模型，采用4只投资基金的全部账户交易数据[①]作为研究样本，证实了尽管基金的周转率远低于股票交易周转率，基金投资者仍然存在明显的处置效应；投资者盈利的时候持有基金的时间较短，反之则较长。在控制投资者持有基金的时间对其条件卖出概率影响后，将处置效应分解成前景理论效应和均值回复效应，证实了基金投资者的处置效应不但与投资者的累计盈亏相关，而且与基金近期的涨跌有关；投资者持有基金的盈利越多，其条件卖出概率越大，近期涨幅越大，投资者也越倾向卖出。

本研究还发现：机构投资者的处置效应要弱于个人投资者，前景理论效应尤为不明显，这说明在控制了基金短期涨跌后，投资的盈亏对机构投资者的卖出决策不是重要性的影响因素。在相同条件下，年龄越大的投资者持有基金的时间较长，处置效应也越明显。

基于上述研究结论，我们建议：①加强投资者教育，特别是风险承受能力较弱的小额投资者和年长的投资者，要减小盈亏对投资决策的影响，并要合理配置其风险资产。年轻投资者则应关注频繁交易产生的交易成本对投资收益的侵蚀。②基金管理公司在了解投资者行为的基础上，可对份额赎回进行预测，优化其组合的流动性。同时基金公司可以根据不同投资者的行为特征设计产品，改善对基金持有人的服务。③管理层应对机构投资者的异常赎回行为进行监控，这对证券市场的稳定发展具有重要的意义。

原载《中山大学学报（社会科学版）》2005年第6期

---

① 由于目前我国基金的数量不多、发行时间短，本研究无法像Odean（Terrance Odean. "Are Investors Reluctant to Realize Their Losses？". *Journal of finance*, 1998, 53, pp.1775–1798）和Grinblatt, Keloharju（Mark Grinblatt and Matti Keloharju. "What Makes Investors Trade？". *Journal of finance*, 2001, 56, pp.589–616）研究股票的处置效应那样，运用基于组合的方法，但样本包括311586个账户，有充分的代表性。

企业网络和群体空间

——产业集群的经济学解释及对经济学的挑战

张曙光

一、引　言

　　产业集群的形成和发展既有比较久远的历史，19世纪末就出现了，又是一个范围相当广阔的现代产业发展现象，不论是发达国家，还是发展中国家，都涌现出大量的产业集群。比如，意大利Belluno地区的眼镜产业集群，美国硅谷的IT产业集群，秘鲁的服装产业集群等都颇为有名，在各自国家和地区的经济发展中起着相当重要的作用。

　　产业集群在我国是改革开放以后出现的事物。在江浙沪穗等地，随着民营企业的发展，形成了很多中小企业聚集和集中的专业化产业区或产业集群。如，浙江永康的五金专业化产业区，温州柳市镇的低压电器产业集群，嵊州的领带产业集群；江苏苏州、无锡的电子通信、精密机械专业化产业区，南通如皋的太阳能器具产业集群，扬州头桥的医疗器械产业集群；广东佛山石湾陶瓷专业化产业区，南海西樵的纺织品产业集群，中山小榄镇的锁具产业集群和古镇的灯具产业集群。经过20多年的发展创新，这些专业化产业区和产业集群在地方经济发展中起到了举足轻重的作用。到2005年，浙江省年工业总产值或销售收入在亿元以上的制造业产业集群有604个，其中10亿元以上的283个，100亿元以上的35个，300亿元以上的5个。这些产业集群创造了浙江制造业50%以上的产值，以及近60%的税收、70%的出口量和80%的就业岗位，覆盖了汽摩配件、纺织服装、制革皮鞋、家用电器、五金机械、眼镜、领带、袜业等传统产业。广东10亿元以上的有85个，50亿元以上的25个，百亿元以上的10个，产业集群的总就业人数322万人，占广东第二产业就业人数的25.7%，占全省个体和私营就业者人数的37.5%，全省159个产业集群创造的地区生产总值达3250亿元。占全省地区生产总值的13.5%，这些集群覆盖了机械、印刷、五金、电子信息、纺织服装、家电建材、玩具、食品等30多个产业和产品类别[①]。

　　正因为如此，产业集群的形成和发展不仅引起了联合国经合组织和世界银行等国际组织和各国政府的关注，而且引起了学术界的广泛研究和热烈讨论。由于产业集群的发展不是一个简单的经济现象，而是涉及人类社会经济生活的各个方面，因而对它的理论研究也来自多个方面，出现了不同学科的解释。既有经济理论方面的讨论，也有新经济

---

① 参见《中国乡镇企业报》2006年1月6日。

地理学的解释；既有管理学的研究，也有社会学方面的考察；政府公共政策的介入，还提出了政治学方面的一些问题，形成了一个多学科交叉互动的交集。不过，目前的产业集群研究大多以案例描述和简单的概括为主，虽然它的思想可以说源远流长，其理论源头可以追溯到1890年出版的马歇尔《经济学原理》，但是，除了波特（1990）的竞争优势理论从管理学的角度加以讨论和克鲁格曼（2002）的新经济地理学的分析以外，经济学并未对之做出像样的理论解释。然而，产业集群的出现和发展对现有经济学理论提出了多方面的挑战，理论经济学在这方面的思考并不多。在为张元智教授的《产业集群：获取竞争优势的空间》（2006）一书所写的序文《产业集群的发展及其理论解析》中，笔者曾经提出和讨论了这一问题，本文试图对此做些进一步的扩展。

二、企业理论的解释和对企业理论的挑战

产业集群是生产同类产品的大量企业在一定区域内聚集和集中而形成的共生事物和群落现象。在这里，区域和企业是产业的平台和载体，但区域并不是边界清晰的地理和行政单元，企业也不是一般的毫无关联的企业，而是通过分工协作生产同类产品的企业，其数量也不是区区少数几个，而是成百、上千以至更多。这种大量企业在一定区域内的群居和共生，就使得企业本身的规模、组织和相互关系发生了一些变化，出现了一些新的现象。

在现代经济发展中，尽管中小企业的数量相当庞大，但是，现代企业的典型代表是那种一体化的大型企业。它们建立在企业内分工和大批量生产方式的基础之上，其产生的方式有二：一是把企业的功能按照生产产品的构成或者工艺流程的环节划分成若干个相对独立的部分整合在一起而组建，二是通过上下游企业和／或同类企业间的购并或者联合而形成。这类企业是现代经济发展的中坚和骨干，不仅是各国经济发展的重点，而且是理论解析的主要对象。至于一般中小企业，或者独立生产一个完整的产品，或者为大企业配套，在企业理论的解释上与大企业没有什么重要的差别。

近半个世纪以来，企业理论有了很大的发展，归结起来，是沿着以下两个方向发展的。一个是把企业看作是一组合约的联结，用契约主义的方法研究企业问题，形成了企业的契约理论，包括交易费用经济学和代理理论（科斯，1937；张五常，1983；威廉姆森，2001）。另一个把企业看作是一种人格化的装置，从企业内部权力的分配来研究企业问题，形成了资本家的企业理论和管理者的企业理论（哈特，1995；张维迎，1995）。近来，杨其静（2005）从企业家的角度来考察企业及其产生，形成了企业家的企业理论。由于企业的契约理论发展最快、创新最多、影响最大，因而成为企业理论的主流，另一方向的企业理论则比较单薄，没有得到应有的发展。不论是企业的契约理论，还是资本家和／或者经营者和／或者企业家的企业理论，其中心是讨论企业的内部结构和外部关系以及企业的产生和运作，包括企业对外部市场的替代及替代方式（交易费用经济学、间接定价理论和资产专用性理论）、企业内部的激励安排和风险分配（团队生产理论和委托代理理论）、企业控制权的分配和经营者的选择（现代产权理论和资本雇佣劳动理论），以及企业家的融资安排和企业的产生（企业家的企业理论），不曾涉及企业在一定区域的集聚及其形成的网络关系。

产业集群由无数个聚集在一定区域的企业，主要是中小企业构成，每个企业的功能和作用类似于现代一体化大企业中的一个车间或者一个工序，而集群则在很大程度上完成了一个一体化企业的功能和作用。它是建立在企业间分工或者产品内分工（卢锋，2004）和模块化生产方式的基础之上的。其建立的方式不是同类型或者关联企业在区域内的聚集而形成，就是由一个企业的相关部门独立而出现。概而言之，由于产业集群与一体化企业一样，都是建立在分工和专业化的基础之上的，采取了标准化生产方式，发挥了规模经济效益，因而，上述企业理论都能对产业集群给予一定的理论分析，如通常都用交易费用和规模经济理论来解释产业集群，但是，由于集群中的企业组织及其相互间的联结方式包含着一些一体化企业没有的新因素，因而，有些问题也解释不了。

我们先用下图对一体化企业和产业集群作一直观比较，然后再做进一步的具体分析。图中，实线圆表示企业，实线圆外是市场；实线表示物流，虚线表示信息流。

首先，交易费用经济学、间接定价理论和资产专用性理论集中于解释企业与市场的边界以及企业对市场功能的替代，而产业集群却是市场的回归、强化和扩展。在集群中，不论是处于产业集群网络节点、承担产业整合和产品成型的关键企业、核心企业和总装企业，还是大量与之关联的中小企业，企业的边界也相对清晰，企业内部的关系相对简单，管理的链条和环节较短较少，但企业之间的市场关系更为发达和普遍，市场竞争也更加激烈，合作交流的方式也更加多样。因此，集群研究的重点不是企业，而是市场，不是单个企业的问题，而是企业网络、市场结构和市场形态问题。笔者（2006）之所以提出"创新共同市场"的概念，并从这个角度来观察和讨论产业集群的创新问题，正是抓住了产业集群的这一特征。由此可见，一体化和集群化是产业和经济发展中两个作用类似而逻辑相反的过程。这一点在后面的讨论中会进一步得到体现。

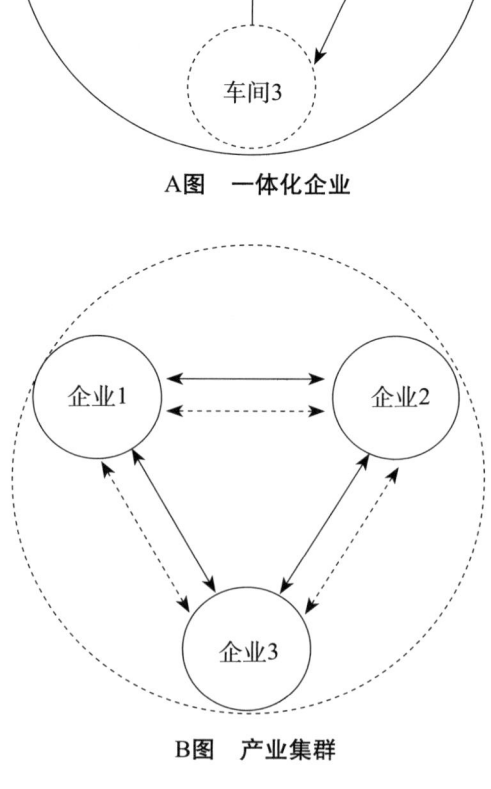

A图　一体化企业

B图　产业集群

其次，企业理论和产权理论虽不完全相同，但却密切相关，可以说是一个事物的两个方面。代理理论和现代产权理论表明，企业的发展不仅是规模和边界的变化，而且是产权制度和产权结构的变迁。变迁的方式也是合久必分，分久必合，从早期所有权和经营权合一，资本家、企业家和经营者一身三任的古典企业，到所有权和经营权分离、资本家和经营者分开而企业家附着在前两者身上的现代企业，再到在新的基础上所有权和经营权重新合一或者部分合一、企业家与资本家和经营者分离和独立的后现代式企业[①]和集群企业。一方面,现代企业制度没有完全替代和消灭古典企业,但却克服了古典企业资本投资和生产规模上的局限,通过一体化而形成和获得规模经济,推动了经济效率的提高和社会生产力的发展,成为现代经济的象征和标志;另一方面,现代企业在节约市场交易费用的同时,却增大了企业内部的组织和管理费用,产生了代理问题和"大公司病"。代理理论和产权理论聚焦于此,前者力图从激励合约的设计和安排上寻求解决问题的办法,后者则从企业控制权的分配和安排中寻找出路。这种探索的成就和创造相当明显,但也有其历史的局限。一方面,这些理论都是从现有企业和资本投资者的角度出发的,而不是从企业家的角度出发的,因而没有提出和解决企业是如何产生的问题,另一方面,这些理论都混淆了企业权力集中后的分配和企业相互独立形成的权力分立。与此不同,产业集群的发展和集群企业的出现,一方面通过企业在一定区域内的聚集和分工专业化的发展,突显了区域聚集的群体效应和分体化的规模经济效应,以新的方式完成了现代大企业的功能和作用,另一方面,集群企业的组织方式是对古典企业的一种回归和拓展,充分利用了古典企业产权的激励作用,有效地解决了现代企业中的代理问题以及与此有关的信息交流和学习问题,在一定程度上了解决了交易费用经济学中因资产专用性而产生的事后机会主义,以及现代产权理论中的"锁定"和"敲竹杠"之类的"道德风险"和"逆向选择"问题。由此可见,竞争和合作既是经济发展,也是经济理论的两个中心问题,一体化现代大企业和分体化的产业集群正是为解决这两个问题而出现的,或者说它们各以自己的方式,分别实现了合作和竞争的有机结合。

再次,不论是企业的契约理论,还是产权理论和资本雇佣劳动理论,都没有突显出企业家在企业中的地位和作用。因为,契约理论是建立在同质性假设的基础之上的,一般不可能提出这样的问题,而产权理论和资本雇佣劳动理论虽然依据了异质性假设,但强调的是管理协调和科层治理,突出的是资本和资本家的地位和作用。集群企业的产生扩大了企业家的基础,突显了企业家的作用,加之风险投资的出现,使之与资本家和经营者区别开来,为企业家企业理论的发现奠定了客观的基础。与现有一体化大企业主要依靠管理进行协调和治理不同,在集群企业中,企业家主要通过网络关系和信任机制进行治理,解决交易活动的组织、协调和控制问题(李新春,2002)。不仅如此,与市场协调的价格机制排斥创新不同,企业家协调强调创新和不确定性,企业就是企业家创造的一个实现其创新价值的装置。

最后,现有企业理论严格限定在主流经济学的范式之内,是建立在完全理性人假设和方法论个人主义的基础之上的,过分看重了人的理性,而忽视或者看轻了人的社会性,把企业看作是一个单纯的经济组织,突现了如何通过正式的制度安排来约束和限制人性中消极的一面。从古典经济学到新古典经济学以及各种非主流学派的曲折发展,不

[①] 这是笔者在评论张维迎著《企业的企业家—契约理论》时提出的一个概念,具体参见《企业理论创新及分析方法改造》,收入《中国经济学和经济学家——张曙光经济学书评集》,成都:四川人民出版社,1999年。张羿曾经对此做过专门讨论,具体参见张羿著《后现代企业与管理革命》,昆明:云南人民出版社,2004年。

仅揭示了组织合作和市场竞争是经济发展的必由之路，而且逐渐认识到制度、文化以及人们的心智在社会经济发展中的作用。但是由于忽视和看轻了人的社会性质，或者由于过分看重了编码知识和有形制度的作用，忽视了默会知识和无形制度的作用，因而在解释和解决组织合作和市场竞争的关系问题时，也就无法避免摇摆和片面性，有的和有时偏向合作，有的和有时偏向竞争，但总的倾向是偏向竞争，而忽视合作；重视组织合作和市场竞争而忽视市场在实现合作中的作用。企业网络的形成和产业集群的发展及其运作的实践解决了默会知识的交流和学习、非正式制度的运作方式等问题，突显了人的社会性，找到了把人的理性和人的社会性结合起来的途径，既把竞争向前推进了一大步，又把合作提升到一个新的高度，揭示出企业既是一个经济机构，又是一个社会组织。

三、产业组织理论的解释和对产业组织理论的挑战

如果说企业理论着重于企业本身的考察，那么，产业组织理论则着重于同一市场中企业之间关系的分析。比较而言，在产业层次或者在市场层次上来考察产业集群，可能比在企业层次上的考察更有利于认识和揭示产业集群的本质。

按照经济学教科书（米勒，1989）的解释，产业组织理论是微观经济学的一个分支，战后得到了迅速的发展，主要研究市场结构、市场手段和市场绩效之间的关系。产业结构包括买主和卖主数目、产品差异、进入壁垒、成本结构、垂直一体化、经营多样化等；市场手段是指厂商的价格政策、产品政策等；市场绩效是指从资源利用、资源配置、创新、价格水平、就业水平和平等等标准来判断市场结构和市场手段的优劣，考察厂商的行为及其后果。如果厂商的行为和后果不能令人满意，就要通过适当的公共政策和政府管制加以纠正。可见，现有产业组织理论研究的主要问题是集中和一体化企业存在情况下的市场问题，而不是产业集群出现以后形成的市场问题。

市场结构有完全竞争和不完全竞争两种类型，不完全竞争又包括寡头垄断和垄断竞争。完全竞争虽然是市场的理想状态，也是市场分析的基础，但是由于其假定的非现实性，产业组织理论主要讨论不完全竞争和垄断问题，着重考察寡头垄断和垄断竞争两种情况。因为集中形成垄断，产业组织的研究方法是，首先要通过计算产业集中度来解决市场结构的度量问题，进而要讨论集中与收益率和盈利性的关系，分析不同的集中方式和手段对价格和成本以及价格与成本差额的影响。然而，在产业集群中，大量企业在一定区域的聚集并不形成集中和垄断，上述的问题看来并不存在，上述的方法也不大适用，因而，产业集群的市场结构与集中度没有多大关系，基本上是一个近似于完全竞争的市场结构。在企业相互分立而又在一定区域内聚集而形成的产业市场上，自然存在着各种各样的交易费用，但是群居环境形成的企业生态和企业网络，创造了降低和节约市场交易费用的途径，不仅可以像一体化企业那样做到连续和无库存生产，而且可以用口头协议代替正式合约安排，同时，共同的知识背景使得企业和人员之间的信息交流和学习更加容易和便利。

产业组织理论考察的一个重要内容是规模经济问题。规模经济与规模报酬递增密切相关，但又不是一个问题，虽然后者是前者的技术基础。企业层次上的规模报酬递增主要来源于生产的经济性，包括经营规模扩大带来的投入资源的专业化使用、单位产出投

入的减少、市场范围扩大造成的单位运输成本的下降,以及生产设备的改进等,这样形成的规模经济可以称作内部规模经济。一体化大企业和产业集群的发展都是建立在内部规模经济的基础之上的,但是,达到和获取规模经济的途径和办法却有很大不同。现在看来,获取规模经济的方式和途径有二:一是合,即通过兼并和一体化(包括纵向一体化、混合式多种经营和横向一体化)扩大企业规模和生产规模;二是分,即通过分体化和单一化形成企业规模和生产规模[①]的扩张。如果说前者是通过企业内分工和专业化实现的,那么,后者则是通过企业间的社会分工和产品内分工以及企业的专业化达成的,即,这里的分工和专业化不是发生在企业内部的车间和班组之间,而是出现在企业之间,一个企业只生产一个零件或者只完成一道工序,从而有可能做大生产规模。因此,如果把前者称作纵向一体化分工,那么,可以把后者称作是网络式分工或者纵向网络分工。如果说前者是由于有了大规模才有了专业化和规模经济,因而才有了兼并和一体化的选择,那么,后者则是由于有了分工才有了专业化和规模经济,其选择就不是兼并和一体化,而尽可能细分以及细分基础上的专业化。问题在于,现有产业组织理论缺乏这种区分,只考察了一体化的规模经济,而忽视了分体化的规模经济。

如果以组织方式和规模经济作为两个维度,就可以得到四种企业类型,如下表所示。

		规模经济	
		小	大
组织方式	一体化	小而全	大而全
	分体化	小而专	大而专

除了基于规模报酬递增和企业内部的规模经济以外,规模经济有可能单纯来自投入价格的影响,这样就形成外部规模经济和不经济,可以称作是产业层次上的规模经济。新经济地理学所依据的实际上是外部规模经济。由于外部规模经济和不经济不可能发生在厂商内部,因而是厂商无法控制的。为了获取外部规模经济,除了通过兼并和一体化将其内部化以外,一个重要的途径和办法就是通过价格歧视、操纵价格、合谋等,构筑产业壁垒,排挤在位或潜在的竞争对手。这是现有产业组织理论关注的主要问题之一。然而,在产业集群中,获取外部规模经济的办法也与此不同,通常不是通过一体化和内部化而是通过分体化和外部化进行的,即将一些可以独立的部门和支持产业分解出来由专业化的企业承担。不仅如此,由于群居和共生的环境,来自集群内部的价格操纵和合谋行为难以生存,来自集群外部的价格操纵和合谋行为也易于受到抵制。此外,群居和共生的环境也使得相应的非营利组织更易于生长。所以,产业集群的规模经济不仅主要来自企业层次的规模经济,而且主要来自分体化和网络化形成的规模经济。

[①] 张元智教授(2006)发现了现有规模经济理论存在的问题,并进行了有益的探索。他把内部规模经济分为纵向规模经济和横向规模经济,这一区分非常重要,推进了规模经济的研究。与此同时,张教授又提出纵向规模不经济的假设,但没有对其做出限定和证明,此外,其关于分工深化带来的生产效率提高与企业规模没有必然联系也有欠妥当。因为,虽然与是纵向还是横向规模扩张无关,但与规模扩张密切相关,因而与规模经济密切相关。所以,本文暂时没有采用这一提法。

产业组织理论既然是一种市场理论，那么，就不仅需要考察市场的类型，而且要分析市场的形态。产业集群中的市场不仅是一个近似于完全竞争的市场，而且形成了一个群体共同市场。这一点集中表现在以大企业[①]为核心的集群创新模式中。

在产业集群的发展中，以大企业为核心的集群创新模式之所以能够代替政府扶植的创新模式，并不断提升和扩展，一个根本原因就在于，集群企业间形成了一个创新共同市场。这个市场就是大小企业相互依赖、平等交易、互利互惠的利益共同体。在这里，大企业对小企业提出需求和提供市场，小企业也对大企业提出需求和提供市场，共同创造的不是企业品牌，而是集群品牌，因而，在产品开发和技术创新上相互支持、共同参与、协作攻关，形成了比较紧密的分工合作网络。这样，整个产业集群就会形成一种集体性的合力和一致行动，共同面对一个更大的外部市场，包括国内市场和国际市场。在这里，企业间的关系既不是完全竞争，也不是垄断竞争，而是联合竞争。由此可见，产业集群创新决不是一个单纯的技术问题，甚至主要不是一个技术问题，而是一种商业模式，一种产业组织和制度安排。同时，这里的产业组织问题也不是现有产业组织理论讨论的问题。

由于把自己的基点放在以一体化企业为中心的市场问题上，放在这种市场中的厂商行为及其后果问题上，因而，基于兼并和一体化、垄断和合谋、价格歧视和进入壁垒，现有产业组织理论在实践中以政府管制政策为基调，实施包括反托拉斯、价格管制之类的政策。然而，这些在产业集群中基本都用不上。因此，发展产业集群需要的是一套与此完全不同的公共政策，即既鼓励竞争又鼓励合作的政策。

四、区域经济理论的解释和对区域经济理论的挑战

产业集群既然是大量企业在一定区域的群居和共生，就必然涉及区域经济问题。现有区位理论和布局理论主要是一种低成本的企业选址理论，新经济地理学主要是一种国际贸易理论，随着现代信息技术的发展和交通运输条件的改善，世界经济一体化的推进，原有决定区域经济的很多因素，其地位和作用下降，同时又出现了一些新的因素。因而，用区域经济理论来解释产业集群的发展也遇到了一些新问题。

首先，在现有的区域经济理论中，区域概念主要是一个地理空间概念，其中心思想是解决经济发展的地理距离而不是心理距离，关注的是产品和原料与市场的距离，是聚集形成的增长极及其辐射和带动作用，而不是直接面对人与人的互动和交流。这里的区域概念在很大程度上是一个静态概念，是一个边界清楚甚至有些固定的宏观概念，而不是一个动态概念，一个由微观主体行为制约和界定的状态依存概念。然而，产业集群虽然立足于也离不开区域概念，但主要是一个由人与人关系加以定义的区域概念。这里的区域是一个由无数企业群居而形成的生态群落和企业网络，一个由无数企业共生而组成的利益共同体，因而，这样的区域主要是一个群落空间，而非地理空间。其边界和范围

[①] 这里所说的大企业，并不是通常意义上的一体化大企业，而是指集群网络结点中那些处于产业整合和产品成型地位的关键企业、核心企业或者总装企业。这类企业在集群中不止一个，而是多个，其与中小企业间的联系不是单一的，而是交互的，形成了一种网络结构。为论述简单起见，我们用大企业代替。

要用共同体的生存环境和共享利益来决定,其实质也要由共同体共生共荣的生存方式来体现。在这种区域中,人们发生着面对面的交流,不仅有产品的交易,而且有知识和信息流;不仅有编码知识和文字信息的交流,而且有默会知识和非编码信息的交流;不仅是正式的契约和交流,而且是身心的接触和碰撞以及非正式契约的交易。这样的区域概念就不是一个静态概念,而是一个动态概念,不是一个单纯的地理概念和行政概念,而是一个由微观主体行为和共享利益界定的经济概念。这种概念讨论的是一种没有掩饰也无法掩饰的人与人之间的群居关系。这是现有区域理论不曾讨论的问题。

前已指出,与一体化企业相比,产业集群是分,而不是合,而在区域群居中却相反,产业集群是合,而不是分,是聚集和集中,而不是分解和离散。产业集群正是这种"分"与"合"的奇妙结合和矛盾统一体。如果说天下大势,合久必分,分久必合的话,如果说事物的发展和理论的创新总是在阴和阳、正和负、合作和竞争、分析和综合之间循环往复、曲折前进、螺旋式上升的话,那么,产业集群的发展及其理论解释,则是取分、合之长,兼分、合之利,既是事物本身的一个新发展,也是理论的一个新综合;既再现和微缩了近现代以来分工和交易、专业化和市场化的历史过程,也赋予了人类产业经济实践及其理论解释以新的内容。

大家知道,比较优势理论是大卫·李嘉图在18世纪提出来的,成了现行国际贸易理论的基石,竞争优势理论是迈克尔·波特在上个世纪90年代提出来的,成为解释产业集群发展的重要理论工具。二者都以区域为依托。比较优势是一种成本导向理论,它只考虑了产业发展的先天优势和物质条件,而忽视了它后天创造的优势和非物质条件,充其量是揭示了产业发展的必要条件而非充分条件。因而是一种产业选择和发展的静态观点。而竞争优势理论包括产业环境、企业组织结构、企业战略等,波特著名的"钻石结构体系"把一个产业在区域内的竞争环境概括为生产要素、需求条件、相关产业以及支援性产业、企业结构、战略和竞争等四个要素及其相互作用的网络,这种优势不仅考虑了先天的条件,而且更重视后天的创造,不仅包括了产业发展的物质条件,而且突出了它的非物质条件,因而形成一种网络优势。尽管如此,由于忽视了企业家在企业网络中的地位和作用,竞争优势还很难说成是一种真正的动态优势[1]。在产业集群中,由于突出了企业家在产业发展和产业组织中的核心地位和创新作用,集群优势本质上是一种合作优势和群体优势,一种合群优势和真正的动态优势。特别是从区域和产业的角度来看,立足于这种优势和产业环境的产业选择和产业发展,不仅可以收到企业规模经济之效,而且可以尽占区域范围经济和网络规模经济之利。这也真正体现了区域概念的群落实质而非地理和行政意义。

五、结 论

从以上的讨论中,笔者想到了格瑞夫(Greif A,1994)的历史制度比较分析理论。格氏从11—14世纪地中海沿岸热那亚商人和马格里布商人兴衰的案例出发,把制度

---

[1] 笔者在为《产业集群:获取竞争优势的空间》所写的序文中,曾经肯定了作者把波特的竞争优势看作是一种动态优势的观点,现在看来,这种评论可能不大恰当。

分为显在的制度现象和隐匿的深层结构，前者如习俗、惯例、通行的法律规则、经济活动的组织方式等，后者如文化传统、宗教信仰和价值观念等，也称作"理性的文化信念"，并据以建立了一个无限重复博弈模型，得到了两种不同的博弈均衡，提出了所谓双边约束机制和多边约束机制的理论，或者第二方治理和第三方治理的理论，将文化心理因素和共享观念引入经济分析，弥补了演化博弈在经验研究上的局限，的确是理论上的一种创新。一时间受到学界的推崇，很多人也以此理论来解释中国的很多经济现象和经济问题。不过，一方面，14世纪离现在相去久远，我们无法再现当年的情景和故事，只能借助于思想实验进行回溯，因此，根据这类案例提炼出这样重大的理论命题，本身就有很大的风险；另一方面，产业集群的发展似乎对格氏的理论提出了反例。如前所述，在当代，无论是在个人主义文化传统下，还是在集体主义文化传统下，企业在一定区域聚集的现象相当普遍，并形成形形色色的产业集群。相对来说，这里出现的是一个熟人社会和熟人环境，但是产业集群既没有像热那亚商人那样完全实施多边约束机制和第三方治理方式，也没有像马格里布商人那样只遵循双边约束机制和实施第二方治理方式，而是把二者恰当地结合起来，既有效地利用了熟人关系，建立了相互间的诚信和约束了机会主义行为，实现了广泛而有效的合作，不仅实现了技术、知识和信息的充分交流，而且可以共享各种资源和地区品牌；又避免了熟人关系的不利约束，相互间展开了激烈的竞争，创造了相当低的成本和相当高的效率。一些学者之所以用格氏理论解释中国的经济现象，就在于只看到熟人社会的不利的一面，而忽视了它在一定环境中可能具有的积极作用，只看到中国是一个熟人社会，局限于格氏的教条，即熟人社会不利于市场信誉的建立和竞争关系的发展，没有看到企业在产业集群中的群居和共生为此开拓出新的天地。由此可见，任何一种理论都不是终极真理，都有不足和局限，不可能穷尽理论的发展。

在产业集群的理论分析中，社会学家科尔曼把蕴含在人际关系网络中的资源概括为社会资本，如诚信、规范和网络等，认为这些资源有利于形成协调和合作的行动来降低交易成本和减少不确定性，从而提高社会和经济效率。王珺教授（2004）以生产方式差异和社会资本水平为组成要素构造了一个分析框架，解释了产业集群的不同类型和动态演化过程。我们的讨论也从另一个方面说明，产业集群并不是一个简单的经济现象，而是一个复杂的经济系统，具有有机体和生物系统的基本特征。现有经济理论之所以遇到很大挑战，也许与现有理论对这一特征的重视不够有关。马歇尔曾经说过，"经济学的麦迦是经济生物学，而不是经济动力学"。产业集群的发展及其理论解释也许只有沿着这一方向前进，才能取得突破和进展。

参考文献

奥利弗·威廉姆森. 治理机制（中译本），北京：中国社会科学出版社，2001.

保罗·克鲁格曼、茅瑞斯. 国际经济学，北京：中国人民大学出版社，2002.

哈特（1995）. 企业、合同与财务结构（中译本），上海：上海三联书店，上海人民出版社，1998.

克拉克森，米勒. 产业组织：理论、证据和公共政策，上海：上海三联书店，1989.

李新春. 企业家协调与企业集群——对珠江三角洲专业镇企业集群化成长的分析. 南开管理评论，2002，（3）：49-55.

卢锋. 产品内分工. 经济学季刊，2004，4（1）：55-82.

罗纳德·科斯（1937）. 企业的性质. 载《生产的制度结构》（中译本），上海：上海三联书店，上海人民出版社，1994.

马歇尔（1890）. 经济学原理，北京：商务印书馆.

迈克尔·波特（1990）. 国家竞争优势（中译本），北京：华夏出版社，2002.

施蒂格勒（1989）. 产业组织和政府管制，上海：上海三联书店.

王珺. 社会资本与生产方式对集群演进的影响——一个关于企业集群的分类与演进框架的讨论和应用. 社会学研究，2004，（5）：37–47.

杨其静. 企业家的企业理论，北京：中国人民大学出版社，2005.

张曙光. 产业集群的发展及其理论解析.《产业集群：获取竞争优势的空间》代序言，北京：华夏出版社，2006.

张维迎. 企业的契约—企业家理论，上海：上海三联书店，1995.

张五常. 企业的契约性质. 载《企业制度与市场组织——交易费用经济学文选》（中译本），上海：上海三联书店，上海人民出版社，1996.

张元智，马鸣萧. 产业集群：获取竞争优势的空间，北京：华夏出版社，2006.

Coleman. Social Capital in the Creation of Human Capital. American Journal Society，1988，20.

Greif, A. Cultural Beliefs and Organizations of Society：A Historical and Theoretical Reflectionon Collectivist and In dividual Societies .Journalof Political Economy，1994，102（5）：912-950.

Yang，X and Ng，Y-K. Theory of the Firm and Structure of Residual. Journal of Economic Behavior and Organization，1993，（26）.

原载《中山大学学报（社会科学版）》2008年第1期

技术创新、企业生产率与外贸发展方式转变

黄静波

加快转变外贸发展方式，坚持以质取胜的战略优化进出口商品结构，是当前中国对外贸易发展的主要任务。外贸发展方式存在问题的症结在于企业层面，表现为出口企业的核心竞争能力不足。

一、企业生产率与出口

传统的国际贸易理论从产业和国家角度讨论比较优势，不同国家生产不同产品会存在劳动生产率或成本上的差异，各国应分工生产各自具有相对优势，即劳动生产率相对较高或成本相对较低的产品，通过国际贸易获得利益。

始于伯纳德和詹森（Bernard & Jensen，1995），近十多年来一批学者开始注重企业层面因素与国际贸易的关系，一批实证研究发现企业的异质性与企业的出口决策存在密切的关系，企业生产率更高的企业将选择进入国际市场（如Bernard & Jensen，1999；Aw et al.，2000；Clerides et al.，1998；Eaton et al.，2004；等）。这种从微观角度强调企业异质性的贸易理论被称为新新贸易理论（New-New Trade Theory）。

企业异质性（firm heterogeneity）是指企业在规模、建立年份、资本密集度、所有权、人力资本、组织方式、技术选择等方面特征的差异，综合体现为企业的生产率差异。梅利茨（Melitz，2003）放弃采用一国内部同质典型企业假设，在贸易模型中引入企业异质性，把企业边际成本的异质性与新贸易理论不完全竞争和规模经济假设（Helpman & Krugman，1985）以及市场进入成本方面的扩展（Baldwin，1988；Baldwin & Krugman，1989；Dixit，1988）结合起来，建立了一个动态的产业均衡模型，认为企业的出口行为是由企业的生产率和贸易固定成本（沉入成本）相互作用而内生决定的。

（一）梅利茨模型

梅利茨原文中的分析较为细致，根据赫尔普曼（Helpman，2006）的综述，该模型可简释如下：

假定有一个由多个厂商依次提供不同品牌差异产品的产业，厂商 j 面临的需求函数为 $X(j) = Ap(j)^{-\varepsilon}$，其中 X 是需求数量，p 是价格，A 是需求水平的度量，$\varepsilon \equiv 1/(1-\alpha)$ 是不变的需求弹性，且 $0 < \alpha < 1$，意味着 $\varepsilon > 1$。

厂商 j 进入该行业后的生产率为 $\theta(j)$，假定 $c/\theta(j)$ 为其总产量中单位产出的可变生产成本，cf_D 为固定成本，其中 c 是资源成本的度量，f_D 是以资源为度量的固定

生产成本。

该厂商产品销售的利润最大化战略使之定价为 $p(j) = c/\alpha\theta(j)$，其利润为 $\pi(j) = \theta(j)^{\varepsilon-1}B - cf_D$，其中 $B \equiv (1-\alpha)A(c/\alpha)^{1-\varepsilon}$。由于利润并非取决于厂商身份（identity of the firm），而是决定于其生产率，去除厂商标识 j 并令 $\Theta \equiv \theta^{\varepsilon-1}$，得到该行业厂商在国内市场上的利润函数：

$$\pi_D(\Theta) \equiv \Theta B - cf_D$$

存在着一个最低生产率要求 Θ_D，低于这一生产率的厂商将选择不再生产，因其利润不足以补偿固定成本，只有生产率更高的厂商向市场提供其产品。

现在考虑有国际贸易的情况，假定 j 厂商可以向国家 λ 出口其产品，其面临的需求函数为 $X(j) = A^\lambda p(j)^{-\varepsilon}$，即在两个市场的需求弹性相同，而需求水平可能不一样。再假定两国间运输成本 $\tau > 1$，固定出口成本为 cf_X。生产率 $\Theta > \Theta_D$ 的厂商中，部分厂商通过出口可获得额外利润：$\pi_X^\lambda(\Theta) = \tau^{1-\varepsilon}\Theta B^\lambda - cf_X$，其中，$B^\lambda \equiv (1-\alpha)A^\lambda(c/\alpha)^{1-\varepsilon}$。如图1，考虑 $A^\lambda = A$ 从而 $B^\lambda = B$，并且 $\tau^{\varepsilon-1}f_X > f_D$ 的情形，当两个市场的需求水平相同时，由于贸易成本的存在和固定成本相对规模的假定，π_D 要比 π_X^λ 更陡，从而 $\Theta_X^\lambda > \Theta_D$。相应的结论是：

①对于生产率过低的企业，即 $\Theta < \Theta_D$，它们在出口市场和国内市场上都只能取得负利润，因而只能退出该行业；②生产率较高但又未足够高的企业，即 $\Theta_D < \Theta < \Theta_X^\lambda$，它们可以在国内市场获得正的利润，但进行出口则会亏损，这类企业是非出口企业；③只有生产率水平 $\Theta > \Theta_X^\lambda$ 的企业，它们在国内和国外市场销售都是有利可图的，并且由于出口带来额外利润，这些企业将既在国内市场销售，又从事对外出口，其企业规模和获利能力都优于仅在国内销售的企业。

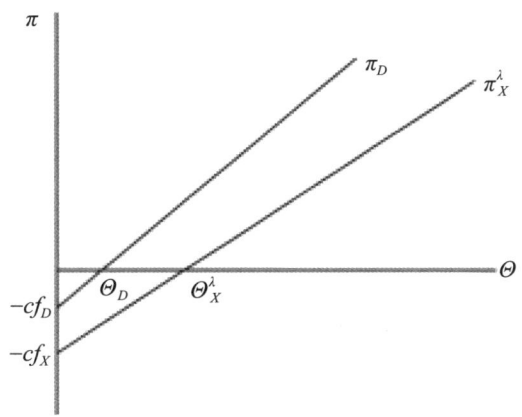

图1　出口与非出口企业

赫尔普曼等人（Helpman et al., 2004）将上述模型扩展到考察异质厂商在出口和对外直接投资（FDI）行为的差别，假设国内市场和国际市场的固定成本不同，FDI 的固定成本大于出口的成本，虽然 FDI 没有运输成本，但是固定成本要高得多，是在国内建立分厂的两倍。企业究竟是选择出口还是 FDI 是由企业根据其生产率决定的，存在着一个比出口企业更高的生产率水平 $\Theta_I^\lambda > \Theta_X^\lambda$，只有生产率最高 $\Theta > \Theta_I^\lambda$ 的那部分企业才会成为进行 FDI 的跨国公司，生产率于中等水平即 $\Theta_I^\lambda > \Theta > \Theta_X^\lambda$ 的企业出口，而生产率较低即 $\Theta_D < \Theta < \Theta_X^\lambda$ 的企业只在国内市场销售。

（二）企业生产率和贸易成本问题的扩展与延伸

在新新贸易理论中，有关企业生产率和贸易成本问题还包括一些不同方面的深入研究。在企业生产率方面，主要集中在市场规模及结构与生产率的关系、"出口中学习"（learning by exporting）对生产率增长的作用以及技术投资与生产率变动的关系等。

梅利茨和奥塔维尔诺（Melitz & Ottaviano, 2005）建立了一个包括异质企业和市场规模的贸易模型,认为不同市场竞争的激烈程度是由该市场中企业的数量和平均生产率水平内生决定的,大国由于市场竞争激烈,因此平均生产率较高。总的生产率水平取决于市场规模和贸易带来的市场一体化程度的双重作用,市场的一体化程度越高,生产率水平越高,而利润越低。

关于是否存在"出口中学习"是有争议的,有一些研究(如 Clerides et al., 1998; Bernard & Jensen, 1999; Aw et al., 2000;等)发现,企业在出口之前经历生产率增长,出口是生产率增长的结果,而不是原因。但另一些分别对发展中国家的研究(如 Van Biesebroeck, 2003; Blalock & Gertler, 2004)和对发达国家的研究(如 Girma et al., 2004; Baldwin & Gu, 2003)则支持出口学习效应存在的结论。这种出口学习效应来自三个方面:外国竞争者和消费者关于生产和产品的信息有利于出口企业降低成本和提高质量,出口促使企业扩大规模,以及出口竞争促进企业提高效率、刺激创新。

科勒(Keller, 2004)认为,企业投资于新技术可使之在进入出口市场前得到生产率的提高,企业是学习出口而不是在出口中学习。伊普尔(Yeaple, 2005)指出,出口企业使用比非出口企业更先进的技术,是支付更高工资的较大型企业,运输成本降低会增加企业采用新技术降低单位成本的刺激。贸易摩擦的减少也可以引致企业转换和升级技术,扩大贸易量,增加熟练工人的工资。

在贸易成本方面,主要是沉入成本对进入出口市场的影响以及贸易成本降低(和贸易自由化)对生产率的作用。

法里纳斯和鲁阿诺(Fariñas & Ruano, 2005)指出,沉入成本是企业生产率异质性的重要源泉。企业生产率的差异与其沉入成本有密切关系,一般而言,沉入成本高的企业比沉入成本低的企业生产率要更低些。

梅利茨模型本身还有一个结论是,贸易自由化将会导致同一产业内生产在企业之间再分配,生产率高的企业扩张企业的生产规模,而生产率较低的企业退出市场,从而使整个产业提高生产率。伯纳德等(Bernard et al., 2007)认为,在企业具有异质的生产率、国家的相对要素禀赋不同以及产业的要素密集度多样的情形下,贸易成本降低会使资源在产业内外和国内外重新配置。梅利茨和奥塔维尔诺(Melitz & Ottaviano, 2005)认为,贸易自由化将导致两国竞争加剧,从而提高生产率。但是,贸易自由化对两国生产率水平增长的影响程度不同,大国比小国从贸易自由化中获利更多。

(三)企业生产率与出口关系的启示

企业的生产率决定其出口能力。当企业生产率既定时,其成本补偿能力也就确定了,只有生产率高到足以补偿出口贸易成本的企业可以选择进行出口。根据新新贸易理论关于企业异质性贸易模型的分析和实证研究,出口企业比非出口企业的规模更大、生产率更高。

中国改革开放30年来,对外贸易增长一直高于国民经济增长的速度,以17.42%的年均增速在30年内将外贸规模扩展了100倍。1978年中国对外贸易总额仅为206.4亿美元,2007年达到21738亿美元[①]。那么,能否认为中国出口企业的生产率水平很高或者

---

① 《国际商报》2008年1月12日。

生产率的增长率很高了呢？

据国际劳工组织报告，2000年到2005年的6年间，中国的人均产出增长了63.4%，超过了印度的26.9%和东盟的15.5%。2006年中国的劳动生产率增长为9.5%，超过了美国的1.4%和印度的6.9%。劳动生产率高导致投资效率提高，从而推高出口竞争力[①]。英国《金融时报》2008年3月3日一篇文章认为，生产率趋势可以帮助解释中国经济从2000年开始的增长加速，以及自2004年以来中国贸易顺差的急剧增加。贸易顺差的增加几乎完全要归咎于生产率最高的私营和外国投资企业，生产率较低的国营部门一直处于贸易逆差扩大的状态[②]。这样的结论是接近于新新贸易理论的基本的。这表明，中国在劳动密集型行业具有一定竞争优势，但这是与中国较低的贸易结构相联系的。

世界银行《全球经济展望2008——发展中国家的技术扩散》报告指出，一方面，在中、印等国，主要科研中心和主导企业的运营水平已接近世界前沿；另一方面，大部分企业的水平只有最高生产率水平的1/5。任艳玲和原鹏飞（2006）研究了中国工业在1996—2003年间的生产效率变化，发现中国制造业28个行业全要素生产率平均每年提高5.7%，但从全要素生产率变化的分解情况看，所有行业技术效率平均下降2.7%。与技术效率不同，整个制造业技术进步率平均达到8.6%。他们的结论是：1996—2003年期间中国制造业各行业全要素生产率普遍提高，主要原因是整个制造业技术水平的提高，而各行业的技术效率普遍没有得到充分的发挥，因为大多数行业的纯技术效率和规模效率不高。

必须认识到，中国的外贸发展方式长期都是粗放型的增长模式，外贸增长不是主要依靠生产率提高来实现。贸易额的增长大部分是纯数量的增长，使得中国在初级产业中不断地重复低效率、高成本且技术含量不高的劳动，并且在这些产业中投入大量的重要资源，造成资源产出的低效率。

另一方面还要看到，中国企业的出口成本受到多种因素影响：第一，劳动生产率的增长快于劳动工资的增长。中国制造业的平均工资水平处于最低水平之列，略高于埃及和印度，仅相当于挪威的3.9%、德国的4.5%、加拿大的4.7%、美国的5.2%、新加坡的8.9%[③]。美国的一项研究指出，中国纺织、服装皮革和鞋类的竞争优势，其真实原因不仅仅是低薪问题。中国拥有比大多数发展中国家更好的道路以及能够达到国际标准的产品质量。中国最重要的优势还在于拥有较高的生产率。例如，生产一件纯棉衬衫，中国南方工厂的一名工人需要12.5分钟，而在孟加拉国或印度，需要22.2分钟才能做出同样一件衬衫，墨西哥的工人则需要半个小时。很显然，中国单凭生产率就可以轻而易举地击败许多国家[④]。但劳动生产率提高却并没有体现在工资水平的增长上，间接强化了劳动力比较优势，降低了出口成本。第二，出口创汇的冲动和压力，导致企业竞相杀价出

---

① 陈达：《中国劳动生产率飞速提升工资增长缓慢》，《第一财经日报》2007年5月18日。
② 《英国〈金融时报〉文章：中国"经济飞轮"高速旋转》，新华网，2008 - 03 - 05，http：//news.xinhuanet.com/world/2008-03/05/content_7721508.htm。
③ 严启发：《多重压力下的中国出口竞争力》，《中国经济时报》2007年8月24日。
④ 王永昌：《高生产率才是中国产品取得竞争优势的关键》，《北京皮革：中外皮革信息版》2005年第3期。

口，出口产品的数量增多了，但价格却下跌了。第三，各种提供出口激励的贸易政策在某种程度上补偿部分出口成本，即政府政策可以减少贸易成本。

因此，中国对外贸易长期的高速增长在很大程度上是得益于贸易成本相对较低的优势，其中最主要的是劳动力价格低廉的比较优势，在密集使用技术和知识的产品生产上不具有成本相对较低的优势。

二、技术创新与出口

拥有较高的生产率，企业才能真正具有竞争力。即使是在价格竞争中，生产率也是其基础，生产率的提高意味着资源的有效利用程度得以提升、单位产品成本降低，谁提高了生产率，谁就有了价格竞争的最终优势。

影响生产率的因素包括资本、劳动力、技术和企业组织。其中，资本投入影响生产率的主要原因是设备投资以及设备的产能利用情况，劳动力方面对生产率影响较大的是劳动力技能，技术因素主要是指技术和知识的应用情况及生产要素的组合效率，企业组织则影响提高生产率过程的效率。在影响生产率的各因素当中，技术起着关键性作用，美国国家科技委员会的报告估计，技术和知识的增加占了生产率增长总要素的80%左右。据世界银行测算，东盟国家技术创新在其经济增长中的作用约占40%（齐德华等，2006）。

那么，要使得技术在提高企业生产率中发挥更大作用，技术创新是最重要和最基本的途径。所谓技术创新，是指新技术的首次商业性应用。新技术的采用导致新产品推出是产品创新，新技术带来的新生产方法是生产流程创新。

技术创新的实质就是提高生产率。技术创新通过提高生产率而影响出口，是企业进入国际市场、提升出口表现的主要因素之一，是形成企业异质性和竞争优势的关键要素。

（一）技术创新与出口行为

技术创新通过两个途径强化企业的竞争优势：一是生产流程创新可以提高生产率从而降低成本；二是产品创新，包括更高质量的产品和满足顾客需求的差异产品。并且这两者是相互联系的，虽然新的生产流程可以是针对现存产品实施，但创新产品通常需要新的生产技术和生产流程。无论是产品创新还是生产流程创新，都可能使创新企业获得垄断利润，直至其他竞争者采用类似的新技术或新产品参与竞争。

提斯（Teece，1986）认为，创新企业有一种激励向其他市场扩张，因为这可以为投资带来更高回报。科巴什和舒米尔蒂伯格（Kirbach & Schmiedeberg，2006）也指出，由于创新在一国经济内部扩散要快于在国际间的扩散，创新企业就能够在国际市场上更具有竞争优势。因此，创新企业倾向于开拓国际市场以获取创新的利润。

巴塞尔（Basile，2001）建立了一个出口行为模型来分析技术创新与出口行为之间的关系，其基本模型可简述如下：

假定：①市场形态为垄断竞争；②n个企业均在国内和国外两个市场销售其产品，国内总需求为 $Q^d = \sum_{i=1}^{n} q_i^d$，国外总需求为 $Q^f = \sum_{i=1}^{m} q_i^f$，$q_i^d$ 和 q_i^f 分别为第 i 个企业在国内和国外市场销售的产出量。总产出 $q_i = q_i^d + q_i^f$；③设一种创新产品（I_i）在国内和国外两个市场都可带来更高的收益（R），即 $\Delta R^d(\cdot)/\Delta I_i > 0$，$\Delta R^f(\cdot)/\Delta I_i > 0$。

企业的收益可以分为原有产品的收益和创新产品的收益两个部分：
$$R_i = [p^d(Q^d) + a^d I_i](1-y_i)q_i + [p^f(Q^f) + a^f I_i]y_i q_i$$
式中，a^d 和 a^f 分别是创新产品在两个市场的利润率；$y_i = q_i^f/q_i$ 是第 i 个企业的出口份额。

以 $C(Z_i|_{qi})$ 表示生产成本，Z_i 是企业特定要素向量（如劳动成本、生产率、企业规模、所有权结构等），这些要素与其他外生因素如汇率（X）一起影响出口产出的成本 $G(X, Z_i|_{yi})$。此外还有进入国际市场的特定成本，如广告、国际营销网络建立以及谈判的交易成本（P_i）。现在假定企业总是能够处于利润最大化的出口水平 q^{f*}（这仍然可能等于零），企业在短期的利润是：
$$\prod_i = [p^d(Q^d) + a^d I_i](1-y_i)q_i + [p^f(Q^f) + a^f I_i]y_i^* q_i$$
$$- C(Z_i|_{qi}) - G(X, Z_i|_{yi^*}) - p_i$$

根据这一目标函数，可以设定检验出口行为决定因素的模型：
$$y = F(a^f - a^d, w/q, T, S, O, Lo)$$
式中，w/q 为单位产品劳动成本，T 为生产流程创新，S 指企业规模，O 是该企业产权结构，Lo 是企业所在区位。

该模型的预期是：创新产品在两个市场的利润率之差、生产流程创新、企业规模以及产权结构与出口比例之间存在正的关系，而单位产品劳动成本、企业区位与出口比例存在负的关系。特别是如果 $a^f > a^d$，即创新产品在国外市场的收益大于在国内市场的收益，创新企业就会有较高的出口倾向。

大量的实证研究也验证了技术创新在企业出口决策中的积极作用，得到的基本结论包括：①创新型企业有更多的出口活动，大型的创新企业更可能成为出口者（Hirsch & Bijaoui，1985；Wakelin，1998）。②小企业的出口也倾向于严格地与其产品创新能力以及有效的内部组织关系相联系（Nassimbeni，2001）。③创新越多，进入出口市场的可能性越大（Wakelin，1998）。④创新企业与非创新企业相比，出口更少依赖劳动成本优势（Sterlacchini，1999）。⑤企业出口行为和进入外国市场可以理解为创新实施行为或创新导向的实施过程（Thomas & Alaujo，1985）。⑥技术创新与出口的联系在发展中国家则较弱。

（二）技术创新与出口结构提升

技术创新带来的竞争优势为企业进入全球市场提供动力，并改进它们在新市场的表现和竞争力。反过来，出口活动也有助于提升产品和生产工艺流程两个方面的创新，因为越是在国际市场上竞争，就越是有可能带来新的创意，促进更多更好的创新。

与此同时，企业想要维持其在全球市场的竞争力，可能就必须不断创新。一是国际市场的竞争压力迫使出口企业改进其产品和生产流程以维持其竞争力，从而增加了创新的可能性；二是出口企业可以通过"出口中学习"，从外国购买者那里接触和学习到技术专业知识，从而改进其产品。非出口企业则没有这样的条件和效果

（Lachen-maier et al., 2006）。

芒特比奥和雷恩帕（Montobbio & Rampa, 2005）指出，竞争力低下可以通过技术升级予以改变，创新活动引起的结构变化是将技术能力转化为出口表现的重要渠道。迪帕尔措和阿诺努尔（DiPietro & Anoruo, 2006）指出，创新企业通过引入新产品改善企业和国家的出口地位，更高的创造力及其创造力要素的水平会导致总出口中制成品出口的更高比例，导致制成品出口中技术型产品的更高比例。

（三）技术创新与出口关系的现实意义

经济全球化的条件下，国际贸易竞争日益激烈，提高技术创新能力并不断进行技术创新是企业生命力所在，是增强企业国际竞争力，获取全球化竞争优势，推动可持续发展的根本手段。与此同时，全球化开辟了更为广阔的技术源，在开放经济中利用全球的技术资源进行有效的技术创新，是企业提高生产效率和出口能力、实现增长方式转变的重要途径。

近年来，中国较为重视企业技术创新，也取得了较大的进展，不少成功企业经营的精髓之一就是坚持技术创新。例如，海尔集团明确提出技术创新三原则，即技术创新目标国际化、技术创新课题市场化和技术创新成果商品化。技术创新支撑起海尔集团13个门类、600多个规格品种的产品质量大厦，让产品站在了高新技术开发与应用的肩膀上。在出口及市场国际化方面，海尔在海外拥有一批设计中心、制造中心、贸易公司以及较为庞大的营销网点，在北美、欧盟和东亚基本实现了设计、生产和营销三位一体的布局。并通过专营商使海尔在国际市场上的市场份额及声誉不断提高，取得良好的市场效果[1]。又如，美的集团通过技术创新成功实现出口产品结构调整，开发一系列的新产品，增加高端产品的销售比重，对技术含量低、毛利率低的产品进行淘汰。2006年高端产品出口比重由上一年的30%提高到40%左右，带动整体效益同比增加30%[2]。类似的案例有很多。

赵和李（Zhao & Li, 1997）以中国制造业企业数据的实证分析证实了R&D对出口倾向和出口增长的影响为显著的和正的，R&D与出口存在相互作用。官建成和马宁（Guan & Ma, 2002）对中国213家工业企业的数据分析也表明，企业技术创新能力的提高与企业出口能力的加强具有较强的一致性，大企业比小企业更具有出口能力。

国家统计局2007年对全国范围的8万家规模以上工业企业进行的企业创新调查揭示，2004—2006年间，在实现产品和工艺创新的工业企业中，由企业或企业集团独立完成的产品创新项目和工艺创新项目分别占76.3%和69.9%。工业企业的创新活动多以产品创新为目标，并通过与生产流程创新配套来实现。开展创新活动为企业带来可观的经济效益，2006年全国规模以上工业企业实现新产品销售收入为39606.1亿元，占当年主营业务收入的比重为12.7%；新产品出口额为8686.8亿元，占当年全部工业制成品出口额的11.9%[3]。

---

[1]《海尔：三步走创世界名牌》，《中国信息化》2007年6月。
[2]《美的：以技术创新促出口结构调整》，《经济日报》2007年3月24日。
[3] 中国政府网，http://www.gov.cn/gzdt/2008-01/05/content850992.htm。

但是在另一方面，调查结果也显示，2004—2006年间中国开展创新活动的工业企业只占全部规模以上工业企业的28.8%。大中型企业每年的研发投入仅占销售收入的0.71%，而国外著名企业在这一方面的投入为5%～10%，差距明显。拥有专利的企业不足总数的十分之一。只有万分之三的企业拥有核心自主产权[1]。

总体上看，中国在技术创新与贸易发展的关系方面，重视的程度和相关措施仍显不足。张军（2008）通过计量分析指出，技术创新在我国对外贸易发展中的作用还较为有限，中国每年对外贸易总增长中，有3.2%是由技术创新引起的。1990—2004年间，技术创新对中国对外贸易发展的贡献率为17.7%。中国出口的高速增长并非本国自身技术力量提升的结果，而是跨国公司技术转移和国际产业转移的结果。

技术创新与出口的紧密相关对于提升出口产品国际竞争力具有特别重要的意义。技术创新是有别于价格竞争的出口扩张方式，是通过依靠技术创新打造出来的核心竞争力参与市场竞争。对于出口产品结构相对较低的中国而言，出口行业的产品、技术结构必须转变，在技术上由引进模仿型向以自主创新为主转变，在产品上由劳动密集、资金密集型向技术密集型为主转变。

三、转变外贸发展方式的路径选择

（一）粗放型外贸发展方式产生的困境及原因

中国的经济赶超目标和社会稳定是建立在经济不断增长的基础之上的，逐渐形成了一种要竭尽全力维持高速增长的潜在压力，无论从经济上还是从政治上来看，这种要求都存在。对外贸易也就是在这样的环境下不断加速，建设和维护长期发展的基础方面的要求在不自觉中被掩盖、忽略了。大而不强，是中国对外贸易目前面临的一个困境，体现在：第一，出口产品层次较低。出口产品主要占领的是国际市场的中低档市场，尤其是在消费品的低端市场上，贴牌生产或加工贸易方式在出口中占有很大份额，出口总额中约50%、高新技术产品出口总额的80%是通过加工贸易实现的，品牌和营销渠道受跨国公司的控制。在国际市场变化的条件下，过分依赖加工贸易的中国外贸出口就可能陷入被动局面。第二，自主品牌产品出口较少。拥有自主品牌的出口企业不足20%，自主品牌出口不足10%，且鲜有在世界上具有影响力的品牌。部分企业虽然开始出口自主品牌商品，但由于缺乏自主知识产权，特别是缺乏核心技术，品牌的附加值仍然偏低。第三，对外贸易规模与自身效益未实现同步增长。出口价格不高，贸易条件有恶化的趋势。2005年我国工业制品出口金额、数量分别增长了29.0%和25.9%；工业品出口价格平均仅上升了2.4%；其中占出口金额50%左右的机械设备类商品出口数量增长了31.3%，价格却下降了1.4%，"量增价低"的倾向表现得非常明显[2]。第四，部分出口产品市场集中度过高，非价格竞争力差。

总体上，中国的外贸的发展仍未从根本上摆脱数量扩张的粗放型发展方式。中国外贸大而不强的关键原因在于技术创新未得到充分的重视，出口企业未能通过技术进步来

---

[1] 《代表委员为企业自主创新建言：投入不能有畏难情绪》，《解放日报》2008年3月9日。
[2] 赵晋平：《如何认识工业品出口的"量增价低"现象》，《中国经济时报》2006年10月24日。

实现集约型发展。我国出口企业技术创新不足的主要原因在于：①企业通过技术创新来开拓市场的观念十分薄弱，急功近利的经营方式导致企业过分强调产品的营销声势，在技术上只求可用，不争领先，同类企业相互模仿，争资源、争市场。②出口企业在数量上是中小企业为多，尚未形成一大批管理水平高、综合实力强、能够深度参与国际竞争与合作的企业，技术创新的物质基础薄弱。③企业的工业技术基础比较薄弱，自主开发能力低，过度依赖廉价劳动力的所谓"比较优势"而难以自拔，企业对引进技术比较积极，但吸收能力较低，自主开发能力更低。④企业的技术创新"小打小闹"的居多，只是对原有技术进行部分的改进或改造，且多是局限于产品的衍生功能甚至仅仅是外观、包装的改进，缺乏突破性的创新。⑤进出口贸易与国内经济的联动和平衡未实现良性循环，贸易差额急剧增加使贸易摩擦增多，贸易的产业关联、技术外溢效果不理想，出口产业本身的技术水平也未能迅速提升。⑥制度上还缺少激励创新的机制，研究开发投入不足。

技术创新不足制约了出口企业生产率的提升，导致企业和产品的出口竞争力不强，是外贸发展方式转变的最大障碍。因此，应当重视技术创新与企业生产率、对外贸易的内在联系，使企业成为创新活动的主体，通过技术创新实施对外贸易以质取胜战略，从根本上解决制约中国对外贸易发展的问题，实现外贸发展方式的转变。

（二）建立以技术创新为基础的外贸发展方式

技术差距贸易模型、新贸易理论都认为，创新国在技术上的领先地位，并且不断地通过新的创新取代被竞争对手模仿的旧创新，进而在各阶段始终保持比较优势，贸易会作为国家之间发明创新的比率和特征的差异而产生的结果出现。只有技术创新，才可能有新产品和新工艺，才能具备出口的潜力。

新新贸易理论、技术创新与出口的理论则从企业的微观角度进一步揭示，企业生产率是出口的决定因素，只有进行充分有效的技术创新，才能有更高的生产率，保持相应的比较优势，进而将这种创新优势体现在相应产品的净出口增长上。

技术创新是外贸发展与增长的源泉。不少学者就技术创新与对外贸易发展方式转变的关系提出了不同的看法，鲁建华（2006）认为是以数量增加为主向以质量提高为主转变，变"制造"为"创造"。江小涓（2006）认为中国对外贸易增长方式将发生出口商品结构更加优化的"拐点性"变化。刘伟、黄桂田（2006）认为改变外贸增长方式首先要提高创新能力，应以经济增长方式的转变推动外贸增长方式的转变。高虎城（2006）认为关键在于鼓励技术创新和产品升级，大力发展服务业。

任何技术都必须通过企业的生产转化为现实生产力，因此，应当建立起一种技术创新影响对外贸易发展的机制，即企业作为技术创新的主体，根据市场的需求利用企业内外的资源进行技术创新，开发出新的产品或新的生产工艺流程，提高企业的生产率，增加产品的附加价值，强化企业的核心竞争力，使企业乃至国家的对外贸易结构和质量有效优化，实现对外贸易的可持续发展。

企业是技术创新的主体。技术创新活动从研究开发、生产实践直到实现商业化的全过程，必须紧紧依靠企业。企业是技术创新的决策主体和投入主体，也是技术创新的利益主体和风险承担主体。离开企业这个主体，技术创新活动就会成为无源之水、无本之木。

技术创新在提升企业生产率、扩大企业市场以及增加企业利润方面起着积极的促进作用，从而提高产品的竞争力和企业的核心竞争力。企业核心竞争力构成的核心是企业技术创新能力，罗吉格斯等（Rodríguez & Rodríguez, 2005）指出，创新带来的竞争优势为企业进入全球市场提供动力，并改进他们在新市场的表现和竞争力，而越是在国际市场上竞争，就越是有可能带来新的创意，促进更多更好的创新。

出口结构的提升，依靠的是技术创新来提高出口产品的质量。技术创新是提高出口产品附加价值率的基础。有技术创新的支撑，就可以培育一批有自主知识产权的名牌产品、培育一批核心竞争力强的重点企业、培育一批高新技术产业出口基地、培育一批高新技术产业群。实现出口商品结构由以低附加值、低技术含量产品为主向高新技术产品为主的转变。

使企业尽快提高自主创新能力和品牌创造能力，切实转变外贸发展方式，走靠科技、靠知识发展外贸的道路，向集约型、质量高、效益高的增长方式转变，是使中国从贸易大国转变为贸易强国的基础和关键。

（三）加快实现外贸发展方式转变的措施

企业技术创新是转变外贸发展方式的核心，但是任何一个企业想要完全依靠自身力量自主开发所需要的全部技术，往往是不可行的或者是不经济的，企业的技术创新需要全社会的支持。因此，必须采取相应的措施，为企业技术创新和外贸发展方式转变创造合适的环境和条件。

第一，建立和完善国家技术创新体系，促进产学研结合，着力培育、扶持创新型企业，提高企业技术创新能力和竞争能力，改变目前中国大部分科技力量游离于企业和市场之外而企业生产技术水平落后的局面。

第二，提高经济市场化程度，形成合理资源价格，完善环境标准体系，鼓励企业获取国际认证，加大成本压力，推动由低成本竞争转向高技术取胜。完善的市场同时也为创新提供有利的技术、资本、资源条件。

第三，促进加工贸易转型升级，中国的资源禀赋特征决定了在现阶段以加工贸易参与国际分工和国际竞争具有一定优势，由于社会现实的原因，还不能轻言放弃加工贸易。但应当将引导加工贸易升级与鼓励技术创新同时并举，使技术创新在外贸发展中发挥更大作用。

第四，注重对外贸易与国内经济的平衡与互动，把贸易平衡与技术创新统筹考虑，要特别注意处理好技术转移与技术创新之间的关系，在技术上由引进模仿型向以自主创新为主转变，在产品上由劳动密集、资金密集型向技术密集型为主转变。

第五，政府加大研究与开发投入，创新激励机制，采取相应的政策切实推动创新活动的开展，如对企业技术创新投入给予税收优惠或低息无息贷款，为技术创新和技术转移提供平台，运用税收、财政、金融、外贸和投资政策调节对外贸易，为创新产品进入市场提供协助。

第六，人力资源（特别是高层次人才）是自主创新最宝贵的和高度稀缺性资源。要有发明创新技术的人才，还要有转化和应用创新技术的人才。

第七，保护知识产权，大力鼓励创新，给技术创新提供制度保证。

参考文献

Aw, B., Chung, S. and Roberts, M. (2000). Productivity and turnover in the export market: micro-level evidence from the Republic of Korea and Taiwan (China). World Bank Economic Review, vol. 14, pp. 65-90.

Baldwin, J. and Gu, W. (2003). Export market participation and productivity performance in Canadian manufacturing. Canadian Journal of Economics, vol. 36, pp. 634-657.

Basile, R. (2001). Export behaviour of Italian manufacturing firms over the nineties: the role of innovation. Research Policy, vol. 30, pp. 1185-1201.

Bernard, A. and Jensen, J. (1995). Exporters, jobs and wages in US manufacturing: 1976—1987. Brookings Papers on Economic Activity, Microeconomics, pp. 67-119.

Bernard, A. and Jensen, J. (1999). Exceptional exporters performance: cause, effect or both? Journal of International Economics, vol. 47, pp. 1-25.

Bernard A., Redding, S. and Schott, P. (2007). Comparative Advantage and Heterogeneous Firms. Review of Economic Studies, vol. 74, pp. 31-66.

Blalock, G. and Gertler, P. (2004). Learning from exporting revisited in less developed setting. Journal of Development Economics, vol. 75, pp. 397-416.

Clerides, S., Lach, S. and Tybout, J. (1998). Is learning by exporting important? Micro-dynamic evidence from Columbia, Mexico and Morocco. Quarterly Journal of Economics, vol. 113, pp. 903-948.

Di Pietro, W. and Anoruo, E. (2006). Creativity, innovation, and export performance. Journal of Policy Modeling, vol. 28, pp. 133-139.

Eaton, J., Kortum, S. and Kramarz, F. (2004). Dissecting trade: firms, industries, and export destinations. American Economic Review Papers and Proceedings, vol. 94, pp. 150-154.

Fariñas, J. and Ruano, S. (2005). Firm productivity, heterogeneity, sunk costs and market selection. International Journal of Industrial Organization, vol. 23, pp. 505-534.

Girma, S., Greenaway, D. and Kneller, R. (2004). Does exporting increase productivity? A microeconometric analysis of matched firms. Review of International Economics, vol. 12, pp. 855-866.

Guan, J. and Ma N. (2003). Innovative capability and export performance of Chinese firms. Technovation, vol. 23, pp. 737-747.

Helpman, E. (2006). Trade, FDI, and the organization of firms. Journal of Economic Literature, vol. XLIV, pp. 589-630.

Helpman, E. and Krugman, P. (1985). Market Structure and Foreign Trade.

Cambridge, MA: MIT Press.

Helpman, E., Melitz, M. and Yeaple, S. (2004). Export versus FDI with heterogeneous firms. American Economic Review, vol. 94, pp. 300-316.

Hirsch, S. and Bijaoui, I. (1985). R & D intensity and export performance: a micro view. Review of World Economics, vol. 121, pp. 138-251.

Keller, W. (2004). International technology diffusion. Journal of Economic Literature, vol. 42, pp. 752-782.

Kirbach, M. and Schmiedeberg, C. (2006). Innovation and export performance, Paper presented on The Swiss Society of Economics and Statistics annualmeeting (Industrial Organization, Innovation and Regulation), Lugano, March 9-10, 2006. [http:// www. sgvs. ire. eco. unisi. ch/papers/ Kirbach Schmiedeberg_SGVS06. pdf]

Lachenmaier, S. and Wößmann, L. (2006). Does innovation cause exports? Evidence from exogenous innovation impulses and obstacles using German micro data. Oxford Economic Papers, vol. 58, pp. 317-350.

Melitz, M. (2003). The impact of trade on intra-industry reallocations and aggregate industry productivity. Econometrica, vol. 71, pp. 1695-1725.

Melitz, M. and Ottaviano, G. (2005). Market size, trade and productivity. NBER Working Paper, vol. 11393.

Montobbio, F. and Rampa, F. (2005). The impact of technology and structural change on export performance in nine developing countries. World Development, vol. 33, No. 4, pp. 527-547.

Nassimbeni, G. (2001). Technology, Innovation Capacity, and the Export Attitude of Small Manufacturing Firms. Research Policy, vol. 30, pp. 245-262.

Rodríguez, J. and Rodríguez, R. (2005). Technology and export behaviour: A resource-based view approach. International Business Review, vol. 14, pp. 539-557.

Sterlacchini, A. (1999). Do innovative activities matter to small firms in non-R&D-intensive industries? An application to export performance. Research Policy, vol. 28, pp. 819-832.

Teece, D. (1986). Profiting from Technological Innovation: Implications for Integration, Collaboration, Licensing and Public Policy. Research Policy, vol. 15, pp. 285-305.

Thomas, M. and Alaujo, L. (1985). Theories of export behaviour: a critical analysis. European Journal of Marketing, vol. 19, pp. 42-52.

Van Biesebroeck, J. (2005). Exporting raises productivity in Sub-Saharan manufacturing plants. Journal of International Economics, vol. 67, pp. 373-391.

Wakelin, K. (1998). Innovation and export behaviour at the firm level. Research Policy, vol. 26, Nos. 7-8, pp. 829-841.

Yeaple, S. (2005). Firm heterogeneity, international trade, and wages. Journal of

International Economics, vol. 65, pp.1-20.

Zhao, H. and Li H. (1997). R & D and export: An empirical analysis of Chinese manufacturing firms. The Journal of High Technology Management Research, Vol. 8, No.1, pp. 89-105.

高虎城：《我国出口增长方式转变的关键在于创新和发展》，新华网 2005年11月20日。http://news.xinhuanet.com/fortune/2005-11/20/content 3808042.htm.

官建成，马宁：《我国工业企业技术创新能力与出口行为研究》，《数量经济技术经济研究》，2002，（2）：103-106.

江小涓：《十一五：中国外贸增长方式将现"拐点性"变化》，新华网 2005年11月21日。http://news3.xinhuanet.com/fortune/2005-11/21/content 3809873.htm.

刘伟，黄桂田：《以经济增长方式的转变推动外贸增长方式的转变》，新浪财经 2006年3月31日。http://finance.sina.com.cn/20060331/09142463398.shtml.

鲁建华：《加快转变外贸增长方式》，《人民日报》，2006-03-27.

齐德华，张伟，周鲁柱：《技术创新与新型工业化关系研究》，《科技管理研究》，2006，（11）.

任艳玲，原鹏飞：《中国工业生产率水平与变迁——基于DEA模型的实证研究》，《统计与决策》，2006年2月（下）.

张军：《技术创新与中国对外贸易增长方式转变的关系及对策研究》，《当代经济管理》，2008，（1）.

赵伟，李淑贞：《出口与企业生产率：由实证而理论的最新拓展》，《国际贸易问题》，2007，（7）.

原载《中山大学学报（社会科学版）》2008年第3期

克鲁格曼与新贸易理论

——新国际经济格局下的政策含义

陆家骝

上世纪80年代以来，西方国家一直在全世界范围内积极推动所谓的"经济全球化"。但是，随着西方经济本身为这一过程裹挟而产生越来越多的负面效应，"经济全球化"的提法最近出现了势头逆转的苗头。有迹象显示，如果下一届美国政府由民主党执政，有可能会放弃长期以来美国政府倡导并执行的自由贸易政策，转而采取保护主义的经济政策。

经济全球化和自由贸易政策的理论基础是西方经济学界长期居主导地位的"自由贸易理论"。而对这一传统理论构成挑战并且正在使得经济全球化势头发生逆转的理论依据，则是形成于上世纪70年代末的"新贸易理论"。保罗·克鲁格曼（Paul Krugman）是这一理论的主要贡献者之一。本文将通过对克氏做出具有里程碑意义贡献的这一领域进行分析，透视这一新贸易理论如何可以成为未来西方国家可能的保护主义经济政策的理论基础。

一、内部规模经济作为贸易的原因

国际贸易的基础理论涉及三个相互联系的基础性问题：①贸易发生的原因问题，即解释国际间的贸易为什么能够发生；②各国贸易商品的流向问题，即解释或预测国际贸易的格局；③贸易发生的福利（利益）效果问题，即国际贸易理论必须能够为各国的贸易政策选择提供理论依据。

古典经济学时期，亚当·斯密和大卫·李嘉图分别用比较成本的观点解释了贸易发生的原因和利益效果。斯密认为两个国家生产相同产品时存在着的生产成本差距构成贸易发生的原因，各国用在生产成本上低于对方国家的产品相互交换就可以分享贸易带来的产品产量增加的利益。而李嘉图则进一步认为，只要两个国家生产同一种产品的机会成本不一样，则这两个国家之间就存在着发生贸易的理由，因为产品在两国市场上的相对价格是不同的。李嘉图的理论容纳了斯密的理论，称之为比较利益或比较优势学说，一直是解释国际贸易发生的原因和利益效果的基本理论。不过，李嘉图的理论并没有清楚解释不同的国家之间为什么会有机会成本的差别，也没有能够预测国际贸易的格局。

1933年伯梯·俄林（Bertil Ohlin）在他出版的《地区间贸易和国家贸易》一书中吸收了他的老师赫克歇尔（E. F. Hecksher）的观点，建立了要素禀赋理论。这一理论认为，各国机会成本差异或比较优势差别的原因是它们的生产要素禀赋不同，即各国生产要素的数量比例存在着差别。这个观点将国际贸易发生的原因由机会成本差异逻辑地引申到各国要素禀赋差异的基础上。因此，赫克歇尔—俄林理论对国际贸易格局的预测是：各国出口那些密集使用它们相对丰裕的生产要素生产的产品；进口那些密集使用它们相对稀缺的生产要素生产的产品。这样，根据要素禀赋理论，贸易应该在资源差异最大的那些国家之间发生，如在发达国家和发展中国家之间发生。虽然碰到过诸如"里昂惕夫悖论"①这样的一些难题，但要素禀赋理论作为产业间贸易的基础理论在总体上被接受，并逐渐演变成正统的现代贸易理论。

然而，60年代之后的国际贸易格局的实际发展却是越来越背离正统的贸易理论。世界贸易中增长最快的不是发达国家与发展中国家之间的贸易，而是要素禀赋十分接近的发达国家之间的贸易。同时，大量的贸易不是在要素禀赋差异可以清楚辨识的产业间进行，而是在要素禀赋基本一致的产业内进行。很多学者针对这种实际发展提出了自己的理论观点，但是都没能从根本上摆脱传统贸易理论的困境。

保罗·克鲁格曼正是在这个困境中找到出路的学者，克氏没有使自己局限于具体经验事实的解释或引申，也没有束缚于理论的枝节末梢，而是把问题提升到基础假定同经验事实的关系层次。克鲁格曼（1979）认为新古典的分工和贸易理论关于企业规模收益不变或规模收益递减的假定是同经济中的现实不相吻合的。在现代产业中，特别是在国际贸易中比重最大的制造业中，规模收益递增是企业降低成本的一个基本途径。根据这样的理解，克鲁格曼认为可以把以规模报酬递增为基础的分工与贸易同以要素禀赋为基础的分工和贸易区别开来，使两者都成为国际贸易发生的原因的解释。克鲁格曼的观点突破了新古典经济学关于贸易只在完全竞争的市场结构下进行的假定，因为只要存在着规模收益递增，产业的市场结构就不可能是完全竞争的，产业的产品是由或多或少具有垄断能力的企业来控制的，只是在规模收益递减或规模收益不变的假定下，各国的产业才都是中小企业原子式竞争的。以规模收益递增的假定为前提，克鲁格曼认为现实世界中各产业的市场结构通常是垄断竞争的。根据垄断竞争的市场结构，克氏推演出了以内部规模收益递增为基础的产业内贸易的理论模型。

克鲁格曼对一个典型的垄断竞争市场做了两点假设：一是行业中每个企业的产品都同其他企业的产品有所区别，产品的差异性保证了每个厂商在行业中都拥有一定的垄断地位；二是假设每个企业都把其他企业的价格看作是既定的，即在制定自己的价格政策时会像一个垄断者那样行事，不考虑会影响其他企业的产品价格。一条随产量增加而下降的平均成本曲线是一个代表性的垄断竞争企业具有规模递增的生产能力的关键假定。垄断竞争的行业并不限制企业的自由进入和退出，因此在长期，垄断竞争行业的垄断利润等于零。以行业总的市场规模为既定约束，克鲁格曼分析了导致垄断竞争行业实

---

① 美国经济学家里昂惕夫（1953）根据赫-俄贸易理论，用他所创立的投入产出分析方法，对美国的进出口商品结构进行了验证，结果却得出了与要素禀赋理论完全相反的结论，从而引起了轰动，被称为"里昂惕夫悖论"。按照要素禀赋理论，美国应该出口资本密集型产品，进口劳动密集型产品。实际验证的结果却正好与此相反，美国出口的商品是劳动密集型产品而进口的则是资本密集型产品。

现长期均衡状态的两种关系：一是该行业的企业数目同该行业产品的平均价格之间的关系；另一是该行业的企业数目同企业的平均成本之间的关系。克鲁格曼认为在垄断竞争的行业中，企业数目同产品的平均价格之间存在着反向变动的关系，因为行业中企业越多，竞争就越激烈，该行业产品的平均价格就越低。而垄断竞争行业中的企业数目同平均成本之间则存在着正向变动的关系。因为在行业总市场规模固定的情况下，企业数量

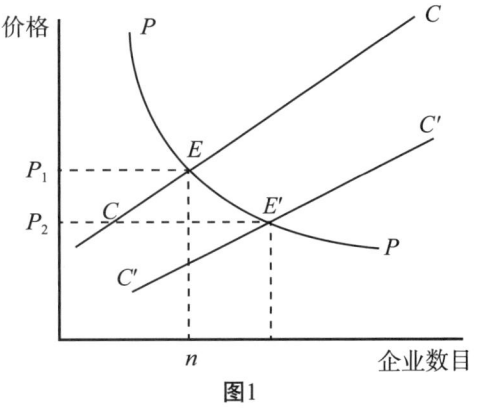

图1

越少，则企业规模越大，从而产品生产的平均成本就越低。以这两个变动关系为工具，克鲁格曼确定了在既定市场规模条件下，垄断竞争行业的均衡企业数同均衡平均价格或均衡平均成本之间的关系。图1中的PP曲线表示，行业中企业越多，每家企业的平均定价就越低。CC曲线表示，行业中企业越多，每家企业的平均成本就越高。两条曲线相交的E点是行业的长期均衡点，此时行业中各企业平均价格等于平均成本，垄断利润为零，对应的企业数目是n。在E点左边，$P>C$，垄断利润存在，有企业进入行业；在E点右边，$P<C$，企业亏损，因此有企业退出该行业。

在国际贸易中运用垄断竞争模型的逻辑是贸易扩大了行业的市场规模。在垄断竞争行业中，产品的种类是由厂商数目决定的，而各企业的生产规模则是由其市场份额的规模决定的。国际贸易使得世界市场联为一体，在总的市场规模扩大的条件下，垄断竞争的行业中容纳了比单一国家更多的厂商，行业中每个企业的市场份额增大，从而生产规模也就扩大了。图1中CC曲线右移到$C'C'$位置就显示了这种市场规模扩大的效果，行业内的企业数目增加了，但各企业的规模也扩大了，从而可以以更低的平均成本（更低的价格）出售其产品。比起没有贸易的情况，每个国家都能专业化生产更小范围的差异产品，并从别国进口本国不生产的产品，每个国家不仅在数量上而且在品种上都为消费者提供更多的商品。两个国家同时进口和出口同一行业的产品，就构成了所谓产业内的贸易（intra-industry trade）。

由于规模收益递增存在，因此即使两个国家有完全相同的要素禀赋，由规模所导致的机会成本差异仍然会推动贸易的发生，规模经济阻止任何一个国家生产所有的产品，因此规模经济是贸易发生的一个独立原因。这意味着产业间贸易发生的原因是要素禀赋差异，而产业内贸易发生的原因则是规模收益递增。这样，克鲁格曼就把以要素禀赋为基础的分工与贸易同以规模经济为基础的分工与贸易的区分，具体地应用到了国际贸易的基础理论领域。

二、双头垄断：规模经济的政策分析模型

以完全竞争为基础假定的传统贸易理论认为，世界各国都能够通过自由贸易而获得福利的增加，贸易壁垒通常会减少所有国家，包括实施壁垒措施的国家的福利。然而，内部规模经济概念的引入改变了传统贸易理论的市场结构基础，行业（产业）内垄断因

素的存在使得贸易政策对于各国福利的影响发生了改变。克鲁格曼（1984）发展了一个双头垄断模型来对规模经济条件下的贸易壁垒措施的效果进行分析。

假设某个产业的产出是两家企业双头垄断的，一家是国内企业，一家是外国企业，它们在世界上许多国家的市场上进行竞争。在企业规模经济存在的条件下，克鲁格曼表明，如果其中一个国家对本国企业实行进口保护，那么就会使得本国企业在国外所有市场上的出口份额实际地增加。克鲁格曼模型的两个关键假定是：①企业内部规模经济存在，用边际成本（假定等于平均成本）随产量增加而下降来表示。②各企业在制定自己的价格和产量政策时都会考虑对方企业的行为，比如每个企业都意识到自己的收益同自己的产量正相关，而同对方企业的产量负相关。根据这种行为决策的相互依赖关系，克鲁格曼首先刻画了在各个竞争市场上两家企业的反应函数。

在图2（a）中，横轴代表本国企业在 i 市场上的产品销售量 X_i，而纵轴表示外国企业在同一市场上的产品销售量 X_i^*。实线 $R_i R_i$ 是国内企业的反应曲线，表示当外国企业在 i 市场的销售份额增大时，国内企业在 i 市场的需求减少，面临价格和垄断利润下降的压力，销售量相应减少。同样的道理，实线 $R_i^* R_i^*$ 是外国企业在 i 市场的反应曲线。反应曲线上的任何一点都代表着在给定对方企业销售量的条件下，本企业获得最大化垄断利润的销售量。反应曲线是在固定边际成本假定下给出的，其含义是两家企业的总产量规模没有变化，而两家企业在任一给定竞争市场上的销售份额如果变动则都将遵循反应曲线的轨迹。双头垄断企业在 i 市场上的销售均衡点是 S，在这一点上两个企业都在对方企业行为既定的前提下获得垄断利润最大化的销售量。如果在 i 市场上两家企业的销售不是在 S 点，则意味着至少有一个企业没有达到垄断利润最大化的销售量，这样相应的调整就会发生，直至达到 S 点。

接着我们可以考察双头垄断行业的总产出情况和保护政策的效果。在图2（b）中，横轴表示国内企业的总产量水平，即本国企业在所有竞争市场上的销售量之和；纵轴代表国内企业生产的边际成本。图中 MM 曲线表示企业的边际成本会随着产量规模的增加而下降；而 QQ 曲线表示边际成本的下降会导致本国企业更大规模的总产量。在两条曲线的交点 T，本国企业达到垄断利润最大化的产量和销售量，因此不再有变动产量水平的动机。类似的方法也得出国外企业的总产量均衡。现假设本国政府采取了一项贸易壁垒措施来限制国外企业的产品进口，这就为本国企业保留了部分国内市场。这项保护措

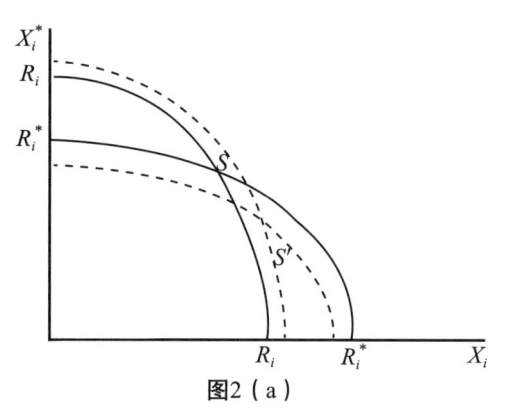

图2（a）

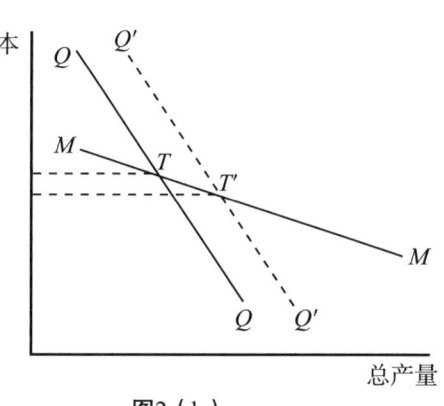

图2（b）

施对国内企业产量的直接影响就是把QQ曲线向右推至$Q'Q'$的位置,国内企业在每一既定的边际成本水平都要比原先生产得多。这使得企业的均衡总产量水平下移至更低的边际成本的T'点。与此相对应,外国企业的产量线$Q'Q'$会向左移,其结果是企业的均衡总产量水平移动至较高的边际成本水平。

由于两家企业的边际成本都发生了变化,这自然会反馈到它们在各竞争市场上的反应曲线上,因为反应曲线是根据各自企业的边际成本刻画出来的。图2(a)中R_iR_i曲线右移,边际成本的下降导致本国企业在外国企业每一既定的销售水平上都增加了销售。反之,边际成本的上升导致外国企业在对方企业每一既定销售量上都减少了销售,因此其反应曲线$R_i^*R_i^*$左移。这样,在i市场上双头垄断的均衡就出现在S'点,而不是原来的S点。以牺牲外国企业为代价,本国企业在所有市场上的销售份额都增加了。这就是规模经济存在而使贸易壁垒推动出口的政策理论,因为在所有的i市场上新增加的销售份额都是本国出口的增加。

克鲁格曼的双头垄断模型是对单个产业在不完全竞争市场结构下的贸易政策效果的研究,并不是对整个经济的贸易政策含义或福利效果分析。所以不能得出克鲁格曼赞成贸易保护主义政策的结论。实际上,克鲁格曼曾强调人们在全面评判保护政策的效果时必须充分注意到两个方面的可能性:一是外国政府可能会用自己的壁垒政策来报复,其结果是各自的市场相对份额不改变,但双方的出口数量都大幅地下降了;二是本国企业因为保护措施而生产规模扩张时,可能会从其他有出口潜力的行业吸引资源,从而导致其他行业的萎缩,这样一类的社会机会成本也应该在壁垒措施的效果中加以考虑。因此从整个经济的角度看,克鲁格曼认为进口保护未必能促进出口。然而近年来,克鲁格曼在他的许多专栏文章中则改变口风称,经济理论并没有为自由贸易提供教条的担保,自由贸易政策是一种政治判断而不是一种经济判断。

三、"次优世界"与战略性贸易政策

垄断竞争模型是克鲁格曼对国际贸易的基础理论的贡献,而双头垄断模型则是克鲁格曼(1989)为贸易政策的福利效果提供的分析工具。两者都是以企业内部的规模经济存在为思想基础的。然而,规模经济的存在并不都局限于单独企业的层次。由于知识的积累、信息的传播、技术工人的流动等因素的作用,许多行业中的生产企业规模并不大,但是行业的生产规模扩大也会导致它们的生产成本下降。马歇尔把这种情形定义为外部经济或外在规模经济。同内在于企业的规模经济相似,外部经济的形成和巩固也独立于初始的要素禀赋条件,因此在现代贸易理论中一般将外部经济导致的产业产品的成本降低称之为动态的规模经济。不过,外在规模经济不构成产业内贸易的原因,它并不改变行业内的市场结构,外部经济趋向于使先行国家保持产业的大规模优势,而后起的国家就只能被堵在这个行业之外。因此,同内部经济有所区别,依据外部经济进行的国际贸易可能不是对所有的国家都有好处。所以,克鲁格曼的基础贸易理论分析并不依赖外在规模经济。然而,外在经济却是国际贸易领域出现"扭曲"的一个重要原因,因此在相关贸易政策的考量中,克鲁格曼把外部经济也作为战略性贸易政策的实践根据之一。

规模经济的存在使得贸易理论和贸易政策所面对的世界不再是一个符合帕累托最优条件的"最优世界",而是一个在国内生产领域和国际贸易领域都存在着"扭曲"现象的"次优世界"。无论是倾向于形成出口垄断的外在规模经济还是使市场结构发生改变的内在规模经济,都使企业或国家的私人成本同整个世界的社会成本不相吻合。在"次优世界"中,某些贸易保护政策的实施就比在"最优世界"中显得有道理,因为这时贸易保护措施的实施并不是对于自由贸易的福利效果的破坏和干扰,而是对各种扭曲现象产生的垄断租金的调控或者国家间为争夺垄断租金而进行的正当利益博弈。正是基于这样的认识,70年代末以来,国际贸易政策理论的研究就都以"次优世界"为条件假设,形成了所谓"战略性贸易政策"的观点。克鲁格曼积极参与了这一新贸易政策观点的研究和讨论。

在"次优世界"中,由于规模经济等因素的作用,各国可以不依赖于先天的要素禀赋条件,而在后天发展出动态的具有垄断属性的比较成本优势。因此各国政府可以规划出某些"目标产业",在该产业或其中的企业规模不够大从而没有形成成本优势之前,对这些产业实行保护。这种通过政府的短期保护而最终形成产业的长期成本优势的做法,称之为战略性贸易政策。美国学者普遍认为,日本在二次世界大战后对本国经济采取了战略性保护政策,这种政策迅速提升了日本工业的生产能力和出口能力,其结果是使得原先美国在贸易中领先的产业,如钢铁、汽车、电子等产业的贸易优势逐渐被日本所取代。美国由于历来不倡导明确的政府经济导向,因此日本的目标产业政策被认为是对美国的"不公平贸易",所以,同战略性贸易政策研究相联系的一个问题就是美国是否应当采取战略性贸易政策,或者是否对那些在国际贸易中实行了战略性贸易政策的国家进行政策报复。

克鲁格曼虽然在基础理论和政策模型的层次为战略性贸易政策的合理性提供了逻辑依据,但是在实际政策操作中却并不提倡战略性贸易政策或者对别国的目标产业政策一律采取报复的措施。克鲁格曼把战略性贸易政策的工具区分为三类:一类是通过税收减让、补贴贷款或者出口信贷等方式给目标产业或企业以金融支持;一类是管理部门设置歧视性准入条件或者含蓄的保护措施来对外国竞争性产品的市场准入加以限制;还有一类是帮助国内企业搞合作研究和开发或者进行企业兼并。经过对所有这些政策工具运用的实际效果做考察,克鲁格曼发现能够对贸易产生较大影响并且使本国的出口获得成功的案例并不多。金融支持对于欧洲的空中巴士集团有比较重要的意义。对市场准入的限制、政府支持半导体及机械制造工业中的企业合作研究,这两项政策可能帮助日本工业提升了同美国竞争的能力。

至于别国实行战略性贸易政策对于美国福利的全面影响,克鲁格曼则认为并不像许多人想的那么严重。这是因为:第一,美国企业拥有世界上最大的、本土化的国内市场,没有任何外国企业能够有确定的把握同美国企业竞争这个市场,因此,美国企业具有独一无二的形成动态规模经济的先发优势。第二,美国经济虽然也是"次优"的,存在着诸如工资扭曲、市场垄断以及知识学习的外部性等,但美国政府可以指望充分多样的国内政策工具来"对症"地处理这些扭曲,而无须运用笨拙的贸易政策。世界上没有任何一个国家能够像美国联邦政府那样拥有大量的可以自由使用的政策工具。第三,美国企业的平均规模通常要比世界上其他国家的企业规模要大，而且在某些产业中要大得多。如波音公司，企业本身就可以制定自己的战略性产业规划而无须政府的插手，这在许多外国企业是做不到的。

总之，克鲁格曼认为，现实经济中各种贸易政策的实际福利效果是千差万别和不确定的，别国的战略性贸易政策对于美国的福利效果影响也是因事而异的。所以他并不主张美国政府介入贸易政策的制订，也不主张政府积极干预国际贸易行为。他说（1989）："经济学对配制有用的干预政策的困难所抱持的谨慎和政治经济学对干预可能误入歧途的担忧都被结合到自由贸易的新概念之中。这不是重弹市场有效率所以自由贸易最优这样的老调。相反，作为经验的总结，这是在一个政治同市场一样不完善的世界中关于自由贸易的更加悲观却又更加明智的论点。"

四、结　语

克鲁格曼完成他对新贸易理论的这些主要贡献的年代是上世纪的70年代末和80年代初。自由贸易理论和自由贸易政策观点在这个时期占据完全的主导地位，经济全球化作为经济自由主义的理想也随着冷战结束而越来越具有实践的可能性。因此，新贸易理论内在蕴含的保护主义逻辑就被学者们（包括克鲁格曼在内）有意或无意的淡化了。然而，三十年河东，三十年河西。如今，经济全球化和自由贸易政策已贯彻经年，失业、石油价格高企、粮食危机从过去只是穷国的专利发展成为西方国家的限量供应。在这样的背景下，自由贸易理论在西方学术界受到的质疑声越来越响亮，而克鲁格曼等人的具有保护主义倾向的贸易理论就越来越受重视，很有可能成为今后相当一段时期西方国际经济政策的指导思想。

参考文献

Helpman, Elhanan and Paul R. Krugman, *Trade Policy and Market Structure*. Cambridge, MA: The MIT Press, 1989.

Krugman, Paul R., "Import Protection as Export Promotion: International Competition in the Presence of Oligopoly and Economies of Scale", in Henryk Kierzkowski (ed.), *Monopolistic Competition in International Trade*. Oxford: Oxford University Press, 1984, pp. 180–193.

Krugman, Paul R., "Increasing Returns, Monopolistic Competition, and International Trade", *Journal of International Economics*, 1979, 9, pp. 469–479.

Leontief, Wassily, *Studies in the Structure of the American Economy*. New York: Oxford University Press, 1953.

原载《中山大学学报（社会科学版）》2008年第4期

澳门经济适度多元化：内涵、路径与政策

毛艳华

一、问题提出与研究意义

澳门于1999年12月20日顺利回归祖国。回归前的澳门经济低迷，营商环境恶化，社会治安混乱，外商投资者却步。2002年澳门特区政府依据《基本法》中有关自行制定旅游娱乐业政策的规定，对博彩业实行有限赌权开放，引进竞争机制，在内地"自由行"政策的配合下，博彩业获得了快速发展，并带动了本地经济的高速增长。根据统计数据计算，2000—2008年间澳门GDP年均增长率达到19.5%，而回归前4年澳门GDP均为负增长。2008年澳门人均GDP达到39036美元，超过香港和台湾，居亚洲第3位，仅次于文莱和新加坡。2008年澳门失业率下降到3.0%，远低于亚洲发达经济体的水平。回归以来，博彩业对澳门经济发展的整体促进作用虽十分显著，但是，博彩业的快速发展导致澳门产业结构更为单一化。1999—2007年澳门博彩业占GDP的比重从31.6%上升至48.8%，博彩税收占政府财政收入的比重从19.5%上升至76.1%。更为严重的是，博彩业的迅猛发展也空前地增加了澳门的社会成本，例如贫富差距扩大、人口拥挤、环境污染、房价攀升、病态赌徒、中学生辍学率升高、中小企业经营负担加重等。因此，社会各界一致认为澳门需要调整过度依赖博彩业的产业结构，推动经济朝适度多元化发展。

自澳门回归祖国以来，中央政府也密切关注澳门博彩业快速发展及其对澳门经济、社会和民生等各个层面的影响，并积极回应和支持澳门特区政府为推动经济适度多元化发展所提出的多项建议与要求。例如，及时签订《内地与澳门建立更紧密经贸关系安排》（CEPA）及其各项补充协议、开放内地部分地区居民个人赴澳门旅游、批准建立珠澳跨境工业区、创新粤澳合作联席会议机制、加快推动港珠澳大桥建设等政策措施。中央政府在国家"十一五"规划中明确提出："支持澳门发展旅游等服务业，促进澳门经济适度多元发展。"国务院公布的《珠江三角洲地区改革发展规划纲要（2008—2020年）》也提出，按照"科学发展、先行先试"的原则推进粤港澳经济一体化，将澳门定位为世界旅游休闲中心，并批准开发横琴岛，作为粤澳产业合作的又一平台。中央政府对澳门的全力支持，反映了内地希望澳门继续长期繁荣稳定发展。这不仅是落实"一国两制"政策的需要，也有利于澳门在内地的开放改革中发挥更多的桥梁作用与中介角色。

笔者认为，经济适度多元化仍然是影响当前和未来澳门经济社会可持续发展的重大问题，而且实现澳门经济适度多元化将会是一项长期而艰巨的任务。现有的相关文献

主要探讨了博彩业"一业独大"对澳门经济社会的影响①，认为产业结构单一和博彩业"一业独大"是澳门各种经济社会问题发生的根源②，并提出了推进澳门经济适度多元化的各种对策建议③。事实上，澳门属微型经济体，从目前世界上约30个微型经济体的特点来看，产业结构单一化或专业化有其存在的经济合理性④。如芬兰的手机业、瑞士的钟表业和瑞典的林木产业等，这些微型经济体的经济专业化特征都十分明显。同样，澳门建埠近500年来，博彩业从禁止到专营再到开放，经历了160多年的时间。博彩业"一业独大"是澳门经济发展的产物，是独具澳门特色的竞争优势，是澳门在区域经济一体化中的生存之道。因此，对于澳门来说，产业结构单一化发展趋势和多元化发展要求是一个充满矛盾和两难的选择。那么，如何理解和诠释"适度多元化"，如何推动澳门经济适度多元化，以及需要哪些配套政策和应对措施？本文拟就澳门经济适度多元化的深层次问题作进一步阐述。

二、适度多元化的内涵

经济多元化或专业化是经济发展过程中产业结构变动和主导产业转换的结果。配弟－克拉克定理最早阐述了在经济发展过程中人均国民收入与产业结构变动的内在关联性以及产业结构演变的基本趋势。库兹涅茨（Kuznets）则进一步揭示了人均收入水平提高过程中3次产业产值变动与就业构成相关变化的规律。美国经济学家罗斯托（Rostow）将一个国家或地区的经济成长过程划分为6个阶段，并且认为每个阶段都有相应的主导产业。对于产业结构转换及其与经济增长的关系，钱纳里（Chenery）的发展模式理论⑤、索洛（Solow）的新古典外生增长模型以及罗默（Romer）的新增长理论⑥都认为，现代经济增长过程实质上就是由技术进步和人力资本积累所导致的产业结构由低级向高级转换和高度化的过程。根据这些理论，一个国家或经济体的经济发展历程一般表现为3次产业结构交替变化和主导产业依次更替的动态过程。但是，具体对于一国或经济体来说，所谓经济多元化或专业化则取决于其资源禀赋、市场容量和所处的经济发展阶段以及参与国际分工的程度。一般来说，大国因其拥有较丰富的经济资源和广阔的市场，会呈现出多元化的经济结构特征，各产业之间的结构比例关系相对合理；相比之下，小国或小型经济体因自身市场狭小，自然资源相对有限，在参与国际分工的条件下往往会形成较单一或专业化的经济结构。

二战以来，在经济全球化和区域经济一体化快速推进的背景下，世界上主要微型经济体都专注于某个特定产业或称专业化经济发展，这也是微型经济体获取国际竞争力的

---

① 郭健青：《澳门赌牌开放后对澳门社会与经济的影响》，《亚太经济》2002年第2期。
② 叶桂平：《现阶段澳门经济运行中的问题及对策》，《当代亚太》2005年第12期。
③ 澳门经济学会：《推动澳门产业结构适度多元化》，South China Review，2007年第2-3期。
④ 杨允中、蔡永君、连信森：《微型经济与微型经济学》，香港：香港中文大学出版社，2006年。
⑤ ［美］霍利斯·B. 钱纳里等：《工业化和经济增长的比较研究》，吴奇、王松宝译，上海：上海人民出版社，1989年，第526页。
⑥ Romer. "Endogenous Technological Change". *Journal of Political Economy*，October，1990.

有效途径。根据世界经济论坛发布的《全球竞争力报告2008—2009》[①]，全球竞争力排名前10位的大多都是经济专业化突出的微型经济体，这些具有全球竞争力的微型经济体都是以"一业独大"的特定产业著称。例如，瑞士的钟表、瑞典的汽车、丹麦的设计以及芬兰的手机制造等。根据统计资料，芬兰NOKIA手机制造商在2002年的股票市值占到赫尔辛基股市总交易量的1/3；该企业与其本土的400多家下游厂商每年对本国GDP成长率的贡献达到近50%，占芬兰GDP总量的1/4[②]。又如，瑞士生产了包括劳力士、欧米茄、雷达等世界著名的手表，其手表的"含金量"居世界第一，占据了世界手表市场的65%份额，而高档高科技手表所占份额更高达77%。但是，这些小型经济体的"一业独大"或产业专业化却并没有出现或产生适度多元化的矛盾，反而通过参与国际分工，把资源集中在最具生产力的特定产业上，以专业化生产获得规模经济的竞争优势，世界竞争力排名一直处于前列。因此，从上述经济理论分析与现实发展经验两个方面看，经济多元化抑或专业化是一个内容宽泛和相对而言的概念。

自1535年开埠至今，澳门经济结构演变和主导产业转换大致经历了4个阶段[③]。在1535—1840年的305年间，作为中国对外贸易的重要转口港和远东地区的一个重要商港，澳门经济主要以转口贸易为主。19世纪40年代鸦片战争后，香港逐渐取代澳门作为中国对外贸易港口的地位，澳门对外贸易从此衰落。澳葡政府于1847年正式宣布博彩业合法化，博彩业由此逐渐成为澳门新的行业，至20世纪50年代博彩业已发展成为澳门经济的重要支柱产业。进入20世纪60年代，受惠于全球成衣及纺织品配额制度，澳门的出口加工业逐渐发展壮大，到1984年出口加工业的产值已占澳门本地生产总值的37%，远超过博彩业的20%，成为澳门的第一大产业。在此期间，澳门博彩业实行独家专营，在周边绝大多数国家（或地区）都禁赌的环境下，澳门博彩业继续快速发展。与此同时，金融保险业、建筑地产业等行业也获得相应的发展。至80年代末期，澳门经济初步形成了以博彩业、出口加工业、金融保险和建筑地产业等四大支柱产业为主体的相对均衡的产业结构特点。但是，自20世纪90年代初期以来，受出口配额逐步减少以至最后完全取消的影响，澳门的出口加工业不断萎缩，而博彩业占澳门经济的比重不断上升，重新成为澳门经济的龙头产业。在1999年澳门回归时，制造业占本地GDP的比重仅为8.7%，而博彩业的比重则占到31.6%。到2007年，澳门制造业占本地GDP的比重进一步下降到2.2%，而博彩业的比重大幅上升到48.8%。

从上述澳门经济结构演进历程来看，澳门产业结构的每次变动都是在特殊的历史和内外部条件变化下出现的。在产业发展序列上，澳门并没有经历3次产业依次发展、逐次升级的阶段，其第一、二产业从来就没有得到过充分发展。第三产业也并非由于第二产业的渐次转换而形成，缺乏制造业等第二产业发展的基础，以低端服务业为主的第三产业"过早成熟"。事实上，根据澳门特区政府统计暨普查局公布的数据，2008年澳门

---

① World Economic Forum. *The Global Competitiveness Report*（*2008—2009*），Chicago：Palgrave Macmillan，2008.

② 封小云：《澳门经济适度多元化的路径思考——引入一个新的分析视角》，《广东社会科学》2008年第6期。

③ 刘品良：《澳门博彩业纵横》，香港：三联书店（香港）有限公司，2002年。

服务业占GDP比重已达到86.0%。从理论上讲，第三产业在生产总值中比重较高是经济发达的表现，表明澳门经济已进入以服务经济为主体的后工业社会。但是，实则不然，这种产业结构并非合理有序，澳门产业结构的变化并非技术进步的结果，产业结构高度化也并没有出现分工协作的不断深化和各产业之间相互联系的不断加深的过程。这与发达经济体在经济增长过程中表现出的国民经济的结构性变动和结构由低级向高级的转换具有本质上的差异。因此，从经济结构演进的特点来看，澳门经济结构具有其本质上的脆弱性。

从澳门主导产业更替的过程来看，作为澳门主导产业的博彩业，从禁止到专营再到开放，经历了160多年的时间。博彩业"一业独大"是澳门经济发展的产物，是市场选择的结果，是独具澳门特色的竞争优势。澳门作为微型经济体，产业单一化或专业化有其存在的经济合理性。但是，博彩业近年的高速发展是基于内地的"自由行"政策，而不是建基于长久竞争力形成的。这与全球其他微型经济体以高技术制造业或知识密集服务业为主导产业的专业化经济具有明显的差异。如芬兰的手机制造业、瑞士的钟表生产业、瑞典的汽车制造业、丹麦的设计产业、香港的金融业，等等。它们都依靠本土的自然资源或人力资本，借助科技创新不断推动产业升级，通过延伸价值链条以带动本土相关产业的发展，形成产业集群的竞争优势。这种通过产业集群获得的外部规模经济性与产业多元化的规模经济具有相同的竞争优势。相比之下，博彩业是低技术产业，其产业链条短，尤其是澳门博彩业的资本都来自境外，这种非根植性国际资本主导的龙头产业对本土内生的经济因素难以产生关联作用，因此难以通过龙头产业带动本土相关产业的成长。所以，澳门博彩业"一业独大"或专业化必然跟经济多元化发生根本的矛盾与冲突。

另外，博彩业毕竟是一种特殊产业，其本质上属于财富再分配性质的活动。博彩业不具自主型的发展特征，更是对澳门经济可持续发展构成了挑战。一直以来，由于支撑澳门博彩业的游客（或赌客）主要来自东南亚各国或地区，一旦外部市场环境发生意料之外的突变，则这一产业就会把潜在的脆弱变为现实的经济衰落。因此，澳门博彩业支撑经济增长的格局增加了澳门经济的波动性，而产业结构的单一化削弱了产业间的周期协调功能，使澳门经济越来越受博彩业波动的影响（图1）。2003年的SARS事件、2005年赌场增幅减少和2008年内地收紧赴澳"自由行"政策等都对澳门博彩业和澳门

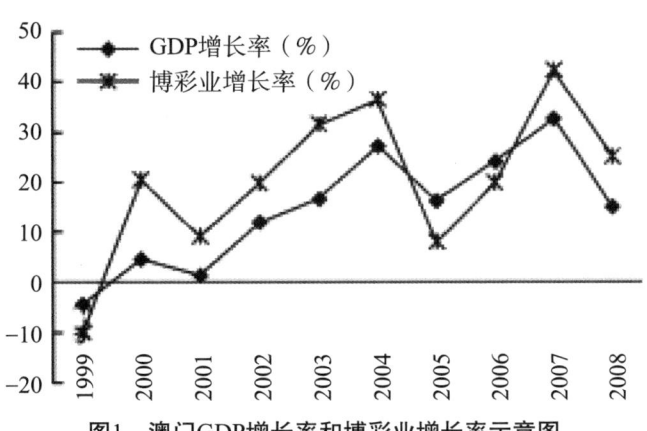

图1　澳门GDP增长率和博彩业增长率示意图

经济增长造成了严重影响，就是很好的例子。根据统计数据计算，1999—2006年的8年间，澳门博彩业的增长率方差高达318.3%，而本地GDP的增长率方差也高达122.8%。相比之下，澳门本地生产总值增长率的方差明显高于同时期的香港（17.9%）、新加坡（37.9%）、卢森堡（14.9%）和冰岛（10.7%）等微型经济体，也远远高于同时期的美国（2.0%）和中国内地（12.6%）等产业结构完善的经济大国。显然，澳门博彩业增长的波动性带来了整体经济增长的波动性。

上述分析表明，澳门经济结构的脆弱性、产业结构单一化以及博彩业的特殊性等都是影响澳门经济不稳定性和波动性的重要原因。因此，应该适当控制博彩业的发展规模和速度，加快发展其他产业，改变澳门经济发展过度依赖博彩业的模式，避免经济结构过度单一化的局限，以保持澳门经济社会的可持续发展。但是，澳门是一个微型经济体，资源十分有限，本地市场狭小，没有条件实现完全意义上的"多元"。在"一国两制"的模式下，澳门背靠祖国，也没有必要过度分散资源，从而减弱自身的竞争力。因此，澳门经济多元化只能是适度的。更进一步地讲，适度多元化既可保持澳门优势产业的国际竞争优势，又能相对降低因产业结构单一化所造成的经济风险。

三、适度多元化的路径

近年来，对于如何实现澳门经济适度多元化，大致有两种观点。第一种观点认为应从博彩旅游业内部来考虑，通过博彩业来带动旅游业的全面发展，实现博彩旅游业内部的多元。这种观点也被称为垂直（纵向）多元[1]。第二种观点认为澳门除了发展博彩旅游业之外，还应适度发展其他服务业和制造业，以解决经济结构过度单一化问题。这种观点也被称为水平（横向）多元[2]。事实上，从规模经济的角度来看，实现经济多元化的途径大致可分为两种方式。一种方式是通过产业内部的分工细化和价值链条延伸，以实现专业化经济的规模竞争优势，波特（Porter）的竞争优势理论和国家竞争优势理论对此都作了深入的阐述[3]，这也是专业化经济在全球竞争中获取竞争优势的根本途径。另一种方式是产业结构的多样化，就是在服务业和制造业二者之间有一个相对平衡的比例关系，这也是在全球化分工中专业化经济避免产业结构过度单一和降低经济风险的有效方式。笔者认为，实现澳门经济的适度多元化，不仅要考虑澳门微型经济的特征和现有的产业基础，也要考虑澳门在经济全球化和区域一体化条件下的分工角色和自身经济的可持续发展。那么，实现澳门经济适度多元化的路径，应该同时从以下3个方面加以推进。

（一）控制博彩业的适度发展

澳门博彩业经营权开放以来，国际资本大举进入博彩业，在投资效应、就业效应、收入效应、创新效应和竞争效应等多重因素的直接或间接刺激下，澳门博彩业快速发展，在短期内便超过了美国的拉斯维加斯（Las Vegas），成为世界首屈一指的赌城。

---

[1] 澳门经济学会：《推动澳门产业结构适度多元化》，*South China Review*，2007年第2-3期。
[2] 刘本立：《澳门产业结构优化与适度多元化》，2006年7月26日在澳门的演讲。
[3] Michael E.Porter. *The Competitive Advantage of Nations*, New York: Macmillan, 1990.

2007年澳门博彩业总收益达到838亿澳门元（约合104亿美元），博彩收入排名世界第一位。作为澳门独具特色的优势产业，在以后可预见的很长时期内，博彩业在澳门还会得到保持和发展。但是，从传统价值观念上看，博彩业是一种具有负的外在性的经济活动。在博彩业带来丰厚收益的背后，是巨大社会成本的付出①。从国际贸易的角度来看，博彩贸易顺差国从博彩活动中收益，博彩贸易逆差国从博彩活动中受害，因此，博彩业也是对经济合作中双赢互利原则的背离。近年来，博彩业的开放、扩张和膨胀，还给澳门乃至内地带来经济安全隐患②。因此，博彩业的发展不仅要考虑澳门社会的承受能力，还要考虑其对周边地区所产生的负面影响。从这一意义上讲，澳门特区政府有必要对博彩业的发展规模和速度加以控制。而且，控制博彩业的适度发展不仅有利于博彩业自身的可持续发展，也有于其他产业的培育和发展，以加快澳门经济的适度多元化。

一方面，从产业自身成长的规律来看，一个产业的规模要和基础设施、配套产业、生产要素的增长相适应，要求一个结构协调的动态增长过程。当实物资本投资超过了土地资源的供给能力和转换速度，超越了人力资源的可供给速度，超越了相关产业的发展速度，超越了实际的有效需求，那么这一产业的投资边际收益将会下降。因此，澳门博彩业的增长，需要顾全客源的增长和城市的承受力，不是"越大越好"。如果旅客增长放缓，赌业却不断膨胀，利润就会下降。上世纪90年代末至本世纪初，美国拉斯维加斯也曾经因为赌场的供应过度，整个博彩市场的利润不增反减。德意志银行的研究报告曾经预测，澳门博彩业供应过度，将导致每张赌台的平均净收入在5年内急降约72%，即从2003年的平均日收入2.69万美元，急跌至2008年的7400美元。该报告还进一步指出，投资过热所导致的赌场供应急增，将导致博彩业的泡沫化。

另一方面，在澳门社会资源有限的情况下，由于博彩业的高利润特征，其过度发展必然对各种生产要素产生强大的吸引作用，对其他行业产生某种程度的挤出效应，导致其他产业难以成长发展。例如，根据澳门统计暨普查局的《劳动力流动调查》报告显示，澳门跨行业转工劳动力2006年主要是从其他行业转向文娱博彩及其他服务业，其占转工劳动力的比例由16.3%增长到34.5%，而制造业、批发及零售业、酒店及饮食业则是净转出。这种劳动力流动的轨迹表明，在劳动力方面，博彩业对其他产业有着较强的挤出效应。澳门博彩业的高速增长吸收了大部分劳动力，加剧了澳门劳动力短缺的压力。博彩业对其他行业的挤出效应，还会导致马太效应的出现。因为博彩业的高速增长，会进一步加大政府对博彩业的依赖，使政策和生产要素更加集中于博彩业。澳门经济学会的研究报告也指出：博彩业的高工资导致部分行业、中小企业的人员流失，影响了企业的正常运转，在一定程度上压缩了非博彩业的就业空间；但是，博彩业对员工的要求主要是年轻、样貌端正，学历则要求中学程度即可，这些劳工学历低且没有其他谋生技能，一旦他们离开赌场又可能失业，从而导致巨大的结构

---

① 根据澳门中华新青年协会的调查报告，澳门青年认为博彩业的发展所带来的负面影响分别为：造成青少年提早辍学、治安恶化、生活成本上升、扭曲价值观、扩大贫富差距、造成人力资源紧张、影响城市形象和对交通造成压力等。（资源来源：澳门中华新青年协会研究报告《博彩业发展新时期澳门青年的价值取向》，2006年5月10日）

② 王五一：《世界赌博爆炸与中国的经济利益》，北京：经济科学出版社，2005年。

性失业风险①。

（二）大力发展非博彩旅游业

在博彩业这一龙头产业基础上大力发展非博彩旅游业，是博彩产业链的延伸，是优势产业内部的多元化，即"垂直"多元化。根据产业集群竞争优势理论，通过博彩业带动相关产业发展，扩大产业集群效应，可以提升博彩旅游业的整体竞争优势。具体来说，在保持博彩业发展的同时，要扩充旅游业的内涵，推动会展、休闲、度假、观光、购物等相关行业发展。这些新行业在推动博彩旅游业发展的同时，也为经济的长远发展注入新元素和活力。美国的拉斯维加斯在上世纪50年代也是个纯粹的赌博城市，被称为"赌徒的天堂"；70年代起，赌城面貌大变，成为一座集娱乐、博彩、休闲、购物、健身和表演等为一体的综合性旅游城市，成为美国境内外非博彩旅游者的首选旅游目的地之一。因此，大力发展非博彩旅游业，有利于积极优化博彩业发展模式，推动澳门经济由单一博彩业向综合性旅游业的转变，并逐步形成综合旅游的联动发展模式。

事实上，从中长期发展来看，澳门经济仍需依靠博彩业作为发动机。根据罗斯托的主导产业理论，主导产业部门对辅助增长部门、派生增长部门乃至整体经济发展都发挥着带动作用。因此，将博彩业定位为澳门经济的主导产业，就是要强调和突出博彩业对关联产业及整体经济的带动作用。但是，长期以来，在博彩专营制度下，澳门的博彩业和旅游业其实是分开的，博彩业主要为成年人提供博彩服务②。就目前来看，虽然澳门赌权已开放，但博彩业的快速增长并未能带动相关旅游业的大发展，非博彩的旅游活动收入一直不理想。例如，在美国赌城拉斯维加斯，几乎一半的赌场收入来自餐饮、表演、酒店等非博彩活动，而在澳门，90%以上的赌场收入来自赌桌本身。近年来，博彩收入占澳门政府总收入一直维持在七成左右，而纯旅游业收入所占的比重很小。另外，在博彩项目中，其他非赌场项目，如赛马、赛狗及赌足球等也发展不理想。长期以来，这种运营模式强化了澳门的赌博色彩和赌博文化，在壮大博彩业的同时却牺牲了旅游业的发展，导致博彩业欣欣向荣，而旅游业萎靡不振。这也是一直以来澳门博彩业"一业独大"和产业单一化的具体表现。

根据拉斯维加斯的经验，博彩业的竞争机制将推动投资者转变经营方式和经营理念，将竞争扩大到综合性旅游的各个方面，包括博彩娱乐场、酒店、配套娱乐措施、主题公园、食街、博物馆、小型电影院、展览馆等等，从而推动博彩业向综合性旅游业发展。例如，2002年美国统计局互联网上公布的统计资料显示，拉斯维加斯零售业销售收入占社会总销售收入的比例为34.7%。又如，拉斯维加斯的商业模式就是"博彩+会展"，2003年举办了24453场会展活动，实现了65亿美元的会展收入，高于当年博彩业61亿美元的收入。因此，澳门特区政府应抓住博彩业经营权开放为澳门博彩业内部多元化发展所创造的有利条件，积极发展非博彩旅游业，包括观光文化旅游、度假休闲旅游、购物旅游和会展旅游等，积极推动酒店业、餐饮业和娱乐业的升级转型和多元化发

---

① 柳智毅：《针对结构性失业问题的人力资源培训对策专题研究》，澳门经济学会研究报告，2005年。

② 王五一：《赌权开放的制度反思》，澳门：澳门理工学院出版社，2005年。

展,逐步形成综合旅游业的竞争优势。比如,在中短期内应重点发展批发零售业、会议展览业,全力打造博彩旅游业的新型产业链;在批发零售业方面要积极发展品牌购物和特色购物,并透过吸引外来投资,推动澳门批发零售业升级转型;会展业方面在中短期内应确立以会议为主、以展览为辅的发展目标。

(三)适度发展其他新兴产业

澳门经济结构的演进历程表明,由于历史条件和社会现实的特殊性形成了澳门特殊的经济结构,澳门经济没有经历真正意义上的工业化和现代服务业的发展阶段。这种经济结构的脆弱性和产业结构的单一化,增加了澳门宏观经济运行的系统风险。回归祖国后,澳门经济发展的制度优势、区位优势和枢纽优势得到进一步强化,这为澳门适度发展一些具有澳门特色的生产性服务业和先进制造业创造了条件。正如杨允中等指出:"微型经济体的比较优势是以区域甚至全球作为基础的。透过加强区域合作与世界经济的整合,微型经济体更能突显他们自身优势。"[1]2003年CEPA签订后,随着粤港澳合作的制度性障碍逐渐消除,澳门产业发展空间得到了空前的拓展,从而为澳门产业适度"横向"多元化带来了新的发展机会。从长远角度来看,这种"横向"的多元对澳门经济的稳定发展、居民就业的多元化具有重要意义。

历史上,澳门就曾作为一个国际著名的自由港而在相当长的时期内成为远东繁荣的转口贸易商埠。上世纪70年代以后,澳门的制造业崛起,离岸性或中介性商贸服务业更成为相当活跃的行业。只是由于统计方法等方面的原因,该部分收益未能在澳门本地生产总值中准确地反映出来。随着国际经贸交往的不断深化,澳门的离岸性或中介性商贸服务业也已日益多样化。正是基于这一优势,澳门特区政府提出了建立"三个商贸服务平台"的战略构想。因此,澳门的离岸服务业或中介性商贸服务业具有广阔的发展前景。当然,目前澳门的离岸服务业才刚起步发展,它仍然只是澳门整体经济的一个辅助环节。然而,随着澳门"垂直式"产业多元化的发展,特别是商务会展业的发展,它的战略地位将逐渐提高,最终可成为澳门经济发展的新动力之一。从长远来看,贸易、物流、金融、顾问咨询以及与居民生活和城市环境相关的其他行业,在借助CEPA的相关安排下,将会有很好的发展前景。

澳门产业结构"横向"多元化的另一个重要方面,就是要继续发展已有一定基础的制造业和促进技术含量与附加值相对较高的工业发展。澳门既不具备条件也无必要大规模地发展制造业,但从经济稳定和就业多样选择来考虑,又需要适度发展制造业。目前,澳门的制造业主要是以制衣业、玩具业和电子工业为主体的出口加工业,其中,成衣及纺织产品产值占出口加工业的比重约为80%。由于澳门本地的生产成本不断上升,与周边地区相比,传统劳动密集型出口加工业在澳门已不具有比较优势。因此,需要推动出口加工业的升级转型,提高成衣及纺织品的生产附加值,由加工生产逐步转型到自创品牌生产,重建出口加工业的竞争优势[2]。更为重要的是,要借助珠澳跨境工业园区建设,促进澳门新兴工业的发展。尤其是要通过吸引欧盟技术含量高的项目到园区投

---

[1] 杨允中、蔡永君、连信森:《微型经济与微型经济学》,香港:香港中文大学出版社,2006年。
[2] 毛艳华:《后配额时代澳门纺织品加工贸易发展策略研究》,《澳门研究》2005年第6期。

资，利用内地科研力量较强的优势，加快发展制药、保健、环保、电子以及与博彩旅游业相关的新兴工业。

四、政策建议与配套措施

近年来，随着澳门经济多元化的方向和路径逐渐明确，在内部条件和外部环境的双重作用下，澳门博彩业的快速发展势头得到控制，经济多元化发展已初见成效。但是，笔者认为，要从根本上解决澳门博彩业"一业独大"与经济适度多元化的矛盾，成功实现澳门经济可持续发展，需要以下政策和措施的配合：

（1）加强博彩业的有效监管。博彩业的稳定发展对澳门十分重要且具有不可替代的作用。但是，博彩业作为一种特殊的产业，其健康和有序发展需要配套的有效监管制度[1]。因此，澳门特区政府作为博彩业的监管者，应通过各种有形政策和无形力量，适当调节博彩业的规模及发展方向，以缩小博彩业所带来的负面效应而又不压制博彩业发展的空间，从而使博彩业为澳门整体经济及社会发展带来更大效益。长期以来，澳门博彩产业发展缺乏科学的区位规划，也缺乏相关指引法律。因此，博彩业的区位分布一直呈现散乱状态，不少赌场散布在学校附近和居民社区之中。近年来，随着赌权开放，澳门赌场数目大幅增加，对社会的正常生产和生活所造成的影响越来越大，导致社会的不满增加。这需要加快澳门城市的总体规划，将博彩业和赌场集中到划定的区域，以便集中监管，也可减少对社会的不良影响。另外，要深入研究博彩业的发展模式，积极参考国际管理经验，引入先进管理手段和信息化技术，完善对娱乐场所的管理。要加快健全博彩业法律法规，完善监管制度，参照国际标准研究制定有关"负责任赌博"的指引，以减少"问题赌博"、博彩业的"洗钱"问题和资本外逃问题，推动博彩业朝着健康化、规范化、专业化和可持续方向发展。

（2）创新旅游文化的形象。旅游经济学理论认为，目的地旅游文化形象是一个综合概念，既是历史的、文化的传统积淀，又是经济发展在旅游业的现实反映，它反映的是整个目的地作为旅游产品的特色和综合质量等级。但是，澳门旅游形象一直过度倚重博彩的"魅力"，而独特的历史、文化等方面的旅游形象却一直未能彰显。根据对内地居民和访澳游客的调查分析[2]，以及有关内地媒体和学术界所认识的澳门形象等系列研究结果，游客心目中的澳门形象以"赌城"为主，其他形象相对不突出[3]。由于城市旅游形象会影响游客的旅游决策行为和消费模式，故单一的"赌城"形象会令澳门其他与博彩不相关的产业被边缘化。这也是近年来博彩业快速增长而相关的旅游业却未能得到很好发展的原因之一。事实上，澳门是历史文化名城，以西方建筑为主、中西建筑合璧的"澳门历史建筑群"在2005年被联合国教科文组织正式宣布列入世界遗产名录，成为中国第31处世界遗产。澳门的宗教、饮食、节庆、建筑风格、言语和生活习俗等，均充分反映了澳门中西文化交融的特点，这些独特的资源成为澳门旅游有别于周边地区和中

---

[1] Julie E. Scott. "Casino Politics and Policy in the Periphery", *Electronic Journal of Gambling Issues*, 2002.

[2] 曾忠禄、张冬梅：《内地赴澳门自由行游客特征研究》，《旅游学刊》2005年第3期。

[3] 阮建中、崔恩明：《澳门博彩旅游形象的实证研究》，《澳门理工学报》2007年第2期。

国内地城市的重要文化形象，在世界上也是独一无二的。因此，澳门特区政府应加强澳门旅游文化的宣传，创新推介的手段和方法，增强澳门旅游业及相关配套行业的文化旅游意识，摆脱单一的"赌城"形象，建立一个更加鲜明、更具有特色的旅游文化形象，以延长澳门博彩旅游业产业链，促进博彩旅游业的内部多元化。

（3）扶持中小企业创业发展。澳门的中小企业占企业总数的99％以上，创造了约60％以上的就业机会。但是，长期以来，澳门经济以博彩旅游及娱乐事业为龙头，数量稀少的博彩财团一直是政府税收的主要来源。在博彩业"一业独大"的环境中，澳门中小企业显得非常渺小，对澳门经济的影响微不足道。因此，葡澳殖民政府从未对中小企业给予重视和支持，在政府统计资料中一直缺乏中小企业的统计数字。自上世纪80年代以来，由于中小企业的创新性、灵活性以及对大企业的支持作用，无论是发达国家或是发展中国家，都越来越关注中小企业的发展，国际社会都把促进中小企业的发展作为一项重要的经济政策。同样，对于微型经济体来说，中小企业在促进专业化产业的价值链延伸、提高专业化产业的技术创新能力和促进经济多元化发展等各方面，都发挥着极为重要的作用。澳门回归以来，特区政府财政收入保持连续盈余，公共财政收支状况得到显著改善。特区政府应通过投放财政资源，加强政府辅助中小企业的服务，为中小企业发展创造更为有利的营商环境。为了加快澳门经济适度多元化步伐，特区政府应制定明确、清晰和长远的中小企业发展政策和具体目标：一方面，对于许多拥有丰富澳门历史文化内涵的传统领域中小企业，应将其纳入经济适度多元发展的整体战略中来，这有利于澳门经济的"垂直"多元化；另一方面，应鼓励和扶持中小企业在新兴产业领域的创业发展，这有利于实现澳门经济的"水平"多元化。

（4）强化区域经贸平台的功能。从历史上看，澳门自16、17世纪开始就已经成为世界贸易中心区域之一，是欧洲前往中国内地及日本经商的必经之地。澳门回归后，积极参与区域经济合作与分工，打造区域性商贸服务平台，特别是作为中国内地与葡语国家经贸合作和交流的服务平台。澳门因此与世界各国以及中国内地建立了广泛的经贸合作机制，这些举措进一步优化了澳门经济、社会、文化的发展环境，使得澳门在国际经济中的地位得到巩固和提升。2001年世界贸易组织评价"澳门仍然是世界上贸易和投资政策最自由开放的地区之一"。2005年，澳门被英国《金融时报》属下的《外国直接投资》杂志评为亚洲"最具经济发展潜力城市"。但是，长期以来，由于澳门经济结构过于单一，澳门以往的平台作用大多仅仅停留在文化和政治领域。有鉴于此，澳门特区政府应发挥澳门作为中国两个国际贸易自由港之一的优势，扩大澳门在经贸、旅游、资源开发等众多领域的经贸平台功能。近年来，内地和澳门签署的《内地与澳门关于建立更紧密经贸关系的安排》（CEPA）为澳门与内地经济融合、互利发展提供了广阔的空间和巨大的机遇。因此，澳门应发挥自身的经贸传统和网络优势，突出贸易中介的角色，围绕世界各国尤其是葡语系国家与中国的商贸服务需要，积极发展旅游、会展、分销、物流、转口贸易、专业服务等相关产业，推动澳门经济适度多元化发展。

（5）加快粤港澳三地经济的融合。澳门土地面积只有29.2平方公里，总人口54.9万。地域狭小，人口少，经济规模不大，内部市场有限，缺乏自然资源，这是澳门的基本区情，也是澳门经济发展重要的制约因素。因此，单靠澳门自身条件无法实现真正意义上的"多元"。澳门应该从实际情况出发，在巩固优势产业的竞争优势和市场竞争力的基础上，通过与周边地区加强合作，把澳门融入粤港澳一体化发展中，实质性地走向经济适度多元化。2008年12月国务院公布的《珠江三角洲地区改革发展规划纲要（2008—2010）》提出"不断拓展粤港澳三地合作的深度和广度"，明确指出了粤港澳更紧密合作的相关安排。其中包括：推进三地重大基础设施对接；三地加强产业合作；三地共建优质生活圈；创新三地合作方式；等等。这对澳门经济多元化是一个很好的发展机遇。澳门特区政府要加强与粤港二地政府的合作，发挥澳门中西文化交汇和历史文化名城等优势，推进粤港澳经济一体化，促进澳门旅游、会展、物流等产业的发展。就新时期粤澳合作而言，应抓住《珠江三角洲地区改革发展规划纲要（2008—2010）》中有关"科学发展、先行先试"的基本精神，在坚持"一国两制"的基本原则下，探索粤澳合作的新机制，深化两地在"珠澳跨境工业区"和横琴岛开发两个重要平台上的紧密合作，以加快澳门新兴产业的发展，形成多元化的经济结构。

（6）完善人力资源政策。澳门经济多元化发展正面临着人力资源在量和质上的双重约束。一方面，近年来，随着澳门博彩领域外来投资的急剧增长，博彩业本身吸纳的劳动人口不断增加。同时，博彩业的投资和消费增长也带动了其他行业的用工需求增长。例如，建筑业的就业人口从2003年的1.63万人上升到2007年的3.86万人。根据澳门统计暨普查局公布的《2008年澳门就业调查》报告，澳门的失业率从2003年度的6.0%降到2008年度的3.0%，已低于充分就业的国际标准3.9%的水平。因此，澳门经济的高速增长正面临着人力资源短缺的困境，大部分行业职位空缺数目都在显著增加。另一方面，长期以来，由于澳门的基础教育落后，澳门人力资源素质一直偏低。根据国际劳工组织的统计数据，2007年澳门初等教育及以下学历的就业人口占总体就业人口的比例高达56.8%，而高等教育学历的就业人口比例仅为18.9%。相比之下，台湾就业人口中这两个比例分别为25.9%和65.4%，卢森堡分别为30.7%和29.2%，香港分别为30.0%和25.6%。这种人力资源素质严重制约了澳门新兴产业的培育，对澳门长远的经济多元化发展将产生负面影响。因此，澳门特区政府有必要制定科学和合理的外劳输入政策。但是，从长远来看，澳门特区政府更应加大对教育的投入，彻底改变澳门基础教育薄弱和高等教育落后的局面，以提高人力资源的素质。另外，加强和改善职业培训，切实增强低学历、低技能中壮年人士的职业技能和就业竞争力，是保持澳门较低失业率，尤其是解决结构性失业问题的重要而又有效的途径之一。

原载《中山大学学报（社会科学版）》2009年第5期

论加快推进我国经济发展方式转变的核心发展战略

李 翀

一、"一点两翼"发展战略的提出

改革开放以来,我国经济迅速发展,创造了战后经济发展的奇迹。但是,我国的经济发展方式是粗放型的经济发展方式,即依靠大规模地投入劳动、资本和自然资源来实现产值的高速增长。尽管我国拥有丰富的劳动资源和自然资源,但这些社会资源不是取之不竭、无限供给的。随着时间的推移,我国现行的经济发展方式不可持续的弱点逐渐表现出来,我国经济发展面临着下面两个重大挑战。

第一个挑战是"刘易斯拐点"。"刘易斯拐点"(Lewis Turning Point)是由美国经济学家阿瑟·刘易斯(W. Arthur Lewis)提出来的概念。他在1954年发表的题为《劳动无限供给条件下的经济发展》的论文中指出,发展中国家经济发展过程就是农业部门劳动力向工业部门转移的问题,当劳动力由无限供给变为相对短缺时,经济发展的拐点就会出现[1]。"刘易斯拐点"意味着"人口红利"消失。所谓"人口红利"是指青壮年劳动力数量众多和价格低廉为经济发展提供了充足的和低成本的劳动力资源所带来的好处。改革开放以来,我国一直在享受这种"人口红利"。目前,我国长江三角洲和珠江三角洲地区出现"用工荒",被认为是出现"刘易斯拐点"和"人口红利"消失的表现。

实际上,我国长江三角洲和珠江三角洲地区的"用工荒"是多种因素造成的,不能由此得出我国劳动力已经供不应求的结论。但是也不能不注意到,我国的"刘易斯拐点"正开始显现,我国的"人口红利"正在减少。据国家统计局的统计,2010年,我国60岁及以上人口已经占全国总人口13.26%,比2000年上升2.93个百分点[2]。这意味着我国的劳动力资源已经变得不那么充裕了。

由此可见,如果我国摆脱不了粗放型的经济发展方式,仍然主要依靠大规模投入劳动力来实现产值的增长,"刘易斯拐点"将会很快出现。

第二个挑战是"中等收入陷阱"。"中等收入陷阱"(middle income trap)最早出

---

[1] W. Arthur Lewis, "Economic Development with Unlimited Supplies of labor", *Manchester School*, May, 1954, pp.139–191.
[2] 国家统计局:《第六次人口普查》(2010), http://www.stats.gov.cn。

现在世界银行于2007年初发布的《东亚的复兴：关于经济增长理念》上，后来在世界银行于2007年4月份发布的《东亚的现代化：危机后的十年》中得到进一步的阐述。它是指发展中国家在人均收入达到中等收入水平以后经济所出现的停滞状态[①]。按照笔者的理解，在发展中国家的经济发展过程中，当人均收入达到中等水平以后，由于在工资成本方面难以与低收入国家竞争，在科学技术方面无法与高收入国家竞争，国际市场变得狭窄。另外，又由于收入分配差距过大造成国内消费需求不足，国内市场也相对收缩，这样，经济将像陷入陷阱那样处于长期停滞状态。

我国的人均国内生产总值在2012年已经达到了6100美元的中等水平[②]，我国是否会陷入"中等收入陷阱"就成为人们关注的问题。目前，在我国长江三角洲和珠江三角洲地区已经出现由于工资成本上升导致劳动密集型产品竞争力下降的现象，被认为是我国陷入"中等收入陷阱"的征兆。

由此可见，如果我国摆脱不了粗放型的经济发展方式，仍然主要在劳动密集型产品上参与国际竞争，我国经济有可能陷入"中等收入陷阱"。

显然，我国经济在高速增长了30多年后到了一个关键的时期。如果我国的经济发展方式能够实现转变，我国经济将继续发展；如果我国的经济发展方式不能实现转变，我国经济可能陷入停滞。这样，我国经济面临的问题已经不是如何推进经济发展方式转变的问题，而是如何加快经济发展方式转变的问题。2010年党的第十七届中央委员会第五次全体会议的公报强调指出：加快转变经济发展方式是我国经济社会领域的一场深刻变革。

要加快我国经济发展方式的转变，首先要认识推进我国经济发展方式转变的主体。

推进我国经济发展方式转变的主体之一是市场。实际上，改革开放以来，市场对我国经济发展方式转变的推动作用没有停止过。随着我国经济的发展，在市场的调节下，我国的企业不断从低端的传统产业产品的生产转向中端或高端的产品生产，我国的新兴产业不断发展。另外，随着我国劳动力成本的上升，在市场的调节下，我国劳动密集型产业正在发生向中、西部或者向东南亚国家转移。

我国改革开放30多年的历程表明，我国选择了市场经济体制是正确的，经济体制改革是推动我国经济高速发展的重要原因。因此，我国在转变经济发展方式的过程中，必须坚持发挥市场在社会资源配置中的基础性调节作用，不能违背市场经济的发展规律，将政府凌驾于市场之上。

推进我国经济发展方式转变的主体之二是政府。市场的调节是有效率的，但市场的调节不是万能的，它本身具有自发和盲目的特点。拉丁美洲国家和东南亚国家陷入"中等收入陷阱"，本身就说明了市场调节的局限性。因此，仅仅依靠市场这只"看不见的手"是不够的，还需要政府这只"看得见的手"。特别是对于我国这样一个"赶超型"的发展中国家来说，政府在经济发展中扮演着重要的角色。政府在利用宏观财政政策和

---

① World Bank, *An East Asia Renaissance: Ideas for Economic Growth*, pp.17–18; *East Asia Update: 10 years after the Crisis*, p.3, http://www.worldbank.org.

② 国家统计局：《2012年国内生产总值初步核算情况》，http://www.stats.gov.cn。

宏观货币政策稳定经济的同时，还应该利用产业政策、对外贸易政策、直接投资政策、对外金融政策来加快经济发展方式的转变。这就是说，政府要制定相关的国家发展战略，然后利用经济手段来加快经济发展方式的转变。笔者正是从这个角度提出加快经济发展方式转变的国家战略。

笔者认为，要加快我国经济发展方式的转变，我国政府应该实施的核心发展战略是"一点两翼"发展战略，该发展战略可以用图1说明。

所谓"一点两翼"发展战略的"点"是指突破点，而突破点应该选择核心技术的自主创新。显然，要避免出现"刘易斯拐点"，就要提高劳动生产率；而要提高劳动生产率，就要提高科学技术水平。同样，要避免陷入"中等收入陷阱"，就要增强在技术密集型产品上的竞争力；而要增强在技术密集型产品上的竞争力，就要提高科学技术水平。

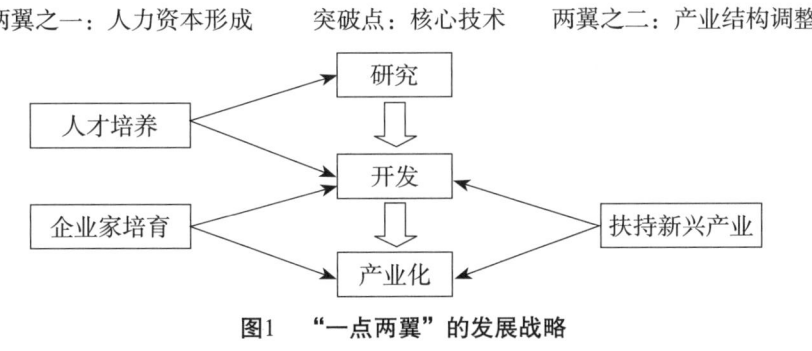

图1 "一点两翼"的发展战略

技术对经济具有直接的影响。从可从外部获得的角度分析，技术可以分为两种：一种是核心技术，这种技术是不可能通过国际贸易和直接投资的方法获得；另一种是非核心技术，这种技术可以通过国际贸易或直接投资的方法获得。在改革开放之初，我国一直期待着通过对外贸易和直接投资引入外国的先进技术。但是，34年的实践表明，我国用金钱只能买来非关键技术或者过时的关键技术，而难以买来核心技术。

对于这种不可从外部获得的核心技术来说，只能依靠自主创新的方式来获得。我国是一个发展中国家，本来后发展的优势是可以学习发达国家积累的科学技术，但由于当今世界上各国经济竞争实质上是科学技术的竞争，发达国家对于核心技术的转移实行严格限制。显然，要加快我国对内和对外经济发展方式的转变，我国政府必须要实行核心技术自主创新的发展战略，通过核心技术的研究、开发和产业化来改变生产的方式和生产的产品，发展新的产业和改造原有产业，不断提高劳动生产率，才有可能将数量型的经济发展方式转变为质量型的经济发展方式。

但是，我国政府要实现科学技术的突破，仅仅制定科学技术发展规划并且给予政策支持是不够的，还必须在人力资本形成和产业结构调整方面两翼同时推进。政府还需要通过加快人才培养来促进核心技术的研究和开发；通过企业家培育来促进核心技术的开发和产业化；通过产业结构调整的政策来扶持新兴产业与促进核心技术的开发，从而加快核心技术的产业化。

显然，核心技术的研究和开发是依靠高素质的劳动者进行的，核心技术的开发和产业化是依靠企业家来推进的，高素质的劳动者和优秀的企业家是核心技术自主创新不可缺少的两支基本力量。与此同时，再通过产业结构调整的手段对核心技术的开发和产业化给予支持，将能够促进新兴产业的形成和发展。因此，实施"一点两翼"的发展战略，才能够为我国的经济发展源源不断地注入科学技术进步的动力，将能够不断提高我国经济发展的质量，从而实现我国经济发展方式的转变。

二、实现核心技术自主创新的突破

通过核心技术的自主创新来加快我国经济发展方式转变，已经成为党、政府和经济学界的共识。

2012年11月8日，胡锦涛主席在《中国共产党第十八次全国代表大会报告》中明确提出了创新驱动的发展战略。报告指出：科技创新是提高社会生产力和综合国力的战略支撑，必须摆在国家发展全局的核心位置。要坚持走中国特色自主创新道路，以全球视野谋划和推动创新，提高原始创新、集成创新和引进消化吸收再创新能力，更加注重协同创新。深化科技体制改革，推动科技和经济紧密结合，加快建设国家创新体系，着力构建以企业为主体、市场为导向、产学研相结合的技术创新体系。完善知识创新体系，强化基础研究、前沿技术研究、社会公益技术研究，提高科学研究水平和成果转化能力，抢占科技发展战略制高点[①]。

党的十八大报告明确说明了创新驱动发展战略的内涵，笔者主要对推动什么样的技术创新以及如何推动这些技术创新提出探讨性的看法。

技术是一个宽泛的概念，核心技术自主创新发展战略应该关注什么类型的技术呢？美国经济学家赖纳特（Erik S. Reinert）的分析值得参考。赖纳特将可以应用于各个产业的技术称为通用技术，如产业革命时期的蒸汽机技术，信息革命时期的计算机技术等，并将按照通用技术来进行生产的体系称为技术经济范式。他指出，通用技术的变革将导致技术经济范式的转变，从而改变了整个生产体系，并且带来劳动生产率的"爆炸"。按照这种思想，赖纳特将技术经济范式的转变归纳为5个时期，如表1所示。

表1 技术经济范式的转变（赖纳特划分方法）

时期（年）	时期名称	重要产业	廉价资源
1770—1840	机械化早期	纺织业、羊毛	水动力、棉花
1830—1890	蒸汽机动力和铁路时期	炼铁、运输业	蒸汽、煤炭
1880—1940	电气和重工业时期	电力机械、化学工业	电、钢铁
1930—1990	大规模生产时期	汽车、合成材料	石油
1990—	信息和通讯时代	数据、软件、生物技术	微电子

资料来源：[美]赖纳特《富国为什么富穷国为什么穷》，杨虎涛等译，北京：中国人民大学出版社，2010年，第100-101页。

---

① 《中国共产党第十八次全国代表大会报告》，http://www.baidu.com。

赖纳特对技术经济范式的划分具有启发意义。但是，赖纳特在"时期名称"栏目将通用技术、关键产业与生产方式混为一谈，因而不能清晰地揭示通用技术的变化所导致的技术经济范式的转变。

按照笔者的分析，如果从产业革命开始，通用技术的突破和技术经济范式的转变依次如下。第一，蒸汽机技术，它以蒸汽机的发明和应用为标志，它带来的重要产业有：蒸汽机、纺织、铁路、船运等。第二，化工技术，它以纯碱和硫酸的制成为标志，它带来的重要工业有：石油、塑料、橡胶、合成纤维、药剂、化肥、核能等。第三，电气技术，它以电的发现和应用为标志，它带来的重要产业有：发电、输电、电线电缆、电器、通讯等。第四，燃油机技术，它以燃油机的发明和应用为标志，它带来的重要产业有：柴油发动机、汽油发动机、汽车、航空等。第五，计算机技术，以计算机的发明和应用为标志，它带来的重要产业有：计算机设备、计算机软件、数据处理、信息服务等。第六，生物技术，以生物技术的发明和应用为标志，它带来的重要产业有：微生物、生物医药、生物农业、生物能源、环境保护等。具体情况如表2所示。

表2 技术经济范式的转变（笔者划分方法）

时期	技术经济范式	通用技术	主要产业
1712年开始	蒸汽机时代	蒸汽机技术	蒸汽机、纺织、铁路、船运等
1790年开始	化工时代	化工技术	石油、塑料、橡胶、合成纤维、药剂、核能等
1866年开始	电气时代	电气技术	发电、输电、电线电缆、电器、通讯等
1892年开始	燃油机时代	燃油机技术	柴油发动机、汽油发动机、汽车、飞机等
1946年开始	计算机时代	计算机技术	计算机设备、计算机软件、信息服务等
1972年开始	生物时代	生物技术	生物医药、生物农业、生物能源、环境保护等

从技术经济范式的时期划分，通用技术的突破是相互重叠的。一种通用技术的产生对产业的影响还在延续，另一种通用技术可能就已经发生了。例如，计算机技术对产业的影响还具有广阔的前景，现代生物技术的突破就发生了。另外，一种通用技术的突破，不仅可以带来一系列新的产业的产生，而且还会带来原有产业的变革，从而导致生产率大幅度的提高。例如，蒸汽机技术带来了公路、铁路、航运业的发展，但燃油机技术导致公路、铁路、航运业的巨大变革。从目前的情况看，以蒸汽机技术为标志的经济时代已经完全结束，电气技术、化工技术、燃油机技术对产业影响的高潮时期也已经过去，而计算机技术和生物技术，特别是生物技术对产业的影响还在展开。

如果将可以对各个产业都造成影响的技术称为通用技术，将通用技术具体运用到某个产业的技术称为具体技术，那么核心技术自主创新发展战略指的是通用技术和具体技术中的核心技术的自主创新发展战略。在这里，自主创新是指掌握具有自主知识产权的技术并以此为基础实现新产品的创造的过程。自主创新包括原始创新、集成创新和引进技术再创新。原始创新是指前所未有的科学发现、技术发明等创新成果；集成创新是指通过对各种现有技术的有效集成，形成新产品或新产业；引进技术再创新是指在引进国内外先进技术的基础上，通过消化和改进进行再创新，形成具有自主知识产权的新技术。

核心技术自主创新发展战略的基本思想是指在政府的支持下，依靠本国研究机构、高等学校、企业的力量掌握具有自主知识产权的核心技术，并利用核心技术来推动经济的发展。应该指出，核心技术自主创新发展战略并不是忽视非核心技术的发展，我国还需要通过各种途径和各种方法从外国获得非核心技术。正由于核心技术不可从外国获得，我国政府才需要从国家战略的高度推进核心技术的自主创新。核心技术自主创新发展战略包括两项主要内容：一是发展什么样的技术以及如何支持这些技术的发展；二是如何将这些技术转变为产品或者产业。

我国政府建国以后就意识到科学技术进步的重要作用。从1956年开始，我国政府就不断地制定科学技术发展规划，推动我国科学技术的发展，具体情况如表3所示。特别值得注意的是，从2006年开始，我国政府更加注重从经济发展角度来制定我国的科学技术发展规划。

表3 我国政府制定的科学技术发展规划

发布时间	规划名称
1956年	《1956—1967年十二年科学技术发展规划》
1963年	《1963—1972年十年科学技术发展规划》
1878年	《1978—1985年全国科学技术发展规划纲要》
1986年	《1986—2000年全国科学技术发展规划纲要》
1991年	《1991—2000年科学技术发展十年规划和"八五"计划纲要》
1996年	《全国科学技术发展"九五"计划和2010年长期规划纲要》（未公开发布）
2001年	《国家"十五"科学技术发展规划》
2006年	《国家中长期科技发展规划纲要（2006—2020）》
2006年	《国家"十一五"科学技术发展规划》
2011年	《国家"十二五"科学和技术发展规划》

资料来源：中华人民共和国科学技术部，科技规划，http://www.most.gov.cn。

2006年，我国政府颁布的《国家中长期科技发展规划纲要（2006—2020）》还具体提出了促进自主创新的支持政策，其中主要包括：实施激励企业技术创新的财税政策、实施促进自主创新的政府采购、实施知识产权战略和技术标准战略、实施促进创新创业的金融政策。按照这个规划纲要，我国重点发展的前沿技术是：生物技术、信息技术、新材料技术、先进制造技术、先进能源技术、海洋技术、激光技术和空天技术。2008年，国务院转发了《关于促进自主创新成果产业化的若干政策》，明确提出采用税收优惠、无偿资助、贷款贴息、资金补助、保费补贴等措施推进自主创新成果的产业化。

这就是说，我国政府已经明确了发展什么技术，如何支持这些技术的发展，以及如何支持将这些技术转变为产业等问题。

笔者提出的核心技术自主创新发展战略与国家科学技术发展规划既存在联系又存在区别。我国科学技术发展规划十分关注对经济具有重要影响的技术，核心技术自主创新发展战略同样强调通过核心技术创新推动经济发展方式的转变，两者是密切联系的。但是，我国国家科学技术发展规划还将从政治、军事等角度来考虑技术的发展，核心技术自主创新发展战略则主要关注能够导致技术经济范式转变的通用技术，两者又存在一定的区别。例如，空天技术无疑对我国的政治、经济、军事具有重要影响，政府无疑要对空天技术的研究和开发给予支持，但它并不是核心技术自主创新发展战略所关注的通用技术。

要实施核心技术自主创新发展战略，应该按照下述步骤进行：

第一，确定未来5年、10年或更长的时间重点支持的科学技术领域。在众多的科学技术领域中，首先需要关注的是将会导致技术经济范式转变的通用技术。如果以1946年第一台计算机的诞生作为计算机技术产生的标志，那么到现在已经近70年了。如果以1972年第一批重组的脱氧核糖核酸（DNA）分子作为现代生物技术产生的标志，那么到现在也有40年了。计算机技术和生物技术具有怎样的发展前景？未来将要发生的通用技术突破将是什么研究领域？它们将对产业形成什么影响？这是需要不断地探索和研究的。我国政府需要组织自然科学家和经济学家进行论证，以确定重点支持的通用技术的研究和开发。

重点发展什么通用技术是经济学家们难以确定的，还需要科学家的论证。但从经济学的角度分析，作为通用技术的计算机技术还有很大的发展空间，而作为通用技术的生物技术的影响则远没有展现出来，它是我国政府应该高度关注的通用技术。

计算机技术（computer technology）内容广泛，包括计算机硬件、计算机软件、信息储存、信息处理、信息传送等技术，它对现代经济中几乎所有产业都可以产生影响。计算机技术正在朝着更强大的运算能力、更复杂的软件系统、更大的信息储存容量、更强的信息处理能力和更快的信息传送速度发展，它将对各个产业都带来革命性的影响。

生物技术（biotechnology）是在分子生物学基础上建立的新的应用技术，是现代生物科学和工程技术相结合的产物。具体来说，生物技术包括转基因植物动物生物技术、农作物的分子育种技术、生物治疗技术等等。生物技术作为21世纪高新技术中的核心技术，对人类解决面临的食物、健康、环境、资源等重大问题将发挥重要作用，对多个产业将形成重要影响。

第二，对确定的通用技术研究和开发给予支持。在这个方面，我国政府已经积累了丰富的经验，形成了完整的政策体系。但是，政府在支持的过程中应该注意三个问题：首先，核心技术自主创新发展战略所资助的通用技术应该是具有明确应用前景的技术，而不是仅以发表若干论文为目的的技术。因此，要鼓励研究机构、高等学校和企业的合作，共同完成从研究到开发的不同阶段的工作，使核心技术能够真正产生对经济的影响。其次，我国政府的资源是有限的，如何将有限的资源合理有效地配置在不同核心技术的研究和开发中是一个十分困难的问题。在重点发展的通用技术领域确定以后，还需要依靠专家充分的论证，根据轻重缓急对不同的具体技术给予不同程度的支持。最后，在对技术项目进行选择的过程中注意提高资源的效率。多年来，我国政府在促进核心技术的自主创新上投入了大量的资金，现在急需解决的问题是如何提高使用资金的效率。研究和开发是允许失败的，但为了"政绩"或利益而只重视过程不重视结果的现象则必须杜绝。不能否认，我国现行的部分"工程"或"计划"效益不高。如果这些问题得不到很好的解决，将严重影响核心技术自主创新发展战略的实施效果。

三、与核心技术突破同时推进的两翼

需要与核心技术突破同时推进的两翼是人力资本积累和产业结构调整。只有在核心技术自主创新上取得突破,同时在两翼上推进,才能加快我国经济发展方式的转变。

核心技术自主创新以及将创新技术应用于产业都是通过人来实现的。这里所说的人不是普通的劳动者,而是高素质的专业技术人员。在经济学中,将对物进行投资所形成的生产能力称为物质资本,将对人进行投资所形成的生产能力称为人力资本。最新的两次通用技术的突破(即计算机技术和生物技术的突破)依靠的是高素质的科学技术人员,利用计算机技术和生物技术建立起来的产业也是要依靠高素质的科学技术人员。因此,要实施核心技术自主创新发展战略,就要促进人力资本的迅速和有效地积累。

从实施核心技术自主创新发展战略的角度分析,人力资本的积累需要解决下面两个问题。

第一,人才的培养和引进。人力资本形成的主要渠道是高等教育。改革开放以后,我国的高等学校和研究机构有了很大的发展,培养和训练了大批优秀的人才。1980年,我国在校本科生是114万人,研究生2万人。到2011年,我国在校本科生2309万人,研究生165万人[1]。但是,我国的高等教育能否适应核心技术自主创新发展战略的要求,培养出高质量的人才是一个值得思考的问题。

目前,我国高等教育存在不少问题:首先,我国教育主管部门对高等教育管得过多过死,全国高等学校都按照统一的模式培养学生,抑制了各个高等学校在培养人才方面的创造性。其次,在高等学校内部,行政化的管理、注重官位而不是学术的倾向,抑制了创造性的教学和科研活动。再次,高等学校的学科体系和课程体系还不能做到根据学科的发展和市场的需要不断进行调整,影响了人才培养的适用性。因此,需要推进高等学校的体制改革和学科改革,以促进我国人力资本的有效积累。

另外,通过政府的作用来促成产、学、研的结合以培养核心技术创新人才。首先,政府在某些重点高等学校建立核心技术人才培养基地,通过采用先进的教材、改善教学条件和提高师资水平的方法培养一批具有坚实理论基础的掌握核心技术的本科学生。其次,政府以提供研究基金和风险资本作为手段,促进生产企业、高等学校和研究机构的结合。高等学校的教师和研究机构的研究人员带领硕士、博士研究生根据核心技术的发展和企业生产的需要开展研究,并通过企业迅速将研究成果转化为产品。毕业的硕士、博士研究生将根据双向选择的方法留在企业工作。这样,既能够加快核心技术研究成果到实际产品的转化,也可以培养具有较高的学术水平又有丰富的实践经验的科学技术人员。

还有,近十余年来,我国政府实行各种计划,吸引大批外国专家和留学归来人才为我国经济发展服务;同时将人才的使用放在很高的高度来认识,发挥各个领域的人才的作用。不可否认,我国每年都有大批学生到发达国家留学并在毕业以后滞留在发达国家,这对于我国这样一个发展中国家是难以避免的。据统计,我国科学和技术领域留学人员滞留率达到87%[2]。但是,这些留学人员又形成了我国科学、技术和经济的发展的一个人才储备库。我国政府以及各个机构需要继续做好引进有所成就的专业人员的工

---

[1] 国家统计局:《中国统计年鉴》,2012年,http://www.stats.gov.cn。
[2] 人民网:《专家称顶尖人才滞留海外因国外条件更易出成果》,2013年6月6日,http://scitech.people.com.cn/n/2013/0606/c1007-21757175.html。

作，以抵消人才流失对我国人力资本形成的不利影响。

第二，企业家阶层的培育。技术对经济的影响是通过技术的研究、开发、产业化等阶段实现的。在这个过程中，技术的产业化完全是依靠企业完成的。同时，企业还会对技术的研究和开发产生重要影响。正是企业敏锐地感觉到某项技术可能具有广阔的市场前景，它才对该项技术的研究和开发进行投资，才能推动技术和经济的发展。而企业家作为企业的领导者，在这个过程中将发挥至关重要的作用。正因为这样，美国经济学家熊彼特（J. A. Schumpeter）将企业家看作是创新活动的倡导者和实行者，将创新看作是企业家与生产要素进行新的结合包括引进一种新的产品，采用一种新的生产方法，开辟一个新的市场，获取一种新的原料供给，实行一种新的组织形式[①]。

当然，创新者并不只有企业家，但如果没有企业家根据市场的需要来推动技术的研究、开发、应用，技术的创新活动会大量减少。我国有不少优秀的企业家，但我国还缺少一个具有国际眼光、训练有素、经验丰富的职业企业家阶层。不可否认，我国部分国有企业的管理者往往考虑的是如何做官，部分民营企业的管理者往往考虑的是如何迅速赚钱。因此，国有企业如何去"行政化"，民营企业行为如何长期化，如何在我国培育优秀的职业企业家阶层，还有待于通过经济体制的改革去推进。

核心技术的自主创新发展战略的目的是核心技术产业化，而核心技术的产业化必然导致产业结构的调整。如果说核心技术自主创新发展战略主要解决核心技术的研究和开发问题，那么产业结构的调整就是要解决核心技术的产业化问题。

核心技术的自主创新必然导致产业结构的调整，但产业结构的调整未必都来自核心技术的自主创新。从内容上，产业结构调整要比核心技术自主创新广泛，它除了涉及如何将自主创新的核心技术转变为产业以促进产业结构的调整，还涉及如何通过其他方式获得新的生产技术以促进产业结构的调整，而且，还涉及如何抑制落后的产业以促进产业结构的调整等等。

从核心技术自主创新发展战略的角度来看，产业结构调整主要包括下述两项内容：一是我国应该重点发展什么产业以及通过什么手段来发展这些产业；二是我国应该适当抑制什么产业以及通过什么手段来抑制这些产业。

应该指出，一个国家的产业结构是由这个国家的科学技术水平和经济发展水平决定的，而不是由这个国家政府的意志决定的。但是，这并不意味政府在推动产业结构调整方面无所作为。在产业结构调整方面，"看不见的手"和"看得见的手"都具有重要作用。例如，如果政府脱离经济现实的限制甚至打击某些落后产业以加快产业结构的调整，我国很有可能出现部分原有产业破产但新的产业却没能产生的局面，从而造成我国经济的收缩和失业的恶化。相反，如果政府不去积极扶持新兴产业，仅仅按照市场调节的方式自发发展，我国的产业只能跟在发达国家后面来获取它们淘汰产业的发展机会。因此，我国政府应该在遵循和适应市场经济发展的基础上，通过产业政策等措施，积极引导新兴产业的发展和适当限制落后产业发展，以推动产业结构的调整。

---

① J. A. Schumpeter. *The Theory of Economic Development*, Mass：Harvard University Press, 1934, p.66.

虽然我国政府很早就制定了产业政策，并通过产业政策来推动我国工业化的进程，但是我国政府有意识地进行论证要发展什么产业、抑制什么产业，并利用产业政策来推动产业结构的调整，还是近10年的事情。另外，我国政府有意识地论证我国需要发展什么新兴产业，然后通过产业政策来推动这些新兴产业的建立，还是近5年的事情。

从2005年到2010年，我国政府对产业结构的调整主要是推动一、二、三产业的协调发展。2005年，我国政府发布了《促进产业结构调整暂行规定》。同年，国家改革和发展委员会发布了《产业结构调整指导目录》，作为政府引导投资方向，管理投资项目，制定和实施财税、金融、土地、进出口等政策的重要依据。该目录每两年修订一次，对于推动我国产业结构的调整发挥了重要的作用。

从2010年开始，我国政府产业结构调整政策发生重大变化，将重点放在如何发展战略性新兴产业上。2010年，国务院发布了《关于加快培育和发展战略性新兴产业的决定》，明确了战略性新兴产业概念、目标和内容以及培育和发展战略性新兴产业的手段和方法。

我国政府发展战略性新兴产业的目标是：战略性新兴产业以创新为主要驱动力，辐射带动力强，加快培育和发展战略性新兴产业，有利于加快经济发展方式转变，有利于提升产业层次、推动传统产业升级、高起点建设现代产业体系，体现了调整优化产业结构的根本要求。

2011年，我国政府制定了《我国国民经济和社会发展十二五规划纲要》，重申了本阶段重点发展的战略性新兴产业，包括节能环保产业、新一代信息技术产业、生物产业、高端装备制造业、新能源产业、新材料产业、新能源汽车产业。政府准备设立战略性新兴产业发展专项资金和产业投资基金，同时发挥多层次资本市场融资功能，带动社会资金投向处于创业早、中期阶段的创新型企业。政府还利用财政优惠政策和税收支持政策来扶持这些产业的发展。

为了更好地实施产业结构调整发展战略，我国政府于2010年成立了战略性新兴产业发展思路研究部际协调小组，由国家发展和改革委员会、科技部、工业和信息化部、财政部等20个部门和单位组成。2012年，战略性新兴产业发展思路研究部际协调小组正式更名为战略性新兴产业发展部际联席会议。

2012年11月8日，胡锦涛主席在《中国共产党第十八次全国代表大会报告》中又明确提出推进经济结构战略性调整。报告指出：推动战略性新兴产业、先进制造业健康发展，加快传统产业转型升级，推动服务业特别是现代服务业发展壮大，合理布局建设基础设施和基础产业[①]。

由此可见，不论从制度、规划，还是从政策、措施等方面来看，我国政府关于产业结构调整的政策和措施完全适应核心技术自主创新发展战略的需要。笔者认为，要更好地实施核心技术自主创新的发展战略，还要关注下述三个问题：

第一，需要对我国的产业作进一步分类。我国政府的资源是有限的，我国政府应该根据自身的财政力量，对不同的产业采取不同的政策和措施。第一类产业是代表着我国

---

① 《中国共产党第十八次全国代表大会报告》，http://www.baidu.com。

经济发展未来方向的产业。政府不但要通过产业政策扶持这些产业，而且要通过财政支出支持这些产业。这类产业属于为数很少的在发达国家也只是刚刚建立的产业。第二类产业是新兴产业，政府主要通过产业政策扶持这些产业。这类产业不宜过多，它们属于近三四十年发展起来但在我国基础还不是很稳固的产业。按照笔者的看法，我国《国民经济和社会发展第十二个五年规划纲要》提出的新兴产业就是指这类产业。第三类产业是普通的传统产业，这类产业属于与我国的发展水平相适应的具有一定优势的产业，它们主要通过市场来进行调节，政府不必过多干预。第四类产业是高污染和高能耗，或者投资规模较大而又出现生产能力过剩的产业，政府需要采取政策予以抑制。这类产业属于与我国经济发展水平相适应但具有较大的负面影响的产业，或者继续扩张将导致更加严重的生产过剩的产业。

第二，处理好政府调节与市场调节的关系。建立和实施产业结构调整战略，无疑是借助政府的力量来加快产业结构的调整。但是，市场不是万能的，政府也不是万能的。我国政府还需要明确，在产业结构调整的过程中，政府应该做什么以及不应该做什么。我国的产业结构是由我国的经济发展水平决定的，高科技产业不是想建立就可以建立的。笔者认为，在实施产业结构调整发展战略的过程中，我国政府应该做两件事情：一件事情是扶持新兴产业；另一件事情是抑制高污染、高能耗和生产能力过剩的产业。其他产业的调整应该主要由市场去调整。近年来，地方政府纷纷建立高新技术开发区，人为地抑制劳动密集型产业，努力引进技术密集型产业，但是效果并不明显。过度地抑制适合我国现阶段发展水平的一些中低端产业，不但不能加快我国经济的发展，反而会影响我国经济的发展。

第三，始终将农业置于基础地位。应该指出，虽然农业不是战略性的新兴产业，但农业天然就是弱势产业，必须通过政府的力量来加以扶持。政府对农业的支持不但可以巩固农业这个各种产业的基础，而且可以改善我国产值增长结构以及我国收入分配差距过大的现象。我国农村人口占总人口的49%[1]，收入水平远低于城镇人口，因而蕴藏着巨大的消费需求。随着农民收入的提高，将会持续地和大规模地产生消费需求，从而可以提高消费支出在国内生产总值中的比例，使我国的产值增长结构变得更加稳定。另外，我国收入分配差距形成的重要原因是城乡收入差别，我国政府还需要通过发展农业来缓和我国收入分配差距过大的情况。

产业结构调整是实施核心技术自主创新发展战略的主要途径。产业结构调整依赖核心技术自主创新，只有在核心技术上取得突破，新兴产业才能形成和发展。但是，产业结构调整可以促进核心技术自主创新，并迅速地将核心自主创新的成果转变为现实的社会生产力。

随着"一点两翼"发展战略的实施，我国的科学技术将不断进步，人力资本不断积累，产业结构调整、发展方式不断转变。这样，将产生持续的经济发展的动力和源泉，从而推动我国经济的长期发展。

原载《中山大学学报（社会科学版）》2014年第1期

---

[1] 国家统计局：《第六次全国人口普查》（2010年），http://www.stats.gov.cn。

真实世界的经济分析逻辑：七大基本思维

朱富强

一、前言：关注真实世界的政治经济学

政治经济学关注的重点是公共领域中的社会经济现象，它不仅要合理地认识和解释这些纷繁芜杂的现象，更重要的是要发现和解决现实社会中存在的问题。那么，如何才能认识和发现现实社会中普遍存在的社会经济问题呢？这就有赖于一种针对真实世界的逻辑分析思维。它不仅能够为丰富多样的社会形态提供解释，而且能够洞悉存在与真理之间的脱节，从而真正发现和解决具体的现实问题。显然，这不同于新古典经济学所偏好的那种高度抽象的还原思维和数理逻辑；后者的分析必然会抹杀不同事物之间质的差异，从而看不到现存事物的真正成因。同时，也不同于新古典经济学所依据的功能主义思维和肯定性理性思维；后者的分析必然会忽视现象与本质之间的脱节，从而看不到事物发展的曲折过程以及未来方向。正是由于分析思维上的局限，新古典经济学的分析往往无法深入对事物本质的认识，甚至会扭曲对事物本质的认识，乃至最终蜕变为一种为现实辩护的教条或囿于抽象推导的"黑板学说"。譬如，企业组织和市场体系本身拥有不同的质，但新古典经济学以及新制度经济学经过高度的抽象和还原，将企业视为与市场同质的契约纽带，从而根本无法真正理解企业组织这一"暗箱"。

同时，要发现和解决现实中的具体问题，就需要深入地剖析现存之成因，剖析与之相关的制度安排和社会结构，而不是想当然地将现状当成合理的存在而接受，或者致力于为现实世界提供一种合理化的解释框架。相应地，这就对真实世界的经济分析逻辑提出了要求。那么，面对真实世界究竟应该采用何种分析思维呢？一般地，可以从两方面加以阐述：①要真正认识和解释社会现状，就必须对实存的成因进行深刻剖析，需要考虑各种力量和因素的作用，从而需要采用结构主义的分析思维，这包括异质主体思维、权力结构思维以及平均主义思维等；②要真正推动社会现状的变革和发展，就必须对事物变化规律加以深刻的剖析，需要透过现象去认识本质以揭示社会的异化，从而需要采用批判主义的分析思维，这包括辩证逻辑思维、社会异化思维以及本质主义思维等。只有借助这些思维，我们才能对真实世界进行逐层剖析，才能真正挖掘现实社会的问题，从而对事物发展形成全面、系统的认识。

例如，就现代市场体系中呈现出的交换机制、收入结构等社会经济现象而言，它们显然都是人类互动所衍生的。问题是，起主要作用的究竟是个体行为还是集体行动呢？个体行为或集体行动的方式和特点又如何呢？同时，这种互动的结果如何呢？是否体现了人类的初衷和理想呢？显然，只有对这些问题作系统的审视和剖析，才能够真正认识

真实的市场逻辑和市场经济。一般来说，参与市场竞争的行为主体是有差异的，这体现在行为方式、利益偏好、资源占有以及经济地位等诸方面；同时，人际相异性使得交易各方在"自由"市场中拥有不同的博弈权力，而特定的权力结构又导向了特定的社会制度以及相应的收入分配。这样，基于人际相异性和权力结构的视角，我们就可以清晰地认知个体互动所衍生的非正式社会制度和个体收入分配结果，可以深入地解析集体行动所决定的正式社会制度和宏观收入分配结构；进一步地，就可以清晰地揭示公共领域中的社会事务和现实制度在权力作用下的扭曲和异化发展，从而相应地探寻解决这些现实问题的有效途径。

当然，上述系列分析逻辑不仅适用于市场经济中的行为和现象，更适用于公共领域的所有事务。因为，在公共领域中，行为主体之间以及所有事物之间更紧密地联系在一起，他们相互作用而构成一个整体并推动社会事物朝特定力量所引导的方向发展，因而结构主义分析和批判主义思维就更为适用。这也意味着，上述系列分析逻辑为政治经济学认识和解决现实问题提供了研究思维上的指导及诉求。为此，本文就真实世界的分析逻辑以及政治经济学的研究思维展开系统梳理和阐述。

二、异质主体思维

基于自然主义思维，新古典经济学将市场主体还原为同质化的原子个体，并将个人选择约化为工具理性的极大化。这种理性经济学人是能够"闪电般地计算快乐与痛苦的计算器"，从而学者就可方便地运用数学方程和符号运算来求解个体的最佳行为及其互动结果。同时，正是基于原子经济人的逻辑前提以及基于数理推演的逻辑关系，新古典经济学得到一个逻辑化市场：市场竞争中的自利行为不仅会导向社会均衡，而且可以产生公正有效的收入分配[①]。这样，自由市场就与自然秩序、公正价格和公平正义等联系在一起，市场竞争也被合理化为"一个自然的、合乎逻辑的起点"。但实际上，现实世界中的市场主体却是异质性的，这种人际相异性主要表现为两大方面：①先天的生物性特征的不平等，如性别、年龄、相貌、体能和智力发育、健康状况以及特殊嗜好等；②后天的社会性特征的不平等，如财产数量、家庭出身、社会关系、所受教育、外部境遇以及政治归属等[②]。显然，正是由于社会经济地位的不平等，导致市场主体参与市场竞争的起点是不公平的。这意味着，纯粹市场中就没有什么真正公平的竞争，也不会有真正公平的竞争结果。在很大程度上，一些市场主体之所以贫困，往往并非愚蠢、懒惰等自身过错，而是缺乏真正的平等参与机会。相反，如果被赋予某种真正平等的机会，绝大多数贫困和穷苦的人能够对社会做出更有价值的贡献。为此，森特别强调一个人的可行能力，这体现在市场主体有可能实现的、各种可能的功能性活动的组合；同时，这反映市场主体实际达到的成就以及可实现的实质自由[③]。

---

① 朱富强：《市场的逻辑还是逻辑化的市场》，《财经研究》2014年第5期。
② [印度]森：《论经济不平等/不平等之再考察》，应奇编译，北京：社会科学文献出版社，2006年，第219页。
③ [印度]森：《以自由看待发展》，任赜、于真译，北京：中国人民大学出版社，2002年，第30页。

其实，正是由于社会经济地位上存在差异，因而市场主体并不拥有真正平等的市场权利和竞争机会；同时，正是由于理性程度上也存在差异，因而市场主体的行为逻辑不能简单地化约为数理逻辑。相反，异质性个体间的市场竞争必然会导致不公正的收益分配，因为更有权势和更加理性的参与方往往更能并善于利用他人或社会规则，从而可以获得更有利的市场交易结果。这样，基于市场主体的异质性思维，就开启了对新古典经济学的一系列市场理念的审视，这包括科斯中性定理、福利经济学定理、"无形的手"预定协调原理、自生自发秩序原理。例如，科斯中性定理认为，只要产权清晰，交易费用为零，资源配置的最终结果与权利的初始配置无关，最终都会达到帕累托最优状态，而在一个正交易费用的现实世界里能够使交易成本最小化的才是最适当的法律[①]。但实际上，即使存在交易的可能，也并不一定会发生；究其原因，交易的发生有赖于交易能力，而交易能力往往又与其所拥有的财富有关。显然，异质性市场中，市场主体的差异不仅体现在偏好上，更主要是体现在资源的占有以及天生的能力上。正是由于存在这种差异，导致了不同的产权界定会带来完全不同的交易情形，从而对社会资源的配置也产生重大差异。一般地，考虑到交易能力的差异，科斯中性定理就应该修改为：在一个交易成本为零并可以自由交易的社会中，初始产权界定给穷人将带来更高的资源配置效率。究其原因，如果将产权界定为作为穷人的消费者所有，无论是否可以通过产权交易，都可以实现社会效用的增进：当存在通过资源配置而促进社会效用提高时，富人就会促成产权交易；当不存在通过资源配置而促进社会效用提高时，既定的产权安排则是有效的[②]。

同时，从社会经济活动的大协作系统角度看，市场中的行为主体也不是孤立的，市场经济根本上也由异质性所驱动，这包括异质性偏好、异质性才能以及异质性预期。事实上，在市场中我用苹果换你的梨子，这肯定体现了我们之间偏好的不一致。相反，如果相互独立的个体显示出相同的偏好，那么互利的交易又是如何产生的？为此，布坎南就指出：一旦我们开始按照偏好或者效用函数进行分析，我们几乎立即就被引向了对人们各种可能的差别的探究……在经济学理论中，这样一些差别的存在是毫无疑问的……如果一个人比另一个人赋予苹果比橘子相对更高的价值，那么就产生了一个进行交换的机会，这两个人可能通过交易获得效用[③]。进一步地，正是由于市场主体的偏好、才能、信息以及预期等都是异质的，因而对市场机制就应该关注这一问题：私人选择如何合成一种大家都接受的统一信号？显然，根据新古典经济学的同质性思维，市场参与者都是价格接受者。既然如此，这个统一的价格又是如何形成的呢？逻辑悖论在于：统一的价格形成是建立在各个体不断调整价格的基础之上，而这又暗示各个体并不是价格接受者。显然，这暴露出新古典经济学的价格竞争思想和价格调整之间的自相矛盾。正是由于新古典经济学将市场主体视为同质的，并由此局限于对市场主体的选择行为进行统一分析，从而就无法揭示市场机制的真实运行，而且也造成了经济学逻辑的很大混乱。

---

① 张军：《现代产权经济学》，上海：上海三联书店、上海人民出版社，1994年，第100页。
② 朱富强：《现代主流经济学的效率概念是价值无涉吗？》，《学术研究》2009年第10期。
③ ［美］布坎南：《财产与自由》，韩旭译，北京：中国社会科学出版社，2002年，第106页。

相应地，异质性则成为理解市场运行的必要视角。进一步地，相对于经济领域的市场活动中的个人行为，在政治领域的社会选择中的个人相互依赖性要强得多，因而探讨具体的个人行为就更加必需。布坎南强调：我们必须把个人当做行动者而不是原子来对待[1]。阿特金森和斯蒂格利茨（Atkinson A. & Stiglitz J.）也写道：如果每个人都有同样的偏好和天赋，那么许多公共经济学的问题将失去它的意义，而且这也是国家行为的真实性所在。如果社会集团成员的利益可以表达为一个"代表性"的个人的利益，那么，国家的角色可以简化为执行一致同意的决策的组织[2]。

可见，异质主体思维是剖析社会结构的基础，是认识现实世界的基本前提，也是政治经济学的首要分析思维。在很大程度上，新古典经济学之所以缺乏异质性思维，主要在于它的研究对象是个体，并分析静态和局部的经济行为，而不是作人际间的比较，没有分析社会结构等问题。与此相反，政治经济学之所以必须采用异质性思维，关键在于它的研究对象是组织，关涉个体成员之间的互动，从而需要作人际间的比较，需要对社会结构及其变动进行剖析。例如，我们在研究企业组织时，显然就不能将工人和雇主当成同质者看待，也不能将被雇佣者中的生产者和管理者当成同质者看待，甚至不能将被雇佣的处于不同层级岗位的管理者当成同质者看待。事实上，无论是政治学还是社会学，由于它们将组织作为研究对象，因而也就将人际相异性以及利益异质性作为分析的基本出发点。相应地，尽管承袭新古典经济学个人主义方法论，但由于关涉公共领域的事物，以公共选择学派为主的新政治经济学也采用异质性思维，通过异质性思维而将政治学、公共选择理论和政治经济学联系在一起。德雷泽指出：利益不一致性构成了政治经济学研究领域的基础[3]。按照新政治经济学的理解：①在存在政治约束的场合，异质性和利益冲突是必不可少的；②解决这些冲突的机制，所产生的结果是政治对经济学的影响；事实上，如果没有对产出偏好的异质性，就不需要一个把不同的个人偏好加总成集体选择的机制；同样，如果没有这样或那样的利益冲突，经济政策的选择就会变成社会计划者最大化代表性的个人效用。为此，新政治经济学就两大维度考察了利益冲突或异质性：①事前异质性，指参与者"进入"政治活动之前有着不同的政策偏好；②事后异质性，指由事前要素禀赋异质性而导致分配所引起的冲突。

三、权力结构思维

基于原子个体主义视角，新古典经济学将市场主体视为具有充分自由且地位平等的行动者。他能够避免外来干涉而根据个人需求进行理性选择；相应地，新古典经济学将研究的重点放在给定制度、资源、技术和需求条件下的效用最大化的理性选择以及基于可理性策略进行互动的结果分析，而排除了权力变量对行为选择和互动结果的影响。但是，如果考虑市场主体的异质性，那么，就会认识到真实市场中不均等的权力结构，

---

① ［美］布坎南、塔洛克：《同意的计算：立宪民主的逻辑基础》，陈光金译，北京：中国社会科学出版社，2000年，第4页。

② Atkinson A, Stiglitz J. *Lecturesin Public Economics*, New York: McGraw Hill, 1980, p.298.

③ ［美］德雷泽：《宏观经济学中的政治经济学》，杜两省等译，北京：经济科学出版社，2003年，第9-10页。

认识到不同市场主体对社会经济发展的不同影响力。其实，按照供求法则，市场交易中的收入分配根本上取决于不同主体之间的力量博弈，因而市场决定的收入分配必然是不对称的。一般地，市场主体的人际相异性越大，个体间的权力分布就越不均等，相应的博弈结果也就越不对称。同时，社会权力与社会制度之间又存在相互促进的关系：一方面，社会权力往往是社会制度所赋予的，从而权力可以看成是社会制度的函数；另一方面，社会制度及其分配规则往往又是那些强势者制定的，其中往往体现了强势者的利益和偏好。这样，现实市场中的收入分配就取决于由权力结构决定的社会制度及其分配规则而非其劳动贡献。因此，在一个力量分布不平衡的社会，基于纯粹力量之较量的分配规则就必然会衍生出收入分配的严重不正义，并最终导向社会收入两极化的趋势[1]。

其实，即使在市场经济中，每个市场主体似乎都根据自己所有的资源、信息等展开行动，但这并不表示不存在权力的作用，不意味着行为者不受到权力的约束。例如，卢克斯（Lukes）从三大维度分析了权力内涵：①一维权力观，即通过绝对的势力在公开冲突中能够获胜的能力；②二维权力观，即在"游戏"开始之前一方就已经操纵了游戏或设置了游戏规则而拥有控制另一方的能力；③三维权力观，即一方能够以违背另一方利益的方式重塑另一方的偏好[2]。事实上，英国古典经济学和美国老制度经济学就关注个人行为中潜含的意向性以及决定这种意向性的文化、制度和权力等因素，并基于权力结构来分析利益冲突以及强制行为。但是，新古典经济学却仅仅从第一层次来理解权力概念，很少关注不同个体、组织乃至阶层之间的权力改变及其引发的对制度安排的主导权争夺；相反，它倾向于在既定制度下分析人的行为，并设定一种追求私利最大化的理性经济人，从而将制度视为理性行为互动的衍生品。即使承袭新古典经济学思维的新制度主义以及主流博弈论也经常使用权力术语，但它们主要将权力含义局限在新古典经济学的竞争概念中，乃至将权力纳入均衡的分析框架下来研究制度变迁。正因如此，流行的制度研究范式就潜含了二律背反：一方面将制度仅仅视为制约行为选择的因素；另一方面又基于这种理性选择均衡来探究制度的成因。

显然，正是基于还原论思维而将消费者个体、生产者组织等所有市场主体都视为具有平等权利的原子个体，并由此缺乏对现实世界中个体间或组织间权利结构的剖析，因此，包括新制度主义在内的新古典经济学诸流派都极力推崇所谓的单一规则，把对自然的原始占有、基于市场契约的交换活动以及法律平等下的行动都看成是自然权利，从而就看不到契约内容因当事人间的地位差异所导致的内在的实质不平等。同时，正是将现实社会中的异质行为主体设想成拥有平等权力的自由意志者，包括新制度主义在内的新古典经济学诸流派往往鼓吹基于社会较量的博弈均衡来构想、设计社会制度；结果，在权力分配极不平衡的现实社会，鼓吹基于力量博弈来设计社会制度就会导致社会制度更具对抗性和掠夺性，更加巩固强势者的利益和意志。其实，任何实在制度都具有双重特性：①反映一定的社会力量对比关系，从而体现了某种有利于强者的掠夺性；②渗入特

---

[1] 朱富强：《市场博弈、权力结构与收入分配机制：剖解中国收入差距扩大的深层原因》，《社会科学辑刊》2015年第4期。

[2] Lukes S. *Power*: *A Radical View*, London: Macmillan, 1974.

定时期的社会伦理,从而体现了照顾弱者的正义性。这有两层含义:①正因为基于力量博弈均衡所设计的制度具有强烈的掠夺性和控制性,因而需要通过国家来引入抗衡的力量以帮助弱势一方;②现实社会制度都已经渗入了一定程度的社会正义,因而比新制度主义基于力量博弈均衡所设想的社会制度更富人文性和正义性[①]。

可见,权力是影响制度变迁和收入分配的基本因素,只有基于权力角度才可以更清楚地剖析现实世界的社会结构,从而也就为政治经济学研究提供了重要思维。一般地,只要研究组织以及社会制度等公共领域的问题,权力都是被关注的重要变量和基本对象。例如,在研究企业组织时,只有通过对企业主、管理者和生产者在企业决策所拥有不同权力的剖析,才能清楚地洞悉企业的收入分配结构以及发展路向。事实上,法律、政治学以及社会学等学科中,权力都是核心术语。例如,在政治科学里,政治就被定义为对权力和权威的研究以及权力和权威的实施。其中,权力被理解为个人(或组织)实现其想要达到的目标的能力,权威则意味着"无论什么时候,当一个、几个或许多人明确地或默许其他人在某些行动中为他们作出决策"。因此,林德布罗姆(Lindblom C. E.)把政治定义为对权威的斗争:在一个被称作政治的肮脏过程中,需要权威的人为获得它而斗争,其他人却想方设法控制掌权的人[②]。当然,政治科学中的权力和权威的往往是与"利益的异质性"联系在一起的,"利益的异质性"体现了经济主体之间的利益冲突。显然,当社会的个体成员之间存在利益冲突时,一个社会就需要作出影响他们利益的集体政策决策,一个庞大社会中的个人、阶级、集团都具有内在激励去争夺权力与权威以获得反映他们偏好的社会选择。因此,政治就是研究作出集体选择的机制,研究权力和权威如何获得和执行可以被看作是使用什么样的机制作出集体选择的问题。同样,权力分析也应该成为政治经济学、制度经济学等相关学科的基本思维,只不过这里与权力相联系的"异质性"主要从行为主体角度而言,分析的是"异质性"带来的权力差异以及由此推动的制度变迁和收入分配等问题。

四、平均主义思维

基于方法论个体主义,新古典经济学不仅集中关注既定社会结构下的个体行为和微观现象,而且将微积分等数学方法引入经济分析中,以探究个体效用的最大化和资源配置的最优化,从而采用并发展了边际主义分析方法。按照边际主义的分析方法,每个人都会理性地消费和生产,从而使得整个社会也可以由理性导向一种精确的均衡状态;同时,由于每个人都是理性的,个体的应得份额就由他所作出的边际贡献来确定,因而个体间的利益关系就被视为和谐的。这样,新古典经济学就集中关注现实均衡如何形成以及现实分配如何决定,并由此发展出一套解释性学说,从而看不到经济现象内在的矛盾和冲突。与此不同,政治经济学关注与社会结构密切相关的社会制度、收入分配等宏观社会经济现象,这些宏观变量往往不是个体选择的结果,而是集体行动和阶级对抗的产

---

① 朱富强:《现代主流经济学对制度"设计"的误导和扭曲:从法律对强者机会主义行为的约束谈起》,《财经研究》2010年第4期。

② Lindblom C. E. *Politics and Markets*, New York: BasicBooks, 1977, p.18.

物;因此,政治经济学更倾向于采取平均主义的分析方法,并以平均数为基准来分析个体的竞争行为和要素的流动①。平均主义方法分析具有这样的特点:它研究的是群体行为而非个体理性行为,从而很难得到精确的分析结果和均衡状态;不过,平均数却体现了社会经济现象的变动大势,而这些又跟群体力量有关。一般地,诸如工资、利润、地租、利息等宏观经济现象的变动趋势根本上都与社会力量结构有关。古典政治经济学家斯密、穆勒以及马克思等都认为,市场工资水平以及"工资基金总额"都取决于劳资阶级之间的斗争状况,而且,只有通过工人联合、法律保护等提高工人阶级的整体谈判力量,工资水平才会提高。

其实,现实世界中的收入分配主要取决于社会制度及其分配规则,而不是劳动支出或产出贡献,而社会制度根本上不是个体较量的均衡结果而是集体行动的产物②。这也有两层含义:①制度的具体安排取决于相对立的集体间之力量对比;②集体力量对比的变化又会衍生出制度变迁的压力和方向。为此,康芒斯就将制度定义为"控制个人行动的集体行动",将制度经济学视为"一种关于集体行动在控制个人行动方面所起的作用的理论"③。在康芒斯看来,制度对经济发展的影响就是通过集体行动对个体行动的控制来体现的,集体行动的意义就是为个体行动建立一个行为规则,指导和约束个人行动,从而更好地利用稀缺性的资源。由此可以得出这样的结论:经济活动不只是个人力图使货币收益最大化的欲望推动的个人活动的总和,而是有各种模式的集体行动,个人的经济活动与巨大的整体密切联系。一般地,集体行动对个人行为的影响具有双重效应:①限制了个人的选择集,个人只有在特定的集体约束下才能自由选择;事实上,市场主体的行为选择并不是完全独立的,个人的目的、偏好、价值以及行动自由度都受集体的影响,为社会制度和经济条件所塑造。②扩大了个人的选择集,个人借助集体行动的力量而提高自身的谈判能力。事实上,即使成人在雇佣市场具有自主行为的能力,他也需要依赖协调一致的集体行动才能实现自身的目的。穆勒写道:各阶级的人们有时会寻求法律的帮助,使每个人确信其竞争者也会采取相同的做法,从而贯彻实施他们全体经过深思熟虑而取得的对自身利益的看法。如果没有法律的保障,人们是不会放心大胆地实施集体的看法的④。在很大程度上,正是借助集体行动,弱势阶层实现了从自在到自为的转变,从而更有效地实现自身目标。但是,这种目标和能力在新古典经济学的经济人框架下却是无法实现的,反而会为公地悲剧或集体行动逻辑所困扰。

显然,正是将个体行为置于集体行动之中,对收入分配等社会经济现象的分析就产生了平均主义的方法要求,它注重对社会力量等影响因素做总体的剖析,热衷从具体的经验事实中进行观察和调查,并主张从人类历史的演化过程中发现未来的发展趋势,这也正是政治经济学的分析方法。事实上,马克思经济学就把经济问题视为动态的,关注

---

① 杨文进:《政治经济学批判导论:体系与内容的重建》,北京:中国财政经济出版社,2006年,第9页。
② 朱富强:《收入再分配的理论基础:基于社会贡献的原则》,《经济学家》2014年第8期。
③ [美]康芒斯:《制度经济学》(上),于树生译,北京:商务印书馆,1962年,第7页。
④ [英]穆勒:《政治经济学原理:及其在社会哲学上的若干应用》(下册),胡企林等译,北京:商务印书馆,1991年,第555页。

如何创造财富、提高生产率和福利水平等问题，并从社会结构层面探究宏观现象（社会平均数）出现的深层原因。与此不同，正是将个体行为独立出来进行孤立的分析，新古典经济学就发展了边际主义分析方法，它注重数学工具在经济学中的应用，把人类社会想象成物理世界那样的均衡状态并为此提供解释，从而强调想象力的训练。事实上，新古典主义则把经济问题视为给定数量的稀缺性资源的配置问题，关注任何考察范围内存量的细微上升所带来的变化，并集中从个体理性互动角度来对宏观现象进行均衡解释。正是由于分别采用了平均主义和边际主义两大不同分析方法，政治经济学和新古典经济学在经济危机上就形成了不同认知。一般地，那些具有深厚的历史和其他社会科学功底的经济学家往往更倾向于采用平均主义方法，从而更有能力认识到经济危机的潜在性，早期对此提出告诫的如劳德代尔、马尔萨斯、西斯蒙蒂、马克思等都是如此；相反，那些抽象思维能力很强而热衷于数学推理的经济学家则热衷于使用边际主义方法，从而几乎都否认大规模经济危机的可能性，如早期的李嘉图、萨伊、穆勒和边际效用的先驱古诺、杰文斯以及现代主流的新古典经济学家大都如此。

可见，只有通过对群体权利以及集体行动的剖析，才能更好地认识社会制度的形成和变迁，更好地认识市场主体的关系属性以及相应的收入份额，因而平均主义就成为分析社会结构问题的重要思维，并为政治经济学提供方法论指导。一般地，基于还原论思维，新古典经济学对市场运行的关注以及采用的思维主要体现为这样两方面：①基于边际主义方法分析孤立个体的效用最大化行为；②基于方法论个体主义考察微观经济行为所衍生的宏观社会均衡结果。与此不同，基于异质性思维，政治经济学采取了不同的认知：①它认识到市场主体所拥有的权力存在差异，而致力于剖析供求关系背后的权力因素；②它采取平均主义的分析方法，来考察社会权力结构对社会经济现象以及社会制度变迁的影响。事实上，由于研究的对象是生产组织以及社会系统，古典政治经济学不仅关注劳动数量和质量的变化对总产品增长的影响，而且使用权力结构和平均分析法来研究阶级或群体力量之间的对抗关系及其对收入分配的影响，从而关注宏观社会经济以及社会制度变革问题。而由于将研究对象转向了稀缺性资源的配置问题，新古典经济学则不仅局限于寻找使既定生产要素得到最佳配置并使消费者满足最大化的途径，而且使用个人主义和主观主义方法来分析个人效用的最大化，从而将分配理论视为一般价值理论的一个方面。显然，基于平均主义方法并不能得出单个要素的边际贡献或份额，平均份额也是社会力量进而是社会制度的函数，从而不是固定的或可计算的；因此，古典政治经济学就致力于通过社会制度分析来探究每个人份额的现实限度，并剖析社会制度变革对工资份额的影响，同时提出通过赋予集体谈判权来壮大单个弱势者的力量。

五、辩证综合思维

基于自然主义思维，新古典经济学将世间万物视为相互独立的，任一个事物都是外在于另一事物的"他者"，是时间上在先之物所决定；这样，它就将相互联系的社会整体割裂开来，将整体化约为一个个孤立的部分，从而就形成了明显的方法论个体主义。同时，由于现实世界的现象被置于一定不受外界干扰的静态环境中，社会现象就被归结为纯粹的数量本质，事物之间的联系被归结为数与数之间的联系；这样，新古典经济学就求诸于自然科学的研究方法，借助观察、抽象和实验获取纯粹"事实"及其数量联系，从而就形成了基于形式逻辑的推理思维。正是基于这种思维，新古典经济学倾向于从个体行为的有意识或无意识的结果来解释和分析宏观社会经济现象，从个人行为以及该行为所依赖的特定条件或范围中演绎出整个经济学理论。同时，基于方法论个体主义和形式逻辑，新古典经济学还形成了基于假设—演绎的分析框架，并基于不同的先验假设而得出了不同结论。

然而，方法论个体主义和形式逻辑分析思维却存在明显的缺陷：①个体主义分析忽视了个体行为的加合效应，因为社会组织一旦形成就可能具有相对于其组成个体的独立性，具有独立的内聚力、秩序和结构并产生独自的目标和利益；②形式逻辑必然导致同一性与多样性的对峙，因为如果个体在碰到相同的约束条件时，都会作出相同的选择，关于选择的个体主义的特征也就不复存在了[①]。正如波普尔所说，"每个集体都有一部它自己的历史，而且它的结构在很大程度上有赖于它的历史"。同时，"社会集体决不止于是它的成员的单纯的总和，它也不止于是任何时候都存在于它的任何成员之间的纯属个人关系的单纯的总和"[②]。那么，如何解决这一思维局限呢？这就需要考虑世间万物的整体性，需要剖析事物内部各因素间的相互作用和相互联系，这就是反原子论的整体主义要求。同时，这些新古典经济学理论从不同维度提供了社会事物的认知，并且每一个理论都突出了对方的不足而具有新颖性和启发性。问题是，也正因为这些认知都是基于不同的侧面，从而又必然是片面的。那么，如何解决这些认知的片面性呢？一般地，这就需要对这些不同的思维和知识进行契合，这就是综合的分析思路。显然，将整体思维和综合分析相结合的就是辩证逻辑。

首先，辩证逻辑本身就建立在总体性范畴之上。本质上，辩证法是看待事物变化和相互作用的思维方式，它强调分析的系统性和整体性，而不是将事物整体割裂开来分别研究。一般地，这种整体性思维有两大基本特征：①它认为，任何组织都有其独特的目的、需要和发展轨迹，从而关注社会作为一个整体的结构演进性，具有明显的结构性思维；②它强调，作为社会整体一员的个人无论利益偏好或行为选择都不能独立于社会环境，从而关注个体行为与社会环境之间的互动效应，具有明显的系统性思维。譬如，我们在分析个人选择行为时，就应该将之放在一个更一般的框架下展开分析，并从众多个体以及组织的目标、行为方式以及合力中理解市场经济现象。也即，它一方面强调整体存在于部分之中，另一方面又强调整体赋予部分以地位、意义和方向。这就是结构性和系统性的思维，也是辩证逻辑的基本特质。卢卡奇强调：只要你根本上放弃了总体性的观点，你就肯定会舍弃辩证法的出发点、目标、假定和要求，这是必然的[③]。显然，新古典经济学的局部均衡以及形式逻辑分析恰恰放弃了这种"过程"观和"关系"观而囿于"常识"观，因而是与辩证逻辑相对立的。同时，辩证法体现了从整体到部分的研究

---

① 朱富强：《对现代主流经济学的方法论反思》，《政治经济学评论》2010年第2期。
② ［英］波普尔：《历史主义贫困论》，何林等译，北京：中国社会科学出版社，1998年，第18页。
③ ［匈］卢卡奇：《历史和阶级意识：马克思主义辩证法研究》，张西平译，重庆：重庆出版社，1989年，第33页。

路线，而这也与新古典经济学基于个体合成整体的分析路线相反。奥尔曼写道：非辩证的研究从某个小部分开始，并试图通过建立这个部分与其他同样的部分之间的联系来重构更大的整体。与此不同，辩证的研究从整体，即从系统或从人们对系统所能达到的理解开始，继而进入对部分的研究以便了解它的合适位置及发挥作用的方式，最终达到了对作为出发点的整体的更充分的理解[①]。

其次，辩证逻辑注重知识和思维的有机契合。流行观点认为，随着人类知识的膨胀以及学科的分化，不同学科的学者不得不集中于某一领域的研究，乃至同一学科的学者也不得不进一步集中于更细的亚领域的研究；不过，如果将各自领域研究中所得到的认识加总起来，就可以形成对社会事物的全面理解，或者说可以不断接近事物的内在本质，这就是时下受到鼓吹的"跨学科"研究。那么，这种"跨学科"研究是否具有受到宣扬的那种价值？卢卡奇认为，从个别立场出发"没有任何办法能把这种个别性引导到总体性，充其量这里只有一些把它引向专业领域方面，仅仅是支离破碎的部分和空洞无物的'事实'，或者是达到抽象、特殊的规律的道路"[②]。根本上，这种"分立"式研究所获得的认知并不是系统性的，而是机械的，从而必然无法真正深入到事物的内在关系。奥尔曼指出："从一个或几个假定的独立部分开始的研究，必然会假定一种对含义造成相应歪曲的分离，以后任何联系都不能克服对含义的这种歪曲。这样，有些东西就会被遗漏，有些东西就会被置于不适当的位置，而且，由于没有任何评价标准，这些遗漏和错位都不会被认识到。被称为'跨学科研究'的东西就完全是在探讨不同领域的这种缺点的总合。与一经损坏就再也无法修复的东西一样，一个其职能部分一开始便被作为彼此独立的部分来对待的系统，就再也不能在完整的状态中被重构了。"[③]事实上，马克思曾指出，只看到事物的一面——或者是同一的一面，或者是相异的一面，这实际上是基于形式逻辑就能发现的常识性东西，但辩证法将此仅仅视为分析的第一步，关键是要分析这种同一性和相异性如何结合在一起，从而推动事物运行以及以某种方式呈现。这意味着，只有在对所有相关知识进行有机契合的基础上，才能有系统性的研究和认知，才能挖掘出了事物的内在关系，而这正是基于真正的辩证思维。

显然，这种强调综合和整体的辩证思维与现代主流经济学基于特定假设下的分析思维存在根本性不同。科恩就说，广义上的"分析"思维都是反对辩证思维的，狭义上的"分析"思维都是反对整体思维的[④]。但是，强调综合和整体的辩证思维却有利于我们更深刻地认识社会经济现象。事实上，人类世界是一个不可分割的整体，世上万物间的关系也是内在的。正是由于世上事物之间的相互联系、相互作用，一方面促进了事物

[①] ［美］奥尔曼：《辩证法的舞蹈：马克思方法的步骤》，田世锭、何霜梅译，北京：高等教育出版社，2006年，第7–8页。

[②] ［匈］卢卡奇：《历史和阶级意识：马克思主义辩证法研究》，张西平译，重庆：重庆出版社，1989年，第32页。

[③] ［美］奥尔曼：《辩证法的舞蹈：马克思方法的步骤》，田世锭、何霜梅译，北京：高等教育出版社，2006年，第8页。

[④] ［美］科恩：《卡尔·马克思的历史理论：一种辩护》，段忠桥译，北京：高等教育出版社，2008年，第2页。

个体和世间万物的不断变化,另一方面也使得变动着的事物不会朝单一方向永恒发展;因此,需要从构成整体的内在关系中探究事物的性质和变动,而不能静止和割裂地看待每一个孤立的事物。同时,要揭示社会事物的变化规律,要挖掘事物之间的正反转换轨迹,就必须将该事物置于更广阔的相互联系和相互作用的系统背景中,需要剖析事物内在的矛盾关系,需要分析对立面之间的相互渗透,这就是辩证逻辑的思维。奥尔曼写道:"辩证法用关于'事物'的'过程'观(包含着事物的历史和可能的未来)和'关系'观(把一种事物与其他事物之间的联系当作该事物本身的一部分)取代了关于事物的常识(认为事物有其历史,但与其他事物之间的联系是外在的),并以这样的'过程'观和'关系'观重构了我们关于现实的思想。"① 显然,只有基于辩证逻辑的思维,我们才能系统地、整体地考察社会事物的变化轨迹,才能更好地认识作为事物变化发展过程中一个阶段的结构,才能深入地剖析真实的世界。

可见,辩证逻辑是批判性审视现实的思维基础,更应该成为政治经济学研究的基本方法。究其原因,政治经济学的研究对象是组织,而只要将组织的运行和发展作为研究对象,就必须采用整体性和系统性的辩证分析思维。例如,在探究企业组织的发展史时,就必须剖析雇主力量和雇佣者力量之间以及被雇佣者的不同阶层之间的利益关系及其引发的对立运动。显然,市场本身也是一个开放系统,因而在分析人类行为时,必须把人的活动置于具体社会关系背景中,需要考虑群体活动和社会环境的制约,需要考虑群体中成员间的相互联系和相互作用。事实上,无论是政治学还是社会学,都在一定意义上采用了整体性和系统性的分析思维。例如,传统政治学就把集团当作一个不可分割的有机整体,从整体的角度分析其政治行为与社会行为。同样,绝大多数古典政治经济学家大多不是纯粹的个人主义者,他们具有明显的整体性观念,都致力于探究广泛的社会性需求而非狭隘的物质需求,都关注具体社会关系下的社会发展和制度改革问题。相反,新古典经济学将研究对象从组织转向个体,不再关心社会结构问题而集中分析既定制度下的个体行为,并且还集中在物质资源配置的工程学领域;相应地,它就舍弃了整体性的分析,从而也就放弃了辩证逻辑的思维。当然,随着新政治经济学重新将政治领域以及公共品等问题纳入分析,它也重新引入和发展了集体决策和整体性思维。

六、本质主义思维

通过将研究对象转向个体,新古典经济学集中分析私人领域的个人行为和资源配置问题;同时,基于资源配置这一工程学内容,新古典经济学拓展了功能主义分析思维:从外部关注可变量之间的关系、系统与环境之间的关系,从而强调经济现象的存在表现以及现象之间的联系。功能主义的基本做法是:把一个变量的变化与另一个变量的变化联系起来,并基于特定的引导假定和分析框架对经济现象提供某种解释。相应地,现代主流经济学也在逻辑实证主义的思维支配下,一方面基于统计信息来检测经济变量之间的相关性,以数量关系来取代实质关系;另一方面基于数理逻辑来分析经济变量之间的

---

① [美]奥尔曼:《辩证法的舞蹈:马克思方法的步骤》,田世锭、何霜梅译,北京:高等教育出版社,2006年,第6—7页。

影响性，以函数关系来代替因果关系。同时，功能主义的解释特性是，从一个先验假设来分析可变量之间的关系，因而问题及其解决方法往往只是在其可能性框架中的特定位置中获得其意义。相应地，基于功能主义思维，新古典经济学一方面在供求框架下分析社会制度的成因，从而就将现实制度合理化了；另一方面根据成本—收益来分析每一个供求行为，从而把个体行为简单化和合理化。显然，功能主义的根本特点就在于，用行为的实际结果来解释行为，试图通过阐述其中的有益结果来解释行为的意图。问题是，结果并不总是能够反映意图，因为意图和结果之间往往存在其他干扰因素。相反，要真正理解人类的行为，就必须关注行为内含的意向性，通过意向来分析行为，并从行为结果与意向结果之间的差异中剖析其他干扰因素，这就是本质主义的研究思维。在很大程度上，只有挖掘事物的本质，发现现状与本质间的不一致性，才能认识事物的异化以及现实存在的问题，才能真正"认识和改造世界"。

其实，辩证逻辑思维的第一步就是本体论，探究社会事物究竟是什么，这也就是事物的本质问题。那么，如何认识社会事物的本质呢？一般地，本质体现了事物内在的根本性质和稳定的内部联系。而这种特性隐藏在纷繁芜杂的表面特征和外部联系的背后，需要借助高度的批判性思维才能得以认识和发现。同时，社会事物的本质也不同于自然事物：后者主要取决于它的实在结构，而这种实在结构往往是稳定的；前者更主要取决于相关主体的意向性和目的性，而这种意向性和目的性则是变动的。进一步地，如何认识与社会事物相关的意向性和目的性呢？一般地，我们可以将之分成两个层次：一是创造社会事物的相关主体的原初目的，二是主导社会事物发展的相关主体的附加目的。基于不同的意向性和目的性，对社会事物的本质就产生了两种理解思维：①将事物本质视为是不变的，它将事物本质与原初目的联系在一起；②将事物本质视为是可变的，它将事物本质与衍生目的联系在一起。例如，马克思认为，事物的本质会随着其目的而发生变化，如人的本质就由人的活动所塑造的并体现在其所处的社会关系中。也就是说，人类正是通过自己的选择决定了其本质，通过行动去争得了其生命意义。为此，萨特提出了人类社会的"存在先于本质"说：本质先于存在只适用于物，而不适用于人；相反，人的存在先于他的本质，因为他必须先存在然后才创造他自己[①]。相应地，要理解一个社会事物的本质，就应该且可以从两个层次着手：基于原初目的的第一层次和基于衍生目的的第二层次。

同时，只有将两个层次的分析结合起来，才能更全面而系统地认识社会事物的本质。这里以企业组织为例加以说明。首先，从起源上说，企业组织的本质可以被认为是一种生产协作系统，其发展目的在于追求组织运行的有效性。从这个层次上说，任何破坏其合作性而将之作为一方控制另一方的工具，或者脱离组织的有效性而追求特定个体目的的举措，都可以视为对企业本质的偏离，是一种异化。其次，从演化上看，现代企业在法律上往往被界定为出资者所有，其运行目的在于追求资本的效率。从这个层次上说，任何破坏其盈利性而损害股东利益的举措，或者脱离股东的控制而追求其他目的的

---

① ［法］让-保罗·萨特：《存在主义是一种人道主义》，周煦良、汤永宽译，上海：上海译文出版社，2012年。

举措，都可以视为对企业本质的偏离，是一种异化。既然如此，我们究竟该如何理解企业组织的本质并由此来检视企业的现实形态呢？这就涉及我们观察问题的视角。一般地，基于实用主义视角，现实的法律规章就界定了观察和审视企业运行的基本标准，这也是保障有效实践的现实需要；相反，基于理想主义视角，还需要对现实法律规章进行审视，检视它是否偏离了本质，这是引导未来变革的前瞻探索。当然，不可否认，事物发展过程中确实也会发生质变，这导致事物在保留原有结构和形式的条件下注入了不同的目的。例如，早期的国家根本职能是稳定社会秩序，而现代国家则需要提高公民的社会福利。再如，当保留在人们手中的少量货币被用于消费支出时仅仅体现为具有等价支付功能的消费物，但当货币积累到一定数额并被用于投资支出时就成了资本。在很大程度上，发生质变的事物已经不再是原有事物而成为另一新的事物，这更加需要运用本质主义思维来揭示事物的这种变化，需要撇开形式来看实质，透过现象来看本质。

可见，本质主义将人的认识从关于"可见事实"及其功能关系的常识中解放出来，从而构成了分析真实世界以及政治经济学的基本思维。事实上，本质主义也是辩证逻辑衍生出的基本思维要求，只有揭示出事物的本质，才能洞悉事物间相互依存以及相互作用的过程，才能更全面地理解现实状态并加以评估。同时，要探究社会事物的本质，就需要从行为意向性和目的性角度来把握，而行为目的的改变则会导致本质的变化。正是基于行为的意向性，我们就可以更好地区分基于数理逻辑的理性选择与真实世界中的人类行为，可以更好地识别行为结果与意向结果间的差异，更好地认识侧重事实材料以及外在联系的功能主义分析及其所存在的问题，可以更好地从内在联系来分析社会事物的变动过程及其未来发展。因此，政治经济学就应该抛弃功能主义而采用本质主义的分析思维。同时，要真正揭示社会事物的本质并剖析其异化状态，根本上应该基于人类进步和社会发展的视角，而要防止受短时观点和机会主义的误导。正是基于社会发展的视角，马克思从人类能够根据自己的意愿和意识而展开的自由生产中提炼出人的类本质，而把现实世界中将劳动作为维持肉体生存手段的生活视为类本质的异化；将劳动者之间相互合作的社会关系视为合理交往和自我实现关系，而将劳动者与产品占有者之间的控制关系视为一种异化的社会关系；同时，从劳动关系把握私有财产的本质，进而从财产关系中理解资本主义的生产方式。这意味着，马克思并没有将任何时期嵌入人类目的尤其是个别目的的社会事物都视为合理状态，同时，也没有主张人类社会的发展会自动地促使事物本质的不断呈现，这仅仅是黑格尔的"倒立的辩证法"思想。显然，作为一个现实主义学者，应该基于多层次视角（尤其是社会发展视角）来探索社会事物的本质，应该基于批判性思维来审视理念与存在之间的异质性，从而有助于引导社会事物的不断改进和完善。

七、社会异化思维

基于还原主义和形式逻辑思维，新古典经济学将市场主体视为同等且完全理性的行为者，其根据给定的社会环境而选择最大化个人效用的策略；同时，基于可理性策略的分析，个体间的自由互动就会导向市场均衡，这种均衡状态也是个人和社会利益的最优，从而实现有效的资源配置。为此，新古典经济学就为现实、为市场辩护：这不仅体现在将"物竞天择、优胜劣汰"自然选择说直接从生物界引入到社会界，而且还发展出了"无形的手"原理、一般均衡理论、福利经济学三大定理、科斯中性定理、边际生产力分配净尽定理、利益和谐论、有效市场说以及"as if"假说等一系列理论。这些理论基于理性选择和供求均衡分析为社会现实提供解释，并基于伦理自然主义和伦理实证主义而将实存合理化，从而为现实制度和市场机制辩护，为既得利益者和强势者行为辩护。与此不同，政治经济学的研究对象是组织，主要关注公共领域的社会事务问题。显然，组织的发展以及公共事务不是孤立个人基于理性选择所能决定的，而是决定于广泛成员参与的共同作用。那么，社会共同作用下的社会组织及公共事物究竟会如何发展呢？一般地，尽管参与社会互动的每个个体都对公共事务产生了影响，但每个个体所施加的影响力却是不相等的，这主要取决于个体本身的力量。显然，强势者所能施加的影响力往往更大，因而公共事物以及社会制度的发展就主要体现了强势者意志、偏好和利益，乃至会逐渐偏离了它的内在本质和原初目的而损害其他弱势者的利益，这就是广泛存在的社会异化问题。

其实，本质主义思维体现了辩证逻辑的本体论，社会异化思维则体现了辩证逻辑的认识论，它关注如何组织我们的思想来认识世界；同时，本质主义思维也为异化观思维的应用打下了基石，只有认识事物的本质，才能洞悉现实的异化。一般地，人类世界中的任何事物都具有公共性，都存在千丝万缕的内在联系；为此，我们的研究就不能仅仅满足于对现实事物的描述和解释，而是要剖析现实事物何以如此的成因，并对它的合理性进行评估。这也意味着，真正的研究不能停留在现实事物所呈现的表象，而是要透过现象揭示事物的本质。其中，自然事物的本质根本上体现在它的实在结构之中，而社会事物的本质则体现在它的原初目的之中，因为社会事物在创造之始就渗入了人的意向性和目的性。同时，社会事物一旦创立出来后，在发展过程中又会受到不同利益和偏好的个人或群体的作用，从而会逐渐偏离它的原初目的，这就造成了现象（实在）与本质的分离。社会科学的任务就是对这种现象—本质的二元性进行识别和挖掘。正如马克思指出的："如果事物的表现形式和事物的本质会直接合而为一，一切科学就都成为多余的了。"[①]例如，就企业组织而言，就不能将目前展示出的谋求利润最大化的股东价值观当成"不言自明的"本质，相反，从协作系统角度可以发现利益相关者社会观更接近企业的本质。为此，马克思强烈批判当时的庸俗经济学家，认为他们像宗教信徒一样将假象当做独立的实际存在。相应地，马克思致力于对商品、货币、资本等本质的揭示。马尔库塞则强调："本质与现象之间的差别乃是马克思的方法的一块基石。"[②]

显然，现实状态与本质的偏离也就意味着事物的异化，而本质则为异化的现状提供了一个判断基准。同时，异化也意味着社会问题的存在，从而赋予改造世界的任务。为

---

① ［德］马克思、恩格斯：《马克思恩格斯全集》（第25卷），北京：人民出版社，1974年，第923页。

② ［美］马尔库塞：《苏联的马克思主义：一种批判的分析》，张翼星、万俊人译，北京：中国人民大学出版社，2012年，第14页。

此，马克思强调："哲学家们只是用不同的方式解释世界，问题在于改变世界。"①相应地，马克思学说的根本任务就在于识别偶然性的表象并挖掘隐藏其后的本质，致力于向人们披露已异化的社会状态的本来面目，从发展进程中探究人类社会的正义诉求。就经济学而言，由于社会经济现象是由不同个体的互动产生的，经济学研究就必须揭示个人互动如何产生了特定的社会制度以及相应的收入分配，它的合理性如何？未来如何发展？等等。正是基于这一研究对象和分析思维，古典政治经济学以及诸多非主流经济学流派往往不承认社会现状的合理性，而是认识到现实制度往往只是体现强者的意志和利益，是对社会事物之内在本质的异化；为此，他们致力于对事物本质的探究，不仅以本质来评估现状，并以此作为社会制度改革和完善的方向。相应地，将异化思维契入对具体经济现象和社会问题的分析之中，就发展出了一条从本质到现象的研究路线：首先是透过现象探究事物的本质，其次是分析现状对本质的偏离及其成因，再次是关注异化现状下的行为及其危害，最后是寻找问题解决的根本途径②。显然，基于社会异化观以及从本质到现象研究路线的结合，我们就可以将基于"是什么"的实证分析和基于"应该是什么"的规范分析结合起来，不仅对事物的实在结构和内在本质进行挖掘，而且从社会结构和权力结构的角度对社会异化进行剖析；同时，对本质的认知不仅确立了分析现状的参照系，而且还为社会改造指明了方向或理想状态。也就是说，异化观思维使得我们的研究不是停留在对社会经济现象的解释上，而是能够深入地剖析社会经济存在的问题及其成因。

可见，社会异化思维是辩证逻辑思维的拓展，是深层次认识社会现象的基本切入点，并为对现实世界进行评价（尤其是批判性审视）提供了重要的方法论指导，也成为政治经济学有别于新古典经济学的重要方法论特色。异化的本义是成为"他者"，是指社会事物的发展偏离了其原初目的，从而必然表现为现象与本质间的脱节。相应地，异化观思维就潜含了前面所述的一系列方法论要求：不能受制于还原主义的理性分析框架，而是要剖析行为主义的异质性以及权力结构；不能局限于边际主义的供求均衡分析，而是要透过集体权力变动来探究宏观供求关系的演化；不能简单地固守原子个人主义思维而将个人行为与他人反应隔离开来，而是要有将社会经济现象视为相互联系而不可分离有机体的整体性思维；不能基于特定的理性分析框架展开形式逻辑的演绎，而是要考虑事物之间的相互作用及其带来的对立运动。在很大程度上，异化观思维充分体现在马克思学说以及马克思经济学中。马克思经济学深刻揭示了资本主义制度的不合理性，剖析了现实收入分配不公的制度根源，并从抗衡力量的引入以及生产资料所有制的改造等角度来改革现实社会制度。相反，由于缺乏异化观思维，主流的新古典经济学往往无法深入到事物的内在本质和事物之间的因果联系，而仅仅停留在事物的外在表象和事物之间的功能性联系；同时，它通过设立一个既不现实也根本不可能实现的先验假设，以此作为参照系来对现实中的社会经济现象以及各种行为进行刻画和解释，并基于

---

① ［德］马克思、恩格斯：《马克思恩格斯全集》（第1卷），北京：人民出版社，1995年，第91页。

② 朱富强：《从本质到现象：比较制度分析的基本路线》，《学术月刊》2009年第3期。

伦理自然主义和伦理实证主义而将现实合理化。结果，主流的新古典经济学不仅看不到现实社会经济中的问题，看不到现实社会制度的不合理性，而且也提不出促进社会健康发展的治本措施，从而无法为现实改进提供理论指导。因此，新古典经济学失去了改造世界的基本能力和目标，乃至最终蜕变成了一门纯粹的公理体系或工艺学。

八、批判理性思维

基于理性经济人的假设框架，新古典经济学又深化了肯定性理性思维，并通过供求均衡分析框架来为社会现实提供解释，从而看不到现实行为的非理性一面。一般地，肯定性理性具有两大特征：①相信人的理性而肯定人类的能力，它强调自我认识的重要性，并把现实视为一种理性的、因而从理智上可理解的结构；②将真理和（现实的）存在等同起来而肯定现实的合理性，它将真理视为一种价值准则，并认为存在比非存在更为可取。然而，肯定性理性思维的两大内涵之间却存在内在的紧张：一方面，对人类理性的肯定极端化就发展为，认为人类理性可以洞察杂乱无章世界背后的明晰秩序并设计出完美秩序，从而产生了唯理主义；另一方面，对现实世界的肯定极端化就发展为，将自由竞争市场所呈现出的视为展示上帝意志和理性精神的自然法则和正义秩序，从而产生了社会达尔文主义。根基于肯定性理性思维，新古典经济学也内在了思维的紧张和逻辑的断裂：一方面，基于理性选择框架进行可理性策略分析和数理建模，并以此来设计理想社会和引导社会制度变革；另一方面，将现实世界都预设为理性个体互动的结果，并由此丧失对现实世界好坏的辨识力，倾向于将社会存在和社会制度合理化。那么，如何化解现代经济学思维上的矛盾和紧张呢？这就要引入否定性理性以及批判理性思维。

其实，否定性理性和批判理性思维体现了辩证法的本质，因为否定是事物变化和运动的源泉和动力。相应地，辩证逻辑目的在于揭示现实世界的本来面目，从而就必须对现实世界的合理性加以审视。马克思指出：辩证法……在现存事物的肯定的理解中，同时包含有它的否定的理解，它的必然灭亡的理解；它对每一已经生成的形态，都是在运动的流中，从它的暂时经过的方面去理解；它不会屈服在任何事物面前，就它的本质说，它就是批判的，革命的[①]。一般地，否定性理性具有相反的两大特征：①对人类能力的怀疑。人类理性并不能完全认识宇宙问题，更不要说鉴别更为复杂的道德和政治问题。②对现实世界的批判。真理和谬误都是存在或实在的一种状况，而非存在则是一种潜能，是对存在的一种威胁（破坏）。显然，由否定性理性衍生出的对待现实世界的基本态度就是批判理性思维。按照批判理性思维，真理是存在和思想的一种状态，而思想则是存在的表达和显现。相应地，只要人类不是生活在真理之中并与真理同在，达到真理就仍然只是一种潜在的可能性。因此，辩证法的批判本质是以思维与存在的异质性而非统一性为出发点，对统一性的否定以及由此对异质性的捍卫构成了辩证法批判本性的深层根据[②]。这是马克思辩证法相对于黑格尔辩证法的根本不同，也是马克思对辩证法

---

① ［德］马克思：《资本论》（第1卷），北京：人民出版社，1963年，"第二版的跋"第XXIII页。
② 贺来：《"思维"与"存在"的异质性与辩证法的批判本质》，《天津社会科学》2015年第3期。

的重大发展，并将之用于对社会现实的分析之中。马克思写道：我的辩证法的方法，在基础上就不只与黑格尔的辩证法的方法不同，而且是它的正相反对。在黑格尔看来，思维过程……是现实事物的创造主，现实事物不过是它的外部现象。反之，在我看来，观念性的东西却不过是在人类头脑中变了位并且变了形的物质性的东西[①]。

同时，否定性理性也体现了人类理性的根本特性。究其原因，人类理性根本体现在考虑问题的长远性和追求利益的整体性，并且呈现出这样两大特点：①人类这种理性能力不是一成不变的，而是存在着一个逐渐成熟的发展过程；②在任何时期，人类理性都存在绝对的有限性，它不能实现永恒的利益最大化，无法构建出一个永恒而完美的未来秩序。很大程度上，理性是从感性以及知性发展而来的，相应地，人类理性在对事物的认识上往往体现为两个层次：首先，它体现为对现实世界的观察和思考，具有不断发掘和反思现实问题的能力，从而具有强烈的否定性和批判性特征；其次，它体现为对未来世界的探索和构建，尤其是通过干中学来纠正和完善现有秩序，从而体现为向肯定性和建构性理性演进的特性。因此，真实的人类理性与其是说肯定和建构的，不如说是否定和批判的。按照否定性理性和批判性思维的观点，就形成这样的社会认知观：①本质的潜能不同于既定行为领域中的诸多可能性，真理和现实之间就存在差距，从而产生了"是"与"应当"之间的紧张，这体现了矛盾的辩证思维；②考虑到人类实践，历史内容就进入到辩证思维之中，它将思维结构与实在结构联系在一起，因而本质和现象之间、"是"和"应当"之间在本体论上的紧张关系就变成历史的紧张关系。显然，人类理性的根本功能就是对现实的真理性进行识别，从而不断缓和这种紧张关系而推动社会进步。

可见，批判理性是我们看待现实世界的根本思维，也是审视经济学理论的基本思维。事实上，只有基于批判理性思维，才能对社会事物作系统的本体论探索，才能深化对现实世界的认知，才能促进科学理论的进步和人类社会的发展。一般地，看待理论和世界有两种理性思维：①肯定性理性思维，它为现实进行辩护；②否定性理性思维，它对实存进行批判。显然，无论是哈耶克的社会进化思想还是黑格尔的历史决定论，都是根基于肯定性理性思维；相反，真正的辩证法则根基于否定性思维，会看到对立统一的斗争所产生的演化和内卷化这两类人类世界和历史进程进行批判性审视。正是在否定性理性基础上，波普尔等进一步发展了批判理性主义：一方面，它主张对人类理性应该采取批判态度，通过不断的证伪、否定、批判而促使科学理论向前发展；另一方面，它将"猜测与反驳"方法应用于社会、历史和政治的研究，通过理解、改变甚至颠覆我们生活于其中的直接经验的世界，而使得它的真实面目得到显露。亦即，要真正实现"改造世界"的哲学任务，就不能基于"理性=真理=实在"公式而将现实合理化，而是要运用批判理性思维对实在的真理性或谬误性加以识别。然而，随着实证逻辑和形式逻辑的流行，经验世界逐渐成为肯定性思考对象，它成功地压制了人们内心中的否定性、批判性和超越性的向度，从而塑造出了单向度的人和社会。在很大程度上，正是根基于肯定

[①] [德]马克思：《资本论》（第1卷），北京：人民出版社，1963年，"第二版的跋"第XXII页。

性理性思维和自然主义思维，新古典经济学信奉自然和谐一致观和社会达尔文主义理念，将自然世界中的"物竞天择、优胜劣汰"拓展到人类社会中；相反，根植于否定性理性思维和社会利益冲突观，政治经济学将社会制度以及相应的收入分配都视为力量博弈的结果，而力量均衡往往体现了强者的意志和利益，从而不承认现状的合理性，并从根本上反对社会达尔文主义。

九、尾论：七大基本思维的意义

本文总结和归纳分析真实世界以及政治经济学研究应该发展的七大基本思维，它们分别对应于新古典经济学分析中流行的还原主义思维、平等主义思维、边际主义思维、形式逻辑思维、解释主义思维、功能主义思维和肯定理性思维。这七大思维表明，要理解一个社会事物，不仅要依其所是去理解，更需要在其变成异其所是的过程中理解；相反，如果只是关注社会事物的表象，并以其留下的某些"直接"证据进行解释，必然会将这种实存事物合理化，从而会严重地误导我们的视野和认知。马克思在《剩余价值理论》中就举过一个例子：半人半魔的卡库斯居住在一个洞穴中并在晚上出来偷牛，他往往拉着牲畜的尾巴拖回洞中，因此，寻找牛的人们往往根据牛的脚印而得出结论：这些牛从他的洞穴出发而走到地中央消失的。现实世界也是如此，充满了假象，因而就需要我们以正确的思维去审视和认识处于不断变化中的社会。显然，正是基于上述七大基本思维，我们就能逐层深入地对真实世界进行剖析，就能透过现象挖掘事物的本质，就能对各种实然存在加以判断，就能清晰地把握事物的发展方向，从而真正认识和解决现实问题，最终实现"认识和改造世界"的哲学任务。

同时，基于这七大基本思维，我们也就可以系统地审视当前经济学界流行的思维逻辑，可以全面地认识现代主流经济学的分析框架，可以深刻地反思新古典经济学的理论体系，从而真正摆脱常规范式的思想束缚，最终促进现代经济学的发展。譬如，新古典经济学倾向于将市场机制下的收入视为劳动的报酬，不仅是合理的而且是有效的。究其原因，就在于它的分析思维：①基于自然主义和还原论思维，它将异质性市场主体还原为同质的原子个体，从而就看不到人际间的权力不平等。②基于平等主义和边际主义思维，它借助边际生产力原理而将分配理论嵌入到生产理论之中，从而就看不到现象和理想之间的差异。③进一步地，基于形式逻辑和功能主义分析，新古典经济学打造出了一个逻辑化的市场机制，通过均衡分析来反映个体行为选择中的理性，从而鼓吹根本不存在的纯粹自然市场。④基于肯定性理性思维，新古典经济学将社会达尔文主义引入到生活世界中，将现实存在的就视为合理的，从而看不到现实世界中普遍存在的异化问题。

然而，如果我们更真实地审视社会现实，认识到市场主体是异质性的，那么如何会认为他们在纯粹市场竞争中拥有平等的经济权利和市场权力？既然权利和权力是不平等的，又如何要求他们在同一市场规则下进行"平等"的竞争？如何要求他们承担相同的社会义务？同时，如果市场主体所拥有的市场权力是不平等的，又如何会认定基于力量的博弈结果将实现公平的收益分配？如何认定基于博弈均衡所达成的社会制度是公正合理的？尤其是，现实社会经济的变动往往体现了集体力量的作用，其中容纳的个体"自由"选择度究竟有多大？显然，上述一系列的质问就提醒我们应该采用结构主义和批判主义思维。一般地，从市场主体的异质性入手可以剖析市场经济中的权力结构，从权力结构的不平等中又可以揭示现实市场中的分配规则，从集体行动中则可以考察社会制度的变迁和个人选择的限度；同样，基于整体性范畴可以全面地认识作为相互联系的社会系统一部分的市场客体的特征以及具体社会关系中的市场主体的行为，基于辩证逻辑思维可以深刻地认识主体行为与市场结构的互动和联系，基于本质主义思维可以清楚地揭示出现实市场与其本质功能之间的脱离，基于社会异化观思维可以洞悉市场扭曲性发展的历程以及未来发展的走向。基于上述分析，就可以建立更广泛的分析视角去理解真实市场的运行逻辑及其合理性。

可见，上述七大基本思维为对真实世界的经济分析理顺了逻辑，它也是从本质到现象研究路线的具体体现①。正是基于这些思维，不仅有助于我们更好地审视和剖析现实世界，而且有助于我们深切地认识现代主流经济学的庸俗性。譬如，基于理性行为和边际主义原则，庸俗经济学者往往将市场收入分配视为合理的以及将财产所有权视为不可侵犯的，因为它们都是来自所有人的劳动和节约。例如，巴斯夏就对那些拥有产权和闲暇的人说：你们心安理得地生活吧，不要害怕，也不要有所顾忌。在这个世界上劳务权是你们仅有的产权，这种产权是用你们忠实提供的和你们的兄弟自愿接受的劳务换来的。这种产权是合法的……它是和自然的本质相联系的，并滋生在一起的②。但是，基于权力结构分析和批判性思维，我们就可以认识到，富人们所占有的财富与其说是个人勤劳节俭的结果，不如说是剥削、掠夺和转移的结果。在15世纪的英国就流传着这样的谚语：从公有地上偷鹅的男人或女人，遭到了法律的监禁；而偷窃公有地的大恶棍，却公然逍遥法外。在很大程度上，现代主流经济学几乎已经蜕变成了研究从公有地上偷鹅的人的学问，而放弃了研究偷窃公有地的人的学问。之所以如此，是因为研究前者是一件相对容易的事，只需要基于理性经济人以及肯定性思维做静态的分析；相反，后者的研究则要困难得多，必须剖析公有地的历史演变，需要运用结构主义和批判主义的思维。

原载《中山大学学报（社会科学版）》2016年第1期

---

① 朱富强：《从本质到现象：比较制度分析的基本路线》，《学术月刊》2009年第3期。
② ［法］巴斯夏：《和谐经济论》，许明龙等译，北京：中国社会科学出版社，1995年，第218页。

法律与经济发展"中国经验"的再思考

周林彬　王　睿

引　言

　　西方法律与经济发展的主流理论认为，中国在私有产权保护弱化、法律实施不力、政府干预盛行等条件下保持了高速和持续的经济增长，是对主流理论强调的保护私有产权、严格遵守契约、司法独立等社会经济发展的"要素理论"，亦即所谓"华盛顿共识"[1]的挑战，由此提出法律对中国经济发展作用不大的"中国悖论"，从中也反映了法律与中国经济发展之间存在不同于西方主流理论的特殊性，亦即"中国经验"。WTO和世界银行还曾就"法律与中国经济发展"论题是否是一个代表性论题进行过激烈的争论[2]。可见，法律在中国经济发展中的作用至今仍是一个备受学界争议的问题。而国内有关法律与经济发展的"中国经验"的初步研究表明，法律制度对于中国经济发展有着较大影响。总结我国改革开放以来的实践经验，通过"双轨制立法"与渐进式改革模式相契合，通过授权政府部门立法与由政府主导的自上而下的改革模式相配套，通过先制定有关契约的债权法律到制定产权界定的物权法律与先进行流通领域改革、后进行产权改革的经济体制改革模式相配合，以及从单一关注立法到立法、司法、执法三者并重，是法律与经济发展"中国经验"的一些重要特点[3]。

　　中共中央十八届四中全会通过的《关于全面推进依法治国若干重大问题的决定》（以下简称《决定》）指出，"社会主义市场经济本质上是法治经济"。因此，在法治中国建设全面展开、中国改革开放进入第四十个年头的习近平新时代（以下简称"新时代"）的背景下，针对十八大后国内学术界对法律与经济发展的"中国经验"关注不足的现状[4]，按照"市场经济就是法治经济"这一中国市场化改革与经济发展的法律经济

---

　　[1] 完备的私有产权、可执行的契约、独立于政党和政府的司法等因素是一国经济增长最重要的"要素"，即所谓的"华盛顿共识"。华盛顿共识是新自由主义的一面大旗，强调自由市场经济，主张政府角色的最小化。

　　[2] 事实上，这一争议并不限于中国，是全球范围内法律与发展研究领域的热点之一。

　　[3] 笔者曾发表多篇著述对法律与经济发展的经验和机理进行研究，对法律与经济发展的"中国经验"及规律进行了初步总结。

　　[4] 根据笔者的检索，十八大后的学术文献中缺乏对法律与经济发展关系研究的文章或专著，更鲜有文献针对"中国经验"进行研究，对有关法律与经济增长"中国经验"及其法律例证的全面、深入研究不足。

学逻辑①，本文重点从新时代中国法治经济建设的新特点、新趋势、新问题三个方面出发，进一步思考对法律与经济发展"中国经验"的推陈出新②，对于坚定新时代中国特色社会主义的道路自信、理论自信、制度自信，具有重要的理论与现实意义。

一、新时代中国法治经济建设的新特点

如前所述，中国经济改革的渐进性和政府主导的自上而下改革的特征，具有先交易改革后产权改革、先经济体制改革后政治体制改革的改革路径特点③。与之相对应的是，在改革初期呈现出先立法后司法、先公法后私法、先经济立法后宪法性立法、先涉外立法后国内法、先实体法后程序法、先国家法后民间法的法律与经济发展的中国经验特点，或曰中国法治经济建设路径特点④。这些特点在改革初期有效推动了市场经济的建设，帮助中国以较低的法律成本建立了具有中国特色的市场经济法律体系⑤，促进了经济改革与社会发展。然而随着经济改革的进一步深入，上述特点的弊端也开始显露并日趋明显。

其一，"先立法后司法"虽然符合立法先行于执法和司法之法治进程的规律，且得以通过宽松的法律实施环境为市场主体提供更多创新的空间，然而法律制度的有效性除了取决于规则是否完善外，更重要的是取决于实施机制是否完善。执法与司法等实施机制的缺失带来"有法不依"的后果，对于一个社会而言，"有法不依"所带来的负面效果更甚于"无法可依"，因为不能得到有效实施的法律将失去其稳定性和权威性，且会使人们产生不正常的预期，长此以往将使法律丧失约束社会的功能。当下中国因知识产

---

① 法律经济学作为源自于现代西方法学与经济学研究领域的前沿理论，在中国历经二十年发展后，欲进一步从幼稚走向成熟、从边缘走向主流、从舶来走向本土，必须围绕"中国情况"进行系统的思考或探究。"法律与经济发展"在中国的特殊性使其成为一个很好的题材。

② "推陈出新"指在笔者总结出的法律与经济发展的"中国经验"的基础上，根据新时代下法律与经济之间新的作用关系提炼新规律、新经验，对已经过时的经验进行替代。

③ 中国经济改革以其渐进性为主要特征，在改革路径的选择上，具有"先交易后产权"，即在不触动公有财产所有权的前提下，通过契约制度进行公有财产经营方式改革，及"先经济体制改革后政治体制改革"的路径特点。详见周林彬、黄健梅：《法律与经济增长：中国经验及实证研究》，载《2007年全国法经济学论坛论文集》。

④ "先后"是相对的概念。"先立法后司法"指的是对比于迅速上升的立法数量和逐渐完善的立法体系，中国的法律实施情况要稍显滞后；"先公法后私法"指为巩固改革成果及资源的稀缺，在前期法制建设上更多地是侧重于公法的建设，而将私法建设放在了相对靠后的位置；"先经济立法后宪法性立法"指的是改革之初经济立法的进展远快于宪法性立法；"先涉外立法后国内法"指调整涉外经济关系的立法先行于调整涉内经济关系的立法；"先实体法后程序法"指实体法立法迅速完善，而程序法的立法明显滞后；"先国家法后民间法"指在改革初期更加注重作为正式制度的国家立法而轻民间法（如民俗习惯和乡（行）规民约等民间规范）的制定与实施。详见周林彬：《法律经济学：中国的理论与实践》，北京：北京大学出版社，2008年，第271-323页。

⑤ 市场经济法律制度，主要是在宪法统帅下，由民商法、经济法等部门法所组成的调整经济关系的法律制度，包括规范市场主体、维护市场交易秩序、确认和保护财产权益、维护公平竞争市场四大方面的法律制度。详见王利明：《我国市场经济法律体系的形成与发展》，载《社会科学家》2013年第1期。

权法律实施不严、维权成本过高而造成的"盗版泛滥"就是例证①。

其二,"先公法后私法"体现了政府主导改革的强制性制度变迁的特点②,旨在通过政府的公法干预在市场不成熟时进行有效引导和扶持,克服市场缺陷和维护交易安全。但是,"先公法后私法"导致政府经济管理中"经济行政法规泛化"③,为政府留下了大量的"依法"管理寻租空间。当下中国在一些掌握稀缺资源权力部门存在的"塌方式腐败"案件的发生,就是例证④。

其三,"先经济立法后宪法性立法"有效地降低了改革成本,符合帕累托改善原则,但是随着改革的深入发展,宪法性立法的落后却会掣肘经济的发展。改革的深层次治理体制问题的解决取决于政治体制改革问题的有效解决。当下中国社会经常发生的公权力侵犯私权利的侵权现象,宪法关于公私产权"不平等"规定和"重公有轻私有"财产法律制度缺陷,就是例证⑤。

其四,"先涉外立法后国内法"符合渐进式改革,有利于提高改革效率,实现帕累托改善,并且能够减少改革阻力,然而"双轨制立法"在事实上提高了法律的实施成本(包括法律寻租成本)和造成市场主体不平等竞争。当下中国普遍存在的外资企业与内资企业、公有制企业与民营企业之间的不平等竞争现象,同时大量境内的资金通过外资公司的"壳"对内进行投资的现象就是例证⑥。

其五,"先实体法后程序法"在改革开放之初是将有限的立法资源优先分配到对市场主体实体权利的保护上,然而却造成"重实体轻程序"的不当引导,不利于市场主体守法意识的提高,同时也无益于司法机关正确适用法律,维护当事人合法权益。当下中国因证券诉讼程序制度不完善造成许多中小投资者受损的投资权利难以获得救济的现象就是例证⑦。

其六,"先国家法后民间法"适应政府主导经济改革和经济发展的国情,有利于创

---

① 知识产权相对于物权,其权利界定、保护难度大,使得知识产权的侵权成本低,然而维权成本却很高,形成"侵权容易维权难"怪圈。

② 诱致性制度变迁由个人和非政府组织在追求潜在利润时自发倡导、组织和实行,改革主体来自基层,程序为自下而上,具有边际革命和增量调整的性质;强制性制度变迁一般由政府行政命令或法律引入和实行,是国家在追求租金最大化和产出最大化目标下依照自上而下程序进行的激进性质的存量革命。

③ 仅以1979—1989年间的统计数据为例,政府颁布的经济行政法规的数量高达616件,由全国人大制定的经济法律仅为38件,前者是后者的16倍多。

④ 国家发改委及其管理的相关单位拥有非常大且集中的经济管理和调控权限,集各领域的审批权于一身,在缺乏有效监管的情况下自然容易产生权力寻租,成为官员腐败的重灾区。

⑤ 公权力侵犯私权的典型例证是在政府征地过程中出现"强拆强征"事件。根据中国社科院发布的《社会蓝皮书》显示,2012年因征地拆迁冲突引起的群体性事件占总量的一半左右。

⑥ 立法为外商提供的若干特殊优惠条件,如税收、土地使用、劳动用工等优惠,使得内资民营企业长期处于不平等的竞争地位,许多民营企业为了获得"外资企业"的优惠待遇,通过改变注册登记地等手段规避法律,造成"伪外资"的假象。

⑦ 在我国的证券交易市场中,中小投资者的占比大,但他们往往处于弱势地位,是权益受损的"重灾区"。然而由于在证券市场维权中,对中小投资者权益的损害存在金额小、数量多的情况,导致中小投资者的维权成本较高。

建统一的市场交易规则，打破区域交易壁垒，从而降低市场交易成本，却忽视了非正式制度（民间法）在填补正式制度（国家法）空白、降低交易成本、解决纠纷等方面的重要作用。我国的市场化改革法治建设初期中重视国家法而忽视民间法的弊端在于，不利于有效解决市场经济纠纷，并导致法律运行成本的增加。

为了克服上述主要产生于改革初期的"先与后"特点导致的弊端，为了落实党的十八届四中全会确立的全面依法治国战略，党中央提出了一系列推进中国法治经济建设和经济发展的若干新举措，形成了新时代中国法治经济建设的新特点，主要表现在以下几方面：

其一，从重视公法到重视私法。由于市场配置资源强调的"市场自发调节"与私法强调的"意思自治"价值取向高度吻合，所以完善与市场机制有高度"亲合力"的私法制度，是依法促进与保障市场配置资源决定作用的一项重要内容。良好的私法可以优化权利和义务在市场主体中的配置，有效地提高资源利用的效率。将更多的法律资源用在强调"意思自治"和"约定大于法定"的私法领域，有利于市场主体在法律制度不完备的情况下通过谈判确定各方的权利与义务，有利于发挥市场配置资源的决定性作用，从而提高市场交易的效率。这一特点从党中央将编纂《民法典》作为当下中国市场经济法律体系完善的第一立法要务以及最高院最近发布的产权保护要"严格区分经济纠纷与刑事犯罪，坚决防止把经济纠纷当犯罪处理"的司法政策改革中得到印证[①]。

其二，从重视经济立法到重视宪法性立法。公共选择理论认为，宪法作为制度的制度、规则的规则，在社会选择的规则系统中居于基础性的地位。出于减少改革阻力的考虑，中国的改革从经济领域开始，而政治体制改革的问题则被暂时搁置。随着改革进一步深入，政治文明和民主建设必须与市场经济体制相协调，否则不完善的宪法性立法将掣肘市场经济的发展。在市场经济趋于完善的情况下重视宪法性立法，符合新制度经济学国家理论揭示的"国家悖论"的判断[②]。当民主与法治的问题成为制约中国市场化改革深入的一个问题时，作为经济人的政府只有通过大胆而又稳妥的政治体制改革，才能有效地克服"国家悖论"的消极因素，成为中国经济增长的"发动机"[③]。党的十八大以来，党中央重视宪法性方面的改革立法，如2014年至2017年3年间两次修改《行政诉讼法》，为"民告官"进一步提供便利；2015年对《立法法》进行修改，进一步明晰了立法机关的权限和不同立法文件的效力关系；特别是2018年通过的《宪法修正案》设立了"宪法日"、宪法宣誓制度及成立全国人大宪法和法律委员会等措施来推进宪法实施。

其三，从重视立法到重视司法。改革开放至今我国出台了大量的经济立法，特别

---

① 详见《中共中央关于全面推进依法治国若干重大问题的决定》及《最高人民法院关于充分发挥审判职能作用切实加强产权司法保护的意见》。

② 国家悖论又称"诺斯悖论"，即国家的存在既是经济增长的关键，又是人为经济衰退的根源。更详细的论述请参见周林彬：《法律经济学：中国的理论与实践》，第271-323页。

③ 目前就政治体制改革与经济改革的次序孰优孰劣问题尚无定论。林毅夫（2002）认为从长期经济发展的绩效来说，政治体制改革先行的国家并不一定好于政治体制改革后行的国家，主张政治体制改革后行。

是在1992年提出建设"社会主义市场经济体制后",更是出现了经济立法的"爆炸式"增长,原因既有改革立法的成本低的原因,也符合立法先行于执法和司法之法治进程的规律。但是,在中国经济立法快速发展的同时,出现了法律的实施效果与立法预期的偏离。目前中国司法体系的负担越来越重,需要处理的诉讼量快速增加,且"执行难"的问题日益加重,提高司法系统效率亟待解决。在这种需求的推动下,新时代的法治建设更加注重法律实际效果,进一步加强我国的司法建设。如十八届四中全会对深化司法体制改革进行全面部署以来,我国司法系统进行了通过去除司法行政化完善司法责任制、通过法官员额制推动司法队伍职业化、通过设立巡回法庭完善法院组织体系和管理体制等改革措施,有效完善内部架构,提高审判效率。

其四,从重视国家法到重视民间法。中国改革从正式制度改革向非正式制度改革的转变,在法律上的一个典型表现是:有关改革的经济立法重点,正在从国家正式规范走向民间自发规范转变。随着市场经济法律体系的完善,通过国家法进行制度创新的路径将出现边际递减效应,而通过民间法实现制度创新则是一种行之有效的替代措施。民间法是一种自下而上、自发形成的非正式制度,其形成和实施的成本相对较低,通过与作为正式制度的国家法的相容、互补,民间法为国家法的有效实施提供了强有力的支撑。进一步说,民间法的自我实施机制可以有效弥补第三方实施机制(主要指国家实施机制)的不足,可以有效提高国家法律的实效,降低国家法律实施成本;同时,民间法的演化与实施可以挖掘中国法治建设的本土化资源,避免国家法律与民间法的内在背离而造成的扭曲,以实现两者刚柔并济的互补均衡[①]。去年公布的《民法总则》首次将习惯作为民法渊源,奠定民间法的司法适用的立法基础,而《中共中央国务院关于加强和完善城乡社区治理的意见》中关于"充分发挥自治章程、村规民约、居民公约在城乡社区治理中的积极作用"的规定,则为民间法的适用奠定了坚实的政策基础并提供了方向指引。

二、新时代法治经济建设的新趋势

新时代中国法治经济建设的上述新特征,进一步说明市场法治对经济发展的内生性。从某种意义上说,市场法治是中国经济发展到一定程度的结果,也是经济改革、经济发展对法律改革要求的体现,这在前述法治经济建设初期的"先后"特点中可探知。在中国经济体制转轨过程中,法律服务于经济发展,从法律为经济发展保驾护航到通过法律维护经济深化改革,无一不体现经济的第一性。显然,法治在中国经济发展中的地位,既是手段也是目的。换言之,法律与中国经济发展之间存在一种双向互动关系,即法治是中国经济发展的结果,同时也是促进中国经济发展、深化改革的工具,由此产生法律与经济发展的"互为因果关系"或曰法律与经济发展的"双向互动"作用。这种"互为因果关系论",不同于西方法律与经济发展主流理论中关于法律与经济发展作用

---

① 详见周林彬:《法律经济学:中国的理论与实践》,第271-323页。

"原因论"①或"结果论"②的流行观点。

笔者认为,中国法治经济建设初期市场法律普遍缺失,是导致改革初期法律对中国经济发展作用不大的一个重要原因。正如前文所述法治经济建设在改革初期呈现的"先后"特点,法律在改革初期明显滞后于经济改革和发展,法律在经济发展中的作用更多的是被动地巩固经济改革和经济发展的成果,由此较吻合西方法律与经济发展理论中的"结果论"观点。但随着改革的深入,新时代法治经济建设表现出"从重视公法到重视私法""从重视经济立法到重视宪法性立法""从重视实体法到重视程序法""从重视国家法到重视民间法"的建设路径新特点。这种新特点契合了十八届三中全会通过的《关于全面深化改革若干重大问题的决定》中提出的"处理好政府和市场的关系,使市场在资源配置中起决定性作用和更好发挥政府作用"这一对法治经济建设的新要求,如要求通过宪法性立法推进政府管理体制改革,通过完善私法保障市场配置资源第一作用的发挥等等,由此较吻合西方法律与经济发展理论中的"原因论"观点。因此,随着经济改革与法治经济建设的深入展开,特别是在党的十八大后全面依法治国战略的实施背景下,法律对中国经济发展主动的促进作用将日趋明显,新时期中国法治经济建设将呈现如下新趋势,即:由改革初期法律巩固经济改革与经济发展成果的"被动型"法治经济建设为主,转向以法律引领和推动经济改革和经济发展的"主动型"法治经济建设为主。

上述法治经济建设新趋势的一个典型表现,是通过市场经济立法而非政策引领和推动改革与经济发展。我国在改革初期按照邓小平提出的"先行动后立法"的改革立法思路,大量地通过政策来推动经济改革,具有"政策先行于立法"的特点。在法律(尤其是市场法律)缺失的情况下,政策发挥法律的作用,为经济发展保驾护航③。而且,在特殊的时期和领域,当政策与现行法律冲突时,政策甚至可以替代法律④。所以在法治经济建设初期,一项法律的出台或者修改,其实质是将政策中的内容和规则上升为法律的形式进行确定,法律扮演了"政策代言人"的角色。

虽然政策的灵活性和及时性有利于提高改革的效率,降低改革的成本,实现帕累托改善,在改革初期有效释放了市场主体的创新性,确保了相关市场改革的顺利开展,然

---

① 原因论的核心观点是,法律是促进经济发展的重要原因。这是西方学者的主流观点。持这一观点的学者认为,法律为投资者提供了稳定的预期,使其能够预见一旦发生经济纠纷,法院将如何审判,从而使其可以放心地进行投资。诺贝尔经济学奖得主诺斯教授就持此观点。

② 结果论认为,法律发展与完善是经济发展的结果而非原因。因为西方的主流观点在面对发展中国家的实际情况时,解释力不足。通过对发展中国家的具体考查,一些学者提出了相反的见解,认为法律发展与经济发展并无关系,它只是经济发展的结果。持这一观点的学者认为,发展中国家的经济增长通常在没有完备法治的情况下开始,提高法治质量的努力通常是经济增长的产物,而不是促进经济增长的原因。

③ 在我国,"政策"主要指的是党和政府针对一定时期的特定目标而制定的规范性文件。从形式上来说,它一般表现为上层党政机关向下级机关下发的"红头文件",包括"通知""决定""宣告""声明""方案"等形式。

④ 如广东在土地改革中通过政策性文件对土地的有偿出租使用进行了确认,而相关的立法直到几年后才出现。

而如前所述，政策先行导致立法落后于经济改革，落后于经济发展，立法变为被动地确认已经通过政策建立起来的秩序。政策先行的路径还存在违反权力制衡、立法权与行政权分离的法治原则的弊端，同时由于政策先行很大程度上就是利用政府的公权力来确保改革的顺利进行，导致在很多领域存在政府取代市场的现象。因此，通过政策推动经济改革只是在法制不健全、市场立法资源有限的背景之下选择的一种权宜之计而非常态。在市场经济法律制度相对完善的情况下，特别是新时代全面依法治国的背景下，按照习近平总书记提出的"改革要于法有据"这一"先立法后行动"的改革立法新思想，新时代中国法治经济建设的新趋势在于，通过立法引领和推动经济改革与发展。

进一步分析，首先，中国特色社会主义法治体系是中国法治经济的制度支持，而建设社会主义法治体系，必须坚持立法先行，实现立法与改革决策相衔接，做到重大改革于法有据、立法主动适应改革和经济社会发展。对于立法条件不成熟，需要先行先试的立法，必须履行相应的授权程序，比如我国自由贸易区建设中先是通过政策文件提出要对政府的行政审批体制进行改革，而具体调整有关法律规定的行政审批事项是通过人大常委会的授权实现的。其次，从立法程序来看，法治经济建设必须有完善的立法体制，加强党对于立法工作的领导，加强人大对立法的主动并且明确立法权力的边界，同时推进科学立法和民主立法，提高立法的质量，为市场经济提供高质量的立法。这些变化及趋势都能够在我国新修改的《立法法》上有所体现。最后，法治经济建设仍然可以发挥政策的指引和导向功能，通过政策明确改革的目标以及实现目标的原则、方法，对于现行法律规定不清晰的领域，在立法允许的范围适当进行变通，使政策发挥其原有的功能。

比如，《珠江三角洲地区改革发展规划纲要（2008—2020年）》进一步确定了广东今后改革发展中的位置——"科学发展，先行先试"。在经济发展方式转型试点、新开放型经济试点、深化经济体制改革试点、民主法治制度改革试点、行政管理体制改革试点、社会管理体制改革试点、城乡区域协调发展试点这七大方面以先行性、试验性、创制性为主要特征的领域，应继续发扬政策先行的优势，在确保政策与现行法律相容的基础上，继续发挥政策的灵活性，实现"科学发展，先行先试"。同时，注意依据《决定》和《立法法》，用法治原则确定政策先行的行为边界，避免"违宪""违法"现象。为此，有三个具体表现及要求：一是要坚持法律优先原则；二是在法律缺失、法律空白领域，可自主行使政策先行等先行先试权；三是在需要突破上位法的改革试点、试验领域，政策先行应以法律保留原则为第一原则，以合法授权为第二原则[①]。

再比如，近年来以依法保护产权尤其是私人产权为主要目的的财产权制度的完善、以依法约束政府为主要目的的法治政府建设的深入开展、以依法推进"大众创业、万众创新"为主要目的商事制度改革的深入、以维护信用和惩戒失信为主要目的的企业与公民征信系统的建立都是法律"主动"引领经济改革和发展的例证。特别是在政府为提高资源

---

① 法律保留为第一原则、合法授权为第二原则是指如果需要突破上位法的改革试点与宪法、国家法冲突，应在获得相关特殊授权后制定相关规范性政策文件，或在得到全国人大、国务院批准后，突破宪法和国家法的地方政策文件才正式实施。而如果需要突破的上位法是部委规章、地方性法规，只要是在先行先试权范畴内，可坚定试行政策先行，以促进制度创新。

利用效率、保护环境、促进从粗放型增长向节约型增长方式的转变所开展的一系列可持续发展改革措施（尤其是供给侧改革措施）的制定与实施过程中，完善相关市场经济立法（如自然资源法、环境保护法、企业破产法）、强化市场经济法律实施（如全国人大和国务院及最高法、最高检有关加强供给侧改革依法落实的相关执法检查与司法活动）成为当前党和政府依法促进经济发展的主要措施。这些都较完美地阐释了法律对约束政府、产权保护和契约维护这三个经济发展必备"要素"的制度构建方面的"主动型"角色作用正在强化，法律在中国经济发展中发挥重要"主动"作用的蓝图正在形成。

"主动型"法治建设新趋势的其中一个重要的典型表现，是通过司法强化法律实施来保护产权和维护契约，为经济发展保驾护航。如前文所述，"从重视立法到重视司法"是我国新时代法治经济建设的一大新特点，从现实需求来看，商事案件的数量与经济发展呈现的正相关关系（见图1）要求司法必须通过提高效率以解决纠纷，稳定市场秩序。从案件执行的情况来看，虽然我国的法院每年执结案件数量以及执行到位标的金额都在稳步上升，然而由于新收的执行案件数量过多，案件执行率并没有呈现上升的趋势，这导致每年堆积的执行案件数量呈现上升趋势（见图2）。

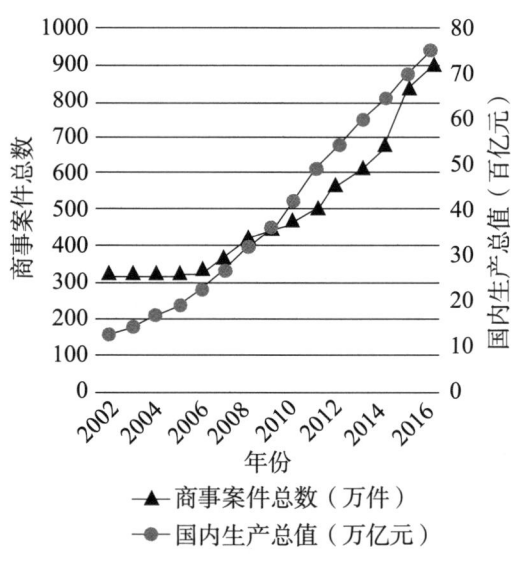

图1　商事案件数量与国内生产总值曲线图
（2002—2016年）

数据来源：国家统计局及中国法律年鉴。

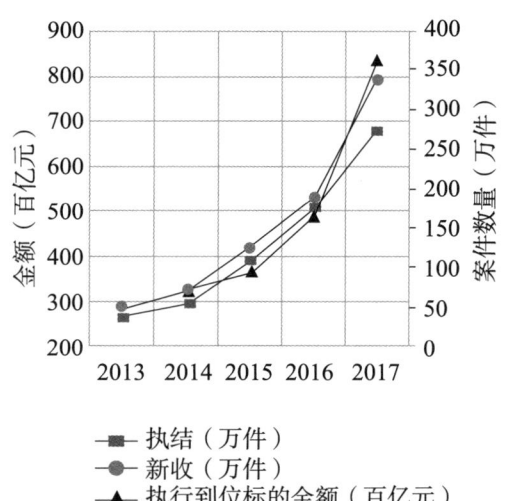

图2　案件执行情况曲线图（2013—2017年）

数据来源：最高人民法院工作报告及国家统计局。

在此背景下，中国司法部门通过一系列措施促进法律的实施以及增强司法对经济发展的正向作用。如最高法院出台"加强产权保护的十大司法政策"以落实《中共中央国务院关于完善产权保护制度依法保护产权的意见》，并实施了《关于公布失信被执行人名单信息的若干规定》和《关于依法开展破产案件审理积极稳妥推进破产企业救治和清算工作的通知》等司法政策性文件以确保法律的统一、正确适用并提高执行效率。又如2014年新设立的知识产权法院和2017年新设立的金融法院，旨在通过审判专业化提高商事审判的效率,为市场化改革与经济发展提供强有力的司法保障。中国法院通过加强法律实施服务于法治经济建设,不仅是新时代具有中国特色"能动司法"[①]的一个重要表现,也是中国法律与经济发展实践开始契合于西方主流理论所强调的"产权论""契约论"和"司法论"的一个重要标志。

三、新时代法治经济建设中的新问题

改革开放40年,法律对经济发展作用机制随着经济社会的发展和改革深入在不断地变化,由此产生了前文所述法律对经济发展作用的新特点和新趋势。然而更重要的是对法律与经济发展"中国经验"的深化与升华,并将其与新时代的法治经济建设中的新问题结合起来进行运用,使之真正服务于当下中国经济发展。

一方面,中国法治经济建设的实践表明,中国从盲目推崇西方市场法律到理性对待西方市场法律,逐渐认识到市场法律制度形成的演进性,过多市场管制型立法会对市场经济带来负面影响,也认识到市场法律实施中市场主体对符合市场规律的"良法善治"[②]积极态度的重要性,以及私法(民商法)特别是非正式制度(民间规范)对依法保障与发挥市场配置资源的决定性作用和降低市场法律成本的重要作用。这使得中国法学界与法律界同仁切身体验到西方经济学大师米勒教授关于市场化改革初期"中国需要更多法律而不是经济学"的著名论断的深远含义[③]。另一方面,在纪念改革开放40周年的背景下,认真总结法律与经济发展的中国经验,深入研究法律在中国经济发展中特殊作用及其规律,并据此提出有利于实现经济新常态下中国经济持续稳定增长的法律制定与实施的思路与对策,是当下中国法治经济建设中亟待解决的一个重要理论和实践问题。

笔者特别注意到,2017年末的中央经济工作会议将"建设法治化市场营商环境"作为振兴我国实体经济的一个重要举措。法治化营商环境建设将成为当下中国法治经济建设的"重中之重",同时也是法律促进经济发展的一个新作用点[④]。据此,笔者以法治化营商环境建设为背景,提出当下中国法治经济建设理论与实践中的以下几个新问题,以深化与升华我们对法律与经济增长"中国经验"在新时代的认识。

其一,中国法治化市场营商环境建设的理论基础问题。相关的问题是:法治与营商环境的内在关系是什么,法治如何作用于营商环境?由于法治是社会主义市场经济的基

---

① 能动司法指的是司法部门并非"法律传送带",应当立足审判职能,通过加强法律的实施、完善法律的适用以回应经济社会发展的需求。从具体途径来看,"能动司法"的方式包括在个案审判中正确适用法律、对法律存在冲突的领域发布司法解释、加强生效判决法律文书的执行。

② 习近平总书记在党的十九大报告中提出"以良法促进发展、保障善治"。良法就是要通过科学立法、民主立法、依法立法为市场法律提供高质量立法,善治是在具备完善、高质量立法的前提下更好地执行和实施法律。

③ 这一成熟的、富有理智的观点,是由经济学家盛洪所著《经济学精神》一书第264页的内容中概括出的观点。莫顿·米勒,1990年诺贝尔经济学奖获得者,美国芝加哥大学经济学教授。

④ 营商环境主要是指市场主体从事相关生产经营或商业贸易活动的环境。它是一个复合性的概念,包括政治、法律、社会、文化、教育、发展状况等多种因素。良好的营商环境可以为市场主体提供稳定的预期、适当的激励,并有效降低交易成本,形成充分的公平竞争。

石，所以营商环境的"优化"本质上就是"法治化"。营商环境"法治化"的作用机制简言之有三点：一是通过公开透明市场交易法律为市场主体提供稳定的预期，从而鼓励市场主体投资创业，充分使用资源创造最大化效益；二是依法明晰各级政府经济管理职权、各类市场主体及相关利益主体的权利和义务，实现市场主体各行其道、各得其所、各尽其责；三是为营商环境提供交易缺省规则，有效降低交易成本，优化资源配置。

其二，如何处理"西方理论"和"中国经验"在法治化市场营商环境建设中的关系问题。具体而言是：西方主流经济学界和法学界提出的能够推动经济发展的"法治标准"（产权保护、契约履行、政府监管、独立司法）对中国市场营商环境建设是否具有普适意义？与中国政治经济体制相契合的"市场营商环境法治化"标准应当是什么？中国如何通过自身实践，构建出比西方国家更具制度竞争优势的法治化市场营商环境？总体而言，法律与经济发展的"中国经验"所呈现出的新特点和新趋势在一定程度上与西方理论相接轨，然而这并不能够说明这些标准对中国市场营商环境建设具有普适意义，法治市场营商环境的建设要走"中国道路"。西方学者关于法律与经济发展的理论在近几年已经出现了比较大的修正，如法律与经济发展的系统学理论提出法律对经济发展的作用评估不能单一地考虑法律的因素，而是应当将法律视为一个系统，同时将政治、社会、文化等因素作为独立系统，综合考虑不同系统之间的相互作用而形成的环境①。因此，中国法治营商环境的建设不能"唯法律论"，更不能"唯立法论"，而应当根据中国的实际国情，以法治为基础充分结合政治、社会、文化等因素，形成"整体大于部分之和"的合力。

其三，如何健全法治化市场营商环境的评估机制问题。如何科学地对法律与经济发展进行量化研究，从而形成完整的评估体系，是当下法律与经济发展研究中的一个难题。法律仅是所有影响经济发展的基质当中的一小部分，非法律因素的基质还包括教育水平、人口特征、自然资源禀赋、地理位置、技术水平、国内政治制度、社会和文化规范和实践以及国际政治和经济等②。法律和经济发展理论试图将法律置于评估公式的中心，然而由于众多非法律因素的存在，并且像法律制度实施情况这样的要素难以被分离以及数量化，类似的评估机制很难实现科学性③。法治化市场营商环境的评估不能将法律孤立考量，而应当全面考虑影响营商环境优化的组成因素，从系统性的角度对营商环境进行评估。如世界银行每年出版的《营商环境报告》就以开办企业、办理施工许可证、获得电力、登记财产、获得信贷、保护投资者、纳税、跨国贸易、执行合同、解决破产（原来称为关闭企业）等因素当作评价营商环境情况的指标④。事实上，国内已经

---

① Xiao, L.I. "Legal and Economic Development with Sui Generis Chinese Characteristics: A Systems Theorist's Perspective". *Brooklyn Journal of International Law*, 2014, 39 (1), pp.160–228.

② 当然，这些因素通常会随着国家的政策选择反映在法律上，所以社会变革或者经济变革几乎都会涉及法律的变革。

③ John, K.M. Ohnesorge. "Developing Development Theory: Law and Development Orthodoxies and the Northeast Asian Experience". *University of Pennsylvania Journal of International Law*, 2007, 28 (2), pp.219–308.

④ 数据来源于世界银行历年的《营商环境报告》，需要注意该报告衡量营商环境的指标会有一些变化，如其在2014年之后便将"雇佣员工"排除在衡量的指标之外。

出现了许多关于营商环境的评估方案,然而稍显遗憾的是这些评估方案基本都是照搬世界银行《营商环境报告》的指标,而没有根据中国当地的实际状况进行改进。法治化市场营商环境的评估机制必须找准真正构成、反映、影响营商环境的因素,同时为实现评估的科学性和准确性,应当建设利用现代经济学、统计学最新理论工具,通过数据分析、指标构建、统计回归、稳健检验、博弈分析等方法,建立具有可比性、可操作性、中央和地方、静态和动态、主观和客观相结合的中国法治化市场营商环境的指标体系。如在中央层面,能否通过不同时期的国家立法数量、具体类别、法官和律师的数量、商事纠纷案件数量、诉讼、仲裁成本、判决与裁决执行、市场准入与退出行政审批数量等方面进行量化和指数构建,来评估全国法治化市场营销环境建设的成效?如在地方层面,如何评估同一时间段中各地政府在执行、实施国家相关立法以及在地方立法方面,如何降低企业经营成本、交易成本、守法成本?

其四,提出有利于法治化市场营商环境的法治改革的对策与思路问题。我国的市场经济法律已经相对完备,然而法治的内涵并不仅仅是相对完备的、静态的法律制度建设问题,还包括对法律法规的质量要求以及对法律实施机制的要求。如我国的公司法律制度和商事登记制度体系在2014年之前就已经相对完备,并不存在立法上的缺漏。然而在实践中,当时相关规定对公司的设立门槛过高,同时设立的程序过于繁琐,不利于商事主体设立企业,因此在2015年我国进行了商事登记制度改革,促进了"大众创业、万众创新"。由于法治化市场营商环境的营造旨在为市场主体提供更好的交易环境,因此相关对策应当围绕市场主体的经营过程来制定。循此思路,需研究的问题至少包括:①在市场准入阶段,哪些领域需要进一步依法降低企业设立成本,简化、优化市场事前监管机制(如IPO注册制改革等)?②在市场经营阶段,如何落实中央关于依法保护企业(尤其民营企业)产权的政策?如何依法防控具备市场支配地位的企业操纵市场(如大型保险公司对证券市场的非法影响等)?如何依法促进国有企业与民营企业的公平竞争以推进混合所有制改革?如何依法对可能造成巨大市场风险(尤其金融风险)的新兴市场领域(如互联网金融)强化、优化监管?如何依法发挥商会行业协会对市场治理的积极功能以有效替代政府行政管制?③在市场退出阶段,如何依法推进供给侧改革政策?如何依法强化对破坏市场秩序、损害投资者利益的企业(如虚假上市企业等)以及不符合经济转型发展趋势的各类僵尸企业的债务清偿与破产重整?

结　语

上述对新时代法治经济建设中的新特点、新趋势、新问题的分析论证虽然不全面,但可以肯定的是,新时代法律在中国经济发展中正在扮演十分重要的"主动型法律"角色。问题在于,如何厘清各种因素在经济发展中所占的比重,而更重要的是,在未来的中国经济发展中,应选择何种法治经济建设模式以促进经济发展?法律与经济发展"中国经验"是回归西方"正统"的法律与经济发展理论还是在多种理论并存于制度竞争的前提下继续前行?抑或是促进各种理论的有效融合?因此,本文分析上述新时代中国法治经济建设新特点、新趋势、新问题的目的在于进一步思考法律与经济发展的中国经验,为新时代法律与经济发展"中国经验"的推陈出新研究"抛砖引玉"。

参考文献

刘伟. 市场经济秩序与法律制度和法治精神. 经济研究，2015（1）：14-16.

盛洪. 经济学精神. 四川文艺出版社，1996：264.

王利明. 我国市场经济法律体系的形成与发展. 社会科学家，2013（1）：5-11.

郁光华. 经济增长与正式法律体系的作用. 中外法学，2011（1）：176-192.

周林彬. 法律经济学：中国的理论与实践. 北京大学出版社，2008：271-323.

周林彬. 法律与经济增长：中国经验及实证研究. 2007年全国法经济学论坛论文集，2007：21.

John, K. M. Ohnesorge. Developing Development Theory: Law and Development Orthodoxies and the Northeast Asian Experience. University of Pennsylvania Journal of International Law，2007，28（2）：219-308.

Van Rooij, B., & Nicholson, P. Inflationary Trends in Law and Development. Social Science Electronic Publishing，2013，24：297-348.

Xiao, L. I. Legal and Economic Development with Sui Generis Chinese Characteristics: A Systems Theorist's Perspective. Brooklyn Journal of International Law，2014，39（1）：160-228.

Davis, K. E., & Trebilcock, M. J. The Relationship between Law and Development: Optimists versus Skeptics. American Journal of Comparative Law，2008，56（4）：895-946.

原载《中山大学学报（社会科学版）》2018年第6期

健康中国建设的理念、框架与路径

申曙光　曾望峰

2016年8月，习近平总书记在全国卫生与健康大会上强调"没有全民健康，就没有全面小康"，提出要加快推进健康中国建设，努力全方位、全周期保障人民健康。党的十九大报告将健康中国战略提高到优先发展的地位，健康中国建设由此进入新的发展阶段。为了实现"全民健康"和"全面健康"的目标，近年来党和政府出台了一系列政策。然而，健康中国建设是一项复杂、长期的系统工程，涉及难以协调的多元参与主体、难以把握方向和重点的多个领域及难以处理的多种复杂关系等。为了从总体上把握健康中国建设的方向和路径，本文将回顾和总结西方发达国家实施健康国家战略的历史经验，提出健康中国的基本理念，解读健康中国建设的内涵，并系统梳理需要处理的重要关系，以此构建健康中国建设的总体框架，最后在此基础上提出健康中国建设的实施路径。

一、文献综述

西方国家的健康理念和健康战略相关的理论研究与实践都起步较早。近半个世纪以来，研究内容从健康的内涵与价值、健康公平性问题延展到健康生活方式的价值等，健康国家战略的重心也经历了多次调整和改进。1946年，世界卫生组织（WHO）对健康作出定义，即"健康不仅仅是身体没有疾病，还要有完整的心理、生理状态和社会适应能力"[①]。这种认识在西方学者较早的研究中得到了体现。Maslow（1943）认为历史上最伟大与最杰出的人物都是将健康的外在价值最大化，健康不是没有疾病，而是成就伟大的最高能力要求；Grossman（1972）认为健康具有内在价值和外在价值，前者是获得健康所需要的物质和劳务投入，而后者是一个人的健康所创造的社会、个人、物质、精神财富；Sen（1985）提出健康是促进人们有效工作的最重要的可行能力，健康人也绝不仅是生物学意义上所指的没有疾病的人；Fuchs（2015）认为从某种意义上讲，人类就是牺牲健康去换取其他的收益，健康的价值体现在健康产出的有效性和外部性。这些研究都论证并肯定了健康的内涵与价值。随着人们对健康的认识越来越深刻，健康权作为一项基本人权应该得到法律保障的呼声越来越高。1948年联合国《世界人权宣言》正式确立了健康权作为基本人权或社会权的地位；1966年《经济、社会及文化权利国际公

---

① World Health Organization（WHO）. "What is the WHO Definition of Health？" https://www.who.int/about/who-we-are/frequently-asked-questions.

约》对健康权的含义作出了明确的界定。此后，保障健康权逐渐在各国的宪法与法律中得到体现，一些国家开始立法确定国家对公民健康的基本责任，并出台促进健康的规划与政策。

随着健康权作为基本人权地位的确立，健康公平问题越来越受到学者的关注和重视。Tobin（1970）认为健康公平是人类生存和发展过程中最基础的一种机会公平；Acheson（1998）发现，即使在一些具有良好健康状况的国家，预期寿命的不公平仍在持续；Zatonski（2007）指出欧洲发展面临的最大挑战是东西部的健康差距；Hong（2011）等也发现韩国存在严重的地区间健康不公平问题，认为要以更公平的收入分配制度来促进地区间的健康公平。为了解决健康不公平的问题，各国健康战略的重心也有所转变。2000年12月出台的新西兰健康战略即以改善人群的健康状况和减少健康不平等为重点。2013年，英格兰公共卫生署（PHE）发布《英国公共卫生成果框架2013—2016》，提出"最快地提高最贫困者健康水平"的愿景，明确了提高预期健康寿命、缩小不同社区间预期寿命和预期健康寿命差异的公共卫生服务目标，将健康国家战略重心转移到减少健康不平等上来[1]。

随着人口老龄化加剧，疾病谱发生重大变化，由不良生活习惯引起的健康问题开始引起学者高度关注。维护健康需要国家总体规划和其他部门的配套政策，同样也需要个人生活方式的积极转变。1992年，世界卫生组织在《维多利亚宣言》中提出了健康的四大基石——合理膳食、适量运动、戒烟限酒和心理平衡，并将影响健康的因素总结为："健康=60%生活方式+15%遗传因素+10%社会因素+8%医疗因素+7%气候因素"。Glanz（1990）认为健康教育对健康行为的养成具有促进作用。Donaldson（2012）研究发现，体育运动能成为人们践行健康生活、促进健康的重要影响因素。

西方发达国家（如英国、加拿大、美国和日本等），根据健康国家建设理念的更新，逐步调整和完善本国的健康国家战略。美国是世界上最早实施健康战略的国家。从20世纪70年代开始，美国每十年发布一次"健康公民计划"，通过总结既往经验，并结合当时的社会健康环境，不断改进战略内容、制定新的政策。第一代计划突出大健康理念与健康预防；第二代则强调多方合作、共同分担责任；第三代强调个人健康与群体健康的不可分割性；第四代则提出"实现高质量的生活方式、改善人群的健康行为、促进健康公平、建设全民健康物质环境"四大目标。可以说，"健康公民计划"内容的变化反映了美国健康问题关注焦点的变迁，同时也代表了国家卫生战略重心的转移（刘硕和张士靖，2011）。美国健康战略不仅关注个体健康，而且注重通过建设健康社区来促进个体健康（代涛等，2008），强调国家不同部门和组织间的统筹与协作，将健康促进作为国家健康战略的重要指标（彭国强等，2016）。1996年，日本制订了"21世纪国民健康增进运动"的十年计划（简称"健康日本21"），标志着日本的健康管理服务走向常态化、制度化和法律化。然而，"健康日本21"提高个体健康水平的效果有限，由不良

---

[1] Department of Health, UK. "Public Health Outcomes Framework 2013 to 2016", http://www.gov.uk/government/publications/healthy-lives-healthy-people-improving-outcomes-and-supporting-transparency，2016-06-11.

生活方式引发的健康问题非常严重。为了适应现代生活的变化,日本政府对其健康计划进行了调整与完善,"健康日本21"第二期(2013—2022)提出了"运动第一,饮食第二,坚决禁烟,最后才是药物"的口号,具体制定并实施了"增进健康的运动基准",进一步强调健康运动与健康生活方式的重要性[①]。根据2015年《世界卫生统计》报告,日本的人均寿命已经达到84岁,排行全球人均寿命榜榜首。日本的公共卫生项目取得成功的重要原因不仅在于强调预防保健、健康教育以及人人参与,还在于每一细节都做得尽善尽美,努力实现医疗服务的规范化、精细化和个性化(叶汉风,2012)。

与发达国家相比,我国对健康建设相关的理论研究与社会实践都有不小的差距。目前,在健康权、健康价值等方面有一些初步探讨。孙晓云(2008)提出健康权是人人平等享有的最基本权利,内含着基本医疗保障同需同治的诉求;李方波等(2012)提出健康生活方式对居民健康影响甚大,应该加快提升公民的健康素养。随着《"健康中国2030"规划纲要》的出台,习近平总书记在全国卫生与健康大会上对人民健康的优先发展战略地位的强调,国内关于健康战略的研究开始发展。在健康价值、健康责任与健康公平方面,何文炯等(2017)认为健康作为人力资本的重要构成要素,是个人生存与发展的基本需要,是推动经济增长的重要动力;在健康中国建设的基本内容方面,李滔等(2016)提出医疗保障制度是建设健康中国最重要的制度安排,健康中国建设应以建立完善的整合型医疗卫生服务体系为主体内容,完善医疗保障治理;董朝晖(2016)指出健康服务和健康产业是实现健康中国的动力系统,健康中国建设要优化健康服务、大力发展健康产业;在健康国家战略研究方面,王虎峰(2017)认为健康国家建设的本质是调整健康问题在社会发展中的地位和作用;申曙光等(2018)从健康中国建设的总体布局着眼,认为健康中国建设的步伐应与我国社会主义现代化建设总体进程保持一致。

总的来说,近半个世纪以来,国外健康领域的研究取得了丰硕的成果,产生了很多影响深远的观点,如健康权是一项重要的基本权利;健康是指身体、精神、心理、道德等全方位的大健康;健康促进、健康维护不能仅仅依靠医疗技术,疾病预防同样非常重要。这些成果很快在西方国家的健康国家战略中得到体现,并且,各国的健康战略因时期不同、发展程度不同而体现鲜明的阶段性和针对性。而在国内,随着健康中国战略的提出,健康领域的研究也在快速发展,但这些研究主要从健康中国战略的必要性和健康中国建设的基本内容等某个或某些角度展开论证,为我国健康事业发展提供了一定的理论支撑与依据遵循。然而,已有研究并未站在"健康中国"国家战略的角度进行全局性探索和理论论证,而健康中国建设已不仅仅是医疗领域的问题,更是重大的社会、经济与民生问题,需要站在更加宏观和多学科的角度进行探讨。

在中国的实践方面,全民医保制度与药品供应保障制度的建立、公立医院改革的加快、爱国卫生运动的广泛开展、全民健身公共设施的投放等为健康中国建设打下了一定的基础,但距离预防为主的大健康格局还存在很大差距。在新时代,健康中国建设的背

---

① 厚生省(日本)文件:《21世紀における国民健康づくり運動(健康日本21)の推進について》,健医発第612,2000年。厚生労働省:《健康日本21(第二次)》,https://www.mhlw.go.jp/stf/seisakunitsuite/bunya/kenkou_iryou/ken-kou/kenkounippon21.html。

景与形势发生了深刻变化，对健康中国建设也提出了更高的要求。因此，健康中国建设需要有新的理念作为指导，以践行"健康优先发展"的原则。本文将结合现实与未来的发展环境，重点研究健康中国建设应该树立何种思维与理念，提出健康中国建设的总体框架与实施路径，从而为健康中国建设事业的发展提供理论依据与基本思路。

二、健康中国建设的基本理念

健康中国建设作为新时代一项重要的社会事业与民生工程，必须理念先行，以正确的理念来引领其发展。根据十九大报告"为人民群众提供全方位全周期健康服务"和"坚持预防为主"的精神，以及对健康医学发展规律认识的深化和健康国家战略国际经验的总结，我们提出健康中国建设的三大基本理念——健康权理念、大健康理念和预防为主的理念。

（一）健康权理念

健康是个人生存与发展的基本需求和必备条件，也是人类社会最主要的价值取向。一个人的健康状况将直接影响其收入能力和生活水平，并进而影响其社会经济权利的实现，因此健康权被自然法学派视为与生俱来的、不可褫夺的基本人权，是维系公民美好生活的基本前提。健康权作为基本人权受到法律保护在历史上早有记载。1946年，世界卫生组织宪章首次将健康权载入国际公约，阐明"健康权是人最基本的权利，不因种族、宗教及社会地位而有区别"。因此，健康权意味着健康公平，即人人平等享有健康权，这需要国家承担起保障人民健康权益和健康公平的责任与义务。健康权对政府施加了三个层面的义务：从民事权利的角度，政府承担保护健康权的义务；从社会权利的角度，政府具有实现健康权的义务；从政治权利的角度，政府具有尊重每一个公民健康权的义务（黄清华，2016）。2004年我国把"国家尊重和保障人权"写入宪法，《宪法》第二十一条记载了"国家支持举办各种医疗卫生设施，开展群众性的卫生活动，保护人民健康"的条文，从根本上确认了我国公民的基本健康权利，并明确了国家作为健康权保障的基本责任者身份（任梦华，2015）。

保障人民健康权益与健康公平，不仅关系全面小康的实现，也关系人民美好生活需求的满足，因此是中国共产党人的初心和使命。党的十九大报告提出"把人民健康置于优先发展战略地位"正是对"健康权"理念的回应与落实。以"健康权"理念为指导，要求健康中国建设践行"健康优先"的原则，将健康融入经济社会发展的方方面面，切实保障各领域、地区和人群的健康权益。在生态经济领域，健康权要求经济发展尊重和保障人人平等享有健康环境的权利，不得以发展经济为借口破坏部分人群的生存环境；在医疗卫生领域，新时代健康中国建设要以提高医疗卫生服务的可及性和公平性为目标，全面建立优质高效的整合型医疗卫生服务体系，大力推进分级诊疗与医联体建设，促进医疗卫生资源的下沉和布局优化；在医疗保障体系建设方面，要在全民医保的基础上着力提升制度的公平性，继续特别关注医疗弱势群体，在总体上消除"贫困"与"疾病"的恶性循环。这需要实现城乡居民基本医疗保险和城镇职工基本医疗保险制度的整合，不断缩小城乡、地区和人群之间享受基本医疗保障的差距；要不断完善医疗救助制度，发挥政府在健康保障中的"托底"作用。

（二）大健康理念

十九大报告和《"健康中国2030"规划纲要》都倡导健康中国建设要以提高人民健康水平为核心，加快转变健康领域发展方式，全方位、全周期维护和保障人民健康，这实质上是在提倡一种新型的健康理念——大健康。"大健康"是对"健康"概念的拓展与升华，与传统的"身体无病即健康"的认识不同，"大健康"追求包含身体、精神、心理、生理、社会、环境等方面的全面健康。它是根据时代发展、社会需求和疾病谱的变化而提出的一种全局理念，围绕人的生老病死，关注各类影响健康的危险因素，提倡自我健康管理和健康环境管理，从而降低疾病风险，促进人民健康水平的提升。从健康中国关注的领域来看，大健康的核心内涵是：覆盖全人群的全生命周期健康，即包括生命孕育期（母婴期）、儿童少年期、成年期、老年期和临终关怀在内的"从负一岁到终老"的全过程健康；覆盖全人群的全方位健康，即身体健康、心理健康、社会适应健康、生活方式健康、人居环境健康等。

以"大健康"理念为指导，健康中国建设的基本内容包括普及健康生活、建设健康环境、优化健康服务、完善健康保障以及发展健康产业，通过"健康入万策"，全方位保障人民健康，促进社会的健康协调发展。因此，健康中国建设不仅仅关乎个人责任或政府责任，而是需要形成由多样化组织与多种规则集合而成的有内在联系、有层次、有结构的治理体系（李玲等，2018）；不仅仅是医疗卫生领域的建设，也是经济、社会领域的改革与发展。在医疗卫生领域，"大健康"理念要求我们转变过去只追求身体层面健康的健康导向，要更加关注个人心理健康、职业健康、精神健康，建立集预防、保健、康复于一体的整合型医疗服务模式；在生态经济领域，"大健康"理念要求健康中国建设牢固树立生态文明理念，大力发展集健康效应、经济效应和社会效应于一体的健康产业，实现人民健康与经济社会协调发展；在社会生活领域，"大健康"理念要求健康中国建设重视对健康生活方式的普及和健康环境的打造，形成全员参与的健康中国建设共建共享大环境。

（三）预防为主的理念

十九大报告提出"预防为主、防治结合"，是基于对健康领域发展规律的认识深化而提出来的健康指导方针。"预防为主"的理念与我国中医"治未病"理念有异曲同工之妙，最早可以追溯到先秦时期。《素问·四气调神大论》首次出现"治未病"之说："是故圣人不治已病治未病，不治已乱治未乱"。虽然"预防为主"的理念早已有之，但一直没能很好地贯彻执行。长期以来，我国医疗卫生领域都是"以疾病治疗为中心"，在此理念的指导下，医疗卫生事业的发展主要以兴建大医院、提高医疗水平为重点，对基层医疗卫生机构和社区医院投入不够，对慢性病的预防、保健不够重视；健康产业的发展方面，社会资本主要集中在与疾病治疗相关的医疗药品与器械领域，基于健康维护与健康促进的相关产业则一直没有得到充分发展。新时代背景下，随着生活方式的多样化，人类活动的深度、广度增加，影响人群健康的风险因素也随之增加，以心脑血管病、癌症、糖尿病和慢性呼吸系统疾病等为代表的慢性病已经成为威胁我国公众健康的主要公共卫生问题，"治疗为主"的医疗卫生理念已经不能适应新时代人民的健康需求和社会发展需求，"预防为主、防治结合"的指导方针有了更深刻、更丰富的现实意义。

"预防为主"理念指导下的健康维护着眼于预防和减少疾病的发生，对于降低健康中国建设成本和提高人民幸福感都有积极作用，兼具健康效应与经济效应，是健康中国建设应该始终坚持的基本理念，必须贯彻到健康中国建设的方方面面。在普及健康生活方面，要更加重视体育健身的预防保健功效，加强健康教育，提高全体国民的健康素养；在优化健康服务方面，要重视疾病预防工作，加紧实施慢性病综合防控和健康管理，推进基本公共卫生服务均等化；在完善健康保障方面，要推动医疗保障体系从"保疾病"转向"保健康"，在完善全民医保制度的基础上大力发展商业保险，鼓励开发与健康管理服务相关的健康保险产品；在建设健康环境方面，要重视生态环境对人群健康的影响，实现经济社会的可持续发展、绿色发展；在发展健康产业方面，要引导社会资本更多地关注健康体检、健康管理与健康促进相关产业。

三、健康中国建设的总体框架

健康中国建设是一项复杂的系统工程，需要厘清系统的基本要素（内容）及其中的重要关系。我们可以从《"健康中国2030"规划纲要》提出的五项内容出发，分析现代健康社会的基本要素，以及各要素对健康中国建设提出的具体要求；在此基础上，分析其中的重要关系，以及如何处理这些关系才能实现各个要素的理想状态，从而最终"建成与社会主义现代化国家相适应的健康国家"，并且实现健康效应与生态效应、社会效应、经济效应协同一致的发展。

（一）健康中国建设的基本要素与内容

从现代健康社会的结构来看，健康国家的建设离不开健康生活、健康服务、健康保障、健康环境和健康产业五大基本要素。正因为如此，党的十九大报告和《"健康中国2030"规划纲要》提出了健康中国建设的五项重点内容：普及健康生活、优化健康服务、完善健康保障、建设健康环境、发展健康产业。这五项基本内容从不同方面对健康中国建设提出了要求。

健康生活是指有益于健康的惯性行为方式，具体表现为生活作息规律，讲究卫生，重视身体保健与疾病预防，积极参加健康文体活动等。健康生活与人的健康具有最直接的联系，是健康社会必备的基本元素。普及健康生活，要以培育健康生活方式为重点，重视个人健康责任的履行。研究表明，相比健康的生活方式，不良生活方式发生亚健康的危险性高达43倍（陈洁瑜等，2017）。因此，普及健康生活应当唤醒个体的健康责任意识，提高群众健康素养，培育健康生活方式的形成，引导、鼓励和支持个体参与健康中国建设的事业。

健康服务是指以维护和促进人民群众身心健康为目标的服务，主要包括覆盖全民的公共卫生服务、优质高效的医疗服务、中医保健服务以及重点人群的"特需型"健康服务。它是有效防控重大疾病、满足人民群众看病就医需求的重要保障，也是人民追求美好生活、实现健康长寿的重要诉求。优化健康服务，要坚持健康服务的公共品性质，以全民健康和健康公平为导向，促进健康服务均等化，实施健康扶贫工程，缩小城乡基本健康服务和健康水平的差距；要创新医疗服务的供给模式，为群众提供更优质、更便捷的健康服务。

健康保障是指在居民面对衰老、伤病或发生健康风险时保障其获得应有的健康服务，以维持或促进居民健康状态（张研和张亮，2017）。健康保障是新时代下"医疗保障"的转型升级，是一种对人民健康的更高水平、更综合的保障。全民健康保障要覆盖全生命周期，实现从胎儿到生命终点的全程健康服务和健康保障，全面维护人民健康（李玲，2017）。当前，完善健康保障要以健全医疗保障体系和药品供应保障体系为重点，提高健康保障能力。其中，全民医保体系是保障"病有所医"的兜底性制度安排，是实现健康权的基础；药品供应保障体系则是医疗卫生体系顺畅运行的后方补给，是健康中国战略实施的重要保障。

健康环境是指有利于维护和促进人民群众身心健康的环境，包括大气环境、水体环境、土壤环境、居住环境和食品安全等内容。世界卫生组织的研究表明，世界范围内大约24%的疾病负担和23%的死亡可归因于环境因素，在0—14岁的儿童中，可归因于环境污染的死亡比例高达36%（段纪俊等，2008）。十九大报告指出我国要建设的现代化是人与自然和谐共生的现代化，因此健康中国建设要牢固树立生态文明发展理念，推进绿色发展。建设健康环境，要彻底转变地方政府的"唯GDP"政绩观，实行健康评价制度，把健康融入城乡规划、建设、治理的全过程；要加大投入解决大气、水、土壤等影响健康的环境问题，加强食品药品安全监管，最大限度地减少外界因素对健康的负面影响。

健康产业是具有巨大市场潜力的复合型产业，包括医疗产品、保健用品、营养食品、医疗器械、保健器具、休闲健身、健康管理、健康保险、健康咨询等多个与人类健康紧密相关的生产和服务领域。健康产业由于其产业链长、辐射面广的特点，具有促进就业、改善民生和拉动内需的重要的经济与民生功能。在人口老龄化加速、疾病风险不断增加的背景下，现有规模和层次的健康产业已经难以适应人民日益增长的健康需求。因此，新时代背景下应大力发展健康产业，不断满足人民日益增长的多层次、多样化的健康需求。这需要引入各类社会资本投资健康产业，优化多元办医格局；支持发展"互联网+"健康、健康管理、医疗旅游等新业态、新模式；提升医药产业发展水平，打造全流程健康产业链。

（二）健康中国建设中的重要关系

健康中国建设内容丰富、参与主体众多，因此需要处理的关系也十分复杂。其中，首先需要回答的问题有：第一，谁应该对健康负责？清晰界定健康责任主体，并明确其责任范围和相互关系是健康中国建设一切工作的前提。第二，如何界定政府与市场在健康中国建设中的职能？二者的互动关系和治理机制是影响健康中国建设总体框架和建设效果最核心的因素。健康中国建设五大基本内容中，如何普及健康生活、培育健康环境直接取决于对第一个问题的回答；而健康服务、健康产业与健康保障的发展进程和效果则取决于对第二个问题的回答，只有处理好政府与市场的关系，建立起合理、高效的管理体制和治理机制，才有可能实现这三项内容的充分、平衡发展。第三，健康中国建设与经济发展的内在联系和影响机理是什么？实现健康效应与经济效益、社会效益的统一和相互促进是健康中国建设的目标，因此也是健康中国建设过程中最重要的关系之一。

1. 普及健康生活、建设健康环境：个体责任与社会责任

清晰界定健康责任主体及其关系并据此划定责任范围对于普及健康生活与建设健康环境十分重要。利益与责任关联是确定责任相关主体的基本原则，因此，健康价值的指向或健康价值主体是推定健康责任主体的终极依据（刘远明，2013）。对任何社会个体而言，健康是其"可行能力"的基础，是实现个人实质自由不可或缺的基本要素，健康的丧失，必然会制约个体进行各项"功能性活动"（阿马蒂亚·森，2013），限制甚至终结个体的发展。可见，个体是健康价值的直接受益者，因而也理应是健康的首要保护者和责任人。同时，就整个社会而言，"健康权的人人享有"从法律层面上赋予了政府保障人民健康的责任；2015年，联合国发展峰会把健康列为"2030年可持续发展议程"的核心指标，进一步表明"健康促进"是全人类和各国政府的担当与责任。据此，维护健康不仅仅依靠个人生活方式的改变，还需要国家总体规划和其他部门的配套措施，需要社会组织与企业的积极参与。

普及健康生活、建设健康环境尤其要处理好个体责任与社会责任的关系，按照党的十九大精神的要求，在全社会打造共建共治共享的社会治理格局，形成维护和促进健康的责任共同体。首先，普及健康生活、建设健康环境是构建预防为主的大健康格局最基础和最重要的内容，而"人"在普及健康生活、建设健康环境中居于主体地位，因此个体责任的承担和履行是健康中国建设最重要的前提。健康生活与人的健康行为、健康素养和身体活动紧密相关。不健康的生活方式会产生个人健康巨大风险，而不健康行为又受制于个人的健康素养水平。身体活动的坚持与个人责任紧密相关，健康素养的提升则依赖于健康教育的获取，与国家、社会等主体的责任相关。其次，人的生存与发展离不开健康环境，社会经济环境的发展和自然生态环境的优化对人群健康有着重大影响，因此爱国卫生运动、环境污染治理、食品药物安全和公共安全维护是健康环境建设的基本内容，需要公众与政府共同担责。

2. 健康服务、健康保障与健康产业：政府责任与市场机制

健康服务、健康保障与健康产业是健康中国建设中紧密相关、互为支撑的三项基本内容。改革开放以来，我国在健康服务、健康保障和健康产业领域取得了快速发展，但同时也存在发展不平衡不充分的问题。例如，健康服务与健康保障领域，民营资本进入门槛高，健康服务发展不充分；健康产业方面，社会资本集聚在医疗器械与药品流通领域，健康产业的其他领域发展不充分。这些问题的主要根源在于政府与市场职责不清，主要表现为：部分政府部门和管理者仍然习惯于代替市场去配置与健康服务和产品相关的资源，繁琐的行政审批制度不但阻碍市场机制发挥作用、降低健康资源配置效率，而且为行政职权寻租和腐败提供了机会；政府的缺位、错位和越位，使得政府和市场在健康服务、健康产业、健康保障领域无法发挥各自优势，履行好各自的职能。

与健康相关的服务或产品多属于公共物品或准公共物品，公共物品的供给存在政府失败和市场失灵的问题。前者是指政府在提供公共物品时由于自身的局限性使得政策失效或公共物品供给效率低；后者是指市场机制在实现资源配置方面存在许多局限性而不能达到帕累托最优，不能实现预期社会经济目标。在健康中国建设过程中，如何将政府失败和市场失灵的风险降到最低是一个重要的课题。正确处理政府与市场的关系，首先要认识到二者并不是天然对立的关系，而是相互协调和配合的关系。"政府主导与市场驱动、政府监管与市场调控"应当作为健康中国建设中政府与市场协调运作的重要原则。政府的介入是克服健康中国建设过程中自然垄断、信息不对称、外部性以及解决公平性问题的必要手段；而市场机制作用的发挥则有利于资源的最优配置，提高健康服务和产品的生产和利用效率。从我国实际情况来看，更多地引入社会资本，充分发挥竞争机制的作用，能够优化健康服务、完善健康保障、发展健康产业。

3. 健康中国建设与经济发展的关系

在过去几十年的经济发展过程中，我国经济总量得到快速增加，实现了较好的经济效应，但也产生了疾病负担加重、环境污染加剧、食品药品不安全等突出问题，客观上造成居民健康水平较低。尽管随着保护环境成为基本国策，随着生态文明建设政策的出台，国民的环保意识得到加强，实现经济的又好又快发展逐渐成为衡量地方政府绩效的重要标准，但在我国经济发展进入新常态的背景下，保护环境与追求经济增长、收入与健康之间的矛盾将表现得更为突出。党的十九大报告提出，人与自然是生命共同体，应当通过形成节约资源和保护环境的空间格局、产业结构、生产方式和生活方式，建设美丽中国、健康中国。健康中国战略更是把"健康"纳入经济发展考核，要求"健康入万策"。因此，健康中国战略的实施必须有利于居民健康改善、生态环境优化、社会文明建设和民生经济的发展，避免它们之间相互冲突，同时实现多重效应。

预防为主的大健康格局，追求的不仅仅是个体身体的健康，更是精神、心理、生理、社会、环境等方面的"健康"。在健康中国战略目标的指引下，各级政府都要认识到经济发展与健康促进、社会发展并不矛盾。新时代下我国社会主要矛盾已经转化为人民日益增长的美好生活需要和不平衡不充分的发展之间的矛盾。健康作为最基础最主要的民生需求，表现出需求无限和健康卫生资源有限的矛盾。因此，转变经济发展模式，将健康需求作为拉动内需的重要抓手，大力发展健康服务业和健康产业，能够真正促进经济效应与健康效应的水乳交融、和谐共进。换言之，"新常态"背景下的经济增长，要牢记"健康中国"的战略主题，实现由单纯依靠资源消耗为主的发展方式向依靠科技创新的绿色发展模式跨越，通过发展"民生经济"实现经济转型升级，从而助推经济持续发展。

四、健康中国建设的实施路径

我们以"健康权""预防为主"和"大健康"为指导理念，基于对健康中国建设的背景特征、最终目标、主要内容、重要关系、发展瓶颈等方面的把握，提出六条关键的实施路径。

（一）以推行健康文明生活方式为切入点，强化健康中国建设的基础

由于老龄化和工业化的高速发展对我国社会环境和生态环境都产生了巨大的影响，我国健康风险模式已经发生转变，即从以"传染性疾病"为主要健康风险向以"慢性非传染性疾病—残疾—亚健康"为主要健康风险的模式转变（戴剑波，2017）。心脑血管疾病、恶性肿瘤、糖尿病、呼吸系统疾病、精神疾病等成为危害居民健康的主要疾病来源。采取健康的生活方式，可以预防80%的心脑血管病、80%的Ⅱ型糖尿病和40%的恶性肿瘤。我国超过50%的慢性疾病负担可以通过改变生活方式、控制行为风险进行预防[①]。因此，践行健康文明的生活方式，预防慢性疾病，成为践行"预防为主"理念、维护和促进人民健康最基础和最重要的因素。

然而，当前我国城乡居民总体健康素养水平还很低，健康生活方式与行为素养提升较慢，维护和促进健康的能力不强。据调查，2016年我国居民健康素养水平为11.58%，其中，健康生活方式与行为素养水平仅9.79%，慢性病防治素养水平仅11.48%[②]。为了推行健康文明的生活方式，奠定健康中国建设的基础，应从提高居民健康素养和创造健康支持性环境两方面着手。首先，要引导人民树立正确的健康观，倡导"每个人都是自己健康第一责任人"的理念。通过将健康教育纳入学校课程体系，从小培养国民的健康意识，普及健康知识和技能，使民众养成健康的生活习惯。其次，政府要积极承担起维护和促进人民健康的责任，在政策上提供引导和支持。近年来，国家实施的全民健身计划、全民健康生活方式行动等对于科学引导和带动人民养成健康生活方式方面有着重要的作用，未来要围绕预防为主的大健康格局，通过体制机制的建设和完善来保障这些政策发挥出最大效用。与此同时，还要通过打造良好的生态环境、工作环境和生活环境，为群众践行健康文明的生活方式提供必要的条件。

（二）以完善医疗保险制度为重点，保障健康权益与健康公平

全民医保制度作为我国目前唯一实现全民覆盖的一项基本社会保障制度，是健康中国建设的基础性制度支撑（郑功成，2018），是全民健康和美好生活的基本保障之一（李春根等，2018）。基本医疗保险制度具备两大重要的功能：其一，为全人群分担疾病经济风险，维护基本的健康公平。其二，在医改中发挥基础性作用，通过支付、谈判、价格和监管等机制来引导医疗服务资源配置，并进一步引导健康产业的发展。因此，有必要通过优化医疗保险制度，使"健康权"理念落到实处，进一步保障人民健康权益与健康公平。

首先，进一步完善基本医疗保险制度应以实现基本医疗保险制度一体化、提高医疗保险制度的公平性为目标。目前，我国医疗保险制度已经基本实现"病有所医"，并且完成了城镇居民医保和新农合的"二保合一"，但经济较发达地区和欠发达地区之间、职工医保和居民医保之间的筹资和待遇水平仍然存在较大差异，不同地区、不同人群在不同制度下享有不同程度的医疗保障。为了破除医保"碎片化"，我国应有计划、分阶段地推进城镇职工与城乡居民医保制度的一体化以及医疗保险的省级统筹。此外，从长远来看，实施健康中国战略，还要促进医疗保障的转型发展，从保障"病有所医"走向"促进和保障国民健康"。经过近二十年的努力，我国医保体系已经在总体上基本实现"病有所医"的既定目标。新时代背景下，这一政策目标已经不适应于转型升级的民生需求，不适应于党和政府对全民健康和美好生活所追求的奋斗目标。因此，完善医疗保险制度，亟须转变观念，从"重医疗"转向"重预防"，从"保疾病"转向"保健

---

① 王泽议：《远离误区 守住自身健康的"第一责任"》，《中国医药报》2018年6月22日。
② 中华人民共和国国家卫生健康委员会：《2016年我国居民健康素养监测结果发布》，http://www.nhc.goc.cn/xcs/s35821/201711/308468ad910a2e4bbe9583b48dd733a.shtml，2017年11月21日。

康",将以"病有所医"为目标的"小医保"转型发展为保障国民健康需求的"大医保"(申曙光和张家玉,2018)。

（三）以建立优质、高效、整合型的医疗卫生服务体系为突破口，促进健康事业的平衡充分发展

新时代下，人民的健康需求快速增长并呈现出结构性的转变，但是健康领域供给侧却没有随之发生根本变化，呈现发展不平衡、不充分的局面。其结构性的矛盾主要表现在五个方面：一是医疗卫生资源总量不足，尤其是优质资源不足；二是资源分布不均，城乡、区域、人群之间资源供给不平衡，影响健康服务的公平可及；三是资源配置结构失衡，医疗体系"倒三角"现象严重，影响健康资源供给效率；四是医疗卫生服务体系发展"碎片化"，公共卫生机构、医疗机构分工协作机制不健全，重治轻防，不适应于我国以慢性病为主的健康风险模式的转型；五是人才队伍建设落后，特别是基层和全科医生的数量和素质都有待大幅提高。

整合型医疗卫生服务体系，是由医疗服务的提供者组成，向特定人群提供或安排高效、安全、优质、无缝隙的一体化健康及疾病相关服务的一种组织网络。实践证明，建立整合型医疗卫生服务体系，有利于优化资源配置、控制医疗开支、保障医疗安全、提高服务效率和医疗质量，有利于促进健康事业的平衡、充分发展（饶克勤，2018）。近两年来，很多地区先后对整合型医疗卫生服务体系进行了不同形式的探索和实践。其中，分级诊疗制度作为整合和优化资源配置的治本之策，是未来健康领域供给侧改革的重心。在分级诊疗服务体系中，应明确不同层级医疗卫生机构的职责定位，加强医联体建设，重点提升县级医疗机构综合服务能力；加强对全科医生和家庭医生的培养，发挥其健康"守门人"作用；利用信息技术和人工智能发展"互联网+医疗健康"服务体系，促进优质医疗资源下沉，实现医疗健康资源的优化配置。

（四）以充分发挥市场机制的作用为基本手段，建立健康中国多元共治机制

建设健康中国需要发挥全社会的力量，促进个人、家庭、政府、企业和非营利组织等主体的积极参与，形成多元共治格局。如前文所述，在健康中国治理机制中，除了强调个体和政府的健康责任，还要充分发挥市场机制的作用，尤其是在健康保障、健康服务和健康产业三大领域中，应通过竞争机制提高健康相关服务和产品的供给效率，使健康中国建设走上可持续发展的道路。

就政府和市场的关系而言，宏观上政府要扮演好制度供给、引导协调与监督的角色，微观上要发挥市场配置资源的决定性作用。健康中国建设应引入更多主体，构建竞争性的健康服务市场，形成多元供给的格局；尤其要进一步破除社会办医政策落地中的"隐形壁垒"，鼓励社会资本通过独资、合资、合作、联营、参股、租赁等方式，参与医疗、养老、保健、体育、生物技术等服务和产品的供给。政府主导则主要体现在宏观层面，采取间接管制方式，包括建立健康治理法律制度体系、制定发展规划、维护市场秩序、实施监管、促进健康资源的可持续发展等；在对健康资源配置的监管、确保健康服务和健康保障的公平性和公益性等方面则应强化政府责任，加强直接管制。例如，健康服务与健康保障领域由于相关技术要求高，政府要提高准入门槛，改变"宽准入"的

思路，对进入资本进行方向性"选择"；健康产业方面，在鼓励社会资本进入的同时加强监管，并保障各种市场主体享有公平待遇。

（五）以发展大健康产业为着力点，构建预防为主的大健康格局

大健康产业从全人群、全方位、全生命周期着手，通过预防、治疗、康复、健康管理、健康促进等环节的紧密衔接，为人民提供精细化、多样化、多层次的健康服务和健康产品。大健康产业是"大健康"和"预防为主"理念的载体，是未来中国最重要的支柱产业之一。一方面，大健康产业的发展意味着传统的单一"疾病救治"模式向"防—治—养"一体化防治模式的转变，有利于预防为主的大健康格局的构建；另一方面，大健康产业横跨生产和服务领域，具有涵盖范围广、规模巨大、产业链长、融合性强的特点，能够有效协调健康中国建设的健康效应、社会效应和经济效应。

预防为主的大健康格局与健康中国建设，应紧紧抓住经济转型的关键时期，把握当前健康中国建设的重点和难点，推动大健康产业成为未来经济的主要支柱产业。其一，要加快发展商业健康保险。鼓励和支持其开发健康管理类产品，参与基本医保经办服务，推动形成多元化竞争格局。其二，要打造核心竞争力强的医药产业体系。通过兼并重组，做大做强一批具有国际竞争力的大型企业；加大对生物医药等前沿研究领域创新支持力度，发展以基因工程、细胞工程为代表的生物技术，推动抗癌新药、高性能医疗器械等领域取得新突破。其三，要鼓励发展个性化健康检测评估、咨询、调理康复等服务，探索推进可穿戴设备、智能健康电子产品和健康医疗移动服务。其四，要引导和培育健康新产业、新业态、新模式，促进健康与生物技术、营养保健、护理、健身休闲、金融保险、房地产、旅游等的融合发展，形成以健康为中心的全新服务体系。

（六）以信息技术和人工智能为依托，建立智慧型健康管理体系

信息技术和人工智能的快速发展给健康中国建设提供了技术支撑。首先，移动医疗、智慧医疗、远程医疗、精准医疗等借助新技术的医疗形式使传统医疗模式发生巨大转变，在很大程度上改革和创新了医院的管理方式、服务方式以及行为方式；借助健康档案、健康咨询等方式建立智慧型健康管理体系，促使健康服务由过去的"以治疗为主"向"以预防为主"转变。其次，通过对医疗数据和健康数据的分析处理，以人工智能为依托，可以实现医疗问题向慢病管理和预防问题的转变。智慧型健康管理体系的建立，一方面有利于解决健康资源配置不平衡的问题，满足人们日益增加和转型升级的健康需求，另一方面也有利于通过"倒逼"重构的方式推动相关领域体制机制的改革。

海量的医疗和健康数据、庞大的人口基数及市场缺口形成了我国智慧型健康管理体系的数据基础和应用潜力。因此，我国应进一步破除信息技术和人工智能发展的政策障碍与市场障碍，推进健康管理朝着智慧型新模式发展。首先，国家要尽快建立相关法律制度，加强顶层设计，打破行政壁垒，横向跨部门合作，实现数据融合、共建共享。其次，通过标准与安全体系的建设，形成有效的行业规范、行业信息安全和技术标准。推动医院内部、医院之间、医疗卫生机构之间、不同统筹区医保部门之间的信息互联互通，促进信息资源整合共享，并且建立统一标准的居民电子健康档案、电子病历、交互式卫生信息平台、远程诊疗、远程教育和健康咨询平台等。最后，要以创新为驱动，加快医疗健康资源与信息技术、人工智能的融合，通过开发、引入可穿戴智能监测设备，

为居民提供家庭医生服务、智慧型养老服务等，并由此逐步建立以预防为中心的健康管理体系。

参考文献

阿马蒂亚·森.以自由看待发展.北京：中国人民大学出版社，2013.

陈洁瑜，余克强，孙晓敏，等.健康促进生活方式对亚健康状态转化的影响.南方医科大学学报，2017（2）：184-191.

代涛，吴富起，朱坤.美国健康战略及启示.医学与哲学（人文社会医学版），2008（11）：6-8.

戴剑波.中国健康转型研究.宁夏社会科学，2017（3）：111-117.

董朝晖.全民医保在健康中国战略中的功能与地位.中国医疗保险，2016（10）：23.

段纪俊，曾晶，孙惠玲，等.全球疾病负担的环境因素归因研究.中国社会医学杂志，2008（5）：301-303.

何文炯，杨一心.医疗保障治理与健康中国建设.公共管理学报，2017（2）：132-138.

黄清华.健康权　健康中国的法治理论.中国卫生，2016（10）：35-36.

李春根，熊萌之，夏珺.从社会主要矛盾变化看我国社会保障制度改革方向.社会保障研究，2018（2）：16-20.

李方波，李英华，孙思伟，等.我国5省市18~60岁城乡居民超重肥胖现状调查及影响因素分析.中国健康教育，2012（5）：367-371.

李玲，傅虹桥，胡钰曦.从国家治理视角看实施健康中国战略.中国卫生经济，2018（1）：5-8.

李玲.全民健康保障研究.社会保障评论，2017（1）：53-62.

李滔，王秀峰.健康中国的内涵与实现路径.卫生经济研究，2016（1）：4-10.

刘硕，张士靖.美国健康战略及其对"健康中国2020"的启示.医学信息学杂志，2011（9）：2-6.

刘远明.健康责任主体的推定与责任范围的划分.贵州社会科学，2013（6）：26-31.

彭国强，舒盛芳.美国国家健康战略的特征及其对健康中国的启示.体育科学，2016（9）：10-19.

饶克勤.健康中国战略与分级诊疗制度建设.卫生经济研究，2018（1）：4-6，9.

任梦华.健康权宪法保障研究.东南大学博士论文，2015.

申曙光，马颖颖.新时代健康中国战略论纲.改革，2018（4）：17-28.

申曙光，张家玉.医保转型与发展：从病有所医走向病有良医.社会保障评论，2018（3）：51-65.

孙晓云.全球健康治理的理性思考.社会科学家，2008（3）：49-52.

王虎峰.健康国家建设：源流、本质及治理.医学与哲学（人文社会医学版），2017

（3）：1-4，17.

叶汉风. 从"健康日本21"的实施看日本公共管理与服务. 中国计划生育学杂志，2012（1）：65-69.

张研，张亮. 健康中国背景下医疗保障制度向健康保障制度转型探索. 中国卫生政策研究，2017（1）：2-5.

郑功成. 健康中国建设与全民医保制度的完善. 学术研究，2018（1）：76-83.

Acheson, D. *Independent Inquiry into Inequalities in Health*. London：The Stationery Office, 1998.

Donaldson, A., & Finch, C. F. Planning for Implementation and Translation：Seek First to Understand the End-users' Perspectives. *British Journal of Sports Medicine*, 2012（46）：306-307.

Fuchs, V. R. *Who shall Live? Health, Economics, and Social Choice*. New York：World Scientific, 2015.

Glanz, K., E. Lewis, F. M., & Rimer, B. K. *Health Behaviour and Health Education：Theory, Research and Practice*. San Francisco：Jossey-Bass, 1990.

Grossman, M. On the Concept of Health Capital and the Demand for Health. *Journal of Political Economy*, 1972（80）：223-255.

Hong, E. J., Ahn, B. C. Income-related Health Inequilities across Regions in Korea. *International Journal for Equity in Health*, 2011（10）：41-51.

Maslow, A.H. A Theory of Human Motivation. *Psychological Review*, 1943（50）：370-396.

Sen, A. Well-being, Agency and Freedom：The Dewey Lectures 1984. *Journal of Philosophy*, 1985（82）：169-221.

Tobin, J. On Limiting the Domain of Inequality. *Journal of Law and Economics*, 1970（13）：263-277.

Zatonski, W. The East-west Health Gap in Europe：What are the Causes? *European Journal of Public Health*, 2007（17）：121.

原载《中山大学学报（社会科学版）》2020年第1期

双循环背景下都市圈建设的理论与实践探索

孙久文　宋　准

"十四五"时期是我国开启社会主义现代化建设新征程的开局时期。当前，我国经济社会发展所面临的国内国际环境都发生了深刻的变化，国家的经济社会发展战略也随之发生重大调整，亦即构建以国内大循环为主体、国内国际双循环的新发展格局。

"双循环"新发展格局的形成有赖于区域经济高质量发展的支撑，而都市圈作为城镇化发展到较高阶段的产物，有利于集聚效应的发挥与经济韧性的强化，现已成为区域经济高质量发展的空间载体，因而对于新发展格局的构建具有重要战略意义。基于此，本文以都市圈为研究对象，通过梳理新发展格局的基本特征与其面临的区域问题，结合都市圈的理论特性与实践特点，突出都市圈在新发展格局中的重要作用，提炼出基于都市圈的"双循环"新发展格局形成的具体路径，最后提出相应的政策建议。

一、"双循环"新发展格局的现实逻辑、理论内涵、区域问题

当前我国经济已由高速增长阶段转向高质量发展阶段。发展动力、发展模式和比较优势都已经发生变化。从发展动力上来看，由于国际环境的不确定性加大，发展动力由外需转向内需，已经成为必然趋势；从发展模式来说，由要素投入驱动转向创新驱动，高新科技产业已经成为经济发展的新动力；从比较优势来看，随着我国劳动力的成本优势逐渐削弱，超大规模性经济体优势逐渐成为我国经济发展的竞争优势。

（一）"双循环"新发展格局的现实逻辑与理论内涵

2020年5月，中共中央政治局常委会会议首次提出"要深化供给侧结构性改革，充分发挥我国超大规模市场优势和内需潜力，构建国内国际双循环相互促进的新发展格局"。"双循环"新发展格局的提出是我国经济社会发展战略的重大调整，反映经济发展的逻辑起点发生了深刻变化，即由外需主导型发展战略转向内需主导型发展战略。

在现实层面，发展战略的调整经历了三个阶段。第一阶段占领国际市场、满足国际市场需求（1978—2006），改革开放之后，我国基于生产要素，尤其是劳动力成本低廉的比较优势，采取"两头在外、大进大出"的发展模式，利用国际市场发展经济，实现飞速增长，外贸依存度不断上升，到2006年攀升至64.2%，内需率不断下降，到2006年下降至72.3%。但随着发展条件、发展环境与发展阶段的根本性改变，以国际经济大循环为主体、利用外需的发展模式已经难以为继。2008年全球金融危机的爆发更是进一步削弱了全球化发展动能，阻碍了超大规模性比较优势的发挥。第二阶段国际国内市场并重（2007—2019），"十一五"和"十二五"规划对外需主导型发展战略进行了修正，

经济增长由主要依靠外需向内外需协调驱动转变，这一阶段的外贸依存度不断下降，内需率不断提升，战略转型取得良好效果。第三阶段构建双循环新发展格局（2020至今），2020年新冠肺炎疫情冲击使国内国际环境发生剧烈变化，与此同时，我国国内市场条件逐渐成熟，超大规模性优势越发突出，基于此现实背景，国家提出要把满足国内需求作为发展的出发点和落脚点，加快构建完整的内需体系，构建"双循环"新发展格局，内需被放到了至关重要的位置。

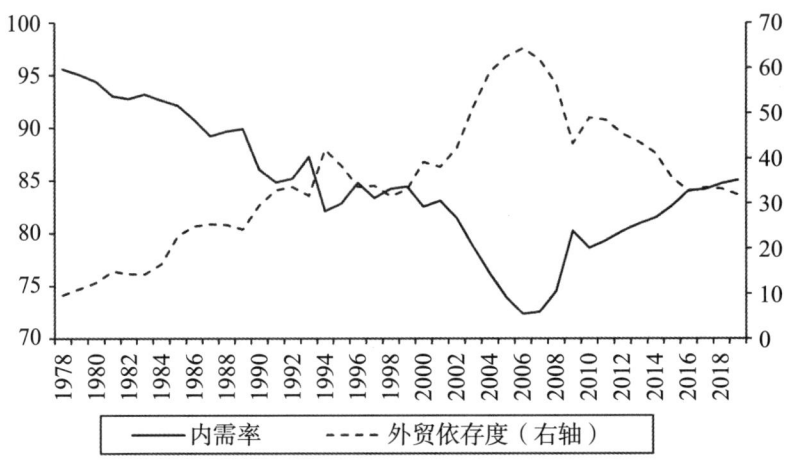

图1 改革开放以来我国的内需率与外贸依存度（单位：%）
资料来源：EPS数据库及笔者根据凌永辉和刘志彪（2020）的方法测算。

目前学界有关"双循环"新发展格局理论内涵的阐述主要有六个角度。一是内外循环关系的角度。从主与次的关系来说，学者们认为现在的"双循环"是以内循环为主，外循环为辅。但需要强调的是，国内大循环为主体并不是对参与国际大循环的否定（黄群慧，2020），而是要以内促外，在内外循环相互促进中营造新发展格局。从两者的内在关系来说，有学者认为内外循环是辩证统一的，相辅相成，不可分割，既相互促进，又相互制约（权衡，2020；董志勇和李成明，2020）。二是从循环的角度来看，双循环中除了主次关系外，最重要的是"循环"，只有再生产过程的投资、生产、分配、流通、消费五个环节打通，双循环相互促进的格局才能真正形成。相关研究侧重于每个再生产环节的内部循环和彼此衔接上。三是从供给与需求的角度来说，习近平总书记强调要提升供给体系对国内需求的适配性，形成需求牵引供给、供给创造需求的更高水平动态平衡。相关研究聚焦于供给侧结构性改革、扩大内需战略两个方面。四是从GDP构成的角度来说，有学者认为双循环就是GDP构成的变化，即经济增长主要以消费和投资为动力（陆铭，2020）。相关研究着眼于消费与投资的关系，提高内需和有效投资上（陈彦斌，2020）。五是从与既有战略关系的角度来说，有学者指出现代化经济体系的本质特征恰恰是"双循环"新发展格局的根本要求（刘伟，2020）。有学者认为，"国内大循环"是供给侧结构性改革的深化和延续，实现国内大循环要与前期的高质量发展、供给侧结构性改革对接（刘元春，2020）。六是从全球化的角度，有学者将"双循环"发展格局理解为客场全球化转向主场全球化的开始，所谓主客场全球化以主要利用国内还是国外市场来区分,主场全球化或者说基于内需的全球化就是以超大规模市场为比较优势,利用内需进行全球化,通过内需连接国内国际两个市场(刘志彪,2020)。

综上,本文对新发展格局下的"双循环"战略阐释为:以内循环为主、内外循环相互促进为基本方向,以扩大内需为战略基点,通过创新驱动和内外开放来释放内需潜力,拓展外需空间,形成新的发展通道。"双循环"新发展格局的理论特征见表1。

表1 "双循环"新发展格局的理论内涵

内涵	以内循环为主、内外循环相互促进为基本方向,以扩大内需为战略基点,通过创新驱动和内外开放来释放内需潜力,拓展外需空间,形成新的发展通道
根基	国内循环
战略基点	扩大内需
核心	做强产业链
关键	协调投资与消费的比例;提升居民消费与有效投资,释放内需潜力;强化创新驱动,突出核心技术自主创新;进一步扩大开放,包括内开放和对外开放
内在逻辑	扩大内需——优化整合全球资源——形成以新兴产业为主导的现代产业链——以基础产业高级化、产业链现代化为目标,构建国内经济为主体的大循环格局——促进形成国内国际"双循环"相互促进的新发展格局

资料来源:作者根据相关材料整理。

(二)构建"双循环"新发展格局面临的区域问题

"双循环"的根基在于国内循环,只有国内循环畅通,才能形成国内国际循环相互促进的发展格局。目前国内大循环仍存在许多基础性问题,反映在区域层面,就表现为阻碍区域经济循环的堵点和难点。

1. 堵点:市场分割仍然普遍存在,区域一体化进程缓慢

畅通的国内大循环有赖于区域经济一体化发展水平的提升,而区域经济一体化的基础是市场和生产要素的一体化。但是,迄今为止各区域间的经济关系仍然带有明显的行政区经济烙印(夏添等,2018),致使各省份之间、同一省份不同城市之间以及不同省份的城市之间普遍在商品流通和劳动力、资本要素流动上存在市场分割。在省级层面,虽然1998—2016年间我国的市场分割程度整体呈现波动下降的趋势,但各省份均存在一定程度的市场分割(黄赜琳和姚婷婷,2020)。在城市层面,虽然2001—2015年间商品市场分割程度整体呈现下降趋势,但全国层面的市场分割程度大于局部地区层面,省界阻碍了城市之间的部分贸易往来(吕冰洋和贺颖,2020)。

市场分割的普遍存在无疑阻碍了统一、开放、竞争、有序的国内大市场的形成,对商品、要素的流通产生堵塞效应,拖累了区域一体化发展水平的提高。

2. 难点:区域和城乡发展不平衡不充分

形成国内大循环离不开区域协调发展,但区域、城乡发展不平衡不充分的问题始终存在,并且在近年来表现出新的态势:东西差距逐渐收窄,南北差距日益凸显。从人均GDP来看,2015年后区域差距出现缓慢扩大的趋势,这一现象背后的重要原因在于南北经济增速差距的扩大(张红梅等,2019)。在城乡维度,相对差距逐渐缩小,绝对差距

仍然可观。如表2所示，2013—2018年间，城乡人均可支配收入的相对差距不断下降，绝对差距持续上升。反映基础设施水平的城乡人均道路面积和反映医疗卫生水平的每千人卫生技术人员数，其绝对差距与相对差距也呈现相同趋势，而反映义务教育水平的城乡小学和初中生均教育经费支出的绝对差距与相对差距却逐年扩大。

综上，城乡、区域发展的分化导致了城乡分割、南北分割、东西分割，阻碍了区域协调发展、城乡融合发展的推进，进而导致相对落后的区域、农村在"双循环"中的"存在感"较低、"参与度"较弱。

表2 城乡收入及基本公共服务差距

年份 城乡差距	人均可支配收入		交通基础设施		医疗卫生		义务教育	
	相对差距	绝对差距	相对差距	绝对差距	相对差距	绝对差距	相对差距	绝对差距
2013	2.81	17037.44	1.22	2.64	2.52	5.54	1.04	353.22
2014	2.75	18354.97	1.21	2.71	2.57	5.93	1.09	948.70
2015	2.73	19773.12	1.22	2.76	2.62	6.31	1.08	979.21
2016	2.72	21252.84	1.22	2.85	2.55	6.34	1.09	1123.40
2017	2.71	22963.77	1.14	1.98	2.54	6.59	1.10	1419.74
2018	2.69	24633.80	1.12	1.84	2.36	6.28	1.11	1591.96

数据来源：笔者根据EPS数据库、《中国卫生统计年鉴》和《中国教育经费统计年鉴》测算。

针对这种区域、城乡发展不平衡不充分的现状，区域政策是解决区域发展中难点的政府干预的重要工具。进入21世纪以来，国家出台了大量的战略和规划，设置了各种类型的开发区、示范区和试验区，其中也包括城市群和都市圈发展的政策。如何更好地发挥这些政策区域的作用，是形成区域经济新发展格局的关建。

二、都市圈发展与"双循环"新发展格局的关系

都市圈是城市地域空间形态演化的高级形式和城镇化发展到较高阶段的产物，目前已成为我国经济社会发展的新形态和新热点。都市圈是兼具时空特性的概念。从时间的角度来说，它内嵌于城镇化进程中，体现为集聚力和辐射力的释放，特点是区域一体化；从空间的角度来说，它由核心大城市和周边小城市构成，体现为空间融合，特点是圈层式结构。在时空叠加中，都市圈发展迅速，已成长为我国经济高质量发展的重要空间载体。截至2019年，我国城镇化率已达60.6%，正处于城市化加速阶段的后半段。经济社会活动仍在持续向城市地域集聚，在全国已经形成了19个城市群和若干都市圈。

（一）都市圈的理论特性与实践特点

都市圈逐渐成为我国区域经济发展的新趋势。在"双循环"新发展格局中，都市圈能够在疏通区域经济循环的堵点和难点上发挥重要的作用，是国内国际大循环的重要抓手和空间基础，这是由其理论特点和实践特性所决定的。

1. 都市圈的理论特性

第一，都市圈的概念与内涵。都市圈是城市群内部以超大、特大城市或辐射带动

功能强的大城市为中心、以1小时通勤圈为基本范围的城镇化空间形态①。从这一概念出发,我们看到都市圈具有两个鲜明的特点,一是由大城市与空间上临近的区域构成,呈现出中心—外围的空间结构,二是都市圈中的大城市集聚力较强,区域一体化发展水平较高。那么,从空间经济学的视角来对应,大城市体现城市化经济(Urbanization Economy),多样化水平较高;周边区域特别是小城市体现本地化经济(Localization Economy),专业化水平较高。所以,都市圈的一体化发展有利于马歇尔外部性(Marshallian Externalities)与雅各布斯外部性(Jocobs Externalities)的共同发挥。而这两大外部性的实现则内化于都市圈的时空演变过程中。

第二,都市圈中不同规模城市的作用。在都市圈的发展过程中,大城市扮演着苗圃城市(Nursery City)的角色,为新兴的企业提供多样化的环境,便于其进行学习、搜寻、尝试、创造以及分散创新风险。产业间的集聚所产生的雅各布斯外部性使得新兴企业能够快速发展壮大,到了成熟阶段,企业会更多受益于产业内集聚所带来的马歇尔外部性,因而会向专业化水平较高的小城市转移(董晓芳和袁燕,2014)。在大城市培育新兴企业、小城市承接成熟企业的动态过程中,生产要素、商品在空间上的循环流动日益畅通,大小城市逐渐形成有机结合、一体化发展的大区域,也即都市圈的成熟形态。

第三,都市圈的经济韧性。经济韧性(Economic Resilience)是指社会经济系统遭受冲击后的恢复能力(孙久文和孙翔宇,2017)。从空间尺度的视角来看,都市圈对应城市尺度,其集聚机制主要是学习机制下的技术创新与技术外溢,其集聚的形式则表现为制造业与服务业尤其是生产性服务业的协同集聚(Coagglomeration)(夏添和孙久文,2019)。相比国家—区域尺度的城市群,都市圈在空间上相对稳定、市场自育属性更强、一体化水平更高,因而具有较强的经济韧性(宋准等,2020)。在遭受外生冲击时,基础稳固且相互分工的都市圈能够较快化解外部风险,有效重建经济社会发展网络,保障人流、物流、信息流的畅通,促进经济循环的重启。都市圈较强的经济韧性在2020年初的新冠疫情冲击下得以显现。北京、上海、广州、深圳等14个都市圈通过抗疫信息互通、检疫结果互认、保障物资供给、畅通人员交通等方式,在防疫抗疫、复工复产上取得积极成效②。

2. 都市圈的实践特点

在实践层面,相比于经济带、城市群等国家—区域尺度的空间单元,城市尺度的都市圈面临的行政壁垒较小、自下而上的市场自育程度较高、内生发展动力较强,因而逐渐受到区域政策的青睐。由表3所示,十三五规划出台以来,都市圈在新型城镇化、区域一体化、区域协调发展等国家战略中的政策地位不断巩固提升。

---

① 参见《国家发展改革委关于培育发展现代化都市圈的指导意见》,发改规划〔2019〕328号。
② 参见新华网:《都市圈协同防疫抗疫联合复工复产双见效》,http://www.xinhuanet.com/info/2020-02/28/c_138825022.htm。

表3 都市圈在相关政策规划中的功能定位

政策规划	出台时间	都市圈的功能定位
《国家新型城镇化规划（2014—2020年）》	2014	增强中心城市辐射带动功能
《中华人民共和国国民经济和社会发展第十三个五年规划纲要》	2016	促进城市群交通 增强中心城市辐射带动功能
《关于实施2018年推进新型城镇化建设重点任务的通知》	2018	提高城市群建设质量
《2019年新型城镇化建设重点任务》	2019	优化城镇化布局形态
《关于培育发展现代化都市圈的指导意见》	2019	支撑城市群高质量发展 支撑经济转型升级
《长江三角洲区域一体化发展规划纲要》	2019	推动形成区域协调发展新格局
《2020年新型城镇化建设和城乡融合发展重点任务》	2020	优化城镇化空间格局 提升城市综合承载能力
《中共中央关于制定国民经济和社会发展第十四个五年规划和二〇三五年远景目标的建议》	2020	优化国土空间布局 推进区域协调发展 推进新型城镇化

资料来源：作者根据相关材料整理。

在新型城镇化战略中，《关于培育发展现代化都市圈的指导意见》中强调，建设现代化都市圈是推进新型城镇化的重要手段。并且从2018年开始，都市圈建设连续三年被列为推进新型城镇化建设的重点任务。在区域一体化战略上，《长江三角洲区域一体化发展规划纲要》强调，都市圈一体化发展是推进区域一体化的重要环节。在区域协调发展战略中，都市圈作为更小空间尺度的政策单元，有助于区域协调发展新机制的建立与优势互补高质量发展的区域经济布局的形成，因而在"十四五"规划建议中承担了优化国土空间布局、推进区域协调发展的重任。都市圈在各项政策文本中的功能定位不断丰富完善，从促进城市群发展、增强中心城市辐射带动能力转变为优化城镇化布局形态、推进区域协调发展和新型城镇化。随着《关于培育发展现代化都市圈的指导意见》《关于推动都市圈市域（郊）铁路加快发展意见的通知》的出台，以及成渝地区双城经济圈建设上升为国家战略，在政策层面，都市圈基本完成了从城市群中的析出过程。

都市圈的实践特性与其政策功能定位紧密相关。优化国土空间布局、推进区域协调发展和新型城镇化正是疏通区域经济循环的堵点和难点的政策路径。并且，以都市圈为政策着力点也能有效缓解区域政策泛化的问题，利于区域政策精准施效。

（二）都市圈在"双循环"新发展格局中的功能

都市圈是"双循环"新发展格局的重要抓手和空间载体，其功能体现在支点、载体、门户、节点与平台上。

1. 双循环经济体系运行的战略支点

都市圈是国家经济运行的经济基础。数据显示，城市群和都市圈占我国经济总量的绝大部分，其中都市圈已经成为支撑我国经济高质量发展的重要平台。从经济总量上来看，2018年数据显示，24个千万级都市圈以全国6.7%的土地集聚约33%的常住人口，创造约54%的GDP[①]。从创新活动来看，都市圈处于我国科技创新的空间前沿，2019年城市层面的专利申请数量总计126余万件，24个都市圈的核心城市的专利申请数量就达到了79余万件，占专利申请总数的62.8%[②]。从科教文卫资源来看，2018年的数据显示，24个都市圈内核心城市的医院卫生院床位数为1935727张，占城市床位总数的31.4%，公共图书馆图书总藏量为447620册，占城市藏书总数的46.5%，普通高等学校数量为1300所，占城市高等学校总数的50.4%[③]。城市群和都市圈占据所有的交通枢纽，北京、天津、上海、广州、重庆、成都、武汉、郑州、西安、沈阳等城市既是所在都市圈的中心城市，又是全国性的综合交通枢纽。

2. 都市圈是内需型产业链的空间载体

内需型产业链就是在"双循环"战略下，各产业部门依托强大的国内需求形成的"以满足内需为主，以内需带动外需"的技术经济联系。内需型产业链一方面有利于国内价值链（NVC）的构建，能够促进我国企业迈向全球价值链（GVC）的中高端，另一方面还能够促进国内价值链与全球价值链的有效对接和相互促进，从而有助于"双循环"新发展格局的形成。都市圈是内需型产业链的空间载体，这是因为：一是都市圈内有效的国内需求旺盛。都市圈的集聚效应较强，一方面汇集了大量的中等收入群体，而中等收入群体的边际消费倾向较高，因此能够创造巨大的消费需求，另一方面则吸引了大量的有效投资，并且这些投资覆盖内需型产业链的多个环节。二是都市圈内存在产业链的形成基础。一方面，都市圈一体化水平高，相同产业内和不同产业间企业联系紧密，分工明确，这有助于各产业部门的耦合。另一方面，都市圈内生产性服务业较为发达，各类研究机构众多，这无疑充实了产业链中诸如技术研发、产品设计、市场营销等环节，有助于产业链条的通畅运行。

3. 都市圈是双循环的门户、节点与平台

首先，都市圈是"双循环"的门户。特殊经济区（Special Economic Areas，SEA）多位于都市圈。特殊经济区是国家为达到促进经济发展等目的而在其管辖范围内实行与其他地区不同的特殊政策的特殊经济区域。截至2020年，我国共有国家级新区19个，自贸区21个，综合配套改革试验区10个，金融改革试验区5个，国家跨境电商综合试验区99个，综合保税区71个[④]。这些不同类型的特殊经济区中的大多数都位于24个都市圈之中，发挥着促进经济发展、深化对内对外开放、深化多领域改革、促进体制创新的功能，对"双循环"新发展格局的构建起着至关重要的作用。

其次，都市圈是"双循环"的节点。都市圈内的核心城市往往为直辖市、计划单列市或者省会城市，这些城市经济社会发展水平较高，软硬基础设施较为完善，是全国或区域的增长极。都市圈在"双循环"中的节点地位主要体现在它是人流、物流、信息流、技术流、资金流的空间枢纽，对周边地区起着虹吸与扩散的作用。在发展初期，核

---

① 参见任泽平、熊柴、闫凯：《中国十大最具潜力都市圈：2019》，https：//www.sohu.com/a/363257340_467568。
② 数据来源：中国研究数据服务平台（CNRDS）。
③ 数据来源：2019年《中国城市统计年鉴》。
④ 数据来源：作者在孙久文和原倩（2014）的基础上更新得到。

心大城市对周边小城市的作用主要以虹吸为主，扩散效应相对较小。而随着经济社会发展水平的提高，在高质量发展阶段，大小城市间的空间联系日趋紧密，在政府和市场的双重作用下，都市圈核心大城市对周边地区的扩散效应开始占据主导地位，人流、物流、信息流、技术流、资金流均成为重要的扩散效应通道。相对欠发达的小城市将受益于扩散效应，逐渐向大城市趋同。随着扩散效应的不断释放，都市圈将率先完成区域一体化进程。如在24个千万级都市圈中，上海大都市圈已经率先进入高质量发展阶段，一体化程度较高。上海对周边城市的作用以扩散效应为主，辐射带动作用较强，圈内的苏州、无锡、宁波3市经济总量已达万亿级别。可以说，上海大都市圈在内外循环中发挥了重要的衔接作用，是"双循环"的节点。

再次，都市圈是"双循环"的平台。都市圈是规模经济的重要体现，在共享、学习、匹配效应的作用下，能够以有限的生产要素创造更高的产出，具有较高的生产效率。从产业集聚上来看，都市圈是高科技产业集聚的承载平台。2019年国家发改委发布的《关于加快推进战略性新兴产业集群建设有关工作的通知》中，共有66个产业集聚入围。其中，位于24个都市圈内核心城市的战略性新兴产业集群达到43个[①]。

综上，都市圈的理论特性体现为集聚经济外部性和经济韧性，实践特点则体现为政策地位不断提升、政策功能不断丰富。都市圈在"双循环"中能够发挥支点、载体、门户、节点与平台作用，从而有助于区域问题的解决，有利于区域经济循环的畅通，进而有利于"双循环"新发展格局的构建。因此，都市圈是构建"双循环"新发展格局的重要抓手与空间基础。

三、基于都市圈的"双循环"新发展格局形成的具体路径

构建"双循环"新发展格局的关键在于内需潜力释放、创新驱动以及内外开放，作为"双循环"新发展格局的重要抓手与空间基础，都市圈发挥作用的具体路径如下。

（一）从供给侧和需求侧结合挖掘内需

实现基于"双循环"的高质量发展，供给侧和需求侧的结合是必然要求。都市圈在实现更高水平的供需动态平衡上发挥着重要作用。从支出的角度来看，GDP由投资、消费与净出口三部分构成，内需则对应GDP构成中的投资与消费。促进消费和有效投资的具体路径，体现在新型城镇化的进程中。首先，建设现代化都市圈有助于城镇化发展潜力的释放。统计数据显示，我国农村居民人均消费支出占城镇的比例稳步提升，从2013年的40.5%上升至2019年的47.5%，但仍然不及城镇居民人均消费支出的一半，这意味着进一步的城镇化能够释放巨大的消费潜力[②]。都市圈主要通过促进城乡人口迁移、圈内核心城市空间扩张两种方式来加速城镇化进程。一方面，都市圈尤其是圈内核心大城市的经济社会发展水平较高，就业机会更多、公共服务水平更高、市场规模更大，能够吸引大量农村剩余劳动人口，促进城乡人口迁移；另一方面，都市圈建设能够加强核心

---

① 数据整理自《国家发展改革委关于加快推进战略性新兴产业集群建设有关工作的通知》发改高技〔2019〕1473号。

② 数据来源：2014—2020年《中国统计年鉴》。

城市的市辖区与毗邻的下辖县之间的经济社会联系，促进一体化发展。一体化发展过程即为核心城市空间扩张的过程，在实操中多表现为撤县设区、撤县并市、撤县并区等行政区划调整。其次，现代化都市圈能够创造更多就业，夯实消费之基。在都市圈内核心城市与周边小城市一体化发展中，经济社会活动集聚程度不断提高，产业集聚创造出大量的就业岗位，能够吸收大量的劳动力人口。有就业就有收入，有收入就有消费。最后，现代化的都市圈建设能够提升有效投资。一方面，公路网、轨道交通网、物流网、信息网等基础设施的构建是现代化都市圈建设的关键环节。另一方面，人口的不断流入也对都市圈内公共服务设施建设提出了更高的要求，为弥补公共服务缺口，投资势必会更多流向诸如教育、医疗、养老、失业救济等民生领域。

（二）发挥都市圈创新中心的引领作用

《中国区域科技创新评价报告2020》数据显示，综合科技创新水平指数位列第一梯队的省份均有较为成熟的都市圈。为什么创新中心都位于都市圈当中？这是由都市圈的理论特性所决定的。创新过程体现为新知识的增长，包括知识的创建、共享、获取、转移和应用。从理论特性上来说，都市圈中同时存在城市化与本地化经济，不同产业间、同一产业内的集聚均能产生显著的正外部性。处于不同生命周期的企业的创新活动均能在都市圈中获益。一方面，年轻企业能够从圈内核心大城市的多样化中获益。在"干中学"的创新过程中，大城市的产业多样化能够为年轻企业的知识增长提供便利，大城市在生产要素、市场规模上的优势则能弥补年轻企业的创新缺口，大城市在市场机制、营商环境、融资条件上的优势则能分散年轻企业的创新风险，便利企业在市场上的进入和退出；另一方面，成熟企业则更多从圈内小城市的专业化中获益，成熟企业的创新更多体现在降低和优化成本上，通过产业内的相互学习，知识共享和知识匹配，成熟企业能够增长知识，实现创新。此外，都市圈所带来的产业和人的空间集聚无疑也有利于默会知识的生产和传播，而默会知识无疑又会进一步激发企业的创新。并且，都市圈在"双循环"中的门户、节点和平台功能无疑也为各种创新行为提供了发生场所、发生动力和溢出渠道。以北京都市圈为例，中关村科技园区为电子信息、智能制造、新材料等领域的企业的创新活动提供了发生场所，企业能够充分利用北京丰富的科教资源，通过产学研合作等方式加速创新进程。在完成创新之后，创新成果又能够利用北京便利的市场条件以及完善的软硬件基础设施实现转化、应用和扩散。

（三）发挥都市圈促进开放的门户和节点作用

开放是构建"双循环"新发展格局的关键因素，开放包括对内开放和对外开放，现在对内开放的紧迫性和重要性高于对外开放（刘志彪，2020）。都市圈能够促进对内开放，从而深化对外开放，其作用路径为市场整合。超大规模市场是我国经济的鲜明特征和关键优势，但受制于"行政区经济"，超大规模市场的潜力始终难以释放。都市圈对应城市尺度，是介于城市与城市群之间的空间形态，发展机制为自下而上的市场自育，因而是超越"行政区经济"的存在。随着都市圈的发展，圈内城市的经济社会联系不断加强、城市间的协调发展机制逐渐完善。在这个过程中，行政壁垒得以破除，统一开放竞争有序的国内大市场得以建立，超大规模市场的实际竞争优势才能真正形成。都市圈能够促进对外开放，从而倒逼对内开放，其作用路径为制度创新。更高水平的对外开放有赖于都市圈门户、节点和平台作用的发挥。特殊经济区域是制度创新的重要方式，都市圈则是特殊经济区域的主要承载地。都市圈内各种类型的经济区域极大地促进了对外开放。如自贸区在贸易自由、投资自由、资金流动自由、运输自由等方面享有政策便利，拓展了对外开放的高度、深度和广度。跨境电子商务综合试验区则通过无票免税、所得税核定征收、通关便利化等方式，促进了跨境电子商务完整的产业链和生态链的打造，丰富了对外开放的领域，提升了对外开放能级。

四、对策建议

当前，我国都市圈仍处于市场自发阶段，需要进一步的政策引导和支持，加快推进都市圈建设，以便其能够在挖掘内需、激发创新、促进开放上更好发挥作用，在畅通区域经济循环的基础上促进"双循环"新发展格局的形成。

第一，以都市圈为基本单元，加快构建高标准市场体系。都市圈是市场自育的产物，在其发展过程中，土地和资本要素的重要性让位于人和技术要素的重要性，要素流动性提高；企业作为要素组合进行生产的组织，企业家精神增强；城镇化水平提高后，企业生产边界扩大以满足更多人的生产生活需求。因此，基于都市圈构建高标准市场体系应将重点放在要素流动、企业家精神上。要素流动性的提高有赖于都市圈一体化进程的推进。一是加强都市圈轨道交通、公路网、信息网、物流网的建设，促进基础设施一体化，为要素流动提供硬基础；二是加大在基本公共服务、社会保障、社会治理领域的投入力度，促进公共服务一体化，为要素尤其是人的流动提供软保障；三是推进在户籍、土地、金融、科技等关键领域的配套改革，促进市场一体化，为要素流动营造良好环境。企业家精神的迸发有赖于"放管服"改革向纵深推进。一方面，建议设立都市圈行政审批中心，简化审批流程，统一审批标准，扫清企业进入市场、参与竞争的制度障碍。另一方面，要以《反垄断法》和《反不正当竞争法》为遵循，建立完善都市圈市场监管协调机制，提高反垄断、反不正当竞争的执法能力，为企业竞争营造公平有序的市场环境。随着都市圈高标准市场体系的建立，要素流动更加便利，企业家创新创业活动更加活跃，这不仅有利于发挥知识溢出效应、拉动有效的投资与消费，也能够促进对内开放，从而带动对外开放。

第二，以都市圈为基本单元，加快培育区域发展新增长极。从我国区域经济的发展过程来看，从改革开放到2000年期间，我们的主要增长极是沿海的中心城市；从2000到2020年期间，区域经济的增长极从单独的中心城市转向中心城市和都市圈并重。当前及今后一段时间，随着我国主要的中心城市逐渐形成都市圈，中心城市对区域经济的引领作用也就让位于都市圈。这是因为都市圈更有利于集聚效应的发挥和经济韧性的增强，在产业协同集聚与市场整合的过程中，内需潜力得到充分释放、创新活力得到充分激发、内外开放实现共同促进。但需要强调的是，由于内陆和沿海城市在发展阶段、经济和人口规模、交通通畅程度、通勤状况等方面存在明显差异，都市圈引领区域经济发展也要因地制宜，因势利导，避免用固定的增长极建设标准套在所有都市圈上。

第三，加快启动都市圈布局规划。目前，我国的都市圈发展仍处于起步阶段，都市圈规划出台较少，且多集中在东部沿海发达省份，往往包含于城市群发展规划、城市总体规划以及城镇体系规划中。都市圈规划是一种事前干预，培育发展现代化都市圈离不开它的引领带动，下一步应加快启动都市圈布局规划。一是要统筹推进，因地制宜。目前东部地区都市圈规划起步较早，启动较快。针对这种局面，要鼓励有条件的中西部地区加快进度，适时出台都市圈规划，加速都市圈建设步伐。如可根据相应的经济社会指标将分属不同板块的都市圈划分为起步型、发展型、成熟型三种，不同类型的都市圈适用不同的建设标准。二是加强规划间的协调。可以借鉴发达国家的做法，综合采用核心区人口规模、通勤率、通勤人员年龄范围、夜间灯光数据等多指标来进行都市圈范围识别。

第四，加快构建都市圈之间的软硬基础设施。"双循环"是国家整体性战略，不是哪个区域哪一个点上的战略（刘元春，2020）。单独的都市圈不可能进行"双循环"。因此，必须有若干个联系密切的都市圈同时启动，才能形成国内国际"双循环"的良好态势。要形成都市圈之间联系密切，循环通畅，协同发展的局面有赖于软硬基础设施的构建。软性基础设施主要体现在合作机制与共享平台的构建上。都市圈之间要强化政策协同，构建合作机制。考虑现阶段都市圈的"行政区经济"烙印仍然较重，都市圈之间的关系仍表现为核心大城市政府间的竞争，建议现阶段由行政级别更高的中央政府或省级政府出面，自上而下建立跨区域、跨省份的都市圈经济协调会等准政府组织，在合作机制的框架下，构建信息、科技、旅游商贸等共享平台，加强都市圈之间的沟通协作。都市圈之间的硬性基础设施建设则涵盖交通、能源、电信和环保等领域。其中交通、电信基础设施建设要先行，应考虑通过政府引导社会资本多元化参与的方式，设立都市圈基础设施建设专项投资基金，补齐都市圈之间在公路、铁路、电信等网络型基础设施以及港口、机场等节点型基础设施建设上存在的短板，使人员、物资、信息和资金的流动更加便捷。

参考文献

陈彦斌. 形成双循环新发展格局关键在于提高居民消费与有效投资. 经济评论，2020（6）：11-15.

董晓芳，袁燕. 企业创新、生命周期与聚集经济. 经济学（季刊），2014（2）：767-792.

董志勇，李成明. 国内国际双循环新发展格局：历史溯源、逻辑阐释与政策导向. 中共中央党校（国家行政学院）学报，2020（5）：47-55.

黄群慧. 以更深层次改革推动构建完整内需体系. 经济日报，2020-10-27（001）.

黄赜琳，姚婷婷. 市场分割与地区生产率：作用机制与经验证据. 财经研究，2020（1）：96-110.

凌永辉，刘志彪. 内需主导型全球价值链的概念、特征与政策启示. 经济学家，2020（6）：26-34.

刘伟. 以新发展格局重塑我国经济新优势. 经济日报，2020-09-24（001）.

刘元春. 国内国际双循环是相互促进的. 北京日报，2020-09-07（013）.

刘元春. 正确认识和把握双循环新发展格局. 学习时报，2020-09-09（003）.

刘志彪. 重塑中国经济内外循环的新逻辑. 探索与争鸣，2020（7）：42-49，157-158.

刘志彪. "双循环"新格局下的产业链. http：//www. yangtze-idei. cn/index. php？m=content&c=index&a=show&catid=13&id= 2603，2020-11-13/2020-12-02.

陆铭. 国内大循环怎么搞？先找出内需迟迟不能提振的原因. https://m.guancha.cn/LuMing/2020_09_04_563992.shtml，2020-09-04/2020-12-02.

吕冰洋，贺颖. 迈向统一市场：基于城市数据对中国商品市场分割的测算与分析. 经济理论与经济管理，2020（4）：13-25.

权衡. 新发展格局是开放的国内国际双循环. 学习时报，2020-10-21（003）.

宋准，孙久文，夏添. 城市群战略下都市圈的尺度、机制与制度. 学术研究，2020（9）：92-99.

孙久文，孙翔宇. 区域经济韧性研究进展和在中国应用的探索. 经济地理，2017（10）：1-9.

孙久文，原倩. 我国区域政策的"泛化"、困境摆脱及其新方位找寻. 改革，2014（4）：80-87.

夏添，孙久文，林文贵. 中国行政区经济与区域经济的发展述评——兼论我国区域经济学的发展方向. 经济学家，2018（8）：94-104.

夏添，孙久文. 基于区域经济理论的新时代空间尺度重构研究. 城市发展研究，2019（6）：13-20.

张红梅，李善同，许召元. 改革开放以来我国区域差距的演变. 改革，2019（4）：78-87.

原载《中山大学学报（社会科学版）》2021年第3期

结构性去杠杆视角下的地方政府债务风险防化

钟宁桦　连方舟　汪　峰

一、引　言

近年来，平衡"稳增长"与"防风险"目标成为我国经济工作的关键点。2022年12月召开的中央经济工作会议中，再次强调了"稳字当头、稳中求进"的工作总基调。通常，基建投资是我国政府快速拉动经济增长的主要举措（张军等，2007），也需要大规模资金的支持。在"稳增长"目标下，地方政府有动机扩张基建投资，并以各种形式举借债务为地方基建融资。由此，地方政府在拉动经济增长的同时，也造成了地方债务高企、规模骤增。2022年的中央经济工作会议和2023年政府工作报告都明确提出要"防范化解地方政府债务风险，……遏制增量、化解存量"。

关于我国地方政府性债务的规模，国家审计署最后一次公布的统计数据仅截至2013年6月底。当时我国地方政府的显性债务存量约为10万亿，隐性债务约为7万亿[①]。2013年以来，地方政府性债务持续快速增长。在显性债务方面，根据财政部公布的数据，截至2020年底，地方政府性债券余额已经突破25万亿[②]。从举债主体来看，地方国有企业（简称"地方国企"）是当地稳增长、保就业的重要力量，且地方政府通常是地方国企的控股股东；其中，地方政府融资平台（简称"城投公司"）等地方国企还承担着基建和其他民生类项目的建设任务。因此，地方政府对于一部分地方国企的债务往往负有救助责任，这些债务也被视为一类地方政府隐性债务。从2014年至2019年，地方国企（包括城投公司和其他非金融地方国企）的负债总额从41万亿骤升至91万亿。虽然国

[①] 2014年1月，审计署发布了《全国政府性债务审计结果公告》并将地方政府债务分为了两类：一类是政府负有偿还责任的债务，即纳入财政预算的债务（显性债务），其风险相对较小；另一类是政府或有债务，即指除地方政府作为举债主体发行的地方政府债券外，地方政府负有偿还、担保或一定救助责任的没有纳入财政预算的债务。根据审计署公布的统计结果，政府或有债务（即隐性债务）增长迅速，其债务总额在2010年底到2013年6月间增长74.84%。在各类研究和报告中，地方政府的隐性债务主要包括：城投债券、明股实债的PPP、亏损地方国企债务、政府购买服务和政府基金中的违规操作部分，以及平台贷款、融资租赁和其他非标融资中直接或间接投向地方政府融资平台的部分。由于城投债券、PPP明股实债与地方国有企业债务这三类隐性债务的规模较大，因此本文将重点考察这三类隐性债务。

[②] 《中华人民共和国预算法》（2014年修订）和《国务院关于加强地方政府性债务管理的意见》（国发〔2014〕43号）均明确规定，地方政府举债一律采取在国务院批准的限额内发行地方政府债券方式，除此以外地方政府及其所属部门不得以任何方式举借债务，即发行地方政府债券是地方政府举债的唯一合法形式。

务院在2014年10月发布了《关于加强地方政府性债务管理的意见》（后文简称"43号文"），试图遏制地方隐性债务，尤其是城投债的规模，然而其后城投债依然逆势迅猛增长——从2014年至2020年，城投公司新增的负债规模年均超过4万亿。

在各类隐性债务规模逆势扩张的同时，其举债方式也不断翻新，这进一步加剧了地方政府性债务的风险。具体而言，国务院于"43号文"中试图大力推进政府与社会资本合作（Public-Private Partnership，后文简称：PPP）来为地方经济建设筹集资金。理论上，PPP是各方出资形成股权类的合作，使用PPP模式融资并不会增加地方政府债务。然而，在实施中PPP却变相被做成了债权。不少地方政府为吸引社会资本方，对其承诺固定收益，甚至承诺给企业的收益率高于银行利率。这样的操作实际上是政府变相地向企业借钱，也就是所谓的"明股实债"。

若算上城投债券、地方政府负有救助责任的地方国企债务以及PPP明股实债，我国地方政府性债务的总体规模可能已经十分庞大。随着整体规模的急剧上升，地方债务风险加剧，防范化解地方政府性债务风险的任务愈加紧迫。然而，为了实现稳增长的目标，还需进一步扩张地方政府性债务。那么，如何平衡好"稳增长"与"防风险"这两大目标，又如何在有效管控地方政府性债务风险的情况下扩大地方政府性债务的规模？本文认为，解决上述难题的关键是创新性地应用中央财经委员会第一次会议（2018年4月2日）上提出的"结构性去杠杆"方针。即针对债务风险较高的债务类型和地区要侧重于"防风险"，而对于债务风险较低的债务类型和地区则可以适当扩张规模，以实现"稳增长"目标。

基于上述背景，本文区分不同类型、不同地区、不同省份，对我国地方政府性债务的风险进行分析后发现：第一，分不同债务类型来看，隐性债务持续快速扩张，而显性债务增长缓慢。自2016年起，我国地方政府债券的实际余额始终低于财政部批准的限额。在地方政府债券限额未用满的情况下，其中大部分还用于置换存量债务，而非用于支持新的投资项目。与此同时，各类隐性债务却在迅速扩张。具体而言，自2009年至2019年，我国城投债券的年度新发行规模由不足0.43万亿上升至3.74万亿，增长近9倍；地方国有企业的负债总额也逐年大幅扩张，由2009年的16.3万亿增长至2019年的91.3万亿，平均每年扩张约18.5%。进一步，我们依据多项指标分析了城投公司和地方国企的经营效率，并发现其经营情况不断恶化、盈利能力不断下降，以至于这些举债主体的债务风险不断上升。此外，2014—2016年间，明股实债的PPP项目占当年新增的所有PPP项目的融资规模比重高达85.3%，尤其在2015年，融资规模同比扩张了4倍多。正是由于各类隐性债务风险的不断攀升，地方政府性债务被喻为我国宏观经济的"灰犀牛"之一。[①]

第二，分不同地区来看，中西部地区地方政府性债务风险更高。相较于东部地区，中西部地区的地方政府债券、城投债券和PPP明股实债的融资规模与GDP的比值始终更高。据统计，2015—2020年间，西部地区每年新发行的地方政府债券与GDP的比值都超

---

① 详见报道《人大委员：地方政府债务是中国经济最大"灰犀牛"》，http://baijiahao.baidu.com/s?id=1587802275270798525&wfr=spider&for=pc。

过7.8%，并于2016年达到最高点12.14%，而东部地区该比值平均仅为5.79%。类似的，相较于东部和中部地区，西部地区新增城投债券规模占GDP比重和PPP明股实债融资占GDP比重均更高。另外，与东部地区相比，中西部地区的地方国企负债增速也更快。尤其值得注意的是，东部地区的地方国企的资产负债率随着其净资产收益率的下降而降低；而中西部地区的地方国企的资产负债率却在经营效益变差时仍持续上升。换言之，东部的地方国企在经营效益下滑时，自发地进行了"去杠杆"；而中西部地区的地方国企仍在"加杠杆"。由此表明，地方国企的偿债风险更多集中于中西部地区的低效企业上。

第三，分不同省份来看，我国各省的各类地方政府性债务的规模与偿债风险也存在较大差异。在部分西部省份中，地方政府债券与城投债券的余额与新增额占GDP的比重均相对较高，而这些省份中城投公司的盈利能力却相对较弱。从地方国企的负债与盈利情况来看，负债规模最大的前五大省份的利润总额占比高达52%，部分东部省份的地方国企以更少的资源创造了更多的利润。进一步，供给侧结构性改革实行以来，部分省份的地方国企的整体经营效益有所改善，同时其资产负债率持续下降，债务风险可能有所缓解；而部分省份的地方国企在经营效益恶化时仍不断"加杠杆"，未来可能需要重点关注其债务风险。

基于上述分析，本文估算了我国各省的地方政府性债务总额（统筹显性债务与隐性债务）与地方政府综合财力的比值，以度量各省的地方政府综合债务率。作为对比，本文也计算了仅使用地方政府债券余额（即显性债务）与地方政府综合财力的比值得到的显性债务率。根据计算结果，本文发现，若将隐性债务纳入地方政府债务率的计算范畴，我国大部分省份的地方政府性债务风险可能均处在较高水平，其中有部分省份的债务率很可能已超过了100%的警戒线[1]。换言之，若仅考虑显性债务，则部分省份的债务率可能被大幅低估。

本文可能的贡献在于：首先，本文对于举债主体的分析范畴较为全面。现有大部分文献都并未将地方国企的债务考虑在地方政府性债务的范围内，更缺乏对于地方国企债务的细致描述与具体分析。本文基于翔实的数据分析发现，城投公司以及地方国企的整体经营绩效显著变差，暗示着"僵尸企业"的数量和规模很可能在上升，即地方政府负有救助责任的隐性债务规模在扩大。另外，由于缺乏数据，很多文献也未将明股实债的PPP项目作为地方政府性债务的一部分进行研究[2]。而本文通过手工收集、整理相关数据，将PPP明股实债和地方国企负债等隐性的地方政府性债务纳入研究范畴。本文建

---

[1] 2015年5月29日，十二届全国人大常委会第十六次会议表决通过了全国人大常委会关于批准《国务院关于提请审议批准2015年地方政府债务限额的议案》的决议。该议案提出，将债务率（债务余额/地方综合财力）不超过100%的水平作为我国地方政府性债务的整体风险警戒线，即全国地方政府性债务余额最高不超过地方综合财力水平。详见《关于提请审议批准2015年地方政府债务限额的议案的说明》，中国人大网，http://www.npc.gov.cn/wxzl/gongbao/2015-11/11/content_1951897.htm。

[2] 需要说明的是，PPP明股实债是属于不合规的PPP项目。在财政部颁发的《关于规范推进政府与社会资本合作（PPP）工作的实施意见（征求意见稿）》中明确指出，规范的PPP项目形成中长期财政支出事项不属于地方政府隐形债务，同时提出原则上不再开展完全政府付费项目。

议，为更好地防化地方政府性债务风险，各级政府应将各类隐性债务纳入债率的核算范围，全面管控显性和隐性地方债务风险；与此同时，建议适当放松地方政府债券融资规模的限制，并鼓励各地用足用满限额，以此逐步替代城投债券，进而降低地方财政对融资平台的依赖。

其次，在地方政府性债务的风险测度方面，现有文献缺乏对各类地方政府性债务及其偿还风险的异质性分析。诚然，随着经济下行压力增大、市场流动性收缩，举债主体的基本面普遍出现恶化。但由于我国不同地区的财政情况、经济发展水平等差异巨大，不同地区的债务风险差异很大。甚至通过本文分析可见，细分到省份层面，各类地方债务特征与风险也有所不同。同时，由于举债主体的基本面情况、投资收益率等的差异也很大，本文认为对于各类债务，包括地方政府、城投公司、地方国企等举债主体基本面做全面、细致的分析是进一步研究的重点。

最后，与钟宁桦等（2016）的研究思路类似，本文以"结构性"的视角探讨地方政府性债务的风险，从而为防化我国地方政府性债务风险的同时实现"稳增长"提供切实可行的建议。具体而言，本文对不同债务类型、不同地区、不同省份的债务风险的结构性特征做了比较详尽的分析，甄别其中有较高风险的地方政府性债务，并建议重点防化这些债务的风险。而对于债务风险较低的地区，则建议可以通过适当扩张债务规模以拉动经济增长，实现"稳增长"。

二、相关文献综述

（一）基于举债主体视角界定地方政府性债务范围

基于举债主体的视角，现有文献对地方政府性债务的界定主要包括了如下几类：

其一，地方政府作为举债主体。根据2014年10月发布的国务院"43号文"：地方政府举债一律采取在国务院批准的限额内发行地方政府债券的方式，除此以外，地方政府及其所属部门不得以任何方式举借债务。自此，地方政府债券成为地方政府融资（显性债务）的唯一渠道。

其二，城投公司作为举债主体。已有研究发现，地方政府会在城投公司发债前对其进行增资股权、土地注入和提供财政补贴等形式的显性"财务支持"，以使其能够顺利地达到发债要求（张路，2020），这也使得地方政府注入地方融资平台的土地在抵押金额和抵押率上都显著高于非平台公司（张莉等，2019）。城投公司的融资渠道主要包括银行贷款，发行城投债券，以及融资租赁、项目融资、信托私募等资本市场融资（何杨和满燕云，2012；徐军伟等，2020）。

其三，地方国有企业作为举债主体。地方政府还可利用地方国企进行债务融资，李扬等（2012）与钟宁桦等（2021）将地方国企负债界定为一类地方政府隐性债务。这主要是因为当地方国企无法偿还债务时，一方面，地方政府作为出资人，不得不按其出资比例承担清偿债务的责任；另一方面，为维护社会稳定，即使部分地方国有企业丧失了盈利能力且债务高企，地方政府也会对其进行救助。

其四，PPP明股实债形式的举债。在强调剥离城投公司为地方政府融资的职能的同时，"43号文"大力推广PPP模式，以鼓励地方政府吸引社会资本参与地方经济建设。

然而，为吸引社会资本参与，部分地方政府不仅使用财政资金来承担PPP项目中社会资本融资主要、直接的偿付责任（杨志勇，2017；吉富星，2018），还为参与PPP项目的社会资本方提供固定收益承诺（汪峰等，2020）。由此，PPP项目异化成了地方政府隐性举债的工具。

（二）地方政府性债务风险的内涵

部分文献将地方政府性债务的风险定义为地方政府无法按时偿还到期债务所引发的偿债风险（马海涛和吕强，2004），以及通过财政和金融等渠道的持续传导进而可能对社会经济等各方面带来的损失（贺忠厚等，2006；于海峰和崔迪，2010）。其中，已有研究指出地方政府债务的过度扩张，以及信息披露不充分、产权性质不透明等管理体制的问题会使得地方政府债务风险上升（黄国桥和徐永胜，2011；缪小林和伏润民，2012）。而毛捷和黄春元（2018）则进一步研究发现，地方政府发债规模与地方经济增长之间存在倒U型关系。这说明若地方政府债务过度扩张，会对当地经济增长产生抑制作用，进而带来相关风险。

与此同时，部分文献通过研究地方政府债务扩张对企业投融资的影响以论证其背后可能的风险。其中，已有研究发现地方债的扩张显著降低了地方企业的负债率（Liang et al.，2017）、挤出了地方企业的债务融资（刘畅等，2017；梁若冰和王群群，2021），并且这一影响在非国有与亏损企业中更明显（汪金祥等，2020）。进一步，地方债务扩张还使得企业的投资规模显著缩减，并且该影响也在非国企中更明显（余海跃和康书隆，2020；Huang et al.，2020）。由此可见，地方债务的过度扩张会使企业部门可获得的资金减少、融资成本上升，并且这一挤出效应在非国企中更明显，进而可能导致整体的金融配置效率下降，系统性金融风险加剧。

（三）地方政府性债务的风险治理

关于地方政府性债务的风险治理，部分研究结合我国地方政府性债务风险的成因，有针对性地提出了地方政府性债务风险防控的政策建议：第一，合理划分中央与地方的财权和事权，建立新型财政关系。比如，部分文献认为，分税制改革是引致地方政府债务风险的重要原因。因此，应该从完善财政体制入手来防控地方政府性债务风险（刘金林等，2014；马文涛和马草原，2018；毛捷等，2019）。尤其是要理顺中央政府与地方政府的事权与财权，增加中央政府支出责任，扩大地方政府的财政权力，以确保各级政府财力与事权相匹配。第二，完善地方官员考核激励体制，并建立终身问责制度。部分学者提出要改变以经济绩效为中心的官员晋升机制，修正片面强调经济增长指标的政绩观，并加强环保、民生等衡量经济发展质量的指标在官员考核中的重要性，从而有效抑制地方政府举债冲动。另一方面，建立地方官员长期问责甚至终身问责制度，以确保即使职位变动，地方官员也需要对其在原先职位中所发行的地方政府性债务承担相应责任（刘金林等，2014；贾俊雪等，2017）。第三，硬化地方政府债务的预算约束。王永钦等（2016）提出，通过消除各方已形成的中央政府对地方政府的救助预期，可以有效避免城投债市场的预算软约束问题。

此外，部分研究强调，在治理地方政府性债务时，行政管控和市场化约束二者缺一不可。匡小平和蔡芳宏（2014）认为，应建立以规则控制为主、市场约束为辅的地方政府债务管理模式,而规则控制主要以政府预算调控为主。朱莹和王健(2018)研究表明,"自发自还"试点产生的市场约束能显著降低城投债的风险溢价,降低地方政府性债务风险,同时也需要加快推进地方政府财政体制改革,以提高地方财政透明度。

三、我国地方政府性债务的结构性特征

(一)不同类型地方政府性债务的结构性特征

不同类型的地方政府性债务的扩张速度差异较大。作为唯一的显性债务的地方政府债券扩张缓慢,并且未用满限额;而城投债券、地方国企负债和明股实债的PPP等隐性债务的扩张速度则明显更快,即出现了"显性慢而隐性快"的结构性特征。

首先,我国地方政府债券的增长速度较慢。从财政部预算司公布的数据可见,在2016—2020年间,无论是在总额、一般债券还是专项债券上,我国地方政府债券的实际余额始终低于财政部批准的限额,即地方政府没有用满发债的额度(表1)。这表明地方政府在地方政府债券的使用上比较谨慎。

表1 地方政府债券余额的限额与实际数(亿元)

时间	余额限额			余额实际数			债务总额余额/限额
	债务总额	一般债务	专项债务	债务总额	一般债务	专项债务	
2015	160074.3	99272.40	60801.90	160074.30	99272.40	60801.90	1.00
2016	171874.3	107189.22	64685.08	153164.01	97867.78	55296.23	0.89
2017	188174.3	115489.22	72685.08	165099.80	103631.79	61468.01	0.88
2018	209974.3	123789.22	86185.08	184618.67	110484.51	74134.16	0.88
2019	240774.3	133089.22	107685.08	213072.00	118694.00	94378.00	0.88
2020	288074.3	142889.22	145185.08	254864.10	125937.47	128926.63	0.88

数据来源:财政部预算司。

事实上,由表2可见,在2016—2018年间,新发行地方政府债券的规模逐年递减,增长率为负。在每年新发行的地方政府债券中,大部分是置换债券。尤其在2017年前,置换债券的占比高达80%以上。换言之,不仅地方政府没有用满债券的额度,而且大部分的新增地方债是用于置换已有债务,并非用于支持新的投资项目。2018年开始,地方政府债券发行开始加速,且置换债券占比开始逐渐降低。这暗示着,随着置换计划接近尾声,地方政府债券所募集资金开始更多地配置于公共基础设施建设等领域。

表2 地方政府债券发行情况(亿元)

时间	当年发行的债券规模	增长率	其中:新增债券	置换债券	置换债券占比
2015	38351	—	6351	32000	0.83
2016	60614	58.05%	11914	48700	0.80
2017	43581	−28.10%	15898	27683	0.64
2018	41652	−4.43%	21705	19947	0.48
2019	43624	4.73%	30561	13063	0.30
2020	64438	44.78%	45525	18913	0.42

数据来源:财政部预算司。

其次，为应对2008年的全球金融危机，我国推出了"四万亿"刺激计划。作为配合，国务院办公厅于2008年12月发布了《关于当前金融促进经济发展的若干意见》（国办发〔2008〕126号），明确提出要扩大债券发行规模，加大企业债、公司债、短期融资券和中期票据等债务融资工具对经济发展的支持力度。随后，中国人民银行和中国银监会于2009年3月发布了《关于进一步加强信贷结构调整促进国民经济平稳较快发展的指导意见》（银发〔2009〕92号），明确支持有条件的地方政府组建投融资平台，发行企业债、中期票据等融资工具。此后，各地政府开始大规模扩张其辖区内城投债券的发行规模（张莉等，2019）。根据本文计算，在2009—2019年间，每年新发行的城投债券的规模由不到4300亿骤升至3.74万亿，增长了近9倍（图1）。值得注意的是，"43号文"明确提出，剥离城投公司的政府性融资职能，即地方政府性债务不得通过企业举借，企业债务不得推给地方政府偿还，切实做到谁借谁还、风险自担。然而，自2014年起，每年新发行的城投债券规模平均在2万亿以上，其中2016年城投债券的新发行规模高达2.54万亿元，较2015年同比增长40%，2019年的新发行规模进一步上升至3.74万亿。由此可见，虽然"43号文"试图打破地方政府与城投公司之间的"隐性担保"，然而其后城投债券不降反增、仍在逆势扩张。

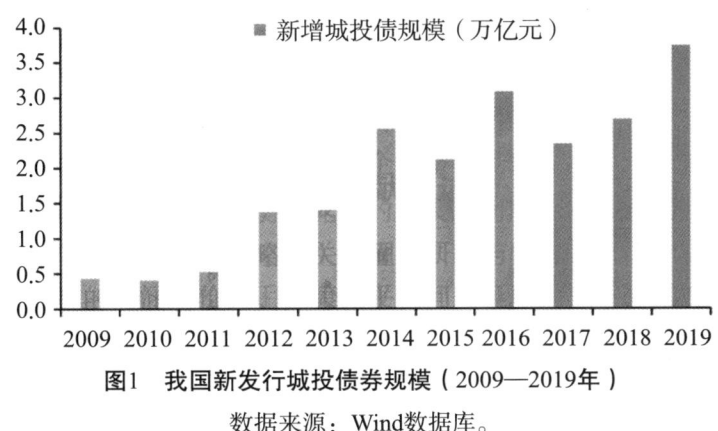

图1　我国新发行城投债券规模（2009—2019年）

数据来源：Wind数据库。

进一步，本文从Wind数据库获得了2009—2019年间2263家发过债券的城投公司财务信息[①]，分析发现这些城投公司的经营绩效和偿债能力持续下降。具体而言，自2009年起，这些城投公司的平均总资产收益率（净利润/资产总额，ROA）和权益收益率（净利润/权益总额，ROE）均大幅下降，至2019年末，平均ROA只有1.7%左右，表明城投公司的盈利能力显著恶化（图2）。此外，其经营活动产生的现金流始终较小并不断下降，甚至自2016年起持续为负；而筹资活动所带来的现金流却不断上升。这意味着

---

① 由于只有发行过债券的城投公司才会披露相关财务数据，限于数据可得性，本文仅针对发行过债券的城投公司进行分析。由2013年6月国家审计署公布的审计结果公告可知，所有城投公司负债占地方国企负债的比重约为69%；而根据我们的测算，2013年末，发行过债券的这部分城投公司的负债总额占地方国企负债总额的比例为54%。由此可见，发过城投债券的这部分城投公司占所有城投公司的比重是比较高的。

这些城投公司的经营效益不佳，其并未进行开展实质性的、能为企业带来大规模经营性现金流入的经营活动；而是更多地依靠筹资活动产生的现金流入以维持现金流水平，并将获取的资金用于大规模的投资活动（图3）。

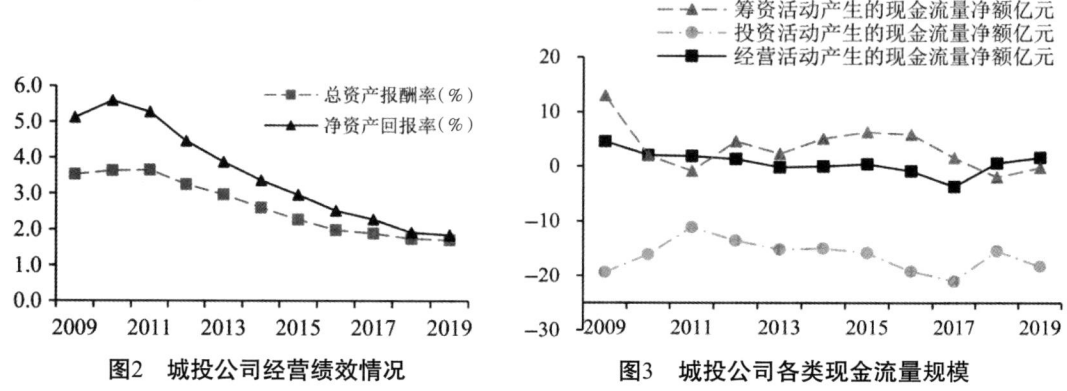

图2　城投公司经营绩效情况　　　　　　图3　城投公司各类现金流量规模

与此同时，这部分城投公司的资产负债率却持续上升。自2011年起，城投公司的资产负债率（总负债/总资产，ROA）逐年递增，从45.05%大幅上升至2019年的54.53%（图4）。在其总负债的主要构成中，长期银行借款占总负债的比重自2010年起持续下降，而应付债券（即还未偿还的城投债券）的占比则迅速上升（图5）。上述分析表明，城投公司在经营效益不佳的情况下，仍在用发行城投债券的方式大规模举债。

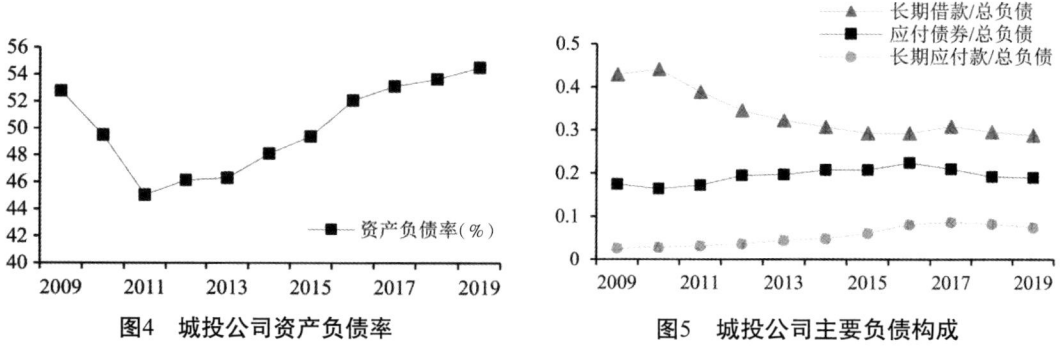

图4　城投公司资产负债率　　　　　　图5　城投公司主要负债构成

统计城投债募集资金投向可知，平均约有29%的城投债券资金用于借新债还旧债，18%用于补充营运资金，15%投向交通基础设施建设，剩余资金则投向了保障性住房、棚户区改造、生态建设和环境保护等其他项目。新发行城投债券用于借新还旧的比重逐年快速上升，从2009年的2.2%上升至2019年的59.4%；同时，用于补充营运资金的比重也维持在较高水平，平均占到20%左右。这表明，城投公司的经营绩效很可能持续恶化，其通过发行城投债券所募集的资金越来越多地用于维持经营，甚至偿还旧债，而依靠自身盈利偿还债务的能力则大幅下降。

由上述分析可见，城投债券的扩张趋势并没有因"43号文"的出台而得到有效控制,反而出现了逆势扩张。与此同时,城投公司的盈利能力却持续恶化、偿债能力大幅下降,这使得城投债券整体的信用风险越来越大。2018年8月,首只城投债券出现实质性违约,"17兵团六师SCP001"这一超短期融资券无法按时兑付本息[①]。

第三,我国地方国有企业的负债规模也始终保持着稳定增长的态势。由图6可知,2010—2019年间,我国地方国有企业的负债总额逐年递增,由2010年的19.82万亿增长至2019年的91.34万亿,平均每年扩张约18.5%,明显快于央企的扩张速度(约12%)。地方国企每年新增负债规模也持续扩张,自2010年的3.47万亿增长至2019年的11.03万亿,年均增长率为23%。与此同时,地方国企的多项盈利指标均呈持续下滑态势,并且其销售收入与利润总额的增速也大幅下降。其中,在2010—2019年间,利润总额与销售收入的比值从6.2%降至5.5%;利润总额与资产总额的比值从2.5%下降至1%,并且自2012年起始终低于2%;利润总额与权益总额的比值的下降幅度最大,从7%下降到2.8%(见图7)。上述数据表明,地方国有企业的经营效益不断恶化,但是其债务负担却在不断加重、债务风险持续加剧。

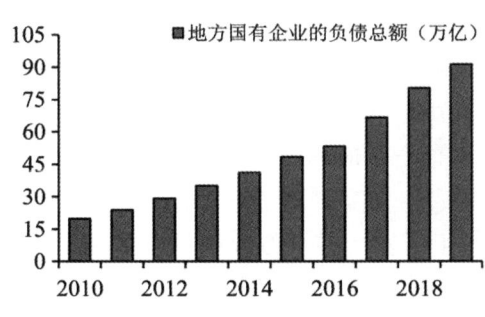

图6 我国地方国有企业的负债总额(万亿)

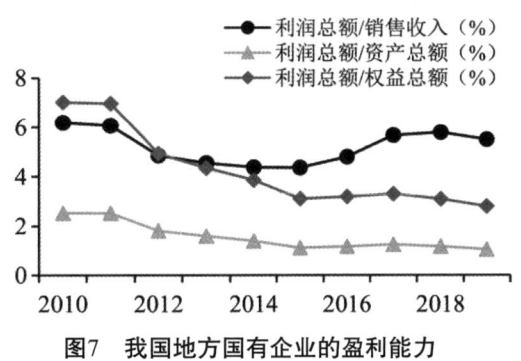

图7 我国地方国有企业的盈利能力

最后,自"43号文"发布之后,PPP模式在全国迅速推广,而明股实债的PPP项目的数量与融资规模占比迅速扩张。PPP项目信息数据来自于财政部政府和社会资本合作中心PPP项目库公开信息平台。我们手工收集了2009—2016年所有新增PPP项目的数据,获得了9032个PPP项目的信息;其中,处于执行阶段的项目共计2080个。然后,我们逐个翻阅所有执行阶段的项目的合同,并根据项目收益率是否获得地方政府担保来判断该项目是否为明股实债的PPP项目。由图8可见,与2013年相比,2014年参与PPP项目的城市数量扩大近2倍,当年新增PPP项目的数量与融资规模扩大近3倍。2014—2016年

---

① 2018年8月13日,银行间市场清算所公告称,当日未收到短期融资券"17兵团六师SCP001"的付息兑付资金,这意味着该城投债券发生到期违约。这一短期融资券由新疆生产建设兵团第六师国有资产经营有限责任公司发行,发行金额为5亿元,但当日仅有1.3亿元资金划转到上海清算所。8月14日,发行主体的信用等级由AA级下调至C级。8月15日,该城投债券的本息延期支付。根据相关数据,新疆兵团六师国资目前存续债券4只,余额20亿元,均于一年内到期;其中,2个月内还有近10亿元债券即将到期,面临着巨大的偿债压力。详见系列报道《聚焦兵团六师债券违约》,http://finance.sina.com.cn/zt_d/armybond/。

间，明股实债的PPP项目的数量占当年新增的所有PPP项目数量的比重平均为78.42%，融资规模占比更高，达到85.3%，尤其是在2015年，融资规模同比扩张4倍多。

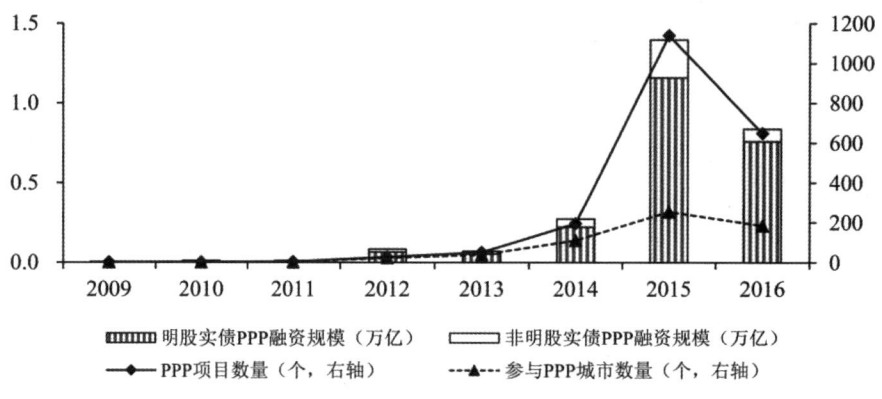

图8　我国PPP项目数量与融资规模（2009—2016年）

数据来源：财政部PPP综合信息平台系统。

（二）不同地区地方政府性债务的结构性特征

我国地方政府性债务的规模大、风险凸显。相较于经济发展水平与地方政府的财政能力，各类显性、隐性的地方政府性债务的规模在中西部地区明显偏大，中西部地区，尤其是西部地区的债务风险也较高。换言之，我国地方政府债务风险显现出中西部地区大、东部地区小的结构性特征。

首先，相较于其经济发展水平，西部地区每年新发行的地方政府债券始终最多，东部地区最少。具体而言，2015—2020年间西部地区每年新发行的地方政府债券与GDP之比都超过7.8%，最高时于2016年达到12.14%，而东部地区该比值平均仅为5.79%（图9）。从债券融资成本来看，东、中、西部各省份平均票面利率分别为3.46%、3.51%、3.53%。上述数据表明经济发展水平相对落后、政府偿债能力相对较弱的中西部地区发行了更大规模的地方政府债券，并且其融资成本也更高，这导致中西部地区的偿债风险明显高于东部地区。

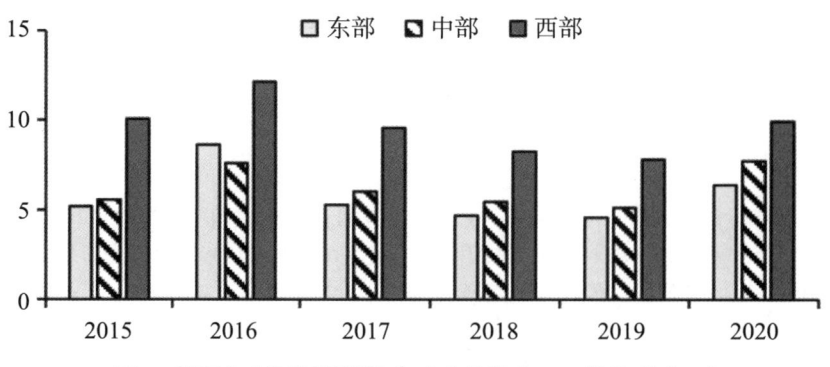

图9　我国东中西部新增地方政府债券占GDP的比重（%）

数据来源：Wind数据库。

其次，由图10和图11，自2012年起，西部地区各年度城投债券的存量规模占GDP的比重和新增规模占GDP的比重基本上都是最大的。这意味着我国城投债券逆势扩张的问题更多地集中于经济发展水平相对落后的中西部地区，尤其是西部地区。换言之，西部地区城投债券的偿债风险也是最高的。

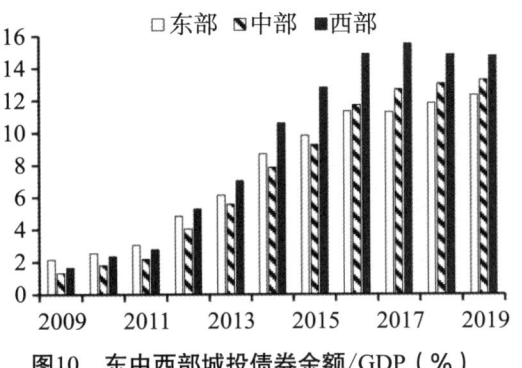

图10　东中西部城投债券余额/GDP（%）

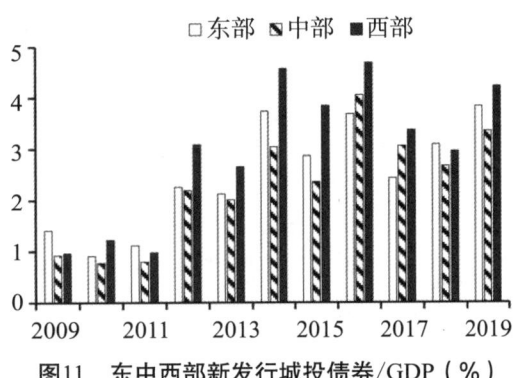

图11　东中西部新发行城投债券/GDP（%）

第三，地方国有企业债务的风险在地区分布上也存在结构性特征。东部地区的地方国企的各类占比均超过50%，远高于中部与西部地区。其中，东部地区的户数、资产与负债总额的占比相近，均为51%左右，利润占比明显更高（为65%），见图12。这表明东部地区的国有企业创造的利润明显高于其所拥有的资源，盈利能力相较于其他地区显著更强。进一步，根据本文的计算，在2015年以前，西部的地方国企的负债扩张速度始终高于中部的地方国企，东部的地方国企的债务增速则最低。更为重要的是，由图13可见：在2015年以前，东部的地方国企在经营效益下滑的情况下，自发地进行了"去杠杆"；而中部与西部地区的地方国企则在效益恶化时仍然不断"加杠杆"，债务负担持续加重。同时，在2015年底，东部的地方国企的平均ROE为3.2%，约为中部与西部的地方国企的平均ROE的3倍。这意味着，在2015年以前，我国地方国企债务的偿还风险更多集中于中西部地区，尤其是中西部地区的部分低效企业上。

值得注意的是，自2015年供给侧结构性改革实行后，各地区的地方国企的平均净资产利润率（ROE）先升后降。从地区层面看，在2015—2019年间，中部的地方国企的平均资产负债率下降幅度最大（约2.9个百分点），东部次之（约1.4个百分点），西部最小（仅为0.6个百分点）。上述分析意味着，自供给侧结构性改革实行后，我国各地区的地方国企的债务风险可能有所缓解，但中西部地区，尤其是西部地区的部分低效企业的债务风险仍值得关注。

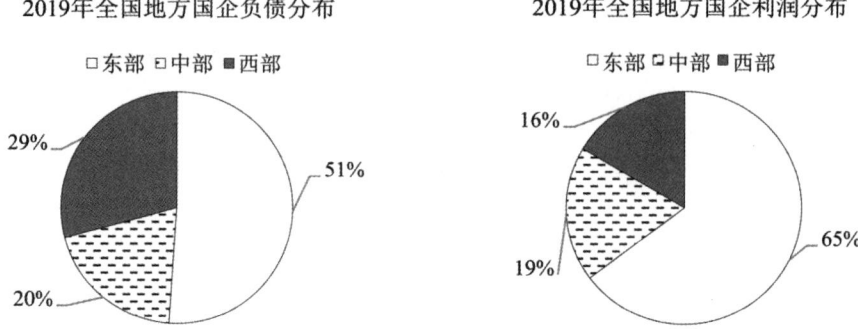

图12　地方国企的负债总额与利润总额的分布（分地区）

数据来源：《中国财政年鉴2020》，作者计算。

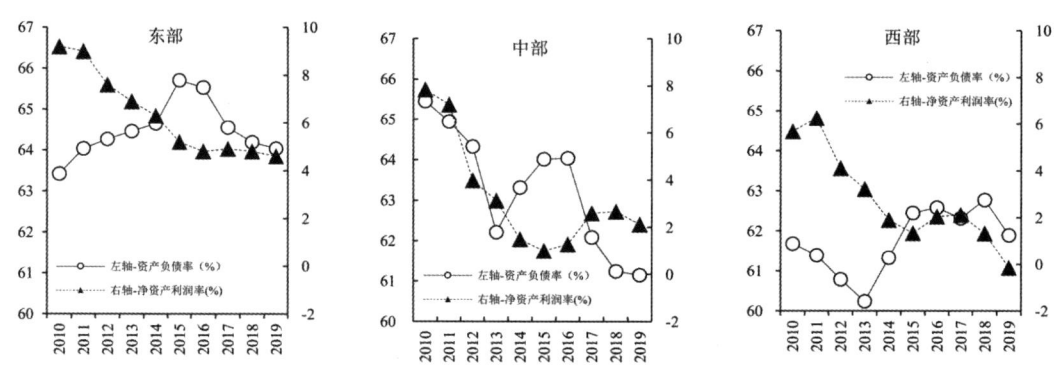

图13　我国东中西部地方国有企业资产负债率与净资产利润率（2010—2019年）

数据来源：《中国财政年鉴2020》。

最后，本文发现，自2010年起，相较于其经济发展水平，西部地区新增明股实债PPP项目的融资规模始终最高，中部地区次之，而东部则最低。其中，自2014年"43号文"发布后，西部地区这一比值的增幅最显著，并于2015年达到最高点2.64，而东部地区当年仅为1.21（图14）。这说明中西部地区，尤其是西部地区在更快地扩张明股实债PPP的融资规模，这部分债务的偿债风险也显著更高。

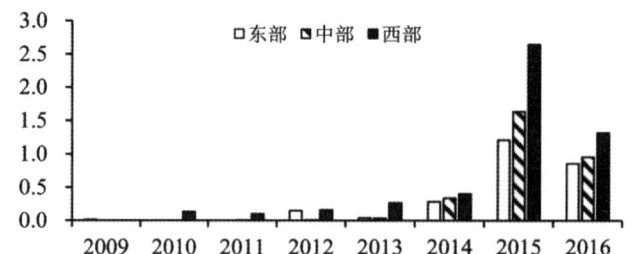

图14　我国东中西部明股实债PPP的新增融资规模与GDP的比值（%）

数据来源：财政部PPP综合信息平台系统。

（三）不同省份地方政府性债务的结构性特征与债务率测度

各省份间各类地方政府性债务风险水平差异明显。首先，从2015—2020年地方政府债券的发行绝对规模总额来看，江苏省、山东省和浙江省位列前三，青海省、宁夏回族自治区和西藏自治区则相对较小。而从地方政府债券余额占GDP的比重来看，截至2019年，青海省的地方政府债券占GDP的比重最高，为70.62%，贵州省（57.40%）、宁夏回族自治区（43.80%）与内蒙古自治区（41.82%）次之，北京市（13.99%）与广东省（10.89%）则最小（见图15）。这也与2019年新增地方政府债券与GDP比值的情况类似，青海省最高（15.88%），宁夏回族自治区、新疆维吾尔自治区、甘肃省次之，福建省与广东省则最小。从债券融资成本（即票面利率）来看，内蒙古自治区的平均融资成本最高（3.60%），四川省、辽宁省和黑龙江省紧随其后（均约为3.58%），而上海市与北京市的融资成本则最低（均约为3.30%）。从地方政府债券的用途上来看，辽宁省（55.35%）、贵州省（51.80%）与江苏省（45.26%）发行的置换债和再融资债占所有地方政府债券的比重最大，新增债占比则较低，这可能与这些省份的存量债务规模以及债务滚动需求较大有关。相对的，北京市、天津市、上海市等发行的置换债和再融资债的占比则相对较低，均不到20%，新增债的占比明显更高。

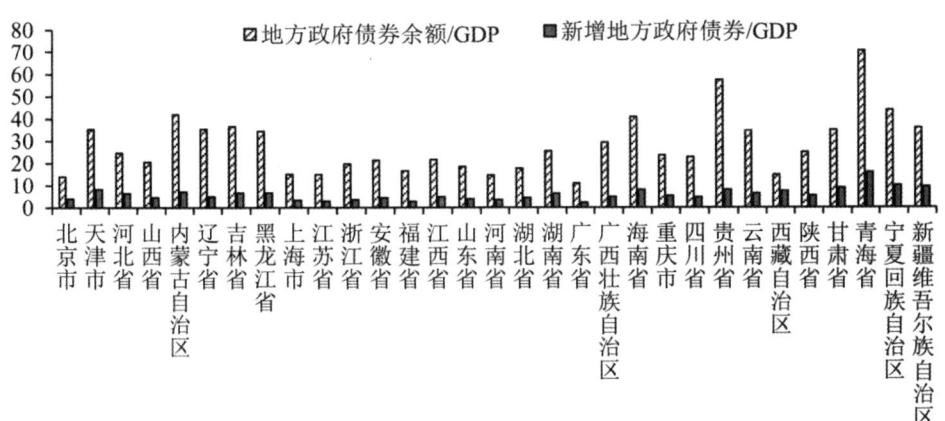

图15　我国各省地方政府债券余额与新增额与GDP的比值（%，2019年）

数据来源：Wind数据库。

第二，从城投债券余额与GDP的比值来看，截至2019年，天津市的城投债券余额与GDP比值最高，为27.69%，北京市（22.98%）、重庆市（19.58%）与江苏省（18.45%）紧随其后，而海南省与内蒙古自治区的比值则较低（图16）。这也与2019年新增城投债券与GDP比值的情况类似，天津市最高（11.90%），江苏省、江西省、重庆市、云南省次之，海南省与辽宁省则最低。从城投公司债务总额的相对规模来看，在2019年，天津市和北京市的城投公司有息债务与GDP的比值均略大于1，甘肃省与贵州省紧随其后，均大于0.7。

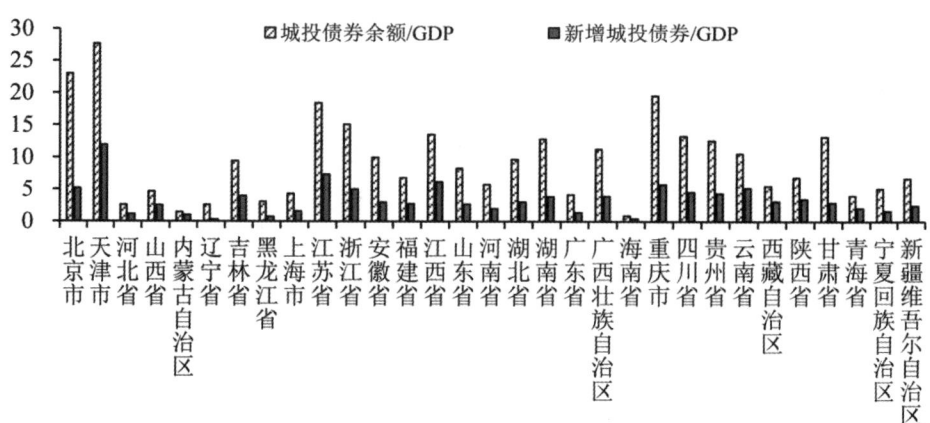

图16　我国各省城投债券余额与新增额与GDP的比值（%，2019年）

数据来源：Wind数据库。

进一步，本文发现各省城投公司的资产负债率与盈利能力也有明显差异。具体而言，全国各省城投公司的有息负债率（有息负债总额/资产总额）最高的省份为甘肃省，其有息负债率高达52.1%，其次是西藏自治区（51.6%）、陕西省（44.2%），东部各省的城投公司的平均有息负债率（31.7%）仍明显低于中西部各省（37.0%）。同时，在2019年，青海省与海南省城投公司的ROA与销售利润率（净利润/销售收入，ROS）均为负，表明这两省的城投公司整体出现亏损，盈利能力弱。此外，甘肃省、陕西省、黑龙江省等中西部与东北省份的城投公司的盈利能力相较于北京市、江苏省、浙江省、广东省等东部省份明显更弱。比如，黑龙江省的城投公司的ROA与ROS分别为0.25%与3.7%，远低于广东省的1.68%与11.1%。

第三，由图17可见，截至2019年，贵州省、天津市、青海省的地方国企负债总额与GDP的比值均大于2，其中贵州省的比值最高（为2.4）；相对的，广东与河南的地方国企负债总额与GDP的比值较低。整体而言，西部地区的地方国企的负债总额与GDP的比值最高，平均为1.30，东部次之（0.96），中部最低（0.83）。其次，我们考察了2019年各省地方国企的负债总额与利润总额的分布情况。从负债总额的绝对规模来看，东部多个省份的地方国企负债总额均较高，如江苏省、浙江省与广东省位列前三，分别占到全国地方国企负债总额的10.6%、7.0%与6.1%；同时，这些省份的地方国企的利润总额的绝对规模也较大，广东省、上海市与山东省位列前三，分别占到全国地方国企利润总额的16.68%、11.09%与8.79%。值得注意的是，相较于负债的分布，地方国企利润总额的分布更集中，占比最高的前五大省份的利润总额占比高达52%（即过半），这也与前述分地区考察发现东部地区的国有企业的利润占比高达65%一致。

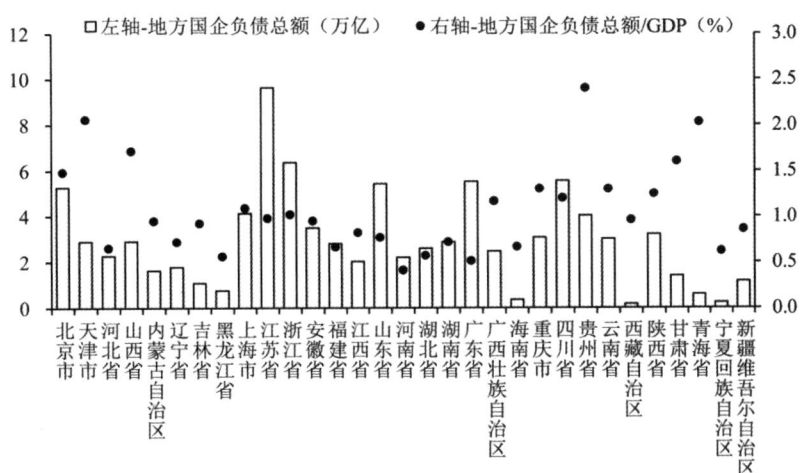

图17 我国各省地方国企负债总额与GDP的比值（2019年）

数据来源：《中国财政年鉴2020》。

进一步，由图18可见，各地地方国企的负债率与盈利能力走势协同性大致呈现四种情况：第一，部分省份如河北省、江苏省、青海省的地方国企在经营效益恶化时仍不断"加杠杆"，债务负担很可能加重。第二，部分省份如北京市、安徽省、湖南省的地方国企在经营效益下滑的情况下，自发地进行了"去杠杆"。第三，部分省份如重庆市、四川省、甘肃省的地方国企在经营效益改善时也在不断"加杠杆"。第四，部分省份如山西省、辽宁省、海南省、陕西省的地方国企的整体经营效益有所改善，同时其资产负债率也持续下降，债务风险可能有一定缓解。

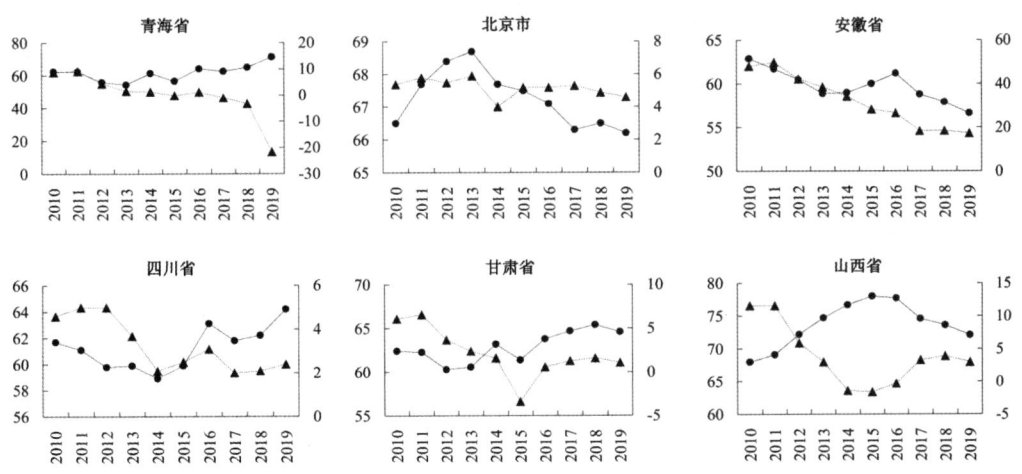

图18 我国部分省份地方国企的资产负债率（左轴，%）与净资产利润率（右轴，%）

数据来源：《中国财政年鉴2020》。

最后，本文对分省份的PPP明股实债情况进行分析。从PPP明股实债的绝对规模来看，在2014—2016年间，山东省的PPP明股实债总规模最高（0.19亿），河北省、浙江省与云南省（同河南省）次之，分别为0.18亿、0.16亿与0.14亿（图19）。其次，从PPP

明股实债占所有PPP项目规模的比重来看，大多数省份的PPP明股实债占比均较高。根据本文的统计，除甘肃省与重庆市的占比相对较低外，其余省份的占比均超过60%，并且其中15个省份的占比超过90%。其中，上海市、海南省、北京市的PPP明股实债占比最高，均高于99%，吉林省、山西省与黑龙江省的占比也较高。

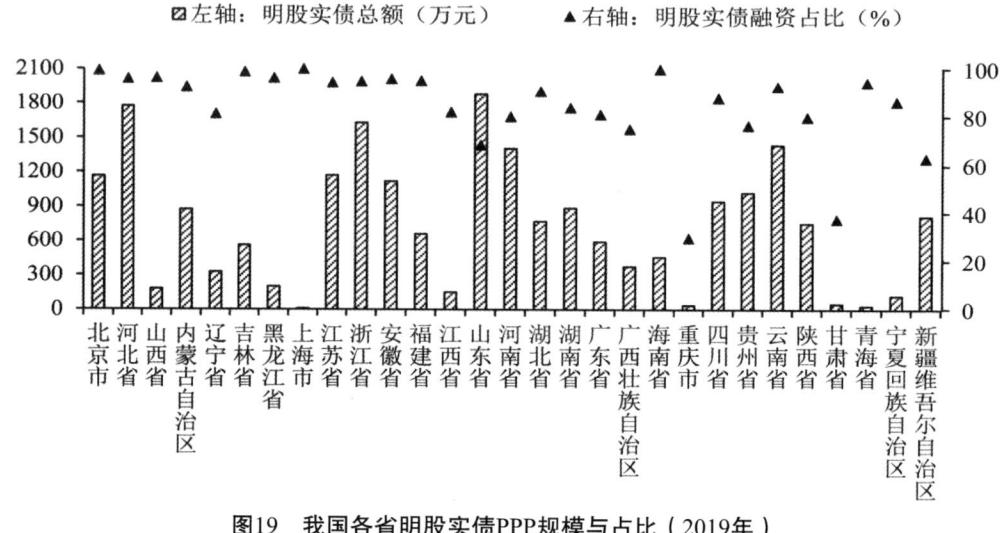

图19 我国各省明股实债PPP规模与占比（2019年）

数据来源：《中国财政年鉴2020》。

四、总结与政策性讨论

本文基于结构性视角，对地方政府债务进行研究后发现：首先，分不同债务类型来看，近年来我国地方政府债务有着明显的"显性债务增长慢、而隐性债务增长快"的结构性特点。其中，唯一的显性债务，即地方政府债券的余额实际数始终未用满限额，其新发行规模逐年递减，且多用于置换存量债务；而各类隐性债务，包括城投债券、地方国企负债和明股实债的PPP项目的存量与新增规模均有大幅上升，尤其是在"43号文"出台后仍在逆势暗长、举债方式不断翻新。其次，分不同地区来看，地方政府性债务呈现出"东部地区风险小、中西部地区风险大"的结构性特点。相较于经济发展水平，中西部地区，尤其是西部地区的各类显性、隐性的地方政府性债务的规模更大（即各类债务占GDP的比值中西部地区明显更高），并且中西部地区的地方国企在经营效益恶化时仍不断"加杠杆"，债务负担持续加重，反之东部地区的地方国企则已开始"去杠杆"。进一步，本文使用相对直观的方式，将显性与隐性地方政府债务统筹考虑，并估算我国各省的综合债务率，以为更全面地估算各省债务率提供初步参考。基于上述研究发现，本文提出如下政策建议：

第一，各级政府应将各类隐性债务纳入债务率的核算范围。①对地方政府性债务的管控不能仅限于显性的地方政府性债务，更需要将地方融资平台公司债务、地方"僵尸国企"债务、明股实债PPP融资等隐性的地方政府性债务一并纳入监管范围，统筹设定各地的债务风险预警线，并设立触发风险线后有效的事后管控措施。②推动地方政府债务融资"显性化"。即以地方政府债券逐步替代城投债券，尤其发挥地方政府专项债券在基础设施建设等融资中的作用。③加强对金融机构的信贷资金投放监管。当前中央政府出台的地方债务规模管控政策多为针对地方政府进行的约束性措施，却缺乏对银行等金融机构管控。但是，地方政府性债务的资金主要来源于银行等金融机构。因此，金融监管部门需要提高对银行等金融机构信贷投放约束度，严控对地方政府低效基建项目的资金投放。

第二，结构性化解地方政府债务风险。①找准地方政府债务风险点。我们需要精准测度不同地区、不同发债主体以及不同形式地方政府债务的风险情况，并甄别高风险举债主体进行重点管控。②进行结构性化债。就地区层面而言，对于已触发债务风险预警的地区，其政策应侧重于防风险，通过债务展期、债务重组、资产变现等方法着力于化解存量地方政府性债务风险。相比之下，未触发债务风险预警的地区，其政策应侧重于稳增长，灵活使用地方政府性债务的资金拉动经济增长。对于地方融资平台企业而言，建议其推进市场化转型，严格剥离其为政府融资的职能，加之完善地方融资平台的内部激励和治理机制，辅之以混合所制改革、盘活国有资产等方式，力促其以自身盈利来缓解债务违约风险。

第三，优化地方政府债务风险化解的制度安排。①优化地方官员绩效考评体系。在地方官员绩效考核中，破除片面唯GDP为中心的评价体系，将地方治理水平、环境质量、科创能力等多维指标引入到官员政绩考核中，从而形成对地方官员施政能力的全面评估。同时，落实好针对地方官员的离任审计和经济责任审计，压实地方债务风险形成的责任人，以使得在债务风险防化上可以切实做到"严肃问责、倒查责任"。②完善债券市场发行约束制度。落实债券相关的评级、审计、监管等各方机构约束责任，逐一排查债券市场各参与主体的责任，对涉及的监管部门、金融中介机构和投资者等主体进行深入管控，并构建一个多部门协调的债券市场综合监管框架，以完善的市场约束机制来提升地方政府性债务资金的使用效率。

参考文献

何杨，满燕云.地方融资平台债务：规模、风险与治理.财政研究，2012（2）：34-37.

贺忠厚，武永义，张召娣.地方政府债务风险的防化与预警.财政研究，2006（1）：64-67.

黄国桥，徐永胜.地方政府性债务风险的传导机制与生成机理分析.财政研究，2011（9）：2-5.

吉富星.地方政府隐性债务的实质、规模与风险研究.财政研究，2018（11）：62-70.

贾俊雪，张晓颖，宁静.多维晋升激励对地方政府举债行为的影响.中国工业经济，2017（7）：5-23.

匡小平，蔡芳宏.论地方债的预算约束机制.管理世界，2014（1）：173-175.

李扬，张晓晶，常欣，汤铎铎，李成.中国主权资产负债表及其风险评估（上）.经济研究，2012（6）：4-19.

梁若冰，王群群.地方债管理体制改革与企业融资困境缓解.经济研究，2021（4）：60-76.

刘畅，刘冲，马光荣.中小金融机构与中小企业贷款.经济研究，2017（8）：65-77.

刘金林，王春明，黄刚.优化我国政府债务管理的政策建议.管理世界，2014（1）：171-172.

马海涛，吕强.我国地方政府债务风险问题研究.财贸经济，2004（2）：12-17.

马文涛，马草原.政府担保的介入、稳增长的约束与地方政府债务的膨胀陷阱.经济研究，2018（5）：72-87.

毛捷，黄春元.地方债务、区域差异与经济增长——基于中国地级市数据的验证.金融研究，2018（5）：1-19.

毛捷，刘潘，吕冰洋.地方公共债务增长的制度基础——兼顾财政和金融的视角.中国社会科学，2019（9）：45-67，205.

缪小林，伏润民.我国地方政府性债务风险生成与测度研究——基于西部某省的经验数据.财贸经济，2012（1）：17-24.

汪峰，熊伟，张牧扬，钟宁桦.严控地方政府债务背景下的PPP融资异化——基于官员晋升压力的分析.经济学（季刊），2020（3）：1103-1122.

汪金祥，吴世农，吴育辉.地方政府债务对企业负债的影响——基于地市级的经验分析.财经研究，2020（1）：111-125.

王永钦，陈映辉，杜巨澜.软预算约束与中国地方政府债务违约风险：来自金融市场的证据.经济研究，2016（11）：96-109.

徐军伟，毛捷，管星华.地方政府隐性债务再认识——基于融资平台公司的精准界定和金融势能的视角.管理世界，2020（9）：37-59.

杨志勇.地方政府债务风险研判与化解策略.改革，2017（12）：26-29.

于海峰，崔迪.防范与化解地方政府债务风险问题研究.财政研究，2010（6）：56-59.

余海跃，康书隆.地方政府债务扩张、企业融资成本与投资挤出效应.世界经济，2020（7）：49-72.

张军，高远，傅勇，张弘.中国为什么拥有了良好的基础设施？经济研究，2007（3）：4-19.

张莉，魏鹤翀，欧德赟.以地融资、地方债务与杠杆——地方融资平台的土地抵押分析.金融研究，2019（3）：92-110.

张路.地方债务扩张的政府策略——来自融资平台"城投债"发行的证据.中国工业经济，2020（2）：44-62.

钟宁桦，陈姗姗，马惠娴，王姝晶.地方融资平台债务风险的演化——基于对"隐性担保"预期的测度.中国工业经济，2021（4）：5-23.

钟宁桦，刘志阔，何嘉鑫，苏楚林. 我国企业债务的结构性问题. 经济研究，2016（7）：102-117.

朱莹，王健. 市场约束能够降低地方债风险溢价吗？——来自城投债市场的证据. 金融研究，2018（6）：56-72.

Huang, Y., Pagano, M., & Panizza, U. Local Crowding-Out in China. *The Journal of Finance*，2020，75（6）：2855-2898.

Liang, Y., Shi, K., Wang, Li., & Xu, J. Local Government Debt and Firm Leverage: Evidence from China. *Asian Economic Policy Review*，2017，12（2）：210-232.

原载《中山大学学报（社会科学版）》2023年第4期

理解中国经济高质量发展

余淼杰

习近平新时代中国特色社会主义经济思想博大精深，其核心内容体现为"三新一高"，即新发展阶段、新发展理念、新发展格局和高质量发展。面临风高浪急的国际环境和艰巨复杂的改革发展任务，在党中央的坚强领导下，在"三新一高"思想的指引下，中国经济已进入以高质量发展为表征的新发展阶段。新发展阶段必须贯彻五大新发展理念，坚持创新为第一动力、协调为内生特征、绿色为普遍形态、开放为必由之路、共享为最终目标。在贯彻五大新发展理念的过程中，要坚持问题导向和目标导向相结合的指导方针，实事求是地解决好各个难点和堵点。同时，深度挖掘内驱潜力，构建全国统一大市场，发挥超大规模市场优势，以"双循环"为推手构建新发展格局，实现更高水平的对外开放，最终实现中华民族伟大复兴。

本文的结构安排如下：第一节介绍习近平新时代中国特色社会主义经济思想中"三新一高"的基本含义，刻画中国经济进入新发展阶段的内涵特征；第二节以问题导向与目标导向相结合的方式阐述如何秉持新发展理念促进高质量发展；第三节结合学理，剖析构建全国统一大市场，在"双循环"新发展格局中实现更高水平对外开放的精髓所在。

一、积极应对国际环境挑战，转入新发展阶段成效显著

党的十八大以来中国经济进入新发展阶段。在新发展阶段中国的经济发展面临两个挑战，即人口老龄化与去全球化。通过积极应对挑战，中国经济已成功由高速发展转为高质量发展，并且是在微观、中观和宏观层面全方位的高质量发展。如何理解高质量发展呢？正如《习近平经济思想学习纲要》中指出的，理解高质量发展可以从供给、需求等不同方面理解。具体地，笔者以为高质量发展从供给面看可以从产品质量提高、产品附加值提升、企业全要素增长率增长、全产业链特色清晰、产业集聚优势突出以及产业分工比例协调六个方面。

一是产品质量提高。据余淼杰和张睿（2017）核算，若是依据单价、市场份额和边际成本来衡量工业产品质量，并将2001年中国入市时的产品质量标准化为1，那么中国产品的质量到2012年时提升了30%，达到1.3。自2012年党的十八大之后的新时代十年，中国产品的质量又提升了25%。总体来说，进入新世纪以来中国产品的质量至少提升了1/4。

二是产品附加值提升。中国自实行加工贸易政策以来，加工贸易进出口总额从1981

年的25亿美元增加到2006年的8319亿美元，增长了333倍。加工贸易在对外贸易中的比重从5.7%提高到47.2%，在中国国民经济和对外贸易的发展中发挥了重要作用。但是，加工贸易的附加值相对于一般贸易较低。自2006年以来，中国对外贸易结构持续优化，曾一度达到中国外贸总额半壁江山之多的加工贸易目前比重降到20.1%，而一般贸易的比重上升到63.7%（见图1）。一般贸易的比重上升意味着出口产品附加值在增加。除此以外，加工贸易产业内部也发生了深刻的变化，目前的加工贸易从以服装、鞋帽等劳动密集型产业为主转变为以机器设备、电子仪器产品等资本密集型产业为主。这两个现象可以推断出中国产品附加值正在不断提升。

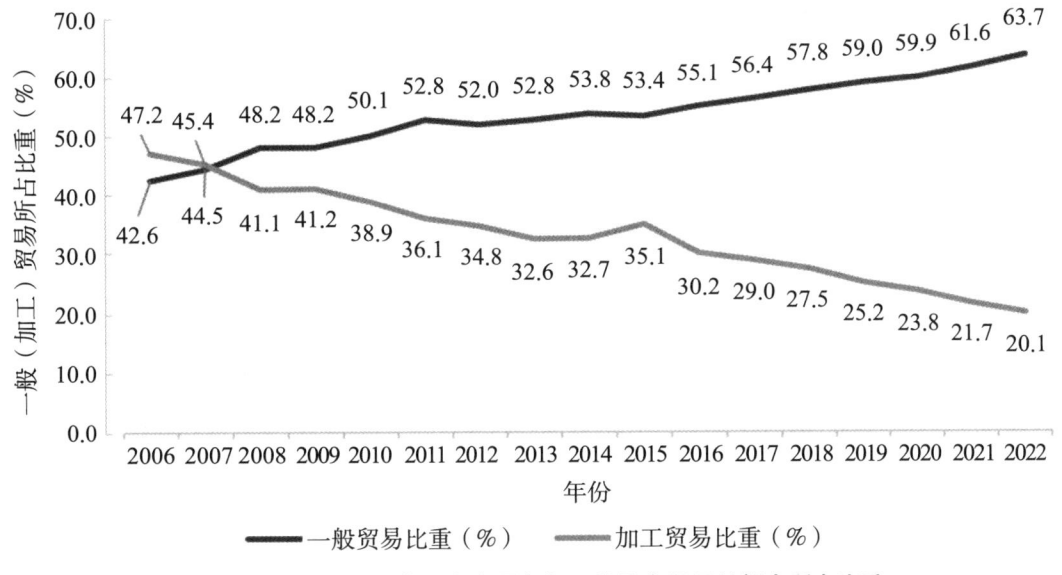

图1　2006—2022年一般贸易与加工贸易在贸易总额中所占比重

资料来源：作者整理。

三是企业全要素生产率明显提升。全要素生产率是用来衡量企业绩效的常见指标。克鲁格曼曾言，生产率不是一切，但在长期中近乎一切。根据Feenstra等（2015）核算，中国企业全要素生产率在2001年刚加入世界贸易组织时，全要素生产率是美国的30%，到2015年已经达到美国的50%，全要素生产率提升幅度达70%。

四是全产业链特色明晰。中国是全球唯一具备全产业链的国家。中国拥有联合国产业分类中所列全部工业门类41个工业大类、207个工业中类、666个工业小类。如果按照海关八位码进行计算，中国出口的海关产品约为8000种，按照十位码来计算有14000多种产品，中国产品种类非常齐全（余森杰和季煜，2022）。

五是产业集聚优势突出。产业集聚可以降低固定成本，获得正外部收益，实现规模递增。中国的许多工业城市，尤其是一线和二线城市，拥有自己的"产业名片"，例如义乌的小商品市场、廊坊家具市场、深圳电子产业、汕头玩具产业、邢台羊绒产业等。基于"产业名片"，通过中心外溢作用，相近的产业得以在同一个地区进行集聚，实现规模经济。这是中国形成超大规模的市场优势的关键。

六是产业分工比例协调。当前中国第一产业所占比重为7.3%，同全球其他国家，尤其是发达国家基本一致，但第二产业和第三产业比重与其他国家存在差异。中国第二产业比重为39.9%，第三产业比重为52.8%。而发达国家第二产业比重较低，一般在15%以下，第三产业则达到70%~80%。鉴于实体经济是实现创新的载体，且主要通过制造业来实现，而创新作为经济增长第一原动力，又是一个国家超越中等收入陷阱的动力引擎，第二产业比重较高，第三产业比重较低这种产业结构适应中国目前发展阶段，有利于孵化创新，同时也保障就业岗位和收入水平。因此，中国目前的三次产业结构仍是较为科学合理的。

以上六个方面说明从供给侧层面上来看，中国经济的确已经展现了经济高质量发展的特征。

二、坚持目标导向与问题导向相结合，秉持新发展理念促进高质量发展

创新、协调、绿色、开放、共享五大新发展理念是目前中国经济发展的目标所在，瞄准目标并结合各个目标中的问题逐个击破，是构建新发展格局的重要方法与实现路径。

第一，创新作为第一动力。创新分为狭义创新和广义创新。狭义的创新又分为两个部分，技术进步和科技创新。技术进步是指企业提升管理效率或降低管理成本。不管是大企业、中小企业还是小微企业，都能通过改善管理、降低管理成本来实现技术的进步。这也是"大众创业、万众创新"的意义所在。而科技创新则是从无到有的突破，难度远远大于技术进步，需要大量的研发投入，只能以大型科研机构为载体。对于中国的创新水平可以从创新投入和创新产出两方面衡量。2022年中国的研发投入强度（研发投入占GDP的比重）为2.54%（见图2），接近OECD的平均水平2.6%。研发包括研究和发展两个部分，研究部分又分为应用研究与基础研究。目前中国的研发投入，无论是人员还是经费，多集中在试验发展以及应用研究，而在基础研究上的投入较少，经费比重只

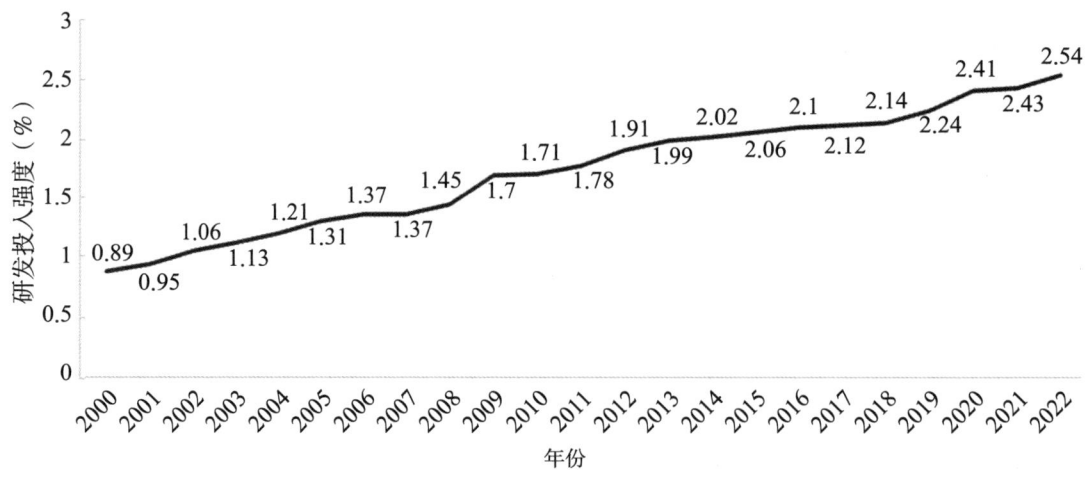

图2　2000—2022年中国研发强度

资料来源：中经网。

有6.57%，与发达国家10%的比率相比较低（见表1）。未来，中国在创新投入上应更加着力于原创型创新，在政策上应加大对基础研究的扶持。对创新产出的衡量可以看专利数量。中国的专利产出总量很大，但多为实用新型专利，发明专利较少（见图3）。目前中国创新的重点在突破"卡脖子"问题，深入推进"科技创新2030—重大项目"，是攻破难关的一个的关键。而担当攻关主力军的将是位于中部的企业，因为中部企业相比于头部与尾部的企业，面临激烈的竞争，需要进行产品的升级迭代突破瓶颈，实现持续的发展。

表1　2012—2022年三类研发的人员及经费占比（%）

年份	基础研究		应用研究		试验发展	
	人员占比	经费占比	人员占比	经费占比	人员占比	经费占比
2012	6.54	4.84	11.82	11.28	81.64	83.87
2013	6.32	4.68	11.20	10.71	82.48	84.60
2014	6.34	4.71	10.97	10.75	82.69	84.54
2015	6.74	5.05	11.45	10.79	81.82	84.16
2016	7.08	5.25	11.32	10.27	81.60	84.48
2017	7.19	5.54	12.14	10.50	80.67	83.96
2018	6.96	5.54	12.30	11.13	80.74	83.33
2019	8.17	6.03	12.82	11.28	79.02	82.69
2020	8.15	6.01	12.29	11.30	79.56	82.68
2021	8.26	6.50	12.09	11.25	79.65	82.26
2022	8.01	6.57	11.66	11.31	80.31	82.11

资料来源：中经网。

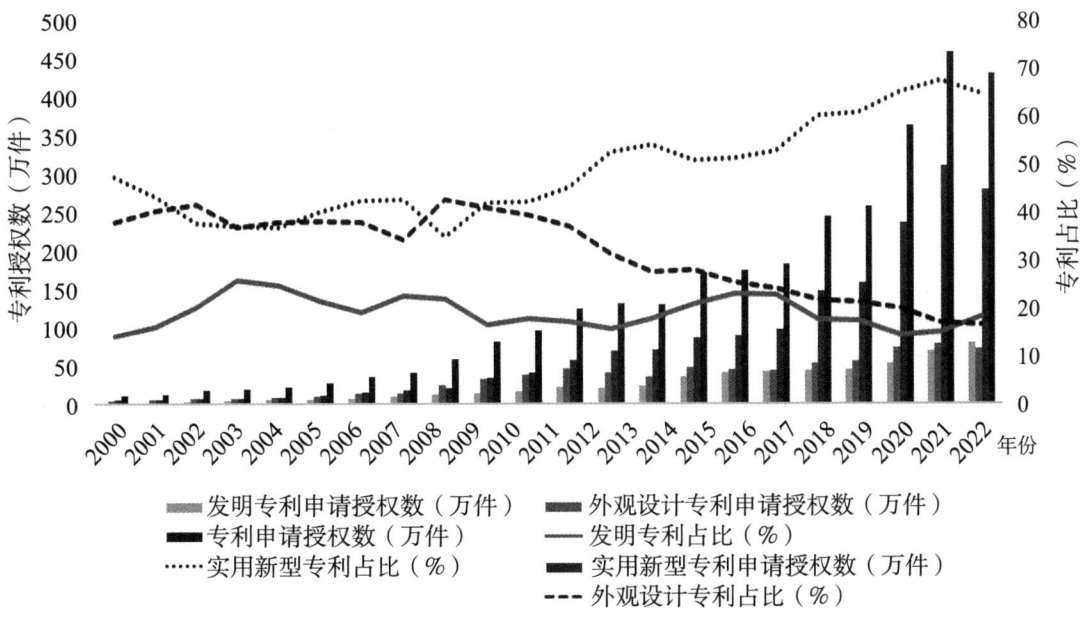

图3　2000—2022年中国三种专利授权数及其占比

资料来源：中经网。

广义的创新是指对规则、规制、标准、管理四个方面的创新。这里以设立自由贸易试验区与自由贸易港两个例子来加以说明。自2013年中国首个自贸试验区在上海挂牌，经过七次扩容，中国自贸试验区已经有22个[①]，覆盖了东部、中部和西部地区。自贸试验区通过创新性地实施外商投资准入前国民待遇加负面清单管理模式，即通过给予外资企业和内资企业相同的待遇，并且不断缩短准入负面清单，积极融入全球一体化，参与全球经贸治理。当前，准入前国民待遇加负面清单管理制度还可以进一步优化。其一是明确准入前国民待遇是给予外资企业与国企相同的待遇还是与民企相同的待遇。其二是负面清单仍然限制较多，需要对负面清单瘦身，减少禁止投资的种类和数量。第二个例子是在海南建设中国特色自由贸易港。海南全省通过"数据多跑路，办事少跑腿"持续优化营商环境，推进实现贸易自由便利、投资自由便利、跨境资金流动自由便利、人员进出自由便利、运输来往自由便利和数据安全有序流动。这足以体现中国在规则制度方面的创新态度。第二，协调作为内生特征。协调分为区域协调、城乡协调和行业协调。行业的兴衰交替更多是市场调节的结果，因此重点在区域协调与城乡协调。区域协调的目标是实现新型农业现代化、新型工业化、新型城镇化和新型信息化。其中，新型工业化和新型城镇化间的协调至关重要，二者如果差距太大将影响经济发展和社会稳定。如果新型工业化太超前而新型城镇化滞后，则劳务力的供给不足，劳务工资上升，企业利润下降，政府税收下降，影响地区经济可持续发展。如果新型城镇化太超前而新型工业化滞后，则会出现进城务工人员增加，工作岗位不足，出现大量的低收入人群，严重影响社会稳定（比如南非等国家）。中国目前新型工业化适度超前，而新型城镇化不足，所以需要弥补新型城镇化短板。目前推动新型城镇化有两个策略方向，一是大力发展城市群，二是去中心化。目前一线城市群共有五个。以总量来排序，最大的两个城市群分别是长三角和粤港澳，接着是京津冀、成渝和长江中游城市群。除了这五大城市群，在北方，发展较好的有哈尔滨长春城市群、沈阳大连城市群、山东半岛城市群、郑州和亳州城市群。在南方则有福州—厦门—泉州的海峡西岸城市群。另一方面，城市群的成长也有限度，一个城市的人口极限大约在四千万，没有哪个城市能够真正拥有超过五千万人口。四千万人口的城市，它的水、土地、绿化等存量都达到极限。在当下，生活成本过高，环境承载压力过大，使得超一线城市对人才的吸引力在下降。随着高铁的迅速发展，高铁枢纽逐步成为新的城市化中心，而对北上广深产生了一定的稀释作用，中国也就慢慢步入去中心化的时代。在推进新型城镇化的过程中，注重城乡协调发展也十分重要。若以城乡人均可支配收入之比作为城乡收入差距的衡量指标，2008年金融危机之前全国城乡收入差距非常大，达到了3.14，到现在已经降到了2.45。浙江在城乡协调发展上表现突出，收入差距在1.9（见表2）。

[①] 自2013年9月27日到2023年10月21日，陆续在上海、广东、天津、福建、辽宁、浙江、河南、湖北、重庆、四川、陕西、海南、山东、江苏、广西、河北、云南、黑龙江、北京、湖南、安徽，新疆设立自由贸易试验区。

表2 2022年全国及各省份城乡人均可支配收入之比

地区	城乡收入比	地区	城乡收入比	地区	城乡收入比	地区	城乡收入比
全国	2.45	黑龙江	1.89	河南	2.06	贵州	3.00
北京	2.42	上海	2.12	湖北	2.16	云南	2.78
天津	1.83	江苏	2.11	湖南	2.42	西藏	2.68
河北	2.13	浙江	1.90	广东	2.41	陕西	2.70
山西	2.42	安徽	2.31	广西	2.28	甘肃	3.09
内蒙古	2.36	福建	2.15	海南	2.10	青海	2.68
辽宁	2.21	江西	2.19	重庆	2.36	宁夏	2.45
吉林	1.96	山东	2.22	四川	2.32	新疆	2.32

资料来源：中经网。

第三，绿色作为普遍形态。从国际角度看，绿色环境保护是全球可以共同对话的议题。中国是第一个把保护生态环境写入宪法的国家，也是把"绿水青山就是金山银山"纳入党章的国家。中国积极参与1997年的联合国环境变化框架公约、2012年的京都协定以及2016年的巴黎协定，并始终坚持环境保护共同承担、分别负担的原则。这一原则在具体落地上有三个关键点，一是碳排放的累积核算，二是环境保护与发展权的平衡，三是生产与消费端的责任分担。首先，碳排放是个长期积累的过程，不能只关注某个时间节点上的实时排放量，而要考虑其累积排放量并加以核算。进行核算则需要确定一个核算起点。如果以1871年德国统一为起点，美国应该承担全球碳排放的29%，欧盟为25%、中国为9%、日本为4%。核算的起点不同，则相应的各国应当承担的责任大小也就不同。另一方面，人口大国与人口小国碳排放是不同的。一个正在工业化的国家与一个已经完成工业化甚至开始去工业化的国家的碳排放也是不同的。表面上看，这是要求对碳排放的限制要考虑人口规模、发展阶段等多种因素，实际上这涉及环境保护与发展权的排序问题。此外，生产端和消费端谁应该为碳排放负责呢？生产端认为，如果消费端不消费就没有生产，需求创造供给，所以生产端不应为此买单。消费端认为，生产端的技术水平决定碳排放，并且已经为购买的产品支付价格，为生产端的生产创造就业，所以应该由生产端来买单。实际上，双方都应该承担一部分，因此具体比例是多少变成了关键问题，需要有说服力的理由和合理的依据。

从国内角度看，中国要在2030年实现碳达峰，2060年实现碳中和。"双碳"目标面临着两个挑战。其一是提前达峰与经济发展的权衡。地方提前达峰的好处是政绩亮眼，坏处是可能限制经济的发展。其二是从碳达峰到碳中和只有30年时间。根据计算，一般发达国家完成这一过程需要50年的时间，所以对中国来说，这个过程任重而道远。"双碳"经济的核心关键包括两方面，第一是提高非化石能源占一次能源的消费比重，第二是对传统能源要先立后破。2022年，水电、核电、风电、太阳能发电等非化石能源消费量占能源消费总量的17.5%（见图4），与其他国家基本一致。未来的目标是在2030年将这一比例进一步提升到25%。此外，对于传统能源的更迭升级要坚持"先立后破"。"先立"一方面要求各省市因地制宜，根据自身特长和要素禀赋发展绿色能源；另一方面，要求发展技术解决能源储存、调配与输送问题。以风电为例，中国风资源规模巨大而且集中分布在"三北"（西北、华北、东北）地区。但是"三北"地区市场规模小、难以就地消纳。同时，风电本身具有波动性和间歇性等特点，风电并网需要配套建设调峰电源。"三北"地区，电源结构单一，基本没有调峰能力，而且远离负荷中心，跨区输电能力不足。因此通过发展技术使过剩能源是否能够储存并卖到其他省份以获得收益便是"先立"的关键。

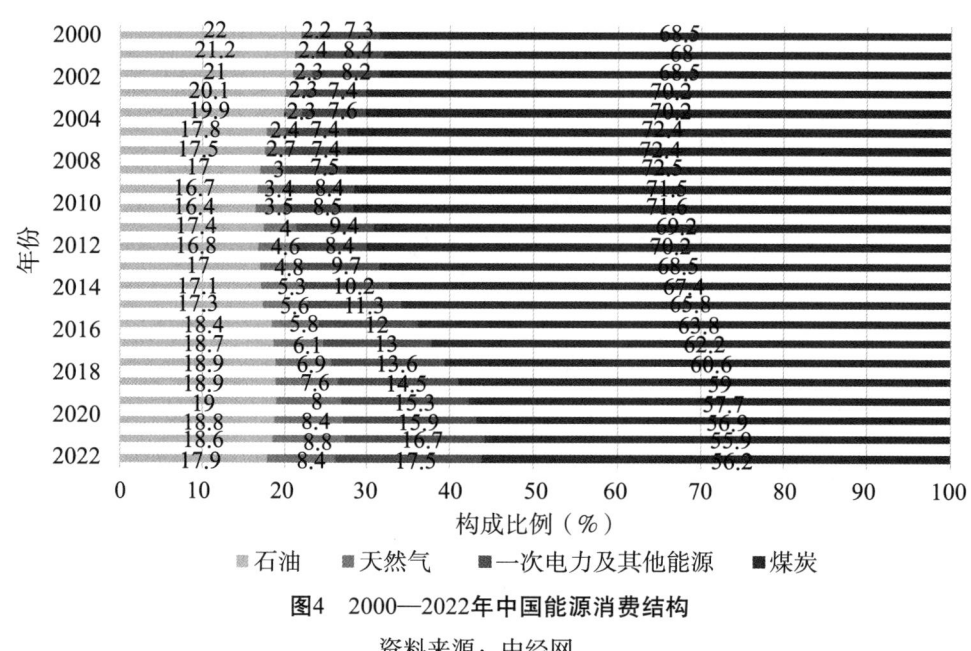

图4　2000—2022年中国能源消费结构

资料来源：中经网。

第四，开放作为必由之路。中国式现代化是走和平发展道路的现代化，这是党中央的一个方向性定调。中国能够继续走和平发展道路来实现现代化的决定性因素是现在还处于经贸全球化的时代。经贸全球化取决于生产地区化和贸易多边化。生产地区化是指许多产品都是由不同的国家生产，之后找到一个国家组装和包装。贸易多边化是指将生产的产品卖到世界各地。即使在一些国家推行贸易保护主义、贸易单边主义、贸易欺凌的今天，这两个特征没有因此而发生根本性的变化，因此经贸全球化依然存在。只是如今的全球化出现了价值链短链化的新现象。比如原来一个产品由50个国家生产，现在减少到30个国家，这会导致利益的重新分配。目前，由于WTO的改革停滞不前，区域经贸合作逐渐取代WTO，如《中欧全面投资协定》（CAI）、《区域全面经济伙伴关系协定》（RCEP）、《全面与进步跨太平洋伙伴关系协定》（CPTPP），以及《跨大西洋贸易与投资伙伴协定》（TTIP）等。当前区域经贸合作格局已由"两翼并行"转为"三足鼎立"。所谓"两翼"是指以德国为中心节点的欧盟自贸区和以美国为中心节点的北美自贸区，所谓"三足"是指欧盟自贸区、北美自贸区加上以中国为中心的东亚经贸圈。"三足鼎立"不等于互相孤立，而是要重新再排列组合，谋求更紧密的经贸联系。

第五，共享作为根本目的。共享理念分为三步来实施，即脱贫攻坚、乡村振兴和共同富裕。就脱贫攻坚而言，中国的脱贫攻坚成就非凡，从2015年的贫困人口5575万到2021年底降到零。这得益于中国强大的治理能力，保证每项政策纵向到底、横向到边，通过五级书记挂帅、第一书记驻村的方式建档立卡，实施精准扶贫，采取了产业脱贫等有效途径，实现了经济社会的长足发展。脱贫攻坚取得全面胜利是万里长征的第一步。下一阶段工作的关键在于防止脱贫地区大规模返贫，所以乡村振兴非常关键。

乡村振兴必然要依靠产业振兴。目前，中国很多产业分布在沿海地区，这些产业大致可分为劳动密集型与资本密集型。从上世纪四五十年代开始，劳动密集型产业由美国转移到欧洲。五六十年代转移到日本，七八十年代转移到东亚，八十年代后转移到中国。劳动密集型产业会不断地向劳动力更便宜的地方转移。随着中国劳动力比较优势的逐步丧失，劳动密集型企业从国内转移到海外是大势所趋。但是对于资本密集型产业而言，资本投入大于劳动投入，而资本投入对于产业链配套上下游的距离有严格要求，所以资本密集型产业不容易转移。换言之，资本密集型产业在相当一段时间内还无法转移到东亚或者非洲，因为那里的产业链配套是不成熟的。所以沿海地区的资本密集型企业可以借助中国的全产业链优势继续留在国内，并依托新"三线"建设，向中西部的省份转移。中西部地区又恰是脱贫攻坚的主导区域，因此可以通过沿海地区转移来的产业来推动其乡村振兴。

贯彻共享理念的第三步在于实现共同富裕。共同富裕强调的是机会公平而非结果公平。党的二十大报告明确指出，强调机会公平，就是要给予每个人一个公平致富的机会。即政府提供平台，鼓励体力劳动者勤劳致富、脑力劳动者创新致富。

目前中国仍处于效率优先、兼顾公平的过渡期。在这一阶段，我们要优化三次分配格局，通过"提低""扩中""调高"来提高劳动者的收入。"提低"，即提高低收入群体的收入。这一环节的重点和难点在于完善落后经济省份的养老保险制度。"扩中"，即扩大中等收入群体的比重。这一环节的目标是使全国的收入分布结构呈现两头小中间大的橄榄型。中等收入指三口之家的年均收入在10万到50万之间。目前中等收入群体的比例在35%到40%左右。形成这种橄榄型结构的关键是提升居民可支配收入。一方面是提高居民总收入，另一方面是提高可支配收入占总收入的比重。换言之，要继续坚持减税降税以增加居民可支配收入。"调高"，即调节过高收入。在这一环节需要进行税制改革，鼓励勤劳致富，反对不劳而获、坐吃山空。以英国衰退的经验为鉴，英国作为19世纪的"日不落帝国"之所以被美国赶上，重要的原因之一便是19世纪末20世纪初出现了大量的食利阶层，他们仅依靠父辈留下的财富，通过放贷维持生存，最终使得经济整体失去活力、创新力和持久力。因此我们必须高度警惕财富代际传承的不可持续性。除此之外，通过税制改革，完善再次分配机制，也势在必行。征收遗产税是一个可行的手段。如果开征遗产税，公司会将交税的钱捐赠出去来抵税，这一方面能够促进行业和国家的发展，另一方面也能改善中国捐赠体系。目前，在中国的捐赠体系中个人捐赠很少，机构捐赠较多，总量不足而结构失衡，所以征收高的遗产税其实非常有利。

三、挖潜助推全国统一大市场,"双循环"促进更高水平开放

构建新发展格局最重要的是推动国内国际双循环相互促进,并且要以国内大循环为主体。而促进国内大循环的核心在于挖掘内驱潜力,发挥超大规模市场优势。中国超大规模市场优势可以从以下几方面加以说明。第一,从人口规模看,中国拥有14.1亿人口,约占全球总人口的18%。第二,从国内生产总值和人均收入看,国际货币基金组织(IMF)数据显示,2022年中国内地GDP总量达18.1万亿美元,约占美国GDP的71.1%,全球GDP的18.1%。根据《我国国内市场规模和潜力测算及发展趋势展望》(尹伟华和肖宏伟,2021),预计未来5年中国GDP占世界GDP比重将持续上升,市场规模不断扩大,到2025年,中国GDP将约占全球GDP份额的1/5;未来,中国最终消费支出将保持增长,预计2025年,中国最终消费支出占全球比重将达16.2%(见表3)。2023年,世界银行公布的高收入国家门槛为人均国民总收入(GNI)13845美元。2022年,中国人均GNI约为12 850美元,接近高收入国家标准。第三,从国内贸易角度看,在2019年时全国社会消费品零售总额已突破40万亿元,2010—2017年期间增速更是保持在10%以上(见图5)。以上数据都表明中国蕴藏强大的市场潜力。

表3 2021—2025年中国市场规模占世界市场规模比重预测表

年份	中国GDP占世界GDP比重		中国最终消费支出占世界最终消费支出比重	
	百分比(%)	增长值	百分比(%)	增长值
2021	17.7	0.6	13.4	0.6
2022	18.2	0.5	14	0.6
2023	18.8	0.6	14.8	0.8
2024	19.4	0.6	15.5	0.7
2025	20	0.6	16.2	0.7

资料来源:《我国国内市场规模和潜力测算及发展趋势展望》(尹伟华和肖宏伟,2021)。

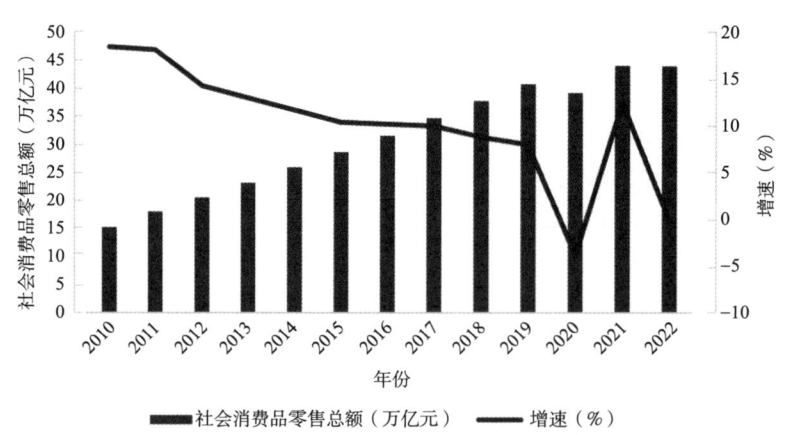

图5 2010—2022年中国社会消费品零售总额及其增速

资料来源:中经网。

要充分发挥中国超大规模市场这一竞争优势，就要把国内大循环的工作重点放在加快构建全国统一大市场上。"统一"的起点是要素统一，包括构建人才、土地、资金、能源、数据等要素的统一大市场。统一的对立面是分割，因此统一的核心要义是要素的自由流动。以人才为例，统一的劳动力市场意味着突破束缚区域之间人才流动的制度限制，使劳动力能够在区域之间和产业之间自由流动，做到人尽其才，物尽其用，提高劳动生产率。统一的劳动力市场将是推动中国由人口大国走向人力资源强国的关键。根据2020年第七次全国人口普查数据显示，人口净流入规模（常住人口－户籍人口）排名靠前的5个城市为深圳、上海、广州、北京、东莞。排名前15的城市中超过一半其人口净流入占比超过45%。较高的人口净流入占比反映出目前主要城市的落户仍然相对严格，户籍开放程度较低（见表4）。过严的户籍限制将妨碍人口合理流动，人才资源无法实现最优配置。为此，应逐步考虑放松户籍限制，降低劳动力跨地区流动制度性障碍，疏通以人为本的落户渠道，建立城乡统一的人才市场。

表4 中国人口净流入规模城市前15名排行表

排序	城市	常住人口（万人）	户籍人口（万人）	人口净流入（万人）	人口净流入占比（%）
1	深圳	1756.0	541.8	1214.2	69.1
2	上海	2487.1	1469.3	1017.8	40.9
3	广州	1867.7	953.7	914.0	48.9
4	北京	2189.3	1392.1	797.2	36.4
5	东莞	1046.7	251.1	795.6	76.0
6	成都	1579.9	811.0	768.9	48.7
7	佛山	949.9	461.3	488.6	51.4
8	杭州	1071.1	656.6	414.5	38.7
9	郑州	765.5	387.3	378.2	49.4
10	西安	1195.7	821.3	374.4	31.3
11	武汉	1232.7	906.4	326.3	26.5
12	昆明	595.1	296.7	298.4	50.1
13	苏州	671.6	374.6	297.0	44.2
14	天津	1386.6	1105.0	281.6	20.3
15	中山	441.8	182.9	258.9	58.6

资料来源：国家统计局，《第七次全国人口普查数据》。

"统一"的目标是产品和服务统一。产品和服务的统一要求做到"三同"，即同质、同线、同标。具体来说，出口企业在同一条生产线上，按照相同的标准生产出口和内销产品，从而使供应国内市场和供应国际市场的产品达到相同的质量水准。21世纪以来，中国出口产品质量不断提升，但是却一再出现国产商品出口较内销质量好的情况。比如，在美国买的中国衬衣的质量比在国内买的更好、价格更便宜。随着中国中等收入人群整体规模逐渐壮大，人们的消费需要与整体消费水平不断提高。若是不能实现出口与内销产品同质、同线、同标，将导致消费大量外流，内需疲软。出现这种现象的原因在于国外的市场竞争更加激烈，所以企业以最便宜的价格卖最好的产品。而国内产品缺乏市场竞争，所以内销产品质量不佳。2022年1月，国务院办公厅印发《关于促进内外贸一体化发展的意见》，明确了内外贸一体化的发展目标，包括到2025年实现内外贸质量标准、认证认可等有效衔接，进一步提升市场主体内外贸一体化发展水平。这表明国内外商品与服务市场逐步接轨。

而推动国内统一大市场的形成首先需要降低交易成本，包括显性成本和隐性成本。就降低显性成本而言，一个重要举措是取消省际冗余公路检查站。虽然自2020年1月起，全国29个联网省份的487个高速公路省界收费站已全部取消。但是目前在中国部分地区，车辆跨城跨省通行在间隔不到一公里范围内需要经过分别属于两地的多个检查站，这大大增加了货物运输与劳动者通勤的时间成本，导致企业的物流成本快速上升与劳动者的通勤压力加大。取消省际冗余公路检查站将显著节约物流时间成本，有效提升贸易效率。就降低隐性成本而言，则是要实施统一市场准入制度。要做到坚持"两个毫不动摇"："毫不动摇地巩固和发展公有制经济"，增强国有经济的竞争力、创造力、影响力、控制力；同时"毫不动摇地鼓励、支持、引导非公有制经济发展"，确保民营经济在要素资源的获得方面具有与国有经济平等的市场地位。

促进国际大循环的工作重点是优化对外开放的方式。推进国际大循环需要重点关注以下五个方面：出口目的地多元化、扩大进口需求、关注服务贸易、鼓励企业"走出去"、坚持高质量发展"一带一路"倡议。

一是要实现出口目的地多元化。如表5显示，美国、欧盟、东盟、日韩目前仍是中国主要出口伙伴，这些市场的宏观经济情况、产业结构变迁、地缘政治关系等都将对中国出口产生影响。近年来，中美关系复杂、中欧关系敏感，企业必须认识与把握这一本质变化，并做好相应调整，做到出口目的地多元化，不能把出口目标只瞄准欧美等成熟市场，应该深耕新型工业化国家、南南国家、金砖国家，以分散风险，发挥出口对中国经济的支撑作用。

表5　2022年中国前十大出口目的地

排名	目的地	出口金额（亿美元）	出口占比（％）	主要出口产品
1	美国	5815.6	16.3	电子产品、服装、玩具、家具
2	中国香港	3023.4	8.5	电子产品、食物、生活用品
3	日本	1731.0	4.9	电子产品、机械设备、化工产品
4	韩国	1640.8	4.6	电子产品、纺织品、机械设备
5	越南	1476.3	4.1	电机、机械设备、钢铁及钢铁制品、织物、塑料
6	印度	1187.7	3.3	机械设备、电子产品、化工产品
7	荷兰	1176.8	3.3	电子产品、机械设备、化工产品
8	德国	1162.1	3.3	机械设备、电子产品、化工产品
9	马来西亚	951.2	2.7	电机、机械设备、家具、塑料、钢铁制品、车辆及零件、矿物燃料及织物
10	新加坡	820.0	2.3	电子产品、机械设备、化工产品

资料来源：中国海关总署。

二是要扩大进口供给，扩大进口可以提升消费者福利。进口产品一般是国内没有或者国内虽有但存在差异的产品。进口新的产品种类一方面可以增加可供消费者选择的品种，另一方面可以通过"促进竞争效应"来促使国内企业降低相关消费品价格，削减价格加成，打破市场垄断，让消费者能够以更低的价格获取质量更高的消费品。再者，扩大进口需求可以促进企业全要素生产率进步和技术创新。图6展示了消费品、资本品、中间品三类产品在中国总进口中的比重。中国进口结构的一个重要特征是中间投入品的比重非常高，长期位于70%到80%之间。而世界平均是20%左右。进一步扩大低价格、高质量、多数量的中间品进口和资本品进口，将有利于制造业企业降低制造成本，提升产品利润，为企业扩大再生产和创造就业提供内生增长的可持续动力。同时，当企业的生产成本降低后，企业有更充足的盈利空间，可以进行研发投入，进一步提高企业的技术水平。

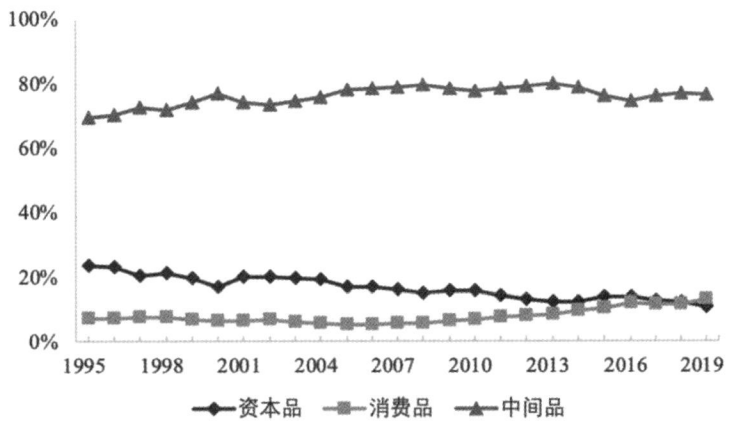

图6　1995—2019年中国进口消费品、资本品、中间品占总进口的比重

资料来源：联合国COMTRADE数据库。

三是要扩总量、调结构、树特色，发展服务贸易。中国服务贸易总量不足一方面是结构问题导致的，比如教育服务贸易逆差的原因在于国际学生流动数量不对称，出国留学的中国学生数量远超来华留学国外学生数量。另一方面的原因是服务贸易特色不足。2022年，中国中药外贸总额85.7亿美元，同比增长10.7%。其中，出口额为56.9亿美元，同比增长13.8%；进口额为28.8亿美元，同比增长5.1%。但与服务贸易整体发展规模相比仍处于初级发展阶段。反观韩国服务贸易中美容产业居全球第一，作为国粹之一的中医药产业还没有发挥出足够的影响力。虽然近年来中医药服务贸易工作取得了长足进步，中医药已传播至196个国家和地区，中医药内容被纳入16个自由贸易协定。在全国已开展31个国家特色服务出口基地（中医药）、30个高质量中医药海外中心和92个中医药国际合作基地建设工作，但还需要更进一步发展，实施中医药强国战略。

四是要加大对外直接投资，实现中国企业"走出去""走进去""走上去"。目前，"走出去"成绩斐然，2022年中国对外直接投资流量达到1631.2亿美元，连续11年列全球前三，中国对外直接投资存量达2.75万亿美元，连续6年排名全球前三（见表

6）。"走进去"则需要改进。中国企业出海为当地创造了大量的就业机会，但这一成绩在国际"民心相通"也是决定了中国企业能否长久做好对外直接投资、协调好国内国外两个市场关系的重要决定因素。只有真正"走进去"，以经贸往来为桥梁架起中国与东道国互相理解、充分合作的通道，才能让合作共赢的理念深入人心。"走出去"的企业要积极"走进去"，承担更多社会责任，讲好民心相通故事，促进人相交、情相亲、意相合。既要做得好，更要说得好，树立中国ESG企业形象。"走上去"则是为了获得更多的市场和更多的技术。中国企业正在转型升级，提高产品质量，向产业链上游攀登。中国对外直接投资也要服务于这一大趋势，中国企业在走出国门时不应局限于传统的低附加值的劳动密集型行业和原材料领域，而是应该充分利用数字经济和绿色经济方面的比较优势"走上去"，在绿色能源投资合作、绿色基础设施建设、数字经济合作、数字贸易规则制定等方面深耕细作。

表6 2012—2022年中国对外直接投资情况

年份	流量		存量	
	金额/亿美元	全球位次	金额/亿美元	全球位次
2012	878.0	3	5319.4	13
2013	1078.4	3	6604.8	11
2014	1231.2	3	8826.4	8
2015	1456.7	2	10978.6	8
2016	1961.5	2	13573.9	6
2017	1582.9	3	18090.4	2
2018	1430.4	2	19822.7	3
2019	1369.1	2	21988.8	3
2020	1537.1	1	25806.6	3
2021	1788.2	2	27851.5	3
2022	1631.2	2	27548.1	3

资料来源：《2022年度中国对外直接投资统计公报》（中华人民共和国商务部等，2023）。

五是要坚持高质量发展"一带一路"。目前，落地"一带一路"倡议，重点是做好陆上丝绸之路向东、海上石油之路向北发展。就推进陆上丝绸之路建设而言，丝绸之路经济带贯穿中亚、东欧地区。阿富汗、乌克兰等国的地缘政治冲突频繁，深入投资合作存在较大风险，所以"西进"不太现实。在"南下"方面，由于自由贸易规则的差异，短期内中国加入CPTPP的难度较大，海上丝绸之路向南发展的阻力增大。同时"一带一路"面临着西方替代性计划的竞争压力。近年来，以美国为首的西方国家看到了亚非地区基建建设的经济效益和政治意义，宣扬"债务陷阱论"，推出"蓝点网络"计划、"重返更好世界"倡议和"全球联通欧洲"计划，限制中国"一带一路"倡议发展。

在这样的背景下，我们首先要推动陆上丝绸之路向东发展，加强远东合作，重点加强中蒙俄次区域合作，建设中俄蒙经济走廊。中俄蒙三国地理距离相邻，经济结构互补。2010年至今，中国连续12年成为俄罗斯、蒙古第一大贸易伙伴国。中国应抓住这个历史机遇，积极建设中蒙俄经济走廊，对接中国"一带一路"、蒙古"草原之路"和俄罗斯"跨欧亚大通道"三大倡议战略。同时要推动海上石油之路向北发展，积极推进中日韩自贸区建设。我们应当抓住RCEP正式生效的历史机遇，推进中日韩三国在RCEP框架下的更深层次的经贸合作，从业务型开放升级为制度型开放。

陆上丝绸之路向东、海上石油之路向北，此双路交汇点在东北，因此建设东北海陆大通道弥足关键。具体而言，从空间布局来看，海陆大通道的立体面建设应该以打造"一核两翼"为重点。其中，"一核"是打造辽中南城市群，以沈阳和大连为核心，利用东北高效便利的交通网络推进辽中南城市群，短期内把沈阳打造为国家中心城市，中长期则着力发展为东北亚国际中心城市。"两翼"则分别为加强陆上丝绸之路沿线的中蒙俄边境贸易，强化东北与蒙俄和日韩的经贸往来联系，同时积极推进海上丝绸之路沿线的日韩自贸区建设。从基础设施来看，一方面，要重点加强机场、高铁、高速公路等基础设施联通，通过促进东北亚地区海陆联运，降低以往需要绕经马六甲海峡的高额贸易成本；另一方面，要系统布局东北地区新型电网和电力外送通道等现代能源基础设施体系，加快论证和建设俄罗斯方向的煤气管道、燃气管道、天然气管道建设，助力东北与其他区域发展战略更好对接。

综上，中国经济已然进入以高质量发展为特征的新发展阶段，未来要坚持问题导向和目标导向相结合的指导方针，全面理解五大新发展理念，持续依靠"双循环"为推手，全力构建新发展格局，坚持推进高质量发展，以促进中国式现代化的实现和中华民族的伟大复兴。

参考文献

尹伟华，肖宏伟. 我国国内市场规模和潜力测算及发展趋势展望. 中国物价，2021（7）：25-28.

余淼杰，季煜. 构建全国统一大市场 实现新时代竞争优势. 当代中国与世界，2022（2）：15-25，125.

余淼杰，王廷惠，任保平，蒋永穆. 深入学习贯彻党的二十大精神笔谈. 经济学动态，2022（12）：322.

余淼杰，张睿. 人民币升值对出口质量的提升效应：来自中国的微观证据. 管理世界，2017（5）：28-40，187.

中共中央宣传部，国家发展和改革委员会.习近平经济思想学习纲要.北京：人民出版社、学习出版社，2022.

中华人民共和国商务部，国家统计局，国家外汇管理局. 2022年度中国对外直接投资统计公报.北京：中国商务出版社，2023.

Feenstra, R. C., Inklaar, R., & Timmer, M. P. The Next Generation of the Penn World Table. American Economic Review，2015，105（10）：3150-3182.

消费的基础性作用分析：渊源、依据与启示

臧旭恒　姚　健

引　言

中国经济步入新常态以来，扩大消费成为经济工作的重中之重。党的十八大报告提出，"要牢牢把握扩大内需这一战略基点，加快建立扩大消费需求长效机制"。党的十九大报告不仅强调要"完善促进消费的体制机制"，更指出要"增强消费对经济发展的基础性作用"。这体现消费作用的认识更着眼于长期发展而不是短期增长（刘长庚，2018）。"十四五"规划纲要指出，全面促进消费，形成强大国内市场，加快构建双循环新发展格局，并再次强调了增强消费对经济发展的基础性作用。党的二十大报告进一步指出，"把实施扩大内需战略同深化供给侧结构性改革有机结合起来，增强国内大循环内生动力和可靠性"，"着力扩大内需，增强消费对经济发展的基础性作用和投资对优化供给结构的关键作用"。

那么，究竟该如何理解并增强消费对经济发展的基础性作用？这是本文要回答的核心问题。首先，寻找消费对经济发展的基础性作用的理论渊源是什么？其次，回答如何认识消费对经济发展的基础性作用？其理论基础是什么？是否具有充分的现实依据？在此基础上，分析增强消费对经济发展的基础性作用的机制是什么？最后，在构建双循环新发展格局的背景下，理解如何使有为政府的作用与有效市场的运行有机融合，从而增强消费对经济发展的基础性作用。

一、消费对经济发展基础性作用的理论渊源

理解消费对经济发展的基础性作用，首先要寻求其理论源头。理论源头是一种理论的初始形式和最初来源（方福前，2017）。凯恩斯以前的经济学，特别是英法古典经济学分析的中心是国民财富增长，强调通过资本积累等途径发展生产实现财富增长。英国古典政治经济学创始人威廉·配第是最早对消费问题进行理论分析的经济学家之一。配第的消费思想基本是主张节俭消费以增加国民财富。配第认为，"财富分为两种，一种是实际的，另一种是潜在的。一个人是不是真正实际上富有，要看他的吃、喝、穿、戴方面，或在其他方面实际得到的享受如何而定"[1]。这体现出只有被消费的财富才是真正的财富。之后，被公认为古典政治经济学体系创立者的亚当·斯密继承了配第的思

---

[1] 参见［英］威廉·配第著：《配第经济著作选集》，陈冬野、马清槐、周锦如译，北京：商务印书馆，2017年，第89页。

想。他认为自由市场是"看不见的手"引导生产和消费在产品的数量和种类等方面实现均衡。斯密在其著作《国富论》里论述了生产和消费的关系。他明确指出,"消费是一切生产的唯一目的,而生产者的利益,只在能促进消费者的利益时,才应当加以注意。这原则是完全自明的,简直用不着证明"①。后来,英国古典政治经济学完成者大卫·李嘉图批判并发展了斯密的思想。他强调生产,使生产超过消费,甚至为生产而生产。李嘉图认为,"应该不惜一切地发展生产力,为社会创造财富,而物质财富的增加又是为了满足人们需要的"②。可以发现,从配第到李嘉图,古典经济学家重视生产和积累、轻视消费的认识在一定程度上反映了当时资本家积累资本的客观需要。

法国古典经济学的产生和发展与英国几乎是同时的,但法国古典经济学家对消费的认识与英国古典经济学家有着较大差别。法国古典经济学的早期代表人物布阿吉尔贝尔提倡自由竞争,反对重商主义的国家干预政策,特别强调农业在国民经济中的地位。他认为,满足人们生活需要的必需品的消费是重要的,他也提倡适度消费非必需品③。布阿吉尔贝尔是最早用消费不足说明资本主义经济的古典经济学家。他在《法国详情及补篇》中写道,"法国一切收入的减少,是由于土地的收益无论在产品的售价上还是在产量上都已下降,而这两者下降,都是消费不足的结果……世上一切财物,要是不被消费的话,都是一无用处的"④。从这里也可以看出,布阿吉尔贝尔对于消费在促进增长方面的重视。

后来,布阿吉尔贝尔的思想被魁奈和西斯蒙第继承并发展。魁奈在其代表作《经济表》中尝试探索并研究了社会总资本的再生产和流通过程。他认为,"生活资料消费的高水平产出维持着产品的适当价格和收入的再生产"⑤。他还写道,"下层阶级的福利不会减少,否则他们就无力充分地消费只能在国内消费的产品,从而减少国家的再生产和收入"⑥。在《人口论》中,魁奈写道,"财富因人的消费而增长,人们需要的产品增加的越多,消费越多,他们就越富有……通过增加产品及其消费,人本身被证明是自己财富之首要的创造源泉"⑦。在《谷物论》中,魁奈写道,"人口增加导致需求扩

---

① 参见[英]亚当·斯密著:《国民财富的性质和原因的研究(下卷)》,郭大力、王亚南译,北京:商务印书馆,1979年,第227页。
② 参见[英]彼罗·斯拉法著:《李嘉图著作和通讯集——政治经济学及赋税原理》第1卷,郭大力、王亚南译,北京:商务印书馆,2017年,第3页。
③ 参见[法]布阿吉尔贝尔著:《谷物论,论财富、货币和赋税的性质》,伍纯武译,北京:商务印书馆,1979年,第12页。
④ 参见[法]布阿吉尔贝尔著:《法国详情及补篇》,伍纯武译,北京:商务印书馆,1981年,第12页。
⑤ 参见[法]弗朗索瓦·魁奈著:《魁奈〈经济表〉及著作选》,晏智杰译,北京:华夏出版社,2006年,第202页。
⑥ 参见[法]弗朗索瓦·魁奈著:《魁奈〈经济表〉及著作选》,晏智杰译,北京:华夏出版社,2006年,第214、228页。
⑦ 参见[法]弗朗索瓦·魁奈著:《魁奈〈经济表〉及著作选》,晏智杰译,北京:华夏出版社,2006年,第85页。

大……大量的需求导致了农业的更大发展"①。从这几点来看，这基本上体现了魁奈支持消费有助于经济发展的思想。

法国古典经济学的完成者西斯蒙第对消费经济的研究有其独到的见解。西斯蒙第在《政治经济学新原理》中写道，"从政府的事业来看，人们的物质福利是政治经济学的对象……抽象地说，积累国家的财富绝不是成立政府的目的，政府的目的正是使全体公民都能享受财富所代表的物质生活的快乐"②。西斯蒙第把财富的积累和财富的享受区分开来，他重视的不是财富的积累，而是对财富的享受。这反映了他与当时一些把积累当作目的的古典经济学家的不同之处。他认识到消费在人们生产过程中的重要性，反对忽视消费的观点。他认为，"人们肯于进行劳动，是为了以后获得休息；进行积累是为了消费；贪图财富是为了享受"③。尽管西斯蒙第的学说并没有形成体系，但他意识到生产的目的是满足消费者的需要，消费决定并创造生产，这在经济思想史方面是一个贡献。他认为，"无论是在工业方面或者农业方面，决定繁荣或萧条的直接原因，似乎就是市场。企业家们都希望根据市场的情况来决定自己的生产"④。由此，西斯蒙第洞察了资本主义社会生产和消费的尖锐矛盾以及由此引发的经济危机，他试图用消费不足解释经济危机产生的原因。

同时期，英国政治经济学家马尔萨斯在其代表作《政治经济学原理》中较为系统地阐述了需求决定供给的理论。他与西斯蒙第一起提出了有效需求不足理论。他认为，为了促进财富的增长，必须保持足够的有效需求，只有保持足够的有效需求才能使资本主义避免生产过剩的经济危机。马尔萨斯从需求方面研究了资本主义社会财富增长，洞察了有效需求是保持一国经济稳定增长的必要条件。马尔萨斯认为，供给的增长要与需求增长保持同步。如果供给量的增加没有与之相适应的需求量增加，生产最终将受到限制，会造成产品过剩，导致生产过剩危机。马尔萨斯指出，"如果消费超过了生产，全国资本必定减缩，而全国财富一定会由于缺乏生产能力而逐渐被破坏。如果生产大大超过消费，积累和生产的动机一定会由于拥有主要购买手段的人缺乏有效需求而停止，两个极端是明显的。因此，一定有一个中间点，在这一点上，能同时兼顾生产能力和消费愿望，而最有力地促进财富的增长"⑤。为了保障供求平衡，马尔萨斯除了主张要鼓励不生产的消费阶层的存在，还提出三种方法刺激需求增长。一是收入再分配。通过调节收入刺激消费需求；二是创造新的需求。发现新市场将会引进新的商品，从而刺激消费者需求；三是采取分割土地财产、发展商业和公共工程等方法刺激有效需求，增强资本

---

① 参见［法］弗朗索瓦·魁奈著：《魁奈〈经济表〉及著作选》，晏智杰译，北京：华夏出版社，2006年，第45页。

② 参见［法］西斯蒙第著：《政治经济学新原理》，何钦译，北京：商务印书馆，2020年，第18-19页。

③ 参见［法］西斯蒙第著：《政治经济学新原理》，何钦译，北京：商务印书馆，2020年，第56页。

④ 参见［法］西斯蒙第著：《政治经济学新原理》，何钦译，北京：商务印书馆，2020年，第498页。

⑤ 参见［法］马尔萨斯著：《政治经济学原理》，厦门大学经济系翻译组译，北京：商务印书馆，1962年，第12-13页。

家的生产动机。

然而，18世纪末，法国资产阶级大革命为资本主义的发展创造了有利的条件。资产阶级提出要创立适于维护自身利益的经济学，萨伊是其中的代表人物。他把政治经济学划分为财富的生产、财富的分配和财富的消费三部分。萨伊指出，"生产性消费和非生产性消费的区别，非生产性消费通常能满足人们的欲望，但却没有再生产的价值，而生产性消费虽然不能满足人们的欲望，但却创造了新的价值"[①]。关于供需关系的论述，影响最深远的便是"萨伊定律"，即供给会自动创造需求。作为自由经济的基础，这一理论在西方经济学的影响长达百年。

直到19世纪末，对消费的研究才取得了突破性进展。英国经济学家马歇尔在消费理论上做出了重要贡献，主要体现在对消费需要的重视方面。他在《经济学原理》写道，"一切需要的最终调节者是消费者的需要"[②]。马歇尔坚持效用学派的分析发展了需求理论，包括边际效用递减、需求规律、需求价格弹性、消费者剩余等。这发展了西方消费理论。

20世纪30年代以前，在资产阶级庸俗经济学中占统治地位的是以马歇尔为代表的经济理论。这种理论认为，资本主义市场经济本身是完善的，通过市场供求力量的自发调节可以实现充分就业的均衡状态，全面的生产过剩和经常性的失业是不会发生的。然而，20世纪30年代初，资本主义发生了历史上最为严重的经济危机，资本主义国家的阶级矛盾空前尖锐。传统的庸俗经济学理论难以对此做出解释，也没有相应的对策。凯恩斯在1936年完成了经济学的一场革命。其《就业、利息和货币通论》一书的出版标志着宏观经济学的问世。凯恩斯反对传统庸俗经济学关于资本主义经济能够自行调节以达到充分就业均衡的学说。他主张政府干预经济，通过增加需求促进经济增长。在消费理论方面，他提出了"消费乃是一切经济活动的唯一目的和对象"[③]。他认为，资本主义经济危机的根源在于有效需求不足，其主要是由消费倾向、资本边际效率、灵活偏好三大规律造成的。由此，便形成了较为系统的需求理论。

综上可以发现，从西方经济理论来看，消费对经济发展的基础性作用的理论源头可以追溯到法国古典经济学家布阿吉尔贝尔关于消费促进增长的思想，经过魁奈的继承和发展，再到西斯蒙第和马尔萨斯对有效需求的论述，直到20世纪30年代凯恩斯经济学的诞生形成了较为系统的需求理论。自凯恩斯以后很长一段时期，经济学研究的重心转移至需求侧，强调需求管理。

---

① 参见［法］萨伊著：《政治经济学概论》，陈福生、陈振骅译，北京：商务印书馆，2009年，第485页。
② 参见［法］马歇尔著：《经济学原理（上卷）》，朱志泰译，北京：商务印书馆，2009年，第113页。
③ 参见［英］约翰·梅纳德·凯恩斯著：《就业、利息和货币通论》，高鸿业译，北京：商务印书馆，2009年，第109页。

二、如何理解消费对经济发展的基础性作用

（一）理论基础

18世纪中期到20世纪初，主流经济学说虽然已经认识到消费对经济发展的重要作用，但却没有对消费引起足够的重视。直到20世纪30年代的经济危机凸显出消费对生产力发展的制约，凯恩斯强调对消费需求侧的管理和调节，但并没有回到消费本身，仅将消费看作简单再生产的动力，没有将消费与生产作为对等的概念来研究。这也就很难破解生产过剩困境。

马克思在《政治经济学批判导言》中阐述了社会经济过程中，生产和消费之间存在着对立统一的关系。一方面，"生产直接也是消费"；另一方面，"消费直接也是生产"①。马克思认为，"生产同消费合一和消费同生产合一的这种直接统一，并不排斥它们直接是两个东西"②。这种观点是对资产阶级经济学割裂生产和消费观点的有力批判。生产和消费在经济社会运行中相互依存。"没有生产，就没有消费；但是，没有消费，也就没有生产，因为如果没有消费，生产就没有目的。"③在社会主义条件下，发展生产的目的是满足人民群众对美好生活的向往，而人民获得感的满足又会调动生产积极性，进而促进生产发展（杨圣明，2017）。

当然，消费对经济发展的基础性作用特别需要重视马克思消费力理论。马克思指出，"消费的能力是消费的条件，因而是消费的首要手段，而这种能力是一种个人才能的发展，一种生产力的发展"④。也就是说，相对于生产力，消费力的地位及作用不是被动决定的。马克思把发展消费力提高到与发展生产力相同的高度，把发展消费能力和发展消费资料看作发展生产力的途径和先决条件（洪银兴，2010）。发展和提高消费力是拉动经济增长的客观要求。

我国正处于并将长期处于社会主义初级阶段。中国共产党始终坚持以人民为中心的价值取向，运用马克思主义理论，结合中国实际，逐步形成了具有中国特色社会主义的消费经济思想。大致可以分为以下几个阶段（毛中根等，2021）：在新中国成立之前，关注人民基本生活需要，表现为发展农业以保障消费。从新中国成立到改革开放，着眼人民生活逐步改善，表现为刺激生产创造消费。从改革开放到党的十八大，党的工作重心逐步转移到经济建设上，表现为从加速人民生活水平提高到重视人民生活全面提升，从扩大生产适度消费到扩大内需提振消费。1983年，尹世杰在《社会主义消费经济学》中指出，"社会主义消费经济学研究人们在生活消费过程中结成的整个经济关系"⑤，

---

① 参见中共中央马克思恩格斯列宁斯大林著作编译局编译：《马克思恩格斯选集》第2卷，北京：人民出版社，2012年，第690页。

② 参见中共中央马克思恩格斯列宁斯大林著作编译局编译：《马克思恩格斯选集》第2卷，北京：人民出版社，2012年，第691页。

③ 参见中共中央马克思恩格斯列宁斯大林著作编译局编译：《马克思恩格斯选集》第2卷，北京：人民出版社，2012年，第691页。

④ 参见中共中央马克思恩格斯列宁斯大林著作编译局编译：《马克思恩格斯全集》第46卷（下册），北京：人民出版社，2016年，第225页。

⑤ 参见尹世杰：《社会主义消费经济学》，上海：上海人民出版社，1983年，第15页。

重点论述了马克思主义政治经济学社会再生产原理及消费与生产、流通、分配各环节的内在联系，强调了社会主义生产目的是最大限度地满足人民群众物质生活和文化生活的需要。党的十八大以来，聚焦不断满足人民群众的美好生活需要，表现为从增强消费对经济增长的基础性作用到增强消费对经济发展的基础性作用。消费的基础性作用不仅体现在促进经济增长方面，而且体现在保障改善民生和促进发展方面。发展为了人民，这是马克思主义政治经济学的根本立场。习近平总书记"坚持以人民为中心的发展思想"为构建中国特色社会主义政治经济学确立了主线（王东京，2017），把实现人民对美好生活向往的"人民幸福论"作为中国特色社会主义经济发展的出发点和落脚点，把扩大消费同改善人民生活品质结合起来，有利于更好满足人民日益增长的美好生活需要。这也是对马克思主义之人的需要、人的价值以及人的全面发展的深层理解。

可见，从经济增长到经济发展，消费是一切经济活动的起点和落脚点。消费反映的是最终需求，消费对经济发展具有导向作用（刘长庚，2018）。同时，消费也是人民对美好生活需要的直接体现，是保障和改善民生，促进发展的重要环节。综上所述，马克思主义政治经济学和中国特色社会主义经济学关于生产和消费的论述为消费对经济发展的基础性作用提供了充实的理论依据。

（二）现实依据

实际上，消费对经济发展的基础性作用除了具有扎实的理论基础外，还有充分的现实依据。接下来，本文从消费总量、消费支出水平、消费结构升级、新型消费涌现以及消费环境完善等五个方面论述消费对经济发展的基础性作用的现实依据。

1. 消费总量：中国具有超大规模市场优势和内需潜力

改革开放以来，我国经济总量实现高速增长，但经济运行面临着矛盾和问题。其中，结构失衡是经济运行中突出矛盾的根源。结构失衡的焦点在于投资高速增长带来的行业产能过剩，以及对需求结构较低的适应性，导致经济循环不畅。同时，由于外部环境的复杂多变，国际市场较为低迷，在经济增长的三驾马车中突出了消费的重要性。消费需求是拉动经济的重要因素，消费需求对市场竞争具有引导作用，能够使资源更有效率和更为集约的使用。从中长期来看，有消费需求支撑的投资效率也会提升。因此，增强消费的基础性作用是经济发展的必然选择。要牢牢把握扩大内需这一战略基点，提升国民经济体系整体效能。

一方面，我国有14亿人口，是全球最大最有活力的消费市场，蕴含着巨大增长潜力；另一方面，相比投资和出口，消费对经济增长贡献率的波动最小，是经济发展中最稳定的拉动力量。提升消费有利于经济平稳发展。图1整理了1978—2022年"三驾马车"对经济增长的贡献率趋势。这期间消费对经济增长的贡献率总趋势是波动的。2003—2019年期间消费对经济增长的贡献率总趋势是温和上升的。2013年以后消费、投资和出口对经济增长贡献率的相对地位发生变化，消费相对重要性超过了投资。尤其2014年以来，最终消费已逐步取代投资成为我国经济增长的最主要需求侧要素。2019年，最终消费支出对经济增长的贡献率为57.8%，已经连续6年成为经济增长的第一引擎，"稳定器"和"压舱石"作用更加凸显，而资本形成总额、货物和服务进出口的贡献率分别为31.2%和11.0%。但自2020年以来，"三驾马车"的贡献率波动非常明显。

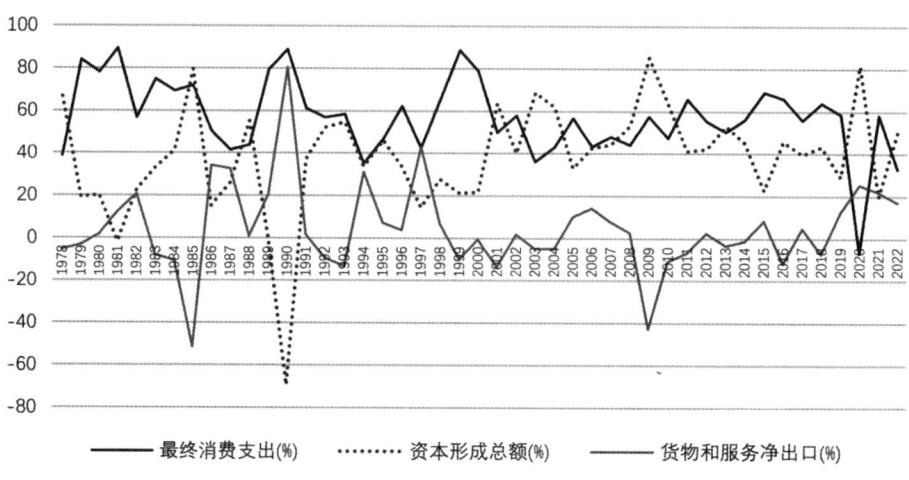

图1 1978—2022年"三驾马车"对经济增长的贡献率

我国社会消费品零售总额不断增长，如图2所示。2018—2019年，社会消费品零售总额及其同比增长是相当稳定的，即符合经济理论中"稳定器"的原理。由此，可以推出一个合理的结论：消费作为一个宏观经济变量，本身并没有发生根本性的变化。但新冠疫情暴发导致消费下跌后其反弹强劲。虽然2020年上半年受疫情影响，消费增速回落幅度较大，但在疫情受控后回升速度相对较快。至2020年8月，虽然消费还没有恢复到疫情前的正常水平，但社会消费品零售总额增速年内首次转正，市场销售持续改善，表现出强大的韧性。这也体现国内巨大的市场规模，使大国具有更强的外部冲击承受能力。

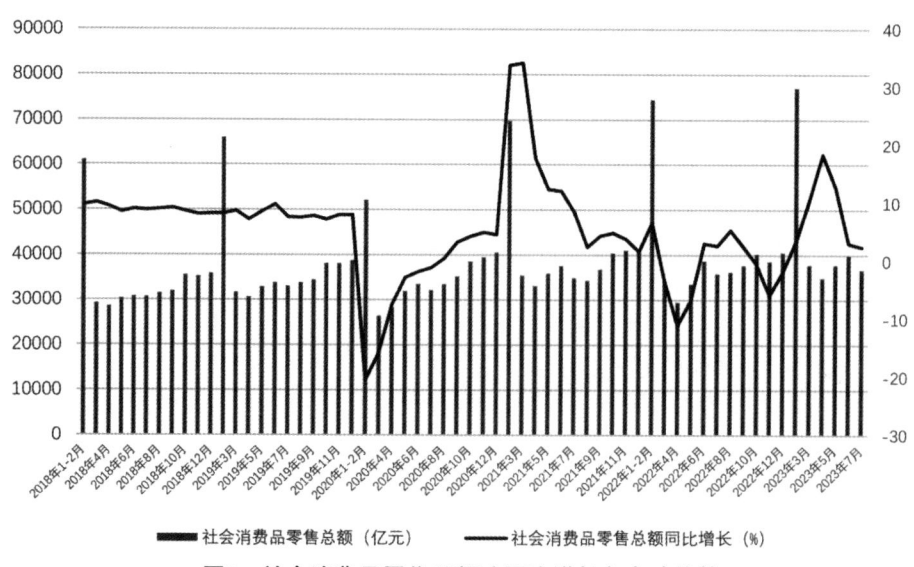

图2 社会消费品零售总额（同比增长）变动趋势

然而，改革开放以来我国居民消费率总体趋于下降，远低于世界多数国家。图3展示了1970—2021年世界部分经济体居民消费率趋势图。20世纪90年代我国加速市场经济取向。改革以来，居民消费率开始下降。2001年我国加入WTO，加速融入全球经济一体化过程中，居民消费率急剧下降，最大幅超过10个百分点（2001—2010年）。中美比较，以20世纪80年代为起点，美国居民消费率稳定上升了近10个百分点，2021年达到68.21%。相反，我国居民消费率大幅下降了15个百分点左右，2021年约为38.11%，与美国相差了约30个百分点。2021年我国居民消费率比世界平均水平低约16个百分点。从另一个角度来看，我国居民消费仍存在较大的增长空间。

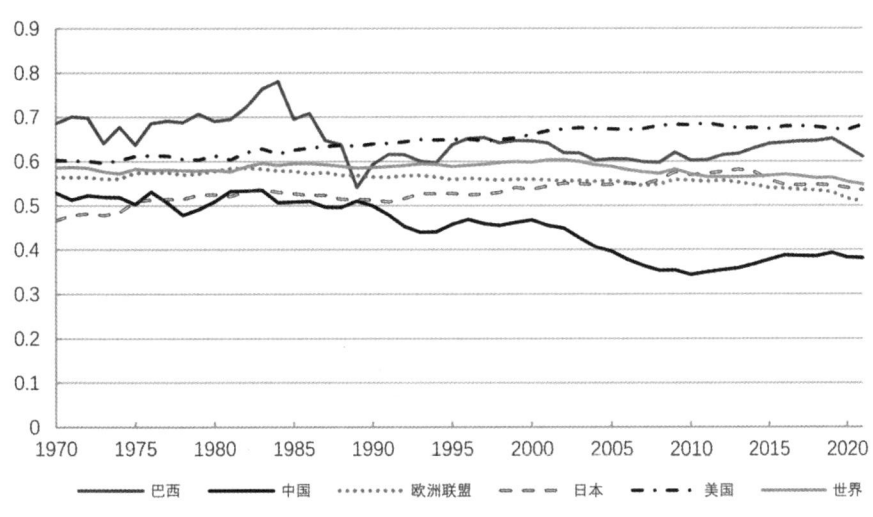

图3　1970—2021年世界部分经济体居民消费率趋势

2. 居民消费水平持续增长

消费水平是居民生活福利水平的重要体现。改革开放以来，我国城乡居民消费水平不断提高。图4给出了1980—2022年分城乡绝对量和增长率的居民人均消费支出趋势图。可以发现，城乡居民人均消费支出均显著提升，且人均消费支出增速较高。

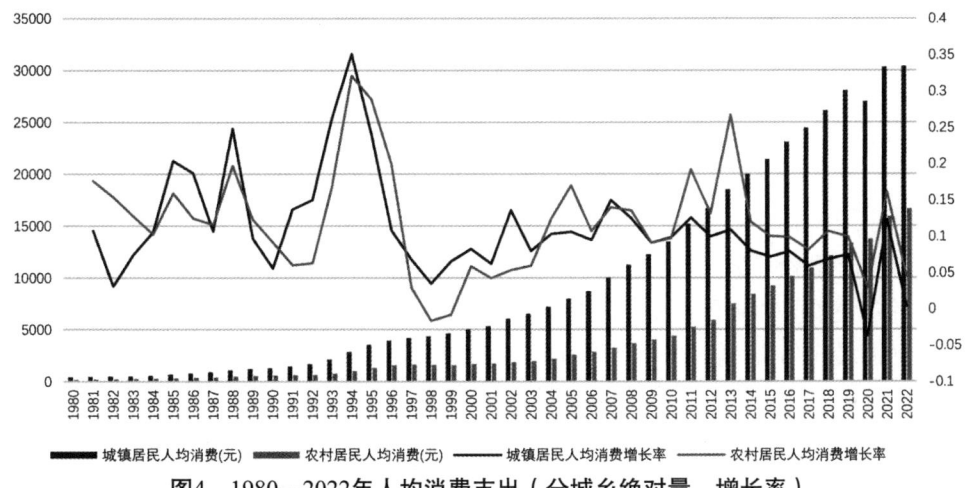

图4　1980—2022年人均消费支出（分城乡绝对量、增长率）

3. 居民消费结构不断升级

消费结构升级的衡量指标通常有两种：一是恩格尔系数，即食品支出占总消费支出的比例。这是衡量居民生活水平的重要指标之一。恩格尔系数越小，表明生存型消费的占比越低，消费结构更加高级。二是发展和享受型消费支出占总消费支出的比例，发展和享受型消费定义为医疗保健、交通通信和文教娱乐消费三者之和。发展和享受型消费支出占比越高，表明居民消费结构不断升级（汪伟等，2017）。图5绘制了城乡居民消费结构演变趋势。

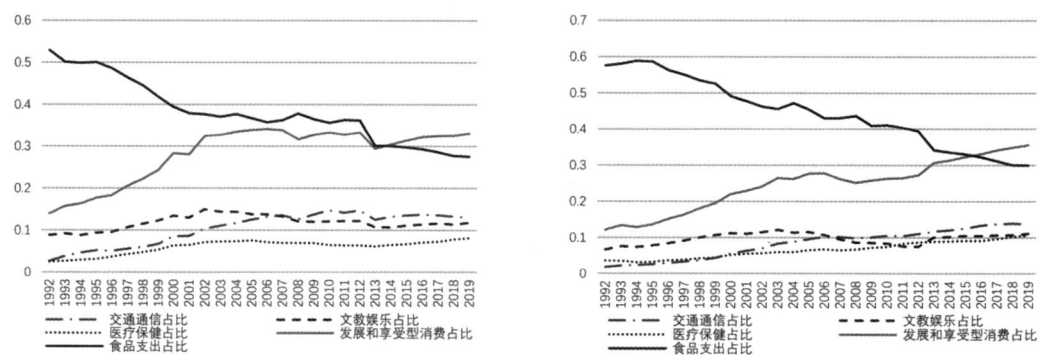

图5 城乡居民消费结构变化趋势图（左：城镇，右：农村）

从居民恩格尔系数看，城镇居民恩格尔系数从1992年的52.93%下降到2019年的27.56%，农村居民恩格尔系数从57.56%下降至30.00%。从发展和享受型消费占比看，城镇居民从1992年的13.94%上升到2019年的33.08%，农村居民从12.15%上升至35.56%。我国居民越来越重视发展和享受型消费。医疗、教育文化旅游、家庭设备用品、交通通信将会成为新的消费拉动力与产业增长点（唐琦等，2018）。此外，消费结构升级还体现在消费者对品质消费的追求提升。消费需求从注重数量的满足向追求质量的提升转变，从物质消费的满足向服务消费的享受转变，推动消费结构升级，更好满足人民群众日益增长的美好生活的需要（中国发展研究基金会"博智宏观论坛"中长期发展课题组，2018）。

4. 居民消费方式多元化

近些年，科学技术的进步促使居民消费方式发生了巨大的变化。新消费方式、新消费业态不断涌现，尤其网络购物、移动支付等新业态新模式迅速发展，为新消费拓宽了空间。根据国家统计局数据显示，2022年，全国网上零售额达13.8万亿元。与此同时，跨境电商也成为增长亮点，截至2022年底，全年已设165个电子商务综合试验区，全国跨境电子商务交易额实现3.8万亿元，全国网购替代率（线上消费对线下消费的替代）为80.7%，线上消费对线下消费的替代进一步增强。此外，近几年催生出许多新电商销售模式。直播经济等新兴经济业态迅速崛起，拓展了消费场景，为实体经济赋能的同时，展现出强劲生命力。新消费业态的兴起与物流业的发展相辅相成，物流业在质与量上的提升能拓展更广阔的消费市场，提高国内消费和生产、仓储、销售业态的互动循环效率。仅从快递业数据来看，2022年全国快递服务企业快递业务量达到1105.8亿件，同比增长2.1%①。物流的提质增效为促进网络消费、提高消费效率提供了保障，丰富了居民的消费方式。

5. 消费环境持续改善

全国工商和市场监管部门积极推进多种消费者维权方式。仅全国12315互联网平台就提供了PC端、App、微信小程序和公众号、支付宝小程序等多种投诉渠道。消费者可以方便快捷地提交投诉。中国消费者协会《中国消费者权益保护状况年度报告（2022）》显示，2022年消费者权益保护法律制度多层次健全完善，质量安全监管和消费安全立法保障进一步充实完善，维护市场秩序和消费公平立法体现出时代特色。这表明在我国经济稳中有进的发展态势下，消费环境持续向好。为了促进消费者能消费、愿消费和敢消费，市场监管部门整合监管资源，更新监管理念，创新监管方式，提高监管效能，健全质量标准和信用体系，提升居民消费信心，这也是增强消费对经济发展的基础性作用的现实依据。

三、增强消费基础性作用的机制分析

增强消费对经济发展的基础性作用，必须客观准确地把握增强消费基础性作用的机制。现代消费经济理论从需求侧和供给侧研究影响消费的因素，寻求扩大消费需求的动力机制，形成了丰富的理论和实证研究。学者们从不同的角度阐释了增强消费对经济发展基础性作用的机制。

第一种解释是以家庭人口和经济特征为基础。如臧旭恒和张欣（2018）认为优化家庭资产配置，尤其是家庭高流动性资产比例的有效配置是充分增强消费基础性作用的一种机制。除了资产配置，家庭信贷也是释放消费潜力的重要途径（姚健等，2022）。因此，鼓励家庭信贷发展，降低信贷门槛、提升信贷额度，提高家庭金融的便捷性，可以提升居民消费（张丽平和任师攀，2022）。此外，负债也对消费产生一定的影响。孟宪春和张屹山（2021）发现，在房地产价格渠道的传导下，家庭债务扩张挤出居民消费。家庭通过增加与住房债务相关的杠杆挤出了流动性，从而减少了消费（盛夏等，2022）。李婧和许晨辰（2020）从家庭人口结构视角，建议通过提高公共服务水平和改善家庭规划减少消费约束，促进消费支出，释放经济增长潜力。

第二种解释认为城镇化推动消费率提高是发展的趋势（张平和陈昌兵，2018）。雷潇雨和龚六堂（2014）认为合理推进城镇化有助于促进城市消费率的提升。值得注意的是，我国户籍制度带来的"半城镇化"一定程度上阻碍了居民消费率和消费水平的提升。陈斌开等（2010）认为伴随着城市化进程，户籍制度改革是促进消费、增强内需的有效手段，关系到经济增长方式的转变。易行健等（2020）认为应该加快推进新型城镇化，缩小常住人口与户籍人口城镇化缺口。城乡充分融合才有助于扩大消费（万广华等，2022）。如果能够让城市中的外来移民安居乐业，则可以提高居民的消费水平（梁文泉，2018）。城镇化进程的推进为经济高质量发展带来较大内需增长潜力。

第三种解释是以制度为切入点。涉及收入分配制度、住房制度、医疗保险制度、

---

① 数据来源：国家邮政局。

养老保险制度、金融制度等多个方面。其一是收入分配制度。有学者认为，我国新常态下消费需求出现增长乏力，根本原因不是国民收入水平增长迟缓，而是国民收入分配结构性扭曲（刘伟，2016）。因此，完善供给侧的国民收入分配结构具有重要意义。其二是住房制度。何兴强和杨锐锋（2019）从住房视角认为促进居民消费，一方面要加强对居民住房产权的保护，降低小产权房的交易成本，同时为低收入家庭提供廉租房与公租房；另一方面应积极发展住房租赁市场。其三是医疗保险制度。甘犁等（2010）发现医疗保险制度对居民消费有显著正向效果。新农合显著刺激了农村地区的消费。当保险覆盖的范围更广，补偿更高时，家庭消费呈现出更高的增长（白重恩等，2012）。补充医疗保险（黄家林等，2022）、商业健康保险（易行健等，2023）能够显著提高家庭消费支出。这为扩大国内有效需求提供很好的政策建议。其四是养老保险制度。新型农村社会养老保险降低农村家庭的预防性储蓄，显著促进家庭消费，尤其是对于60岁以上的居民（岳爱等，2013；马光荣和周广肃，2014）。如果让企业职工享有与公务员相同的养老金替代率水平，这将促使企业职工生命周期的平均消费显著增加（徐舒和赵绍阳，2013）。养老保险的改革应当降低缴费门槛，以有效发挥养老保险提振消费的作用（康书隆等，2017）。因此，完善社会保障体系是提升居民消费意愿的关键（杨继生和邹建文，2020）。其五是金融制度。一些研究认为通过发展数字普惠金融、提升金融市场效率来增强消费对经济发展的基础性作用。如易行健和周利（2018）认为数字金融的发展显著提升了居民消费，从而有助于经济增长。吴锟等（2020）发现信用卡使用会显著提升居民家庭的消费支出，且在总体上对居民消费具有结构性的促进作用。此外，作为非正式制度的社会网络关系能够显著提升中国居民的家庭消费水平（田子方等，2022）。习惯形成和同群效应也可以解释居民家庭消费支出变化（黄娅娜和宗庆庆，2014；宋泽和邹红，2021）。

  第四种解释是从供给和需求两侧寻求经济发展的动力。从需求侧来看，拉动经济增长尤其要重视消费对经济发展的基础性作用。然而，直接针对消费的短期政策难以有效扩大内需，要把握扩大内需这个战略基点需要从经济供给侧入手（陈斌开等，2014）。供给侧结构性改革是通过深化改革提高供给质量，实现有效需求和供给的匹配，其重在解决结构性问题，注重长期发展（洪银兴，2020）。对财政工具的运用应更加重视结构性减税和投资补贴，特别注重以消费减税改善民生福祉、增强消费对经济发展的基础性作用（卞志村等，2019）。欧阳峣等（2016）认为居民消费规模是大国经济持续稳定增长的必要条件，将扩大消费与供给侧结构性改革结合起来，使规模庞大的居民消费通过国内市场来满足，从而充分发挥大国经济的优势。孙早和许薛璐（2018）认为提升高技术产业创新能力有助于促进消费增长和优化消费结构，是减少消费外溢、缓解供需矛盾的良方。孙伟增等（2018）对开发区政策进行评估发现，开发区升级带来的生产力水平的提升对城市居民消费具有显著的促进作用。因此，在经济发展过程中，应同时关注其在生产和消费两个方面的作用机制，推行以引导产业创新为核心的供给侧结构性改革是促使消费升级实现高质量发展的有效途径。不断扩大服务业有效供给，实施有利于扩大消费的总需求管理政策，推动积极财政政策从支持生产为主向支持消费为主转变，从而有效扩大内需，提高经济增速（徐朝阳和张斌，2020）。也有研究认为基础设施投资通过收入效应和预期效应促进居民消费（闫芷毓等，2023）。道路基础设施通过促进私家车消费，从而推动了经济增长（郭广珍等，2019）。

除此之外，我国社会主要矛盾已经转化为人民日益增长的美好生活需要和不平衡不充分的发展之间的矛盾。这为充分增强消费的基础性作用指明了方向（朱高林，2019）。不平衡不充分的问题应引起重视。消费的发展应该是均衡的发展，实现居民消费协调均衡增长是发挥消费基础性作用的重要内涵之一。此外，还有研究从幸福经济学视角的分析发现，幸福的社会网络效应能够显著促进居民消费（李树和于文超，2020）。

四、有为政府与有效市场：政策空间

中国特色社会主义市场经济是有为政府与有效市场相结合的经济。如何使有为政府的作用与有效市场的运行有机融合，从而充分增强消费对经济发展的基础性作用？本文提出以下几点建议：

第一，推进新型城镇化战略，统筹推进国内大循环和国土空间布局，为经济高质量发展提供支撑。要增强消费的基础性作用，必然要深化户籍制度改革，这有助于打通内需堵点，促使产品、劳动、资本、技术和数据等要素充分流动，实现城乡均衡发展，促进全国市场形成完善的内部循环，从而释放居民消费增长潜力，促进经济发展良性循环。

第二，收入分配格局的优化至关重要。未来仍要优化收入分配格局。这有赖于推动收入分配制度改革。我国居民收入格局中中等收入人群占比在逐步提升。中等收入群体是消费的重要基础，是充分增强消费基础性作用的重要保障。扩大中等收入群体的同时，要进一步缩小收入分配差距。此外，社会保障体系是收入分配制度的重要环节，在收入的再分配上发挥着重要的调节作用。医疗保险、养老保险等制度的完善可以降低预防性储蓄动机，提升边际消费倾向。

第三，提升供给结构与需求结构的适配性，把实施扩大内需战略同深化供给侧结构性改革有机结合。为充分增强消费基础性作用，更要注意把握新消费结构特征，从生存型消费和物质消费转向发展享受型消费和服务消费。一方面，加快发展现代服务业，如养老育幼、文化体育、旅游娱乐、健康休闲等，提升服务业标准化、品牌化建设；另一方面，加快发展数字普惠金融，扩大金融服务的覆盖率，满足人民群众日益增长的金融服务需求，缓减居民流动性约束，释放居民消费潜力，进而提升金融对促进消费的支持作用。

第四，新消费业态的培育壮大是新动能。一方面，以市场需求为导向，培育和壮大新型消费，顺应消费升级趋势，满足居民对美好生活的消费需要。另一方面，政府为新型消费发展提供全方位的制度和政策支撑，推动线上线下消费，培育消费新产品新业态新模式。这更多涉及服务消费，尤其是医疗保健、交通通信和文教娱乐消费，包括大力发展"互联网+服务"、发展数字文体旅游，加强信息基础设施建设等。推动新业态带动消费市场均衡发展，更好地发挥消费对经济发展的基础性作用。

结　语

发展是解决我国一切问题的基础和关键。近年来，我国经济发展取得了显著成效。经济由高速增长阶段转向高质量发展阶段，客观要求不断完善促进消费体制机制，增强消费对经济发展的基础性作用。为此，党中央和国务院出台了一系列政策举措，不断挖掘和释放内需潜力。

为了深入理解"消费对经济发展的基础性作用"，本文从理论源头、理论基础、现实依据、作用机制和政策空间等方面进行了阐释。消费对经济发展的作用最早可以追溯到古典经济学家布阿吉尔贝尔关于消费不足的表述，经过魁奈的继承和发展，再到西斯蒙第和马尔萨斯对有效需求的论述，直到20世纪30年代凯恩斯经济学的诞生形成了较为系统的需求理论，通过扩大需求促进经济发展。我们认为，消费对经济发展的基础性作用的理论基础是马克思主义政治经济学关于生产和消费的论述，且消费对经济发展的基础性作用这一论断具有充分的现实依据，体现在我国居民消费总量庞大、消费支出持续增长、消费结构不断升级、新消费方式不断涌现以及消费环境逐步完善等。本文还从家庭经济和人口特征、城镇化、制度、供需关系以及社会主要矛盾等角度分析了增强消费基础性作用的机制。最后，从有为政府和有效市场有机融合的角度，从优化收入分配格局、推动新型城镇化战略、提升供给体系对消费需求的适配性、把握引领新消费发展等方面提供了几点增强消费对经济发展基础性作用的建议。

最后，需要强调的是，增强消费对经济发展的基础性作用应立足中国的国情和经济实践，坚持以马克思主义政治经济学为指导，坚持以人民为中心的发展立场，不断推进创新，在丰富和发展中国特色社会主义政治经济学的同时，服务经济社会发展和广大人民群众。

参考文献

白重恩，李宏彬，吴斌珍. 医疗保险与消费：来自新型农村合作医疗的证据. 经济研究，2012（2）：41-53.

卞志村，赵亮，丁慧. 货币政策调控框架转型、财政乘数非线性变动与新时代财政工具选择. 经济研究，2019（9）：56-72.

陈斌开，陈琳，谭安邦. 理解中国消费不足：基于文献的评述. 世界经济，2014（7）：3-22.

陈斌开，陆铭，钟宁桦. 户籍制约下的居民消费. 经济研究，2010（S1）：62-71.

方福前. 寻找供给侧结构性改革的理论源头. 中国社会科学，2017（7）：49-69，205.

甘犁，刘国恩，马双. 基本医疗保险对促进家庭消费的影响. 经济研究，2010（S1）：30-38.

郭广珍，刘瑞国，黄宗晔. 交通基础设施影响消费的经济增长模型. 经济研究，2019（3）：166-180.

何兴强，杨锐锋. 房价收入比与家庭消费——基于房产财富效应的视角. 经济研究，2019（12）：102-117.

洪银兴. 进入新时代的中国特色社会主义政治经济学. 管理世界，2020（9）：1-11.

洪银兴. 马克思的消费力理论和扩大消费需求. 经济学动态，2010（3）：10-13.

黄家林，傅虹桥，宋泽. 补充医疗保险对居民消费的影响——来自城乡居民大病保险的证据. 金融研究，2022（10）：58-76.

黄娅娜，宗庆庆. 中国城镇居民的消费习惯形成效应. 经济研究，2014（S1）：17-28.

康书隆，余海跃，王志强. 基本养老保险与城镇家庭消费：基于借贷约束视角的分析. 世界经济，2017（12）：165-188.

雷潇雨，龚六堂. 城镇化对于居民消费率的影响：理论模型与实证分析. 经济研究，2014（6）：44-57.

李婧，许晨辰. 家庭规划对储蓄的影响："生命周期"效应还是"预防性储蓄"效应？经济学动态，2020（8）：20-36.

李树，于文超. 幸福的社会网络效应——基于中国居民消费的经验研究. 经济研究，2020（6）：172-188.

梁文泉. 不安居，则不消费：为什么排斥外来人口不利于提高本地人口的收入？管理世界，2018（1）：78-87，191-192.

刘伟. 经济新常态与供给侧结构性改革. 管理世界，2016（7）：1-9.

刘长庚. 增强消费对经济发展的基础性作用. 经济理论与经济管理，2018（2）：10-12.

马光荣，周广肃. 新型农村养老保险对家庭储蓄的影响：基于CFPS数据的研究. 经济研究，2014（11）：116-129.

毛中根，贾宇云，叶胥. 中国共产党领导的百年居民消费：进程回顾、思想变迁与民生实践. 改革，2021（9）：50-64.

孟宪春，张屹山. 家庭债务、房地产价格渠道与中国经济波动. 经济研究，2021（5）：75-90.

欧阳峣，傅元海，王松. 居民消费的规模效应及其演变机制. 经济研究，2016（2）：56-68.

盛夏，李川，王擎. 房地产市场、家庭杠杆率与消费——一个异质性代理人模型. 经济研究，2022（11）：157-173.

宋泽，邹红. 增长中的分化：同群效应对家庭消费的影响研究. 经济研究，2021（1）：74-89.

孙伟增，吴建峰，郑思齐. 区位导向性产业政策的消费带动效应——以开发区政策为例的实证研究. 中国社会科学，2018（12）：48-68，200.

孙早，许薛璐. 产业创新与消费升级：基于供给侧结构性改革视角的经验研究. 中国工业经济，2018（7）：98-116.

唐琦，夏庆杰，李实. 中国城市居民家庭的消费结构分析：1995—2013. 经济研究，2018（2）：35-49.

田子方，李涛，伏霖. 家庭关系与居民消费. 经济研究，2022（6）：173-190.

万广华，罗知，张勋，等.城乡分割视角下中国收入不均等与消费关系研究.经济研究，2022（5）：87-105.

汪伟，刘志刚，龚飞飞.高房价对消费结构升级的影响：基于35个大中城市的实证研究.学术研究，2017（8）：87-94，177-178.

王东京.习近平经济思想与中国特色社会主义政治经济学构建.管理世界，2017（11）：1-9.

吴锟，吴卫星，王沈南.信用卡使用提升了居民家庭消费支出吗？经济学动态，2020（7）：28-46.

徐朝阳，张斌.经济结构转型期的内需扩展：基于服务业供给抑制的视角.中国社会科学，2020（1）：64-83，205.

徐舒，赵绍阳.养老金"双轨制"对城镇居民生命周期消费差距的影响.经济研究，2013（1）：83-98.

闫芷毓，袁宇菲，薛熠."挤入"还是"挤出"：基础设施投资对居民消费的影响.世界经济，2023（7）：116-139.

杨继生，邹建文.居民消费平滑及其结构异质性——基于生命周期模型的分析.经济研究，2020（11）：121-137.

杨圣明.马克思主义消费理论的中国化问题研究.消费经济，2017（1）：3-7.

姚健，臧旭恒，周博文.中国居民边际消费倾向异质性与消费潜力释放——基于家庭信贷和资产配置视角的分析.经济学动态，2022（8）：45-60.

易行健，张凌霜，徐舒，等.商业健康保险、预防性储蓄动机与居民消费支出——理论与经验证据.金融研究，2023（4）：130-148.

易行健，周利.数字普惠金融发展是否显著影响了居民消费——来自中国家庭的微观证据.金融研究，2018（11）：47-67.

易行健，周利，张浩.城镇化为何没有推动居民消费倾向的提升？——基于半城镇化率视角的解释.经济学动态，2020（8）：119-130.

岳爱，杨矗，常芳，等.新型农村社会养老保险对家庭日常费用支出的影响.管理世界，2013（8）：101-108.

臧旭恒，张欣.中国家庭资产配置与异质性消费者行为分析.经济研究，2018（3）：21-34.

张丽平，任师攀.促进消费金融健康发展 助力释放消费潜力.管理世界，2022（5）：107-114，132，115-116.

张平，陈昌兵.加快现代化建设 实现第二个百年奋斗目标.经济学动态，2018（2）：11-22.

中国发展研究基金会"博智宏观论坛"中长期发展课题组.2035：中国经济增长的潜力、结构与路径.管理世界，2018（7）：1-12，183.

朱高林.从不平衡到平衡：发挥消费基础性作用的路径分析.社会科学，2019（1）：44-54.

原载《中山大学学报（社会科学版）》2024年第2期

第二辑

管理学

论企业经营的目标及其实现途径

王 琢 廖曙辉

企业经营学是企业经营实践的理论概括，又是指导企业经营活动的理论武器。我们研究企业经营学，必须研究企业经营的目标这个根本问题。

一、企业的经济任务

企业经营的直接目标是什么？要比较具体地回答这个问题，就要具体地分析什么是企业的经济任务。

什么是企业的经济任务？回答这个问题，必须联系我国经济工作的实践。长期以来，我们强调企业要为社会提供商品，强调为社会生产价值，而不强调为社会创造社会剩余价值。在经济工作中，总产值指标成了国民经济计划和企业经济计划以及各项经济指标的"太上皇"。经济部门和企业把总产值指标视作"硬指标"，而把利润等指标视作"软指标"。因而，实际上把总产值作为企业的经济任务。在"左"的错误思想的影响下，逐步形成"产值第一"的习惯势力，总以为有了总产值的增长，就一定能够增加社会财富；就一定能够加快经济建设的步伐，就一定能够提高人民的生活水平，就一定能够实现社会主义的生产目的。

完成总产值是不是企业的首要经济任务呢？我们回答是否定的。总产值只是反映生产的总规模与总水平，并没有反映劳动过程补偿价值与社会剩余价值的关系。也就是说，只反映了C、V、M的总和，并没有反映C＋V与M的关系。总产值是总产品的价值形态，只要创造出产品，当然就有以价格表示的产值。完成总产值任务，当然是重要的，但是，人们创造了总产值，并不等于创造了社会剩余价值。因为如果劳动过程中消耗高，补偿价值构成的成本（C＋V）大于总产值（C＋V＋M），社会剩余价值M就会变成负数，企业发生亏损。在这种情况下，总产值越高赢利就越少，或者亏损越多。这也就是为什么有的企业总产值增长幅度很大而赢利增长幅度很小，甚至亏损很大的缘故。1981年，全国国营工业企业中还有27.1%的企业不同程度地存在着亏损。如果所有的企业都亏损或者像有些地区，全部赢利企业的赢利额还抵不过全部亏损企业的亏损额，连维持简单再生产都有困难，甚至连工资也发不出去，那么，哪里还有资金去搞技术革新、技术改造和基本建设呢？哪里还有资金去增加职工工资、职工福利和发放奖金呢？长期以来不讲提高经济效益，片面追求总产值"翻番"，把它当作经济指标的"太上皇"，给我们带来了巨大的损失。这是一个深刻的历史教训。但是，必须指出，我们并不是主张取消总产值指标。总产值指标仍然是国民经济计划和企业经济计划中十分必要的一个综合经济指标，因为总产值指标可以衡量和考核国民经济和企业经济的总规模和总水平。

总产值指标并不能反映补偿价值与社会剩余价值的关系，而且在各个企业之间还有重复计算的问题。人们开始注意到不能把它作为评价企业全面经济效益的指标。近两年来，人们逐步重视净产值指标，有的经济部门也开始使用净产值指标，并认为它是分析全面经济效益好差的比较理想的综合经济指标。净产值是指新创造的产值，即 $V+M$，它虽然避免了包括生产资料的转移价值及其在各个企业之间的重复计算的弊端，确实比总产值指标前进了一步，但是它并没有完整地反映补偿价值与社会剩余价值的关系。在实际经济生活中，我们也可以看到，有的企业净产值增加了，但是由于劳动生产率低，净产值增加部分主要靠增加劳动量。这样，净产值增加了，而社会剩余价值并没有增加。如果商品价值中V的增加大于净产值（$V+M$），那么，M就成了负数，结果是亏损。因此，净产值增加了不见得净产值当中的社会剩余价值M也相应增加，还可能由于净产值中V的增加过多（V大于$V+M$），结果净产值增加而发生了亏损。如果靠增加劳动量去增加净产值，如果净产值增加反而发生亏损，那么，我们拿什么东西来增加职工的工资、职工福利和发放奖金？哪里有资金去扩大再生产？怎能满足不断增长的社会需要呢？可见，净产值指标并不能反映全面经济效益。

什么是反映全面经济效益的综合经济指标呢？我们认为是社会剩余价值，即M，赢利（税金和利润）。在这里，有必要先把社会剩余价值范畴的含义作简要说明。什么是社会剩余价值？从生产角度来看，就是社会剩余劳动创造出来的那个部分商品的价值；从补偿角度来看，就是同一时期社会总产品价值补偿劳动过程耗费了的全部价值（包括生产资料价值和生活资料价值）的价值余额。

为什么社会剩余价值能够反映企业全面经济效益呢？根据是：企业取得了赢利，它表明创造了补偿价值，物化劳动和活劳动都得到补偿；也表明它创造了社会剩余价值。这个社会剩余价值是扩大再生产和提高整个社会消费水平的物质基础。

在社会主义条件下，商品价值中C、V、M三者是什么关系？总产值、净产值、赢利三者是什么关系？从实现社会主义的生产目的出发，从促使国家更加富裕、人民更加富裕出发，应该是赢利增长幅度一般大于总产值和净产值的增长幅度。因为在商品价值的C、V、M三者中，M的比重越大，表明经济效益越好。社会主义生产是扩大的再生产，（C+V）的总量必然是增加的，（C+V）的总量增加了，M的总量也要相应增加，才能保持M在商品价值中的比重，或有所提高，否则M的比重就会下降，甚至出现负数，即企业亏损。

我们可以从下表来比较我国社会主义建设几个时期工业总产值、工业净产值和赢利增长比例变化的大体情况。

从下表我们可以清楚地看到，在第一个五年计划时期和三年调整时期，增产增收，增产幅度大，而增收幅度比增产幅度更大。在第一个五年计划时期，我国经济建设事业得到顺利发展，职工的工资水平有较大幅度的增加，经济上出现欣欣向荣的喜人景象，连一些经济发达的资本主义国家也为之惊叹不已。而在第二个五年计划时期，由于我们在"大跃进"和"反右倾"中犯了"左"倾错误，加上当时自然灾害和苏联政府背信弃义地撕毁合同，生产增长很慢，赢利增加更慢。这说明社会财富增加不多，使我国国民经济在1959到1961年发生严重困难，国家和人民遭受了重大损失。第三个五年计划时期和第四个五年计划时期，正值十年内乱，从总产值、净产值增长幅度来看并不算低，但是经济效益不好，赢利增长幅度不仅远远地落后于第一个五年计划时期和三年调整时期，而且还低于同期总产值、净产值的增长幅度。可见，总产值、净产值增长幅度不算小，但是浪费大，经济效益差，社会财富增加不多，结果给国民经济带来严重损失，延缓了社会主义建设的进程，给人民的实惠不多，实际生活水平提高很慢，有些年份甚至还下降了。这几年来，国民经济在调整中仍然持续增长，成绩很大。但是，长期积累的许多问题，不可能在短期间完全得到解决，许多方面的经济效益还很差。

时期	工业总产值 平均每年递增%	工业净产值 平均每年递增%	国营工业企业赢利 平均每年递增%
第一个五年计划	18.0	19.6	25.2
第二个五年计划	3.8	1.8	3.2
三年调整时期	17.9	12.3	31.9
第三个五年计划	11.7	8.8	8.8
第四个五年计划	9.1	8.2	4.3

三十年来我国经济建设的实践，从正反两个方面清楚地告诉我们，要使国家富裕起来，使人民富裕起来，实现"四化"的宏伟目标，不能只盯着总产值、净产值的增长，一定要紧紧盯着社会剩余价值的增长。党的十二大报告提出："从一九八一年到本世纪末的二十年，我国经济建设总的奋斗目标是，在不断提高经济效益的前提下，力争使全国工农业的年总产值翻两番。"这就明确地指出了提高经济效益和力争总产值翻番的关系，不断提高经济效益是力争总产值翻番的前提。只有在不断提高经济效益的前提下，即不断提高社会剩余价值率的前提下，力争总产值翻两番，才能使我国整个国民经济的现代化过程取得大的进展，才能使我国人民的物质文化生活达到小康水平。所以，我们强调：企业一定要创造更高的社会剩余价值率，提供更多的社会剩余价值。

二、企业经营的目标

社会主义企业精于经营，善于经营，就是为了谋求全面经济效益。我们把社会剩余价值作为社会主义企业经营的目标，这就提出一个问题：社会剩余价值能否反映全面经济效益？它能够反映全面经济效益的根据是什么呢？我们应当进一步分析这个问题。因为这是企业经营学研究的一个核心理论问题。

社会剩余价值能否反映全面经济效益呢？我们的回答是肯定的，它能够反映全面经济效益。所谓全面经济效益，包含两方面的内容，一是企业微观经济的综合经济效益，一是宏观经济的社会经济效益。在社会主义商品生产条件下，企业作为相对独立的商品生产者，必须实现价值补偿而创造出社会剩余价值，为企业发展商品生产提供基本条件。这是商品生产价值规律所要求的。社会剩余价值作为企业经营的目标，能够反映商品生产价值规律的要求。社会主义企业必须为国家提供社会剩余价值，这是由社会主义生产资料公有制基础上的计划经济所决定的，也是由社会主义基本经济规律所决定的。它反映了社会主义的生产目的。我们认为，社会剩余价值能够反映社会主义基本经济规律的要求。根据是什么？下面，我们作一些具体的分析。

先分析社会主义商品价值的构成。马克思的再生产理论告诉我们，扩大再生产是在简单再生产的基础上进行的。简单再生产不但是扩大再生产的重要组成部分，而且是扩大再生产的前提和出发点。社会主义生产是扩大再生产，因此，社会主义企业生产的总产品，必须首先补偿同期耗费了的全部劳动（包括物化劳动和活劳动），也就是说，必须首先满足简单再生产的需要，然后力争在补偿的基础上有所剩余，即必须有满足扩大再生产和改善人民生活所需要的物质条件。社会主义生产是商品生产，劳动补偿不仅是各种物质形态的使用价值的补偿，而且是价值的补偿。因而，实现社会主义扩大再生产的物质前提，就是同一时期创造的总价值，补偿了劳动过程耗费的全部价值还有剩余。补偿劳动过程耗费了的全部价值又分为补偿物化劳动（生产资料）和补偿活劳动（生活资料）的价值。马克思曾经指出："首先，年生产必须提供一切物品（使用价值）以补偿一年中所消费的资本的物质组成部分。扣除这一部分以后，剩下的就是包含剩余价值的纯产品或剩余产品。"[①]因此，社会主义商品价值的构成，从社会主义扩大再生产过程来看，由补偿价值和社会剩余价值组成，补偿价值又由物化劳动补偿价值和活劳动补偿价值组成。为了简便起见，我们用马克思分析资本主义商品价值构成时所使用的C、V、M符号，分别表示社会主义商品价值的构成：C是物化劳动补偿价值，V是活劳动补偿价值，M是社会剩余价值。这样，社会主义商品价值的构成是C＋V＋M；C＋V是补偿价值，M是社会剩余价值。当然，这是一种抽象的分析，是在进行理论研究分析的时候使用。目前，我国经济统计中的指标，只能大体上反映这些范畴的内容。从我国的情况看，总产值中的成本大体上相等于补偿价值，赢利（税金和利润）大体上相等于社会剩余价值。企业赢利是企业进行扩大再生产的基本物质条件。一般说，要发展生产，企业就不能亏损，就得有赢利。这里，我们可以看到，在企业生产符合社会需要的条件下，赢利是企业微观经济效益的综合反映。

那么，社会剩余价值是怎样创造出来的呢？这就要分析社会主义商品价值的生产过程。关于怎样分析社会主义商品价值的生产过程的问题，马克思和恩格斯没有回答，也没有必要回答，因为他们曾经预言，在社会主义社会中，商品生产将消失，当然就不存在商品、价值、货币关系及其范畴了。但是，马克思和恩格斯在当时没有回答的问题，今天在我们面前出现了。社会主义社会仍然存在着商品生产，而且是扩大的商品生产。

流行的说法，社会主义商品生产过程，也是劳动过程和价值形成过程的统一。显然，这是套用了马克思关于简单商品生产过程的分析。套用的原因，也许是为了避讳使用马克思用于分析资本主义关系的经济范畴。在简单商品生产条件下，没有必要把活劳动划分为必要劳动和剩余劳动，而在扩大的商品生产条件下，活劳动必然要划分为必要劳动和剩余劳动。我们认为，在社会主义商品生产条件下，必要劳动创造商品的必要价

---

① 《资本论》第1卷，人民出版社1957年版，第636页。

值，社会剩余劳动创造商品的社会剩余价值。这就是社会主义商品生产过程和价值创造过程的统一。

在社会主义商品生产中，商品价值中的C部分，是以消耗了的生产资料价值在具体劳动过程中实现的价值转移。它不是新创造的价值。商品价值中的V部分，是必要劳动创造的价值。它的实物形态是必要产品，它的价值形态是必要价值，它的货币形态是工资。问题在于，社会主义社会已经不存在劳动力转化为商品的社会关系，因此，不存在劳动力价值规律。这个必要价值量的规定性表现为两方面：一是总水平，二是个人所得多少。总水平是在提高劳动生产率和增加消费品生产的基础上，按照需要与可能，安排国民收入中的积累基金和消费基金的比例。在消费基金中，按照需要与可能，安排社会消费资金同个人消费资金的比例。这个消费资金比例，制约着个人必要价值的总水平。在这个领域中，是按需分配规律起作用，不是按劳分配规律起作用（这个问题在六十年代王琢同志有专文论及，这里就不展开讨论了）。在一定的个人必要价值总水平的基础上，各个工人应得多少，在这个领域中，则由按劳分配规律起调节作用。商品价值中M的部分，是社会剩余劳动创造的价值。它的实物形态是社会剩余产品，它的价值形态是社会剩余价值，它的货币形态是税金和利润。税金和利润两者之和，我们称为赢利。可见，社会剩余价值是社会主义劳动过程中劳动者的社会剩余劳动创造出来的。

显然，企业经营以社会剩余价值作为目标，就是谋求以同量的价值耗费创造更多的社会剩余价值（或者说以更少的价值耗费创造出同量的社会剩余价值），就是谋求以同量的成本创造更多的赢利（或者说以更少的成本创造出同量的赢利）。如果不属于政策性亏损，国家财政不给补贴的条件下，企业没利润，企业再生产就会受到阻滞；企业发生亏损，企业再生产就会萎缩。根据以上的分析，我们可以看到，衡量企业微观经济的综合经济效益，在企业生产符合社会需要的条件下，集中到一点，就是社会剩余价值。

关于社会剩余价值能够反映社会主义基本经济规律的要求，符合社会主义的生产目的的问题，我们可以从物质再生产过程可能出现的情况来分析。情况大体上可能有三种：

一种情况是，同一时期创造的社会总产品，补偿了劳动过程耗费了的全部劳动产品还有剩余，即有社会剩余产品。从价值形态来说，就是社会劳动创造的总价值，补偿了消耗了的全部价值还有剩余，即有社会剩余价值。用我们实际经济生活中的常用语言来说，就是有赢利。在这种情况下，我们不仅能够保持原有规模的物质再生产，而且可以把社会剩余价值的一部分用于扩大生产规模，进一步发展经济，另一部分用于增加职工的收入，提高职工消费水平。这是一种扩大再生产。

另一种情况是，同一时期创造的社会总产品，仅仅能够补偿劳动过程中耗费了的全部劳动产品而没有剩余，即没有社会剩余产品。从价值形态来说，没有社会剩余价值。在这种情况下，我们仅仅能够在原有规模上进行物质的再生产。这是一种简单再生产。

再一种情况是，同一时期创造的社会总产品，不足补偿劳动过程耗费了的全部劳动产品。从价值形态来说，创造的价值不足补偿耗费了的价值。用我们通俗的语言来说，就是发生了亏损，即没有利润，也没有税金。在这种情况下，国家只能靠赤支预算过日子，只能在比原有规模更小的基础上进行物质的再生产，人民收入就会下降，或者靠借外债维持国内人民的消费。这是一种难以为继的缩小的再生产。

社会主义生产目的是不断满足人民日益增长的物质文化需要。显然，只有扩大的再生产，才能不断满足人民日益增长的物质文化需要。而实现扩大的再生产，企业必须创造出社会剩余价值。在社会主义制度下，社会剩余价值率越高，社会剩余价值越多，用于提高人民消费水平的物质和用于扩大生产的物质就越多，满足社会需要的程度就越高。正如恩格斯曾经指出的："将保证满足社会全体成员的需要，将引起新的需要，同时将创造出满足这种新需要的手段。"①

社会主义经济绝不能，也不会停留在一个发展水平上，一定要有新的发展水平，要"在高度技术基础上使社会主义生产不断增长和完善"②。这就要具备一定的物质条件。所谓物质条件，从价值形态来说，就是要有大量的技术改造资金和基本建设投资。这些资金和投资从哪里来呢？只能靠企业提供赢利。如果企业不能提高赢利水平，那么，实现"高度技术"岂不成了一句空话。社会主义过渡到共产主义高级阶段，不能靠"穷过渡"，要在生产发展的基础上，"最大限度地满足整个社会经常增长的物质和文化的需要"的基础上实现过渡③。为此，必须具备丰富的物质条件。这个物质条件从哪里来呢？要从企业创造的社会剩余价值中来。企业没有赢利，当然就不能用增加工资或降低消费品价格的方法来提高人民消费水平。恩格斯有一句名言："劳动产品超出维持劳动的费用而形成的剩余，以及社会生产基金和后备基金从这种剩余中的形成和积累，过去和现在都是一切社会的、政治的和智力的继续发展的基础。"④可以说，如果社会主义企业不能有效地创造社会剩余价值，那么，社会主义将会失去"社会的、政治的和智力的继续发展的基础"。这当然是不可想象的事情。可见，社会剩余价值对于实现社会主义基本经济规律的要求，实现社会主义生产目的，实现从社会主义过渡到共产主义的高级阶段，该具有多么重要的意义。

长期以来，有人竟把社会剩余价值与社会主义生产目的对立起来，以为谋求社会剩余价值，谋求赢利，就会背离社会主义生产目的。这种观点在理论上是不通的，在实践上是有害的。为了回答这个问题，我们要说明以下两点：

第一，我们提出这个问题，是以特定的社会经济制度模式为前提的。我们在经济体制中要坚持商品生产的计划经济制度模式。我国实行商品生产，但是这种商品生产是建立在以生产资料社会主义公有制为基础的计划经济制度之上的。我们要改革的是产品生产的计划经济制度模式，推行商品生产的计划经济制度模式；同时发挥市场调节的辅助作用。坚持以计划调节为主体；同时发挥市场调节的辅助作用。其目的就是更好地确保企业的商品生产符合社会需要。坚持计划经济制度，坚持商品生产的计划经济制度模式，绝不能容许以商品生产的市场经济制度模式取代商品生产的计划经济制度模式。我们认为，在这个前提下谋求社会剩余价值完全符合社会主义的生产目的。之所以是完全符合，是因为我们历来反对推行商品生产的市场经济制度模式。问题的关键就在这里。

---

① 《共产主义原理》，《马克思恩格斯选集》第1卷，第222页。
② 斯大林：《苏联社会主义经济问题》，人民出版社1961年版，第12–13页。
③ 同上书，第59页。
④ 《反杜林论》，《马克思恩格斯选集》第3卷，第233页。

第二，为了进一步具体回答这个问题，要分析社会主义商品价值各个构成部分同实现社会主义生产目的之间的关系。社会主义商品价值是由C、V、M三个部分组成的。商品价值中C的部分是用于补偿消耗了的生产资料价值。它是进行再生产的必要前提。这当然是实现社会主义生产目的所必需的基本的物质条件。商品价值中V的部分是必要价值，它是用于劳动者的消费，这是直接满足人民的物质和文化生活的需要的物质条件，也是直接实现社会主义生产目的中个人消费的物质条件。商品价值中M的部分是社会剩余价值，它用于社会主义扩大再生产和用于提高人民集体消费基金。这当然也是实现社会主义生产目的所必需的部分。可见，社会主义商品价值中的M同V和C一样，都是为了实现社会主义生产目的。没有它们，怎能实现社会主义生产目的？在商品生产的计划经济制度模式下，有什么理由说谋求提高社会剩余价值率，努力增加企业赢利，反而背离了社会主义生产目的呢？

根据以上的分析，社会剩余价值既能够反映企业微观经济的综合经济效益，又能够反映宏观经济的社会经济效益。它自然应当作为企业经营的目标。

现在的问题是，长期以来我们实行产品生产的计划经济制度模式，推行产品生产的计划经济体制，在这种经济体制的条件下，排斥商品生产价值规律，许多商品的价格与价值背离很大，一系列的经济杠杆——价格、税收、利息等不能对企业的盈亏起有效的调节作用。在这种情况下，利润不一定能够完全反映企业的经营成果和全面经济效益，利润大的企业不一定贡献大，有些利润小的企业也不一定贡献小。社会需要、市场适销的一些商品，由于利润小，有的企业就不愿生产。这就产生使用价值与价值的矛盾，产生企业利润与社会需要的矛盾。现在，我们正在进行的经济体制改革还是局部的、探索性的，商品生产的计划经济体制还没有基本形成，而且目前正处于经济调整时期，价格不可能有太大的变动，整个价格要调整合理，还需要相当长的时间。在这种情况下，怎样使社会剩余价值反映全面经济效益？看来还要有一些过渡的办法。

我们认为，要积极利用各种经济杠杆，自觉调节企业的经济利益，使之合理化。经济杠杆之一就是价格。在市场价格不可能有太大变动的情况下，可以考虑在行业内部实行两种价格：一种是内部价格，就是生产价格，这是考核指标；另一种是有些工厂实行国际价格与国内价格比较，用以考核企业的经济效益。实行两种价格，有利于调节企业的平均利润率，使企业有可比的经营目标，有利于使用社会剩余价值真正反映全面经济效益。我们提出谋求社会剩余价值，就是以使用价值同价值的统一为前提条件的。这一点，必须明确，不能含糊。

三、实现企业经营目标的根本途径

怎样实现企业经营的目标？最有效地运用生产要素，是实现经营目标的根本途径。

什么是生产要素？生产要素是进行生产不可缺少的因素。马克思说："不论生产的社会形式如何，劳动者和生产资料始终是生产的因素。"[1]从最有效地运用劳动者要素来看，就是要求劳动者创造更高的劳动生产率；从最有效地运用生产资料要素来看，就

---

[1]《资本论》第2卷，第44页。

是要求企业创造更高的生产资料使用效率。我们把这两者结合起来，从劳动形态来看，就是以同量的活劳动和物化劳动创造更多的劳动产品（或者说以更少的活劳动和物化劳动创造同量的劳动产品）。从实际经济工作的经济指标来看，就是以同量的成本实现更大的赢利。社会剩余价值率，用简单的公式表示，就是 $\frac{M}{C+V}$ 可见，C、V运用的效率最高，运用得最节约，就能获得更高的社会剩余价值率，在同量的C、V条件下，就能获得更多的社会剩余价值。这是理论上的概括，也是我国三十年来经济建设的实践所证明的客观经济规律。

以全国的国营工业企业为例，比较一下几个时期有代表性年份的社会剩余价值率（成本利率）：

1957年为41%，即每百元成本创赢利41元；
1961年为25%，即每百元成本创赢利25元；
1965年为40%，即每百元成本创赢利40元；
1976年为28%，即每百元成本创赢利28元；
1978年为35%，即每百元成本创赢利35元。

可见，在同一时期成本赢利率的升降与平均每年赢利增长幅度的大小是大体一致的，是与国民经济几起几落时期大体一致的。这难道是偶然的巧合吗？不是。这是一种具有内在的必然联系的经济现象。为了研究这种经济现象的内部联系，就要进一步分析：为什么第一个五年计划时期和三年调整时期的成本赢利率较高，而在其他几个时期却很低或较低，相差最大的年份竟达16%。究其原因，是第一个五年计划时期和三年调整时期，我们经济工作上的指导思想正确，合理运用生产要素，又注重经济效益，商品成本不断降低。而在其他几个时期，由于"左"倾错误的干扰和影响，没有合理运用生产要素，造成国民经济比例失调，严重地破坏和浪费了生产要素，又不重视经济效益，导致商品成本不断上升，社会剩余价值率下降。

这几个时期全国重点企业主要商品成本升降变化的情况：

第一个五年计划时期，可比商品年平均成本降低率达6.5%。第二个五年计划时期，各种商品的社会成本普遍大幅度上升，1961年焊接钢管、硫酸铵、白砂糖平均单位成本比1957年上升一倍以上，生铁、硫酸、烧碱、合成铵、卷筒新闻纸、平板玻璃、硝酸、页岩原油等成本上升5%以上。

三年调整时期，不少商品的平均单位成本还低于1957年，普遍达到了历史最好水平。

十年内乱时期和粉碎江青反革命集团后的1977、1978年，主要商品社会成本再次普遍大幅度上升，到1978年，27种主要商品的平均单位成本同1966年比较，有所下降的仅7种，上升的达20种，其中有一种上升65%，有三种上升30%以上，有7种上升20%以上，有5种上升10%以上。

再以生铁和原木为例，商品成本变化如下：

每吨生铁的成本，1957年为102元，1961年上升到161元，1966年下降为105元，1976年又上升到152元，1978年又比1976年上升了30%以上。

每立方米原木的成本，1957年为26元，1961年上升到39元，1966年下降为27元，1976年又上升到44元，1978年又比1976年上升65%。

商品成本上升，也就是单位商品中活劳动和物化劳动消耗的增加，表示着生产要素没有得到有效的运用，其直接结果就是：企业赢利水平下降，社会剩余价值率下降，由此造成的损失每年约在200亿元以上。

我们再从生产要素的两个组成部分来分析。先分析劳动力要素的运用效果。我们仍然以国营工业企业为例，比较一下几个时期的全员劳动生产率增减情况。

时期	总产值增加额（亿元）	年平均劳动生产率增长（%）	由于增加职工而增加的产值（亿元）	由于提高劳动生产率而增加的产值（亿元）	赢利平均每年增长（%）
第一个五年计划	266.1	8.7	107.0	159.1	25.2
第二个五年计划	174.1	−5.4	379.4	−205.3	3.2
三年调整时期	432.0	23.1	−64.9	496.9	31.9
第三个五年计划	620.0	2.5	422.7	197.3	8.8
第四个五年计划	833.2	−0.3	866.5	−33.3	4.3

上述数字清楚地表明：劳动生产率升降又是与成本升降、赢利增长幅度大小和国民经济几起几落时期相一致的。第二个五年计划时期和第四个五年计划时期，劳动生产率增长为负数。总产值和净产值的增加，靠增加职工，即靠增加劳动量。结果，劳动量增加，产值增加，而劳动生产率却下降，赢利水平也大幅度地下降。第三个五年计划时期，劳动生产率提高很慢，产值的增长主要靠增加劳动量，结果赢利水平虽比第二个五年计划时期和第四个五年计划时期高一些，但仍大大低于第一个五年计划时期和三年调整时期的水平。这就充分证明，国民经济几起几落的几个时期，产值增长幅度不算小，但社会财富都增加不多，职工平均工资增加极少，人民得不到更多的实惠。重要原因之一是没有最有效地运用生产要素，劳动生产率下降了。可见，最有效地运用生产要素，提高劳动生产率，是创造更高的社会剩余价值率的根本途径。

我们再来分析生产要素中的另一组成部分——生产资料要素的使用效率。生产资料可以分为两类：一类是劳动手段，就是平常说的机器设备等，从价值形态来说是固定资产；一类是劳动对象，就是平常说的原材料、物料等，从价值形态来说是流动资金的主要部分。

先看固定资产的使用效率。据粗略统计，目前在我国工业企业拥有固定资产总值中，真正发挥效益的只占63%左右；因能源供应不足而闲置的生产能力高达30%；呆滞闲置的设备，相当于目前基本建设年投资总额的三分之一左右。1979年全国重点工业企业34项设备利用率指标中，有23项还没有达到历史最好水平。固定资产的使用效率如此之低，直接造成的后果是资金占用多，生产成本高，这就极大地影响着社会剩余价值率。1980年，全国国营工业企业每百元固定资产原值实现的赢利是24元，而1957年为34元，1965年为29元，相差分别是10元和5元。按1980年固定资产原值计算，固定资产的使用效率如提高到1965年的水平，可增加赢利100多亿元。可见，提高固定资产的使用效率，对创造更高的社会剩余价值率具有多么重要的作用。

再看原材料、物料消耗情况。现在商品成本上升，一个主要的因素是原材料（包括能源）消耗高。1981年国营工业企业101项单位商品的物资消耗量指标有48项升高。现在各地都说能源紧张，什么原因？能源建设跟不上，固然是主要原因；但能源消耗大、利用率低，造成能源大量浪费和损失，也是一个重要原因。同外国比较，我国能源利用率比日本、美国和西欧低。同我国历史上最好的水平比，我国电力工业的厂用电，线损比历史上最好的水平高2%，一年就多耗电近60亿度。如果我们现在的能耗水平恢复到历史最好水平，就不会出现能源这样紧张的局面。我国1980年消耗的煤炭，有效利用的部分只占30%，工业锅炉热效率也只达到80%至90%的水平。只要提高10%，节煤就可以补上现在的煤供应量的缺口。可见，今天我们遇到的所谓"能源紧张"，不能不在消耗高、浪费大上找原因，找出路；我们企业的商品成本高、赢利少，不能不在物化劳动的浪费上找原因，找出路；我们要创造更高的社会剩余价值率，不能不在讲究经营，最有效地运用生产要素上找出路。

现在，我们正在千方百计地提高生产、建设、流通等各个领域的经济效益，为开创我国一个新的经济振兴时期而奋斗。发展经济事业，考虑经济问题，必须把根本点放在提高经济效益上。这是一个核心问题。企业的经营目标，必须放在提高社会剩余价值率上。这是提高国民经济效益的基本环节。怎样实现企业的经营目标？企业提高社会剩余价值率，获得合理的赢利，一不能挖国家墙脚，二不能损害消费者的利益，三不能减少劳动者的收入水平，而且还要在劳动生产率提高的基础上逐步提高劳动者的收入水平。一句话，社会主义企业不能靠钻营，只能靠合理的科学经营。靠合理的科学经营就要最合理最有效地运用生产要素，要考虑使用价值，讲究适销对路，从满足社会需要出发，生产更多的物美价廉的商品，创造更高的社会剩余价值率，提供更多的适用的社会剩余产品，实现企业的经营目标。明确实现企业经营目标的根本途径，才能坚持企业经营的社会主义方向。

原载《中山大学学报（哲学社会科学版）》1983年第2期

企业经营国际化与综合商社的作用

李 石

随着国际经济环境的变化,我国外向型企业在扩大出口方面正面临严重的挑战,外向型企业经营的国际化问题已经提上了议事日程,学术界有关这一问题的讨论也在逐步展开[①]。笔者认为,目前我国企业在实行国际化经营时亟须明确两个问题,一是在建立海外企业之前应作好什么准备,采取什么步骤?二是在参与国际竞争中,我国海外企业应以何种优势取胜并长期生存和发展下去?本文将通过对国外企业国际化经营经验教训的总结,以及我国特区企业国际化经营现状的分析,寻求问题的答案。

一、国外学术研究成果引述

1. 关于企业经营国际化途径的选择

一般认为,企业经营国际化所经过的阶段按风险程度递增的顺序排列依次为:①出口;②设立海外出口代理;③实行海外技术授权;④建立海外销售型子公司;⑤建立海外生产型子公司。但实际上,迄今为止国外跨国公司实现国际化经营的途径各不相同,既有按以上顺序依次经过各个阶段走完全过程的,也有省略中间一至若干个阶段而采取各种走捷径方式的,更有由纯粹国内业务经营直接转向建立海外子公司的一步到位的极端做法。

为了研究规模较小企业实现国际化经营的经验和教训,美英学者Gerald D. Newbould和Peter J. Buckley等人曾经在英国筛选出43家较小规模的企业(总销售额不超过1000万英镑)进行详细的问卷调查。其中,在比较实现国际化经营各种途径的优劣时,他们根据样本的实际情况设定了五种途径:①国内经营→建立海外生产型子公司;②国内经营→出口→建立海外生产型子公司;③国内经营→出口→设立海外出口代理→建立海外生产型子公司;④国内经营出口建立海外销售型子公司→建立海外生产型子公司;⑤国内经营→出口→设立海外出口代理→建立海外销售型子公司→建立海外生产型子公司。

其中第①为直接途径,第⑤为完全途径,对实行各种途径的企业经营成功度平均得分的计算结果表明,实现国际化途径越是接近第⑤种类型的企业得分越高;换句话说,在实现国际化过程中,采取循序渐进逐步升级完全途径的企业,与采取过渡阶段较少的

---

① 陈绍林:《国际经济环境与外向型企业经营国际化》,《国际贸易》1989年第7期。

途径或甚至不经过任何过渡阶段的直接途径的企业相比,其成功的概率要比后者高[①]。

这一结果与逻辑相符,即实行国际化经营的企业在由每一个低级阶段向更高阶段升级时,都经历了一个"学习"或经验积累的过程,在到达最后阶段即建立海外生产型子公司之前,所经历的过渡阶段越多,"学习"的机会也越多,则国际化经营成功的可能性越大。其他学者的研究也表明,大多数从事出口业务的企业(包括生产型和服务型企业)在此之前都在本国积累了向不同地区扩展业务和解决因地区差别而产生的种种难题的经验;这种国内跨区域的经营不但提高了企业的管理能力,而且大大增加了企业与国内各种客户的联系,这两者都为企业成功的跨国经营打下基础[②]。同样,扩大出口业务,监督外国代理商以及加强与其他外国合作者之间的联系等种种需要必然导致海外办事处的设立,而海外办事处在处理上述事务的过程中又逐步积蓄了在海外开展业务的知识,这又为下一步海外销售型子公司的设立提供了充分的条件[③]。

以上各先行研究的结果都一致证实,采取循序渐进逐步升级的途径是企业经营国际化成功的重要前提。

2. 关于竞争优势的利用

一个企业能够成功地开展跨国经营与否,还取决于该企业是否具备了而且能够发挥某方面的竞争优势,这一点无论是对发达国家跨国公司(以下略为DCMNC)还是对第三世界跨国公司[④](以下略为TWMNC)都不例外,但两者可能具备的优势却并不相同。对这一问题美国学者L.T.Wells和印度学者Saniaya Lall已有过深入的研究和精辟的论述。

Wells指出,发达国家企业的对外投资往往发生于企业已确立了寡占地位的产业部门,由于这些跨国公司的寡占地位是建立在占有高层次的技术和先进的营销手段的基础上的,它们有可能以此避开激烈的价格竞争,因此对于它们来说,降低生产成本并不十分重要,它们宁可将有限的经营资源和时间投入其他方面,如生产技术的革新和营销技巧的改进,而不想在降低生产成本方面作过多的努力。于是,这就在国际市场上,尤其是在以价格因素决定胜负的市场上为TWMNC的成功留下了机会。

另一方面,TWMNC虽不具备高层技术和先进营销手段等优势,却能够在以成本和价格为主导因素的市场上获胜,原因是它们在成本和价格方面占有优势,这种优势主要来自两方面:

(1)掌握适应小容量市场的小规模生产技术。TWMNC采用的技术往往是在发达国家已进入标准化生产阶段的成熟技术,这种技术总的来说在发达国家中已不会出现重大革新。然而,由于这种技术在发达国家中通常被用于大规模生产以便占领大容量的发达国家市场,一旦应用于以发展中国家市场为目标的较小规模生产,其生产成本往往升

---

① Gerald D. Newbould,等.*Going International*. Associated Business Press,1978.
② J. Johanson & J. E. Vahlne. "The Internationalization Process of the firm". *Journal of International Business Studies*,spring/summer,1977.
③ Michael Z. Brooke.*International Management*. Hutchinson Education,1977.
④ 在Wells和Lall等学者的论著中,第三世界跨国公司与发展中国家跨国公司及欠发达国家跨国公司意思相同,本文采纳这一用法。

高。这就为第三世界国家的企业提供了一个重要的机会，即，将发达国家的大规模生产技术改造成适合本国市场的小规模生产技术以降低生产成本、然后利用这种技术所特有的价格优势打入其他规模相仿的第三世界国家市场。

（2）节省支付管理人员和工程技术人员的工资费用。同样是由本国派往海外子公司供职，TWMNC派出的管理人员和工程技术人员所领取的工资要比DCMNC所派人员的工资低得多，这无疑加强了其在价格方面的优势。

此外，Wells还强调了TWMNC的其他特有优势，如与东道国侨胞的血缘关系以及东道国政府的优惠政策等[①]。

Lall的研究结果除了加强了Wells结论的说服力外，对于TWMNC的特有优势还有若干补充：

（1）技术方面的特有优势。TWMNC不但可以通过对发达国家技术的改造而掌握适合发展中国家市场的小规模生产技术，而且还可通过对自身原有技术的革新，生产出更适合其他发展中国家条件的产品。同时，对发达国家技术的改造，也可通过舍弃原有产品的高档和奢华特性并保留其必要功能的方法，使该技术的产品更适合第三世界国家顾客的消费习惯。

（2）营销方面的特有优势。在特定情况下，TWMNC也能推出可与发达国家名牌产品竞争的差别化消费商品，其条件是这些企业在本土国内原来有着较大的市场。由于在国内已积累了如何与各种不同客户交易，以及如何适应新产业需求的丰富经验，这些企业有时也能与以先进营销手段为武器的发达国家名牌产品一争高低。另外，就生产资料产品而言，成功的营销往往更取决于与用户之间的密切联系而不是先进的营销手段，因此，TWMNC有时也能在营销方面占有优势。

（3）企业集团的优势。许多TWMNC实际上隶属于国内某个规模巨大的多角化跨行业企业集团（diversified conglomerate group），这种带有传统家族经营色彩的集团在发达国家中并不多见，由于能在金融、信息、管理和技术等方面提供支持，无疑使所属企业在国际市场上的竞争力得到加强。Lall发现，印度的跨国公司绝大部分都是某一企业集团的成员[②]。这一点是对Wells研究成果的一个重要的补充，对其意义笔者将在下文展开讨论。

二、TWMNC面临的问题和解决的思路

1. 面临的问题

尽管TWMNC具有前述几种特有优势，一个不容否认的事实是，它们中大多数的经营业绩都欠佳。

Lall对印度跨国公司的调查结果表明，印度海外企业的平均收益率比国内企业的平均收益率低得多，多数海外企业都出现亏损。他认为，主要原因是：①不少海外企业成

---

① L.T.Wells. "The Internationalization of firms from Developing Countri*es*", Multinationals from *Small Countries* ed. T. Agon & C．P. Kindleberger，The MIT Press，1977.

② Sanjaya Lall，等.*The New Multinationals*.John Wiley & Sons，1983.

立时期尚短；②规模太小，各方面都处于劣势；③对国外环境缺乏充分研究和足够准备；④在东道国选错合作伙伴；⑤本国政府严格限制向海外汇款的政策使海外企业得不到母公司支持而过分依赖东道国的贷款，使收益能力不断恶化[①]。

Wells在其研究中除了指出印度海外企业失败比率高的现象外，还列举了其他例子，如阿根廷几家早期的跨国公司没能继续在国外扩展，美洲工业机械公司已出售了它在国外的股份，Alparagatas所拥有其在巴西子公司的股份也已所剩无几。他的看法是，一些企业失败的原因在于，它们在没有任何优势的情况下就到国外去投资，结果发现经营国外企业成本过高而难以为继；许多本来拥有优势的海外企业，因原有优势被其他企业复制，仅有少数能维持下去，因此许多TWMNC的子公司生命周期十分短暂[②]。

研究阿拉伯国家跨国公司的美国学者Jeffrey B. Nugent也发现，阿拉伯跨国公司的致命弱点是缺乏收益能力；在分析其原因时，他除了得出与Lall大致相同的结论外，还指出，这些MNC在引进发达国家技术时几乎不进行任何改造，有时甚至并未完全吸收消化；而与印度政府不同的是，阿拉伯国家政府似乎过于迫切要求企业扩大海外投资，以致有些企业实际上是迫于政府的压力而过于仓促地加入海外投资活动的[③]。

南斯拉夫学者Marjan Svetličič则突出强调了加强技术的研究与开发对于TWMNC的重要性。他认为，目前TWMNC所拥有的成本优势是短暂的现象，随着时间的推移，这种优势将消失，而唯有提高自身的研究与开发能力才能使其特有优势得以维持。但他又解释说，这种研究与开发的目的是设计或改造出适合发展中国家需要的产品，因为TWMNC的研究开发水平毕竟难以与DCMNC相比[④]。

综上所述，TWMNC目前所面临的严重问题是收益能力低下，其原因可大致归结为三方面：①初始阶段常有的困难；②政府政策的不当所产生的负作用；③企业本身的原因，包括技术开发与改造能力和其他竞争优势的缺乏以及在国际化途径、投资对象与合作伙伴等的选择上出现的种种失误。

2. 问题解决的思路

低收益率甚至亏损的现象如果长期不能得到扭转，海外企业最终只能以撤销或出售而告失败，为此，消除造成低收益率的原因以便在国际化经营中尽量少交"学费"成为TWMNC的重要课题。上述学者虽已指出了问题产生的种种原因，对于问题的解决却未能提出根本的对策。Svetličič强调了提高研究与开发能力对于TWMNC的重要性，然而，离开资金，信息与人才等条件，技术革新与改造就是一句空话。因此，笔者认为有必要将思路转向综合型跨行业企业集团这一因素上。

Lall已经指出，隶属于本国特定综合型跨行业企业集团的跨国公司，在金融、信息、管理和技术等方面有可能得到本集团的支持，因而应具有更多的优势。不过他又承

---

① Sanjaya Lall，等.*The New Multinationals*.John Wiley & Sons，1983.

② L.T.Wells. *Third world Multinationals*. MIT Press，1983.

③ Jeffrey B. Nugent. "Arab Multinationals" *Multinationals of the South* ed. Kushi M. khan，Frances Printer Ltd.，1986.

④ Marjan Svetličič. "Multinational Production Joint Ventures of Developing Countries，Their Economic Development and Specific Features".

认并未发现印度的跨国公司得到所属企业集团有力支持的直接证据①。据此可以认为，尽管印度跨国公司大都属于国内某特定企业集团，这种优势却并未真正或完全发挥出来，这或许是许多跨国公司未获成功的重要原因。那么，如何有效地发挥集团支持的优势？笔者从日本企业集团及综合商社的研究中得到重要的启迪。

日本的六大企业集团是典型的综合型跨行业企业集团，其成员包括了金融、商贸以及几乎遍及所有产业部门的生产企业，每一个企业又都统辖着由众多国内外子公司和关联公司组成的企业系列。因此，成员企业的国际化经营显然有可能得到来自所属集团的多方面支持。然而，这种来自集团的支持得以实现的关键则在于综合商社这一"产业组织者"的存在②。

一般认为，日本企业的大规模海外投资始于70年代初③，在此以前综合商社一直是海外活动的主角。然而，即使到了80年代，日本海外投资的主体仍然是综合商社。1981年日本海外投资融资的最大10家企业中综合商社占了5家，且前两位均为综合商社；1984年的最大10家中综合商社仍占4家，其首位仍为综合商社④。实际上，日本许多产业部门的海外企业多数是联合经营企业，而且几乎无一例外地以"日本厂商+综合商社+当地企业"的模式出现，以致杉野干夫称之为"三人四脚型"及"商社主导型"的日本式海外直接投资⑤。笔者认为，出现这种模式的理由是，在战后相当长的时期里，日本的生产企业在技术开发和市场营销等方面都不具备与欧美跨国公司抗衡的优势，而综合商社凭借其贸易、信息、金融、技术引进及"产业组织者"等多种功能，却能够组织协调不同产业部门的企业从事各种联合投资与经营活动，使集团的优势得以充分发挥；因此，与其合作的生产企业不仅能够克服自身的种种弱点，还能进一步跨向海外，从而缩短了国际化途径。

表1列出了有综合商社参与投资的11家规模最大海外合资企业，其中综合商社的参股比率大小不一，但其合作对象包括了造纸、飞机制造、石化、食品、金属、汽车、钢材、化肥等多种行业的日本企业；东道国则既有发达国家也有发展中国家。这说明综合商社在日本企业的国际化过程中所发挥的作用并不为合作者的行业与东道国的性质所限制。

---

① Sanjaya Lall，等. *The New Multinationals*. John Wiley & Sons，1983.
② 拙稿：《论日本企业集团的内部机制》和《论日本大商社的综合化与多国化》，《中山大学学报（哲学社会科学版）》1989年第3期，1990年第2期。
③ 池本清、上野明、安室宪一：《日本企业的多国化展开》，有斐阁，1981年。
④ 东洋经济新报社编：《海外进出企业总览》1983年版，第14页；1986年版，第20页。
⑤ 杉野干夫：《日本企业海外扩张的总体化结构——综合商社的分析》，杉本昭七编：《现代资本主义的世界结构》，大月书店，1980年。

表1 综合商社参股的日本主要海外企业

商社	东道国合资企业名称	日方其他参股企业	参股比率（%）	经营范围
三菱商事	克莱斯特布鲁克—福莱斯特产业（加拿大）	本州造纸	50.0（25.0）	纸浆、合板、木材
	密茨比西飞机制造（美国）	三菱重工业	100.0（2.7）	Mu-2型飞机
	新光合成纤维（台湾地区）	东洋人造纤维	11.3（4.5）	聚酯纤维
	尼新食品（美国）	日清食品、味之素	100.0（10）	快熟食品
三井物产	阿尔马克斯（美国）	新日铁	50.0（45.0）	金属、铝合金
	第一合纤（南朝鲜）	东洋人造纤维	29.6（6.0）	聚酯纤维
	高仑（南朝鲜）	东洋人造纤维	28.0（8.2）	聚酯纤维
	泰国—日野产业（泰国）	日野汽车	70.0（35.0）	货车、丰田车部件
伊藤忠商事	赫雷尼克制钢（希腊）	日本钢管	63.6（46.1）	钢板
	沙冉艾兰德制油厂（菲律宾）	不二制油	40.0（15.0）	椰子油
日商岩井	泰国—中央化学（泰国）	中央玻璃	24.0（12.0）	化学肥料

资料来源：东洋经济新报社编：《海外进出企业总览》1980年版。

注：参股比率一栏中，括号外数字为日方企业数字，括号内为综合商社数字。

综合商社与综合型跨行业企业集团因各自的特点而互相适应、互相依存。日本企业在国际化经营中所拥有的最重要优势正是这种由综合商社功能的发挥而实现的来自集团的支持。日本经验的重要启示是，相对后进国企业在实行国际化经营之前应先实现集团化经营，集团优势是成功的国际化经营的重要依据，而综合商社的存在是集团优势得以发挥的关键。

三、深圳特区企业集团的国际化经营

我国企业的国际化经营才刚刚起步，而位于改革开放前沿的深圳特区企业在这一方面显然已捷足先登，这是笔者以深圳企业为分析对象的原因。目前深圳已设立境外企业者都是较有影响的企业集团。根据经营范围的特点，我国现有企业集团似可简单地分为三类：①单行业集团；②近亲型跨行业企业集团；③综合型跨行业企业集团（参见表

2）。由于深圳市的十大企业集团①基本上属于第②和第③类，赛格集团与经济特区发展公司（简称"特发"）又可分别作为这两者的代表，以下将根据这两家集团提供的有限资料作具体分析。

表2　我国企业集团按经营范围特点的简要分类

类别	主要特点	典型
单行业集团	集团成员属同一行业，各成员企业之间有着密切的协作关系，或生产同一类产品，或提供同一类服务	二汽集团
近亲型跨行业集团	集团成员属技术相近，所生产的产品或所提供的服务有一定类似性或有其他联系的相邻行业	赛格*集团
综合型跨行业集团	集团既包括相同和相邻行业成员企业，也包括彼此不存在任何协作关系或其他联系的成员企业	深圳特发集团

注：赛格集团的成员企业主要生产各类电子仪器、电脑、家用电器、工业用电器、机电产品和通讯设备，因此应属于电子、电器、机电和通讯等几个不同的相关行业。

如表3所示，赛格自1986年以来共设立了5家境外子公司、其经营情况有一明显特点，即销售型子公司比生产型子公司更为成功，而销售型子公司中香港子公司又比其他海外子公司更胜一筹。设立于香港的销售型企业深业赛格从其设立的第二年起就开始赢利，而同于香港的合资经营生产型子公司，却因在经营管理问题上与合作伙伴发生矛盾而陷入了困境。肯尼亚赛格则由于初期在人员派遣以及厂址选择上的失误，此后不得不重新派员和重选厂址，导致厂房建设延缓，至今未能正式开工。另外，设立于美国的销售型子公司，虽拥有在当地购买的庞大销售网，却因国内货源的生产尚未形成规模经济而无法充分利用，以致业绩欠佳②。

赛格的境外企业尚未取得理想的业绩，似有如下几个原因：①在缺乏充分的经验积累，足够的过渡阶段和明显优势的情况下便急于设立境外生产型子公司。②作为一个只经营电子及其近邻行业的近亲型跨行业企业集团，其海外投资领域及国际化策略的选择余地较小。③集团内部生产要素的组合并未得到优化，形式上的联合并未形成规模经济，这就限制了境外销售子公司的发展。因此，赛格在国际化经营中的一个重要课题是进一步加强集团优势，即，在向综合型模式发展的同时，完善内部管理、实现有机联合。

---

① 即赛格、特发、莱茵达轻工、中航技、外贸集团、进出口集团、广宇、城建、科技工业园和Nonfemet10家集团。

② 采访赛格信息公司以及赛格海外部有关人员时的谈话记录（1991年1月26—27日）。

表3 赛格与特发境外子公司概况

	境外子公司名称	地点	类型	设立时间	经营情况
赛格	深业赛格有限公司	香港	销售	1986年9月	1987年开始赢利
	艺高电脑有限公司	香港	生产	1988年	难以为继
	赛格太平洋国际贸易有限公司	美国洛杉矶	销售	1988年	基本持平
	肯尼亚赛格有限公司	肯尼亚蒙巴萨	生产	1988年	尚未正式投产
	法兰克福赛格有限公司	德国法兰克福	销售	1989年	基本持平
特发	长城国际投资有限公司	美国洛杉矶	房产	1985年	1986年开始赢利
	长城国际贸易有限公司	美国洛杉矶	贸易	1987年	稍有赢利
	长城国际投资加拿大有限公司	加拿大多伦多	房产	1987年	1988年开始赢利
	长城国际投资温哥华有限公司	加拿大温哥华	综合	1988年	稍有赢利
	长城国际发展澳洲有限公司	澳洲墨尔本	房产	1988年	1989年开始赢利
	长城国际发展伯克屯有限公司	澳洲伯克屯	贸易	1989年	基本持平
	景风企业发展有限公司	香港	房产	1988年	1989年开始赢利
	日深国际投资有限公司	香港	房产	1989年	1990年开始赢利
	新峰企业有限公司	香港	房产	1985年	1986年开始赢利
	汉围三和有限公司	香港	综合	1988年	稍有赢利

资料来源：根据赛格信息公司和特发决策咨询办公室提供的资料以及对两家集团有关管理人员采访的记录整理而成。

注：①"设立时间"与"经营情况"多数为受采访者的大致估计，不一定十分准确。
②最近一次采访于1991年3月进行。

特发集团（成立于1981年）则显示出另一种特色。10家境外企业中，从事房地产业务的达6家，贸易型企业与综合型企业各有2家。从地理上的分布看，香港有4家，美国、加拿大和澳洲各有2家。就总体上的经营情况而言，特发境外企业要优于赛格：6家房地产型企业都于设立后的第二年便开始赢利，其余4家的业绩虽不及前者，却也基本持平或稍有赢利，并未出现长期亏损或难以为继的局面。

特发境外企业状况较好的原因是：①其境外企业的起步总的来说比赛格早。②境外生产型企业的经营难度和风险较大，而从整个世界的潮流看，房地产业则获利的机会多，利润率高，加之特发的成员企业在国内已积累了房产经营的丰富经验，因而以房地产业为主的对外投资策略正好扬长避短。③更为重要的是，特发在一定程度上利用了其综合型跨行业企业集团的优势。由于特发的成员包括了金融、商贸、房产、旅游、交通和几乎遍及所有部门的工业企业，这使其既有充分的力量（资金、人才、信息等）支持境外企业，又有足够的回旋余地根据海外市场的形势灵活地选择投资领域并采取切合实际的国际化途径。据了解，特发境外企业的设立基本上是按"房产型→贸易型，综合型"的模式进行。例如，在美国先以房地产业投资积累资金、经验和地皮，并借此建立起国际贸易展销厅以促进对美贸易，在此基础上进而设立起贸易型子公司；对加拿大和澳洲的投资也大致按此步骤进行。实际上，特发也曾计划在澳洲等地建立生产型子公司，皆因条件不成熟而取消。不过，该集团仍希望在不久的将来，在已有的房产、贸易或综合型子公司的基础上建立起生产型子公司[①]。这样，特发的国际化途径实际上是一种"房产型→贸易或综合型→生产型"的途径[②]，其现阶段的境外企业正发挥着日本综合商社的部分功能。

然而，由于特发集团内部还未形成日本企业集团中的综合商社那样的多功能产业组织者，其集团优势还未能在国际化经营中得到充分的发挥。例如，缺乏技术开发能力与拳头产品是特发的一个薄弱环节，这大概也是特发尚未设立海外生产型子公司的一个原因，而这样的问题在日本却因综合商社的存在而得到解决。日本综合商社能够为厂商引进外来技术，协助其吸收并改造这些技术，然后又将产品推向国际市场，或与厂商联合，凭借这种技术优势从事对外投资。因此，特发的课题是如何发挥集团优势克服自身的弱点，为未来生产型子公司的设立及其成功的经营奠定基础，其答案就是发展综合商社。

结束语

至此，在本文开头提起的问题已有了明确的结论：①我国企业在实行国际化经营时，宜采取循序渐进逐步升级的做法，在建立海外生产型企业之前应有充分的过渡阶段；特发的"房产→贸易，综合→生产"途径有一定的现实意义；不过，综合商社功能的发挥可使上述过渡阶段得以省略。②集团化经营是国际化经营成功的保证；集团化经营应朝着综合型跨行业集团的方向发展；集团优势是第三世界跨国公司的重要优势，我国企业也应利用这种优势，这一优势可促进其他优势（如规模经济、技术革新以及市场营销）等方面特有优势的形成；综合型跨行业企业集团的组建与完善，集团优势的充分发挥，都有赖于综合商社的发展。另外，政府的政策对于成功的国际化经营无疑十分重要，因篇幅所限，留待另文探讨。

原载《中山大学学报（社会科学版）》1991年第3期

[①] 采访特发决策咨询办公室有关人员时的谈话记录（1990年11月、1991年3月）。
[②] 笔者从广东国际信托投资公司处了解到，该公司的海外投资也采取大致相同的策略。

论国有企业在结构调整中的作用

顾宝炎　王志强

随着经济的发展，我国告别了短缺经济的时代，但多年积累的国民经济结构性矛盾日益暴露，不但使现有的许多产品供求脱节，而且严重地阻碍了国民经济持续、快速、健康的发展。因此，中央适时地提出了要在搞好总量控制的同时，切实将工作重点转移到调整和优化经济结构上来。而占主导地位的国有企业，则是国家实现经济职能的重要手段，我们可借助于不断深入的国企改革，在增强微观活力的同时，从宏观上、整体上实现国有资产优化配置，促进经济结构的合理化。本文就这一问题作初步阐述。

一、我国结构性矛盾的表现

1. 地区经济结构趋同

许多地区未从重视当地资源的开发和利用着眼，而是不顾实际的相互攀比，导致地区经济结构雷同，最终发挥不了优势，不能形成特色经济，削弱了地区间经济的互补性。据统计，目前我国中部和东部的产业结构相似率为93.5%，西部与中部的相似率为97.7%[1]，而把汽车工业作为支柱产业的省、区、市就有22个之多。

2. 产业结构失衡

加工工业膨胀，基础产业薄弱，高新技术产业落后，这就必然地出现部分产业部门存在过度竞争和市场实现困难，部分产业部门存在大量供求缺口。另外，由于部门分割，许多部门自成体系，从而拥有众多规模小、效率低的企业，不仅人为地割裂了专业化协作关系，而且使产业结构的结构效益难以发挥。

3. 不合理的企业组织结构

（1）有限的资源被分散布点、低水平的重复建设而分割，形成众多弱小企业，无法实现规模经济，同时，企业间缺乏专业化协作，大而全，小而全现象严重，导致效率低下。处处办汽车厂、厂厂无效益是典型的例子。有关资料表明，广东汽车工业就由全省17个部门所管辖的120家生产厂和组装厂构成，而全国1995年汽车总产量才150万辆，不足美国一家大汽车厂的1/5[2]。

（2）现有企业盲目追求多角化经营。它们缺乏明确的市场定位，缺乏主导产品和

---

[1] 胡荣涛：《关于当前结构调整的若干问题》，转引自《国民经济管理与计划》（中国人民大学报刊复印资料）1998年第11期。

[2] 胡荣涛：《关于当前结构调整的若干问题》，转引自《国民经济管理与计划》（中国人民大学报刊复印资料）1998年第11期。

核心技术，盲目扩张，甚至进入众多与现有技术非相关的陌生领域。特别是家用电器、运输机械等技术含量高、专业性强的行业，我国存在大量仓促上马而没有自身技术支持的企业，其主要零部件和基础件只能靠外界供应，从而形成国产化率低的组装式企业，依赖性强且缺乏发展后劲。

4. 落后失衡的产品结构

一方面，初级产品比重大，高技术含量、高附加值的产品比重小，缺乏市场竞争力；另一方面，很多产品供给未以需求为导向，部分产品积压严重，形成恶性竞争，而部分产品则仍属缺档空白。

二、国有企业在结构调整中的作用是由其特殊地位和功能决定的

党的十五大在所有制问题上的重大理论突破，为经济结构调整提供了主要的理论依据和政策依据，也使我们进一步看到国有企业在配合和实现结构调整中的重要作用。而事实上，在我国的特定条件下，也只有通过不断深化作为国家经济主体的国有企业改革，促进国有资产的合理流动和重组，充分发挥其特有的功能作用，才能有效地调节失衡的经济结构，这是基于以下几点理由。

首先，我国目前结构调整的主要方式是存量调整。结构调整既包括增量调整，又包括存量调整。这在不同的历史时期有不同的侧重点。在计划经济时代，我国的整个经济形势表现为卖方市场，存在较大的需求缺口，有待增加供给；另一方面，政府集中了大量财力，而企业资金来源只有依靠财政拨款，正是在这种条件下，政府为了平衡结构，很自然地大量采用了增加投资、扩大规模、"填平补齐"的增量调整方式。而现在，我国在供需总量上已基本趋于平衡，买方市场逐渐形成，已没有急于扩大整体规模的明显压力，且社会主义市场经济体制在我国也正在逐渐建立，无论是政企关系还是政府职能都发生了巨大变化，依靠政府行为的投资方式已非常有限，加之现有的结构不合理主要表现为资产存量不合理，如果再一味地依靠增量调整，很有可能不但不能盘活存量，而且会加大市场实现的难度，因此，存量调整应是我国当前结构调整的重点。

其次，国有经济在我国整个经济存量中占有相当高的比重。据统计，1996年，我国国有经济的工业产值占全部工业总产值28.48%，固定资产占工业企业固定资产原值的66.82%，职工占工业劳动者人数的66.33%[1]，而它们中约有2/3的企业开工不足，亏损严重，大量企业设备老化，技术装备水平不高，生产集中度和专业化程度低，缺乏规模经济，发挥不了应有的资产优势，造成国有资产闲置与流失。因此，如何盘活国有资产存量，使之变现和合理流动，进行资产的优化重组，以提高其配置效率，则成为这次结构调整的关键。

再次，可借助于国有企业特有的功能作用，促进结构调整。政府经济职能的主要目标之一是促进结构优化，国有资产则是实现国家经济目标的重要手段之一。国有企业是国有资产目的性表达的方式之一，因此，国资国企是国家经济目标实现的主要工具。在我国，国有企业除了作为政治经济的混合体而体现和维护我国的社会主义政权外，在

---

[1] 于春良：《刍议国有企业的职能定位与规模定位》，《经济研究》1998年第5期。

经济领域则作为一种重要的资源配置手段而存在，它不但是政府实现宏观经济政策的工具，而且弥补了市场固有的缺陷，它在进行自身资源有序流动的同时，带动和引导民间资本的优化重组，进而调节经济运行，稳定经济环境，成为经济发展过程中的"铺路石"和"领航员"。

三、以深化国企改革的方式促进结构调整

1. 对国有企业进行战略性改组，促进企业组织结构合理化

目前我国国有企业小而散的根本原因在于国有经济布局过散、战线过长，而其自身的经济效率却很低。因此我们应以国有企业功能定位为基础，通过资本流动和重组，使资本存量由低效率企业向高效率企业集中，长线产品向短线产品集中，在整体上让国有企业从那些市场可以充分发挥作用的领域退出，为其他制度主体留下发展空间。同时，通过改组、联合、兼并、参股控股、收购、股份合作制等形式，实现其结构调整，改变国有企业大而全、小而全的状况。具体来说，优势企业应以资本为纽带，通过市场形成具有较强竞争力的跨地区、跨行业、跨所有制和跨国经营的大企业集团，从而达到拓展资源、发展市场、分散风险的目的，并获得规模经济的好处；对那些由于目前规模小而散、无法发挥优势但具有潜力的企业，政府可给予一定的政策优惠，引导企业间的联合，这样可使企业无效占有的要素得到新生，保证全社会分工协作专业化及要素比例合理分配，防止国民经济体系的失衡；衰退行业中的企业，政府应帮其减少转换过程中的困难，加快结构转换进程；对一部分落后企业要借助市场力量坚决淘汰，一部分确实资不抵债的亏损企业则实施破产；另外，可将某些小企业或竞争性企业的实物资产转化为货币资产，用置换出来的资金直接注入急需发展和扶持的产业、部门、企业，快速实现结构调整。

2. 发挥国有企业的产业功能，促进产业结构协调化

国有企业在其自身的建立和经营过程中，一方面通过自身布局的调整，实现国有存量资产在不同产业间流动和重新配置，另一方面，它可借助其产业协调与产业导向作用，引导民间资本从需要紧缩的产业退出并投向国民经济的瓶颈产业或需优先发展的部门。具体而言：①针对我国一般加工工业膨胀、产品实现困难的实际，国有企业应适时地从这些领域退出，仅保留少数竞争性强、市场前景广阔、特别是具有较强的国际市场开拓能力、经济效益和社会效益显著的企业；②进一步加强在国民经济中占有重要地位的基础产业和支柱产业中的国有企业，因为它们或者是为其他部门提供大量中间产品、具有很高前向联系的企业，从而决定国民经济的命脉，或者可以促进专业化分工协作体系的建立，通过市场形成一个大中小企业合理配置的产业组织体系，以有效地配置资源；③国有企业积极进入和加强高技术产业，如生物工程、集成电路、航空航天等等。通过扶持和促进这些先导产业的发展来推动产业结构的升级换代；④加强国有企业在新兴产业中的作用。许多新兴产业（如现代金融、保险、资信评估等）都具有极为广阔的前景，它对于改变我国第三产业落后，促进产业结构高度化和合理化，都具有十分重要的意义。

3. 加强国有企业改造，实现产品结构优化

①压缩、淘汰落后的生产力。前几年低水平重复建设严重，以至于目前许多产品生产能力大量闲置或形成严重的产品积压，这就要求我们对国有企业进行改革、改组和改造，坚决压缩、淘汰那些落后的生产线。国家提出今年大量减少中小型水泥生产企业、坚决关闭小型煤矿、压缩纱锭就是这种需要的具体体现。②以市场需求为导向，积极开发新产品。随着经济和社会的发展，消费者的需求日新月异，能否以市场为导向，开发出适销对路的产品，不仅直接决定着企业的生存和发展，而且关系到社会资源是否有效利用。因此在国有企业的改革过程中，应加强其内部管理，树立明确的市场观念，并改进机器设备，加大科技投入，不断引进和开发先进适用的技术，增强产品的开发力度，促进企业产品结构向高附加值、高技术含量方向发展。这在具体的措施上可以采用企业自办科研机构或走企业与科研院所联合开发的道路，对于某些特定产品或专用产品，甚至可以进行设计机构、制造企业和使用单位多家联合，从而不仅在人、财、物方面，而且在企业组织机构上保证新产品开发的不断推进。③配合产业升级，及时调整企业生产能力，实现产品升级换代。

4. 根据地区实际布局国有企业，实现地区结构特色化

克服地区经济结构同化应从构造产业结构的差别性着手，即要求各地区的产业结构特别是支柱产业具有差别性，以突出各地区的优势。具体而言：①政企分开，反对和克服地方保护主义，识大体、顾大局，从整体利益出发构思产业结构的调整。讲究经济效益和社会效益，坚持可持续发展、尊重市场法则和经济规律。②各地按照资源禀赋确定自己的支柱产业，打破地区小而全的分散经营局面，实现地区间的分工协作。③考虑地区经济发展的整体水平。在经济发展水平较高的地区，可考虑适当地将其重复建设的企业进行产业转移，通过产业升级来改变地区结构。④注重企业本身的发展情况。在构造地区差别性结构时，首先削减的是那些经济效益差、缺乏市场竞争力的企业，而尽量保护那些已形成规模，发展前景广阔的企业，以降低结构调整的成本。⑤让某些企业在有关领域及时建立进入壁垒，从而阻止重复建设、重复投资的产生。

我们通过国企改革促进结构调整的进程能否顺利进行及目标能否有效实现，在很大程度上依赖于有无健全的资本市场、发达的产权交易市场及合理又切实可行的产业组织政策。同时结构调整是一项规模宏大的系统工程，我们必须从整体上设计和实施各项改革与调整措施。

原载《中山大学学报（社会科学版）》1999年第3期

论企业与市场的关系

毛蕴诗

世纪之交，国际经济、技术环境正发生着急剧而深刻的变动。中国企业面临着体制转换与结构转换的双重使命，中国企业所处的市场环境也处于体制转换与结构转换的艰难历程。企业的体制转换、结构转换与市场的体制转换、结构转换相辅相成，互联互动。企业与市场的关系一直是我国经济体制改革中的重大问题。但是，对企业与市场的关系并未得到认真的梳理、论析。有时它们之间的关系被简单化了，有时它们之间的关系又被复杂化了，也有时人们又将其关系片面化了。理论结合实际地论析企业与市场的关系，是对学术研究的挑战。

一、"国家调控市场，市场引导企业"

在经济学理论中，研究的重点是市场而不是企业。传统的经济理论认为，在市场机制下，企业和它的经营活动是由市场力量所支配的。市场检验企业的产出，企业必须对市场趋势作出反应，于是实现对资源的配置作用。这一作用的成立实际上隐含着一个重要的假定，即完全竞争的市场机制。在这一假定下，所有的企业都是同质的，并且是足够地多而小，因而企业对市场无法产生有意义的影响，而只能被动地对市场作出反应，听由市场决定其是。

在我国的改革过程中曾经提出过广为人知的改革导向——"国家调控市场，市场引导企业"。它强调了上述经济学理论有关市场对资源配置的作用。这固然是问题的重要一面，但是问题的另一面——企业、企业家、经理对市场的能动作用却在上述的命题中被忽略了。现实中的企业家、经理、企业不仅能对市场产生影响、支配作用，而且能够创造市场、引导市场、替代市场。而这被忽视的一面对于企业来说有着重要的决策含义。企业与市场的关系有着丰富的内涵。全面、正确认识企业与市场的关系，应当从二者的相互作用出发，并特别注意被忽视的企业对市场的反作用。

二、企业、企业家、经理与市场互动——市场发现与企业试错过程

企业成长一直是理论与实践领域所关注的课题。企业理论家与实际的管理者都曾关注过微软。但是微软的成长和成功是多种力量相互作用的结果。由微软与IBM相互作用的例子，可以提出如下观点：对于微软而言，它是一个捕捉市场的机会，发展机会的试错过程；而对于IBM而言，则是属于战略失误，战术失策的"试错"过程（我们假定拥有作出正确决策的信息）。

社会需要企业提供产品以满足其不断增长变化的需求。但是，企业提供的产品是否符合社会的需要却要由市场检验。如果企业产品符合市场的需要，该产品就会被市场接受，企业也得到发展；如果企业产品不符合市场的需要，该产品甚至企业会被市场淘汰，这就是所谓的市场发现与企业试错过程。

以哈耶克、米塞斯和柯兹纳为代表的市场过程理论认为，市场参与者在实践过程中会发现新机会并对新机会作出反应，市场是企业家争胜的竞争过程。哈耶克（Hayek,1978）认为，竞争是一个发现过程，信息是竞争过程的结果，"哪些产品是稀缺的或者哪些东西是产品，它们的稀缺程度有多大、价值有多高，这恰恰是竞争所要发现的事实"[①]。竞争是最有效率的发现程序，企业家的作用是发现尚未被注意的利润机会并且通过利用所发现的知识扩散这些机会。米塞斯（Mises, 1949）认为，市场是一个不断矫正的过程，受到企业家行动推动并且由积极的企业家抓住利润的行为构成[②]。柯兹纳（Kirzner, 1985）甚至提出，企业家的本质是发现错误，市场过程就是企业家不断尝试各种方式改善自身处境的动态过程，是追求目标的市场主体不断试错的、没有终点的连续过程[③]。

三、企业、企业家、经理对市场的能动作用
——支配、创造、引导、替代市场

与传统的经济理论相反，企业经济学理论研究的重点是企业而不是市场。企业经济学理论认为市场是企业的外部环境因素，认为完全竞争的市场条件与企业的同质性在大多数环境下是不现实的。现实中的企业在规模、资源的占有、竞争能力、潜力、目标、行为等方面都存在明显差异。在决定企业做什么和不做什么方面，并不完全由市场决定。企业的决策，其目标、战略还要受其内部要素的制约。在企业与市场关系方面，二者之间存在相互作用。企业家、经理、企业的能动性表现在以下三方面。

1. 大企业对市场有着不同程度的支配作用，大企业凌驾于市场之上，使市场成为它的工具

在不完全竞争的市场条件下，企业的某一竞争战略，会对市场、买方、供方、竞争企业产生不同程度的影响，甚至是重大影响。在第二次世界大战结束后，以美、日、欧为代表的发达国家企业，不断扩大规模，使得大企业在市场中的影响与支配作用日益增强，形成了被称为"公司经济"（corporate economy）而表征经济活动主流的现代市场经济。在这一经济体系中，国家的商品和劳务产出的重要份额是由大公司提供；公司的大型规模使它们实际成为支配社会经济，政治的王国[④]。美国经济学家加尔布雷思认为，美国的现代市场经济由两大部分组成。一部分是由1200万个以上的小企业组成的小

---

① Hayek. *New Studies in Philosophy*, *Politics*, *Economics and the History of Ideas*, Routledge & Kegan Paul, 1978.
② Mises. *Human Action*: *A Treatise on Economics*, New Haven: Yale University Press, 1949.
③ Kirzner. *Discovery and the Capitalist Process*, Chicago: University of Chicago Press, 1985.
④ A. Thompson. Jr. *Economics of the firm*: *Theory and Prqctice*: *Third Edition*, Prentice Hall, 1981.

经济，即所谓的市场体系。这些众多的中小企业仍然听命于市场，随着市场的波动而摇摆不定。另一部分为高度组织化的大经济，即由一千家大企业构成的所谓计划系统。这些大公司主宰着美国的经济①。对于这些大企业来说，"在决定资源是如何分配的这一点上，价格已不再具有突出的重要意义"，依靠大企业在价格数量方面的长期契约，可将市场的不确定性的影响减低到最低程度。加尔布雷斯认为，"这样的公司不再受市场信息的限制，已凌驾于市场之上，市场成为它的工具"②。

2. 企业、企业家或职业经理通过产品创新、制度创新、组织创新创造市场引导市场

在相当多的情况下，企业通过发现、创造新的需求，创造市场③，因而改变市场活动的方向。由于人们的需求极其广泛，存在不同层次，并且是不断发展变化，不仅自发的需求在变化，派生的需求更是不断更新。因此，企业通过产品创新创造市场始终存在大量的机会与可能。这方面的例子可以举出许多，诸如本世纪以来杜邦公司所发明的一系列化纤产品，电子领域的彩色电视机、电子计算机、随身听、数码照相机等的发明都创造了规模巨大的新市场。

在另外的情形下，企业可以进行制度创新，寻找市场的启动力量。这方面的典型例子有，19世纪美国首创的消费信贷启动了闲置的农机生产能力，满足了农场主对农机的需求。这种制度后来在住宅、汽车以及许多耐用品市场得到广泛应用，大大加速了企业与市场的成长。又如，银行信用卡的出现则改变了金融服务的方式，对市场的扩展起到了积极的引导作用。

企业通过组织创新同样可以创造市场，很典型的例子如连锁店这种企业组织形式的出现，使得公司既能获取规模经济性，又能满足极其分散的消费者的市场需求。同样，麦当劳、肯德基也是组织创新从而创造出巨大市场的典范。

企业创造市场是通过企业家来实现的。许多学者尤其强调企业家对发现市场和创造市场的能动作用。最早提出企业家精神概念的熊比特（Schumpeter，1934），他甚至把企业家尊称为市场经济的英雄。这些观点都表明了企业家对市场的创造、发现和推动作用④。在现代的大工商企业里，由于职业经理部分代替了过去企业里企业家的决策作用，因此我们有理由认为，上述观点同样适用于这些高层的职业经理。

3. 企业替代市场——内部化与企业的资源配置作用

著名的诺贝尔经济学奖得主美国教授科斯认为，由于存在不肯定与市场失效，如果市场交易活动的成本难于衡量或过高，公司可能将市场交易活动放到组织内部进行，通

---

① ［美］加尔布雷思：《新工业国家》，何欣译，台北：台湾"国立"编译馆，1972年。

② 李非：《企业集团理论·日本企业集团》，天津：天津人民出版社，1994年。

③ ［美］柯兹纳（1985：68）认为，企业家竞争过程在短期内通过发现推动市场均衡倾向的功能居于重要地位，在长期中通过发现、发明和创新实现经济增长和促进经济发展具有更为重要的意义。当然，长期的企业家过程可以理解为连续的短期过程或短期过程的扩展。其实，真正的发现必然含有或多或少的创造性成分。

④ Schumpeter J A. "A Theory of Economic Development". *Bloomsbury Business Library-Management Library*, 1934, xlvi, pp.61-116.

过管理权力对资源进行有目的的配置、协调，以减少交易活动成本。或者说，当管理上的协调比市场机制的协调能带来更大的生产力、较低的成本和较高的利润时，公司就会设置新的业务机构，替代以前由市场提供的业务，从而在一定程度上企业起到了替代市场的作用。这就是内部化理论与"看得见的手"对资源配置的作用。它对现代公司活动及其与市场的关系提供了一种新的解释。钱德勒（1977）对美国近100多年以来所作的实证分析认为，自由市场上的交易逐渐被企业内部的管理协调所取代。

四、市场替代企业——外部化与内部市场

企业支配市场、创造市场、替代市场的结果都造成了企业的大规模扩展。不过市场与大企业的关系远不是如此简单。首先，尽管企业替代市场的活动随着企业的成长、扩展而迅速增加，但是市场规模并未因此而缩小。相反市场规模与企业规模都是同时扩大的。其次，大企业的过度扩展带来了新的管理问题。许多像国际商用机器（IBM）、美国通用汽车（GM）、西门子（Siemens）这样的大公司，过去曾从其巨大的规模经济性、范围经济性中获得了压倒性的竞争优势。而现在与小而灵活的公司相比，规模太大反而成为竞争中的不利因素。

内部化的结果使大公司发展成如同整个国民经济那样庞大的经济体系，在企业内部形成高度集中的计划机制，造成组织失效。企业主管可以随意调动资源，指令某个单位以某种价位出售某种产品，或制定指令性财务指标，甚至追求与公司利益不一致的个人目标等。公司的横向扩展的一个后果是对其成本的影响。当公司规模不断继续扩大并超过某一规模（最大有效规模），就导致成本的上升，即出现规模不经济性。规模不经济性常常体现在公司扩大后的管理、协调、控制的困难上。公司越大，需要向上层经理提供的用于决策的信息就越广泛并越昂贵。在大型企业中，上层决策者决策涉及的层次会较多，因而较不灵活。此外，还由于企业过分庞大、层次机构过多和官僚主义盛行、权责不清、办事拖拉。这种类似中央计划的机制对集团经济难以适应。为此大企业必须寻找一种有效的组织形式，在规模与有效性之间，在范围与有效性之间作出一种选择与权衡。市场替代企业又反过来成为问题解决的选择方案。市场替代企业体现为两种方式：一种方式是外部化，另一种方式是在企业实行内部市场。

1. 外部化

与内部化相反的是企业活动的外部化。外部化是对"组织失效的一种解决方案"。外部化的两种方式，一种方式是放弃原先由企业自行处理的业务，而交由市场解决。当企业内部的交易活动成本过高，或该项活动对企业较不重要时，或当业务处于困境，无成长希望，外部化行为就可能发生。这样就变企业内部交易为一般的市场交易。外部化的另一种方式是企业分立。大企业将一些业务、一些职能部门分离出去成为独立的子公司以避免规模过大的缺点，并发挥不同业务、职能部门的能力。近十年来，率先由美国企业发起的企业重构（restructuring）的主要内容之一是业务重构，将一些业务放弃或改由市场提供。美国排名前500家的公司都已发展得如此庞大，以至现在不得不再将权力分散给一些独立的部门，这些部门也就成了独立的大厂商。如果将它们作为独立的公司来考虑，有许多部门甚至可登上美国前一百家大公司的排名榜。例如，按德国西门子

公司于1998年11月宣布的大调整计划，将有50个业务部门脱离公司母体，与此相关的6万名员工也将同时分离出去。

甚至在企业管理的职能方面也出现了类似的现象。正如1910年公司上层管理职能的新职位是靠市场解决一样，1990年代通过缩减规模，许多管理职能又更多地交由市场解决，因为庞大的内部机构的公司需要降低成本和增加灵活性。一些富于进取的（极富扩张性的）市场专门机构，如EDS和服务大师（Service Master）正更多地承担大型层级结构公司过去的内部管理职能。在许多行业，在选择公司自己还是选择市场专业机构的成本权衡上，天平似乎回到市场一边。而那些未能选择市场的公司，则在管理方面扩大了自治，因此这些公司的经理需要兼具高技术、专业化和协调等方面的工作和更广泛的管理责任。

2. 内部市场与组织制度创新

内部市场的概念代表了并往往伴随着组织创新。内部市场本质上是克服"市场失效"与"组织失效"的一种选择。内部市场概念在于大企业由许多内部企业组成，这些企业之间相互进行业务交易，同时也与该大企业之外的客户进行交易。这种内部市场经济可使企业发生类似外部市场那样的快速而连续不断的结构变化。当企业要推出新产品、提供新服务、进行新交易时，不管在内部还是外部，就会自动形成一种富于创造力的相互作用关系，使市场机制的长处得到充分的发挥。

近年来，西方一些大公司不断引进市场体系，超越层级结构的、称之为内部市场的组织机构正在出现。这种组织机构越来越多地采用了"内部承包""内部顾客""模拟市场"以及属于市场经济特性的其他形式内部关系。有些厂商甚至采用了"内部杠杆接管"（LBOs，即利用借入资金接管公司），以让经理们对这些企业实施真正的控制。有些全球性的公司，比如阿塞亚·布朗·博韦里（ABB），在世界各地有上千个利润中心，这些利润中心往往有它们自己的市场、顾客及竞争对手。中心也会向母公司的其他部门推销产品，为同一批顾客相互展开竞争，甚至还会将合同给予其他的公司竞争者。

内部市场体现的企业组织创新与制度创新有以下方面：首先组织结构由层级结构转向内部企业结构。在这一过程中，传统的权力结构主要被"内部企业"所取代，公司由这些内部企业所构成。所有的内部企业都要对效益负责，但在执行业务活动时，享有如同外部企业那样的自主权。其次，企业主管主要是通过设计和调节企业的经济手段、政策，不是用指令方式来实施管理。例如，通过财务、风险资本公司，信息、咨询、经销服务和战略、政策，激励、企业文化等方面的手段。领导的职能着重于搞好协调和合作。

内部市场当然也会引起任何市场机制本身的问题。不过，内部市场会产生外部市场的一些优点。一些已采用类似体制的公司的实例，包括我国的邯郸钢铁公司的实践说明这种做法可带来可观的效益。20世纪90年代以来，一些大公司的权力金字塔已开始演变成一种扁平式的、分权的组织机构，变成了众多个小型的利润中心，由一个网络将这些中心联结在一起。这一变动正形成一种趋势。

五、有组织的市场——企业间的长期交易

为了同时克服"市场失效"与"组织失效",企业可能选择一次性交易与内部交易之折中——长期交易。一次性交易代表了典型的市场机制行为,而内部交易则是企业内计划化的结果。长期交易方式的选择也是建立在对有关成本—效益的权衡之上。日本学者认为,支持长期交易的因素包括人质机制[①]作用和交易信息的积累与共享。在交易过程中,一方靠向另一方提供像"人质"那样的东西而使长期性交易更容易维持的事时有发生。所谓"人质",除了资本设备之外,还包括积累在企业中的人力资本和技术信息等等。只要它们不是通用资本,都会成为"人质"。它是一种非契约的关系,与不同的文化传统有关;而交易信息的积累与共享则涉及信息成本方面,认为长期交易可降低信息成本[②]。另外,长期交易中,竞争内容不仅包括价格、质量、交货期,而且包括经营管理的其他方面。因为这些竞争内容在长期交易中可以被察觉与对比。当然,长期交易也存在若干弊端,如信息不公开、不透明,交易可能不公平,着眼于局部效率等。但是长期交易在英美之外的一些具有不同文化传统的国家、地区较为普遍(如日本),并有适用性。

六、小　结

无形之手与有形之手共同调整着社会资源的分配。市场与企业孪生,企业存在于市场之中,市场存在于企业之间,二者相互作用,企业在不断创造市场的过程中,又与市场相互替代但终为相生相长。在市场经济的童年,企业犹如沧海一粟,但随着经济的发展,特别是在经济高速成长期,少数企业便向大规模化、集团化发展,即成长为股份集团公司,形成了大公司经济。大公司经济的出现,标志着市场经济走向发达。巨大的企业或企业集团通过创新与内部的管理职能(有形之手)调节着社会资源的配置方向和数量,其已在相当程度上取代了无形之手——市场价格机制。另一方面,大企业通过不断调整与市场的关系,伴随着组织与制度创新,又将市场机制引入企业的各个角落。在克服"市场失效""组织失效"的过程中,探索适应不断变化环境下的有效的组织体制。

原载《中山大学学报(社会科学版)》1999年第6期;收录时,作者有修订

---

① 人质机制又称为抵押机制,是指交易双方作出不能在市场上自由交易的特殊投入,以增加双方退出交易关系的障碍,从而使交易关系趋于稳定。人质机制涉及长期交易中的多种交易,往往同时进行;涉及的不是通用资本而是专用资本设备、人力资本、技术信息等。如果一种交易终止,其他所有交易也都终止的话,人质机制就起作用。

② [日]今井贤一、小宫隆太郎:《现代日本企业制度》,陈晋等译,北京:经济科学出版社,1995年。

人力资本交易与国有企业的契约关系

张建琦

在企业存在的基本问题上,科斯等人只是说明了企业的存在是因为节约了交易费用,企业和市场的均衡是两者交易费用的均衡。但他们并没有回答是什么交易费用的节约和均衡,因而没有从根本上说明企业为什么不能替代市场。在企业的契约关系上,他们研究的主要对象是企业间物质资本的交易、契约关系和规制结构。由于忽视了人力资本的产权特征,他们的理论很难发现企业交易费用产生的根源及其不能替代市场的原因,也无法说明人力资本特有的交易性质以及与之相适应的契约关系和规制结构。本文通过对人力资本产权性质的分析,试图对企业与市场的关系提出进一步的解释,探讨适于人力资本的契约关系和规制结构。并在此基础上对传统国有企业人力资本契约关系和规制结构进行分析,进而提出国有企业下一步改革的思路。

一、理论回顾与修正

(一)人力资本交易与企业的交易成本

在科斯(Coase)等一些企业理论家看来,企业和市场是截然不同的。在企业外部,物质资源和人力资源都是由市场配置的,因而需要花费交易成本。而企业用一个契约代替了一系列契约(Coase,1937),用行政权威代替了价格机制,企业内部的人力资源和物质资源配置无须进行市场交易(Coase,1960;1972),因此企业比市场节约了交易成本。按照这个逻辑,企业应当能够完全替代市场,但在现实世界中,这种情况并没有发生,企业内部的交易费用并不为零。科斯等人没有说明企业内部交易成本的真正来源。

企业内部交易成本无非产生于两种交易:企业家与人力资本和其他物质资本所有者的交易。科斯的理论意味着企业内部行政权威可以在零成本下运行。而这一假定只对企业中的物质资本成立。因为关于物质资本的使用细节在外部市场的契约中已完全确定。在企业内部,物质资本的产权已经完全转让,不存在企业家与其所有者之间的交易。对于物质资本的配置只需行政命令而无须交易,行政命令的交易成本为零。这时企业家的一个契约或行政命令代替了物质资本所有者之间的一系列契约,物质资本的交易成本在企业中获得了节约。与物质资本不同的是,外部市场的契约只对人力资本的使用作了一般性的规定,而细节则要留待进入企业以后再说(Coase,1937)。由于契约中一些权利和义务尚未确定,人力资本交易费用的节约并未实现。

我们关心的是企业家与人力资本的长期契约,并把这种契约视为企业契约。在市场经济条件下，长期契约本身具有灵活性和再交易性（Macneil，1978）。虽然合约的某些细节事前具有非契约性，但事后客观情况一旦确定，双方就可以进行讨价还价和重订契约（Grossman and Hart，1986）。企业家与人力资本之间的关系不过是一种普通的市场交易关系，他对人力资本的管理、指导和任务分配过程，不过是其继续参与交易双方都能够接受的合同条款再谈判的过程（Alchian and Demsetz，1972）。人力资本的使用细节并不完全由行政权威单边决定，行政命令在人力资本配置上的交易成本并不为零。在企业内部，物质资本的交易停止了，人力资本的交易仍在继续。

在市场上，交易的标的是物，主要进行的是物品或物质资本的交易，而对人力资本的直接控制较少，因而发生的主要是物质资本交易成本；而在企业里，由于企业家的主要职能是"通过别人把事情办好"，他直接监督和控制的是人力资本而不是物质资本。当然，人力资本交易并不能完全取代和消除物质资本交易，企业还必须进行诸如资金筹措和物资、产品的供销等一系列物质资本交易。但这些交易主要发生在企业外部，而不是在企业内部。它们通常不是由企业的物质资本所有者来直接进行，而是由企业中的劳动者来完成的，企业家是通过人力资本来控制物质资本的。因此，物质资本交易是建立在人力资本交易基础上的，只有人力资本的交易能够顺利进行，物质资本的交易费用才有可能获得节约。人力资本交易决定着企业总交易费用的大小，它是企业内部交易费用产生的根源。

综上所述，市场上进行的主要是物质资本的交易，企业里进行的主要是人力资本交易。企业对市场的替代主要是人力资本交易对物质资本交易的替代，两者的均衡主要是人力资本交易费用和物质资本交易费用的均衡。企业规模的缩小会导致物质资本的交易费用的提高，而企业的规模的扩大会导致人力资本交易费用的提高。企业的人力资本交易费用低于市场上物质资本的交易费用，企业的规模就会扩大；反之，企业就会萎缩。

（二）人力资本产权性质和企业内部交易产生的原因

市场上和企业中的人力资本产权的归属是不同的。市场上的人力资本可以认为是由个人投资形成的，全部产权只属于作为其载体的劳动者个人，其人力资本的产权行使不受交易对方的约束。一旦进入企业，人力资本就转化为劳动者和物质资本所有者共同所有。因为在企业中物质资本通常会投资于人力资本使其得到改善、增加或转变，以满足生产的需要。同时，人力资本也可以利用物质资本（设备、仪器）采取诸如边干边学（learning by doing）的方式来达到这一目的。当然，企业中新增人力资本绝不可能是由物质资本投资单独形成的，它必须与人的体力和脑力结合后才能生成新的人力资本。企业中的人力资本是劳动者和物质资本所有者共同投资所形成的。因此企业中的人力资本产权归属并不唯一，产权的行使要受到投资双方的共同制约，劳动者和物质资本所有者都无权单方面决定。人们通常把劳动者作为人力资本唯一所有者的认识是不准确的，它有可能在人力资本产权的分配和行使方面引起误导。但由于这种说法已经约定成俗，在本文中我们仍把劳动者称为人力资本，把物质资本所有者称为物质资本，但我们的含义是不同的。

然而，人力资本使用的控制权并不归投资各方所共有。人力资本无论是由谁的投资所形成，其载体只能是人，使用的控制权都天然地归劳动者所有。在使用权转让的契约达成以后，形式上人力资本的使用权归买方所有，但实质上个人（卖方）对其始终保持着终极控制权，随时都可以公开或隐蔽地关闭和收回（如果不考虑交易成本的话）。企业中的人力资本产权私有性实际上仅指其使用控制权的私有性，而其他权利则必须与物质资本共享。

人力资本使用控制权的天然私有性决定了即使在契约达成以后人力资本的供给仍然存在着不确定性，即存在着履约风险。而要在细节执行的过程中充分发挥人力资本的作用，就必须考虑劳动者的意愿和要求，允许其进行交易和讨价还价。只有在交易结果可接受的情况下，人力资本才能正常和充分发挥作用。正如巴泽尔（Bazel，1977）所指出的，人是一种充分主动、会跑的资源，要使人们努力，只有通过交换。而且劳动越具有创造性，人们的这种特性就越强。因此，人力资本的使用天然具有交易性。

交易性决定了人力资本的使用只能激励，不能强制和"挤榨"（周其仁，1996）。对人力资本的激励当然也包含着约束。无论交易的结果是明文契约或默认契约，契约规定的权利和义务对人力资本既是激励也是约束。企业中的人力资本在一定条件下是能够与劳动者相分离的（杨瑞龙，周业安，1997），但真正有效的分离不是通过强制，而是通过平等的交易和契约。一旦使用细节超出原订合约，交易就会以不同形式再度出现。

（三）人力资本契约关系的性质及其规制结构

从交易方的构成来看，企业内无非存在着两类契约关系：一是物质资本所有者之间的契约关系，二是物质资本与人力资本之间的契约关系。为简便起见，我们把前者称为物质资本契约关系，后者称为人力资本契约关系。

对人力资本而言，企业和市场都是一种契约。区别仅在于对人力资本的控制程度不同：在市场型的契约里，进行的主要是物质资本交易，人力资本不多或较少地受到买方的控制；在企业型的契约里，发生的主要是人力资本的交易，因而人力资本较多地受到买方的控制（Cheung，1983）。企业里也存在两种契约安排：①市场型的契约安排，如计件工资制，它对人力资本直接定价，较少控制。企业家与人力资本进行的交易接近或类似于产品市场的交易。②企业型的契约安排，如计时工资制和对经营者实行的剩余分享制。这类安排是对人力资本的间接定价（Yang and Ng，1994），其中买方对人力资本存在着较多的控制。

企业中的市场型和企业型的契约安排都没有排除交易和价格机制。在直接定价的场合，由于市场、技术和人力资本劳动效率的变化，需要对计件工资不断地进行谈判和讨价还价。在间接定价的场合，虽然企业家事前不对贡献定价就可以直接决定和指挥生产活动，但并没有消除交易和定价过程。在事前，企业家要对人力资本的未来贡献进行某种激励性的"许诺"；事后，他需要分解贡献，给予贡献不同的人们以补偿或惩罚。在经营者剩余分享制的场合，经营者得到的是一个收益的比率。随着经营者的能力、市场和人力资本的价格变化，经营者的剩余份额也需要不断地重新定价。直接定价是对价格机制的直接利用，间接定价是对价格机制的间接利用。人力资本的使用和配置离不开价格信号和交易，这些交易都会产生交易费用。当企业型契约带来的交易费用低于市场型契约时,前者的范围就会扩大,控制就会增加。反之,就会向市场型契约转化。但哪一种契约形式都没有排除交易。企业是物质资本与人力资本共同订立的市场合约(周其仁,1996),二者的关系是一种交易性的契约关系。威廉姆森(Williamson,1979)根据物质资本交易较完整地提出了交易的分析框架和不同契约关系及其相应的规制结构。与科斯相同,威氏忽视了人力资本的产权和交易特性,因此他的框架和结论不完全适用于人力资本。按照威氏的理论,资产的专用性程度和交易频率越高,契约的期限则越长,就越容易出现双边的特质交易,关系性契约关系就会形成。如果交易中的不确定性较大,就会出现一体化,对关系性契约关系实行统一规制,从而取消原先的交易。

与物质资本相同,人力资本契约关系和规制结构也受到交易的频率、契约期限和资产的专用性等交易因素的影响,但这些因素的作用及相互关系却有所不同。①契约的期限对资产的专用性影响不同。物质资本的专用性一旦形成,一般不会随契约期限的长短而变化。而人力资本无论在缔约前专用性程度如何,其专用性会随着契约期限的延长而提高。②人力资本的供给不确定性导致了使用的交易性。③专用性对规制结构的影响不同。人力资本的专用性可能会强化不确定性,但不能决定不确定性。因为人力资本供给的不确定性源于其产权的私有性,而不是专用性。统一规制有可能消除专用性造成不确定性,但难以消除人力资本产权私有性带来的不确定性。

专用性的人力资本是企业剩余的来源之一(Aoki,1984),也是其所有者参与企业治理的主要依据(杨瑞龙,周业安,1997)。人力资本的专用性越高,在与物质资本的特质交易中的谈判地位就越高,其影响企业契约关系的意愿和能力也会越强,从而可能改变原有的契约安排(Hart and Moore,1990;Hashimoto and Raision,1992)。契约关系的期限越长,人力资本专用性越高,其要求分享的权利和利益就会越多,内部交易频率也会越高。人力资本的专用性提高,将会在关系性契约关系中削弱物质资本的统一规制,而不是相反。同时,专用性的提高会带来人力资本的技能和知识的增加,提高人力资本的创造性。知识经济的产生与发展表明,这种依赖于知识的创造性会提高人力资本在生产过程和契约关系中的作用和地位,因而也会削弱统一规制。因此,在长期契约不断加深人力资本专用性的特质交易中,尽管存在关系性契约关系,也无法真正实现物质资本的单边统一规制。

企业中的物质资本与人力资本之间是一种交易性关系,不是单方面决定的关系。无论在什么类型的契约关系下,人力资本的交易都难以消除,要对人力资本实行统一规制是不可能的。可行的选择只能是平等交易,而且只有在双方都能够交易和竞争的情况下才能够产生真正有效率的合约(Cheung,1969)。因此,市场规制是比统一规制对人力资本契约关系更有效率的规制结构。

二、传统国有企业的人力资本契约关系

(一)传统国有企业契约关系的性质与规制结构

与市场经济下的企业相比,传统国有企业人力资本契约关系有着特殊的性质:①单边定价刚性。国有企业对于劳动者的报酬和福利有着几乎完全一致的契约条款,劳动者

不能讨价还价；同时，人力资本价格存在着刚性下限，只能提高不能降低。②单边选择刚性。劳动者的工作地区、单位和职务亦由政府单边决定，工作岗位和工作细节由经营者单边决定，劳动者不能根据自身条件自由选择。③资本流动刚性。人力资本一旦进入国有企业，就不能自由地向其他企业流动。同时，无论企业经营状况如何，政府都不能关闭企业，抽回资本。④契约刚性。一旦人力资本和物质资本通过一次性缔约结合，双方都没有退出和变动的自由，这是一种特有的双边刚性契约。上述特性表明，国有企业的人力资本契约关系是一种单边统一规制的刚性契约关系。为简便起见，我们把上述契约性质统称为契约刚性。

人力资本刚性契约安排与国有经济的地位有关。计划经济时期国有经济处于绝对垄断地位，就业市场上不存在其他经济，国有企业几乎垄断了经济领域的所有工作岗位。人力资本在市场上是相对过剩和竞争性的，因而高度地依赖于物质资本。由此造成了物质资本的谈判优势。国有企业不存在克莱因等人（Klein, Crawford, and Alchiank, 1978）所说的竞争性的缔约，人力资本在交易的博弈中不可能占有自己的专用性租金，这一租金只能被国家占有，因而国家得以压低人力资本价格，获得垄断租金。此外，作为对低收入的一种补偿，国有企业的保障条件也大大优于其他所有制企业。拒绝一个国有企业，就可能意味着拒绝整个国有经济。因为竞争是如此激烈，可供一个人选择在国有企业就业的机会并不很多。一个人被国有企业拒绝（辞退），就可能被整个国有经济拒绝（中国的档案制度在这里起了十分重要的作用）。要获得和持续享有国有企业相对优厚的就业条件，就必须接受刚性契约和单边统一规制。

单边统一规制并不等于国有企业不存在契约。尽管计划经济时期国有企业对就业市场实行了全面垄断（席酉民，张建琦，1998），但人力资本在刚性契约面前仍然保留着拒绝"进入"和最终"退出"的决策权，当然这种决策的成本可能过高。实际上，在达成契约之前，人力资本和物质资本的产权主体在原则上是平等的。契约的达成是双方平等博弈的结果。由于个体在决策时受到有限理性、信息不对称和客观环境等条件的限制，因而会屈从于对方的强制行为，从而导致不平等的结果，而这种不平等的结果可能正是产权主体的理性选择（杨瑞龙，周业安，1997）。

以往的研究认为刚性的就业和收入是政府的社会义务和追求的目标之一（张军，1994；刘世锦，1995），是人力资本契约的外生变量。我们承认这是社会主义国家政府在与公民的"社会契约"中承诺的义务，但这并不是最重要的（事实上，政府现在已经放弃了这种义务和目标）。我们更愿意认为这种刚性安排是缔约过程中内生的，是物质资本和人力资本双方交易的结果。尽管这种交易可能是隐含的，不是公开的。在单边定价的低收入情况下，作为对低收入的一种交换，国有企业的就业和福利条件大大优于其他所有制企业。人力资本刚性契约关系是重工业优先发展战略的结果（林毅夫，蔡昉，李周，1994，1997，1997；席酉民，张建琦，1998）。如果政府不能保证稳定的就业和福利，国有企业就会失去吸引力，人力资本就会在初次谈判中保留"不进入"的权利，从而国家就无法压低人力资本价格，实现资源向重工业的优先配置。同时，国家也试图用就业保障的承诺去交换人力资本的努力程度不低于为自我劳动的努力程度的承诺（张军，1994），国家与人力资本之间实际上存在着一种隐含的交易和长期契约关系。

但交易毕竟是隐含的，在正式和公开的场合，国有企业的契约关系仍是一种非交易的刚性契约关系。契约一旦形成就会固化，排斥交易和变动。在这种关系中，政府既是物质资本所有者，又是社会管理者，既是契约当事人的一方，又是外部裁决力量，契约的外部制约机制（如法律裁决）和市场机制（如名声损失）（Klein and Leffler, 1981）都不能发挥作用。缔约后的细节完全由物质资本单边决定，既排斥对方重新谈判，也排斥第三方参与。国家对人力资本的契约关系实行了统一规制，物质资本对人力资本实行了一体化。但单边统一规制是有成本的，在下面的分析中我们将会看到这种规制的代价。

（二）国有企业的契约问题

在计划经济条件下，国家对人力资本契约实现了同一化。因而刚性契约关系使得国有企业在吸纳人力资本时不仅用一个契约代替了多个契约，而且取消了讨价还价的过程，物质资本获得了垄断租金。人力资本一旦流入企业，既不能重新谈判，也不能转移和流失，形成了稳定的长期契约，因而大大地节约了外部缔约的交易成本。

然而，当有限理性造成契约不完善而组织又无法对契约关系进行适应性调整时，机会主义行为就会发生，造成所谓的契约问题（Williamson, 1988）。统一规制、垄断租金和契约刚性是对称的，后者是前者的成本与代价，这是双方交易均衡的结果。在交易中，物质资本依靠其垄断性获得了统一规制权和垄断租金，但却失去了"退出"权；人力资本的竞争性迫使其接受了单边定价，但使用的交易性却使企业契约变成了保险契约（张军，1994）。契约中如果一方不能以"退出"威胁进行惩罚，对方就会利用这个弱点进行欺诈而获利（Lin, 1990）。保险合约造成了对人力资本的软约束。在统一规制和软约束下，当人力资本发现刚性就业与低收入水平下较高的劳动努力程度交换不对等，而且这种不对等只能而且可以用"偷懒"加以补偿时，"偷懒"就发生了，造成了人力资本的契约问题。

这种契约问题包括两方面。在经营者方面：①刚性契约的经济激励不足带来了行政激励-行政晋升回报和企业控制权回报，由此造成了经营者的职务刚性；②行政激励方式造成经营者只对上级负责，而不对经济效益负责。同时也给政府对企业进行不正当的行政干预创造了人事条件；③刚性的就业和收入造成了经营者管理权的残缺，使经营者对生产者约束力和指挥效率低下。在生产者方面：①刚性契约使生产者以"偷懒"和低工资进行交换；②刚性契约使得市场机制失效，个人名声和牌子损失及思想教育都不足以制约机会主义；③刚性契约使交易和竞争发生扭曲，为收入进行的交易扭曲成了为获得轻工作、小病大养等偷懒的竞争和交易（席酉民，张建琦，1998）。因而国有企业内部的人力资本交易费用高昂。虽然统一规制在企业外部节约了交易成本，但刚性契约却加大了企业内部的交易成本。

三、本文的政策含义

由于计划经济时期不存在外部市场和竞争，企业内部的高成本被计划体制掩盖了起来。改革以后，由于市场和竞争的出现，这种成本开始显化，国有企业内部交易成本明显高于市场上的交易成本，因而企业的生存发生了困难。

目前，国有经济的绝对垄断已被打破，国家追求的重工业优先发展的战略已经发生转变，市场经济体制已初步确立。刚性契约关系存在条件、必要性和节约外部交易成本的优越性已经丧失。在外部市场上，企业之间和个人之间的契约关系已经实现了交易化和市场化，如果交易成本过高，一个企业就可以"解雇"另一个企业（实际上是解雇了它的员工），任何人不能强制和干预。虽然国有企业内部效率很低，但却依然保持着非市场化的契约关系。

企业问题本质上是一种契约安排的选择（Coase，1988）。企业的人力资本契约关系和规制结构不同，其效率和交易费用就有可能不同。国有企业和非国有企业之间的竞争实际上也是不同人力资本契约关系之间的竞争。国有企业面临的一个基本矛盾就是外部契约关系市场化与内部契约关系非市场化之间的矛盾。

企业是一种要素交易市场（Cheung，1983）。市场经济不仅要求企业外部契约关系市场化，同时也要求企业内部契约关系市场化。在以往的改革中，我们更多地注意到了物质资本产权关系的改革，而对企业人力资本契约关系的改革却进展缓慢。国有企业交易费用高昂的关键在于人力资本交易费用的高昂，这是国有企业不能适应市场经济效率要求的根本原因之一。今天出现的国有企业劳动者大量下岗和失业，正是轻视人力资本契约关系改革的结果。在当前状态下，如果不在物质资本产权关系改革的同时，同步进行人力资本契约关系改革，国有企业就无法从根本上走出困境。如果人力资本契约关系长期滞后于物质资本产权关系的改革，后者的改革成果将会被前者抵销。因此，人力资本契约关系的市场化将是国有企业下一步改革的关键。

我们的进一步研究已经证明，物质资本产权清晰化和多元化并不完全是公有企业获得高效率的完备条件，它也不会自然而然地带来人力资本契约关系的变革。公有产权与刚性契约关系并不存在必然联系，公有产权和市场化的人力资本契约关系在一定条件下存在着相容性，公有企业实行市场化的人力资本契约关系不仅必要而且可行。限于篇幅，这些问题我们将另文讨论。

参考文献

[1] 林毅夫，蔡昉，李周. 中国的奇迹：发展战略与经济改革［M］. 上海：上海三联书店，上海人民出版社，1994.

[2] 林毅夫，蔡昉，李周. 现代企业制度的内涵和国有企业改革方向［J］. 经济研究，1997（1）.

[3] 林毅夫，蔡昉，李周. 充分信息与国有企业改革［M］. 上海：上海三联书店，上海人民出版社，1997.

[4] 刘世锦. 中国国有企业的性质与改革的逻辑［J］. 经济研究，1995（4）.

[5] 席酉民，张建琦. 不对等契约与国有企业改革［J］. 管理科学学报，1998（1）.

[6] 杨瑞龙，周业安. 一个关于企业所有权安排的规范性分析框架及其理论含义［J］. 经济研究，1997（1）.

［7］张军. 社会主义的政府与企业：从"退出"角度的分析［J］. 经济研究，1994（9）.

［8］周其仁. 市场里的企业：一个人力资本和非人力资本的特殊契约［J］. 经济研究，1996（6）.

［9］Alchain, A. A. and Demsetz, H. Production, Information Cost, and Economic Organization［J］. American Economic Review, December, 1962, 1972.

［10］Aoki, M. The Cooperative Game Theory of the Firm［M］. Oxford：Claredon Press, 1984.

［11］Barzel, Yoram. An Economic Analysis of Slavery［J］. Journal of Law and Economics, 20, 1, 1977.

［12］Cheung, Steven N. S. The Theory of Share Tenancy［M］. University of Chicago Press, 1969.

［13］Cheung, Steven N. S. The Contractual nature of the firm［J］. Journal of Law and Economics, 26（1），1983.

［14］Coase, R. H. The Nature of the Firm［J］. Economics, 4, 1937.

［15］Coase, R. H. The Problem of Social Cost［J］. Journal of Law and Economics, 3, 1960.

［16］Coase, R. H. Industrial Organization：A Proposal for Research. in V. R. Fuchs, eds. Policy Issues and Research Opportunities in Industrial Organization［M］. New York：National Bureau of Economic Research, 1972.

［17］Coase, R. H. The Nature of the Firm：Origin, Meaning, Influence［J］. Journal of Law, Economics and Organization, 4, 1988.

［18］Grossman, Sanford J. and Hart, Oliver D. The Costs and Benefits of Ownership：A Theory of Vertical and Lateral Integration［J］. Journal of Political Economics, 94, 1986.

［19］Hart, O. and John Moore. Property Rights and the Nature of the Firm［J］. Journal of Political Economy, 98, No. 6, 1990.

［20］Hashimoto, M. and John Raisian. Employment Tenure and Earnings Profiles in Japan and the United States：Reply［J］. American Economic Review, 82（1），1992.

［21］Klein, Benjamin and Leffler, K. Non-Governmental Enforcement of Contracts：The Role of Market Forces in Guaranteeing Quality［J］. Journal of Political Economics, 1981.

［22］Klein, Benjamin, Crawford, Robert G, and Alchain, A. A. Vertical Integration, Appreciable Rents, and the Competitive Contracting Process［J］. Journal of Law and Economics, 21, 1978.

［23］Lin, J. Collectivization and China's Agricultural Crisis in 1959—1961［J］. Journal of Political Economy, 98, 6, 1990.

［24］Macneil, I. R. Contracts：Adjustment of Long-term Economic Relation under classical, Neo-classical, and relational contract Law [J]. U. L. Re., 72Nw, 1978.

[25] Yang, Xiaokai. and Ng, Yew-kwang. Theory of Firm and Structure of Residual Rights [J]. Journal of Economic Behaviour and Organization, Forthcoming, 1994.

[26] Williamson, O. E. Transaction-cost Economics: The Governance of Contractual Relations [J]. Journal of Law and Economics, XXII (2), 1979.

[27] Williamson, O. E. The Logic of Economic Organization [J]. Journal of Law, Economics and Organization, 4, 1988.

原载《中山大学学报(社会科学版)》2000年第2期

信息不对称下的激励与监控的模型分析

唐清泉

一、信息不对称与利益冲突

经济的发展必然会导致精细的社会分工和高度的专业化,形成细密的委托代理关系,比如,在现代企业内部形成了股东与董事会成员、董事会成员与公司高级经理、高级经理与中层经理、中层经理与基层经理、基层经理与雇员之间等极为复杂的多种契约关系,也称为委托代理关系。这些委托代理关系本质上是一种合作关系。为完成合作,要求合作的各方需要相互提供商品、信息、承担风险和获取权利等。合作各方在追求各自利益最大化的过程中,经常会出现某一成员在获得自身利益最大化的同时以牺牲其他成员的利益为代价,导致了各成员之间的利益冲突[1]。比如,作为企业一方的管理当局(如厂长、经理等)若消极怠工,享受着宽敞的住房、优厚的工资待遇和舒适的办公条件,甚至还通过各种舞弊、腐败行为,确实能使他们自己的个人利益或效用达到或实现最大化,但作为企业的其他方(如投资者、债权人及下级经理等)的利益却受到了损害。

为了平衡这些利益冲突,需要制定一系列的契约来达到各方目标的实现。因此,现代企业理论认为企业并非独立存在的实体,而是一系列契约(比如债务契约、组织章程、报酬合同、各级经理之间的工作安排、业绩评价方案、董事会及股东大会的决议等)的结合体。各种契约是否有效,能否使企业各方的效用达到最大,取决于委托人与代理人在订立契约、执行契约和评价执行契约过程中所拥有的信息是否对称或者说信息的分布是否平衡。

委托人与代理人的合作产出和各方得到的福利不仅依赖于代理人的努力,而且也依赖于某些外生的风险或自然的状态。虽然委托人通过市场可以知道外生风险的概率分布,但他不可能确切知道实际发生的是哪一个自然状态,这就为代理人隐藏努力[2]提供了机会。当出现产出不满意或亏损的局面时,委托人不知道是代理人不努力工作造成的,还是由于外界发生的意外事件造成的。委托人面对这种环境的不确定性,无法判断代理人的努力程度是高还是低;无法决定合作的总产出中有多大的比例是由代理人的努力创造出来的。因此,委托人非常需要代理人努力的信息来制定报酬合同,但代理人的

---

[1] Christopher M S. "Negotiation and renegotiations of finance contracts under the threat of predation". *The Journal of Industrial Economics*, sept, 1996, pp.325-343.

[2] Arrow K J. *Handbook of mathematical economics*. edited by Arrow and M. D. Intrilligator, North-Holland. 1986, pp.1183-1200.

努力程度是代理人的私有信息。私有信息对代理人具有价值[①]，代理人拥有并利用它可以为代理人带来利益。比如，当代理人经营失败后，他可以利用这些私有信息，把所有的风险归结到外部或其他因素上，自己就没有任何风险了，甚至他可以报告说尽管经营是失败的，但由于他的尽心尽力，采取了各种可能降低经营失败的措施，大大地降低了损失的程度，所以他还可要求得到提升和奖励。委托人面对信息不对称及由此产生的利益冲突，只能通过制度的设计来面对这种现实。

二、信息不对称下激励机制和监控机制的作用

1. 激励机制

委托人可以采用激励机制和监控机制等方式来对付信息不对称所出现的问题。在信息对称的情况下，尽管代理人更喜欢低努力程度和高报酬水平，而委托人更喜欢代理人多努力工作，少支付报酬，但经过代理人和委托人双方的讨价还价，总能达成一个报酬的支付价格，使得若代理人期望得到更多的报酬，他就必须多付出努力；同样对委托人而言，若期望代理人多付出努力，委托人就必须向代理人多支付报酬。因此，在信息对称的情况下，只需对采取的行动和支付的价格进行协商，就可以达成最佳的契约。

但在不对称信息的情况下，委托人不能观测到代理人所采取的具体行动，所以代理人完全可能先承诺他的行动，而在实施时偏离这个行动。这称为"合同后的机会主义"[②]。由于不对称信息具有价值，代理人不会在没有获得价值的情况下自愿地将属于自己的私有信息披露出来。这就使得委托人和代理人的信任关系变得非常有限。这种有限度的信任关系也使得委托人按代理人采取的行动来制定报酬支付契约失去了意义，或者说通过双方对所采取的行动和支付的条款进行讨价还价来达成最佳契约是不可能的。但是，代理人所选取的行动依赖于委托人所提供的报酬合同，因而若报酬合同设置了激励，代理人的决策就将受到报酬合同的诱导。委托人也只有在所设计的合同中使得支付的报酬能对代理人的行动产生诱导作用，这样的合同才是可行的。在设计报酬合同时，委托人通常通过分担风险、分享利润的激励方式对不能获得代理人的私有信息进行补偿，或者通过设计一些其他附加条件使得代理人的行为受到报酬合同的诱导，这样设计的契约称为次级最佳契约。

2. 监控机制

虽然代理人的行动对委托人来说是私有信息，但并不是说委托人就无法从其他渠道获得代理人努力的信息了。现实中还存在一些与代理人采取行动相关的信息，这些信息或多或少地反映了代理人所采取的行动和所付出的努力；这些信息通常对委托人和代理人两者都可以无成本地观测到，比如，产出结果和某些监控的信号。由于代理人和委托人均可以观测到产出与监控信号，无须通过契约的协商来确定，所以，可以将报酬合同设计为产出与监控信号的函数。

[①] Rick A, John F. "Information rents and preferences among information systems in a model of resource allocation". *Journal of Accounting Research*，1995（33），pp.41–58.

[②] Ian Molho. *Economics of information.* Blackewll Publishers，USA.，1997，pp.1–12.

虽然监控手段不是在每一种情形中都能给出完全的信息，但总能给出代理人努力的附加信息。这些附加信息有助于减少信息的不对称性，有助于减少代理成本，所以，加入监控信息来研究代理问题是很有意义的[①]。

因此，委托人在不能以准确和直接的方式观测到代理人行动的情况下，委托人可以根据产出与监控信号提供的信息，制定一套可实施的支付方案，然后提供给代理人进行选择，使得代理人作出的决策符合代理人自己的利益。这样做的目的既可以避免代理人发生偷懒现象，又可以实现委托人设计合同的目标要求，因为若代理人在实现他的报酬时依赖于产出与监控信号提供的信息，且这些信息又与他所采取的行动有关，则他所作出的决策实际上受到了委托人所提供方案的支配。

由上可见，在信息不对称的情况下，若把激励机制和监控机制同时纳入报酬契约的设计中对处理委托人与代理人的利益冲突有着非常重要的作用。但是，设计这样的报酬合同将是一个非常复杂的工作，原因是需要考虑的因素多而且复杂；这些因素之间还可能是相互影响的。为了将这些复杂的因素联系起来，本文将构建一个模型来研究这些因素之间的相互关系以及如何来设计具有诱导作用的报酬合同。尽管信息不对称使得代理人的努力程度具有不可观测性，它不作为合同参数，但由于它受到了报酬合同的激励，因而应纳入模型的构建中。

三、信息不对称下的激励与监控的模型构造

在代理理论中，委托人（如股东）的财富依赖于代理人（如经理）提供的服务，造成了委托人必须寻求代理人的帮助。代理人提供服务的质量与数量取决于：代理人个人所付出的努力a，但这是委托人难以观察到的，原因是委托人可能远离生产；外生风险变量θ带来的不确定性；代理人能向委托人作出有利于代理人自己利益但实际上可能是伤害委托人利益的各种解释理由，这些原因导致了主人不能根据产出的结果π（如利润）来推断代理人的努力程度a，或者说产出的结果不只是代理人努力程度之间的简单函数关系，而应将产出结果π表示成努力程度a与风险变量θ的函数。引入监控信号s有利于监测和计量代理人的努力程度a。由于监控信号与代理人的努力程度有关并受到了努力程度的影响，因而它应是a的函数。这些讨论说明π和s都是a的函数，可假定具有如下的形式：

$$\begin{aligned}
&\pi = a + \theta \quad &\theta \approx N(0, \sigma_\theta^2) \quad &E(\theta) = 0 \quad &\text{Var}(\theta) = \sigma_\theta^2 \\
&s = a + \varepsilon \quad &\varepsilon \approx N(0, \sigma_\varepsilon^2) \quad &E(\varepsilon) = 0 \quad &\text{Var}(\varepsilon) = \sigma_\varepsilon^2 \\
&\text{Cov}(\theta, \varepsilon) = 0
\end{aligned} \quad (1)$$

上式中$\text{Var}(\theta) = \sigma_\theta^2$反映了外生环境风险；$\text{Var}(\varepsilon) = \sigma_\varepsilon^2$反映了监控信号的准确度；$\theta$和$\varepsilon$相互独立，因此，协方差$\text{Cov}(\theta, \varepsilon) = 0$。由于$\theta$和$\varepsilon$具有不可控制性，$a$具有不可观测性，因此，（1）式具有不确定性。

在实践中，支付给代理人的报酬可能是产出的一个非线性函数；也可能代理人所得

[①] Singh N. "Monitoring and hierarchies: The marginal value of information in a principal-agent model". *Journal of Political Economy*, 1985 (3), pp.599–609.

到的是损失而不是收益；报酬合同还可能是一个常数，即为固定报酬合同。如何考虑该函数呢？首先，从风险分享的角度看，固定报酬合同假定了委托人是风险中性的，委托人承担了所有的风险而无须给代理人一个风险溢价（因为这时的风险溢价已是没有效率的），因而固定报酬的支付方案是没有激励的方案。其次，由于目前没有证据表明非线性的支付函数会比线性支付函数好，因此，本文假定报酬支付函数$y(\pi)$是线性的。在有监控信号的情况下，委托人所作出的报酬支付函数不仅依赖于产出π也依赖于监控信号s，于是得到：

$$y(\pi, s) = F + \beta\pi + \delta s \tag{2}$$

参数F, β, δ决定了报酬的支付方案，用符号表示为(F, β, δ)，其中F为固定工资；β为代理人分享产出的份额，其值为$0 \leq \beta \leq 1$；δ反映了以监控信号为依据给代理人支付的报酬。

假定$c(a)$为代理人努力的效用损失所表现的货币等价量，它是代理人以提供服务作为投入所支付的代价，用a^2来表示。这样代理人获得的净财富是：

$$w(a, y) = y(\pi, s) - c(a) = y(\pi, s) - a^2 \tag{3}$$

由于（1）是不确定的，所以代理人的财富（3）也是不确定的，具有风险性。在扣除风险因素的影响后，代理人获得财富的确定性等价量可以表示成期望值与风险溢价之差，即：

$$u(a, y) = E[w] - 风险溢价$$

u代表代理人的Neumann-Morgenstem效用函数；风险溢价可以表示为风险厌恶α与方差$Var(\mathrm{II})$乘积的$1/2$[①]，于是上式可以写成：

$$u(a, y) = E[w] - \frac{1}{2}\alpha Var(\omega) \tag{4}$$

假定委托人为风险中性[②]，则委托人获得的剩余财富为$[\pi - y(\pi, s)]$的期望值，即：

$$v(a, y) = E[\pi - y(\pi, s)] \tag{5}$$

代理人是否接受委托人提供的报酬合同会受到他可能获得的其他机会的影响。只有某一方案能确保代理人从该方案中获得的期望值不小于不接受该合同时能得到的最大期望值——称为最低保留效用μ，该方案才能被代理人所接受。具体地说，只有代理人从委托人提供的方案中获得的财富大于从其他机会中获得的财富时，他才会接受委托人提供的方案，反之他会拒绝该方案，去接受其他机会提供的报酬。因此，可以认为代理人接受某报酬合同的必要条件是从该合同所获得的福利不低于这个最低保留效用μ，即：

$$u(a, y) \geq \mu \tag{6}$$

（6）称为最低保留限制条件。

对委托人提供的报酬合同(F, β, δ)，根据（1）（2）和（3）可得到代理人从该报酬合同获得的福利为：

[①] Bamberg G, Spremann K. "Implications of constant risk aversion". *Operations Research*, 1981（25）, pp.205–224.

[②] Garen I E. "Executive compensation and principal-agent theory". *Journal of Political Economy*, 1994（102）, pp.1175–1199.

$$w(F, \beta, \delta) = F + \beta(a+\theta) + \delta(a+\varepsilon) - a^2$$

根据（4），代理人获得福利的确定等价量可以表示成期望值与风险溢价之差，即：

$$u(a, y) = F + (\beta+\delta)a - a^2 - \frac{\alpha}{2}(\beta^2\sigma_\theta^2 + \delta^2\sigma_\varepsilon^2)$$

对上式求最大值后得到诱导出的努力 a 为：

$$a = \frac{\beta+\delta}{2} \tag{7}$$

根据（6）并利用（7），可得到代理人为接受报酬合同（F, β, δ）所要求的固定工资至少应达到：

$$F = \mu - \frac{\beta^2(1-2\alpha\sigma_\theta^2)}{4} - \frac{\delta^2(1-2\alpha\sigma_\varepsilon^2)}{2} - \frac{\beta\delta}{2} \tag{8}$$

根据（5），并利用诱导出的努力（7）和最低保留效用限制（8），可得到委托人所获得的财富为：

$$v = \frac{\beta+\delta}{2} - \mu + \frac{\beta^2(1-2\alpha\sigma_\theta^2)}{4} + \frac{\delta^2(1-2\alpha\sigma_\varepsilon^2)}{4} + \frac{\beta\delta}{2} - \frac{(\beta+\delta)^2}{2} \tag{9}$$

对上式求最大值后得到：

$$\beta = \frac{1-\delta}{1+2\alpha\sigma_\theta^2} \qquad \delta = \frac{1-\beta}{1+2\alpha\sigma_\varepsilon^2} \tag{10}$$

求解上式得到：

$$\beta = \frac{\sigma_\varepsilon^2}{\sigma_\varepsilon^2 + \sigma_\theta^2 + 2\alpha\sigma_\theta^2\sigma_\varepsilon^2} \qquad \delta = \frac{\sigma_\theta^2}{\sigma_\varepsilon^2 + \sigma_\theta^2 + 2\alpha\sigma_\theta^2\sigma_\varepsilon^2} \tag{11}$$

四、模型分析所得到的主要结论

下面根据模型得到的解来讨论报酬合同的设计及对代理人行为影响的相关问题。

1. 如何将激励机制与监控机制有机地结合起来，一同纳入报酬合同的设计中

公司进行监控的方法有许多，比如较简便的方法之一是监控代理人投入劳动的时间。由此可以把 β 理解为按产出所支付的工资，把 δ 理解成对劳动投入的时间所支付的工资。如果公司希望采用这一监控方法，那么，报酬合同应以劳动投入的时间为依据还是应以劳动的产出结果为依据？随着监控信号的精度提高，方差 σ_ε^2 变小，由（11）可知，δ 增加；根据（10），δ 增加意味着代理人对产出的分享份额 β 减少，这说明随着监控信号精度的提高，按监控信息支付报酬的比率增加。当监控信号的方差趋于零时，即劳动投入的时间几乎可以精确地观测到，则最佳分享 $\beta=0$，δ 趋于1，这时，根据（2）可知设计报酬合同应以监控信号提供的信息为依据。同理，当监控信号的方差趋于 ∞ 时，即根本无法通过监控的方法来获得监控的信息，$\delta=0$，$\beta=1$，这时设计报酬合同应以产出提供的信息为依据。在其他情况下，公式（11）指示出了如何将这两种支付依据有机地联系起来，用于报酬合同的设计。

2. 产出分享份额与监控信号的关系

根据（10）可知，δ 增加，β 必然减少，反之，δ 减少，β 必然增加，这说明产出分享份额与监控信号在报酬合同的制定中是相互关联的。在 δ 趋于0的极端情况下，产出分享份额 β 的大小就只由代理人的风险厌恶程度和环境风险的大小来确定了，而当 δ 趋于1时，产出分享份额 β 为0，即这时的报酬合同只依据监控提供的信息。

3. 监控措施对代理人会产生负面的影响

当委托人引入监控措施时，可能会造成代理人的效用损失[①]，由此可能导致代理人拒绝与委托人合作。面对这种情况，委托人可能需要补偿由于采用这些监控措施而引起代理人的效用损失，比如，委托人增加最低保留效用 μ 或额外补贴，以增加对代理人的吸引力。用这样的方法还可能降低信息不对称，因为委托人通过修改 μ 或额外补贴可能使得代理人有动机来揭示有关他努力的信息，以证明他应该得到某个最低保留效用水平 μ 或额外补贴。

4. 激励与监控机制对代理人的努力所产生的影响

根据（7）可知，只要 $\beta > 0$ 和 $\delta > 0$，两者都增加a，这说明产出分享份额和监控信号都能诱导或激发出代理人的努力。如果委托人希望代理人的努力要达到某一给定水平，当公司的监控能力较弱时，就需要增加产出分享的份额以激励代理人。在极端的情况下，当 $\delta = 0$（即公司根本就没有监控制度）时，根据（7）可知，诱导代理人的努力就完全由产出分享份额 β 来决定，反之，当 $\beta = 0$ 时，就完全由监控信息来决定。

5. 增加固定工资对代理人的努力没有激励作用

根据（7）可知，代理人的努力程度与支付给代理人的固定工资无关。站在委托人的角度看，无论委托人给出固定工资的支付是高还是低都不会对代理人的努力产生影响，这一事实说明固定工资制度对代理人不具有激励诱导作用。特别是当 β 和 δ 都为零时，根据（7）可知，$a = 0$，这意味着公司在既没有激励制度也没有监控制度的情况下，代理人的努力程度为零，原因是没有激励机制意味着干多干少、干好干坏一个样，代理人没有动力去努力地工作；没有监控意味着没有压力去迫使代理人努力地工作。虽然固定工资没有激励作用，但并不意味着在报酬合同的设计中就不需要固定工资。根据（8）可知，只有代理人获得的固定工资至少达到（8）的要求，代理人才可能接受委托人所提供的支付方案，否则，委托人与代理人不可能达成合作的契约，由此委托人的利益目标也难以实现。

6. 固定工资与代理人风险厌恶、环境风险和分享产出份额的关系

为讨论方便，这里假定无监控信号，即 $\delta = 0$。通常认为若增加代理人对剩余利润的分享，可以减少对固定工资的支付。可是，根据（8）可知，只有在代理人的风险厌恶和或方差都足够地小以至 $(1-2\alpha \sigma_\theta^2) > 0$ 或 $2\alpha \sigma_\theta^2 < 1$ 时，这个观点才是正确的，反之，若代理人的风险厌恶和或环境风险达到 $2\alpha \sigma_\theta^2 > 1$ 时，根据（8）可知，提高 β，引起固定工资 F 的增加。由此可以得到结论：当风险使得 $2\alpha \sigma_\theta^2 > 1$ 时，公司在设计报酬合

[①] Greenwald B C, Joseph E S. "Asymmetric information and the new theory of the firm: financial constraints and risk behavior". *American Economic Review*, 1990（80）, pp.160-165.

同时，若增加了其中利润分享的份额 β，就需要增加固定工资 F。

7. 降低代理成本的做法

由于信息不对称带来的代理问题是客观存在的，解决这个问题的关键是加强制度建设，引入激励和监控机制。同时，加强企业文化建设也有助于降低信息不对称，减少代理成本。比如，在公司内通过对诚实可信和无私行为等给予奖励来诱导有利于公司的各种行为；通过宣传公司的理念，增强公司的凝聚力；在公司内部建立健全员工的工作标准，以防止代理人在一些需斟酌处理的事项中利用合法但不合理的手段来损害企业的利益，以获得自己的利益。

原载《中山大学学报（社会科学版）》2001年第2期

品牌资产评估的模型与方法

卢泰宏

自20世纪80年代开始,在中国对外开放和跨国公司进入中国市场运用品牌战略的积极影响下,本土企业和全社会品牌意识上升,自创品牌普遍展开。90年代初,品牌资产的概念影响到中国,从《经济日报》及各地举办"中国驰名商标"评选活动,到北京名牌资产评估事务所1995年开始借鉴《财务世界》(*Financial World*)杂志的方法每年提供《中国品牌价值研究报告》,产生了比较大的影响,品牌资产已为中国企业所重视。然而,在我国至今还没有完全形成与国际接轨的、具有专业权威又体现中国特色的品牌资产评估方法。随着中国进入WTO,探求与国际接轨的品牌资产评估方法具有很大的理论和实战意义。

国内品牌资产评估存在问题并非偶然,即便是在西方发达国家,关于品牌资产迄今为止尚未形成统一的定义,导致品牌资产的评估也并存着多种模型和各种不同的方法。正如美国W.D.韦尔(Wells)所言:"对品牌资产的研究好似盲人摸象,不同的人出于不同的目的和受个人背景的局限,赋予其不同的含义及采用不同的评估方法。"[1]

作者认为,解决品牌资产评估这一复杂问题,有赖于正确回答以下3个基本问题:①界定不同的概念模型;②分析方法中多元化的评估要素;③如何正确综合评估要素及指标。

一、品牌资产的三种概念模型与基本要素分类

品牌资产的评估方法的发展建立在对品牌资产概念理解的演变基础上。

品牌资产的概念迄今尚未形成统一的定义,从而导致品牌资产评估方法也难以统一,广告公司、市场研究公司、品牌资产评估专业机构各自的评估方法源于对品牌资产的不同理解,即存在不同的概念模型。作者归纳了品牌资产的定义内涵,分析指出品牌资产主要存在着3种概念模型:财务会计概念模型,基于市场的品牌力概念模型,基于品牌——消费者关系的概念模型。值得强调的是,第三种模型是基于品牌关系理论,即主张品牌资产主要体现于品牌与消费者关系的程度,把消费者看作是品牌资产形成和评估的焦点。如果品牌对于消费者而言没有任何意义(价值),那么它也不可能向投资者、生产商或零售商提供任何价值。因此,品牌资产的核心便成为如何建立和发展消费者——

---

[1] Aaker D., Biel A. *Brand Equity & Advertising-Advertising's Role in Building Strong Brands Lawrence Erlbaum Associates.* Inc. Publishers, 1993.

品牌关系，评估品牌资产即要解决如何评估与消费者的关系。迄今为止，从理论上讲，如何衡量品牌与消费者的关系强度这一问题并未获得完全解决。

基于对品牌资产内涵的上述3种不同理解，构成各种品牌资产评估方法的基本要素可以分为3大类：财务要素（成本、溢价、附加现金流），市场要素（市场表现、市场业绩、竞争力、股市）和消费者要素（态度、行为、信仰，认知、认同、购买意愿）。表1归纳出各种评估方法的基本分类、其特征及代表性方法。

表1 品牌资产评估方法的分类

评估方法要素	评估方法的特点	代表性方法
评估方法Ⅰ：财务要素	品牌资产是公司无形资产的一部分，是会计学意义的概念	成本法、替代成本法、市值法
评估方法Ⅱ：财务要素+市场要素	品牌资产是品牌未来收益的折现，因此，对传统的财务方法进行调整，加入市场业绩的要素	Interbrand方法 Financial World方法
评估方法Ⅲ：财务要素+消费者要素	品牌资产是相对于同类无品牌或竞争品牌而言，消费者愿意为某一品牌所付的额外费用	溢价法 品牌抵补模型（BPTO） Conjoint Analysis
评估方法Ⅳ：消费者因素+市场因素	品牌资产是与消费者的关系程度，着眼于品牌资产的运行机制和真正驱动因素	Brand Asset Valuator Brand Equity Ten Equi Trend Brand Equity Engine

受到现实中不同的评估目的（如，并购等财务的需要；品牌管理的需要；市场竞争及战略的需要等）之影响，更重视方法的选择和可比性，而并不强求建立统一的评估模型。

二、品牌资产评估的代表性方法

鉴于国内对国际上各种品牌资产评估方法缺乏全面了解，本文通过分析归纳多方面资料，比较和筛选出以下代表性方法，加以简要评述。

评估方法Ⅰ：财务评估方法

财务方法利用会计学的原理来测量品牌资产，主要有以下几种。

1. 成本法

依据用于建立和发展品牌的实际投入费用（如研发费、广告费），来估算品牌资产。

2. 替代成本法

计算如果建立一个类似的品牌，究竟要花多少钱才能做到。例如，假如需投入100亿元才可建立相当某成功品牌的地位，成功的机会是25%，则该成功品牌的资产可视为400亿元。引入了成本系数的概念，影响大的品牌（如市场占有率高）被赋予大的成本系数。

3. 股票市值法

由美国芝加哥大学C.J.西蒙（Simon）和苏里旺（Sullivan）提出（Aaker, 1991），

以公司股价为基础，将有形与无形资产相分离，再从无形资产中分解出品牌资产。适用于上市公司的品牌资产评估。第一步计算公司股票总值A；第二步用重复置成本法计算公司有形资产总值B，无形资产总值C=A−B。无形资产由3部分所组成：品牌资产C1、非品牌因素C2（如R&D和专利等）以及行业外可以导致获取垄断利润的因素C3（如法律等）；第三步确定C1、C2、C3各自的影响因素；第四步建立股市价值变动与上述各影响因素的数量模型，以得出品牌资产占公司有形资产的百分比（也可导出不同行业中品牌资产占该行业有形资产的百分比）。由B即可得出品牌资产C1。

评估方法Ⅱ：财务要素+市场要素

引入非财务因素进行调整，其中最著名的两种方法以其创立机构命名，分别是：国际品牌公司（Interbrand）方法和财务世界（Financial World）方法，这两种方法主要加入了反映品牌市场业绩和市场竞争力的若干评估新因素。

1. Interbrand方法

英国的Interbrand公司被公认是世界上最著名的品牌资产评估公司，1990年发表第一本国际范围的World's Top Brands评估结果，1996年书名改为*World's Greatest Brands*（Interbrand，1996）。Interbrand认为，与其他资产的价值一样，品牌的价值也应该是品牌未来收益的折现。因此，Interbrand方法评估品牌资产分为两步：首先，确定品牌收益和现金流；其次，根据品牌强度确定折现率。

依据Interbrand方法，品牌资产价值等于品牌收益乘以品牌强度。①品牌收益（Brand Earning）：反映品牌近几年的获利能力。Interbrand方法中品牌收益的衡量方法非常复杂。品牌收益的计算虽然可以从品牌销售额中减去品牌的生产成本、营销成本、固定费用和工资、资本报酬以及税收等，但是品牌收益的计算还要考虑许多其他因素。首先，并非所有的收益或利润都是来自于品牌，可能有部分收益或利润来自于非品牌因素，例如分销渠道因素。其次，品牌收益不能用某单一年份的利润来衡量，而应该用过去3年历史利润进行加权平均。②品牌强度（Brand Strength）：决定了品牌未来的现金流入的能力，最大值为20。Interbrand先后提出了两套计算品牌强度的模式：7因子加权综合法和4因子加权综合法。均运用Interbrand设计的详细问卷收集品牌在各因子表现的得分。品牌强度7因子加权综合法：市场领先度Leadership；稳定性Stability；市场特征（行业增长能力、进入障碍等）Market；国际化能力Internationality；发展趋势（与消费者的相关性）Trend；品牌支持Support；法律保障Protection。4因子加权综合法（1996）：比重（同类产品中的市场占有率）Heavy；广度（市场分布）Broad；深度（顾客忠诚度）Deep；长度（产品延伸程度）Long。

2. Financial World方法

*Financial World*杂志每年度公布世界领导品牌的品牌资产评估报告，所使用的方法与Interbrand方法基本接近，主要不同之处是*Financial World*更多地以专家意见来确定品牌的财务收益等数据。①该方法强调品牌的市场业绩，首先从公司销售额开始，基于专家对行业平均利润率的估计，计算出公司的营业利润。然后再从营业利润中剔除与品牌无关的利润额，例如资本净收益（根据专家意见估计资本报酬率）和税收，从而最终得出与品牌相关的收益。②根据Interbrand的品牌强度7因子模型估计品牌强度系数，品

牌强度系数的范围大致在6到20之间。③计算出Financial World品牌资产=纯利润×品牌强度系数。

用Financial World方法计算品牌资产的具体过程与示例参见表2。

表2 *Financial World*品牌资产计算方法

步骤	项目	公式	万宝路（1992）	可口可乐（1993）
1	销售额		154亿	90亿
2	利润率	（行业）	22%	30%
3	利润	1×2	34亿	27亿
4	资本比率	（行业）	60%	60%
5	理论资本	1×4	92亿	55亿
6	一般利润	5×5%	4.6亿	2.7亿
7	品牌利润	3—6	29亿	24亿
8	修正利润	三年加权	—	—
9	税率	（行业）	43%	30%
10	理论纳税	8×9	12亿	7.3亿
11	纯利润	8—10	27亿	16.7亿
12	强度系数	6—20之间	19倍	20倍
13	品牌价值	11*12	310亿	334亿

注：以上单位以美元计。
资料来源：根据艾丰主编《中国品牌价值报告》，经济科学出版社1997年版整理而成。

Interbrand和Financial World这两种方法多年发表评估结果，已形成了国际性地位，具有较强的权威性和通用性，可用于任何产品类别或品牌。特别在品牌收购、兼并或租赁等市场行为中，用途较广。但也存在不足：只提供品牌总体绩效指标，却没有揭示品牌资产内部的因果关联，对品牌管理指引不够；过于简单化，难确定品牌资产中有多少价值来自母品牌，又有多少价值来自子品牌。

评估方法Ⅲ：财务要素+消费者要素

此类方法尽管引入消费者的新角度进行评估，但没有摆脱财务方法的影响，视品牌资产定义为：相对于同类无品牌产品（或服务）和竞争品牌（或服务）而言，消费者愿意为某一品牌产品或服务所付的额外费用。这是2种要素组合基础上的评估。比较代表性的方法有：溢价法、消费者偏好法、品牌-价格抵补模型（Brand-Price Trade Off）、联合分析法（Conjoint Analysis）。具体操作采用实验模拟，向消费者提供品牌和价格的多种组合，让消费者进行选择，从而通过专用的统计软件计算出品牌资产价值。其特点是运用实验方法，操作比较繁杂，且过分依赖消费者的直观判断和电脑统计过程。

评估方法Ⅳ：基于消费者关系的评估方法

随着品牌资产理论越来越重视品牌资产与消费者的关系机理（Keller. K.，1993；

1998），出现了以下4种最具有代表性的基于消费者关系的评估模型[①]。

1. 品牌财产评估（Brand Asset Valuator）电通模型

由扬·鲁比广告公司（Young & Rubicam）提出，其前身是朗涛形象力模型（Landor Image Power）。该模型使用邮寄自填问卷，每3年进行一次消费者调查，覆盖了19个国家450个全球性品牌及24个国家的8000多个区域性品牌。调查中由消费者用以下4方面指标对每一个品牌的表现进行评估：①差异性（Differentiation）。即品牌在市场上的独特性及差异性程度。②相关性（Relevance）。品牌与消费者相关联的程度，品牌个性与消费者适合程度。③品牌地位（Esteem）。品牌在消费者心目中受尊敬的程度、档次、认知质量以及受欢迎程度。④品牌认知度（Knowledge）。衡量消费者对品牌内涵及价值的认识和理解的深度。

在消费者评估结果的基础上，该模型建立了两个因子：①品牌强度（Brand Strength），等于差异性与相关性的乘积；②品牌高度（Brand Stature），等于品牌地位与品牌认知度的乘积。并进而构成了品牌力矩阵，可用于判别品牌所处的发展阶段。

电通模型突出了从品牌力的角度进行评估，有利于品牌资产的诊断和品牌战略管理（见图1）。它的优点是比较简单，可以覆盖品牌范围及产品的种类范围很广，模型摆脱了传统的认知—回忆模型，因而比较新颖。该模型的局限是，必须以数据库作为基础；其次，这一模型不能解释品牌选择及品牌忠诚的机制。

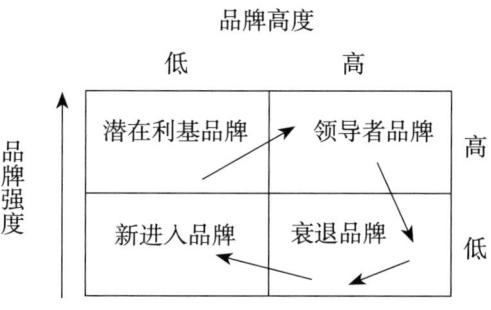

图1　电通品牌力矩阵

2. 品牌资产趋势（Equi Trend）模型

由美国整体研究（Total Research）公司提出，每年调查2000位美国消费者，1995年的调查包括100多个产品类别的700个品牌，尽管其调查的范围和问卷的长度都不如电通公司的模型，但该模型由于经过多年的调查积累了较大的数据库，因而可以更好地理解各品牌的品牌资产的运行机制及效果。该模型主要由消费者衡量品牌资产的以下3项指标：①品牌的认知程度（Salience）。消费者对品牌认知比例，也可以分为第一提及、提示前及提示后知名度。②认知质量（Perceived Quality）。这是Equi Trend的核心，因为消费者对品牌质量的评估直接影响品牌的喜欢程度、信任度、价格以及向别人进行推荐比例。在Equi Trend的研究中，认知质量被证实与品牌的档次及使用率或市场占有率高度正相关。③使用者的满意程度（User Satisfaction）。指品牌最常使用者的平均满意

---

① 后来发展的方法，更着眼于品牌资产从消费者认知角度进行评估。许多广告公司或市场研究公司都从消费者的角度提出了各自的品牌资产测量模型，例如：法国Sofres市场研究公司的大品牌（Megabrand）模型；NPD的Brandbuilder模型；南非市场调研（Research Surveys）的转换（Conversion Model）模型；英国Millward Brown的品牌动态（Brand Dynamics）模型；Infratest Burke的IMPMAP模型。这些评估模型大同小异，大多摆脱不了认知-回忆模型，即重点放在品牌与消费者关系的初级层面，在此不作详细评述。

程度。

综合每个品牌在以上3个指标的表现，能够计算出一个Equi Trend品牌资产得分。根据Equi Trend的数据库及调查结果，美国领导品牌多年来的排名顺序都比较稳定和一致。

与Brand Asset Valuator一样，Equi Trend也比较简单，而且能覆盖较广泛的品牌和产品种类，并且摆脱了传统的认知-回忆模型。但不足之处是太依靠认知质量这项指标（这项指标只能解释消费者为什么去买该品牌，但却不能解释是什么原因导致高质量）；由于认知质量和使用者满意程度两项指标的基数不一样，认知质量和使用者满意程度两项指标的相关性并不高；而且，Equi Trend模型没有很好地解释"各项指标的权重是如何得到的，是否对于每一个消费者都是一样"的问题。

3. 品牌资产十要素（Brand Equity Ten）模型

由美国著名的品牌专家David Aaker教授1996年提出，从5个方面衡量品牌资产：忠诚度、认知质量或领导能力、品牌联想或差异化、品牌认知与市场行为，并提出了这5个方面的10项具体评估指标[1]：品牌忠诚度评估：①价格优惠；②满意度或忠诚度。感觉中的品质或领导品牌评估：③感觉中的品质；④领导品牌或普及度。品牌联想或差异化评估：⑤感觉中的价值；⑥品牌个性；⑦公司组织联想。认知评估：⑧品牌认知。市场行为评估：⑨市场份额；⑩市场价格和分销区域。

Brand Equity Ten模型为品牌资产评估提供了一个更全面、更详细的思路。其评估因素以消费者为主，同时也加入了市场业绩的要素。它既可以用于连续性研究，也可以用于专项研究。而且Brand Equity Ten所有指标都比较敏感，可以以此来预测品牌资产的变化。其不足之处在于，对于具体某一个行业品牌资产研究，Brand Equity Ten指标要作相应的调整，以便更适应该行业的特点。例如，食品行业的品牌资产研究与高科技行业品牌资产研究所选用的指标就可能有所不同。

4. 品牌资产引擎（Brand Equity Engine）模型

Brand Equity Engine是国际市场研究集团（RI，Research International）的品牌资产研究专利技术（Research International 1996）。该模型认为：虽然品牌资产的实现要依靠消费者购买行为，但购买行为的指标并不能揭示消费者心目中真正驱动品牌资产的关键因素。品牌资产归根到底是由消费者对品牌的看法，即品牌的形象所决定的（见图2）。

该模型将品牌形象因素分为两类：一类是"硬性"属性，即对品牌有形的或功能性属性的认知；另一类属性是"软性"属性，反映品牌的情感利益。

Equity Engine建立了一套标准化的问卷，通过专门的统计软件程序，可以得到所调查的每一个品牌其品牌资产的标准化得分。得出品牌在亲和力（Affinity）和利益能力（Performance）这2项指标的标准化得分，并进一步分解为各子项的得分，从而可以了解每项因素对品牌资产总得分的贡献，以及哪些因素对品牌资产的贡献最大，哪些因素是真正驱动品牌资产的因素。

---

[1] Aaker D. *Building Strong Brands*. The Free Press, 1996.

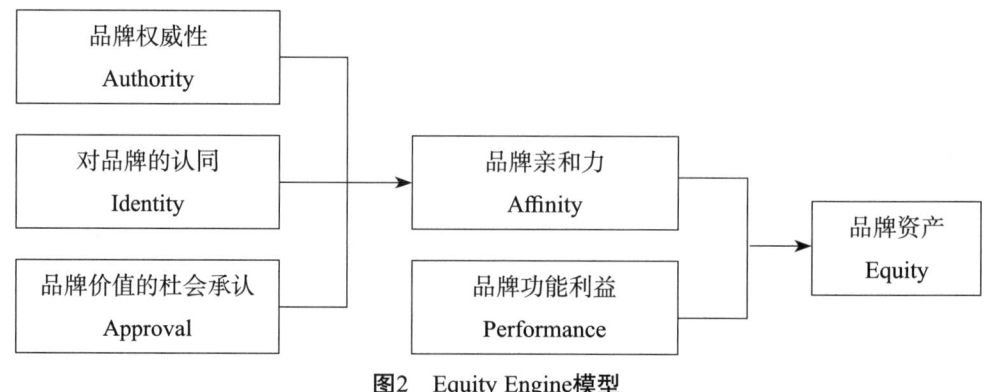

图2 Equity Engine模型

RI这项技术着眼于从品牌形象的角度来评估品牌资产,从而进一步摆脱了传统的认知-回忆模型,有助于去发现品牌资产的真正驱动因素。它既可以用于连续性研究,也可以用于专项研究。不足之处是,测量问卷要针对具体行业品牌作相应调整。

三、讨 论

国内1995年以来连续多年发布的中国品牌评估报告中,"红塔山"(核心业务是烟草)一直稳居榜首且品牌价值遥遥领先,这一结果往往不能令人信服(红塔山的品牌管理和消费者评价这两方面都存在明显缺陷),其主要原因是所用的评估方法中,偏重近期市场业绩要素的贡献(销售额、市场份额等因素显著),而很少反映和体现品牌与消费者关系之强度,从而不能分析出品牌资产的真正驱动因素,难以对品牌管理提供指引。显然,国内评估方法改进的主要方向是在评估模型中强化消费者要素,这亦体现出国际发展之趋势。

本文回答了前文提出的3个基本问题中的2个问题,限于篇幅第三个基本问题将另文讨论。可以发现,导致国际上品牌资产评估方法多元化的主要原因是品牌资产概念多元化(从完全财务的观点到完全基于消费者的观点,中间还存在着基于市场业绩的品牌力观点)及评估要素组合多元化。在实际应用中,因为应用目标的不同,相应对评估模型有不同的选择角度和舍取。

品牌资产概念的深入发展决定了其评估模型的演进。从最初的"品牌财产"(Brand Asset)到"品牌资产"(Brand Equity),再到现在有学者提出用"品牌价值"(Brand Value)替代"品牌资产",引导着品牌资产评估方法的演变。各种流派在阐述品牌资产概念时,实际上都认为品牌资产的核心是"品牌价值":财务观点为"品牌资产"赋予会计意义的价值;品牌力的观点把品牌资产的价值与品牌扩张的成本降低联系起来;基于消费者的观点则认为"品牌资产"是消费者如何理解并在多大程度上认同品牌的价值。"品牌财产"主要寻求从狭义的财务角度去评估,认为品牌资产是公司无形资产的一部分,但却难以为品牌管理者提供具体管理操作方面的指导。"品牌资产"各流派从自身的角度提出不同的品牌资产评估模型,却很难达成统一。

相比之下,"品牌价值"为核心的评估模型和方法不但可吸收前两个概念的核心,更可体现出品牌与消费者之间关系的最深层因素,对公司确立长远战略、公司文化、竞争定位及核心竞争力起关键指导作用。因此,发展"品牌价值"的评估方法意义重大,具有创新性,值得更多地重视和探索。

参考文献

[1] Aaker, D. "Measuring brand equity across products and markets". *California Managenent Review*, 38(3), 102-120. 1996.

[2] Aaker, D & Keller, K. "Consumer evaluations of brand extensions". *Journal of Marketing*, 54, 27-41. 1990.

[3] Baldinger, A. "Defining and applying the brand equity concept: Why the researcher should care". *Journal of Advertising*, 30(3) .1990.

[4] Barwise, P. "Brand equity: snark or boojum?" *International Journal of Research Marketing*, 10, 93-104. 1992.

[5] Blackston, M. "The qualitative dimension of brand equity". *Journal of Advertising Research*, 35(4) RC2-RC7. 1995.

[6] Cobb-Walgren, C., Ruble, C., and Donthu, N. "Brand equity, brand preference, and purchase intent". *Journal of Advertising*, 24(3), 25-40. 1995.

[7] Davis, S., and Douglass, D. "Holistic approach to brand equity management". *Marketing News*, 29(2). 1995.

[8] Dyson, P., Farr, A., and Hollis, N. "Understanding, measuring, and using brand equity". *Journal of Advertising Research*, 36(6), 9-21. 1996.

[9] Farquhar, P. "Managing brand equity". *Journal of Advertising Research*, 30(4). 1990.

[10] Keller, K. "Conceptualizing, measuring, and managing customer-based brand equity". *Journal of Marketing*, 57(1), 1-22. 1993.

[11] Keller, K. *Strategic Brand Management*. New York: Prentice Hall, 1998.

[12] Pitta, D., and Katsanis, L. "Understanding brand equity for successful extension". *Journal of Consumer Marketing*, 12(4), 51-64. 1995.

[13] Pokorny, G. "Building brand equity and customer loyalty". *Electric Perspectives*, 20(3). 1995.

[14] Interbrand. *World's Greatest Brands*. London: Macmillan Press Ltd, 1996.

[15] Teas, K. and Grapentine, T. "Demystifying brand equity". *Marketing Research*, 8(2). 1996.

[16] Research International. *Equity Engine Manual*, 1996.

[17] 艾丰主编. 中国品牌价值报告[M]. 北京:经济科学出版社,1997.

[18] 卢泰宏,邝丹妮. 整体品牌设计[M]. 广州:广东人民出版社,1998.

[19] 卢泰宏,黄胜兵. 论品牌资产的定义[J]. 中山大学学报(社会科学版),2000(4).

[20] 黄胜兵,卢泰宏. 品牌的阴阳二重性[J]. 南开管理评论,2000(3).

［21］卢泰宏."名牌"一词使用中的若干问题［N］.人民日报（华南版），1997-12-31.

［22］卢泰宏.我国自创品牌的进展与展望［J］.中山大学学报（社会科学版），1996（3）.

［23］卢泰宏，谢飚.品牌延伸的评估模型［J］.中山大学学报（社会科学版），1997（6）.

［24］卢泰宏，林一民.商业传播中的儒家传统与现代规范——中国老字号与西方品牌的文化比较［C］.香港：华夏文化与现代管理国际研讨会论文集，1997.12.（入选《中国改革开放20年成果总览》）

［25］卢泰宏.从"销售主义"走向"品牌主义"［J］.国际广告，1999（2）.

［26］卢泰宏.中华"老字号"对西方品牌进入中国市场的启示［C］.中山大学管理评论.广州：中山大学出版社，2001.

［27］范秀成.品牌权益评估方法［J］.南开管理评论，2000（1）.

［28］符国群.商标资产研究［M］.武汉：湖北人民出版社，1998.

原载《中山大学学报（社会科学版）》2002年第3期

独立董事激励和约束机制研究

谭劲松

现代股份公司的股东分散和所有权与实际控制权分离,导致股东大会空壳化,董事会成为公司管理和控制的核心,经理层对董事会的控制,导致了董事会的"死亡",破坏了正常的公司治理组织结构,损害广大股东的利益,改善公司治理、实现权力制衡的问题顺理成章地提了出来。独立董事制度作为改革和复兴公司董事会的一项重要举措[①],在全球范围内得到了各国政府和有关组织的支持,也确实取得了一定的成效和较大的进展[②]。

独立董事制度保持旺盛生命力和有效发挥作用的核心是"独立性"。独立董事的独立性,为独立董事独立于企业、客观公正地做出判断、制定有利于提高企业价值和长远发展的决策提供了重要基础,但如何既让独立董事尽职尽责地投入工作、同时又使独立董事在工作过程中始终如一地保持独立,成为独立董事制度面临的重要问题。这就需要建立一套恰当而有效的激励和约束机制,既激励独立董事积极努力地工作,又对独立董事的行为构成一定约束,以期在解决由于独立董事"外在于企业"而导致的与企业利益无关从而可能产生的代理问题的同时,使独立董事在积极履行独立董事职责的过程中不至于为获得独立董事利益而丧失其特有的"独立性"。

本文讨论独立董事制度的激励和约束机制,其基本结论是:对独立董事实行必要的激励是必要的,但同时应有相应的约束机制;从形式上看,经济机制、声誉机制、法律机制应同时实施;对独立董事而言,声誉机制固然非常重要,但必要的经济机制的引入也必不可少;法律机制不健全是影响公司治理的一个重要因素,对独立董事的法律责任追究应有一个恰当的度;不管是怎样的激励和约束机制,"度"的把握最重要,中等程度的激励和约束是独立董事制度激励和约束机制最佳的"度"。

一、独立董事制度的激励机制问题

经济学认为,人是理性的,他在从事某项活动时,总是为了某种目的和追逐某种利

---

① 改善公司治理的措施和做法,可以有很多,但归纳起来主要是两个方面:一是完善外部市场机制,二是明确公司内部治理机构的权责利。具体到强化公司内部治理而言,又有许多做法和措施可以采用,其中包括强化公司董事会职能,而推行独立董事制度则是强化董事会功能的重要举措之一。

② 尽管近年来英美等国出现了以安然(Enron)事件为代表的一些重大财务舞弊案,令人们对这些国家的公司治理机制和与之相关的独立董事制度进行反思,但我仍然认为,这些事件并不能成为完全否定这些机制和制度的理由。

益①,这就要求我们在进行一项制度设计时,首先要考虑激励机制的设计。因此,设计一个好的激励制度,就成为确保独立董事有足够的动力做好该项工作的一个前提条件。

如何激励独立董事,一直是独立董事制度的一大难题,在学界和业界也一直有争议。

这实际是个悖论。利益与独立性本身就是矛盾的。没有利益刺激显然不行,给予独立董事与其付出劳动相对应的利益作为对其努力工作的补偿确属必要。但利益的存在则有可能使其丧失独立性,独立董事有可能会担心失去这份"工作",这时独立董事就会"蜕变"为"雇员",其独立性就会丧失殆尽。因此,没有利益不行,利益太少以至于不足以补偿独立董事付出的劳动也不行②,利益太多以致独立董事对收入产生依赖同样不行,即使独立董事付出了很多劳动也不能给予其太多的利益回报③。因此,"度"的把握非常重要。独立董事不能对从公司获得的收入产生依赖。这就是独立董事薪酬的"度"。

从形式来看,用于激励和约束独立董事提高工作效率的方式主要有三种:①法律保证;②声誉保证;③经济激励。如果说,"法律保证"侧重于约束的话,那么"经济激励"则侧重于激励,而"声誉保证"则是激励与约束并重。

用声誉机制激励同时也约束独立董事通常被认为是对独立董事获得较低的固定报酬并保持独立性的一种很有效的手段。因为人们相信,一旦独立董事在公司中表现出了应有的客观与独立,在工作中表现了其自身的卓越的控制和决策能力,无形中将提高其声誉,增加其人力资本的价值。例如,法马(Fama)、法马和詹森(Fama和Jensen)认为,独立董事本身要受外部劳动力市场的约束和监督,该市场根据独立董事的表现来给他们的服务定价,因此,独立董事顾及自身的声望和信誉,不与管理者共谋,而是通过其占有的董事职位向外界传递自身价值的信号,这就是说,独立董事必须努力维护并能胜任其作为企业经营监督者的声誉④。这种理论也解释了为什么公司热衷于挑选有名的专家学者和社会贤达等作为独立董事,因为人们合理预期这些社会名流会珍惜自己的声誉。但是,声誉机制至少无法解释如下问题,即一个已经声誉很好的社会名流凭什么白白贡献自己的良好信誉去做一个毫无回报但充满风险并且可能会承担责任的独立董事?他能得到什么?注意,他的名声已经足够大,以至于已经不再需要增加名声了,如果他不图任何回报的话(事实上这本身就不符合理性人假设),这种奉献能维持多久?正如沃尔特·J.萨蒙(Walter J. Salmon)所指出的,"公司即使有幸请到了既有才智又

---

① 当然,这种目的和利益不一定是经济上的,也不一定是有形的和短期的。

② 因为这样,独立董事就会衡量他的收益和成本,从而减少付出的工作。如果同时他承担较大的责任和风险,他就有可能放弃独立董事的职位。

③ 这就要求在设计制度时必须充分考虑各种情况对独立董事制度的制约,例如对独立董事寄予很高的期望,令独立董事付出很多劳动,就有可能无法保证独立董事的独立性。因此,从制度设计来说,一开始就不应希望独立董事将他的主要精力投入企业的监督和管理上去。

④ [美] Fama, Eugene F. "Agency problems and the theory of the firm". *Journal of Political Economy*, 1980, pp.288-307; [美] Fama, Eugene F. and Jesen, Michael C. "Separation of ownership and control". *Journal of Law and Economics*, 1983, pp.301-325.

有献身精神的董事，也无法保证他们始终如一"①。有一种可能性，就是一些想拥有好名声但名声暂时还不够大、或已经拥有一定知名度但想更加扩大影响的人士，也许声誉机制是有效的，但对这个群体来说，这种动机——其实也就是一种利益，在本质上与经济利益是一样的——有可能令他们眷恋独立董事这份"可能为他们带来更大知名度"的工作，如果足够大的话，有可能成为驱使这些独立董事们与公司经营管理层共谋的动力。因此，我认为，声誉激励和经济激励，实际上没有区别，本质上是相同的，都是从担任独立董事的过程中获益，都是驱使"准独立董事"们担任独立董事和独立董事们认真工作的动力源泉②。在这里，形式是次要的，无论何种形式，实质都一样，关键是"度"。

传统的支付给独立董事报酬的方式主要是固定津贴制，包括年费和出席会议费，同时还可能有委员会成员费和委员会会议费等，一般与公司业绩无关。例如，根据Korn-Ferry公司的调查，美国上市公司董事的平均报酬为33133美元③。从一定角度看，这种做法是有道理的，因为独立董事的工作就是参加董事会会议并提供意见，无论公司业绩好坏，其工作量都与会议次数以及他本人在董事会中的任职有关，甚至有可能独立董事的工作量与公司业绩负相关——公司问题越多，越需要独立董事发挥作用，独立董事的工作量就越大，因此，将独立董事的报酬与业绩挂钩可能不具合理性，而且如果独立董事报酬与公司业绩挂钩，有可能令独立董事陷入公司事务而丧失独立性，甚至与公司管理层串谋操纵公司业绩以获利，同时独立董事一般是其他公司（或其他服务单位）的高级人员，为在任独立董事单位投入太多的时间和精力而可能使得他们的本职工作受影响从而使其雇主不得不阻止他们担任独立董事。

但越来越多的人认为，不给独立董事足够的激励，独立董事们是没有动力去从事他们应该从事的工作，同时，从另一个角度看，独立董事的工作与企业业绩又是密切相关的，因此主张让独立董事利益与股东利益保持一致，提高独立董事待遇，并与企业绩效挂钩，采取包括提高独立董事底薪和向独立董事提供股票期权等措施在内的手段，来增加独立董事的工作动力④。约翰·庞德（John Pound）认为，董事会成员必须有足够的激励，而且应将其收入与服务挂钩，否则，不能指望他们会承担制定和质疑公

---

① ［美］沃尔特·J. 萨蒙：《防范危机：如何完善董事会（中译本）》，沃尔特·J. 萨蒙等：《哈佛商业评论精粹译丛——公司治理》，中国人民大学出版社，哈佛商学院出版社，2001年，第1—22页。

② 萨蒙（Salmon）说，尽管董事会工作的主要回报是感情上和智力上的回报以及从工作中获得适用于其他专业活动的经历，但报酬显然也是动力之一。见［美］沃尔特·J. 萨蒙：《防范危机：如何完善董事会（中译本）》，沃尔特·J. 萨蒙等：《〈哈佛商业评论〉精粹译丛——公司治理》，中国人民大学出版社，哈佛商学院出版社，2001年。

③ ［美］沃尔特·J. 萨蒙：《防范危机：如何完善董事会（中译本）》，沃尔特·J. 萨蒙等：《哈佛商业评论精粹译丛——公司治理》，中国人民大学出版社，哈佛商学院出版社，2001年，第1—22页。

④ 据《中国证券报》2003年1月8日报道，英国各大公司近日向政府调查机构要求，大幅提高非执行董事的薪酬。其中百代唱片公司就提出要把非执行董事的底薪从目前的每年3.7万英镑提高至每年5万英镑。这批公司非执行董事每年约工作30天。

司政策的重任，因此他认为董事的报酬（在中等规模一般为2.5万美元，在大公司中为5万美元）应该增长5倍并且与股票价值挂钩①。默克、史莱夫、维什尼（Morck、Shleifer和Vishny）等人的研究表明，用托宾Q值衡量的公司绩效与董事会成员拥有的股权数量正相关，说明独立董事拥有股权与企业的经营业绩有一定的关系②。赫麦林和威斯贝齐（Hermalin和Weisbach）的研究结果也表明，以激励为基础的报酬制度能提高独立董事监督企业经营的效率③。国外的实践也表明，"越来越多的公司在聘金和会议费之外，开始支付给董事带有限制条款的股票或股票期权，也有以股票或股票期权代替聘金和会议费的"④。

中国证监会《关于在上市公司建立独立董事制度的指导意见》（以下简称《指导意见》）中规定，"上市公司应当给予独立董事适当的津贴。津贴的标准应当由董事会制订预案，股东大会审议通过，并在公司年报中进行披露"，并规定"除上述津贴外，独立董事不应从该上市公司及其主要股东或有利害关系的机构和人员取得额外的、未予披露的其他利益"。这里既没有规定独立董事津贴的发放形式，也没有规定具体的发放标准，只是规定了确定独立董事津贴的基本原则——"适当的津贴"，和确定的基本程序，因而表现了相当的弹性。我理解，这里的"适当"原则是既不能损害独立董事的独立性，又能起到激励的作用。

下面这个从利益出发的决策模型（见图1）也许可以帮助我们更深刻的理解这一问题。图中的"利益"既包括经济利益，也包括其他非经济利益，"成本"包括两项内容，一是独立董事从事独立董事工作付出的劳动，二是独立董事承担的责任和风险（包括法律风险⑤和声誉风险）⑥。我们可以发现，中等程度的激励和约束有利于建立有效的独立董事制度。

二、独立董事制度的约束机制问题

约束与激励是一对孪生兄弟，任何只有激励没有约束的制度和只有约束没有激励的制度都会导致行为主体的极端行为。除了给独立董事以激励外，一个有力的约束机制的存在，也是独立董事有效发挥作用的必备条件。

---

① ［美］约翰·庞德：《治理型公司的前景（中译本）》，沃尔特·J. 萨蒙等：《哈佛商业评论精粹译丛——公司治理》，中国人民大学出版社，哈佛商学院出版社，2001年，第70–93页。

② ［美］Morck, R., Shleifer, A. and Vishny, R. "Management ownership and market valuation: An empirical analysis". *Journal of financial Economics*, 1988, 20, pp.293–315.

③ ［美］Hermalin, Benjamin E. and Weisbach, Michael S. "Endogenously chosen boards of directors and their monitoring of the CEO". *American Economic Review*, 1998, 88, pp.96–118.

④ ［美］沃尔特·J. 萨蒙：《防范危机：如何完善董事会（中译本）》，沃尔特·J. 萨蒙等：《哈佛商业评论精粹译丛——公司治理》，中国人民大学出版社，哈佛商学院出版社，2001，第1–22页。

⑤ 独立董事的法律风险实际上与证券法律责任制度联系在一起。这一点后文将予以讨论。

⑥ 据《中国证券报》2003年1月8日报道，英国各大公司近日向政府调查机构要求，大幅提高非执行董事的薪酬。其中百代唱片公司就提出要把非执行董事的底薪从目前的每年3.7万英镑提高至每年5万英镑。这批公司非执行董事每年约工作30天。据称，加薪的理由是受华尔街的公司财务丑闻波及，英国成立专门调查机构，各大公司的非执行董事不得不担当各自的职责，因此提出加薪请求。

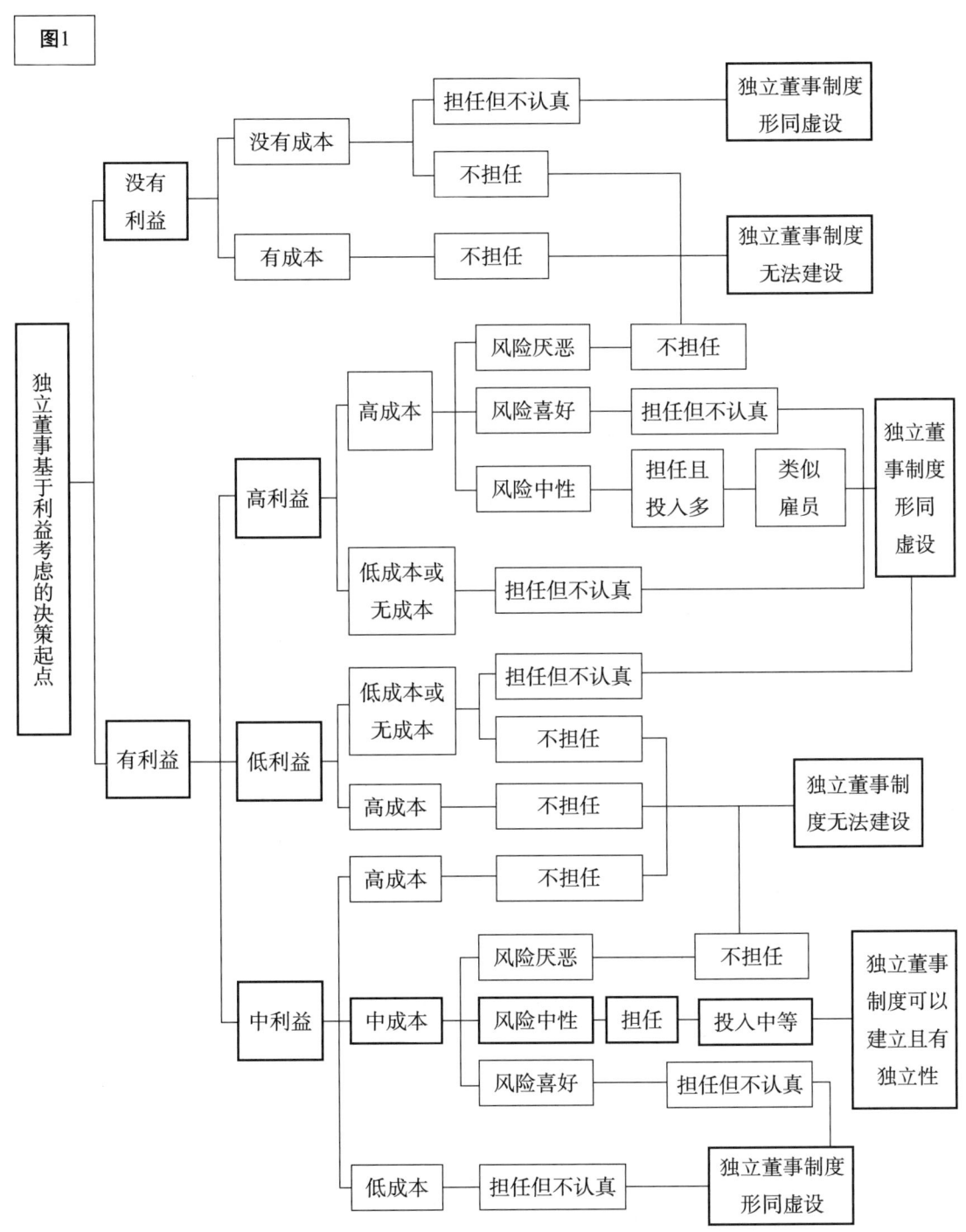

图1

独立董事的约束形式，除前述的声誉机制以外，法律责任制度的约束是一个重要方面。一般而言，法律责任包括三个方面，即行政责任、刑事责任和民事责任，三者分别从公法和私法的角度对证券法律关系进行调整。这里的问题是，撇开具体的约束形式不论，单以约束程度而论，对独立董事的约束应以多大程度为宜？显然，约束太大，或者会要求激励也大，将导致独立董事投入较多，从而独立董事演变为企业的雇员，或者激励不大，但较大的风险将使独立董事产生怯意①，放弃独立董事职位②；若约束太小，又不足以对独立董事构成压力，可能导致独立董事工作不够尽职。而事实上，由于先天地位的不同，企业的执行董事和经理作为"内部人"在公司运作中所起的作用和所获利益均远远超过身处企业之外的外部董事和独立董事，要他们承担同样的责任显失公平③。在国外，虽然制定法上没有将内部董事与外部董事和独立董事区分开，但判例法上承认这种差别④。而且，大量判例表明，这两类董事在义务与责任负担上也是区别对待的⑤。如果漠视这种先天差别，在证券民事责任上不将独立董事与内部董事相区别，势必不合理加大独立董事的法律责任，使得许多有能力的人不愿意担任独立董事之职，从而影响独立董事制度的建立和健康有效的发展⑥。国外通行的办法是以独立董事在一定合理时期内从公司获得的薪酬和津贴总额乘以一定的倍数作为独立董事承担的民事赔偿责任的最高限额⑦，这不失为一个公平的做法，值得借鉴⑧。

同时，独立董事约束的程度还应与其激励制度相对应，实现二者的匹配。下面的从成本出发的博弈模型（见图2）也许更清楚地表明了成本对独立董事制度和独立董事工

---

① 我们可以合理地推测，独立董事会比较谨慎。因为独立董事的回报通常不与公司的获利能力相联系，如果高风险的冒险成功了，他们得不到任何直接利益，但如果失败了，他们的声誉可能会受损甚至可能面临法律诉讼。同时由于他们的"外部"和"兼职"的特点，无法监督公司冒险活动的进行过程。因此，独立董事应该是个风险厌恶者。

② 一个非常简单的道理就是，独立董事的声望和收入尚不足以令人们仅仅因为独立董事之职而将其个人的全部身家置于无法把握的民事赔偿责任的"悬剑"之下，不仅目前如此，而且相信以后也是这样。而且不仅独立董事如此，所有董事都如此。由此可能会导致逆向选择，即有能力的人由于风险太大而不愿意担任独立董事(甚至董事)，导致独立董事和其他董事的整体素质和水平下降。事实上，要想建立一个行之有效的独立董事制度，必须有一个由高质量的候任独立董事组成的"人才市场"。这个市场靠什么去吸引优秀的候选人才和规范运作呢？一是足够的、同时也有限的激励和利益（包括经济的和非经济的），使得有人愿意做，同时不愿为之冒险；二是足够的、同时也确定的责任和风险（包括有形的和无形的），使得没有人敢随意做，同时不致人人都不敢做。

③ 就算外部董事和独立董事已经恪尽职守，这种先天局限也是无法解决的。

④ 据布莱恩·R.柴芬斯（Cheffins）介绍，尽管英国的公司法不承认非执行董事是另一类董事，规定所有董事都承担相同的法律义务并且对整个董事会做出的决定平等地承担责任，但是越来越多的人承认执行董事和非执行董事扮演着不同的角色，一些法官也已经接受了应区别考虑的观点。见《公司法：理论、结构和运作》（中译本），法律出版社2001年版。

⑤ 张开平：《英美公司董事法律制度研究》，北京：法律出版社，1998年，第58页。

⑥ 我国目前的独立董事责任制度未对内部人和外部人的责任加以区分，加上目前证券市场的固有缺陷，不恰当地加大了独立董事的责任和风险，其典型体现是郑百文独立董事"陆家豪事件"。而越来越多的独立董事辞职也不能说与目前的独立董事责任制度没有关系。

⑦ 这种责任限制只适用于非故意或非重大过失的不当行为，以及无不当个人得利等情形。参见齐斌：《证券市场信息披露法律监管》，法律出版社2000年版，第285页。

⑧ 这也说明为独立董事购买责任险成为必要。当然这种险不包括故意过失和非正当得利的行为。

作的影响。图中"利益"和"成本"的含义与图1相同。我们同样可以发现，中等程度的约束同样最有利于独立董事制度的有效建立①。

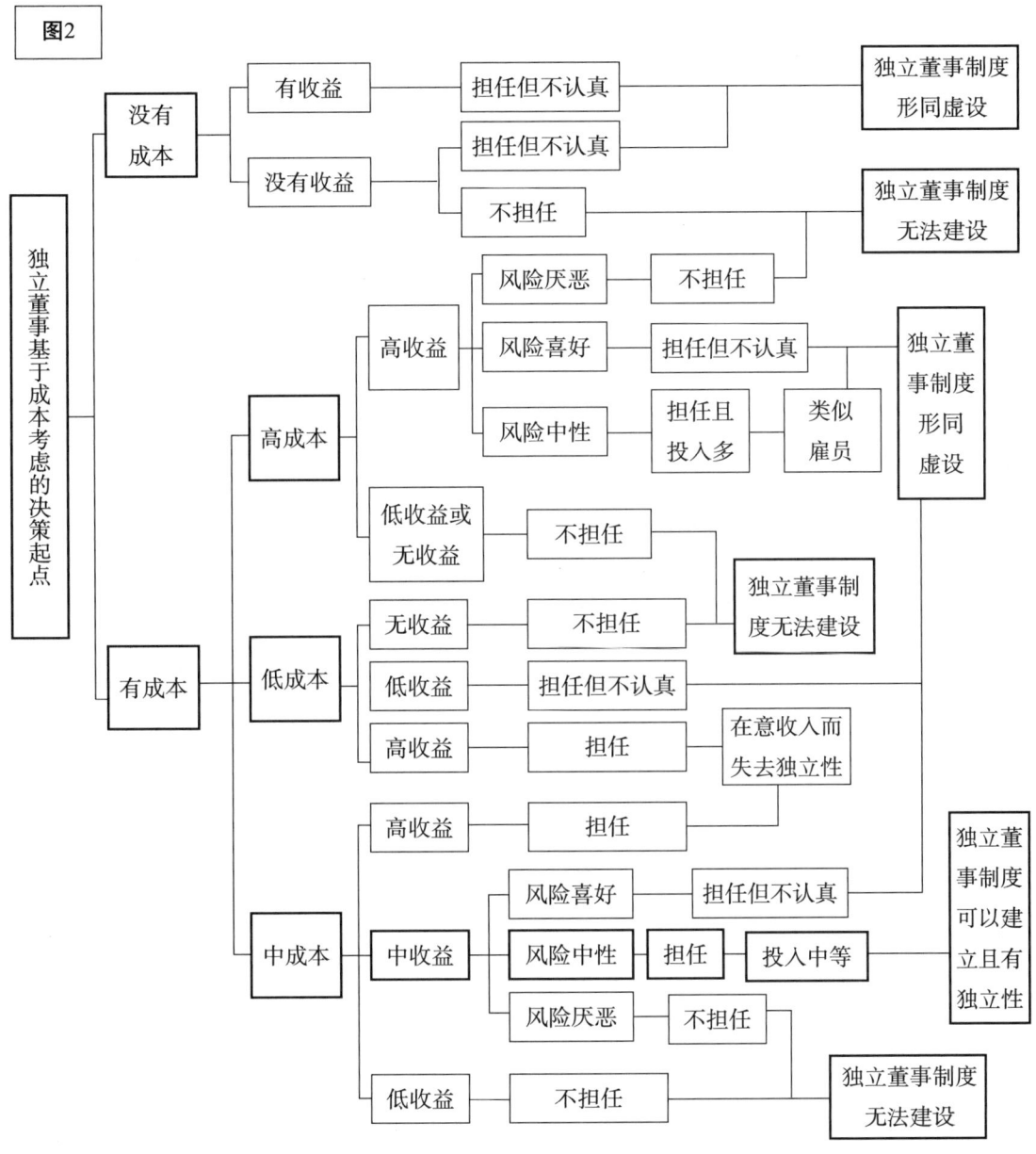

图2

原载《中山大学学报（社会科学版）》2003年第4期

---

① 我们可以发现，无论是基于利益的决策模型，还是基于成本的决策模型，其决策结果都是一样的，即只有中等程度的收益和与之相匹配的中等程度的成本，才有可能建立一个有效的独立董事制度。至于多少可称为"中等"，则是一个相对模糊的概念，总体说来是要求独立董事的收益是足够的但同时是有限的，其成本不小但同时又是确定的，这样既不至于无人愿意出任也不至于大家争相出任，既不至于不敢出任也不至于轻易出任，让真正有能力也有责任的人士担任独立董事，担任独立董事后既不会因为太在乎这份"差事"而丧失独立性，又不会因为毫无风险而成为"花瓶"。

转轨经济中中国企业跨国经营的时机决策

顾乃康

一、关于转轨经济中中国企业跨国经营时机决策研究的框架与方法

研究转轨经济中中国企业的跨国经营行为应考虑其所处的特定环境,即中国转轨经济中特有的制度环境、制度安排及其变迁。诺思(North,D. C.)的新制度经济学认为,制度确定和制约着企业从事经济交易的选择集合[1]。在转轨经济中,与其他国家相比,开展跨国经营活动的中国企业因所面临的制度环境不同而决定了其跨国经营行为有所不同。因此,将制度因素纳入分析框架,并在特定的转轨经济制度背景下研究中国企业的跨国经营行为是具有合理性的。本文所涉及的"转轨经济"是指从改革开放始至20世纪90年代末,所研究的中国企业主要为国有企业[2]。

就制度因素而言,转轨经济中的中国企业,其跨国经营行为不但受到传统计划经济体制的影响,而且还受到演进中的市场经济制度的制约。转轨经济中的中国企业面临着以下制度特征:因政府仍保留一定程度的对企业经营活动干预的权利和资源配置权,企业可以通过游说、找"关系"等非市场手段获得来自政府的补贴、优惠政策和授权;随着产品市场逐步形成,企业面临着越来越大的市场竞争压力;发育相对缓慢的要素市场对企业经营活动的开展产生制约作用;因国有企业产权安排模糊,企业不一定要为自身的行为负全部责任;预算软约束的存在扭曲了企业对收益、成本和风险的预期[3]。

在分析中纳入制度因素下,本文沿着平迭克(Pindyck,R. S.)关于战略期权的简单双期模型的分析思路[4],着重分析转轨经济中中国企业跨国经营的时机决策行为。在标准的投资决策理论中,从企业总部的角度看,企业何时进行跨国经营可以借助净现值法(NPV法)加以分析。由于公司的跨国经营活动都是在不确定的环境下进行的,所以在企业的对外直接投资决策中,必须考虑风险问题。在标准的NPV法中,外部的不确定

---

[1] 诺思:《经济史中的结构与变迁》汉译本,上海:上海三联书店,上海人民出版社,1994年,第35—48页。

[2] 在本文设定的转轨经济期间,从事跨国经营的投资主体主要是国有的外贸公司、工贸公司、对外经贸公司以及大中型生产企业,它们约占投资主体的85%。因此,本文主要以国有企业作为主要研究对象。

[3] 顾乃康:《转轨经济中中国企业的跨国经营行为》,广州:中山大学出版社,2003年,第58—72页。

[4] 平迭克将布雷克与索尔斯(BlackandScholes)的期权定价理论运用到投资决策理论中,从而开拓了一种关于投资时机的决策方法。Pindyck, R. S. "Irreversibility, Uncertainty, and Investment". *Journal of Economic Literature*, 29(September), 1991, pp.1110–1152.

性被视作内生变量，企业可以通过某些对外直接投资活动来分散其面临的风险，而在平迭克的理论中，外部的不确定性或风险被看做是外生变量，即分散投资本身并不足以消除企业经营所面临的风险；许多风险（例如，价格的变动，政府政策的变动等）将随着时间的推移、更多信息的获得而自行消除。因此，在这种风险特性下，即使传统的NPV法所计算出来的NPV值大于零，但企业决定现在不进行投资也许是一个更好的选择。因为一旦决定现在就进行投资意味着放弃了不投资的期权；而在某些情形中这种不投资的期权可能更具价值。例如，许多外部信息（例如，产品价格变动的信息）经常随着时间的推移而得以披露。如果为了能够随时间的推移而获得更多的信息，那么公司在现在决定推迟投资也许是一个更好的选择，企业由此可能因"等待"而获得额外的好处。

假定某国有企业面临一项对外直接投资项目，现预期到未来的现金流量将面临两种可能性：当未来市场形势变好时，预期现金流量为$(V+W)_1$；当未来市场形势变坏时，预期现金流量为$(V+W)_2$；且发生市场变好和市场变坏的主观概率分别为p和$1-p$，且$0<p<1$。因此该项目的现金流量期望值$(V+W)=p(V+W)_1+(1-p)(V+W)_2$。其中，$V$表示项目本身经营每年所带来的净现金流；$W$表示因该项目在东道国经营时可能获得当地的优惠政策或通过转移价格而每年产生的额外现金流。下标1和2分别表示未来市场变好和变坏的情形。按传统的NPV法，只要项目的净现值

$$NPV_0 = -C + a(V+W) > 0 \tag{1}$$

那么该项目就可以在现在就接受；否则便拒绝。其中a为贴现因子，即$\sum_{t=1}^{\infty} 1/(1+k)^t$，$k$为项目的贴现率。在此，为了便于分析，设定项目是永续经营的。

现假定该项目的$NPV_0>0$，并且具有不可逆转性和可推迟性；该项目所面临的风险会随着时间的推移因信息变得明朗而消除。尽管未来是不确定的，但企业能够预期到该项目面临的市场形势将在下期变好或变坏，且在未来的一定时期内将维持变好或变坏的局面。现考虑将投资项目推迟至下一期进行。如果公司决定不在当期投资而推迟至下期，假定在下期市场变好时，该项目的净现值（从当期事前的角度看）

$$NPV_{01} = p[-C + a(V+W)_1]/(1+k) > 0 \tag{2}$$

且$NPV_1 > NPV_0$；同时假定在下期市场变坏时，该项目的净现值（从当期事前的角度看）

$$NPV_{02} = (1-p)[-C + a(V+W)_2]/(1+k) < 0 \tag{3}$$

在这种情况下，尽管$NPV_0>0$，但如果企业决定等待至下期，且市场形势又正好变坏，那么企业会因$NPV_{02}<0$而在下年作出不投资的决策，此时，"等待"使得企业避免了损失；如果企业决定等待至下期，且市场形势又正好变好，则企业会因$NPV_{01}>0$而在下期作出投资的决策，且当这种"等待"因$NPV_{01}>NPV_0$而使得公司有可能获得更高的净现值。也就是说，通过等待而持有投资期权一年，该公司不但降低了发生负净现值的可能性，而且获得了取得更高净现值的机会。若该公司采取等待策略的话，则等待的价值（期权价值）为$\Delta_0 = NPV_{01} - NPV_0 > 0$。为了简化分析，在此将$1/(1+k)$近似地视为1，即不考虑滞后一期的时间价值。由此，

$$\Delta_0 = -(1-p)[-C + a(V+W)_2] > 0 \tag{4}$$

因此,即使在当期投资时的$NPV_0>0$,但只要市场风险是可以随着时间的推移而得以消除的,且相应的NPV_{01}和NPV_{02}符合式(2)和(3)的条件,那么企业应该做出推迟投资的决策。

在下面的研究中,本文将分别在制度不发生变迁和制度发生变迁的条件下,通过在上述平迭克的模型中纳入制度因素来分析转轨经济中中国企业跨国经营的时机决策行为。

二、转轨经济中中国企业跨国经营的时机决策:假定制度环境和安排是稳定的

许多制度因素都会对转轨经济中中国企业的跨国经营行为(当然也包括时机决策行为)产生影响。具体地,这些影响将在对外直接投资项目以下3项额外的现金流量上体现出来:①在资本预算软约束的假定下,如果项目实施以后,一旦发生亏损,则国有企业可以依据其亏损额获得一定的补贴。如果国有企业预期到存在着获得这种补贴的可能性,那么就会在投资预算分析中将这种补贴视为企业的一种预期利益。假定在$NPV_0<0$,即$-C+a(V+W)<0$的情况下,补贴是依据亏损额度$-C+a(V+W)$给予的,且设预期的补贴率为s($0<s\leq 1$)。由此,补贴额的现值为$s|-C+a(V+W)|$(a的定义同前)②假定企业因实施该对外直接投资项目可以享受国家的特权授予和优惠政策,并假定由此每年给企业带来的预期利益为Y(>0),其净现值为aY。③在内部人控制的假定下,若政府对企业的对外直接投资监管不力,则跨国经营有可能导致国有资产流失或向海外转移,由此可能给企业带来的预期利益为Z(>0),其现值为aZ。由此,在将制度因素纳入双期模型的分析以后,投资项目带来的现金流量,不仅包括由营运带来的现金流量($V+W$),而且还包括由制度因素带来的非经营性现金流量$s|-C+a(V+W)|+a(Y+Z)$。

在假定制度是稳定的(不发生变迁)的情况下,企业无论是决定在现在就投资还是推迟至下期再作出投资决策,其预期所能获得的补贴、优惠政策以及向海外转移国有资产的可能性是相同的,即无论企业在当期还是在下期作出投资决策,其预期的由制度因素带来的非经营性现金流量均为$s|-C+a(V+W)|+a(Y+Z)$。

关于市场风险方面,前面已经假定这里所涉及的风险是可随时间的推移而逐步得以明朗化的风险。当时间推移至下一期,市场形势变得明朗了,或者变好或者变坏。若该对外投资项目在当期进行,则在特定的制度环境和安排下,其预期获得的净现值为:

$$NPV_1 = p[-C+a(V+W)_1] + (1-p)\{[-C+a(V+W)_2] + s|-C+a(V+W)_2|\} + a(Y+Z)$$

$$= p[-C+a(V+W)_1] + (1-p)(1-s)[-C+a(V+W)_2] + a(Y+Z)$$

$$= [-C+a(V+W)] - (1-p)s[-C+a(V+W)_2] + a(Y+Z)$$

(5)

在式(1)中,因已假定$NPV_0>0$,即$-C+a(V+W)>0$;又因假定$NPV_{02}<0$,即$-C+a(V+W)_2<0$,并且因$Y>0$,$Z>0$,可知,$NPV_1>0$。

若企业决定不在当期作出投资而打算等待时间的推移,待市场形势变得明朗之后再作出投资决策,那么当下期市场形势变好时,从事前(以当期为基准)的角度看,该项

目预期的净现值为：

$$NPV_{11} = \{p[-C+a(V+W)_1] + a(Y+Z)\}/(1+k) \quad (6)$$

由于已假定$NPV_0 > 0$，且$(V+W)_2 < V+W < (V+W)_1$，$Y > 0$，$Z > 0$，所以$NPV_{11} > 0$。为了简化分析，在此将$1/(1+k)$近似地视为1，即不考虑滞后一期的时间价值。由于$-C+a(V+W)_1 > 0$，故式（6）不存在补贴项。现将式（6）与式（5）相比较。不难看出，在$0 < p < 1$，$0 < s \leq 1$下，$(1-p)(1-s)[-C+a(V+W)_2] < 0$，故而$NPV_{11}$总是大于等于$NPV_1$。$NPV_{11}$超过$NPV_1$的部分，即在下期市场形势变好时，企业因推迟投资或等待而获得的期权价值

$$\Delta_1 = NPV_{11} - NPV_1 = -(1-p)(1-s)[-C+a(V+W)_2] > 0 \quad (7)$$

在下期市场形势变坏时，从事前（以当期为基准）的角度看，该项目预期的净现值为：

$$NPV_{12} = \{(1-p)[-C+a(V+W)_2] + (1-p)s|-C+a(V+W)_2| + a(Y+Z)\}/(1+k)$$
$$= \{(1-p)(1-s)[-C+a(V+W)_2] + a(Y+Z)\}/(1+k) \quad (8)$$

尽管假定$NPV_{02} = (1-p)[-C+a(V+W)_2]/(1+k) < 0$，但因补贴项$(1-p)s|-C+a(V+W)_2|$的存在，所以这种由制度环境和安排引起的扭曲作用使得NPV_{12}是大于还是小于零，变得不确定了。$NPV_{12} < 0$的条件是：

$$[-C+a(V+W)_2] < -[a/(1-p)][(Y+Z)/(1-s)] \quad (9)$$

在将制度因素纳入分析并假定特定制度环境和安排不随时间而变化下，如果该投资项目维持与不存在特定制度因素作用下同样的决策结论——"不在当期投资而等待至下期再依据市场形势的变化做出投资决策"，那么其必须满足以下两个条件：条件一是$NPV_{11} > NPV_1$，即$\Delta_1 > 0$，该条件总是能满足；条件二是$NPV_{12} < 0$，但该条件只有在式（9）成立的情况下才满足。因此，转轨经济的特定制度环境和安排使得原本在市场经济体制下应推迟的跨国经营活动可能失去推迟的合理性。

现比较在忽略制度因素和将制度因素-假定制度不发生变迁的情况纳入考虑下，决定推迟投资的条件：

	不考虑制度因素	考虑制度因素（制度不变）
条件一：	$\Delta_0 > 0$	$\Delta_1 > 0$
即	$-(1-p)[-C+a(V+W)_2] > 0$	$-(1-p)(1-s)[-C+a(V+W)_2] > 0$
	$[-C+a(V+W)_2] < 0$	$[-C+a(V+W)_2] < 0$
条件二：	$NPV_{02} < 0$	$NPV_{12} < 0$
即	$(1-p)[-C+a(V+W)_2]/(1+k) < 0$	$\{(1-p)(1-s)[-C+a(V+W)_2] + a(Y+Z)\}/(1+k) < 0$
	$[-C+a(V+W)_2] < 0$	$[-C+a(V+W)_2] < -[a/(1-p)][(Y+Z)/(1-s)]$
综合条件：	$[-C+a(V+W)_2] < 0$	$[-C+a(V+W)_2] < -[a/(1-p)][(Y+Z)/(1-s)]$

因此，可以得出以下推论：

推论一：在不存在特定制度因素影响之下，企业推迟决策的条件是$[-C+a(V+W)_2]<0$，而在纳入特定的制度因素进行分析，并假定制度不发生变迁时，企业推迟决策的条件变为$[-C+a(V+W)_2]<-[a/(1-p)][(Y+Z)/(1-s)]$。也就是说，中国特定的制度环境和制度安排会对企业投资时机的选择产生扭曲作用。在不存在制度因素影响的情况下，那些$[-C+a(V+W)_2]\in\{-[a/(1-p)][(Y+Z)/(1-s)],0\}$的项目因符合$[-C+a(V+W)_2]<0$的条件而可以决定不在当期投资并将决策推迟至下期作出；但是，在将特定的制度因素纳入分析之后，上述项目就缺乏推迟投资的合理性了，因为补贴、优惠政策和转移国有资产所带来的非营运现金流量使得这些项目在未来形势变坏时也能获得正的净收益。由此可见，中国特定的制度环境和安排具有促使企业提前开展跨国经营活动的激励。

推论二：中国特定的制度安排对企业提前投资的影响程度，与其给企业所带来的预期非营运现金流量的大小有关；而非营运现金流量的大小取决于s、Y和Z。当特定的制度环境和制度安排给企业提供的补贴、优惠政策以及企业向海外转移国有资产的可能性越大，即s、Y和Z越大，那么就会因$-[a/(1-p)][(Y+Z)/(1-s)]$变得越小而使得更多的原本具有等待价值的项目失去等待的价值而提前至当期就作出投资的决策。

三、转轨经济中中国企业跨国经营的时机决策：假定制度环境和安排是变迁的

将制度变迁的因素纳入分析意味着，在中国渐进式的改革中，制度环境和制度安排也随着时间的推移逐步变得明朗。在企业制度改革中，政府逐步将国有企业推向市场的趋势是明显的。国有企业逐步被推向市场，意味着随着时间的推移企业获得补贴和优惠政策的可能性将减少，并且随着国有资产管理新体制的逐步建立和完善，国有企业的内部人控制局面会得以减弱，相应地企业利用对外直接投资向海外转移国有资产的可能性将降低。在这种预期下，现假定国有企业由制度变迁而获得的非营运现金流量$s|-C+a(V+W)|$、Y和Z将随着时间的推移而减少。

与中国制度变迁的现实相适应，假定某国有企业一旦在某一特定的时间获得某种特定的制度安排，即使其后制度发生变迁，也仍能继续享受已获得的制度安排所带来的好处。例如，某一企业在现在获得了某一项对外直接投资的授权，并且相应地获得了一系列的优惠贷款、可能的补贴、配套要素供应，且因目前政府对国有资产管理的缺位而较易将资产转移至海外。这些优惠贷款和已转移出去的国有资产即使国内制度在其后发生了变迁，但也仍能在海外经营中得以继续使用，并给企业不断带来额外的好处。但是，这家企业如果在现在不进行对外直接投资而推迟至以后投资，那么其所能享受的非营运现金流量将因制度变迁而减少。这意味着，在现在就开展跨国经营可以使得该企业获得一种享受更多现行制度安排好处的期权。

为了清晰和简明地分析这种期权的价值，现将前面的分析模型中的某些假定作一调整。

在前面的分析中，企业推迟投资而获得的期权及其价值来自假定投资项目所涉及

的风险是可随时间的推移而逐步得以明朗化的,由此企业推迟投资可能因获得更高的预期收益而获得期权的价值或者因推迟投资而获得避免投资失败的好处。然而,在此为了集中分析由制度变迁而可能给企业在对外直接投资中带来的期权及其价值,现假定不考虑项目未来经营风险所产生的期权及其价值。也就是说,现假定投资项目所面临的经营风险不会随着时间的推移而明朗化,即假定项目在现在就投资的预期每年的现金流量为$(V+W) = p(V+W)_1 + (1-p)(V+W)_2$,那么推迟一期投资,其预期的现金流量仍为$(V+W)$。实际上,将关于经营风险的假定重新回复到传统的资本预算方法对经营风险的假定上来。这样,就可以集中探讨制度变迁对项目评估结果的影响了。

假定某对外直接投资项目若在当期进行,则在现行市场形势和风险条件以及现行的制度安排下所计算得到净现值为:

$$NPV_2 = p[-C+a(V+W)_1] + (1-p)(1-s)[-C+a(V+W)_2] + a(Y+Z)$$
$$= [-C+a(V+W)] - (1-p)s[-C+a(V+W)_2] + a(Y+Z)$$

(10)

现假定制度发生了变迁。在转轨经济中,随着向市场经济体制的过渡,企业不断被推向市场,企业可获得的来自政府的优惠政策和补贴等将不断减少。假定在现行制度环境和安排下,企业预期获得的非营运现金流量取决于s、Y和Z,而随着时间的推移,当制度环境发生变迁之后,企业预期获得的非营运现金流量取决于s'、Y'和Z'。在发生上述制度变迁的假定下,可知

$1>s>s'>0, Y>Y'>0, Z>Z'>0$

若企业将投资推迟至下一期,则可能获得的预期现金流量为

$$NPV'_2 = \{p[-C+a(V+W)_1] + (1-p)(1-s')[-C+a(V+W)_2] + a(Y'+Z')\}/(1+k)$$
$$= \{[-C+a(V+W)] - (1-p)s'[-C+a(V+W)_2] + a(Y'+Z')\}/(1+k)$$

(11)

为了简化分析,令$1+k$约等于1,即假定不考虑滞后一期的时间价值。很显然,$NPV'_2 < NPV_2$。也就是说,推迟投资将使得企业获得的预期现金流量降低,而这种预期现金流量的降低起因于制度变迁而引起的非经营现金流的下降。换言之,在制度变迁的环境下,如果企业决定在现在就投资该项目,那么它将获得继续享受由现行制度安排而带来的更高利益,这种期权的价值$\Delta_2 = NPV_2 - NPV'_2$,即

$$\Delta_2 = -(1-p)(s-s')[-C+a(V+W)_2] + a[(Y+Z)-(Y'+Z')]$$

(12)

且不难看出,Δ_2总是大于零的。由此得出以下推论:

推论三:作为对这种由制度变迁而带来的期权价值Δ_2(>0)的反应,只要$NPV_2>0$,企业将在现在就作出投资决策。而且制度变迁越强烈,即在一定时期内预期的s、Y和Z下降越快,则在现在就投资而获得的期权价值就越大,企业提前投资的倾向也就越强烈。因此,这种制度变迁会在一定程度上促使企业将跨国经营的进程提前。

四、转轨经济中中国企业跨国经营具有趋前迹象

许多迹象表明，转轨经济中中国企业的跨国经营具有提前趋势。由于篇幅原因，仅能列举一例[①]。韩国的对外直接投资是从1968年开始的，其第1笔对外直接投资项目是对印尼的木材业的投资。至1971年底这4年间，韩国对外直接投资达19家次，累计投资额为1330万美元。中国的对外直接投资是从1979年开始的，在头4年（至1982年底），仅非贸易性对外直接投资就已达43家，相应的累计对外直接投资额达3700万美元。尽管这两个国家发生对外直接投资的时期和环境各不相同，但中国企业在跨国经营之初所体现出的投资提前趋势是明显的。在其后的14年间（1972—1985年），韩国的对外直接投资项目数由1972年底的累计数32家增加至1985年的476家，同期累计对外直接投资额由1800万美元增加至4.76亿万美元，年平均增长率达到28.5%。但在1983—1996年这14年间，中国仅非贸易性对外直接投资项目数就由1983年底的累计数76家增加至1996年的1997家，同期累计对外直接投资额则由4600万美元增加至21.77亿美元，年平均增长率达到34.7%。韩国直到1990年，即经过22年的努力，才达到累计对外直接投资额18.5亿美元，这相当于中国于1995年底累计达到的非贸易性对外直接投资额。

总之，转轨经济中中国企业的跨国经营具有提前开展的趋势。而制度因素可能在其中起着关键的作用。

原载《中山大学学报（社会科学版）》2004年第5期

[①] 韩国跨国经营的资料来源于：金龙星（YongwookJun）与西蒙（Denis Fred Simon）：《韩国对外直接投资的模式及其对中国国际化的影响》，刊于刘国光等主编：《经济改革与国际化：中国和太平洋地区》，经济管理出版社1994年版，第205页。中国跨国经营的资料来源于：王志华与张文元：《中国的海外投资》，刊于《中国对外贸易》1997年第9期，第10页。此外，这里所统计的中国对外直接投资仅指非贸易性对外直接投资，不包括贸易性对外直接投资。

中国上市公司并购的长期绩效

——基于证券市场的研究

李善民 朱滔

从20世纪90年代末开始,随着我国资本市场的正式设立,并购就一直持续不断。2002年正当世界各地并购市场受经济萧条和股市疲软影响而不断下跌时,我国并购市场却经历了成倍增长,与全球并购市场呈相反走势,并购日益成为我国上市公司寻求快速发展的重要手段。现阶段,我国上市公司并购扩张是否显著提高了公司的经营能力,改善了经营绩效?对此,国内学者进行了大量的实证研究和理论探讨,得出了一些有意义的研究结果,但也存在一些问题。就长期绩效研究而言,主要集中在财务绩效的研究,而该方法因存在指标选取和赋权不一致等问题,难以形成一致的研究结论,实践意义也因此受限。本文中笔者拟采用国外规范的长期绩效研究方法,使用收购公司流通股的连续持有超常收益(Buy and Hold Abnormal Return,BHAR)来评价并购的长期绩效,考察收购公司并购后1~3年的市场绩效。

一、长期绩效研究综述

国内外学者对公司并购的长期绩效研究有两种典型的方法:一是会计研究法,二是长期事件研究法。其中长期事件研究法是国际学术界长期绩效研究的主流方法。

(一)基于公司财务绩效的会计研究法

会计研究法是使用关键财务指标[1]或建立财务指标体系[2]来评价公司的经营绩效,通过比较并购前后公司财务绩效的变化,以考察并购事件对公司的影响。冯根福等选取主营业务收入等4个指标来综合评价公司绩效,研究发现并购当年和并购后1年上市公司的业绩得到一定程度的提高,但随后年份,绩效普遍下滑[3]。张新研究发现,并购事件中目标公司主业利润率、每股收益和净资产收益率3个指标有所改善,收购公司相应指标则有所下降[4]。李善民等选取16个财务指标来综合评价公司绩效,研究发现并购后收

---

[1] 张新:《并购重组是否创造价值?》,《经济研究》2003年第6期。
[2] 冯根福、吴林江:《我国上市公司并购绩效的实证研究》,《经济研究》2001年第1期;李善民、朱滔、陈玉罡等:《收购公司与目标公司配对组合绩效的实证分析》,《经济研究》2004年第6期。
[3] 冯根福、吴林江:《我国上市公司并购绩效的实证研究》,《经济研究》2001年第1期。
[4] 张新:《并购重组是否创造价值?》,《经济研究》2003年第6期。

购公司绩效逐年下降,目标公司绩效则有所上升[①]。

会计研究法存在一些明显缺陷。关键财务指标方法的主要缺陷是:财务指标容易被操纵和不能够全面反映公司绩效。指标体系方法的主要缺陷是:指标体系的选择和赋权存在差异,而且赋权存在理论依据不足的问题。正因为如此,不同研究得到的结论之间可比性较差,难以形成一致的研究结论。

(二)基于证券市场反应的长期事件研究法

事件研究法是指运用公司的股票价格数据计算公司的超常收益,从而测定某一特定经济事件对公司价值的影响。事件研究法根据超常收益考察时期的长短又可分为:短期事件研究法和长期事件研究法。其中短期事件研究法,考察时间段通常为并购公告前后1~3个月,短期事件研究法在国内已经被广泛使用[②];长期事件研究法,考察时间段通常为并购后1~5年,就笔者涉猎的文献看,国内尚无学者将该方法运用于我国并购的长期绩效研究。

国外使用长期超常收益研究收购公司长期绩效已经取得了丰硕的成果。罗格郎等(Loughran and Vijh)研究发现现金支付的并购,收购公司在并购后5年内具有显著正的超常收益,而股票支付的并购,收购公司5年内超常收益为负[③]。格利格瑞(Gregory)研究发现混合并购在公告日后2年内平均累积超常收益为-11.33%,而同行业并购在相同时间内累积超常收益为-3.48%,两者之间差异显著[④]。阿葛瓦等(Agrawal and Jaffe)总结了1974—1998年的22项收购公司长期绩效的研究报告,得出的总结性结论是:兼并(Merger)的收购公司长期绩效为负,而要约收购(Tender Offer)的收购公司长期绩效非负(甚至为正);现金支付方式的并购,收购公司长期绩效为正,股票支付的并购,收购公司长期绩效为负[⑤]。

事件研究法以有效资本市场为前提,国内学者对1997年之后我国股票市场有效性的研究,支持弱势有效的研究占据了上风[⑥],为事件研究法在我国资本市场上的适用性提供了比较可靠的基础。有鉴于此,本文将采用规范的长期绩效研究方法,考察并购后1到3年内收购公司的长期市场绩效。

---

① 李善民、朱滔、陈玉罡等:《收购公司与目标公司配对组合绩效的实证分析》,《经济研究》2004年第6期。

② 张新:《并购重组是否创造价值?》,《经济研究》2003年第6期;李善民、陈玉罡:《上市公司兼并与收购的财富效应》,《经济研究》2002年第11期。

③ Loughran T., Vijh A. M. "Do Long-term Shareholders Benefit from Corporate Acquisitions?". *Journal of finance*, 1997, 52, pp.1765-1790.

④ Gregory A. "An Examination of the Long Run Performance of UK Acquiring firms". *Journal of Business finance and Accounting*, 1997, 24, pp.971-1002.

⑤ Agrawal A., Jaffe J. F. "The Post-Merger Performance Puzzle". *Advances in Mergers and Acquisitions*, 2000, pp.7-41.

⑥ 张兵、李晓明:《中国股票市场的渐进有效性研究》,《经济研究》2003年第1期。

二、数据来源与样本选取

（一）数据来源

本研究所用的数据来源于：国泰安信息技术有限公司开发的《中国上市公司兼并收购、资产重组数据库（CMAAR）2004》《中国上市公司财务指标数据库（CCFRR）2003》《中国上市公司财务年报数据库（CSMAR-F）2004》《中国上市公司治理结构数据库（CCGR）2004》《中国上市公司增发配股研究数据库（CSROR）2004》和《中国股票市场交易数据库（CSMAR-T）2004》。

（二）并购事件界定与样本选取

本文界定的并购是指公司通过股权收购或资产收购获取目标方的财产权、控制权或直接吸收合并，实现公司快速发展的扩张行为。对应于我国资产重组常用的分类是，公告类型为兼并收购的重组事件。使用现金或股权作为支付方式获得其他公司股权或资产的公司是收购公司，出让股权或资产的公司是目标公司。具体而言，笔者选取了CMAAR提供的1998年1月至2003年9月间公告的所有上市公司并购（重组）事件。根据研究需要按照以下标准对样本事件进行了筛选：①事件公告类型为股权收购或资产收购；②并购公告时间正确，数据库中有多起并购事件的公告时间为19980000等；③同一家公司连续发生多次并购，两次并购之间相隔的时间间隔必须大于3个月；④收购公司（买方企业）是上市公司；⑤由于金融业的特殊性，将收购公司属于金融业的样本予以剔除。最终得到1672起并购事件为本文研究的有效样本事件。这些并购事件中，上市公司收购非上市公司的样本事件有1645起，现金支付收购的事件样本占全样本的93.8%，并购事件的年度分布统计结果整理列于表1。从表1中可以看出，整体上，我国上市公司并购事件数量年度间呈明显的上升趋势，尤其是2000年股权收购增长近75%，资产收购增长达到116.9%。

表1 并购样本事件的年度分布情况

项目	1998年	1999年	2000年	2001年	2002年	2003年	合计
股权收购	127	132	230	250	245	180	1164
资产收购	49	48	63	136	135	77	508
合计	176	180	293	386	380	257	1672

注：2003年统计数据时间截至9月30日。

在表2中，笔者统计了收购公司在并购前一年、并购当年和并购后一年的再融资金额情况。由于我国上市公司股权融资成本极低[①]，上市公司倾向于通过配股、增发方式从股票市场获取资金。从表2中可以看到，超过35%的再融资资金流向了这些发生并购的公司。1997—2003年间这些收购公司从股票市场再融资超过777亿元。笔者认为上市公司并购扩张过多地依靠外部资本，可能会导致低效率的并购决策，长期内给收购公司带来不利影响。

---

① 黄少安、张岗：《中国上市公司股权融资偏好分析》，《经济研究》2001年第11期。

表2　1997—2003年收购公司和全部上市公司增发、配股金额统计（单位：亿元）

项目	增发金额	配股金额	收购公司增发、配股总金额
N	81	580	240
均值	6.836	2.865	3.240
中位数	6.000	2.022	2.155
总和	553.706	1661.863	777.523
收购公司增发配股总金额 / 所有上市公司增发配股总金额 = 0.351			

注：统计中剔除了实际增发金额为负的公司，这些公司事实上并未成功增发；使用同样的方法，剔除了配股失败的公司；收购公司增发配股的金额是并购前一年＋并购当年＋并购后一年的值；在1998—2003年间多次并购的公司，以首次并购时间为准，因此，一家收购公司配股金额和增发金额不会被重复计算。

三、实证研究方法与结果

（一）长期绩效研究方法

连续持有超常收益（BHAR）衡量了购买公司股票并一直持有直到考察期结束，公司股票收益率超过市场组合（对应组合）收益率的值。BHAR 不受考察期内公司股票价格波动的影响，较好地评价了收购公司的长期市场绩效。

长期内，除并购外，影响公司收益率的因素还有很多，必须对这些因素加以控制，以降低计量误差。国外文献中通常是借鉴法玛等（Fama and French）的研究成果，对规模和权益账面—市值比加以控制[1]。国内学者的研究发现也为该方法在我国的适用性提供了支持。吴世农等研究发现中国股市存在显著的权益账面—市值比效应和规模效应[2]；朱宝宪等研究发现权益账面—市值比对我国上市公司股票收益率具有较强的解释力[3]；汪炜等研究发现我国股市存在显著的规模效应[4]。鉴于此，本研究中笔者对规模和权益账面—市值比进行了控制，计算了收购公司从并购公告当月开始到并购后36个月的BHAR。

记 R_{it} 为公司 i 在 t 月的收益率，BHAR 的计算公式如下：

1. 并购后 $[0, T]$ 月内收购公司 i 的 BHAR

$$BHAR_{iT} = \prod_{t=0}^{T}(1+R_{it}) - \prod_{t=0}^{T}(1+R_{pt}) \qquad 公式（1）$$

其中 $T = 0 \sim 36$，$t = 0$ 表示并购当月，$t = 1$ 表示并购后一个月，依此类推。R_{pt} 表示对

---

[1] Fama E. F., French K. R. "The Cross-Section of Expected Return". *Journal of finance*, 1992, 47, pp.427–465.

[2] 吴世农、许年行：《资产的理性定价模型和非理性定价模型的比较研究——基于中国股市的实证分析》，《经济研究》2004年第6期。

[3] 朱宝宪、何治国：《β值和帐面／市值比与股票收益关系的实证研究》，《金融研究》2002年第4期。

[4] 汪炜、周宁：《中国股市"规模效应"和"时间效应"的实证分析》，《经济研究》2002年第10期。

应组合的月收益率。上式表示从并购后当月到并购后 T 个月，连续持有公司股票获得的超常收益。

2. 等权投资组合 P 在 $[0, T]$ 月内的平均 BHAR

N 为组合 P 中的公司数量，那么组合 P 在 $[0, T]$ 月内的平均 $BHAR_{PT}$ 计算公式如下：

$$BHAR_{PT} = \frac{1}{N}\sum_{i=1}^{N} BHAR_{iT} = \frac{1}{N}\sum_{i=1}^{N}\left[\prod_{t=0}^{T}(1+R_{it}) - \prod_{t=0}^{T}(1+R_{pt})\right] \qquad 公式（2）$$

3. 等权投资组合 P 在 $[0, T]$ 月内的 BHAR 的中位数

直接取组合 P 中公司的 $BHAR_{iT}$ 的中位数即可。

4. 对应组合的构造及其月收益率计算——控制规模效应和权益账面—市值比（BE/ME）效应

本文中笔者采用了交叉分组的方法来控制公司的规模效应和账面——市值比效应。首先，根据公司在 k 年的规模，从小到大排序，均分成5组，规模是 k 年6月公司的流通市值。其次，计算公司在 $k-1$ 年末的 BE/ME，从小到大排序，均分成5组，$BE/ME=$每股权益/年末收盘价。因此，根据规模和 BE/ME 的不同组合，在每一年中，所有上市公司被分成25组。最后，每一年中，根据规模和 BE/ME 的不同组合方式，对25组公司分别计算出的等权月收益率就是该组合的等权月平均收益率 R_{pt}。公司在 k 年中所在组就是公司的对应组合，该组合的 R_{pt} 就是公司对应组合的月收益率。在计算 t 月公司股票的 $BHAR$ 时，采用当年公司所在组合的月收益率直接进行调整即可。对应组合收益率的计算公式如下：

$$R_{pt} = \frac{1}{N_{BE/ME, Size}}\sum_{i=1}^{N_{BE/ME, Size}} R_{it} \qquad 公式（3）$$

其中，R_{pt} 是同一年度中具有相同规模和 BE/ME 交叉分组的公司的等权月平均收益率；$N_{BE/ME}, Size$ 是 t 月所在年度中，具有相同规模和 BE/ME 交叉分组中公司的数量。

将上述 R_{pt} 带入公式（1），计算出的 $BHAR$ 就是控制规模效应和 BE/ME 效应的公司连续持有超常收益。然后，再使用公式（2）就可以计算收购公司组合的 $BHAR$。

（二）收购公司长期绩效实证结果及分析

1. 收购公司的长期绩效

图1是全样本公司并购后1～3年内的 $BHAR$；图2是按并购发生时间分年度统计的收购公司的 $BHAR$；表3是收购公司在并购后1年、2年和3年 $BHAR$ 的分类统计检验结果。

图1表明，整体而言收购公司股东在并购后3年内财富水平几乎等于市场收益率（$BHAR_{36}$ 几乎为零）。由于上市公司 $BHAR$ 的中位数与均值差异较大，说明收购公司 $BHAR$ 不服从正态分布，在这种情况下，中位数更为可靠。3年时间内收购公司 $BHAR$ 中位数大约为-10%，即有50%的收购公司在3年的时间内，累积收益率比市场收益率低10%以上，表3也表明，$BHAR$ 的中位数在1%的显著水平下拒绝为零。从前文中知道这些收购公司从资本市场上获得了大量资金，资金流入本应带来公司经营绩效的改善，事实却并非如此，有理由相信大多数上市公司的并购扩张行为，从长期来看都是失败的。

从收购公司长期绩效年度间的变化来看,图2反映出我国上市公司并购的长期绩效逐年上升,并购质量在逐年提高。尤其是1999年后,无论是1年、2年还是3年后收购公司的绩效都呈明显和一致的上升趋势。

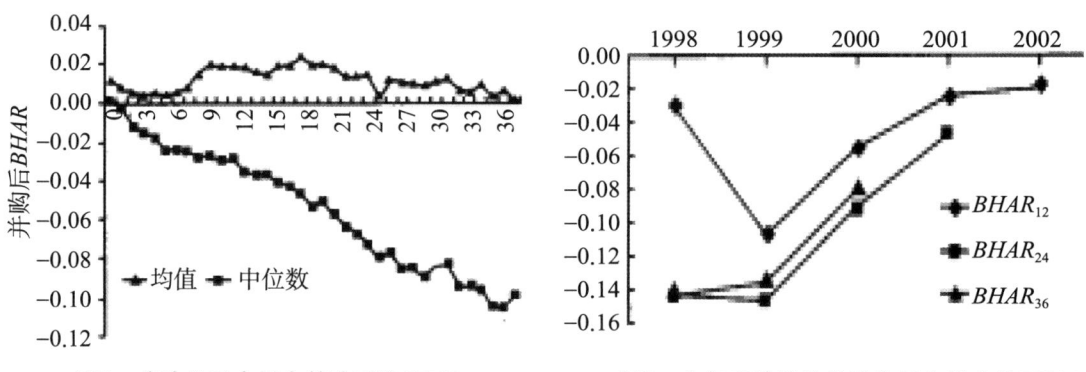

图1　收购公司全样本并购后的BHAR　　　　图2　分年度统计的收购公司全样本的BHAR

表3　收购公司 BHAR 中位数的统计检验结果

	全样本		混合并购		同业并购		未知类型		差异比较
	N	中位数	N	中位数	N	中位数	N	中位数	中位数差
$BHAR_{12}$	1391	−0.0358***	247	−0.0644***	353	−0.0291	791	−0.028**	−0.0353*
$BHAR_{24}$	1004	−0.0792***	198	−0.1039***	260	−0.0835***	546	−0.071***	−0.0204
$BHAR_{36}$	623	−0.0984***	129	−0.0950***	161	−0.1441**	333	−0.090***	0.0491

注:$BHAR_{12}$、$BHAR_{24}$和$BHAR_{36}$分别是收购公司并购后1年、2年和3年的连续持有超常收益;差异比较是混合并购−同业并购;*、**和***分别表示双侧检验在10%、5%和1%水平下显著;限于篇幅未报告中位数检验的 Z 值和均值检验的结论。

2. 不同并购类型对收购公司长期绩效的影响

行业分类细分到大类,即单字母加两位数编码,共分74个行业。如果收购公司和目标公司行业分类具有相同的大类,即认为并购是同行业并购,大类不同则认为是混合并购。此外,由于很多目标公司没有公布行业分类,将目标公司没有公布行业分类的并购事件划分为未知类型并购。

对于发生混合并购的收购公司而言,图3表明,平均而言这些收购公司股东在3年中财富损失接近3%。考察混合并购公司BHAR的中位数,可以看到对于大多数混合并购的收购公司而言,并购都是失败的。50%的混合并购的收购公司在3年中带给股东的财富损失达到约10%。表3也表明,混合并购公司的$BHAR_{36}$的中位数在1%的显著水平下拒绝为零。可见,混合并购的收购公司并没有实现并购前设想的进入新兴行业获得了利润的增长,没能为股东创造财富。笔者认为,我国经济处在高速增长阶段,不确定性的制度、市场环境,势必形成很多高利润的新兴行业,而这些行业进入的壁垒又较低,因此上市公司试图通过并购等方式,跨越规模发展阶段,过早地寻求多元化发展,导致上市公司内生性优势积累不足,长期内带来收购公司市场价值的下降。对同行业并购的收购公司而言,图4表明,50%的同行业并购的收购公司股东3年时间内财富损失超过14%。因此,可以认为大多数同行业并购同样是失败的。笔者认为,我国上市公司同行业并购多是传统行业内的整合,这些行业本身就面临技术革新、产业升级的压力,上市公司所收购的目标公司规模更小,技术、管理水平更差,因此,并购整合并没能从根本上提高这些公司的管理水平和核心技术能力,因此,长期绩效并未能因为整合而提高。

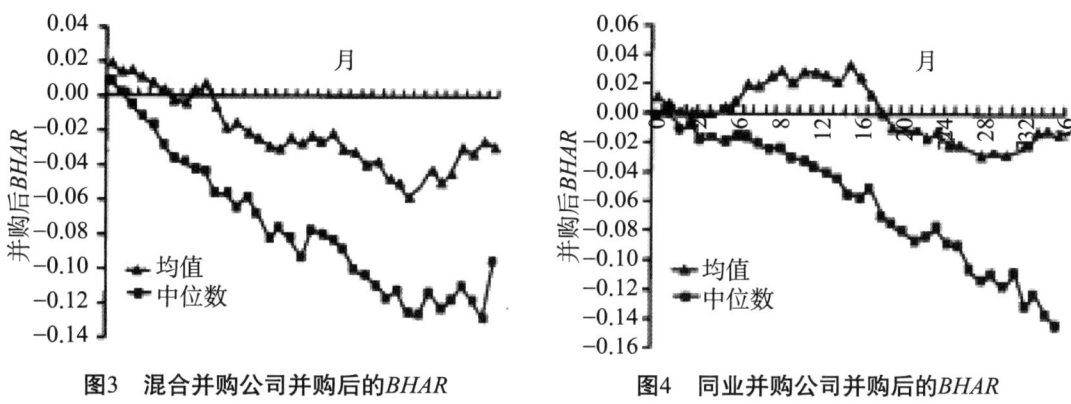

图3 混合并购公司并购后的 $BHAR$ 　　图4 同业并购公司并购后的 $BHAR$

3. 股权种类结构对收购公司长期绩效的影响

为了考察股权种类结构对收购公司长期绩效的影响,笔者以收购公司并购后的1年、2年和3年的 $BHAR$ 作为被解释变量,以收购公司并购前一年的股权结构数据作为解释变量,进行回归分析,结果见表4。在回归分析中笔者还对一些可能的影响因素进行了控制。

表4中国有股比例在 $BHAR_{12}$ 的回归中系数为正,且在5%水平下显著。可见国有股比例对收购公司并购后1年内的市场绩效影响显著。但在 $BHAR_{24}$ 和 $BHAR_{36}$ 的回归中,国有股比例的回归系数已经不显著,说明并购后2~3年内,国有股比例对公司绩效的影响已经大大削弱。笔者认为,一方面,我国上市公司并购中政府介入仍较多,而国有股比例高低一定程度上反映了政府介入并购的程度,政府介入降低了收购的成本,因此,出现国有股比例与并购绩效的正相关关系;另一方面,由于收购公司的经营机制没能得到转换,公司长远发展问题未得到根本解决,因此,在更长的时期内国有股比例对绩效的正面影响消失了。法人股比例在3个回归方程中均不显著,说明法人股比例对并购长期绩效没有显著影响,这可能是因为法人股本身的属性界定不清,法人股的终极所有权性质不得而知[①]。因此,法人股对收购公司长期绩效的影响事实上是国有性质与非国有性质股权影响叠加在一起的结果。

---

① 刘芍佳、孙霈、刘乃全:《终极产权论、股权结构及公司绩效》,《经济研究》2003年第4期。

表4 股权种类结构与收购公司 $BHAR$ 的回归结果

	$BHAR_{12}$			$BHAR_{24}$			$BHAR_{36}$		
常数项	0.874***	0.860***	0.916***	1.891***	1.852***	1.859***	2.120***	2.038***	2.050***
国有股比例	0.001**			0.001			0.000		
法人股比例		0.000			0.000			0.001	
流通A股比例			−0.001**			0.000			0.001
Ln（总资产）	−0.043***	−0.040***	−0.041***	−0.086***	−0.083***	−0.083***	−0.090***	−0.087***	−0.089***
长期财务杠杆	−0.031	−0.034	−0.017	−0.276	−0.273	−0.273	−0.599**	−0.589*	−0.625**
Ln（交易总价值）	0.000	0.000	0.000	−0.008	−0.008	−0.008	−0.013	−0.014	−0.013
$Type-ID$	0.028	0.025	0.027	0.035	0.033	0.033	0.034	0.035	0.034
$Cong-ID$	−0.049	−0.051*	−0.049*	−0.062	−0.063	−0.063	−0.095	−0.097	−0.094
$Unknown-ID$	−0.006	−0.007	−0.006	0.010	0.009	0.009	−0.016	−0.016	−0.015
$Pay-ID$	0.016	0.019	0.020	0.048	0.049	0.049	−0.008	−0.009	−0.004
N	1295	1300	1300	942	942	942	586	586	586
$Adj. R^2$	0.012	0.008	0.012	0.022	0.022	0.022	0.021	0.022	0.220
F	2.899***	2.370**	2.971***	3.705***	3.592***	3.592***	2.566***	2.628***	2.614***

注：$Type-ID$：股权收购为1，资产收购为0；$Cong-ID$：混合并购为1，否则为0；$Unknown-ID$：未知并购类型虚拟变量；$Pay-ID$，发放股利虚拟变量；长期财务杠杆＝长期负债/总资产；限于篇幅未在表中报告系数显著性检验的 T 值；*、**和***分别表示双侧检验在 10%、5%和1%水平下显著。

流通A股比重越大，意味着国有股比重越小，因此短期（并购后1年）中收购公司获得的政府支持可能越少，导致$BHAR_{12}$的回归方程中，流通A股比例回归系数显著为负。在更长的时期内，由于A股的持有者集中在中小散户，我国证券市场投机性特点决定了这些中小投资者不关心公司的长期绩效，而以追求短期套利为主，没有足够动机去监督收购公司的并购行为，导致流通A股比例对收购公司$BHAR_{24}$和$BHAR_{36}$无显著影响。

4. 高管持股比例对收购公司长期绩效的影响

为了考察高管持股对收购公司长期绩效的影响，以收购公司并购后的$BHAR$作为被解释变量，以收购公司并购前一年的高管持股比例作为解释变量，回归结果见表5。表5中高管持股比例在3个回归方程中的回归系数均为负，且均不显著，说明高管持股并对改善收购公司绩效没能起到积极的促进作用。笔者认为，这是因为我国上市公司高管持股比例普遍都非常低，高层管理者的个人财富与公司价值之间不能够产生"套牢"现象，公司绩效难以作为外部约束机制形成对管理者行为的有效监督。

表5 高层管理人员持股比例与收购公司BHAR的回归结果

	$BHAR_{12}$		$BHAR_{24}$		$BHAR_{36}$	
常数项	-0.049	(-0.25)	0.198	(0.72)	0.690	(1.42)
高管持股比例	-1.551	(-0.81)	-2.290	(-1.09)	-1.869	(-0.72)
Ln(总资产)	0.006	(0.65)	0.001	(0.04)	-0.014	(-0.63)
长期财务杠杆	-0.084	(-0.86)	-0.103	(-0.82)	-0.205	(-0.88)
Ln(交易总价值)	-0.004	(-0.93)	-0.012**	(-2.03)	-0.018	(-1.43)
$Type-ID$	-0.007	(-0.39)	0.011	(0.49)	0.024	(0.52)
$Cong-ID$	-0.054**	(-2.22)	-0.079**	(-2.54)	-0.161	(-2.83)
$Unknown-ID$	-0.003	(-0.14)	-0.014	(-0.56)	-0.090*	(-1.87)
$Pay-ID$	0.021	(1.35)	0.029	(1.28)	-0.040	(-1.02)
N	975		623		268	
$Adj. R^2$	0.005		0.012		0.020	
F	1.578		1.911*		1.666	

注：相关变量的设定同表4；括号中的数是系数显著性检验的T值。

四、结 论

从以上分析可得到如下主要结论：①并购后1～3年内，大多数收购公司股东遭受了显著的财富损失，并购未能为收购公司股东创造价值；②无论是混合并购还是同行业并购的收购公司，长期都给股东带来了显著的财富损失；③国有股比例在并购后1年内对收购公司绩效有显著影响，在并购后2～3年内，这些影响消失了；④高管持股比例对收购公司长期绩效无显著影响。总之，实证结论表明大多数上市公司的并购扩张都是失败的。我国上市公司由于外部融资的优势条件产生内在强烈的扩张动机，但过多地依靠外部资本来推动公司的快速发展，伴随而来的往往是资产素质的降低和股价的不断下跌。因此，今后应进一步完善上市公司治理结构，避免并购中公司管理者的短视和错误判断，公司并购决策者也应充分认识并购过程中的隐形成本和并购后整合的难度，谨慎使用融资资金。政府应弱化作为资产所有者的职能而强化经济调控者的职能，避免无效率并购的发生，引导企业并购向价值创造方向发展。

原载《中山大学学报（社会科学版）》2005年第5期

组织变革、心理所有权与员工主动离职研究

——兼论Lee和Mitchell的员工离职展开模型

储小平 盛琼芳

组织外部复杂环境系统的剧烈变化常常会迫使或促进组织的变革，而组织内部系统的僵化与低效率也常常内生出组织变革的需求。组织之所以要进行变革，是为了更好地适应内外部环境的变化，以度过危机，更重要的是形成新的、更具有竞争优势的组织能力。组织变革是伤筋动骨地触动、改变原有的权益分配格局，变革力度越大，则阻力就会越大。其中，组织变革可能会对员工的离职行为产生重大影响。

员工离职（employee turnover）指的是"从组织中获取物质收益的个体终止其组织成员关系的过程"（Mobley，1977）。不同类型的员工离职对企业有不同的影响，其中主动离职指的是由员工自己做出离职决策，如辞职；被动离职指的是员工被迫接受由企业做出使其离职的决策，包括解雇、开除等。对于企业来说，被动离职往往是确定的，且一般为企业所控制，如当前由美国次贷危机导致的全球金融风暴，使得很多企业经营出现困境，以控制成本为目的的裁员、精简成为多数企业的首选[①]。而主动离职大多是事先不可预知的，且离开的往往是企业的绩优员工，并给组织造成重大损失。这些损失既有直接成本（替换、招聘和选拔、临时工、管理时间），也有间接成本（士气、给留下员工的压力、学习成本、产品／服务质量、组织记忆）和社会资本损失等（Morrell，2004）。

有关员工离职问题的探讨，众多学者提出了很多的富有解释力的理论模型，谢晋宇和王英（1999a，1999b）、张勉和李树茁（2002）等曾对上世纪员工主动离职的几个经典模型做过细致的评述。其中员工主动离职的传统模型，假设一个理性行为人因循导向

[①] 如2008年花旗集团裁员数高达70000人，美国银行则裁员30000人，位居国内外企业裁员数前列；而联想全球2009年裁员数也高达2500人。资料来源：http://www.eol.cn/html/c/caiyuan.shtml。

离职的一系列线性步骤做出离职决策[①]，除了普遍考察的工作相关变量（工作满意、组织承诺等）、环境变量（如工作机会、离职文化[②]、亲属关系的责任）和个体变量（如年龄、性别、工作期限、婚姻状况）之外，非工作相关变量（如雇主允许的年休假量、员工的非工作生活、配偶的雇佣状况、对办公地点的满意度等因素）[③]也会对员工的离职行为产生影响。

员工主动离职的传统模型分别关注了某一类型离职行为的心理认知过程，忽略了实际离职中可能不会使用的条件。也就是说，并不是所有的员工离职都会经历工作不满感、外部工作搜寻、评价备选工作机会并最终决定是否离开过程中的所有步骤。有时人们并非按部就班地因循传统离职模型提出的路径，而可能因某种外部事件的直接影响，即使没有工作不满和外部工作机会时仍选择离开组织。李和米歇尔（Lee and Mitchell, 1994）发现已有的离职模型无法对这一独特现象做出解释。看到整合并延伸传统离职模型的必要的，借鉴映像理论（image theory），他们构建了员工主动离职的展开模型（Unfolding Model）。该模型关注了外部刺激性事件对员工离职决策所起的关键作用，是考察组织变革情境下员工主动离职决策的重要参考。李及其同事进行的两项后续研究（1996；1999），对员工主动离职的多路径心理理论进行了检验和延伸，识别了展开模型中一些定义的模棱两可之处。鉴于本研究并不集中关注某些概念，而是关注主动离职的心理过程，因此，本文的立论是基于李和米歇尔（1994）的研究。

一、员工主动离职的"展开"模型

首先，李和米歇尔的员工主动离职"展开"模型关注了所谓"对系统的冲击"（shock to the system）的一些刺激性事件，这些冲击使得人们无法继续保持原有的工作和心理状态，并开始考虑这些事件对其工作意味着什么。刺激的事件或冲击是产生信息或对个人工作有意义的事件，对系统的冲击可以是任意导致现行社会系统的变化，它刺激员工有意识地评判其工作，且可能会导致他们主动离开该工作。冲击意味着吸引了员工的注意，但不一定必然给员工造成负面影响；影响的性质可能是积极的、中性的或消极的。值得一提的是，并非所有的事件都是冲击：除非一个事件产生了与工作相关的

[①] 如March和Simon（1958）最早尝试将劳动力市场和个体行为融为一体来考察和研究员工流失行为，但该模型缺乏充分的实证和经验调查；Price（1977）识别了员工离职的决定因素，工作满足程度和调换工作的机会是员工离职及其决定因素之间的中介变量；Mobley（1977）发现了员工工作满意和实际离职之间的行为和认知过程，考察二者之间的直接联系，其中介链模型识别了"冲动的离职（impulsive quitting）"，指出大量的劳动、组织、工作和个人变量与离职过程潜在相关；Steers和Mowday（1981）识别了双重离职过程，包括了工作满意、工作参与和组织承诺等主观态度变量，更强调非工作变量对离职意向的影响。他们首次提出了综合的检验模型，但是正如该模型所普遍预测的那样，离职的大多数原因都相互关联，且与研究者本身的理论化方式相关，对实际的离职预测仍然较弱。

[②] 如Iverson和Deery（1997）的研究，尤其关注了解释员工离开组织的一个主要决定因素是存在离职的文化，即员工持有的"认为离职是相当合适的"信念。离职文化以负面的方式，与其他的结构变量、积极和消极情感、工作机会等因素共同影响员工的离职决策。

[③] 如Cohen（1999）考察了律师的离职倾向和实际离职，发现与工作相关的变量是离职倾向的主要决定因素，个人特性和非工作领域变量是实际离职的主要前因变量。

包含离职过程的考虑时，该刺激性事件才成其为冲击；否则就不是（Lee and Mitchell，1994）。

展开模型利用了一般决策模型中的映像理论，去理解员工离职决策的特定问题。映像是人们内在的认知知识结构，用于帮助人们理解从外界获取的信息，并指导一系列行为选择。比奇和米歇尔（Beach and Mitchell，1987）认为在决策过程中，决策制定者会将各种信息描绘成映像。他们区分了4种映像：追求特定目标的原则、因实现那些目标可能导致的未来事件的状态、用于实现目标的计划，以及这些计划的预期结果。每组特定的映像包含了三个领域，即价值映像、轨道映像和战略映像。价值映像指的是一系列普遍的价值，它能标准化并定义一个人的个人原则；轨道映像是一组加强和指导个人行为的目标；战略映像则被定义为一组个人相信对实现目标有效的行为策略。这些映像提供了解释和评价所有外部信息刺激的背景。例如，我们脑海中会存有一些映像，告诉我们什么是对的什么是错的；哪些行为是合适的，哪些又不合适；较为成功的项目计划是怎样的，差一些的又如何，等等。同时，比奇和米歇尔还给出了两类决策的标准：要么是备选的和现有的原则、目标、计划相容，且渴望达成的映像和事件预期的状态之间相容；要么是由目标或计划提供的潜在收益和损失的比较。前者依据的是映像匹配的相容性判断，后者则是决策的收益最大化评价。新的刺激与我们已有的映像相比，并通过这些比较，我们对外部情境产生自己的理解（Beach and Mitchell，1987）。

决策过程首先要筛选信息，而不是在各个备选项中做出选择。筛选决定了从外界所获信息的可能变化，能否成为实际的决策备选项。根据比奇等的研究，筛选是一个相对迅速且粗糙的过程。信息筛选的过程伴随了映像匹配的相容性检验，它确定新信息能否很容易地整合到一组特定的映像中，即价值映像、轨道映像和战略映像。这三个领域的映像，提供了个人决策所需的相容性检验的标准。相容性是帮助规制重要工作选择的关键过程，筛选过程以匹配为基础，且是不补偿的，即好的（匹配的）方面不能补偿不相容的方面。映像理论指出，人们常常以顺序的方式在筛选过程中使用映像；有时人们会选择改变映像来适应信息和选项，而不是改变行为，更多时候人们改变持有程度较弱的映像。同时，模棱两可的映像会加长筛选的过程，使得决策更为困难。如果一个信息选项在筛选过程中存活下来，最常用的决策机制是比较现状和备择情况，大多数情况下现状获胜，人们的行为保持原样；在偶然的情况下，人们会否决现状并展现不同的行为。

建立在映像理论基础上，员工离职"展开"模型吸收了复杂决策理论的贡献，整合并延伸了已有离职研究的传统模型，它关注了冲击对离职决策的作用，第一次提出了离职决策可能存在4种决策路径。图1给出了员工离职"展开"模型的4种决策路径，每个决策路径包括决策点、心理过程和外部事件。

以路径1为例，它包括：①冲击；②和规则或以往决策所处情况的匹配；③照原样行动的决策。路径1中不包括映像评估、工作不满感和对可替代工作的评估的细致考虑。即受系统冲击影响的员工在记忆中搜寻以前的决策、规则、习惯反应以及那些以前类似的"冲击"发生时所处的环境。假如"冲击"和记忆搜寻相匹配，员工会做出相应的反应。

心理过程	路径1	路径2	路径3	路径4	
冲击	有	有	有	无	
冲击的性质	+0-	—	+0-		
匹配框	符合	不符合	不符合		
映像评估	无	有 匹配判断	有 匹配判断	有 匹配判断	
工作不满感	无	有	有	有	
寻找其他可替代的工作	无	无	有	无	有
评估其他可替代的工作	无	无	有 匹配判断 和理性分析	无	有 匹配判断 和理性分析
离职决策	自发的	受控的	受控的	受控的	受控的

图1　员工主动离职的展开模型（Lee and Mitchell, 1994）

二、组织变革是对系统的特定冲击

很多方面的冲击都会导致员工的离职决策。如个人相关的冲击包括婚姻、怀孕、配偶的工作地点变化等，组织相关的冲击如被安排负责一个新的销售领域或薪酬体系的变化等。发生组织变革是影响离职行为的关键冲击。组织变革包括很多内容，对该构念的维度测量至今尚未形成统一的观点。如战略变革调整了组织的总体导向和意图，重塑战略愿景，创造组织能力与环境的一种拟合，要求组织在结构、人员配备上做出相应改变。像组织重构、组织精简和扁平化、新CEO上任等变革，会改变组织原有的权力体系和人事任免安排；实施新的人力资源管理实践、引进新技术，也会使组织原有的工作重心发生改变，并相应地改变员工的控制和权利范围。这些都会在不同程度上对员工造成冲击，引致离职的相关考虑。

已有相当多的经验研究考察不同的组织变革情境下，员工主动离职决策的影响机理。这些研究考察了引致员工离职的一系列前因变量，及其遵循的线性路径。首先，组织重构和精简是组织结构变革对员工态度经验研究的主要情境，研究者通常认为组织变革和重构会导致职位压力上升，并对员工心理福利产生负面影响。重构所致的工作情境变化会改变员工的工作满意度（Howard and Fink, 1996）；组织重构与员工工作安全、组织承诺、时间压力的认知、心理状态和离职意向负相关（Probst, 2003）；组织精简与组织承诺、工作满意和信任负相关（Armstrong-Stassen, 1994）等。而组织承诺、工作满意已经成为解释组织成员离职倾向的一般中介变量。其次，组织变革的一个重要影响是导致组织成员对未来的不确定性感知增加，"正是这种不确定性，而不是变革本身对员工来说压力很大"(Schweiger and Denisi, 1991)。因组织变革导致对未来工作角色、工作安全和职业结果的不确定性所致的紧张会导致有价值的员工从组织离开(Bordia et al., 2004)。这些研究将组织发生的某项变革作为研究背景,着重考察组织内部影响员工离职的因素及其相关关系,并得出了较为一致的结论。尽管可能看到了组织变革对员工离职的影响,但并没有从组织变革是对系统重要冲击的角度,以展开模型的视角来研究影响员工主动离职的组织内外部因素。

三、变革情境下映像比较的不足

从组织变革对系统的冲击角度,展开模型是最匹配的员工离职研究模型。但变革情境下,映像比较对员工离职的解释稍有欠缺。在展开模型中,匹配框、映像评估和是否有外部备选工作机会是几个关键的决策点,依据映像匹配做出的离职决策,要么没能说明决策的根本原因是什么,要么是回归了传统模型的解释本源。

首先,展开模型提出了与传统模型大不相同的离职路径1,但映像理论不能解释路径1中员工决策的心理动因是什么,匹配框是该路径的决策依据。在决策路径1中,对系统的冲击刺激员工解释或构造以前曾经历过的冲击及当时周围环境的决策框;接着,冲击影响员工使得他开始搜寻以往的决策、规则、反应和那些以往冲击周围环境的记忆,这个过程中包含了对以往行为是否合适的判断。当现在的冲击与以往发生的冲击相同或极为类似时,员工会根据经验做出与以往相同的决策行为。李和米歇尔只是说明了这种离职确实普遍存在,尤其对二级劳动市场上的短期临时工、兼职人员更为普遍,但并没有说明产生这一决策的原因是什么,为什么人们会根据以往类似的情境做出与之相同的行为。

这一点可以从自我概念的角度找到解释,自我的三个属性(即自我持续的需求、自我增强的需求和控制与效能的需求),给出了理解决策路径1的原因。员工之所以根据以往的记忆探查、寻找过去经历的类似情境来做决策,是因为个人有保持自我持续性的需求,并通过再次做出同样的行为表现,增强了这种自我身份感。例如,由于公司业务扩张产生了人事变化,要求一名居住在华中地区的销售经理从负责华中市场,到负责打开西北市场的销量。当该经理保有"我是一个擅于开拓新市场的人"的信念,并曾经获得过成功时,他会接受从熟悉的市场转战另一个陌生的市场,仍保持在该企业的成员身份;同时,这一行为维持并强化了他作为"擅于开拓市场的人"的自我感知,并在成功中满足了效能的需求。反之,如果该经理持有"我是一个有亲属关系责任的人"的信念,认为"我不会离开家庭去外地工作";而且在过去的从业经历中,因业务地点变更确实导致过离职的发生,则该经理会在没有工作不满感和其他备选工作机会的情况下,仍产生自发性的离职决策。尽管因离职损失了当前工作带来的物质满足,但是从工作之外获得的自我满足得到了更大的提升。

其次,映像理论参考了传统离职决策模型的经济观。在筛选过程中,若只出现一个与现状不同的备选项,映像相容性检验会依据是否匹配的判断做决策;若出现多个备选项,人们会评价各个选项的主观期望效用,以效用最大化原则筛选备选项,通过比较备选项和当前状态的期望收益大小,做出保持现状或偏离常态的行为决策。作为一个理性行为人，员工最终做出离职决策，还是要综合考虑映像评估、工作满意感和其他替代工作机会之间，哪三方的组合会给员工带来最大的效用。这实质上回归到了传统模型所因循的主观期望效用评价的本源。当然，在此提出的主观期望效用不仅包括工作本身的物质回报带来的经济效用，更重要的是包括了给个人的自我需求带来的满足。

因此，本研究试图从自我概念的角度，从心理所有权的理论视角，对组织变革情境下，展开模型中员工离职决策的解释做出修正。心理所有权（Pierce, Rubenfeld and Morgan, 1991）是这样一种精神状态，即个体感觉某一所有权对象或它的一部分好像是"他们的"，是自我与所有权对象的融合（Dirks, Cummings and Pierce, 1996）。所有权的对象可以是有形的物质实体，如企业、汽车；也可能是无形的精神产品，如思想、观点，等等。

占有能满足人类自我的三个主要动机：①效能和效果——在很大部分上，占有的根本动机是在控制之下。通过某人的控制或行动导致了效能感和愉悦感，并创造了如实现了某个合意结果的外在满意。体验有原因的改变环境的效能需求，导致了占有的尝试和出现所有权感觉。②自我身份——占有同样可以作为自我的象征性表述，他们与自我身份和个性紧密相联。人们为了定义他们自己的目的，使用所有权来向他人表达自己的身份，并确保自我随时间的连续性。③"有一个空间"——所有权和相关的心理状态也能部分地被解释为个人占有某个领地或空间的动机——拥有一个居住的"家"。"有一个空间"的动机，以及通过所有权满足它的可能性，使得人们对可能成为其家的对象奉献重要的精力和资源。所有权感觉满足了个体的三个基本动机，这些动机是心理所有权的根源。每个动机都有助于发展心理所有权，而不是直接导致该状态发生（Pierce et al., 2001）。与在其他情境下一样，心理所有权在组织中展现它本身，是因为效能和效果、自我身份和有一个空间的动机能在组织内得到满足。同样，已经在组织中形成并巩固的心理所有权会因组织变革的实施而发生变化，并对员工的心理状态产生影响。

四、心理所有权在模型中的替代

心理所有权的核心是在心理上与某个对象联系的占有感，改变心理占有物包含了改变个人延伸的自我。自我的三个特殊属性，能用于理解在自我变化的情形下，人们会如何行为（Dirks et al., 1996）。首先，个人的自我持续需求意味着人们随着时间和形势的变化，试图通过认知和行为的方式，来保持自我的稳定性；自我增强指的是个人实现和保持高水平自尊的欲望。相当多的研究表明，这是人们情感、认知和行为的有力的决定因素。人们容易避免那些威胁他们的自尊感的形势，并寻求那些增强它的形势。而控制和效能需求是人们的激励动力来源，能提供控制感和表现效能的情境对个人而言更具吸引力，产生更大的满足感。可能会改变个人自我态度的心理需求也会影响他们对占有物变革的态度，即当个人对一个目标有心理所有权，变革不仅影响该目标，而且影响个人与目标的关系和个人的自我。

同时，已有的经验研究已经表明，心理所有权会对员工的工作态度产生影响，如心理所有权与员工的组织承诺（Van Dyne and Pierce, 2004; Avey, 2009）、工作满意（Van Dyne and Pierce, 2004; Avey, 2009）、留任意愿（Avey, 2009）正相关。心理所有权能很好地解释员工离职决策的内部动因，这是理解展开模型的路径2和3的基础。

正如前文所述，组织变革是一种会促使员工产生离职考虑的特定冲击。参考展开模型看组织变革对员工离职决策的作用机制可以发现，决策路径4考察的是没有系统冲击情况下，员工可能的离职决策心理认知过程。这与本文研究的组织变革情境不符，且该路径实质上是决策路径2和3在没有冲击情形下的综合。在深入理论探讨的过程中，不细致研究该路径不会对研究结论产生偏差。

组织变革会改变员工业已形成的心理所有权状态。德科斯等（Dirks et al., 1996）认为心理所有权能满足个人的四类自我需求，即自我持续感、控制感、自我增进和个人效能感。他们在其变革的心理理论中指出，当变革是自我发起的（因为它增强了个人的控制和效能需求）、演进的（因为它能促进个人的自我持续感）和增加的（因为它对个人的控制需求、自我增强和个人效能感有作用），人们可能会促进那些对他们感觉拥有所有权的目标的变革。然而，当变革本质上是外界加诸的（因为它威胁了个人的控制感）、革命性的（因为它威胁了自我持续感）和减少的变革（因为它拿走或减少了他或她自己与之联系的关键）时，他们会抵制变革。因变革的不同性质导致员工心理所有权带来的自我需求满足增强或是减弱，改变了个人期望的工作上的经济效用和精神状态上的自我效用。当开始外部工作机会搜寻、存在其他的工作备选时，员工的主观期望效用评价结果会决定其是否离职。

对变革的反应不仅依赖于变革的客观特性，也（有时候甚至是主要地）依赖于对受到变革影响的个人对该变革意义的认知。戈里特和博斯（Galit and Boas, 2005）从自我概念基础的理论视角分析和理解员工对组织变革（在他们的研究中特指工作场所的物理环境变化）的反应。他们对以色列政府某机构从旧址迁往新办公楼的过程中，员工抵制迁址的心理过程进行了深度访谈和定量分析。他们发现，尽管机构的旧址很小很旧且过时，但是员工要么拥有私人办公室，要么是与少数同事共用办公室。而新址是全新的、很大且更加奢华的大楼，其设计赢得了国际知名的建筑大奖，大多数员工在开放性办公室有一个小隔间。员工联合起来抵制搬到新址办公，主要的抱怨包括，因开放的办公室而缺少隐私、因更严的安全安排和自动化进出控制而更多地受到管理层的监督、不能控制工作场所的制冷和制热系统等。

在上述具体的组织变革（改变工作场所）情境下，可以发现：首先，新址使得员工被迫接受工作环境条件（统一的制冷或制热效果、出入办公楼受自动化系统控制），减少了工作自由，导致强制性情感和沮丧，因控制带来的愉悦感和效能感降低了。其次，工作场所会因人们的活动和经历，随时间变化而逐渐获得一种象征性意义，并且大多数情况下，这种象征性意义与身处其中之人的身份相关，并传达了个体占有物的相关讯息。工作场所的变化导致组织成员认知的场所身份发生改变，同时，不能用代表自我身份特性的占有物来装饰员工"自己的"办公室，使得带有独特个性标记的场所消失了，这进一步损害了员工的自我身份感知。最后，从拥有私人办公室，或是与少数人共用一个办公室，转变为在开放的办公室内拥有一个小隔间，使得原来得到了满足的"有一个空间"的动机不复存在，"缺少隐私"进而成为员工最为抱怨的抵制变革的理由。该案例研究所讲的变革只改变了员工的工作场所，相对而言是一种轻微的变革，实际上更多的变革触动更大，会对员工的权益和认知产生更大的冲击。

五、结论与讨论

组织变革是可能造成员工离职考虑的重大冲击因素。传统离职模型没有特别关注冲击对员工离职决策的影响，李和米歇尔则整合以往的离职研究，借鉴映像理论提出了影响员工离职的多条心理认知路径，强调了系统外部的刺激性事件对员工离职决策的重要作用。尽管该模型囊括了"冲动的离职"、理性分析后的离职，包括了内部推动和外部拉动双因素，但是没有解释特殊离职路径（如路径1）发生的心理根源究竟是什么。同时，展开模型中的映像比较是与传统模型不同的决策标准，但最终对各个备选项的筛选仍滑入所谓"收益性检验"的主观期望效用评价的本源，没能打开真正的员工离职心理认知"黑箱"。

本文从自我概念的角度，以心理所有权的理论视角，解释了员工离职决策过程中的心理认知动因。自我持续、自我增强和控制与效能需求是行为决策的根源。在面临的变革和组织情境与记忆中的情境类似时，回忆过去的行为选择并判断是否合适，决定了类似变革情境下员工的行为。这种行为方式，满足了员工自我持续的需求，"过去这么做合适，现在情况类似，当然还这么做"，"我就是这样的人"，这种自我一致性和强化自我身份的需求，为员工的离职决策奠定了心理激励的根基。同时，变革会改变组织内部原有的权益分配结构，改变个人的控制范围和幅度，因控制和占有感而生的效能感受到影响。已形成的心理所有权层次发生变化，进而导致相应的工作和组织不满感，对员工的组织承诺感和留任意愿产生影响。

企业正式所有权通过心理所有权间接对员工的态度和行为产生影响。在我国民营企业中工作的员工，普遍不持有企业的法定产权，心理所有权成为激励员工工作表现的一个重要渠道。甚至在有些特殊的公有制企业中，心理所有权产生的激励影响更为深远[①]。组织变革的研究很少关注中小企业甚至民营家族企业，对经理人的作用也没有给予充分的关注。他们作为关键的组织变革代理人，负有解释、沟通和执行变革的责任，并处理下属员工对变革的情感，维持激进变革下组织系统的连续性（Huy，2002）。经理人的离职决策与普通员工也有所不同。对两者离职的比较研究发现，创新的工作场所组织实践与更低的文员和中间职位流动相关，且对经理人的转换有正向影响。特别地，职业经理人是民营企业成长壮大的最主要人力资本（储小平，2002），民营企业因组织变革引起职业经理人离职的情况较为常见。如以微波炉产品而享誉世界的格兰仕集团自2005年以来其空调公司就四度换帅，因组织战略调整导致经理人辞职或调任情况频繁发生。而李宁公司2005年11月的空降兵乐淑钰在革新李宁公司产品的品牌和设计时，引发

---

① 周其仁（1997）对浙江横店集团的个案研究中发现，在这个较早界定了企业与政府关系的公有制企业中，企业控制权构成对企业家努力和贡献的一种回报，即企业家对企业承担的责任和所做的贡献，与他事实上得到的企业控制权有正相关关系。法定财产权给予企业家剩余索取权，而心理所有权赋予企业家控制权。实际"在位"的占有和控制激励，对有真正企业家才能的人更重要。这也是徐文荣本人在1993年反对"从上面来的"横店集团股改方案的原因，尽管当时可以名正言顺地得到至少10%的股份。

了一场激进的变革。她将产品设计系统一年的工作全部推倒重来,并公开指责李宁产品的设计"太垃圾",致使更多的设计师辞职事件发生。同时,它所掀起的震动过于巨大,仅持续了1年,乐本人也因为"健康原因"而离职(袁宏明,2006)。

为了增进组织效能、维持生存、增加企业的竞争优势等目标而发起的组织变革,其实施效果会因绩优员工,尤其是优秀职业经理人的主动离职而大打折扣。那么如何控制变革过程中的离职?由于优秀员工更容易在其他组织找到替代的工作机会,且外部的工作机会是由劳动市场情况决定的,组织无法控制。因此,组织应考虑从内部着手留住人才。

组织改变心理所有权的对象,也会改变员工延伸的自我。强化员工的心理所有权认知,是满足其自我需求的重要精神激励。根据皮尔斯等(Pierce et al., 2001; 2003)的研究,心理所有权的产生主要有三个途径:①控制一个对象似乎成为所有权现象的关键特性,组织给成员提供大量行使不同程度并控制很多因素的机会,而每个因素都成为心理所有权的潜在目标;②亲密地了解对象,关于一个目标的信息越多,自我和目标的关系就越深,因而对目标产生很强的所有权感觉;③将自我投入到对象中,投入自我有多种形式,包括投入一个人的时间、主意、技能和体力、心理上和智力的精力。结果,个人会开始感到所有权目标从自我流出。人们将他们自己投入的对象越多,他们对该对象的心理所有权就会越强。

同时,变革会改变组织内原有的权益分配格局,影响部分员工的控制感。而且,组织变革的一个重要影响是导致组织成员对未来的不确定性感知增加,并导致员工有低的工作满意和高的离职倾向,且有价值的员工会离开组织。而变革过程中沟通变革信息,让员工广泛参与变革过程能影响员工对变革的态度。因此,组织塑造支持员工发起变革计划的文化有助于增强其控制感和效能感;经常与员工沟通变革信息,传达变革的紧迫性和必要性,员工及时了解变革的导向和进展情况;鼓励员工积极参与变革,参与的过程使得员工投入自我。

参考文献

Armstrong-Stassen, M., 1994. Coping with transition: a study of lay off survivors. Journal of Organizational Behavior, 15, (7): 597 – 621.

Avey, J. B., Avolio, B. J., Crossley, C. D., Luthans, F, 2009. Psychological ownership: Theoretical extensions, measurement and relation to work outcomes. Journal of Organizational Behavior, (30): 173 – 191.

Beach, L. R., Mitchell, T. R., 1987. Image theory: principles, goals, and plans in decision making. Acta Psychological, 66, (3): 201 – 220.

Bordia, P., Hunt, E., Paulsen, N, 2004. Uncertainty during organizational change: Is it all about control? European Journal of Work and Organizational Psychology, 13, (3): 345 – 365.

Cohen, A., 1999. Turn over among professionals: A longitudinal study of American lawyers. Human Resource Management, Hoboken, Spring, 38, (1): 61 – 76.

Dirks, K. T., Cummings, L. L., Pierce, J. L., 1996. Psychological ownership in organizations: conditions under which individuals promote and resist change. in R. W. Woodman, W. A. Pasmore (Eds.), Research in organizational change and development, Vol. 9, pp. 1 – 23, Greenwich, CT: JAI Press.

Galit E., Boas S., 2005. Organizational change and self-concept threats: A theoretical perspective and a case study. The Journal of Applied Behavioral Science; 41, (4): 399 – 421.

Howard, J. L., Frink, D. D, 1996. The Effects of Organizational Restructure on Employee Satisfaction. Group & Organization Studies, 21, (3): 278 – 303.

Huy, Q., 2002. Emotional balancing of organizational continuity and radical change: The contribution of middle managers. Administrative Science Quarterly, 47, (1): 31 – 69.

Iverson, R. D., Deery, M., 1997. Turn over culture in the hospital industry. Human Resource Management Journal, (4): 71 – 82.

Lee, T. W., Mitchell, T. R., 1994. An alternative approach: the unfolding model of voluntary employee turnover. Academy of Management Review, 19, (1): 51 – 89.

Lee, T. W., Mitchell, T. R., Holtom, B. C., McDaniel, L. S., Hill, J. W., 1999. The unfolding model of voluntary turnover: a replication and extension. Academy of Management Journal, Aug. 42, (4): 450 – 462.

Lee, T. W., Mitchell, T. R., Wise, L., Fireman, S., 1996. An unfolding model of voluntary employee turnover. Academy of Management Journal, 39 (1): 5 – 36.

March J. G., Simon H. A., 1958. Organizations. New York: Wiley.

Mobley, W. H., 1977. Intermediate linkage in the relationship between job satisfaction and employee turnover. Journal of Applied Psychology, 62 (2): 237 – 240.

Morrell, K. M., John L. C., Wilkinson, A. J., 2004. Organizational Change and Employee Turnover. Personnel Review, 33, 2: 161 – 173.

Pierce, J. L., Kostova, T., Dirks, K. T., 2001. Toward a theory of psychological ownership in organizations. Academy of Management. The Academy of Management Review, 26, (2): 298 – 310.

Pierce, J. L., Kostova, T., Dirks, K. T., 2003. The state of psychological ownership: Integrating and extending a century of research. Review of General Psychology, 7, (1): 84 – 107.

Pierce, J. L., Rubenfeld, S. A., Morgan, S., 1991. Employee Ownership: A Conceptual Model of Process and Effects. The Academy of Management Review, 16, (1): 121 – 144.

Price, J. L., 1977. The study of turnover. Ames, IA: Iowa State University Press.

Probst, T. M., 2003. Exploring Employee Outcomes of Organizational Restructuring: A Solomon Four-Group Study. Group & Organizational Management, 28, (3): 416 –

439.

Schweiger, D. M., Denisi, A. S., 1991. Communication with employees following a merger: A longitudinal field experiment. Academy of Management Journal, 34, (1): 110-135.

Steers R. M., Mowday R. T., 1981. Employee turnover and post-decision accommodation. In: Cummings, L. l., Staw, B. M. ed. Research in Organizational Behavior. Greenwich, Conn.: JAI Press, 235-281.

Van Dyne, L., Pierce, J. L., 2004. Psychological ownership and feelings of possession: three field studies predicting employee attitudes and organizational citizenship behavior. Journal of Organizational Behavior, 25: 439-459.

储小平. 职业经理与家族企业的成长. 管理世界, 2002,（4）.

谢晋宇, 王英. 企业雇员流失分析模型介评（上）. 外国经济与管理, 1999,（5）.

谢晋宇, 王英. 企业雇员流失分析模型介评（下）. 外国经济与管理, 1999,（6）.

袁宏明. 十字路口的李宁. 环球企业家, 2006,（5）.

张勉, 李树茁. 雇员主动离职心理动因模型评述. 心理科学进展, 2002, 10（3）.

周其仁. "控制权回报"和"企业家控制的企业"——"公有制经济"中企业家人力资本产权的个案研究. 经济研究, 1997,（5）.

原载《中山大学学报（社会科学版）》2010年第3期

家族企业内部两权分离：路径与治理
——基于百年家族企业香港利丰的案例研究

李新春　檀宏斌

一、引　言

自贝利和米恩斯（Berle & Means，1932）提出现代公众公司组织中出现的所有权与控制权的分离的概念以来，分离的权力结构几乎被作为现代公司治理的标准。在股东与董事会之间存在的信托关系以及在董事会与经营层之间存在的委托代理关系，似乎理清了现代组织中权力结构以及复杂的代理监督控制问题。但两权分离问题的提出只是触及了公司治理问题的表面，公司治理的复杂问题直到今天依然困扰着学者和管理者。显然，传统意义上的两权分离源于企业所有者和管理者角色的分离以及所有权的分散化，大多停留在公众公司的讨论上。而实际上，几乎所有的复杂组织都存在权力的不对称配置或权力的分离，从而出现不同形式的代理成本问题。家族企业在过去的认识中是一种代理成本问题不存在或较不严重的组织（如Fama & Jensen，1983），但今天越来越多的研究认识到，家族企业同样存在严重的代理问题（Schulze et al., 2001; Schulze et al., 2003a; 2003b），至少很难在家族企业与公众公司的代理成本孰高孰低问题上给出一个一般性的结论，家族内部也可存在多个股东（在家族传承数代后更是如此），股权与控制权之间必然会出现不对称的分布，家族企业内部也因此必然存在所有权与控制权之间的两权分离，即将企业的控制权转移到个别的家族领导人身上。这一内部权力分离对于家族企业出现什么样的影响？其分离的路径与治理如何呈现？家族企业治理的研究过去常常脱离传统范式而寻求独特性（Habbershon，1999；Carney，2005；Miller & Breton-Miller，2006），但也因此有脱离主流的公司治理研究理论架构的危险。本文认为，对于家族企业两权分离问题的研究不仅能拓展传统的Berle-Means两权分离模式，而且会大大深化对于家族企业治理结构的认识。

家族内部两权分离源于家族企业所有权继承和控制权继任的分离，出现家族股东和家族经理两种角色。随着企业家族从第一代向第二代、第三代发展，家族内部两权分离无疑会给家族企业带来根本性的影响，因为企业的决策过程已经发生根本变化（Carlock & Ward，2001）。对企业家族来说，家族内部两权分离显然有着现实意义。"三代消亡律"一直是家族企业难以摆脱的魔咒，即便是在成熟的市场经济环境下亦是如此。如在海外华人企业家族中，虽不乏实力雄厚的大财团，但是能活过三代的却屈指可数。从众多的个案来看，尽管其中的原因千差万别，但家族企业所有权和控制权分离所产生的冲突可能是其中最为突出的问题。这将导致分家或演变成"企业分裂",使得家族资本的跨代积累过程中断,在现实中似乎成为家族企业跨代成长难以逾越的困境。但不同的经济文化环境下似乎存在着家族企业权力分离的不同形式和结果。如克莱恩(Klein,2000)的调查表明,欧洲家族企业的跨代生存能力似乎优于华人家族企业,如德国家族企业中约有20%处于第三代,10%处于第四代或第四代以上;英国家族企业中约有19%处于第三代,14%处于第四代或第四代以上。欧洲大的家族企业为何能超越代际传承中的权力分离困境?一些成功企业的案例给出的可能解释是,在家族经理与家族股东之间成功实现了家族内部的两权分离——从家族经理中分离出了家族股东这一角色,并用正式的治理结构保证企业避免"企业分裂"实现家族资本的跨代积累[①]。

对于华人企业家族能否实现内部两权分离,在理论上还存在争议。早期研究基本持否定态度,很多学者将分家理解成"企业分裂"认为每个继承人都会分得一个"肢解"的小企业,成为拥有其完全控制权的企业主。他们还认为一个大企业分家而成为两个小企业,分开发展可能更灵活,最后各自都超过原来的规模也不是没有可能(孙治本,1996)。但黄绍伦(Wong,1993)在调查了香港几十家棉纺企业后认为,华人家族企业并非必然被分裂,继承人也可只分割企业股份。不过他同样认为,华人企业家族最终无法实现内部两权分离。这其中的问题和原因值得深入研究。正是在这些观察和思考的背景下,本文针对华人家族企业内部的两权分离问题进行了初步的考察研究——过去的研究受传统分家观念影响,主观认定华人家族企业无法发生内部两权分离的观点,是值得怀疑的。本文选取百年家族企业香港利丰作为典型案例,研究华人家族企业在跨代际传承中的内部两权分离及其变动过程,试图通过案例分析和理论讨论对内部两权分离的路径、相应的内部代理成本以及治理问题进行深入探讨。

论文首先介绍案例数据资料的收集和研究方法;其次详细描述利丰集团冯氏家族内部两权分离的历史过程;再次是结合案例,在一般意义上探讨华人家族企业内部两权分离的方式、路径和治理问题;最后是简要的结论和讨论。

二、研究方法与数据收集

案例研究方法是组织管理研究的基本方法之一,也是管理理论常见的重要研究方法之一(Eisenhardt,1989)。本研究选择案例研究方法。一方面,学术界关于家族企业内部两权分离的研究还很鲜见,通过对典型案例的探索性研究,可以明确一系列与"是什么"相关的问题,而这正是案例研究的优势所在(殷,2004)。另一方面,内部两权分离、引起的代理问题及其对家族企业跨代成长的影响,在较长的时间区间才能充分地观察。因此,通过深入的案例研究,可以进一步对"怎么样"和"为什么"的问题做出

---

① 例如,德国著名的哈尼尔家族(Haniel)在18世纪中期创办企业,经八代传承,如今已有500多位家族股东,每个股东支系后代中都不断地有优秀家族经理涌现,保障了家族企业跨代成长;法国著名的汪代尔家族(Wendel)在18世纪初创办钢铁产业,经九代传承,如今已有750多位家族股东,家族产业在家族经理的掌管下不断强大,特别是1986年担任总裁的家族经理人Seillière更是将汪代尔家族的事业推向了新的高峰。参见詹姆斯著,暴永宁译:《家族企业》,北京:生活·读书·新知三联书店,2008年。

回答。

目前，研究者们就案例研究方法的原则、步骤、方法和程序方面已经取得了共识（殷，2004；周长辉，2005；Eisenhardt & Graebner，2007）。在本研究中，我们严格按照这些要求进行资料收集和数据分析。应该指出的是，由于时间跨度长，本案例资料来源以二手数据为主。为加强二手资料信度，我们应用三角测量（殷，2004），采用多种数据来源。另一方面，为提高资料收集和数据分析的可靠性，根据李（Lee，2001）建议的"复制"原则，研究过程采用了多人、多途径独立收集资料和数据分析，进行相互验证的处理程序。

具体地讲，我们的资料来源包括利丰官方认可的专著、上市公司资料、香港旧报纸和香港主流商业杂志，它们含有全面的汇总数据和丰富的经过验证的一手访谈信息。值得指出的是，两部专著和香港主流商业杂志登载的且没有引起相关人士事后争议的访谈记录，比之一般的一手访谈具有更高的信度。第一，两本专著。*A Burst of Crackers——The Li & Fung Story*[①]由英国人哈特臣撰写。哈特臣在著述过程中采访了冯汉柱先生及其两个儿子和利丰董事局成员，此外，他还参阅了大量的公司历史资料，如备忘录、笔记、报告等。该书为庆祝利丰85周年而作，有一定官方色彩，因而可信性要强于一般资料，特别是在追溯利丰早期历史时，它更具有不可替代的作用。《百年利丰——从传统商号到现代跨国集团》是由冯邦彦教授撰写，该书对利丰中期和近期状况做了详尽描述。冯教授在调研过程中访谈了部分冯氏家族成员和非家族员工，引用了大量公司档案、报刊等。利丰集团董事局主席冯国经先生在该书序言中曾评价道："他（指冯邦彦教授）通过大量的资料收集整理及访问，将百年来几代利丰成员艰苦创业、拼搏及创新求变的种种事件展现眼前，使我感受良多。"第二，上市公司资料。利丰1973年上市，1989年退市，1992年再度上市。我们收集的上市公司资料主要包括《利丰有限公司招股章程》（1973年）、《利丰有限公司成为经纶有限公司之全资附属公司之推荐建议》（1989年）、《利丰有限公司配售新股及公开售股章程》（1992年）和《利丰有限公司年报》（1973—1989年）等。第三，香港旧报纸。我们赴香港公共图书馆查阅了《华侨日报》（1964—1987年）、《大公报》（1938—1990年）、《香港工商日报》（1926—1984年），找到与利丰公司相关的信息一百多条，其中本文直接引用的有十多条，间接参考的达数十条。第四，商业期刊。期刊对利丰的报道常以专题形式出现。本文参考的商业期刊包括《资本家》（Forbes香港中文版）、《资本杂志》和《商业周刊》等。

三、案例部分：冯氏家族内部两权分离

（一）背景介绍

利丰全称为利丰有限公司。1906年创始人李道明和冯柏燎在广州合伙创办利丰，李道明"打本"，占49%的权益，冯柏燎负责经营，占51%的权益。公司名称系

[①] 中文译本见哈特臣著，黄佩仪、汤丽仪译：《锦霞满天——利丰发展的道路》，广州：中山大学出版社，1993年。此文献标记为参考资料1。

"李""冯"的谐音字"利""丰"组成，寓意"利润丰盛"①。最初，利丰只经营瓷器出口，一年以后，冯柏燎将贸易货品扩展到竹器、藤器、烟花、爆竹，甚至其纸封爆竹制造工艺成为行业标准。到20年代，利丰已发展成广州稍具规模且信誉昭著的出口贸易商行。

二三十年代，利丰发展迅速，冯柏燎邀请侄子冯友仁加入，任行政助理，成为他的助手。冯友仁是冯柏燎大哥之子，由冯柏燎收养长大。1927年，冯柏燎次子冯慕英从香港拔萃书院毕业，随即加入利丰做实习生。1930年，女儿冯丽华加入利丰。1931年，冯友仁率领几乎所有高级职员离开利丰，自立门户创办联丰公司②；冯友仁还企图"带走"股东李道明，但被李道明拒绝。冯柏燎三子冯汉柱因"冯友仁事件"加入利丰，以弥补人手短缺。1935年，中日局势紧张，冯柏燎决定将业务重心转移到较为安全的香港，便派冯汉柱到香港筹建分公司。1937年，利丰在香港注册为有限责任公司，即利丰（1937）有限公司，冯汉柱任经理。1938年，广州沦陷，利丰的业务由香港分公司代理，冯柏燎全家移居香港。1941年，香港被日军攻陷，利丰停业。1943年，冯柏燎病逝。1945年，日军投降，冯汉柱重掌香港分公司，广州总行则由冯慕英和冯丽华负责。当冯氏家族第二代掌管利丰，李道明不愿再与其合作，他声称新的领导层经营失当，要求银行冻结利丰户头，还试图自立门户。利丰的发展一度受阻。一年后，银行发现李道明的声称没有凭据，让利丰恢复了财务运作。1946年10月1日，李道明答应将他拥有的300股卖给冯氏家族。从此，利丰完全为冯氏家族所有。

（二）冯氏家族内部第一次两权分离

1946年，冯氏家族对经营控制权进行了重新分配，冯慕英和冯汉柱同任常务董事长，冯丽华任执行董事；冯慕英主内，负责公司的财政和管理，冯汉柱主外，负责货品来源及销售，冯丽华负责会计和人事工作。冯柏燎其余的5个子女虽分得股权，但没有进企业工作。而家族成员的所有权分配则与控制权出现了不对称的分布。如表1所示，冯氏家族第二代所有权分配是比较平均的，类似于"诸子均分"③：没有在利丰工作的5位第二代成员都获得了9.45%的股份，共计47.25%；在利丰工作的成员获得了更多的股份，冯慕英和冯汉柱各持股13.18%，冯丽华11.32%，共计37.68%；此外，15%的股份以冯柏燎遗产的名义作为家族公共财产（《利丰有限公司招股章程》1973）。

---

① 见冯邦彦：《百年利丰——从传统商号到现代跨国集团》，北京：中信出版社，2007年，第11页。此文献标记为参考资料2。

② 见参考资料1，第12页。

③ 近代欧洲企业家族内部财产继承的情况也类似。如哈尼尔家族企业在1800年传到格哈德和弗朗茨兄弟身上，格哈德有两子一女，弗朗茨有五子一女。格哈德与弗朗茨分别于1835年和1868年去世，两人合伙经营的企业被改制为好希望股份公司，有1万的股份和47名股东，股东几乎全部为哈尼尔兄弟的后人。格哈德的两个儿子各获得1041股，其女在继承股份后嫁给弗朗茨的长子。弗朗茨的长子与长孙各获得781股，其余四子女各获得520股。詹姆斯认为平等继承权在欧洲盛行与《拿破仑法典》有极大关系，因为它是很多欧洲地区的法律依据。我们今天看到欧洲大型长寿家族企业几乎都有数量庞大的家族股东，也侧面验证了詹姆斯的观点。见参考文献詹姆斯，2008年（此文献标记为参考资料3），第21、43、44、47、51、64、66、88页。

表1 冯氏家族第二代家族成员持股

姓名	身份	上市前持有股数（千）	上市后持有股数（千）
冯丽华	公司董事	6120（11.32%）	4320（8.00%）
公众股东		0（0.00%）	13500（25.00%）
冯柏燎遗产		8100（14.99%）	8100（14.99%）
冯慕英、冯汉柱	公司董事	7120（13.18%）×2	5020（9.29%）×2
罗理基、张奥伟	医生、律师	20（0.04%）×2	20（0.04%）×2
冯丽嫦、冯丽霭 冯汉兴、冯汉邦、冯汉彦	家庭主妇 商人、教授、医生	5100（9.45%）×5	3600（6.67%）×5
合计		54000（100.00%）	54000（100.00%）

资料来源：《利丰有限公司招股章程》，1973年3月27日，第13页。

这样在冯氏家族内部，所有权与经营控制权发生了初步分离。主要有三方面的因素促成了这次家族内部两权分离：第一，为分散战乱风险，冯柏燎曾将4名子女转移至海外，这些子女后来在国外完成学业并成为专业人士，回利丰工作的动机不大；第二，40年代利丰规模较小，仅有三十多名职员，若家族股东都进企业工作，没有足够的管理岗位；第三，并非所有家族股东都有经营企业的能力，如冯柏燎五子冯汉兴曾于岭南大学园艺专业毕业后加入利丰担任木器用品部经理，但他未意识到其他地区的竞争，没能控制生产成本上涨，使利丰被迫放弃木器用品并转而生产金属制品，最后，冯汉兴离开了利丰[①]。

冯氏家族第一次内部两权分离后，虽然遭遇了不利的外部环境（如联合国对新中国禁运重创了香港的转口贸易），但家族经理冯汉柱、冯慕英等果断采取了拓展贸易品种、商业采购网络和进行纵向扩张等战略举措，帮助利丰成功渡过了难关，并取得了迅速发展。

（三）冯氏家族内部第二次两权分离

1. 企业家族、企业所有权与企业控制权

（1）企业家族。到20世纪60年代末，冯氏家族经三代发展，已是枝繁叶茂。冯柏燎育有11个子女，在世的有8位，他们又有35名后代。其中冯慕英与妻子王若雄、平妻舒瑞文育有三子四女，分别为儿子冯国勋、冯国康和冯国础，女儿冯润生、冯雪生、冯美生和冯艳生；冯汉柱与妻子李佩瑶育有两子三女，分别为儿子冯国经、冯国纶，女儿冯佩熹、冯佩洁和冯佩玲；冯丽华育有一子一女，分别为儿子李永康和女儿李慧清；其余的第二代家族成员育有21个子女，详情如图1所示。

（2）所有权。股权继承通常以家庭为单位进行，冯氏家族第二代共有8个核心家庭，家庭间的子女数和男女比例差异较大，这无疑使所有权结构变得复杂。若8个家庭都采用子女均分原则，李永康和李慧清就会成为利丰的第一大股东，冯国经等变成小股东；若采用儿子平分原则，李永康则将成为利丰的第一大股东并持股11.32%，冯国

---

① 见参考资料1，第79页。

经、冯国纶、冯国康和冯国础等各持股6.9%；若规定只有在利丰工作的第三代成员才能继承股份，则冯国康、冯国础、冯国经、冯国纶和李永康就会各获得20%的股份。卡洛克和沃德（2002）曾将最后一种股权分配方式所代表的所有权结构列为三大类型之一，看来它在西方企业家族中有一定普遍性，但要把这种股权分配原则应用于华人家族企业，显然是有难度的。

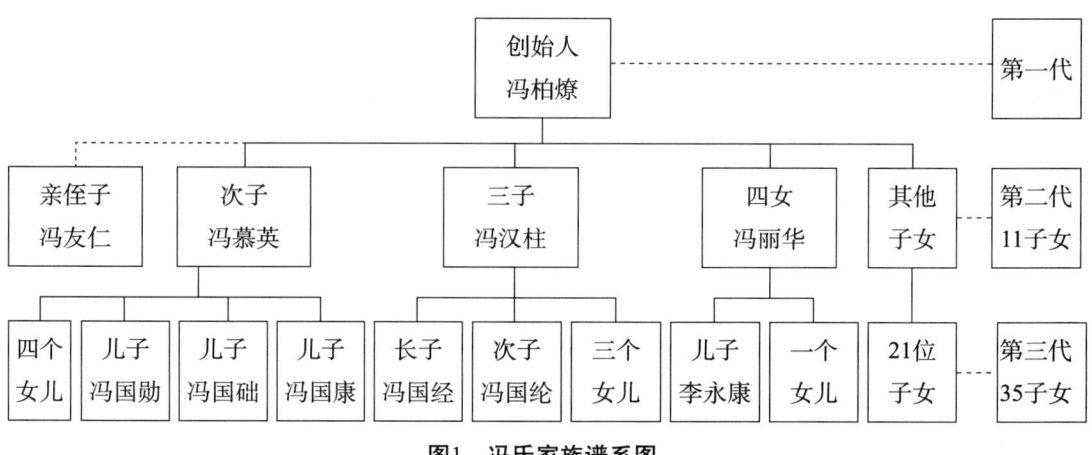

图1　冯氏家族谱系图

（3）控制权。第三代中最早加入利丰的是冯慕英之子冯国康，他主要负责塑料花采购。此后，冯慕英身体状况欠佳，冯国础中断海外学业返港陪伴父亲，并加入利丰。与此同时，家族经理冯汉柱也觉得自己年事已高，大部分的时间又要花在市政局和立法局的工作上，非常希望有一位子女回来协助。1972年，冯汉柱的小儿子冯国纶取得哈佛大学MBA学位，当年加入利丰。此外，加入利丰的还有冯丽华的儿子李永康。截至1972年，冯氏家族共有7位成员在利丰任职，而当时利丰共有9个部门，他们占据了绝大多数关键岗位。利丰的经营控制权详情见图2。

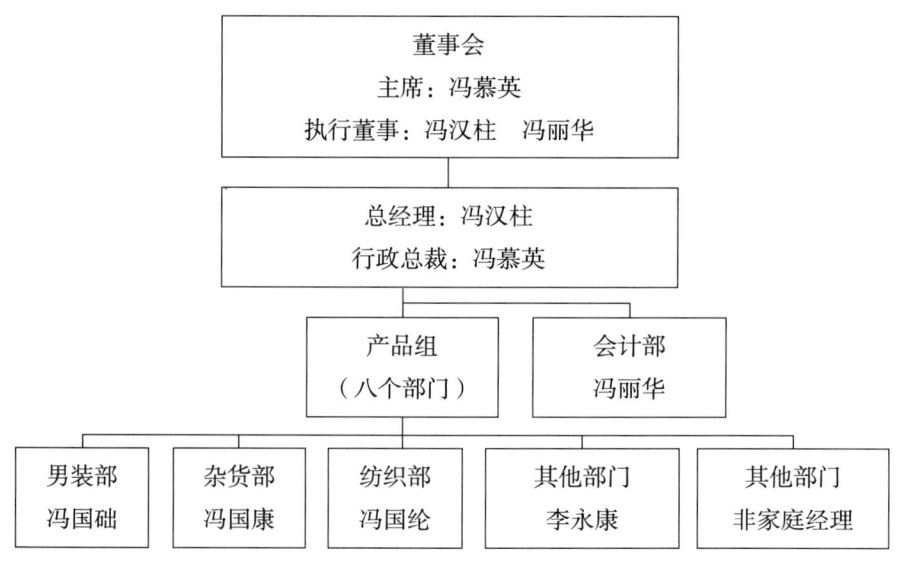

图2　利丰的经营控制权（截至1972年）

2. 冯氏家族内部第二次两权分离（1972—1977年）

冯氏家族内的第二次两权分离过程可分为三个步骤。第一步，进行内部制度改革和组织架构调整，为上市做准备。1972年，冯国经、冯国纶开始在利丰推行制度改革，他们强调各个产品部门需制定目标，会计部门也需进一步提供充足资料。接着，他们将利丰重组为6家附属公司。重组后的利丰涉及贸易、地产和财务投资业务，其中贸易业务为主要业务，地产业务为重要业务，财务投资是新兴业务。第二步，将利丰上市，为家族内部两权分离做准备。内部改革后，冯国纶对父亲冯汉柱说："如果你想让这家公司继续繁荣下去，就应该将所有权和经营权分离，而要做到这一步，必须使公司成为一家公众上市公司。"[①]1973年3月，利丰拟向公众发售25%的旧股（即1350万股），每股1.65港币[②]。4月17日，利丰在香港上市，当天收盘价格为3港币，市盈率为25倍[③]。第三步，家族股东退出管理层，家族经理掌控管理层，实现第二次家族内部两权分离。利丰上市后，冯氏家族第二代成员全部进入董事会，冯慕英担任董事会主席，冯汉柱出任董事总经理，冯丽华为董事。1975年，冯慕英去世，冯汉兴接替冯慕英出任董事，冯汉柱担任董事会主席兼董事总经理。不久，冯国础前往英国求学；李永康退任利丰（置业）董事，后移民加拿大；冯国康退任利丰（贸易）下属杂货部经理。家族股东纷纷淡出，但并不意味着冯氏家族失去了对利丰的控制权，因为家族经理冯国纶没有离开，不仅如此，1976年利丰还正式聘用了另外一位家族经理——哈佛大学教授冯国经。1981年，冯国经升任利丰集团董事总经理；1982年，冯国纶也升任利丰（置业）董事总经理。同时，利丰大量引入外部职业经理，何赤刚、黄子奇、刘不凡等先后加入利丰，担任集团总经理、利丰（贸易）董事总经理、集团财务经理等职。截至1982年，冯氏家族内部第二次两权分离正式成型。

（四）家族内部两权分离及内部代理问题
1. 公司上市与家族内部两权分离

1943年冯柏燎去世，冯氏家族内部出现了第一次两权分离，八位继承人中仅有三位在利丰工作，其他的成为家族股东。李道明退股后，家族经理的持股比例有所上升，约为37.68%。70年代利丰上市，冯氏家族持股下降到74.92%，家族经理持股下降到28.26%。利丰上市向公众发售的是旧股（即公众购买股票的资金2227.5万进入了冯氏家族口袋），说明利丰上市的目的不是给企业筹集资金。不过，我们也不能简单地认为冯氏家族将利丰上市的目的是套现，否则他们出售给公众的旧股将不止25%，25%其实是当时香港法律规定的公司上市需向公众发行股票的最低份额[④]。利丰上市的真实目的，用冯国纶的话说，就是为了让所有权与经营权分离，只不过这种分离主要指家族内部的分离。1977年，新的家族经理冯国经担任利丰（贸易）董事总经理，是家族内部第二次两权分离的标志性事件。与上一代家族经理相比，新的家族经理（冯国经、冯国纶）持股要更少一些，约占总股本的13.8%。80年代初，冯氏家族向机构投资者转让了约6%

---

① 见参考资料2，第47页。
② 本刊记者：《利丰售股昨日抽签》，《华侨日报》（香港），1973年4月5日第5张第2页。
③ 见参考资料1，第51页。
④ 黄绍伦：《移民企业家：香港的上海工业家》，上海：上海古籍出版社，2007年，第133页。

的利丰股份①，对利丰的总持股下降到70%左右。总的来说，历经三代发展，冯氏家族内部两权分离的程度进一步提高了（参见图3）。

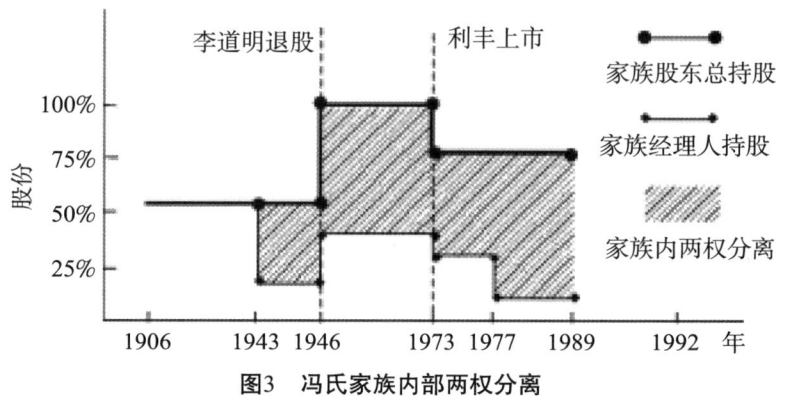

图3　冯氏家族内部两权分离

2. 冯氏家族内部两权分离与家族内部代理问题

通过家族内部两权分离，冯氏家族成功避免了"企业分裂"等大多数华人家族企业跨代发展中曾遇到的困境。由于利用了家族和社会分工优势，冯氏不仅可以在整个家族（而不是在某房，如长子）范围内培养和选择优秀的家族经理，还可以在经理人市场选聘优秀人才，从而推动了利丰迅速地长期成长。由此可见，家族内部两权分离对于家族企业的跨代成长具有重要的战略意义。但是，尽管家族内部实现了两权分离，但并未建立起有效的家族治理结构。随着企业家族从第一代到第二代、三代，两权分离程度不断加深，冯氏家族开始出现了严重的内部代理问题，损害了内部两权分离的效率。总的来看，其家族内部冲突主要表现为以下三个方面：

第一，部分家族股东欲抛售利丰股票。冯氏家族部分股东对持股不感兴趣的原因之一是一些家族股东已成为专业人士，不再想继续经营这门生意②。不过，家族股东与公众股东是不一样的，他们如果随意抛售企业股份，就可能危及所有家族股东和家族经理的共同利益。实际上，华人家族企业杨协成就是因为家族股东竞相抛售企业股份，最终被外人收购③。

第二，部分家族股东欲"内部接管"获取经营控制权。冯国经曾表示："从前所有冯氏家族成员都持有股份，有股份就有职位。其实当年利丰上市，就是要针对家族式经营的矛盾，之后，冯氏的参与者多方重整公司结构，清理'内部恶性竞争'。不过进行改革前，有些成员已自动退出。"④冯国经的做法是明智的，但事情并没有结束。在冯氏家族中，冯汉兴是除冯汉柱外辈分最高的人，他的存在对家族经理冯国经、冯国纶构成了威胁。谈及家族内部代与代之间的矛盾以至于争权，冯汉柱毫不迟疑地说："所谓

---

① 本刊记者：《利丰冯氏家族接受亚洲投资》，《大公报》（香港），1980年12月2日第2张第6版。
② 见参考资料1，第86页。
③ 李秀娟、李虹：《富过三代》，上海：上海人民出版社，2007年，第16-31页。
④ 本刊记者：《家族式经营与时俱变》，《资本杂志》（香港），1999年第51期。

树大有枯枝，没有的太特殊了。为何大家都是同一个父亲生的，却有些人意见要强些？这很难处理。"①更为严重的是，冯汉柱年事已高，他若去世（冯汉柱1994年去世）便意味冯汉兴成为家族领军人物，加上其家族股东和董事身份，要强行接管利丰似乎不费吹灰之力。

第三，家族经理人争购家族股东的股权。并非所有的家族股东有意抛售利丰股份或争夺家族经理之职，冯慕英的后代就是一例。在家族第二代中，冯慕英是为利丰付出最多的人之一，从毕业到去世，他一直在利丰工作，其子女对利丰也别有一番情感，并不愿意出售利丰股份。冯国经、冯国纶收购利丰股份本是为阻止家族股份外流、避免"恶意"内部接管，但后来这一目标显然被扩大了，使冯慕英的后代成为无辜的受害者。值得指出的是，股权之争给冯慕英和冯汉柱两房的关系造成了非常大的影响②。

3. 冯氏家族内部两权分离未尽的历程

1987年10月，美国股市暴跌并引发全球股灾，10月26日，香港股市一日下跌1120点，跌幅高达33%。一般而言，股价下跌可能使上市公司面临外部接管，但冯国纶表示："以该公司（利丰）的情况而言，股市下跌对以家族控制性股份的公司影响不大。"③事实上，股市下跌并没有给利丰带来外部接管威胁，但确实降低了收购股权（包括管理层收购）的成本。1988年初，冯汉柱决定在波士顿召开家族会议，讨论将利丰由冯国经、冯国纶收购而私有化的议题。据冯丽华回忆："会上有不同意见。"④其实，冯汉兴在会上激烈反对私有化，一些家族股东由于对利丰缺乏了解，而没有充分的信息进行决策，如冯雪生和冯美生说："……对利丰一无所知，我阿叔（指冯汉柱）话卖股，就卖了。"⑤不过，在冯汉柱的号召下，大部分家族股东还是同意将股权卖给冯国经、冯国纶兄弟。在1988年12月7日，香港法庭指令的利丰公众股东大会和利丰股东特别大会先后召开，"私有化计划遂告通过"⑥（具体数据见表2）。最终，冯国经、冯国纶两兄弟拥有的经纪公司收购了利丰，而转入兄弟合伙阶段。1991年，冯国经、冯国纶兄弟将旗下出口贸易业务重组为利丰贸易有限公司再次上市。目前，利丰集团拥有3家上市公司、4家非上市公司。最近20年，利丰集团一直为冯国经、冯国纶兄弟合伙控制。如今，冯国经、冯国纶已年过60，利丰的传承也日益临近。但内部两权分离结束后的冯氏企业家族的核心家庭数已从35个降到2个，第四代仅有4位接班候选人（其中冯国经2子1女，冯国纶1子）。如果冯氏家族继续保持其不分割企业只分割股份的传统，家族内部两权分离在未来的跨代传承过程中还可能重演。

---

① 见参考资料1，第69页。
② 见参考资料2，第87页。
③ 本刊记者：《近期全球股市暴跌 利丰发展可能受阻》，《华侨日报》（香港），1987年11月20日第6张第1页。
④ 见参考资料2，第87页。
⑤ 见参考资料2，第89页。
⑥ 本刊记者：《利丰股东通过私有化》，《大公报》（香港），1988年12月8日第20版。

表2　家族经理人收购与股权变动

股东	收购前持股（千）	收购后持股（千）
经纶公司	7471（13.8%）	54000（100.00%）
其他家族股东及家族基金	30148（55.8%）	0
机构投资者：CRL	3150（5.8%）	0
公众小股东	13231（24.5%）	0
合计	54000（100.00%）	54000（100.00%）

数据来源：经纶公司（由冯国经、冯国纶各持50%股权）、CRL公司持股资料，见参考资料3，第89页；此数据通过交叉验证，另见《利丰也实行私有化》，《大公报》（香港）1988年10月11日，第9版。家族股东及家族信托基金的持股资料，见参考资料3，第89页；此数据通过交叉验证，另见招艳颜：《九十年、三代人》，《资本家》（香港），1996年2月第52期。公众小股东持股由以上数据推算。

四、讨论：家族内部两权分离的概念、路径与治理

（一）家族内部两权分离的概念与路径

1. 家族内部两权分离的概念

通过考察美国企业史，钱德勒（1987）发现1840年前的美国企业"几乎所有的高层经理都是企业的所有者"，显然，这些家族企业还处于企业主阶段。1917年前后，在技术创新和市场扩张的推动之下，家族成员开始脱离管理岗位成为股东，取而代之的是专业支薪经理，企业家族之权力因此变成"消极权力"。到20世纪30年代，这些企业的股权大多分散到家族之外。实际上，Berle和Means（1932）统计的美国200家最大企业中的绝大多数已经摆脱家族控股权，成为拥有成千上万中小股东的公众公司。这种从家族企业两权合一到公众公司两权分离的过程，本文称为Berle-Means型两权分离，简称B-M型两权分离。

已有文献论及的两权分离几乎都是指B-M型两权分离，它包括两层含义：所有权与经营权分离以及所有权与控制权的分离。法玛和詹森将企业决策分为决策经营和决策控制，职业经理、董事会和公众股东分别拥有经营权、控制权与剩余索取权。进一步地，他们认为引发代理问题的是所有权与决策经营权分离，而决策控制权与决策经营权分离可以消减代理成本问题。当然，这并不意味着所有权和决策控制权会发生分离，因为在大型专业合伙公司中，股东可通过直接掌握决策控制权监督职业经理。事实上，所有权与决策经营权分离只是所有权与决策控制权分离的前提条件，因为后者的分离及其有效性还取决于所有权的分散程度。只有在股权高度分散的公众公司，所有权与经营权、控制权和经营权才两两分离。

与钱德勒的观点一致，蓝斯贝格（Lansberg，1999）认为美国很少有家族企业能传到第三代进入企业家族阶段，不过他发现此类型的家族企业在欧洲却很普遍，很容易找到像Michelin、Lego、Codomiu这样在多代内成功延续堂兄妹联营的家族企业。换而言之，在很多欧洲家族企业的跨代成长中，它们并没有或不仅仅是演化成公众公司，实现

B—M型两权分离，而是与利丰一样进入企业家族阶段，在家族内发生家族股东所有权与家族经理经营权的分离。实际上，卡洛克和沃德（Carlock & ward，2001）也曾明确提出家族内部两权分离的概念，称之为所有权与经营权（管理角色）的分离。

作为两权分离的两种类型，家族内部两权分离和B—M型两权分离本身之间并不存在必然联系。一个企业可能存在内部两权分离，但不一定存在B—M型两权分离。一个企业也可能存在B—M型两权分离，但不一定存在内部两权分离，如1992年至今的利丰。此外，一个企业还可同时存在B—M型两权分离和内部两权分离，如1973—1989年的利丰。

2. 家族内部两权分离的路径

家族企业发展的第一个阶段通常被称为企业主阶段，黄绍伦也将它称作集权阶段（Wong，1993），以表明华人家长制管理的特色。这个阶段的显著特征是企业所有权和经营控制权都集中于一个家长，西方学者通常称之为企业主"Founder"（Ward，1991）或控制股东"Controlling Owner"（Gersick，1997）。对于华人家族企业的第二个阶段，有两类观点最具代表性。孙治本（1996）认为分家制度会起作用，如果一家两兄弟，家族企业就会裂变为二；三兄弟，就会裂变为三……这样一来，每个继承人都成为一个新企业主（所有权经营权合一）。与孙治本不同，黄绍伦认为"分家"不一定是分割企业实体，也可能是分割企业股份，华人家族企业可进入兄弟合伙阶段，这类似于西方学者所提的兄弟合伙阶段"Sibling Partnership Stage"（Ward，1991；Gersick，1997），这一阶段的主要特征是所有权和经营控制权由多位继承人分享，继承人享有的经营控制权与其拥有的所有权呈现不严格对称。如果这种状况一直维持到第三代，黄绍伦认为华人家族企业就会分裂瓦解，裂变为多个小企业；除非企业股份在兄弟合伙阶段已被一个继承人收购并返回第一阶段。归结到一点，两类观点都认为华人企业家族内部不能发生稳定的两权分离。

西方学者对家族企业发展路径的归纳与上述观点不同。他们认为家族企业在经历兄弟合伙阶段后可进入堂兄妹联营阶段（cousin consortium / confederation）或企业家族阶段（family dynasty）（Gersick，1997；Ward，1991）。此阶段的企业家族中"有许多堂表兄妹股东；有的家族股东参与企业经营，有的没有"。用沃德（Ward，2008）的话说，"当家族企业进入堂兄妹联营阶段……会面临四个方面的变革，其中最根本的变革是越来越多的家族股东将不能参与企业经营，部分家族成员已成为企业监督者（governors）而非经营者（operators）"——这实质上意味着家族内部已发生两权分离，进入了内部两权分离阶段。

归结起来，可以将家族企业内部两权分离的路径描述为如图4所示的几种路径，利丰在1946—1973年和1973—1989年两个阶段的分离特征表现为路径a→e；而路径d表述了孙治本的观点；路径a→b、a→c代表了黄绍伦的两个观点。实际上，进入家族内部两权分离阶段的华人家族企业并不只有利丰一个，有不少华人家族企业都曾经进入内部两权分离阶段，只不过未能成功延续这一阶段（比如杨协成家族）；而一些家族企业则正在实践家族内部两权分离及其治理,并取得了较大的进展。比如,香港的李锦记家族[①]第三、四、五代家族成员共有26位,近年来一直只有2至3位家族成员负责企业事务,更多的家族成员参与着诸如超级妈妈小组、家族学习和发展中心、家族办公室、家族慈善基金、家族投资等家族事务。

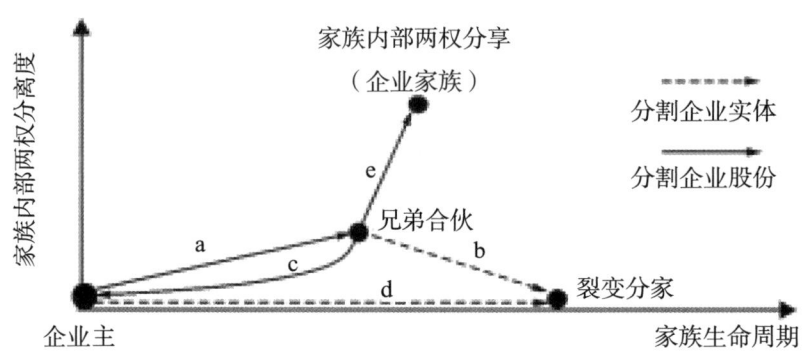

图4 家族内部两权分离的路径

(二)家族内部两权分离与内部代理问题

现有文献在讨论家族企业代理问题有两种不同的观点:一种观点以法玛和詹森为代表(Fama and Jensen, 1983),他们认为家族企业几乎不存在代理问题,或者说家族关系本身即能有效杜绝代理问题;另一种观点以舒尔茨(Schulze)等为代表(Schulze et al., 2001; Schulze et al., 2003a; 2003b),他们认为,即便在家族成员利他主义的假设下,在家族企业内部同样存在复杂和严重的代理成本问题。从冯氏家族的案例可见,内部代理问题并非"存在—不存在"的二分问题,也不是家族企业比之非家族企业代理问题孰重孰轻的问题。实际上,家族内部代理问题是与家族企业不同阶段动态变化和情境依存的。在企业主阶段,家族成员都属于一个核心家庭,同属一个"家计",几乎所有的家族财产都以公有形式存在,即使是在分家之后,这一公有产权制度在冯氏家族仍得到部分保留,15%的企业股份被化归公共财产。既然没有个人产权,代理人通过代理行为所获取的个人利益就不被家族制度所"承认和保护"。随着家族企业向下一阶段发展,分家制度开始起作用,它首次明晰了各继承人的个人(及其小家庭)产权,承认其个体利益,分家后的家族是多个产权单位的集合体(潘必胜,2001)。毋庸置疑,这种从单个产权单位到多个产权单位的产权制度变革深刻地影响家族代理人的行为,从此代理行为所获取的个人利益将在家族制度范围内得到"合法保护"。实际上,私有产权或个人产权与自利人假设是一致的或同义反复(张五常,2001),有了分家制度之后以核心家庭为单位的家族成员则可以视为自利人,这构成了家族内部代理问题产生的前提。

其实,家族裂变为多个产权单位,并不必然产生内部代理问题,因为它与内部所有权和经营权的非对称程度有关。如果家族企业分裂为多个小企业,则每个小家族企业的

[①] 我们的研究团队已经对李锦记家族进行了两年的跟踪研究,部分成果见参考文献(李新春,2008)。

所有权和经营权都高度集中于一个继承人，这将避免家族内部所有权与经营权的非对称分布，则能杜绝家族内部代理问题。这或许诠释了华人家族企业的传统智慧——将分家演变成"分割企业"。当然，"裂变分家"的代价很高，常常直接抵消家族企业多年的资本积累。相反，如果保持企业和家族的完整性，家族内部所有权与经营权的非对称程度常常逐代加深，由此可能带来自利导向的代理成本。冯氏家族的情况正是如此。"冯友仁事件"的发生，是因为作为冯柏燎的侄子，他与冯柏燎并不属于同一个产权单位；而作为总裁助理，他拥有的经营控制权与其所有权高度不对称。在两次家族内部两权分离阶段，1943—1971年，尽管冯氏家族已分裂为8个产权单位，但非任职家族股东只持47.25%的股份，3名家族成员在利丰任职，内部两权分离程度相对较低，此阶段家族内部代理问题并不严重；到了1980年代，35个核心家庭的平均持股显著下降，控制权集中于两位家族经理，内部两权分离程度明显加深，与微弱的剩余索取权收益相比，获取企业控制权收益显然更具吸引力，最终导致其恶意内部接管和家族经理争购股权等一系列家族内部代理冲突。

接下来的问题是：为什么较多西方（特别是欧洲）家族企业能成功实现内部两权分离从而保证可持续发展，而华人家族企业则难以实现稳定的内部两权分离而获得跨代成长？从不少西方家族企业成长案例给出的结论似乎支持这样一个假设：家族企业内部两权分离的稳定性取决于建设一个有效的家族治理结构，而实现对于家族内部代理的治理；如果不能有效治理家族内部代理问题，内部两权分离就难以稳定存在。特别地，对于华人家族企业，其独特的家族制度对于内部代理成本的影响也是不可忽视的（如较于西方家族制度，是否更会加剧内部代理成本）。当然，这些问题已经超出了本文考察的重点，但却指出了进一步深入研究的方向。

五、简要的结论

案例研究在理论上是属于探索性的研究，深入和广泛的证据在于进一步发掘有关案例，以及进行更为广泛的定性和定量的调研分析。本文通过利丰的案例分析和理论讨论，主要给出了以下几个值得进一步讨论和实证检验的结论或假设：

（1）家族内部两权分离与裂变分家、家族经理收购是华人家族企业发展的几条必由之径，而内部两权分离是保证家族企业跨代成长和持续创业的关键性制度安排。但值得探讨的问题是，为什么在西方成熟的家族企业中存在着较为稳定的内部两权分离，而在中国或华人家族企业中，家族内部的两权分离大多是不稳定和多变的？

（2）家族内部两权分离会导致复杂和严重的内部代理问题，所有权继承与经营控制权继任的分离通常意味着家族内部产权制度的变革和所有权与经营控制权的非对称分布，而这正是产生家族内部代理问题的前提条件。

（3）因为在家族内部两权分离的制度安排中，在家族股东与家族经理人之间不存在明晰的委托代理等级，因此很难界定谁是委托人谁是代理人。家族内部代理问题与传统的B-M型代理问题具有不同的特征，主要表现在家族股东与家族经理之间的代理问题、家族股东内部收购与退出的冲突问题以及家族经理控制权的争夺问题。

参考文献

哈特臣著，黄佩仪，汤丽仪译.锦霞满天——利丰发展的道路.广州：中山大学出版社，1993.

冯邦彦.百年利丰——从传统商号到现代跨国集团.北京：中信出版社，2007.

卡洛克，沃德著，梁卿译.家族企业的战略计划.北京：中信出版社，2001.

李新春，何轩，陈文婷.战略创业与家族企业创业精神的传承——基于百年老字号李锦记的案例研究，管理世界，2008，（10）.

罗伯特·殷著，周海涛等译.案例研究：设计与方法，重庆：重庆大学出版社，2004.

潘必胜.产权、家庭效率与家族非效率——农业社会中家庭经济行为分析，中国农村观察，2001，（4）.

钱德勒著，王铁生译.看得见的手——美国企业的管理革命.北京：商务印书馆，1987.

孙治本.台湾家族企业的内部整合及其领导风格.战略与管理，1996，（5）.

詹姆斯著，暴永宁译.家族企业.北京：生活·读书·新知三联书店，2008.

张五常.经济解释——张五常经济论文选.北京：商务印书馆，2001.

周长辉.中国企业战略变革过程：基于中国五矿集团的研究.管理世界，2005，（12）.

Berle, A., and G. Means, 1932. The Modem Corporation and Private Property. New York：The Commerce Clearing House, 355-356.

Carlock, R. S., and J. L. Ward, 2001. Strategic Planning for the Family Business：Parallel Planning to Unify the Family and Business. Palgrave.

Carney, M., 2005. Corporate Governance and Competitive Advantage in Family-controlled Firms. Entrepreneurship Theory and Practice, 29：249-266.

Eisenhardt, K. M., 1989. Building theories from case study research. A cademy of Management Review, 14（4）：532-550.

Eisenhardt, K. M., Graebner M. E., 2007. Theory building from cases：opportunities and challenges. Academy of Management Journal, 50（1）：25-32.

Fama, E. F., Jensen, M. C., 1983. Separation of ownership and control. Journal of Law and Economics, 26（2）：301-325.

Gersick, K. E., 1997. Generation to Generation：Life Cycles of the Family Business. Harvard Business School Press.

Habbershon, T. G., Williams, M. L., 1999. A Resource-Based Framework for Assessing the Strategic Advantages of Family Firms. Family Business Review, 12（1）：1-26.

Klein, S. B., 2000. Family Businesses in Germany：Significance and Structure. Family Business Review, 13（3）：157-182.

Lansberg, I., 1999. Succeeding Generations：Realizing the Dream of Families in

Business. Harvard Business School Press, 44.

Lee, T. W., 2001. On qualitative research in AMJ. Academy of Management Journal, 44(2): 215-216.

Miller D., Breton-Miller L., 2006. Family Governance and Firm Performance: Agency, Stewardship, and Capabilities. Family Business Review, 19(1): 73-87.

Schulze, W. S., M. H. Lubatkin, and R. N. Dino, 2003a. Toward a Theory of Agency and Altruism in Family Firms. Journal of Business Venturing, 18(4): 473-490.

Schulze, W. S., M. H. Lubatkin, and R. N. Dino, 2003b. Exploring the Agency Consequences of Ownership Dispersion among inside Directors at Family Firms. Academy of Management Journal, 46(2): 179-194.

Schulze, W. S., M. H. Lubatkin, R. N. Dino, and A. K. Buchholtz, 2001. Agency Relationships in Family Firms: Theory and Evidence. Organization Science, 12(2): 99-116.

Ward, J. L., 1991. Creating Effective Boards for Private Enterprises. Jossey-Bass Publishers.

Ward, J. L., 2008. How values dilemmas underscore the difficult issues of governing the large enterprising family.

Tàpies, J. and Ward, J. L., 2008. Family Values and Value Creation. Palgrave Mac Millan Publishing.

Wong, S., 1993. The Chinese Family Firm: A Model. Family Business Review, 6(3): 327-340.

原载《中山大学学报（社会科学版）》2010年第4期

第三辑

政治与公共管理

人的全面发展的教育任务

——研究报告

许崇清

一　人的全面发展是无产阶级专政的任务

马克思和恩格斯指示我们，在社会主义社会中，教育的任务是"人的全面发展"。

作为社会主义社会的教育任务的"人的全面发展"是与建立在生产资料私有制的基础上和人剥削人的基础上的资本主义社会里所喊叫的"全面"教育，两者间存在着本质的差别。

其所以如此，是由于资产阶级只管剥削人，以人为奴役，不可能正确地了解人，是由于资产阶级对人的教育的"关心"的阶级性。

人的本质是劳动。资产阶级以劳动为奴役人的手段，使劳动成为诅咒的对象，资产阶级不可能正确地了解人的真正的本质。人的本质（"对象的本质"，"感性的活动"，实践的"对象的活动"以及由此而来的"变革的实践"）（参阅《第三手稿黑格尔哲学批判》《费尔巴哈论纲》《德意志意识形态论》第三部），只有劳动者自己，劳动者自己的科学，战斗的革命的科学，才能发现出来。

我们现在都晓得了，劳动创造了人类。那就是说，人是他自己的劳动创造出来的，人就是他自己的劳动的成果。我们也晓得了，人的体力与智力是结合在劳动中发展起来的。人的体力与智力的发展统一在劳动中。劳动是人的体力与智力的统一的发展的基础和泉源。劳动，体力与智力统一在劳动中的发展，对于人的发展具有决定性的意义和作用。我们还晓得了，劳动是人对自然——对象——的积极的活动。人通过劳动从自然造出自己的生活资料，而劳动总是在人与人相互间的一定的关系——生产关系——中进行的，人对自然的作用和人与人相互间的作用又总是分不开的。劳动不但是人的生活和人的发展的基础，而且是人与人相互间的关系和这种关系即社会的发展的基础。

马克思和恩格斯的"人的全面发展"的观点中的人的发展就是这样地存在于现实中的活动的人的发展，人的本质的发展，人的体力与智力的统一的发展，人的体力与智力的全面的发展。

但是，社会的大分工，即城市与乡村分离以来，劳动被分解了。体力劳动与脑（智）力劳动形成了对立。人也被分解了，成为畸形的、片面的人。这样的人的分解与分工在同一程度上并进，在手工工场中达到了高度的发展。在资本主义社会更发展着和加深着城市与乡村的对立、体力劳动与脑力劳动的对立。人的全面发展的要求本来是资本主义所引起，而这个要求与这些对立之间却存在着深刻的矛盾，妨碍着人的全面发展。反映这种对立的教育，无论资产阶级的教育家们怎样叫喊它是"全面"的，也只能造成人的发展的片面性。在资本主义社会，那种分工和对立正是人的全面发展的枷锁。人的全面发展只有粉碎这种枷锁才能实现。人的全面发展这个任务，是富有战斗性和革命性的任务。克服体力劳动与脑力劳动的对立，把年青一代的体力与脑力的发展统一起来，保证他们的体力与脑力获得全面的发展，作为教育的任务，这是要与先进阶级为彻底消灭剥削以及争取共产主义胜利而进行的斗争联系着来解决的——它是无产阶级专政的教育任务。

马克思的教育学说的主要问题，是无产阶级在社会主义革命取得胜利后，彻底改造教育的问题，消除资产阶级教育中的矛盾的问题，以及社会主义革命是世界上新的空前未有的人民群众的精神上的发展和繁荣的合乎规律而又必要的前提的问题。在这些问题的论述中，马克思提出了无产阶级专政的教育任务，并阐明了无产阶级专政的教育意义。只有当无产阶级革命胜利，当无产阶级获得了政权的时候，才能消灭剥削阶级。只有在无产阶级掌握了政权，建立了无产阶级专政以后，才能为人们的全面发展造就必要的前提，才能把文化与科学由资产阶级的独占变为人民的财产，变为社会继续强大和发展的因素造就必要的条件，只有在无产阶级专政下，才能把作为对劳动者的压迫和精神奴役的工具的阶级社会的教育，以革命的方式，改造成为真正人民的、真正科学的全面发展人的教育。马克思和恩格斯这样地指出了改造资产阶级的教育和解决资产阶级教育中的矛盾的唯一正确的道路，在人类的历史上比揭露了资产阶级社会中教育的阶级本质，功绩还更丰伟。不包含消灭体力劳动与脑力劳动的对立的关于"人的全面发展"的了解，脱离了马克思主义的革命的唯物主义的观点，失掉了"人的全面发展"的战斗的、革命的意义，都是不正确的了解。

消灭体力劳动与脑力劳动的对立，实现体力与脑力的发展的统一，是人全面地发展的唯一手段和基本原理。这个基本原理决不容许其他原则来代替它，更不容许其他原则来排斥它。这个原理，是学校与政治结合，学校与生活结合，教学、教育与生产劳动结合，乃至理论与实践结合等教学和教育的基本原则所由而制定的出发点。离开这个原理就不可能实现全面地发展人的教育思想。离开这个原理就不可能胜利地解决在社会主义建设时期学校所面临的新任务。如果脑力劳动与体力劳动依然分离，即使各种类型的如工程技术学校、农业技术学校等，也产生了体力劳动与脑力劳动相结合的一点萌芽，工人、农民的子女在这些学校也获得了基本教育和关于工艺和农业的一般知识，而生产上的科学知识却依然集中在工程师和技术人员身上，他们在一切生活方式和观点上都脱离了工人和农民，而工人和农民则脱离了科学知识，我们的教育依然在再生产着顽守各种专业的旧分工，我们的教育依然再生产着脱离实际的知识分子，要建成社会主义是不可能的，要进到共产主义的高级阶段更不可想象。

为要消灭体力劳动与脑力劳动的对立，实现体力与脑力的统一的发展，就必须使劳动与教育结合起来，必须使劳动成为人们生活所必需，使教育成为普遍的义务。如果体力劳动还是一部分人们的命运，教育又只是另一部分人们的特权，生产劳动与教育就不可能真正地结合起来。人们就不可能获得体力与脑力的全面发展，人们的发展就总带着片面性。而且,在现代的技术水平和科学知识的情况下,不把生产劳动与教学、教育结合起来,不把教学、教养与生产劳动结合起来,就不可能把教学、教养和生产劳动提到现代技术和科学知识所要求的高度,社会主义的基本经济法则(在高度技术基础上使社会主义生产不断增长和不断完善的办法,来保证最大限度地满足整个社会生活经常增长的物质和文化的需要的法则)就将无从实现。教学、教养与生产劳动的结合不但是造就全面发展的人的社会规律,并且是社会发展进程本身的要求。与生产劳动结合的教育的普及,工人、农民的文化和技术的水平的提高,新的与工农骨肉相连的知识分子的培养,科学工作者与生产工作者的紧密联系和共同创造的友谊的联盟——这一切都是克服体力劳动与脑力劳动的对立,保证社会成员的体力与脑力获得全面发展的必要手段。人的全面发展和年青一代的全面发展的任务的实现与这些问题的解决是密切联系着的。

但人的全面发展毕竟是一个抽象的观点,学校的任务不是从这个抽象的观点来考察和规定的。考察和规定我们的学校的基本任务的出发点,是当前的社会主义革命和社会主义建设的现实任务。列宁在他的一些演说和著作中,曾反复指示过,学校的基本任务不是从教育目的的形式逻辑的分析来揭露的。学校的基本任务要由具体的历史范围内的共产主义教育的基本问题来决定。而且,人的全面发展的任务也不是学校教育所能单独解决的任务。一切只从人的全面发展的观点来规定学校的任务和只在学校内来解决造就全面发展的人的企图,必然成为空洞的计划,脱离具体的实际情势。

学校教育对于人的全面发展的任务,是贯彻执行学校与政治结合,理论与实践结合,学校与生活结合以及教学、教育与生产劳动结合等原则来保证年青一代的脑力与体力的统一的发展。不要误解,以为脑力与体力的发展的问题只是智育与体育的问题。马克思和恩格斯认为人的全面发展是智育和体育、综合技术教育、德育和美育的统一。这个统一包含着消灭脑力劳动与体力劳动的对立,乃至消灭它们的本质的差别。"人的全面发展",作为一个概念来看,它包含着促进人的机体的正常发展,促进他的神经系统的机能的正常作用,促进他的一切心理过程、认识、情绪和意志的过程的正常作用等。人的全面发展在我们当前的时代还包含着新人的一切新品质和新特点的形成、培养和发展,即他的兴趣和爱好,他的性情和气质,他的积极活动性,信念和世界观等的新的形成、培养和发展。我们要从人的生理、心理和社会生活的相互作用中来了解人的整个发展,全面发展人的教育才能走上正确的道路。

我们还要谨记着,列宁又曾指示过,在年青一代的面前摆着建设共产主义的任务,针对着这个方向,当他们在学校学习和受教育的时期就应该做好准备。我们的学校不应该一般地教授科学,不应该孜孜从事像资产阶级学校所标榜的那样去"全面谐和地"发展人的个性。我们是造就共产主义社会建设的积极参加者,我们的学校工作应该全部服从于这个任务。人的全面发展的必要前提和条件是在无产阶级专政下建成社会主义社会的斗争中创造出来的。我们必定要将青年的全部教育、教养和教学与社会主义建设的任务,与工人、农民建成社会主义的斗争密切联系起来。只有把教育、教养和教学的每一步骤与社会主义建设的现实任务联系起来,青年们才能成为真正的共产主义者,才能成为自己的祖国的忠诚儿女,负起劳动的真正的使命,为自己,为人民实现共产主义、完成人的全面发展的光荣事业,豪迈而英勇地进行坚毅不挠的斗争。

劳动，实践的活动统一着体力与脑力的活动，在这个基础上构成知行的统一，理论与实践的统一。

在人类社会的发展过程中，使可能性转变为现实性的运动，是人的这种社会的实践的活动。一切历史的现象都是人类的积极的活动的成果。历史的领域中的可能性到现实性的转变必须通过人们的社会的实践，人们自己的积极的活动而实现。固然，条件也是这个转变的重要的契机。但条件本身并不能使可能性转变为现实性。为要促进这个转变的实现必须凭借人们自己的积极的活动，人们自己的实践的活动。在具有高度的自己运动的性质的东西，条件是蕴蓄在那东西自身中的。对象的内容就是现实性的实现的条件全体。可能性向现实性的转变经由对象自身的运动，把内容展开。作为"对象的本质"的人就是作为他自己的实践的活动的成果的对象的人。人就是他自己的实践的活动的成果。教育活动本来就是促进这个转变的人们的实践的活动的一个形式。教育活动，而漠视了对象的自己运动（例如漠视培养学生自己养成共产主义观点的能力，自己肃清书本与实际生活脱节，理论与实践脱节，和自己进行艰巨的，大量的独立思考工作等），人们的活动就脱离了对象自身的发展的根据。这样的教育与人们的本质的发展是不相干的。在这样的教育过程中，对象的自己运动的契机无从而显现，对象与条件的结合运动只能是偶然的，教育的效果也只能由于过程以外所给予的作为"外部的必然性"的偶然性而产生。

在客观过程的规律性未被掌握着，从而客观过程还未被按照它的规律而有意识地有计划地为人们所控制的场合，人们的活动就总是偶然的——必然的，而不会有自由的契机。真正的教育在这样的情况下就只能作为在过程以外碰彩凑巧而得来的一点补充而获致。不相信客观过程的规律性，不了解人的本质的资产阶级的教育，其效果只能这样。这就是经验论者杜威在他的《民主主义与教育》的第二章所叙述着的所谓社会环境在他们不知不觉中，并在他们所规定的目的以外所施行的对于青年倾向的形成更为深远而密切的教育影响。如果在资本主义社会是关系和偶然支配着人，在共产主义社会则将是人支配着关系和偶然。在无产阶级专政下建成社会主义社会的进程中，人的全面发展的必要前提和条件陆续造成，共产主义教育的问题陆续规定完备，社会与学校就将取得完全相同的方向，共产主义方向，对人的全面发展发挥出一致的、有力而有效的作用。

毛泽东主席在《实践论》中指示我们，"无产阶级和革命人民改造世界的斗争包括实现下述任务：改造客观世界，也改造主观世界——改造自己的认识能力，改造主观世界与客观世界的关系"。这个改造过程，我们应该体会到也就是人们争取把劳动从资本解放出来，并把劳动变为社会的劳动，以及完全支配自然力，并把劳动变为支配一切自然力的人的劳动的过程。这种劳动要求人的劳动具备社会性，具备科学性，要求人的劳动成为自由的劳动，真正创造的劳动。这种劳动要求人向一切方面发挥他的一切才能，要求人的全面发展。这个改造过程也就是人自己争取自己的全面发展的过程。

二 对"人的全面发展"的几种了解的批判

在十八世纪后半期至十九世纪初期，在瑞士，有一位热心的，终身从事于改善劳动人民生活活动的，民主主义的，非凡的教育学者和教育家裴斯塔罗齐。在他的时代，资本主义在瑞士已开始发展起来。资本主义深入农村，农民受着封建的剥削，还受着资本主义的剥削。裴斯塔罗齐看出了劳动人民的困苦境况。他要改善他们的生活，解除他们的困苦。但他没有从他们的困苦境况中找到正确的出路，他没有看到他们生活困苦的真正原因。他不能踏上发动革命的道路，他的活动就始终脱不了教化的性质。

依裴斯塔罗齐的了解，教育是按照自然行程的天赋能力的发展。真正的人性的显现，完人的创造——就是教育的目的。人的意义是把自己的素质发展到尽可能地完善的境地。"除了体力与智力的谐和发展以外，教育没有其它目的。"裴斯塔罗齐的体力与智力的谐和发展的观点，具有什么意义呢？在裴斯塔罗齐时代，德国的唯心主义哲学的先驱者莱布尼茨，曾倡导过所谓作为万物的基础，一切生命的基础的"单子"（独立的精神的实体）间，存在着预定的谐和的等级和关联，这样一个哲学观点。这个观点和裴斯塔罗齐的小市民阶级的社会意识结合起来，就形成了裴斯塔罗齐的阶级谐和论的社会思想。裴斯塔罗齐认为每一个阶级都应该保存，认为教育体系应该以当前的生活条件和劳动条件，以及某种阶级的需要做标准来构成。农民子弟应为从事农业、手工业者的子弟应为从事工艺而受教育，贵族子弟就要受科学教育。因此，在劳动人民的教育上，劳动具有极大的意义。裴斯塔罗齐在他的实际教育活动中，和在他的许多著作中，又提出了生产劳动与教育结合的思想。

在裴斯塔罗齐的教育学说中，我们可以清楚地看出，他的所谓体力与智力的谐和发展的观点是不包含消灭体力劳动与智力劳动的对立的。生产劳动与教育结合的观点的提出，在裴斯塔罗齐不是为了消灭体力劳动与智力劳动的对立，而是为了适应体力劳动与智力劳动的不同的需要，"预定"命运的安排，适应增进生活条件和劳动条件不同的阶级间的谐和。在裴斯塔罗齐，劳动与教育是没有内在联系的，只是纯粹地机械的结合。裴斯塔罗齐在谈到劳动教育的任务时，认为劳动教育只能帮助人们职业上的发展，不会带给人们智力的发展。劳动教育于人类并无什么价值。劳动不能发展人性，与人性的发展是不相干的事情。人性的发展才是教育的目的。因此，他在教学农作和工艺的时候，还要在作业过程中利用种种方法来"温暖"儿童的心，发展他们的智慧。劳动教育本身，在裴斯塔罗齐，于是就不成其为教育了。

在裴斯塔罗齐的体力与智力的谐和发展的观点中，包含着对劳动（生产劳动，体力劳动）的这样的一些见解，是不足为奇的。这正是不同阶级的利益在教育上，和在教育学说上的反映。

还有我们应该留意到的，就是裴斯塔罗齐的体力与智力的谐和发展的观点同他的阶级谐和的观点的一致的问题。裴斯塔罗齐为了阶级的谐和相处，甚至承认了人的"社会状态"对人的"自然状态"的限制，把这种限制也看作预定谐和的自然的部署。于是裴斯塔罗齐所要创造的"完人"也不能不受到一定的限制。他所要创造的"完人"也不过是在这种限制下的"完人"。即使农民、手工业者的子弟，在他的学校里，只受到了关于农作、工艺的技能的训练，而得不到接近科学的机会，也是他们的预定命运。在他们的预定命运的限制下，他们自有他们的所谓"完人"的境界。

裴斯塔罗齐所谓体力与智力的谐和发展，不论在教育的理论上和实践上都具有极大的片面性和局限性。所谓"谐和"实际上就只是巩固和加强工人和农民对资本家和地主的依赖。裴斯塔罗齐的体力与智力的谐和发展的教育的意义不过如此。

再看看小资产阶级的阶级平等的观点。在十九世纪初期，资产阶级的所谓阶级平等的表面性和虚伪性开始暴露出来的时候，小资产阶级的思想家，如蒲鲁东等企图扩大资产阶级的所谓平等的概念，把人们对财产的平等的要求加了进去。但他们没有提出消灭阶级，消灭阶级不平等和阶级剥削的问题。他们假装否认政治，实则要使"工人阶级服从资产阶级的政治"。他们不懂得只有使人们摆脱资本的压迫和奴役，才能解放个人，才能为个人的体力与智力的全面发展创造条件。在教育问题上，蒲鲁东提出了所谓多种职业教育的主张。他的一派，保尔·罗宾还在巴黎附近设立了一所学校，实施了20多种手工业——装订工、厚纸工、木工等的训练，认为这就是"完整的""综合的"教育，企图借以引导人们获得全面的发展。马克思在他的《哲学的贫困》里就已揭破了这种教育的反动性，揭破了他们否定大机器工业的作用，并使无产阶级指望把那已为历史发展所注定要死亡的落后的家庭手工业劳动来做人们的全面发展的泉源。列宁在对克鲁普斯卡雅《论综合技术教育》提纲的评注中，就警告过大家勿使综合技术教育变成手工业。列宁在讲到综合技术教育的基础时，认为使学生在理论上和实践上去认识电，对于确立综合技术教育的基础，具有主要的和决定的作用。列宁非常注意电在机械和化学工业中，实际上和技术上的应用，和非常注意使学生认识国家电气化计划，使学生对自己的祖国的伟大光辉的未来的远景具有一个大概的观念。这样，综合技术教育问题才成为逐渐实现共产主义社会的全面发展的建设者和保卫者的教育问题。希图以手工业解决人的全面发展的任务，甚至希图把现代文明从机器时代引回到纺车时代，显然是反动的空想。还有巴枯宁，他否定与现代有关的一切，竟至信奉蒙昧主义，要将学习科学知识划出教育以外，还以这种谬论去反对当时西伯利亚商人要求政府在西伯利亚建立大学。巴枯宁对社会主义社会中的科学问题的论断简直是反动至极。在这个"疯狂的小资产者"的观念中，社会主义是没有科学文化的"好"境地。为了动摇青年对"正统"思想的信念，摧毁既成社会制度，巴枯宁还曾大叫大嚷，煽惑青年抛弃学校、科学和理论工作。认为这些工作是"俗不可耐"的事情，甚至认为科学和理论工作对于青年应"悬为厉禁"。巴枯宁自命为人民革命家，社会主义者，但在他的观点中，即使在社会主义社会，人民仍是那么粗野愚蠢，从他们中间决不会产生出什么能干的人才。他的这种对人民的观点却与任何反动分子没有丝毫的差别。像他所主张的那样的社会主义，怎样会令人相信他确曾关心过人的全面的发展？像他那样荒谬的立论，无论他怎样喊叫"全面教育"，他究竟曾否郑重地考虑过这个问题，也不能无疑。

现在回转来又再看看我们目前的一些教育者对于"人的全面发展"的了解是怎样的情况。最近出现的首先就是所谓"平均发展"的观点。这个观点，从他们的实践的具体的表现看，所谓"平均"，就是人人都一样的平等均匀。这个观点，现在人人都说是由于误解了"人的全面发展"而来的。但至今还未听见过有人谈到怎样会误解成这样的。这个误解，是极危险的一种误解。共产主义是人人全都一样的平凡的集体，没有鲜明的个性，这种见解，马克思和列宁都曾指出过，是资产阶级思想的庸俗的见解。而这些教育者的误解却恰恰与此如合符节，把共产主义认作灰色的单调的集体，用一个模型去塑造个个一式一样的人，使个人绝无一点希望得到个人自由的发展。这样的教育恰恰走着与全面发展人的教育正相反的方向。

在《德意志意识形态论》中，马克思曾指出过，在共产主义社会，个人自由的发展，并不是单纯一句空话。在共产主义社会，个人的发展将决定于个人相互间的联系，这种联系，一部分在于经济的前提，一部分在于每个人都有自由发展的必要性，最后在于每个人的活动的多种多样性。在共产主义社会，将造成人的全面发展的前提条件，最后将消灭体力劳动与脑力劳动不协调的现象。一个人不会再被限制在一种特定的活动范围以内。在共产主义的高级阶段，社会成员的活动将包括广大范围的各式各样的活动。因此，人的思考也将具有多样的性质，人也将获得形成和发挥自己的一切能力的机会。

在《从空想到科学的社会主义的发展》中，恩格斯也这样地写着："当社会成了一切生产手段的主人，把它们按照社会的计划来应用的时候，它就将消灭生产手段对于人们的从来的奴役。不消说，社会若不使每个人都得到解放，它自己就得不到解放。因此，旧的生产方式必须被从根翻转过来，尤其是旧的分工必须革除。代它而起的，必须是这样一个生产组织，在那里，一方面，无论那个人都不能把那在作为人类生存的自然条件的生产劳动中自己所应承担的那部分推到别人身上；在另一方面，生产劳动，由于它对于每一个人都给予向一切方向（nach allen Richtungen）形成（ausbilden）和表现（或发挥）（betatigen）他的身体的精神的所有一切各种能力（samtlicheu Fahigkeiten）的机会，它就不再是奴役人们的手段，而是解放人们的手段，生产劳动就由重担而变为快乐"。

在《共产主义原理》中，恩格斯回答"彻底废除私有财产后结果将会怎样"这个问题时，这样地说过，"——阶级由分工而来，但从来那样的分工已完全成为过去了。因为要工业生产和农业生产提到刚才所谈过的那样高度，仅有机械的和化学的补助手段已不够了，还要使运用这些手段的人的能力相应地发达起来。前世纪（十八世纪）的农民或手工业者被卷入大工业时，改变了他们的生活方式，完全变成了另一种人，与此相同，由社会全体共同经营生产，和由此而来的生产的发展将需要新型的人，也将产生新型的人。每一个人只从属于一个生产部门，被束缚在那里，为它所剥削，只得到某一种才能的发展而牺牲了其它一切，对于整个生产体系中只一部门或一部门中的一部门以外就一无所知的那样的人是不能从事生产的共同经营的。就是现在那样的工业也已越来越不需要这样的人了。由社会全体共同协力并且有计划地来经营的生产事业，此外，还要他的才能全面发展的和懂得整个生产体系的人做前提。一个人是农民，又一个人是鞋工，第三个是工场手工业者，第四个又是股票投机商，像这样的，现在正被机器摧毁着的分工，因此，又将不复存在。教育将使青年们能以迅速地学会生产的全体系，他们将因社会的需要和各自的爱好依次轮到一系列的生产部门去工作。这种教育将消除现存的分工所强加于各人的片面的性质——"。

我们从马克思和恩格斯的关于共产主义社会的这些描述可以更明确地看出在社会主义集体中人们会怎样地得到发展自己的才能的巨大的可能和条件。而且人们也只有在社会主义集体中才能得到使自己的才能全面发展的可能和条件，因此，也只有在社会主义集体中才有个人的真正的自由。这个集体正就是以各个人的自由发展为一切人的自由发展的条件的集体。马克思和恩格斯所描述、提示给人们的社会主义集体的前途，正就是人们各个人的真正自由的前途。

资产阶级的思想家硬把共产主义社会说成是抑压个性，碾平个人的利益和需求的平凡的集体，简直是无耻的，可怜的诽谤。事实胜于雄辩，就在我们眼前，我们在我们的社会主义的老大哥苏联就已看到了实现着马克思和恩格斯的那些描述、预测的许多事实。在那里，许多新人被培养起来，他们并不为一定的专业所限制，他们正由专业走向智能视野的不断扩展，走向文化水平的不断提高。他们把在一定的工作部门中的高度事业化与广泛的一般的文化发展、技术视野的扩大，与积极参加社会生活、政治生活等结合起来。他们的先进劳动者的特色在于把自己的工作认为巨大的社会事业的一部分，能从国家的观点来看自己的劳动。社会主义建设事业正要求着人们了解社会发展的前途。满怀信心，沿着胜利的道路，英勇地前进。社会主义制度正要求着深刻的专业化，同时又为人们的眼界的扩大和全面发展创造着有利的条件。多方面的和丰富的精神上的需要是社会主义社会所特有。社会主义制度正鼓舞着和发展着人们的日益多样性的文化和科学的兴趣，正促进着人们向多方面发展。

马林科夫在苏共党第十九次代表大会上的报告中说过，"社会主义的敌人和他们的形形色色的应声虫把社会主义说成是压制个性的制度。再没有比这种说法更幼稚，更粗鄙的了。事实已经证明，社会主义制度保证了个性的解放，个人和集体的创造力的发展，并且创造了从各方面发展隐藏在人民群众深处的才干和禀赋的条件"。在同第十九次代表大会根据斯大林所提出的社会主义的基本经济法则而制定的指示中指出了，"……由社会主义过渡到共产主义的基本任务之一，就是必须使社会一切成员全面发展他们的体力和智力，使社会成员能获得足以成为社会发展的积极活动家的教育，能自由地选择职业，而不至由于现有的劳动分工而终身束缚于一种职业"。"为了进一步提高普通学校的社会主义教育的意义，为了保证中等学校毕业学生有自由选择职业的条件，着手在中等学校实行综合技术教育，并采取过渡到普及综合技术教育的措施"，苏共党第十九次代表大会通过了关于准备过渡到普及综合技术教育的条件的决议。并为了在广泛而精简的普通教育所应授予的基本知识的基础上，正确地解决这个任务，在苏联实行了七年制的普及教育，并向十年制的义务教育过渡，以期逐步达到综合技术教育问题的正确解决。在苏联正进行着巨大的关于确定这些一般的生产的科学原则的工作，使得更具体地把它们规定到中学的物理、化学、生物和数学等教学大纲中去。

在第二十次代表大会更决定了在第六个五年计划期间，在城市和乡村中普遍施行中等教育，使儿童和青年都能在十年制的普通中学和中等专业学校受到教育，发展普通学校的综合技术教育，保证每个学生具备现代工农业基本生产部门的知识，保证把教育同社会的有益劳动密切联系起来，教育正在成长中的一代具有共产主义的劳动态度。他们还决定了大力改进高等和中等专业学校培养专门人才的工作质量。保证高等和中等专业学校的学生切实地熟悉国内外科学技术的最新成就和先进的生产经验。大力发展科学。扩大各学术部门的理论研究工作，提高科学机关在改进技术和组织生产方面的作用。改组科学研究所的工作，使它们的活动和经济上的具体需要更密切地结合起来。

"苏联的革命和建设的基本经验，都值得我们认真地加以研究，成功的基本经验尤其重要。"

我们从苏联的经验，可以明确地看出，社会主义社会正在怎样地给予劳动人民以广大的可能性，去使体力劳动与脑力劳动相接近和最后克服狭隘的专业化的有害的后果。

工农文化技术水平的增长，它的提高到工程技术劳动者水平——这是在苏联清除脑力劳动与体力劳动的对立性所遵循的主要轨道。苏联共产党和苏维埃国家正在用整个体系的措施来保证这个伟大的历史任务的解决。苏联共产党和苏维埃国家并用自己的政策来促进脑力劳动者与体力劳动者的接近，帮助他们克服意识中的资本主义余毒，引导科学和艺术走向服务于人民的崇高的目标。苏维埃的科学和艺术的最优秀的成就在人民群众中传播越广，脑力劳动者与体力劳动者的界限就降低得越快。在苏联，进到共产主义去的过渡，将使人们摆脱他们由于脑力劳动与体力劳动分离而产生的那种局限性。从来的使人解体的分工形式，即一些人被注定要终身从事于体力劳动，被剥夺掉发展自己的精神力量的机会，而另一些人则被注定要从事于妨碍他们发展自己的体力的片面的脑力劳动的分工形式，将被消除。共产主义社会将是全面发展人的社会，它将使人们能够充分自由地发挥自己的才能，也能够充分自由地发展自己的才能。

其次是作为纠正人们把"人的全面发展"看作"人的平均发展"的忽视个性的错误而提出的"全面发展、因材施数"的论点。

我们采取了"人的全面发展"的观点，作我们的教育方针，决不是偶然的事情。这是我们的社会生活所必需的，合乎规律的现象，是我们的社会主义革命和社会主义建设的要求决定的。

人的全面发展的要求，反映着社会历史发展的必然的趋向。它是人类发展的必要的要求，是社会主义社会条件下的现实的可能性。

"人的全面发展"是马克思主义哲学的一个基本问题，是无产阶级专政的一个基本任务。

人的全面发展！现在却有人要从它把"人的"这个主体"人"摘掉，另添上"因材施教"的尾巴，它不但将要变形，而且将要变质。

如果说，摘掉了它的主体，"全面发展"的本义依然不变，那就只是心理的偶然，而不是论理的必然。马克思和恩格斯的关于人的发展的观点就是关于人的高级运动形式的内在法则的指示。像这样地断章取义，随便分开来使用，"全面发展"就成了只是对象的表面的、从外部撮合的增长或扩张，而不意味从对象内部将有新的、更高级的、更复杂的东西的不可阻挡的出现。这就割了真理，使真理庸俗化。

"因材施数"，有人说是孔夫子的一句老话。这是臆造。孔夫子何尝说过这么一句话？在《礼记·中庸》却有这么一个句子："故天之生物，必因其材而笃焉，故栽者培之，倾者覆之。"这个句子的意义，我们且不去理会它。这个句子里的"材"，郑注："质性也。""因"呢？《说文解字》作"就"字解。那末，"因材施教"，就作为"就儿童和青年的质性而施设或进行教育"吧。这么一个论点，作为教学和教育的一个原则还嫌不明确，太含糊。这么一个论点，说是要纠正忽视发展个性的错误，而把它放在教育方针上，就将造成一个无方向性、无目的性的方针。这就会令人迷失方向，而漫无目的地围绕着个性中心团团转。

几个月来，所造成的所谓片面强调"因材施教"的偏向，实质上就是全面回复唯心主义的"个性论"的偏向。唯心主义者硬说，每一物体似乎都具有绝对地为它所特有的精神实质，都是特殊的"个性"，就从这样一个立场来否定自然规律和社会规律的客观性，把个别的东西绝对化，反对科学地认识世界，而颂扬神秘的启示，以至煽动宗教狂。唯心主义者还认定宇宙间的一切都具有个人主义的性质，都是从"自己的"、使"自己个别化"的本原产生，就从这样一个立场来给唯利是图的资产阶级个人主义，乃至反动的"世界主义"找根据，说什么民族性，国家主权都是"非本质的东西"。在帝国主义时代，唯心主义的那些最反动的形式，最流行的资产阶级哲学观点，在目前，强调个性的人们似乎都未留意到。他们那些"个性论"者也是玩弄着与我们这些人同样的逻辑手法来把概念客观化的。

我们从这几个月来，在这个"全面发展、因材施教"的方针修改草案的讨论上，可以看出，就"人的全面发展"这个观点来谈个性发展问题的很少很少，人们的注意大都着重在"因材施教"上的情况。在这些讨论中，"全面发展"大都被认为是发展人的共性（共同性）的观点，"因材施教"是发展个性（差别性）的观点。这些人还说，"全面发展、因材施教"这样地结合起来，教师们就可以"在照顾到学生的一般性（共同性）的基础上去掌握每个学生的特殊性（差别性），以为施教的对象"。这样，就极显然"人的全面发展"的观点，几个月来，经过讨论，依然被认为是"平均发展"一模一样的观点。这是我们应加留意的一个严重情况。

本来在普通的教育学教科书上都有一些章节阐述儿童和青年的年龄特征、个性特征的问题，指出在教学和教育过程中研究青年和考虑儿童的年龄特征、个性特征的必要性，并论及研究儿童和青年的基本原则和方法。所谓年龄特征、个性特征指的就是各个年龄阶段上，由儿童以至青年过渡到成熟期的生理的和心理的形成上的特征，换句话说，就是儿童和青年的体力和智力的发展上的特征。这个问题绝不是什么"因""就"的问题。我们要考虑儿童和青年的年龄特征、个性特征，我们还要引导他们，和指导他们。就拿兴趣来说吧。在教学和教育过程中，考虑学生的兴趣是必要的，但也必要注意到他的兴趣不是固定不移的，在社会条件和教育的影响下，特别是在目前我们的整个社会正起着根本变革的情势下，它亦在发生着本质的变化。因此，在教学和教育过程中，不但必要考虑学生的兴趣，还必要按照社会主义建设的任务所要求的方向不断地去引导和培养学生的兴趣。关于学生的注意，也同兴趣一样，必要按照我们所要求的方向把它引导和培养起来。教师的任务就在于不断地观察学生在教学中的注意，按照所要求的方向，加以引导和培养。

在今天，学校的任务是要教育青年以共产主义作为实际活动的指针。列宁也曾指示过我们能以实现这个任务的具体途径。第一，是布置青年的教育、教养、教学工作务使他们的每一步骤都与劳动者建成共产主义的斗争联系起来。使教育、教养、教学导向克服旧社会的遗习，导向克服利己主义者和小有产者的资产阶级心理。第二，是把青年的自动精神以他们力所能及的形式导向实际解决社会主义建设的任务。为了顺利解决这个任务造就共产主义建设的积极参加者的任务，列宁认为必须从幼年起就养成青年爱好劳动的习惯。"必须使共产主义青年团在自觉的和有纪律的劳动中教育所有从十二岁起的青年。"列宁把自觉的纪律和劳动教育结合起来，是因为对劳动的社会主义态度离开了自觉的纪律是不可思议的，正如自觉的纪律只有具体地表现在自觉的、有纪律的劳动上一样。列宁还教导我们要使青年注意，共产主义教育就是把自己的工作和力量用去为公共事业服务。这才是人们表现和发展自己的才能的正确的道路。抽象地标榜发展个性是资产阶级学校的所为。

个性绝不是"天性"。"个性"只是"个人"的一个对仗词，迷惑着人们的就是附着在那上面的"性"字。在日常生活中，一个人往往作为"感性的对象"出现在人们眼前。在这个场合，人们看到那是现实的、个人的、具有肉体的人。如果一个人是在活动着的场合，那一个人就作为"感性的活动"出现在人们眼前，人们就看到那是一个现实地存在着的活动的人。这是人们在感性认识的阶段或场合的经验的事实。但认识上升到理性的阶段，人们更进而从其所与的社会关联中，并在其所与的条件下去理解一个人的场合，这个人就作为理性的对象而出现在人们的心目中。于是这一个人就不是当人们还只在感性中所觉知的止于自然性部分那样的片面的人了，而成为具有自然性和社会性的各种特征的内容的一个整体的人。人们从各个人的具体性着眼，从各个人的各种特征着眼，把他所具备的各种特征综合起来，并从他的具体性来理解，就构成关于各个人所具备的生理的、心理的、和社会的各个方面的特征的总和的一个概念"个性"。作为一个整体的人，与一切形而上学相反，辩证法把他理解为他的一切部分和一切方面的客观的物质的相互联系和相互作用，理解为他的内部与外部的各个方面的各种特征的统一，理解为他与周围的世界不可分离的联系和相互作用。因此，要了解任何一个人，都要不仅从他的各个方面的相互联系和相互依赖中去研究，而且还要从他与他的周围的世界的复杂的相互关系中去研究。

个性绝不是"天性"。从马克思主义的关于个性形成的学说，从巴浦洛夫的关于高级神经活动类型的学说上，我们懂得了，个性发展以素质（禀赋）为其前提条件。素质就是人在生物学方面的遗传性。它是人们从祖先继承下来的一系列解剖学上和生理学上的特征。它包括着形态学上的特征和作为个性发展前提的素质。但素质又不是而且不可能是个性的实际内容。个性的实际内容是社会生活的环境因素和教育的结果。

列宁曾指出过："人直接地是一种自然的实体，凭借着这个自然的实体，这个活生生的自然的实体，人就或多或少地被赋以自然的力量、生命的力量，从而成为一种活动着的自然的实体。这种力量，表现为素质和能力的形式，表现为本能的形式。"人的自然的素质就是一个人的发展的前提。而人本身的发展则有赖于社会条件和教育。

人的心理的特征是由他与周围世界的有效的联系而形成的。他的世界不仅是自然界的物体和现象，而且也是人，人们所创造的物品、人们的生产、社会关系、经验、文化、语言、思想。人在社会中诞生，成长，并发达起来。他凭借所在社会去认识周围的世界，掌握社会所已具备的物质的和精神的财富。只有掌握着这些体现在人们劳动的成果中和他们创造的技术、科学、文化和艺术中的马克思所谓"人类的根本力量"，他才能发展自己的力量，化自己的禀赋为能力，形成人的个性。

人的心理是跟着他的生活的发展而发展的。而他的生活则由他的具体的历史的社会的条件中的教育所决定。社会和社会意识通过教育以影响成长中的个性底意识的形成。一切事物都在教育着儿童和青年——人们、物品、现象，首先而且最多的就是人们，其中占首位的就是父母和教师。教学方式是随个性的发展、个人的觉悟和独立性的成长而改变的。但教育在个性的每个发展阶段上都起主导作用。教育是实现每个儿童和青年的个性的必要条件。他的智力发展的历史，意识形成的历史，都是他在他所接受的教学、教育过程中创造出来的。教育的内容、形式及其对个性发展的影响的力量，由社会发展的水平和社会中的人们的社会关系决定。在阶级社会，教育的可能性则为敌对的社会关系和学校与生活间的矛盾所限制。

教育从社会和国家政策的任务所指导的目的出发来指导儿童和青年一代的发展。他们发展的方向和他们的素质的发展以及个性的实际内容的形成都是社会和国家政策的任务所指导的目的所决定。教育的方针、任务和目的、要求就是新生一代的公民必须具备的质性的纲领。在社会主义建设时期，与社会主义建设的现实任务密切结合的共产主义教育，对于人们的和年青一代的全面发展起主导作用。在社会主义社会，学校以及其他一切文化教育机关都可以组织成为与社会发展方向相同的对人的全面发展的极有力和有效的因素。

个性的形成，问题不仅在于没有教育，则这个过程将不能如所需要来进行，而且在于没有教育，这个过程就简直是不可能。我们正在鼓舞和发展着人们的丰富多样性。这就是丰富多彩的各色各样的新个性形成的倡导。这就是全面地、向各个方面、各个方向发展人的教育的一个必要措施。人们的丰富多彩性是至宝贵的。但我们还必须善于在教育过程中，从丰富多彩里塑造出一个整体的东西来。"八大"决议中指示我们，"必须坚持百花齐放、百家争鸣的方针"，还教导我们要批判地掌握住先代的伟大的文化遗产，以及其他一切民族的国家的先进的文化宝藏，从中挑选出一切能满足人民需要，能满足社会发展要求的东西，"努力创造社会主义的民族的新文化"。这是完全正确的。这就是照亮我们从丰富、多彩中塑造新的整体的东西的一座明灯。因此，我们鼓舞和发展人们的丰富多彩性，我们决不容许以此同资产阶级的个人主义的教育原则混淆一起。我们不是要发挥个人主义者——私有者、小市民的才能和兴趣。我们是要发挥社会主义集体中的成员的才能和兴趣。这个丰富多彩性要在社会主义劳动的基础上，真正的创造性的劳动的基础上发挥出来。社会主义劳动的目的是创造新的、更高的生活形式。推陈出新，不墨守成规，永远寻求新的更完美的劳动组织形式和工作方法——这是社会主义劳动的特点。我们的奋发的热情，雄强的劳动创造力应该面向着生活。我们笔下所放的花应该是新的生活的反映，我们口头上所鸣应该是新的生活的反响。我们的"争"应该是人民的实事求是的革命的自我批评的表现。这才能创造出真正是具有我们的民族的特征的社会主义的新文化。

个性发展的过程是社会的形成的过程，是环境和教育的影响的过程。个性本身不决定自己的发展，素质只是个性发展的前提条件。个性的全面发展，只有在社会主义集体中才始可能，个性的自由发展也只有在社会主义集体中才始可能。在资本主义社会、阶级互相对立的情势下，它所有的只是"虚伪的集体性"。在共产主义社会，集体才具有真实的意义。"人"的教育，也只有在真实的集体的条件下，在个人的自由发展成为全体的自由发展的条件的共产主义的制度下，才具有真实的意义。资产阶级的思想家所不可能解决的社会与个人的问题，在马克思主义的理论中才得到了解决。而在今天，我们所要解决的,也正是这个问题。

三 几个问题的解答

《德意志意识形态论》中,阐述了马克思主义哲学的一系列的基本问题。如人的教育和发展的因素,遗传和社会条件在这个发展中的作用,人的全面发展的条件,在资本主义制度下和共产主义制度下的人的发展,革命活动在人们的改造教育中的作用等问题。所有这些问题在马克思以前终于总是从唯心主义哲学的立场来解决的。这些未得到正确解决的问题,马克思和恩格斯以革命的唯物主义的观点明确地把他们解决了。人的全面发展的观点,就是在这些问题的阐述中提了出来的。

个性的形成和发展的问题,是在个性的形成和发展中环境与教育间的关系的问题,是一个极复杂、极艰巨的问题。它与一系列的哲学、心理学、教育学以及与这些方面有关的各方面的知识都有关联。对这个问题的不同的解决,可以得出不同的结论,这些结论不仅是教育方面的,而且是哲学和社会经济方面的。因此,这个问题的解决在历史上早就成了唯物主义与唯心主义的派别的尖锐斗争的对象。在这次的教育方针修改问题的讨论中,这个斗争也冒起头来了。但在我们今天的社会条件下,这个斗争却带上了非对抗的性质。怎样地把马克思和恩格斯向社会主义社会提出的人的全面发展的教育任务理解得更正确,怎样地把共产主义教育的问题规定得更适当,本来就是我们共同的问题。由这些问题的讨论而掀起的正面的东西与反面的东西的斗争,应该就仍具有它的一致性。这个一致性应该就表现为积极地走向唯物主义,而且是辩证唯物主义胜利的一致。我们的社会发展的内部条件已发生了根本的变化,我们的自觉的活动的作用已空前地扩大了。毛泽东主席在《论持久战》中所指出的人们的"自觉的能动性",在今天,为要取得辩证唯物主义的胜利,正应该充分地发挥它的作用。毛泽东主席在《论持久战》中说:"……思想等等是主观的东西,做或行动是主观见之于客观的东西,都是人类特殊的能动性。这种能动性,我们名之曰'自觉的能动性',是人之所以区别于物的特点。一切根据于客观事实的思想是正确的思想,一切根据于正确思想的做或行动是正确的行动。我们必须发扬这样的思想和行动,必须发扬这种自觉的能动性。"它是人们以自觉的改造的革命活动和以自觉的历史创造的活动代替社会发展的自发过程的决定因素。

我们是在学习苏联的先进经验来建立我们的教育制度。苏联的教育制度的特征在于它的先进性,科学性和全民性。苏联教育制度的先进性表现为它是生长在社会主义社会关系的基础上的,是建立在马克思列宁主义的社会科学的原则上的,因而是当前唯一先进的教育制度。苏联教育制度的科学性在于它的目的、原则、内容、方法和教育过程的组织是根据马克思列宁的关于社会发展和社会动力、关于个人形成的条件和途径、关于社会环境和遗传因素的作用以及关于教育在培养新生一代的事业上具有决定意义的那些学说来订定和构成的。苏联教育制度的全民性表现在于它是为全体人民服务的,在于它的教育包括着不同年龄的整个新生一代——儿童、少年和青年。通过它,全体儿童、少年和青年在加入社会生产过程以前,都能真正地掌握科学的基本知识和先进的马克思列宁主义世界观的原理,熟悉社会主义社会中行为的道德标准,并获得身体和精神的各方面向前发展的推动力。

　　这样的一个教育制度当然不是一朝一夕所能建成。它在十月社会主义革命后就开始建立。它也同苏维埃的国家形式、文化、艺术一样，在复杂的阶级斗争中，经历过它的诞生期和形成期。依据于马克思、列宁的关于年青一代的共产主义教育的学说，一部分先进的教师们在实际经验中，教育科学的最先进的代表们则在理论上，一步一步把它建立起来。至今他们还在不断地致力于进一步提高苏维埃教育制度的效能，改进苏维埃教育制度，使它更适合于摆到苏维埃教师和教育科学工作者面前的紧要的实际任务，并把苏维埃教育学不断地提高到适合于苏维埃人民所面临的日益更新的任务的水平。

　　我们要学习这样的一个教育制度，它的优秀的经验，它的基本原则和原理，它的内容和组织形式固然要详加讨论。它的思想性，它对共产主义的一般原则和共产党的政策的服从性，以及它不仅为目前，而且也为未来的社会需要服务的那种宏远的规模，特别是它的最深刻、最本质的特点，即把全面发展不断成长的个人的要求，不但贯彻在学校里，而且贯彻到社会教育上，使青年的全面发展成为社会教育的法则，这个特点，它决定着苏维埃人民的教养和教育的基本内容，并已被建立为对教育方面的实际成就的评价准绳，这一切都要细加体察和领会，把它的最精粹的东西吸取过来，考虑着我们自己的国家的历史发展的特点和业已变化了的历史条件，来展开我们自己的新教育制度的建立。

　　但这只不过是一方面，还有一方面，就是学习苏维埃教育学，来建立我们自己的教育学。教育制度和教育学不能分离而各自单独发展。教育学的建立应与教育制度的建立齐驱并进。教育学和教育制度的发展是教育的理论和实践的发展的标帜。教育制度倘未完全适合于学校所面临的任务，是由于教育学还落后于当前的实际任务。我们要学习苏维埃教育制度，也要学习苏维埃教育学，了解苏维埃教育学的情况。

　　苏维埃教育学的基础是马克思列宁主义的学说，是确定新生一代的共产主义教育的目的和任务的苏联共产党的政策。我们要获得科学的教育学的真正的发展，建立我们自己的教育学，首先就要掌握马克思主义创始者的关于教育的学说，领会这个学说的精神实质，并能进而在新的条件下运用和发展这个学说。

　　马克思和恩格斯的关于教育的论述著作，在它的总和上构成一定的观点和思想的体系。这些观点和思想是从马克思和恩格斯的关于社会的学说产生出来的。马克思和恩格斯的著作给予我们运用马克思主义辩证法的光辉的典范。我们要认真、深刻地研究马克思和恩格斯的关于教育的学说就不能只限于研究马克思和恩格斯的关于教育的论述，必须研究马克思主义的全部理论，掌握马克思主义的唯物论和辩证法。辩证法是认识现实世界的最可靠的工具。在马克思以前，乃至马克思以后，也曾出现过不少思想家，企图说明教育和教养的本质以及它与社会生活的各种条件的联系。他们有时也正确地说明了现实，发表了一些深刻的思想和准确的预测。但因为他们没有掌握着辩证唯物主义的方法，他们解释社会现象中所运用的方法，在本质上是与马克思的方法对立的、形而上学的方法，他们就始终没有揭露出教育发展的真正的规律。马克思和恩格斯在教育和教养的研究上运用了唯物辩证法，才明确地揭露了人们的教育和发展的基本规律和因素，因而教育学就得以成为不但能够正确地解释教育现象，而且能够预见到教育进一步发展的矛盾和趋势。这个方法，后来又在列宁和斯大林的关于共产主义教育的学说中和在苏维埃教育学的不断的发展中，以其所得成就而更加丰富起来。

我们能以马克思主义的科学理论和方法，把自己武装起来，我们就能以提高我们的学校教育工作的科学理论水平和思想政治水平，并能实现摆在教育学面前的重大的新任务。

马克思主义的唯物论和辩证法是我们获致科学的教育学进一步真正的发展的最有力的工具，是科学的教育学的最稳固的基础。

但是，马克思主义的唯物论和辩证法，决不是一下子就能够掌握得着的。这需要不断的努力，长期的奋斗。这是一个持久战。毛泽东主席在《论持久战》中，多次地强调了主观努力、人的自觉的能动性在战争中的极重要的意义。毛主席说："主动和胜利，是可以根据真实的情况，经过主观能力的活跃，取得一定的条件，而由劣势和被动者从优势和主动者手里夺取过来的。"毛主席指示给我们的在武力斗争中取得最后胜利的基本原理，也是我们在思想战线上和向科学进军的征途中，取得最后胜利的基本原理。把我们的教育学建立起来，并且不断地把它提高到我们的人民所面临的日益继长增高的任务的水平是摆在我们的学校教师和教育科学工作者面前的具有国家重要性的任务。

原载《中山大学学报（社会科学版）》1957年第1期

共同纲领与宪法在社会主义事业中的作用

夏书章

中国共产党第八次全国代表大会是我国社会主义事业的一个光辉的里程碑。它在具有重大历史意义的"关于政治报告的决议"中，明确地指出了目前我们国内的主要矛盾，是人民对于建立先进的工业国的要求与落后的农业国的现实之间、人民对于经济文化迅速发展的需要与当前经济文化不能满足人民需要的状况之间的矛盾，实质上也就是先进的社会主义制度与落后的社会生产力之间的矛盾。因此，集中力量来解决这个矛盾，便成为党与全国人民当前的主要任务。（《中国共产党第八次全国代表大会关于政治报告的决议》单行本，第4页）

针对上述情况，"决议"写道："为了有效地担负起伟大的经济文化建设任务，必须继续加强我国的人民民主专政。……由于社会主义革命已经基本上完成，国家的主要任务已经由解放生产力变为保护和发展生产力，我们必须进一步加强人民民主的法制，巩固社会主义建设的秩序。"（同上，第11、12页）

进一步加强人民民主法制对于社会主义事业既然如此重要，那么，在人民群众（包括一切国家机关工作人员）中加强法制思想教育与在社会上培养守法的风尚就十分必要了。我们知道，我国建国至今的一切法制，都是先后以《中国人民政治协商会议共同纲领》（以下简称"共同纲领"）与《中华人民共和国宪法》（以下简称"宪法"）为依据的。本文的目的，即在试图通过对共同纲领与宪法在社会主义事业中的作用的了解，来加深对人民民主法制是实现人民民主专政、保障与促进革命与建设事业发展的重要工具的认识，并从而领会我们遵守与维护人民民主法制的巨大的积极意义。

最近，反党、反社会主义的资产阶级右派分子，对我国的人民民主法制大肆诽谤与污蔑，可以说尽颠倒是非，混淆视听之能事。他们口口声声说我们不重视法制，而实际上，他们的言论与行动是对人民民主法制的恶毒攻击，旨在实现资本主义复辟。因此，本文的另一任务，即在有关部分结合批驳资产阶级右派分子的谰言，以及表明正是为了捍卫人民民主法制，必须彻底粉碎资产阶级右派分子的猖狂进攻。

一

中华人民共和国成立不过7年多，而在中国这样一个人多地广、历史悠久、情况复杂的东方大国中，就基本上结束了几千年的阶级剥削制度的历史，取得了社会主义革命的决定性的胜利。我们祖国的面貌为什么会有如此迅速的根本改变呢？全国人民深切地懂得，这是中国共产党正确领导的结果。现在，不管资产阶级右派分子如何仇视社会主义事业,而把建国以来包括人民民主法制在内的一切成就,说成"一团糟",党的丰功伟绩是抹杀不了的。不仅如此,党经过几十年革命斗争锻炼,在人民群众中早已生了根,右派分子妄想动摇党的领导,必然遭到人民的唾弃。

中国共产党在成立之初,就宣布了它的目的,是在中国实现社会主义与共产主义。但是,这个目的不是一下子能达到的。"只有经过民主主义,才能到达社会主义,这是马克思主义的天经地义。"〔毛泽东:《论联合政府》,载《毛泽东选集(第三卷)》,1953年第二版,第1060页〕由于旧中国是半殖民地半封建的社会,帝国主义、封建主义与官僚资本主义是通向社会主义道路上的严重障碍,所以为了实现社会主义,必须首先完成资产阶级民主革命的任务。这个革命一定要最先进的、彻底革命的与已经成为强大的独立政治力量的中国无产阶级(经过自己的先锋队——共产党)来领导才能胜利,因为中国的民族资产阶级在经济上与政治上异常软弱,是不能当此重任的。关于这一点,历史已经作了不可争辩的证明。可是,在资产阶级右派分子中,居然有人今天还认为民主革命应该由资产阶级领导。骤听起来,这不啻是痴人说梦,若揆其用心,实无非对继民主革命之后实行社会主义革命的无产阶级深致怨恨而已。

根据马克思列宁主义的革命发展论,无产阶级领导资产阶级民主革命是给进行社会主义革命作好准备,并且要把两个革命阶段紧密无间地互相衔接在一起。在这种情况下,中国共产党领导中国革命也就有不可混淆又不容割裂的最低纲领与最高纲领。前者是资产阶级民主革命的纲领,后者是社会主义革命的纲领。正是这样的基本行动纲领,指明了中国革命的具体道路与步骤。

中国共产党不仅正确地处理了革命的纲领问题,而且坚定不移地采取了为实现革命的纲领所应该采取的革命的路线,把政权问题作为革命的根本问题来加以解决。这一点是不能有任何轻忽、含糊或迟疑的。如果不牢牢地抓住这一环,那就诚如列宁所说,"便谈不到什么自觉地参加革命,更不要说领导革命了"。(《论两个政权并存的局面》,载《列宁文选》两卷集,第二卷,人民出版社1955年版,第23页)因为不取得政权,则革命的纲领无从实现。在时机成熟的时候取得政权呢,还是对掌握政权的反动统治阶级存在幻想,甚至在它向人民疯狂进攻的面前屈服呢?革命的路线与机会主义的路线的原则的区别即在于此。苏联革命的基本经验告诉我们:无产阶级要在共产党领导下,联合劳动人民,经过革命斗争取得政权。(《再论无产阶级专政的历史经验》,载《人民日报》单行本,第6-7页)中国共产党根据中国革命的特点,正确地运用了这个具有普遍意义的基本经验。

经过长期的艰苦斗争以后,中国人民在中国共产党的领导下,胜利地解决了这个革命的根本问题,即政权问题,建立了人民民主专政的中华人民共和国。从1949年10月1日起,中国人民正式掌握了国家权力,中国的命运已经操在人民自己的手里,我们的民族再也不是被人摆布、压迫与欺侮的民族了。

政权问题虽然是革命的根本问题,但是,对于无产阶级来说,革命斗争并不因取得政权而告终止,亦即革命的目的不限于取得政权。而且,取得政权只是事情的开始,或者如毛泽东同志所说,"我们的事情还很多,譬如走路,过去的工作只不过像万里长征走完了第一步"。(《论人民民主专政》,人民出版社1951年版,第20页)我们还要在已经获得的胜利的基础上，将革命进行到底，保持与巩固自己的政权，利用政权为杠杆，来实现对旧经济的社会主义改造与建设新的社会主义经济，消灭剥削制度、消灭阶级，通过无产阶级与共产党领导的国家，在有计划地发展社会主义经济与社会主义文化的基础上，逐步地提高人民的生活水平，并积极准备条件，向共产主义社会过渡，以及维护世界和平与坚持无产阶级国际主义原则等，像苏联革命与建设所提供的那些基本经验一样。（见《再论无产阶级专政的历史经验》，人民出版社1951年版，第7页）在无产阶级是革命的领导者的前提下，资产阶级民主革命与社会主义革命原是一个链条的两个环节。因此，中华人民共和国的成立，就是我国资产阶级民主革命阶段基本结束与无产阶级社会主义革命阶段开始的标志。换句话说，也就是自从中华人民共和国成立以后，我国已经进入了由资本主义向社会主义过渡的新的历史时期，走上了社会主义的道路。

　　要消灭剥削制度，建设社会主义，离开无产阶级专政是不能设想的。马克思下过这样的论断："在资本主义社会与共产主义社会之间，横着一个从前者进到后者的革命转变时期。同这个时期相适合的也有一个政治过渡时期，而这个时期的国家则只能是无产阶级的革命专政。"（《哥达纲领批判》，载《马克思恩格斯文选》两卷集，第二卷，苏联外国文书籍出版局1955年版，第31页）列宁也在他的名著《国家与革命》一书中，这样写道："由资本主义过渡到共产主义，当然不能不产生很多的和很复杂的政治形式，但在本质上却不免是同一的：无产阶级专政。"（《国家与革命》，载《列宁文选》第二卷，第190页）这对我们认识中华人民共和国成立以后的政权的性质颇有帮助。工人阶级领导的、以工农联盟为基础的人民民主专政既然以团结全国最广大的人民来共同建设社会主义及同社会主义的敌人作斗争为自己的任务，那么，显而易见，它实质上不是无产阶级专政还能是什么呢？关于这个问题，曾经有过争论。有人认为党在过渡时期的总路线是1952年提出的，1954年制定的宪法才明确规定中华人民共和国成立是过渡时期的开始，直到1956年4月间，《关于无产阶级专政的历史经验》一文中谈到无产阶级专政的胜利时，才在无产阶级专政之后注明"在中国是工人阶级领导的人民民主专政"（《学习》，1956年5月号，第7页），党的第八次全国代表大会才正式指明"在资产阶级民主革命取得全国胜利以后的人民民主专政，实质上就是无产阶级专政。"（《关于政治报告的决议》，第11页）因而对于不在立国之初即予宣布，觉得难以理解。本文对这个问题虽不打算多谈，不过从对作为开国文献的共同纲领在社会主义事业中的作用的探讨中，我们也可以附带解决这个问题。

　　正是由于工人阶级与广大的人民群众得到了全国的政权，而这个人民民主专政的政权实质上就是无产阶级专政的缘故，所以我们才能够在7年这样一个不长的时期中，获得社会主义革命的决定性的胜利。当然，这并不是说，有了政权，社会主义的社会制度就会自然而然地出现。问题还在于无产阶级经过自己的政党，即中国共产党，如何正确有效地运用政权这个武器。

　　领导了全国政权的，或者说，居于执政党的地位的中国共产党，在运用政权这个武器时，对于国家法制从来是非常重视的。马克思列宁主义关于社会的基础与上层建筑的学说教导我们：国家法制是上层建筑中的一个重要组成部分，它由基础产生，为基础服务，并且在自己的基础的形成与巩固中，起巨大的积极帮助的作用。同时，社会主义事业是要消灭作为一切特权、压迫与奴役的总根源的阶级剥削制度，建设人类真正自由、平等、幸福的社会，这个事业本身就排斥专横而要求有严格的法制。我们在社会主义改造与社会主义建设方面之所以能够这样迅速地取得这样辉煌的成就，人民民主法制所发挥的力量，不能不视为至关重要的因素之一。但是，资产阶级右派分子为什么偏说我们不讲法制呢？原来我们的法制是为社会主义服务的，他们用敌视社会主义的资产阶级法学观点来看我们的法制，便自然全无是处。也就是说，在法制问题上，他们和我们并没有共同的语言，这在以后所要涉及的一些具体事例中，还可以得到较多的证明。

列宁曾经一语破的地写道："无产阶级专政是无产阶级对政策的领导。"（《论粮食税》，载《列宁文选》，第2卷，第857页）我们国家政权的任务是实现共产党的政策，党的政策是我国人民民主制度的生命基础。因为党的政策所体现的，是最广大的人民的最根本的利益。我们国家的法制，就是同党的政策相一致的真正人民意志的表现，所以它能够有力地激发人民群众在革命与建设事业中的积极性与创造性，促进我国社会生产力的发展。

毫无疑问，中国共产党在人民群众中享有很崇高的威信，它的政策与决议总是得到人民群众的热烈拥护。但是，党的政策与决议毕竟不能与国家法制等同起来，不能代替国家法制。这是因为尽管事实上党的政策与决议会成为人民群众自己的思想与行动，而能够对全体公民都具有约束的力量的，是国家的法律。因此，共产党在实现对国家政权的领导作用的过程中，就需要把自己的政策与决议向人民群众宣传与解释，并提出反映党的政策与决议的基本原则的重要法律草案的初稿，供人民群众讨论，然后经代表人民意志的国家立法机关通过，正式制定为国家的法律，由法定的国家机关公布与施行。

关于这一点，在我国人民革命根据地的初期，毛泽东同志谈到政权问题时，就给予了很大的注意。他在给党中央的一个报告中写道："党在群众中有极大的威权，政府的威权却差得多。这是由于许多事情为图省便，党在那里直接做了，把政权机关搁置一边。……以后党要执行领导政府的任务；党的主张办法，除宣传外，执行的时候必须通过政府的组织。"（《井冈山的斗争》，载《毛泽东选集》，第一卷，1952年第2版，第75页。引言中的着重点是本文作者加的）中国共产党一直遵循着这个原则，即一方面坚持党对国家政权的领导；另一方面保持党与政府组织的区别。在党的第八次全国代表大会上，这个原则曾又一次地被强调指明，任何削弱党的领导作用的企图都是错误的，混淆党的工作与国家机关工作所应有的界限也是不对的。不过，这里应该辨明资产阶级右派分子的一种不怀好意的论调，说什么党不能直接向人民"发号施令"。其实他们是要取消党对政府工作的领导，削弱党对人民群众的联系。作为群众的思想政治的领导核心与政府的领导力量，党的任务固然不是发布某些强制性的命令与关于日常行政事务的指示，可是，党向人民发出政治任务的号召与关于政府工作中的方针政策的指示，无论由党单独或同政府联名发出，都对政府工作不仅没有妨碍，而且大有帮助。这样做也是必要的，因为党有责任来保证政治任务的胜利完成与方针政策的正确实施。

党与政府的关系与区别既然是这样，那么，党要有作为一切政策与决议的依据的党纲，政府也要有所有法律与法令必须依据的根本文件。前面已经提到，中华人民共和国建立以来，这样的根本文件起初是共同纲领，然后就是宪法。它们在我国社会主义事业中，起了非常重要的积极作用。

从标志着社会主义革命阶段开始的中华人民共和国的成立，到取得社会主义革命决定性的胜利，相距不到7年的时间。在这7年中，有5年是在以共同纲领为人民革命建国纲领或全国人民的大宪章的情况下度过的。但是，自1954年9月通过了宪法以后，一年多便出现了社会主义高潮，紧接着就基本上取得了社会主义革命的胜利。因此，一般对于宪法大大地促进了我国的社会主义事业是容易理解与比较明确的，而对于共同纲领在我国社会主义事业中的作用，则注意得不够。在宪法的序言中写得很清楚："这个宪法以1949年的中国人民政治协商会议共同纲领为基础，又是共同纲领的发展。"宪法所巩固的中华人民共和国建立以来政治上、经济上的新胜利，正是坚决执行共同纲领的结果。根据这种情况，本文准备从论述作为开国文献的共同纲领在社会主义事业中的作用开始，然后进一步讨论关于宪法在社会主义事业中的作用的问题。

二

当中国人民解放战争取得了基本的胜利之际，具有代表全国人民的性质的、执行全国人民代表大会的职权的中国人民政治协商会议召开了。制定中国人民政治协商会议的共同纲领，是这次会议的重要议程之一。会议所通过的这个共同纲领，是当时全国人民的革命大团结赖以建立起来的坚固的政治基础。它宣告了中华人民共和国的成立，起了临时宪法的作用。刘少奇同志曾经着重指出："这个共同纲领是中国历史上一个极端重要的文献。它说到了我们的一般纲领，确定了我们国家的政权机构和军事制度，决定了我们国家的经济政策、文化教育政策、民族政策和外交政策。它是如此的坚定明确，清楚地指出了那些事是应该作而且必须作的，又那些事是不应该作而且不允许作的。"（《在中国人民政治协商会议第一届全体会议上的讲话》）

纲领与宪法是有差别的。斯大林同志的这几句话已足够表明这一点："纲领上所说的是尚不存在的东西，是应在将来达到争得的东西；反之，宪法上所应说的却是已有的东西，是现在已达到已争得的东西。纲领主要是说明将来，而宪法则是说明现在。"（《论苏联宪法草案》，载《列宁主义问题》，苏联外国文书籍出版局1949年中文版，第679页）但是，为什么我们说共同纲领起临时宪法的作用呢？原来共同纲领的内容并非完全是应在将来达到争得的东西，中国人民一百多年以来，尤其是最近二十几年当中，在中国共产党的领导下所进行的反对帝国主义、封建主义与官僚资本主义的革命斗争的经验已经被总结在里面。例如，中华人民共和国的成立这个事实的本身，便是中国人民革命斗争胜利的伟大成果。

共同纲领所确定的中华人民共和国应当实现的各方面的基本政策，也不是凭空拟制的。其中有的是在取得全国政权以前的人民革命根据地时期即已行之有效，有的是在原有经验的基础上随着革命阶段的转变与适应革命任务的要求向前迈进了一大步。就人民民主法制而论，过去革命根据地的许多法律与法令虽然在形式上比较简单，内容上不够完备，以及还不免带有地方性，但是它们毕竟是立国以后法制工作的先驱或萌芽。像早年制定的《工农民主共和国根本法》《劳动法》与《土地法》，稍后通过的《中华苏维埃共和国宪法大纲》，还有后来颁布的《陕甘宁边区施政纲领》《陕甘宁边区保障人权财权条例》《晋察冀边区目前施政纲领》《陕甘宁边区宪法原则》与《土地法大纲》等等（顺便说说，这些在取得全国政权以前就存在的事实，已经在给认为共产党人忽视法制的资产阶级右派分子以一记又一记响亮的耳光）。它们的制定与执行的经验，共同纲领已加以总结，并且在以后根据共同纲领所产生的法律与法令中得到反映。

由中国共产党负责起草草案初稿的共同纲领，实质上是1945年中国共产党第7次全国代表大会所通过的毛泽东同志《论联合政府》的报告中提出的政治纲领，它包括了中国共产党的全部最低纲领。可是，中国共产党的最低纲领是民主革命的纲领，上面刚谈到的共同纲领中总结了的，也只是民主革命阶段的一些经验与成就，而自从中华人民共和国成立以后，我国既然已经走上了社会主义的道路，我们对于共同纲领在社会主义事业中的作用应该如何着眼去分析研究呢？

为了说明这个问题，需要首先估计一下的，是中国共产党第7次全国代表大会闭幕以后至中国人民政治协商会议的召开这个时期中国内政治形势所发生的变化。在中国共产党第7次全国代表大会闭幕不过两个多月以后，中国人民的抗日战争便获得了胜利。国民党反动派在美帝国主义的支持下，违反全国人民和平民主团结的愿望，不仅妄图独占人民抗日战争胜利的果实，并且对人民横施政治压迫与对解放区发动全面军事进攻。中国共产党于是不得不领导全国人民进行打败蒋介石建设新中国的人民解放战争。在这个时期中，中国共产党提出了实行耕者有其田与没收官僚资本等各项纲领。当中国人民政治协商会议制定它的共同纲领时，有的地区已经实行土地改革，共同纲领关于"中华人民共和国必须取消帝国主义国家在中国的一切特权，没收官僚资本归人民的国家所有"（第三条）的规定，也伴随人民解放战争的胜利与工人阶级领导的、以工农联盟为基础的人民民主专政的建立而成为事实。过去在人民革命根据地时期，虽已建立了公营经济，但是还远不是很强大的。而自中华人民共和国成立后，"人民政府没收了控制国家经济命脉的全部官僚资本的企业，包括由国民党政府在抗战胜利以后接收的日、德、意各国在中国的企业，把它们变为国营的社会主义企业，使国家掌握了最大的银行，几乎全部的铁路，绝大多数的钢铁工业，其他重工业的主要部分，以及轻工业的某些重要部分。这就为我国社会主义经济的优越地位奠定了基础"。（刘少奇：《中国共产党中央委员会向第8次全国代表大会的政治报告》，单行本，第9页）也就是说，领导各种社会经济成分的社会主义性质的国营经济，在中华人民共和国立国之初即已形成。对于社会主义建设与社会主义改造事业，这一点具有严重的决定意义。

其次，民主革命纲领与社会主义革命纲领之间并没有一道不可逾越的鸿沟，两个革命阶段是密切联系着的。民主革命阶段基本结束以后，还有尚未彻底完成的民主革命的任务（如土地改革等）可以而且应该在社会主义革命阶段的初期加以实现。共同纲领的内容是反映了这种情况的。不过，我们所要注意的根本事实是共同纲领中肯定我国是工人阶级领导的人民民主国家。这种领导是保证我国向社会主义发展的最可靠的力量。在中华人民共和国成立前3个月发表的《论人民民主专政》一文中，毛泽东同志阐述了关于中华人民共和国的基本观点。他指明了资产阶级的民主主义让位给工人阶级领导的人民民主主义与资产阶级共和国让位给人民共和国是必然的趋势后，接着明确地写道：

"这样就造成了一种可能性：经过人民共和国到达社会主义和共产主义，到达阶级的消灭和世界的大同。"（《论人民民主专政》，人民出版社1951年版，第6页）环绕着这个重要的论点，毛泽东同志还谈到如何以人民的国家为条件，对人民进行教育与改造，实现国家工业化与农业社会化，以便建成"全部的巩固的社会主义"（参见同上，第13、14、15页）的问题。

如此说来，中华人民共和国的成立就标志着社会主义革命阶段的开始，无论在理论上与实践上或政治上与经济上都是有根据的。但是，在共同纲领中，并没有把中国社会主义的前途明确规定出来，甚至当时有些代表提议这样做还被认为是不妥当的。（参见刘少奇《在中国人民政治协商会议第一届全体会议上的讲话》）这是为什么呢？

共产党人从来不隐秘自己的观点与意图。中国共产党的目的是在中国实现社会主义与共产主义，这是它早就公开宣告了的，也是大家都知道的。不过，共产党人是马克思列宁主义者，处理问题要从实际出发，要按照具体情况来制定政策。尤其是像社会主义革命这样艰巨的任务，我们不能设想颁布一些"最革命的"法律就行了。中华人民共和国成立以后，党虽已着眼于社会主义建设与社会主义改造工作，但是还不能即时全面着手去做，还没有取得适当的经验与效果。在报告共同纲领草案起草的经过与它的特点时，周恩来同志曾经谈到这个问题。他说：社会主义的前途虽然是无疑的，"但应该经过解释、宣传、特别是实践来证明给全国人民看，只有全国人民在自己的实践中认识到这是唯一的最好的前途，才会真承认它，并愿意全心全意为它而奋斗。所以现在暂时不写出来，不是否定它，而是更加郑重地看待它。而且这个纲领中经济的部分里面，已经规定要在实际上保证向这个前途走去"。（《关于共同纲领草案起草的经过和纲领的特点》）例如国家在恢复国民经济时期所采取的种种改造资本主义工商业的措施，就是以共同纲领关于经济政策的规定为根据的。关于这方面的问题，后面还要谈到。因此，我们可以从共同纲领的本身与它对国家生活的影响，以及以它为依据而制定的各种法律与法令来估量它在社会主义事业中的作用。

除序言外，共同纲领计分7章60条。若逐章逐条加以分析，那是无不与社会主义直接或间接有关系的。其中表现得比较明显的，要算上面刚提到的第4章所规定的经济政策。它明白规定了：社会主义性质的国营经济"为人民共和国发展生产、繁荣经济的主要物质基础和整个社会经济的领导力量"（第廿八条）；对于半社会主义性质的合作社经济，"人民政府应扶助其发展，并给以优待"（第廿九条）；鼓励私人资本向与国家资本合作的国家资本主义方向发展（第卅一条）；此外，社会经济的发展要按国家统一的经济计划来进行，以及要创立国家工业化的基础；等等。关于这些规定，在社会主义的社会制度在我国已经基本上建立起来的今天，回过头去看看，它们是如何引导我们走上社会主义的道路的，实在是很清楚的了。

我们可以看到，关于建设社会主义的原则，共同纲领中已有规定，并且包括了社会主义工业化与社会主义改造的内容。共同纲领里所说的工业化，必须是也只能是社会主义的工业化。它所规定的在社会主义的国营经济领导下的各种经济成分的关系，实质上就是对各种非社会主义的经济成分进行社会主义改造的规定。（参见1953年10月1日《人民日报》社论）

这里还有一点，必须同上述规定的原则与内容联系起来考察。这就是：按照建设社会主义的目标来发展与改造国民经济的长期计划，即第一个五年计划，虽然是在1953年开始的，但是这不等于说，国家在过去没有进行国民经济的改造工作。事实上，国民经济的改造工作在恢复时期即已开始了。在这个时期，社会主义经济逐步加强了它在国民经济中的领导地位与领导作用。以工业为例，国营工业发展速度远远超过私营工业，后者一部分已转为公私合营，国营、合作私营与公私合营工业产值，在工业总产值（包括现代工业与工场手工业产值，不包括合作化手工业与个体手工业产值）中，已由1949年占36.7%上升到1952年的61%。（参见李富春《关于发展国民经济的第一个五年计划的报告》，载《中华人民共和国发展国民经济的第一个五年计划》，人民出版社1955年版，第160页）这个例证表明共同纲领关于经济政策的规定，是在实际上保证向社会主义的前途走去的。

在其他各章中，符合社会主义事业的要求与精神的规定，例子也很多，如政权机关实行民主集中制，军事制度中官兵一致与军民一致的原则，民族的、科学的、大众的文化教育，既反对大民族主义，又反对狭隘民族主义与实行民族的区域自治以及在国际事务中联合一切爱好和平、自由的国家与人民，首先是联合苏联、各人民民主国家与各被压迫民族，共同反对帝国主义侵略，以保障世界的持久和平。……这里不一一列举了。至于最根本的东西，前面已经说过，就是工人阶级对国家政权的领导与经济命脉归国家掌握。

建设社会主义需要全国人民的革命大团结，亦即必须巩固人民民主统一战线。毛泽东同志在谈到这一点时曾强调指出："不论什么人，凡对于这个革命统一战线的巩固工作有所贡献者，我们就欢迎他，他就是正确的；凡对于这个革命统一战线的巩固工作有所损害者，我们就反对他，他就是错误的。要达到巩固革命统一战线的目的，必须采取批评和自我批评的方法。采取这种方法时所用的标准，主要是我们现时的根本大法即共同纲领。"（《在中国人民政治协商会议第一届全国委员会第2次会议上的闭幕词》）毛泽东同志的这一段话是在1950年6月间说的，当时他正是针对社会主义这个远大目标而言。倘使我们对于共同纲领保证我国向社会主义前途走去的作用认识不足，对于这一段话的深刻的意义也就难于领会。同时，在宪法制定后不久即出现伟大的社会主义高潮，也决不是突如其来的事。它是长时期准备起来的，尤其是中华人民共和国成立以后，各级人民政府与全国人民认真遵守共同纲领的规定去工作与生活，结果在这个基础上，国家生活需要进一步的发展，便产生了反映国家在过渡时期的根本要求与广大人民建设社会主义社会的共同愿望的中华人民共和国宪法，而这个宪法又大大地促进了我国的社会主义事业。如果不是这样，我们说宪法以共同纲领为基础又是共同纲领的发展，也就无法理解了。

在宪法通过以前，共同纲领是我国一切法制的根本依据。从以它为依据而制定的各种法律与法令（其中除开同宪法相抵触的以外，至今仍然有效）来观察，是直接有补于我们对共同纲领在社会主义事业中的作用的认识的。关于作为建立中央国家机关与地方各级人民政府的法律根据的种种组织通则之类，这里不打算多谈。因为政权不是一个抽象的概念，它需要一定的组织形式来进行具体的活动，这是毋庸多加说明的。不过，我们应该注意到，中国人民用来保证国家沿着社会主义的道路前进的政治制度，即人民代表大会制度，在共同纲领中已经确定。在解放初期，根据共同纲领与中央人民政府颁布的法令，按照各地的实际情况，建立了各级人民代表会议。它在政治上与组织上广泛地与密切地联系了人民群众，在组织形式上也日趋完备，后来就逐步地过渡为完全能够代表人民行使各级政权的人民代表大会。正是因为有了这种适宜的政治制度，人民群众才能很好地动员与组织起来建设社会主义。至于其他的法律与法令等，也由于为数颇多，不能逐一论述。下面所举的一些大家比较熟悉的法律与条例，对于我们所要谈的问题，也许已足以有所帮助。

以通过的时间为序，我们先看一看婚姻法。共同纲领第六条规定："中华人民共和国废除束缚妇女的封建制度。妇女在政治的、经济的、文化教育的、社会的生活各方面。均有与男子平等的权利。实行男女婚姻自由。"婚姻法就是这个规定的具体化。它的基本原则，是彻底摧毁中国长期的封建主义的婚姻制度，把中国人民尤其是占人口半数的妇女的社会生活向前推进一大步。在伟大10月社会主义革命中建立的苏维埃政权，最初几个月就在关于妇女的立法上进行了最果断的改革，使妇女居于不平等地位的法律，在苏维埃共和国里没有留下一点痕迹。这是任何资产阶级立法所办不到，也不可能办到的。列宁当时曾把此种工作视为头等的与最重要的任务之中的一项，并指明关于与旧法律相关联的妇女地位问题，是向社会主义过渡的工人国家首先要加以解决的。（参见《苏维埃共和国女工运动的任务》，载《马克思恩格斯列宁斯大林论妇女解放》，新华书店1949年版，第61、62页）对于我国的婚姻法，我们也可以用类似这样的尺度来衡量。婚姻制度的改革对于妇女解放事业具有巨大的意义固不待言，我们还应该注意到妇女解放是社会解放的重要标志之一。由于男女平等的初步实现，广大妇女群众所发挥的劳动积极性在社会主义事业中的作用我们不能低估。只有社会主义的彻底胜利，最终地消灭了剥削制度，妇女被压迫的根源才能拔除，妇女才能达到完全的解放。

其次，我们来看一看工会法。共同纲领的序言与第一条宣布了我国是工人阶级领导的国家。工人阶级是通过自己的先锋队——共产党来实现对国家的领导的，但是党必须紧密地联系本阶级的群众才能实现这种领导，而党与工人群众联系的引带是工人阶级自愿结合的群众组织，即工会。列宁曾这样说过："假如没有像职工会这样的基础，那么就不能实现无产阶级专政，就不能行使国家职能。"（《论职工会、目的形势及托洛茨基的错误》，载《列宁文集》，第6册，人民出版社1954年版，第354页）工会不仅是学习管理的学校，是学习主持经济的学校而且是学习共产主义的学校。共同纲领规定："在国家经营的企业中，目前时期应实行工人参加生产管理的制度，……私人经营的企业，为实现劳资两利的原则，应由工会代表工人职员与资方订立集体合同。"（第三十二条）这些固然需要工会组织的积极活动，而在实行国家的工时、工资、劳动保险、工矿检查等制度的过程中，以及在各种形式的国家资本主义企业中的工人群众的监督作用，也需要通过工会组织来实现。此外，工会在鼓舞劳动热情、组织劳动竞赛、巩固劳动纪律等活动中起巨大的作用，因而能够把劳动生产率不断提高。我们知道，提高劳动生产率对于社会主义事业是何等重要的事情。工会在国民经济的恢复、改造与发展中的作用如此，工会法的重要意义也就不难想见。

土地改革法是第三个例子。共同纲领写明：我国必须"有步骤地将封建半封建的土地所有制改变为农民的土地所有制"。（第三条）在共同纲领的第十四条中，又把土地改革的彻底实现规定为实行普选的条件之一。这种改变的本身虽还属于民主革命性质，但是在工人阶级领导了国家政权的条件下，它已和社会主义事业直接联系起来。正像《欧洲共产党与工人党情报局机关报》："争取持久和平、争取人民民主！"《周刊》在1950年8月4日出版的总第91期的社论中所说，"久经考验的领袖毛泽东同志领导的中国共产党所草拟和提出的土地改革法，是现今的杰出的文件之一。土地改革法和刘少奇同志关于土地改革的报告，是建筑在马克思列宁主义的坚固基础及对于中国情况的具体分析之上的。随着中国的土地改革而来的许多基本变化，是不能低估的"。因为这种改变要消灭的是曾经成为我国长期停滞、落后与被欺侮的根源的封建主义的剥削制度，能够解放农村生产力与为新中国的工业化开辟道路，而这条道路是通向社会主义的。共同纲领第二十七条写道："土地改革为发展生产力和国家工业化的必要条件。"在第三十四条还规定："土地改革工作的每一步骤均应与恢复和发展农业生产相结合。"这些都说明土地改革的基本理由与基本目的，是着眼于生产的。刘少奇同志在回答"为什么要进行土地改革？"的问题时说道："只有农业生产能够大大发展，新中国的工业化能够实现，全国人民的生活水平能够提高，并在最后走上社会主义的发展，农民的贫困问题才能最后解决。"（《关于土地改革问题的报告》，载《民政工作手册》，第一辑，中南人民出版社1951年版，第111页）因此，在所有已彻底实现土地改革的地区，共同纲领又规定人民政府于发展农业生产的同时，"应引导农民逐步地按照自愿和互利的原则，组织各种形式的劳动互助和生产合作"（第三十四条）。这就是说，封建土地制度的改革，还只是农民解放的第一步。为了解决小农经济与社会主义工业化之间的矛盾，使农民走上社会主义农业的新道路，为了进一步在新的基础上巩固工农联盟，当时已大体上安排了对农业进行社会主义改造的步骤。这样做固然有坚实的理论根据，而且，更可宝贵的是，"在中华人民共和国成立以前，在22年的革命战争中，我党已经有了在土地改革之后，领导农民，组织带有社会主义萌芽的农业生产互助团体的经验"。（毛泽东：《关于农业合作化问题》，人民出版社1955年版，第4页）

第四，我们要谈的是根据共同纲领第7条的原则制定的惩治反革命条例。它是全国人民与反革命分子作斗争的法律武器。如果对反革命活动不坚决镇压，对反革命分子不认真肃清，人民群众就抬不起头来，人民民主政权就不能巩固，生产力就不能解放，社会主义事业就不能胜利，这是很浅显的道理。解放初期如此，今后虽应根据新情况进一步实行宽大政策，但是，严守法制地同反革命分子进行坚决的斗争仍然是必须的。为了正确地估计我国的肃反工作，毛泽东同志要我们不妨看看匈牙利事件对我国的影响。他说："匈牙利事件发生以后，在我国一部分知识分子中有些动荡，但是没有引起什么风浪。这是什么原因呢？应该说，原因之一，就是我们相当彻底地肃清了反革命。"（《关于正确处理人民内部矛盾问题》，人民出版社1957年版，第14页）但是，资产阶级右派分子竟公然否认肃反的必要性与肃反工作的巨大成绩，甚至叫嚣肃反政策"违背宪法"。这种与反革命分子一个鼻孔出气的，并为他们呼"冤"叫"屈"和撑腰、张目的嘴脸，人民群众已看得一清二楚了。因为已涉及宪法问题，对于这些反动谬论，等谈到宪法时再一并加以驳斥。

第五个例子是惩治贪污条例。制定这个条例所根据的不仅是共同纲领第十八条严惩贪污的规定，还有"三反""五反"运动中所揭露的事实与所蓄积的经验。这次运动在制止贪污分子的违法乱纪与来自不法资产阶级分子的猖狂进攻，捍卫与贯彻执行共同纲领的路线上，取得了伟大的胜利。不仅如此，"三反""五反"所反的，是旧社会遗留下来的病毒，所以这次运动也起了深刻的移风易俗的作用。为了惩治贪污与盗窃分子，巩固运动已得的胜利，并继续和一切贪污与盗窃行为作斗争，制定这样一个法律是完全必要的。公共财产是社会主义制度神圣不可侵犯的基础，惩治贪污条例首先与主要保护的正在于此。爱护公共财产是国民的义务与公德，这在共同纲领第八条与第四十二条中也有规定。

最后，我们来谈谈选举法。它是根据共同纲领第十二条的规定制定的。贯穿在这个选举法中的总精神，是针对我国当时的具体情况，规定一个真正民主的选举制度。亦即它的实质，是着眼于实际的民主。如城市与乡村应选代表的不同的人口比例，便真实地反映了当时我国的现实生活与阶级关系。资产阶级右派分子向我们的选举制度进攻，他们把资产阶级统治集团用各种方法控制选举与用虚伪的形式欺骗人民，来保障他们的统治地位的资本主义国家的选举说成"最民主"的选举，而我们的真正保障最广大人民的民主权利的选举制度反是"不民主"的。姑不论这已经分明是一种莫大的歪曲，何况，选举只是人民享有民主权利的一个方面，我们国家的民主生活，还有为资本主义国家所不能有与不能比的更丰富的内容，如群众对国家机关的监督等等呢？（参见周恩来《在第一届全国人民代表大会第4次会议上的政府工作报告》）就我们的选举法而论，这个选举法的实施，对于提高政府的工作效率、密切政府与人民之间的联系、加强各民族的团结、进一步巩固与发展人民民主统一战线与人民民主专政有很大的作用。邓小平同志在关于选举法草案的说明中指出："我们的选举法将大大发挥人民群众的积极性和创造性，使全国人民更加紧密地团结在毛主席、中国共产党和中央人民政府的周围，去争取抗美援朝斗争的彻底胜利，实现国家的各项建设计划，并由此引导我们的国家稳步地走向社会主义。"（《关于〈中华人民共和国全国人民代表大会及地方各级人民代表大会选举法〉草案的说明》，载《选举工作手册》，人民出版社1953年版，第54页）事情正是这样，普选是我们建设社会主义中的一件大事。广大人民群众经过普选中的民主生活与过渡时期总路线的教育，大大地提高了社会主义觉悟。很多地方的基层选举基本完成以后，被选举出来的干部与人民代表即以高度的热情带动群众从事生产。按选举法规定产生的全国人民代表大会就通过了社会主义类型的宪法，社会主义事业也突飞猛进。

总括来说，共同纲领虽然没有明白标出社会主义的前途，但是它实际上已引导我们进入社会主义革命时期与保证我国走上社会主义的道路。作为一个政治上成熟的伟大的马克思列宁主义的政党，中国共产党是善于根据社会经济发展规律与人民群众觉悟程度领导革命与建设事业的。在建国初期，共同纲领最容易为人民群众所了解与接受。因而可以避免由于对社会主义缺乏正确的认识而产生的，尽管完全没有必要，但是对于恢复、改造与发展国民经济有害无利的疑虑与震动。后来，他们逐渐在实践中，根据切身的经验，体会到社会主义是唯一的最好的前途。所以当党在1952年提出了国家过渡时期总路线以后，便得到广大人民群众的热烈拥护，并且接着在1954年就把建设社会主义社会的共同愿望反映在宪法中成为法定的目标了。同时，宪法的本质在于："一般的国家根本法以及有关选举代议机关的权利和有关代议机关本身权限等方面的法律，都表现着阶级斗争中实际力量的对比关系。"（列宁：《社会革命党人怎样总结革命以及革命怎样给社会革命党人下了结论？》，载《列宁全集》，俄文第4版，第15卷，第308页）我国宪法也正是反映了执行共同纲领以来，国内阶级力量对比关系所发生的变化。

三

宪法以共同纲领为基础，又是共同纲领的发展，这在前面已经谈到。具体说来，在从中华人民共和国成立到宪法通过这段时期中，由于坚决执行共同纲领的结果，我国政治上、经济上取得了很多新的胜利。其中包括为有计划地进行经济建设、逐步过渡到社会主义社会准备必要条件的改革土地制度、抗美援朝、镇压反革命分子、"三反"与"五反"、思想改造，以及恢复国民经济等方面的成就，以及1953年开始的发展国民经济的第一个五年计划实行以后的收获。这些新的胜利生动地说明了："国家权力一旦掌握在有组织有领导的人民手里，便能发挥无敌的力量，使人民从悲惨的生活中解放出来，使我们的国家有飞跃的进步，使人民的物质生活和文化生活得到改善。"（刘少奇：《关于中华人民共和国宪法草案的报告》，载《中华人民共和国宪法》，人民出版社1954年版，第45页）这些新的胜利，也显示了工人阶级的领导能力与社会主义经济的优越性。因此，宪法所反映的国家在过渡时期的根本要求与广大人民建设社会主义社会的共同愿望，不是凭空臆造的，而是从实际出发与有物质基础的。实际生活既然已经发展与必然继续发展，那么，在共同纲领的基础上前进一步，即制定宪法，就完全是适时的与必要的了。宪法草案在全民讨论中受到广大人民群众的热烈拥护，以及宪法公布以后全国人民为之欢欣鼓舞，都可以证明这一点。

从宪法与共同纲领的内容来比较，我们可以进一步了解前者以后者为基础同时又是它的发展的具体表现。宪法肯定了共同纲领所规定的各项根本原则，如它的总纲，以及有关政权制度、经济制度与民族关系等主要部分。这些根本原则在实践中证明是完全正确、完全符合我国人民的利益与要求、并且已经有显著与巨大成效的。宪法不仅肯定了它们，而且根据前述建国以来政治上、经济上所取得的新胜利，把它们大大地加以发展与具体化。像明确提出了建设社会主义的目标与步骤，对国家机构作更具体的规定，以及在民族政策，公民的基本权利与义务方面将共同纲领所规定的根本原则都有所发展与具体化等。又如在共同纲领中规定合作社经济为半社会主义性质的经济，可是在实际生活中已出现了社会主义性质的合作社。类似这种具体的发展情况，宪法当然也肯定下来。还有如各种重要的法律与法令所具体化了的共同纲领的一些原则，以及这些法律与法令所产生的一些原则，宪法也是采用了的。至于共同纲领中有些业已过时的，或没有必要在宪法中详细规定的内容，如实施军事管制，兴修铁路之类，宪法即不再规定。

这个以共同纲领为基础又是共同纲领的发展的宪法，是我们为建成社会主义社会而奋斗的强有力的武器。沿着它所指出的道路前进，我们已取得了社会主义革命的决定性的胜利，并正在为彻底完成社会主义改造，最后消灭剥削制度与把我国尽快地从落后的农业国变为先进的工业国而继续努力。毛泽东同志在以制定宪法为首要任务的第一届全国人民代表大会第一次会议的开幕词中说道:"这次会议是标志着我国人民从1949年建国以来的新胜利和新发展的里程碑。这次会议所制定的宪法将大大地促进我国的社会主义事业。"(《中华人民共和国第一届全国人民代表大会第一次会议开幕词》,载《中华人民共和国宪法》,第32页)宪法通过至今的事实充分证明这个预见是完全正确的。

当宪法公布的时候,我国虽然已经有这样的一些事实,即工人阶级对国家政权的领导,社会主义经济居于强有力的领导地位,有系统的社会主义改造已经开始,以及正逐步向社会主义社会过渡,但是社会主义社会还不是现成的东西。当时是既有社会主义,又有资本主义。这是两种相反的生产关系,它们在一个国家中不可能互不干扰地平行发展。我们走社会主义的道路,既然已经确定不移,所以为了反映这些事实与这些事实变化发展所趋向的目标,宪法就不可避免地有部分带纲领性的条文。如果不是这样,实际生活中的许多现象倒反不可理解了。对建设社会主义社会这一伟大而又艰巨的事业来说,已经获得的成就要巩固与维护,正在进行与将要进行的工作要保障与推动。成为国家根本法的宪法和以它为依据而制定的各种法律、法令在社会主义事业中的巨大的积极作用,首先就表现在这里。宪法"在我们国家生活的最重要的问题上,规定了什么样的事是合法的,或者是法定必须执行的,又规定了什么样的事是非法的,必须禁止的"。(刘少奇:《关于宪法草案的报告》,同前,第80页)这样便给全国人民以最好的辨别是非的标准,使大家都懂得如何去为保卫与发展我们的胜利及击败所有妄想破坏我们的社会主义事业的敌人而斗争。

最近,毛泽东同志提出的,在我国人民的政治生活中判断我们的言论与行动的是非的六条标准(见《关于正确处理人民内部矛盾的问题》,第30页),也正是以宪法的原则,以最大多数人民的意志与各党派历次宣布的共同的政治主张为根据的。资产阶级右派分子的言论与行动,恰好违反了这六条政治标准,特别是违反了其中最重要的社会主义道路与党的领导两条。他们高谈"法制",却无视宪法的庄严,这是全国人民所不容许的,所以一经回击就完全陷于孤立。

为什么宪法(整个人民民主法制也是一样)能够起如此重大的作用呢?国家法制具有强制力量固不待言,我国宪法也规定公民有必须遵守宪法与法律的义务。但是,我们的宪法和法律能够被自觉地遵守。这首先是因为我国宪法总结了一百多年以来中国人民革命斗争的历史经验与中国近代关于宪法问题的历史经验,以及中华人民共和国成立以来新的历史经验。诚如毛泽东同志所说,"真正的宪政决不是容易到手的,是要经过艰苦斗争才能取得的"。(《新民主主义的宪政》,载《毛泽东选集》第三卷,第730页)宪法所总结的都是中国人民长期英勇奋斗得来的成果,所以特别感到珍贵并且从这些成果中吸取力量,继续前进。其次,宪法真正表达了人民群众的意志,它所规定的道路是保证日益幸福的道路,而人民代表大会制度又有最广泛的群众基础,最便利广大人民群众参加民主生活与国家管理,使国家机关能有最高的威信与最大的号召力,一句话,实现了真正的民主,所以就能够团结全国各族人民发挥人民群众的积极性,促进社会生产力的发展与逐步达到宪法的完全实施。还有一点,即我国宪法在起草时参考了苏联的几个宪法与各人民民主国家的宪法,正确地吸收了国际的经验。刘少奇同志曾经指明，我国宪法"不只是我国人民革命运动的产物，而且是国际社会主义运动的一个产物"。(《关于宪法草案的报告》，同前，第49页) 社会主义已经在苏联胜利这一事实，固然予中国人民以莫大的鼓舞，它的帮助与国际间其他朋友对我们事业的支持，则更加便利我们向社会主义的目标前进。当然，我们不应该忘记最根本的一条，就是我们制定宪法所依据的是马克思列宁主义的普遍真理，我们所走的道路是遵循客观的历史发展规律，为人类社会必然要走的道路。任何反动力量要想扭转历史车轮，与这个规律为敌，一定以失败告终。

我们说宪法能够在国家生活中起巨大的积极作用，并不等于说有了宪法就什么都会实现。要使宪法所规定的消灭剥削与贫困，建成繁荣幸福的社会主义社会成为事实，最重要的是运用宪法所给我们的武器（包括本文不拟列举的很多为具体执行国家职能与保卫人民的民主自由权利根据宪法制定的法律与法令）去进行斗争。我国是通过和平的道路逐步消灭剥削制度的，可是消灭剥削制度的过程不可能不是一个复杂的斗争过程。在以宪法为国家活动的准绳的情况下，这些斗争可以归结为遵守宪法与违反宪法之间的斗争。周恩来同志在《关于知识分子问题的报告》中明确指出："首先，我们必须要求所有的知识分子站在爱国的立场上，遵守宪法，分清敌我的界限。如果一个人违反爱国的立场，违反宪法，在言论和行为上混淆敌我，那末，人们不同这样的人进行斗争是不可想象的。"（《关于知识分子问题的报告》，人民出版社1956年版，第30页）这话对于全体公民也完全适用。宪法既然是国家的根本法，遵守宪法便是公民的义务，这是与爱国的立场相一致的。也就是说，真正站在爱国的立场上而不是空言爱国的人，必然遵守宪法，并坚决与任何违反宪法的现象作斗争。

我们同资产阶级右派的根本分歧，无一不是宪法明文规定了的重大问题。他们反对社会主义，工人阶级领导，人民民主专政与民主集中制，以及反对联合苏联，都是违反宪法的。这是一场不能等闲视之的严重斗争，"是两条道路的斗争，是关系到国家民族生死存亡的斗争。……右派的主张，就是要我们亡国，就是要我们人头落地"。（陆定一在全国人民代表大会第四次会议上的发言：《我们同资产阶级右派的根本分歧》）

违反宪法有各种各样的情况，有的是出于敌人的阴谋破坏，有的是由于对于遵守宪法的意义认识不足，也有的是思想意识上有毛病所致。资产阶级右派分子则是身在人民队伍中，却站在反社会主义的立场上，肆无忌惮地违反了宪法。但是，不论是怎样的情况，用列宁的话来说，就是："稍微违反法律，稍微破坏苏维埃秩序，便已经是可以立刻被劳动者的敌人利用的缺陷，便是可以使高尔察克和邓尼金获得胜利的支点。"（《关于战胜高尔察克致工人和农民的信》，载《列宁文选》第二卷，第627页）这话虽然是针对某一历史时期的某一事件而发，不过一般说来也是有极大的指导意义的。根据列宁主义的原则，苏联共产党中央委员会过去与现在都很注意加强社会主义的法制。"经验表明，社会主义法制稍微削弱一点，就会使苏维埃国家的敌人乘机进行他们卑鄙的破坏活动。"（赫鲁晓夫：《苏联共产党中央委员会向党的第二十大代表大会的总结报告》，人民出版社1956年版，第102页）中国共产党非常重视法制问题，前面已谈到了。在人民民主制度下，守法是如此的必要与重要，所以中国共产党章程里关于党员义务的规定就列入了严格地遵守国家的法律这一点。（见《中国共产党章程》，第二条，第四项，单行本，第10页）可是，右派言论竟捏造出什么共产党人有"两种法律"的说法，意思是说共产党员犯法不受制裁。这不是对党存心污蔑与对党群关系的阴险的挑拨么？

敌人要从各方面用各种手段破坏我们的宪法所规定的社会制度、国家制度与根据宪法制定的各种法律、法令，这是毫不足怪的。不然倒不成其为敌人了。然而也有这样的情况，即在人民内部，甚至革命干部中，也会发生不重视与不遵守国家法制的现象。这应该如何解释呢？原来在长期的革命斗争过程中，轻视与仇视旧法制的心理养成了，等到革命胜利建立起人民民主的法制以后，这种习惯了的心理一时还难于扭转。在另外一方面，我国社会各阶级中占绝对多数的是小资产阶级，轻视一切法制的思想，实质上就是小资产阶级的无政府主义思想的反映。这便是发生上述现象的历史根源与社会根源。（参见董必武《在中国共产党第八次全国代表大会上的发言》）至于资产阶级右派分子，前面已经说过，他们所站的是反社会主义的立场，如果不幡然悔悟，即将自绝于人民。但是，无论如何，我们必须保持警惕，捍卫我国的宪法与法律，无情地揭发每一个违反人民民主法制的人，坚决同纵使是最轻微的目无法纪的现象作斗争。

为了社会主义事业的利益，采取有效措施来消除不重视与不遵守国家法制的现象，显然是十分重要的事。这里，如何从各方面通过各种方式加强法制思想教育，首先是关于宪法的宣传教育，便是当务之急了。倘使要把这项工作认真开展起来，那是和改进法律科学研究工作分不开的。今年的《苏联科学院通报》第八期刊载的苏联科学院通讯院士奥尔洛夫斯基的《从苏共第二十次代表大会的决议论法律科学的任务》这篇论文所谈到的一些有关的问题，可以供我们参考。他除了分析了苏联法律科学的状况外，并提出了克服缺点的措施，包括修订选题计划与改变工作作风。他还谈到苏联科学院系统应该重视法律科学的研究工作；认为决定法律科学现况的一个极重要的因素是科学工作干部，而许多法律学者没有充分的马克思列宁主义的修养；指出法律宣传工作在法律科学中是最弱的一个部门等。我国在这几方面的工作，是更加有待努力的。因为已经涉及怎样加强法律科学研究工作的问题，这里不拟过多地加以评述。但是，有一点必须澄清，即资产阶级右派分子所谓"苏联与中国的法制比资本主义国家落后"的论调是十足的谰语。我们所讲的法律科学研究方面的缺点，是指还赶不上客观形势发展的要求，及与其他科学部门的发展情况对比而言。法律科学有极其鲜明与强烈的阶级性，资产阶级的法学与社会主义的法律科学不能相提并论。和所有资产阶级的社会科学一样，资产阶级的法学不仅不科学，而且根本上是反科学的。那不过是资产阶级用以维护剥削制度的一些说教而已。随着社会主义的胜利，资产阶级的法学在理论与实践上都已经彻底破产，因为它已失去赖以存在的基础。右派分子攻击我们的法制与马克思列宁主义，其目的是想资产阶级的社会科学与资本主义制度在中国复辟。目前我国法制还不够完备（但也不是"无法可循"，据国务院法制局的统计，我国现行法律、法令已达约4000种），这是事实。但是，由于建国不久，法制不可能一下子就很完备，也必将日趋完备。试看资本主义国家的法律，不也经过相当长的时期才陆续制订出来的么？然而，即使退一万步来说，我们不够完备的法制比最完备的资产阶级的法制已先进得不可以道里计了。以婚姻法为例，我们贯串了男女平等的原则，而细节不是没有尚可增补的。资产阶级的法律中，有殴打妻子的鞭子不得粗于两个手指的规定，可谓具体之至。那么请问：真正保证男女平等的法律，怎样倒反比准许鞭笞妻子的法律落后呢？如此推而广之，算它最完备的维护剥削制度的资产阶级法制，同哪怕还不够完备但会逐渐完备起来的消灭剥削制度的社会主义法制比较，野蛮、落后与文明、先进的界线是显而易见的。

知法才能守法，而且知得愈真愈深，才能守得愈牢愈好。我们在这里所说的知法，不仅是指知道法律条文，重要的还在了解法律的作用与守法的积极意义。守法也不是只要不致犯法，重要的是用实际行动去实现宪法所规定的目标与捍卫已经获得的胜利成果。这就是在我们国家中公民权利与义务统一的问题。宪法所规定的公民权利是经过长期奋斗得来的，公民义务是要保护这些权利。同时，我们的权利不能超过经济、文化发展水平，要进一步扩大权利就必须继续努力争取与创造。所以，守法不是但求无过，而是要在社会主义事业中建立功勋。

和过去拥护中国人民政治协商会议并为实现它的共同纲领而奋斗一样，我们国家的领导核心中国共产党，反复号召自己的党员，必须在遵守宪法与所有其他法律中起模范作用，与党外的广大群众紧密团结，为宪法的实施而积极努力。"制度是有决定性的，但是制度本身并不是万能的。无论怎样好的制度，都不能保证工作中不会发生严重的错误。有了正确的制度以后，主要的问题就在于能否正确地运用这种制度，就在于是否有正确的政策，正确的工作方法和工作作风。"（《再论无产阶级专政的历史经验》，同前，第10—11页）这段话对于宪法及其实施是完全适用的。根据宪法的规定，我们国家在过渡时期的总任务是逐步实现国家的社会主义工业化，逐步完成对农业、手工业与资本主义工商业的社会主义改造。在实现这个总任务上，中国共产党作出了遵守宪法的最好的榜样。例子是不胜枚举的，我们就谈谈以下几点以见梗概。

为保证宪法的完全实施，国家需要很多具体的政策与方案。中国共产党在这方面的贡献是巨大的。它就若干关系重大的问题研究以后，提出草案交国家机关审议、通过与施行。显著的例证之一，便是发展国民经济的第一个五年计划。这个计划是为实现过渡时期总任务而奋斗的带有决定意义的纲领，它的实现，"将为我国社会主义建设和社会主义改造事业奠定良好的初步的基础，从而促进国家的富强和人民的幸福"。（《中华人民共和国第一届全国人民代表大会第二次会议关于发展国民经济的第一个五年计划的决议》）现在，中国共产党已提出了《关于发展国民经济的第二个五年计划（1958到1962年）的建议》。

很多原则，宪法虽已明文规定，但不等于一定执行得很好。如果在实践中不能正确地掌握，出偏差或犯错误的事就会发生。在这方面，党是密切地加以注意的。例如在农业合作化运动中，有些干部未能抓住事物的本质与主流，即广大农民愿意在党的领导下逐步走上社会主义道路及党能领导农民走上社会主义道路，因而产生右倾保守思想。党中央及时召开了省、市与区党委书记会议，由毛泽东同志作了《关于农业合作化问题》的报告，改变了领导赶不上运动的局面，农村的社会主义高潮跟着就出现了。

在实现过渡时期总任务与反对内外敌人的斗争中，必须巩固以工农联盟为基础的人民民主统一战线。在这方面，党做了不少成效卓著的工作。如党中央特为召开了关于知识分子问题的会议。第八次全国代表大会又着重指出："必须继续贯彻执行团结、教育、改造知识分子的政策，使广大的知识分子在社会主义事业中同工人农民形成亲密的团结。"（《关于政治报告的决议》，第11页）按照长期共存、互相监督的方针，继续加强同民主党派和无党派民主人士的合作，也是中国共产党为巩固人民民主统一战线，调动一切积极因素为社会主义事业服务的一种深远的考虑与英明的举措。宪法规定了这个统一战线是共产党领导的、以社会主义为政治基础的，如果有谁背叛了这些规定，他就是自外于统一战机，也不能取得人民的信任了。这是我们在谈到统一战线问题时所不应该忘记的。

国内各民族的大团结与巩固的国际统一战线，也是我国实现社会主义建设与社会主义改造事业的重要保证条件。党在解决民族问题方面的基本政策是民族区域自治。由于执行这样正确的政策，我国各民族已经团结成为一个自由平等的民族大家庭。在国际事务中，党所坚持的方针是无不有助于社会主义阵营的团结、世界持久和平的获致、反殖民主义斗争与社会主义运动的。特别值得指出的，是党严厉反对大国主义，这对持续巩固与加强国际统一战线有重大意义。

社会主义事业需要科学与艺术的繁荣。中国共产党对艺术主张百花齐放，对科学提倡百家争鸣。这个"百花齐放、百家争鸣"的方针，对我国科学与艺术的发展，起了有力的推动作用。而这正是宪法所规定的原则的发展与具体化。宪法不仅一般规定了公民有言论、出版自由（第87条），而且专门规定了："中华人民共和国保障公民进行科学研究、科学艺术创作和其他文化活动的自由。国家对于从事科学、教育、教学、艺术和其他文化事业的公民的创造性工作，给以鼓励和帮助。"（第95条）这些规定，便是"百花齐放、百家争鸣"方针的法律根据与法律保障。要是"一花独放"，固然谈不到丰富多彩的文化生活，也无从创造社会主义的民族的新文化。科学反对保守专断，若没有创造性的不同意见的争论，而是"一家独鸣"的话，它是不能前进的。不过，这里我们必须注意，前面已提到的那6条政治标准，对于所有科学艺术的活动也一律适用。在我们社会主义国家中，"无论在政治方面、经济方面和文化方面，社会主义民主的唯一目的，都是为了加强无产阶级和全体劳动人民的社会主义事业，为了发展他们建设社会主义的积极性，为了发展他们同一切反社会主义势力作斗争的积极性"。（《再论无产阶级专政的历史经验》，第19页）例如右派主张办"各找后台老板"的"同人出版社"，是要恢复资本主义的"出版自由"，为资本主义复辟开路的，就当然要遭到痛斥。

刚才已经说过，中国共产党为保证宪法的实施所作的贡献举不胜举。实际生活表明了它的正确领导的伟大力量。宪法序言庄严地宣告说："中华人民共和国的人民民主制度，也就是新民主主义制度，保证我国能够通过和平的道路消灭剥削和贫困，建成繁荣幸福的社会主义社会。"对于我国进行社会主义革命所用的和平的方法，当初并非所有的人都相信它能够奏效的。在1956年1月25日召开的最高国务会议上，毛泽东同志指出："对于这种方法，过去在共产党内和共产党外，都有许多人表示怀疑。但是从去年夏季以来，由于农村中合作化运动的高潮和最近几个月以来城市中社会主义改造的高潮，他们的怀疑已经大体解决了。"在我国的条件下，竟然出现了我国资产阶级能够锣鼓喧天地接受社会主义改造这样的奇迹。这是中国共产党具有充沛的理论勇气与丰富的斗争经验，而能创造性地把马克思列宁主义的理论与中国革命的实践相结合的出色表现。尤其难能可贵的，是在这场大革命的过程中，社会财产未遭损坏，社会秩序没有发生混乱，以及社会生产不仅没有下降，而且在头一年就在各方面得到飞跃的发展。这不是偶然的，倘使没有五大运动（即土地改革、抗美援朝、肃清反革命、"三反"与"五反"以及思想改造）为三大改造（即对农业、手工业与资本主义工商业的社会主义改造）铺平道路，事情便不可能如此顺利。但是，右派分子却诋毁这五大运动，抹杀其成绩，怀疑其进行的形式，甚至说它们是违法的。通过诸如此类的梦呓，令人更加清楚地看透了他们的反动立场、思想与感情。因为要不然，为什么凡是人民欢欣鼓舞的事，他们偏偏都深恶痛绝呢？以他们所大肆攻击的肃反运动而论，成绩是主要的，这里不拟更赘，说它"违反宪法"也是荒谬绝伦的。宪法第19条明确规定了肃反的任务，如果不肃反倒是没有实施宪法的规定。右派认为肃反工作搞群众运动于法无据，这又是胡诌。一方面，保卫祖国是每个公民的神圣职责（宪法第102条），人民群众协助国家机关进行肃反工作是分内的事；另一方面，国家机关必须依靠人民群众（宪法第17条），特别是同隐蔽的敌人斗争，广大人民群众的积极参加，具有更加重要的意义。右派用"违宪""非法"等妄诞的"罪名"加于肃反运动，是企图对肃反工作及群众参加而增进了效果与速度的事实进行翻案。对于其他运动，也可以依此类推。不过，他们的心机白费了，人民群众不相信他们的鬼话，并且予以迎头痛击。由此我们可以坚信：在中国共产党的正确领导下，全国人民明辨是非团结一致，继续努力，宪法交给我们的任务一定能够全部彻底完成。

党的第八次全国代表大会指出了党与全国人民的当前的主要任务，是集中力量解决先进的社会主义制度与落后的社会生产力之间的这个我们国内的主要矛盾。它明确地解决了在实现社会主义工业化这个任务的过程中的10项重要的经济政策问题，坚决地反对主观主义、官僚主义与宗派主义，同时又及时地提出了第二个五年计划的建议。在实现宪法所规定的我国过渡时期总任务方面，第二个五年计划是一个极其重要的关键。它将"在第一个五年计划胜利完成的基础上，以既积极又稳妥可靠的步骤，推进社会主义的建设和完成社会主义的改造，保证我国有可能大约经过三个五年计划的时间，基本上建成一个完整的工业体系，使我国能够由落后的农业国变为先进的社会主义工业国"。（《关于发展国民经济的第二个五年计划的建议》，单行本，第6页）因此，动员全国人民在胜利地完成第一个五年计划的基础上，克勤克俭地为实现第二个五年计划的基本任务而努力，也就是遵守宪法与保证宪法的实施的直接、有效的行动。

让我们再一次强调：宪法在我国社会主义事业中的积极作用是巨大的，但是它的作用不会自然而然地就发挥出来。为了贯彻执行它所规定的一切，必然要克服许多困难与击破各种障碍。在已经获得的胜利的基础上，我们仍须全力以赴，为进一步彻底完成宪法所规定的国家在过渡时期的总任务而奋斗。

正如毛泽东同志所说，我们做的是我们的前人从来没有做过的极其光荣伟大的事业，是任何敌人也攻不破的正义的事业。（见《中华人民共和国第一届全国人民代表大会第一次会议开幕词》）共同纲领与宪法所指引与规划的，就是这样的光荣、伟大、正义的事业——社会主义事业。和资产阶级的宪法相较，它们能够具有无可比拟的优越性亦在于此。

资产阶级的宪法是剥削者的宪法，它所标榜的"全民的"自由、平等之类是虚伪的不能兑现的空头支票，其目的只是欺骗劳动人民，并从而掩盖与维护阶级剥削、民族压迫等罪恶制度。在那些国家中，广大人民群众的权利与义务是严重脱节的，即不能真正享受到种种民主权利，仍须负担因剥削阶级层层转嫁而更为沉重的义务。正是因为这个缘故，资产阶级国家的统治集团尽管把它们的宪法描绘得如何美妙，但是它们非常害怕本国的人民知道社会主义国家的真实状况与社会主义类型的宪法究竟怎样，甚至颠倒黑白，说社会主义国家没有法制，不重视法制或比它们的法制"落后"得多。这里我们不难看出，资产阶级右派是同谁唱着一样的调子。

列宁早在1919年即曾以美国的资产阶级为例，指出它以吹嘘自由、平等与民主来欺骗人民。但是，列宁说道："不论是这个资产阶级或政府，不论是世界上其他任何资产阶级或政府，都不能也不敢根据真正自由、平等和民主的原则同我们的政府进行竞赛，比如说，订立一种条约，保证我国政府和其他任何政府自由交换……以政府名义用任何一种文字出版、刊有本国法律原文和宪法原文并附有宪法优越性的说明的小册子。"（《答美国记者问》，载《列宁全集》第29卷，人民出版社1956年版，第474页）

这个简单的比方，实在意味深长，情况完全是这样。资产阶级用以骗人的宪法，它们自己也没有真正遵守，而且常常明目张胆地通过反动法案（如美国的各种反共、反劳工、反人民的法西斯法案）与采取反动措施来对它们所夸耀的宪法的"尊严"横加践踏。它们比谁都明白，它们的宪法是半点也经不住同社会主义类型的宪法作对照的。它们对本国人民蒙蔽之不遑，那里还敢订立像列宁所说的那样的条约！可是，资产阶级右派竟不识时务到这种程度，当中国人民亲身体验到自己的宪法是幸福生活的保证的时候，他们还来兜售资产阶级民主、资产阶级法制一类臭气熏天的货色，宜乎要碰得头青脸肿了。

这里也举一个最近的关于美国的例。我国宪法公布已经快3年了，居然美国有不少人甚至像纽约律师阿伦斯堡夫妇，还不知道我们有没有宪法与新中国妇女的地位如何。不久以前，中国法学家们在一次国际集会中，送给他们英文本的宪法与婚姻法各一部，并进行了解释以后，他们才恍然大悟。这位想来大概是比较关心妇女问题的阿伦斯堡夫人说："我不喜欢共产主义，但是中国妇女地位这样提高，说明你们的制度是非常高明的，我不懂我们政府为什么不肯承认你们政府，而还死抱着蒋介石不放。"（《世界知识》，1956年，第21期，第23页）

谈到这个例子，很自然地令人想起过去最反动的法西斯的报纸对1936年苏联新宪法草案所采取的故意隐瞒的手段。后来那种手段并未奏效，因为，正像斯大林同志所说，"世界上总还有什么舆论，总有读者，总有活的人，这些人要想知道事实的真相，而要长久横蛮欺骗这些人，是没有任何可能的。凭靠欺骗，是走不多远的呵……"（《论苏联宪法草案》，载《列宁主义问题》，苏联外国文书籍出版局1949年中文版，第684页）帝国主义者现在对我国宪法与其他情况仍施封锁、歪曲乃至诽谤的惯伎，不消说是很愚蠢可笑的。"不喜欢共产主义"的人稍一接触到我国的实况，也不能不承认我们的制度非常高明。美国最高法院法官道格拉斯在指责美国政府不让记者访问中国、不让人民知道中国实况时,也指出我们的情况不仅比美国所宣传的好得多,而且我们的制度已稳定、在发展,并取得了超过美国人想象的成绩。(1957年2月27日新华社北京电,载1957年2月28日《广州日报》)我们不禁要问,右派分子身在中国,面对着数不尽的活生生的建设成就,不仅视而不见,而且把光明说成黑暗,这是安的什么心眼呢?

问题是再清楚不过的了,我们的事业之所以不怕与资产阶级国家进行竞赛,以及愈来愈多地得到那些国家的人民的同情、支持与响往,就是因为真理在我们这一边,我们说的是真话,干的是真正符合人民利益的事。因此,与我国人民革命的胜利具有伟大的世界历史意义一样,我国的社会主义事业及其先后据以推进的共同纲领与宪法这两个根本文件,也具有伟大的世界历史意义。这是我们在研究共同纲领与宪法在社会主义事业中的作用时所不能忽略的。

社会主义事业是国际主义的事业。我们取得胜利的主要条件之一,是我们在国际间的朋友,伟大的苏联与各人民民主国家,以及全世界所有国家爱好和平的人民对我们的支持。同时,"我国已经得到的一切成就和将要得到的成就,都有助于全世界人民的和平与进步的共同事业"。(刘少奇:《关于宪法草案的报告》,同前,第79页)所以为建设一个伟大的社会主义的中国而奋斗,也是一个崇高的国际主义的义务。我国人民正以高度的自豪感与责任心履行着这个义务,这也是我们在世界各国中的朋友深为庆幸的事。

在本文一开始的部分,我们即已指出,人民民主法制所发挥的力量,是我国通过和平的道路取得社会主义革命决定性胜利的重要因素之一。我们忠实地执行了共同纲领与宪法的规定,使我们的社会主义事业稳健而又勇猛地前进了。但是,奇怪的是:我们愈是忠实地执行法制,右派分子就愈是骂我们"忽视"法制。其中"奥妙",就在于我们执行的,是建设社会主义所需要的法制,而他们所要的,则是便利资本主义复辟的"法制"。不错,他们也曾赞成过共同纲领与宪法,那是因为他们根据资产阶级法制的"经验",以为对人民有利的事不妨纸上富贵,口惠而实不至。而我们是说到做到的,所以当我们把共同纲领与宪法所规定的一桩桩、一件件都认真实现起来时,他们就再也忍受不住而展开了猖狂的进攻。右派向我们人民民主法制的进攻同向其他方面的进攻一样,被社会主义的正气制止与粉碎了。今后,为了集中力量来保护与发展生产力,我们必须进一步加强人民民主法制,包括加强法律科学的研究工作、法制思想的宣传教育工作与培养遵守宪法与法律的风尚,使全国人民与一切国家机关的工作人员更好地知法守法,把我国伟大的社会主义事业更有力地向前推进。并随着社会主义事业的发展,适应政治、经济情况的变化,制定、修改或重新制定各种重要法律,使人民民主法制逐步趋于完备,在巩固已经获得的胜利的基础上,继续争取新的胜利。

原载《中山大学学报(社会科学版)》1957年第2期

论高校德育发展趋势

郑永廷

我国实行改革开放以来，特别是党的十四大提出建立社会主义市场经济体制以来，高校德育面向世界、未来和现代化建设，面临着一系列新情况和新问题，面对着富有鲜明时代特点的青年学生。高校德育要在新形势下求得发展、发挥作用，要遵循《中国教育改革和发展纲要》以及《中共中央关于进一步加强和改进学校德育工作的若干意见》，以建设有中国特色社会主义理论为指导，顺应社会发展的趋势，扩大外延和内涵，扩大社会功能，走学科化和科学化发展的道路。

一、高校德育领域的拓展

（一）向未来领域拓展

德育的一个明显特点是既要面向现实，更要面向未来。高校培养人才的思想道德和科学文化素质如何，"直接关系到21世纪中国的面貌，关系到我国社会主义现代化建设战略目标能否实现，关系到能否坚持党的基本路线一百年不动摇"。因此，要拥有未来，就要重视德育，要重视德育，就必须面向未来。

德育要科学地面向未来，首先要科学地预测未来。就是通过调查研究、分析判断，对未来某种不确定的东西或未知的情况作出符合事物发展规律的设想或推断，以指导人们的方向和实际行动。我国古代学者就曾经强调德育预测，提出"禁而未发谓之预"的教育观点，要求教师对教育要有预见性。

在现代社会条件下，社会因素越来越复杂，变化频率加快，人们为了减少工作的风险，争取主动，几乎在各个领域广泛运用预测。德育，作为一项面向未来培养和造就人才的希望工程，更需要进行预测。

德育预测，是进行德育科学决策的前提。德育要经得起现实情况的检验，更要经得起未来实践的检验，这就要靠科学预测。通过预测，认识和把握思想发展和德育工作的规律性，避免曲折和损失，使预定教育目标能够实现，这是提高德育质量、增强德育实效的有效方法。离开德育预测和德育决策，势必陷于就事论事的盲目行为。同时，德育预测也是开展预防教育、争取教育主动的保证。在复杂多变的开放环境中开展教育，尤其要注重预防，掌握教育的主动权。否则，教育的效果就会被意想不到的干扰冲淡，教育的影响就会被大量的偶然因素淹没。因此，德育要在培养学生的过程中起主导、引导作用，就要想在前头、导在前头，防患于未然。

德育预测涉及德育的各个方面，如德育环境与条件预测、德育目标与规范预测、德育内容与方法预测、德育对象思想发展变化趋势及新特点预测等等。在当前和今后一段时间内，预测改革开放过程中和学校办学过程中的新情况、新问题，预防可能发生的矛盾与冲突，保持学校和社会的稳定，是十分重要的。

德育的预测和预防，需要从两个方面着手进行：一是要进行德育预测、预防的理论和方法研究，为德育预测工作和预防教育提供科学的理论指导，提供可操作的具体方法；二是要动员广大德育工作者，结合德育工作实际，自觉进行预测、预防的探索，积累材料，总结经验，为德育预测的理论研究提供素材。这两个方面相辅相成地联系在一起，如同高校德育的"探测仪"和"导航器"。

（二）向宏观领域拓展

德育向宏观领域拓展，是改革开放新形势提出的要求，即德育要面向社会、面向世界。

德育面向社会，就是面向社会主义现代化建设，就是要把社会主义现代化建设作为正确的政治方向，作为德育的主题，贯彻到德育的各个环节中去。因此，学校德育需要广泛涉猎社会素材，充分利用现代化建设的经验、成就以及在各条战线涌现出来的模范人物的事迹，教育学生，鼓舞学生，帮助学生从社会主义现代化建设的伟大实践中吸取营养和力量。同时，随着人的社会化程度的提高和学校与社会的不断融合渗透，社会对学生的影响日渐加强，社会上许多新因素、新问题，不可避免地会影响学校，社会教育和家庭教育的某些偏颇，诸如片面追求升学率、重业务与重金钱的不正确价值导向，对独生子女的过分溺爱等，无疑增加了高校德育的难度。

高校德育工作者在结合社会实际开展德育的过程中，必须把握德育与社会的关系，进行德育社会学的研究。由于德育与社会的联系是广泛的，德育社会学的内容也是丰富的。从我国当前的实际看，德育社会学的内容主要包含以下几方面的关系：德育与社会主义精神文明建设；社会主义市场经济体制与德育改革；解放生产力、发展生产力与德育；社会思潮与德育；文化冲突与德育；开放社会环境与德育；德育与社会教育、家庭教育；青年学生的社会化与独生子女教育问题等等。我们只有把这些关系和问题从理论上研究清楚了，在实际工作中把握了，才能真正发挥德育的重要作用。

德育向宏观领域拓展的更大层次是德育面向世界。德育面向世界是一个新问题，不少人在这个问题上存在疑虑，认为社会主义国家的高校思想政治教育，是我国高校独有的教育，因而走不出国门，无法同其他国家进行交流和比较。这种认识不仅限制了我们对其他国家德育的了解和研究，而且引起一些人对我国学校思想政治教育科学性与生命力的怀疑，这无疑对德育的发展是有害的。我国高校必须培养面向世界的人才，而面向世界的人才不仅要有相应的知识和能力，也要有参与世界范围竞争的思想道德素质和心理素质。面对世界上各种政治势力的影响和争夺，学生更需要有坚定的爱国主义思想；置身于多元文化和价值观冲突之中，要有分辨、选择正确人生观价值观的思想基础；投身世界范围的经济、科技、人才竞争，要有敢于竞争的勇气和自立自强的精神；生活和工作在开放环境之中，要有开阔的视野、健康的心理和文明风度，等等。我们要培养学生的这些素质，关起门来教育是不成的。我们要让学生了解国外的情况，要研究一些国家的政治理论、道德观念、生活方式，把德育推向更广阔的舞台，通过分析、比较、引导，让学生掌握正确的政治观、人生观和道德观。

事实上，我国高校德育已经通过各种方式向世界范围扩展，德育工作者也开始研究其他国家，特别是西方主要国家的德育。通过研究，我们可以从德育的普遍性、阶级性，更深刻地认识德育的实质和目的；可以借鉴、吸收别国德育对我们有用的东西，更好地改进和完善我国的德育。坚持德育面向世界，进行比较德育研究，建立比较德育分支学科势在必行。比较德育是德育发展的一个新生点，它将拓宽德育的广阔空间，增加德育比较的维度，有利于克服对德育普遍性不了解而产生的忽视、轻视德育的无知偏见，有利于防止把德育封闭于狭小天地的狭隘心理。

（三）向微观领域拓展

德育的微观领域，是指德育对象在德育和环境影响下，心理、情感、思想变化的状况和过程，即德育对象的内心世界的变化。德育的微观领域具有更大的复杂性和潜隐性，反映出来的问题更深刻更具体。德育向微观领域拓展是向宏观领域拓展的基础，向宏观领域拓展是向微观领域拓展的条件。

在现代社会条件下，由于社会复杂程度增加，社会变化节奏加快，社会竞争性增强，这些都在客观上增加了青年学生的心理负荷。因此，运用心理学的理论和方法，开展心理测试和心理分析，进行心理诊断和心理咨询，普及心理保健知识，提高心理素质，是新形势下德育的一个重要内容，也是德育应当开发的一个领域。伴随这个领域的开发，德育心理学也将随之产生。

在我国高校，运用心理学的知识和方法进行德育教育已经广泛推开，德育心理学的研究也已起步。但不管是实际教育还是理论研究，都还处在借用、摸索的阶段。要形成具有我国特色的德育心理学理论和方法，要使德育工作者都能自觉运用这些理论和方法，还要作艰苦的工作。

我国一向有重伦理、讲道德的传统，从古到今，形成了一系列思想修养的方法，诸如见贤思齐、反求诸己、慎独等。对这些修养的方法，我们党进行了继承和改造，并在新的历史条件下有了新的发展。如在高校教育中，一贯强调要发挥学生的积极主动精神，开展自我参与、自我教育、自我管理的活动，注重疏导和谈心，加强集体建设等。这些方法，注重研究教育对象的思想状况和心理活动，强调要通过教育对象自觉的思想矛盾运动过程来进行自教、自律，强调自我教育的内化过程，这是我国德育的传统，也是我国德育的优势。这一传统，体现了教育问题上的内因与外因关系的辩证法，即他教是外因，修养、自教是内因，外因要通过内因起作用，他教要通过自教起作用，他教是手段，自教是目的。

我国的德育心理学，要发挥我国的传统和优势。当然也要借鉴别国心理学的知识和方法，但不能完全照搬别国心理学的某些理论。应当结合我国的实际，着重研究内化过程的理论和方法，即自我修养、自我教育、自我调控的理论和方法。

（四）向交叉领域拓展

德育在向未来、宏观、微观领域拓展的同时，也将向其他领域拓展、渗透，形成德育同其他相关领域整合发展的趋势。高校的德育渗透与整合发展，主要是德育与智育的整合、德育与环境的整合。

德育与智育的关系密不可分。在学校教育中，与政治、思想、道德完全没有关系的纯粹智育，和与知识、能力、技术完全没有关系的纯粹德育，都是不存在的。过去高校存在的德育和智育分离的"两张皮"现象，既与过去传统教育分工有关，更与过去政治运动为中心的特定历史条件有关。现在，改革开放提高了德育的社会化程度，以经济建设为中心确定了德育发挥作用的基础，科学技术和社会发展的高度综合化趋势也向德育发展提出了新要求。

高校德育的整合发展，形成了高校大德育模式。这种大德育模式大体是由"一体两翼"构成的，即由专门从事德育的机构和人员组成的德育主体，在学校德育中起主导作用；由学校教师、干部、职工的教书育人、管理育人、服务育人，以及由学生开展的自教育人、自管育人、活动育人，构成德育两翼。"一体两翼"的三个组成部分相互联系、相互依存、相互渗透，覆盖了学校学习生活的各个方面。高校德育要把大德育模式建设成为一个具有明确目的的互动模式、具有相互渗透的综合模式、具有明显效益的合力模式。

德育向环境的渗透与整合，是德育工作者通过环境选择、环境建设、环境优化来对学生进行相对稳定的影响、感染和教育，使环境条件成为德育的一个途径。在开放条件下，社会环境相对复杂，对学生影响具有多重性；在社会主义市场经济体制下，经济因素对文化教育环境冲击大，难免带有某些负面作用，加上各种社会思潮、生活方式的变更传递，使环境对学生的影响加大。因而德育必须面向社会选择环境，如选择较好的单位作为实践教育基地；选择富有教育意义的场所进行传统教育；选择社会上正反两方面的典型进行教育等。同时，德育还要营建、优化校内环境，主要包括德育场所和思想文化环境建设两个方面，如树立良好的校风学风、建立校园景点、建设学生活动场馆、开展丰富多彩的校园活动等。校内德育环境建设，一般称为校园文化建设。校园文化建设的目的，就是使德育场所和学生活动场所逐步阵地化、各种活动逐步规范化、活动手段逐步现代化。

二、扩大高校德育功能

高校德育的功能，主要是育人的功能。传统德育的育人功能是通过两方面来实现的：其一是导向，即指导学生坚持正确的政治方向和正确的价值取向；其二是保证，即创造良好的政治思想环境与人际环境，培养学生良好的品德和坚强的意志力，保证他们顺利地学习、生活，全面健康地成长。随着形势的发展和领域的扩大，在强化德育原有功能的同时，德育还应增加以下新的功能。

（一）德育的协调稳定功能

在深化改革、扩大开放、建立社会主义市场经济体制的过程中，新旧观念的冲突，新旧体制的转换，以及人们利益关系的调整，要经历一个比较长的时间，不可避免地会带来一些新问题、新矛盾，并会通过各种途径影响学生。加上社会改革和学校改革直接或间接涉及学生的切身利益，触及学生的某些传统习惯和思维定势。个人利益与集体利益、局部利益与全局利益、眼前利益与长远利益、这部分人的利益和那部分人的利益发生矛盾的情况是经常发生的，需要及时协调和强有力的引导，否则，局部关系协调不好，就会酿成不安定事件，贻误改革发展时机，影响学生的健康成长。同时，学分制教学给学生增加了更多横向联系的机会，学生在日常学习生活中，交往范围比过去扩大，交往对象增多，固定的班级集体概念比过去淡薄，加上经济因素在生活中的突出经济差别的客观存在，以及个性、兴趣、爱好的多样化发展，也难免在学校里发生不同于过去的矛盾、碰撞，也需要做好协调工作。总之，协调现实生活中的各种复杂关系，包括经济、利益、人际、道德、学习和活动等关系，是维系现代高校正常秩序的重要手段，是处理复杂关系的有效办法。

另外，高校向来是各种政治势力关注的场所，是各种社会信息的集散地，国内外敌对势力总是企图利用青年学生的天真与单纯寻衅闹事，利用资产阶级自由化思潮来动摇青年学生的政治信念，利用宗教、民族问题进行离间和挑拨。在新形势下，这种争夺渗透又会同社会矛盾、社会问题交织在一起，变得更加隐蔽、更加复杂。而高校的青年学生，敏感性强，信息沟通快，他们常常比较直观和敏锐地反映社会的某些矛盾，好似社会的一面镜子。他们对社会问题的反映，虽然主流是积极的，但也有一些人由于缺乏社会生活经验，缺乏全面地、历史地分析问题和解决问题的能力，容易出现偏激情绪容易受骗上当，甚至做出激化矛盾、不顾后果的举动，导致出现不安定事件。这些经验教训，过去是很深刻的，今后应当认真吸取。

做好稳定工作，需要各方面的努力，而德育则担负着重要责任。因为要维护稳定，最重要的是政治上的稳定，而政治稳定的关键是要在共同的政治基础上达到政治共识。党的"一个中心两个基本点"的基本路线，是团结全党和全国人民的政治基础，是统一全党和全国人民思想的政治路线。坚持用党的基本路线教育学生，抵制和反对资产阶级自由化思想，形成广泛的政治共识，是维护稳定的根本所在，也是高校德育的主要任务。因此，根据高校的地位，结合学生的特点，在新形势下维护学校和社会稳定，是德育的重要职能。

（二）德育的开发功能

德育的开发功能是指通过德育，最大限度地调动人的主观能动性和最大限度地发掘人的内在潜能。在新形势下，德育向交叉领域拓展，特别是与智育的结合与渗透，提出了德育对智育的作用及其作用机制问题。

诚然，德育不能代替智育，但德育能够调动学生的主观能动性。正确的思想能够产生持久的精神动力，促进学生的业务学习和智力活动。任何业务活动，都不是纯业务活动，它时刻与学生的政治、思想、道德相关，学习目的、学习动力、学习的自觉性与主动性，以及学习的刻苦性与持久性等等，都不是业务问题，但都对学生的知识学习、能力培养，产生无形的、持久的甚至巨大的影响。深入研究政治、思想、道德因素对学生的影响方式及其程度，探索影响的规律性，对促进学生业务学习，开发学生智力，具有极其重要的作用。同时，德育还可以以理论、知识、科技为载体，开辟、扩大第二课堂，延伸、扩展课堂教学，通过开展各种活动，充分发挥学生的优势和特长，使学生既学习知识、锻炼能力，又提高思想道德情操。

德育的开发功能，也表现在德育能培养与智能直接相关的某些非智力素质，如学习兴趣、爱好、业务活动的个性特点，以及想象力、创造力等等。这些非智力因素，好似智能的催化剂、活化剂，能够把学生的智力激发出来。没有它，知识、理论就会是一堆没有活力的概念。在现代社会条件下，鲜明的个性，业务上的开拓性、创造性，是有所作为的人才必不可少的条件。因而，德育应当担当起培养学生这些素质的任务。

德育的开发功能，还表现在培养科学世界观和方法论上。科学世界观和方法论，就是马克思主义哲学。帮助学生真正学会并能运用科学世界观和方法论，具有科学思维能力，往往比掌握某些具体的知识更有意义，更重要。因为科学思维不仅可以更多更快地吸纳、消化知识，还可以创造、发现新的知识。因此，科学思维、创造思维的培养、训练也应当是现代德育承担的任务。

（三）德育的辅助功能

现代德育，已经不是关在校园里和课堂里的活动，它要辐射到社会生活的各个领域，渗透到学校教育的各个方面。德育的途径比过去多，场面比过去大，影响比过去广，功能比过去全。现代德育完全靠自身已无法达到以上目的，需要借助其他功能，才能实现德育现代化

德育借助其他功能，主要是两个方面。其一是研究功能。德育的研究既是揭示德育本质、探索德育规律的手段，也是现代德育决策的前提。没有德育研究，是无法应对现代社会复杂情况的。其二是组织功能。现代德育具有一定的规模。它要面向众多学生，要运用现代化的许多手段，组织各种德育活动，这些都需要做大量细致的组织工作。没有组织职能，德育不会有规模效应和强化作用。

三、德育科学的发展

以上说明，德育在理论和实践方面，都提出了一系列的新问题、新要求。要解决新问题，达到新要求，其出路是实现德育学科化和科学化。

德育学科化，就是要把高校德育的领域、功能、模式等实际问题纳入德育学科研究的范围，建立德育的主体理论体系和分支学科体系，使德育真正成为一门科学。现在，我国高校已经建立思想政治教育学科，这一学科同德育学科在性质和内容上基本是一致的，只是范围不同而已，我们可以把德育学科归于思想政治教育学科。所谓德育科学化，就是要用正确的理论和方法，有效地解决新形势下的新情况和新问题，提高德育的质量与效果。德育学科化和德育科学化，是德育问题的两个方面，即德育理论与德育实践，这两个方面的研究和探索要同时进行，并且在新形势下必须迅速向前推进。

高校德育依托科学文化和科学技术都很发达的高校，直接面临着现代科学技术的强大冲击。现代科学技术的惊人发展，推动各个学科领域出现了信息化、社会化、专业化的新趋势，并从根本上改变了生产力的结构，改变了劳动和各项实际工作的内容与条件，促进社会劳动和实际工作智力化，大大提高了劳动和各项工作的效率。德育学科和德育工作也会毫不例外地经受现代科学技术的推动和改变，促进德育的信息化、综合化和科学化，改善德育的手段和条件，提高德育的质量和效率。如果德育脱离现代科学技术的洪流，放慢科学化进程，德育就会落后于时代而缺乏活力。

德育学科，即高校的思想政治教育学，是一门综合性的应用学科。这个学科以专业的形式建立起来，时间并不长。但它有马克思主义雄厚的理论基础，有党的思想政治工

作的丰富经验，有高校广大德育工作者的广泛实践，因而它发展很快，而且对高校德育指导直接而有力，它是一门在发展中的、富有活力和中国特色的新型学科。

在新的形势下，德育学科还要有新的发展，而新的发展要与现代科学技术发展的特点相一致：

（1）高度分化和高度综合相统一的发展趋势。德育学科的分化，就是向各个不同领域的深入，揭示德育在各个领域的具体规律，形成德育的分支学科。德育学科的综合，就是向相关领域渗透，与相关学科结合，揭示德育发挥作用与影响的规律，形成德育交叉、综合的分支学科。德育学科分化和综合是统一于德育学科发展过程之中的，分化中有综合，综合中有分化，分化与综合的发展，推动德育向纵深领域拓展，促进德育学科的丰富和完善。

（2）与人文社会科学相结合的发展趋势。我国的德育学科，已经形成自己的理论与方法体系，成为人文社会科学中的一个分支。由于它是一门综合性学科，必定与相关学科有交叉结合之处。相关学科的发展，一方面可以为德育学科提供新知识和新方法的借鉴，另一方面也不可避免地会触及、渗透到德育的某些领域，使德育学科面临挑战。因此，德育学科要审视人文社会科学发展的新趋势，及时吸收相关学科的最新研究成果，在学科竞争之中求发展、求完善。

（3）与现代科学技术相结合的发展趋势。现代科学技术既向德育提出了现代化、科学化的迫切要求，又为德育现代化和科学化提供了条件和手段。现代高科技已经渗透到学生的学习、生活的各个方面，从而拓宽了学生学习、生活的视野，丰富了生活的内容，提高了学习、生活的质量。在德育过程中，学生不会满足于传统的老方式和老办法，他们在有限的时间内，更追求德育的高质量和高效率，更向往具有现代气息的德育。因此，用现代科学技术，变革德育方法和手段，是德育学科发展的重要内容。德育方法和手段现代化，主要是收集处理德育信息手段现代化，德育信息传播现代化，德育环境和德育场所建设手段现代化。只要德育有效地综合地利用了现代技术，就会创造出新的教育感化力量，也会营造出富有时代气息的育人环境。

原载《中山大学学报（社会科学版）》1996年第1期

中国基层纵横涵义与基层管理制度类型浅析

王乐夫

基层是中国国家与社会的基础。就基层管理制度而言,它是我国社会主义管理制度的重要组成部分。基层民主制度建设是我国社会主义民主法制建设和社会主义政治体制改革的一项重要内容,是社会主义现代化建设的一个重要环节和重要保证。然而,什么是基层?基层治理制度又是怎样的?搞清楚这些问题对于基层建设,尤其是对于基层治理制度建设是十分重要的。

一、基层纵横涵义

表面上看,基层是为人们所熟悉且经常使用的一个概念,然而在内涵的把握上,却普遍存在着偏差。从纵向来说,有相当多的人把"基层"等同于乡镇;从横向而言,不少人把"基层组织"等同于"基层政权"。这就是颇有代表性的片面的基层观。这种基层观大大缩小了有广阔天地的"基层"的范围与内容,妨碍我们全面地搞好基层治理制度建设。因此,完全有必要使我们的论述从探讨基层概念入手。

总的来说,基层的概念是指国家、社会管理体系中的最低层次。相对于间接性管理为主要特征的中上管理层,直接性是基层的最突出特点,即直接面对人民群众,直接接受人民群众的监督,即这些管理活动具有直接性而没有什么中间环节。就具体涵义而言,可以从纵横两个方面来分析。从纵向上看,基层并不能简单地等同于乡镇。因为除了乡镇而外,下还有群众性自治组织——村民委员会和居民委员会,上还有县、城市的区、不设区的市。正如邓小平同志在1987年6月12日在《改革的步子要加快》一文中所说:"调动积极性是最大的民主。至于各种民主形式怎么搞法,要看实际情况。比如讲普选,现在我们在基层,就是在乡、县两级和城市区一级、不设区的市一级搞直接选举,省、自治区、设区的市和中央是间接选举。"[1]很明显,在这里小平同志是将县、城市的区和不设区的市明确界定为基层的范畴。从横向上看,基层并不简单地等于政权。因为除政府外,还有其他基层的党组织、国家机构、社会团体以及企(事)业单位等[2]。总的来说,县、城市的区、不设区的市的党组织、国家机构和社会团体、企(事)业单位以及村民委员会和居民委员会都具有管理活动的直接性。因而,理所当然均应属于基层的范畴。

---

[1] 《邓小平文选》第3卷,人民出版社1993年版,第242页。
[2] 施九青、倪家泰著:《当代中国政治运行机制》,山东人民出版社1993年版,第28页。

基层之所以成为基层主要不在于管理权力相对小些，而在于在各种治理体系中其特殊的地位以及由此而形成的与中上层性质上全然不同的治理模式。对于社会来说，中高层管理组织的主要意义在于为复杂的社会确立发展目标、掌握发展方向，通常由用间接选拔方式产生的人员组成权力机构，利用规范的、正式的手段执行组织管理的功能。由于基层情况千差万别，上层不可能完全了解具体的信息，及时作出合理的决策，这样，基层的管理组织的意义在于将上级的方针政策与本地区、本部门的实际结合起来，搞好基层管理。权变性、灵活性是必要的，与此相关就带来权力的制约和运行问题，即我们常说的向谁负责的问题。由此不同情形，形成不同的基层管理模式。

二、中国基层管理的主要组织形式

根据以上这些基层单位在我国政治运行机制中所处的地位和所起的作用的不同，我们可以把它们归纳为以下几个不同的类型：政党、国家机构和社会团体的基层组织，企（事）业单位的基层组织，城乡群众性自治组织。

就第一个类型的基层来说，根据《中国共产党党章》第五章"党的基层组织"的规定，"党的基层组织是党在社会基层组织中的战斗堡垒，是党的全部工作和战斗力的基础"。"企业、农村、机关、学校、科研院所、街道、人民解放军连队和其他基层单位，凡是有正式党员三人以上的，都应当成立党的基层组织"。由此不难看出，党的基层组织，除众所周知的街道、乡、镇党的基层委员会和村党支部外；还包括企（事）业单位中的党的组织，人民解放军连队的党的基层组织，以及在第一部分所述的基层涵义范围内的国家机构中党的组织。

关于国家机构的基层，根据我国宪法和地方各级人民政府组织法的规定，乡、民族乡、镇是处于我国行政区划层级体系最底层次的行政区划单位，这个层次的国家机构是我国的基层国家机构。中国的国家机构包括各级人民代表大会和各级人民政府两个大方面。根据以上关于基层纵向的涵义，不仅包括乡镇的国家机构，还包括县、城市的区和不设区的市的国家机构。

关于我国基层组织的社会团体，它们是中国共产党领导下的群众组织。它们既要通过各自的组织活动，直接带领群众为社会主义建设事业努力奋斗；同时，它们又是各方面群众利益的代表，应当维护和反映自己所联系的那部分群众的正当要求和权益。正是从这个意义上说，社会团体也属于我国基层组织的范畴。如我国的工会、青年团、妇女联合会等就属于这类基层组织。

就企（事）业基层组织来说，企（事）业单位都是以本单位的组织及其成员为直接管理对象。企业以直接从事工农业生产、交通运输、城乡建设和商品流通等为主要活动内容；事业单位以从事非物质生产、为社会提供精神产品和劳务服务为主要内容。企业以商品生产的价值规律和基本的经济规律为自己活动的基本依据；事业单位主要以自己所特有的科技、教育、文化、艺术、新闻、体育、卫生等各项事业的发展运行规律为其活动的基本依据。企业的目的是为社会提供物质财富和赢利，兼顾社会效益、经济效益，强调经济效益；事业单位不以赢利为存在的基本条件，目的在于向社会有偿提供精神财富，以社会效益为目的。随着社会主义市场经济体制的确立和发展，企业逐步摆脱政府附属物的地位而成为自我管理、自负盈亏、自我约束、自我发展的实体。各种事业单位也实行所有权、经营权与管理权相分离，走政事分开新路，有更多自主权。由以上所论，企业、事业单位无疑地也应属于我国基层组织的范畴。

就群众性自治组织来说，城乡群众性自治组织，在我国城市就是居民委员会，在农村则是村民委员会。群众性自治组织既是基层政权的基础，又是党和国家联系人民群众的桥梁和纽带。群众性自治组织直接地、经常地接触城乡社会，是党和国家联系城乡社会最直接、最广泛、最经常的基层组织，亦是国家在城乡的落脚点。党和国家可以通过群众性自治组织贯彻执行国家的法律政策，群众也可以通过自治组织向国家机关反映自己的意见和建议；同时，群众性自治组织本身又有自己的固有事务，其中有直接与当地人民福利有关的社会事务和按法律规定的自治团体应有的事务，如办理本居住地区的公共事务和公益事业、调解民间纠纷、协助维护社会治安等。因此，城乡群众性自治组织理所当然也属于我国的基层组织。

三、中国基层管理制度类型分析

基于以上对基层涵义的认识，笔者认为，基层民主管理制度的类型主要表现为基层的政党、国家机构和社会团体，企（事）业单位基层组织，城乡群众性自治组织等直接行使管理权力的制度。它对于政党来说就是党建制度和党政关系制度；对于国家机构来说主要是中央国家机构、地方国家机构与县、城市的区、不设区的市以及乡镇之间的权力分配制度，也是对宏观事务管理的集权制度和对一般事务管理的分权制度；对于社会团体来说，就是社会团体在法制范围内的自主治理制度；对于企事业单位来说主要是职工代表大会制度；对于城乡群众性自治组织而言，就是群众性的自治制度。基层民主制度的建设与发展，就是要有效地保证各类型的人民群众直接参加国家和社会的事务管理，在社会基层有关领域设置的民主选举、民主决策、民主管理和民主监督的制度。

基层管理主体之间相互制约、相互补充形成了错综复杂的基层管理体系。基层民主管理制度包含了主体之间的关系。为了便于对基层民主制度有更加深入的认识和理解，在此，我们可以把它概括为基层的党组织同基层国家政权、社会团体、企（事）业单位、群众自治组织的关系制度；中央人民政府、地方人民政府同县、城市的区、不设区的市以及乡镇的政府之间的权力分配关系制度；政府同社会团体、企（事）业单位、群众自治组织的关系制度；党和政府同群众自治组织之间的关系制度。这几种关系构成了基层民主制度的最基本的内容，建立和发展基层民主制度，主要是围绕这几种关系而展开，主要表现为处理好这几种关系的措施、办法与规定。

从基层党组织同基层国家政权、社会团体、企事业单位、群众自治组织的关系来看，由于各个基层单位情况的不同，相应地党的基层组织的地位与作用也就不同。具体表现为如下的差别：街道、乡镇党和政府的基层组织，村党支部和村委会，其职责是领导本地区的工作，支持和保证社会团体和群众自治组织充分行使民主权利；企业和实行行政领导人负责制的事业单位中党的基层组织，其职责是发挥政治核心作用，领导工会、共青团、妇女联合会等社会团体，积极开展所在单位的思想政治工作；实行党委领导下的行政领导人负责制的事业单位中党的基层组织，其职责是：对重大问题按法定程序作出决定,同时保证行政领导人充分行使自己的法定职权;各级党和国家机关中党的基层组织,协助行政负责人完成承担的各项任务,改进工作,对包括行政负责人在内的每个党员进行监督,不领导本单位的业务工作。全民所有制企业中党的基层组织,发挥政治核心作用,围绕企业生产经营开展工作,监督党和国家的方针政策在本企业贯彻执行,支持厂长(经理)依法行使职权,坚持和完善厂长(经理)负责制,全心全意依靠职工群众,支持职工代表大会开展工作,参与企业重大问题决策,加强党组织的自身建设。

从中央人民政府、地方人民政府同县、城市的区、不设区的市以及乡镇人民政府之间的权力分配关系来看,必须认真研究社会的需要和国家结构形式这两方面的有机结合的问题。如果我们从权力运行现象的角度去观察,就会看到,民主主要表现为一种自下而上运行的权力活动。它是在政治管理系统中处于被管理地位的多数人对于处于管理地位的少数人的制约。正如邓小平同志所说:"调动积极性,权力下放是最主要的内容。"① "把权力下放给基层和人民,在农村就是下放给农民,这就是最大的民主。我们讲社会主义民主,这就是一个重要内容。"② 根据我国的具体国情,特别是社会发展的需要,随着我国社会主义市场经济体制的确立和发展,一方面要求中央政府具有国民经济宏观调控和维护市场秩序的职能,要求凡是对国民经济进行宏观调控的事务,都应划归中央政府及其在全国各地的分支机构负责,地方政府不得染指;另一方面要求地方政府在中央统一法制规范下,领导与管理本地区的各种经济社会公共事务,主要负责与本地区公民生活直接有关的公共事务,为本地区公民提供社会公共产品和公共服务。因此,构筑当代中国基层民主制度,必然会存在着既有对一般事务的管理,从集权型走向分权型的趋势,又有对宏观事务的管理,从分权型走向集权型的趋势。

从政府同社会团体、企(事)业单位及群众自治组织的关系来看,构筑当代中国基层民主制度,必须取消政府在计划经济体制下拥有而又阻碍社会主义市场经济体制建立的权力;把本来属于社会团体、企(事)业单位和群众自治组织,而在计划经济体制下被侵占的权力,毫无保留地、实实在在地归还给这些基层组织;把过去一些属于政府的权力转移给社会中介组织去行使;政府在加强宏观管理的同时,逐步将对社会团体、企(事)业单位和群众自治组织的微观管理权归还于社会,扩大和加强各类基层单位的自主权;确立和加强政府对市场经济宏观调控的权力,确立与加强管理与监督国有资产的权力和社会公共服务的权力,而且必须用法律的形式加以确立。在此基础上,建立和完善职工代表大会制度。职工代表大会是企(事)业单位实行民主管理的基本形式,是广大职工行使民主管理权力的机构。职工代表大会制度也就是企(事)业单位职工通过民主制度产生的职工代表大会,在企事业单位内部行使民主管理权力的一种制度。正如邓小平同志所说:"职工代表大会或职工代表会议有权对本单位的重大问题进行评议,作出决定,有权向上级建议罢免本单位的不称职的行政领导人员,并且逐步实行选举适当范围的领导人。"③

---

① 《邓小平文选》第3卷,人民出版社1994年版,第242页。
② 《邓小平文选》第3卷,人民出版社1994年版,第252页。
③ 《邓小平文选》第2卷,人民出版社1994年版,第340–341页。

就党和政府同群众自治组织之间的关系来看，在马克思看来，社会主义社会是"自由人联合体"，社会由人民自行管理，也就是群众参与的民主管理。在人类历史上，作为工人阶级夺取政权和运用政权的首次尝试的巴黎公社的政治运行是通过人民自己实现的，公社"表明通过人民自己实现的人民管理的发展方向"①。作为我国基层民主制度中重要内容的群众自治制度，是马克思主义自治理论与我国城乡实际相结合的产物，是社会主义民主在我国基层社会生活中的重要体现，其组织形式就是城市的居民委员会和农村的村民委员会。这种群众性自治组织的建立，就是要让人民群众充分享有民主选举、民主决策、民主管理和民主监督的权力。当代中国基层民主制度，就是要通过这种群众性的自治组织，改变政府包办群众性事务的传统做法，真正让人民群众享有自治自理、当家作主的权利，从而有效地推动我国民主政治向更高的层次发展。

以上是从基层治理的领域和主体的角度来分析中国的基层治理制度的，事实上还可以从另外的角度来分析。一个深入分析基层治理类型的办法是从要件入手。笔者认为基层治理的要件有三：规则的提供、基层领导人的产生、基层治理资源的获得。从这3方面我们可以确立分析这一问题的理论框架，将治理类型分为3类：基层自治型、基层半自治型、和基层他治型。自治型基层组织内规章制度由本单位或本共同体制订和确立；领导人由本单位或本共同体成员选举或推荐产生；管理资源由自己解决，如村民自治、社区自治。其上层领导机关只对本基层内各项工作实行指导。而半自治型基层组织在3个要素方面不完全由本单位或本共同体解决，上层机关握有某方面的实际控制权。他治型基层组织则是在三方面受到上层或上级控制，领导者只负责在自己辖区贯彻上级意图、完成上级交付的工作任务。

中国基层涵义是丰富多彩的，中国基层民主治理类型也是各有区别的。我们应当在建设有中国特色的基层民主理论指导下，深入调查研究，把握各种治理类型的条件和特征，才能提高基层民主治理水平，推动民主建设和管理事业向前发展。

参考文献

［1］中华人民共和国宪法.
［2］中华人民共和国地方各级人民代表大会和地方各级人民政府组织法.
［3］中华人民共和国村民委员会组织法（试行）.
［4］中华人民共和国城市居民委员会组织法.
［5］中国共产党章程.
［6］中国共产党普通高等学校基层组织工作条例.
［7］中国共产党地方委员会工作条例（试行）.
［8］中共中央关于进一步加强和改进国有企业党的建设工作的通知.
［9］中国共产党和国家机关基层组织工作条例.
［10］中国共产党农村基层组织工作条例.

原载《中山大学学报（社会科学版）》2002年第1期

---

① 《马克思恩格斯选集》第2卷，人民出版社1965年版，第382—383页。

道德理想主义与伦理中心主义：儒家伦理的双旋结构

任剑涛

对于儒家伦理的反思，是中国思想界最引人注目的一道学术文化景观。就这种研究的结构分类来讲，则是并不令人满意的二元对诘式的论述：要么儒家伦理因为其道德理想主义有益于现代化，因此值得为之辩护；要么儒家伦理因为其伦理中心主义有碍于现代化，因此必须批判。辩护是捍卫性的，批判是拒斥性的，但是，从儒家伦理的历史构成与现实的可能影响看，上述研究进路是值得再检讨的。为了突破这种二元对诘思维，本文将对儒家伦理的双旋式结构[①]——道德理想主义与伦理中心主义在贯通的基点上进行辨析，从而对其具有现代性的道德理想主义加以张扬，对其消极性的伦理中心主义加以摒弃。

一、两种倾向

近代以来对于儒家伦理的分析，已经形成某种惯性思维。不清理这种惯性思维，就不足以促使人们形成合理看待儒家伦理的理性眼光。不进行这种清理，我们也无法走出以二元对诘的方法对待儒家伦理的方法困境，无法将儒家伦理的历史内容完整地还给儒家。

儒家伦理一直处于"双面受敌"的状态之中：既要对付来自单纯的夸奖带给它的不实之誉，以及由此构成的"捧杀"的危险；又要对付来自简单的否定带给它的过当指责，以及由此构成的"棒杀"的危机。前者，使得儒家伦理被理想化了，似乎它只具有值得我们表示敬意的道德理想主义内涵。后者，使得儒家伦理被妖魔化了，似乎儒家伦理只具有伦理中心主义的成分。道德理想主义是一种基于人生的道德安顿而言述的理想主义，具有不因为时代和地域因素变化的永恒价值，而伦理中心主义则是一种基于社会政治控制需要建构的伦理论说，它具有一种因为时代和地域变化而有的暂时性和缺陷性。从前者看儒家，则儒家可爱。从后者看儒家，则儒家可恶。但是，任意选择其中之一审视儒家，实际上都是在损害儒家伦理在其元初阶段形成的双旋结构的健全肌体。

这种双面受敌情景，最终使得儒家伦理成为两种对峙性的评价观的战场。站在抨击儒家伦理的伦理中心主义视角的激进主义，对于儒家伦理坚决地予以拒斥，并且不承认

[①] 这里所说的儒家伦理的双旋结构，是从现代生物学描绘的DNA双螺旋结构图形得到的启发。"在DNA分子内，两条聚脱氧核糖核苷酸链在共同轴的周围缠绕在一起，这叫作双螺旋。"参见P. 亨德莱主编：《生物学与人类的未来》，科学出版社1979年版，第6页。

这种立场有任何妥协的可能性。这从陈独秀的"吾人最后之觉悟乃伦理的觉悟"上可以看出。站在捍卫儒家伦理的道德理想主义立场的保守主义，对于儒家伦理则坚定地予以辩护，认为儒家伦理是解决中国现代困境乃至人类困境的良方。这从现代新儒家的"中华文化的花果飘零与灵根自植"说可以证实。

而且，从态度上讲，激进主义拒斥儒家伦理，自始就是一种全盘的拒绝。他们的基本理由是：其一，就社会政治控制而言，儒家伦理导致了专制政治。其二，就社会生活来讲，儒家伦理的守成取向，约束了中国人的创造力。其三，就儒家伦理的人伦关系调整功能分析，它引发了"以理杀人"的恶劣情形。其四，就儒家伦理借以存在的封闭社会文化性格来讲，它使得中国陷入了自我锁闭的状态，难以推动传统社会向现代社会的转型[①]。

保守主义对于儒家伦理的辩护，则需要区别对待。早期为儒家辩护的保守主义，是政治保守主义与文化保守主义合一的形态。这种辩护愈是坚定，就愈是难以自圆其说，因为这种保守主义无法解释近代中国在社会政治运动方面为什么不能与他们认为的落后的西方媲美。他们的辩护，显然与时代脱节。到后来，保守主义逐渐裂变为政治保守主义与文化保守主义。后者，即文化保守主义对于儒家伦理辩护的理由，着重点并不放在儒家伦理可以发挥的政治功能上，而是放在儒家伦理可以发挥的整顿人心秩序的社会功能上，以及它应当的或潜在的政治功能上面。他们为儒家伦理辩护的基本理由在于：其一，儒家伦理与专制政治没有必然的联系。儒家伦理乃是一套建立在道德理想主义基础上的实践伦理体系，它要使人成为人，成为高尚的人。其二，儒家伦理是具有导向创新的思想特点的。其三，儒家伦理对心性问题的强调，不仅与"以理杀人"没有联系，而且是尊重人性的、尊重日用理性的。其四，儒家伦理推动的是一种中庸态势，对中国人避免偏激，择善而从具有积极意义[②]。

两种不同倾向的评价，显然是难以调和的。造成这种以对峙态度来对待儒家伦理的原因是多样的，归结起来，则不外乎两个方面：一是对于儒家伦理的外在社会功能的理解与评价存在差异，二是对于儒家伦理的理论结构有着认知区别。两种倾向的论说各自具有自己的历史理由，它们从各自论说的轨迹上来分析儒家伦理也具有自圆其说的理论态势。但是，在两种论说的框架内理解儒家伦理论说，却具有明显的局限性。

二、双旋架构

这种局限性体现在两个方面。一方面，假如儒家伦理的思想内容结构如激进主义或（文化）保守主义所说的那样，我们如何可以将他们各自声称、却又互不调和的历史真实性与儒家思想的本真结构吻合起来？另一方面，假如儒家伦理对于中国古典社会发挥了如此积极或如此消极的单一性作用，它如何可以与以完整的形态存在的古典社会——

[①] 这可以从1980年代后期推出的电视政论片《河殇》的解说词得到印证。这部在当时引起极大轰动的片子，对于中国传统的绝不留情，对于西方文化的深情呼唤，一时被认定为反对儒家传统文化的典型。

[②] 参见张君劢、徐复观、牟宗三、唐君毅《为中国文化敬告世界人士宣言》中所列的几条足以解决世界文化困境的中国（儒家）文化的优长处方，就可以看出现代新儒家对此断定的信心。

一个既有优长之处、又有短绌之点的社会结构——有效地结合在一起？前者，是从儒家伦理的自身结构完整性上着眼看问题的。后者，是从儒家伦理的社会效用与社会依托上着眼看问题的。显然，只有将儒家伦理视为一个既具有"优点"、又具有"缺限"的完整思想体系，我们才足以全面地审视儒家伦理，给予历史上的儒家伦理以一个健全的伦理结构，从而避免肢解原本和谐地共存的儒家道德理想主义与伦理中心主义内涵；同时，也给予历史上的儒家伦理一个完整的作用于社会的状态，使得人们足以理解儒家与古典中国社会内在地互动的真实状况，并避免就其积极作用而单纯赞扬儒家或就其消极作用来单纯否定儒家。

于是，如何凸显儒家伦理的历史真实结构，就成为我们勾画儒家伦理的完整面貌的前提条件。只有从儒家伦理元初就具有道德理想主义与伦理中心主义的双旋结构，来看待儒家伦理的思想结构与社会功能，才可以指望真正理解儒家伦理的历史形态，也才可能构想儒家伦理的"现代"出路。这是儒家伦理自身显示而出的一种自己要得到理解的理解进路。它不是一个善意的或恶意的理解者所可以依靠自己的善良意志或恶劣心境就能够改变的一种理解路径。

从一部儒学史来看，构成它的核心观念体系——儒家伦理，既作为一种历史相沿以下主题一致的思想体系而延伸，又作为一种与古典中国历史和谐而在的观念体系与行为方式而演变。从其诞生以来，就以其双旋的构成显示为一种具有复杂性的思想体系。一方面，它以其道德理想主义为核心的个体心性儒学支撑着古典中国的理想思想世界和理想政治世界，适应着古典中国社会运行对于理想精神的需要。另一方面，它以其伦理中心主义为核心的社会政治儒学支持着现实社会、现实政治的有序运作，发挥着社会政治的控制功能。这两个思想层面是同构的，是水乳交融地作为一个思想体系的两面，由儒家思想家提出、阐述和付诸实践的。同时，这两个方面又各有指向，以道德理想主义指向人心秩序，以伦理中心主义指向社会秩序[①]。这一双旋架构乃是儒家伦理从元初结构（原始儒家）到晚清时期（实学理学）一直延续的一种理论结构形态。仅就其历史的具体结构而言，儒家伦理在不同的儒家伦理思想家那里，是具有明显倾向性的思想体系——或则他思想的道德理想主义色彩要浓厚一些，或则他的伦理中心主义偏向要强势一点。

就个体心性儒学而言，它在两个历史时期具有特别的衍伸能力——一是春秋战国时代，一是宋明两朝。前者以子思、孟子为代表，后者以陆九渊、王阳明为典范。他们围绕的伦理思想主题主要是道德理想主义，关注问题的思想进路是由内圣而外王。化解外在紧张要素对于内在理想道德的挑战，是他们最为紧要的思想聚焦点。这一儒家伦理形态对于古典知识分子——士人的影响是最为深刻的，它维持着上层精英社会的价值世界，对于中国古典历史具有一种促使人们追寻理想生活的动力功用，它的存在理由深深植根在人之为人的尊严和社会之为社会的秩序之"人性"的土壤之中。

---

① 专门研究社会政治儒学的蒋庆就撰写了数篇以"政治儒学"为题的论文。见"公共论丛"之《市场社会与公共秩序》所载《政治儒学中的责任伦理资源》，以及《经济民主与经济自由》中所载《再论政治儒学》两文。但是，肖滨认为，儒学结构应当更为准确地区分为个体心性儒学与社会政治儒学。本文依从肖说。参见肖著：《传统中国与自由理念》，广东人民出版社1999年版。

就社会政治儒学来讲，它也在两个时期显现了某种辉煌——一是战国末期至秦汉时期，二是明清之际。前者以荀子、董仲舒为代表。后者以明清之际三大家（王夫之、黄宗羲、顾炎武）为象征。他们围绕的思想主题是如何使得混乱社会走向秩序井然的社会：伦理道德如何可以成功化解与其他社会要素的紧张关系，从而能够将社会纳入一个由自然秩序提供了正当性支持的和谐体系之中。这一儒家伦理体系主要以影响政治家和社会各类人士为主，它维系着古典中国的政治秩序，支持着古典中国的礼教结构，制约着大众的社会性行为。它使得古典中国足以将现实社会政治生活组织起来而不至于陷入紊乱状态。

在勾勒了儒家伦理的双旋结构各自存在的情形之后，我们可以进一步追问：儒家伦理的双旋架构如何或紧张、或和谐地构成为完整的儒家伦理体系？这是由三个理由所注定了的[①]。其一，从思想主题上来看，不论是倾向于道德理想主义，还是倾向于伦理中心主义，儒家思想家都是围绕天人关系、人性善恶、内圣外王与德主刑辅四个问题域，展开其伦理运思的。其二，从所有儒家思想家的思想意图来看，则都是围绕既整顿人心秩序、又整顿社会秩序两个目标展开思想历程的，都是在"伦理政治化，政治伦理化"的思想对局中陈述自己的伦理观念与政治主张的。其三，从儒家思想家设想的理想政治蓝图与实际政治状态来看，都对基于理想的大同社会表示认同，对现实政治的非秩序状态表示强烈的不满。所有儒家思想家之所以成为"儒家"思想家，可以说是基于同一个理由，即他们对于"三纲八目"都有共同的、积极的认可。即使是被心性儒学思想家蔑视的外王派儒学思想家，也从来没有在自己的伦理陈述中对心性问题完全掉以轻心。反过来，心性儒学思想家对于政治问题的连带关注，历来就是体现他们思想特质的地方。所以，荀子要讲"伪善"，王阳明要讲"杀心中贼"紧要的同时讲"杀山中贼"。在儒学史上，没有绝对偏离儒学双旋结构的儒家思想家。

儒家伦理因其个体心性儒学的道德理想主义指向，因其社会政治儒学的伦理中心主义指向，并以内圣外王为理论中轴，形成儒家伦理的双旋结构。没有前两者略为偏离儒家伦理言说轴心的理论结构，就无法显示儒家伦理丰富多彩的理论内涵；没有后者显示的中心性，就无法显现儒家伦理的统一理论结构。因此，儒家伦理以内圣外王为轴心统合了个体心性儒学与社会政治儒学。

三、理想寄托

在现代性蕴涵上，儒家伦理的双旋结构具有明显的差别。一是理论指向的不同。道德理想主义指向个体身心安顿问题、理想寄托问题，围绕的是人生的价值轴心；伦理中心主义指向的却是社会政治的秩序问题、现存社会秩序的维护问题，围绕的是政治制度的安排问题。二是实践走向的区别。道德理想主义在实践上主要指向的是个体的心性问题，解决的是个人的观念世界与生活实践中的问题；伦理中心主义在实践上则指向的是社会政治生活的一般规则的达成、信守与强力维持问题，力图解决的是大众共同面对的

[①] 任剑涛：《伦理政治研究——从早期儒学视角的理论透视》，广州：中山大学出版社，1999年，第3、4章。

社会政治问题。三是弹性状态的不同。古典社会里发生的"先前的"个体感受与现代社会里出现的"后来的"人生思考是可以发生"视界融合"的,道德理想主义所具有的适应时代变迁的弹性空间非常之大;伦理中心主义着眼解决的是具体社会政治情景中的具体社会政治问题,它在时代变迁的处境中所能够表现出来的弹性空间就小得多了。

从道德的理想主义的视角看,儒家伦理确实具有现代性的义涵,甚至具有永恒存在的价值。其一,道德的理想主义乃是一种基于"道德心"的理想主义。说基于道德心的理想主义具有现代性价值,是因为"一切言论与行动,个人的,或社会的,如要成为有价值的或具有理想意义的,皆必须依据此原意的理想而成为有价值的,成为具有理想意义的"①。人的尊严与价值皆依托于他的一颗活泼泼的道德心———一颗"生动活泼沭惕恻隐的仁心",它是好善恶恶、为善去恶的根据,对于任何时代、社会的人都没有例外。

其二,道德的理想主义还是一种"理性的理想主义"。所谓理性的理想主义,不是指与非理性相对而言的理性,也不是指理论理性或逻辑理性,而是指能够"抒发理性指导吾人之现实生活"的来自仁心而又超克习性的、具有自然去私为公、客观正义特点的普遍律则②。在此,理想主义与理性主义的相互对应性特点凸显无遗。无疑,这对于总是处在人/己、义/利关系结构的人类来讲,有着指导人们处理人际关系与义利关系的作用。只要人类没有脱离这种关系结构,道德理想主义具有的某种指导意义就不会淹没。

其三,这种道德的理想主义,还是一种直指实践的理想主义。道德心既是形上的、又是形下的。它既是理论的、又是实践的,即它对于实践具有一种理论提升的状态。并且它既是实践的、又是理论的,即它对于理论具有一种透入实践的定位。因此,它将形上与形下、理论与实践有效地统一于尽伦尽性的践履仁的过程之中③。就此而言,道德理想主义意图将理论与实践统合起来,提供给人们一个完善的道德生活指南。这对于遭遇道德实践源自理论原则、还是源自实践需要的难题的人类社会来讲,也具有某种明显的导引作用。

正因为儒家伦理的道德理想主义具有定位道德、确认理性、导引实践的特点,因此,对儒家伦理传统结构中的道德理想主义一面加以现代背景条件下的张扬,就具有相当的理据。这种张扬,可以从伦理学上寻找到的理由是:第一,人类伦理道德生活处境的相近性,决定了人类仍然必须在理想主义中为自己寻求前行的精神动力。儒家的道德理想主义乃是特别强调无条件制约的理想主义。它是具有某种神性意念的理想主义,但又不是神学的理想主义形态。因此,它可以避免宗教迷狂而刺激道德激情。如果从儒家伦理中剥出带有普适意义的道德精神动力,那么,它对于人类社会需要的发展动力机制无疑是具有积极作用的。因此,儒家伦理中的道德理想主义可以成为一种现代性的精神资源,甚至可以成为超越现代性的一种精神资源。

第二,迄今为止的人类的生活,终究是在处理人/己、义/利关系结构中获得人心秩

---

① 牟宗三:《道德的理想主义》,台湾:学生书局,1980年,第13页。
② 牟宗三:《道德的理想主义》,台湾:学生书局,1980年,第16—18页。
③ 参见牟宗三《道德的理想主义》一书中所收的《理想主义的实践之涵义》一文。

序和社会秩序的。在强调个人利益的先导性、物质生活的基础性的情况下，我们对于自己生活的本质构成必须的反省，已经到了一个非加以检点不可的地步。无疑，就是在西方背景中，这种反省也是为思想家们所重视的[①]。对于这种物化先导的现代性的反省，以及对于人类社会的生活独特性的反省，也需要我们在中国情景里和现代性的疾速进展中给予高度的重视。如果说我们还不能将儒家伦理中的道德理想主义具有的某种普适的约束物欲、控制利己的思想资源挖掘出来，至少，我们可以将它作为引导我们以健全的心态对待现代性的一种思想资源。

第三，自西方现代性成为世界范围的必然"选择"之后，现代性就徘徊在理性与非理性的精神圈套之中。这种徘徊，乃是一种现代性进展所必须的紧张。但是，这种紧张需要我们人类偿付的代价是高昂的。能否有一种替代性的思路，使得我们既可以将西方现代性道路的优势加以保持，又可以将这种紧张加以有效的化解，从而推动人类进入一个更为健全的发展境地呢？至少，儒家的道德理想主义是可以提供一种思考路径的。

四、重构规范

自然，即使设定儒家伦理的道德理想主义蕴涵具有某种现代价值，也不等于说儒家道德理想主义具有不加重构就足以在当下运用的价值现成性。这是两个问题。与此同时，儒家伦理的另一思想螺旋——伦理中心主义，对于现代中国来说还具有一种加大力度予以清理的需要。因此，儒家伦理的双旋结构，在现代性的背景条件下，既需要加以同时的注重，也需要加以个别的研究。那种在现代性背景条件中对于儒家伦理的整体主义的提倡是不符合儒家伦理的现代性处境的。相应地，那种分离主义的立场，即对于儒家伦理的双旋结构的简单分割处理，对于儒家伦理的现代遭遇的改善，也并不见得就有帮助。

就整体主义的陈述看，有两种观点是值得注意的。一是有论者在"亚洲价值"的名目下，以"亚洲奇迹"来支撑的儒家价值现代性论说。二是有论者在西方国家社群主义的理论名目下对于儒家价值的张扬。前一种论说曾经获得了较为广泛的支持。论者指出，儒家价值观所倡导的权威主义价值，对于维护社会政治的秩序，非常重要。它促成了亚洲人对纪律的谨守、对长上的尊崇、对秩序的看重、对集体的认同，它们构成了亚洲之不同于欧洲发展的价值基础。1980年代所谓亚洲"四小龙"的经济发展奇迹，在他们看来，恰好证明了这种价值体系的优长性[②]。后一种论说是在亚洲金融危机之后一种退让性的说法。它似乎无意为儒家伦理代表的亚洲价值观辩护。但是，社群主义借重对西方主流价值观——自由主义的价值体系进行的批判，并以自身对群体价值的重视这一与儒家伦理的基本主张相接近的思想观念，来为儒家伦理的现代性伸张。

上述两种论说的支持理由都是不足的。前者对儒家价值观的强调显然是取舍失重

---

① 譬如，社群主义者们对于现代性的检讨就是富有意义的。参见泰勒：《现代性之隐忧》，中央编译出版社2001年版。另可见"第三条道路"的理论代表吉登斯的《现代性的后果》，译林出版社2000年版。

② 李光耀：《李光耀回忆录：经济腾飞路1965—2000》，北京：外文出版社，2001年；《马来西亚总理马哈蒂尔演讲集》，北京：世界知识出版社，1999年。

的。它对一个地区社会经济发展的复杂导因不加考虑，将所谓亚洲"四小龙"的经济奇迹归结为儒家伦理的作用，表面上看，抬高了儒家对于现代社会的作用力度，其实将儒家伦理的现代命运与四小龙社会经济发展命运，完全捆绑在了一起。结果在1997年金融危机发生以后，它就无法再为儒家伦理寻找到支持现代发展的解释理由，必然走向抛弃儒家价值的地步[①]。可见，将儒家伦理简单地作社会政治治理的处方来处理，其实就逃不出以儒家伦理的伦理中心主义来简单对待儒家伦理的偏执境地。后者，尤其需要警惕。依据社群主义来为儒家伦理进行"现代"辩护，则因为没有注意到儒家强调的群体优先乃是一种古典社会中对于血缘关系基础上的群体的强调，所以具有一种显见的封闭性。社群主义所讲的群体优先（不论是从家庭、还是从社区或国家角度），则是在现代政治理念与制度平台基础上讲的群体优先。二者具有不可比性。

就将儒家伦理的道德理想主义与伦理中心主义完全切割开来对待的观点来看，也不见得就能为儒家伦理的现代性处境提供一个更有利的结果[②]。因为这一审视儒家伦理的进路，就其历史研究来讲，它不足以彰显传统儒家统合道德理想主义与伦理中心主义（即统合个体心性儒学与社会政治儒学、统合个人道德修养与社会政治控制事务）的思想特质；而就儒家伦理的现代性出路来讲，则不足以凸显它应对现代性挑战时，如何可以在保全自己思想欲求的前提条件下，构想一个足以应付挑战、甚至超越西方现代性设计的可欲前景。而且，如果中断了儒家伦理同时解决伦理问题与政治问题的思路，剩余下来的"儒家思想"还能不能被称之为儒家，都还是值得怀疑的事情。

儒家伦理的现代性处境是一种儒家伦理整体性处境的问题，而不是儒家伦理某一局部的处境问题。因此，要么整全地处理儒家伦理的现代性问题，要么完全存而不论，就成为我们正视儒家伦理问题的一个被迫的出路。这当然不是说我们还是只有徘徊在要么整全地抛弃儒家伦理、要么整全地捍卫儒家伦理的整体主义境地而不能超越，而是说我们必须同时着手处理儒家伦理的双重遗产。换言之，我们必须同时对于儒家伦理在古典社会的情景中曾经设计得非常周全的价值规范与行动规范加以重构，才可能将儒家伦理对于当代中国、乃至于当代世界的意义问题解释得清楚一些。为此我们必须尝试回答四个问题：

其一，我们今天为什么一定要处理儒家伦理的遗产问题？或则，我们今天为什么一定要花费巨大的功夫来重构儒家伦理？简单地讲，一是一般意义上的理由，即我们始终活在传统中，我们没有办法撇开传统而追寻现代。二是我们的现代处境与历史处境有着某种一致性，我们在认知现代性的问题意识上是可以从传统中获得灵感的。三是在解决同时存在于我们的生活中的伦理价值问题与社会政治问题的时候，儒家可以为我们提供经验抑或教训。

其二，今天重构儒家伦理的时代动力是什么？理由之一，中国的现代性进程遭遇了处理与传统的关系的重大问题，这是我们百年来无法回避的问题。理由之二，西方的现

---

① 任剑涛：《李光耀为何改弦更张》，《南风窗》2001年第4期。
② 参见范亚峰：《内圣归内圣，外王归外王——自由主义与儒家传统初论》，载"世纪中国"（网站）、《世纪周刊》2001年6月1日号。尽管作者对内圣外王保持了一种明智的"不一不二"的思考警惕性，但这种思路对于儒家的瓦解性则是不言而喻的。

代性方案具有的优长性已经显示得较为充分，现代性的重构需要在各个非西方文化传统中寻求灵感。理由之三，市场经济实践带出了多重问题，人／己、义／利关系问题日益显示出轴心问题的价值，儒家对这两个问题的回答成为今天回答同样问题的必然参考。

其三，今天重构儒家伦理的理论取向是什么？这里亦有三个基点需要指出。一是，既然对于儒家伦理的反思定位在"重构"，因此，就不是以对于儒家既带政治权威又带思想权威的既有地位的恢复。二是，必须在确认现代性的正当性的基础上反省儒家伦理，而不是将儒家伦理预先放置到一个与现代性相对抗的位置上，将儒家伦理视为与传统共存亡、而与现代性不能共存亡的绝对对峙体系。三是，在对儒家伦理的双旋理论结构做适当的分切的基础上，需要将儒家伦理之为儒家伦理的双旋结构的结构作为重建儒家伦理的反思前提。因此，道德理想主义与伦理中心主义的或弱或强的现代性蕴涵，是必须予以同时处理的问题。简单地处置任何一方，都是轻率的。

其四，今天重构儒家伦理的实践取向是什么？在接引现代性的背景条件下考虑儒家伦理反思的实践指向，当然不是指望儒家伦理直接提供给我们今天的伦理道德生活以现实可行规范。我们指望的是，这种反思可以为我们的伦理道德实践提供多一种参照。譬如，在一个相对纵欲的社会氛围中，禁欲的取向是否就绝对错误？又如，在一个个人优先的社会环境中，集体的价值导向是否就绝对是一个误区？还有，在一个民主的社会政治空间里精英的集中是否就必然丧失了它的一切合理性？类似的质疑，或许不会使我们走向现代性的反面，但起码可以使得在实践中对于我们的取向怀抱一种不无益处的警惕性。

——理论勾画总是苍白的，更为需要的也许是现代道德实践对此的判准。

原载《中山大学学报（社会科学版）》2002年第6期

关于大学的管理

李延保

一、大学之为大学：历史与现状

　　欧洲中古世纪的大学是西方公认的现代大学的直接源头，其中以法国的巴黎大学、意大利的勃隆那大学为最早，其他如牛津、剑桥及海德堡、科隆等都是中古时期大学之佼佼者。牛津大学经历800多年历史，至今仍保持其古典风格。1852年，牛津学者纽曼在他的著作《大学的理念》中，明确地提出大学的目的在于传授学问而不在于发展知识，大学是一个提供博雅教育（liberal education）、培育绅士的地方。19世纪末，大学的特征开始发生巨大变化。在德国，以洪堡为代表的大学高层决策者在柏林大学首先提出以大学为"研究中心"的新观念，认为教师的首要任务是自由地从事于"创造性"的学问，教学仍然是大学的功能，但重要的是在于"发展"知识而不在于"传授"知识。进入20世纪，特别是"二战"后，美国大学兴起，社会职能充实到大学的观念之中。1904年前后，海斯就任威斯康星大学校长时提出"州的边界就是大学的边界"的思想，把教学、科研同直接为社会服务紧密结合起来，强调大学必须为社会或社区服务，认为"教学、科研和服务都是大学的主要职能"。这种办学模式被美国称为"威斯康星思想"，教学、研究和为社会直接服务成为现代大学的三大社会功能，使得大学与社会、政府关系异常密切。

　　人类进入21世纪，知识经济的发展、经济全球化及信息技术快速发展缩短了时空的距离，使得当今的大学也正在发生着深刻的变化，其中最重要的有两点：一是大学的世界精神、超国界的品格。大学之间的国际交流、学术活动、信息沟通已成为一流大学的基本品格。2002年，由教育部组织邀请包括哈佛、牛津、斯坦福等17所世界顶尖大学的校长、教育家和国内82所重点大学的校长们共同研讨建设一流大学问题。全方位地推进"国际化"，已成为各国高等教育建设高水平大学的重要内涵。二是大学越来越重视人的作用，"以人为本"和"注重人的全面发展"逐步从口号变成现实。知识经济时代，社会发展更加依靠人对知识的创新，因此争夺人才、为优秀人才提供最好的发展空间已成为大学校长们的自觉行动。牛津大学校长卢卡斯认为："如果创新能带来未来发展的繁荣与稳定，我们必须承认创新活动只能源于有创新思维和能力的人。因此，大学应当是这样一个场所，在这里能够培养独立思考能力、清晰的头脑、想象力等个人成功所必备的品质，而具有这类品质的人，是社会发展进步的保证。"[①]哈佛大学陆登庭校长

---

　　① 刘继安、储召生：《向世界一流大学学什么》，《中国教育报》2002年8月11日。

认为：大学的使命在于发现和产生各领域的新知识，传承、传播、再阐述、校准已有知识；在于提供探寻真理的氛围，培养学生的探究精神和创造性思考的能力，使他们获得终身学习的能力，在毕业后50年都仍能从中受益，要帮助学生学习对复杂世界进行分析和道德判断，使他们对自己、对其他社会成员有更好的理解[①]。总之，世界一流大学的校长们共同认为，21世纪的大学，应当按照以学生为中心的新思路和新模式，重新组织教学、设置课程，提供更加宽松的学习环境，为向社会成员提供各种形式的终身教育机会创造条件，使学习者拥有更加灵活的受教育的选择权。

现代意义的大学在中国历史上是19世纪末期才逐渐出现的，至今的历史只有100年左右，在世界各国中算是十分年青的。但是，在这100余年中，我们的先行者和同行不断借鉴国外经验，逐步建立起了中国的大学体系。简单地说，前期，主要借鉴日本、德国之经验；20世纪30—40年代，主要借鉴美国教育模式；20世纪50—60年代，全盘吸收苏联教育模式；20世纪80年代以来，全方位借鉴各国教育先进经验。这样，1949年，全国高等学校（内地高校）总数达207所，本、专科人数为15万；2003年，全国普通高等学校为1394所，在校学生数已过千万。

教育的本质是社会的文化活动。大学是文化单位，是掌握高深学问的高等学府。现代大学是实施包括人文社会科学与自然科学在内的高等教育的机构，承担着培养人才、发展科学、直接为社会服务的功能。无疑，正是在传承文明、研讨科学、创新知识、探求真理、培育英才、服务社会的古老历史和现代发展中，大学逐步并不断地实现着"大学之为大学"的人类厚望。

二、现代大学管理中的"精神"和"制度"

纵观大学发展的历史和当今世界各国的大学，我们会发现一个事实：大学的办学理念是一个不断发展、不断调整、不断充实的过程，不是一成不变的纯粹的观念。反映在学校的功能定位上，大学的办学理念经历过从定位为"教育机构"到"研究中心"再到与社会直接联系并为社会服务的历史过程，经历了从重视人才的培养到同时重视学者的研究再到格外重视学者的复杂演变，也经历了从注重学校自身的完善到注重学校与社会的联系再到注重学校与世界的联系和在国际上发挥作用的心路历程。现在，"国际化"已经成为我国高等学校建设高水平大学的重要内涵，"以人为本"也已成为建设现代大学的基本策略。由此出发、从现代大学管理的宏观高度看，现代大学必须异常重视建设现代大学精神和建立现代大学制度。

（一）如何建设现代大学精神？

欧洲大学最根本的价值观是自治权和学术自由，人们常把"学术自由、学校自治、教授治校"看成是现代大学普适之精神。事实上，科学的大学精神建立在对教育的本质、办学规律和时代特征的深刻认识的基础之上，大学的价值追求是一种理想追求和现实之间不断抗争和协调过程的反映，所谓"学术自由、学校自治、教授治校"更大程度上还只是大学的学者、教授们的理想追求和理想模式。所以，倒不如说体现大学创新本

---

① 刘继安、储召生：《向世界一流大学学什么》，《中国教育报》2002年8月11日。

质的文化特征是大学文化精神中的包容性、开放性和批判性，倒不如说大学精神的本质是创新，包括：创新知识以促进科技、文化的发展；培养具有创新精神和能力的人，推动社会进步；通过教育教学创新，不断提升学校的社会作用和影响力。

现代大学应当承继优秀传统文化、吸纳世界文化之精髓，推动各国文化的交流；大学是崇尚真理、讲求科学的学术殿堂，在科学实践和论证的基础上发现真理、发展真理，在学术批判中推陈出新、创新知识；大学应当鼓励不同学术见解，不同学术流派的研究，允许失败，尊重一些"孤独的思考者"，宽容一些学术上的"狂妄者"。对真理的追求和认识是大学发展的永恒活力和动力，是一个曲折、但又生动鲜活的历史过程。大学在本质上是希望减少来自各方面的干预和影响，给教授的学术研究、教学工作以更多、更大的自由空间。从这个意义上讲，"学术自由、学校自治"是培育大学创新精神的具体要求。正如剑桥大学艾雪培爵士在其研究报告中指出：学术自由是一种工作条件。大学教师之所以享有学术自由乃基于一种信念，即这种自由是学者从事传授与探索他所见到真理之工作所必需的，也因为学术自由的气氛是研究最有效的环境。

但是，大学是和社会互动的，大学需要社会的支持，培养的人才又会影响社会的发展。因此，任何时候，大学总会受到政治的、文化的、经济的乃至宗教等各方面的影响，只不过影响程度大小不一。不久前，全世界都在关注同一个问题——能否从事克隆人的研究。从单纯学术研究来看，这是具有极大挑战性和实践性的问题；但从人类共同的伦理道德角度来看，是不能容忍世界上有从事克隆人研究的，科学家的学术研究终究也应服从道德伦理的约束。因此，"学术自由、学校自治"也只是一种理想的信念和追求，现实生活中只存在着有条件、有约束的自由和自治。曾经担任10多年斯坦福大学校长职务的肯尼迪著书写道：为何我们言必称学术自由却不常提学术的责任？他引用美国公众领袖盖德纳的一段话："自由与责任，权利与义务，这是一种约定，缺一不可。"[1]刚刚卸任的20世纪90年代斯坦福大学校长杰拉德·卡斯帕尔教授在中外大学校长会上指出：世界上最强大的大学就是盼望能够得益于政府给予确实自主的大学。笔者在此不使用完全自由这个概念，是因为完全自由是不可能的、不现实的，虽然完全自由是大家所渴望的。

基于上述分析，我们建设高水平现代大学，必须坚持把"创新"作为教育人、培养人和学术研究的主旋律，进而形成我们现代大学的精神品质。我们主张的现代大学精神是：学术自由、自主办学、民主管理。具体讲：一是鼓励学术创新，维护学术的尊严和学术研究的自由，同时也要讲求学术规范、学术责任和科学的道德，提倡"独立之人格、自由之精神、社会之责任"三者的统一。二是按照政府的法律、法规和学校的社会责任，独立自主办学。三是实行民主管理，坚持依法治校，以德兴校。

我们对现代大学精神的认识是共同的，也是与时俱进的，但是，每一所学校体现的大学精神都是有自身个性的，是在该校发展历史中积淀的文化传统、文化精神表现出来的学校特色和品格。譬如，北京大学从蔡元培先生开始就提倡"海纳百川，有容乃大"，主张学术自由、兼容并包，至今已形成科学、民主、宽松、自由，近乎"无为而

---

[1] 唐纳·肯尼迪：《学术这一行（中译本）》，天下文化书坊，2001年。

治"的校园人文精神；中山大学在历史积淀中也形成"民主、务实、开放"的传统。我们要努力在大学营造融"包容性、开放性、批判性"为一体的校园文化氛围，培植"崇尚科学、鼓励创新、兼容并包"的现代大学文化精神，形成"开放、和谐、严谨、创新"的学风和校风。

显然，当前影响大学文化精神健康发展的不利因素十分值得重视。一是，学风浮躁，急功近利。从某种意义上讲，当前"学术自由"受到的干扰主要不是来自政治压力，而是出于过多的非学术性的各种关心、干预。过多的评估，过早地拔苗助长，过细的量化指标，过强的物资刺激，过高的荣誉、地位，搅乱了原本平静的学术圣地，搅乱了人心，使不少人不是考虑做长期性的但时刻可能会失败的深刻研究，而是寻求如何早出成果、多出成果的捷径。潜心研究、淡泊名利、追求原创性研究的人少了，追求数量、生吞活剥、哗众取宠的多了。在功利学风驱动之下，一篇文章剪裁成多篇，抄袭剽窃、联手"创作"有辱斯文的事时有发生。许多部门的热心，把年轻学者们推进了功利的角逐场，大家都在关心教育、都在关心青年人成长，似乎很热闹，但实际上损害了学风，违背了现代大学精神。其实关心教师，支持教育的关键还是要不断提高教师的待遇，让学者、教授们有体面的学习、工作、生活的条件，有独立思考和创新的空间。

二是，教书和育人的割裂。学校争办研究型大学或教学研究型大学，学术导向增强，教师都把主要精力放到学术研究、个人业务发展上，却忽略了对教学的投入，更不重视在传授知识的同时要注重对学生思想、品质的关心和培养。学生思想教育工作过多地依赖少数辅导员或"两课"教师，这样很难达到预期的教育目的。这是大学对学生思想教育、道德教育的某种错位。

三是，民主管理和教授治校之间不协调，存在错位现象。高校应当坚持学术导向，弱化行政导向，但也要妥善处理专家决策、咨询系统和行政决策系统的关系，完全用专家决策系统代替行政决策系统，学校工作将是低效率的，难以开展工作。专家决策系统是开放的、发散的，追求有创意、有新意，寻求碰撞出思想火花，而不在于结果。行政决策系统追求的是问题解决，讨论是收敛性的，寻求相对合理的结论。单纯提"教授治校"早在美国、台湾地区都有过历史争论，并有所调整，其实，还是实行"政务公开、群众参与、教授治学、民主治校"更为妥当，更能创造行之有效的"教授治学、教授治教、教授治校"的管理模式。

四是，学校办学自主权的权属不清。要进一步弄清学校已经拥有哪些办学自主权，还需要哪些办学自主权，如何依照法律，面向社会维护、用足学校已拥有的办学自主权。当然，政府教育部门也应当真正认识和尊重"高教法"赋予学校的权力。

（二）如何建立现代大学制度？

大学应当有"大学章程"，建立现代大学制度是建设现代一流大学的必备基础，是实现教育现代化的重要标志。多年来，大学主要靠思想政治工作来维护学校的秩序，而进入法治时代，人们更多地考虑如何维护自己应有的权益，即便现在也很难再用"大道理""思想教育"来解决教工、学生中涉及个人权益的实际问题，因此必须靠科学、合理、合法的严密制度来规范人们的行为，建立公平的秩序。从某种程度上讲，今后处理问题应当更加看重和依据制度、合同、协议是怎么规定的、现在又是怎么执行的，一切按章办事，同时辅之以心理疏导。今后应当鼓励用法律手段解决教工、学生及学校中发生的难以协商解决的问题和纠纷。建立现代大学制度的目的就是改"人治"为"法治"，真正实现"依法治校"，这是保证学校稳定、和谐与高效的关键之举。

建设现代大学制度包括以下几个方面问题：①什么是现代大学制度，现代大学制度的内涵是什么？②如何建立现代大学制度，特别是如何把办学理念、国家大法及学校传统融入各项制度条文中去，建立刚柔并济、具有活力与权威性的制度规范？要重视通过制度体系本身反映以德兴校及教育国际化、现代化的发展观念，使制度真正成为具有先进性、共通性的现代大学制度。③如何保证和监督制度的执行，真正使"人治"变为"法治"？例如学校规划就要纳入制度的保障体系，特别是校园规划一旦按程序确定，一草一木都不能随意处置，不以长官个人意志为转移，树立"规划"执行的严肃性、权威性、法规性。

在建设现代大学制度时，要处理好以下几个问题或关系：

一是，要明确学生的权益（和义务）、教师的权益（和义务）、学校的权益（和义务），核心是"以人为本"，体现学校的办学理念、伦理精神、共同价值观，真正把尊重教师创造性劳动和培养全面发展的人放在首位。例如，在学校允许的条件下给学生提供高质量的教学，给予学生在学习、专业等方面充分的选择权，尊重学生在学校的基本权益。同时，遵守学校制定的规章制度应该是学生承诺的义务和纪律要求。又如，对教师来讲，除了按规定给予相应的工作、生活条件外，很重要的是对涉及自己利益及学校发展事务的知情权和参与权，通过什么方式予以保证，都应当体现在现代大学制度之中。除了权利外，应尽义务也必须规范、可操作、可检查。

二是，明确政府、学校、社会的相互关系，实现依法"自主办学"，核心是明确学校的社会责任，诚信守法。

三是，学校党委和行政关系、行政决策体系和专家决策体系关系、教师队伍建设和管理干部队伍建设关系等等需要进一步从理念上、制度上理清、理顺，核心是解决"官本位"，坚持"学术主导"，实现教授治教、治学。

四是，如何协调学校各类群体的相互关系，给出各种岗位的科学、合理的定位，优化和平衡各种资源配置的关系，以激发全体员工的积极性、开拓学校发展的全面工作，核心是"科学、合理、规范"。"尊重教师、善待学生"是学校领导和管理工作的基本出发点，也是高等学校"以人为本"的具体体现。但是，学校发展既要调动各方积极性，又要有所为和有所不为，不是每个学科都能成为国内外领先学科，也不是每个人都能进行学科原创性工作。其实，在每个岗位上都能为学校发展做出更大的贡献、更好的成绩，甚至也是国内同类工作的一流水平。有些人从事管理，有些人从事教学，有些人从事科技开发，都要对他们给予尊重，做出的成绩给予鼓励，对做出突出成绩者同样要给予崇高的荣誉。学校的社会声誉是学校学术水平和教学质量的综合评价，学校学术水平的显示度靠大师，靠最优秀的名师、专家，但学校的教学质量和综合发展要靠全体教职员工，要让每一个人都感到作为学校成员的自豪感、责任感。

五是，学校制度的执行和监督也要建立在诚信和以人为本的基础上，同时要建立规范的约束机制。制度体现领导者办学的理念，制度反映学校的传统，制度中蕴含着丰富的学校人文精神在建设现代大学制度时必须融入学校一以贯之的人文精神和办学传统。近80年来，中山大学秉承孙中山先生"天下为公"的思想，以"博学、审问、慎思、明辨、笃行"为校训，形成了讲求革命性、科学性和开放性的办学传统，奠定了培育社会英才的团结、民主、务实的浓郁的校园文化。这些也是现代大学包容性、创新性和开放性在中山大学的具体体现。在新的世纪，我们要把校园人文精神、文化传统融入教育和管理工作的全过程，形成学校特有的时代精神和文化传统。

当前，我国大学管理的基本格局是"党委领导、行政管理、自主办学"和"学术主导、教授治学、依法治校"的规范模式，但在此基础上我们要努力建立起学校师生员工共同认可的"秩序"，最终达到"无为而治"的理想境界，也就是现阶段所谓"思想自由、学术自由、自主办学"的现代大学精神的理想境界。

三、大学管理者的"岗位意识"

一流的大学必须有一流的管理，一流的管理有赖于一流的管理队伍。因此，除了抓好校级领导班子建设外，还必须抓好中层党政领导班子的建设，并以此带动全校管理干部队伍的建设，这是学校党委的一项重要的、长期的工作。而且要以学校事业的发展及教职工的评价，特别是广大教师的评价，作为检验我们党政管理干部队伍建设水平的标准。

（一）明确定位

什么是大学管理工作？邓小平同志认为"领导就是服务"，而且表示要当好科教事业的"后勤部长"；李岚清同志在全国党建工作会议上指出："小平同志讲当后勤部长，朱镕基总理讲当后勤处长，我只能当后勤副处长，你们大学书记、校长应当做教学、科研和教师的后勤科长。"领导尚且如此，我们作为基层的领导从事党政管理工作，首先要明确工作的定位是"管理即服务"，要树立全心全意为教师服务的思想，为教学、科研服务的思想，要把为群众排忧解难、办实事时时放在心上，努力提高服务质量和服务水平。

大学管理是一门综合性很强的学问，行政管理是门科学，因此应当看到"管理即科学"，必须结合工作实践学习和掌握管理工作的科学规律，提高管理工作的科学含量，用科学思维来开展和开拓管理工作，使我们各项工作更加规范化、制度化和科学化，并随着时代的发展不断完善和优化。每一个管理干部，不论原本专业知识掌握得多么高深，都应当努力成为教育管理专家，把自己的知识、才能和智慧变成从事管理工作的基本素质，形成科学管理的基本理念，就一定能在学校管理工作中有所作为，做出成绩，真正成为通晓全局的管理专家。

当前特别要重视"知识管理"在学校工作中的具体体现。笔者在管理工作实践中也琢磨出一些体会，如凡涉及全校性改革问题要坚持"五个一"，至今仍感收益很大。"五个一"就是：第一，要有一套明晰的具有改革创意的思路；第二，要有一套对涉及改革目标的资源配置的可行性论证分析；第三，要有一套可操作的程序，使思路变成改革的实施办法；第四，要有一套可运行的软件，使实施办法能用计算机管理；第五，要有一篇总结性的理论文章。因为，一所大学涉及全校性的改革必然是一项较为复杂的系统工程，按照"五个一"能把正确的思想变成可操作的现实。

在高校，许多管理干部都是从教师队伍中选拔出来的，舍弃了原来从事的专业，集中主要精力从事党政管理工作。这意味着，"管理即事业"，就是要把自己的事业和学校的事业紧密地联系起来，并为之而奋斗。人的一生是短暂的，学校的发展是永恒的，能以自己毕生的精力和才智推动学校事业发展是我们的荣幸，也是我们的责任。20世纪的中大人使中山大学成为国内的一所名校，我们这代人要为中山大学在21世纪成为世界知名的高水平一流大学而努力，每个管理干部都应当树立这种"事业观"，把搞好管理工作当成毕生事业去追求和拼搏。

（二）树立形象

管理工作也是一门艺术，不同的管理者有不同的风格和形象。高校党政中层干部基本上都有着本科以上的学历，有些还是硕士、博士、教授、博导，因此高校党政管理干部应当具备较高的管理水平，要树立学者型、专家型的做事风格和做人风范。其基本特点应当包括：文明、务实、大度、开拓、自律。

"文明"体现在尊重教师，尊重人才，尊重知识；崇尚科学，服从真理；树立以人为本、以人才为本的观念，重视和发挥人的作用，特别是发挥教师的作用。"敬老尊贤，崇文尚德"及"一日为师，终身为父"是中华文化的优良传统，高校的文明首先要体现在对"教师"的尊重、对"人才"的重视和爱护。建国初期，农村小学教师在农民家吃派饭，农民再穷也要给老师吃点米饭和打个鸡蛋。我们学校的领导和每一位管理干部都要把"尊重教师，尊重人才"放到首位，这也是对我们文明程度的检验。当然，"文明"还有许多内涵，在此不一一列举。

"务实"是知识分子、科学工作者应有的基本品质，不务实做不好学问，不务实同样也绝对做不好管理工作。在其位必须谋其政，每个管理干部必须清楚自己工作的目标是什么、存在什么问题，每年要就努力目标和存在问题做几件实事，逐年积累就有进步。要讲究解决问题，讲究质量，讲究各个方面的有进步有超越的标志性成果，今后干部考核主要考核实绩，特别是通过努力取得改善和进步的实绩。

"大度"体现了高知识层管理干部"知书达礼"的气质。从事学校管理工作会遇到很多困难，要解决复杂的问题和矛盾也会遇到很多阻力甚至受到委屈，领导干部必须学会宽容，学会合作，学会换位思考。"对事讲原则，对人要宽容"是笔者信奉的准则。做领导要准备吃亏，准备挨骂、受委屈。只要我们以诚相待，不以牙还牙、以血还血，总能取得别人的理解和支持。领导者的气度往往是一个单位能否开创团结、和谐局面的关键。做领导的大忌是对人、对事意气用事，更不能亲一批、疏一批，结帮结派。特别是单位的"一把手"，除了没有私心、不搞拉帮结派外，最重要的品质就是心胸宽大、宽容大度。

"开拓"是时代对高知识层管理人员的要求。在市场经济时代，"竞争"成了社会发展的主旋律，没有开拓的意识就很难把握住发展的机遇，就会使学校在竞争中落伍。因此，光靠经验管理已经不能适应学校发展的要求。"追求卓越、永不满足"是优秀领导者的基本素质。"与时俱进、不断创新"是时代对我们的要求。学校的竞争力的提升，需要各级领导和管理干部能树立开拓进取的精神，又有严谨务实的作风，学校的发展就一定会有希望。

"自律"是中国知识分子的特点。中国知识分子历来讲究洁身自好、淡泊名利、修身养性、严于律己。有人说"高校还是市场经济大潮下的一块净土",但是,如果不注意,这块净土上也会落下不少灰尘。作为高校党政领导干部,不论从知识分子的"人品、脸面"出发,还是从党性出发,都要严格要求自己,自尊、自重、不贪不沾、不谋私利,做一个让群众看得起、领导信得过的干部。

(三) 强化责任

每个中层领导干部都有一定的权力,有权就有责任,必须又讲权力又讲责任。每个干部都要有承担责任的意识。我们承担着中大发展的历史责任。围绕实现学校发展的战略目标,每一个干部都要树立一流意识、机遇意识和竞争意识,抓住学校发展的每一个机遇,捕捉有利于学校发展的每一个信息。承担责任还意味着,每个领导都要对自己分管的工作敢于负责,对棘手的问题敢于挑担,对本职工作精益求精,不断提高工作质量和水平。承担责任还包括对自己的部下"敢抓敢管",一级管好一级,这是关心、爱护部下,对工作负责的表现。

当然,对领导来讲,还必须明白自己分管的权力是在围绕学校发展目标、集体决策总任务下的权力,是有限职权。学校办学有自主权也是讲按照政府有关法令、法规面向社会自主办学。每个中层领导,特别是正职领导在运用被赋予的权力时,要自觉地加以约束,接受监督,并通过修订和完善规章、制度来保障。作为中山大学党委书记,笔者就应当自觉地接受党委常委会、全委会按民主集中制原则进行约束及接受纪委对我的监督,在党办接受秘书监督,我也愿意接受全体中层干部和教师的监督。常言道:"其身正,不令而行;其身不正,虽令不行。"希望不要出现滥用职权、导致"巴林银行"倒闭的类似情况。

(四) 注重文化

正如华中理工大学前任校长讲他们校园是"只有房子,没有建筑"让人深思一样,有位艺术学专家批评某校领导"你们没有文化",曾经引起笔者思想上的震动。从更深的含义上讲,"有房子不等于有建筑,有知识不等于有文化"。近年来,高等教育强调提高学生的全面素质,其中对理工科学生来讲包括提高文化素质的教育。这决不仅仅意味着要上很多的课,而更重要的是要营造浓郁的校园文化。到过华为集团的人都会感到他们那种催人奋进的企业文化,这是一种集传统和现代价值观念、群体意识和行为规范于一体的综合体。它既是无形的氛围,又是能体现在各个方面的文化精神。企业文化强调企业精神,强调全体员工共同的价值取向及在此基础上形成的凝聚力、向心力。这对我们有着借鉴意义。

希望各个部门也要有意识地加强部门文化的建设,要逐步就部门的价值观、行为规范、信念、服务观、责任观、群体观等形成共识,形成特色,使每一个工作单位成为团结、和谐、合作共事的"乐园",而不是陷于无穷无尽烦恼、痛苦的"战场"。要鼓励各部门开展一些强化文化氛围的活动,包括明确"部训"和部门工作环境的文化提升等等。文化精神应当成为学校和每个部门的"魂"和"精神支柱"的重要组成部分。

（五）要做"义勇军"

笔者曾经对机关部门领导同志讲，我们判断一件事是否该做及怎么做的价值标准应当坚持"三个有利于"：是否有利于学校教学质量和学科水平的提高（这是学校的生命线），是否有利于保护教职工和学生的根本利益（这是学校工作的基础和服务的主体），是否有利于学校整体实力的增强和学校长远的利益（这是学校发展的基础）。学校的改革与发展关键是靠人、靠人才、靠人气，要有一批赤胆忠心，忠心耿耿为学校拼搏、奉献的中坚骨干，就像抗日义勇军、前苏联的近卫军那样，为了事业、为了学校奋勇直前，在所不惜。只有学校事业兴旺发达，才能提高学校的地位，同时对每一个中大人，其事业发展，包括工作条件、生活待遇的改善都是和学校发展紧密联系在一起的。

管理干部队伍和教师队伍是学校两支主力军，缺一不可，一所著名的大学不但应当出专家、学者，出高水平的科研成果和教学质量，也应当出管理专家、领导人才，出办学经验，因此建设一支训练有素、精明强干的党政管理干部队伍是党委的一项极其重要的工作。笔者到中大工作后有两位教授分别给我赠言，一位讲道："治校先治吏，安教先安民。"另一位写道："深入调查研究，找出中大病根，对症巧用新药，促使中大康健。坚持实事求是，紧紧依靠群众，善待不同意见，敢于承担责任。"这些话也是对我们每一位领导和管理干部寄托的期望，因为我们手中有权，要用好权，真正为学校、为群众做些实事，做些好事。我们要做好"公仆"，同时也要立志成为管理的专家、里手。

原载《中山大学学报（社会科学版）》2004年第1期

立宪设计中的价值整合与复合共和

肖 滨

在某种意义上,立宪设计是对人类政治智慧的严峻挑战。因为在立宪设计中,立宪设计者将面临一系列极为复杂的设计难题:如何整合、平衡诸如国家统一与区域自治、宪政制衡与民主参与、权力制约与有效治理这些彼此之间具有内在紧张性的价值目标?如果说化解这些复杂的设计难题,需要借助于适当的立宪设计理论,那么,本文关注的问题是,就大型国家的立宪设计而言,一种什么样的立宪设计理论有助于化解设计难题、整合立宪设计中众多的价值目标?

一、设计难题与设计理论

任何政治制度的设计都需要确立最基本的分析单位。如果假设"个人是所有政治制度设计中最基本的单位"[1],那么,为一个国家制定根本大法的立宪设计在思考理路上需要有两个基本的维度:作为政治共同体(集领土、主权、人民于一体)的国家与作为国家之公民的个人。不过,既然假定个人是立宪设计中最基本的单位,那国家为什么成了与公民个人并行的思考理路?这是因为,一方面,假定个人是立宪设计中最基本的单位,"并不假定个人是完全独立的存在,他在社会中与其他人有着井然有序的共同社会关系"[2],在经验现实世界中,作为公民的个人必然属于特定的国家,必然与作为政治共同体的国家有着不可分割的联系;另一方面,假设个人是立宪设计中最基本的单位,即是假设个人的自由、权利是立宪设计的基石所在,然而,个人的自由、权利需要得到作为国家之治理主体的政府的保护,因此,即使假设个人是所有政治制度设计中最基本的单位,国家及其政府也必然成为立宪设计中的一个基本维度。当然,在国家与个人这两个基本的维度上,立宪设计的着眼点虽然彼此紧密关联,但却各有不同。

立宪设计中国家维度的考虑,首先关注的是这样一些基本的指标:国家的统一、独立、安全。一个国家如果四分五裂、处于分裂状态,或者主权不能独立、遭受外敌侵略,或者外部安全不能得到保障、内部秩序不能确立,其公民个人的自由、权利就会成为国家分裂、外敌侵略、社会动乱的牺牲品。要确保国家的统一、独立、安全和人民的自由、幸福,那就不仅需要建立一个统一的全国政府,而且全国政府必须获得充分的相

---

[1] [美]文森特·奥斯特罗姆著:《复合共和制的政治理论》,毛寿龙译,上海:上海三联书店,1999年,第32页。

[2] [美]文森特·奥斯特罗姆著:《复合共和制的政治理论》,毛寿龙译,上海:上海三联书店,1999年,第38页。

应的权力、具有巨大的能力，并且能保持长久的稳定。因为，如果一个全国政府缺乏相应的权力、巨大的能力或者不能稳定而持久地运作，那么，"这个政府就会是国民利益的不安全的和不适当的储藏所"①，它也就无法承担其应有的职责。

如果说立宪设计中国家维度的考虑，其着眼点在于国家的统一、独立、安全以及全国政府的权力、效能和稳定等价值目标，那么，与此不同的是，立宪设计中公民个人维度的考虑，其关注的焦点则是公民个人的自由与权利。因为，就本质而言，之所以进行立宪设计，其根本目的在于通过立宪限制政府权力以保护个人权利。故此，立宪设计的方案一方面必须包含一个"权利法案"，该法案确认了公民拥有的宪法性权利的基本内容；另一方面，它必须设置对政府权力的运作边界和约束机制，以防止政府权力对个人权利的侵犯。借助这两个方面，立宪设计确保宪法成为"个人权利的保护人"②。

正是基于国家、政府与公民、个人两个维度的考虑，任何立宪设计"都必须兼顾两项最基本的政治价值：政府的权力必须完整强大，而人民的权利必须获得最坚固的保障"③。然而，在立宪设计中，要真正兼顾、平衡这两项基本的价值极不容易："政府的权力要大，一个条件是政府要能够相对地独立自主，不受统治者的指挥干扰。人民的权利要不受侵犯，一个条件是让政府掌握在人民自己手里，也就是削弱政府的独立自主。"④立宪设计要同时满足这两大条件，需要处理一系列极为复杂的关系，诸如公民个人与全国政府的关系、全国政府与区域性政府（如省或州）的关系、全国政府内部权力部门之间的关系、政府的效能与其权力受到的限制之间的关系。在立宪设计中处理这些极为复杂的关系意味着需要考虑和满足多项设计标准的要求：国家的统一、独立、安全，政府的权力与限度，政府的效能与稳定，区域性政府的自治，公民的自由、权利，人民的政治选举与政治参与，等等。虽然"设计标准之间既不是完全相互兼容的，也不是完全相互矛盾的"，但困难在于"使一个价值最大化的努力会损害另一方面的价值"⑤。比如，更多的安全必须以更多的自由为代价，而更多的自由则必须以更少的安全为代价。换言之，"为操作性的政府体制设计一部宪法，不可能是任何单一价值最大化的结果"⑥，必须寻求诸多价值目标的平衡。

既然在立宪设计中有如此之多的价值目标需要考虑，同时，要兼顾这些彼此排斥的价值目标又极不容易，那么，为了使立宪设计实现各种价值目标的基本平衡，设计理论或者设计概念的选择就至关重要。因为基于不同的设计理论或者设计概念，立宪设计不

---

① ［美］汉密尔顿、杰伊、麦迪逊著：《联邦党人文集》，程逢如等译，北京：商务印书馆，1995年，第117页。
② ［美］L. 亨金著：《权利的时代》，信春鹰等译，北京：知识出版社，1995年，第106页。
③ 钱永祥：《纵欲与虚无之上——现代情境里的政治伦理》，台北：联经出版事业公司，2001年，第143页。
④ ［美］文森特·奥斯特罗姆著：《复合共和制的政治理论》，毛寿龙译，上海：上海三联书店，1999年，第138页。
⑤ ［美］文森特·奥斯特罗姆著：《复合共和制的政治理论》，毛寿龙译，上海：上海三联书店，1999年，第69页。
⑥ ［美］文森特·奥斯特罗姆著：《复合共和制的政治理论》，毛寿龙译，上海：上海三联书店，1999年，第69页。

仅体现出不同的设计风格，形成不同的政府结构，更重要的是，它所实现的价值目标截然不同。比如，如果依据某种绝对权力的设计理论或者概念，那么，立宪设计建立的必然是权力不受制约的无限政府，它可能满足某些价值标准如秩序、稳定，但诸如公民的自由与权利等其他重要的价值目标就会成为这种设计的牺牲品，从而无法实现基本价值目标的协调与平衡。

由此引出的问题是，就一个大型国家的立宪设计而言，选择哪种设计理论或者设计概念有可能实现诸多价值目标的平衡？一种可以探讨的选择是复合共和的立宪设计理论。那么，何谓复合共和？麦迪逊在《联邦党人文集》中给予了一个经典性的解释："在一个单一的共和国里，人民交出的一切权力是交给一个政府执行的，而且把政府划分为不同的部门以防篡夺。在美国的复合共和国里，人民交出的权力首先分给两种不同的政府，然后把政府分得的那部分权力再分给几个分立的部门。因此，人民的权利就有了双重的保障。两种政府将互相控制，同时各政府又使自己控制自己。"①

复合共和作为立宪设计理论或者概念虽然产生于1787年美国的立宪选择实验，但正如当代美国著名政治学家文森特·奥斯特罗姆所指出的那样："这样的设计概念在今天与200年前一样有意义。这些概念以及其他概念为人类提供了发展能够用来设计立宪选择实验的政治科学基础。"②复合共和的设计理论或者概念之所以在今天依然富有意义，一个非常重要的理由在于基于复合共和设计理论形成的制度安排能极大地兼顾和平衡立宪设计中难以调和的各种不可或缺的价值目标，尤其是国家统一与区域自治、宪政制衡与民主参与、权力制约与有效治理这三组具有内在紧张性的价值目标。本文以下的分析将充分说明这一点。

二、国家统一与区域自治

在立宪设计中，基于国家维度的考虑，即为了确保国家的统一、独立、安全，必须建立一个强大而有效的全国政府。这意味着必须授予全国政府相应的足够的权力，使之具有充分的国家权威。然而，在立宪设计中，公民个人的自由与权利以及区域性政府（如省或州）的自治，都是不可或缺的价值目标。因此，为了兼顾这些价值目标，不能把全国政府设计成无限政府，而必须定位为权力有限的政府。另外，为了有效地治理区域性的公共事务，区域性政府（如省或州）虽然必须获得其应有的权力和自治的活动空间，但它同样是权力有限的政府，它不能越位进入全国政府的权力范围和管理空间。这样，在立宪设计中，就必须确立全国性政府和区域性政府（如省或州）各自的权力边界与管理对象。当然，在经验上，全国性政府和区域性政府（如省或州）之间的权力边界也许难以清晰地界定；但在立宪设计上，必须致力于寻求二者权力的大致划分与基本平衡。这是一个立宪设计的难题。那么，作为立宪设计理论，复合共和如何化解这一难

---

① [美]汉密尔顿、杰伊、麦迪逊著：《联邦党人文集》，程逢如等译，北京：商务印书馆，1995年，第265–266页。

② [美]文森特·奥斯特罗姆著：《复合共和制的政治理论》，毛寿龙译，上海：上海三联书店，1999年，第9页。

题? 复合共和理论借助其理论框架中的联邦主义来解决这一难题①。

"联邦主义"(federalism)是一个非常复杂的概念,它起源于一个拉丁语词——foedus,该词义为"盟约"或"誓约"(covenant),它描述的是个人与个人、群体与群体、政府与政府之间的一种独特的关系状态:"联盟关系"(federal relationships)。"联盟关系强调个人之间、群体之间和政府之间的合伙与联合、使这种合伙与联合得以落实的合作关系以及作为分享权力之基础的联合者之间的谈判协商。"②因此,构成这种联盟关系的基本要素是联合、合作、协商以及权力分享。这些要素指向两种不同的目标:一是合——联合、合作,通过联多为一,形成一个统一的联合体;二是分——区分(彼此)、分享(权益),但不是分裂、分散,以保持各自的自主和自治。因此,这种"联盟关系"实际上有两副面孔:合与分。这意味着在"联盟关系"中,合与分两副面孔统一于一体,彼此互补:合中有分,分中有合,分合之间保持平衡。因此,这种"联盟关系"的精髓体现在两方面。一方面,"合而不死"。这是指,在这种联盟关系中,联合者之间相互联合、合作,但每个联合者本身有其相对自主的空间,没有任何一方能剥夺、抹杀其他联合者的权益及其相对自主性。另一方面,"分而不离"。这是指联合者之间彼此权益的区分以及对共有利益、权力的分享,决不意味着联合者之间的分离、分裂、分散,相反为更好地联合、结合、统一提供了条件。这种"合而不死、分而不离"的联盟关系乃是联邦主义的根基所在。

从本质上说,以这种联盟关系为基础的联邦主义乃是处理政府单元之间关系的独特模式,它同样具有"合"与"分"两副面孔,并具体体现为联治(shared rule or shared government)与自治(self rule or self-government)两个方面③:"联治"意味着不是由单一的政府单元来治理,而是由若干政府单位协同合作,共同行使公共权力,共同治理;"自治"则是指自治的地方政府可以在法定的范围内享有其应有的权力,依法自主地管理辖区内的公共事务,而不必受其他权威主体的任意干预。一方面,联治与单一政府的绝对集权截然相反,它是若干权力有限的政府单位所形成的一种并存结构:在此结构中,每一级政府,包括全国政府和区域性政府(如省或州),都具有相应的但范围有限的权力,"都能够代理公民个人,关心个人的希望和恐惧,拥有一切手段,并有权采用一切方法,以执行委托给它的权力"④。另一方面,"自治不同于独立。自治的地方政府,不享有处理外交或国防事务的权力。自治仅指管辖自治单位内部的事务而言。职是之故,一国内自治的地方政府无权管辖中央政府的外交事务,也不能脱离中央政府而

---

① 复合共和与联邦主义之间有着极为紧密的联系,以致有论者直接把联邦主义等同于复合共和(可参阅汪丁丁主编:《自由与秩序——中国学者的观点》,北京:中国社会科学出版社,2002年,第121页)。依笔者的看法,联邦主义只是复合共和政体中的一个重要的方面:它是使权力有限而自治运作的共和政府并存于一体的粘合剂。因此,不能简单地在二者之间划等号。

② Daniel J. Elazar. *Federalism*: *An Overview*, Pretoria: HSRC Publishers, 1995, p.1.

③ Daniel J. Elazar. ed. *Federalism and Political Integration*. Lanham: University Press of America, 1984, p.15.

④ [美]文森特·奥斯特罗姆著:《复合共和制的政治理论》,毛寿龙译,上海:上海三联书店,1999年,第106页。

自行处理对外事务"①。自治以国家的统一为前提，它是区域性政府对区域性或者地方性公共事务的自主管理。

复合共和正是借助于集联治与自治于一体的联邦主义，把全国性政府和区域性政府（如省或州）设计为"人民的不同代理人和接受委托的单位"②，赋予它们不同的权力，使之达到不同的目的：涉及全国性或者全局性的公共事务，比如国防、外交、铸币等等，由全国性政府处理；至于那些地区性或者地方性的公共事务，则根据自治原则，由区域性政府（如省或州）处理。这样，一方面赋予了全国政府充分应有的权力，维护了国家的统一，保证了全国政府的权威与效能；另一方面，也给区域性政府（如省或州）保留了相当的权力，从而使之有条件实行充分的自治。由此形成了全国政府与区域性政府（如省或州）之间权力边界大致清晰、同时分中有合的权力平衡结构（如下图所示）：

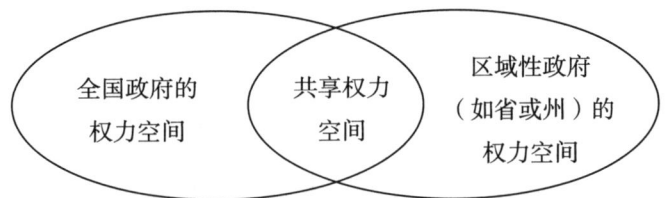

全国政府与区域性政府（如省或州）权力平衡图

由此可见，基于复合共和的设计理论可以在立宪设计中实现国家统一与区域自治的基本平衡。

三、宪政制衡与民主参与

如上所述，立宪设计必须兼顾政府的权力和公民个人的权利，以实现权力与权利的平衡。在立宪设计中，实现这种平衡的制度安排一方面需要构造一个政府的权力结构，另一方面必须建立限制政府权力的约束框架和创设人民控制政府权力的参与机制。如果说宪法之下权力的约束框架是为宪政，人民的参与机制乃是民主，那么，如何兼容宪政与民主并使二者相互支持而不彼此冲突，却是立宪设计中的另一难题。这一难题之所以产生，其缘由在于宪政本身也是对大众民主的约束，没有这种约束，民主本身便会走向民主的反面，成为多数人的暴政。作为立宪设计理论，复合共和如何解决这一难题？复合共和不仅是统一的全国政府与自治的区域性政府的复合，而且也是宪政与民主的复合。正是通过后一种复合，复合共和不仅将宪政与民主融为一体，而且使二者相互支持。

---

① 汪丁丁主编：《自由与秩序——中国学者的观点》，北京：中国社会科学出版社，2002年，第115页。
② ［美］汉密尔顿、杰伊、麦迪逊著：《联邦党人文集》，程逢如等译，北京：商务印书馆，1995年，第240页。

(一)复合共和蕴涵宪政

在复合共和政体中,宪政取向的制度安排主要体现为以下三个层面:

其一,立宪限权与违宪审查。复合共和借助联邦主义构造了权力有限的全国政府与同样权力有限的区域性政府的共存结构。但是,权力有限的多种政府单位的共存取决于维持法治范围内的基本约束,这就要求制定宪法[①]。没有宪法的约束,全国政府与区域性政府中任何一级政府权力的无边界扩展,都将破坏这种共存结构。所以,复合共和的制度架构必然要求宪法:"复合共和制用立宪选择原则来规范和控制政府单位之间的关系,以及政府单位内部各部门之间的关系。"[②]正是通过宪法性的制度约束,全国政府和区域性政府才能成为真正的有限政府,其权力才能得到严格的限制。所以,在基于复合共和理论而设计的政府结构中,"统治者本身服从法律规则"[③]。这意味着统治者首先必须服从宪法规则,因为"宪法可以界定为是一组具体说明政府界限和条件的规则集"[④]。对于违背宪法的行为则可以诉诸违宪审查。总之,立宪限权与违宪审查,这是复合共和蕴涵宪政的第一要义。

其二,政府与政府之间的权力制衡。"在复合共和制中,不存在任何单一垄断的公共权威。建立多个代表不同利益群体的权威,每一个权威均为自治共和原则所支配。"[⑤]按照复合共和理论的制度设计,无论全国政府,还是区域性政府,通过权力领域与范围的划分,它们不仅各有其权力的活动空间,而且都按照自治原则运作。因此,在国内政府之间的关系上,复合共和政体与单一公共权威垄断权力资源的制度安排截然不同:在后者,国内政府之间的关系是上下级关系,体现为权力等级森严的从属、依附结构,即下级政府从属、依附于上级政府,因而上下级政府之间按照命令—服从机制运作,有高低级别之分,无权力制约可言;在前者,国内政府之间的关系是权力制约关系,不仅每一级政府都直接代理公民个人、都服从法律规则,而且在各自的权限范围内行使权力、自治运作,因而政府之间无等级高低之分,只有职能、权限之别,由此在各级政府之间形成一种权力制约关系。

其三,每一个政府单位内部分权制衡。正如奥斯特罗姆所指出的那样,复合共和政体不只是多个自主政府单位之间的复合,而且还是每一个政府单位内决策结构的复合[⑥]。这意味着在复合共和政体中政府内部的权力系统是分立的。这种分立的权力系统

---

① [美]文森特·奥斯特罗姆著:《复合共和制的政治理论》,毛寿龙译,上海:上海三联书店,1999年,第7页。
② [美]文森特·奥斯特罗姆著:《复合共和制的政治理论》,毛寿龙译,上海:上海三联书店,1999年,第147页。
③ [美]文森特·奥斯特罗姆著:《复合共和制的政治理论》,毛寿龙译,上海:上海三联书店,1999年,第24页。
④ [美]文森特·奥斯特罗姆著:《复合共和制的政治理论》,毛寿龙译,上海:上海三联书店,1999年,第6页。
⑤ [美]文森特·奥斯特罗姆著:《复合共和制的政治理论》,毛寿龙译,上海:上海三联书店,1999年,第100页。
⑥ [美]文森特·奥斯特罗姆著:《复合共和制的政治理论》,毛寿龙译,上海:上海三联书店,1999年,第147页。

有三个重要特征：一是分权结构。通过划分立法、行政、司法等政府部门的权力空间，使政府内的每一个部门都对自己的必要权威拥有法定的特权、适当的活动范围和相应的责任，即具有某种程度的独立性，由此形成一种分权的结构，以避免因某个政府部门垄断所有的权力资源而造成专横与暴政。二是制约机制。这是一种权力的制约机制，其操作方式即是每一个政府部门能够对其他部门行使否决权：每一个政府部门均在为宪法规则所规定的适当范围内活动，但其他部门掌握着潜在的否决权，"因此而对每一个行使政府的政治特权的人确立了制约机制"[①]。比如，立法部门借助否决权对行政部门进行约束、监督，行政系统则通过否决权制约立法部门，而司法系统如最高法院则有权对立法进行司法审查，依靠否决权宣布一项法律违宪而使之无效。三是依赖关系。权力分立的政府部门在做出和执行集体决策时必须独立行动，但是集体行动依靠通过政府的立法、行政和司法部门共同行使权威[②]。共同行使权威则使分立的权力部门之间形成了复杂的相互依赖关系。正是这种依赖关系决定了权力分立的政府部门之间需要通过寻求共识、彼此合作、相互协调，以确保政府作为整体进行有效的运作。

（二）复合共和体现民主

在复合共和政体中，民主取向的制度安排主要体现为以下三个维度：

其一，多重委托—代议机制。基于复合共和的立宪设计理论而建立的政府体系，是一个权力各自有限的全国政府和次级政府的共存结构。假设这一共存结构由全国政府、省（州）级政府以及基层政府三级组成，那么，按照复合共和的立宪设计理论，不仅全国政府的权力完全来自人民的委托、授权，而且，省（州）级政府以及基层政府的权力同样来自人民的委托、授权。这样，在复合共和政体中，就形成了多重委托—代议机制。在此机制下，复合共和作为共存政府体制给予每一个选民以多种多样的政治代表[③]。正是通过这些多种多样的政治代表，不同层次的选民利益得到了广泛的体现。在此意义上，复合共和可以视为一种复合的委托—代议机制。

其二，广阔的选举—参与空间。复合共和政体中的多重委托—代议机制使公民获得了多重选民的身份，因而选民有机会参与从全国性政府、省或州政府到基层政府的多层级的选举活动。在这些多层级的选举活动中，选民不仅通过选择议员参与法律的制定，而且通过选择公共执行官员参与法律的执行。正是这些广泛而多层级的选举活动使代议民主政府与公民之间的距离更加接近，公民有了更多的参与政治的机会和更为广阔的政治参与舞台。这样，人民对政府的控制通过广泛而多层级的选举活动渗透于各级政府和政府的各个部门。

其三，互补的退出—呼吁机制。基于复合共和设计理论建立的政府体系是若干自治政府的并存结构。通过这种制度安排，复合共和政体一方面为公民提供了一种"退出"

---

① ［美］文森特·奥斯特罗姆著：《复合共和制的政治理论》，毛寿龙译，上海：上海三联书店，1999年，第139页。

② ［美］文森特·奥斯特罗姆著：《复合共和制的政治理论》，毛寿龙译，上海：上海三联书店，1999年，第137页。

③ ［美］文森特·奥斯特罗姆著：《复合共和制的政治理论》，毛寿龙译，上海：上海三联书店，1999年，第128页。

（exit）机制：由于各个政府单位各有其治理结构、运作规则和服务质量，公民可以通过自由迁徙选择不同的、可以为自己认同的政府单元。借助这种"以脚投票"的退出机制，公民可以有效地避免某一政府单元对公民权利的剥夺和糟糕的公共服务。另一方面，复合共和政体也为公民提供了一种"呼吁"机制：面对某一政府单元的政治压迫或者糟糕的公共服务，他们可以运用呼吁机制，或投诉或抗议，以表达他们的利益诉求和改善公共服务的愿望。在复合共和政体下，"退出"与"呼吁"交互作用，二者可以形成一种互补机制：呼吁是对退出的替代、补充，而"退出将是呼吁无效后所能选用的最后一件武器"①。

归纳上述两个方面，可以发现，基于复合共和的设计理论而建立的政府体系既蕴涵宪政，也兼容民主，从而在宪政与民主之间实现了某种程度的平衡。

四、权力制约与有效治理

就一个良好政府的立宪设计而言，不仅限制权力以及人民对权力的控制是必须考虑的价值目标，而且政府的效能，亦即有效的公共治理，同样也是必须加以满足的设计标准。因此，立宪设计应该兼顾二者。用麦迪逊的话说，便是要"把政府需要的稳定和能力与对自由和共和政体应有的神圣的关注结合起来"②。然而，既要限制政府的权力，又要确保政府的有效治理，这无疑是一个难题。那么，作为立宪设计理论，复合共和如何化解这一难题？

首先，复合共和的立宪设计理论虽然主张立宪限权，但认为立宪限制权力并不是要削弱政府应有的权力，相反，宪法既限制政府的权力，同时也授予并强化它应有的权力，以确保政府的有效治理。因此，复合共和政体中的宪法性规则不仅是限权性的，同时也是授权性的。比如，宪法中既有诸如"未经立法拨款，不得从国库支钱"这类限权性的规定，同时也有把立法、行政和司法等权力授予相应政府机构的明确规定③。这样，"宪法不仅仅是限制权力，它们也能创造和组织权力并给权力指明方向"④。换言之，宪法不光是限制权力以建构有限政府，同时宪法也分配、授予权力以确保政府获得有效治理的能力。总之，由于复合共和政体中的宪法将限权性的规则与授权性的规则集合为一体，这就从宪法规则上为实现限制权力与有效治理的平衡提供了前提。

其次，复合共和立宪理论视野下的分权既是限制权力的制度安排，同时也是提升政府效能的分工机制。在复合共和政体中，虽然分权可以使权力与权力之间相互制约，但分权的功能并非只是消极的，它同时也是积极的，是一种政治分工机制："作为政治

---

① ［美］阿尔伯特·O. 赫希晏著：《退出、呼吁与忠诚——对企业、组织和国家衰退的回应》，卢昌崇译，北京：经济科学出版社，2001年，第10页。
② ［美］汉密尔顿、杰伊、麦迪逊著：《联邦党人文集》，程逢如等译，北京：商务印书馆，1995年，第180页。
③ 参见美国宪法的有关条款。另参见麦迪逊：《辩论——美国制宪会议记录》（尹宣译，辽宁教育出版社2003年版）第854-855页附录八的译注〔16〕和〔17〕。
④ ［美］埃尔斯特等编：《宪政与民主——理性与社会变迁研究》，潘勤等译，北京：生活·读书·新知三联书店，1997年，第253页。

方面的劳动分工，由于专业化强化了对多样化的社会问题的敏感度，所以分权是创造性的。"①因此，分权不是对政府效能的削弱，而是通过分工增强政府有效的治理能力。从这一角度来看，复合共和政体通过政府内部和外部的多重分权，不仅确立了一个复杂的权力制衡的制度结构，而且形成了一个由不同层级的政府分别治理不同范围的公共事务的政府分工机制。正是这种系统化的分工机制，使各个政府单位可以将复杂而众多的公共事务"分而治之"，从而实现公共事务的有效治理。

再次，复合共和的立宪设计理论把公民对政府的选择和政府之间的竞争统一于一体。复合共和政体与垄断性的单中心权威统治根本不同，由于它是诸多自治的有限政府的并存结构，在此结构中人们遇到了在政府单位之间进行选择的问题："人民会面对若干个不相同的公益物品和服务垄断提供者，每一个都有某种不同的能力，单独提供，或者与其他垄断提供者合作提供公益物品和服务。只要每一个政府单位在实质上独立于其他单位，人民就能够在公益物品和服务若干垄断提供者之间进行选择。"②通过这种选择，一方面，"人们可以利用其中的一个政府来对付另外一个政府"③，这是用权力来制约权力。另一方面，可以在政府之间"创造竞争压力，以提高公共服务供给体制运作的效率，增强其回应性"④，换言之，政府之间的竞争将成为一种激励机制，它促使政府提供充分的公共物品和优质的公共服务，进行有效的公共治理。这样，通过公民对政府单位的选择，在政府之间既可以形成权力制约关系，又可以建立竞争机制以促进政府的有效治理。

综合上述几个方面的分析，本文的基本结论是，既然根据复合共和的立宪设计理论所建立的政体在相当大的程度上实现了国家统一与区域自治、宪政制衡与民主参与、权力制约与有效治理的多重立体平衡，那么，就一个大型国家的立宪设计而言，复合共和的政治理论就不失为一种有助于化解设计难题、整合立宪设计中诸多价值目标的立宪设计理论。

原载《中山大学学报（社会科学版）》2004年第2期

---

① ［美］埃尔斯特等编：《宪政与民主——理性与社会变迁研究》，潘勤等译，北京：生活·读书·新知三联书店，1997年，第254页。
② ［美］文森特·奥斯特罗姆著：《复合共和制的政治理论》，毛寿龙译，上海：上海三联书店，1999年，第131页。
③ ［美］文森特·奥斯特罗姆著：《复合共和制的政治理论》，毛寿龙译，上海：上海三联书店，1999年，第117页。
④ ［美］文森特·奥斯特罗姆著：《复合共和制的政治理论》，毛寿龙译，上海：上海三联书店，1999年，第125页。

大学科研管理中的差异性问题

黄达人

使科学研究更有效率是大学管理中的一个重要问题，这个问题归根结底在于科学研究的组织，也就是我们通常所说的大学科研体制问题。大学科研体制改革是近年来中国高校管理体制改革的一个热点和难点，本文拟就大学科研管理中的差异性问题进行探讨。

一、大学科研管理为什么需要差异性

差异是一种常态，整个世界、整个人类社会都处在这个常态之中，因而在论及"管理"这一涉及人群和社会组织形式的学科时，人与人之间的差异、事与事之间的差异是一个不可回避的问题。大学科研管理是现代管理科学的一个分支，是一项复杂的系统工程。差异性管理不仅是一般管理科学中的一个重要命题，而且也应成为大学科研管理中的一个重要问题，对此可以有两个角度的理解。

大学科研管理需要差异性，首先来自深化我国现有科研体制改革的迫切需要。在讨论中国大学科研体制存在的问题时，我们不能回避目前中国实行的行政主导的政府科研体制。由于是政府行政主导，因而对于科研活动的差异性、不同地区不同大学的差异性往往会认识不足，这对大学科研的发展是不利的。社会资源过于集中在政府部门难免会造成大学之间的恶性竞争，有一个典型的例子，2003年"非典"时期，在各级政府科研主管机构立项的课题有1000余项，这实际上造成了有限科研资源投入的重复和浪费。因此，在我们讨论基于差异性的科研体制改革时，如何跨越国家科研管理的体制性障碍就成了一个关键问题。

中国科研体制存在的另外一个问题是有限的科研资源过度地集中于北京和上海。诚然，这两个城市集中了中国大部分最优秀的科学家，而且这种科学中心的单极化在建国后的计划经济体制下有其合理性。当时中国的国力还不够强，需要集中力量办大事，不把资源集中使用是不可能达到目的的。但是，随着中国经济的快速发展，对中国这样一个有着巨大经济总量的大国而言，如果还像以往那样将国家科研资源过分集中在少数一两个城市，既不利于科学研究的多元化发展，也不利于推动全国科学研究的均衡发展。中国经济发展的多中心格局和跨区域协调发展的形势，既对改变现有的科研中心单极化格局提出了要求，也对大学科研管理的差异性提出了要求。

其次，大学科研管理的差异性是大学成长过程中与经济发展相互适应的必然要求。一个地区的经济发展会影响大学成长的愿景，影响大学管理者对大学发展目标的预期。

同时，大学的成长又会反过来强化所在地区经济增长的信心和经济发展的路径。

以广东省和中山大学为例。广东省作为全国经济总量最大的省份，理应在全国的科研格局中占有重要席位，广州市作为全国第三大经济城市也理应成为中国一个新的科学中心。有一种说法，广东省在中国的地位相当于加利福尼亚州在美国的地位，加州的经济发展很大程度上得益于斯坦福大学强劲的科研实力。广东省应有信心、有能力获得加州在美国那样的地位，成为中国的"加州"。广州市应有信心、有能力成为中国的第三个科学中心。中山大学也应有能力、有信心在中国学术界开创岭南学派，成为中国的"斯坦福大学"。这就是中山大学成长的愿景。要达到这一目的，不仅需要基础研究，而且需要应用研究；不仅需要学术大师和国际领先的科学技术成果，而且也需要投身于广东经济建设中的文化、技术和管理的知识传播者，甚至需要经济发展和企业管理的"操盘手"。只有这样，广东省的经济发展才会有知识的后劲，而中山大学也会因此获得不断前进的动力。这种由区域经济发展的差异性所决定的大学科研管理的差异性，将会促使大学真正承担起其肩负的社会责任。

二、面向大学科研管理差异性的组织与行为

在讨论大学科研体制改革时，我们经常会听到这样的讨论：大学的科研究竟应该强调团队合作，还是提倡基于个人兴趣的独立研究？对于不同的学科应该如何建立不同的评价和考核体系？对于基础学科与应用学科应该选用怎样的激励方式才能最大限度地取得成就？对于大学中从事科研工作的教师本身，我们是否允许存在一些游离于体制之外的"孤独的思考者"？政府的科研体制应如何改革才能适应大学科研工作的开展？

上述这些问题触及大学科研体制的一些实质性问题，讨论中国大学的科研体制改革不可回避这些问题，而产生这些问题的根源恰恰在于大学科研本身所存在的差异性。如果我们对大学科研存在的差异性没有一个明确的认识，就难以设计和建立一个好的大学科研体制，也难以形成能够高效地肩负起大学社会责任的大学科研组织。因此，讨论大学的科研体制，关注其中的差异性是重要的先决条件之一。

对于像中山大学这样一所多学科的研究型综合性大学而言，学科的差异性是不言而喻的。目前，中山大学的文、理、医三大学科可谓三分天下，齐头并进。在学校科研管理组织上，分别设立了社科处、科技处、医科处三个科研主管部门。依据这个原则，中山大学在三大学科门类内部形成多种形式、灵活变化的科研组织形式，既可以建立科研实体组织科研活动，也可以用虚拟组织方式来承担科研项目；既可以通过跨院系、跨学科、跨地区的大型合作来组织国内外科研资源的集体攻关，也可以采取"独行侠"的方式开垦自己的学术自留地。大学之所以成为大学，核心在于"大"字，有容乃大。面向大学科研管理差异性的组织就是能够包容各种学科特性的组织，从而体现大学之为"大"的精髓。因此，面向大学科研管理差异性的组织是不拘一格的，应能随需而变。能够出成果，能够为经济发展作贡献，能够保证独立思考的组织方式，都应是好的组织方式。

组织可以分为集中式和分散式两种。一般而言，集中式组织更多地承担一些经过"规划"的科研项目，分散式组织更多地承担类似基于个人兴趣的研究活动。大学发

展,规划为先,这似乎是一个共识。目前,中国高校要争取资源,首先要做的一项工作就是学科规划。没有规划也就没有资源。但是,事实告诉我们,真正的学术并不是规划出来的。从每年国家科技大奖的情况可以看出,许多获得大奖的项目当初并没有得到多大的投入,既不是重点规划项目,也不是重点建设项目。此外,诺贝尔奖获得者也往往不是事先规划而得到高强度投入的研究者。当然,我们同时也应该看到,对于那些与国民经济建设密切相关的应用学科或者应用基础学科,学科规划还是有着重要意义的。这就是我们长期强调科研团队的建设、强调学科的融合与交叉、强调科研应以科学问题为导向而不是以学科为导向的原因所在。因为只有这样,我们才有可能在国民经济和社会发展中取得大的突破,在大学的竞争中获得先机。

在学科建设上,"规划"与否并无定论,一切都要随需而变。但是,无论朝哪个方向变化,大学都需要针对科研管理的差异性来变化。如果认同这一点,那么,我们应如何通过对大学中从事科研的教师的考核与激励来组织科研呢?

要讨论这一问题,正视科研的差异性,提倡学术的自由精神,应该是一个总的指导方针。科学研究最为重要的精髓是自由,学术自由既是大学科研的精义,也是大学之为大学的基础。从自由出发,大学对于教授的要求应该就是"不强求"。具体地说,大学对待教师的行为应抱宽容的态度,可以采取激励性的政策奖励与大学成长愿景相容的教师,但不强求每个教师都采取与大学成长愿景一致的行动。无论是学科的交叉融合,还是个体基于学术兴趣的钻研,或者热心于为本地经济发展做贡献,都应该是允许的。

对于基础学科,大学应该要有一种平和的心态,要有"养士"的决心。对于那些以学术为生存方式的学者,大学应该给他们良好宽松的学术环境和生活空间,给他们以足够的经费支持,不应该有过多的规划上的要求,不应该以量化管理来制约其创造力。大学对这些学者的投入有些像风险投资,要有投入而得不到回报的心理准备,也要有对优秀学者最终"十年磨一剑"、厚积薄发的信心。中山大学近年来实施的教师职务聘任制改革的一个出发点,就是要"为中才立规矩,给天才留空间"。在这次改革中,学校给少数优秀的学者以特殊津贴而不硬性规定他们的教学或科研工作量,正是基于科研差异性的考虑。

虽然如此,在现阶段的中山大学,仍然要大力发展应用学科,因为这是与国家的需要相适应的。要发展应用学科,我们也仍然要强调学科的规划,因此,我们不妨对学科规划与学术自由的问题做这样的表述:大学应该在尊重学术自由和倡导独立思考的同时,提倡科学研究以问题为导向,要重视学科规划,重视优势学科的整合,尤其需要重视为优秀团队的建设营造宽松良好的学术氛围,以期有大突破,出大成果。可以说,这也在一定程度上概括了我对面向大学科研管理差异性的行为特征的理解。

三、建立以激励为导向的差异性评价体系

评价体系与考核体系将直接影响一所大学的学科布局以及科学研究的实力。如何使不同的评价体系和考核体系得到良性的运行是大学科研体制改革的关键问题。或者说,如何建立和操作基于学科差异性的评价考核体系,应成为我国大学科研体制改革的一个主攻方向。这是一项长期艰苦的工作,因为事物总是在变化之中,大学的愿景变化将影

响大学科研管理组织和行为特征的变化。大学科研管理组织和行为特征的变化，又直接影响大学对其科研活动的评价与考核体系的认识。因此，对大学科研活动考核体系的不断修正，是大学科研管理差异性的必然要求，也是大学科研管理的一项永恒的工作。

大学成长的愿景决定科研管理的组织结构，大学科研管理的组织结构又会影响大学承担社会责任的力度和广度。科研管理的评价与考核体系应以大学成长的愿景和战略目标为导向，以激励为核心。关注学科差异性，最重要的就是强调对不同学科门类制定不同的以激励为导向的考核体系和评价标准。

以中山大学为例，校内出现不少基于学科特殊性而要求特殊政策的呼声，如工科的教师认为，如果按理科以论文为最重要指标的评价体系，对工科教师是不公平的。同样地，艺术学科的教师认为不能照搬文科评价体系评价他们的工作，因为人文社会学科的评价体系也是以论文为主要指标。这些呼声的一个焦点，就是期望在大学中争取到一种适合自身学科特点的科研管理考核体系。更进一步说，这种建立面向差异性的科研考核体系的呼声远不止于大的学科门类这一层面，在学科内部如何采取不同的评价标准，从而建立起不同的考核体系同样也是一个十分重要的问题。在中山大学最为直接的就是基础学科与应用学科的关系问题，这个问题可以说是大学中一个永恒的话题。

在这里，暂不讨论基础研究与应用研究孰轻孰重，以及应该如何平衡它们之间的关系等话题，我们首先应该看到的是两者之间有着明显的差异。关于这种差异，我们常借用"顶天立地"的说法来概括，即基础学科的研究要"顶天"，要以世界先进水平为目标；应用学科的研究要"立地"，要直接为国民经济和社会发展做贡献，甚至直接提高社会的财富和福利。这个说法是有道理的，基础研究应该关注科学的前沿问题，它所追求的是在科学上的突破。应用研究应该关注国计民生，它所追求的是对国家和地方的发展有所贡献。基于这种差异性的考虑，大学应该对二者有不同的评价标准。我们不能要求从事应用研究的学者也像从事基础学科的学者那样发表很多论文。同样地，也不能要求后者像前者那样要有多少科研成果的转化，产生多少直接经济效益，申请多少发明专利。因此，对于从事基础研究的学者而言，论文发表的多少、质量的高低是评价他们工作成绩的重要指标（但不是唯一指标）；对于从事应用研究的学者而言，科研成果转化多少、产生多少直接经济效益、申请多少发明专利、企业和市场对他们评价的高低，构成大学科研管理部门评价他们工作成绩的重要指标（但不是唯一指标）。这一点对于理、工、医等学科而言尤其如此。相应地，大学中文、史、哲等人文学科的评价标准与政、法、经、管等社会学科的评价标准也应该有所区别，前者类似于基础科学，后者类似于应用科学或应用基础科学。这些区别是大学科研部门在制定科研管理政策时必须充分考虑的。

目前，中山大学面向文、理、医三大学科门类的科研管理考核体系已经形成。但是，随着中山大学科研活动的迅速发展，不断出现新的学科类别，这就需要充分考虑工科与理科科研的区别，艺术学科与人文社会学科科研的区别，在现有三大学科门类科研管理差异性的基础上，进一步制定出符合这些新学科差异性要求的科研管理评价与考核体系。

大学科研管理中的差异性问题是一个带有全局性的、根本性的问题。正视差异性实际上就是正视大学科研活动中存在的种种矛盾。大学只有正视这一点才有可能最终建立起一种良性的、不断发展的科研管理体制。矛盾永远存在，我们能做的只是在其中找到一个平衡点，使之得以良性发展。在我看来，无论是行政管理，还是企业管理，或者是大学科研管理，归根到底就是一个"度"的问题。如果能够把握好大学科研管理中差异性内部的各个"度"，就能够在大学成长的变化过程中寻找到解决科研管理中差异性问题的各种平衡点，从而使大学科研管理成为提高科学研究效率的发动机。人们经常将中山大学简称为"中大"，细想颇有深意。按我的理解，"中"的含义有平衡、均衡、中庸等意思，在这里主要体现为"度"；"大"的含义有包容、博大、深邃、宽厚、多样化、差异性等意思，在这里主要体现为多样性与差异性。"中大"这个简称包含了"中"和"大"的丰富内涵，从这个角度讲，中山大学应该对大学科研管理中的差异性问题有一个较为明晰的认识，进而在实践中逐步接近那个平衡点。这是中山大学80年的文化积淀对大学科研管理体制改革的要求，也是广东省乃至中国经济发展形势对中山大学所承担的社会责任的要求。

参考文献

[1] Oliver Sheldon. The Philosophy of Management. London：Sir Isaac Pitman and Sons Ltd，1965.

[2] 房龙著. 连卫等译. 宽容 [M]. 北京：生活·读书·新知三联书店，1985.

[3] 李钟文等主编. 硅谷优势——创新与创业精神的栖息地 [M]. 北京：人民出版社，2002.

[4] 联合国教科文组织编. 关世杰等译. 世界文化报告——文化的多样性、冲突与多元共存 [M]. 北京：北京大学出版社，2002.

[5] 刘易斯·布兰斯科姆等主编. 尹宏毅等译. 知识产业化——美日两国大学与产业界之间的纽带 [M]. 北京：新华出版社，2003.

原载《中山大学学报（社会科学版）》2004年第6期

论区域公共管理的制度创新

陈瑞莲

从历史的层面说，自伍德罗·威尔逊（Wilson，1887）以来，公共管理作为一门拥有自身合法地位的社会科学，在其百多年的演进和流变历程中，始终不乏各种争奇斗艳的学术论争和理论流派，甚至出现"理论丛林"的局面；而公共管理实践作为一种"国家的艺术"，伴随其纷繁杂芜的气候生态和波澜壮阔的丰富实践，也总会有治理安排上的结构转型和制度创新。20世纪90年代中期以来，为了适应国内外公共管理环境的权变需求，也为了更好地体认公共管理这门学科的社会性和应用性特色，本文作者在国内公共行政学界率先对"区域行政"和"区域公共管理"进行了探索性研究[①]。现在看来，伴随全球化和区域一体化浪潮滚滚而至，我国市场化、工业化、城市化和现代化进程的不断加速，传统社会公共问题"区域化"和无界化的态势更加明显，一种有别于全球治理（国际公共管理）、国家公共管理、地方公共管理的区域公共管理，正在迅速凸显和逐步成形。区域公共管理面对和要解决的是区域性公共问题，因而它区别于传统的"行政区行政"[②]，对政府公共管理的治理结构和制度建构提出了新的挑战和诉求。

一、区域公共问题及其成因

（一）全球化和区域化的发展滋生了大量宏观和中观的区域公共问题

自"二战"结束以来，公共管理所面对的世界景象和社会生态发生了亘古未有的嬗变。当前，人类更是全面过渡到一个全球化和区域化齐头并进又交相辉映的时代。在全球化和区域化浪潮突飞猛进的时代，诸多的因素和复杂的背景交织在一起，诱发甚至引爆了大量"宏观区域性公共问题"和"中观区域性公共问题"。一方面，伴随经济全球化进程和世界新区域主义运动的兴起，民族国家间的区域化已经由传统的"浅表一体

---

① 关于区域行政与区域公共管理探讨的相关文献，参见陈瑞莲、张紧跟：《论区域行政研究》，载《公共行政》（中国人民大学）2002年第5期；陈瑞莲：《论区域公共管理研究的缘起与发展》，载《政治学研究》2003年第4期；杨爱平、陈瑞莲：《从"行政区行政"到"区域公共管理"——政府治理形态嬗变的一种比较分析》，载《江西社会科学》2004年第11期；陈瑞莲等：《珠江三角洲公共管理模式研究》第1、2章，中国社会科学出版社2004年版。

② 比照于"行政区经济"的学术概念，我们曾提出"行政区行政"概念。参见杨爱平、陈瑞莲：《从"行政区行政"到"区域公共管理"——政府治理形态嬗变的一种比较分析》，载《江西社会科学》2004年第11期。

化"向"深度一体化"[①]、封闭式区域化向更具开放性的区域化模式转变,加之作为政治目的的区域化进程的加快,使得洲际内跨国间的宏观区域性公共问题明显增加。诸如相互贸易与投资、国家安全、环境治理、公共卫生、危机管理、国际恐怖主义治理等跨国性公共问题,依靠民族国家的内部力量已经无法解决,必须寻求洲际区域内大部分国家甚至所有国家的集体决策和协调行动。另一方面,全球化和区域化的发展,使得由若干毗邻国家或地区结成的"次区域"变得更加相互依赖,由此滋生了更多难以回避的中观区域公共问题,如"新—柔—廖"次区域(新加坡、马来西亚和印尼三国毗邻区域)的合作供水问题,"图门江流域"次区域(中国、朝鲜、俄罗斯三国毗邻区域)的经贸关系、公共安全、政治合作问题,"澜沧江—湄公河地区"(大湄公河流经的中、越、缅、老、柬、泰等国)的经济、政治、社会、文化领域合作,"一国两制"下粤、港、澳次区域的竞争力、经济合作、环境治理、公共卫生和危机管理、政府协调等问题。

(二)市场化进程的推进催生了诸多区域公共问题

1949—1978年的近30年间,中国长期实行高度集权的中央计划经济体制,政府管理社会公共问题的唯一机制是自上而下的科层制,缺少市场机制和社会机制。因此,社会公共问题往往被禁锢于行政区划内部,通过内向型行政方式予以解决。改革开放以来,特别是1992年我国正式提出建立社会主义市场经济体制以来,国内的分权化改革和市场化进程在不断推进,迫切要求有一个"全国一盘棋"的统一市场环境;而2001年中国正式加入WTO,更宣告中国的市场经济必须与国际市场机制接轨,需要主动或被动地接受国内和国外两个市场的激烈竞争。从集权与分权的政治逻辑来看,市场经济下中央政府实行经济性分权政策是好事,它能够诱发哈耶克所谓的自发秩序的慢慢形成,有利于调动地方行动主体(包括地方政府)发展经济和参与市场竞争的主动性、积极性。然而,由于国家政治体制改革和法治建设进程的滞后,加之尚未顺利实施行政性分权的配套改革,我国市场化改革的直接后果是催生了诸多新型的社会公共问题,比如地方政府的GDP崇拜和政绩主义、地方政府间的恶性竞争、地方保护主义、地区发展的马太效应等。我国市场化进程中催生的这些问题,不仅突破了传统行政区划的刚性束缚,扩散和蔓延到由多个地区组成的某一经济区域,而且还超越了计划体制下那种由上至下的政府治理能力域限,衍生为区域性公共问题。在这种情况下,传统的行政区行政的僵化法则已经力不从心,迫切呼唤区域公共管理这种治理新机制的诞生。

(三)工业化和城市化的推进产生了棘手的区域公共问题

近20多年来,中国的工业化进程和城市化速度在迅速提升,由此引发了社会公共问题的空间重组和空间集聚,其结果也萌发了复杂的区域公共问题。主要表现在:①城乡二元结构问题。中国是一个有着2000多年农耕历史的国家,目前占社会六成以上的人口是农民,因此,农村城市化的压力巨大,解决城乡二元结构也任重道远。在我们看来,中国的城乡二元结构问题,从某种意义上说,是城市与乡村两种不同政治行政区域

---

① 所谓"浅表区域一体化"是指通过消除政策干预和减少市场分割来增强竞争的一种区域化模式,例如APEC和美洲自由贸易区(FTAA);"深度区域一体化"是指通过一系列制度建构,成立超国家或超行政区政府的权威机构来建立经济联盟,典型代表为"欧盟"(EU)。

之间存在着短期难以弥合的公共管理的制度差异，进而需要两种功能区域之间进行制度协调、制度创新、制度重构的问题。从这一视角看，转型时期的城乡二元结构问题，非常值得区域公共管理开展长期的理论与实证相结合的探究，比如"假性城市化"现象、"城中村"问题、农民失地问题、村改居问题、社区公共物品的供给问题，等等。②行政区划变革问题。从历史发展的角度看，中国几千年来，行政区划的调整更迭似乎是一个永恒的话题。特别是改革开放以来，在市场化、工业化和城市化等多股动力的促动下，我国行政区划的变革与调整尤为频繁。从一定意义上说，行政区划变革已经成为政治权力和治理权限在区域空间上的较量和政府体系内部的再分配过程，其中隐藏着多维的利益博弈关系，牵涉到公共管理的深层次症结。因此，需要加强公共管理学科视野的研究。③流域治理问题。从自然区域的角度看，流域是一种整体性极强的区域，流域内各自然要素的相互关联极为密切，特别是上下游间的相互关系密不可分。但是，从行政区域的角度看，流域又是不完整的，它往往被不同的行政区域所分割。特别在市场化和工业化的双重压力下，地方政府在经济利益的驱使下，俨然成为流域内利益独立的博弈主体。因此，流域治理的公益要求（如环境保护、产业协调、城市规划等）与地方政府的功利动机（主要是经济发展、财税指标、后发困境等）之间，存在着难以调和的矛盾甚至冲突。总之，流域治理引发的区域公共问题甚为棘手但又亟待解决。

（四）现代化进程中的区域公共问题日益加剧

从现代化进程和发展理论视角来看，从清末的"洋务运动""西学东渐"到建国后的"四个现代化"建设，再到改革开放以来的区域非均衡协调发展，近代以来的百多年间，我国的现代化事业历经艰辛，迄今已取得举世瞩目的成就。毋庸置疑，由于中国是一个后发赶超型现代化国家，因而与西方发达现代化诸强相比，我国的综合现代化水平还很低，仍基本处于"经典现代化"发展阶段；与发达国家的"再现代化"甚至超现代化水平相比，更有天壤之别。尤为突出的是，中国是一个严重非均衡发展的国家，其内部的现代化程度和发展水平在空间区域上表现出巨大的落差，由此产生一系列事关国家或地区发展前途的区域公共问题。这些问题主要有：①国内的东、中、西部之间，在经济发展水平、制度文明、社会发育、竞争优势等方面差距明显，形成发达区域、次发达区域和欠发达区域的发展鸿沟。②东北老工业基地与中部一些工业基础较好的省份出现滞胀和结构性萧条的发展困境，已经凸显出"问题区域"的态势。③老、少、边、穷的地区现代化水平不容乐观，与沿海先发区域间有差距扩大的"马太效应"趋势。④沿海一些发达省份的内部区域发展差距问题日益突出，尤其是广东、江苏、山东、福建较为明显。

笔者认为，从中国内部的区域发展与公共管理的互动逻辑来看，在某种意义上可以说，21世纪中国公共管理面对的最大挑战莫过于区域协调发展的挑战，处理和解决好了上述一系列区域性公共问题，和谐社会的发展愿景就不再遥远。

二、我国区域公共问题管理中政府制度的缺失

就目前来看，对于区域公共问题的治理，无论是我国公共管理的理论界还是实务部门，都缺乏系统的理论思考和操作策略；而最为关键的是，我国政府公共管理的制度设

计和制度链条中，还存在诸多的漏洞与缺失，难以胜任区域公共问题的合法、合理和高效治理。这些缺失主要是：

（一）行政区行政的治理思想根深蒂固

众所周知，中国有几千年的封建官僚制度传统和"大一统"治理意识，对于社会公共问题的管理，历代统治者习惯将复杂问题简单化，而新中国成立后实行了几十年的高度集权的计划体制，更是强化了"国家简单化"的治理理念。如果从治理的技术层面来说，我国政府传统的这些治理特质，可以概括为"行政区行政"。所谓行政区行政，简单地说，就是基于单位行政区域界限的刚性约束，民族国家或地方政府对社会公共事务的管理是在一种切割、闭合和有界的状态下形成的政府治理形态。它有以下基本特征：①从政府治理的社会背景看，行政区行政适应了农业文明和工业社会的基本诉求，是封闭社会和自发秩序的产物。它发轫于农业社会下自给自足的小农经济基础，契合了政府专制统治的传统。自工业社会以来，基于韦伯的"现代理性"而构建的稳态的"科层制"结构，更是使行政区行政模式的封闭性和机械性发挥到了极致。②从政府治理的价值导向看，行政区行政的根本特征在于，它是以民族国家或国内地方政府的、明确的单位行政区划边界作为管理出发点的。这种根据行政区划的人为切割来治理国家和地方的模式，可以称之为"内向型行政"或"闭合型行政"模式。内向型行政模式从根本上讲是"画地为牢"和"各自为政"的，其少关注行政区划边界或跨行政区域的"区域公共问题"。③从社会公共事务的治理主体上看，行政区行政是一种垄断型统治行政模式。在这种模式下，政府是管理国家和地方行政区域内部公共事务的唯一主体，政府成为万灵和万能的"全能"政府，可以预见和处理所有社会公共问题，制定各种公共政策并监督其执行，从而包办和代办了单位行政区域内部的大小公共事务。④从公共权力运行的向度上看，行政区行政模式强调政府管理权力运行的单向性和闭合性。也就是说，根据"科层制"所内蕴的层级分设和层级节制的基本法则，政府公共管理权力在行政单元内部的日常运作是自上而下的和单向度的，由此形成一种单一权威中心的"金字塔"式闭合结构。特别是在中央集权的单一制国家，由于一贯坚持"下级服从上级，地方服从中央"的政治原则，这使得按行政区划切割的地方政府，必须严格遵循"中央政府→地方政府"的博弈规则，很难自觉生成一种"地方政府→区域公共管理共同体←地方政府"的谈判协调的制度安排。⑤从公共问题治理的层次设计看，自上而下的等级制层次设计是行政区行政的基本法则。具体来说，就是将国家内部的社会公共问题切割为若干层次，进而设计机构类同、职能重叠的等级治理架构。很明显，那些跨越这些等级层次的外溢性区域公共问题，不在等级制治理的层次设计视野之内。

（二）现代区域政策框架尚未成形

区域公共问题的治理，特别是国内区域问题的治理，需要有组织完善、设计精细、有的放矢的一整套区域政策作为保障框架。新中国成立以来，我国政府在不同历史时期进行过多次区域范围的划分，也先后实行过区域均衡发展、区域非均衡协调发展和梯度发展等多种发展战略，投入了大笔公共财政资源。但是，区域发展的公共绩效一直较为低下，达不到政策设计时的理想目标。其中的症结何在？有学者认为，中国迄今为止尚无真正意义上的区域政策，是我国区域发展一直走不出恶性循环的主要根源[①]。其理由是：①中国没有形成完善的区域政策制度基础，比如区域政策实施机构不是立法的产物，没有专门负责区域政策的职能部门。②不存在可供区域政策利用的区域划分框架，比如中国的区域划分都是草率、笼统的，范围太广，不具有实施区域政策的针对性和可操作性。③区域政策工具残缺不全，除扶贫政策外，缺乏针对问题区域的政策。④缺乏有效的政策监督与评估机制。笔者认为，这种观点较为实际地揭示了我国区域政策的误区和问题。中国确实缺乏西方发达国家意义上的区域政策。这是因为，欧美国家的区域政策有一个良好的公共管理的制度基础（包括成熟的市场经济、宪政法治、有限政府、公共治理的多元机制等），而中国的区域政策过程，由于长期受人治行政、集权体制、全能政府、扭曲市场经济等诸多因素的影响，一直难以有完善的制度基础、设计精细的区域划分框架以及具有可操作性的政策工具、有效的区域政策监督与评估机制等。因此，"上有政策、下有对策""政策的部门分割""政策的相互打架"症状就成为中国区域政策过程中的普遍现象。

（三）区域公共管理的具体制度安排不健全

我国区域公共管理中政府制度的缺失，除了上述两大问题外，在诸多具体的制度安排方面也很不健全。主要有：①宏观与中观区域公共问题管理的制度安排有待完善。国际上"深度一体化"进程和宏观区域治理最成功的典范当属"欧盟"。与之相比，我国与亚太国家结成的宏观区域或者与相邻国家结成的次区域，其治理结构和制度框架仍处于探索和发展阶段，需要中国政府的积极参与并加以完善。②解决我国普遍存在的地方保护主义和地方政府间恶性竞争的制度安排非常脆弱，成为影响国家和区域整体经济绩效的病灶。③我国黄河、长江、珠江、淮河等大江大河的流域治理制度弊端甚多，其中涉及的水权制度、生态补偿机制、利益协调机制、政府间关系等问题尤为突出。④区域公共协调机制并不健全，比如市长联席会议制度、区域公共基础设施协调制度、"一国两制"下粤—港—澳联席会议制度、"泛珠三角"区域协调制度、省际区域公共协调制度，等等。⑤行政区划调整与空间规划中的问题突出，政策随意性和长官意志浓厚，尚未有建基于宪政制度和法治原则的制度约束机制。⑥城市化进程中的城乡二元结构问题突出，城市区域与农村区域之间缺乏有效衔接的制度融合机制。

三、区域公共管理制度创新的基本路径

（一）治理理念的转变：从行政区行政到区域公共管理

区域公共问题管理中的政府制度创新，首先要突破以单位行政区划的刚性约束和政府统治为要义的行政区行政的缺失，确立区域公共管理的新思维。①在政府治理的社会背景上，区域公共管理是开放社会和无缝隙社会的产物，它迎合了全球化和区域化浪潮的需要，因应了市场化、工业化和现代化进程的大势所趋。在这样一种权变、风险、不确定性的复杂社会生态下，社会公共事务表现出高度渗透的趋势，区域乃至全球社

[①] 张可云：《区域经济政策——理论基础与欧盟国家实践》，北京：中国轻工业出版社，2001年，第540页。

会间结成"你中有我，我中有你"的相互依赖状态，区域性和区域化的"广度"与"深度"得到前所未有的倍增。②在政府治理的价值导向上，区域公共管理以公共问题和公共事务为价值导向，而非以行政区划的切割为出发点。它摒弃了传统的"内向型行政"或单边行政的弊病，奉行"区域性行政"和合作治理的哲学观，把大量跨越国界和行政区划的"外溢性"公共问题和"区域性"公共事务纳入自身的管理范围，由此实现社会公共事务的分层治理和细分治理。③在社会公共事务治理的主体上，区域公共管理的主体是多元化的。它既有代表官方的政府组织，也有非官方的民间组织和私营部门，涵盖了区域内的民族国家间政府、中央政府、地方政府及其联合体，以及区域性的多样化非政府组织、自愿组织和经济组织，形成了区域政府与公民社会、私营部门等多元主体共同治理区域公共事务的新格局。④在公共权力的运行向度上，区域公共管理倚赖的是多元的、分散的、上下互动的权威，彼此间是合作网络和交叉重叠的关系。它主要通过合作、协调、谈判、伙伴关系、确立集体行动的目标等方式实施对区域公共事务的联合治理。这种联合治理的实质在于建立在市场原则、公共利益和认同之上的相互合作。总之，根据区域涵盖界域的大小，我们可以把现代区域公共管理划分为国家间区域公共管理、次区域公共管理和国内区域公共管理3种类型（见表1）。

表1　区域公共管理的3种典范

层次	治理主体	实践例举
国家间区域公共管理	洲际内民族国家政府间组织、跨国公司、非政府组织	"欧盟"的区域公共管理，"东盟"的区域公共管理，"南方共同市场"的区域公共管理，多瑙河的流域治理，等等
次区域公共管理	跨国界或跨境的多边"成长三角"的政府间组织、非政府组织、跨国公司	"新—柔—廖"次区域管理，"澜沧江—大湄公河"的次区域管理，粤、港、澳"大珠三角"的区域公共管理，等等
国内区域公共管理	中央政府、地方政府、跨行政区域的地方政府间联合体、非营利组织	"大长三角"的区域公共管理，黄河的流域治理，区域协调发展管理，问题区域治理，行政区划改革与空间规划管理，等等

（二）治理机制的创新：从科层制到组织间网络制

在公共事务的治理机制上，区域公共管理观认为，治理纷繁杂芜的公共事务尤其是区域性公共事务，没有绝对的医治百病的"灵丹妙药"。传统的科层制面对区域公共问题的挑战，已经显得力不从心，因此，针对不同层次、不同类型的区域公共问题，必须借助于科层制、市场机制、自组织制等混合机制来对其进行"多中心"治理，形成一种组织间网络的区域公共问题治理新机制。诚如著名学者约瑟夫·S.奈、约翰·D.唐纳胡所指出的："全球性的最大特点是网络性，因此，这些治理机制也应当是网络性的，而不是等级制的。""治理仍将建立在民族国家为中心的基础之上。国家权力、国家间的权力分布仍然十分重要……但是，'国家'的旧有形象或许将变得越来越与实际不符，因为国家机构与私人部门、第三部门的联系越来越网络化而难分彼此。跨政府关系网络、跨国关系网络将变得越来越重要。"①组织间网络治理最成功的典范莫过于欧盟的区域治理。欧盟区域公共管理的研究专家贝娅特·科勒－科赫认为：集体意愿的组织原则和宪政的观念是区分社会政治体系的两个构成性要素，因此，根据两者的不同方式组合，可以区分出4种不同种类的治理机制（见表2）；在这4种治理类型中，法国一般被贴上"国家主义"的标签，美国以"多元主义"而著称，瑞士是"和谐主义"的典范，而欧盟则成为"交织主义"（即网络治理）的实例。在此基础上，国内有学者对贝娅特·科勒-科赫的4种治理机制做了进一步的诠释，归纳和概括出其中的主要特征（见表3）。由此可以看出，国家主义、多元主义、法团主义治理机制主要适用于某个民族国家或行政区政府，而网络主义治理机制则适合于特定的跨国或跨行政区的区域共同体。这些特征也与上文分析的区域公共管理的主要特色并无二致。

表2　4种治理体系的类型划分②

宪政观念		组织原则	
		多数决定原则	协商一致原则
	公共福祉	国家主义	和谐主义
	个人利益	多元主义	交织主义

表3　4种治理模式的主要特征③

	国家主义	多元主义	法团主义	网络主义
国家的角色	权威	裁判员	调解者	促进者
主要的目标	追求共同的"国家"利益	追求个人利益	整合冲突的群体利益	协调相关利益
相互作用的方式	以多数规则为基础的命令和控制	为建立简单多数联盟而进行的竞争和讨价还价	共同谈判以达成共识	多边谈判以获得大致相同的地位
最重要的行为体	国家行为体	国家行为体和大量的利益集团、政党	国家行为体和功能强大的社团	国家行为体、各种公私行为体和大量的投资者
政治分配的层级和范围	包括所有议题领域的中央层级	各个政府层级上的所有具体议题	包括具体议题领域的国家和次国家层级	功能上超越不同层级的具体协议

注：表3的"法团主义""网络主义"相当于表2的"和谐主义""交织主义"。

---

① ［美］约瑟夫·S. 奈、约翰·D. 唐纳胡：《全球化世界的治理》，北京：世界知识出版社，2003年，第13页。
② ［德］贝娅特·科勒-科赫等：《欧洲一体化与欧盟治理》，北京：中国社会科学出版社，2004年，第182页。
③ 吴志成：《治理创新：欧洲治理的历史、理论与实践》，天津：天津人民出版社，2003年，第350-351页。

（三）制度基础的建构：从"国家简单化"管理到"国家精密化"管理

从现状来看，我国区域公共问题管理的制度基础非常薄弱。由于尚未建构起适应区域公共问题管理需要的相应制度体系，政府对区域公共问题的管理仍沿袭"国家简单化"的思维观念和方式手段。所谓国家简单化管理，是指高度集权的计划体制下，由于国家官僚的极度理性而设计的一种"假、大、空"式的公共问题管理制度，在这种制度逻辑下，政策具有随意性，制度设计严重脱离实际而不具有可操作性和问题的针对性。简而言之，国家简单化管理，就是官僚在过分自信的情况下滥用国家权力，对复杂的社会公共问题做简单化处理的一种治理安排[①]。国家简单化的管理制度，难以应对区域公共问题的治理诉求，因此，必须借鉴发达国家那种"国家精密化"的管理制度。所谓国家精密化管理，是指成熟市场经济国家的行政官僚，在有限理性驱使下设计的一种缜密、精细、法治的公共问题管理制度。

比如以区域发展的制度基础为例，为了确定结构基金（Structural Funds）以及其他区域政策工具的受益区域范围，欧盟当局制定了通用的区域体系（NUTS区域）。整个欧盟的区域划分为3个NUTS层次，每个成员国分为1个或多个NUTS-1区，每个NUTS-1区又分为1个或多个NUTS-2区，NUTS-2区又进一步分为几个NUTS-3区。同时，对应落后病、萧条病和膨胀病3类区域问题，至少有3类问题区域划分，即落后区域、萧条区域与膨胀区域。又如，具体到英国区域发展的制度基础来看，英国把英伦三岛之一也是最重要的英格兰划分为9个标准区域，分别成立9大区域发展局（RDAs）[②]，在9大RDAs下面又做次级甚至更多层级的区域划分，从而使区域问题的治理变得更有针对性，工具和策略更有可操作性。反观中国或国内的一些省份，区域协调发展政策的制度基础尚较为薄弱，表现在：政策随意性强，没有一种一以贯之的可持续发展的区域政策框架；区域的划分非常简单和笼统，而且变动很大，很难真正确定区域政策的受益范围；尚未有相对独立、具有宪政法治基础的专门区域管理机构，等等。

（四）区域政策的创新：从内部政策到区域公共政策

传统上我国中央政府或地方政府，只有面向国内或地方的内部政策，缺乏面向国外和区域间的区域公共政策。要进行区域公共管理的政府制度创新，重要的内容还在于实现从内部政策到区域公共政策的转变。

1. 国家间政策一体化

政策一体化是指政府有意采取超出国民待遇范围的措施，通过调整、协调或对国家政策和执行机制的相互认可来减少管理体制所带来的市场分割的负面效应。目前，国际上的区域一体化安排（Regional Integration Associations）如欧盟（EU）、澳大利亚与新西兰之间的密切经济关系协定（CER），在国家间政策一体化方面堪称典范。通过国内

---

① ［美］詹姆士·斯科特著：《国家的视角——那些试图改善人类状况的项目是如何失败的》，王晓毅译，北京：社会科学文献出版社，2004年，第3页。

② 这9大区域发展局分别是：英格兰西南区域发展局、英格兰东南区域发展局、伦敦区域发展局、东英格兰区域发展局、中东部区域发展局、中西部优势区域发展局、前进中的约克厦尔区域发展局、西北区域发展局、英格兰东北区域发展局。资料来源：英格兰区域发展局网站（http://www.englandsrdas.com/home.aspx）。

政策配合、国家标准和规章的协调，以及对外国管理体制和达标评定程序的认可3种模式，国家间政策一体化可以获取丰厚的经济收益，主要是降低交易成本、扩大开放和增加国内市场的公平竞争、将外部溢出效应"内部化"、对实行自由贸易的成员方进行补偿的机制等[①]。因此，中国政府应积极参加东盟"10＋1"自由贸易区，尽快实现与这些国家的政策一体化目标。

2. 政治目的下的"次区域"一体化政策

由相邻的若干民族国家或地区结成的"次区域"一体化安排，几个成员国之间实行"俱乐部规则"，可以共同提供国家安全、和平环境、有助于某些社会的政治制度，以及民主价值观的形成等区域性政治公共物品。这种"次区域"一体化政策可以减少邻邦间的摩擦、减缓社会及政治压力、巩固民主与政治制度、提升"弱小政体"的谈判和讨价还价能力，比如中国与俄罗斯以及中亚几个国家建成的"上海合作组织"、中国与东南亚诸国结成的"大湄公河"次区域合作组织等。

3. 实施区域功能政策

（1）竞争政策。在现代市场经济条件下，竞争政策在区域经济一体化和建设统一大市场、消除政府间恶性竞争方面起着极其重要的作用。比如在欧盟，竞争政策被奉为单一欧洲市场的第三根支柱，因为它的目的是通过消除一切阻碍、限制或扭曲欧盟范围内自由竞争的行为，保证欧洲统一大市场中公平竞争的和谐有序进行[②]。欧盟竞争政策有着雄厚的法律基础。然而，我国目前的竞争政策的法律基础很不完善，除《中华人民共和国反不正当竞争法》（1993）第7、30条有相关限制不正当竞争的条款外，很少有其他法律涉及地方政府间竞争和地方保护的规定。因此，要规范我国地方政府间的合理竞争，消除地方保护主义现象，就必须建构竞争政策的法制基础。

（2）区域（地区）发展政策。这一政策旨在协调区域发展，减小区域间的发展差距。正如上文所分析的，区域政策必须以坚实的制度基础做保障，比如，欧盟的区域政策有3个必不可少的方面：欧洲地区发展基金（后又发展为包括发展基金、结构基金、凝聚力基金在内的丰富的资金体系）、涉及地区问题的政策机构（主要包括欧洲投资银行、欧洲社会基金、欧洲煤钢共同体、欧洲农业指导与保证基金）、对各类具有不同程度地区效应的政策予以协调[③]。可以看出，独立运作的基金、专门负责的职能机构和区域政策间的协调是保证区域发展政策有效落实的基础。因此，在区域协调发展事业中，我国政府必须关注这方面的问题。

原载《中山大学学报（社会科学版）》2005年第5期

---

① Maurice Schiff & L. Alan Winters：《区域一体化与发展》，北京：中国财政经济出版社，2005年，第97页。

② 刘秀文、埃米尔·J.科什纳等：《欧洲联盟政策及政策过程研究》，北京：法律出版社，2003年，第13页。

③ 张荐华：《欧洲一体化与欧盟的经济社会政策》，北京：商务印书馆，2001年，第159页。

中国公共行政学研究的反思：面对问题的勇气

马 骏

学科的进步来自不断的反思。在美国公共行政学的发展史上充满了各种争论与反思，某些争论和反思甚至深刻到使得公共行政学面临可怕的身份危机。然而，也正是在这些争论和反思的过程中，美国公共行政学逐渐地意识到自己在知识发展上存在的问题，包括理论基础、研究方法、研究范围上存在的问题，并在解决这些问题的过程中逐步地完善和改进公共行政学研究，逐渐确立起自己的"身份"和学科地位。自从20世纪80年代中期恢复以来，中国公共行政学研究已经有了20多年的历史。在许许多多公共行政家的不懈努力之下，中国公共行政学研究已经取得了很大的发展，累积了许多的文献。这些文献固然不乏有价值的研究，然而，无论是从整体上看，还是与国际学术研究水平相比较，中国公共行政学研究仍然非常落后。在这种情况下，每一个中国公共行政学家都应该认真而且深刻地反思中国公共行政学的研究。我们应该反思这样一些问题：经过20多年的研究，我们"生产"了什么知识？我们的研究是否促进了公共行政学的知识发展？我们的研究是否符合不同的研究取向所要求的"质量标准"？我们生产的这些知识对于处在巨大社会转型中因而面临巨大挑战的中国公共行政来说是否有用？如果我们的研究缺乏质量，那么，问题出在什么地方？我们是如何进行研究的？或者，我们是如何"生产"这些知识的？然而，非常遗憾的是，目前并没有这方面的反思。中国公共行政学普遍缺乏理论上的对话与争论，似乎陷入了一种缺乏反思的"自说自话"的境地。

一

要对中国公共行政学研究的现状做一个"准确"的判断，需要对中国公共行政学在过去20多年形成的研究成果进行全面而且科学的评估。粗略地看，中国公共行政学研究存在四大问题。当然，应该强调的是，本文指出这些问题是希望借此推动我们的反思，进而推动中国公共行政学研究更上一个台阶。为了推动学科的发展，我们需要反思的勇气和面对问题的勇气。

（一）研究重心的"非中国化"

一个非常奇怪的现象是，目前，相当多的中国公共行政学家都将研究的重点放在美国和其他西方国家的公共行政学理论和实践，而不是中国公共行政本身。由于中国公共行政学研究起步晚，在研究的早期将研究重点放在引进上是可以理解的。但是，经过20多年后仍然将重点放在美国或西方的公共行政学研究上，就是非常令人费解也非常令人遗憾的。实际上，目前国外的公共行政研究仍然没有发展出一个具有普遍意义的公共行政学理论。正如美国公共行政学家法默尔指出的，美国的公共行政学也只是一种"特殊主义"的知识体系①。

（二）研究方法的"非规范化"

根据美国公共行政学家杰伊·怀特（White）的分类，公共行政学研究存在3种研究取向：实证研究、诠释研究和批判研究②。然而，无论选择哪种研究途径，公共行政学研究都要符合这些研究取向的质量标准。正如杰伊·怀特和盖·亚当姆斯指出的："选择追随主流社会科学逻辑的人们，应该好好地运用假设检验、实验和描述性及推论性的统计等方法进行研究。在诠释和批判推理指导的研究中，质量标准是同等重要的。被理解为叙事的知识发展和使用的逻辑需要进行进一步的清晰表达。需要用方法论的原则来指导该领域的叙事研究。必须关注什么可以被视为好的故事。亟须对叙事知识的适当标准和基准进行讨论。必须找出内涵的、说明的以及技术的语言游戏的可接受规则，并检视其对研究的适用性。"③然而，简单地浏览一下现有的文献，就不难发现，相当多的中国公共行政学研究都没有遵循实证研究、诠释研究和批判研究各自的研究方法，因而在研究质量上存在严重的问题，未能促进知识的增长。许多似乎是实证研究取向的研究其实并没有运用现代社会科学研究方法。许多研究根本没有一个明确的研究问题，没有文献评估，没有深入地研究因果机制，没有构建出具有说服力的理论，更没有进行理论检验，或者理论观点没有经验事实支持。许多非实证研究取向的研究也并没有遵循诠释研究和批判研究的研究方法。总而言之，用实证研究、诠释研究和批判研究的标准来判断，中国公共行政学研究在质量上存在着严重的问题。

（三）缺乏对真实世界的了解

由于研究重心上的"非中国化"和研究方法的落后，中国公共行政学对于真实世界中的公共行政一直缺乏深入的了解，也不能提供富有说服力的解释。对于中国公共行政学研究来说，真实世界中的公共行政仍然是一个"黑箱"。在这种情况下，中国公共行政学并没有构建起本土化的公共行政理论。实际上，简单地浏览一下中国公共行政学的文献就会发现，许多即使是研究中国公共行政的文献既没有深入政府部门进行调查，也没有收集各种数据来进行分析。在这种情况下，许多研究所形成的结论通常是没有经验事实支持的。在这样一种研究氛围下，没有检验的理论假设就被当成真理，理论构建也只是概念之间的循环论证，即停留在概念分析的层面。当然，有些研究进行了实地调研或者进行了数据分析。但是，由于没有运用现代社会科学的方法对各种数据与资料进行分析，这些研究都未能从一大堆经验事实中形成具有理论意义的概念与分析框架，都未能构建出能够很好解释真实世界中的中国公共行政的理论。其实，无论是从事定量研究还是定性研究，最大的挑战都是，如何从一大堆经验事实中构建出一个与经验事实相符

---

① 法默尔·戴维德：《公共行政学的语言》，美国：阿拉巴马大学出版社，1995年。
② 杰伊·怀特：《公共行政学知识的增长》，《公共行政评论》1986年第1期；杰伊·怀特：《严肃对待语言：公共行政学研究的叙述基础》，美国：乔治唐恩大学出版社，1999年。
③ 杰伊·怀特、盖·亚当姆斯编：《公共行政学研究：理论与现实的反思》，美国：赛兹出版社，1994年，第17页。

合的理论框架。如果没有一个内在一致而且逻辑严谨的理论,我们是不能真正理解真实世界中的中国公共行政的。实际上,正是由于对真实世界缺乏了解,才严重地制约了中国公共行政学理论与实践结合的能力。

（四）缺乏指导实践的能力

公共行政学是一门应用性的学科,它的核心使命是从政府的角度解决各种社会问题。正如杰伊·怀特和盖·亚当斯指出的:"无论倾向于哪种路径,我们相信必须回答这一问题:如果我们不能对我们这个时代的重大问题做出建设性的贡献的话,我们作为一个领域又有什么可取之处呢?"然而,严格地说,在过去20多年中,中国公共行政学整体上并没有对我们这个处于巨大变革的社会所面临的重大问题做出建设性的贡献。一些公共行政学家也许会抱怨经济学家垄断了政策咨询,抱怨国家过分推崇经济学。但是,我们自身应该做这样的反思:如果国家决定依赖中国的公共行政学家来获得政策咨询,我们能不能做出自己的贡献?如果我们的研究仍然继续不关注真实世界的中国公共行政,如果我们的研究仍然不能运用现代社会科学的研究方法构建出本土化的中国公共行政理论,我们又如何能对中国的改革做出贡献呢?"没有调查就没有发言权。"如果我们对真实世界的中国公共行政一窍不通,我们如何能建议中国政府应该如何进行改革?

二

如果中国公共行政学研究存在这些问题,那么,如何才能推动中国公共行政学研究呢?本文主要就实证研究领域谈一下这个问题。归根结底,我们的研究必须能够推动知识发展、管理创新和社会进步。因此,我们的研究首先必须选择有价值的研究问题。如果我们正在研究的问题是没有价值的,我们就不可能推动知识的发展,更不能推动管理创新,不能对社会改革提出有价值的建议。简单浏览一下目前中国公共行政学中的论文或专著就不难发现,许多研究从头到尾根本就没有一个明确的研究问题。这无疑是一个非常令人费解的现象。如果没有一个问题,为什么要写文章呢?有一些研究有问题意识,但是,存在着两个非常普遍的问题:一是从来不用疑问句的形式来表述问题,而是用陈述句的形式来表述问题;二是研究问题的选择经常确立为"如何解决某某问题"（how to）,而不是"为什么会出现某某问题"（why）。虽然公共行政学是以"解决问题"为其核心使命的,但是,为了解决问题,我们必须先知道是什么原因导致了这些问题,这些问题是如何发生的。也就是说,我们需要研究其中的因果机制。就像医生开药方前先要知道症状,然后要知道是什么原因导致这些症状,然后才能开药方。如果不知道是什么原因导致这些症状就开药方,那么,药方要么没有效果,要么会吃死人的。

形成研究问题是有步骤的。研究问题的形成要从"弊端陈述"（Problem Statement）开始,这个弊端可以是现实中的弊端,也可以是理论上的弊端。如果我们发现了一个弊端,那么,我们就找到了一个很好的切入点。例如,如果我们发现虽然国家颁布了义务教育法,但仍然有许多学龄儿童上不起学,我们就可以问:为什么有这么多学龄儿童上不起学?如果我们发现到处的药价都很高,而且即使国家发展和改革委员会不断地对药品价格进行降价,药品的价格仍然很高,我们就可以形成这样一个研究问题：为什么药价总是这么高？在形成研究问题时，我们需要先对现象或弊端进行描述，比如，全国有多少上不起学的儿童，他们在全国学龄儿童中的比重，然后才能提出具体的研究问题（Research Question）。一般地，我们的研究问题应该是解释性的。只有把这个解释性的研究问题研究清楚了，我们才能就如何解决某某问题形成建议。当然，如果某个现象一直没有人关注，但是它对于知识增长和社会进步等目的来说是非常重要的，那么，我们的研究问题也可以是描述性的。最后，研究问题的选择将会影响研究方法的选择。如果我们关注的是人们的行动和具体的过程，那么，我们的研究将可能主要是一种定性研究。如果我们关注的是一个因素的变化对于另外一个因素产生什么影响，那么，我们的研究将可能主要是一种定量研究。

在"弊端陈述"的基础上形成研究问题后，我们需要陈述研究问题的目的与意义（Purpose Statement）。弊端陈述本身就在一定程度上为研究问题的目的和意义提供了支持。但是，要从根本上判断一个研究问题的意义，需要进行文献评估。只有通过全面的文献评估，我们才能判断形成的研究问题是否具有价值和意义。目前中国公共行政学研究在文献评估上存在这样几个问题：①没有文献评估。②文献评估与问题没有关系。文献评估的目的是通过文献评估看一看自己提出的问题，学术界是否已经研究清楚了。因此，文献评估的范围是那些与自己提出的研究问题直接有关的文献。但是，目前许多公共行政学研究的文献评估都是对一个领域或议题的相关文献进行罗列。③罗列文献。许多研究即使有文献评估，而且文献评估也多少是与问题有关的，但是，它们通常只是简单地将文献进行罗列，不能寻找一个标准来对文献进行分类，并创造性地对文献进行评估。④文献评估和以后的理论分析之间缺乏联系。文献评估是承前启后的，"承前"是指文献评估可以进一步论证研究问题的价值，"启后"是指文献评估在很多情况下可以为我们下一步的研究提供养料。在很多情况下，知识的增长是一步一步的。通过文献评估，我们发现现有的理论在某些方面存在不足，然后，在这些方面进行改进，从而就可以推动知识的发展。当然，在有些情况下，尤其是现有的理论在研究取向和路径上存在严重的缺陷时，现有的理论可能会阻碍我们推进知识的发展。

在文献评估的基础上，我们应该开始自己的研究，通过选择正确的研究方法来对提出的问题进行研究，形成自己的回答。一句话，我们需要对真实世界进行理论上的分析和解释。在此，存在着定量研究和定性研究这两种研究取向。它们在理论化方面选择的路径是不同的，前者是自上而下的演绎，后者是自下而上的归纳。它们在理论构建上所持有的抱负也是不同的，前者非常强调理论构建，强调形成明确的理论假设，而后者在理论化方面的野心较小，许多定性研究主要着重于对经验事实进行一般性的概念化，然后对过程或行动进行"深描"。当然，在定性研究中，如果选择扎根理论的研究方法，则会具有很强的理论构建意识。但是，无论是定性研究还是定量研究，都有一个基本的理论化努力，区别只是程度和路径。

理论化可以包括这样几个层级：简单的分类、构建类型学、概念化、形成概念框架、模型化。当然，不同的研究设计的著作在这一问题有所分歧。不过，有一点几乎是没有争议的，那就是，理论化的第一步是分类。现实世界是非常复杂的，如果不对之进行分类，各种现象看起来就是混乱无序进而无法理解的。而且，如果不进行分类，这些现象可能具有的理论意义就无法凸现出来。在研究中国公共行政问题时，我们经常也需要进行分类。和其他的社会科学一样，公共行政学的核心任务也是解释人类行为，因此，在很多情况下，我们的分类也是对行为进行分类。在分类的基础上，我们需要给这些行为一个名称，这就是概念化。概念化赋予这些行为某种理论意义。分类过程和概念化对于随后的理论构建是非常关键的。不同的分类和概念化可能导致不同的理论。在一定程度上，能否对各种行为和现象进行具有理论意义的分类并进行概念化，是衡量研究者是否具有"理论触觉"的标准。如果没有"理论触觉"，各种经验事实就会像万花筒里的图像一样转眼消逝，不会给研究者留下任何印象。在对观察到的行为进行分类并概念化后，我们需要对行为的发生或变化进行解释。此时，我们需要寻找关键性的解释性概念。然后，我们需要在被解释概念和解释性概念之间建立一种符合逻辑的因果关系，即形成某种概念框架。一个概念框架描述的是关键性概念之间的关系。从理论构建的经济性原则来看，我们不需要罗列所有对被解释性概念产生影响的概念。最后，如果我们能对这些概念进行赋值并将其转变成变量，这个概念框架就可以转变成一个模型。当然，并不是所有的研究设计都这样理解模型和概念框架。有的研究者将模型定义得比较低。

无论选择何种理论构建的途径，我们的理论都必须能够解释真实世界中的中国公共行政，都必须有经验事实支持[①]。任何脱离实际的理论都不可能解释经验世界的行政行为，更不可能指导公共行政实践。当然，在理论构建的过程中，必须清醒地认识到，在很多情况下，从经验事实中形成的概念或概念框架都可能只是暂时性的，我们很难从一开始就形成一个非常好的理论，理论构建需要在理论和经验事实之间不断地进行互动，直到我们获得一个满意的理论[②]。

总而言之，经过20多年的努力，中国公共行政学研究取得了巨大的发展。但是，我们的研究仍然存在许多问题。只有解决了这些问题，中国公共行政学才能更上一个台阶。如果我们不对学科的现状进行深入、冷静的反思，如果我们满足于现状，那么，中国公共行政学的研究就不可能取得应有的发展。本文也许过多地强调了实证研究的重要性，但是，这并不意味着其他的研究取向不重要。对于中国公共行政学的研究现状来说，诠释性和批判性研究同样是十分重要的。正如杰伊·怀特和盖·亚当姆斯指出的："大量历史和认识论证据向我们表明，没有任何单一的研究途径——即使被冠以科学这一高度实证的标签——对公共行政研究而言是足够的。如果研究要由理性指导，那么，研究途径的多样化——既尊重实践理性，也尊重理论理性——就似乎是必要的。所以，我们建议公共行政的知识和理论发展应该以多种方式进行，包括假设检验、案例研究、行政和政策过程分析，以及对该领域的整体或部分的历史诠释、演绎论证、哲学批判和

---

① 马骏：《中国的零基预算改革：来自某财力紧张省份的调查》，《中山大学学报（社会科学版）》2005年第1期。

② 威廉姆森·奥利沃尔：《新制度经济学：评估，向前看》，《经济学文献》第38期，第595-613页。

对行政经验的个人反思。"①然而，应该强调的是，诠释性和批判性研究同样有自己的质量标准，有自己的研究方法。这就是说，如果我们在中国公共行政学中开展各种规范研究，也必须遵守这些研究路径的研究方法和质量标准。从事规范研究，并不能成为回避质量判断的理由。

原载《中山大学学报（社会科学版）》2006年第3期

---

① 杰伊·怀特、盖·亚当姆斯编：《公共行政学研究：理论与现实的反思》，美国：赛兹出版社，1994年，第16页。

慎议与民主的张力

——慎议民主中公民的能力平等问题

谭安奎

经过熊彼特（Joseph A. Schumpeter）等人的经典阐述，一种以选举和竞争选票为核心的民主模式不仅在理论上，而且在实践中成为现代民主的基本范式。在这种范式中，民主政治与市场竞争几乎奉行着相似的原则。公民们把自己先在的私人欲望或利益以投票等方式"输入"政治决定当中，从而使得民主成为一种利益聚合的过程。多数人的意见或意志也因为这个过程而获得了民主的合法性。

近几十年来，慎议民主（deliberative democracy）在挑战这种聚合式民主的过程中逐渐成了当代民主理论的中心。这种民主理论认为，聚合式民主把政治市场化，使政治丧失了公共性的本质；它所代表的意志形成过程承认任何先在的私人欲望，缺少必要的批判性，也完全忽略了一个基本事实，即许多欲望乃是适应不正义的现实处境的结果；它最多只能提供一种解决利益冲突的机制，而不能解决深层次的价值冲突与道德冲突。因此，慎议民主试图在民主政治中引入公共的、伦理的维度，基于公民们的慎议过程为现代政治寻找合法性基础。

本文所要提出的问题是，相对于简单的欲望聚合，慎议对公民们提出了不同层次的能力要求，这将使得慎议本身具有潜在的排斥性，从而导致慎议与民主之间的内在张力。然后笔者将分析慎议民主论者所提出的应对措施，表明它们要么会导致慎议民主的边缘化，要么导致自我消解。最后，文章将论证罗尔斯（John Rawls）的政治建构主义暗含着一种理论策略，即区分作为慎议资格的能力与从事实际慎议的能力，从而使得慎议与民主的结合成为可能，并赋予政治慎议过程以公平的条件。

一、慎议的能力要求：慎议如何可能是民主的

慎议民主论者一般都强调，慎议民主是要在一定程度上恢复政治或民主的本来含义，是对一个古老传统的继承。因此，"这一发展代表着一种复兴，而不是创新。慎议民主的理念及其实际实施与民主本身一样古老"[1]。哈贝马斯（Jürgen Habermas）也强调，民主的原始含义乃是与理性的公共运用相联系的对话，这种范式为古典共和主义

---

[1] Jon Elster ed., *Deliberative Democracy. Introduction.* Cambridge: Cambridge University Press, 1998, p.1.

传统所保留,而被自由主义的市场模式抛弃了①。具体而言,这个古典传统包括两个方面:一是雅典城邦的政治实践,二是亚里士多德(Aristotle)关于慎思(议)的伦理学观点。这两个方面都为当代慎议民主理论提供了思想资源,我们正好可以从它们出发,引发出本文所要讨论的问题。

实践上的慎议政治,在古希腊是与修辞联系在一起的。原则上,当城邦面临政治决定的时候,任何一位公民在公民大会上都可以发表演说,提出自己的政治主张并说服其他公民接受这种主张。但是,"说服"仅仅表明不运用暴力而是运用言辞来解决政治问题,至于说服的过程和理由,则完全可能是策略性的,也完全可以是诉诸公民们的欲望诉求。如果是这样的话,这种民主在本质上似乎与现代聚合式民主并无不同。况且,虽然原则上每一个公民都有机会,但真正能够运用修辞进行说服的人,却只能是少数政治领袖,或具有卓越能力的潜在政治领袖。因此,这种意义上的民主,并不足以为当代慎议民主提供批判聚合式民主的资源。

在古典学家们看来,评价雅典政治修辞有两个标准:一个是经验的,一个是理想的。经验的标准就是在公共领域中以政治修辞和说服的方式来解决利益冲突。理想的标准则强调政治修辞有更高的目标,例如:"就城邦的真实选择、问题与最佳利益对成熟的、自治的公民进行指导;在公共领域中建立理性的权威;甚或促使城邦成为一个实实在在的共同体。就理想标准而论,修辞必须说服听众,但纯粹的说服不足以完成更高的目标:要在听众的头脑中创造出一种开明的自我理解,它能够实实在在地消除冲突,并实现一个政治上和谐的共同体。"②显然,理想性的政治修辞与当代慎议民主更具亲缘性,因为相对于聚合式民主对欲望的诉求,它具有明显的伦理与理性的因素,尤其是要转变公民们未经反省的欲望。不过,它同时也更多地意味着政治领袖自上而下的"指导",因为这个过程不但需要运用修辞的能力,也需要更高的道德能力。这与其说是民主,不如说是"驯化民主"③。

说到转变公民们的私人欲望,我们就可以发现当代慎议民主理论在亚里士多德伦理学中的另一个渊源。亚氏的美德伦理学认为,人们需要在不同的情景下就行为选择做出决定。决定之前需要有一个慎思(deliberation)的过程,而不是仅仅诉诸既定的欲望或冲动。而且,面对重大问题,当我们不信任我们自己识别正确答案的能力时,我们让同伴也参与"deliberation"。此时,主体成了复数,便成了我们所说的"慎议"。在政治生活中,公民们也需要通过慎议过程做出符合公共利益的决定。亚氏关于慎思(议)的观点对当代慎议民主最大的启发在于,通过慎议,人们对行为的正当与否做出了判断,而且形成了按这种判断而行动的欲望:"决定就是做处于我们能力范围内的行为的

---

① Jurgen Habermas. "Three Normative Models of Democracy". in Seyla Benhabib ed., *Democracy and Difference*. Princeton: Princeton University Press, 1996, p. 23. 当然,哈贝马斯对这种对话范式有所修正,而不是完全承袭共和主义的传统。这主要表现在其商谈伦理与话语政治对个人主观自由与权利的强调。

② Harvey Yunis. *Taming Democracy: Models of Political Rhetoric in Classical Athens*. Ithaca: Cornell University Press, 1996, p. 28.

③ Harvey Yunis正是在这个意义上将上引书的书名定为《驯化民主》(*Taming Democracy*)。

慎思（议）性的欲望；因为作为慎思（议）的结果，当我们已然判断［它是正当的］，我们做这件事情的欲望就表达了我们的意愿。"①显然，慎思（议）性的欲望已经不再是未经反省的私人欲望，而是通过慎思（议）过程实现了某种转换的欲望。当代慎议民主试图通过慎议的欲望转换功能，克服聚合式民主对未经反省的欲望的依赖。如此理解慎议与慎议性的欲望，明显要求一种批判反思的能力，它需要公民具有较高程度的公民美德。

综合上述讨论，我们可以把慎议与能力之间的关系概括为两个方面：如果慎议政治仅仅意味着运用政治修辞进行说服，那么它要求出众地运用政治修辞的能力，而且仍然不能摆脱对先在的私人欲望的依赖；如果慎议政治意味着通过慎议对欲望进行转换，那么它可以克服聚合式民主的缺陷，但却要求参与的主体具有突出的道德反思能力。这两个方面对慎议民主的共同挑战就在于，慎议因其对能力的要求，所以具有潜在的排斥性，而难以满足民主对平等的坚持。

除此之外，这种大众的政治慎议所表征的民主也被历史证明是混乱的和失败的。相反，倒是混合政体获得了更大的成功。正因为如此，古典的慎议性修辞所塑造的民主政治不仅受到当时哲学家们的诟病，在后来的政治实践与政治理论中，慎议也逐渐被缩小到小型的机构或群体当中，也就是将其精英化，从而把慎议与民主剥离开来。密尔（John Stuart Mill）虽然强烈主张"基于讨论的政府"，但对他来讲，代议机构才是一个慎议机构。即便如此，他还非常担心，代议制政府的一种可能的恶就是"整体的无知和能力低下，或者说得更温和一点，就是在控制性的机构中没有足够的心智素质"②。对精英化的代议机构的代表尚存此疑虑，普通公民更难以担当政治慎议之责了。

当代慎议民主理论想把慎议与民主结合在一起，但它有时候似乎是通过忽视慎议的能力要求来做到这一点的。例如，哈贝马斯的交往行动理论和商谈伦理学强调理想语境，在相应的慎议政治理论中，他则只强调制度条件："商谈理论让慎议政治的成功不是依赖于一个集体行动的公民群体，而是依赖于相应的交往程序与条件的制度化。"③这些制度化的程序条件，在他那里正是自由主义传统所坚持的主观权利与自由，亦即人权："权利体系所显示的，恰恰是政治自主的立法过程所必需的交往形式本身得以在法律上建制化的条件。"④综合这两个观点，我们似乎就可以说，有了这种制度化的权利体系的保证，慎议政治就可以成功运转。上文已经分析指出，慎议过程确实需要理性说服的能力、对欲望进行慎议性转换的道德反思能力。因此，仅仅回避这些主观能力，并不足以建立起慎议民主的理想。

非但如此，在许多慎议民主论者看来，仅有哈贝马斯式的程序条件还在另一个意义

---

① Aristotle. *Nicomachean Ethics*. Translated by Terence Irwin, Indianapolis：Hackett Publishing Company，1985，p. 64.

② John Stuart Mill. *Considerations on Representative Government*. New York：Prometheus Books，1991，p. 122.

③ Jürgen Habermas. *Three Normative Models of Democracy*. p. 27.

④ ［德］哈贝马斯著：《在事实与规范之间：关于法律和民主法治国的商谈理论》，童世骏译，北京：生活·读书·新知三联书店，2003年，第127–128页。

上显示了它的不足。因为程序条件首先是保证了公民们参与慎议的机会，而"更为常见的情况是，效能低且处境不利的参与者缺乏的是公共表达，而不是程序性的机会"①。换言之，有些公民因为处境不利，即便有法律上的机会，他们也不能有效地表达其意愿和利益，从而不能有效地影响政治决定。社会生活中的支配、压迫、意识形态或神经官能等因素，都有可能影响公民们参与政治慎议的实际能力。这就把我们再一次拉回到了能力的问题上。很明显，这里的能力不再仅仅是主观能力，而是受到许多社会、物质条件制约的能力。哈贝马斯所强调的制度条件，最多保证了程序性的机会和伦理边界（即通过政治慎议过程所形成的任何政治意志都不得僭越主观权利的约束）。但是，如果公民们在政治慎议中根本无法平等地或公平地影响到政治决定，我们就很难期待这个过程能够塑造出政治合法性，因为它事实上仍然具有强烈的排斥性。相反，聚合式民主以一人一票式的平等来塑造合法性，至少在形式上可以免受排斥性的指责。

如此看来，能力问题确实构成了慎议民主理论的瓶颈，它从不同的方面提出了同一个挑战：慎议与民主的结合是否可能？

二、自主性理想与可行能力：慎议民主的边缘化或自我消解

民主意味着公民们之间的政治平等，慎议民主要成为一种民主理论，自然不能拒绝政治平等的前提。既然慎议对公民的能力提出了要求，慎议民主的政治平等似乎就应当包含慎议能力上的平等（当然也要有参与慎议的机会的平等）。因此，慎议民主论者这样来解释慎议民主的平等观念："说公民们是平等的，意思是说，每一个人都被承认拥有为参与讨论——它们旨在对权力的行使进行授权——所要求的能力。"②问题在于，是不是每一个公民都具有政治慎议所要求的能力呢？如果不是，这种所谓的平等就仅仅是一种反事实的理想预设，它意味着达不到这种慎议能力要求的公民们被排除在外了。

当代慎议民主理论中确实有两种重要的思路试图应对能力问题，而且它与哈贝马斯的程序主义理论的两个缺陷分别对应：一是强调主观能力，二是强调有效参与政治慎议并影响政治决定的实际能力。下文将要分析的是，第一种思路必然走向完善论，从而把慎议民主的政治合法化功能边缘化了；第二种思路则本末倒置，使得慎议民主走向自我消解。

作为聚合式民主的对立面，慎议民主要让公民的私人欲望与偏好经过慎议过程的检验，因此它必然要求公民能够通过慎议对自身的欲望与偏好进行批判性的反思。有些慎议民主论者承认慎议对公民们提出的这些主观能力要求，因而主张公民们要有"回应理性说服的能力"，以及"在需要集体行动的问题上进行公共慎议时，只要可能，就对他

---

① James Bohman. *Public Deliberation: Pluralism, Complexity, and Democracy*. Cambridge: The MIT Press, 1996, p. 121.

② Joshua Cohen. "Democracy and Liberty". in Jon Elster ed., *Deliberative Democracy*, p. 192.

人的审视保持开放并采纳公共理由的倾向"①。"回应理性说服的能力"也就是表达、论证方面的理性能力，"对他人的审视保持开放并采纳公共理由的倾向"则明显是道德上的能力。一旦这两种能力作为要求或前提而存在，政治慎议的主体范围无疑要大为收缩。现实生活中，这两个方面的能力不但是不平等的，而且可能有些公民的能力根本无法达到为政治慎议所必需的层次。因此，建立在这个基础之上的政治过程虽然可能是慎议性的，但却可能不尽民主。

事实上，批判反思的能力正是与康德（Imannuel Kant）尤其是密尔的思想相关联的自主性。这就不难理解，为何那些强调批判反思能力的慎议民主论者，几乎无一例外地认为我们必须持有一种完善论的伦理主张。在他们看来，慎议民主代表着一种公民理想，公民们必须成为某种特定类型的人，亦即具有自主性的人。虽然自主性恰恰是允许个体进行批判反思和自由选择的，但作为一种关于人的伦理理想，却可能为现代社会的许多公民所不接受。就像罗尔斯所说的："许多笃信宗教的公民拒绝把道德自主性作为其生活方式的一部分。"②对虔诚的教徒来讲，对宗教权威的信仰，而不是自主性，乃是更为根本的价值。

第一种思路不但再次凸现了慎议与民主的张力，而且也把慎议民主本身的价值弱化了。根据这种思路，首要的问题其实并非政治慎议，而是特定类型的公民的培养。相对于公民美德，慎议民主最多具有派生性的意义。此外，在公民们普遍达到为政治慎议所需要的自主性之前，慎议民主提供政治合法性基础的力量在理论上被无限期搁置起来了。

第二种思路则认为，即便有良好的程序条件，即便公民们有参与慎议的主观能力，其中那些处境不利的公民们也仍然无法"有效地"参与慎议。例如，他们或者受到物质条件的限制，或者受到其他群体的排斥或非暴力的压制。因此，政治慎议的关键乃是有效的参与，慎议民主所要求的平等乃是有效参与慎议的能力的平等。公民们要具有这类能力，才能够不仅仅有程序性的参与机会，而且能够有效地影响到政治决定。所以，"对慎议民主来讲，恰当的标准是有效社会自由的平等，亦即进行公共的功能性活动的平等可行能力（capability）"③。显然，要"有效"参与政治决定，它对公民们提出的能力要求，既有内在的方面，也有外在的方面；既有机会的方面，也有实际效能的方面。

主张这种能力平等的慎议民主论者借鉴的是阿马蒂亚·森（Amartya Sen）等人发

---

① William A. Galston. *Liberal Purposes: Goods, Virtues, and Diversity in the Liberal State.* Cambridge: Cambridge University Press, 1991, p. 176. 另可参见Stephen Macedo. *Liberal Virtues: Citizenship, Virtue, and Community in Liberal Constitutionalism.* Oxford: Oxford University Press, 1990, p. 226, p. 269; Richard Dagger. *Civic Virtues: Rights, Citizenship, and Republican Liberalism.* Oxford: Oxford University Press, 1997, p. 269.

② John Rawls. *Political Liberalism. 2nd. Introduction to Paperback Edition.* New York: Columbia University Press, 1996, xliii.

③ James Bohman. "Deliberative Democracy and Effective Social Freedom". in James Bohman and William Rehg ed., *Deliberative Democracy: Essays on Reason and Politics.* Cambridge Mass: The MIT Press, 1997, p. 322.

展出来的可行能力思路（capability approaches），以及它们所包含的"有效自由"的概念。所谓可行能力，是指主观（内在）能力与客观外部条件的结合，这种结合使得一个人可以实际地发挥与人的主观能力相关联的功能，从而使之可以成为他想要成为的那种人或做他想做的事（因此汉语学界将其译为"可行能力"）。森提出可行能力的思路，首先是针对功利主义和罗尔斯的契约论，尤其是批评它们把外在资源［在罗尔斯那里就是所谓的基本益品（primary goods）］作为正义的尺度是不合理的。其主要理由是："益品向可行能力的转化在人与人之间有实质性的变化，所以前者的平等与后者的平等仍然相距甚远。"①在森看来，可行能力意味着实现我们所看重的目标的真实机会（包含着但却不仅仅是法律或制度上保障的形式上的机会），从而意味着"有效自由"或"实质自由"②。

应当说，如果每一位公民都具有这样的可行能力而且愿意参与到政治慎议中来，他将有效地表达其主张：他既有内在能力，又有制度性的机会，还有外在资源的保障。这样的慎议，确实在充分的意义上是民主的，从而似乎可以化解慎议与民主之间的紧张关系。

然而，这种慎议民主的思路却建立在一个相当严重的逻辑错误之上。这个错误简单说来就是因果错位、本末倒置。这是因为，由阿马蒂亚·森等人建构起来的可行能力思路所追求的可行能力的平等，乃是作为一种实质性的社会正义原则而提出来的。这种正义理论既反对功利主义以及一般而论的福利主义，又反对罗尔斯建立在社会契约论基础上的作为公平的正义。为了每一个人在基本的可行能力上实现平等，需要一系列的物质资源的分配和政治权利的保障。一旦实现了可行能力的平等，这个社会也就是正义的社会了，政治合法性的要求自然也已经得到了满足。

既然如此，我们难免要问：我们还需要慎议民主干什么呢？慎议民主本来是要为现代社会提供合法性资源的一种理论尝试，正义原则和公共政策因此要通过民主慎议的过程来选择，或者说，种种正义观念都要接受这个过程的检验。用哈贝马斯的话来讲就是："实践商谈并非一种形成得到辩护的准则的程序，而是一种检验准则——它们正在被提出，并被假定地考虑为要采纳的东西——的有效性的程序。"③既然如此，慎议民主就不应当、在逻辑上也不可能以任何一套特殊的正义观念为前提。以可行能力的平等作为慎议民主的基础，恰恰就是犯了这样的错误。果真有了可行能力的平等，此时的慎议民主，已经完全不可能作为一种独立的、具有丰富解释力的民主理论而存在了。严格来讲，它完全失去了存在的价值。因此，强调可行能力的平等这个前提，无疑是让慎议民主走向自我消解。

上述分析足以让我们就慎议民主得出悲观的结论：慎议因其对主观能力的要求，很

---

① Amartya Sen. "Equality of What？". in S. M. McMurrin ed. *Tanner Lectures on Human Values*. Salt Lake City：University of Utah Press，1980，p. 219.

② ［印度］阿马蒂亚·森著：《以自由看待发展》，任颐、于真译，刘民权、刘柳校，北京：中国人民大学出版社，2002年，第30页。

③ Jürgen Habermas. *Moral Consciousness and Communicative Action*. Translated by Christian Lenhardt and Shierry Weber Nicholsen. Cambridge Mass：The MIT Press，1990，p. 103.

难满足民主的平等原则；从制度上保障程序性条件，却无法满足公民们从事政治慎议的主观能力，更无法保证公民们有效参与政治慎议的可行能力条件；一旦强调可行能力的平等，慎议民主理论便毫无用武之地。慎议民主是否还有可能成为一种融贯的理论，以便替代聚合式民主？鉴于上述种种思路的缺陷，慎议民主的出路就在于找到一种满足如下三个条件的办法：既承认慎议对公民能力的需要，同时又最大限度地把每一个公民都包容到政治慎议过程中来，而且能够保证公民们的政治慎议不受其不利处境的影响。这个办法表面看来是不可能的，因为上述分析已经表明它们之间很难兼容。接下来笔者将论证，罗尔斯的政治建构主义通过一项隐蔽的理论策略，即对作为慎议资格的能力与从事实际慎议的能力进行区分，巧妙地化解了慎议与民主的张力，并排除了影响公民可行能力的外在因素对政治慎议的影响。

三、作为慎议资格的能力与从事实际慎议的能力

罗尔斯的政治自由主义以合乎情理的多元论（reasonable pluralism）为前提，基于自由而平等的公民理念以及历时性公平合作的社会理念，试图建构出一套正义原则，以充当自由且平等的公民之间进行社会合作的公平条件。显然，这也是在试图解决政治合法性的问题，而且合乎情理的多元论超越了纯粹利益上的分歧，直面了道德、原则层面的冲突。此外，原初状态的设计同时塑造了合情理性与理性，前者由无知之幕的条件所刻画，后者由作为代表的各方的理性推理所刻画，且后者受到前者的制约。因此，这种寻求政治合法性的模式也不同于聚合式民主。最后，契约论的方法本身也赋予了这种正义原则的选择过程以商谈的形式特征。因此，政治建构主义确实具有慎议民主的一些基本要素。

慎议民主理论恰恰是政治自由主义的重要批评者。其批评既指向原初状态的设计，也指向原则择定之后的组织有序的社会（well-ordered society）。出于论证的需要，本文不涉及后一个方面的争论。就前一个方面而言，批评者往往认为，原初状态中的信息限制使得所有人像一个人一样选择，这完全不具备慎议的特征。但是，既然无知之幕乃是在为各方的理性选择塑造合情理性的伦理约束，而慎议民主之不同于聚合式民主的一个重要内容，就是它要在私人欲望之外引入公共性的伦理或制度条件，因此我们可以说，政治建构主义与其他慎议民主理论之间的分歧，主要在于对政治慎议条件的不同理解，而不是非慎议民主与慎议民主之间的区别。

况且，原初状态中达成共识的方式与单个人的选择其实并不相同。正如罗尔斯所说：原初状态中达成的全体一致的共识，"与每一个人做出同样的选择或形成同样的意图并不是一回事。它是由人们所给出的一项允诺，这一点同样可以影响每一个人的慎思，从而使得所导致的共识不同于每一个人在其他情况下会做出的选择"[①]。也就是说，契约论赋予了这种选择以公共性的约束，使之考虑到这是人们之间的一种相互承诺，而这一点会影响到选择本身。在这个意义上，它确实是一个慎议的过程，而不是独

[①] John Rawls. "Reply to Alexander and Musgrave". in his Collected Papers. ed. By Samuel Freeman. Cambridge Mass: Harvard University Press, 1999, p.249.

白。就连慎议民主理论最主要的代表哈贝马斯也承认这一点，只不过他认为在走出原初状态之后，公民们没有什么政治慎议的空间了，因为他们会发现，"所有关于合法性的根本性商谈已经在理论范围内发生过了，而且他们发现，理论的结论已经积淀在宪法之中了"①。这个批评其实承认了原初状态中的故事是慎议政治的故事。事实上，罗尔斯在政治自由主义阶段并不坚持建构出来的正义原则是单一的，而是认为可以存在多种正义观念，因此原初状态之后仍然可以有丰富的政治慎议。就本文而论，承认原初状态塑造了慎议政治的模式，这就足够了，因此我们接下来讨论这种慎议民主与公民的能力问题。

在政治自由主义中，公民们的自由与平等是出于两种道德能力，即形成正义感的能力以及形成善观念的能力。早在《政治自由主义》之前，罗尔斯就表明："正是这些能力使得他们能够终其一生成为正常且充分合作的社会成员，并保持其作为自由且平等的公民的地位。"②特别值得注意的是，既然是这两种道德能力使得人们成为自由而平等的公民，因此，具有这两种道德能力的人就拥有在原初状态中被代表的资格，因为原初状态正是这样一种代表设置。同时，既然原初状态中选择正义原则的过程是一种慎议政治的形式，那么，在原初状态中被代表的资格也就是参与政治慎议的资格。这就意味着，两种道德能力就是作为参与慎议的资格的能力。

两种道德能力的预设是不是排除了一些人，从而使得慎议与民主无法统一？这就要求我们澄清究竟谁拥有这两种道德能力。对罗尔斯来讲，在两种道德能力中，形成正义感的能力乃是更为重要的。他在阐述政治建构主义的方法时甚至认为，在选择正义原则的程序当中被代表这一平等价值，就是建立在这种道德能力之上的，亦即"建立在一种同等充分的能力（我设想它尚有待实现）之上，即理解关于社会合作的公共观念并出于这种观念而行动的能力"③。因此主要问题就在于，谁拥有形成正义感的能力。这个问题把我们带回到《正义论》中的一个观点："即便这项能力（对于获得正义的对待而言——引者注）是必要的，在实践中基于这一根据而拒绝给予正义，也是不明智的。这给正义制度带来的风险太大了。"④这里所谓的"风险"，当然是指道德风险：如果认为某个或某些人不具备形成正义感的能力，从而就拒绝给予其正义的对待，此时，如果我们的判断是错误的，岂不是犯下了不可容忍的道德过错？况且他还认为，这种能力不必是得到了充分发展的，而是"有待实现的"。因此，罗尔斯的意思很明显：我们应当假定，每一个人都具有这种道德能力。这个立场在政治建构主义中并没有任何改变。这就意味着，每一个人都具有在原初状态中被代表的资格，也就是参与慎议的资格。从而，在参与慎议的资格的意义上，这种慎议模式就达到了最广泛的民主。

---

① Jurgen Habermas. "Reconciliation through the Public Use of Reason". *The Journal of Philosophy*. Vol. 92, No. 3（Mar., 1995）, p. 128.

② John Rawls. *Justice as Fairness*. ed. By Erin Kelly. Cambridge Mass：Harvard University Press, 2001, p. 169.

③ John Rawls. "Kantian Constructivism in Moral Theory". *The Journal of Philosophy*, Vol. 77, No. 9（Sep., 1980）, p. 546.

④ John Rawls. *A Theory of Justices*. Cambridge Mass：Harvard University Press, 1971, p. 506.

然而，这并不意味着，实际的公民仅仅具备这两种道德能力，也不意味着原初状态中作为代表的各方仅仅需要具备两种道德能力就可以了。事实上，在描述现实的公民的能力时，罗尔斯常常超出了两种道德能力的范围，比如他也提到了认识论意义上的理性能力，包括判断、思维、推论等方面的能力[1]。我们可以想象，这些能力中还包括体力。罗尔斯坚持要求，原初状态中的各方只知道他们所代表的公民的"种种天赋才能，例如体力与智力，都处于正常的范围之内"[2]。既然只知道公民们的种种能力处于正常范围，而各方又是公民的代表，因此他们在选择正义原则的时候，其能力也就被预设是处于正常范围的（他们对自身特殊才能的无知保证了这一点），而不仅仅是只具备两种道德能力。在政治建构主义中，这些正常范围的能力，就是从事实际慎议所要求的能力，它们不同于作为参与慎议的资格的能力。

现实中的公民，显然并非每个人的各种能力都处于所谓的"正常范围"。有些公民可能有能力缺陷，另外一些公民则可能具备超常的能力。为什么作为代表的各方只能知道他们的能力处于正常范围？支持这一要求的根本信念乃是我们所熟知的：对基本原则的选择不应当受到公民的天赋才能的影响。这就意味着，原初状态中所塑造的慎议政治排除了公民的特殊能力条件（当然还包括出身、社会经济地位等）的影响，从而克服了哈贝马斯的制度性程序条件的局限。但是，政治建构主义实现这一目标的方式，并不是像其他慎议民主论者那样，强调所谓可行能力的平等，而是不让影响可行能力的因素干扰政治慎议的过程。这样一来，它也就没有导致那些理论所引起的消解慎议民主的后果，而是真正让慎议民主发挥其塑造政治合法性的功能。因为实质性的正义原则乃是慎议民主过程的结果，可行能力的平等以及其他正义观念是否是恰当的正义观念，需要通过这个过程来检验。

原载《中山大学学报（社会科学版）》2011年第2期

---

[1] John Rawls. *Political Liberalism*. p. 19.
[2] John Rawls. *Political Liberalism*. p. 25.

第四辑

社会学

论人类学的产生和发展

黄淑娉

人类学在我国是一门新兴学科。本世纪20年代从西方传入我国后,其发展一度中断,至80年代才重现于我国学术界。由于这门学科在世界各国发展的背景不同,在我国又历经坎坷,因而时至今日,对于什么是人类学,人类学是研究什么的等问题,在学术界以至在本门学科研究者中尚存困惑。笔者认为,从人类学的产生和发展过程来理解上述问题,将有助于澄清一些模糊认识。

一

人类学,英语Anthropology,源于希腊文二字——Anthropos（人）和Logia（研究）,意思是人的科学研究。

人类学作为一门独立学科是近代才形成的。但有关人类学的知识资料则发源很早。在古代,人们已认识到不同的人类群体之间互有差异。古埃及第19王朝的金字塔中绘有埃及人、亚洲人或闪米特人、南方黑人、西方白人等不同族体的图像。希罗多德的《历史》一书,生动地记述了西亚、北非和希腊地区许多族体的体形特征、居住环境、语言、习俗、制度和信仰。马可·波罗所写游记盛道东方文物昌明,详尽地描述了中亚、南亚和中国各地区各族人民的社会生活。

在我国浩如烟海的典籍中,人类学资料源远流长,极为丰富。甲骨文记载,殷商时期,我国西部居住着氐羌部落,西北部有舌方、土方、鬼方和芍方,东南部有人方。周代就以语言、服饰、礼仪、习俗为标志来区分华夏与四方的蛮夷戎狄,"五方之民,言语不通,嗜欲不同"[①]。蓄发冠带右衽是华夏族的重要特点,有别于四夷的被发左衽、断发文身。《山海经》记述了先秦以前的古国古族。伟大的历史学家司马迁曾漫游中国,实地考察,他的不朽之作《史记》中的匈奴、西南夷、东越、南越等列传,开创了为我国境内少数民族撰写传记的体例。《二十四史》中绝大部分史书都载有当时国内许多民族的社会制度和文化习俗的资料。此外,还有记述我国少数民族的专著和地方志书。如东汉赵晔《吴越春秋》和袁康《越绝书》记吴、越二国兴亡和越族情况。三国吴沈莹《临海水土异物志》记载当时居住在台湾的古越人、高山族的先民。晋常璩《华阳国志》对西南地区巴、蜀、昆、叟、氐、羌、濮、楚等族的活动和文化特点都有记述。唐樊绰《蛮书》记南诏史事和云南各民族的社会生活。还有宋范成大《桂海虞衡志》和

---

① 《礼记正义》卷12,《十三经注疏》上册,第1338页。

周去非的《岭外代答》；元李京《云南志略》；明陈第《东番记》，陈诚和李暹《西域番国志》，钱古训和李思聪《百夷传》；清椿园七十一《西域闻见录》等。

我国的学者、航海家、旅行家很早就把眼光投射到中国以外的世界。司马迁写了朝鲜和大宛、乌孙、康居、奄蔡、大月氏、安息等中亚诸国。历代史书都记载了与我国相邻诸国诸族的历史文化，还流传下来一些著名的旅行传记。如东晋法显《佛国记》，唐玄奘《大唐西域记》，宋赵汝适《诸蕃志》，元汪大渊《岛夷志略》和周达观《真腊风土记》等，都包含许多珍贵的民族志资料。明代航海家郑和七次远航，率船只和军卒"通使"西洋，到过三十七个国家和地区。三保太监下西洋的壮举比西方哥伦布和达·伽马的航行早半个多世纪。随行人员马欢撰《瀛涯胜览》，费信撰《星槎胜览》，巩珍撰《西洋番国志》，记录了他们所亲历的亚、非各国的地理物产，各族的生产生活、风土民俗。

世界各国从古代到近代所积累的丰富的人类学资料，反映了各个时期人们对不同人类集团的观察和认识，这些认识又启发着人们去思索人类的起源以及人类社会文化的性质和发展等问题。

15、16世纪新航路的发现进一步沟通世界。从18世纪中叶起，由英国开始继而在欧、美主要资本主义国家发生工业革命，资本主义加速发展，各国相继到全世界去建立殖民地，给亚、非、美主要洲人民带来了殖民奴役。西方所谓"地理大发现"时代就是指对殖民地的拓殖。殖民地的开拓使欧洲人与非西方文化尤其是各地土著民族的原始文化相接触，使一向与世隔绝、鲜为人知的东南亚矮黑人，黑非洲丛林中的狩猎采集者，澳大利亚和大洋洲岛屿上的土著，以及遍布于南、北美洲的印第安人，都进入了欧洲人的视野。航海家、地理学家、传教士和商人们发现各地土著居民集团习俗歧异，体形、头发、眼睛、肤色不同。这些现象提出了两类问题，一是人类从何而来，为什么有不同形态？二是各种人类集团为什么有不同的生活习尚？人类学就是为解答这些问题而兴起的。为解决前一类问题而有人类体质形态的研究，为探索后一类问题而有人类社会文化的研究。人类学作为独立学科在19世纪中叶遂告形成。

为什么人类在追求各种知识的过程中，这么晚才研究自己呢？有的人类学家对这一问题作过详细的阐述，认为从科学史上看，人们最先研究的是距离人类最远，对人类行为所起的决定作用最小的现象。所以物理科学形成得较早，以后是生物科学，再后是社会科学。这是因为，人们认识世界，首先在天体接着在地球物理现象的领域区别自我与非我，以后是在生物学领域的解剖学、生理学、心理学的各类现象中区分出自我与非我。天文和物理现象较之生理和心理过程，对人类行为的决定性影响更间接和微弱。在对人类行为影响最强大最直接的经验领域，科学产生得最迟，成熟得最缓慢。因此，所研究的现象与人类行为密切相关的人类学、社会学等学科，产生得就比较晚。人类所创造的文化，包括传统的生活方式、风尚习俗、典章制度、观念意识等，对人类行为起着直接的、决定性的影响[①]。人类学是研究自身，即研究人类体质和社会文化的学科，产生只有一百多年的历史。它诞生不久，恩格斯就指出人类学是"从人和人种的形态学和

---

① 参见L.A.怀特：《文化科学》第五章，浙江人民出版社，1988年。

生理学过渡到历史的桥梁。这还要继续详细地研究和阐明。"①

二

在人类学学科发展的过程中，出现了关于本学科的不同名称，如人类学、文化人类学、民族学、社会人类学、体质人类学。这些不同名称的存在和使用，在人们对学科内容不甚明了的情况下，容易混淆视听，甚至引起学科分类上的困难，影响学科的发展。经过深入研究，可以认为，使用不同名称与学科本身的发展有关，也与不同时期、不同国家以及研究者的历史文化背景有关。概括地说，所使用的学科名称，或者说人类学的学科分类，可分为欧洲大陆与美国的两大类。

作为学科的名称，最早使用的是民族学，后来才用人类学。两者曾经互相兼容并包，有时民族学包括人类学，有时人类学包括民族学，有时相提并论，有的地区民族学学科名称逐渐为人类学所取代。民族学，英语Ethnology源于希腊文Ethnos和Logia，意思是族的研究。这个名词用于科学始自19世纪初，法国物理学家让-雅克·昂佩勒在1830年制订科学分类表时，把它划为一个单独学科。人类学一词是1501年德国学者洪德（M. Hundlt）最早使用的，指人体解剖和人的生理研究，不同于后来人类学的含义。1839年巴黎成立了世界上最早的民族学会，该会纲领称民族学研究旨在"鉴别人类种族的要素，其身体构造、知识与道德的特质，语言、历史的传统"。1859年法国人类学会成立，认为人类学研究人类的生命与生活的全部，将民族学附属于人类学。俄国于1845年在地理学会内成立民族学分会，奥地利民族学会成立于1894年，德国于1869年成立人类学、民族学和史前史学会。至今在苏、德、奥等欧洲大陆国家，始终用人类学一词指体质人类学，其研究对象为人类的体质形态；民族学则研究人类的社会文化。英国早在1843年就在伦敦成立民族学会，至1863年成立伦敦人类学会，人类学才包括体质和文化的研究，1871年两会合并为人类学学院，后来又将研究文化的部分称为社会人类学。美国于1842年在纽约成立民族学学会，1879年建立华盛顿人类学协会，1901年把人类学分为体质和文化两个部分，创立了文化人类学这个名称，1902年成立美国人类学协会。

上述情况说明，人类研究自己本身，包括体质的外表征状和各个不同群体文化之异同，而标志着不同文化的群体主要是以族（Ethnos）相区分的。在本学科诞生地的欧洲，早期以民族学后来又以人类学作为学科名称，包括人类体质和文化的研究，是顺乎自然的事。随着生物科学的发展，特别是1856年在德国尼安德特河谷发现古人化石及其后古人类化石的不断发现，对人类起源、体质形态和人类种族研究的不断深入，便从人类学中专门分出体质人类学。人类学包括体质和文化两大部分。在学科名称上，或者以"人类学"一词包括人类体质和文化的研究；或者以"人类学"一词专指体质人类学，人类群体的社会文化则由民族学来研究。

明确了人类学和体质人类学的概念和这两个名称的使用之后，便可以集中讨论研究人类社会文化的民族学、文化人类学和社会人类学三个名称。如上所述，在欧洲大陆，民族学指研究人类族体的社会和文化的科学。《苏联大百科全书》"民族学"条认为：

---

① 恩格斯：《自然辩证法》，《马克思恩格斯选集》第3卷，第524页。

"民族学是研究民族的一门社会科学，研究民族的起源、风俗习惯、文化与历史的关系，基本对象是形成该民族面貌的民族日常文化的传统特征"。本世纪20年代以前，民族学、文化人类学和社会人类学三者所包括的内容和应用范围，大体上说是相同的。文化人类学一词由美国考古学家、曾任芝加哥自然史博物馆和华盛顿史密森学会人类学部主任的霍姆斯（W.H.Holmes）于1901年所创用，当时旨在研究人类的文化史。1920年以后，美国人类学加入了新的内容，扩大了应用范围，包括四个领域或分支，即体质人类学和文化人类学两部分，而将民族学、考古学（主要是史前考古）和语言人类学包括在文化人类学之内，从而表现出以文化人类学涵盖或取代民族学的倾向。但至今美国政府仍设有民族学局，还有美国民族学会和《民族学》杂志。人类学的这种学科分类对欧洲的一些国家也有一定的影响，他们的民族学包括民族学和体质人类学，民族学下又分狭义的民族学、史前民族学和语言民族学①。

美国文化人类学研究范围扩大到包括民族学、考古学和语言学，有着与美国情况相适应的特定历史背景。20年代前后美国的人类学家们对印第安人开展了广泛的民族学调查，在印第安民族志的编写方面作出很大贡献，直接推动了学科的建设。那时人类学还以没有文字的土著群体为研究对象，主要研究原始文化。作为异文化和非西方文化，印第安文化是人类学研究的理想对象。印第安人属蒙古利亚种，体质特征不同于白人，体质人类学自然地要研究印第安土著。对印第安各部落的民族学调查，描绘出各集团的社会面貌和构成为文化的各方面的现状，是取得文化资料的最主要来源。考古学通过发掘往日的文化遗物，可以研究在不同的自然和文化条件下社会文化的演变，从历时性研究上并以年代确凿的资料弥补民族学以共时性研究为主之不足。但是美国人大多是欧洲移民及其后裔，历史不长，考古研究主要还是考印第安人之古，无论是著名的古代印第安玛雅文化、印加文化或其他的考古发掘和研究，自然地与人类学结了不解之缘。至于将语言学包括在文化人类学当中，或称之为语言人类学，也有着上述的同样原因。印第安语言很复杂，有人说可分为五六十个语系，至少也得分为十几个，研究没有文字的印第安文化，语言研究当然成为重要的组成部分。

社会人类学是英国采用的学科命名，1908年由人类学家弗雷泽（J.Frazer）提出，其后为英国几所著名大学所采用。之所以称为社会人类学，是因为它以着重研究社会组织为其特点。初期主要研究殖民地土著民族的社会组织、政治制度、婚姻家庭、法律、道德、礼仪、宗教等；后来以部落社会的组织制度、社会结构为研究中心。这显然与英国这个老殖民帝国为了进行殖民统治，需要保留土著民族原有的社会组织，利用他们的首领作为代理人进行非直接统治有关。

世界各国对人类学学科的界定和分类多种多样。但不论采取哪一种解释，欧洲大陆所称民族学、美国所称文化人类学和英国所称社会人类学都是互通的。其根据是，它们的研究对象、方法、知识结构和理论体系大体一致。它们都是研究人类群体的社会文化及其发展规律，都强调实地调查、直接观察的方法，进行不同文化的比较研究。在理论体系上它们是共同的，没有文化人类学、民族学和社会人类学的区分，它们共同创立和

---

① 见《大英百科全书》1980年第15版"人类学"条。

使用这些理论,各个学派提出的理论都无不是探索文化发展的规律。从事文化人类学、民族学和社会人类学的工作者彼此视作同行。按照带美国色彩的解释,文化人类学的研究范围稍宽一些。民族学以研究民族及其特点为主,文化人类学则不局限于研究族体而是研究人,民族特点问题处于次要地位。近年,还出现"社会文化人类学"一词,用于指称研究文化的、社会的人类学部分。

至于亚洲国家方面,日本在第二次世界大战以前采用欧洲大陆式,1934年建立日本民族学会。早在1884年就成立的日本人类学会是研究体质的。战后随着美国学术思想的渗透,目前日本同时使用"民族学"和"文化人类学"两个用语,学者们根据自己的爱好任选其一。大阪国立民族学博物馆是日本民族学的研究中心,高等学校逐渐用文化人类学来代替民族学。朝鲜、越南采用欧洲大陆式。印度同英国一样使用社会人类学作为学科名称。

本世纪20年代初,通过翻译原著以及当时留学德、法等国学习民族学的老一辈学者如蔡元培等先生的介绍,民族学传入我国,在当时的中央研究院建立了民族学研究机构。1934年成立中国民族学会。20、30年代留学美、英学习人类学的逐渐增多,其后我国既用"民族学"也用"人类学"来称呼这一学科。各地相继建立和增设教学、研究机构,北方以中央研究院和燕京、清华、南开、辅仁大学为中心,南方以中山、岭南、中央、金陵、厦门、复旦、四川、云南等大学为中心,有十几所高等学校开设人类学或民族学课程。1946至1948年间,暨南、清华、中山、浙江四所大学先后成立人类学系,1949年台湾大学设立考古人类学系(后改称人类学系)。解放初,人类学、社会学被视作资产阶级学科受到批判,此后体质人类学的研究主要在中国科学院古脊椎动物与古人类研究所进行。文化人类学作为学科名称已不见使用。而苏联一向使用民族学名称,在学习苏联的形势下,便沿用民族学作为学科名称,人类学则作为专指体质人类学的课程名称而存在着。"文革"期间,民族学也被当作资产阶级学科受到批判。至1983年中央民族学院建立民族学系。1981年中山大学复办人类学系,在学科内容上包括文化人类学(民族学、考古学、语言学)和体质人类学,厦门大学人类学系与台湾大学人类学系都属这一类型。学科名称使用上的不同,表明我国北方采用欧洲大陆式的学科分类,而南方则采用美国式,形成了中国人类学、民族学界的新的南北特色。但这种特色与解放前中国人类学的南北特色的内涵不同。30年代,中央研究院和南方一些大学的人类学家们,主张用人类学方法重建中华民族的文化历史,将实地调查与文献考据的方法相结合,不强调理论方面;以北方的燕京大学社会学系为中心的一些人类学家们,则公开提出人类学中国化的思想,强调用人类学理论研究实际问题。因此遂有南派和北派之称。解放以后,实现了南派和北派风格的结合,既重视理论,也使用历史方法,以马克思主义为指导原则,强调理论联系实际,为社会主义建设服务。今天的新的南北特色,是在这一共同基础上的发展,表明中国人类学扩展了与世界的联系;以研究文化为中心的文化人类学包括民族学、语言学和考古学三部分内容,有利于人们对文化的深入理解。

三

每一门学科都有自己的特有的研究对象,进行对某一领域的现象所特有的矛盾的研究。这里不谈体质人类学的研究对象和任务,而着重讨论研究人类社会文化的文化人类学。文化人类学研究人类所创造的物质文化和精神文化的起源、特点及其发展变化的规律,对不同人类群体文化的相似性和相异性作出解释,应用人类学的理论方法研究和解决现代人类社会有关的实际问题。与上一世纪下半叶资本主义国家的殖民扩张相联系,以及由于对异文化的兴趣,过去文化人类学以研究没有文字的原始民族为主要对象。随着原始民族的逐渐变化和消逝,近几十年的研究已不局限于发展中国家的民族,而是把工业高度发达的现代社会包括在内,尽管美、英等西方人类学家注意的中心还是过去传统上的非洲、大洋洲和亚洲。

文化人类学即为研究文化现象的科学,重要的概念是文化。关于文化有许多种定义,据美国人类学家A. L. 克罗伯和C.克拉克洪所搜集的资料有160种以上。人类学上所说的文化,被称为人类学之父的英国人类学家泰勒（E. B. Tylor）在1871年下过一个经典性的定义:"文化,就其在民族志中的广义而论,是个复合的整体,它包含知识、信仰、艺术、道德、法律、习俗和个人作为社会成员所必需的其他能力及习惯"[①]。这一定义为文化人类学和民族学界包括不同学派的学者以及其他社会科学家所普遍接受。现代许多人类学家认为,文化是社会成员通过学习从社会获得的传统的生活方式、思维方式和行为特征,是群体（社会）所赖以起作用的规则。有些学者将文化划分为物质文化和精神文化。有些学者则划分为物质文化（生产技术、生计知识、生态系统、生活方式、饮食、居住、衣饰等）、社会文化（婚姻家庭制度、社会组织、政治组织、等级和阶级制度等）和精神文化（风俗习尚、法律、道德、行为规范、宗教信仰、民间科艺、心理意识、价值观念等）,并认为物质文化属表层或底层,文化属深层或上层,社会文化属中层。文化人类学家普遍认为,一种文化或者说某一个人类群体的文化要素是由各种文化要素所构成的,它是各要素构成的统一体或整合系统,而不是若干文化要素的偶然堆积。在文化要素聚合的长河中,不同的文化要素交互作用,不断加入新的要素,摒弃旧的要素,使文化整体不断发展变化。对文化发展规律的探索,使文化人类学在理论方法上形成了体系,以至于A. L. 克罗伯说,文化人类学家"发现了文化";L. A. 怀特说,文化科学是在文化人类学领域中发展起来的。

一百多年来西方人类学各个学派对人类学理论的建立和大量资料的累积都作出了贡献。他们各有立论,各具短长。每一个学派都在前人的基础上提出自己的看法,其中一方面有继承发展,使一些理论概念的表达日益完善和系统化,从某个角度某个方面补前人之不足,有所创新,有所前进;另一方面也出现了某些倒退现象,如对一些进步的理论观点进行针锋相对的攻击,或者在批评其缺点的同时"把脏水和孩子一起泼掉"。各派理论反映了它产生的时代背景和学术背景,反映了作者本身的立场和世界观。

马克思主义和人类学有着密切的联系,从马克思的《人类学笔记》可以看到早期进化学派人类学的著作给予马克思的积极的、重要的影响。恩格斯的不朽著作《家庭、私有制和国家的起源》是利用人类学资料撰写的马克思主义著作,L.H.摩尔根的人类学名著《古代社会》所提供的科学事实资料补充和证实了马克思、恩格斯的唯物史观。《人

[①] E. B. Tylor.*Primitive Culture*. New York：Harper To：chbooks，1958.

类学笔记》和《家庭、私有制和国家的起源》以及马克思、恩格斯的其他有关著作，对人类学的发展产生了深远的影响。西方人类学有一些理论是针对马克思主义而提出来的。美国人类学家哈里斯（M. Harris）在《人类学理论的兴起》（1968）一书中指出，说"文化人类学的发展是对马克思主义的反动"是接近真实情况的。当然这只是就西方人类学发展的一种倾向而言。对于我们来说，运用马克思主义的原则，来鉴别西方人类学各个学派的理论方法，辨别出哪些可供借鉴，哪些应予批判，做到批判地吸收，是摆在我们面前的十分迫切而又繁重的任务。

每一门学科都是适应社会的需要而产生和发展起来的，人类学也不例外。没有社会的实际需要，这门学科就不会存在。人类学是一门实证科学，应用性强，它通常用实地调查的方法对所研究的问题取得第一手的经验材料，并与文献资料相结合来进行研究，提出报告和解决问题的意见。不同时代不同国家不同学派的代表人物提出不同的具体研究任务，其共同点都是为当时各国家的政治和社会需要服务，为解决现实问题服务。比如，英国的社会人类学曾经为英国的殖民政策服务。这个殖民大国在第一次世界大战前夕占领的殖民地达3350万平方公里，殖民地人口近四亿，分别相当于本土面积的100多倍和本国人口的9倍多。为了统治殖民地的居民，进行贸易，都需要了解不同民族和部落集团固有的文化、社会制度和生活方式。正如英国著名人类学家A.R.拉德克利夫-布朗在1929年指出的，"人类学正愈来愈要求被看成一门关于对落后民族的治理和教育有直接实际价值的研究。对这个要求的认识是最近大英帝国人类学发展的主要原因。"①英国在非洲、澳大利亚建立人类学学校，让殖民地的英国官员和传教士接受人类学的训练，人类学知识有助于他们对土著居民的治理。可见，人类学是被殖民统治者利用来为殖民政策服务，不能归咎于学科本身。至于人类学家，他们一方面为时代和阶级立场所局限，往往用自己的专业知识为殖民政策效力；但另一方面，学者们一般都专心致力于学术研究，同情被压迫人民。如美国杰出的人类学家F.博厄斯就一向反对种族歧视，强烈反对德国法西斯迫害犹太人。

再以现代美国人类学的发展为例，第二次世界大战期间，人类学家为美国政府"更详尽地认识自己和对手"的政策服务，参与对敌国、同盟国的国民性研究，R.本尼迪克特研究日本人国民性的《菊与剑》就是这方面的代表作。战后形势变化，殖民地国家纷纷独立，各国人民的民族意识和国家意识增强，研究殖民地民族的园地缩小了，人类学家被迫转向国内社会问题的研究，研究本国的乡村社会和都市社会。人类学迅速发展出许多分支，诸如都市人类学、乡村人类学、政治人类学、经济人类学，工业人类学、教育人类学、医学人类学等等。人类学家们研究国内的民族、种族、印第安保留地、城乡贫困、人口控制、农业发展、现代化工业企业、文教卫生的发展以及都市化、工业化引起的问题等。西方一些人类学家声称要帮助发展中国家，去当地研究工农业生产、医药、教育、社会发展等问题。再看苏联民族学，这一学科对国内各民族的生活和文化进行了深入的研究，为各个时期民族政策的实施服务；在现阶段，着重研究苏联当代民族过程、民族文化过程和民族关系，如各族传统文化、民族特点及其变化以及民族融合过

---

① A.R.拉德克利夫-布朗：《社会人类学方法》中译本，山东人民出版社，1988年，第31页。

程等。

在我国，从本世纪50年代初起，人类学作为学科名称消失了30年之久，30、40年代已经开始的一些重要的研究，比如对汉族的人类学研究和人类学理论的传播等中断了，但是对少数民族的研究一直在民族学的名义下进行着。民族学虽也经历了曲折的道路，但在为我国社会主义革命和建设服务的过程中，它仍然能够存在并得到一定的发展。这足以证明社会对这门学科的需要，学科为适应社会的需要而发展。中华人民共和国成立后，废除了民族压迫制度，必须确定我国有多少民族，以便进行民族区域自治，使各少数民族得到行使管理本民族内部事务的权利，实现民族平等，这就需要进行民族识别；各民族地区要进行民主改革，需要调查研究各少数民族的社会经济发展阶段、阶级状况和民族关系，提供科学事实依据，以便政府制订适合于各个民族地区实际情况的、向社会主义过渡的不同方针政策和方式。民族学与语言学、考古学等学科的工作者参加了民族识别、少数民族社会历史调查和研究少数民族社会性质的工作，贡献了自己的力量。与此同时，积累了大量的资料，开展了有关民族文化的各方面课题的研究。

我国目前有56个民族，他们都有着悠久的历史和灿烂的文化，是人类学研究的丰富宝藏。解放后，学者对少数民族的研究特别重视，其原因主要是为少数民族地区建设的迫切需要服务，对汉族的研究则还来不及开展。而不论什么原因，没有对世界上人口最多的汉族进行人类学研究是很大的缺陷。在社会主义建设新时期，人类学应为我国包括汉族在内的各民族服务，研究各民族各群体的文化及其发展变化，为政府提供决策的依据。

纵观人类学学术史，可以看到，当代文化人类学研究应着眼于为全人类的利益服务。人类文化从起源上说就是多元的，现今世界各民族文化五彩缤纷，人类学研究应使所有民族的优秀文化受到尊重，得到弘扬和繁荣发展。各民族互相学习、吸收对方的优秀文化，而不是将某一种生活方式作为模式向全世界推广。应抛弃某国、某族的中心主义和种族主义。有些地区由于被开发、资源被掠夺而使当地居民的生存受到威胁，文化遭到破坏，人类学家可以给予帮助，使他们既保存固有的文化特点，又能适应环境的变化。人类自身的生产需要得到有效的控制；人的身体素质、文化素质都要不断改善和提高。因此，加强对人的研究以适应未来的变化，以发挥人的主观能动性，改造世界，改造人本身，人类学担负着重要的责任。

原载《中山大学学报（社会科学版）》1991年第2期

论市场经济下的道德建设

蔡 禾

道德是精神文化的重要组成部分，是维系一个社会的有序和整合的社会规范。然而，随着我国改革的深入，市场经济的建立，人们在领略经济发展带来的物质文明享受时，在感官上直接感受到的似乎是社会的道德水准在下降。尤其在经济行为领域里，不守信誉、不守合约、坑蒙拐骗、行贿受贿等不道德的行为比比皆是，以至许多人不仅不对社会所倡导的理想、价值、道德楷模加以认同、追求，甚至给以"虚伪"的嘲讽，面对经济的发展，人们陷入了道德的困境。造成这种困境的原因或许是多样的，正如有人用历史发展的"二律背反"来解释，认为物质文明的发展必定是以道德为代价支付出去的；也有人把它归因于在经济发展的同时忽视了道德、理想、价值观和人生观的教育。而我认为，这种道德困境产生的最根本原因是长期以来我们在道德认识和道德建设上的局限性或片面性造成的。

道德作为一种社会规范，既是对行为的一种肯定，又是对行为的一种约束。社会学家马克斯·韦伯把人类的理性行为分为工具理性行为和价值理性行为。工具理性行为是指那些行为者根据可以计算的、可以带来的现时利益对目的加以选择，同时对达到目的的手段加以选择的行为，市场上的经济交换行为是最典型的形式，工具理性行为表现的是行为者对自身利益的理性追求。价值理性行为是指那些行为者以社会的终极价值和理想、而非现实利益为目的的行为，行为者追求行为与信仰的一致，对行为的功利代价并不在意。不同的社会由于价值观和意识形态上的差别，价值理性行为的价值内涵是不同的。在一个基督教社会里，通过行善事来达到对"原罪"的赦免，以期获取通往"天国"的门票是基督徒的理想和终极价值。我国是一个社会主义国家，实现共产主义是最崇高的理想和价值，利他、忘我、平等、大同是价值理性行为所蕴含的核心取向。无论是工具理性行为还是价值理性行为，都需要有规范来加以约束，而行为本身的差别决定了分别有与之相应的道德规范，即工具理性道德和价值理性道德。

在改革开放以前，我国社会是一个价值理性行为为主导的社会，对"公平""平等""无差别"这些理想价值的追求迫使人们放弃对现时利益的期望，整个社会的道德，诸如"先人后己""公而忘私""为革命不计较个人得失"，都是围绕着价值理性行为建立起来的。而追求功利效果和自我利益的工具理性行为则被视为"自私"和"利己"，被视为是不道德的。改革开放以来，尤其是市场经济建立以来，工具理性行为得到了正名，成为现实生活中日益普及的行为形式。当然，这并不是说，在今天的中国社会里，不再有价值理性的行为，而是说，无论是价值理性行为还是工具理性行为，都已被当今社会所接受。然而，由于以往对工具理性行为的否定，在所建立的道德体系中，缺乏系统的，为工具理性行为提供的道德规范。工具理性行为是以承认行动者对自我利益追求的合理性为前提的，如何在道德上阐明这种合理性？如何引导人们在追求自我利益实现时处理好人与人的利益关系？如何帮助人们确立在寻找市场上获利机会的同时承担相应的责任和义务？所有这些与工具理性行为相关的道德在以往的道德体系中几乎是空白。行为需要有道德去约束，尤其是工具理性行为，它是人们自我欲望得以表现的形式，如果没有相应的道德规范，"世风日下，人欲横流"是不足为奇的。

社会的变革向人们提出了道德建设的要求，近几年来，各种各样的精神文明建设活动开展得轰轰烈烈，对道德建设所起的作用是不可忽视的。但是客观地说，它似乎并没有帮助人们真正走出道德的困境。究其根源，一个重要的原因是人们没能区分，或者是不愿意客观地承认，工具理性道德与价值理性道德之间的区别。迄今为止，我们道德建设工作的指导思想实际上是希望通过唤起人们对理想和终极价值的追求来约束人们的工具理性行为。因此，社会不断地塑造一个又一个先人后己，为国家、为集体、为他人而放弃自我利益的楷模，道德建设工作仍然是完善和强化与价值理性行为相关的道德，而没有真正面对一个充满自我利益甚至贪欲，但是又合法合理的工具理性行为领域，去构建与之相应的道德规范。这样做的结果是使工具理性行为领域仍然处在"无道德"的无序状态。

价值理性行为是以社会理想和终极价值为目的，工具理性行为是以现实利益为目的，因此，二者的道德规范要求是有差别的。在价值理性行为中，我们倡导的是公平和共同富裕，而在工具理性行为中，我们承认人们可以以最小成本去从他人那里获取最大利益；在价值理性行为中，我们倡导的是先人后己，利他主义，而工具理性行为中，如果没有自我利益这一出发点，行为就不会得到成功。所以，让价值理性行为领域的道德去承担工具理性行为领域的道德职能，尽管是动听的，但却是乏力的；尽管能唤起人们对一个个价值楷模的敬仰，但却不能在世俗的生活中形成普遍的认同。在一个市场经济的社会里，如果人们一方面目睹着种种为自我利益奋争的工具理性行为，另一方面耳闻的却都是牺牲自我利益的价值理性行为，人们对这种道德报以"虚伪"的嘲讽是不难理解的。实际上，并非价值理性道德本身具有虚伪，"利他主义""先人后己""舍己为人""公而忘私"等道德不仅过去、现在、还是将来，都是我们社会主义国家应该倡导的道德，问题在于我们不恰当地把这种价值理性作为普遍适用于所有行为的道德运用于工具理性行为所致。

建立与工具理性行为相适应的工具理性道德体系，这需要有实践的探索和长期专门的研究，但作为这一道德体系的基础应该认同在"自利""无害""守约"这三个基点上。

改革是对旧体制的冲击，是利益关系的重新调整，以往淹没在"集体利益""国家利益"下的个人利益得以浮现出来。尤其是随着市场经济的建立，财富收入差距的拉开，追求功利利益已成为人们行为中最强烈的冲动。正是这种冲动使人们的创造力和想象力得到最大限度的发挥，社会也正如马克思和恩格斯所论述的，在无数追求自身需要满足的，具有不同方向的"力"的"合力"中得到发展和进步。换句话说，在市场经济条件下、没有对自利行为的肯定就不会有行动者对社会目标的认同,体现着终极价值和理想的社会目标不可能超越体现行为者功利利益的工具理性行为。近几年来,随着社会的开放,人们对自利行为的谈论已变得比以前轻松多了,但仍未把这种行为合理性提到道德层面上来认识,"谋利"似乎总是与道德格格不入,似乎总是体现着人类"劣根性"的无可奈何的选择。然而,没有"自利"的道德合理性就不可能在工具行为领域建立相应的道德体系。关于这一点,社会学家马克斯·韦伯在他的惊世之作《新教伦理与资本主义精神》一书中,对现代资本主义为什么首先产生于信奉新教的国家和地区的分析是有所启发的。他指出,在大多数宗教那儿,"谋利"被视为罪恶之源,而在新教那儿,"谋利"被赋予了宗教伦理的合理性,即"谋利"行为的成功与否是一个人向社会显示上帝对他的"恩宠"和作为上帝"选民"的证明。正因为"谋利"获得了宗教伦理的肯定,因而它在教徒中无意识地导致了一种克勤克俭、入世奋争的精神,没有这种精神,现代资本主义是难以产生的。尽管韦伯在这儿主要谈的是价值理性行为与工具理性行为的关系,但从一个特殊的角度说明了,在现代市场经济这个充满工具理性行为的领域中,赋予"自利"行为道德的合理性是社会进步的基础。

肯定"自利"行为和"自利"观念并不等于说"自利"是无限的、无约束的。在工具行为领域里,每一个行为者都是独立利益的代表者,都把追求最大利益效果作为行为的目的,这必然在不同行为者之间带来利益矛盾和利益冲突。私欲从本质上讲是贪婪的,绝对的"自利"只会导致损人利己的后果,因此,"自利"的道德合理性是相对的,即只有在"无害"他人和社会的前提下才具备合理性。也只有在确立了"无害"这一观念的基础上,才能在一个充满了自利行为和利益矛盾的领域里造就一个"人人为我,我为人人"的行为情景。

在一个没有行为者独立利益的计划经济环境里,整合是建立在"忠诚感"基础上的,即人们对中央政府和行政上级的绝对信任和服从,但在一个承认行为者独立利益和追求获利机会的市场经济环境里,整合是建立在"契约"基础上的。无论在个人与个人、个人与群体、群体与群体之间,各种合同、合约、协议等契约形式是把不同行为者联系在一起,并按共同行为规则行事的保证,因此,"守约"是在人与人之间建立信任、实现交往的基础,人们只有在约定的范围内追求"自利"才可能达到"无害"的准则,才可能是道德的。如果没有"守约"的责任感和道义感,行为者的利益就得不到保障,工具理性行为领域就不会有秩序,"无害"准则不仅不会实现,甚至会使合同、合约、协议变成损人利己的"陷阱",社会整合将不复存在。笔者最近了解到这样一件事情。一位在外国驻广州金融机构工作的高级中国职员要求老板在他的薪金之外代缴个人所得税,老板根据合约,没有满足这一要求,这位职员因此违约不辞而别,"跳槽"到另一家愿出更高薪,足以弥补个人所得税损失的外国金融机构。但是,当这家老板了解到这位职员原来的行为后,尽管这是一位非常有能力的职员,也毫不犹豫地以没有职业道德为由解雇了他。这件事说明了两点:一是在发达的市场经济社会里,人们已有了一套评价工具理性行为的道德标准,它维护着工具理性行为领域的秩序,把人们追求自我利益的行为约束在"无害""守约"的原则内。二是在我们的社会里,一些人在追求市场上获利机会的时候,却没有相应对市场行为负责的道德观念。对于这些行为者,用价值理性道德去要求他是无意义的，需要的是培养他们对工具理性行为的道德意识。

对于当今中国社会的变迁来讲，对于市场经济已初步形成的现实来讲，道德建设工作既要包括以利他、忘我为核心的价值理性道德的建设、宣传和教育，也要包括以自利、无害、守约为基础的工具理性道德的建设、宣传和教育。从某种意义上讲，后者比前者更为紧迫。倡导工具理性道德并不排斥倡导价值理性道德，因为它们各自在不同的行为领域中发挥着作用。一个人不在商场上尽力谋利就会破产，工具理性道德应帮助他合规范地谋取利益，协调与他人的利益行为。一个人赚了钱，把它捐给社会，用来发展公共事业或救助贫困者，这是一种价值理性行为，价值理性道德倡导这种创举和善举。工具理性道德与价值理论性道德虽然存在着差别，但在本质上不是对立的。例如，一个人只有首先做到"无害"，才可能进一步做到"利他"，反过来讲，一个能做到"利他"的人，必定会做到"无害"。当然，一个具备工具理性道德的人不会自然地成为具备价值理性道德的人。一个人如果完全不认同价值理性道德，那么他对工具理性道德的认同也缺乏自觉性，并缺乏实践工具理性道德的持久保证。

从行为领域来看，工具理性道德和价值理性道德的区分说明了人们行为的多样性和道德的多元性。如果不意识到这种多元性，只承认价值理性道德，那么在工具理性为日益普遍的市场经济社会里，我们永远无法面对现实而走出道德的困境。这并不等于说在市场经济中不存在价值理性行为，一个人为了他人或者国家，宁愿做亏本的生意，这种行为在市场经济中不难看到，但它毕竟不是市场经济中的普遍行为，价值理性道德不可能成为大多数行动者在大多数工具理性行为中普遍适用的道德。

从社会主义的理想和价值来看，工具理性道德和价值理性道德的区分说明了人们行为的差异性和道德的层次性。一个能以工具理性道德指导自己行为的人是一个有道德的人，一个能以价值理性道德指导自己行为的人是一个有高尚道德的人。如果不意识到这种道德的层次性，只承认价值理性道德，那就会把在市场经济社会中的大多数人的大多数行为归为无道德或不道德，这于情、于理、于现实都是说不通的。

从行动者的角度来看，工具理性道德和价值理性道德的区分说明了行动者道德人格的多面性。道德人格是指一个人在从事任何行为时都能以道德加以自律，但这种自律往往不是在任何时候任何场合都能以同一道德水准来展开的，有时候行动者能做到以价值理性道德为取向，有时候则是以工具理性道德为取向。不意识到这种道德人格的多面性，只承认价值理性道德，将会使人们对人的道德认识和道德要求变得片面和绝对。

一个只信奉工具理性行为的社会是没有理想的社会，最终将堕入人欲横流的境地；一个只信奉价值理性行为的社会是狂热的，没有物质进步的社会，最终将堕入宗教化的囚牢。同理，在现代社会里，完整的道德体系建设应该包含工具理性道德建设和价值理性道德建设。

原载《中山大学学报（社会科学版）》1995年第3期

外来工与"二元社区"

——珠江三角洲的考察

周大鸣

珠江三角洲是吸引外来工最多、最集中的地区,很自然是研究外来工输入地最具代表性的地区。本文将讨论外来人口流入珠江三角洲的过程,外来人口的分布以及外来人口对输入地的影响,并提出"二元社区"这一新概念。所谓二元社区即指在现有户籍制度下,在同一社区(如一个村落和集镇)外来人与本地人在分配、就业、地位、居住上形成不同的体系,以至心理上形成互不认同,构成所谓"二元"[①]。

一、外来工进入珠江三角洲的过程与地理分布

珠江三角洲以及整个广东,在改革开放前它的整体发展水平是处于全国下游水平。且这里属于海防前线,基础建设受到许多限制,国家的投资也比较少。改革开放以后,它的发展比较快,不仅迅速地吸纳了本地的剩余劳动力,而且还吸纳了大量外来工。从1978年开始,就有外来人来珠江三角洲打工,但是大多属于"离乡不离土"的一类。许多珠江三角洲的人把自己承包的土地、鱼塘、果园交给外来人去耕种,自己当老板,这种现象在顺德、南海、中山极为普遍。后来慢慢地就有大量的外来人口涌向建筑工地。到了1986年,珠江三角洲就已经吸纳了185万人,到1988年这个数字增加到320万。这还仅仅是官方的统计。大量外来工的到来甚至导致广东的粮食紧缺,粮价飞涨。到了1989年,外来人口继续增长,而又适逢国家经济调整,严格控制基本建设规模投资。这一调控的结果使很多工程下马,很多工地停工,对外来劳动力的吸引力也降低,因而导致民工潮的出现。到这时,珠江三角洲各中小城市都出现了民工潮。为解决问题,许多城市花钱遣返那些找不到工作的外来工,但过不了几天,他们又跑了回来。当时整个珠江三角洲滞留了大量的外来农民工。这些外来工都不愿回去,回去也没有什么事可干。很多人连回家的路费也没有。自1978—1988年10年,广东外来人口的增长速度是年平均增长12.93%;到1989年以后,外来人口略有回落,到了1990年,由于珠江三角洲经济复苏较快,外来人口又有回升,到1993—1994年到达最高潮。以宝安为例,1988年,宝安县常住人口不到30万人,但外来人口却有46万人,到1990年达到52万人,1991年增加到70

[①] 因为没有人讨论过这一问题,所以没有现成的名词可用,笔者将这种现象称为"二元社区",或可称为"二元社会",或其他名词?见教于各位。

万人。1995年宝安县分成龙岗区和宝安区。一个龙岗区,大约是原宝安县面积的一半,常住人口(本地人口)16万,而外来工是100万;宝安区的外来人口更多,因为它的发展较早,企业也比较多,估计宝安区大约有120万外来工,而这200多万又大多是身强力壮的劳动力[①]。从这可以看到外来人口增长速度和过程。

从整个珠江三角洲外来工的分布来看,可以分为以下几个部分:第一是东线,主要是广深走廊,包括深圳、宝安、东莞和广州,一直到花都这一带,是外来工最集中的地区,人们通常一说起外来工,几乎都会提起宝安、东莞;第二是中线,主要是佛山、南海、中山、珠海、番禺,这也是外来工相当集中的地方。虽然这一条线的外来工规模比不上宝安、东莞,但密度也是非常大。比如番禺市桥镇,大约有30万外来工,其当地人口不到10万,比例约为3∶1。第三是西线,也就是江门、台山、新会、鹤山、恩平、三水、高明这一带。这一带也有自己的一些特点,一方面这个地区大量的人涌向东部地区,另一方面它又吸引了大量的外地和外省的民工,形成一种梯级的人口流动。第四线是惠州、惠阳、惠东、增城、清远,就是东线以外的地区,这个地区如惠州、惠阳,自90年代以来成为吸引外来工最多最快的地区。1992年"南方讲话"之后,这个地区房地产发展最快,加上个体企业发展的速度也比较快,因而吸引了大量的外来工[②]。

珠江三角洲的这四个区域,外来农民工分布最多的是东部和中部。

那么整个珠江三角洲的外来农民工有多少呢?有的说1500万,有的说1200~1500万,以下限来说,一般来说都认为超过一千万。如深圳宝安,其本地人口也不过40万,但外来人口却有200多万。东莞本地人口不过100多万,但外来工统计数字是170多万。仅东线外来工人口总和就已经接近500万了。其他中线、西线、外环区加起来,应该也有500万。因而,超过1000万这个数字大概不会有太大误差。

从整个珠江三角洲输入地来看,外来工的特征是:①主要是从事工厂企业的工人,占80%;②由于工厂企业一般比较喜欢招收女工,所以女性比例比男性比例要大;③年纪轻,一般在16—22岁,甚至不足16岁;④工厂的居住和生活条件适合单身,都不适合家庭,所以已婚的少,那些已婚的工人也很少夫妻同住的。⑤虽然称为"暂住人口"可实际居住的时间较长,一般都超过一年。⑥虽然居住时间长,可工作的流动极为频繁。所调查的对象一般都有换工的经历。

二、珠江三角洲村镇"二元社区"的形成

外来农民工对输入地的影响是多方面的,包括对经济、文化和社会等方面的正面与负面的影响。其他方面在此不论,外来工给输入地造成的影响,我认为是在输入地构成一个"二元社区"。即外来工和本地人形成相对隔离的两个社区。这是外来工给输入地所造成的影响中最大的方面,当然这种二元分割不完全是空间和地理上的,更重要的是心理上的。如果大家到珠江三角洲地区走一走就会发现,这种本地人和外地人的区分是非常的明显的,本地人对外地人都有一些带歧视的称呼和行为。

---

① 周大鸣:《论深圳特区的乡村都市化》,载《中山大学学报论丛》1997年第4期。
② 参见周大鸣:《珠江三角洲外来劳动人口研究》,载《社会学研究》1992年第5期。

这种所谓"二元社区",可以从以下几个方面来分析。

第一,从分配制度来看,本地人和外地人的分配制度是截然不同的。外地人来到这里,如果是在工厂做工,一般拿的是计件工资,可是这种工资自1986年到现在,据我们调查,不仅没有增长,反而略有下降。如1990年一个月工资是500元,到现在一般没有什么增加,加上物价上涨,实际工资就下降了。也就是说外地人一般拿计件工资,而工资略有下降。而本地人则另有一套分配制度,虽然各地分配制度不一样,但很多地方,从工资上来看本地人拿的并不多,甚至比外地人还少;如有的本地经理月薪350—500元,本地人主要的收入来源于第二次分配,即村里的分红和福利制度。现在珠江三角洲普遍已经建立起一套分配制度,有的叫股份制,即一种平均分配制度,如本地人16岁以上算一个全股,16岁以下算半个股,每股每年可以分多少钱,这个收入就比工资收入高得多。然后又建立一种可以说是非常奢侈的福利制度,包括生老病死各种保险在内,还有其他方面,如上大学不仅有一笔钱奖励,甚至每月还给一笔钱,这种福利制度当然也算收入的一部分。

第二,从职业来看,很显然,本地人对职业的选择和外地人不一样。那些普通工作,那些脏一点、累一点、苦一点的活,大都是让那些外地人去干,本地人一般都不愿意去干。当然还有一些是专业技术性较强职业也是外来工去做。本地人所从事的大都是服务业,比如商场、饭馆、娱乐场所之类的社区服务性行业。还有就是当所谓"厂长",如果一个村子是2000人,那么劳动力最多有800个左右,如果这个村子办了100个厂,因为规定每个"三来一补"企业需要一个中方厂长,那么至少需要100个厂长,这就是一个很大的数字。然后每个厂里再派一两个诸如财务、报关员之类的,那么至少有300—500个劳动力。所以本地劳动力更多的是从事这类的职业。总体看来,本地人和外来工职业上的分布也不一样,本地人通常从事的是比较轻松、收入也比较高的职业。外地人则相反。

第三,从消费和娱乐方式来看,也有两套系统供本地人和外地人消费。在珠江三角洲的村、镇,一般都有很高档的餐厅,娱乐场所,但这些往往都不是外来工能够消费得起的地方。比如我们到下面的一些村子去,那里的西餐厅,吃一份中西结合的快餐,就30块钱。一个外来工是不会拿着30元来吃这么一个普通的快餐的。娱乐消费场所也形成了两个系统,一类是本地人消费的餐馆、娱乐中心,一类是外地人消费的餐馆和娱乐场所。比如说卡拉OK,民工去唱的卡拉OK,一两块钱就可以唱一首歌,但本地人消费的地方仅门票就得20元以上,一杯饮料20元以上,外地工一般都承受不起。还有其他,如什么保龄球、高尔夫球之类,那更只有本地人才消费得起。这样可在娱乐消费上分成两大系统。而且现在工厂的职工的娱乐活动通常是由厂方组织的,组织卡拉OK比赛就唱卡拉OK,组织篮球比赛就打篮球,农民工参加娱乐活动是被动的、低廉的和频率低的。

第四,从聚居方式来看。现在外来工有两种居住方式,一种集中的居住方式,所谓的宿舍小区管理,封闭式的管理,比如深圳市蛇口区的"四海"就属这类,在宝安、东莞也比较多。这是一种封闭的、有专人看管的居住方式。另外还有一种是居住在当地农民的空房里面。现在的珠江三角洲农民一般都有两到三栋房子,不住的房子就租给外地人住，房租成为收入的重要来源。并且一般布局新房在一边，老房子在另一边，比如在深圳的龙岗有一个全国面积最大的客家围屋，有一万多平方米，过去未清理的时候都租给外来工住，成了外来工的一个"城"了。而本地人则住在另一边规划比较好的"文明小区"里。现在广东提倡"文明小区"建设，文明小区规划整齐，并有较好的治安管理，成立了专门的保安队。如深圳N村，本村人700，但保安人员有300人。这也不奇怪，这个村子有外来工2万人。这些保安的主要功能，就是保护本地人。我雇你来，你就为我服务，如果你到下面调查，通常可以看到摩托车撞了外来工，但保安不是抓摩托车主，而是抓外来工。

第五，从社会心理来看，本地人和外来工，大家在观念上是区分得非常的清楚的。这种区分从本地人对外地人的态度、语言都可表现出来。如在语言上，珠江三角洲每个地区每一个地方都有对外来工的一个带有贬义的称呼，而且可能还不止一个。这种贬义称呼实际就代表着本地人对外来工的一种心态。而外来工对本地人也有另一种心态。所以每次下去调查，都要调查一部分本地人，一部分外地人，来进行比较。通过这种比较就可以发现：本地人对本地人、本地人对外地人，外地人对本地人、不同的人对外地人的看法差异是相当大的。

三、问题与讨论

1. 二元社区形成的原因

上面从分配制度、职业分布、消费娱乐、聚居方式和社会心理五个方面进行了分析，显示出本地人和外地人形成了不同的两个系统，笔者称之为"二元社区"。那么这种二元社区形成的主要因素有哪些呢？二元社区支撑的基础一是"寄生性"经济，一是"地方本位"政策①。

首先，"地方本位政策"是二元社区形成的前提。所谓地方本位政策是指一系列保护地方利益的政策，包括户籍、福利、分配等。这从本质上看是我国过去城乡二元结构的延续。刘纯彬先生在《论中国的二元社会结构》一文中指出，中国的二元社会结构是由一系列具体制度建立起来的，并概括为14种具体的制度②。笔者综合刘先生和其他学者的一些看法，认为二元结构制度中最重要的有3项，即户籍制度、社会保障制度、土地制度。过去的二元结构下的政策，主要表现为城乡的分割，"铁饭碗"与非铁饭碗的隔离，而"地方本位政策"则是地方与地方之间的隔离。

如户籍制度，户籍制度把中国公民分成了"农村"和"城市"两大类别，每一类还可以分成不同的等级。所以说一个人的出生就决定了你的地位——具有了某种等级的户口，除了升学和提干之外，要改变户口状况的机会极少。户口的迁移是严格的，少有的迁移也只能从上到下移动。户籍制度不仅造成了城市和农村的隔离，还造成了城市与城市的隔离、乡村与乡村之间的隔离、单位与单位之间的隔离，甚至家庭成员之间的分

---

① "寄生性经济"也是笔者给这种类型经济的一个概念，其经济结构的本质是"外源"的，而非"内源"的。"地方本位政策"是指以地方利益为驱动的封闭性、排他性政策。

② 刘纯彬：《论中国的二元社会结构——阻滞中国农工业化城市化过程探析》，见《社会》1989年第9期，第22页；1989年第10期，第12页。

离。户籍制度是其他二元结构政策的基础,直到今日仍无法根本的改变,而且成为二元社区形成的基础。现在珠江三角洲有数百万外省民工,他们实际上长期在这一地区工作,可是因为是非本地户口,被称之为"外来人口"。其他的制度则是以户籍制度为前提,本地的各种政策是优惠有本地户口的人。从社会保障制度看。社会保障制度包括社会福利、退休、劳动保护、医疗保健等,过去这项代表社会主义的优越性的制度只在城市实行,而农业人口却被排除在外。而现在大部分村落,模仿这套制度建立起更为优越的社会保障体系。这些优惠政策仅辐射本地人,而将大部分外来工排除在外,导致"二元社区"的形成。

此外,与二元社区密切相关的是"寄生性经济"。为什么称为"寄生性经济"呢?因为首先资本、技术、经营方式、管理都是靠港台人或者外商,其次基本的生产者是外地的工人,本地人除提供土地,少量人参与管理外,大部分人什么都不做就可以坐享其成。比如深圳的W村,一个人一年什么都不用做,就可以分到2万元到4万元,而且这是按人头计算,如果一家5口人,一年就是10万元户、20万元户,这样他还去做工干什么。何况这还是纯收入,还不包括各种福利和补贴。

2. 二元社区所引发的问题

"二元社区"的形成必将引发许多问题,其影响是深远的。第一,是支撑二元社区的寄生性经济,后果是很令人担忧的。这种经济对创业者来说,问题还不大,但对下一代,问题就很大。所以当地政府提出今后的工作重点,就是教育本地青年。这是一个大转向,过去主要是做外地人的工作,现在则转向做本地青年的工作。其原因就在于这种可以不劳而获的经济使年轻人没有工作的动力。现在有一类的青年叫"四不青年":即不劳动、不学习、不工作、不种田,一句话——什么都不愿意干。而且这种青年在青年中所占比例相当大,有的镇占了30%。为什么呢?要找一份既轻松收入又高的职业不容易,而且赚钱通常还没分红多,也就懒得去工作。不工作也就没有学习的动力。深圳P村派了几个青年到某大学管理学院进修,进修回村做了一个工厂的中方厂长,但这个厂搬走了一个多月他自己还不知道。他们书记抱怨管理学院水平太差了,培养出来的人是这样的。这一事情就说明了一个情况:本地青年缺乏工作和学习动力。创业的一代,如这些村的干部们也不是不想培养这些年轻人,他们花很多钱送人到全国各地的名校学习。但学习须得有一种动力,没有动力就无法学习。我访问过很多珠江三角洲的年轻人,他们对自己的未来也很担忧。因为他们在文化水平、技术水平、管理水平上来说都比不上外来人,虽然现在土地、厂房上是属于当地人的,收入归当地人。但是政策不一定就不变,这种户籍制度不会是永恒的,假使以后取消户籍制度,没有本地人的时候,他们就处于一种劣势。如上述那种青年,他怎么和人竞争呢?更何况不是猛龙不过江,外来工能出来的人就是经过自然选择、生存能力较强的那部分人。

第二,地方本位政策造成了地方与地方的隔离和本地人封闭的心态。笔者曾经提出过封闭是最严重的问题,并将制约珠江三角洲未来的发展,并从行政组织、基础设施建设、文化心理和分配制度等四个方面进行了讨论①。目前珠江三角洲的各级行政组织既缺乏纵向的沟通，又缺乏横向的沟通。由于行政组织上的封闭，造成各行政区划内的基础设施和经济结构成为一种相对独立的封闭体系。可以说，这种封闭体系是过去那种自给自足的自然经济的延续。这表现在，各县市、镇，甚至村建立起属于自己的、小而全的各项基础设施。

关于这种封闭形成的原因，原来的分析没有找到本原，实际上，二元社区成为封闭生长的土壤。因为二元社区发育了本地人不健康的文化心理，具体表现在封闭心理和自我中心主义。总是认为"我"这个地方是最好的，他们不仅看不起什么广州人，什么大城市的人，连香港也认为不过如此，说香港人住房太差，到香港去旅游时也不愿到香港的亲戚家去。因而他们形成了这么一种封闭的心理，认为别的地方都不如自己村。他们之间还互相攀比，几个村之间谁也不服谁。而且这些村子上到中央总书记、政治局常委，都到他们那儿参观过，村干部们摆出见多识广的架子，一般的干部、学者去，他们都爱理不理。这样封闭的心态，就没有办法向外界学习，因为只有一个开放的社会才能够有所发展。如深圳的N村，他们村有非常严格的管理制度，外人想进去都非常困难。我们去调查，他们可以找来一大批已经经过培训的人来应付你，事例、道理之类都可以统一口径，什么外来工本地人，使用的个案、内容都是一致的，像是背过稿子。语言的使用也反映了封闭的心态，近年来各地方的方言和次方言极为流行，而不愿讲普通话，在珠江三角洲地区普通话普及度不够高，甚至看不起讲普通话的人，而以讲不好普通话为荣。因此许多人能讲普通话也不愿意讲，"怕被人误认为是北方人"。笔者到过珠江三角洲的许多地方，那些干部们介绍情况时的第一句话是"我的普通话讲不好"。其实有的人讲得非常好，说那么一句开场白，无非是表明其身份。

第三，二元社区的发展将导致外地人与本地人的冲突矛盾。二元社区将本地人与外地人隔离起来，制度上的隔离将导致心理认同上的隔离。心理认同的差异将导致不同族群的形成。一旦不同来源地的外来工在共同的利益基础上形成同一族群，与本地族群的冲突是必然的。因为现在对外来工采取的方法都是管、卡、压，本地人处于优势地位，长此以往是行不通的。关于这一问题，笔者将另撰文，此不多论。

总之，特定政策和经济结构导致了"二元社区"的形成，这种二元社区给劳动力输入地带来了一系列新的问题，这些新的问题将制约着珠江三角洲的持续发展。因此加强这方面的研究，多学科进行分析，制定相关的对策是刻不容缓的事情。

原载《中山大学学报（社会科学版）》2000年第2期

---

① 周大鸣：《制约珠江三角洲未来发展的问题之一——封闭》，载《珠江三角洲经济》1995年第4期。

消费行为的制度嵌入性

——消费社会学的一个研究纲领

王 宁

一、问题的缘起

"嵌入性"是新经济社会学的一个研究范式。1985年，格兰诺维特在对威廉姆森的新制度主义经济学的批评基础上，提出了"经济行动是嵌入于人际关系网络"的论点（Granovetter，1985），从而揭示了新经济社会学对经济行为的解释力。自格兰诺维特提出"嵌入性"作为新经济社会学的研究纲领以来，嵌入性问题引起了相关学科学者的浓厚兴趣，并形成了一系列研究成果（如Grinton and Nee，1998）。不过，他的"嵌入性"观点也遭到学者的批评。例如，倪志伟与尹格兰指出，格兰诺维特所说的"嵌入性"只是"关系嵌入性"，忽略了制度因素的作用（Nee and Ingram 1998）。事实上，"嵌入性"包括不同的类型，格兰诺维特所说的"嵌入性"只是嵌入性的一个类型，即"网络嵌入性"（Nee and Ingram，1998：20）或"关系嵌入性"（Brinton and Kariya，1998）。除了这一类型，嵌入性还应包括"制度嵌入性"的类型（Nee and Ingram，1998；Brinton and Kariya，1998）。

倪志伟等人提出的"制度嵌入性"作为"关系（或社会）嵌入性"之外的一个主要类型，迅速引起学者的重视，并在国际范围内产生了可观的研究成果。例如，Brinton和Kariya在揭示了格兰诺维特有关寻求职业中的"关系嵌入性"模式的不足后，通过对日本的历史数据的分析，发现高端市场的就业更依赖于"制度嵌入性"，而不是依赖"关系嵌入性"（Brinton and Kariya，1998）。Hamilton与Feenstra从制度嵌入性角度研究了经济组织现象。他们认为，经济组织难以用原子主义的自下而上的模式来解释，而必须从制度嵌入性的角度来解释。例如，东亚的经济组织就是嵌入于历史遗留下来的家长制等权威关系中的（Hamilton and Feenstra，1998）。Frank和Western均从制度嵌入性角度分别分析了"赢者通吃"市场（Frank，1998）和劳动力市场（Western，1998）。

令人遗憾的是，尽管有一些学者从新经济社会学（"门槛效应"）的角度研究了消费行为（Granovetter and Soong，1986），然而从"制度嵌入性"角度来研究消费行为的社会学文献则很少见到。在经济学界，有一些学者从制度分析角度分析消费现象（如田学斌，2007），但他们大都限于制度经济学的角度，并没有明确运用"制度嵌入性"的分析角度。

从国内外消费社会学的研究现状看，学者们更关注社会（结构）与文化变量对消费（行为）的影响（如Ewen，1976；Douglas and Isherwood，1979；Bourdieu，1984；Bauman，1987；Baudrillard，1988；McCracken，1988；Featherstone，1991；Ritzer，2000；王宁，2001，2005；陈昕，2003；郑红娥，2006；姚建平，2006；郑也夫，2007；赵卫华，2007）。总体来看，消费社会学学科发展受文化社会学、符号社会学、社会分层、社会变迁、家庭社会学、身体社会学、传播社会学等社会学分支研究方向的影响比较深，对新经济社会学的研究成果则借鉴不够。

笔者认为，消费社会学的进一步发展，需借鉴新经济社会学的最新成果，尤其是要借鉴新经济社会学的"制度嵌入性"视角对消费行为展开深入的研究。此外，以往的消费社会学所关注的多是消费行为的社会层面（如社会信息的传播、社会地位的建构），而相对忽略了消费行为的私人方面。这就使得消费社会学的解释力受到局限。而制度嵌入性研究视角的引入，便可以将消费行为的私人方面也纳入社会学的研究范围，从而克服这个局限。至于消费社会学历来所关注的消费的社会、文化方面，也可以从"制度嵌入性"角度做出新的解释。"制度嵌入性"视角还有助于我们对一些"问题化"的消费行为（如攀比风、人情消费负担、公款吃喝风等）做出更有效度的解读。

本文的目的在于从理论上论述把"制度嵌入性"研究纲领引入消费社会学研究的可行性，并从制度嵌入性角度分析中国居民消费行为的本土特色。

二、嵌入性与"制度嵌入性"范式

在1985年发表的经典论文中，格兰诺维特把"嵌入性"看作是含义自明的，并没有对"嵌入性"的含义进行明确界定。虽然倪志伟与尹格兰也没有直接对"嵌入性"下定义，但通过他们对"制度嵌入性"的解释，我们可以看出他们所说的"嵌入性"的含义。在他们看来，所谓"嵌入性"，就是受到所嵌入环境的约束。因此，网络嵌入性指人的选择行为受到所嵌入其中的关系网络的约束，而制度嵌入性则是人的选择行为受到所嵌入其中的制度（包括正式制度与非正式制度）的约束。简单地说，嵌入性指的就是选择行为的约束。显然，嵌入性理论是对理性选择理论的一种修正，即是说，理性选择总是在各种约束中的选择（Nee and Ingram，1998：20）。

既然"嵌入性"指的是选择行为中的约束，那么，相应地，"制度嵌入性"指的就是选择行为的制度约束（Nee and Ingram，1998：20）。根据倪志伟与尹格兰的观点，制度就是一系列相互关联的规范，这些规范支配着人们的关系。规范可分为正式规范与非正式规范，相应地，制度也可分为正式制度与非正式制度（Nee and Ingram，1998：19）。诺斯也指出："制度是人所设计用于调节人们的互动的约束。这些约束由正式约束（例如，规则、法律、宪法）、非正式约束（例如，行为规范、习俗、自定的行为准则）以及它们实施特征等构成。"（North，1998：248）

那么，制度是如何约束选择行为的呢？第一，制度限定了选择的范围与边界。第二，制度影响了选择的方向。第三，制度限制了选择行为的理性程度。第四，制度约束会在社会化或再社会化过程中内化到人的心理结构中，并构成人们的习惯性的"行动纲领"，从内部支配人们的行为。从表面上看，制度对选择行为的这些约束作用似乎是降低了理性选择的效率。事实并非如此。制度对选择行为的约束作用存在积极的后果。一方面，制度的约束作用是普遍的，即是说，所有的人都受这些制度的约束，因此，正如倪志伟与尹格兰所指出的，制度约束可以降低人类互动过程中的不确定性，增加人们行为的可预期性，加强人们的合作，减少在复杂的经济交易过程中的交易成本（Nee and Ingram, 1998: 21）。

但是，不同群体或阶层由于所握有的资源不同，他们所受到的制度约束的类型、强度与范围便存在差异。首先，不同的人们所面对的制度约束的类型是不同的。例如，尽管中国的农民与政府公务员会面对一些相同的制度约束，他们在各自的生活领域还会面对不同类型的制度约束：农民比公务员在更大程度上受非正式制度（如传统习俗）的约束，而公务员比农民在更大程度上受正式制度的约束（如政府机关的规章制度）。我用"嵌入性类型"来表示不同的制度约束类型。其次，面对同一类型的制度约束，不同的人们所受到的约束强度是不同的。例如，会计法对财会人员与企业领导的约束强度就大于非财会人员与普通职工。之所以如此，是因为人们所占据的制度性位置的不同。我用"嵌入性强度"表示这种制度约束强度的状况。最后，不同的人们所受到的制度约束的范围也不同。例如，政治公众人物比普通人要受到更多种类的制度约束，一个典型的例子是，他们的私生活要比普通人的私生活受到更严格的制度约束。我用"嵌入性范围"来表示人们所受的制度约束范围的情况。

"制度嵌入性"范式有助于克服人的"社会化不足"（如理性选择论）与"过度社会化"（如帕森斯的功能主义）的局限，从而更真实地反映人在理性选择与制度约束（包括内化为规范和限制理性能力两种情况）之间的平衡。一方面，它不否认人的理性选择的作用。另一方面，它又把理性选择看作是在制度约束中的选择，从而解释了"有限理性"的制度性根源。联系到消费行为，以往的消费理论既存在把消费者看作是"社会化不足"的情况，也存在着把消费者看作是"过度社会化"的情况。前者的典型是新古典经济学。这些经济学家心目中的消费者往往是"社会化不足"和高度理性的，但这种消费者模型常常与实际生活中的消费者行为不相符合。后者的典型是法兰克福学派（如马尔库塞）。马尔库塞心目中的消费者是"社会化过度"的，深受文化工业所推销的消费主义意识形态的灌输，从而陷入虚假意识和虚假需要而不能自拔。这种消费者模型也不能解释现实生活中的消费者行为。"制度嵌入性"的研究视角的引入，有助于克服上述两个极端，并使我们对消费行为的研究更能符合实际生活中的情况。

三、消费行为的制度嵌入性

不同于新古典经济学把消费者看作"原子化"个体，新制度主义社会学更倾向于把消费者看作是不同层次的制度性的"消费单位"（consumer units），如家庭。家庭消费行为因而就不是一个单一的行动者在行动，而是一个消费者单位在行动，这种行动既受到家庭关系的牵扯，也受到正式与非正式制度的约束。有鉴于此，我在下面所讨论的消费者或居民，往往是与家庭相联系的。

人的行动（或行为）包括两个方面：私人行动与社会行动。根据马克斯·韦伯的界定，行动不同于生理性行为的地方在于，行动是具有主观意义的（如目的、意图等）。社会行动不同于一般的个体或私人行动的地方在于，行动者所赋予行动的主观意义包括对他人的考虑。因此，所谓社会行动，指的是行动者赋予行动的主观意义涉及对他人的考虑、并以这种考虑而调整其行动（Weber，1978：4）。例如，居民在家里养花的行为是私人行动，因为它只是居民的怡情养性的行为，并没有把对他人的考虑放进个人的养花的行动意图（主观意义）中。与之不同，花农种植花卉的行为则是一种社会行动，因为这种行动必须考虑市场需求（消费者对花卉的偏好），并以这种考虑而调整花卉种植行为。在韦伯看来，只有社会行动（或行为）是社会学研究的对象，至于非社会性行动（如私人行动）则不属于社会学研究的对象。这种研究对象的界定，使得私人性行动（或行为）未能进入社会学的研究视野。受此影响，消费社会学也常常把消费行为的研究局限于消费的社会行动（如社会沟通、社会互动等），而把消费的私人行动拱手出让给心理学家与经济学家。

我以为，韦伯对社会学的研究对象的界定是过于狭窄了。事实上，不论是社会行动（或行为），还是私人行动（或行为），都可以成为社会学研究的对象。社会学的解释力不在于"应该去解释什么"，而在于如何用社会学的方式、角度或方法去解释某个既定对象。私人行动是否可以成为社会学的研究对象，不在于它"应该不应该成为社会学研究对象"，而在于"社会学是否可以对它作出有效解释"。只要能作出有效解释，那么，任何现象都可以成为社会学研究的对象。

对私人行动（或行为）的社会学解释何以可能呢？问题的关键在于用社会学的变量或视角对私人行动作出解释。例如，私人爱好是私人行动，但这种爱好却可以用社会学变量进行解释，如与阶层相关的文化资本与经济资本的多寡（Bourdieu，1984）。从消费社会学的角度看，私人消费行动可以成为社会学的研究对象，因为我们可以用社会学的变量或视角对这种私人行动作出解释。而"制度嵌入性"对于解释消费的私人行动（或行为），就是一个十分有用的视角。从这一视角出发，不但消费的社会行动可以得到新的解释，而且传统消费社会学所难以解释的消费的私人行动（或行为）也可作出有效解释。

家庭消费行动（或行为）可以区分为家庭消费的私人行为与社会行为两个方面。家庭消费的私人行为包括家庭消费偏袒、家庭消费决策、家庭消费劳动等方面。家庭消费的私人行为是嵌入在正式制度与非正式制度背景中的。

家庭消费的非正式制度嵌入性至少体现在三个方面：第一，家庭花在每个家庭成员身上的消费支出，既不是按照平均主义原则，也不是完全按照成员需要原则，而是按照某种习以为然的价值、习惯、风俗（即非正式制度）而有所侧重和偏袒，因为家庭个体的需要，是按照这种非正式制度来界定的。第二，家庭消费还涉及家庭权威与权力的分布：家庭消费预算与支出是如何在家庭内部形成决策的，谁在主导这个决策？这个过程涉及传统的家庭权威制度与婚姻关系（即非正式制度）。第三，家庭消费还必须通过家庭消费劳动的投入才能实现：购物、做饭、洗衣、房间清洁等是通过家庭分工原则而由特定成员来提供的消费劳动（消费服务）。至于如何分工，由谁来承担何种家庭消费劳动负担，也是在很大程度上受传统习俗尤其是男权主义习俗（即非正式制度）影响的。

家庭消费的私人行为也受到正式制度的影响。例如，计划经济时期的"高积累、低消费"政策和低工资政策促使人们"节衣缩食""省吃俭用"，强化了人们的节俭习惯。"低水平、广覆盖"的福利政策则大大强化了单位员工的安全感,在一定程度上消除了低工资政策下的家庭消费支出焦虑。妇女广泛就业政策对家庭消费决策和消费劳动的分工也产生了明显影响:一方面,妇女在家庭消费预算决策中的地位与作用增强;另一方面,就城市而言,家务劳动(消费劳动)不再仅仅由妻子们承担,越来越多的丈夫们形成了分担家务劳动的习惯。改革开放后,尤其是90年代以来的社会保障体制的改革,则对家庭消费与储蓄行为都产生了直接的后果:一些家庭的边际消费倾向降低,而边际储蓄倾向上升。很显然,家庭消费的私人行为是嵌入于正式制度和非正式制度中的。

家庭消费的社会行动(或行为)主要体现在人们把消费活动作为一种社会沟通(Douglas and Isherwood,1996),一种建构社会身份与地位、获取声望资源(凡勃伦,1997;齐美尔,2001;Bourdieu,1984)或一种建构社会关系(莫斯,2002;阎云翔,2000)的方式。具体来说,家庭消费的社会行为包括竞争性消费、认同性消费与互惠性消费等类别。所有这些类别都受到正式制度与非正式制度的影响。从非正式制度嵌入性角度看,竞争性消费涉及传统有关"面子"的规则,认同性消费涉及组织、群体与阶层的"合法性规则",互惠性消费受到"人情"规则的约束。而"面子"规则、"合法性规则"与"人情"规则均是非正式制度。从正式制度嵌入性角度看,上述家庭消费的社会行为受正式制度的影响,包括市场营销与广告制度、媒体制度、消费税制度、收入分配制度、社会保障制度等。可见,家庭消费的社会行为也是嵌入正式制度与非正式制度之中的。

四、教育消费与制度嵌入性:案例分析

在一般地了解了"制度嵌入性"范式对家庭消费的私人行为与社会行为的解释力以后,我们有必要就一个消费案例来解析消费的制度嵌入性。

众所周知,自90年代后期以来的医疗、教育、住房制度改革,导致医疗、教育与住房消费成本上升较快。之所以如此,首先是由于正式制度的改革,即国家对社会保障与福利制度所进行的新自由主义式的改革。尽管这种改革导致这些领域的消费成本快速上升,也引起了居民的许多抱怨,但这些改革并没有遇到太多的障碍而得以顺利实施,消费者也不得不为这些上升了的消费成本买单。这些正式制度之所以迅速得到落实安排,一个重要的原因就是借助了非正式制度的作用。那么,是什么样的非正式制度在支持着正式制度的实施呢?让我们以高等学校学费改革为例来说明。

中国民间社会自古以来就有重视子嗣后代教育的传统,这一传统是否同科举制度有关,我们姑且不论,使我们感兴趣的是民间对教育的重视,因为教育是获得向上层社会流动的机会。就当代中国来说,自1977年恢复高考制度以来,民间对子女教育的重视达到了空前的程度,因为上大学成为子女改变人生轨迹、向上层社会流动的有效途径。

传统文化中的"望子成龙"心理深深地积淀在当代中国人的内心,"独生子女"政策的实行,更使得这种"望子成龙"心理在家长内心被大大强化。在这里,"龙"是什么或许是模糊的,但其边界却是清晰的,那就是进入社会的中层或中上层。或许不是每个大学毕业生都能成为"龙",但没有考上大学,子女或许就会变成"虫"。在中国的

传统文化中,子女的荣耀,就是家长的荣耀。子女的失败,就是家长的心病。为了避免子女在社会流动上失败这种后果,便强化了家长对子女教育消费的偏好程度,再大的花费也舍得投入。

正是由于家长这种对子女教育消费的重视和偏好,使得高校提高学费的举措(正式制度安排)能够有效推行。家长们或许因为高校学费的上涨而在家庭财务上出现"捉襟见肘"的窘况,并因此而抱怨高校学费的上涨,但除非个别极端贫困家庭,绝大部分家长绝不会因为学费上涨而让子女放弃上大学。既然子女的前途与上大学紧密联系在一起,在中国的传统观念的支配下,没有家长会因为要维持家庭财务平衡而牺牲子女的前途。即便在近来高校毕业生就业形势趋紧、许多大学毕业生找不到理想工作的情况下,家长们依然不会因为家庭财务困难而让考上大学的子女放弃读大学的机会。

显然,高等教育收费制度的改革(提高学费)之所以能顺利实施,正是因为这项制度摸准了中国家长的脉门。这个脉门就是中国家长的"望子成龙"的心理与观念。这种观念因为独生子女政策而被强化,成为当代中国大众的一种深层文化心理。这种心理与观念,就是一种非正式制度。它约束了家长们在子女教育消费上的行为选择,并因此从一个侧面支持了高校收费制度改革的推行。

综合来看,中国家庭在子女高等教育消费(学费)上受到双重约束。第一重约束是正式制度的约束,除了高校收费这一正式制度的约束外,还包括高等教育其他正式制度的约束,例如,中国的高等教育是由国家垄断的(数量有限的民办高校因受到制度约束,生存空间有限,水平较低,无法与教育部主办的高校匹敌),这种垄断地位决定了高校收取垄断价格的可能性。因此,高校收费制度的改革迫使消费者不得不接受,因为他们没有其他可替代选择。但是,正式制度的实施是否顺利,也需要借助非正式制度的"支持"。而上述民间的"望子成龙"观念,正是一种非正式制度,它无意中配合了高校收费制度改革的推行。可见,中国居民的高等教育消费行为是嵌入正式制度与非正式制度之中的。

五、结 论

"制度嵌入性"是新制度主义社会学所提出的一个新的研究纲领,它是学者们在格兰诺维特的"关系嵌入性"基础上提出的又一类型的嵌入性。这一研究纲领不但拓宽了经济社会学的研究视野,而且对消费社会学也具有重要借鉴意义。本文在论述了"嵌入性"与"制度嵌入性"的含义的基础上,分别论述了消费的私人行为与社会行为的制度嵌入性,并以教育消费为例说明了制度嵌入性对中国居民消费行为的解释力。

传统的消费社会学囿于韦伯对社会学研究对象的界定,往往只侧重研究消费的社会行动(消费作为社会分层符号、社会互动与社会沟通),而把消费的私人行动(或行为)看成是经济学与市场营销学所研究的对象。本文认为,对消费社会学来说,重要的不在于它应该研究什么,而在于它能否从社会学角度对某种现象进行有效的解释。"制度嵌入性"视角有助于我们从社会学角度对消费的私人行动(或行为)进行有效的解释,因此,它拓宽了消费社会学的研究视野。就目前阶段来说,运用"制度嵌入性"来解释消费行为的实证研究还很缺乏,因此,结合中国的本土实际,对中国居民的消费行为的制度嵌入性展开深入的实证研究,应该提上议事日程。此外,有关"嵌入性"与"制度嵌入性"概念的含义的论述,还显得过于笼统。要提高"制度嵌入性"范式的解释力,必须深化对这一概念内涵的分析,对制度嵌入性的深度、广度(范围)、结构与模式进行探讨。

"制度嵌入性"范式也为社会学的本土化开启了一扇大门。制度包括正式制度与非正式制度。后者涉及本土化的因素或条件,如:传统文化、传统观念、习惯、习俗、潜规则、默契等。正式制度的运作,不能脱离非正式制度的影响。因此,要分析正式制度的运作或效力,必须考察它所受的非正式制度的影响作用。有些非正式制度会强化正式制度的作用,有些非正式制度则会抵消正式制度的作用。而研究非正式制度的影响作用,将是进行社会学本土化的一个有益尝试。

参考文献

Baudrillard, J., Selected Writings Edited by Mark Poster. Cambridge: Polity Press, 1988.

Bauman, Z., Legislators and Interpreters. Cambridge: Polity Press, 1987.

Bourdieu, P., Distinction: A Social Critique of the Judgment of Taste. Translated by Richard Nice. London: Routledge, 1984.

Brinton, M. C. and T. Kariya, Institutional Embeddedness in Japanese Labor Markets, in M. C. Grinton and V. Nee(eds.) The New Institutionalism in Sociology. Stanford, California: Stanford University Press, 1998, pp. 181 – 207.

Douglas, M. and B. Isherwood, The World of Goods: towards an Anthropology of Consumption. London: Routledge, 1996 [1979].

Ewen, S., Captains of Consciousness: Advertising and the Social Roots of the Consumer Culture. New York: McGraw-Hill, 1976.

Featherstone, M., Consumer Culture and Postmodernism. London: Sage, 1991.

Granovetter, M., Economic Action and Social Structure: the Problem of Embeddedness. American Journal of Sociology, 1985, 91(3), pp.481 – 510.

Granovetter, M. and R. Soong, Threshold Models of Interpersonal Effects in Consumer Demand. Journal of Economic Behavior and Organization, 1986, 7, pp.83 – 99.

Grinton, M. C. and V. Nee(eds.) The New Institutionalism in Sociology. Stanford, California: Stanford University Press, 1998.

Hamilton, G. G. and R. Feenstra, The Organization of Economies, in M. C. Grinton and V. Nee(eds.) The New Institutionalism in Sociology. Stanford, California: Stanford University Press, 1998, pp.153 – 180.

McCracken, G., Culture and Consumption. Bloomington and Indiana University Press, 1988.

Nee, V. and P. Ingram, Embeddedness and Beyond: Institutions, Exchange, and Social Structure, in M. C. Grinton and V. Nee(eds.) The New Institutionalism in

Sociology. Stanford, California: Stanford University Press, 1998, pp.19-45.

North, D. C., Economic Performance Through Time, in M. C. Grinton and V. Nee (eds.) The New Institutionalism in Sociology. Stanford, California: Stanford University Press, 1998, pp.247-257.

Ritzer, G., Explorations in the Sociology of Consumption. London: Sage, 2000.

Weber, M., Economy and Society, edited by Guenther Roth and Claus Wittich. Berkeley: University of California Press, 1978.

陈昕:《救赎与消费》,南京:江苏人民出版社,2003.

凡勃伦:《有闲阶级论》,蔡受百译,北京:商务印书馆,1997.

莫斯:《论馈赠》,卢汇译,北京:中央民族大学出版社,2002.

齐奥尔格·齐美尔:《时尚的哲学》,费勇、吴燕译,北京:文化艺术出版社,2001.

田学斌:《家庭消费结构演变的制度分析》,北京:中国社会科学出版社,2007.

王宁:《消费社会学》,北京:社会科学文献出版社,2001.

王宁:《消费的欲望——中国城市消费文化的社会学解读》,广州:南方日报出版社,2005.

阎云翔:《礼物的流动》,李放春、刘瑜译,上海:上海人民出版社,2000.

姚建平:《消费认同》,北京:社会科学文献出版社,2006.

赵卫华:《地位与消费》,北京:社会科学文献出版社,2007.

郑红娥:《社会转型与消费革命》,北京:北京大学出版社,2006.

郑也夫:《后物欲时代》,上海:世纪出版集团、上海人民出版社,2007.

原载《中山大学学报(社会科学版)》2008年第4期

人类学与华人研究视野下的公益慈善

陈志明

一、人类社会的演变与公益慈善

　　早期人类的小型社会组织多以家庭和亲属为基础。孤儿、寡妇、鳏夫、老人和残疾人大都依靠家人或亲属关照，不存在工业社会所出现的无可依靠的穷人和残疾人。在现今的小型原住民社群（如采集渔猎社会和初级农业社会）还可见到这种完全由亲属关照的社会。这并不等于说在国家制度下的原住民、少数民族不需要国家和外来的援助，因为世界各地原住民所在地的资源都受到市场经济的剥削和影响，使他们渐渐失去自力生存的能力。灾难救济自古有之，但这是另外的相关议题。对于小型原住民社群而言，以前遇到灾难，多由社群自己面对和解决，如今，倘若发生火灾，如能得到外来赞助，村民很快就可帮助受灾者重建新房，但在以前，则要等到有足够资源后才能动工。此外，现今的原住民社会大都已被纳入市场经济，小孩读书需要钱，衣食住行均需要用钱，传统的生计经济制度已经不能维持他们的生活，但这是整个社群需要政府资助的问题，而并非个人需要救济。

　　救济无可依靠的人群是复杂社会（complex societies）才有的现象。所谓复杂社会，是相对小型原住民社会而言的人口众多、乡村与城镇共存的社会。随着社会发展与人口增长，不是所有人都可以得到家属的照顾，尤其是城市化后越来越多的人口移居城镇，穷人和无家可归者就需要家属以外的人来帮助、救济。此外，灾难和战乱对多人口的复杂社会带来严重的救济问题，关系到社会的恢复和稳定，统治者和社会精英不能视而不见，置之不理。因此，几乎每个文明自古以来都有慈善救济。在这方面，除了政府以外，宗教团体最早关心与涉及慈善救济。这并不难理解，因为宗教的来源与人类祈福消灾的渴望息息相关，尽管这些渴望是通过神明来实现的。此外，在早期社会，宗教组织是统治者以外最有组织性甚至唯一有组织的团体，加上教义强调的慈善精神，使其成为最能号召和安排慈善活动的社会组织。欧洲的慈善和公益历史都离不开天主教和基督教的教义和组织，甚至现今源自欧洲的不少慈善和公益组织都直接或间接地与教会相关。

　　我们所认识的普世宗教（如佛教、天主教、基督教和伊斯兰教）都强调慈善实践，这些宗教的创办人或先知都注意到当时社会的慈善问题，都在教义上强调慈善和救济，也积极实践慈善精神。《圣经》里耶稣很关心穷人、病人和残疾人，成为基督徒、基督教会在实践慈善和关怀社会的榜样，甚至英语的"慈善救济"也与基督教相关联，即所谓的Christian charity。教会和传教士也有效地将慈善与传教联系起来。在世界各地，包括在中国，基督教的传播历史都与传教士兴建学校、医院以及救济穷人和受难者联系在一起，这也促进了在地公益慈善的现代化。伊斯兰教从一开始就强调救济穷人和无可依靠者，还建立了zakat的制度，即教徒有义务赋税、救济穷人。佛教的因果报应思想强调善有善报的观念，也是佛教行善的神学基础。如同基督教和伊斯兰教，作为有组织的宗教团体，佛寺和僧人很早就开始推动善行，这在中国佛教历史中寻常可见。近代的太虚法师更提倡人间佛教，在推动佛教的现代化过程中以实践善行和关怀社会作为现代佛教的理念。台湾印顺法师和证严法师积极传承这一传统，后者还发起创建了慈济功德会，以不分宗教、族群和国籍的原则将慈善事业推广到世界各地。

本文意图从华人研究探讨公益慈善，并强调应从政治经济学的视野对其加以分析。公益慈善关乎价值与社会，但却不能简单地视慈善家的善举为其善心使然，或仅仅是受到道德价值或宗教观念的影响。华人富商从事慈善往往被誉为儒商，并因其发挥华人文化和儒家精神而广受称赞。道德价值和宗教精神固然会鼓励善行，但资本主义社会的公益慈善事业有其背后的政治与经济动因，慈善是社会构成的重要部分，同时扮演了维持社会稳定的重要角色。

二、中华文明的公益慈善

中华文明历史悠久，中国的公益慈善可追溯到中国历史的早期阶段。统治者不能完全忽视救济难民，因为这关系到国家治理和社会稳定。关于先秦以及之后慈善和救济事业的历史，史学家已有详细记载（参见周秋光、曾桂林，2006）[①]。慈善的道德理念见诸儒家、道家、墨家学说，但理念不等于慈善的推动或实践。于此，宗教团体在统治精英外扮演了较重要的角色。我们已经提到中国佛寺的慈善事业，受佛教影响，道教的感应思想也强调善恶的报应。葛洪（283—343）所言"欲求长生者，必欲积善立功，慈心于物，恕己及人……赈人之急，救人之穷……"（葛洪，1980：126）显示了早期的道教已经开始发扬慈善的精神和实践。除了各宗教团体，宋代以来规模较大的宗族开始设置族田，创建义庄[②]。尽管族田的收租和管理带有剥削性质，但族田的收入则惠及族人，多用于救济族亲、赞助族人教育、宗族祭祀或兴建宗祠。北宋范仲淹（989—1052）所创办的范氏义庄即为中国较早有名的义庄。范仲淹为当时及后来的士大夫作出了榜样，捐出一部分田产作为族田，这是中国比较早期的民间公益慈善。这种为族人所做的公益慈善不仅仅是当时官宦和富商对族人和宗族发展的关怀，也在维系地方社会和国家的稳定中扮演着重要角色。因此，李文治和江太新（2000：223）指出，从宋代起，国家就采取保护措施，禁止典卖族田。

[①] 最早有关中国文明与慈善的分析是朱友渔（Yu-Yue Tsu）的哥伦比亚大学政治学博士论文（1912），题为"The Spirit of Chinese Philanthropy：A Study of Mutual Aid"（《中国慈善事业的精神》）。此论文全面介绍了自古以来中国的慈善事业，尽管它倾向于歌颂中国文明的慈善精神以及将孔子的仁诠释为"philanthropy"。虽然未全面介绍善堂的历史，但作为上海人，他知晓并多次提到当时上海的一些善堂，而论文对中国历史上的互助公益的分析甚好。在论文的总结中，作者对新时代国家制度下公益慈善在中国的发展抱有很大期望。

[②] 有关宗族与族田的讨论，可参阅李文治、江太新（2000）和弗里曼（2000）。

历代以来，难民、寡妇、孤儿、残疾人、穷人均依靠朝廷、宗教组织和宗族的救济。中国各地都有官办的救济机构，如明朝抚恤孤老的养济院，遍布全国各县，但这些机构只救济本地难民，不照顾外来劳工和流动人员。明末，北京、天津及江浙一带开始流行创办善会和善堂，之后全国各大城市都有善堂建立①。这些善堂属民间创办，大多也照顾外来移民。官办的救济鄙视穷人和难民，而善堂则抱着慈善关怀之心施舍、救济，很受欢迎。据陈宝良（1996：197）所言，善会为暂时性质，一般没有会所，而善堂则较为固定，拥有会所和委员会等组织。善堂由地方精英承办，包括商人、官员和绅士。这时期的精英受到儒、释、道思想影响，力图通过慈善公益事业实现慈善精神。明末的同善会为较早之善堂。有清之际，全国各地出现了各种善堂组织，包括育婴堂、恤嫠会、施棺会、掩骼会以及放生会等等。在"爱物而仁民"思想的影响下，放生会或放生社不仅属于佛教，同时也得到儒家精英的支持。据夫马进（2005）和梁其姿（1997）的研究，明末清初的善堂受到儒家思想的较大影响。夫马进（2005：110）指出，慈善乃针对孝子以及符合儒家规范的寡妇。在贫穷和战乱时期，受重男轻女思想的影响，国内弃婴问题非常严重，因此，育婴堂应运而生，遍布全国，直到民国时期仍然扮演着重要的角色。

1840年鸦片战争之后，西方对中国的影响随之增加。其中最明显的是传教士的活动和他们所引进的西式公益事业，包括创办西式的学校和医院。例如，1881年，颜大辟（David Grant）抵达福建泉州，随后创建了闽南第一家西医院"惠世医院"。1890年，骆约翰（John Roberts）创办永春医院，闽西的第一家西医院"亚盛顿医馆"也由教会于1908年在汀州创办（杨齐，2011：84）。学者可以在中国不同地区发现类似的传教士的传教和公益慈善活动，往往是先在一间简陋房屋中传教和开办诊所开始。他们也创办育婴堂、孤儿院甚至老人院等等，这无疑推动了中国慈善事业的发展。此外，西方一些慈善公益组织也被引进中国。其中最重要的是1904年成立的中国红十字会。1864年，国际红十字会在日内瓦成立，由深受基督教影响的亨利·杜南（Henry Dunant）和慈善家Gustave Moynier发起并创办（Hutchinson，1996），当时主要是为照顾、医治在战场受伤的军人以及医疗救护员。1904年，中、英、法、德、美五国人士在上海成立了"上海万国红十字会"，但这是由西方人所支配的组织。随后，政府官员吕海寰和曾经留学英国的沈敦和等人开始积极筹备、创建中国红十字会（周秋光，2008；池子华，2009）。

民国时期，中国已有各种多样化的慈善机构，包括本土以及传教士引进的国外机构。尽管有些传统的慈善机构逐渐式微甚至消失，但主要的传统善堂仍在扮演着重要的角色。民国前期的宁波就有400多个传统慈善团体，包括各类善堂（育婴类、恤嫠类、掩埋类等）和义庄（孙善根，2007：53-54）。此外，在京城及各大城市的主要会馆也安排救济或赞助同乡，如在北京、天津、上海各地的福建同乡会都承担救济事业，还包括安排医治同乡、回乡遣送、失学辅导等等（杨齐福，2011：228）。民国时期还有一些新的本土宗教组织，大都以三教（儒、释、道），甚至五教（儒、释、道、耶、回）

---

① 有关中国善堂历史的主要著作包括Smith（1987），陈宝良（1996），夫马进（1997/2005），梁其姿（1997）。

为宗教宗旨，以慈善为实践而立教，得到不少地方精英的支持。1916年，以五教为宗旨的道院在山东成立，1921年，又成立了新的福利组织，称为世界红卍字会，乃由北京和天津的一些前清官员和民国军官创办（宋光宇，2001：5-7）。目前这个组织在很多海外华人地区都有分会，并积极推动慈善事业。此外，20世纪30年代，在潮汕一带从善堂演变而成的德教会，也是提倡五教同宗和强调慈善事业的新兴宗教组织。1949年以后，虽然在潮汕地区无法继续发展，但潮汕的商人早就将这个组织传播到东南亚，成为潮汕人的主要宗教团体和慈善机构。现在马来西亚、新加坡和泰国各市镇均有规模可观的德教组织，而且已经成为不分籍贯的华人宗教和慈善团体①。

三、潮汕传统的善堂与慈善事业

潮汕一带的善堂大都是宗教性的慈善宗教团体，主要奉祀宋大峰。据潮阳报德古堂的记载，宋朝僧人宋大峰俗名林灵噩，生于1039年，逝于1127年。宋大峰一生行善，他发起建造的平安桥，至今仍在使用。宋大峰去世后，当地人修建报德堂以纪念他，据传宋大峰曾多次显灵，约于清初成神（林俊聪，1996；林悟殊，1996）。宋大峰信仰肇始于潮阳，因此这一带的善堂都奉祀宋大峰，包括潮阳报德善堂、潮安修德善堂、揭阳觉世善堂和同敬善堂以及汕头存心善堂和诚敬善堂等。除存心善堂外，这些善堂的香火都已传到东南亚。最早的这类善堂包括潮州集安善堂（1886年成立）和汕头同庆善堂（1888年成立）。在民国时期，善堂对救济和其他慈善事业做出重要贡献。例如，1943年，存心善堂创办了儿童教养院，汕头的五间善堂（存心善堂、诚心善堂、诚敬善堂、慈爱善堂和延寿善堂）也于1945年合办了五善堂医院。1949年之后，潮汕地区善堂活动停止，直到20世纪90年代后才一一恢复。尽管官方名称被改为福利社，但它们仍然是奉祀宋大峰的善堂。1899年成立的汕头存心善堂在2003年才开始恢复活动。存心善堂规模宏大，会所分设两处。在旧区"乌桥"的会址有大间的老人院、骨灰楼和庙堂。在外路的庙堂会所为早期建筑物，主要活动也在此举办。每天还安排"爱心免费快餐"供给穷人和在附近医院探病需要食物赞助的人。现今的存心善堂也恢复了宗教活动，包括安排普渡的仪式②。

东南亚潮汕传统善堂的活动，自由潮商引进以来，没有间断过而且发展得很好。这些善堂除了继续早期的施棺赠葬和开办义务医疗外，也随时代的需要创办现代的老人院、幼儿园等等。除了各种救济活动，最吸引市民的宗教活动为扶乩，最吸引人的善堂设施则是安置骨灰的设施。善堂的定期扶乩为善男信女提供问乩服务，很受欢迎。而在马来西亚和新加坡，由于越来越多的城市居民选择火葬，这就大大增加了安置骨灰的设施需求。新加坡政府也鼓励善堂的一些公益事业。例如，1997年，同德善堂在政府福利部提议后创办了相当现代化的同德安老院，这间老人院有180间房，开放给所有新加坡

---

① 参阅Tan, Chee Beng. *The Development and Distribution of Dejiao Associations in Malaysia and Singapore: A Study on a Chinese Religious Organization*. Singapore: Institute of Southeast Asian Studies, 1985. 另见陈景熙、张禹东主编：《学者观德教》，北京：社会科学文献出版社，2011年。

② 有关潮汕和东南亚善堂较详细的论述，见Tan, Chee Beng（2012）；有关晚清以来潮汕善堂的讨论，参阅陈春声（2007）。

人，不分族群或宗教。随着全球化进程的逐步深入，财力较大的善堂也跨越疆界，救济其他国家的灾民。近年来，东南亚的善堂大都积极捐款救助中国、印尼、日本以及缅甸等国的地震、水灾灾民。改革开放以来，东南亚的善堂重新与潮汕地区的善堂建立联系，同时也赞助潮汕善堂的活动。另外，跨国的善堂活动同时也卷入了中国地方的旅游开发与社会发展中，比如，当地政府在潮阳所建的以宋大峰信仰为主题的大型风景区就得到来自东南亚各地善堂的赞助。在宋大峰风景区，蔚为壮观的大峰祖师亭中挂有东南亚各地善堂所赠的匾牌，在大峰祖师纪念馆则有地方政府的题字：华侨捐献，党政关怀（Tan，2012）。其实，全球化以及冷战之后的世界格局使全球华人的跨国联系更加便捷，组织性较强的华人宗教组织（包括善堂和德教会）也随之开始发展跨国的公益慈善。在华人世界的宗教组织里，全球化程度最深以及规模最大的公益组织应是台湾的慈济功德会。这个由证严法师发起的佛教公益组织在世界各地设有分会，并积极推动救济、赈灾、医疗、教育、环保等公益慈善活动，成为一个全球性的宗教公益组织[①]。

四、全球化市场经济与现代公益慈善

潮汕的善堂在1949年之后有所间断，其他慈善组织也同样衰微或未能持续发展，这与当时的政治局面有关。改革开放以来，在政府的鼓励之下，各种慈善机构相继兴起。中国卷入全球市场经济后，需要更多公益慈善组织来推动救济与公益事业。在中央计划的经济制度下，一切救济与公益事业都由政府承担。但在全球市场经济的影响下，经济发展迅速，地区差异增大，贫富不均随之加深。人口大量流动带来很多外来移民与城市贫困的问题，被边缘化的穷人需要依靠救助。这一切需要政府与非政府组织共同承担。公益慈善不能简单理解为政府的负担和富人的善举，亦非自上而下地对穷人或难民的施舍，其目的更在于维持市场社会构成的和谐与稳定。即便是在前工业时代的欧洲社会，统治者与商人之所以救济穷人，其实也是为确保商家有可靠的劳工，借以维持当时的经济与社会制度。因此，荷兰学者Marco H. D. van Leeuwen在对19世纪阿姆斯特丹慈善活动的研究中指出，当时阿姆斯特丹的慈善救济有助于管制劳工市场。慈善救济既是穷人的生存之道，又是社会精英的支配策略。亦即，救济穷人使得他们能在既定的社会制度下生存下来，并参与、维持该制度，尽管在这个制度里，穷人往往处于最低层（Leeuwen，2000：190-191）。中国历代的各种救济也同样扮演着维持社会稳定的角色。在现代国家制度中，赞助教育、扶贫发展、推动环保、支持科研等公益活动更是现代国家特征的体现，同时也是公民社会运作的结果。

在英文中，把救济的慈善称为charity。纵观欧洲历史，charity是一种宗教义务，各种主要宗教，无论是犹太教、天主教、基督教、伊斯兰教，还是佛教、道教都将慈善救济视为教徒的义务。19世纪末，欧美的富人开始强调philanthropy，将之翻译为"公益慈善"甚为恰当。Philanthropy不是宗教所激发，而是基于社会精英的人文精神，为了改革社会，推动教育、艺术、文化活动等等（Bremner，1994：xii；Gross，2003）。这

[①] 有关证严法师与慈善功德会的研究，参阅Huang（2009）。

些富人不强调直接救济穷人，而是通过赞助教育与文化活动，使穷人子弟也可以从中得到帮助，并参与到社会发展中。美国的富人Andrew Carnegie和John D. Rockefeller就是现代公益慈善事业早期的慈善家。

美国的公益慈善研究给我们很多启示。最近美国选举，共和党反对奥巴马向富人增税的建议。既然大部分美国人并非富人，为何支持或反对向富人多抽税会成为竞选的热门议题？其实，在精英操纵下，美国已通过公益慈善打造出由精英支配的文化，他们反对政府太多干预，富人宁愿赞助他们所选择的社会服务而不愿意多缴税。这样，他们既可支配其感兴趣的公益事业，又可得到名望，同时获得社会人士的认可和支持，自己也很有成就感与满足感。据学者研究，北美的富人乐意扶持公益慈善事业，除了可减低赋税、获得赞誉外，自身或亲属参与其中的满足感也非常重要，这也构成了他们持续支持公益慈善事业的主要动机（Mount，2001）。在美国这样的社会制度下，若是富人不愿意赞助公益慈善事业，那么，取而代之的选择就是政府向富人增税，这自然是富人不愿见到的情形。因此，在现今的市场经济制度下，富人的"慈善"其实也是出于自我利益，在协助政府维持社会和谐的同时，也维护了精英阶层的利益。于此，Teresa Odendahl言之甚是："美国的精英公益事业给予富人的利益远远超过给予穷人、被边缘化的人或残疾人士的利益……富有的慈善家所支配的自愿组织将策划艺术、文化、教育、健康与福利项目的决定权从公众代表手中转交予私人的权力精英。"（Odendahl，1990：3）①Teresa Odendahl将美国的philanthropy视为一种文化，是维持美国社会制度的一种次文化，给美国中产阶级和富人提供了一种文化规范。这种文化不仅包括公益慈善的理念和话语，也包括如参加慈善舞会的活动，而这种场合大都是社会精英交流的场合。Teresa Odendahl指出："公益事业对于维持美国的上层阶级甚为重要。就此而言，非营利活动乃现代权力精英重要的关系纽带。"（Odendahl，2001：4）②

其实，海外华人社会也有公益慈善文化。在移民社会，华人社群往往期待成功的商人能够捐款救济和赞助华人社会的公益事业。在海外华人社会，除了偶发灾难，华文教育、医疗、老人院、义山等事宜都亟须赞助。一般华人大多抱着有钱出钱、有力出力的精神，捐款救济、互助。华人大都会参与公益事业，只是希望富人能多出点钱。例如，在筹备海外唯一的中文大学"南洋大学"时，普通市民包括很多劳工都参与筹款、募捐或甘当义工。这是华人的公益慈善文化。在这样的文化氛围中，商人成为社会的领导人，东南亚华人社团大多由商人领导，而作为社团的领导人，商人有义务捐助公益慈善事业。所以，在华人社会，富人捐资慈善，其实也维持了对其有利的文化制度，并且广受赞誉，被民众称为"慈善家"，而"慈善家"也成为富人的专利。

---

① 英文原文为："Elite American philanthropy serves the interests of the rich to a greater extent than it does the interests of the poor, disadvantaged, or disabled….Voluntary organizations supported and directed by wealthy philanthropists divert decision making in the arts, culture, education, health, and welfare from public representatives to a private power elite."（Odendahl，1990：3）

② 英文原文为："…philanthropy is essential to the maintenance and perpetuation of the upper class in the United States. in this sense, nonprofit activities are the nexus of modern power elite."（Odendahl，2001：4）

普通市民捐款，尽管在所占收入比例上可能比富人还多，尽管他们真心从事慈善，却得不到"慈善家"的美名。与美国的富人一样，华人富商也很在意支配公益机构。香港东华医院于19世纪后期建立，但最早发起创办华人医院的却是政府翻译员范亚为和其他4位华人文员与教师，尽管当时的港督表示会批准他们申请地皮兴建医院，但他们还是没能筹到足够的款项兴建中医院。医院最后是在富商的带领下才得以建成（Sinn，1989；刘润和，2006）。在海外华人社会，公益慈善文化有其自身的运作逻辑，比如，公益筹款多由有名望的商人发起，捐款也先从主要的社团领导人开始，其他人将视其捐资数额来决定自己捐资多少，原则上都不会超过最有名望的领导人，除非想有意挑战他的地位。

改革开放以来，随着经济发展与社会转型，传统的救济团体与现代的公益慈善组织也越来越多。从历史上看，中国时有自然灾难发生，不同的是现在国家能够更快而且更全面地投入赈灾救济，现代的国民概念以及媒体的作用也使得更多公民捐款、捐物参与救济。在推动公益事业方面，现今的中国也如欧美一般，要么政府增加税额，尤其是向富人和大公司增加税额，要么鼓励商家和富人更多投入公益慈善事业，以使贫穷的人得到救助，同时推动教育、社会福利、环保等公益事业和赞助现代社会的文化活动。各地地方政府也明白推动公益慈善的意义及其对维持社会和谐与稳定的重要性。在政府支持下，20世纪80年代以来中国的公益慈善事业发展得很快，期间成立了不少慈善机构，如中国儿童少年基金会、宋庆龄基金会、南京爱德基金会等，后者是由基督教人士创办。1994年，中华慈善总会成立，全国各地也纷纷成立市、县一级的慈善会（周秋光、曾桂林，2006：383-394）。在地方政府的推动下，慈善会发展迅速。福建晋江慈善总会的成立即为极好案例。2002年6月6日，晋江市委常委扩大会议做出决定，确保晋江市慈善会在建市10周年庆典时成立。次日，市委书记马上动员各部门积极配合，同年12月18日，晋江市慈善会宣告成立，并募集到不少捐款（贺东航，2007）。成功筹钱并不稀奇，因为在福建，晋江籍的富商遍布海内外。政府主导兴办公益慈善固然方便有效，但也有人认为应该多由民间来推动慈善事业。从我们所讨论的一些历史资料来看，应当说，社会需要官办、官民合办以及民办的慈善组织。改革开放以来，在中国社会的转型之中，包括网络媒体技术的迅速发展，已经促使公民对公益慈善有更多的领会与参与，正如朱健刚（2012：18）指出："中国的慈善事业走入了公民公益的时代"，但公益制度与管理还有待进一步的改善。

五、总　结

在帝国时代与前工业社会，慈善事业多以救济为主，在中国，一些士绅和宗族也为族人开办学堂。宗教团体自古以来都在慈善活动中扮演着重要角色。而在现今社会，宗教团体发起的慈善事业仍然十分重要。一般人谈及宗教与慈善，往往只注意到如佛教和基督教一类的大宗教传统，而忽略了民间宗教[①]。其实，华人民间宗教也对慈善事业做

[①] 一个例外是魏乐博（2009）在讨论中国的宗教慈善时也考虑到寺庙的角色，但他还是比较强调规模较大的佛教和基督教的公益慈善活动。

出了重要贡献。从潮汕传统善堂的历史与发展中即可略见一斑。新加坡的善堂现状则显示出传统慈善组织会随时代变迁而发展出时代所需的公益慈善事业。此外，东南亚的华人寺庙也都参与了救济与慈善等公益活动。在马来西亚，大部分华人的神庙在庆祝神诞时都会举办一些慈善活动，例如捐款赞助当地的中文教育或捐赠救济贫老等。

现代的公益慈善是工业化之后的市场经济社会的现象。在当今的全球化市场经济下，公益慈善已成为维持这种社会制度的重要组成部分。公益慈善文化形成了社会构成的重要一环，该文化不仅仅是精英的次文化（如Teresa Odendahl所言），从华人社会研究中我们得到的启示是，公益慈善文化也是社会精英与普通市民所共识共享的文化形态。普通市民期待富人资助公益事业，同时给予其荣誉与地位，在此，富人阶层与普通民众拥有共同的话语，即回馈社会。"慈善家"与受惠者均有各自的期望及其认为所应得的回报，此即人类学家Mary Douglas所言之"授权（entitlement）"（Douglas，1996）。

学者与传媒不应只关注富人的公益慈善，也不必太美化"慈善家"的慈善而忽略传统的慈善，包括宗教组织的慈善活动。很多普通市民也做慈善，他们捐款数目可能不大，但从收入比例而言，往往比富人付出更多。富人的慈善有利于维持其所珍视且由其参与、支配的社会制度，同时也兼顾了他们自身的利益。这种慈善值得称赞和鼓励，但就如康德所言，它并不是纯粹无私的道德行为①。早期北美洲印第安人的夸富宴（potlatch）传统即拥有资源的领袖不时将其财富（包括食品等等）拿出来与族人共享，虽然说不上是救济穷人，但却维护了他们所领导的社会秩序。现今的慈善家虽然不必将其大部分的财富捐献出来从事慈善业，但却同样维护了以他们为精英的社会秩序，强化了他们的社会地位和名望。在这个秩序中，我们依然希望他们继续关心、支持公益慈善事业的发展。

参考文献

陈宝良. 中国的社与会. 杭州：浙江人民出版社，1996.

陈春声. 侨乡的文化资源与本土现代性——晚清以来潮汕善堂与大峰祖师崇拜的研究. 刘宏主编. 海洋亚洲与华人世界之互动. 新加坡：华裔馆，2007，第78-122页.

陈景熙、张禹东主编. 学者观德教. 北京：社会科学文献出版社，2011.

池子华. 中国红十字运动史散论. 合肥：安徽人民出版社，2009.

［英］莫里斯·弗里德曼著，刘晓春译. 中国东南的宗族组织. 上海：上海人民出版社，2000.

［日］夫马进. 中国善会善堂史研究. 北京：商务印书馆，2005.

贺东航. 地方社群传统与政府主动性：福建晋江慈善总会对构建国家与社会关系的启示. 杨团、葛道顺主编. 和谐社会与慈善事业. 北京：社会科学文献出版社，2007，第

---

① 康德的道德定义是完全义务无私的。他对善行的相关讨论如下："尽其所能对人友善是一项责任。另外还有许多人天生就是如此地富有同情心，以至于他们毫无虚荣和自私的动机，对在周围撒播快乐感到一种内在的满足，对能够让其他人满意而感到快乐。但是我认为，这类行为无论怎样合乎责任，无论怎样亲切，都不具有真正的道德价值。"（康德，2007：13）

94-104页.

［德］伊曼努尔·康德著，孙少伟译，鹿林译校. 道德形而上学基础. 北京：九州出版社，2007.

李文治、江太新. 中国宗法宗族制和族田义庄. 北京：社会科学文献出版社，2000.

梁其姿. 施善与教化——明清的慈善组织. 台北：联经出版事业股份有限公司，1997.

林俊聪. 潮汕的善堂·昇平文史. 汕头：昇平政协，1996，第15-20页.

刘润和. 建置东华——香港第一所中医院. 冼玉仪、刘润和主编. 益善行道：东华三院135周年纪念专题文集. 香港：三联书店，2006，第24-29页.

宋光宇. 慈善与功德：以世界红卍字会的"赣赈工作"为例. 考古人类学刊，2001，57：1-34.

孙善根. 民国时期宁波慈善事业研究（1912—1936）. 北京：人民出版社，2007.

魏乐博（Robert P. Weller）. 中国社会的宗教和公益. 北京大学学报，2009，46（4）：82-88.

杨齐福. 近代福建社会史论. 北京：社会科学文献出版社，2011.

周秋光. 红十字会在中国（1904—1927）. 北京：人民出版社，2008.

周秋光、曾桂林. 中国慈善简史. 北京：人民出版社，2006.

朱健刚. 公益事业的公信力、创新与转型. 公益蓝皮书：中国公益发展报告（2011）. 北京：社会科学文献出版社，2012，第1-18页.

Bremner, Robert H. Giving: Charity and Philanthropy in History. New Brunswick and London: Transaction Publishers. 1994.

Douglas, Mary. Losses and Gains. in J. B. Schneewind (ed.). Giving: Western Ideas of Philanthropy. Bloomington and Indianapolis: Indiana University Press. 1996. pp. 117-129.

Gross, Robert A. Giving in America: From Charity to Philanthropy. in Lawrence J. Friedman and Mark D. McGarvie (eds.). Charity, Philanthropy, and Civility in American History. Cambridge: Cambridge University Press. 2003. pp. 29-48.

Huang, C. Julia. Charisma and Compassion: Cheng Yan and the Buddhist Tzu Chi Movement. Cambridge: Harvard University Press. 2009.

Hutchinson, John F. Champions of Charity: War and the Rise of the Red Cross. Boulder: Westview Press. 1996.

Leeuwen, Marco H. D. van. The Logic of Charity: Amsterdam, 1800—1850. Translated from the Dutch by Arnold J. Pomerans. New York: St. Martin Press, Inc. 2000.

Mount, Joan. Why Donors Give?. in J. Steven Ott (ed.). The Nature of the Non Profit Sector. Boulder: Westview Press. 2001. pp. 331-337.

Odendahl, Teresa. Charity Begins At Home: Generosity and Self-Interest among the Philanthropic Elite. New York: Basic Books, Inc., Publishers. 1990.

Sinn, Elisabeth. Power and Charity: The Early History of the Tung Wah Hospital, Hong Kong. Hong Kong: Hong Kong University Press. 1989.

Smith, Joanna F. Handlin. The Art of Doing Good: Charity in Late Ming China. Berkeley. CA: University of California Press. 1987.

Tan, Chee Beng. The Development and Distribution of Dejiao Associations in Malaysia and Singapor: A Study on a Chinese Religious Organization. Singapore: Institute of Southeast Asian Studies. 1985.

Tan, Chee Beng. Charitable Templesin China, Singapore, and Malaysia. Asian Ethnology, 2012, 71（1）, pp.75-107.

原载《中山大学学报（社会科学版）》2013年第4期

文化人类学在中国和日本之间的可能性

周 星

日本文化人类学会第四届国际学术研讨会，以"东亚人类学的国际化／全球化——中国和日本"为题，于2017年12月28日在东京的首都大学召开。此前在2014年11月和2015年12月，日本文化人类学会相继举办了两次主题为"国际化的日本文化人类学与强化国际信息发布"的圆桌研讨会。2016年11月，又举办了主题为"东亚人类学的国际化／全球化——韩国和日本"的国际研讨会。日本文化人类学会近年来的这一系列学术动向，有着深刻的时代背景，反映了日本文化人类学家在欧美主导的人类学世界学术体系中的"存在感"焦虑以及日本文化人类学会试图发挥主体性，努力通过"英语"建构或重构东亚三国（日、中、韩）人类学的互动网络，以提升日本乃至东亚人类学在人类学的世界体系中的影响力这一颇为强烈的意向。

问题意识：霸权的与非霸权的人类学

日本文化人类学的这种"问题意识"，来自日本人类学家桑山敬己教授对人类学的世界知识体系及其与日本文化人类学的关系所作研究之结论的影响。桑山敬己在其《本土的人类学与民俗学——知识的世界体系与日本》[1]一书中指出，在人类学的世界体系中，存在着美、英、法，亦即欧美人类学的"霸权"，日本文化人类学处于这个体系的周边。虽然日本文化人类学有很多异文化研究的成果，但在国际人类学界的学术地位却不是很高。不仅如此，日本长期以来只是被西方表象的对象，这一点颇为类似于文化人类学视之为研究对象的"本地人"（native）。

成立于1934年的日本民族学会于2004年4月改称为日本文化人类学会，这意味着日本文化人类学全面地朝英美式的人类学靠拢。日本文化人类学会有2000多名会员，其规模之大在全世界也并不多见，但桑山敬己发现，日本文化人类学主要只在少数亚洲邻国，才有较大的影响。和日本人类学家们熟知世界各国的人类学学术动向和欧美各种前沿理论形成鲜明对照的是，他们的欧美同行对于日本人类学却不大了解，另一位日本人类学家西泽治彦认为，这几乎就是一种"单相思"[2]。

桑山敬己曾在美国加利福尼亚大学洛杉矶分校人类学系留学，1989年获得人类学

---

[1] 桑山敬己：『ネイティヴの人類学と民俗学——知の世界システムと日本—』，弘文堂，2008年12月。

[2] 西澤治彦：「日本の中国人類学をめぐる思索」，『武蔵大学総合研究所紀要』第15号，2006年3月。

博士学位后，曾在美国大学任教；于2003年归国在北海道大学大学院文学研究科任人类学教授。他有在美国求学和从教的体验，也对部分美国人类学家内心深处对非西方学术的偏见、猜疑甚或轻蔑深有体会。故针对一些西方人类学家，其实是没有兴趣和非西方国家的人类学家进行交流的现状，他尖锐地指出，西方人类学家在外出做田野工作时，即便装样子也要努力去听取在地"信息提供者"的讲述，并试图去理解他们，但对于来自非西方的本土人类学家或本土知识分子的讲述却颇为反感，对他们的讲述采取拒斥姿态，这很难说不是一种"伪善"。为此，桑山敬己在他的著述中，对欧美人类学的这类"霸权"提出了"异论"。他试图揭示在人类学这种学问里此类"不平等"是如何产生的，揭示全球化的人类学知识是如何生产、流通和消费以及日本人类学应该如何去挑战这种"霸权"等。除了认为日本文化人类学的很多研究成果并不亚于他们的欧美同行之外，桑山敬己还对日本的民俗学给予了重视，认为柳田国男的民俗学其实就具有某种"反霸权"的指向。

桑山敬己对西方人类学所建构的世界性知识体系的"霸权"提出批评，这在某种意义上，意味着"周边"对于"中心"的抵触或逆反。在全球化和后殖民主义时代，欧美人类学家作为研究者和他们的田野对象，亦即被研究者之间的关系发生了天翻地覆的变化，那种在殖民主义时代形成的结构性支配关系基本上解体了。一直以来习惯于被观察、被研究、被表象而沉默不语的本地人或本土知识分子，尤其是本土人类学家能够阅读那些关于自己文化的书写，也开始使用"母语"讲述自己的文化。他们往往被认为是本土的文化民族主义者。他们对自己文化的言说，既有全盘接纳欧美人类学家相关表象的情形，也有部分接纳、部分质疑或部分修正的情形，还有对外来者的言说或表象予以拒斥或与之形成对立的情形。值得一提的是，很多本土出身的人类学家，其实是在西方受到专业的人类学训练，也因此，他们洞悉欧美人类学的那些主要的"秘密"，包括"写文化"、表象和话语霸权之间的关系。这些本土的文化人类学家，比起他们的欧美人类学家老师，在表象自己的本土社会时有更多的优势或便利，他们很容易发现欧美人类学言说的"破绽"，很容易向其发起挑战，所以，他们被欧美人类学家近乎本能地排斥或反感，并不奇怪。

提及欧美人类学的世界体系，不得不说它也并非铁板一块。除了英美人类学家们的诸多反思之外，在此或许应该提及法语国家人类学家们针对"盎格鲁-撒克逊知识霸权中心"，亦即英语圈国家人类学之霸权的"非霸权"人类学。正如日本文化人类学会的"问题意识"是试图通过"英语"重构东亚人类学一样，其对"法语"的忽略，恰好能够说明法语国家人类学家主张的"非霸权人类学"，并非毫无根由。2007—2010年间，经由法语国家人类学家的多轮学术聚会，最终通过了指向于建构"非霸权人类学"的《洛桑宣言》。和桑山敬己教授的批评异曲同工，《洛桑宣言》的背景，也是因为当代人类学受到观察者和被观察者之间相互作用所引发的一系列问题的冲击，在生产人类学知识的人们和使用人类学知识的人们之间，日益频繁的交流推动了学科"自反性"的流行。在"非霸权人类学"看来，人类学不再是唯一研究文化的学科，人类学家也不再是唯一写文化、评论文化和记录文化的人。以前沉默的被观察对象，现在也有机会让人们听到他们的声音，那些来自传统上被研究人群的知识分子或人类学家，他们对于自身在人类学中被表象的部分或对于被外来者错误解读的部分，总是倾向于给出不同答案。"南部世界的新精英所建立的人类学与以欧美为中心的人类学保持距离，其实后者越来越演变为以美国为中心"；他们"对于非霸权知识在社会、政治和知识层面的需求改变了西方和非西方人类学之间对话的环境，是迈向非霸权人类学的第一步"[1]。

桑山敬己认为，现时代的人类学已经很难认可某种特定的言说或表象，而是需要在研究者、描写者和被研究者、被描写者的双方之间，基于对相同的研究对象的共同学术兴趣，形成对所有人均能够开放的"对话空间"。与此观点颇为接近，"非霸权人类学"所追求的方向，也是认为应该在人类学和先前被人类学家当作"研究对象"的那些人之间展开永久性对话，这样才能更好地认识人类的多样性和普遍性。这同时也意味着应该更加关注"相遇""交流""共同改变"和"冲突""霸权""统治"等概念的政策及方法论内涵[2]。"非霸权人类学"相信学科更新的前提是：承认过往的人类学是在建构霸权主义，而非专制性的人类学尤其不应忘记其内部固有的各种霸权主义，不应忘记那些处于边缘地位，被故意忽略、遗弃，甚至被从学科记忆中抹去的国家或地域性传统，以及被贬低和划归少数派的理论，被轻视或排斥在标准化、规范化过程之外的学者或其书写方式等。

"非霸权人类学"还特意指出了语言选择的问题。它指出语言也被分成三六九等，其中不仅包括英语、法语等霸权语言，也包括新的霸权语言和地方语言，例如因场景不同，葡萄牙语、西班牙语、阿拉伯语、俄语、印地语和汉语等[3]，均有可能成为霸权语言。对于"非盎格鲁-撒克逊的人类学家"而言，他们经常遇到的一大难题正是："他们一定要放弃自己的语言和调查现场的语言，通过英语来和大家交流吗？""非霸权人类学"对此给出的答案是：人类学家彼此交流的语言不应该仅限于霸权和全球性语言，人类学家有用自己的教学语言或母语进行撰写的权力，也有用研究对象的语言进行书写的权力。之所以会有这样的主张，乃是因为"非霸权人类学"相信，人类学的知识应该是在不同背景的人类学家的共存与合作中创造出来。它倡导的并不是一种在文化接近中缓和矛盾的人类学，"而是一种在不同世界之间交流知识的人类学"[4]。

通过"英语"这一霸权媒介重构东亚的人类学，进而提升日本及东亚人类学在那个由欧美人类学主导的世界知识体系中的存在感，日本文化人类学会的这种"问题意识"及其努力，可以说非常现实而又有力，它的确有可能部分地取得成功。但这在很大程度上，意味着位于"周边"的人类学极力地向位于"中心"的人类学靠拢或接近。它与其说是对霸权的人类学的挑战，不如说将进一步强化英语圈人类学的霸权。值得指出

---

[1] 弗朗辛·塞朗、弗洛朗斯·格雷泽·比多、蒙齐尔·基拉尼主编：《洛桑宣言：非霸权人类学》，余春红译，长沙：湖南师范大学出版社，2014年，第5页。

[2] 弗朗辛·塞朗、弗洛朗斯·格雷泽·比多、蒙齐尔·基拉尼主编：《洛桑宣言：非霸权人类学》，余春红译，长沙：湖南师范大学出版社，2014年，第10页。

[3] 弗朗辛·塞朗、弗洛朗斯·格雷泽·比多、蒙齐尔·基拉尼主编：《洛桑宣言：非霸权人类学》，余春红译，长沙：湖南师范大学出版社，2014年，第21页。

[4] 弗朗辛·塞朗、弗洛朗斯·格雷泽·比多、蒙齐尔·基拉尼主编：《洛桑宣言：非霸权人类学》，余春红译，长沙：湖南师范大学出版社，2014年，第26页。

的是，伴随着人类学家的"工作语言"成为焦点，此种问题意识将进一步强化相关国家"欧美留学组"人类学家所拥有的语学能力和在欧美人类学界的人脉关系之作为"文化资本"的价值。但在另一方面，正如"非霸权人类学"所提示的其他可能性，除了靠拢、接近或被"中心"同化的方向之外，东亚各国的人类学在日益面临着英语作为工作语言之重要性的压力的同时，或许也存在着对于那个霸权体系予以抵触或自我疏离的方向性。事实上，在汉语圈（中国大陆、港台及海外华人世界）以及中日、中韩、日韩之间，直接使用各自母语和对方的语言，当然也时常夹杂着英语，甚至少数民族语的多语种交流的人类学交流的实践性场景，也并不鲜见。

中日人类学之间的差异与不平衡

中国人类学也处于上述那个人类学之世界体系的周边，而且比日本人类学更加边缘化。虽然相对于欧美人类学而言，日本和中国都属于东方、东亚，都是"地方"或"本土"（native），但日本人类学确实比中国人类学更加熟知和接近那个世界体系的中心。正如河合洋尚教授在此次国际会议的"主旨说明"中提示的那样，东亚三国，日本人类学在某种程度上多少有一点比较接近中心的存在感，可谓是"周边的中心"。但在中国，并不是所有的人类学家都能够认同或意识到日本人类学在东亚的某种中心性，尤其是那些直接能够和欧美人类学通过英语或法语进行对话的中国人类学家，经常也会忽视日本人类学的存在，这种姿态或许正是从那个具有霸权属性的欧美人类学的世界体系所感染的。

和中国社会对于留学日本、学习理工科技术类的"海归"尊敬有加形成鲜明对比的是（或许还应该包括考古学等日本的强项），在中国人类学界，留学日本、学习人类学的"海归"，通常远不及留学欧美的人类学"海归"更受青睐。造成此类态度的原因很多。一是因为日本人类学通常被认为缺乏理论，或主要是对欧美理论的复制或转述，因此，对于中国而言，就不如直接向欧美学习了。其次，中国人类学家除了日本人类学的中国研究部分之外，他们对于日本人类学家在世界其他地区所作的研究，也是知之甚少。再次，虽然欧美人类学也曾经和殖民主义纠葛不清，但日本民族学之为殖民主义统治或为侵华战争服务的历史则要更为直接和露骨；虽说战后日本民族学实现了转型，也有如中生胜美等人对日本民族学和殖民主义之关系的批判和反省，但印象中还是有不少日本人类学家对此态度暧昧。

比较日本和中国的文化人类学，两者之间存在着不少差异。例如，中国人类学在1960—1970年代曾经受到苏维埃民族学的影响，日本则没有这样的经验；日本在战后逐渐地由战前较多受德国民族学影响转向了美国式的人类学，中国则维持了更加多元性的人类学，亦即接受来自世界各种人类学的影响，包括来自日本人类学的影响。基于各种国内问题的现状，例如，少数民族问题、突出的地域性文化、改革开放带来的社会文化变迁等，当然还有财力不够和缺乏意愿等原因，中国人类学主要从事国内研究，主要是以汉语为媒介建构人类学的学科体系。相对而言，日本人类学则是既有国内研究，但更主要的是海外研究、异文化研究，因此，其海外研究同时构成日本国家针对世界各个国家和地区之"地域研究"的一部分①。中根千枝教授曾经指出，由于处在和过去欧美人类学家对殖民地社会充满好奇心的时代完全不同的环境，非洲和亚洲，包括东亚的人类学家几乎都把各自的研究对象放在自己国家的内部，对国内问题尤其关心②。在这方面，日本文化人类学后来确实是走向了多少不同于其他非欧美国家人类学的方向。中国和日本都有"学以致用"的理念，但通常是针对国内问题而言的，无怪乎小熊诚教授把费孝通和柳田国男进行了一番比较③。这意味着中国人类学家更加重视社会实践的理念，一直具有"应用"人类学的研究成果去回馈社会、民众和国家的冲动，正如费孝通在他题为《迈向人民的人类学》的著名讲演中所归纳的那样④。相比之下，日本人类学的异文化研究一般较少谈论"应用"，显示出更追求纯粹的学术性的特点。

中国和日本的文化人类学均面临各自国内来自民俗学领域的"挑战"。日本是在文化人类学和民俗学之间作出了较为明确的切割，亦即根据海外研究和国内研究来区分人类学和民俗学（近些年，这种区分逐渐被打破），日本文化人类学家一般较少在日本国内做田野工作。中国人类学在承认两者之分野的同时，却出现了促使两者合流的动向。即便偶尔有人类学家在日本国内做田野调查，他也必须对民俗学保持敬意，因为他很难对大量积累的田野民俗志熟视无睹；但在中国，人类学家在作国内研究时，往往不是很看得起民俗学，因为民俗学无论在田野调查、民俗志积累或是理论建树方面均有较大的欠缺。事实上，直至前不久，在北京大学高丙中教授倡导"海外民族志"⑤以前，中国几乎没有人类学的海外异文化研究。

在中国，和本土人类学家相对于欧美人类学家而自我认同的情形颇为相似，出于相同的逻辑，中国还形成了出身少数民族的"本民族学者"大批涌现的格局。出身于经常被动地被汉语所表象的少数民族、且受到专业人类学训练的中国人类学家胡鸿保教授曾经提及这类"本民族学者成长的意义"⑥，就在于他们能够凭借母语濡化而获得"先赋"优势，揭示更多异民族学者（包括西方及日本以"中国"为田野的人类学家、使用汉语表象少数民族文化的汉族出身的人类学家）往往难以发现及领悟的本文化的内涵，同时，他们也不难发现类似的表象及其与汉语霸权之间的关系问题。换言之，曾经被视为"附属"的人们开始发言，这对于"非霸权人类学"意义重大⑦。和中国人类学家倾向于建构中国式人类学体系的思路颇为相像，"本民族学者"也倾向于建构族别式的各

---

① 周星：《殖民主义、日本民族学及中日学术交流》，林振江、梁云祥主编：《全球化与中国、日本》，北京：新华出版社，2000年，第433-453页。
② 中根千枝：『社会人類学：アジア諸社会の考察』，講談社，2002年，第43页。
③ 小熊誠：「自省の学としての中国人類学——費孝通と柳田國男の学問の方法—」，愛知大学国際コミュニケーション学会編：『文明21』第15号，2005年12月，第61-76页。
④ 费孝通：《迈向人民的人类学》，《社会科学战线》1980年第3期。
⑤ 高丙中：《人类学国外民族志与中国社会科学的发展》，《中山大学学报（社会科学版）》2006年第2期；高丙中：《凝视世界的意志和学术行动》，《日常生活的文化与政治——见证公民性的成长》，北京：社会科学文献出版社，2012年，第117-125页。
⑥ 胡鸿保：《中国社会学中的人类学传统》，《黑龙江民族丛刊》1998年第4期。
⑦ 弗朗辛·塞朗、弗洛朗斯·格雷泽·比多、蒙齐尔·基拉尼主编：《洛桑宣言：非霸权人类学》，余春红译，长沙：湖南师范大学出版社，2014年，第14-15页。

自的"民族学",例如,彝学、苗学、纳西学等等。相对而言,日本基本上不存在国内"本民族学者"的涌现问题。

中国学者每每强调发展具有中国特色的人类学学科体系,为此甚至表明要对西方的人类学理论及方法有所取舍,也因此,文化人类学的"中国化"或"本土化"曾经是非常重要的理念和学术实践的方向[1]。相比之下,日本文化人类学则基本上没有强烈的"本土化"意向,他们试图加入那个人类学的世界体系的积极性,要远比中国同行更加自觉和有更强的意识。

除了上述诸多差异,中日人类学之间还存在明显的不平衡关系[2]。正如日本文化人类学会本次以"中国人类学"为主题的国际研讨会,需要分别检讨中国与欧美人类学的交流、中日之间的人类学交流所象征的那样,中国人类学除了深受欧美人类学的影响之外,也和日本人类学有着悠长和密切的关系。尽管桑山敬已感受到欧美人类学家对日本人类学的冷遇或无知,但在中国看来,日本文化人类学仍是西方人类学的一部分,同时也始终是中国人类学积极学习和引进的对象,故其在中国有一定的存在感。除了近些年有极少数日本学子为了掌握汉语、熟悉中国人类学界以及以中国为"田野"的学术生涯设计而选择留学中国,甚或在中国获得人类学博士学位之外,长期以来,日本人没有必要到中国留学、学习人类学。即便是那些以中国为"田野"的日本人类学家,通常他们的理论、方法和问题意识也主要来自欧美人类学,中国似乎只是研究对象和信息、资料的提供方而已。比起日本学者的人类学论述较多被译成中文,中国方面除费孝通、林耀华等少数人类学家的著述被译成日文,以及在某些共同研究项目中有部分中国学者的论文被译成日文之外,中国学者的人类学论述通常不被认为有翻译成日文的价值。当然,还有一个原因是大多数以中国为"田野"的人类学家都可以直接阅读汉语文献,这也降低了日本学术界翻译汉语人类学文献的积极性。

在讨论和比较中日两个国家的人类学时,或许需要区分几个不同的层面:一是上文已经提及,中日两国的文化人类学几乎没有交集的层面,中国没有对海外的人类学田野研究,对日本人类学的海外研究也不甚了解;二是围绕着日本以中国为"田野"的人类学研究,中日两国人类学家有密集的交流与合作;三是眼下几乎还不存在,但未来或有可能的层面,亦即当中国人类学的"海外民族志"研究,发展到以日本为"田野"时,中日两国人类学家之间可能会需要新的交流方式。

在以中国为"田野"的日本人类学家当中,正如西泽治彦教授所感慨的那样,经常也会面临两难的处境[3],亦即应该如何与以美国为代表的英语圈人类学保持怎样的关系和距离感。以中国为"田野"的日本人类学家,在中国某地或某族进行田野调查,使用汉语和中国方面的研究者以及当地人进行谈话交流,然后使用母语亦即日语写作,这可

---

[1] 河合洋尚:「中国人類学における『本土化』の動向—1980年代以降の指針と実践」,『季報 唯物論研究』第100号,2007年5月,第107-124页。

[2] 周星:《沉思放谈中国人类学》,高丙中、龚浩群主编:《中国人类学的定位与规范》,北京:北京大学出版社,2015年,第173-186页。

[3] 西澤治彦:「日本の中国人類学をめぐる思索」,『武蔵大学総合研究所紀要』第15号,2006年3月。

以得到日本国内关心中国和中国问题的广大读者的关注；偶尔使用汉语书写，通常也会引起中国同行的关注和引用。但他们很少使用英语发表其研究中国的人类学成果，因为即便采用英语写作并发表了相关论文，似乎也很难引起英语圈人类学家的兴趣。有趣的是，虽然存在研究者个人的差别，但以中国为"田野"的日本人类学家，似乎也很容易就事论事而不再那么热衷欧美的理论了。

据有关专家推测①，美国以中国为"田野"、为"对象"的人类学研究者大约有1000多人（包括部分在美华人学者），他们分别归属于美国人类学会（American Anthropological Association）和美国亚洲学会（Association for Asian Studies）；日本文化人类学会中以中国为研究对象的人类学家大约有200多人。换言之，在国际人类学界，确实存在一个规模不算太小的"中国研究"领域。日本文化人类学家的"边缘感"，也存在于其"中国研究"的学者中。在英语圈人类学的"中国研究"中，中国人类学家的存在感或许超过日本人类学家，这应该被视为正常。同样，英语圈的"日本研究"，例如，在JAWS（Japan Anthropology Workshop）和AJJ（Japan Anthropology in Japan）等团体中，日本人类学家自然应该占据核心地位。这主要由研究对象所致，未必取决于中国或日本的人类学家谁采用英语发表了更多的论文。中国人类学以国内研究为主流，与其说他们想要在人类学的世界体系中增强存在感，不如说至少在国际人类学的"中国研究"领域，保持和维系"主场"优势（或许也近似"霸权"）。以此为前提，来自英语文献的人类学中国研究和来自日语文献的人类学中国研究，都在中国人类学界的留意及涉猎范围之内。

双边互动的新可能性

虽然在中日两国的文化人类学之间有着长期、密切的关系，但除了中国单向地从日本人类学引进和消化一些成果之外，主要还是围绕着日本文化人类学的"中国研究"，两国人类学家才有较多的交流。也就是说，和中国人类学界有较多学术交流关系的日本文化人类学家，主要是那些以中国为"田野"的学者，他们对中国人类学的了解，有可能超出了中国同行对日本人类学的了解。基于这种不平衡的现实，若是认真思考中日两国文化人类学彼此的国际学术交流所存在的问题，那么，或许可以说最大的问题就是研究对象或研究课题的方向性，主要只指向"中国研究"，而完全没有指向"日本研究"，更没有指向对于共同的第三者文化的研究。中日两国之间有为数众多的共同研究项目，其学术价值也都很重要，但它们通常多局限于以中国为对象的课题。这主要是由于出资方（截至目前，多为日方）的共同研究目标，是要推动日本文化人类学的"中国研究"，其研究成果必须使用日语，提供给日本国民，进而丰富和强化日本对于中国这个"巨邻"的认知。这类共同研究项目的设置，主要还是日本国内学术体制的一部分，故需要用日语出版和提交成果。参与此类共同研究项目的两国人类学家，倾向于分别使用各自的母语发表他们的成果，或者由日方将中国人类学家的论文翻译成日文。客观地

---

① 西泽治彦：「日本の中国人類学をめぐる思索」，『武蔵大学総合研究所紀要』第15号，2006年3月。

讲，相关研究成果在没有以汉语出版或发表之前，通常较少对中国学术界产生影响。

笔者认为，今后除了继续加强日本文化人类学的"中国研究"和中国人类学家的国内问题研究之间的交流之外，还应该发展两国人类学家之间围绕"日本研究"开展深入交流的可能性。在英语圈人类学的"日本研究"里中国人类学家几乎不曾存在的情况下，中日两国人类学家通过日语—汉语的互动却有很多可能性。目前，在日本和欧美人类学家之间，较多地是围绕着人类学的"日本研究"展开的，那么，中日之间今后也应该且有可能围绕着人类学的"日本研究"有所交流。问题在于，中国人类学截至目前，对日本的研究寥寥无几，基本上尚不存在以日本为"田野"的人类学家群体，而日本人类学家对于和中国人类学家一起研究本土的日本社会及文化，似乎还缺乏想象或没有多大兴趣。但在笔者看来，人类学的"日本研究"或许正应该是中国人类学的生长点之一。显然，这方面主要还是需要中国人类学的"海外民族志"研究能够尽快在人类学的"日本研究"方面有所进展，并逐渐在中国国内的人类学界初步形成以日本为"田野"的人类学家群体。朝着这一方向的努力，既可以是留日的中国学子，改变"家乡人类学"的思路，以日本为"田野"选择博士论文的题目，也可以是中国方面派遣研究者前往日本从事"海外民族志"研究，还可以是中日两国的共同研究课题除了中国研究的方向，也能够以人类学的日本研究为指向。最近，已有一些年轻的中国学者对日本进行人类学的田野研究，并得到日本人类学家的帮助，正如日本学者的中国研究曾经得到中国人类学家的支持一样。无论最终他们是使用日语，还是汉语甚或英语写作，其成果都将成为中日两国人类学共享的学术财富。

想要使上述转型成为可能，还需要中日两国人类学家再次审视人类学的目的究竟为何这一基本问题。对此，除了来自欧美人类学的定义，也需要有诸如中国人类学或日本人类学的定义。对于中国文化人类学家而言，除了人类学所追求的揭示全人类文化多样性的奥秘之外，其对于中国社会、中国文化及中国公众的意义何在呢？虽然文化人类学在当前中国国内的学术建制中有点被"边缘化"，但从长远来看，它应该且能够在中国国内的知识生产体系中承担着重要的责任，既要为中国社会科学及人文学术的发展作出贡献，也应在推动民众提升有关文化多样性、文化交流、族群和睦、守护传统遗产、根除歧视等国民教养方面有所作为。不仅如此，中国人类学对于中国公众如何理解世界上其他诸多"他者"或异己的文化与文明，进而对于形塑中国公众的世界观、他者观、异文化观等，都承担着极其重要的使命。文化人类学肩负着如何在本国或本民族的社会中，翻译、解说和阐释其他各种异文化的责任。它对于本国公众形成怎样的有关异域、他者、异文化或具体异民族的印象，减少、降低甚或纠正有关异族他者的误会、误解，以至于消除偏见和歧视等，均至关重要。但是，要达成这些目标，非母语则无法想象。具体到中国和日本之间，中国文化人类学的"日本研究"对于形塑中国公众的"日本观""日本人观"，以及相反，日本人类学的"中国研究"对于形塑日本国民的"中国观""中国人观"等，彼此都应该发挥相应的建设性作用。换言之，文化人类学在中日之间，应该致力于彼此作为异文化之间中肯的理解、翻译、相互交流，从而促进两国人民之间的相互理解①。两国人类学家如果可以如此定位自己的工作，那么，使用对方的母语从事田野工作，再用自己的母语向国内读者报告调查和研究的成果，颇为理所当然。当然，在和第三方讨论相关问题时，使用英语或经由多语种的互译也不无可能。

想要走出中日人类学之间的不对称、不平衡状态，最重要的莫过于中国人类学家的"海外民族志"研究，必须在人类学的"日本研究"上有所起步、有所成长。中国人类学家通过在日本的田野研究，采用汉语写作关于日本社会、日本文化、日本人生活的"海外民族志"，将其提供给中国读者和中国知识界，其意义对于形塑中国公众的日本印象或认知，自不待言。但这个理想可能要比日本人类学家的"中国研究"更加困难，因为以日本这样高度发达的现代化社会为"田野"，除了需要有经济实力方面的支撑之外，作为发展中国家的中国人类学家想要"进入"发达国家的社会和日常生活，从事"上行"田野工作，困难可想而知。显然，这就需要日本人类学家给予支持和配合，以便在中国和日本的人类学之间形成更加紧密的学术对话和持续性的交流。

文化人类学在中日之间的此种理想状态眼下还只是构想，但它有可能，也有意义，因为它符合所谓"非霸权人类学"追求的"相互认知"和"共享"的人类学方向②。自从1950年法国人类学家让·鲁什（Jean Rouch）首次提出"共享人类学"和"相互认知"这样两个术语以来，后来到1990年代，另一位法国人类学家勒·皮雄（Alainle Pichon）也专程来到北京，倡导他主张的"双边"或"相互"的人类学③。所谓双边或相互的人类学，就是在过往的研究者和被研究者的社会之间实现一个角色置换，亦即邀请出身于被研究者社会及文化的人类学家，去传统上是研究者所属的社会及文化进行田野调查，从而彻底纠正人类学世界体系中那种非均衡和霸权的格局。应该说，这个思路在反思的欧美人类学，尤其是在法国人类学中一直存在，直至最近的《洛桑宣言》就更为清晰了。《洛桑宣言》尝试提出一种"在……之间"或"两者之间"的人类学，亦即开辟一条双方人类学家可以持续往返的道路，在相互共享的田野经验中，在相互兼顾双方母语交流的基础之上，实现感性的共享。显然，如此双边、相互和共享的人类学，应该是和中国人类学家罗红光所探讨的"互为他者"之"对话的人类学"④可以相互通假，而不同于过往那种通过对相关"他者"的知识建构，一方面标榜着普遍性，一方面却又只是单向和不对称的人类学理念与实践。在笔者看来，如果突破了总是从"中心"去往"周边"，使用"中心"建构的理论或概念去衡量和解说"周边"的世界，使用霸权性的语言来表象弱势社群的人类学惯例或模式，"非霸权人类学"在中日之间也一定是有着广阔的前景的。

---

① 周星：《殖民主义、日本民族学及中日学术交流》，林振江、梁云祥主编：《全球化与中国、日本》，第433–453页。
② 弗朗辛·塞朗、弗洛朗斯·格雷泽·比多、蒙齐尔·基拉尼主编：《洛桑宣言：非霸权人类学》，余春红译，长沙：湖南师范大学出版社，2014年，第36–38页。
③ 周星：《关于"双边"或"相互"的人类学》，《社会科学战线》1994年第3期。
④ 罗红光：《对话的人类学：关于"理解之理解"》，高丙中、龚浩群主编：《中国人类学的定位与规范》，第71–86页。

结　语

　　日本文化人类学会通过英语媒介整合东亚人类学的"问题意识"，也为中国和韩国的部分人类学家所认同，由此建构或已具雏形的东亚英语圈人类学（具体体现为自2008年以来，东亚人类学协会East Asian Anthropological Association的成立及历次学术活动）将有可能提升其在桑山敬己所揭示的那个人类学知识的世界体系中的权重。但另一方面，也可能进一步补强构成了欧美世界优越感之源泉和理据的那个世界体系。最有可能的倒是，在欧美多少具有霸权属性的人类学和中国这类发展中国家或非西方国家的母语或"本土人类学"之间，再形成一个英语圈东亚人类学。多出这样一个"夹层"的努力或许不无意义，因为对于擅长英语的本土人类学家而言，似乎是超越了"语言"的墙壁而获得了某种接近"中心"的自由，但此外还是应该具有诸如中日之间相互、双边或共享之人类学的可能性的。

　　和日本人类学多少有所不同的是，中国作为更加具有"边缘性"的人类学传统，长期以来并不是为了补强那个人类学的世界体系而存在及发展的。它主要是基于国内对于新知识的需求和理据而存在和成长起来的。因此，它持续地执着于"中国化""本土化"的趣好。如今，它和日本人类学一样也面临着另一个走向，亦即国际化和全球化。中国人类学家近些年来旨在创新的"海外民族志"田野工作的尝试，某种意义上，正好可以反映此种国际化，亦即"加入"世界和与国际"接轨"的趋势。但中国人类学的"海外民族志"指向，与其说是成为那个由欧美人类学所主导的世界体系中备受歧视的一员，不如说是尝试从中国的主体性视角出发，去观察、研究和表象世界上其他诸民族的社会与文化，从而通过以母语积累的学术成果，为中国社会的改革开放，为中国公众的世界认知作出必要的贡献。

原载《中山大学学报（社会科学版）》2018年第6期

后 记

《中山大学学报（社会科学版）》于1955年创刊，今年适逢创刊70周年。为了迎接这一盛事，2024年开年伊始，主编彭玉平教授便组织社科版同仁商讨出版"中山大学学报七十年学术文选"一事。经过长达一年半的筹备，凝聚了语言文学、史学、哲学和社会科学论文精华的《中山大学学报社会科学版（1955—2025）》丛书终于要与读者见面了。这套文选的出版，既是献给学报70华诞的珍贵贺礼，更是承前启后、继往开来的重要学术工程。

《中山大学学报社会科学版（1955—2025）·社会科学卷》下设"经济学""管理学""政治与公共管理""社会学"四辑，以论文的发表时间为序，收录知名学者论文65篇。在论文的遴选过程中，遵循每位专家限录一篇的原则。有些专家在学报发表力作数篇，编者通过逐一跟作者沟通，最终收录经作者本人确认的最具学术价值的代表作。这些论文从宏观的国家战略到微观的企业管理，从理论建模到实证分析，均以扎实的研究和独到的见解，为我们勾勒出一幅动态发展的学科图谱。

中山大学地处改革开放前沿的广东，学报的刊文也同样体现这一地域优势与时代特征。早期文章聚焦广东珠三角地区在改革开放中的先行经验，刊发了一批关于经济特区建设、外向型经济发展、市场化改革等领域的开创性研究成果。这些凝聚着改革开放初期探索智慧的理论成果，不仅在当时具有重要的实践指导意义，即便是在当前新时代背景下仍展现出历久弥新的学术价值，特别是在服务国家"一带一路"倡议、粤港澳大湾区建设等重大战略需求，以及推动区域协调发展方面，更凸显其前瞻性。"经世致用"是我们遴选社科类文章的重要标准。学报刊发的一系列立足中国实践、总结中国经验、解决中国问题的创新性理论成果，为构建中国特色哲学社会科学学科体系、学术体系、话语体系做出了积极贡献，也希望携手学界同仁共同努力，不断增强我国哲学社会科学在国际学术舞台上的话语权和影响力。

付梓之际，感谢主编彭玉平教授、副主编李青果编审的总体指导，感谢中山大学出版社徐诗荣副社长不厌其烦的沟通和鼎力支持，感谢本书责任编辑李先萍老师字斟句酌、一丝不苟的编校，感谢中山大学管理学院郭婷、国际金融学院唐璇两位同学认真细致的转录和校对工作。成书过程中还有很多前前后后默默付出的人，在此一并表示感谢。

值此《中山大学学报（社会科学版）》创刊70周年之际，谨以本文集呈现社会科学领域之丰硕成果。然因篇幅所限，诸多佳作未能尽录，深以为憾。疏漏之处，诚望学界同仁斧正。

周吉梅

2025年5月8日于康乐园